# HANDBUCH
# DER
# GERMANISCHEN
# MYTHOLOGIE

VON
PROF. WOLFGANG GOLTHER

MAGNUS-VERLAG

Unveränderter Neudruck der revidierten Ausgabe von 1908.

3. Auflage 1987
© Magnus-Verlag, Kettwig mit Genehmigung der Rechteinhaber
Gestaltung: Aab-Graphic-Design, Stuttgart
Herstellung: SVS Stuttgart
Druck und Bindung: Mohndruck Graphische Betriebe GmbH, Gütersloh
ISBN 3-88400-111-6

# Vorwort.

Das Hauptgewicht meiner Arbeit beruht auf der Darstellung der von den Quellen gebotenen Überlieferung. Es sollte mit möglichster Klarheit erzählt werden, was wir aus verlässigen Berichten wissen, dagegen schied ich aus, was allein auf kühne Vermutungen hin aufgebaut werden kann. Meine Schilderung beschränkt sich aufs erste Jahrtausend unsrer Zeitrechnung. Was vorher war, ist uns verhüllt; kein Versuch, ins unbekannte Land vorzudringen, ist geglückt. Die Ergebnisse, zu denen die Forschung bereits gelangt zu sein glaubte, erwiesen sich als trügerisch. Weit wichtiger und wohl auch erfolgreicher ist es, innerhalb der Überlieferung die Entwicklungsgeschichte aufzuspüren. Die Anordnung des Stoffes sucht diese Entwicklung zu veranschaulichen. Die Begründung meines Verfahrens findet der Leser in der Einleitung. Der neuesten Forschung, soweit sie mir zugänglich war, ist überall Rechnung getragen, die wichtigsten Schriften sind in den Anmerkungen immer genannt. Neben der Darstellung kam es mir auch besonders darauf an, die Quellen der germanischen Mythologie und die Belege für die vorgetragenen Ansichten so zu verzeichnen, dass das Handbuch zum Nachschlagen taugt und auch demjenigen, der meinen Behauptungen und Aufstellungen nicht beipflichtet, zum schnellen Überblick dienlich ist. Da das Buch nicht ausschliesslich Fachleuten gewidmet ist, wurden die nordischen Quellen stets verdeutscht; bei der Edda folge ich meist Gerings Übersetzung, auf welche auch die Verweise, wenn nicht anders vermerkt, sich beziehen. Wo jedoch der Wortlaut im einzelnen von Belang ist, wurden die nordischen Textstellen ausgehoben. Grimms Mythologie ist für Band 1 und 2 nach der Ausgabe von 1844 angeführt; in der vierten Ausgabe von 1878 ist nur der 3. Nachtragsband leitiert. In den Anmerkungen sind mit ZfdPh. ZfdA. AfdA. die Zeitschriften für deutsche Philologie und für deutsches Altertum, sowie der Anzeiger für deutsches Altertum, mit Beiträgen die Beiträge zur Geschichte der deutschen Sprache und Literatur von Paul, Braune und Sievers gemeint.

Möge das Buch dazu beitragen, die Vorstellungen von den altgermanischen Göttergestalten zu klären und zu vertiefen, möge es freundliche Aufnahme und nachsichtige Beurteilung finden.

**W. Golther.**

# Erläuterungen.

ahd.  = althochdeutsch.
mhd.  = mittelhochdeutsch.
nhd.  = neuhochdeutsch.
as.  = altsächsisch.
ags.  = angelsächsisch.
an.  = altnordisch.
nds.  = niederdeutsch.
mnds.  = mittelniederdeutsch.
ndl.  = niederländisch.

´ ˆ über dem Vokalzeichen bedeutet Länge, also $\acute{a}$ $\hat{a}$ $\acute{e}$ $\hat{e}$ $\acute{i}$ $\hat{i}$ $\acute{o}$ $\hat{o}$ $\acute{u}$ $\hat{u}$.

œ ǿ zu sprechen wie langes ä ö.

ø = ö.

ǫ  ein Laut zwischen a und o, etwa wie engl. aw. zu sprechen.

þ đ = engl. th.

ȝ  bedeutet ein weiches gelispeltes s, etwa wie im franz. s zwischen Vokalen klingt.

h  vor r l n w klingt wie ein weiches ch.

v  in altnordischen Wörtern ist wie nhd. w zu sprechen.

# Inhaltsverzeichniss.

## Einleitung.

## Zweites Hauptstück.

## Drittes Hauptstück.

## Viertes Hauptstück.

# EINLEITUNG.

## I. Schriften zur germanischen Mythologie.

### I. Die mythologische Forschung vor J. Grimm.

Die Wiedererweckung der Schriften des klassischen Altertums
förderte die Geschichtschreibung in Deutschland. Die heidnische
Zeit der Germanen trat, freilich oft noch arg entstellt, nebelhaft
verschwommen und phantastisch ausgeschmückt den Forschern vor
Augen. Ebenso begannen die lateinischen Geschichtsquellen des
Mittelalters auf die Chronisten einzuwirken. Die Altertumsforscher
und Historiker hatten häufig Veranlassung, über heidnischen Götterdienst zu berichten. Es dauerte aber geraume Zeit, bis den weit-
verstreuten Nachrichten Sammler und damit die ersten Verfasser
germanischer Mythologien erstanden. Die Aufgabe ist zwar klar
vorgezeichnet, aber sehr schwer zu lösen. Bis auf J. Grimm
herrschte nicht einmal für die einfachsten Grundfragen sicheres
Verständniss, und noch heute schwanken die Anschauungen über
wichtige Einzelheiten Die nächste Aufgabe besteht aber in einer
erschöpfenden Sammlung aller Quellenzeugnisse. Damit ist der
Baustoff gegeben, aus dem die Geschichte des germanischen Götterglaubens aufzuführen ist. Schon die Sammlung und Sichtung, die
Erklärung des Einzelnen und der Anschluss ans Ganze setzen eine
hochentwickelte Geschichts- und Sprachwissenschaft voraus. So
lange Kelten, Germanen, Skythen, Slaven durcheinander geworfen
werden, solange das historische Urteil über echt und unecht, alt
und jung fehlt, ist der Begriff einer reinen unverfälschten germanischen Mythologie undenkbar. Das völlig unzuverlässige Material
verstattet keine darauf begründete, befriedigende Darstellung.

Des Geographen Philip Clüver *Germania antiqua*, Leyden
1616, ist eine ausführliche Altertumskunde auf Grund der Nach-

richten der klassischen Autoren, natürlich mit dem bekannten Irrtum, dass Illyrier, Germanen, Gallier, Hispanier und Britannier
einer Sprache und eines Stammes, nämlich Kelten gewesen seien.
Darin ist auch, besonders im Anschluss an Tacitus, vom Götterglauben und Kulte der Germanen ausführlich gehandelt. Diese
Abschnitte mochten sich leicht zu eigenen Schriften über deutsche
Mythologie auswachsen.

Die erste deutsche Mythologie ist von Elias Schedius[1])
geschrieben und erschien nach seinem Tode 1648 zu Amsterdam.
Der Titel lautet *de diis Germanis sive veteri Germanorum, Gal-
lorum, Britannorum, Vandalorum religione.* Das Buch besteht aus
einer Anhäufung von Citaten aus den klassischen Autoren und
mittelalterlichen Chronisten, wo diese von den Göttern der nordischen Völker, von ihren Priestern und heiligen Bräuchen, von
ihrem Heroen- und Dämonenkult berichten. Trotz des beträcht-
lichen Umfangs von 505 Seiten steht von echtgermanischem Götterglauben fast nichts in dem Buche. Wir begegnen nur *Tuisco* und
der *Irminsäule*; zu *dies Mercurii* wird bemerkt, die Niedersachsen
und Westfalen würden dafür Wodentag sagen. Natürlich ist der
Verfasser nicht im Stande, hinter die interpretatio romana zu schauen.
Umsomehr gallische und wendische Götternamen tauchen auf.
Ebenso sind die gelehrten meist harsträubender Etymologie ent-
stammenden Götzen der Chronikschreiber des 16. Jahrhunderts berücksichtigt. Unter dem Wuste unbrauchbarer undeutscher oder
ungeschichtlicher Materialien verschwinden die wenigen den klassischen Autoren entnommenen Nachrichten vom wirklichen germanischen Glauben. Das Vorbild der Chronisten wie des Aventinus
musste den Mythologen noch mehr in Phantastereien verleiten;
Olaus Magnus, von dem Saxo eifrig benutzt wurde, ist von Schede
zu wenig herangezogen.

Fürs 17. Jahrhundert sind noch zu nennen Sebastian Kirch-
maier, *de Germanorum antiquorum idolatria, ad loca quaedam Ta-
citi*, Viteb. 1663 und Magn. Dan. Omeis, *dissertatio de Germanorum veterum theologia et religione pagana*, Altdorf 1693.

Im Norden fand die Forschung übers Heidentum reichlichere
Nahrung, indem dort viele unmittelbare Quellen zu Gebot stehen,
aus denen ohne Weiteres ein Teil der Göttersage und des Kultes

---

1) Über das Leben Schedes (geb. 1615 zu Kadau in Mähren, gest. 1641
zu Warschau) vgl. Bolte, allgem. deutsche Biographie 30, 662 f.

entnommen werden kann.[1]) In Dänemark und Schweden knüpfte
sich die Beschäftigung mit der heimischen Vorzeit zunächst an die
*historia danica* des Saxo Grammaticus. Der erste Druck erschien
1514 zu Paris. Neben einer Fülle von Sagen finden sich bei Saxo
Nachrichten über Glauben und Kultus der heidnischen Zeit. Ein
schwedischer Erzbischof, Olaus Magnus, entwarf zuerst in einem
geographisch-kulturgeschichtlichen Werk über die nordischen Länder und die Sitten ihrer Bewohner einen Abriss des heidnischen
Götterglaubens. Seine grosse *historia de gentibus septentrionalibus*,
Rom 1555, handelt im 3. Buch *de superstitiosa cultura daemonum
populorum aquilonarium.* Besonders Saxo, aber auch Adam von
Bremen ist benützt; so erscheinen Thor, Odhen und Frigga, und
wird der prächtige Upsalatempel geschildert. Ausserdem ist Einiges
aus dem Gebiete des Volksglaubens mitgeteilt. Was geboten wird,
ist freilich wenig, aber doch klar und einheitlich. In der mit
reichlichen Anmerkungen versehenen Saxoausgabe des Dänen
Stephanius vom Jahre 1644 wurde der Altertumskunde ein be-
quemes Hilfsmittel zurecht gelegt.

Am wichtigsten aber ist die um 1600 neu erstandene isländi-
sche Altertumsforschung.[2]) Fast die gesamte norwegisch-isländi-
sche Überlieferung war in isländischen Handschriften aufbewahrt.
Männer, wie Arngrímr Jónsson, Björn Jónsson, Magnus
Ólafsson, Brynjulfr Sveinsson, durch sie angeregt der
Däne Ole Worm widmeten sich der Sammlung und Verarbeitung
der altisländischen Quellen. In Bälde kamen die wertvollsten
Denkmäler zum Vorschein und wurden auch binnen Kurzem im
Drucke zugänglich gemacht. Die isländischen und norwegischen
Geschichtsquellen sind voll von ausführlichen und lebendigen Be-
schreibungen des Heidenglaubens. Eine förmliche Mythologie hatte
Snorri Sturluson in seiner *Edda* um 1230 verfasst; eine Samm-
lung von Götterliedern, die teilweise noch im 10. Jahrhundert gedichtet worden waren, fand Bischof Brynjulfr im Jahre 1643,
die sogenannte *ältere Edda*, die der Bischof fälschlich nach Snorris

---

1) Über das mythologische Studium im 16. 17. u. 18. Jh., sowie über die
aus der Mythologie geschöpften nordischen Dichtungen am Ausgang des 18.
u. Anfang des 19. Jhs. handelt ausführlich E. Nyerup, Wörterbuch der skandinavischen Mythologie, Kopenhagen 1816 S. 1—60; Köppen, literarische Einleitung in die nordische Mythologie, Berlin 1837.

2) Über die Wiederaufnahme der isländischen Altertumsforschung vgl.
Gudbrand Vigfússon, corpus poeticum boreale 1, XXff.

Edda benannte und dem weisen *Saemund*, einem gelehrten Isländer
(† 1133), zuschrieb. Damit war die Grundlage der nordischen Mythologie gegeben. 1665 beförderte der Däne Petrus Resenius die
Snorra Edda zum Druck und gab dem isländischen Urtext eine von
den Isländern Magnus Ólafsson, Stephan Ólafsson und Thormóđr
Torfason herrührende lateinische, sowie eine von Stephanius verfasste dänische Übersetzung bei. Im selben Jahre veröffentlichte
er aus der Liedersammlung die Vǫlospǫ und die Hǫvamǫl, ebenfalls mit lateinischen Paraphrasen des Stephan Ólafsson und
Gudmund Andersen; 1673 wurde der Druck wiederholt. Die den
Ausgaben Resens beigefügten lateinischen Übertragungen ver-
schafften ihnen weite Verbreitung auch ausserhalb der nordischen
Lande. Auf lange hinaus bildeten sie die Hauptquelle für alle,
die über deutsche und nordische Mythologie schrieben.

Des Johannes Schefferus *Upsalia* 1666 ist grösstenteils
mythologischen Inhalts. Ausführlich wird der heidnische Tempel
von Upsala beschrieben und in besonderen Abschnitten über die
dort verehrten Gottheiten Thor, Odin und Frigga gehandelt. Auch
Freyr und Njord und andere Gottheiten werden besprochen. Es
ist eine fleissige Darstellung des nordisch-germanischen Götterglaubens, namentlich sofern er mit schwedischem Kult in Verbindung gebracht werden kann. Nun begannen diese nordischen
Arbeiten auch auf die deutschen Verfasser zu wirken.

J. G. Eccard, *historia studii etymologici linguae Germanicae*
1711, S. 10, verspricht dem Leser eine deutsche Mythologie (*ex-
spectandum a me habes librum de diis veterum Germanorum*), die
aber nicht zu stande kam.

Die zweite deutsche oder besser germanische Mythologie schrieb
der Schleswiger Trogillus Arnkiel im Jahr 1690 unter dem
Titel *Cimbrische Heydenreligion*. 1703 erschien die cimbrische
Heydenreligion unverändert, aber vermehrt mit drei Abhandlungen
über das goldene Horn von Tondern, über die Bestattungsbräuche
der cimbrischen Völker, über ihre Bekehrung. Unter Cimbern
versteht Arnkiel die Goten, Guten und Jüten, d. h. Schweden und
Dänen, die Sachsen, die Friesen, die Wenden, die er wie üblich
für Nachkommen der Wandalen nimmt. Arnkiel übertrifft an Gehalt Schedes Versuch weit. Die nordischen Denkmäler, Resens
Ausgaben, Stephanius' Saxo, Scheffers Úpsalia, Worms monumenta Danica u. a. sind gründlich verwertet, so dass seine „gotische"
d. h. nordische Mythologie sich schon recht stattlich ausnimmt.

Für die Sachsen beruft er sich auf eine Schrift von Christof Arnold, *de diis Saxonum;* ihre „sieben Götzen" leitet er aus den Wochentagen als Sonne und Mond, Tuisco, Woden, Thor, Freya und Sater (d. i. Saturnus) ab. Für die Friesen wird Hertha, die berüchtigte Lesart für Nerthus, in Anspruch genommen. Die wendischen Götter, hauptsächlich aus des Chronisten Crantz *Wandalia* entlehnt, berühren uns hier nicht. Fürs germanische Priestertum sind die Druiden und Barden maassgebend. Als Theologe geht Arnkiel sehr in die Breite und berücksichtigt fortwährend auch das übrige Heidentum, das gleichwie das germanische als klägliche Entartung ursprünglicher reiner Gottesoffenbarung gefasst wird. Zudem ist er, wie fast alle Mythologen seit Snorri und Saxo, Euhemerist: „die heyden haben die verstorbene helden und die böse geister vergötzet und als götter angebeten." Aber trotz allem ist doch vieles mit sachlichem gesundem Urteil geboten, und zuerst die nordische Mythologie zum Aufbau der deutschen Trümmer eingeführt.

J. G. Keyslers *antiquitates selectae septentrionales et celticae,* Hannover 1720 bekunden wiederum einen bedeutenden Fortschritt, schon weil allein die Absicht des wissenschaftlichen Altertumsforschers vorherrscht. Das Buch gewährt zwar keine Gesamtdarstellung der germanischen Mythologie, aber behandelt einzelne Abschnitte z. B. den Walhallglauben. Die Inschriften aus der Römerzeit, welche deutsche Götternamen enthalten, werden erörtert. So hören wir von *Hercules Magusanus,* von *Nehalennia,* von den *Matronen.* Auch werden Erscheinungen des Volksglaubens, Seelen, Maren, Elbe besprochen. Man merkt, der Stoff erweitert und klärt sich; allmälig tauchen bestimmtere Ziele auf. Sehr verständig urteilt Keysler S. 126, dass die Sage vom Weltuntergang ebenso wie die von der Menschenschöpfung und Sinflut aus der christlichen Lehre entlehnt sei.

Um die Mitte des Jahrhunderts trat M. G. Schütze mit mythologischen Arbeiten hervor. Er schrieb 1743 *de cruentis germanorum gentilium victimis humanis,* 1748 *exercitationum ad Germaniam sacram gentilem facientium sylloge,* worin von Hludana, Weleda, dem Namen Allvater, dem Minnetrinken und dem Marenglauben die Rede ist, endlich 1750 *Lehrbegriff der alten deutschen und nordischen Völker von dem Zustande der Seelen nach dem Tode überhaupt und von dem Himmel und der Hölle insbesondere.* Siebrand Meyers *kurtze Erörterung des ehemaligen Religionswesens der Teutschen* Leipzig 1756 konnte ich nicht einsehen.

Der Genfer M a l l e t, der eine Zeit lang in Kopenhagen lebte, verstand es, dem Ausland den Hauptinhalt der nordischen Mythologie auf Grund von Resens und Göranssons Ausgaben sowie Bartholins *antiquitatum danicarum libri tres* (1689) in übersichtlicher gefälliger Form darzubieten.  Seine *introduction à l'histoire de Danemarc* Kopenhagen 1755 mit den *monumens de la mythologie et de la poësie des Celtes et particulièrement des anciens Scandinaves*, ebenda 1756, verdeutscht 1765 als *Geschichte von Dänemark erster Teil*, gibt eine gefällige Schilderung ohne Weitschweifigkeit und gelehrten Ballast.  Die nordischen Denkmäler besonders die Snorra-Edda werden einfach übersetzt, in erklärenden Anmerkungen ist der Zusammenhang mit den deutschen und anderen „*celtischen*" Uberlieferungen nachgewiesen.  Die *celtische Religion*, die *Glaubenslehre der Druiden*, habe sich am reinsten in Skandinavien erhalten.  Von anderen Phantastereien bleibt Mallet fern.  Treffend hält er denen, die Snorri der Erfindung der nordischen Mythologie zeihen, die Thatsache entgegen, dass bereits die älteren Skalden dieselbe Glaubenslehre voraussetzen.  Mallets Buch ist nicht gründlich gearbeitet, aber dafür auch nicht schwerfällig.  Keine gröberen Verstösse haften ihm an, geschickt sind die vorhandenen Hilfsmittel benützt.  Es erfüllte trefflich seinen Zweck, weitere Kreise mit der nordgermanischen Mythologie bekannt zu machen.  Die Zeit aber war solchem Unterfangen günstig.

1766 erschien G e r s t e n b e r g s *Gedicht eines Skalden,* worin nach dem Vorgang eines dänischen Dichters namens *Tullin* die nordische Mythologie ebenso zum äussern Schmuck und Aufputz verwendet wurde wie bisher die antike.  Aus dieser Anregung ging die Bardenpoesie hervor, welche vorwiegend nordische, dann aber auch deutsche Mythologie und keltische Bestandteile in die deutsche Dichtung einführte.  Was bisher nur auf gelehrte Kreise beschränkt geblieben war, gewann nunmehr die Teilnahme der literarisch gebildeten Welt.  Rasch verflog zwar der eigentliche Bardengesang, aber länger hielt das einmal erregte Interesse für nordisch-deutsche Mythologie an.  1787 erschien der erste Band der älteren Edda zu Kopenhagen; darin standen die wichtigsten Götterlieder, von denen bisher nur wenige durch Resen und Bartholin zugänglich gewesen waren.  Dem isländischen Texte waren lateinische Übersetzungen und ausführliche Einleitungen und Erläuterungen, ebenfalls lateinisch, beigefügt.  Natürlich erwuchs hieraus der Erforschung des nordischen Götterglaubens eine kräftige Förderung, die auch in Deutschland lebendigen Widerhall fand. Man begann sehr bald, die Edda bei uns einzubürgern. [1]) Der schwäbische Schulrektor David Gräter (1768—1830) entfaltete eine rege Thätigkeit, die Ergebnisse und Errungenschaften der nordischen Altertumskunde in Deutschland weiteren Kreisen zu vermitteln. Populäre Handbücher der deutschen und nordischen Mythologie, meist unselbständig, dürftig und höchst verschroben, von ungründlicher handwerksmässiger Mache, tauchten in grösserer Anzahl auf.

Auch im Norden nahm unter dem Einfluss dichterischer, auf die Vorzeit gerichteter Bestrebungen die Beschäftigung mit dem Götterglauben neuen Aufschwung.

Im Jahre 1801 löste Oehlenschläger die Preisfrage der Kopenhagener Universität, ob die Einführung der nordischen Mythologie an Stelle der antiken in die Dichtung der Gegenwart rätlich sei. In epischen und dramatischen Werken brachte nachmals Oehlenschläger selbst die Sagenwelt der Vorzeit seinem Volke wieder nahe. 1819 erschienen *die Götter Nordens* (verdeutscht von Legis 1829), ein Versuch, in freier poetischer Nachbildung den Gesamtinhalt der Eddamythen als einheitliche Dichtung zu erweisen. N. F. S. Grundtvig *Nordens Mytologi* 1808 sucht dem Volke mit überschwänglicher Bewunderung die tiefsinnige nordische Götterlehre in subjectiver moderner Empfindung wieder vorzuführen. Denselben Zweck verfolgt Hauchs *nordische Mythenlehre*, Leipzig 1847.

Um die mythologische Überlieferung richtig zu verstehen, bedarf es eingehender Quellenkritik, um den Ursprung der Mythen zu ergründen, ihrer Auslegung. Erst spät kam die erste Frage zum Bewusstsein, heute ist der Streit darüber heftiger denn je. Voreilig aber drängte sich allezeit die Deutung mangelhaft verstandener Thatsachen vor. Man nahm das Überlieferte einfach hin, wie es war, und ergoss die wunderlichsten Erklärungen darüber. Heute fällt das Schwergewicht auf Quellenkritik, von deren Entscheidung die Auslegung ganz und gar abhängt.

Von schwedischen Gelehrten ging die Ansicht aus, die nordische Sagen- und Mythenwelt sei uralt.

---

1) Vgl. Golther, die Edda in deutscher Nachbildung in der Zs. f. vergleichende Literaturgeschichte, N. F. 6, 275 ff.

In Schweden machte Olof Rudbecks berüchtigtes Werk
*Atlantica*, 1675—1702 in 4 Teilen erschienen, grosses Aufsehen.
Sein Grundgedanke ist, dass Schweden die Insel Atlantis, die Urheimat aller Völker, aller Kultur und Religion sei. Die schwedischen Sagen, die nordische Mythologie überragen an Altehr-
würdigkeit weit die griechisch-römische Überlieferung. J. Gö-
ranson, der 1746 die Snorra-Edda nach der Upsalahandschrift
mit schwedischer und lateinischer Übertragung herausgab, 1750
die Völuspa als die *„patriarchalische Lehre der uralten Atlantis-
kinder"* folgen liess, wandelt mit seinem Urteil in Rudbecks Spuren.
Die Edda ist von Snorri Sturluson im 13. Jahrhundert aus alten
Runen abgeschrieben, sie war aber, wie Herodot und Plato beweisen, schon 300 Jahre vor Trojas Erbauung auf Messingtafeln
aufgezeichnet und wanderte damals nach Griechenland. Trotzdem
wird flachem Euhemerismus gehuldigt, Odin gilt als menschlicher
nachmals vergötterter König. Solch wüste Phantasterei suchte
J. Schimmelmann *„isländische Edda d. i. die geheime Gotteslehre
des ganzen alten Kaltiens oder des europäischen Skytiens"* Stettin
1777 und in der *„Abhandlung von der alten isländischen Edda"*
Halle und Leipzig o. J. in Deutschland zur Geltung zu bringen,
doch glücklicherweise ohne Erfolg. Für Schimmelmann ist die
Edda das älteste Götterbuch, das dem europäisch-celtischen Urvolk
bei dessen erstem Auszug aus Asien mitgegeben wurde.

Solchem Überschwang trat die besonnene Frage nach Alter
und Herkunft der Snorra Edda, nach ihrem Verhältniss zur Liedersammlung (der sogenannten älteren Edda), nach Alter und Herkunft der darin enthaltenen Mythen entgegen, aber freilich mit
unzureichenden Mitteln und mit arger Verkennung der wahren
Sachlage. F. Adelung in *Beckers Erholungen* 1797, II hielt
die Götterlehre der Edda für eine blosse Erdichtung, für eine
Nachbildung christlicher Ideen. Am entschiedensten erklärte sich
Fr. Rühs in seiner *Geschichte der Religion, Staatsverfassung und
Kultur der alten Scandinavier* 1801, in seiner Übersetzung der Snorra-
Edda 1812, S. 120 ff., in seiner Abhandlung *über den Ursprung
der isländischen Poesie aus der angelsächsischen* 1813 gegen die
Echtheit der Edda-Mythen. Seine Beweise sind freilich schwach,
seine Behauptungen aber finden neuerdings mehrfach Bestätigung.
Peinlich berührt die hässliche Schimpferei gegen die Brüder Grimm
in Rühs letzter Abhandlung. Aber man muss zu seiner Rechtfertigung berücksichtigen, dass er gereizt worden war. Rühs be-

hauptet mit gutem Fug, die nordische Mythologie, wie sie in der
Kunstdichtung der Skalden und in der Edda vorliege, sei nie
Glaube des Volkes gewesen, nur in unbedeutenden Einzelheiten
darauf begründet. Die Meinungen des Volkes hätten den ersten
Keim hergegeben, der aufs freieste und mannigfaltigste mit christlichen, jüdischen, griechisch-römischen Ideen weitergebildet worden
sei. Vermischung von Christlichem und Heidnischem habe schon
vor der Bekehrung stattgefunden. Weil jene Mythen von Anfang
an nur zum Zwecke der Unterhaltung als poetischer Stoff dienten,
konnten sie auch nach Annahme des Christentums noch unge-
schwächt fortwirken. Oft spielten Angelsachsen Vermittler fremder
Kultureinflüsse. Gedichte, in denen Fremdwörter wie *töflur* d. i.
Tafeln (Vǫl.) oder *hrimkalkr* (Kelch) vorkommen, können nicht
uralt sein. Dem Einwurf, der ihm seinerzeit von P. E. Müller
ebenso wie neuerdings einem Bugge von Finnur Jónsson gemacht
wurde, dass schon die Skaldengedichte des 9. Jahrhunderts die
nordische Mythologie voraussetzen, stellte er den Satz entgegen,
die betreffenden Strophen seien jünger und jenen alten Skalden
nur unterschoben worden. Rühs hatte freilich keine klare Vorstellung darüber, wie der echte nordische Volksglauben, den wir
namentlich aus den Geschichtsquellen kennen lernen, zu den Er-
dichtungen der Skalden sich verhielt. Er ging zu weit, indem
er alles leugnete, und gab damit seinen Gegnern selber die Waffen
zu seiner Bekämpfung.

J. Grimm wandte sich in der Leipziger Literaturzeitung 1812,
Nr. 287 u. 288 scharf und heftig gegen Rühs. P. E. Müller
hatte 1811 in einer besondern Schrift *„die Ächtheit der Asalehre
und den Wert der Snorronischen Edda"* verfochten. Der Beweis
der Echtheit wird in der Hauptsache aus den Skaldengedichten
und aus der dichterischen Sprache erbracht, die vom 9. bis zum
13. Jahrhundert immer die Mythologie zur Voraussetzung haben.
Somit könne von einer Fälschung keine Rede sein. Müller fasst
die Angelegenheit nicht ganz richtig auf. Es wird ja eine besondere Skaldenmythologie, gepflegt und ausgebaut zum Zwecke
der Dichtung, aber unterschieden vom eigentlichen Volksglauben,
eben behauptet. Dass die Skalden sich insgesamt dieser Mythologie bedienen, beweist doch nichts für ihre *„Echtheit"*, insofern
etwa Volkstümlichkeit damit gesagt sein soll. Aber das Ansehen
und überlegene Wissen des dänischen und der beiden deutschen
Gelehrten schlug den ersten kritischen Zweifler nieder. Leiden-

schaftliche Vorliebe verblendete schon damals gerecht abwägendes Urteil. Man glaubte, einen Zerstörer und Schänder altheiliger Überlieferung zu sehen, während in Wirklichkeit doch nur die Quellen aufgezeigt werden sollen, aus denen nordische Dichter für ihre grossartigen Schöpfungen Anregungen und Motive entnahmen. Den erhabenen Einheitsgedanken in der nordischen Mythologie suchten Dichter und Gelehrte recht deutlich hervorzuheben, um zu beweisen, dass nicht etwa genial veranlagte Skalden des 10. Jahrhunderts eben das, was wir an der nordischen Göttersage bewundern, geschaffen haben, sondern um den allgemeinen Schluss daraus zu folgern, dass es so längst vor ihnen gewesen sei.

Die Deutungsversuche sind *geschichtlich*, euhemeristisch, wonach geschichtliche Vorkommnisse der Urzeit den Mythen zu Grunde liegen sollen, *philosophisch und physikalisch*. Mit starken Einschränkungen liegt in allen diesen Erklärungen ein Körnchen Wahrheit, doch wurden sie einseitig übertrieben und verallgemeinert, und keine trifft den Kern der Urreligion.

Der *Euhemerismus*, der neben der Theologie von Anfang an die germanische Mythologie durchzieht, wurde am stärksten in des Dänen Suhm Buch *om Odin* 1771 vertreten. Mit nüchternem Verstande soll die alte Überlieferung aufgefasst und ausgelegt werden; in Wirklichkeit aber bildet sich eine Lehre auf Grund der irrtümlichen und verkehrten Meinungen der alten Geschichtschreiber. In den angelsächsischen Stammtafeln, bei Ari und Snorri ist die altgermanische Vorstellung von der göttlichen Herkunft des Adels und Königtums dahin verderbt, dass Woden - Odin, Njord, Freyr als sterbliche menschliche Vorfahren der geschichtlichen Könige betrachtet werden. Von den Asen, den nordischen Göttern, wird Abstammung aus Asien behauptet und von ihrer Einwanderung aus dem Ursitz am Tanais über Sachsen nach Dänemark und Skandinavien gefabelt. Die Einwanderung geschah unter der Führung Odins. Diese Geschichten nimmt Suhm wörtlich, er sucht drei geschichtliche Persönlichkeiten mit Namen Odin festzustellen. Diese hätten sich den Namen der ursprünglichen Gottheit Odin beigelegt. Dass auf solche Art ein Zerrbild der nordischen Göttersage entstehen muss, ist klar. Nur die Namen und das ursprüngliche Wesen bleiben den Göttern, alle Überlieferung im Einzelnen den Menschen, die sich ihre Namen anmaassten. Eine seichtere und flachere Auffassung ist kaum denkbar. Die Übereinstimmung der nordgermanischen Religion mit andern wird

auf die gemeinsame Urheimat der gesamten Menschheit in Asien
zurückgeführt. Der Glaube an einen einigen Gott liegt allen heidnischen Religionen und mithin auch der nordischen zu Grunde,
wie aus dem Namen Allvater erwiesen wird. Hatten die früheren
theologisch gesinnten Verfasser diesen Gedanken folgerichtig aus
der biblischen Geschichte entwickelt und die heidnische Viel-
götterei, den Abfall vom Monotheismus, auf den Teufel zurückgeführt, so bricht sich allmälig eine *philosophische* Erklärung Bahn.
Der wahre einige Gott stand als geistiges Wesen über der Natur,
aber bald wurde er als Weltseele in der Natur, in den Naturerscheinungen, z. B. in der Sonne, im Winde, im Donner gesucht.
Hiermit melden sich die Anfänge der natursymbolischen Mythendeutung.

Von Deutschland gieng die philosophisch-physikalische Mythendeutung aus, die wenigstens insoweit Gutes wirkte, dass sie
den flachen Euhemerismus wegfegte. Positive Ergebnisse von
bleibendem Werte hat sie freilich wenig zu verzeichnen.

Creutzers *Symbolik und Mythologie* 1810—1812, Görres
*Mythengeschichte der asiatischen Welt* 1810, Kannes *Pantheum
der Naturphilosophie* 1811 riefen diese Richtung ins Leben.

Den alten Religionen liegt nach Creutzer der Kern einer reineren monotheistischen Urreligion zu Grunde, der von priesterlichen Lehrern in der Form von Zeichen (Symbolen) und Erzählungen (Mythen) mitgeteilt, durch die Einmischung volkstümlicher
Sagen, durch die poetisch gestaltende Kraft und durch die Empfindung der belebten Natur zu einer polytheistischen Gliederung
auswuchs, aber in den Mysterien am reinsten erhalten war. Den
Kern durch Vergleichung aller überlieferten Mythologien ans Licht
zu ziehen ist Aufgabe der Wissenschaft. Die Urreligion entstand
im Morgenland. Zugleich ist die Aufgabe gestellt, die Mythen,
die ja nur Allegorien sind, auf ihren eigentlichen Grund zurückzuführen, und das Göttliche überall, auch in den Naturerscheinungen
zu suchen.

Den Fachgelehrten fiel die Aufgabe zu, die allgemeinen phi-
losophischen Sätze am mythologischen Stoffe anzuwenden. Das
that in Deutschland Mone in der *Geschichte des Heidentums im
nördlichen Europa* 1822—24. In der Einleitung bekennt er sich
zur Anschauung, dass man durch Vergleichung stammverwandter
Glaubenslehren die Stammreligion, durch Vergleichung der Stamm-
religionen die Religion der Menschheit und die Art und Weise

ihrer Verzweigung und Teilung in die unendliche Vielheit der Völker lerne. Bei der Darstellung beschränkt er sich aber mehr auf Verarbeitung der Überlieferung, die nur beiläufig ausgelegt wird, und schildert so das nordische und deutsche, d. i. sächsische, fränkische, gotische Heidentum je für sich allein. Viel neues Material wird zielbewusst in grösserem Rahmen bearbeitet. Den landläufigen mythologischen Handbüchern der damaligen Zeit ist Mone an Wissen und Urteil weit überlegen. Bemerkenswert ist, dass Mone auch die Heldensage ihrer mythischen Bestandteile halber in grösserem Maassstabe zur Mythologie heranzieht.

In Dänemark wirkte der sehr verdienstreiche Isländer F i n n M a g n u s e n in diesem Sinne. Seine vierteilige *Eddalehre*, Kopenhagen 1824—26, handelt ausführlich vom Ursprung der nordischen Mythen, welche „sowohl mit dem grossen Buche der Natur, als auch mit den mythischen Systemen der Griechen, Perser, Inder und mehrerer anderer alter Völker" verglichen werden. Auch ihm schwebt die Urreligion und ihre Entstehung aus Naturerscheinungen als letzter Grund aller Mythologien vor. Ebenso ist sein *priscae veterum Borealium mythologiae lexicon* 1827 eingerichtet. Darin ist mit erstaunlicher Vollständigkeit die gesamte nordische Götterlehre nicht bloss der Edda, sondern auch der übrigen altnordischen Quellen in Form eines ausführlichen Wörterbuches geordnet. In N y e r u p s *Wörterbuch der skandinavischen Mythologie*, Kopenhagen 1816 hatte er eine brauchbare Vorarbeit. Finn führte auch in den einzelnen Abhandlungen seines Wörterbuches die Vergleichung und Auslegung der einzelnen nordischen Mythen durch. Die Deutungen sind freilich grösstenteils verfehlt, schon weil die Sternkunde allzu sehr hervortritt. Darnach wären die Germanen vorwiegend Sternanbeter gewesen und hätten überaus genaue astronomische Kenntnisse sehr künstlich zu Mythen verwandelt. Trotz den verfehlten allgemeinen mythologischen Anschauungen bilden Mones und Finn Magnusens Schriften aber doch den Höhepunkt der mythologischen Forschungen vor Uhland und J. Grimm. Es war unendlich viel Thatsächliches geboten, dessen Wert noch heute andauert und durch die verkehrten Meinungen, welche die Verfasser über die Erklärung des fleissig zusammengetragenen Stoffes hegten, nicht beeinträchtigt wird.

Zum Schlusse des Abschnittes möge ein kleines Verzeichniss solcher Schriften stehen, die das Studium der deutschen Mytho-

logie zu popularisieren suchten. Darin kommen die allgemeinen
Anschauungen, die man bisher mit Hilfe der Forschung erreicht
hatte, deutlich zum Ausdruck. Abgesehen von einigen unver-
besserlichen rückfälligen Nachzüglern stehen die populären Mythologien nach J. Grimm auf einem unvergleichlich höheren
Standpunkt.

Kleinere Abhandlungen verzeichnet in grösserer Anzahl B. F.
Hummel, *Bibliothek der deutschen Altertümer*, Nürnberg 1787,
S. 201 ff., und im Zusatzbande, Nürnberg 1791, S. 56 ff.; ferner
G. Klemm, *Handbuch der deutschen Altertumskunde*, Dresden
1836, S. 261 ff. Von besondern Schriften seien folgende erwähnt:

Siebenkees, *Von der Religion der alten Deutschen*, Altdorf 1781.

Ch. L. Reinhold, *Beitrag einer Mythologie der alten deutschen Götter*, Münster 1791.

F. X. Boos, *Die Götterlehre der alten Deutschen*, Köln 1804.

F. J. Scheller, *Mythologie der nordischen und andern deutschen Völker*, Neuburg 1804; Regensburg 1816. *Kleines Handbuch
der nordischen Mythologie*, Leipzig 1816.

G. C. Braun, *Die Religion der alten Deutschen*, Mainz 1819.

H. A. M. Bergner, *Nordische Götterlehre aus den Quellen
geschöpft und zusammengetragen*, Leipzig 1826.

F. D. Gräter, *Versuch einer Einleitung in die nordische Altertumskunde*, Dresden 1829.

J. G. Bönisch, *Die Götter Deutschlands, vorzüglich Sachsens
und der Lausitz*, Camenz 1830.

G. Th. Legis, *Handbuch der altdeutschen und nordischen
Götterlehre*, Leipzig 1831; 2. Aufl. 1833.

G. Th. Legis, *Alkuna, nordische und nordslawische Mythologie*, Leipzig 1831.

C. E. Hachmeister, *Nordische Mythologie nach den Quellen
bearbeitet und zusammengetragen*, Hannover 1835.

In Gestalt eines mythologischen Wörterbuches boten den Stoff:

Ch. A. Vulpius, *Handbuch der Mythologie der deutschen, verwandten, benachbarten und nordischen Völker*, Leipzig 1826.

A. Tkány, *Mythologie der alten Teutschen und Slaven in Verbindung mit dem Wissenswürdigsten aus dem Gebiete der Sage und
des Aberglaubens*, 2. Bde., Znaim 1829.

Von Abhandlungen über einzelne Gottheiten sind zu nennen:
Büsching, *Das Bild des Gottes Tyr*, Breslau 1819.

C. H. Grupen, *Abhandlung vom sächsischen Gott Irmin* in den *observationes rerum et antiquitatum Germ.*, Halle 1763, S. 165 ff.

J. Grimm, *Irmenstrasse und Irmensäule,* Wien 1815.

v. d. Hagen, *Irmin, seine Säule, seine Strasse, sein Wagen,* Breslau 1817.

C. Niemeyer, *Sagen betreffend Othin, dessen Geschlecht und Asentum überhaupt. Nach den Überlieferungen Saxos des Grammatikers,* Erfurt 1821.

H. Leo, *Über Othins Verehrung in Deutschland,* Erlangen 1822.

Joach. Wieland, *De Thoro, principe veterum Septentrionalium idolo diss.* Hafniae 1709.

J. G. S. Schwabe, *De deo Thoro commentatio,* Jena 1767.

J. P. Anchersen, *Vallis Herthae Deae,* Hafniae 1747.

C. K. Barth, *Hertha und über die Religion der Weltmutter,* Augsburg 1828.

Sculo Thorlacius, *De Hludana Germanorum gentilium dea,* Hafniae 1782.

Die physikalische Auslegung der Eddamythen erreicht den Höhepunkt des Unsinns in den Schriften von Trautvetter, *Der Schlüssel zur Edda,* Berlin 1816, wo die nordische Mythologie als eine in Gleichnissen vorgetragene Chemie erscheint, und bei K. Henneberg, *Hvad er Edda,* Aalborg 1812, wo die Bilder des goldenen Horns von Tondern mit der Baldrsage zusammengebracht und astronomisch gedeutet werden.

Wie sich vor J. Grimms grundlegendem Werke die deutsche Götterlehre ausnahm, lernt man am besten aus der Übersicht, die G. Klemm im *Handbuch der germanischen Altertumskunde,* Dresden 1836, S. 273 ff. gewährt. Dort sind die Ergebnisse der älteren deutschen Mythologie mit thunlichstem Ausschluss der nordischen zusammengestellt.

Wir hören von Tuisto, Mannus, Irmin, Wodan, Freia, Fro, Thunar, Hertha, Alces; dann aber wird, namentlich auf Caesars Gewähr, ein Sonnen- und Monddienst behauptet, von Eostar, Ostar berichtet und hierauf von den thüringischen und hessischen Götzen Namens Krodo, Jecha, Püstrich, Stuffo, Reto, Lahra, von den sächsisch-friesischen Hammon (zu Hamburg), Fosete (weiblich), Nehalennia und Hludana gemeldet. Dazu gesellt sich noch der sächsische Jodute, in Süddeutschland Lullus, Strifa, Krutzmann, Epona. Endlich verführte die bekannte interpretatio romana, die

Gottheiten fremder Völker mit römischen Götternamen bezeichnete,
zur Meinung, römische Gottheiten wie Mars, Mercur, Hercules,
Isis, Diana, Venus seien von den Germanen angenommen und verehrt worden. Von allen diesen merkwürdigen Gestalten, die auf
Erfindungen und Etymologien der Gelehrten des 16. und 17. Jahrhunderts beruhen, gab es ernstgemeinte umfangreiche Abhandlungen, die bei Klemm und in Hummels Bibliothek der deutschen
Altertümer besonders im 11. Kap. „von den topischen Göttern"
verzeichnet stehen. Die Zufuhr der nordischen Mythologie hatte
den Stoff nur erweitert, nicht gereinigt und vertieft. In den Wörter-
büchern von Vulpius und Tkány treibt diese Götzenschar noch
ihr ganzes Unwesen. Auch das muss erwogen werden, um J.
Grimms That zu würdigen. Er hatte nicht nur alles ganz neu
aufzubauen, sondern mit unglaublich vielem Schutte aufzuräumen.
Die bisherigen mythologischen Forschungen hatten trotz allem
guten Willen der Verfasser den Ausblick eher verbaut, den Blick
getrübt.

## 2. Die wissenschaftliche Bearbeitung der Mythologie:
## Uhland und J. Grimm.

Mit bewundernswertem Scharfblick hat Uhland in seinen
*Vorlesungen* 1830—1832 und in *Abhandlungen* deutsche und nordische
Mythologie erforscht. *Der Mythus von Thor* erschien 1836, das
Übrige erst nach seinem Tode in den *Schriften Bd. 6 über Odin*
und *Bd. 7, S. 16—85 Umriss der nordischen Göttersage, ebda. S. 473*
*bis 514, älteste Spuren der deutschen Göttersage.* Mithin konnten
seine Studien zunächst nur zum kleinen Teil auf die Entwicklung
der Mythenforschung wirken. In der Schrift über Thor ist am
gründlichsten und geistvollsten die physikalische Mythendeutung
durchgeführt, und die Entstehung der Thorssagen aus der norwegischen Naturumgebung nachgewiesen. Die germanische Gestalt des
Donnerers ist sicher der nordischen Natur angepasst worden. Aber
selbst bei Uhland zeigt sich die natursymbolische Auslegung als
verfehlt, sobald sie ins Einzelne geht. Die Ergebnisse halten nach
dieser Seite nicht stand. In der Abhandlung über Odin finden
sich vortreffliche Abschnitte, Ansätze zur Entwicklungsgeschichte,
wie wir sie bei J. Grimm vergeblich suchen. Dahin gehört u. a.
der Nachweis, dass Freyr in Schweden, Thor in Norwegen, Odin

in Dänemark und Sachsen ursprünglich verehrt wurde. Das Verhältniss Bragis zu Odin wird ebenso einleuchtend erklärt. Man bedauert, dass Uhland keine umfassende Darstellung der Mythologie unternahm. Was sich in der klaren Seele dieses unvergleichlichen Mannes gespiegelt, wurde allein schon dadurch geläutert und strahlt uns reiner und heller entgegen, als aus der vielfach getrübten und verderbten Überlieferung. Band 7, 382 steht eine Bemerkung, welche gelegentlich später errungene Ergebnisse vorweg nimmt. „Es ist allen bekanntern Naturreligionen gemein dass in ihnen eine Menge untergeordneter Geister lebt und webt, welche bald unsichtbar und leise geahnt die Natur erfüllen, bald in heftigen Erscheinungen hervortreten, dem Menschen in freundlicher oder feindlicher Gesinnung sich nahend. Man fasst dieses Geisterwesen bei den neueren Völkern am besten unter dem, ihrer vielen gemeinsamen Namen der Elfen zusammen. Wenn man erwägt, wie dieses Geisterreich in übereinstimmenden Hauptzügen bei Völkern verschiedenen Stammes und sonst auch bedeutend verschiedener Glaubenslehre sich ausgebreitet hat, so erkennt man in ihm das ursprünglichste und allgemeinste Element der mythischen Naturanschauung, aus dem dann erst die eigentümlichen Göttergestalten jeder besonderen Mythologie aufgetaucht sind. Wurden diese durch die Herrschaft einer neuen Lehre zerstört, so trat die Auflösung in jenes freiere Element wieder ein."

So weit nur irgend möglich, schliesst sich dieses Handbuch an Uhland an, besonders auch bei Erzählung nordischer Sagen, denen der herrliche Mann eine wahrhaft klassische Form verlieh.

1811 hatte J. Grimm über *Irmenstrasse und Irmensäule* geschrieben, 1813 *Gedanken über Mythus, Epos und Geschichte.* Er wandelt noch in den Spuren von Görres und Kanne. 1812 kamen *die Märchen,* 1816 *die deutschen Sagen* heraus. Da kam zunächst die thatsächliche Überlieferung in reicher, schöner Fülle zu Wort, vor ihr verstummten Vorurteile und grundlose Lehrsätze zur Behandlung der Mythologie. Der Romantik entwanden sich die Brüder in den gewaltigen Werken, mit denen sie die germanische Altertumsforschung zum Range einer echten Wissenschaft erhoben. *Die deutsche* (d. h. germanische) *Grammatik* 1819, 1822 u. ff., *die Rechtsaltertümer* 1828 sind auf festen Grund gebaut. Nach Möglichkeit ist die gesamte germanische Überlieferung aus alter und neuer Zeit ausgeschöpft und dabei die ursprüngliche Einheit in der späteren Vielheit und Verschiedenheit erwiesen.

Schon 1832 schreibt J. Grimm an Lachmann, dass er etwas über deutsche Mythologie vor habe, „diesmal aber im Gegensatz zur nordischen und diese ausschliessend". Nur als Hilfsmittel zur Bestätigung oder Ergänzung deutscher Nachrichten soll die nordische Mythologie verwendet werden. Mit denselben Mitteln, mit demselben Weit- und Tietblick unternahm J. Grimm *Die deutsche Mythologie*, die 1835 in erster Auflage erschien. Schon 1844 kam eine zweite stark vermehrte aber gleich angelegte Ausgabe in zwei Bänden, die 1854 und 1875 neu gedruckt wurden. Der dritte Band, 1878 von E. H. Meyer besorgt, bringt eine reiche Nachlese von Belegen, die J. Grimm stetig nachsammelte und nachtrug. Mit der deutschen Mythologie erstand eine versunkene Welt. Mit wunderbarem Fleisse aus einer schier unermesslichen Belesenheit ist alles zusammengetragen und sauber eingeordnet, was zur Mythologie zu gehören schien. Unerreicht und nie zu übertreffen besteht Grimms Werk in seiner Haupteigenschaft einer Sammlung als die Grundlage aller späteren mythologischen Forschung. Der unvergängliche Wert des Buches beruht namentlich darin, dass kein System den Stoff meistert, dass die nächste und wichtigste Aufgabe in der Sammlung und Sichtung des weit zerstreuten, nur vereinzelt und trümmerhaft überkommenen Stoffes gesucht wird. Wol hegt auch Grimm eigene Gedanken über die Grundfragen der Mythengeschichte, über Ursprung der Mythen überhaupt, über Verhältniss der nordischen zur deutschen, der germanischen zur Mythologie andrer Völker. Aus seinen Anregungen erwuchsen die meisten der späteren Schulideen. Aber Grimm spricht nur gelegentlich, anhangsweise seine Ansicht aus, Hauptsache bleibt immer Eröffnung der verschütteten und versandeten Quellen. Was aus der Sprache, zum Teil auch aus dem Recht, zu lernen war, Ureinheit hinter den jüngeren Überlieferungen, scheint auch die Mythologie zu bestätigen. Wenn möglich soll der altgermanische Glaube, aber vorwiegend auf Grund deutscher Quellen bei nur vorsichtiger Benutzung nordischer, in den Grundzügen hergestellt werden. Was die Einführung der Sprachwissenschaft in die Mythologie bedeutet, sieht man deutlich, wenn man die früheren tastenden Erklärungsversuche von Götternamen betrachtet. Beispiele für solch fruchtloses geistloses Raten gewährt Suhms Schrift *om Odin* z. B. S. 3 ff., wo eine Blütenlese von ältern und neueren Etymologien des Namens Odin gesammelt ist. Zwar traf auch J. Grimm keineswegs immer das Richtige und die neueste etymologische Forschung führt eher

wieder in neue Wirren. Aber die Deutung strebt doch zielbewusst
vorwärts, kennt die einzuschlagenden Pfade und verwirft unbrauch-
bare Mittel. War schon die gewöhnliche Wortforschung vor der germanischen und indogermanischen Sprachwissenschaft nur ein sinn-
loses Raten, so war die Verwilderung bei Eigennamen vollends
ganz toll gewesen.

Besonders in der Vorrede zur ersten Ausgabe, ebenso in der
zur zweiten setzt Grimm sein Verfahren auseinander, das ohnehin
schon aus jedem einzelnen Abschnitt ersichtlich wird. Immer wird
mit sprachlichen Beweisen angehoben und damit jeder Begriff
womöglich als nordisch-deutsch, also auch urgermanisch aufgezeigt.
Zweifelhaft bleibt freilich stets, inwieweit die Entwicklung aus einem
gemeinsamen Grundbegriffe bei den verschiedenen Stämmen besondere Bahnen einschlug. Fast völlig ausser Ansatz ist die Möglichkeit späteren Austausches gelassen. Die Vorrede erörtert Hauptfragen, wie Verhältniss von deutschem und nordischem Glauben,
Beziehungen zu nicht germanischen Mythologien, Verwendung der
Volkssage zum Aufbau des Heidentums, Wesen des germanischen
Gottesbegriffs (Mono = Poly = Pantheismus), Deutung der Mythen
u. a. m. „Für den heidnischen Glauben hat man eine andre Meinung
gefasst (nemlich als bei der Sprache), weil seine Quelle in Scan-
dinavien reichlich, in Deutschland sparsam fliesst: diese sehr begreifliche Verschiedenheit ist zu der doppelten Folgerung missbraucht worden, um den Ursprung der nordischen Mythologie
stehe es verdächtig, und das übrige Deutschland sei götterlos gewesen. Aus dem Mangel des einen Bruders schloss man nicht
etwa, dass er sein Gut verthan, sondern dass der reiche Bruder
sein Vermögen unrecht erworben habe, aus der Wohlhäbigkeit des
Begüterten entnahm man, dass der Dürftige gar nicht reich gewesen sein könne. Niemals hat eine falsche Kritik ärger gefrevelt,
indem sie wichtigen, unabwendbaren Zeugnissen trotzte, und die
naturgemässe Entwicklung nahverwandter Volksstämme leugnete.
Um sie aber auszurotten, habe ich wol eingesehen, dass ich nicht
von einer Darstellung der nordischen Fülle, vielmehr der deutschen
Armut ausgehend, Ähren lesen musste, keine Garben schneiden
durfte. Erst aus solchen Ähren und ihren Körnern habe ich Nahrung
zu gewinnen und Schlüsse zu ziehen gewagt; es ist dadurch aller
Besonderheit, wie ich hoffe, das Recht gewahrt worden. Denn
Eigentümliches und Abweichendes tritt hier nicht anders wie in
der Sprache ein, und seiner habhaft zu werden hat den höchsten

Reiz. Grösser aber als die Abweichung ist die Ubereinkunft, und das früher bekehrte, früher gelehrte Deutschland kann die unschätzbaren Aufschlüsse über den Zusammenhang seiner Mythentrümmer dadurch dem reicheren Norden vergelten, dass es ihm ältere historische Zeugen für die jüngere Niederschreibung an die Hand liefert." Die Zeugnisse für die gleiche Grundlage nordischer und deutscher Götterlehre werden S. VI ff. zusammengestellt, dabei aber Urverwandtschaft und späterer Austausch nicht geschieden. In der zweiten Ausgabe S. VIII heisst es: „die Lage der Dinge scheint also die zu sein, dass bei fortschreitendem Betrieb wir der nordischen Grenze entgegen rücken und endlich der Punkt erscheinen wird, auf dem der Wall zu durchstechen ist und beide Mythologien zusammen rinnen können in ein grösseres Ganzes."

„Die bedeutsamen Beziehungen zum ferneren alten Morgenland" (S. XVI ff.), welche für sich allein schon die Meinung eines späteren Ursprungs deutscher Mythologie abwehren müssen, werfen den Gedanken eines urindogermanischen Götterglaubens auf, der auch im einzelnen, namentlich wo sprachliche Gleichungen das Recht zu geben schienen wie z. B. bei Tius-Zeus-Dyaus, hervorgehoben wird. Aber der Gedanke ist nicht zum Dogma erhoben und beeinflusst nirgends die quellentreue Darstellung.

Auf die erst aus später Zeit überlieferten Volkssagen ist „überall kein kleines Gewicht gelegt und lohnende Ausbeute aus ihnen gewonnen worden." „Ihren Wert bezeichnet das Verhältniss heutiger Volksmundarten ganz genau, in welchen sich uralter Wortstoff, den die gebildete längst ausgeschieden hat, in Menge findet." Also namentlich wegen vermeintlicher Erinnerungen an die heidnische Göttersage wird die Volkssage herangezogen. „Soll ich in der Kürze den der Mythologie aus der Volkssage hervorgegangnen Gewinn bezeichnen, so leuchtet ein, dass nur aus dieser wir Auskunft über die Göttinnen Holda, Berhta und Fricka, sowie über den unmittelbar auf Wuotan leitenden Mythus von der wilden Jagd verdanken. Der weissen Frauen, Schwanfrauen und bergentrückten Könige würden wir aus den geschriebenen Denkmälern wenig habhaft geworden sein, verbreitete nicht die Volkssage ihr Licht darüber. Selbst die Mythen von Sintflut und Weltuntergang lässt sie noch nicht ausser Acht. Was in ihr aber vorzugsweise gehegt und mit dem buntesten Gewirk gewoben wird, das sind die traulichen Erzählungen von Riesen, Zwergen, Elben, Wichteln, Nixen, Schraten und Hausgeistern." Die Göttergestalten sollen sich in Teufel und

2*

Hexen, der Gottesdienst in abergläubische Bräuche verwandelt haben.
Oft aber leben auch in Legenden heidnische Erinnerungen nach.

„Elementen, Naturerscheinungen und Gestirnen lege ich grossen
Einfluss auf mythologische Vorstellungen bei, lange keinen solchen,
dass alle und jede aus ihrer Grundlage abgeleitet werden dürften,
da ausser den physischen auch noch sittliche und andere menschliche Motive obwalten und erst in der Durchdringung aller zusammen die Götter des Heidentums entsprungen scheinen. Die
Natur lässt uns ihre erhabene und wohlthätige Wirksamkeit ge-
wahren in dem leuchtenden, wärmenden Feuer, dem reinigenden,
kühlenden Wasser, der allbeweglichen, erquickenden Luft, der
nährenden, stärkenden Erde. Hier gesellt sich ein sittlicher Eindruck zu dem natürlichen. Der Mensch hat aber auch Gottheiten
nötig für die Begriffe von Güte, Milde, Allgewalt, Sieg, Friede,
Liebe, Gerechtigkeit, die mehr aus seinem Gemüt als aus der
Natur aufsteigen."

In der Einleitung der ersten Auflage S. 9 heisst es: „Von
der Verwirrung, die so häufig dem Studium der nordischen und
griechischen Mythologie Eintrag gethan, ich meine die Sucht, über
halbaufgedeckte historische Daten philosophische oder astronomische Deutungen zu ergiessen, schützt mich schon die Unvollstän-
digkeit und der lose Zusammenhang des Rettbaren. Ich gehe darauf aus, getreu und einfach zu sammeln, was die frühe Verwilderung der Völker selbst, dann der Hohn und die Scheu der
Christen vor dem Heidentum übrig gelassen haben, und wünsche
nichts als dass meine Arbeit für einen Anfang weiterer Forschungen
in diesem Sinne gelten könne."

Ein Hauptfehler der deutschen Mythologie besteht darin, dass
die Möglichkeit, den verlorenen deutschen Götterglauben wieder
zu erlangen, stark überschätzt ist. Eine Reihe von Quellen sind
für die deutsche Mythologie verwendet, deren Berechtigung anzu-
fechten ist. Märchen und Sagen enthalten viel Auswärtiges und
dürfen nicht in dem Umfange, wie es hier geschieht, zum Wiederaufbau deutschen Götterglaubens verwandt werden. Die Dichtung des 13. Jahrhunderts ist in ihrer Brauchbarkeit überschätzt.
Die Allegorien der mittelhochdeutschen Dichter, der Wunsch und
Frau Aventiure dürfen nicht mit Odins Beiname Oskr (Wunsch)
und Saga verglichen und aus gemeinschaftlicher altmythischer
Überlieferung abgeleitet werden. Vieles entstammt christlicher
Sage und geht zuletzt auf die Bibel zurück, was von Grimm als

heidnische Erinnerung erachtet wird. Allzuwenig rechnet Grimm
mit jüngerem Ursprung, mit individuellen Erfindungen der Dichter, mit Entlehnung aus der Fremde, und trägt manches Ungehörige ins Heidentum zurück. Obwol Myth.[2] S. XXX gesagt
wird: „Ich leugne keinen Augenblick, dass neben solcher geheimnissvollen Ausbreitung der Mythen (d. h. von einem idg. Urbestand) äussere Entlehnung stattfand, ja dass sie mit Absicht ersonnen und übertragen werden konnten, wiewol dieser letzten Art
es schwerer hält als man wähnt unter dem Volk Wurzel zu greifen.
Die römische Literatur hat von frühauf über andere europäische
Länder sich ergossen, es wird in einzelnen Fällen sogar unmöglich sein, zwischen ihrem Einfluss und jenem inneren Wachstum
der Sage den Ausschlag zu thun. Nirgends aber ist Einwirkung
von aussen weniger zu bezweifeln als da, wo durch Zusammen-
stoss der christlichen Lehre mit dem Heidentum unter den bekehrten Völkern unvermeidlich ward, der hergebrachten zu entsagen und an deren Stelle, was der neue Glaube herbeiführte oder
ertrug, aufzunehmen oder abzuändern“ — so wird doch viel mehr
der Satz auf S. XXI befolgt: „Jedwedem Volke scheint es von
Natur eingeflösst, sich abzuschliessen und von fremden Bestandteilen unangerührt zu erhalten. Der Sprache, dem Epos behagt
es nur im heimischen Kreis, nicht länger als er zwischen seinem
Ufer wallt, hält der Strom seine Farbe lauter. Aller eignen Kraft
und innersten Triebe ungestörte Ausbildung ergeht aus dieser Mitte,
und unsre älteste Sprache, Poesie und Sage sehen wir keinen
andern Zug einschlagen.“ Finden sich Einstimmungen zwischen
fremder, romanischer oder christlicher Überlieferung und deutscher
Volkssage, so wird fast nie Entlehnung, sondern Herkunft aus
gemeinsamer germanisch-heidnischer Urquelle angenommen. Aus
der stattlichen, überreichen Sammlung ist daher sehr viel zu
streichen, was weder altgermanisch noch überhaupt mythisch ist.

Im Vergleich zu seinen Vorgängern hat J. Grimm allerdings
mit den angeblichen germanischen Götzen gründlich aufgeräumt,
aber ganz fertig ist er mit ihnen noch nicht geworden. Krodo
und Sater (aus ags. *Sœteresdæg*) spuken noch neben einer Göttin
Zisa, die von Chronisten im 8. und 9. Jahrhundert zu Ciesburg
erfunden wurde. Eine ags. Göttin Ricen wird vermutet. Holda,
Berhta und andere sind aus der Volkssage gefolgert und fürs
deutsche Heidentum kanonisiert worden.

## 3. Die mythologische Forschung nach J. Grimm.

Die zahlreichen populären Darstellungen der deutschen und nordischen Mythologie, die nach J. Grimm erschienen, ebenso die vielen Einzeluntersuchungen, in denen neues Material beigebracht oder eine bestimmte Erscheinung für sich allein behandelt wurde, kann ich hier nicht aufzählen und charakterisieren. Einiges Hierhergehörige verzeichnet v. Bahder, die deutsche Philologie im Grundriss, S. 234 ff. Nur *die* Schriften sollen genannt werden, welche neue fruchtbare Gedanken vertraten und damit auf die Entwicklung der mythologischen Forschung nachhaltig einwirkten.

Wilhelm Müllers *Geschichte und System der altdeutschen Religion*, 1844, von J. Grimm in den Berliner Jahrbüchern für wissenschaftliche Kritik 1844, Nr. 91—2 ungerecht verurteilt, sucht die von Grimm gewonnene deutsche Mythologie nach geschichtlichen Erwägungen zu sichten und die Einzelheiten mit einander zu verbinden. Mit Recht scheidet Müller einen grossen Teil des von J. Grimm gesammelten Materials als unbrauchbar aus. Insbesondere Volkssage und Volksbrauch, sofern erst die christliche Zeit davon meldet, werden nur bei zwingenden Gründen zum Aufbau des altdeutschen Heidentums benutzt. Kritik der Quellen betont Müller als vor allem nötig. Vorschnelle Verallgemeinerung von örtlich und zeitlich bestimmten Nachrichten soll nicht gelten. Freilich wird die nordische Mythologie trotzdem zuviel zur Erklärung der deutschen Trümmer benutzt. Immerhin bleibt Müllers Buch ein achtbarer Versuch, den geschichtlichen Maassstab an Grimms Sammlung zu legen.

Aus der deutschen Mythologie Grimms erhuben sich mehrere eifrig behandelte Fragen, deren Beantwortung die Darstellung wesentlich umgestalten musste. Zunächst blieb noch eine Zeitlang die Mehrung des mythologischen Stoffes eine wichtige Hauptaufgabe der Mythologen. Weniger aus den Denkmälern der Vergangenheit als vielmehr aus der mündlichen Überlieferung der Gegenwart erstanden unzählige wertvolle und wertlose Sammlungen von Märchen, Sagen und abergläubischen Bräuchen.[1] Hatten doch

---

1) Bereits im MA. wurden solche Sammlungen veranstaltet, jedoch im grossen Stil und im Hinblick auf mythologische und religionsgeschichtliche Verwertung erst im 19. Jahrhundert. Eine erschöpfende Bibliographie könnte

die Brüder Grimm in ihren Sammlungen musterhafte Vorbilder aufgestellt, denen in allen Ländern allmälig nachgeeifert wurde. Nachdem J. Grimm den mythologischen Wert der Volkssagen betont hatte, sammelten die deutschen Gelehrten besonders unter diesem Gesichtspunkte. Wie verhält sich die aus dem Mittelalter und der Gegenwart uns bekannte Volkssage zum Heidentum, enthält sie verblasste Spuren alter Göttersage, diese Frage beschäftigte die Forscher und wurde zunächst im Sinne Grimms entschieden. Was ist aus der Heldensage, insofern sie geschichtliche und mythische Bestandteile enthält, für die Mythologie zu lernen? Wie verhält sich die deutsche Mythologie zur nordischen, wieviel gilt von letzterer für Deutschland? Was hat der germanische Götterglaube mit dem andrer, insbesondere indogermanischer Völker gemein, wieviel davon entstammt aus ursprünglicher Gemeinschaft, wieviel aus etwaiger Entlehnung, wieviel aus zufälliger gleicher Entwicklung? Wie entstanden Mythen? Die letzte Frage hat die meisten und widersprechendsten Antworten gefunden. Da sie aber weniger auf germanischem Gebiete zum Austrag kommt, so soll sie auch hier mehr nur beiläufig berücksichtigt werden.[1])

## 4. Volkssage und Heldensage in ihrem Verhältniss zur Mythologie.

Im Norden erkennen wir eine reich entfaltete Göttersage, deutlich ausgeprägte Göttergestalten und eine grosse Menge von Volkssagen und Bräuchen, die schon ins Heidentum zurückreichen. In Deutschland finden wir einige Götternamen, die mit den nordischen zusammenstimmen, aber nur ganz vereinzelte Spuren von Göttersagen, endlich dieselbe Masse von Volkssagen. Es ist nicht denkbar, dass die Deutschen keine *Göttersage,* nur einen *Götter-*

Bogen füllen. Ich begnüge mich mit einem Hinweis auf bibliographische Zusammenstellungen in E. H. Meyers Mythologie S. 28 ff., 56; in Pauls Grundriss der germanischen Philologie II, 1, 738 ff. (nordische Sagen von Lundell), ebd. 777 ff. (deutsche Sagen von John Meier), ebd. 856 ff. (englische Sagen von A. Brandl); II, 2, 273 ff. gibt Mogk einen Gesamtüberblick über die bisherigen Leistungen auf diesem Gebiet, wo jetzt auch Zeitschriften und Vereine eine rege Thätigkeit entfalten.

1) Eine sehr ausführliche Übersicht über die wichtigsten Versuche, die Entstehung des Kultus und des Mythos zu erklären, gibt O. Gruppe, die griechischen Kulte und Mythen in ihren Beziehungen zu den orientalischen Religionen, Bd. I Leipzig 1887 S. 1—278.

*kult* besassen. Dagegen zeugen die wenigen erhaltenen Überreste. Kann eine deutsche Göttersage wiedererlangt werden? Auf zwiefache Art ist es versucht worden. Das oberflächliche rohe Verfahren nimmt einfach die nordische Sage der Edda auch für Deutschland in Anspruch. Der Beweis wird aus der Gleichheit der deutschen und nordischen Götternamen, die ja unleugbar auf gemeinschaftlichen Hintergrund deuten, geführt; ferner mussten Märchen und Sagen, die aus allen deutschen Gauen in überraschender Anzahl zu Tage gefördert wurden, herhalten. Sie galten im allgemeinen als verblasste Mythen. Eifrig spürte man nach zufälligen Übereinstimmungen zwischen ihnen und der nordischen Göttersage. Wurde einem Jäger von einem Löwen die Faust abgebissen, so erinnerte man sich des nordischen Tyr, dem der Fenriswolf die Hand abbeisst. Wurden Riesen erschlagen, so musste es Donar gethan haben. Was rote Farbe trug, erinnerte überhaupt an den Rotbart. Entführungssagen und gefährliche Werbungen wurden zu Freys Werbung um Gerd gestellt. So gelang der Scheinbeweis, dass dieselben Sagen, wie im Norden, so auch in Deutschland von den Göttern gegolten hätten, dass der Inhalt der Edda ohne Bedenken nach Deutschland überführt werden dürfe. In diesem Sinne wirkte der verdienstvolle Sagensammler J. W. Wolf namentlich in seinen Schriften: *Beiträge zur deutschen Mythologie* 1, 1852, 2, 1857 und *Die deutsche Götterlehre* 1852, 2. Aufl. 1874. In der *Zeitschrift für deutsche Mythologie*, welche J. W. Wolf 1853 begründete, die Mannhardt mit dem 3. und 4. Bande (1859) fortsetzte, fanden diese Bestrebungen für kurze Zeit einen Mittelpunkt. So gewiss vieles aus unserem ältesten Heidentum noch in heutiger Sage und Sitte unverändert lebt, ebenso sicher treiben aus dem natürlichen volkstümlichen Keime fortwährend frische Sprossen, die anders als jene beurteilt werden müssen, weil Luft und Licht ihnen andre Beimischung gaben. Von der Wolfschen Schule wurde aber fast die gesamte Volkssage für uralt oder wenigstens als unmittelbarer Abkömmling des Heidentums erklärt. Simrocks *Handbuch der deutschen Mythologie mit Einschluss der nordischen*, Bonn 1853, 6. Aufl. 1887 hat trotz seiner unübersichtlichen verschrobenen Darstellung dieser Richtung zu unverdientem Ruhme verholfen. Anknüpfend an J. Grimms Bild vom Wall, der die nordische und deutsche Mythologie trenne, erklärt Simrock den Zeitpunkt zum Durchstich erschienen: „Wir haben den Wall durchstochen und den Guss einer allgemeinen deutschen Mytho-

logie unternommen". Abgesehen von der durch Schwartz und
Mannhardt begründeten neuen Auffassung der Volkssagen waren
es namentlich auch die Untersuchungen Benfeys über das Pan-
tschatantra 1859, die zur Vorsicht bei Benutzung der Sagen und
Märchen mahnten. Zumal die letzteren, bei denen auch manche
Fälschungen mitunterliefen, verschwanden bald aus der Mythologie
und wurden der vergleichenden Litteraturgeschichte überwiesen.

Ein zweiter Versuch ist ebenfalls von J. Grimm ins Leben gerufen, aber von ihm selbst nicht weiter geführt worden. Die 1812
geschriebene Abhandlung „*Gedanken über Mythos, Epos und Geschichte*" hebt hervor, dass in der Heldensage vielfach Mythisches
und Historisches, göttliche und menschliche Geschichte in eins gewachsen seien. Gelingt es beide Teile zu sondern, so erwächst
der Mythologie reicher Gewinn. Zuerst hat L a c h m a n n 1829
die Nibelungensage daraufhin untersucht. Der bedeutendste Vertreter dieser Richtung ist aber M ü l l e n h o f f, der diesen Gedanken
in der Vorrede zu den *Schleswig-holsteinischen Sagen* 1845, in den
*Untersuchungen zur Geschichte der Nibelungensage*, ZfdA. 10, 146 ff.;
23, 185 ff., *Über Irmin und seine Brüder*, ZfdA. 23, 1 ff., *Über die
austrasische Dietrich- und Hartungensage*, ZfdA. 6, 435; 12, 346;
13, 185, *Über Skeaf und seine Nachkommen*, ZfdA. 7, 410 ff., *Über
Beowulf*, ebda. 419 ff., *Über Frija und den Halsbandmythus*, ZfdA.
30, 217 ff. zur Anwendung brachte. Die Denkmäler der Heldensage entstanden zum Teil noch unter der Herrschaft des Heidentums. Wirkt die Göttersage in ihnen nach, so ist allerdings weit
grössere Gewähr, von hier aus die verlorene Göttersage wiederherzustellen, als aus einem beliebigen späten Märchen. Doch der
Ausführung dieser Gedanken stehen unüberwindliche Schwierigkeiten entgegen. Es ist schon schwer, aus einer Heldensage den
geschichtlichen Kern, die mythischen Bestandteile, die Zuthaten
und eigenen Erfindungen der Dichter sauber von einander zu lösen.
Die Bestimmung des in einer Heldensage etwa vorhandenen Mythus auf seine Herkunft ist nur zu sehr vom subjectiven Urteil
des Forschers abhängig. Man unterliegt allzu stark der Verfüh-
rung, den Mythus so zu gestalten, wie man ihn braucht. Das
Ergebniss, zumal wenn es noch von der vergleichenden Mythologie
beeinflusst ist wie Müllenhoffs letzter Aufsatz von Frija und dem
Halsband, kann als sichere wissenschaftliche Thatsache nicht gelten.
Die Mythologie kann mit derlei Hypothesen nicht rechnen, ohne
vollends ins Grundlose zu geraten.

## 5. Die Lehre vom Ursprung der Mythen und die vergleichende Mythologie.

Wie man unmittelbaren mythologischen Gewinn aus den Sagen schöpfen könne, lehren Müllenhoff, *Sagen, Märchen und Lieder aus Schleswig, Holstein und Lauenburg* 1845 S. XLIV ff. und A. K u h n und W. S c h w a r t z, *norddeutsche Sagen, Märchen und Gebräuche* 1848 S. XX ff. Mit den beiden letztgenannten Gelehrten hebt ein neuer Abschnitt der mythologischen Forschung an. Schwartz in seinen Schriften „*der heutige Volksglaube und das alte Heiden-tum*" 1849, „*Ursprung der Mythologie*" 1860, „*die poetischen Natur-anschauungen der Griechen, Römer und Deutschen in ihrer Beziehung zur Mythologie*" 1864 und 1879, „*indogermanischer Volksglaube*" 1885 war nach zwei Richtungen hin thätig, er bestimmte das Ver-hältniss von Volkssage und Kunstmythus, er suchte den Ursprung der Volkssage aus der Naturanschauung zu erklären.

S c h w a r t z fand in den unter dem Volke noch lebenden Sagen-massen eine „*niedere Mythologie*", die einen früheren Zustand, eine embryonale Entwicklungsform der späteren Götter- und Dä-monenwelt festhalte, möge die letztere auch in weit älteren ge-schichtlichen Zeugnissen überliefert werden. Nicht also bloss Ab-schwächungen, Niederschläge der in der Edda u. s. w. vorliegenden ausgebildeten Mythologie des Heidentums, der Kunstschöpfungen der Dichter, treten uns hier entgegen, wie G r i m m und J. W. W o l f meinten, sondern vielmehr die Keime und Grundlagen, aus denen die „*höhere Mythologie*" sich entwickelte. Wode und das wütende Heer dürfen nicht als verblasste Erinnerung an Wodan und die Einherjer erklärt werden, sondern als der uralte und unvergäng-liche Volksglaube, aus dem zur Zeit des germanischen Heidentums Wodans Gestalt sich emporhub. Mit Theodor W a i t z [1]) begründete Schwartz die *ethnographisch-anthropologische* Betrachtung von Sitte und Sage, die von B a s t i a n [2]), T y l o r [3]) u. A. auf Grund eines um-fangreichen Materiales weiter ausgedehnt wurde, und die darauf ausgeht, an Thatsachen bei den verschiedensten Naturvölkern den gleichmässigen Verlauf der ältesten Sitten-, Religions- und Mythen-bildung zu veranschaulichen. Sie führt zur Einsicht, dass fast

1) Anthropologie der Naturvölker, 6 Bände, 1859—65.
2) Der Mensch in der Geschichte, 3 Bde, Leipzig 1860.
3) Urgeschichte der Menschheit, Lpz. 1867; Anfänge der Kultur, Lpz. 1873.

sämtliche Entwicklungsstufen und Lebensformen, die der geistige
Zustand der Menschheit, der Kulturvölker allmälig durchlaufen hat,
in den heutigen wilden Völkern der Erde noch lebende Vertreter
zählen. Die Beobachtung dieser wilden Völker gewährt ein Hilfsmittel,
den Zustand der civilisierten in seiner Ursprünglichkeit kennen zu
lernen, viele Uberbleibsel der niederen Stufen leben in den höheren
noch fort. So ist auch der religiöse Glaube auf niederer Stufe
bei den Indogermanen, ja überhaupt bei allen Völkern ziemlich
gleichartig. Er erzeugt sich auch stets von neuem, da die Voraussetzungen, die kindliche unentwickelte Vorstellung der Menschen
und die Naturerscheinungen, immer dieselben bleiben. Damit war
eine völlige Verschiebung der Thatsachen erreicht. Das Aufspüren
alter Götter im Volksglauben wurde wesentlich beschränkt. Nur
durch zufällige und verhältnissmässig seltene Rückwirkung konnten
einzelne Züge aus der höheren in die niedere Mythologie übergehen. Selbst die jüngste Volkssage konnte unter Umständen
dieselbe Keimbildung enthalten, aus der in Urzeiten irgend ein
Mythus sich entwickelt hatte. Weniger glücklich ist Schwartz
mit seiner Mythendeutung aus Wetter, Wind und Wolken. Allzu
willkürlich wird die Uberlieferung zugestutzt, allzu einseitig und
künstlich eine einzige Entstehungsart behauptet.

Kuhn aber liess sich vom Veda leiten, in welchem eine der
urindogermanischen sehr nahe stehende Mythologie enthalten zu
sein schien, die zugleich den Satz vom physikalischen Ursprung
der Mythen aufs beste bestätigte. In zahlreichen Abhandlungen
der *Zeitschrift für vergleichende Sprachforschung*, in der *Herabkunft des Feuers und des Göttertranks* 1859 wurde die Lehre von
der vergleichenden Mythologie begründet. Der Vedaforscher
Max Müller war neben Kuhn am Ausbau der Hypothese be-
teiligt (vgl. *Oxford essays*). Die vergleichende Mythologie überträgt die Ergebnisse der vergleichenden Sprachwissenschaft aufs
Gebiet des Götterglaubens und der Göttersage. Möglichst viele
griechische und indische Götternamen wurden zusammengestellt
und aus einer gemeinsamen indogermanischen Form abgeleitet.
Damit ergab sich eine erstaunlich reiche indogermanische Sagenwelt, eine unwahrscheinlich hoch entwickelte geistige Kultur des
Urvolkes. Die mit grosser Zuversicht auftretende vergleichende
Mythologie hat mit völliger Entsagung geendet. Die Etymologien
hielten nicht Stich und damit schon fällt die eigentliche Grundlage. Bis auf ganz vereinzelte Gleichungen, wie Dyaus-Zeus-Tiuz,

deren sachliche Berechtigung selbst noch bestritten wird, sind
heute die meisten Resultate der vergleichenden Mythologie ebenso
verschollen wie die von den Symbolikern dereinst unter den
Hauptreligionen aufgestellten Ähnlichkeiten. Die Methode der
vergleichenden Sprachwissenschaft schien die sicherste Gewähr
zu bieten, aber die Hoffnung täuschte. Wenn die Vedamythologie[1])
nicht als reinster Vertreter der indogermanischen gelten darf, wenn
sie nicht die arische Theogonie ist, so kann ihr Inhalt auch nichts
für die andern indogermanischen Völker Bindendes lehren. Die
Vedamythen sind für sich allein aus ihrer eigenartigen Umgebung
heraus zu erklären. Aber Kuhn und M. Müller entnahmen aus
dem Veda eine allgemein giltige Mythendeutung. Die vedischen
Mythen hängen aufs engste mit Naturerscheinungen zusammen,
ja sie scheinen geradewegs aus der Naturanschauung hervorgegangen zu sein. Kuhn entwickelte die eine Seite der Natur-
symbolik, das Gewitter, Müller die andere, die Sonne vom Aufgang zum Niedergang. M. Müllers Sonnenlehre ist von Müllenhoff
auf Tiuz, Frija und die Alkîz angewandt worden. Im Abschnitt
über Tiuz ist sie auch in diesem Handbuch trotz mancher Zweifel
berücksichtigt.

Die Entstehung der Vedamythologie bezeichnet M. Müller so,
dass blosse Namen von Naturerscheinungen meteorischer Art all-
mälig verdunkelt, personificiert und vergöttert worden seien. Der
Satz: „der Himmel regnet, donnert, blitzt", endigt schliesslich mit dem
Glauben an Zeus, an einen persönlich gedachten Gott des lichten
Himmels, in dessen Hand die Elemente liegen. Die Sprache beruht
auf Vergleichungen, auf Bildern. Allmälig tritt die Metapher dem
Bewusstsein zurück, so entsteht eine Sage, kein blosser Vergleich.
„Die Sonne folgt der Morgenröte" entwickelt den Mythus: der
Sonnengott folgt liebend der Morgenröte; es entsteht eine Wer-
bungssage. „Die Sonne geht unter" = der Sonnengott altert oder
stirbt. „Aus dem Schoose der Nacht enttaucht die Sonne" = die
Nacht gebiert ein strahlendes Kind. Die poetische Sprache gibt
oft zweien mit nur einer gleichen Eigenschaft ausgestatteten
Gegenständen die Bezeichnung, die ursprünglich nur einem der-
selben zukam. Sie sagt z. B. Sonnenstrahlen sind wie Zügel,
Finger, Hände, roten Kühen gleichen die roten Wolken der Abend-

1) Vgl. Hillebrand, Vedische Mythologie I, Breslau 1891; Oldenberg, Die
Religion des Veda, Berlin 1894.

und Morgenröte. Später heisst es: sie sind es wirklich, und dann
entsteht der Mythus von Ross und Reiter, von der rosenfingrigen
Eos, von den Kühen, die der Dämon des Dunkels raubt, die aber
morgens wieder ausgetrieben werden. Müller räumt der Sprache
einen grossen, aber auch gesuchten Einfluss bei Schöpfung der
Mythen zu. Die Götter des Lichts, welche das Grauen der Nacht
verscheuchen, sind die Beschützer und Freunde des Menschen.
Zu dieser Glaubensidee erhub sich bereits das indogermanische
Urvolk. Bei der Mythenbildung ist auch die sogenannte „Hy-
postase" von Belang, dass aus einer Urgestalt mehrere hervorgehen als einzelne Verkörperungen ihrer Eigenschaften und Beinamen. Der Himmel ist der helle (Zeus), der blitzende, donnernde,
welche Namen und Eigenschaften in vielen Mythologien die Vorstellung eines besonderen Gewittergottes neben dem Lichtgott
hervorriefen. So ergeben sich zahllose Möglichkeiten von Mythen-
deutungen. Zwei Grundsätze wurden von den Vertretern der vergleichenden Mythologie als unumstösslich erwiesene Thatsachen
betrachtet: dass die Hauptgöttergestalten und eine Anzahl von
Mythen in der Urzeit und Gemeinschaft des arischen Stammes
entstanden seien, dass die Mythen aus meteorischen Erscheinungen
hervorgingen. Der Grundgedanke der vedischen und damit indogermanischen Mythologie ist ein Kampf der Lichtgötter mit den
Dämonen der Finsterniss, zwischen Tag und Nacht, Sonne und
Gewitterwolke. Wenn auch schwer bedrängt und fast besiegt ringt
sich doch das Licht immer wieder empor. Die allgemeine Anschauung von himmlischen Lichtgöttern mag allerdings sehr wahrscheinlich als indogermanisch gelten. Mannhardt, der eine
Zeit lang ein eifriger Anhänger der vergleichenden Schule war,
unternahm es, in Einzeluntersuchungen (*germanische Mythen* 1858)
und in zusammenhängender Betrachtung (*die Götterwelt der deutschen
und nordischen Völker* 1860) die germanische Mythologie von
diesem Standpunkte aus zu bearbeiten. Sein Buch blieb der
einzige wissenschaftlich begründete Versuch, es rief keine neue
Bewegung hervor, es bildet im Gegentheil den Abschluss der
eigentlich vergleichenden Mythologie in ihrer Anwendung auf die
germanische Überlieferung. Man erkennt klar daraus, wie viel
oder wie wenig mit dieser Methode zu erreichen war.

## 6. Die Lehre vom Dämonenglauben.

Wilhelm Mannhardt[1]), der aus einem einstigen Anhänger
J. W. Wolfs zur vergleichenden Schule übergetreten war, verleugnete
schliesslich auch diese und begründete eine selbständige Lehre,
die *Volksglauben und Volksbrauch*, namentlich soweit er mit dem
Ackerbau zusammenhängt, obenan stellt. Auf Grund umfassender
Sammlungen, auf Grund sorgsamer Erforschung alter und neuer
Überlieferung bekennt er sich zur Anschauung, dass Wald-, Feld-
und Hausgeister der Einbildung des Volkes zuerst lebendig wurden,
dass diese Gestalten dem niedern Volke auch stets lebendig blieben,
gleichviel welche Mythen die fortschreitende Kultur unter den
höheren Kreisen zeitigte. Diese im Kerne sich gleichbleibende
Volksmythologie war der gemeinsame Besitz der ungeteilten Indogermanen. Die Annahme einer ausgebildeten indogermanischen
Götter- und Heldensage gibt Mannhardt zuletzt fast ganz auf. Nur
einige wenige gemeinsame Götternamen und Vorstellungen wie
Dyaus-Zeus lässt er gelten.

Die Untersuchung der Wald- und Feldkulte zeigt, dass diese
einen gemeinsamen Grundstock von Anschauungen und darauf beruhenden Gebräuchen enthalten, der sich bei allen europäischen
Völkern findet, welch verschiedene Religions- und Göttersysteme
sie auch haben mögen. Die Dämonen des Erntefeldes, des Waldes,
des Baumes, die „Vegetationsgeister" machen die Grundvorstellung
aus in den Glaubensüberlieferungen der alten und neuen Kulturvölker Europas. Nur wenig ist von dem Mythenkreis der Dichter
und Priester, der wie der Glaube der Gebildeten über dem der
Ungebildeten, d. h. der geistig und gesellschaftlich Niedrigeren sich
erhebt, in diese Überlieferungen eingedrungen. Am meisten noch
hat das katholische Christentum sich mit ihnen vermischt, sie
teilweise umgeformt oder verhüllt.

Die modernen Volkssagen und Volksbräuche sind die unmittelbaren Abkömmlinge jener urzeitlichen, wennschon auch viele
spätere Neubildungen oft erst aus der christlichen Zeit darunter
begegnen. Der Volksglaube wird zwar immer neu geboren, aber

---

1) Eine Würdigung Mannhardts gibt E. H. Meyer, AnzfdA. 11, 141 ff.
Der Entwicklungsgang des immer mit sich selbst ringenden, stetig vorwärts
strebenden Forschers wird trefflich geschildert. In der Einleitung in die
antiken Wald- und Feldkulte kennzeichnet Mannhardt selber seine Stellung zu
den Hauptströmungen der mythologischen Forschung.

jedesmal auch in veränderter Gestalt, den Verhältnissen angepasst. Aus dem Volksglauben wachsen dann oft höhere Mythen hervor. So wird der Sturmgeist Wode zum Gott der Helden und Dichter, zu Wodan. Besteht einmal der Glaube an lichte himmlische Götter, so mögen sie manche Gestalt aus der Dämonenschar zu sich hinauf ziehen. Entkleidet man einzelne Götter ihres herrlichen Aufputzes, so kommen wieder die altbekannten Spukgestalten zum Vorschein. Im allgemeinen Gedanken berührt sich also Mannhardt mit Schwartz, dass der Kunstmythus aus dem Volksglauben und nicht umgekehrt dieser aus jenem hervorging. Die Möglichkeit, dass beide unabhängig seit Alters neben einander her liefen und nur zeitweilig auf einander einwirkten, wird nicht erörtert. Im *Roggenwolf* 1865 erklärt Mannhardt die Elementargeister für Windgeister. Die Windfurchen im Korn waren die Spuren der in Tier- und Menschengestalt hindurchlaufenden Geister. In den *Korndämonen* denkt er daneben an Seelengeister. Im *Baumkult der Germanen* 1875, in den *antiken Wald- und Feldkulten* 1877, in den *mythologischen Forschungen* wird dagegen die Pflanzenseele als Ursprung mythologischer Vorstellungen hingestellt. Aus der Beobachtung des Wachstums in der Pflanzenwelt babe der Mensch auf Wesensgleichheit geschlossen und einen Pflanzengeist erdacht. Die Pflanzenseele entwickelte weiterhin den Glauben an dämonische Wesen überhaupt. Mit seiner Mythenerklärung irrt Mannhardt sicher; diese Gedankenreihe ist viel zu künstlich und abstract. In seinen früheren Arbeiten stand er in diesem Punkte der Wahrheit näher. Ferner erregt die Behauptung indogermanischer Korndämonen Bedenken, da sie sehr entwickelten Ackerbau voraussetzt, während wir die Indogermanen als ein schweifendes Hirtenvolk zu denken haben.

Die vergleichende Schule zumal bei Kuhn und Müller nahm die kunstvollen Göttermythen zum Ausgang, deren Ursprung aus Wind und Wolken und Himmelslicht abgelesen wurde. Schwartz hatte mit richtigem Gefühl die Volkssage in den Vordergrund gestellt, blieb aber in der rein meteorischen Auslegung befangen. Mit Mannhardt tritt immer mehr der Volksglaube als die ursprüngliche Religion in den Mittelpunkt, dem gegenüber zumal bei den Griechen der Götterglauben wie eine künstlerisch stilisierte Neugestaltung desselben Grundgedankens erscheint. Elard Hugo Meyer baute diese Ansicht aus. Er nimmt verschiedene Entwicklungsstufen der mythischen Gestalten an nach dem Grundsatze, dass das mensch-

liche Denkvermögen vom Einfachen bis zum künstlerisch höher
Ausgebildeten aufsteige.

Die erste Stufe des Volksglaubens ist die Vorstellung von
Seelengeistern, von Gespenstern. Der Geisterglaube wurzelt tief
und unausrottbar im Menschen, Vorgänge im Leben, Traum, Alpdruck, Tod wirken zusammen, um überall bei wilden und gebildeten Völkern zumal unter dem Eindruck der Furcht den ziemlich gleichmässig gestalteten Geisterglauben hervorzurufen. Auf
der zweiten Stufe stehen die Naturdämonen. Die Natur wird beseelt, wo Leben und Bewegung herrschen, im Gewitter, im Wind
und Wolkenzug weben vielgestaltige Dämonen. Auf erster Stufe
enttauchen also die Geister unmittelbar aus dem Innern des Menschen, auf zweiter Stufe tritt die Phantasie mehr in Thätigkeit. Die
physikalische Erklärung kommt wieder vollauf zur Geltung, nur
mit dem Fortschritt gegenüber der früheren Verwendung, dass
nicht einfach eine Verkörperung der Elemente stattfindet, sondern
eine Übertragung des bereits bestehenden Geisterglaubens in die
bewegte Natur. Das geheimnissvolle Leben und Weben, das
der Mensch in der Natur wahrnimmt, das mittelbaren und unmittelbaren Einfluss auf sein Wol und Weh hat, wird dem Walten
unsichtbarer Mächte zugeschrieben. Und solche Wesen sind ja
im Seelenglauben bereits vorhanden. Besonders Windgeister wirken
überall in Wald und Feld, in Wolken und Wassern. Die Anthropologie hat einen fördersamen Beitrag zur Einsicht in die Entstehung mythischer Gebilde geliefert mit dem Nachweis der Seele
und der Naturbeseelung, worin die gesamte niedere Mythologie
eigentlich beschlossen ist. Ihr Ursprung ist damit auch notwendig
überall aus der Wechselwirkung zwischen menschlicher Empfindung und der Natur erfolgt. Bei den meteorischen Auslegungen verliert sich Meyer freilich bald in die unwahrscheinlichen Künsteleien
der älteren Schule. Nur die allgemeine Grundlage eines Volksglaubens oder einer Sage vermag die physikalische Deutung befriedigend nachzuweisen; sobald Einzelheiten ausgelegt werden,
verlieren wir festen Boden. Vom niederen Dämonenglauben unterscheidet Meyer einen höheren, den die höheren Stände aus dem
gewöhnlichen Volksglauben dadurch erschufen, dass sie geistige
und sittliche Motive einwoben. Wir treffen demnach hier nicht
mehr auf Vorstellungen, die mit zwingender Notwendigkeit aus
überall gegebenen Voraussetzungen gleichmässig erwuchsen, vielmehr auf wesentlich willkürlich erzeugte individuelle, dichterische

Schöpfungen. Der höhere Dämonenglauben, der noch unter den ungetrennten Indogermanen im wesentlichen entstand, entfaltete die dritte Stufe: Götter- und Heroenglauben. Aus derselben Grundlage erwuchs unter der Pflege der Priester der Göttermythus, beim Adel und beim weltlichen Sänger der Heldenmythus. Daher erklären sich die längst erkannten Berührungspunkte zwischen der Göttersage und den mythischen Bestandteilen der Heldensage, nicht aus einem Abhängigkeitsverhältniss, das die Helden zu „Hypostasen" von Göttern macht, sondern aus beiderseitigem gemeinsamem Hintergrund. In den *Indogermanischen Mythen* 1883 und 1887 wird ein stark ausgeprägter idg. Dämonenmythus angenommen, Sagen von Donner- und Blitzwesen, vom Sturmdämon, von Wolkenfrauen. Ebenso in der *Germanischen Mythologie* 1891. Der Dreiklang der Lufterscheinung, Gewölk, Wind und Gewitter, regt die Einbildungskraft zur Schöpfung bestimmter typischer Gestalten an, welche dann bei den einzelnen indogermanischen Völkern weiterhin zu Göttern und Helden individualisiert werden. Wie Müllenhoff räumt also auch Meyer der Heldensage eine wichtige Stelle in der mythologischen Überlieferung ein. Er erkennt aber, zumal in der germanischen Mythologie, die kaum lösbare Schwierigkeit ihrer Verwertung an. Weder auf die eine noch auf die andre Art ist je zu hoffen, dass Einigung darüber erzielt werde, was aus der Heldensage als mythisch auszuscheiden, wie es mit der übrigen mythologischen Überlieferung zu verknüpfen sei. Bedenken erregt ferner die Art, wie Meyer die einzelnen Götter aus den höheren Dämonen ableitet. Gewiss bestehen Berührungen zwischen Göttern und Dämonen. Namentlich Wodan ist aus der Gespensterschar zu den Himmlischen entrückt worden. Aber einzelne Erscheinungen dürfen nicht verallgemeinert werden. Die höhere Mythologie steht immer über der unvertilgbaren niederen, Wechselwirkungen nach oben und unten sind unvermeidlich, aber der Beweis, dass die höhere Mythologie in allen Teilen gleichsam organisch aus der niederen hervorging, ist nicht erbracht.

Die mythologischen Deutungsversuche hefteten sich von jetzt ab an die niedere Mythologie, da hier entschieden mehr Aussicht auf befriedigende Lösung der Fragen besteht. Julius Lippert wies in mehreren Schriften nachdrücklich auf Seelenglauben und Seelenkult als das eigentliche mythenerzeugende Element in allen Religionen hin; so in seinen *Religionen der europäischen Kulturvölker* 1881, in *Christentum, Volksglaube und Volksbrauch* 1882,

in der *Allgemeinen Geschichte des Priestertums* 1883/4. Die Thatsache, dass überall der Seelenglaube eine grosse Rolle spielt, tritt
klar hervor. Aber Lippert irrt, wenn er im Seelenglauben die einzige Grundlage der Mythen annimmt und alle Religionen und Mythologien unmittelbar daraus ableitet. Nur unter Missachtung historischer
und philologischer Ergebnisse, die sich dagegen auflehnen, vermag er seine Behauptung durchzuführen. Ungleich wertvoller ist
E r w i n  R o h d e s *Psyche Seelenkult und Unsterblichkeitsglaube der
Griechen* 1890. Rohde erweist das Vorhandensein des Seelenglaubens bereits in den ältesten Zeiten des Griechentums. Selbst
hinter diesen geistig und künstlerisch hoch entwickelten Lebensformen lagert der finstere Gespensterglaube, der einmal dem Menschen eingepflanzt und nur zeitweilig unter dem Einfluss höherer
Bildung zurückzudämmen ist.

L u d w i g  L a i s t n e r behandelte mit feinstem poetischem Em-
pfinden und gründlichster Gelehrsamkeit Vorstellungsgruppen der
niederen Mythologie. *In den Nebelsagen* 1879 nimmt er die Naturerscheinung zu Hilfe, der noch in einer uralten Zeit bereits
einige Typen erwuchsen, z. B. die Anschauung des Nebels als
Wolf, des Sturmes als Ross. Aber nur ein paar Typen sind alt,
deren Individualisierung den einzelnen Völkern zumal unter Einwirkung der Naturverhältnisse zufällt. Das Vermögen, aus Nebel-
erscheinungen Sagen zu bilden, hielt lange an. Die deutschen
Nebelsagen sind nicht sehr alt; sie können erst entstanden sein,
als unsre Vorväter, ins Bergland einrückend, die mannigfachen
Gestalten des Nebels kennen lernten. Im *Rätsel der Sphinx* 1889
wird der Ursprung des Geisterglaubens an den Alptraum angeknüpft, der Alptraum als die Grundlage und der Ausgangspunkt zahlloser abergläubischer Vorstellungen und Sagen erwiesen.
Laistner hat die psychologische Erklärung von der Mythenent-
stehung sehr gefördert, freilich auch zu einseitig angewandt.
Höchst beachtenswert sind die Etymologien, die Laistners Schriften
auch dem Sprachforscher überaus anziehend machen. Die Namen
sollen von Anfang an mit den Sagen verknüpft sein; ihre richtige
Etymologie, die ursprünglich durchsichtig und allgemein verständlich war, weist auf denselben Vorstellungskreis des Alptraumes
hin, dem Sage und Glaube entstammen. Im Verlauf der Zeit kam
der wahre Sinn abhanden. Die Forschung muss ihn wieder herstellen. Natürlich müssen auch die Etymologien manchen sachlichen und formalen Widerspruch hervorrufen. Aus dem Kreise

der Alptraumgeister entwickeln sich allmälig auch nach Laistner die übrigen mythologischen Gebilde. Der Alptraum ist Keim und Kern aller Mythologie.

## 7. Die Wanderung der Mythen.

Die Symboliker hatten aus allgemeinen Ähnlichkeiten eine Urreligion erschlossen, welche mit der Menschheit von der Urheimat aus über den Erdball verbreitet worden war. Die Anhänger der vergleichenden Richtung vertraten eine ähnliche Anschauung, nur mit Beschränkung auf den indogermanischen Stamm. Auch sie glaubten an eine ziemlich ausgebildete indogermanische Mythologie, die mit den einzelnen Völkern wanderte und nach der Trennung allerdings sich auch verschiedenartig entfaltete. Kulte und Mythen aller Zeiten und Völker stehen in geheimnissvoller Wechselwirkung, Ähnlichkeiten sind nicht zu verkennen. Wenn sie nicht auf Zufall und gleichmässiger Entwicklung aus den überall gegebenen Voraussetzungen der Wechselwirkung zwischen menschlichem Geiste und Naturumgebung beruhen, wenn ebenso die urmenschliche wie die urindogermanische Religion als ein Irrtum bezeichnet werden muss, bleibt nur eine Erklärung: Entstehung an einer bestimmten Stelle und Ausbreitung von dort aus. O. Gruppe, *Die griechischen Kulte und Mythen in ihren Beziehungen zu den orientalischen Religionen* I 1887 gelangt nach Verurteilung aller bisherigen Erklärungsversuche zur Lehre vom „Adaptationismus", von der Entlehnung und Aufnahme der irgendwo und irgendwie gestifteten Religionsformen. Die übrige Menschheit war anfänglich durchaus religionslos. Gruppe sagt S. 151: „Wir glauben hinsichtlich der auch von uns zugegebenen sachlichen Übereinstimmungen zwischen den Kulten und Mythen der einzelnen indogermanischen Völker den Nachweis geführt zu haben, dass sie erstens nicht in die proethnische Urzeit hinaufreichen können, weil sie mit dem allgemeinen Kulturzustande jener Periode in unlöslichem Widerspruch stehen, dass sie aber ferner nicht einmal in die Periode der einzelnen Völkergruppen zurückgeführt werden dürfen, ja dass selbst die Anfänge der ethnischen Zeit wenigstens bei den Griechen ohne einigermaassen ausgebildete Religionsformen gewesen sein müssen. Damit ist nun negativ erwiesen, dass der von Müller eingeschlagene Weg, jene sachlichen Übereinstimmungen zu erklären, unrichtig war. Es kommt nun nur noch darauf an, dass eine andre Art der Er-

klärung als die Vererbungshypothese möglich ist, d. h. dass auch
nach ihrer Trennung Inder, Griechen und Germanen zu denselben
Religionsformen gelangen konnten, indem sie sich dieselben von
aussen her aneigneten.   Da als die gemeinschaftliche ausserindo-
germanische Quelle der bei den indogermanischen Völkern übereinstimmenden Mythen und Kulte nur Ägypten und das grösstenteils semitische Vorder-Asien in Betracht kommt, so handelt es
sich darum, ob wol Wege denkbar sind, auf denen ursprünglich
vorderasiatische oder ägyptische Religionsformen in grossem Umfange nach Griechenland, nach Indien und nach Mittel- und Nord-
europa importiert wurden.“ Also die Semiten haben die übrige
Menschheit überhaupt erst mit Religion beglückt! Was Gruppe
S. 180 ff. vom Entstehen der germanischen Religion sagt, ist höchst
unwahrscheinlich. Er glaubt dem Caesar aufs Wort, dass die Germanen damals nur Sonne, Mond und Feuer anbeteten.  „Wie hat
sich das schon in der Zeit geändert, von der uns die Germania
des Tacitus berichtet!  Und von dort aus wieder welcher Abstand
zu dem Zustand der germanischen Mythen und Kulte im Zeitalter
der Völkerwanderung!  Fast Schritt für Schritt können wir an
der Hand äusserer glaubwürdiger Zeugnisse das Eindringen süd-
europäischer Vorstellungen in Germanien verfolgen.“

Gruppes Anschauungen an und für sich verdienen alle Beachtung.  Er macht einen Unterschied zwischen dem Volksglauben
und den priesterlichen hieratischen Mythen samt den damit verknüpften Kulten.  Von diesen, also von der sogenannten höheren
Mythologie gilt die Hypothese der Wanderung.  Wenn auch nicht
im vollen Umfang, wie Gruppe es meint, und einzig von dem
Punkte aus, den er bestimmt, so hat doch die Annahme von Entlehnung gerade auf religiösem Gebiet ungemein viel für sich. Die
Völker waren nicht so abgeschlossen, wie man gewöhnlich für
den ältesten geschichtlich überlieferten Kulturstand anzunehmen
pflegt. Auch steht fest, dass die religiösen Anschauungen der
Germanen im ersten Jahrhundert sich mannigfach veränderten und
zwar durch Anregung von aussen her. Tempelbau, Götterbilder,
Altäre entstehen unter römischem Einfluss. Wodan als Kulturgott
ist auch nicht unter gänzlich abgeschlossenen, fremden Einflüssen
unzugänglichen Stämmen aufgekommen. Die nordische Mythologie
enthält fremde Bestandteile in Menge, ihr ganzer Aufbau ist unmöglich aus bloss urgermanischem Gute zu verstehen. Aber es
wird noch weitreichender und langwieriger Studien bedürfen, bis

die Wanderungslehre sich festigt. Oft lagern auch in der höheren
Mythologie ältere und jüngere Schichten über einander; diese zu
scheiden, ihre Herkunft zu bestimmen, dünkt uns eine schier un-
mögliche Aufgabe. Die sprachlichen Grenzen fallen natürlich bei
der Wanderungslehre, wieder wie zur Zeit der Symboliker muss
der Mythologe die Religion der ganzen Welt übersehen, aber nicht
auf allgemeine Ähnlichkeiten, sondern auf Einzelheiten und immer
mit strengster Quellenkritik. Das Ziel ist noch sehr ferne und
wird vielleicht nie erreicht.

In seiner geistvollen Schrift: *Sæledyrkelse og naturdyrkelse,*
1 Band, Kopenhagen 1890, gelangt der Däne Vodskov[1]) zu
ganz andern, Gruppe schnurstracks entgegengesetzten Ergebnissen.
Wir übergehen hier die höchst anziehenden ethnographischen Abschnitte des Werkes, wo die Lehre von der allmäligen Ausbreitung
des Menschengeschlechtes über die Erde, von der örtlichen Ge-
bundenheit aller Kultur derjenigen von der Wanderung der einzelnen oft sehr hoch kultivierten Völker gegenüber gestellt wird,
und weisen nur kurz auf die mythologischen Anschauungen des
Verfassers hin. Er unterscheidet drei Hauptrassen, Arier, Mongolen,
Semiten. Wie ihre ganze Anlage, so ist auch ihre Religion grundverschieden. Die Mongolen und Semiten haben es nicht über den
Seelenkult gebracht (vgl. S. CII die Abfertigung des jüdischen
Jehova, dieses „ächten Semiten"). Der Seelenkult ist des reinen,
erhabenen Gottesbegriffes unfähig, er bleibt immer in dumpfer
Beschränkung, indem der Mensch der alleinige Maassstab des
Göttlichen ist. Wol schreitet der Seelendienst zum Ahnendienst,
zur Naturbeseelung. Die Naturgegenstände sind die Äusserungen der Seelengeister. Aber der Begriff der Seele bleibt
stets ein niedriger, erbärmlicher. Demgegenüber schwingt sich
arischer Idealismus zum Gottesbegriff auf. Wol kennen die Indogermanen auch alle Abstufungen des Seelenglaubens, aber neben
und über ihm den Götterglauben. Die Natur ist das Göttliche und
alles Sein dem göttlichen Walten unterworfen. Gewiss ist ein grosser
Unterschied, ob geglaubt wird, in der Natur wirken Gespenster
oder lichte mächtige Götter. Die Seelenverehrung geht natürlich als
die niederere Glaubensform der Naturverehrung voraus. Ansätze
zur Vergötterung der Natur zeigen zwar auch die andern Rassen,
zur vollen Entwicklung gedieh sie nur bei den Indogermanen.

---

1) Vgl. die Besprechung Kauffmanns im AnzfdA. 18, 21 ff.

Vodskov hat bis jetzt seine Lehre nur allgemein ausgesprochen, prüfen lässt sie sich erst, wenn sie im einzelnen am Stoffe nachgewiesen sein wird.

So ist kein Mangel an Lehren, aber so vielseitig auch die Fragen beleuchtet wurden, befriedigend gelöst sind sie noch nicht. Für unsern nächsten Zweck ist aber auch die Entscheidung über Vorgänge, welche der Überlieferung zum Teil weit vorausliegen, nicht unentbehrlich. Wir haben es zu thun *mit dem germanischen, deutschen und nordischen Heidentum vom Beginn der Quellenzeugnisse bis zur Bekehrung, also etwa mit dem ersten Jahrtausend.* Es soll annähernd bestimmt werden, welche niedere und höhere Mythologie in diesem Zeitraume vorhanden war. Soweit auf dem Gebiete der höheren Mythologie Einwanderung und Entlehnung fremder, antiker oder christlicher Bestandteile, also „Adaptationismus" damals stattfand, soll diese Thatsache thunlichst in den Vordergrund treten. Dagegen haben wir auch mit einem Bestand von hieratischen Kulten und Mythen zu rechnen, mit einem Grundstock höherer Mythologie, in dessen Besitz die germanischen Stämme um Christi Geburt sich befanden, den sie mit andern Indogermanen gemein hatten. Denn man darf die Germanen Caesars doch nicht götterlos, nur als Anbeter von Sonne, Mond und Feuer denken, während zur Zeit des Tacitus bereits ein ausgedehnter Götterglaube aus dem reinen Nichts entstanden wäre. Wie die Germanen zu ihren vorgeschichtlichen Göttern kamen, braucht nicht entschieden zu werden. Immerhin ist es noch wahrscheinlich, dass die Germanen mit den übrigen Indogermanen von Urzeiten her die Vorstellungen von lichten, himmlischen, waltenden Göttern gemein hatten, dass diese Götterbegriffe an den Naturerscheinungen insbesondere von Licht, Sonne, Gewitter sich entfaltet hatten.[1] Die Persönlichkeiten der Göttergestalten, die wir erblicken, gehören aber gerade in ihren besten und schönsten Zügen den Germanen eigentümlich zu.

## 8. Die Verschiedenheit der einzelnen germanischen Kulte.

Über einzelne verschiedene Kulte in der heidnisch-germanischen Zeit ist bei der Mangelhaftigkeit der Überlieferung wenig zu erfahren. Doch haben einige Gelehrte besonders darauf geachtet

---

[1] Vgl. Oldenberg, Religion des Veda S. 34 ff. über die indogermanische Götterwelt.

und Ergebnisse gewonnen, welche für die Entwicklungsgeschichte
der germanischen Religion von Wichtigkeit sind. Müllenhoff
suchte nachzuweisen, dass Tiuz ursprünglich Hauptgott der Germanen war, jedoch in Niederdeutschland bald vor Wodan zurückwich. Uhland hatte den Unterschied des norwegischen Thorskultes und des schwedischen Freyskultes, endlich auch das Eindringen Odins im Norden hervorgehoben. Weinhold (*Berliner
Sitzungsberichte* 29, 611 ff.) wies nach, dass diese verschiedenen
Kulte zwischen ihren Anhängern zu Kämpfen führten, die mit
einem Vergleiche endigten. Die mit dem Ackerbau verknüpften
Bräuche wurden sorgsam gesammelt, um daraus verlorene germanische Kultformen zu erschliessen. Solche Untersuchungen lieferten H. Pfannenschmid, Germanische Erntefeste im heidnischen
und christlichen Kultus 1878, worin Mannhardts mythologische Anschauungen gelten, und Ulrich Jahn, Die deutschen Opferbräuche
1884, worin die erschlossenen Kultformen nicht nur auf die Wald-,
Feld- und Wachstumsgeister, sondern auch auf die Hauptgottheiten
des Heidentums, deren Spuren übereifrig aufgesucht wurden, zurückgeführt sind.

## 9. Die nordische Mythologie, ihr Verhältniss zur deutschen und gemeingermanischen.

Eine der schwierigsten Fragen betrifft das Verhältniss zwischen
deutscher und nordischer Mythologie. Voreilig wurde eine Lösung
versucht, ehe nur die einfachsten und nötigsten Vorfragen aufgeworfen, geschweige denn erledigt waren. Derselbe Trugschluss,
dieselbe unbewusste Geschichtsfälschung, die auf ein par Ähnlichkeiten hin eine hochentwickelte urindogermanische oder urmenschliche Religion ausbauten, haben lange Zeit ebenso das wirkliche
Verhältniss deutschen und nordischen Götterglaubens entstellt. Die
nordische Mythologie muss zunächst für sich allein gründlich erforscht werden, es gilt, die älteren und jüngeren Bestandteile aus
einander zu lösen, die Entwicklung innerhalb der nordischen Mythologie selber festzustellen, vor allem aber die Quellen auf ihr
Alter, auf ihre Zuverlässigkeit zu prüfen, ihren Inhalt mit Hilfe
der nordischen Kulturgeschichte zu untersuchen, ehe man die Überlieferung auf Treu und Glauben hinnimmt und zu den kühnsten
Kombinationen missbraucht. Im Zusammenhang mit der nordischen

Altertumskunde betrachtet muss die nordische Mythologie richtiger beurteilt werden, als wenn frischweg nach Lust und Laune ihr Inhalt ausgedeutet und mit fernliegenden Dingen zusammengestellt wird.

Angeregt von Grimms Deutscher Mythologie unternahmen nordische Gelehrte zusammenfassende Darstellungen der nordischen. N. M. Petersen's *nordisk mythologi* 1849 sucht den grossartigen, einheitlichen Aufbau der Eddaüberlieferung vorzuführen; gelegentlich wird nach verschiedenen Arten ausgelegt. In R. Keyser's *nordmændenes religionsforfatning i hedendomen* 1847 (vgl. auch *samlede skrifter* 1, 249 ff.), P. A. Munch's *nordmændenes ældste gude- og heltesagn* 1853, K. Maurer's *Bekehrung des norwegischen Stammes zum Christentum* 1855/6 treten die reichlichen Nachrichten der Geschichtsquellen dem Inhalt der Edda ergänzend zur Seite, ohne dass jedoch der grosse Unterschied vollauf gewürdigt und richtig erklärt worden wäre.

Schon vorher war ein beachtenswerter Versuch gemacht worden, die Entwicklungsgeschichte im überlieferten Stoffe nachzuweisen. Martin Hammerich legte 1836 in seiner trefflichen Schrift „*om ragnaroksmythen*" zuerst den kritischen Maassstab an die bisher nur bewunderte und mystisch ausgedeutete nordische Mythologie. Er hebt den Widerspruch zwischen der lebensfreudigen Götterwelt Odins und dem zukünftigen Friedensreiche des ungenannten Gottes, der in der neuen Welt herrschen wird, hervor. Unmöglich könne von Anfang an die Götterwelt dem Untergang durch Feuer geweiht gewesen sein. Es gab eine Zeit, da die Asen ewig und unsterblich waren. Erst spät, als der Heidenglaube sich innerlich überlebt hatte, erhub sich das zukünftige Reich des ewigen Gottes über dem endlichen Reiche Odins. Die „Götterdämmerung" wird als letzte Entwicklungsstufe der Mythologie aufgefasst, ausschliesslich den Nordleuten und den letzten Zeiten des Heidentums zugewiesen. Der Schluss, die Götterdämmerung und das Friedensreich aus den Strömungen des 9./10. Jahrhunderts, d. h. aus fremden Einflüssen zu erklären, wird aber noch nicht gewagt.

Jedoch aus der blossen Betrachtung des Inhaltes der nordischen Mythologie waren keine festen Ergebnisse zu gewinnen, dazu bedurfte es eingehender Prüfung der einzelnen Quellen. Die nordischen Denkmäler erschienen in stetig sich verbessernden Ausgaben. Auf der Grundlage guter Texte nahm die nordische Ge-

schichte und Litteraturgeschichte einen gewaltigen Aufschwung.
Für die sog. ältere Edda, die Sammlung altnordischer Lieder sehr
verschiedenartigen Ursprungs, Inhalts und Alters bildet die Ausgabe Bugges 1867 den Beginn erneuten, gründlicheren Studiums.
Die wachsende Kenntniss der nordischen Sprache und Verskunst
ergab Anhaltspunkte zur genaueren Altersbestimmung der überkommenen Lieder, der erweiterte und vertiefte Einblick in die geschichtlichen Zustände zeigte den Hintergrund, auf dem die Gedichte sich abheben. Auf ganz allgemeine Erwägungen hin wurde
anfangs das Alter der Lieder überschätzt.

So rechnet z. B. W. Müller, *Altdeutsche Religion*, S. 26,
den Hauptbestandteil der Eddalieder mit Sicherheit dem 8. Jahrhundert oder Anfang des 9. Jahrhunderts zu. Die Form und Färbung dieser Dichtungen lässt erkennen, dass sie wegen ihrer
grösseren Einfachheit und Natürlichkeit noch vor die künstlichere
Skaldendichtung des 9. Jahrhunderts zu stellen sind. Zwar einige
Heldenlieder wurden schon früher richtig ins 10./11. Jahrhundert
gesetzt. Im allgemeinen aber galt die bereits von P. E. Müller
vertretene Ansicht, dass der Grundstock der Sammlung, insbesondere die meisten Götterlieder, ins 8. Jahrhundert fallen. Lüning
in seiner Eddaausgabe 1859, S. 7 f. erachtet die Lieder für noch
älter, vor dem 8. Jahrh. entstanden. Die dänischen Altertumsforscher erklärten die Eddalieder für urnordisch, aber meist in
Dänemark gedichtet und verlegten sie ins „mittlere" (450—700)
oder gar ins „ältere Eisenalter" (250—450). Gegen diese leeren
Meinungen wandte sich E. Jessens vortreffliche Abhandlung über
die Eddalieder (ZfdPh. 3, 1871, 1—84), welche den Beginn der
wahrhaft kritischen Eddaforschung bildet und auch in ihren kühnen Behauptungen (christlicher Einfluss in der Vǫlospǫ, Unechtheit
der Bragilieder) immer mehr Bestätigung findet. Nach Jessen gehören die Götterlieder dem norrönen Stamm, den Norwegern und
Isländern, und sind im 10. Jh., ja noch später, doch mit Verwendung älterer Bestandteile gedichtet. Die Mythologie steht auf spä-
tester norröner Entwicklungsstufe. Die Geschichte der nordischen
Sprachen hat dieses Ergebniss vollauf bekräftigt. Urnordisch können die Lieder nicht sein, ihre metrische und sprachliche Form
erlaubt frühestens den Ausgang des 9. Jahrhunderts anzunehmen.

Die neueste, gründlichste Darstellung der altnordischen Litteratur, *den oldnorske og oldislandske litteraturs historie* von Finnur
Jónsson Bd. 1, 1893, S. 65 ff., wo sicherlich immer lieber zu alt

als zu jung geschätzt wird, stellt 875 als äusserste Grenze fürs
älteste Eddalied, die Hǫvamǫl, auf, während die hochberühmte Vǫlospǫ, die Hauptquelle nordischer Mythologie, auf 935/40 angesetzt
wird. Nur also wer den Inhalt völlig von den Denkmälern trennt
und den nordischen Dichtern des 10. Jahrhunderts ein zähes Festhalten an uralter Sagenüberlieferung beimisst, mag ein weit höheres
Alter des Stoffes behaupten, wie es Finnur Jónsson auch thut.

   Henry Petersen, *om Nordboernes gudedyrkelse og gudetro
i hedenold* 1876 suchte die längst erkannten und namentlich von
Uhland hervorgehobenen Unterschiede des nordischen Thors-,
Freys- und Odinskultes zu erklären. Er kam auf Grund umfassender Betrachtung der Skaldendichtung, der geschichtlichen
und archäologischen Quellen zum Schluss, dass Thor der Volks-
und Landesgott der Norweger sei, während Odin bei den Skalden
und am Fürstenhofe als oberster der Götter verehrt wurde. Die
nordische Kunstdichtung folgt auch in der Göttersage wie in der
Heldensage ihrem Hange, fremden, aus Deutschland zugewanderten
Stoff dem altheimischen, also Wodan-Odin dem Thor vorzuziehen.
Odin ist von der Skaldendichtung des 9./10. Jahrhunderts nicht
zu trennen, dort ist sein Reich. Im Volke leben Thor und Freyr,
die nur selten und wol immer unter höfischem, skaldischem Einfluss Odin neben sich dulden. Die nordische Litteraturgeschichte
hatte allmählig zur Erkenntniss geführt, dass die sogen. Eddalieder den Erzeugnissen der Skaldenpoesie zuzurechnen seien,
nicht als uralte schlichte Volksballaden gelten dürfen. Die Skaldenkunst trägt aber in Form und Gehalt ein durchaus eigenartiges,
subjektives Gepräge. Wol schöpft sie aus dem Horte altheimischer
Sagenüberlieferung, doch manches steht und fällt mit den Skaldengedichten und reicht nicht über sie zurück. In der Skaldenkunst
kommt keineswegs der norwegische Volksglaube unmittelbar zu
Tage, eine Mythologie, die hier ihr Dasein fristet, ist nicht der
echte, eigentümlich nordische Götterglaube. Die Eddamythologie
ist in wesentlichen Stücken als Erdichtung der Skalden zu erachten, sie ist in ihrer Gesamtheit kein getreues unverfälschtes
Abbild der mit dem Kulte des nordischen Volkes verwachsenen
Mythologie, noch weniger natürlich ein Abbild urgermanischer
Mythologie. Im Thors- und Freyskult mag man vereinzelte urzeitliche Spuren antreffen, in der Odindichtung gelangt man zunächst auf die unmittelbare Quelle, den deutschen Wodanglauben,
der jedoch nicht unverändert, sondern im Gegenteil mit selbständigen

Zusätzen der nordischen Skalden reichlich ausgeschmückt erscheint. Thor und Freyr entwickelten sich wol selbständig bei Norwegern und Schweden aus urgermanischen Göttergestalten, aus Donar und Tiuz. Wodan aber wanderte als Fremdling aus Deutschland in den Norden, worauf die Überlieferung selber hinweist. Die Skalden des 9./10. Jahrhunderts haben zwar nicht selber Odins Gestalt sich aus Niederdeutschland und Dänemark geholt, sondern bereits in Skandinavien vorgefunden; aber sie haben sich seiner bemächtigt und in ihren Liedern ihn zu höchstem Rang und Ansehen erhoben, dem Gotte, dem das Volk widerstand, zu unumschränkter Vorherrschaft das Reich der Dichtung erschlossen.

Ist einmal erwiesen, dass die wichtigsten Denkmäler der nordischen Mythologie frühestens dem 9. Jahrhundert, meistens sogar erst dem 10. angehören, so darf die von den geschichtlichen Verhältnissen notwendig verlangte Folgerung nicht ausser Acht bleiben. Die vorhergehenden Jahrhunderte sind die der Wikingerzeit, da die Drachenschiffe der Nordländer anfangs zu Heerung und Beute, später zu dauernder Niederlassung die umliegenden Lande aufsuchten[1]). Nach Russland, an die pommersche, friesische, fränkische Küste, nach England, Irland, den Färöern, Island (von 874) liefen die Schiffe aus. Schon im Anfang des 7. Jahrhunderts ist von einem Seezug der Dänen nach Frankreich, von einer Landung nordischer Schiffe auf Tory Island in Irland die Rede. Aber es währte lange, bis die Fahrten regelmässiger und zahlreicher wurden. Um 800 hatten die Wikinger-Einfälle in England und Irland bereits bedrohlich zugenommen, 852 wurde eine förmliche Herrschaft in Dublin aufgerichtet. Die Berührung mit fremden, christlichen, an Kultur hochentwickelten Völkern musste zu wechselseitigen Einwirkungen führen. Wol erschienen die Nordleute zuerst sengend und brennend und verschwanden schnell wieder mit der gewonnenen Beute, aber es wurde mitunter auch mit dem fremden Volke verhandelt. Entführte Frauen, Kinder, die solchen Raubehen entsprangen, trugen zur Vermischung der verschiedenartigsten Elemente bei. Nach erfolgter dauernder Niederlassung ergaben sich engste Beziehungen zwischen den Einwohnern und den Nordleuten. Mit den Stammlanden wurde der Verkehr

---

1) Vgl. Sars, udsigt over den norske historie, I deel, Kristiania 1877; Steenstrup, Normannerne, 4 Bände, Kopenhagen 1876—82.

lebhaft unterhalten. So kam es, dass einzelne Nordleute lange
vor der Bekehrung der Heimatlande auswärts Christen wurden.
Sie lernten christlichen Brauch kennen, sie hörten und sahen viel
Neues, ihr geistiges Leben empfing mannigfache Anregung. Wie
die Deutschen nach den Berührungen mit den Römern, nach der
Wanderungszeit anders geworden waren als zuvor, so ist auch
die nordische Kultur nach der Wikingerzeit eine neue, und aus
der neuen Zeit heraus empfängt die nordische Mythologie ihre
Erklärung. Längst war die Ähnlichkeit antiker und christlicher
Sagen und Vorstellungen mit einzelnen Zügen nordischer Mythologie erkannt, aber nicht erklärt worden. Der norwegische Altertumsforscher S o f u s  B u g g e begründete in seinen *Studien über
die Entstehung der nordischen Götter- und Heldensagen* 1889 eine
neue sachlich und geschichtlich durchaus gerechtfertigte Auffassung dieser Thatsachen, fand aber mehr Widerspruch als Anerkennung. In Deutschland that sich Müllenhoff mit groben, poltern-
den Ausfällen gegen die historische Erklärung hervor. Die Gegner
warfen sich auf zweifelhafte Einzelheiten, auf die freilich arg willkürlichen und anfechtbaren Etymologien, um dadurch die ganze
Lehre zu stürzen. Die Aufmerksamkeit wurde von der Hauptsache abgelenkt. Nachdem der Streit ruhiger geworden, erheben
sich immer mehr schüchterne und kühnere Zustimmungen. Die
einleuchtende Wahrheit von Bugges Grundgedanken ist einmal
nicht wegzuleugnen. Die Frage dreht sich eigentlich gar nimmer
ernstlich darum, ob die nordische Mythologie überhaupt fremde
Bestandteile aufnahm, sondern nur, wie viele und auf welche Art.
Die Baldrsage, Odin am Galgen, den Weltbaum, diese Mythen-
kreise erklärt Bugge entstanden unter Einwirkung antiker und
christlicher Vorstellungen, welche die nordischen Wikinger in England und Irland kennen lernten. Die Mythologie der nordischen
Skalden ist ein Erzeugniss der Wikingerzeit; es kann daher nicht
Wunder nehmen, wenn die vielen fremden Strömungen, denen damals die Nordleute unterworfen waren, auch in ihren Sagen sich
abspiegeln. Einen kräftigen Stoss gegen Bugge gedachte der Isländer Finnur Jónsson im *arkiv for nordisk filologi* 6, 121 ff.; 9, 1 ff.
zu thun. In seiner *oldnorske og oldislandske litteraturs historie*
führt er den Gedanken weiter aus. Jiriczek berichtete in der *Bei-
lage zur allgemeinen Zeitung* 1894 Nr. 79 in gedrängter Kürze
darüber. Solange man den Götterliedern der Edda ein unmöglich
hohes Alter zuschrieb, solange die kulturgeschichtliche Bedeutung

der Wikingerzeit noch nicht erkannt und gewürdigt war, lag die
Annahme fremder Bestandteile in der nordischen Mythologie völlig
fern. Jetzt aber fallen diese Lieder nach dem einstimmigen Urteil der Kenner in eine Zeit, in welcher Einwirkungen aus England und Irland sehr wahrscheinlich sind. Aber neben den Eddaliedern besitzen wir die eigentlichen Skaldenlieder. Bragi, der
älteste norwegische Skald, dichtete vor 840, die Skalden König
Haralds zum Teil vor 875. Die unter ihrem Namen überlieferten
Preislieder auf Könige und Fürsten setzen dieselbe Mythologie
voraus, der wir in der Edda begegnen. Die Skaldengedichte sind
teils unmittelbar mythischen Inhalts. Die Skalden beschreiben
Schilde, die sie zum Geschenk erhielten, auf denen Mythen abgebildet waren, oder sie bedienen sich der höchst künstlichen
Bildersprache, deren ewige schwierige Anspielungen genauste Kenntniss der Mythen beim Hörerkreise, also wenn auch nicht beim
Volke, so doch bei den Königsleuten, bei der höfischen Gesellschaft voraussetzen. Nun sagt Finnur Jónsson, die Wikingerzüge
seien in der ersten Hälfte des 9. Jahrhunderts nur Sommerstreif-
züge gewesen, überwintert wurde in Irland erst 835, in England 851.
Gegenseitige Einwirkungen der Nordleute, Iren und Angelsachsen
seien doch erst infolge längeren freundlichen Verkehres möglich.
Da nun in Bragis Gedichten in der ersten Hälfte des 9. Jahrhunderts die nordische Mythologie vorliegt, so kann sie nicht unter
westlichen Einflüssen stehen, sondern sie muss sich in Norwegen
selber unberührt von der Wikingerzeit entwickelt haben. Der
Hypothese Bugges ist der Boden entzogen, die Übereinstimmungen
nordischer Mythen mit antiken und christlichen Vorstellungen dürfen
nicht in seinem Sinne als Entlehnungen erklärt werden. Finnur
Jónsson hat mit Recht die geschichtliche Vorfrage beleuchtet, die
vor allem beleuchtet werden muss. Das Vergleichen der Überlieferung selber führt zu keiner sicheren Entscheidung, wenn nicht
zuvor erwiesen ist, ob fremde Einflüsse überhaupt möglich waren
oder nicht. War die nordische Mythologie, die wir aus den Eddaliedern des 10. Jahrhunderts kennen, bereits im 9. Jahrhundert,
ja schon um 800 vorhanden, geht sie ursprünglich allein aus Norwegen hervor, dann ist allerdings englisch-irischer Einfluss weniger
wahrscheinlich, immerhin aber nicht ganz ausgeschlossen. Schon
im 7./8. Jahrhundert holten sich die Nordleute die Nibelungensage
und den Wodanglauben aus Deutschland. Beginnen auch erst am
Ende des 8. Jahrhunderts Westfahrten in grösserem Maassstabe, so

sind doch einzelne Züge weit älter. In seinem *bidrag til den
œldste skaldedigtnings historie* 1894 widmete Bugge der Sache
eingehende Untersuchung. Unter Hinweis auf mehrere Abhandlungen Zimmers, welcher nordische Einflüsse im Irischen aufdeckte,
erklärt Bugge die Behauptung, vor 840 sei keine Einwirkung aus
dem Westen auf Norwegen möglich, für hinfällig. Schon die erste
Hälfte des 9. Jahrhunderts kann sehr wol die nordische Mythologie der Skalden gezeitigt haben. Aber weit schwerer wiegt der
Umstand, dass die dem Skald Bragi zugeschriebenen und daher
ins 9. Jahrhundert verlegten Strophen erst in der zweiten Hälfte
des 10. Jahrhunderts und vermutlich auf den westlichen Inseln
gedichtet wurden. Also wird die nordische Mythologie durch
überlieferte Denkmäler gar nicht für den Anfang des 9. Jahrhunderts, sondern frühestens fürs Ende erwiesen. Die Skaldendichtung entstand unter Einwirkung einer reichen Kulturströmung
aus England und Irland. Sie ist in Wirklichkeit nicht älter als
die Eddadichtung, mithin kann sie so wenig wie diese ohne Rücksicht auf die Zustände der Wikingerzeit beurteilt werden. Finnur
Jónsson sucht die Entstehung der Eddalieder und älteren Skaldengedichte möglichst nach Norwegen zu verlegen, weil die norwegische Urheimat weniger den Verdacht fremder Einflüsse aufkommen lässt. Gudbrand Vigfusson hatte den Gedanken hinge-
worfen, viele dieser Gedichte seien in den nordischen Neusiedelungen
auf den Inseln des Westmeeres verfasst worden. Diese Behauptung
wurde freilich stark angefochten. Jedoch dürfte sich immerhin
westlicher Ursprung und damit höchste Wahrscheinlichkeit der
Entlehnung fremder Züge für dieses oder jenes Gedicht noch nachweisen lassen. Bugges Gründe sind sehr zahlreich, sachlich und
formal. Alle halten zwar nicht Stand, aber doch genug, um die
blosse Behauptung und den unbedingten Glauben der Gegner, dass
die unter dem Namen der ältesten Skalden laufenden Gedichte
wirklich von ihnen herstammen, stark zu erschüttern. Die Frage
nach der Ächtheit der Asalehre ist somit in ein neues Stadium
gerückt, indem die Berechtigung ihrer Aufstellung überhaupt bestritten wird. Aber auch hier wird der Bescheid schliesslich
günstig ausfallen, obschon sich noch manche neue Anfechtung erheben wird. Der poetische Wert, die erhabene Grösse der nordischen
Mythologie erleidet nicht die geringste Einbusse mit dem Nachweis, dass sie weder urnordisch noch urgermanisch, vielmehr norwegisch ist, ein Erzeugniss der Wikingerzeit, erwachsen unter

fremden Einflüssen, vielfach durch antike und christliche Vorbilder
angeregt, aber erfüllt von nordischem Geist, als Ganzes eine echt
nordische Schöpfung. Die nordische Mythologie ist der krönende
Abschluss der Entwicklungsgeschichte germanischer Mythologie.

In meinem Handbuch habe ich die Skaldengedichte, wo es
nötig erschien, neben den Eddaliedern angeführt und zwar nach dem
Zeitansatz der Litteraturgeschichten Mogks und Finnur Jónssons.
Ich wagte nicht, die neuen Ansätze Bugges für Bragi und Thjodolf
aufzunehmen. Noch wäre es verfrüht, auch muss die ganze ältere
Skaldendichtung sorgfältig daraufhin durchgearbeitet werden. Aber
es sei ein für allemal hier bemerkt, dass wir trotz den scheinbar
alten Zeugnissen die Mythologie der Skalden schwerlich auf 800,
vielmehr auf etwa 900 anzusetzen haben.

Eine selbständige Weiterführung der Lehre Bugges bieten
E. H. Meyers Schriften *Völuspá* 1889 und *Die eddische Kosmogonie*
1891. Aus reicher Belesenheit in theologischen Schriften des Mittelalters zählt Meyer viele ähnliche Züge der christlichen und nordischen Mythologie auf. Mancher trifft zu, mancher ist gesucht;
von neuem tritt die Thatsache durchgreifender Übereinstimmungen
zu Tage. Die zwei Hauptfragen, die Entstehungszeit der nordischen
Mythologie und die unmittelbaren Vorlagen, aus denen die fremden
Bestandteile übernommen wurden, Fragen, über die volle Gewissheit nie zu erhoffen ist, sucht Meyer bestimmt zu beantworten.
Ein isländischer Theolog, der Gelehrte Sämund († 1133), verfasste
die Vǫlospǫ, die inhaltlich überhaupt kein heidnisches, sondern ein
rein christliches Werk sei. Ein beliebtes Thema jener Zeit, die
Dichtung von der Weltschöpfung, vom Sündenfall, von der Erlösung und vom jüngsten Gericht ward in die nordische Gedanken-
welt umgesetzt. Die nordischen Götternamen spielen darin eine
ähnliche Rolle, wie die antiken bei den christlichen Dichtern des
Mittelalters, die in lateinischer Sprache und mit antikem mythologischem Aufputz Abschnitte aus der Heilsgeschichte vortrugen.
Snorri führte dann etwa hundert Jahre später Sämunds Arbeit in
seiner Edda vollends aus. Der eigentliche Inhalt der Vǫlospǫ gehört also gar nicht der nordischen Mythologie an. Die isländische
Litteratur- und Kulturgeschichte, ebenso allgemeine Erwägungen
sprechen entschieden gegen diese Auffassung. Der Inhalt der
Vǫlospǫ ist nordische Mythologie des 10. Jhs.; wir haben es mit

einer Dichtung des ausgehenden Heidentums zu thun unbeschadet
der fremden Elemente.

Gegen Bugge ist des Schweden V. Rydbergs geistvolles Buch
„*undersökningar i germanisk mythologi*“, 2 Bde. Stockholm 1886/9,
gerichtet. Zwar finden sich manche brauchbare Einfälle, aber im
Grundgedanken ist das Buch vollkommen verfehlt, indem es noch
einmal die wissenschaftlich überwundene vergleichende Mythologie
in der kühnsten Weise aufleben lässt. Die Edda wird frischweg
mit dem Veda, der Veda mit der Edda verglichen, beide auseinander ergänzt, berichtigt, kombiniert und aus einer unmöglichen
und unglaublichen Urquelle geleitet. Wie die Edda oder der Veda
samt der darin enthaltenen Mythologie je für sich entstand, diese
erste und wichtigste Frage verschwindet völlig beim luftigen
Brückenbau, den der dichterisch hochbegabte Verfasser ohne Bedenken zwischen beiden herstellt.

## 10. Die neuesten Darstellungen germanischer Mythologie.

Auf Grund der aufgezählten Werke wurden neuerdings zusammenfassende Darstellungen der germanischen Mythologie im
grösseren Maassstab unternommen von E. H. Meyer (*Germanische
Mythologie* 1891) und Mogk (im *Grundriss der germanischen Philologie* 1, 982 ff.). Wir erhalten daraus einen Überblick, wie sich
die germanische Mythologie im Lichte der heute geltenden Anschauungen ausnimmt. Meyer teilt nach seinen Grundsätzen die
mythologische Überlieferung in Seelen- und Marenglauben, endlich
in den Dämonenglauben ein, woraus er die Götter hervorgehen
lässt. Die Eddamythologie musste er als theologische Dichtung
ausschliessen. Bei den Dämonen drängt sich noch zu sehr die
meteorische Deutung hervor. Aber trotz solchen tief eingreifenden
Irrtümern ist seine Mythologie eine hochbedeutende Leistung. Mit
bewundernswertem Fleisse ist das gesamte wissenschaftliche Material bis in die entlegensten Einzelheiten herangezogen und verzeichnet. Sein Buch ist eine wahre Fundgrube und leistet neben
der Mythologie J. Grimms, deren vierte Ausgabe mit dem Nach-
tragsbande wir ja ebenfalls Meyer verdanken, dem Mythologen die
wichtigsten Dienste. Bei Mogk ist der klare, vorsichtige Aufbau
zu rühmen. Auch er beginnt mit der niederen Mythologie, sucht
aber kein unmittelbares Abhängigkeitsverhältniss zwischen ihr und

dem Götterglauben herzustellen. Hauptgewicht liegt auf der Quellenkritik, die vor übereilten Behauptungen und vorschnellen Deutungen bewahrt. Entlehnung wird in gewissen Grenzen zugegeben.
**Kauffmanns** kleine deutsche Mythologie (*Sammlung Göschen
Nr. 15*) 1. Auflage 1890, 2. Auflage 1893 schliesst die niedere Mythologie völlig aus und strebt nur eine Übersicht über das an, was
die alten Quellen unmittelbar vom Götterglauben berichten. Die
germanischen Götternamen der römischen Inschriften werden nach
Gebühr berücksichtigt. Die Baldrsage erklärt Kauffmann euhemeristisch, Sagenhelden seien zu Göttern erhoben worden. Ein grosser
Waldesgott der Germanen wird aus Namenetymologien, aus Widar,
Hönir, Wali, Mitothin, Heimdall, Requalivahanus erschlossen. Aus
jugendlicher Blödigkeit habe er sich plötzlich zu Heldenschaft,
zum erhabenen Richteramt erhoben, die verborgene Kraft bewäh-
rend, aus dem Dunkel hervorleuchtend. Mein eignes Büch-
lein „*Götterglaube und Göttersagen der Germanen*" Dresden 1894
verhält sich zu diesem Handbuche wie ein Entwurf zur Ausführung, die aber zugleich auch vieles zu berichtigen hat.


## II. Das Ziel des vorliegenden Handbuches.

Hiemit erübrigt noch die Bestimmung der Ziele des gegenwärtigen Handbuchs. Mythologie ist eigentlich nur Göttersage, ein
Handbuch der Mythologie hat demnach möglichst vollständig und
übersichtlich die Göttersage darzustellen, wobei zwei Hauptpunkte
in Betracht kommen: richtige Auslegung und wenn nötig Ergänzung
der mangelhaften Überlieferung, richtige Anordnung des also gewonnenen Stoffes, womit Fragen über Ursprung, Alter, gegen-
seitiges Verhältniss verschiedener Berichte erledigt werden. Es
wird Vorführung der erhaltenen oder erschlossenen Göttersage nach
ihrer Entwicklungsgeschichte angestrebt, aber Mythendeutung, überhaupt Hinausgreifen über die Zeit der Denkmäler möglichst ver-
mieden. Wir müssen uns zunächst in den Grenzen unsrer thatsächlichen Kenntnisse zurechtfinden, ehe wir mit haltlosen Vermutungen
darüber hinausschweifen.

„Unter Mythologie verstehen wir die Summe der Bilder und
Dichtungen, in denen ein Volk seine religiös-poetischen Anschauungen von der es umgebenden Natur und den in ihr wirkenden Kräften, die es als persönliche Wesen auffasste, ausgeprägt

hat; wir verstehen darunter auch die Wissenschaft, die bestrebt ist, den Gehalt, Gang und Umfang der in diesen Dichtungen enthaltenen, inneren geistigen Entwicklung darzulegen und deren Aufgabe daher notwendig eine historische ist."[1]) Diese Begriffsbestimmung sieht vom niederen Volksglauben ab, sie betrifft hauptsächlich die Helden- und Göttersage, allenfalls noch die Naturdämonen, die wichtigen Seelengeister schliesst sie aus. Zu den religiös-poetischen Anschauungen von der umgebenden Natur ergänzt E. H. Meyer mit Recht die aus Vorgängen des Menschenlebens entstandenen Vorstellungen des niederen Volksglaubens.

Es wird überhaupt rätlich sein, die Begriffe *Mythologie und Religion, Sage und Glauben* aus einander zu halten.[2]) Ein Handbuch der Mythologie muss auch die Religion enthalten, denn meistens erwächst doch die Sage aus dem Glauben. Mit dem Glauben ist der Kult unlöslich verknüpft. Wer an Geister und Götter glaubt, wird ihnen auch mit Opfer und Gebet dienen, um ihren Grimm zu sühnen, ihre hilfreiche Gunst zu gewinnen. Häufige Irrtümer scheinen daraus entstanden zu sein, dass Religion und Mythologie nicht scharf aus einander gehalten wurden. Die Geister und Götter, an die man glaubt, können zum Teil aus dem psychologischen Leben des Menschen und aus den Einwirkungen der Natur erklärt werden. Aber die *Sage*, die *Mythologie* ist bereits eine weitere, höhere Stufe. Die Mythologie erwächst nicht unmittelbar aus poetischer Naturanschauung, die Naturerscheinungen setzten sich nicht unmittelbar in dichterische Bilder und Gleichnisse um, deren Reihenfolge zu einer fortschreitenden Handlung ward. Man darf einen Mythus, eine Sage nicht ohne weiteres in Naturvorgänge auflösen wollen. Zwischen den letzten Ursachen und der Mythologie liegt Glaube und Kult inmitten. Die Religion mag allenfalls als das notwendige Ergebniss unbewussten, unwillkürlichen Denkens gelten, in der Mythologie darf die bewusste willkürliche, individuelle und subjective Dichtung nicht unterschätzt werden. Die Mythologie ist das geistige Erzeugniss der Priester und Dichter, eine Poesie, die sich auf den gegebenen religiösen Thatsachen aufbaut. Manchmal mag ein Zusammenhang zwischen den Ursachen des Glaubens und der Mythologie unverloren sein. Im bewusst festgehaltenen Verein mit den Ursachen der Religion kann eine

1) Müllenhoff, Deutsche Altertumskunde 5, 157.
2) Vgl. Noreen, fornnordisk religion, mytologi och teologi. Ein Vortrag gehalten zu Upsala 9. März 1892.

Mythologie bleiben, z. B. die des Veda. Im allgemeinen aber entschwindet das Verständniss der letzten Ursachen des Glaubens dem Bewusstsein sehr bald, und dann fällt die Sage der freigestaltenden Phantasie der Dichter anheim. Demnach scheint Mythendeutung nur dann berechtigt, wenn sie zunächst auf Feststellung des religiösen Kernes ausgeht und diesen allenfalls unter günstigen Umständen auslegt. Gleicher Glaube setzt somit keineswegs gleiche, höchstens ähnliche Sage voraus. Deutsche und Nordleute haben im Grunde einen ähnlichen, im einzelnen vielleicht gleichen Glauben besessen, aber darum ist die nordische Mythologie nicht mit der deutschen gleich, sie muss im Zusammenhang mit nordischer Kultur und Dichtung beurteilt werden.

Aus dem Götterglauben erwächst die Göttersage, aus dem Volksaberglauben die Volkssage. Hier liegen die Verhältnisse einfacher. Aus den vielen Wendungen, die aus neuer und alter Zeit, aus Nord und Süd vorliegen, tritt fast immer der Typus, die gemeinsame Grundlage der überall besonders erzählten Sage, klar zu Tag, sein Zusammenhang mit dem Volksaberglauben ist beinah überall ersichtlich. Diese Typen und ihren abergläubischen Kern, also Volkssage und Volksglauben hat unser Handbuch ebenfalls darzustellen, sofern ihr Vorhandensein im Heidentum wahrscheinlich ist. Die Göttersage, die höhere Mythologie, ist natürlich ebenso verwickelter und schwieriger als die Volkssage, die niedere Mythologie, wie die Kunstdichtung mit andern Maassen zu messen ist als die kunstlose Volksdichtung. In einem Fall sind die Verhältnisse einfach und durchsichtig, im anderen entziehen sie sich als individuelle Vorgänge der Dichterseele unsrem Blick. Dazu kommt der Umstand, dass bereits die beiderseitigen Voraussetzungen, die religiösen Thatsachen, im Götterglauben willkürlicher gestaltet und höher entwickelt sind als im Volksglauben. Die Wissenschaft muss oft Entsagung üben. Es ist besser und nützlicher, bei der Göttersage einzuhalten, wo die Erklärung versagt, als eine Erklärung zu erzwingen. Denn nur zu schnell verliert man Grund und Boden. Der Forschung wird besser gedient, wenn die Lösung einer Frage nur so weit geführt wird, als sie wahrscheinlich ist, wenn die Grenzen unseres Wissens, seis auch nur vorläufig, nicht überschritten werden, als wenn man sich und andern Ergebnisse vortäuscht, deren Haltlosigkeit bald genug erhellt.

Werden Glaube und Sage in eine förmliche Lehre gebracht, so entsteht Theologie. Nur bei Vorherrschaft des Priestertums

wird eine dogmatische Lehre, die zugleich Eigentum eines besonderen Standes bleibt, sich entfalten. Brahmanen und Druiden haben
die Religion und Mythologie ihrer Völker zur Theologie ausgebildet, bei den Germanen geschah dieser Schritt nicht. Eine Götterlehre brachte das Heidentum nicht hervor. Aber in andrer Weise
fand die nordische Mythologie in der ersten Hälfte des 13. Jahrhunderts eine systematische Bearbeitung durch Snorri Sturluson.
Zwar leiten ihn nicht theologisch-dogmatische, wol aber gelehrte
Absichten, die auf ein einheitliches System hinauslaufen, wonach
die nordische Mythologie darzustellen sei. Allzulange hat der geschichtlichen Erkenntniss nordischen Glaubens und nordischer Sage
der Umstand geschadet, dass man Snorris Auffassung nicht vom
Stoffe selber schied.

J. Grimms Deutsche Mythologie will den Glauben der Deutschen
wiederherstellen, wobei die nordische nur als Hilfswissenschaft
dient, Simrocks Handbuch der deutschen Mythologie nimmt den
Inhalt der nordischen Quellen einfach für Deutschland herüber.
Die neueren Werke von E. H. Meyer, Mogk, Kauffmann erweitern
den Begriff deutsch zu germanisch. So will auch dieses Handbuch verstanden sein. So gut als möglich soll auf dem Hintergrund germanischer Glaubensvorstellungen die deutsche und nordische Mythologie gleichermaassen zu ihrem Rechte kommen, aber
mit starker Betonung beiderseitiger Selbständigkeit. Wird das Verhältniss zwischen germanisch, deutsch und nordisch auch nur
einigermaassen richtig erfasst, so ergibt sich von selber ein Einblick in die Entwicklungsgeschichte im ersten Jahrtausend.

Urgermanisch, aus vorgermanischer Zeit stammend, ist nur
ein kleiner Teil religiöser Vorstellungen. So der Götterbegriff,
Tiuz und eine Schar von Lichtgöttern (*tiwôz* an. *tívar*) um ihn.
Seine Beinamen mögen sich schon frühzeitig zu besondern Gestalten entwickelt haben, wie z. B. Donar. Ausserdem ist der allgemeine, typische Grundstock der niederen Religion und Mythologie gemeingermanisch. Rituelle Formen, Opferbräuche, Besprechungen u. drgl. machten den Kultus aus. Im übrigen aber
löst sich die germanische Mythologie in eine grosse Anzahl von
örtlichen Kulten auf, die mehr oder weniger Ausbreitung und
Lebensdauer gewannen. Am kräftigsten gedieh der istväische
Wodansdienst. Die Eigenart der germanischen Stämme und Völker

zeigt sich auch darin, wie sie einigen wenigen gemeinsamen Typen besondere Gestalt und Bildung verliehen.

Man darf die mythologische Überlieferung nicht aus den örtlichen und zeitlichen Verhältnissen, worin sie uns entgegentritt, loslösen und verallgemeinern. Diesen Satz sprach Müllenhoff aus, und doch verstiess er selber dagegen, wenn er aus den verschiedensten örtlich und zeitlich bestimmten Mythen Schlüsse zog, die an Kühnheit denen der vergleichenden Mythologen nicht nachstanden, nur dass sie mühsamer und mit Aufwand grosser Gelehrsamkeit gewonnen waren. Hält man wirklich daran fest, so ergibt sich von selber eine Entwicklungsgeschichte, die jeder Zeit und jedem Stamme das Eigentum belässt, das gemeinsame Uralte oder Entlehnte aber nur dort hervorhebt, wo es wirklich bezeugt ist. Anders waren Glaube und Sage zur Zeit des Tacitus, anders zur Zeit der Bekehrung, anders im Norden als im Süden, nie waren alle diese verschiedenen Züge in einer urdeutschen, urnordischen oder gar urgermanischen Mythologie vereinigt.

## II. Die Quellen der Mythologie.

### I. Die germanischen Stämme im Heidentum und zur Zeit der Bekehrung.

Unter dem Namen Germanen versteht man seit Caesar eine Reihe von Völkerstämmen, die seit vorgeschichtlicher Zeit, nachweisbar seit dem Zeitalter Alexanders des Grossen, in dem norddeutschen Tieflande, zwischen der Weichsel und dem Rhein, auf den Inseln der Ostsee und im südlichen Skandinavien ansässig waren. Durch gemeinsame körperliche und geistige Eigenschaften, durch Spracheinheit und durch die gleiche Grundlage ihres politisch-wirtschaftlichen und sittlich-religiösen Lebens heben sich die Germanen deutlich von allen andern Völkern als eine eigentümliche Volkseinheit ab. Die Germanen zählen zum indogermanischen Volksstamm, dessen Ursitze die heutige Wissenschaft, sofern überhaupt noch die Lehre von der Wanderung gilt, an den mittleren Lauf der Wolga verlegt. Die Westindogermanen breiteten sich westwärts aus in das Mündungsgebiet des Dnjepr, Dnjestr und der Donau, in die waldbedeckte Tiefebene, welche durchs Schwarze Meer im Osten, den Balkan im Süden, die transsylvanischen Alpen im Nordwesten, die Karpathen im Norden, umgrenzt ist. Die Indogermanen waren schweifende Hirten mit niedriger Kultur und wenig entwickelten Götterbegriffen. Die Westindogermanen wurden zu sesshaften, Ackerbau treibenden Viehzüchtern. Aus der europäischen Urheimat gelangten die Griechen über den Balkan, die Italer der Save, die Kelten der Donau entlang in ihre späteren Sitze, Slaven und Germanen rückten nordöstlich der Karpathen den Dnjepr und Dnjestr aufwärts in ihre nördlichen, zum Teil bis heute behaupteten Länder. Die Germanen waren zur Zeit, da die Geschichte zuerst ihrer gedenkt, im Osten von den Slaven und Balten, im Norden Skandinaviens von den Finnen, im Westen und Süden von den Kelten, welche bis zum 3. Jahrh. vor Chr.

das deutsche Mittelgebirge inne hatten, umgeben. Sie zerfallen
in die West-, Ost- und Nordgermanen, aus denen die spätern
deutschen und englischen, die gotischen und wandalischen, die
nordischen (schwedischen, dänischen und norwegischen) Völker
hervorgingen. Zur Zeit der ersten Römerkriege scheinen unter
den Westgermanen drei grosse Kultgenossenschaften mit gemeinsamem Heiligtum und gemeinschaftlicher Stammsage bestanden
zu haben, die Ingwaeonen an der Nordsee mit dem Nerthustempel,
die Istwaeonen am Rhein mit dem Tamfanatempel und späteren
Wodankult, die Erminonen im Binnenland mit dem Haine des
allwaltenden Tiuz. Die zahlreichen Stämme können hier nicht
aufgezählt, ebensowenig kann ihre spätere Entfaltung zu den
grösseren Bünden der Franken und Alamannen geschildert werden.
Die Geschichte der Germanen im Westen und Süden wird bestimmt durch das Zurückweichen der Kelten und das Vordringen
der Römer. Die Germanen breiteten sich nach Süden Rheinauf-
wärts und zur Donau hin aus. Die Ostgermanen verliessen in
der zweiten Hälfte des 2. Jahrhunderts nach Chr. ihre Sitze
zwischen Oder und Weichsel und wanderten wieder südwärts
zum Schwarzen Meer, wo von 214 ab ihre Kämpfe mit Ostrom
anheben. Von ihrem Heidentum ist wenig bekannt, denn die
römischen Geschichtschreiber des 1. Jahrhunderts wissen mehr
von den ihnen naheliegenden Westgermanen als von den fernen
Ostgermanen. Und als die Goten am Schwarzen Meere auftauchten,
wandten sie sich bald dem Christentum zu. Übers Heidentum
der Westgermanen hören wir auch nur vereinzelte gelegentliche
Bemerkungen der antiken Geschichtschreiber, später berichten
christliche Quellen davon. Also kein unmittelbares, unverfälschtes
Zeugniss, keine selbständige zusammenhängende Mitteilung steht
zur Verfügung. Am besten sind wir immerhin vom Heidentum
der westlichen und nordwestlichen deutschen sowie der englischen
Stämme unterrichtet. Reichlich und unmittelbar fliesst die nordische, norwegisch-isländische Überlieferung. Die Völkerwanderung,
der Untergang des römischen, der Aufgang des fränkischen Reiches
bewirken die Anordnung der deutschen Stämme, die in der Hauptsache noch heute besteht. Um 500 rückten die Franken vom
untern Rhein ins Maingebiet und drängten die Alemannen südwärts bis zu den Vogesen und Alpen, zur selben Zeit ergossen
sich die Markomannen aus Böhmen, dem Laufe der Donau folgend,
über die Hochebene und tief in die Alpen hinein in ihre neue

Heimat, welche sie unter dem Namen Bajuwaren (Bewohner des
Landes Baja, d. i. Bojohemum, Böhmen) behaupteten. Vom Franken-
reiche gelangte das Christentum allmälig zu den übrigen Westgermanen und wurde unter mehr oder weniger harten Kämpfen
früher oder später, je nachdem das einzelne Volk dem Franken-
reiche unterworfen war oder nicht, befestigt.[1]  Das Reich der
Merowinger erhub sich um 500 als ein katholisch-christliches, wodurch der Untergang des germanischen Heidentums in allen Reichs-
landen besiegelt war. In den südlichen Ländern war ohnedem
schon durch die Berührung mit Italien dem Übertritt zum Christentum in zahlreichen Einzelfällen vorgearbeitet. Aber die völlige
Ausrottung des Heidentums gieng nur sehr langsam von statten,
die niedere Mythologie ist sowieso dem Wechsel der priesterlichen und staatlichen Religion verhältnissmässig wenig unterworfen, so dass die altheidnischen Grundzüge, wenn schon vielfach vermehrt und verändert, auch unter dem neuen Glauben bis
zur Gegenwart sich erhielten oder sich immer neu erzeugten.

Die fränkische Kirche that zunächst für die Ausbreitung des
Christentums fast nichts, wesshalb die dem fränkischen Reiche
unterworfenen deutschen Stämme noch lange am Heidentum fest-
hielten. Erst die Wirksamkeit der ins Frankenreich eingewanderten
iroschottischen Mönche belebte die kirchlichen Verhältnisse und
erstreckte sich auch auf die Mission. So erschien der hl. Fridolin
um 530 am Oberrhein, aber um die Mitte des 6. Jahrhunderts waren
die Alemannen noch Heiden. Erst Kolumba und Gallus richteten
von 610 ab mehr unter ihnen aus. In Baiern überwog das Heidentum bis zum Ende des 7. Jahrhunderts. Erst der Herzog Theodo
machte 696 mit der Bekehrung Ernst, indem er den Bischof
Ruprecht von Worms ins Land rief. Nur in Friesland nahm die
fränkische Kirche selber die Missionsthätigkeit auf, wobei freilich

---

1) Zur Bekehrungsgeschichte vgl. Rettberg, Kirchengeschichte Deutschlands, 2 Bde, Göttingen 1846/8; Friedrich, Kirchengeschichte Deutschlands,
2 Bde 1867/9; Hauck, Kirchengeschichte Deutschlands, 2 Bde. Leipzig 1887
und 1890; die Bekehrung der Friesen schildert Richthofen, Untersuchungen
über friesische Rechtsgeschichte 2, 348 ff.; über die Bekehrung des Nordens
vgl. Maurer, die Bekehrung des norweg. Stammes zum Christentum, 2 Bde,
München 1855/6; Bd. 1 § 3, 10, 21, 35 behandelt auch die Christianisierung
Dänemarks und Schwedens; vgl. ferner Bang, Udsigt over den norske kirkes
historie, Kristiania 1884; A. D. Jörgensen, Den nordiske kirkes grundlæggelse,
Köbenhavn 1874/8; A. Taranger, Den angelsaksiske kirkes inflydelse paa den
norske, Kristiania 1890/91.

auch Rücksichten des Handels und der Politik mitwirkten. Wichtiger, auch für die Bekehrung der Deutschen, war die Christianisierung der Angelsachsen, die sich von Anfang an ernstlicher und
innerlicher als bei den Franken und in unmittelbarer Abhängigkeit von Rom vollzog. Im Auftrag Gregors I. ging 597 Augustinus
nach England. An König Edelbert von Kent fand der päpstliche
Sendbote einen treuen und verlässigen Helfer. Zwar ging das Be-
kehrungswerk der angelsächsischen Königreiche nicht ohne Kämpfe
von statten. Neben dem Heidentum machten den römischen Geistlichen auch die zum Teil andersgläubigen irischen Mönche, die
auf eigene Faust bekehrten, zu schaffen. Aber schon um die Mitte
des 7. Jahrhunderts war England christlich geworden. Kaum waren
die heimatlichen Verhältnisse geregelt, so machten sich englische
Sendboten zu den Friesen, Franken, Alemannen, Baiern und Sachsen
auf. Die fränkische Kirche war zu selbständig und zu weltlich,
hatte auch das Bekehrungsgeschäft zu lässig betrieben. Die iroschottischen Mönche lehrten ketzerische Ansichten. Der Papst aber
strebte eine zielbewusste, einheitliche und gründliche Bekehrung
aller Deutschen an. Dazu bot sich die englische Geistlichkeit als
geeignetes Werkzeug dar. Winfrid-Bonifatius, der von 716 bis zu
seinem 755 erfolgten Märtyrertod unter Friesen, Franken, Hessen,
Thüringern, Sachsen, Baiern eifrig und wiederholt auftrat, brachte
die Christianisierung des fränkischen Reiches zum Abschluss auf
der festen Grundlage der römisch-katholischen Kirche. Im 8. Jahrhundert wird das bereits stark erschütterte deutsche Heidentum
vollends gebrochen.

Am längsten bewahrten die Sachsen ihre Freiheit und ihr
Heidentum. Missionsversuche, auch der des Bonifatius, hatten nichts
gefruchtet. Karls des Grossen Sachsenkriege von 772 bis 804 fügten
das Sachsenvolk dem Reichsverbande ein. Mit strengen Gesetzen
wurde die Kirchenordnung befestigt und das Heidentum bekämpft.
Um 800 waren somit die westgermanischen Stämme dem Christentum unterworfen, das Heidentum war als öffentlicher, staatlicher
Glaube gebrochen und fristete nur noch im Volksaberglauben ein
elendes Dasein. Mit dem Untergang der freien heidnischen Sachsen
war auch die letzte Widerstandskraft der Friesen vollends dahin.

Unter Ludwig dem Frommen wurde die Bekehrung des Nordens in Angriff genommen. Das Erzbistum Hamburg ward 831 errichtet und dem Anskar, dem Apostel des Nordens, verliehen.
Anskar und nach seinem 865 erfolgten Tode Rimbert verbreiteten

das Christentum nach Schleswig und Jütland, ja sogar in einigen
Küstenplätzen Schwedens. Aber im 10. Jahrhundert ging die Bekehrung Dänemarks und Schwedens wieder stark zurück. Erst
als die Monarchie in Dänemark erstarkt war und König Svein
(995—1014) England eroberte, König Knut (1014—1035) die Herrschaft dort zu behaupten wusste, trat ein entschiedener und dauernder Umschwung zu˙ Gunsten des Christentums ein. Denn ein rein
christliches Reich war mit Dänemark vereinigt worden. Schon
die Staatsklugheit erforderte, das Christentum in Dänemark zur
ausschliesslichen Herrschaft zu bringen. König Knut suchte das Ideal
eines christlichen Herrschers, wie solches die Kirche aufstellte, in
sich zu verwirklichen. Die englische und die deutsche Kirche
wetteiferten mit einander, in Dänemark die Mission vollends durchzuführen und das Heidentum auszurotten. Die Schweden sind am
Ende des 10. Jahrhunderts noch entschieden Heiden. Noch in der
ersten Hälfte des 11. Jahrhunderts war die grosse Masse des Volkes
heidnisch, nur wenige Christen waren vorhanden. Einzelne Könige
waren der neuen Lehre geneigt, wodurch der Mission Vorschub
geleistet wurde. Die Lage des Landes brachte es mit sich, dass
länger als in Norwegen und Dänemark, teilweise bis ins 13. Jahrhundert herab das Heidentum Bestand hatte. Leider fehlen aber
genaue und ausführliche Nachrichten vom schwedischen Heidentum.

Um so reichlicher fliessen die Quellen für Norwegen und
Island. Im 9. Jahrhundert hatten sich viele Norweger in England
und Irland angesiedelt und freiwillig das Christentum angenommen.
Der Ubertritt war meistens wol ein äusserlicher, um unbehindert
mit der christlichen Bevölkerung verkehren zu können. Aufgabe
des Heidentums war nicht notwendig. Viele waren Christen unter
Christen, Heiden unter Heiden, manche verleugneten überhaupt
jeden religiösen Glauben, sowol den neuen wie den alten, und verliessen sich nur noch auf sich selber. Wenn bei solchen Leuten
heidnische und christliche Vorstellungen sich vermischen, wenn sie
ihre Mythologie nur als Dichtung, nicht als Gegenstand gläubiger
Verehrung betrachten, kann das nicht Wunder nehmen. Die Ein-
drücke, welche die Wikinger in der Fremde empfingen, wirkten
auch aufs Heimatland zurück, aber äusserten sich natürlich am
meisten im geistigen Leben derer, die ständig draussen blieben.
Im Jahre 872 hatte König Harald Hárfagri im Hafrsfjord gesiegt
und die Alleinherrschaft in Norwegen aufgerichtet. Viele Edle und
freie Bauern, die sich in den neuen Verhältnissen nicht zurecht

finden konnten, verliessen Norwegen und suchten auf den britischen Inseln und auf Island, das kurz zuvor erst von Wikingern entdeckt worden war, eine neue Heimat. Binnen kurzem erhielt Island seine Bevölkerung, die teils aus unmittelbar hinüber gefahrenen Norwegern, teils aus Leuten, die eine Zeit lang auf den britischen Inseln gewohnt hatten, bestand. König Harald suchte nemlich auch die nordischen Bewohner jener Inseln sich zu unterwerfen und wagte kriegerische Seezüge gegen sie. Darum suchten viele auf dem fernen Island sichere Zuflucht gegen die Übergriffe des norwegischen Königs und fanden sie auch für Jahrhunderte. Unter den isländischen Ansiedlern waren auch einzelne Christen, Nordleute, die in England oder Irland den Glauben gewechselt hatten. Aber sie verschwanden bald unter der überwiegenden Masse der Heiden. In Norwegen setzte die Bekehrung ein, welche, einmal im Stammlande siegreich, auch die Neusiedelungen dem Kreuze beugte. Hakon der Gute, ein Sohn Haralds, der von ca. 935—961 regierte, war in England erzogen und getauft worden. Er war ein überzeugter Christ und suchte sein Land zu bekehren. Aber der Erfolg blieb ihm versagt. Olaf Tryggwason, der 993 ebenfalls in England getauft worden war, zwang Norwegen von 995 an zum Christentum. Er bekämpfte das Heidentum mit aller Macht, und mancher tapfere Held büsste seine Treue an den alten Göttern mit dem Leben. Als Olaf im Jahr 1000 den Tod fand, erfolgte alsbald ein Rückfall ins Heidentum. Aber Olaf Haraldsson (1014—1031), nach seinem Fall heilig gesprochen, nahm die Arbeit von neuem auf und setzte das Christentum mit rücksichtsloser Strenge durch. Die Isländer, welche seit 981 von mehreren Sendboten heimgesucht worden waren, entschlossen sich am Allding des Jahres 1000 zur Annahme des Christentums als Staatsreligion. Die heidnische und christliche Partei war nahe daran, in offenen Kampf einzutreten. Da gelang es der Weisheit des Gesetzsprechers Thorgeir, das drohende Unheil abzuwenden, indem er, um die Einheit des Freistaates und die Unabhängigkeit des Volkes zu retten, lieber den Heidenglauben dran gab. Eine Trennung hätte sicherlich Islands Selbständigkeit gefährdet, der norwegischen Krone willkommenen Anlass gegeben, in die isländischen Verhältnisse einzugreifen. So ging Islands Ubertritt zum Christentum ohne jede Gewaltthat vor sich, auf kühle Erwägung und kluge Entschliessung der Führer im Volke. Das Heidentum wurde abgeschafft, aber nicht grausam verfolgt. Erst viel später mit dem Erstarken der kirchlichen Zucht

machen sich strengere Verbote gegen heidnischen Brauch geltend.
Die nordische Mythologie, die mit der Skaldenkunst aufs innigste
verknüpft war, wurde vom Glaubenswechsel wenig berührt. Nach
wie vor fand sie Pflege. Überhaupt hat die Uberlieferung der
Heidenzeit durch die Bekehrung auf Island nicht Not gelitten. Die
Annahme des Christentums hatte keine Verachtung und Feindschaft
gegen die alten Sagen im Gefolge. So konnten noch im 12./13. Jahrhundert genug heidnische Lieder des 10. Jahrhunderts und Erzählungen aus der Heidenzeit gesammelt, aufgeschrieben und litterarisch bearbeitet werden.

Die Bekehrung der deutschen Stämme zum Christentum geschah nicht überall nach denselben Grundsätzen. Wo sich gar noch
Eroberungs- und Unterwerfungsgelüste hinzugesellten, wie bei den
Franken gegen Sachsen und Friesen, wurde alles, was den alten
Göttern und deren Dienst angehörte, mit Feuer und Schwert aus-
gerottet. Besser stand es dort, wo die Bekehrung ohne politische
Zugabe nur durch die Glaubensboten stattfand. Diese mussten sich
zu milderem Vorgehen bequemen, durften nicht allzu schroff auftreten und mussten nach einer Bekehrung von innen heraus trachten.
Das war für die Erhaltung alter Bräuche günstiger. Die berühmte
Weisung Gregors an Augustinus, den Bekehrer der Angelsachsen,
zeugt dafür, wie weit die Duldung gehen konnte. Statt alles Alte
zu vernichten und auf den Trümmern Neues zu bauen, zielt die
andre Lehre dahin, das Bestehende möglichst zu schonen und daran
anzuknüpfen.

Von der Mitte des 4. Jahrhunderts, da die Westgoten Christen
wurden, bis gegen das Jahr 1000 währt die Bekehrungsgeschichte
der germanischen Völker. Sehr verschiedenartig gestaltet sich der
Kampf des neuen und alten Glaubens, sehr verschiedenartig aber
sind wir auch davon unterrichtet. Meist stehen uns nur mangel-
hafte, feindselige Schilderungen zu Gebot, aus denen nur schwer
ein einigermaassen zusammenhängendes Bild zu gewinnen ist. Wir
vernehmen mehr von Kultbräuchen und vom Glauben als von Sagen.
Eher eine Religionsgeschichte als eine Mythologie ist daraus zu
gewinnen. Umso wertvoller sind die unvergleichlichen nordischen
Denkmäler, die in heimischer Sprache und heimischer Gesinnung
abgefasst unmittelbar das nordische Heidentum uns erstehen lassen.
Aber alle Anerkennung, alle Freude an diesem Horte erhabener
Poesie darf nicht zu ungerechtfertigter Verwendung verführen.

## 2. Die Quellen der germanischen Mythologie.

Die Quellen germanischer Religion und Mythologie [1]) bestehen aus *mittelbaren Zeugnissen* und aus *unmittelbarer Überlieferung.* Sie reichen von den ältesten Zeiten bis zur Gegenwart, insofern auch aus dem heutigen Volksglauben manches für den der heidnischen Zeit zu lernen ist. Aber von grösster Wichtigkeit sind doch die Quellen der heidnischen Zeit selber, nur dass wir für die Westgermanen leider fast immer aus zweiter Hand schöpfen. Die Zeugnisse der römischen Schriftsteller entbehren der Genauigkeit. Auch stört die oberflächliche interpretatio romana, welche auf Äusserlichkeiten hin eine römische Gottheit an Stelle der germanischen nennt. Der Berichterstatter entgeht dabei kaum der Versuchung, die ihm geläufigen Vorstellungen auf die völlig verschiedenen germanischen Verhältnisse zu übertragen. Beobachter, die einem fremden Volke angehören, sind ausser Stand, objektiv, zuverlässig und erschöpfend zu berichten. Was sie wissen, hängt von allerlei äussern Zufälligkeiten ab. Ebenso schlechte Gewährsleute aber sind die späteren christlichen Schriftsteller, die dem Heidentum feindselig gegenüberstehen, denen alles Verständniss abgeht und die gerne absichtlich verschweigen. Da wir aber fast allein auf solche Zeugen angewiesen sind, denen der Geist germanischer Religion und Mythologie durchaus fremd und unverständlich ist, die es nicht einmal mit Angabe der Thatsachen genau nehmen, so ist unsere Kenntniss leider sehr beschränkt und unzuverlässig. Stets muss man auf genaue Prüfung der einzelnen Zeugen bedacht sein, um darnach die ihren Mitteilungen zu Grunde liegenden wirklichen Thatsachen möglichst unverfälscht heraus zu schälen. Solche Kritik ist übrigens ebenso der unmittelbaren Überlieferung gegenüber von Nöten, besonders wenn es sich um Verallgemeinerung handelt.

## 3. Deutsch-englische Quellen.

Von antiken Autoren äussern sich über die germanische Religion Caesar (*Bell. gall.* 6, 21), Plutarch (*Vita Caesaris* c. 19), Appian (*Roman. hist.* 1, 4, 3), Strabo (*Geographicorum* lib. 7, 2),

---

1) Über die Quellen der germanischen Mythologie vgl. die ausführliche Zusammenstellung bei E. H. Meyer, Germanische Mythologie S. 15—60.

Plinius (in den verlorenen *Bellis Germaniae*), Tacitus (*Germ.* 9,
39, 40, 43; *Ann.* I, 51; II, 12; XIII, 55, 57; *Hist.* IV, 14, 22, 61,
65, 73; V, 22 ff.), Sueton (*Vitellius* c. 14, *Domitian* c. 16), Sozomenus (*Hist. eccl.* 6, 37), Claudianus (*Consul. Stilichonis* 1, 288;
*Bell. get.* 528, 542), Orosius (*Hist.* 5, 16), Ammianus Marcellinus (*Hist.* 14, 9; 25, 5, 17), Agathias (2, 6; 28, 5), Pro-
copius (*Bell. got.* 2, 4 ff.; 15, 25).

Aus der heidnischen Zeit, da die Germanen im Verkehr mit
den Römern standen, bieten sich auch einige wenige unmittelbare
Denkmäler. Germanische Söldner im römischen Heerdienst ahmten
die Sitte der *Weihsteine mit Inschriften* ihren römischen Kameraden
nach. Sie errichteten ihren heimischen Göttern Altäre, oft sogar
mit Bildern geschmückt. Meist wurde die interpretatio romana
angewandt, aber durch Zusatz eines germanischen Beiwortes die
deutsche Gottheit bezeichnet z. B. Mars Thingsus, Hercules Magusanus; manchmal stand der deutsche Name allein, wobei aber die
Skulptur die interpretatio romana zum Ausdruck bringen konnte,
z. B. Nehalennia (mit Isisbildern), Hludana, Deus Requalivahanus.
Die Altäre sind bis zum letzten Meisselstich römische Arbeit, die
Bilder gehören dem Gedankenkreise der römischen Mythologie an.
Man darf sie nicht auf germanische Mythen auslegen. Der Gewinn, den uns die germanischen Weihaltäre gewähren, ist sehr
gering. Die Schlussfolgerungen sind ganz unsicher, mehr nur ein
glückliches Raten. Denn der einzige Anhaltspunkt bleibt stets das
mutmaassliche germanische Wort. Aber dessen Sinn ist allein mit
Hilfe der Etymologie zu bestimmen, und wenn auch die Etymologie
mit annähernder Sicherheit erschlossen ist, so bleiben doch immer
noch viele Zweifel, welche Bedeutung der Name oder Beiname
für die Mythologie hat. So ist allerdings im Hercules Magusanus
der starke Donar unschwer erkennbar, aber die Formel Mars
Thingsus bleibt unerklärt, obschon die Etymologie von Thingsus
keine Schwierigkeit macht. Nehalennia, Hludana, Requalivahanus
lassen mit Aufwand grosser Gelehrsamkeit die widersprechendsten
Auslegungen zu.

In lateinischer Sprache von christlichen Verfassern geschriebene Werke kommen fürs spätere Heidentum der Westgermanen
in Betracht. Obenan stehen *die Lebensbeschreibungen der Bekehrer*,
worin häufig auf das besiegte Heidentum eingegangen wird. Die
*Vita Columbani* und die *Vita St. Galli* wissen Einiges von den
heidnischen Bräuchen der Alemannen. Die *Vita Bonifatii* und die

*Bonifatiusbriefe* geben über Mitteldeutschland und Friesland Aufschluss. Von Friesland erzählen die *Vita Liudgeri* und die *Vita Willehadi*. Die heidnischen Zustände der nordischen Völker berührt mehrfach die *Vita Anskarii*. Über die Skandinavier berichtet *Adam von Bremen*. Die angelsächsische Bekehrung schildert des Bäda *Historia ecclesiastica*. Reichhaltig, da sie fortwährend Heidnisches bekämpfen, sind die *kirchlichen Gesetze*, *Bussordnungen*, *Concilsbeschlüsse*, *Papstbriefe*, *Predigten*, *Taufgelöbnisse* u. drgl. Sie sind zwar oft nach einem allgemeinen Schema entworfen und dürfen nicht in allen Einzelheiten fürs germanische Heidentum in Anspruch genommen werden. Aber sie sind andererseits auch häufig gerade im Hinblick auf ein bestimmtes Land und mit Einfügung der landesüblichen Ausdrücke abgefasst. So die *Sächsische Abschwörungsformel*, die Wodan, Donar und Saxnot nennt, und das alte Verzeichniss sächsischen Aberglaubens (*Indiculus superstitionum et paganiarum*), welche aus der Zeit der Sachsenmission stammen. Hefeles *Konciliengeschichte*, Wasserschlebens *Bussordnungen der abendländischen Kirche*, Cruels *Geschichte der deutschen Predigt* gewähren einen guten Überblick über das, was aus solchen Akten für die Mythologie zu lernen ist.

Die *Geschichtschreiber der germanischen Stämme* kommen, wo sie von der Urzeit berichten, häufig auf Mythen zu sprechen; so Jordanes in der *gotischen Geschichte,* Gregor von Tours in der *fränkischen,* Paulus Diaconus in der *langobardischen,* Bäda in der *englischen,* Widukind in der *sächsischen,* Dietmar von Merseburg in seiner *Chronik* und andere mehr. Am ergiebigsten sind auch hier die *nordischen Geschichtsquellen*. Wie die kirchlichen, so haben auch die *weltlichen Rechtsquellen* oft Veranlassung, heidnische Zustände zu erwähnen. So Karls des Grossen *Capitulatio de partibus Saxoniae* und viele *angelsächsische Gesetze*. Viele *Orts- und Personennamen* sind mit mythischen Bestandteilen gebildet, z. B. mit Wodan, Donar, Fro, Ans, Alb u. ä. zusammengesetzt, und verstatten dadurch einen Schluss auf den Vorstellungskreis, dem sie entstammen. *Wochentagsnamen* und *Pflanzennamen* gehören ebenfalls hierher. Die *ältere Sprache,* die namentlich in den ahd. Glossen uns aufbewahrt ist, in Einzelheiten auch die Sprache der erst in der christlichen Zeit abgefassten epischen Gedichte, z. B. der altsächsische Heliand und die zahlreichen angelsächsischen Stabreimgedichte, enthalten viele Ausdrücke aus dem Heidentum. Manche Vorstellungen, z. B. die der Schicksalsfrau Wurd, Bezeichnungen von Göttern und Geistern, viele Thatsachen des Götterdienstes, des Priester-, Opfer- und Tempelwesens werden mit Hilfe der Sprache als gemeingermanisch erwiesen. In den ältesten, dem Heidentum zunächst stehenden Denkmälern halten sich viele uralte Ausdrücke, deren echter heidnischer Begriff so gut als möglich ins Christliche umgesetzt ist, die später grossenteils verschwanden.

Die unmittelbare Uberlieferung in deutscher Sprache ist sehr dürftig und auch nicht vollkommen verständlich. Die *Runeninschrift auf der Nordendorfer Spange* ruft Wodan und Donar zu irgend einer Weihhandlung an. Am meisten bieten immerhin die Zaubersprüche, in Deutschland die beiden berühmten *Merseburger Sprüche*, in denen Götter und Göttinnen genannt sind, ferner einige jüngere Sagen, in welchen heidnische und christliche Bestandteile durch einander laufen[1]). Aus England bieten sich mehrere ebenso wertvolle *Zauberformeln* dar, die auf Woden, die Erdgöttin und die Kampfjungfrauen Bezug nehmen. Die Auslegung dieser rein heidnischen oder christlich-heidnischen Segen ist aber in vielen Einzelheiten sehr unsicher. Lachmann, Müllenhoff, E. H. Meyer und andere suchen die Heldensage in grösserem Umfang für die Göttersage zu verwerten. Aber noch ist keine allseitig befriedigende Lösung der Frage gefunden, wieviel und was die Mythologie, d. h. die Geschichte der Göttersage und des Heidenglaubens, aus der Heldensage für sich in Anspruch nehmen darf.

*Volkssage und Volksaberglaube des Mittelalters und der Neuzeit* bilden eine wichtige Quelle für die Mythologie. Ihre Verwertung ist aber mit bedeutenden Schwierigkeiten verknüpft. Zunächst muss das Verhältniss zwischen höherer und niederer Mythologie richtig gestellt werden. Hierauf muss die Volksüberlieferung für sich allein auf ihre Verwendbarkeit sorgsam geprüft werden. Vieles, was wir nur aus Volkssagen der Gegenwart wissen, *kann*

---

1) Das Wessobrunner Gebet (Müllenhoff-Scherer, Denkmäler [3] Nr. I) und das Muspilli (ebenda Nr. III) wurden lange als mythologische Denkmäler verwendet, ohne die geringste Berechtigung. Ihr Inhalt ist durchaus christlich. Fürs Muspilli wiesen Zarncke, Berichte der sächsischen Gesellschaft der Wissenschaften 1866 S. 191 ff. u. F. Vetter, Zum Muspilli, Wien 1872 S. 106 ff., Heinzel, Zeitschrift f. d. österreichischen Gymnasien 43, 1892, S. 748 christlichen Gedankeninhalt nach. Kögel, Geschichte der deutschen Litteratur I, 1, 317 ff. vermutet wiederum heidnische Spuren darin, während die meisten Forscher das Heidentum allmälig ganz auf den Ausdruck Muspilli eingeschränkt haben. Bei Besprechung des Begriffes Muspilli, Muspell wird diese Frage erörtert werden.

bereits germanisch-heidnisch gewesen sein, aber nicht alles *muss* aus der Urzeit herstammen. Die Volksüberlieferung ist in ständigem Flusse begriffen, Neubildungen und Entlehnungen sind an der Tagesordnung. Unsre nächste Aufgabe geht dahin, zu bestimmen, welche niedere Mythologie im Heidentum neben der höheren herlief. Sofern sie mit der altheidnischen in den Grundzügen übereinstimmt, muss die spätere Volkssage ergänzend herangezogen werden. Um festzustellen, wieviel alt und heidnisch ist, dient wieder an erster Stelle die Sprache, welche lehrt, ob ein Begriff gemeingermanisch ist. Ferner ist Gewicht darauf zu legen, eine Sage oder Vorstellung in möglichst alten Quellen nachzuweisen. Je näher die Überlieferung der heidnischen Zeit gerückt wird, desto grösser ist die Wahrscheinlichkeit, dass sie bereits im Heidentum vorhanden war. Besonders wertvoll sind die Parallelen, welche sich aus den altnordischen Quellen in reicher Fülle ergeben. Viele Sagen erscheinen überhaupt mit dem nordischen Götterglauben gleichzeitig. Begegnen sie, selbst in jüngerer Fassung, in Deutschland und England wieder, so ist die Annahme gemeinsamer Herkunft aus dem Heidentum erlaubt, zumal wenn die Sprache den Grundbegriff als urgermanisch erweist. Gleichheit von Märchen und eigenartigen Sagen deutet zwar auf Wanderung und Entlehnung, aber anders ist die Übereinstimmung typischer und abergläubischer Vorstellungen wie der Seelengeister, Maren, Elbe und Riesen zu beurteilen. Ältere Sammlungen zur Volkskunde sind des Gervasius von Tilbury *otia imperialia* um 1211, des Caesarius von Heisterbach († 1240) *dialogus miraculorum*, des Hans Vintler *Blumen der Tugend*[1]) um 1411, die *Zimmerische Chronik* 1566, die Werke des Prätorius im 17. Jahrhundert, die *gestriegelte Rockenphilosophie* 1706. Die methodische Sammlung aus den älteren Aufzeichnungen und aus der mündlichen Überlieferung der Gegenwart unternahmen die Brüder Grimm in den *Kinder- und Hausmärchen* 1812—14, in den *deutschen Sagen* 1816—18, J. Grimm im *Aberglauben* (in der ersten Ausgabe der Mythologie 1835; wiederholt im 3. Bande 1878 S. 401—508). An dem in diesen Arbeiten ge-

---

1) Vgl. Ältere tirolische Dichter hrsg. von Zingerle, Bd. 1, 1874 die pluemen der tugent des Hans Vintler 7693—7995; 8197—8244; die Anmerkungen des Herausgebers weisen u. a. auf ähnliche Stellen mittelalterlicher Verfasser z. B. auf Berthold von Regensburg und Geiler von Kaisersberg in der Emeis (A. Stöber, Zur Geschichte des Volksaberglaubens im Anfang des 16. Jahrhunderts, Basel 1855).

gebenen unübertrefflichen Muster erstand die wissenschaftliche
Sammlung und Sichtung der Volksüberlieferung, eine Aufgabe, die
jetzt von Vereinen besorgt wird[1]).

## 4. Nordische Quellen.[2])

Der Wert der nordischen Überlieferung beruht vor allem darauf,
dass sie unmittelbar in heimischer Form geboten wird. Zwei Hauptströmungen sind zu unterscheiden: die Nachrichten der Skalden,
die teilweise dem ausgehenden 9. und dem 10. Jahrhundert angehören, obschon sie erst am Ende des 12. Jahrhunderts und im
13. Jahrhundert zur Niederschrift kamen, und die Nachrichten der
in Prosa verfassten Geschichtsquellen, der *Sögur*. Aus letzteren
gewinnen wir ein Bild des *Glaubens*, bei den Skalden erfahren wir
die *Sagen*. Religion und Mythologie sind aber teilweise verschieden, die nordische Mythologie in ihrer Gesamtheit ist nicht unmittelbar aus dem lebendigen Kult und Glauben des norwegischen
Volkes hervorgegangen. Die nordische Mythologie, die im Kreise
der Skalden, der höfischen Kunstdichter, entstand, enthält mehr
fremde Bestandteile, stellt die aus Deutschland zugewanderte Gestalt Odins in den Mittelpunkt, während die Religion des nordischen
Volkes die altheimischen Götter nicht zurückdrängen lässt, Fremdes
eher ablehnt. Der Gegensatz des abenteuernden Wikings und des
sesshaften Mannes, des Edelings und des Bauern gelangt in der
nordischen Mythologie und Religion zum Ausdruck.

Von den Skalden sind diejenigen am wichtigsten, welche noch
dem Heidentum angehören. Zur Kunstdichtung sind auch die sog.
*Eddalieder* zu zählen, die allerdings einfachere Formen anwenden,
aber aus dem Anschauungskreise der Skalden nicht heraustreten,
jedenfalls nicht als blosse Volksdichtung betrachtet werden dürfen.
Die Skaldengedichte sind in doppelter Weise für die nordische
Mythologie von Belang, ihrer Form und ihres Inhalts willen. Das

---

1) Vgl. E. H. Meyer, Mythologie S. 28 ff.; John Meier, Grundriss der
germanischen Philologie II, 1, 776 ff.; Brandl, ebenda 837 ff., Mogk, ebenda
II, 2, 265 ff.

2) Die Quellen der nordischen Mythologie dürfen nur im engsten Zusammenhang mit Kultur- und Litteraturgeschichte benutzt werden. Für die
nordische Litteraturgeschichte verweise ich auf die Darstellung Mogks im
Grundriss der germ. Philologie II, 1, 71 ff. und auf Finnur Jónssons oldnorske
og oldislandske litteraturs historie Bd. 1 Kopenhagen 1895.

eigentliche Thema der Skaldengesänge ist Fürstenlob, aber das
Hauptgewicht fällt neben allerlei metrischen Künsteleien auf die
sprachliche Einkleidung. Der Skald gefällt sich in der Umschreibung einfacher Begriffe, im Ungewöhnlichen. Synonymik ist sehr
beliebt, Odin wird lieber mit einem seiner Beinamen genannt als
mit seinem gewöhnlichen Namen. Daher sind die Skalden auf
möglichst reichhaltige Sammlung von synonymen Ausdrücken, bei
den Göttern auf vollständige Verzeichnisse aller ihrer Beinamen bedacht. Solche Beinamen entstammen aber besondern Eigenschaften
oder Handlungen der Götter. Ferner befleissigen sich die Skalden
verwickelter Bilder und Umschreibungen, die mit Vorliebe aus der
Götter- und Heldensage geholt sind. Die Auflösung der „kenning“,
d. h. der Umschreibung, in die zu Grunde liegende Sagenvorstellung
ist oft sehr schwierig. Jedenfalls setzt eine solche Verwendung
der Göttersage, dass jede Anspielung sofort verstanden wird, deren
genaue Kenntniss bei Dichter und Zuhörer voraus; um 900 muss
die nordische Mythologie in den Kreisen, für welche die Skalden
dichteten, mit allen ihren Feinheiten ganz geläufig gewesen sein.
Endlich haben die Skalden auch geradewegs Mythen dargestellt,
berühren sich also auch im Inhalt unmittelbar mit den sog. Eddaliedern. Ohne diese aber und ohne Snorri wäre uns die nordische
Mythologie nur mangelhaft bekannt. Denn die dunkeln Anspielungen der Skalden versteht nur der, welcher in der Mythologie
bereits bewandert ist. Um 1240, nach andern schon am Ende des
12. Jahrhunderts, veranstaltete ein Isländer eine *Sammlung von
Götter- und Heldenliedern* [1]), worin alles Aufnahme fand, dessen er
habhaft werden konnte. Gedichte der gleichen Art sind auch sonst
vereinzelt auf uns gekommen, ein Beweis, dass im 12./13. Jahrhundert auf Island noch eine grosse Anzahl von solchen Gedichten
vorhanden war, dass jene Sammlung keineswegs erschöpfend war.
Eine Pergamenthandschrift der Sammlung entdeckte 1643 der isländische Bischof Brynjolf Sveinsson; sie wird jetzt auf der kgl.
Bibliothek zu Kopenhagen aufbewahrt und bildet die Hauptquelle
unsres mythologischen Wissens. Brynjolf gab einer Abschrift, die

---

[1]) Die beste Ausgabe der Liedersammlung verdanken wir Sofus Bugge
1867. Eine grosse Ausgabe mit Kommentar und Wörterbuch bereitet Sijmons
vor, wovon der erste Halbband, die Götterlieder enthaltend, 1888 erschien.
Der Codex erschien 1891 in vorzüglicher fototypischer Nachbildung, besorgt
von Wimmer und Finnur Jónsson. Die brauchbarste Verdeutschung, nach
welcher in diesem Handbuch citiert wird, lieferte H. Gering, Leipzig 1892.

er vom Codex nehmen liess, ohne jede Gewähr als reine Vermutung den Titel *Edda* und schrieb sie dem 1133 verstorbenen
isländischen Gelehrten *Saemund* zu. Als „*Saemunds Edda*" wurde
eine Sammlung bezeichnet, die lange nach Saemunds Tod erst zu
Stande gekommen war, ein Titel wurde ihr beigelegt, den sie nie
geführt hat. Aber Brynjolfs irrige Meinung erfreute sich lange Zeit
allgemeiner Anerkennung und rief allerlei neue Irrtümer hervor.
Man machte sich Gedanken über Saemunds Anteil, galt er doch
zuweilen sogar als Verfasser. Brynjolfs Hypothese hat nicht zum
wenigsten verschuldet, dass man so lange über die Bedeutung und
die wirkliche Beschaffenheit der Sammlung im Unklaren blieb. Heutzutage herrscht kein Zweifel mehr über die Ungehörigkeit der Bezeichnung „*Saemunds Edda*". Nur in veralteten Lehrbüchern und
in oberflächlichen populären Schriften wird sie angewandt. Von
den Liedern der Sammlung ist jedes für sich allein auf Alter und
Herkunft zu prüfen, sie bilden keinerlei Einheit. Zwar erheben
sich alle Götterlieder auf der gemeinsamen Grundlage der nordischen Mythologie, im wesentlichen derselben, die hinter den
Skaldengedichten steht. Aber sonst zeigt sich kein engerer Zusammenhang. Nach neuester Schätzung reicht kein Götterlied über
875 hinauf, die Mehrzahl gehört erst dem 10. Jahrhundert, also
dem letzten heidnischen an. Man kann eine Anzahl von Odins-
liedern neben Thors- und Freysliedern erkennen. Zu den Odins-
liedern zählt die Vǫlospǫ́, die den Anfang der Welt, die letzten
Schicksale der Götter, die Erneuerung der Welt enthält. Im Lied
von Baldrs Träumen erkundet Odin die Zukunft von der Seherin,
die er aus dem Todesschlafe weckt. Das Grimnirlied, das Wafthrudnirlied, die Hǫ́vamǫl zeigen Odin im Besitz aller Weisheit.
Die Thorslieder führen uns den starken Gott im Kampf mit Riesen
(Lied von Thrym, von Hymir), in der Wissenswette mit dem unholden Zwerg Alwis vor. Das Harbardslied lässt den Gegensatz
des Thors- und Odinsglaubens hervortreten. Vom Himmelsgott,
wie er um die schöne Gerd werben lässt, berichtet das Skirnirlied.
In der Rigsþula erscheint der Gott unter dem Namen Rig als Erzeuger der menschlichen Stände. In der Lokasenna tritt der schmäh-
süchtige Loki mit argen Vorwürfen den Asen gegenüber, bis ihn
Thor verstummen macht. So bietet uns die Sammlung schöne und
lebendige Schildereien der Asenwelt, wir erblicken die einzelnen
Göttergestalten in voller Thätigkeit, in allen erdenklichen Beziehungen.

Unsre Kenntniss der nordischen Mythologie beruht somit auf der Liedersammlung, auf den Anspielungen der Skalden, welche den Inhalt der erzählenden Götterlieder teils bestätigen, teils auch ergänzen und erweitern. Sie wird aber noch besonders befestigt und vermehrt durch des isländischen Staatsmannes, Geschichtschreibers und Skalden Snorri Sturluson (1178—1241) Arbeiten. Snorri schrieb um 1230 eine „*Edda*", d. h. Poetik. Von Snorris Werk, das diesen Titel mit Recht führt, übertrug ihn Brynjolf irrig auf die Sammlung von Liedern, weil zwischen beiden Werken allerdings Beziehungen bestehen, die aber natürlich mit dem Titel gar nichts zu schaffen haben. Snorri verfasste ein skaldisches Lehrbuch, worin er auf Grund ausgebreiteter Kenntniss der älteren Skaldengedichte die Regeln der Skaldenkunst erörterte. Die Mythologie ist aber dem Skalden zunächst nötig. Daher entwirft Snorri einen leicht fasslichen, fliessend geschriebenen Abriss der nordischen Göttersage, die der Skald beherrschen muss. Er schöpft dabei aus denselben Liedern, die uns in der Sammlung (in „*Saemunds Edda*") erhalten sind, und führt zum Belege seiner Erzählungen einzelne Strophen daraus an. Er schöpft aber auch unmittelbar aus Skaldengedichten, deren mythische Unterlage er in kurzen Zügen uns wiederherstellt. Endlich waren ihm manche Quellen zugänglich, die wir nicht mehr besitzen. Snorris Edda ist also ein nicht zu unterschätzendes Hilfsmittel der mythologischen Forschung. Aber man darf sie auch nicht überschätzen. Snorri stellt die nordische Mythologie nach seinem eignen Ermessen, nach seiner eignen gelehrten Auffassung dar. Wenn möglich müssen wir auf die Urquellen selber zurückgreifen, nicht unbedingt auf Snorri uns verlassen. Schon dadurch ergibt sich manche Berichtigung. Snorri hat einiges missverstanden, einiges zugefügt. Er schildert die Göttersage im erhabenen Rahmen der Weltschöpfung und des Weltbrandes, über denen der ewige Allvater steht. Darin folgt er gewiss den Anschauungen der Skalden des 10. Jahrhunderts, wenn er auch noch einige neue christliche Gedanken einfügte. Nie darf ausser Acht bleiben, dass die nordische Mythologie der Snorra Edda die systematische Bearbeitung eines isländischen Gelehrten des 13. Jahrhunderts ist, die mit der Mythologie der Skalden des 10. Jahrhunderts nicht in allen Stücken für gleichwertig genommen, die unter keinen Umständen in eine germanische Mythologie zurückgetragen werden darf.

Neben den Skaldengedichten gewähren die *Sögur*, besonders

die Geschichtsquellen, reiche Belehrung über Religion und Mythologie.   Die Geschichte der Besiedelung Islands liegt vor in Aris
*Íslendingabók* (verfasst um 1134) und in der *Landnámabók*.  Darin
ist häufig vom Glauben und Kult der Ansiedler Islands die Rede,
Thors- und Freysdienst stehen obenan, Odin wird kaum erwähnt.
Ebenso schildern die isländischen *Familiensögur*, die im 9./10. Jahrhundert spielen, viele heidnische Bräuche.   Diese Sagen sind allerdings erst im 13. Jahrhundert in litterarische feste Form gebracht
worden, manches mag auf Rechnung der Sagaschreiber kommen.
Aber zu Grunde liegt eine alte mündliche Überlieferung, die in
gewissen Kunstformen seit dem Heidentum jene Geschichten bewahrt hatte.   Darum verdienen die Nachrichten, welche uns die
Sögur vom 10. Jahrhundert geben, in der Hauptsache Glauben.
Die *norwegische Königsgeschichte* wurde im 13. Jahrhundert ebenso
zu schönen Prosadarstellungen verarbeitet auf Grund von alten
Skaldengedichten, die meistens als Beleg auch mitgeteilt werden,
und aus mündlicher Überlieferung.   Snorris *Heimskringla* ist das
bedeutendste Werk.   Die Geschichte der heidnischen Könige,
namentlich aber die der beiden Bekehrer Olaf Tryggwason und
Olaf Haraldsson gibt genugsam Anlass, heidnischen Glauben und
heidnische Sage zu schildern.   In den Königssagen, soweit sie auf
Skaldenliedern beruhen, tritt auch Odin hervor; am Königshofe
ward ja von Odin gesungen und gesagt.   Jedoch im norwegischen
Volke selber zeigt sich auch hier Thorsdienst als eigentlicher
Feind des Christentums.   Den Thorsdienst der norwegischen Bauern
müssen die Bekehrer mit weit stärkeren Mitteln bekämpfen, als
die Odindichtung der Skalden.   Die *nordischen Rechtsquellen* befassen sich mehrfach mit dem Heidenglauben, aber mehr mit dem
niedern Volksglauben, wie es auch die südgermanischen Gesetze
thun.   Im Heidentum war mit besondern Satzungen auf den Schutz
des Glaubens Bezug genommen, in der christlichen Zeit eifern die
Gesetze gegen Überbleibsel heidnischer Bräuche.
     Endlich gibt es auch rein mythische Sagen wie z. B. die
*Ynglingasaga,* die *Volsungasaga,* worin wie in den Skaldengedichten
Götter- und Heldensage unmittelbar behandelt sind.   Mit solchen
mythischen Geschichten ist auch des Dänen S a x o  G r a m m a t i c u s
um 1200 verfasste *historia danica* erfüllt.   Saxo schreibt in
16 Büchern eine bis 1187 reichende Geschichte Dänemarks, die
9 ersten Bücher beruhen auf Sagen, zum Teil auf nordischer
Göttersage.   Saxo schreibt einen schwülstigen Stil und hat sich

der Überlieferung gegenüber manche Freiheit erlaubt. Aber trotzdem sind seine Nachrichten für einige mythologische Dinge von
grossem Wert. Saxo schöpfte aus dänischer und norwegisch-
isländischer Sage, öfters beide mit einander vermischend [1]). Wie
Snorri huldigt auch Saxo dem Euhemerismus, die Götter sind als
Menschen aufgefasst. Soweit Saxo mit nordischer Göttersage sich
beschäftigt, stützt er sich vorwiegend auf isländisch-norwegische
Quellen. Darum stimmen seine Mitteilungen wesentlich zu denen
der nordischen Skaldengedichte und Sögur, nur selten begegnen
selbständige Züge dänischer Herkunft.

Auch aus dem späteren Mittelalter und aus der Neuzeit bietet
sich im Norden reiche Überlieferung dar. Wir haben einen grossen
Schatz nordischer Volkslieder und isländischer Reimereien, in
denen die Gestalten des Aberglaubens, Trolle, Riesen, Zwerge,
Elfen, Nixen und Meerweiber ihr Wesen treiben. Die eigentliche
Göttersage wird selten und unselbständig in diesen Poesien behandelt. Zwar erscheint die *þrymskviþa* sowol als isländische Reimerei
in den *þrymlur*, als auch als norwegisch-dänische Volksweise „*Tord
af Hafsgaard*"; Thors Fahrt nach Utgard behandeln die *Loka-
rímur*. Im färöischen *Lokkatáttur* finden wir Odin, Hönir und Loki
in ein Märchen verflochten. Aber es handelt sich hier stets um
ein künstliches litterarisch vermitteltes Fortleben der Heidengötter.
An Volkssagen, die im 19. Jahrhundert gesammelt wurden, gewährten die nordischen Länder höchst ergiebige Ausbeute[2]).

---

1) Vgl. Axel Olrik, kilderne til Sakses oldhistorie I u. II Kopenhagen
1892 u. 94.
2) Vgl. Lundell, Skandinavische Volkspoesie im Grundriss der germanischen Philologie II, 1, 719—749.

# ERSTES HAUPTSTÜCK.

## Die Gestalten des Volksaberglaubens (die niedere Mythologie).

### I. Der Geisterglaube und seine nächsten Ursachen.

Volksaberglaube und Volkssage verhalten sich ähnlich wie Götterglaube und Göttersage. Aus allgemeinen weitverbreiteten Grundtypen erwachsen örtlich und zeitlich sehr verschiedenartige Sagen, die natürlich bei aller Abweichung im einzelnen im Kerne doch übereinstimmen. Wo Geschichten mit verwickelter Handlung und merkwürdigen Einzelheiten an getrennten Orten auftauchen, ist Entlehnung und Wanderung mehr wahrscheinlich als selbständige unabhängige Entstehung. Der Volksglaube scheint unwillkürlich aus der Veranlagung des menschlichen Gemütes zu entstehen. Wol beruht auch er auf einer Anzahl überlieferter Thatsachen, er vererbt sich mündlich in den Geschlechtern und vermehrt sich somit allmälig ungeheuer. Aber er wird gewissermaassen mit jedem Menschen auch neu geboren, dieselbe Anlage, aus der die Urbilder entkeimten, schafft immer neue Vorstellungen ähnlicher Art. Der Volksglaube bleibt nicht unverändert bestehen, er formt sich immer neu. Die Volkssage der heidnischen Germanen ist nicht unmittelbar auf uns gelangt. Zwar die nordischen Quellen bieten auch hier sehr vieles, in Deutschland wird manches mittelbar durch gelegentliche Anspielungen und durch das Vorhandensein der entsprechenden sprachlichen Bezeichnungen bezeugt. Jedoch der Volksglaube der Heidenzeit lebt vielfach im Mittelalter und in der Neuzeit fort. Wie die einfachen Gebilde der neueren Volkssage waren nach Ausweis der nordischen Denkmäler auch die der altheidnischen beschaffen, so dass es wol erlaubt scheint, zur Aufhellung

verschwundener Zeiten die Gegenwart heranzuziehen. Nur muss
Vorsicht walten. Eine neue Volkssage kann nur als Vertreter einer
altheidnischen gelten, wenn der typische Volksglaube, dem sie
entstammt, auch fürs Heidentum wahrscheinlich ist. Damit ist nicht
gesagt, dass sie genau so, wie sie jetzt uns vorliegt, auch damals
lautete. Der heutige Volksglaube und noch weit mehr die Sage
enthalten neben uralten Typen aber auch unzählige Neubildungen,
die erst im Mittelalter und in der Neuzeit, häufig auch aus dem
Verkehr mit andern Völkern aufkamen. Altheidnischer Glaube kann
dem Christentum angepasst worden sein, viele Bräuche sind aber
auch erst vom Christentum veranlasst. Die Hauptaufgabe, Altes
und Neues aus einander los zu lösen, hat die Volkskunde noch kaum
in Angriff genommen. Der Aberglaube und die daraus entwickelte
Sage sind überaus einfach in Form und Gehalt, ohne besondere
Wartung und Pflege entspringt der Glaube den Vorgängen im Leben
des Menschen und in der Naturumgebung. Die einfachen Grundvorstellungen können sich mitunter verwickelter gestalten, jedoch
kaum ohne Einwirkung bewusst schaffender Kunstdichtung. Wenn
man eine wolgeordnete, vollständige Sagensammlung betrachtet, so
treten besonders vier Gruppen von übermenschlichen Wesen hervor, *Maren, Seelen, Elbe und Riesen,* wovon die beiden ersten mit
dem Menschen in unmittelbarem Verkehre stehen, während die
letztgenannten in der Natur wirken. Weil Begriff und Benennung
dieser Wesen gemeingermanisch ist, weil sie in den nordischen
Sagen des Heidentums ebenso weben und leben wie in der deutschen
und nordischen Überlieferung der Gegenwart, so ist ihre Zugehörigkeit zum Bestand des heidnischen Volksglaubens zweifellos.
Die Anthropologie lehrt, dass sie überhaupt allgemein menschlich sind. Soweit ihr Ursprung zu erklären ist, werden wir auch
auf allgemein menschliche Anlagen, die überall gleichmässig vorhanden sind und gleichartig wirken müssen, hingeführt.

Der Gespensterglauben drängt sich dem Menschen durch Wahrnehmungen auf, die er an sich selber und an seinen Mitmenschen
macht. Die subjektiven Vorgänge des Traumschlafes, die objek-
tiven des Todes wirken zusammen zur Vorstellung eines geisterhaften Wesens, das plötzlich aus der Unsichtbarkeit hervortritt
und auf geheimnissvolle Weise sich fühlbar macht. Im Schlafe
erscheinen die Gestalten Lebender und Toter, sie verkehren wie im
wirklichen Dasein, nur häufig freier und ungebundener. Besonders
die Erscheinung längst Verstorbener erregt und beunruhigt das

Gemüt. Im Alptraum wird dem Schlafenden aber unmittelbar die
beängstigende Macht solcher Traumgestalten fühlbar. Das Traum-
bild an sich hätte schwerlich den Glauben an die Wirklichkeit
des Erschauten hervorgerufen, wol aber der Alptraum, der die geheimnissvolle Einwirkung übermenschlicher Wesen immer von
Neuem dem Bewusstsein aufdrängte.[1]) Der Alpdruck ruft die verschiedenartigsten Vorstellungen hervor, je nachdem der Schlafende
von einem Tier oder Menschen, der mitunter bekannte Züge anzunehmen pflegt, sich gequält wähnt. Die bange Furcht steht an
der Schwelle urmenschlichen Glaubens, Kultes und Mythus. Die
Druckgeister mit ihrer merkwürdigen Vielgestalt schienen verwandlungsfähige schädigende Wesen, die jeder verspürt hatte, von
denen jeder zu erzählen wusste, deren objektive Wirklichkeit der
kindlichen Einbildungskraft zweifellos sein musste. Die Furcht vor
dem Alp legte den Gedanken an Maassregeln zu seiner Abwehr
nahe, aus dem Glauben an seine Macht entsprangen Bräuche, die
ihn schadlos machen sollten, also ein wesentlich auf Abwehr gerichteter Kult. Die Alpsage aber erging sich in Schilderungen
besonderer Traumerlebnisse, wie dieser oder jener den Unhold gesehen, wie er sich seiner erwehrt hatte. Auch musste die Sage
seine Herkunft zu ergründen trachten. Denn der Traum zeigte das
Gespenst ja nur, wie es plötzlich über den Schlafenden herfiel,
ohne zu erklären, woher es kam und wohin es wieder entschwand.
Zur Erklärung boten sich von selber andere Wahrnehmungen. Der
Alp trug häufig bekannte Züge lebender oder toter Mitmenschen.
Diese selber in ihrer gewöhnlichen Gestalt konnten aber nicht den
Träumenden heimsuchen, und doch war auch die Erscheinung nicht
von ihnen völlig zu trennen. Der Traum ist nicht nur leidend,
indem der Schlafende die Besuche Andrer empfängt, sondern auch
thätig, indem der Schlafende auf wunderbare Weise im Augenblick

---

1) Die Bedeutung, die dem Alptraum bei der Mythenbildung zukommt,
hebt Laistner, Rätsel der Sphinx, Berlin 1889, hervor. Höchst geistvoll ist
die Entwicklung der Sage, der Mythologie auf der stetigen Grundlage des
Alptraumes nachgewiesen. Jedoch mit seinen Namendeutungen geht Laistner
entschieden zu weit. Die Namen müssten in Urzeiten mit durchsichtiger,
auf den Alptraum unmittelbar bezüglicher Bedeutung entstanden und fest gehalten sein. Die Einkleidung, in welcher die heutige Volkssage sich darbietet,
ist aber meistens sehr jung und ohne unmittelbaren, bewussten Zusammenhang
mit dem ursprünglichen abergläubischen Kerne. Statt auf diesen abergläubischen Kern sich zu beschränken, legt Laistner ohne Bedenken die ganze
darum gewachsene Sagendichtung aus.

die weitesten Entfernungen zurücklegt. War einmal durch den Alptraum die Einbildung aufgeregt, so mochte auch der gewöhnliche Traum zum Nachdenken Anlass geben. In sich selber trug der Mensch ein Rätsel, die Fähigkeit, zeitweilig im Schlafe die leiblichen Fesseln abzustreifen und los und ledig frei umher zu schweifen. Endlich schien der Tod eine gewisse Deutung zu gewähren. Aus dem toten Leib ist der belebende Hauch, der Atem, die Seele entwichen. Der Leib zerfällt in Staub und Asche. Kehrt ein Verstorbener, wie er leibte und lebte, wieder, so muss es sein Geist sein, jene entwichene Seele, die beim Tode nicht zu Grunde ging, die fort besteht und leiblich umgehen, erscheinen kann. Der Tod belehrt den Menschen über den Unterschied zwischen Leib und Seele. Dem Schlummernden mag die Seele für kurze Frist entschweben, dem Toten entfloh sie für immer. Aber ihre wunderbaren Eigenschaften sind dieselben, sobald sie einmal den Leib verlässt. Aus ähnlichem Gedankengang haben die Naturvölker den Begriff der Seele als eines geisterhaften Wesens entwickelt. Überall findet sich Seelen- und Marenglaube. Eine strenge Scheidung zwischen Seelen und Maren lässt sich nirgends durchführen. Aus demselben Vorstellungskreise erwachsen sind beide Erscheinungen einander sehr ähnlich, häufig unzertrennlich. Maren sind ja eigentlich Seelen als Druckgeister, und andererseits ist der Begriff des Seelengeistes namentlich auf den Alptraum begründet. Der Marenglaube mag ursprünglicher und älter sein als der Seelenglaube, bei den heidnischen Germanen sind jedenfalls beide gleichzeitig nebeneinander reich entfaltet gewesen.

## 2. Maren.

Die Gespenster, welche den Menschen im Alptraum heimsuchen, spielen in der niederen Mythologie eine grosse Rolle, sie sind wahrscheinlich wegen ihrer handgreiflichen Fühlbarkeit überhaupt die ersten übermenschlichen Wesen, deren Dasein der Mensch glaubte und fürchtete. Der Seelenglauben beruht zum grossen Teil auf der Vorstellung von quälenden Druckgeistern. Erst allmälig entstand weiterhin der Glaube an Geister, die nicht nur den Menschen quälten und drückten. Zunächst aber ging der Gespensterglaube aus dem Alptraum hervor. Die älteste gemeingermanische Bezeichnung des Druckgeistes ist an. *mara*, dän. *mare, nattemare,*

holl. *nagtmerrie*, engl. *nightmare*. Im frz. ist *cauche-mar*, die
tretende *mare*, aus fränk. *mara* gebildet. Mhd. begegnet *mar*
und *mare* männlich und weiblich. In Norddeutschland ist noch
heute das Wort *mar, mart, mahrte, nachtmare* u. a. üblich. Bei
den Oberdeutschen ist das Wort ausgestorben; dafür werden andere
Benennungen im selben Sinn und mit denselben Sagen wie bei
der nds. *mare* verwendet. So wird das quälende Traumgespenst
als *Alp* bezeichnet. Der allgemeine Begriff Alp wurde verengert
und auf eine besondere Erscheinung eingeschränkt. Oder man
spricht von der drückenden *trut, trude*. *Truden* sind eigentlich
Hexen, zu deren Beschäftigung das Alpdrücken aber vornehmlich
gehört. Bei den Alemannen wird der Nachtgeist auch als *schrettele,
schrat, schretzlein* u. s. f. bezeichnet, aus dem altgermanischen
Wort für Geist, Gespenst, das im an. *skrati, skratti*, ahd. *scrato,
scraz* vorliegt. Endlich heisst der Druckgeist im Elsass und in
einem Teil der Schweiz *doggele*, ein Deminutivum zu *\*dogo*, das
zum Verbum *\*diuhan*, drücken gehört (Laistner, Nebelsagen 341).
Ohne Weiteres erklären sich die Namen *druckerle, nachtmännle*.
So zahlreich und wechselvoll die Namen sind, die Erscheinung
und Wirkung des Gespenstes bleibt immer dieselbe. Im Heidentum hiess es aber allgemein die *mare*, offenbar mit besonderer
Hervorhebung des weiblichen Geschlechts des Gespenstes. Ältere
Marensagen sind nur wenige vorhanden, aber sie waren von den
späteren in sehr grosser Zahl bekannten kaum verschieden, denn
die stets gleichmässig wiederkehrende Ursache musste auch immer
die gleichen Wirkungen erzielen. Besonders deutlich ist hier das
Verhältniss zwischen Aberglauben und Sage, wie Laistner schön
und treffend hervorhob. Die Traumbegebenheit drängte sich
dem Menschen mit voller Leibhaftigkeit immer wieder auf, des
Alps und der Mare war er sicher, denn er spürte sie. Der Bericht vom Alptraum ruft die Alpsage ins Leben. Da mischt sich
alsbald poetische Erfindung und Ausschmückung ein, wie um jeden
religiösen Kern ein mehr oder weniger freier Mythus anwächst.
Schwierig ist auch hier, zu bestimmen, wo dem Bewusstsein der
Zusammenhang der Sage mit der zu Grunde liegenden Alptraum-
situation entschwindet.

Nach der Ynglingasaga Kap. 13 wird der König Wanlandi
von Schweden von der Mare getötet. Sie tritt dem Schlafenden
dermaassen auf die Beine, dass sie fast zerbrachen, und drückt
ihm darauf den Schädel ein. Die Thätigkeit der Mara wird als

ein Quälen (*mara kvaldi*) oder Treten (*mara trađ*) geschildert. Ebenso ist die fränkische *cauche-mar* (zu *calcare*) eine tretende Mare. Der Alptraum bietet den denkbar reichsten Stoff zu einer ganzen Dämonologie dar[1]. Der Alp erscheint in den verschiedensten Gestalten, bald menschlich, bald tierisch, bald als Ungeheuer, dessen Aussehen in der Wirklichkeit nichts Entsprechendes hat. Um Mitternacht als Nachtalp, aber auch um Mittag als Tagalp, als *daemon meridianus*, überfallen die Gespenster den Menschen, der sich zum Schlafen nieder gelegt, quälen und ängstigen ihn oft so arg, dass er darüber krank wird und stirbt. Durch Astlöcher, Ritzen oder Schlüssellöcher schlüpfen die Maren in die Stuben, werfen sich dem Schlafenden auf den Leib und drücken ihm Brust und Kehle zusammen, dass er weder Luft bekommt noch schreien kann. Sie kriechen dabei dem Menschen von unten herauf bis an den Hals oder sie stecken ihm ihre Zunge in den Hals, dass er nicht mehr schreien kann. Auch Pferde und andres Vieh werden vom Alp geplagt; sie schwitzen und schnauben dann stark und sind ganz zerzaust; ihre Haare sind verknotet und verfilzt, zu Weichselzöpfen gedreht. Die nds. *walriderske* benützt die Pferde zum Reiten. Selbst Menschen werden von den Maren geritten, zum Teil indem sie dabei in Rossgestalt verwandelt werden. Die Sagen von plötzlich aufhockenden Gespenstern, die den Wanderer bis zur Erschöpfung peinigen, gehören in den Kreis des Marenglaubens. Auch leblose Dinge, Steine und Bäume, werden gedrückt. Bei den Bäumen zeigen zitterndes Laub und verwachsene Zweige den Alpdruck an. Der Alp kann nur auf demselben Wege wieder hinaus, auf dem er hereingekommen ist. Wenn man daher das Loch verstopft, durch welches er einschlüpfte, so ist er gefangen; ebenso wenn man ihn anruft oder beim Namen nennt. Dann erscheint er morgens in seiner wahren Gestalt, meist als nacktes Weib, in der Gestalt des Menschen, der den Alpdruck bewirkt hatte. Man kann den Alp oder die Mare solange gefangen halten, bis der verstopfte Ausweg sich wieder aufthut, worauf das gespenstische Wesen sofort verschwindet. Die deutsche Volkssage lässt die Maren aus dem „Engelland", d. h. aus dem Seelen- und Geisterreich stammen, sofern sie nicht aus der nächsten Umgebung, aus der Zahl der Mitmenschen herkommen.

Die Vorstellung von der Vielgestaltigkeit des Alps ist in der

---

[1] Die wichtigsten Züge des Alpglaubens verzeichnet Wuttke, Der deutsche Volksaberglaube § 402 ff.

Art des Alptraums begründet. Der eine fühlt und sieht den Traum-
gast als Tier, als Hund oder Katze, als Wurm, als furchtbares
Scheusal, der andere als einen Menschen, der die Züge von lebenden oder toten Bekannten annimmt, als altes Weib oder blühen-
des Mädchen. Wem er heute Entsetzen einflösst, dem naht er
morgen in lieblicher Erscheinung, sogar ein und derselbe Traum
kann einen Wechsel der Gestalten zeigen. Von besonderer Bedeutung für die Sagenbildung ist die Form des Traumes, welche
den Alp als Buhlgeist, als *Incubus* und *Succubus*, zeigt; daraus
begreift man leicht, wie die Sage dazu kam, die elbischen Wesen
überhaupt als lüstern und minnegierig darzustellen, vom geschlecht-
lichen Verkehr zwischen Elben und Menschen zu erzählen. Dieses
Traumerlebniss braucht dann nur in eine höhere Auffassung gerückt zu werden, um den wüsten Buhlteufel, der schlafende Weiber
überfällt, oder die teuflische Buhlerin, die sich im Traume mit
Männern vermischt, zu Alb und Albin zu wandeln, die in Liebessehnsucht aus ihrer fernen Heimat herabsteigen, um mit Sterblichen einen Bund einzugehen. Hierin hat die Phantasie wol den
dankbarsten Stoff erhalten, der in reichster Fülle und in zahllosen
Umbildungen nach den verschiedensten Richtungen hin ausgesponnen werden kann. Sage und Dichtung können sich hier zu
den herrlichsten Schöpfungen erheben, denen ihr einfacher Ursprung
kaum mehr anzusehen ist. Zeus und Semele, Lohengrin und Elsa,
des Albkönigs Tochter, die im Mondenschein mit dem zu seiner
Menschenbraut verlangenden Jüngling tanzt und ihm den Tod
gibt, die weisse Jungfrau, die auf alten Burgen oder sonst an
Orten, die nicht geheuer sind, auf den menschlichen Befreier und
Geliebten harrt, die verwunschene Königstochter, die sich in den
Armen des Märchenhelden in Schreckgestalten verwandelt, aber
endlich entzaubert den Mutigen mit ihrer Hingabe beglückt, kurz
jene unzähligen Liebespaare aus Sage und Mythus, in denen das
Göttliche und Menschliche sich vereinigt, können schliesslich als
Blüten betrachtet werden, die aus jenem unscheinbaren Keim auf-
sprossten, als verschiedenartige Wendungen der Albenehe. Der vom
Alp Heimgesuchte befreit sich endlich von der unheimlichen, drückenden Macht auf irgend eine Weise, indem das Erwachen herbeigeführt
und damit der Bangigkeit des Schläfers, die sich zum höchsten
Grade der Spannung gesteigert hatte, ein Ende bereitet wird.
Ebenso vielgestaltig wie der Alp selber ist der Gegenzauber, der
ihn zum Weichen bringt. Es kann ein von aussenher kommendes

Geräusch, der Weckruf eines Genossen, der Hahnenschrei, ein greller Lichtschein, die anbrechende Morgenröte, kurz überhaupt jedes Mittel sein, das den Menschen aufweckt. Daher scheuen die Maren und alle Elbe meistens das Licht und den Tag und räumen bei Dazwischenkunft eines Dritten das Feld. Die Traumgestalten, die *Draugen*, halten der Wirklichkeit nicht Stand, alle Gespenster verwehen gewöhnlich wie die Träume und aus denselben Ursachen. Den Alptraum im besonderen scheucht namentlich der Aufschrei, an dem der Geängstigte erwacht. Oft kommt es vor, dass er dabei ein Kissen oder Bettstroh krampfhaft umklammert hält, woraus der Glaube entstand, der Alp könne gefangen werden, verwandle sich jedoch dabei in einen Strohhalm, eine Bettfeder oder sonst einen unscheinbaren Gegenstand. Wird er in dieser Verwandlung gefangen gehalten, so muss er sich aber schliesslich wieder in seiner richtigen Gestalt zeigen und mag dann gestraft, verbannt, unschädlich gemacht werden. Aus dem bannenden Schrei entwickelte sich die Sage, der Alp müsse beim Anruf oder bei Namensnennung entweichen. Daher das Verbot, nach Nam und Art zu fragen, das in der Albenehe gestellt wird, dessen Nichtachtung den Alben verschwinden macht. Aus der Albenehe können verschiedene Sagentypen von Buhlschaft, Ehe, Haft und Erlösung erwachsen. Auch die Geschichten von den Wechselbälgen, den unterschobenen Albenkindern lassen sich teilweise auf den Alptraum zurückführen. Der Alptraum der Wöchnerinnen spiegelt oft Gefahr fürs Kind vor, sie sehen das Kindlein von geisterhaften Wesen bedroht, die nur auf dieselbe Art wie der Alp verscheucht werden können. Der pathologische Zustand des Alptraumes scheint allem nach den Menschen zuerst zum Gespensterglauben gebracht zu haben, aus der Erinnerung an den oft wiederholten Zustand erwuchs der Aberglaube, aus diesem ging eine reiche Sagenbildung hervor. Lebten einmal Gespenster in der Vorstellung des Menschen, so bemächtigte sich ihrer alsbald die Phantasie, die nach weiteren Beziehungen, insbesondere nach der Herkunft der Maren suchte. Trug der Alp Züge lebender oder toter Bekannter, so erschien er als deren Geist, deren Seele. War er unbekannt, so trat er doch von aussen her in die Hütte des Schlafenden, seine Heimat musste daher auch draussen in der weiten Natur, in Wald und Feld, in Wasser, Wind, Nebel und Wolke sein. Darum können auch alle Geister drücken und quälen, denn sie sind ursprünglich Maren.

### 3. Seelen und ihre Erscheinungsformen.

Einen gemeingermanischen Ausdruck für den Begriff der seelischen Geister im allgemeinen finden wir nicht vor. Das Wort Seele ist zwar west- und ostgermanisch (got. *saiwala*), während die Nordleute dafür *ǫnd* gebrauchen. Aber damit ist zunächst nur die geistige, belebende Kraft, die dem menschlichen Leibe inne wohnt, gemeint. Die Seelengeister benennt der Volksglaube alter und neuer Zeit nach ihren einzelnen Erscheinungsformen, in denen die Seele offenbar wird. Sie äussert sich aber zunächst als Hauch und Atem, als ein luftiges Gebilde, das völlig unsichtbar ist, oder als Rauch, Dunst, Nebel dem Auge sich zeigt.[1]) Dieser Hauch verweht beim Tode in den Wind, entschwebt aus dem toten Körper und geht in die Luft auf. Im lat. *anima* (gr. ἄνεμος) hält die Sprache unmittelbar den Zusammenhang zwischen Seele und Wind fest; die Seelen der Abgeschiedenen sind die Winde, im Winde leben die Geister der Toten fort. Im Windesrauschen machen sich die Seelengeister, auch wenn sie unsichtbar bleiben, fühlbar. Die deutsche Volkssage schildert die Seele häufig als Lufterscheinung.

Die Seele als dunstiges Rauchgebilde kennt die Sage, die Prätorius in der *Weltbeschreibung* 2, 161 anführt. Die Sage belehrt auch über die enge Verknüpfung des Seelen- und Marenglaubens.[2]) Zu Hersfeld dienten zwei Mägde in einem Haus, die pflegten jeden Abend, eh sie zu Bette schlafen gingen, eine Zeitlang in der Stube stillzusitzen. Den Hausherrn nahm das Wunder, er blieb daher einmal auf, verbarg sich im Zimmer und wollte die Sache ablauern. Wie die Mägde nun sich beim Tisch allein sitzen sahen, hob die eine an und sagte:

Geist thue dich entzücken
Und thue jenen Knecht drücken!

Darauf stieg ihr und der andern Magd gleichsam ein schwarzer Rauch aus dem Halse und kroch zum Fenster hinaus; die Mägde

---

1) Über Seelen als Lufthauch Mannhardt, Germanische Mythen, Berlin 1858, S. 269 f.; 300 ff.; 404 f.; 709.

2). Ein altes Zeugniss vom Zusammenhang des Maren- und Gespensterglaubens bietet Gervasius von Tilbury Kap. 86 *ut autem moribus et auribus hominum satisfaciamus, constituamus, hoc esse foeminarum ac virorum quorundam infortunia, quod de nocte celerrimo volatu regiones transcurrunt, domus intrant, dormientes opprimunt, ingerunt somnia gravia, quibus planctus excitant.*

fielen zugleich in tiefen Schlaf. Da ging der Hausvater zu der
einen, rief sie mit Namen und schüttelte sie, aber vergebens, sie
blieb unbeweglich. Endlich ging er davon und liess sie. Des Morgens darauf war diejenige Magd tot, die er gerüttelt hatte, die
andere aber, die er nicht angerührt, blieb lebendig.

Eine isländische Volkssage (bei Jón Árnason 1, 356) erzählt,
wie die Seele eines schlafenden Mannes als dunkles Wölkchen
entschwebt, über die Wiesen eilt, auf einem Stabe ein Bächlein
überschreitet und endlich in einen Hügel einkehrt. Hernach nimmt
das Wölkchen denselben Weg zurück in den Körper des Schlummernden, der erwacht einen Traum erzählt, welcher der Wanderung
des Wölkchens genau entspricht.

Beim Todesfall pflegte man Fenster, Thür oder Lucke zu öffnen,
damit die Seele ungehemmt entweichen könne. Nach allgemeinem
Aberglauben entsteht Sturm, wenn sich jemand erhängt. Das wilde
Heer fährt durch die Lüfte und erscheint in stürmischen Nächten.
Zwar hat die Volkssage der Geisterschar meistens bestimmte Gestalt
verliehen, Gespenster ziehen dahin, aber zu Grunde liegt doch der
Glaube, dass im Sturme die Seelen übers Land brausen, dass die
wütenden Winde eben die dahin rasenden Seelen seien. Dass man
die Seelen in die Winde verwies, beruht auf ihrer elementaren
Gleichheit.

Die Seelen erscheinen auch als Flämmchen, die vielnamigen
Irrlichter sind ruhelose Geister, die nach christlicher Auffassung
wegen eines ungesühnten Vergehens spuken.

Tiergestalt der Seele ist überaus häufig. Die Seelen entschweben als Vögel, Raben, Krähen, in christlicher Zeit als weisse
Tauben, sie erscheinen als Schwäne. Käfer, Fliegen, Schmetter-
linge entschlüpfen dem Munde Schlafender. Als Schlange, Wiesel,
Maus kriecht die Seele aus dem Leibe hervor. Auch Kröten und
Unken gelten als Seelen und müssen geschont werden. Schlangen
wurden in manchen Bauernhöfen gehegt als eine Art von Hausgeistern, weil sich die Seelen der Ahnen und früheren Besitzer
darin offenbaren. Der richtige Dienst dieser Geschöpfe hielt das
Glück am Hause fest. Bei Vögeln und kriechenden Tieren erblicken wir die Seele, wie sie unmittelbar entfliegt oder entschlüpft.
Der Leib des Menschen liegt indessen in todähnlichem Schlafe
oder er geht überhaupt ganz zu Grunde, wenn aus dem Holzstoss
der Hexe eine Krähe, aus dem der Heiligen eine weisse Taube

entschwirrt. Zu diesem Aberglauben von der Tierverwandlung der Seele bieten sich aus alter und neuer Zeit zahlreiche Beispiele von Volkssagen dar.

Die Seele, die zugleich Mare ist, zeigt des Prätorius *Welt-beschreibung* 1, 40; 2, 161 in Tiergestalt. In Thüringen bei Saalfeld auf einem vornehmen Edelsitze zu Wirbach hat sich Anfangs des 17. Jahrhunderts Folgendes begeben. Das Gesinde schälte Obst in der Stube, einer Magd kam der Schlaf an, sie ging von den Andern weg und legte sich abseits, doch nicht weit davon, auf eine Bank nieder, um zu ruhen. Wie sie eine Weile still gelegen, kroch ihr zum offnen Maule heraus ein rotes Mäuslein. Die Leute sahen es meistenteils und zeigten es sich unter einander. Das Mäuslein lief eilig nach dem gerade geklefften Fenster, schlich hinaus und blieb eine Zeitlang aus. Dadurch wurde eine vorwitzige Zofe neugierig gemacht, so sehr es ihr die Andern verboten, ging hin zu der entseelten Magd, rüttelte und schüttelte an ihr, bewegte sie auch an eine andre Stelle etwas fürder, ging dann wieder davon. Bald darnach kam das Mäuslein wieder, lief nach der vorigen bekannten Stelle, da es aus der Magd Mund gekrochen war, lief hin und her und wie es nicht ankommen konnte, noch sich zurecht finden, verschwand es. Die Magd aber war tot und blieb tot. Jene Vorwitzige bereute vergebens. Im Übrigen war auf demselben Hof ein Knecht vorhermals oft von der Trud gedrückt worden und konnte keinen Frieden haben, dies hörte mit dem Tod der Magd auf.[1])

Die Sage vom Binger Mäuseturm (nach Grimm, *Deutsche Sagen* 1 Nr. 242) zeigt Mäuse als Seelen verbrannter Menschen. Zu Bingen ragt mitten aus dem Rhein ein hoher Turm, von dem nachstehende Sage umgeht. Im Jahr 974 ward grosse Teurung in Deutschland, so dass die Menschen aus Not Katzen und Hunde assen und doch viele Leute Hungers starben. Da war ein Bischof zu Mainz, der hiess Hatto der Andere, ein Geizhals, dachte nur daran, seinen Schatz zu mehren und sah zu, wie die armen Leute auf der Gasse niederfielen und bei Haufen zu den Brotbänken liefen und das Brot nahmen mit Gewalt. Aber kein Erbarmen kam in den Bischof und er sprach: „Lasset alle Arme und Dürftige sam-

---

1) Einen ähnlichen Typus gewährt Birlinger, Volkstümliches aus Schwaben 1, 103: die Seele kriecht als weisse Maus aus dem Munde einer Magd und wird ein „*schrättele*" d. h. ein Alp, der Baum und Ross bedrückt und plagt

meln in einer Scheune vor der Stadt, ich will sie speisen". Und wie sie in die Scheune gegangen waren, schloss er die Thüre zu, steckte mit Feuer an und verbrannte die Scheune samt den armen Leuten, Jung und Alt, Mann und Weib. Als nun die Menschen unter den Flammen wimmerten und jammerten, rief Bischof Hatto: „Hört, hört, wie die Mäuse pfeifen". Allein Gott der Herr plagte ihn bald, dass die Mäuse Tag und Nacht über ihn liefen und an ihm frassen, und vermochte sich mit aller seiner Gewalt nicht wider sie zu behalten und bewahren. Da wusste er endlich keinen andern Rat, als er liess einen Turm bei Bingen mitten im Rhein bauen, der noch heutigen Tags zu sehen ist, und meinte sich darin zu fristen, aber die Mäuse schwammen durch den Strom heran, erklommen den Turm und frassen den Bischof lebendig auf. [1]

Eine alte Sage dieser Art bietet Paulus Diaconus 3, 34: Der fränkische König Guntram war eines gar guten, friedliebenden Herzens. Einmal war er auf die Jagd gegangen, und seine Diener hatten sich hierhin und dahin zerstreut; bloss ein einziger, sein liebster und getreuster, blieb noch bei ihm. Da befiel den König grosse Müdigkeit; er setzte sich unter einen Baum, neigte das Haupt in des Freundes Schoos und schloss die Augenlieder zum Schlummer. Als er nun entschlafen war, schlich aus Guntrams Munde ein Tierlein hervor in Schlangenweise, lief fort bis zu einem nahe fliessenden Bach, an dessen Rand stand es still und wollte gern hinüber. Das hatte alles des Königs Gesell, in dessen Schoos er ruhte, mit angesehen, zog sein Schwert aus der Scheide und legte es über den Bach hin. Auf dem Schwerte schritt nun das Tierlein hinüber und ging hin zum Loch eines Berges, da hinein schloff es. Nach einigen Stunden kehrte es zurück, und lief über die nämliche Schwertbrücke wieder in den Mund des Königs. Der König erwachte und sagte zu seinem Gesellen: Ich muss dir meinen Traum erzählen und das wunderbare Gesicht, das ich gehabt. Ich erblickte einen grossen, grossen Fluss, darüber war eine eiserne Brücke gebaut; auf der Brücke gelangte ich hinüber und ging in die Höhle eines hohen Berges; in der Höhle lag ein unsäglicher

---

1) Vielleicht gehört auch die Geschichte vom Rattenfänger zu Hameln (Grimm, Deutsche Sagen 1 Nr. 245) hierher, nur muss Verwirrung eingerissen sein. Die Ratten waren ursprünglich selber die Kinderseelen, die der Spielmann in den Berg lockte.

Schatz und Hort der alten Vorfahren. Da erzählte der Gesell ihm alles, was er unter der Zeit des Schlafes gesehen hatte, und wie der Traum mit der wirklichen Erscheinung übereinstimmte. Darauf ward an jenem Ort nachgegraben und in dem Berg eine grosse Menge Goldes und Silbers gefunden, das vor Zeiten dahin verborgen war.[1])

Wenn Tote in Tiergestalt als schwarze oder feurige Hunde, als Schweine, als schnaubende und tobende Pferde und Stiere oder sonst irgendwie spuken, so haben wir bereits eine Weiterbildung der ursprünglichen Vorstellung, welche die Seele als fliegendes oder kriechendes Tierlein aus dem Munde entweichen lässt. Der Seele wird überhaupt jede erdenkliche Verwandlungsfähigkeit zugeschrieben. Dadurch haftet an allen Tieren aber auch etwas Gespenstisches, Unheimliches, denn sie können verwandelte, verzauberte Seelen sein. So erzählt die *Ynglingasaga* Kap. 7 von Odin: „Odin wechselte die Gestalt; da lag der Körper wie schlafend oder tot, er aber war da Vogel oder Tier, Fisch oder Wurm, und fuhr in einem Augenblick in fern gelegene Lande, in seinen Geschäften oder in denen Anderer."

In den nordischen Quellen heisst der Geist, die Seele des Menschen *hugr*. Solche *mannahugir*, Menschenseelen, erscheinen aber in eigner Gestalt. Odins Raben Huginn und Muninn, Denkkraft und Erinnerung, durchfliegen Tag für Tag die ganze Welt, um dem Gotte Bericht zu erstatten von allem, was geschieht. Ursprünglich war wol Odins in Rabengestalt verzückte Seele, sein *hugr*, gemeint. Die Tiergestalt der Seele scheint im einzelnen Fall oft mit Rücksicht auf die Eigenschaften und Stimmungen des betreffenden Menschen gewählt zu sein. Die hugir angesehener und tapferer Männer treten in der Gestalt eines Bären, Adlers oder Wolfes, eines starken Stieres, in romantischen Sagen als Löwen und Leoparden auf, die Seelen listiger Leute in der Gestalt von Füchsen, die Seelen schöner Frauen als Schwäne. Ein Isländer träumte von Wölfen, welche ihn und sein Gefolge anfielen. „Das sind *mannahugir*", so wird der Traum gedeutet (*þordar saga hreðu* 37).

1) Vgl. Grimm, Deutsche Sagen 2, Nr. 433; dieselbe Geschichte, nur dass die Seele als Rauchwölkchen (*bláleitr gufuhnoðrinn*) erscheint, findet sich auf Island; vgl. Maurer, isländ. Volkssagen der Gegenwart S. 81 ff. Jón Árnason, *islenzkar þjóðsögur* 1, 356 f.

Die germanische Sage berichtet von vielen Träumen, in denen das zukünftige Schicksal sich enthüllt. Die handelnden Personen oder besser ihre Seelen erscheinen darin gewöhnlich in Tiergestalt. Kriemhild träumt noch mitten in den Ehren und dem Glanz ihrer Jugend, bevor noch Siegfried auf dem Hofe zu Worms erschienen, ihr künftiges Geschick, wie sie einen schönen Falken gezogen, den ihr zween Aare mörderisch ergreifen; und ihre Mutter, der sie den Traum vertraut, gibt ihm die rechte, traurige Deutung.[1]

Die Seele geht auch in menschlicher Gestalt um, als „zweites Gesicht" oder als Gespenst, der Volksglaube erblickt leibliche Erscheinungen Lebender und Toter. Die nordische Sprache bezeichnet Totenerscheinungen als Wiedergänger (an. *aptrganga*, neuisl. *apturgaungur*, dän. *gjenganger*, schwed. *återgångare*), als Geister, die aus dem Reich des Todes zu den Lebenden zurückkehren. Die altisländischen Sagen sind voll von Gespenstergeschichten. Die nhd. Sprache gebraucht die Worte Gespenst und Spuk; die gemeingermanische Bezeichnung, welche noch im Norden fortlebt, war *draugaʒ* (an. *draugr*, neunord. *draug*, as. *gidrôg*, ahd. *gitroc*). Die neuisländischen Ausdrücke *uppvakníngar* (Aufweckungen) und *sendíngar* (Sendungen) beziehen sich auf solche Gespenster, die mit Zauber aufgeweckt und Andern zum Schaden zugesandt werden. Für gewöhnlich spuken die Draugen in eigner Sache. Die Lebenden müssen trachten, sie zur Ruhe zu bringen.

Das Wort „Traum" geht auf eine urgermanische Form „*draugwmós*", „*draumas*" zurück.[2] Zu Grunde liegt die idg. Wurzel *dhreugh*, skr. *druh* schädigen, woraus ags. *bedreogan*, ahd. *triugan*, trügen sich entwickelt haben. Weiter gehört an. *draugr*, ahd. *troc*, *gitroc*, as. *gidrôg* Totenerscheinung, Gespenst hierher. Die Gespenster gehen ja in den meisten Sagen feindselig und schädigend um, so sind sie auch mit ihrem altgermanischen Namen als böse Unholde bezeichnet. Der Begriff „Traum" ist aus etymologischen und sachlichen Erwägungen von den „Draugen" nicht zu trennen. Traum bedeutet die Thätigkeit und Erscheinung der Draugen. Die

---

1) Die zahlreichen nordischen Träume, worin die Seelen in Tiergestalt erscheinen, verzeichnet W. Henzen, Über die Träume in der altnordischen Sagenlitteratur, Leipzig 1890, S. 34 ff.

2) Über die Etymologie des Wortes „Traum" vgl. W. Henzen, Über die Träume in der altnordischen Sagenlitteratur, Leipzig 1890, S. 1 ff.

Gestalten, welche der Träumende erblickt, besonders sofern sie
Züge Verstorbener tragen, gelten der menschlichen Einbildungs-
kraft als Besuche gespenstischer Wesen, als Draugenerscheinungen,
Traum ist ursprünglich Gespenstertraum. Den Zusammenhang
zwischen Seelenglauben und Traum bestätigt diese Etymologie
aufs beste. Auch die ursprüngliche Konstruktion des Zeitwortes
träumen deutet darauf hin, dass der Traum auf die unmittelbare
Thätigkeit der Gespenster, der Seelengeister zurückgeführt wurde.
Es heisst früher stets: mir träumte, nie subjektiv ich träumte, im
Altnordischen noch deutlicher *„mik dreymði"*, z. B. *maðr hefir mik
dreymt*, ein Mann ist mir im Traum erschienen. Die Erklärung
des Wortes Traum weist somit auf die vielen wilden Völkern ganz
geläufige Vorstellung hin, dass Seelengeister von aussen kommen,
um den Schlafenden, der sie als Traumbilder sieht, heimzusuchen
und zwar häufig als quälende Druckgeister in feindseliger Absicht.

Der Gespensterglaube entwickelt zahllose Sagen, je nachdem
die Erscheinung gedeutet wird. Die Draugen sind oft nur ohne
besondern Grund auf Schaden aus, meist aber weiss die Sage anzugeben, warum sie umgehen. Ungesühnte Schuld, Rachsucht,
Liebe rauben dem Toten die Ruhe und nötigen ihn zur Wiederkehr. Auch übermässige Sehnsucht der Überlebenden ruft Draugen
herbei. So in der Lenorensage[1]), deren ältester germanischer
Typus in der schönen nordischen Dichtung von Helgi und Sigrun
begegnet. In den Kreis der Gespenstersagen ist auch das wilde
Heer[2]) hereingezogen, mit dem die verschiedenartigsten Vorstellungen verflochten sind. Die eines gewaltsamen Todes verstarben, Kampftote, Gerichtete, nach christlichem Glauben die
Seelen Ungetaufter, ziehen im wilden Heer. Wenn zur Nachtzeit
der brausende Sturm den Umzug der Geisterschar anzeigt, erblickt
die Phantasie die eigenen Schreckgestalten leibhaftig vor sich.
Dem Heere wird gern ein besonderer Führer gesetzt, in der
Heidenzeit der Sturmdämon Wode, in der christlichen Zeit irgend
eine geschichtliche oder sagenhafte Persönlichkeit wie Dietrich
von Bern, Karl der Grosse, Karl V., König Abel, König Waldemar.
Das Heer wird auch als Jagdzug gedacht, ein gespenstischer Jäger

---

1) Vgl. Wackernagel, Kleinere Schriften 2, 399 ff.; E. Kuhn, in Jahns
Volkssagen aus Pommern S. VIII.

2) Über das wilde Heer Uhland, Schriften 7, 605 ff.; eine Zusammenstellung der verschiedenen Sagenformen bei E. H. Meyer, German. Mythologie,
S. 236 ff.

mit und ohne Gefolge, von kläffender Meute umbellt, jagt durch die Lüfte dahin. Der Reiter ist eine beliebig ausgemalte Spuk-gestalt, in manchen Sagen kopflos, den Kopf unterm Arm, auf kopflosem Pferde sitzend. Aus der Erscheinung wird wie aus allem Spuk geweissagt. Die vielen aus dem wütenden Heer ent-wickelten Sagenformen alter und neuer Zeit zeigen, wie leicht aus einer Vermischung mehrerer Vorstellungen, hier des Gespenster-glaubens und des Glaubens an Elementargeister, im Verein mit der unerschöpflichen, wechselvollen Volkssage, welche immer neue Beziehungen zur Gegenwart aufsucht und altüberkommene Uberliefe-rung mit seltsamen Neubildungen vermehrt, unzählige Geschichten entstehen können. Die grösste Mannigfaltigkeit im Einzelnen, in der Hervorhebung bald dieser, bald jener Grundzüge in der je-weiligen dichterischen Ausschmückung, lässt doch immer die in allem Wechsel gleichmässig bestehenden Grundlagen deutlich er-kennen.

#### 4. Das Seelenheim.

Der Glaube an Gespenstererscheinungen führt notwendig all-mälig zur Annahme bestimmter Aufenthaltsorte der Geister. Die Erscheinungen Lebender erklären sich dadurch, dass der Seele zeitweilige Trennung vom Körper zugeschrieben wird. Toten-erscheinungen rufen andere Meinungen hervor. Die Seele ist ent-schwebt, sie lebt und webt im wehenden Winde. Aber sie wird nicht nur in stetiger Bewegung, sondern auch in Ruhe gedacht. Wo weilt dann die Seele? Zunächst haftet sie auch dann noch immer am Leichnam. Wo der tote Körper begraben liegt, zeigt sich das Gespenst am häufigsten. So weit geht die Einbildung, dass sie geradezu den toten Leib wieder aufstehen lässt, dass das Gespenst die volle Leiblichkeit des lebenden Menschen besitzt. Die Wiedergänger der nordischen Sagen sind so gedacht, sie müssen gewöhnlich noch einmal umgebracht und zu Asche ver-brannt werden, dass sie nicht mehr Schaden anrichten. In den Grabhügeln der nordischen Sagen sieht man oft die Draugen der darin beigesetzten Kämpen sitzen. Eine besondere Heldenthat war es, einzudringen, das Gespenst zu bestehen und ihm seine Schätze, die im Hügel aufgespeichert waren, oder seine kostbaren Waffen zu entreissen. Aber solche rohe Vorstellungen sind im Vergleich zu andern selten. Der Leib verwest zu Staub, beim

Verbrennen der Leichen wird er sofort vernichtet und die Seele
geht mit Flammen und Rauch in die Lüfte. Finden trotzdem
spukhafte Erscheinungen statt, so muss die sichtbar werdende leibliche Hülle eine überirdische, geisterhafte sein. Die bewegliche
Seele ist auch nicht immer ins enge Grab gebannt. Eine höher
entwickelte Religion kennt ein Seelenreich, einen Hades, die
heidnischen Germanen glaubten an eine Schattenwelt, an die Hölle,
in der die Seelen der Abgeschiedenen weilten. Tapfere Edelinge
gingen in die Gemeinschaft der Götter ein. Auch zu Elben und
Riesen, zu den unheimlichen Geistern des Waldes und der Wildniss mochten die Seelen sich gesellen, nachdem einmal Naturbeseelung eingetreten war. Aber trotz allem, gleichwie im Christentum trotz Himmel und Hölle, haften im Aberglauben noch Überbleibsel älterer Vorstellungen, wonach den Seelen bestimmte Plätze
auf Erden angewiesen sind, oft mit der Auffassung, dass die Seelen
zu Zeiten aus dem Totenlande dahin zurückkehren. Zunächst
weilt die Seele am Grabe oder am Wohnort des Verstorbenen.
Ein altbezeugter Glaube der Germanen liess die Toten in Berge
eingehen, vielleicht weil auch der Wind in Bergen ruhend und
aus ihnen hervorbrechend gedacht wurde. Die Njálssaga Kap. 139
erzählt einen Traum, den Flosi hatte. Er sah wie ein Berg sich
aufthat und ein Mann mit einem Ziegenfell angethan, einen Eisen-
stab in der Hand, herauskam. Der rief Flosis Leute bei Namen
an und ging hierauf in den Berg zurück. Diejenigen, deren Namen
der Mann angerufen hatte, waren dem Tod verfallen und kamen
bald darauf im Kampfe um. Die Eyrbyggjasaga Kap. 11 berichtet: Im Herbste fuhr Thorstein nach Hoskuldsey zum Fischen.
Es geschah eines Abends im Herbste, dass ein Schafknecht Thorsteins nach seinem Vieh ging nördlich von Helgafell. Er sah, wie
sich der Berg im Norden öffnete; er sah im Berge drinnen grosse
Feuer und hörte von dorther grossen Lärm und Hörnerklang, und
als er horchte, ob er nicht einige Worte verstehen könnte, hörte
er, dass da Thorstein begrüsst wurde mit seinen Begleitern, und
dass gesagt wurde, er solle im Hochsitze seinem Vater gegenüber
sitzen. Diese Erscheinung erzählte der Schafknecht der Thora,
der Frau des Thorstein, am Abend. Sie sprach wenig darüber
und sagte, es könne dies ein Vorzeichen grösserer Ereignisse sein.
Des folgenden Morgens kamen Leute von Hoskuldsey und brachten
die Botschaft, dass Thorstein beim Fischen ertrunken sei. Die
Njálssaga Kap. 14 berichtet von einem zauberkundigen Mann

namens Svan, der beim Fischfang umkam. Fischerleute, die zu
Kallbakr waren, meinten, den Svan in den Berg Kallbakshorn
eingehen zu sehen, und er wurde da wol begrüsst. Auf Island
glaubte die Nachkommenschaft der Aud in die Krossholar zu versterben (Landnáma 2, 16), die Verwandtschaft des Selthorir in die
Thorisbjorg (ebenda 2, 5), die Thorsnesingar glaubten nach Helgafell entrückt zu werden (Eyrbyggja Kap. 4), Kraku-Hreidar ver-
starb in das Mälifell (Landnáma 3, 7). Die deutsche Volkssage
bietet Entsprechendes in den Venus- und Hollenbergen, wohin die
Menschen gelockt werden. Zu den „Unterirdischen" wird mancher
auf Nimmerwiederkehr entrückt. Wenn der Rattenfänger die
Kinder in den bei Hameln gelegenen Köppelberg entführt, so
meint die Sage gleichfalls ein Versterben in den Berg. In der
Chronik von Ursberg (MG. 8, 261) wird zum Jahre 1223 folgende
Sage erzählt: Bei Worms sah man einige Tage hinter einander
eine grosse Schar bewaffneter Krieger aus einem Berg hervor
kommen und nach einigen Stunden darin wieder verschwinden.
Ein Mann fasste sich endlich ein Herz und redete einen aus jener
Heerschar an, worauf er den Bescheid erhält, sie seien Geister
gefallener Ritter (*animae militum interfectorum*). Man erkannte
auch einen vor kurzem getöteten Grafen Emicho unter den Gespenstern. Für gewöhnlich bleiben die Geister gefallener Kämpfer
an die Walstatt gebannt, an die Gräber, aus denen sie bei Nacht
zu neuen Kämpfen sich erheben. Das älteste Beispiel der Ge-
spensterschlachten bietet der Hedeningenkampf, der bis zum Weltende dauern soll. Der Seelenglaube ist hier wie so häufig mit
Zauberei verknüpft. Hilde geht allnächtlich zum Schlachtfeld und
weckt die Toten wieder auf, dass sie zu den Waffen greifen. In
den Volkssagen der Gegenwart wird oft geschildert, wie im Innern
der Berge, zumal im Schoosse alter Schlossberge, Gespenster mit
den versunkenen Schätzen hausen. Bergentrückte Kaiser, Könige
und Helden begegnen auf dem gesamten germanischen Gebiet. Im
Kyffhäuser sitzt Friedrich II., später Friedrich Barbarossa, derselbe Friedrich in einer Felsenhöhle bei Kaiserslautern, Wedekind
in einem Hügel beim westfälischen Dorfe Mehnen, Siegfried im
Bergschloss Geroldseck, Heinrich der Vogler im Sudemerberge
bei Gosslar, Karl im Untersberg bei Salzburg, Holger Danske
unter dem Fels von Kronborg bei Kopenhagen, Olaf in Schweden
u. s. w. Die einzelnen geschichtlichen Gestalten sind meist spät
und auf gelehrtem Wege in die Volkssage gelangt. Wann, wie

und warum müssen Quellenuntersuchungen im einzelnen Falle feststellen.  Die Mythologie hat nur den allgemeinen Grundgedanken
aller dieser Sagen für sich in Anspruch zu nehmen, dass die
Geister der Abgeschiedenen in Bergen fortleben.  Der schwedische
Bergname *walhall* lässt, wie später ausgeführt wird, vermuten,
dass ursprünglich die Totenhalle der im Berge weilenden Helden-
geister (*animae militum interfectorum* wie im Wormser Berge) darunter zu verstehen sei.  Das wilde Heer, der Sturm, wird im
Berge ruhend gedacht.  Von dort bricht dann der Geisterzug hervor.  So zieht der Rodensteiner von einer Burg zur andern und
sagt Krieg und Frieden mit seiner Erscheinung an.

Ob Seelen auch im Gewässer weilend gedacht wurden, scheint
zweifelhaft.  Zwar wird es von Mannhardt, *German. Mythen* 95,
271 ff., behauptet, aber wesentlich auf die Ammenrede hin, die
kleinen Kinder kämen aus Brunnen und Teichen.  Ob wirklicher
alter Volksglaube dahinter steckt, ist nicht auszumachen.  Dass die
Seelen Ertrunkener im Wasser festgehalten werden, versteht sich
von selber.  Aber in den Sagen tritt bei den Wasserelben die
elementare, keineswegs die seelische Natur hervor.  Der Grund
ist wol einzusehen.  Das Erdbegräbniss führte zur Vorstellung,
die Seele sei zu den Unterirdischen eingegangen.  An die Wasserelben bot sich nur selten Anknüpfung.

Zusammenhang von Pflanzen- und Menschenseele ist in einem
weitverbreiteten Sagenzuge ersichtlich.  Aus den Gräbern spriessen
Blumen, Sträucher und Bäume hervor, worin die Seelen der im
Grabe Ruhenden offenbar werden.  Über den Gräbern Unschuldiger,
Verkannter leuchten Lilien, über denen Liebender verschlingen
sich Rose und Rebe.  So erzählen zahllose Volkslieder und die
Sage von Tristan und Isolde [1]).

## 5. Seelenkult.

Der Kultus, der den Seelengeistern gewidmet wird, dient zur
Abwehr und zur Pflege.  Beim Tode eines Menschen wird seit
Alters auf bestimmte Bräuche geachtet, welche das Wiedergehen
verhindern sollen. [2])  Dem Toten werden Mund und Augen ge-

1) Reiche Litteratur verzeichnet Koberstein, Weimarer Jahrbücher 1, 73 ff. ;
Golther, Die Sage von Tristan u. Isolde, München 1887, S. 27 ff.
2) Bräuche bei Tod und Begräbniss s. bei Wuttke, Volksaberglaube
§ 721 ff.; fürs Nordische Weinhold, Altnordisches Leben S. 474 ff.

schlossen, damit der böse Blick nicht schade, damit die ausge-
hauchte Seele nicht wieder zurückkehre. Schon in der heidnischen
Zeit des Nordens war es Sitte, den Kopf des Toten zu verhüllen
und den Leib mit einem Tuche zu bedecken. Zuvor waren Lippen
und Augen geschlossen worden und zwar von rückwärts; niemand
wagte der Leiche von vorne zu nahen, ehe diese Teile geschlossen
waren. Der Tote durfte nicht zu der Thüre hinaus, zu welcher
die Lebenden ein- und ausgingen. Man legte daher in der Wand,
die hinter dem Kopfe war, ein Stück nieder und trug ihn hier
rückwärts hinaus. Oder man grub unter dem Grunde der südlichen
Wand ein Loch, durch welches der Leichnam gezogen ward. In
Deutschland wurde derselbe Brauch bei den Leichen von Misse-
thätern und Selbstmördern beobachtet, die nicht zur Thür, sondern
unter der Schwelle oder der Wand hinausgeschleppt wurden. Das
Lager des Leichnams wird vernichtet, das Stroh verbrannt, das
„*rêbrett*" (ahd. *hrêo*, Leiche), worauf der Tote bis zum völligen
Erkalten gelegt worden war, im baierischen Wald aufs Feld oder
in den Wald gestellt. Nichts soll zurückbleiben, was das leibliche Erscheinen des Totengespenstes hervorrufen könnte. Auch
der entschwebenden Seele wird der Ausgang möglichst erleichtert,
indem beim Tode Fenster und Thüren geöffnet wurden. Liegt
ein Toter trotzdem nicht ruhig im Grabe, so muss der Leichnam
mit einem Pfahl durchbohrt, der Kopf abgestossen oder der ganze
Leib verbrannt werden. Im Norden waren „*bautasteine*", Stoss-
steine, üblich, vielleicht um den Leichnam im Grabe festzubannen.
Die sächsischen *dâdsisas*, Totenlieder, hatten nach Kögel, *Ge-*
*schichte der deutschen Litteratur* I, 1, 52 den Zweck, den Geist des
Verstorbenen mit Zaubersang an der Rückkehr auf die Erde zu
hindern. Diesem Bannen steht das Beschwören und Aufwecken
der Gespenster gegenüber, das aber nur mit schlimmer Zauberei
und in besonderen Fällen, um die Zukunft zu erforschen, um
Feinden zu schaden, ausgeübt wurde. Dass der Mensch die Geisterwelt um Rat und Beistand anrief, wo sein beschränkter gebundener Geist versagte, ist begreiflich. Auf Gräbern und überall, wo
Geister hausten, war dazu der rechte Ort. Bei den heidnischen
Sachsen wurde nach dem *indiculus superstitionum* das *sacrilegium*
*ad sepulchra mortuorum* verboten, noch ums Jahr 1000 eifert
Burkhard von Worms gegen die *oblationes quae in quibusdam lo-*
*cis ad sepulchra mortuorum fiunt.* Diese Opfer und sonstigen Toten-
feiern können ebenso gut dem Gedächtniss der Abgeschiedenen

wie einer Beschwörung gelten. Eine Anzahl andrer Bräuche ist
freundlicher. Da herrscht die Absicht vor, dem Toten Gutes zu
erweisen, sein Loos zu erleichtern. Aus der Anschauung, dass der
tote Leib eine weite Reise ins Totenreich anzutreten habe, entspringen Begräbnissbräuche, die von den Urzeiten bis herab zur
Neuzeit reichen. Die ältesten Gräberfunde lehren, dass man dem
Toten Waffen, Werkzeuge, Schmucksachen, Trinkhörner mitgab,
damit er sie gebrauche. Frauen, Sklaven, Tiere folgten dem Herrn
auf dem Totenweg. Namentlich wurde ein eigener Totenschuh
(an. *helskór*) mit ins Grab gegeben, damit der Tote über Dornicht
und Steinicht ungefährdet schreiten könne.[1]) Wikinger wurden in
ihren Schiffen am Lande begraben oder aufs Meer hinausgeführt
und verbrannt. Vielleicht liegt der Gedanke einer Seelenüberfahrt
zu Grunde. Denn die germanische Hölle ist von der bewohnten
Menschenerde durch einen breiten Grenzstrom geschieden. Solchen
Bräuchen schwebt ein bestimmter Ort vor, an welchen die Seele
feierlich verwiesen wird. Auch den beruhigten Seelen ist zuweilen
Wiederkehr an den Ort ihres einstigen Lebens verstattet. Freundlich, ohne zu schädigen, erscheinen die Seelen, freundlich werden
sie mit Opferspenden empfangen. Das *erfiol*, das Erbbier, der
Leichenschmaus war ursprünglich auch zu Ehren des Toten, den
man dabei gegenwärtig glaubte, gemeint. Zu bestimmten Zeiten,
in stürmischen Nächten, im Herbst, Mittwinter und Frühling, wenn
die Winde heulen und toben, waren Totenfeste, die auch im
Christentum fortleben und im Allerseelentag geregelt erscheinen.
Da wurde den Seelen auf den Gräbern geopfert, ja sogar in den
Häusern, die ihnen für die Nacht von den Lebenden eingeräumt
wurden, richtete man ihnen ein Gastmahl zurecht.

## 6. Ahnenkult.

Aus Seelenglauben und Seelenkult entsteht leicht ein förmlicher Ahnenkult[2]), wie der der römischen *manes divi*. In manchen
Religionen steht der Ahnenkult obenan. Die Seelen der abge-

1) Zum Totenschuh J. Grimm, Myth. 795; 3, 249; Müllenhoff, Altertumskunde 5, 114.
2) Über den Ahnenkult vgl. Gudbrand Vigfusson, Corpus poeticum
boreale 1, 413 ff. Gudbrand dehnt aber den Ahnenkult viel zu weit aus, indem er den gesamten Seelen- und Elbenkult begreift.

schiedenen Ahnen wachen als Schutzgeister oder Schutzgötter über ihrer Sippe. Im Kultus der Sippe und des Hauses mögen neben den Naturgeistern namentlich an den Gedächtnisstagen der Toten, am „Allerseelenfest" auch die Ahnen besonders verehrt worden sein. Nachweisen lassen sich aber nur einzelne wenige Erscheinungen des Ahnendienstes. Wer die Heldensage im Sinne von E. H. Meyer erklärt, muss eigentlich für die Urzeit auch einen bedeutungsvollen Ahnenkult annehmen. Aber die Heldensage knüpft meistens an die geschichtlichen Gestalten an, deren Thaten im Gedächtniss der Sänger und Dichter haften, schwerlich an ihre Apotheose. In vereinzelten Fällen freilich scheint eine solche wirklich erfolgt zu sein. Nach Jordanes wurden die Ahnen der gotischen Königsgeschlechter als höhere Wesen betrachtet, ja geradezu als Götter (ansîz, wie lat. divi) bezeichnet. [1]) Damit vergleicht sich eine schwedische Sage. Adam von Bremen sagt von den Schweden: sie verehren auch vergötterte Menschen, die sie wegen ausserordentlicher Thaten mit der Unsterblichkeit beschenken, wie sie das nach dem Leben des heiligen Anskar (Kap. 26) mit dem Könige Erich gemacht haben. [2]) Im Leben Anskars [3]) wird erzählt, dass ein Mann auftrat und König und Volk der Schweden verkündigte, er habe einer Versammlung der Götter, die man für die Besitzer des Landes dort hielt, beigewohnt und sei abgesandt, um König und Volk folgendes anzuzeigen: „Ihr habt euch lange unsrer Gunst erfreut, ihr habt lange Zeit

---

1) Jordanes, Kap. 13 *iam proceres suos, quorum quasi fortuna vincebant, non puros homines, sed semideos, id est ansis, vocaverunt.* Zum Beispiel zählt er den sagen- und liederumwobenen Stammbaum der Amaler auf.

2) Adam 4, 26 *colunt et deos ex hominibus factos, quos pro ingentibus factis immortalitate donant, sicut in vita sancti Anscarii leguntur Hericum regem fecisse.*

3) *Vita Anskarii* Kap. 26 MG. 2, 711 *Contigit eo ipso tempore, ut quidam illo (ad Byrca) adveniens diceret, se in conventu deorum, qui ipsam terram possidere credebantur, affuisse, et ab eis missum, ut haec regi et populis nunciaret: „Vos, inquam, nos vobis propitios diu habuistis, et terram incolatus vestri cum multa abundantia nostro adiutorio in pace et prosperitate longo tempore tenuistis; vos quoque nobis sacrificia et vota debita persolvistis, grataque nobis vestra fuerunt obsequia. at nunc et sacrificia solita subtrahitis, et vota spontanea segnius offertis, et, quod magis nobis displicet, alienum deum super nos introducitis. si itaque nos vobis propitios habere vultis, sacrificia omissa augete, et vota maiora persolvite; alterius quoque dei culturam, qui contraria nobis docet, ne apud vos recipiatis, et eius servicio*

unter unserem Schutze das Land eurer Väter, eurer Heimat in
Glück, Frieden und Überfluss inne gehabt, habt uns auch nach
Gebühr Opfer und Gelübde dargebracht, und euer Dienst war uns
lieb. Jetzt aber lasset ihr die gewohnten Opfer eingehen, bringt
freiwillige, aber nur lässig dar, und erhebet — was uns noch
mehr missfällt — einen fremden Gott neben uns. Wollet ihr also
unsere Gunst wieder erlangen, so vermehret die unterlassenen
Opfer, bringet grössere Gelübde dar, lasset auch nicht den Dienst
eines andern Gottes, dessen Lehre der unsrigen entgegengesetzt
ist, bei euch zu und zollet ihm keine Verehrung. Verlanget ihr
aber mehr Götter, und sind wir euch nicht genug, so nehmen wir
hiemit nach einstimmigem Beschluss euren einstigen König Erich
in unsre Gemeinschaft auf, so dass er fortan einer der Götter ist."
Da erbauten sie dem König Erich, der unlängst verstorben war,
einen Tempel und begannen ihm als einem Gotte Gelübde und
Opfer darzubringen.

Die nordischen Denkmäler bieten noch einige weitere Beispiele eines Ahnenkultes dar, welcher vom ganzen Volk der Person des Fürsten, von der einzelnen Sippe den abgeschiedenen
Familiengliedern förmlich und feierlich geweiht wurde, und eben
hierdurch vom allgemeinen Seelenkult sich merklich unterscheidet.
Von einem norwegischen Manne namens Thorolf, Thorsteins Sohn,
heisst es in der Landnáma 1, 14, er sei der Enkel Grims gewesen,
der wegen seiner Beliebtheit nach seinem Tode mit Opfer verehrt
wurde (*er blótinn vas daudr fyrir þokkasæld*). In der Herwararsaga Kap. 1 ehren die Männer den toten Gudmund mit Opfern
und bezeichneten ihn als ihren Gott. In der Ynglingasaga gilt
Freyr als ein sterblicher König, dem erst nach seinem Tode göttliche Ehren erwiesen wurden. Lehrreich ist die Geschichte von
König Olaf Geirstada-alf (Flateyjarbók 2, 6 ff.). Im Lande herrschte
einmal grosse Hungersnot; König Olaf weissagte, sie werde nicht
eher endigen, als bis er selber gestorben und in einem umhegten
Hügel beigesetzt sei. Nach seinem Tode wurde er im Hügel mit
vielen Schätzen bestattet. Man opferte ihm um Fruchtbarkeit und
nannte ihn den Alb von Geirstad (*þeir blótodo Ólaf konung til*

---

*ne intendatis. porro si etiam plures deos habere desideratis, et nos vobis
non sufficimus, Ericum quondam regem vestrum nos unanimes in collegium
nostrum asciscimus, ut sit unus de numero deorum."* — — *templum in
honore supradicti regis dudum defuncti statuerunt, et ipsi tanquam deo vota
et sacrificia offerre coeperunt.*

*árs sér ok kollodo hann Geirstada-alf*). Der verstorbene König
wird also schon mit seinem Namen unter die Landgeister versetzt,
seine Grabstätte ist sein Heiligtum. Unter diesem Gesichtspunkte
gewinnt auch der isländische Glaube vom Versterben in die Berge
neue Bedeutung. Thorolf und seine Nachkommen gingen nach
Helgafell, die Nachkommen der Aud in die Krosshólar. Diese
Berge aber waren geheiligte Opferstätten. Mithin scheinen Könige
und Helden vergöttert und in ihren Hügeln durch Opfer und Gebet
verehrt worden zu sein; innerhalb einzelner Sippen erhielt sich
aber auch ein Ahnenkultus, dessen Stätte die Familiengräber (im
Schwedischen *ätthögar* genannt) oder nahe gelegene Berge und
Hügel waren, worin die Seelen der abgeschiedenen Sippen sich
aufhielten. Elbe und Wichte, die Naturgeister, welche ursprünglich überhaupt von den Seelengeistern abstammen, hingen früher
vielleicht noch enger mit dem Ahnenkult der einzelnen Sippen
zusammen, als es aus der Überlieferung den Anschein hat.

Berggeister von Riesenart werden in isländischen Quellen des
13. Jahrhunderts als Asen bezeichnet. So Bardr, der Sohn des
Riesen Dumbr und Zögling des Riesen Dofri, von dem eine eigene
Sage geht, wie er in den Tagen Haralds aus Norwegen nach Island
gefahren sei. „Die Leute meinen, dass er in den fernen Snæfell
eingegangen sei, und dort eine grosse Höhle bezogen habe; denn
das war mehr seine Art, in Höhlen zu sein als in Häusern, weil
er in den Höhlen des Dofri auferzogen war; er war auch an
Wuchs und Stärke den Unholden ähnlicher als den Menschen.“
„Er wurde darum Bardr *Snæfellsass* genannt, weil sie dort auf
dem Gebirge an ihn glaubten und ihn für einen anzurufenden Gott
(*heitgud*) hielten; er zeigte sich auch manchem Manne als ein sehr
kräftiger Schutzgeist (*bjargvættr*).“ In der Njálssaga Kap. 124
begegnet ein *Svínfellsáss*, der mit Flosi Thordarson unkeuschen
Umgang hatte. Gudbrand Vigfusson (*corpus* 1, 418) geht zu weit,
wenn er diese Wesen für Ahnengeister erklärt und schliesst, die
in Bergen hausenden Toten seien ursprünglich als Asen bezeichnet
worden. Der vergötterte Ahnherr des nahe wohnhaften Geschlechtes
sei als áss im Snæfell und Svinfell verehrt worden; Asen und Elben
(wegen dem Geirstada-alf) seien die ältesten Benennungen der
Ahnengeister. Die Beispiele stehen vereinzelt, die Quellen sind
zu wenig verlässig, um so kühne Schlüsse zu verstatten. Richtiger
urteilt Maurer (*Bekehrung* 2, 246), wenn er eine späte Verwirrung
annimmt, welche zwischen dem Kultus der eigentlichen Götter

und der niederen Dämonen nicht mehr genau zu unterscheiden
vermochte und daher auch den Asennamen auf riesische Berggeister anwandte.

## 7. Glauben an eine Wiedergeburt.

Der Seelenglaube führt die Menschen zum Unsterblichkeits-
glauben, zum Glauben an die Seelenwanderung und zu ähnlichen Vorstellungen, die freilich im niederen Volksglauben der Reinheit,
Erhabenheit und Tiefe entbehren. In der Hölle oder bei den Göttern
leben die Seelen ewig fort, im Übrigen wird über die Zeit, welche
einzelnen Gespenstern zugemessen ist, nichts Bestimmtes gesagt.
Die meisten Spukgestalten gehen nur so lange um, bis sie beruhigt,
erlöst sind. In den ältesten Zeiten, ehe man an Himmel und Hölle
glaubte, dauerte das Leben der Seelengeister, solange sie im Gedächtniss der Menschen hafteten. Der Begriff der Ewigkeit und
Unsterblichkeit setzt eine ziemlich hohe Stufe des Denkvermögens
voraus. Die Gespenster waren oft so roh sinnlich gedacht, dass
man von ihrer völligen Vernichtung zu erzählen wusste. Nach
Asinius Pollio waren die Germanen des Ariovist deshalb so mutig
und verwegen und solche Todesverächter, weil sie wieder aufzu-
leben hofften ($\vartheta\alpha\nu\acute{\alpha}\tau o\nu\ \varkappa\alpha\tau\alpha\varphi\varrho o\nu\eta\tau\alpha\grave{\iota}\ \delta\iota'\ \grave{\epsilon}\lambda\pi\acute{\iota}\delta\alpha\ \grave{\alpha}\nu\alpha\beta\iota\acute{\omega}\sigma\epsilon\omega\varsigma$).[1] Ob
das Wiederaufleben für eine andere Welt, für ein Walhall, oder
für diese Welt galt, wird nicht gesagt. An eine Wiedergeburt im
Sinne der Seelenwanderung, dass die Seele eines Toten im Leibe
eines neugeborenen Kindes wieder erscheint, glaubten die Germanen.[2] So heisst es am Ende des Liedes von Helgi dem Hjorwardsson, Helgi und Swawa seien wiedergeboren worden; ausführlicher am Ende des zweiten Liedes von Helgi dem Hundingstöter: „Das war in alter Zeit Glaube, dass Menschen wiedergeboren
werden könnten; jetzt aber heisst das Altweiberwahn. Von Helgi
und Sigrun erzählt man, dass sie wiedergeboren seien, er hiess
da Helgi Haddingjaskati und sie Kara." Im kurzen Sigurdliede 45
wünscht Hogni von Brynhild: verwehrt sei ihr ewig die Wiedergeburt. In der Gautrekssaga Kap. 7 wird Starkad ein wieder-

[1] Müllenhoff, Altertumskunde 5, 69.
[2] Über den Wiedergeburtsglauben der Germanen und die darauf beruhenden Taufbräuche vgl. Jiriczek, Mitteilungen der schlesischen Gesellschaft
für Volkskunde 1894/5, S. 34 f.; Maurer, Zeitschrift des Vereins für Volkskunde 1895, S. 99.

geborener Riese (*endrborinn jǫtunn*) genannt. In der Sturlunga-
saga IX, 42 wird Thorgils von den Leuten für den wiedergeborenen
Kolbeinn gehalten. Besondere Beachtung verdient, was sich die
Zeitgenossen einst von König Olaf dem Heiligen erzählten. Vor
Olafs Geburt erschien der längst verstorbene König Olaf Geirstada-alf
einem Manne im Traum und befahl diesem, aus seinem Grabhügel
Waffen und einen Gürtel zu nehmen und letzteren der schwangeren
Fürstin Asta in den Wehstunden umzuspannen, dafür aber die
Namengebung sich auszubedingen. Der Mann that so und nannte
das Kind, den künftigen Bekehrer Norwegens, nach der Traum-
erscheinung Olaf. Man glaubte, Olaf Geirstada-alf sei in seinem
Namensvetter wiedergeboren. Als König Olaf auf seiner Fahrt
einmal zu dem Hügelgrabe des alten Olaf gekommen war, fragte
ihn einer seiner Mannen: Bist du hier begraben gewesen? Olaf
antwortete: Nie hatte meine Seele zwei Körper. Er leugnet auch,
früher gesagt zu haben: Es war eine Zeit, da wir hier waren und
von hier wegkamen. Der christliche, heilig gesprochene König
muss natürlich den heidnischen Aberglauben, der an seinem Ursprung haftet, von sich abzuwälzen suchen. Der Erzählung liegt
ein noch fortlebender norwegischer Aberglaube zu Grunde. Man
wählte Namen Verstorbener, um die Toten wieder aufleben zu
lassen. Wenn eine schwangere Frau von einem Verstorbenen träumt,
so hält man dafür, dass dieser nach einem Namen umgeht —
*gaaer efter navnet* —, dass er einen Namensvetter sucht und dass
das Kind nach ihm getauft werden muss. So erscheint dem Thorstein uxafót ein Grabhügelbewohner im Traum, sagt ihm seinen
Übertritt zum Christentum voraus und bittet ihn, einen Sohn mit
seinem, des Toten Namen zu taufen —, offenbar um als Wieder-
geborener der christlichen Seligkeit teilhaftig zu werden. Der
sterbende Asbjorn bittet, nach ihm zu taufen — *at láta heita eptir
honum* — d. h. ihm durch Benützung seines Namens zur Wiedergeburt zu verhelfen. Der sterbende Jokull schenkt seinem Mörder
das Leben und bittet ihn, zum Danke dafür einst seinen künftigen
Sohn oder einen seiner Enkel Jokull zu nennen. Die alte und
neue nordische Sage enthält viele Beispiele dieses mit der Wiedergeburt verknüpften Namensaberglaubens.

Der Seelenglauben dauerte unter dem Christentum unge-
schwächt fort, allzu tief wurzelt die Gespensterfurcht im Herzen
des Menschen. Ruhelose Seelen, die man zur eignen Sicherheit

bannen muss, die aber trotz allem nach Ruhe verlangen, kannte
schon das Heidentum.  Eine gewisse sittliche Auffassung mag auch
darin bestanden haben, dass unholde Geister namentlich aus den
Seelen böser Menschen hervorgingen, während die guten in die
Gemeinschaft der Götter und guten Geister, ins allgemeine Totenland oder sonst an einen stillen Ort gelangten.  Unter dem Christentum bildete sich aber neu die Vorstellung der „armen" Seele, die
zur Strafe spuken muss und vom Höllenfeuer angeglüht ist.  Wie
für alles Unholde ergab sich auch für die Gespenster unmittelbarer
Zusammenhang mit Hölle und Teufel.

# Übermenschliche Wesen, die aus Maren und Seelen hervorgingen.

## I. Die nordischen Fylgjur.

Die alte und neue nordische Sage berichtet viel von der
*fylgja, forynja, fyreferd, hamingja,* von Erscheinungen, in welchen
der Seelenglauben am deutlichsten zum Ausdruck gelangt.  *fylgja*
bedeutet Folgerin; gemeint ist ein jedem Menschen beiwohnendes
geisterhaftes Wesen, die Seele, welche zuweilen sichtbar wird.
Die Fylgja zeigt sich ihrem Besitzer und andern Menschen meistens
vor wichtigen Ereignissen, namentlich vor dem Tode.  Sie erscheint
in der vollen eignen Gestalt ihres Inhabers als Doppelgänger,
zweites Gesicht, oder in beliebiger Tiergestalt.  Die Fylgja offenbart sich gerne im Traum, geistersichtige Leute vermögen sie aber
auch im Wachen zu sehen.  So gleicht die Fylgja einerseits völlig
den *hugir,* den Seelen, andererseits ist sie aber auch als *fylgjukona,* als *dís,* als ein übernatürliches Wesen weiblichen Geschlechtes
gedacht.  Wie ein Schutzengel ist sie dem einzelnen Menschen
(*mannsfylgja*) oder auch einer ganzen Sippe (*kynfylgja, ættar-
fylgja*) gesellt, manchmal sind sogar mehrere Fylgjur einem Menschen oder einem Geschlechte beigegeben.  So vollzieht sich also
die Ablösung eines selbständigen Geisterwesens aus dem Seelenglauben, eine spätere Neubildung auf allgemeinem Hintergrund.
Die Seele wird zu einem Schutzgeiste in Frauengestalt, zu einer
Schicksalsgöttin.  Manche Leute haben stärkere Fylgjur, stärkere
Schutzgeister und darum mehr Glück als andre.  In den Fylgjur

verkörpern sich gewissermaassen die eignen Seelen der einzelnen
Menschen und zugleich die Seelen der abgeschiedenen Ahnen,
aber als selbständige Wesen gedacht. Zusammenhang mit dem
Seelenglauben bricht aber immer noch hervor. Von Olaf Tryggwason heisst es, seine Fylgjen seien besonders schön und glänzend gewesen (Olafssaga des Oddr Kap. 5). In der jüngeren
Olafssaga Tryggvasonar Kap. 215 steht eine merkwürdige Geschichte von einem Isländer namens Thidrandi. Dieser hörte einmal in einer mondhellen Nacht an die Thüre seines Hauses an-
klopfen und trat, obwol gewarnt, mit einem Schwerte bewaffnet
hinaus. Da sah er von Norden her neun Weiber in schwarzen
Gewändern mit gezogenen Schwertern in den Händen heranreiten;
von Süden her kamen auch neun Weiber geritten, alle in lichten
Gewändern und auf weissen Rossen. Thidrandi wollte wieder ins
Haus zurück, wurde aber von den schwarzen Frauen angegriffen
und auf den Tod verwundet. Morgens fand man ihn, und er erzählte alles, ehe er starb. Thorhall aber erklärte die Frauen für
die Schutzgeister des Geschlechtes (*fylgjur ydrar frænda*). Die
schwarzen Frauen (*dísir*) seien die dem Heidentum, die weissen
die dem Christentum geneigten Geister. Die heidnisch gesinnten
verlangten noch vor der Bekehrung ein Opfer und holten darum
den Thidrandi zu sich. *fylgjur* und *dísir* werden also einander
gleichgestellt und gelten als die aus den Seelengeistern hervorgegangenen Schutzgeister einer Sippe. Die Scheidung in schwarze
und weisse, unholde und holde dürfte der christlichen Absicht der
Erzählung zuzuschreiben sein. Ähnlich sagt Gisli in der Gislasaga Súrssonar 41: „Ich habe zwei Traumweiber (*draumkonur*);
die eine ist gut gegen mich, die andre aber, sagt mir immer das
vorher, was mir eine Verschlechterung meines Geschickes zu sein
scheint und prophezeit mir Böses." Die Fylgjur zeigen sich
hier, wol auch unter christlichem Einfluss, als guter und böser
Engel eines Menschen. Die Fylgjur erscheinen auch sonst als bewaffnete Frauen. Der Skald Hallfred sah einmal ein Weib in
einer Brünne über die Wogen hin zum Schiffe schreiten. Es war
seine *fylgjukona* (Fornsögur hrsg. von Gudbrand Vigfusson S. 114).
Dem Asmund erscheinen im Traume bewaffnete Frauen, seine
Schutzgöttinnen (*spádísir*), die ihm Hilfe im Kampfe verheissen
(Fornaldarsögur 2, 483). Dem Wigaglum tritt die Schutzgöttin
(*hamingja*) des Wigfuss behelmt entgegen und bietet ihm ihre
Nachfolge an (Vigaglúmssaga Kap. 9). Den Zusammenhang der

Fylgjen mit den Seelengeistern lehren deutlich die Atlamǫl 27, wo die *disir* zugleich als tote Weiber (*konor daudar*) bezeichnet sind. Glaumwor warnt den Gunnar vor der Fahrt zu Atli durch Erzählung ihrer Träume:

Mir schiens, als träten bei Nacht  tote Frauen hier ein,
In dürftige Kleider gehüllt,  die dich entführen wollten;
Es luden zu ihren Bänken  die leidigen Weiber dich ein;
Die Schicksalsjungfrauen, glaub ich,  haben den Schutz dir aufgesagt.

Die Fylgjur in ihrer Eigenschaft als selbständige Schutzgeister gingen beim herannahenden oder eingetretenen Tode eines Mannes auf einen beliebigen Verwandten, dem sie sich antrugen, über. So übernimmt Wigaglum die Fylgja des Wigfuss, dem Hedin bot sich die Fylgja seines Bruders Helgi Hjorwardsson an, welcher darin ein Zeichen seines nahen Todes sieht. Bei Gunnar und Thidrandi herrscht die Vorstellung, dass die Fylgjur den Todgeweihten zu sich holen, d. h. seine Seele geht zu den Toten ein. In der Njálssaga Kap. 41 erblickt Njál die Fylgja des Thord in Gestalt eines getöteten Bockes; also vollzieht sich hiernach an der Fylgja das Schicksal ihres Besitzers.

## 2. Verwandlungsfähigkeit: Werwölfe, Berserker.

Statt Fylgja begegnet auch der Ausdruck *hamingja*, im Sinne von Schutzgeist, Glück. *Hamingja* ist abgeleitet von *hamr*, Hülle, Gestalt. Mit *hamr* wird aber namentlich die Gestalt bezeichnet, in welcher die verwandelte Seele sich zeigt. So heisst in den Atlamǫl 18 der Adler, von welchem Kostbera, Hognis Frau, träumt, des Atli *hamr*, wie ebenda 19 des Atli *hugr*. Fylgja wird also die Seele genannt, weil sie dem Menschen, so lang er lebt, überallhin folgt, Hamingja ihrer vielgestaltigen Verwandlungsfähigkeit halber. Bereits im nordischen Heidentum bestand nun der Glaube, dass einzelne Leute fähig wären, beliebig ihre Gestalt zu wechseln. Verwandlungssagen entstammen dem Seelenglauben. Was hier unwillkürlich, im Traume oder unter besonderen Umständen, sich ereignete, geschieht nun auch willkürlich, meist mit Hilfe von Zauberkünsten, wodurch die Verwandlungsfähigkeit der Seele nach Belieben benutzt werden kann. Solche Leute heissen *eigi einhamir*, nicht eingestaltig; ihre Fähigkeit ist *at skipta hǫmum*, die Gestalten zu tauschen, *at hamast* sich zu häuten, die Hülle zu wechseln.

Sie sind *hamramr* oder *hamhleypa*, gestaltenläufig, sie sind der *hamfar*, der Fahrt in Verwandlungen mächtig. Die Annahme der fremden Gestalt geschieht nicht nur in der Art des Seelenglaubens, dass die Seele aus dem Leibe ausschlüpft und eine beliebige Hülle umthut, vielmehr auch so, dass das Umwerfen eines äusserlichen Gewandes den Wechsel der Gestalt hervorbringt. So hat Freyja ein Federgewand (*fjaðrhamr*), das sie dem Loki borgt, so haben die Valkyrjen Schwan- und Krähenhemden. Odin hat ein Adler-gewand (*arnarhamr*). Besondere Bedeutung aber haben die Wolfs-gewänder, die *úlfahamir*, deren Anlegen den Menschen zum Wolfe verwandelt. Der Werwolfsglaube[1]) ist seit Alters den westarischen Völkern, namentlich den Slaven und Germanen vertraut. Er be-ruht auf den allgemeinen Vorstellungen der vielgestaltigen Seelen, wie die Fylgjur, die Mannahugir gar oft als Wölfe auftreten[2]), zum Teil vielleicht auch auf dem epidemischen Wolfswahnsinn[3]), der pathologischen Lykanthropie. Werwolf bedeutet Mannwolf, λυϰάνϑρωπος[4]). Das Wort begegnet im ags. *werewulf*, in Deutsch-land zuerst bei Burkhard von Worms (*credidisti, ut quandocunque homo ille voluerit, in lupum transformari possit, quod vulgaris stultitia werwolf vocat*). Das frz. *loup-garou* ging aus altfränkischem *werewulf* hervor[5]). Die nordische Sprache gebraucht dafür *vargr* oder *vargulf*, neunord. *varulf. verulfr* begegnet als Schwertname in der Snorra Edda 1, 565, vermutlich als deutsches oder eng-lisches Lehnwort. In der Vǫlsungasaga Kap. 8 wird erzählt, wie Sigmund und Sinfjotli einmal in einem Waldhause zwei Männer mit dicken Goldringen schlafend fanden. Die waren ins Miss-geschick geraten; denn Wolfshemden (*úlfahamir*) hingen über ihnen. Jeden zehnten Tag vermochten sie aus den Wolfshemden zu kommen. Es waren Königssöhne. Sigmund und Sinfjotli fuhren

1) Über diesen Glauben vgl. W. Hertz, Der Werwolf. Beitrag zur Sagengeschichte. Stuttgart 1862.

2) Fylgjur als Wölfe im Traum erscheinend in der Njálssaga 123; For-naldar sögur 2, 413; 3, 77, 213, 560; Droplaugar sona saga 22; Þorðar saga hreðu 38; Gíslasaga Súrssonar 24.

3) Fälle davon bei Hertz, Werwolf S. 54 ff.

4) Kögel, Pauls Grundriss I, S. 1017 Anm. erklärt ahd. *weriwolf* aus * *wariwulf*, * *waʒiwulf* (zu got. *wasjan* as. *werian* kleiden). Werwolf ist also eigentlich Wolfsgewand, úlfshamr; ähnlich bedeutet vielleicht berserkr Bärengewand.

5) Vgl. Mackel, Die german. Elemente in der französ. und provenzal. Sprache. Heilbronn 1887, S. 14.

in die Gewänder und konnten nimmer heraus. Es folgte ihnen
dieselbe Eigenschaft wie zuvor. Sie liessen Wolfsstimmen hören,
verstunden aber beide ihre Stimmen. Sie fielen nun wie rechte
Wölfe Menschen an und zerrissen sie. Sigmund biss den Sinfjotli
fast zu Tode. Nachmals aber fuhren sie wieder zu dem Hause
und warteten, bis sie aus den Wolfsgewändern kamen, die sie
dann zu Asche verbrannten. Die Sage mag auf einem alten Missverständniss beruhen. Warg, Wolf hiess der Geächtete in der
germanischen Rechtssprache. Warg wurde wörtlich als Wolf verstanden, und so bildete sich die Werwolfsgeschichte. Jedenfalls
aber wird der Werwolfsglaube dadurch als altgermanisch erwiesen.
Nach der neueren Volkssage verwandeln sich Menschen, sowol
Männer als Frauen, zeitweilig in Wölfe, indem sie sich einen
Gürtel, aus Wolfsleder oder Menschenhaut gemacht, um den blossen
Leib schnallen. Wird der Gürtel gelöst, so nehmen sie wieder
Menschengestalt an. Das Wolfshemd ist also zu einem Wolfs-
gürtel zusammengeschrumpft. Der Werwolf fällt dann in Herden
und greift auch Menschen an. Der Zauber reicht aber nicht übers
Leben hinaus. Wird ein Werwolf verwundet oder getötet, so findet
man einen wunden oder toten Menschen. Wie alle Seelen und
Maren hält er dem Namensanruf nicht stand, der Zauber weicht
sofort, und statt des Wolfes sieht man einen nackten Menschen
vor sich. Der „Böxenwolf“ in Westfalen und Hessen hockt auf
wie die Mare, d. h. er springt den Leuten auf den Rücken und
lässt sich tragen.

Zu den Werwölfen scheinen ursprünglich die *Berserker* der
nordischen Sagen gehört zu haben, obwol der rechte Sinn den
Quellen abhanden kam[1]). Berserker sind Menschen, die plötzliche
Wutanfälle haben. In diesem Zustande gebärden sie sich wie
wilde Tiere, sie heulen, sperren den Rachen auf und recken die
Zunge heraus, stossen Schaum aus dem Munde, knirschen mit
den Zähnen und beissen in die Schilde. Zugleich werden sie
übernatürlich stark und meinen für Feuer und Eisen unverwund-
bar zu sein; in ihrer Wut verschonen sie nichts, was ihnen in
den Weg kommt, nach überstandenem Anfall aber sind sie um so
schwächer und nahezu völlig kraftlos; durch Anrufen bei ihrem
Namen wird der Zustand beseitigt, wie das Beschreien auch sonst
zauberische oder übernatürliche Vorgänge und Verrichtungen stört.

---

1) Über Berserker als Werwölfe Maurer, Bekehrung 2, 108 ff.

Von Verwandlungen in fremde Gestalten ist zwar bei den Berserkern nicht mehr die Rede, trotzdem heissen sie *eigi einhamr*,
*hamramr*. Ihr Wutanfall wird als ein leiblich und seelisch ganz ver-
schiedenartiger Zustand aufgefasst. Ursprünglich war diese tierische
Wut eben mit Verwandlung in tierische, Wolfs- oder Bärengestalt
verbunden. Darauf deuten noch einige Spuren. König Harald
Hárfagr hatte in seiner Umgebung eine Schar von Berserkern,
die *ulfheðnar*, die Wolfsgewandigen, hiessen. Ulfheðinn und Ulf-
hamr kommen als Mannsnamen vor. Die Überlieferung deutet
diese Bezeichnung der Berserker allerdings dahin, dass die Kämpen
Wolfspelze über den Brünnen getragen hätten. Indessen ist dies
ein Missverständniss. Einst waren Leute in *ulfahamir*, in Wolfs-
häuten, also Werwölfe gemeint. Sveinbjörn Egilsson im Lexicon
poeticum S. 51 erklärt Berserkr als der Bärengewandige (aus *berr*,
Bär und *serkr*, das Gewand). *Berserkir* und *ulfheðnar* sind also
Menschen in Bären- und Wolfsgestalt. Daher die tierische Wut,
die ihnen anhaftet. Dem Namen Ulfheðinn entspricht der Name
Bjarnheðinn. Einen solchen „Berserkr" im wahren Sinn führt uns
die Sage von Hrolf Kraki leibhaftig vor. Hrolf wird von seinen
Feinden überfallen. Mutig tritt er mit seinen Helden in den Kampf
gegen Hjorward ein; alle seine Recken mit Ausnahme des Bodwar
Bjarki begleiten den König Hrolf. In diesem Kampfe sahen Hjorward und seine Mannen, dass ein grosser und starker Bär dicht
vor König Hrolf herging. Hieb- und Schusswaffen glitten ohne
Wirkung an ihm ab, er stürzte Männer und Rosse nieder und zer-
malmte die Leute mit Klauen und Zähnen, so dass sich klägliches
Geheul in Hjorwards Heer erhob. Hjalti, ein Recke Hrolfs und
Freund Bodwars, sah sich um und vermisste noch immer seinen
Freund Bodwar. Da lief er zurück zur Königshalle und hier sah
er Bodwar ganz müssig sitzen. Hjalti schalt den Bodwar, dass
er ruhig in der Halle bleibe, während der König Hrolf in Not
sei, und bedrohte ihn. Da erhub sich Bodwar seufzend und ging
mit hinaus zum Kampfe. Alsbald verschwand der Bär. Der Kampf
aber endigte mit Hrolfs und seiner Recken Fall. In dieser Sage
kämpft also die Seele, die Fylgja oder Hamingja eines tapferen
Helden in Bärengestalt, während sein Leib in der Halle zurück-
bleibt. Die Geschichte mag als Grundtypus der Berserkersagen
gelten, sie erwächst aber unmittelbar aus dem Seelenglauben.

### 3. Schicksalsfrauen.

Die nordischen Fylgjur waren zugleich Schutzgeister, gute und böse Engel, die den Menschen umschwebten. Von hier aus ist nur ein kleiner Schritt zum Glauben an Schicksalsgeister, den wir bei den heidnischen Germanen vorfinden. Überall begegnen wir den Schicksalsfrauen, die das Leben des Menschen von der Geburt bis zum Tode lenken. Aus ihrer Vielheit erhebt sich auch eine einzige · Schicksalsfrau, das persönlich gewordene Verhängniss. Die ältere und jüngere Vorstellung laufen neben einander her wie etwa auch das wilde Heer und der wilde Jäger, der allgemeine und der besondere Begriff. Über die Fylgjen reichen die Schicksalsfrauen zu den seelischen Geistern. Einzelne Spuren, namentlich das Erscheinen der Frauen bei Geburt eines Kindes, weisen auf den Kreis der Maren.[1]) Namen und Thätigkeit dieser Wesen sind hier zu erörtern. Als weise Frauen (ahd. *idisi* an. *dísir*) wurden sie bezeichnet.[2]) In ahd. Glossen wird parca mit *scephenta*, die Schaffende, gegeben. Vintler nennt *gâchschepfen*, die den Menschen das Leben geben. Im Zusammenhang mit andern Ausdrücken ist ersichtlich damit die Thätigkeit eines Schöffen, der ein Urteil schöpft, gemeint. Im Norden ist von *urdir* (Sigurþarkviþa in skamma 5), in England von *the thre weirdsisters, the weird lady of the woods* die Rede. Im Heliand ist das Schicksal *reganogiskapu*, Schöpfung ratender Mächte, *metodogiskapu*, Schöpfung der messenden, zumessenden, *wurdigiskapu*, Schöpfung der *wurd*. Im Norden heissen die Schicksalsfrauen *Nornen*.[3]) Durch alle germanischen Sprachen geht die Bezeichnung

1) Glücks- und Schicksalsgeister in ihrer Marenabkunft erweist Laistner, Rätsel der Sphinx 2, 342 ff.

2) Kögel, Beiträge 16, 502 ff. nimmt eine urgermanische Zusammensetzung *în* + *dîs* an, wodurch die nord. Wörter *jódis* und *dís* und die westgerm. *îdîs* als zusammengehörig erwiesen werden. *în* ist etymologisch unklar, zu nord. *dís* steht got. *filu-deisei*, Klugheit. *idisi* und *dísir* sind demnach kluge, weise Frauen. Frühzeitig wurden auch die Kampfjungfrauen so bezeichnet. Zur Etymologie vgl. noch v. Grienberger, ZfdPh. 27, 441.

3) Schade, Altdeutsches Wörterbuch² 1, 657 deutet *norni* aus *\*norhni*, Verschlingung, Verknüpfung, als nomen agentis Verschlingerin, Verknüpferin der Schicksalsfäden, zum verb. ahd. *snerhan* mhd. *snerhen*, verflechten, verknüpfen; vgl. Graff, Ahd. Sprachschatz 6, 850; über den Wechsel von anlautendem sn: n vgl. Noreen, Abriss der urgermanischen Lautlehre, S. 208; die Erklärung ist aber sehr unsicher. Die Ableitung der deutschen „Nonnen" (Panzer, Beitrag zur deutschen Mythologie 1, 163, 184; Mannhardt, Germ. Mythen 532 u. 705; Simrock Myth. 351) aus „Nornen" ist sehr fragwürdig.

w u r d (as. *wurd,* ahd. *wurt,* ags. *wyrd,* an. *urdr*) durch. Die Bedeutung ist Geschick, Verhängniss, Tod. Häufig ist Wurd persönlich gedacht und eine entsprechende Wendung gebraucht. Wurd gehört zur
idg. Wurzel *uert* (*vertere*), woraus ahd. *wirt, wirtel,* die Spindel.
Vielleicht ist Wurd die Spinnerin. Im Ags. heisst es: *Wyrd me þæt
gewæf,* mir wob das Wyrd. Als ein Gewebe wird das Schlachtgeschick
(*wígspéda gewiofu*) bezeichnet. Von einem Nornenspruch (*kvidr*)
und Urteil (*dómr*) wissen nordische Dichter, von dem Worte der
Urd, dem keiner entgegnet, das unwiderruflich ist (Fjǫlsvinns mǫl 47).
Das Schicksal ist *urlagu* (ahd. *urlag,* as. *orlag,* ags. *orlæg,* afr.
*orloch,* an. *ǫrlǫg*) d. h. Urgesetz. *ǫrlǫgsíma, ǫrlǫgþáttr* sind im Nordischen die Schicksalsfäden. In zwiefacher Weise also dachten
sich die Germanen das Schicksal, als *Urgesetz* und als *Gewebe.*
Aus diesen beiden Vorstellungen erklären sich die überlieferten
Namen der Schicksalsfrauen. Sie wissen das uralte Recht und
finden und fällen den Wahrspruch, der dem Menschen sein Verhängniss zumisst; sie spinnen und weben Glück und Unglück,
Gutes und Böses. Das Schicksal richtet und webt über Götter und
Menschen, es ist die geheimnissvolle, hohe Macht, der selbst die
Himmlischen unterworfen sind. Damit ist der Wurd eine bedeutungsvolle Stellung eingeräumt. Götter und Helden vermögen sie
nicht zu bezwingen noch ihr zu entfliehen, ihr sittlicher Wert beruht darin, wie sie der Wurd begegnen.[1]

Wurd schickt Gutes und Böses, die Schicksalsfrauen, wo sie
in Mehrzahl auftreten, teilen sich dagegen meistens nach ihren
Gaben in gute und böse, freundliche und feindliche Gewalten.
Zornige (*grimmar*), feindselige (*ljótar*) Nornen erwähnen die nordischen Skalden; die Gylfaginning Kap. 15 führt den Gegensatz
durch: „Wenn die Nornen über das Geschick der Menschen entscheiden (*ráda ǫrlǫgom manna*), so verteilen sie's sehr ungleich:
den einen verleihen sie ein Leben voll Glück und Ansehen, andern
dagegen wenig Freude und Ruhm; den einen ein langes Leben,
andern ein kurzes. Die guten Nornen, die von edler Abkunft sind,
schaffen ein glückliches Los. Wenn aber Menschen ins Unglück
geraten, so veranlassen es böse Nornen." Nach dem Reginlied 24
stehen *tálardísir,* Trugdisen, zu Seiten des auf der Fahrt straucheln-
den Kriegers; sie wünschen ihn wund zu sehen. Wo also nicht
der Glaube an die erhabene Wurd vorherrscht, wird Glück und

---

1) Über den Fatalismus der Nordleute und seine Wirkung auf das Verhalten der Menschen vgl. Maurer, Bekehrung 2, 162 ff.

Unglück aus dem Walten guter und böser Geister erklärt. Den
Wirkungskreis der Nornen lassen die nordischen Quellen überblicken.
Nach dem Fafnirliede 12 gibt es Nornen, hilfreich in der Not
(*nauþgǫnglar*), welche den Müttern bei Geburt der Söhne bei-
stehen. Ebenso walten *dísir* bei der Geburt (Sigrdrífumǫl 9).
Sie bestimmen für Mutter und Kind Leben oder Tod. Im Lied
von Helgi dem Hundingstöter werfen sie dem neugeborenen Kinde
den Schicksalsfaden. „Nacht wars im Hofe; Nornen kamen,
die dem Edeling das Schicksal schufen (*aldr um skópu*). Sie bestimmten dem Fürsten, berühmt zu werden und der beste unter
den Helden. Mit Macht schlangen sie die Schicksalsfäden (*sneru*
*ǫrlǫgþáttu*), während es Burgen brach in Bralund; sie wickelten
den goldenen Faden aus einander und befestigten ihn mitten im
Mondsal (d. h. im Himmel). Sie bargen die Enden ostwärts und
westwärts, wo das Land des Königs inmitten lag; eine Schlinge,
der sie ewige Dauer gebot, schwang eine der Nornen gen Norden.“
Die Nornen weben ein Gewebe, das nach Ost und West und gen
Norden, also weit über die Lande und hinauf zum Himmel reicht.
So soll sich Helgis Heldenruhm ausbreiten. Die Vǫlospǫ 20 gedenkt der drei weisen Jungfrauen, deren Sal am Stamme der Weltesche Yggdrasil steht, sie bestimmten Satzungen (*lǫg lǫgþo*), erkoren Leben den Menschenkindern (*líf kuro alda bǫrnom*), Schicksal
der Männer (*ǫrlǫg seggja*). Der Glaube an gute und böse Schicksalsfrauen tritt in einem weitverbreiteten Märchenzug zu Tage. An
die Wiege des neugeborenen Kindes kommen mehrere weise Frauen,
die es mit guten Eigenschaften begaben, nur eine zürnt und wünscht
Böses. In der erst um 1400 entstandenen Nornagests saga Kap. 11
besitzen wir eine nordische Wendung. Landfahrende *völvur* oder
*spákonur*, weissagende Frauen kamen zu Nornagests Vater; das
Kind lag in der Wiege, über ihm brannten zwei Kerzen. Nachdem
die zwei ersten Weiber es begabt und ihm Glückseligkeit vor
andern seines Geschlechtes versichert hatten, erhob sich zornig die
jüngste Norn (*in yngsta nornin*), die man im Gedränge von ihrem
Sitze geworfen hatte, dass sie zur Erde gefallen war, und rief:
Ich schaffe, dass das Kind nicht länger leben soll, als die neben
ihm angezündete Kerze brennt! Schnell griff die älteste Völva
nach der Kerze, löschte sie aus und gab sie der Mutter, vermahnend,
sie nicht eher wieder anzustecken, als an des Kindes letztem
Lebenstag, welches davon den Namen Nornengast empfing. Die
Erzählung ist mehrfach verdächtig. Nornen und Vǫlvur, Schicksal

schaffende und Schicksal verkündende Frauen, sind mit einander
verwechselt. Die Geschichte selber aber gleicht der griechischen
Sage von Meleager. Dieser war noch wenige Tage alt, als die
drei Moiren zu dem Bette seiner Mutter traten. Die eine verkündigte, er werde tapfer, die andre, er werde grossmütig sein, die
dritte, er werde so lange leben, als der eben jetzt auf dem Herde
liegende Brand vom Feuer nicht verzehrt sei. Seine Mutter hob
diesen Brand sorgfältig auf. Als sie aber in der Folge erfuhr, dass
Meleager ihre Brüder erschlagen habe, eilte sie im Drange der
Rache mit dem Brande nach dem Feuer und liess ihn von demselben verzehren. Meleager starb nun schnell hinweg. Bei der auf-
fallenden Ähnlichkeit und späten Abfassungszeit der Nornagests
saga ist gelehrte Nachahmung sehr wahrscheinlich. Die Geschichte
darf mithin fürs nordische Heidentum nicht verwertet werden. Bei
Saxo Buch VI S. 272 wird vom König Fridlev erzählt, wie er in
den Tempel der drei weisen Frauen (*nymphae*) trat, die dort auf
Stühlen sassen. Denn es war Sitte, nach der Geburt eines Kindes
die „*oracula parcarum*“ zu erkunden. Nachdem der König, um
seines Sohnes Olaf Zukunft zu befragen, feierliche Gelübde gethan
hatte, verhiessen die zwei ersten dem Kinde Reichtum und Glück,
die dritte der Schwestern aber Geiz. Aus deutscher Volkssage
bieten sich zahlreiche übereinstimmende Geschichten dar.[1]) Aber
ihre Herkunft aus germanischem Heidentum ist wenig glaubhaft,
vielmehr Zusammenhang mit antikem Parzen- und romanischem
Feenglauben. Burchard von Worms gedenkt zuerst der Parzen.
Auf den Färöern heisst noch heute das erste Gericht, das die Mutter
nach der Geburt des Kindes zu sich nimmt, *nornagreytur* [2]), Nornen-
grütze. Vermutlich ist damit eigentlich ein Opfer gemeint, das
nach der Geburt den erwarteten Nornen angerichtet wurde.

Wurd wird oft gleichbedeutend mit Tod verwendet, man
meinte also das Eingreifen der Schicksalsgöttin im Tode zu erkennen. So heisst es im Heliand: Wurd nahm ihn weg, Wurd
nahte, Wurd ist vorhanden, und im Beowulf: Wyrd nahm ihn weg,
Wyrd war ihm sehr nahe. In der Eyrbyggjasaga Kap. 52 erscheint
ein *urðarmáni*, ein Mond der Urd, ein gespenstischer Halbmond,

---

1) Über Schicksalsfrauen im deutschen Volksglauben Mannhardt, German.
Mythen, Berlin 1858, S. 541 ff.; Fr. Panzer, Beitrag zur deutschen Mythologie I,
1848, S. 1 ff., II 1855, S. 119 ff.

2) Nornagreytur in der antiquarisk tidskrift 1849, S. 308; färösk anthologi ved Hammershaimb og Jakob Jakobsen Bd. 2, 1891, S. 225.

welcher Menschensterben anzeigt.  Die neuisländische Volkssage
kennt ein Ungetüm namens *urdarköttur*, Katze der Urd, dessen
Anblick Tod bringt (Jón Árnason, *Þjódsögur* 1, 613).

Auf Island erhielt der Nornenglauben überhaupt besondere
Ausbildung.  Nach Vǫlospǫ 19 erhebt sich Yggdrasil über dem
Brunnen der Urd.  Die Gylfaginning Kap. 16 berichtet, dass die
Nornen täglich aus dem Brunnen die Esche begiessen, welche dadurch vor dem Vertrocknen und Faulen bewahrt wird.  Im Brunnen
werden zwei weisse Schwäne gehalten, von denen diese Vögel
abstammen sollen.  Zu diesem Bilde wirken die verschiedenartigen
Vorstellungen von heiligen Bäumen und Quellen, Wald- und Wasser-
frauen, Schwanmädchen zusammen.  Alle diese Gestalten finden
in der höchsten der weisen Frauen, in Urd ihre Verkörperung.
Nach dem Fafnirliede 13 gibt es Nornen verschiedener Herkunft,
vom Asen-, Alfen- und Zwergengeschlecht.  In der Vǫlospǫ 8 wird
die Ankunft dreier übermächtiger Mädchen aus Jotunheim erwähnt,
wodurch das goldene Zeitalter der Götter seinen Abschluss findet.
Wenn damit die Nornen gemeint sind, wird ihnen riesische Abstammung, Riesenart zugemessen.  Neben Urd nennt die Vǫlospǫ 20
in einer späteren Einschaltung *Verdandi* und *Skuld*, was Gylfaginning Kap. 15 wiederholt.  Sonst kommen diese Namen nicht
vor.  Gelehrte, etymologische Spielerei und das Bestreben, eine
Norne der Vergangenheit, Gegenwart und Zukunft aufzustellen,
veranlassten diese Namen.  *Verdandi* ist Part. Praes. zu *verda*,
werden, *Urdr* ward mit dem Praet. *urdum* desselben Zeitworts in
Zusammenhang gebracht.  Bei *Skuld* schwebt das Hilfsverbum
*skula*, sollen, mit dem das Futurum gebildet wird, vor.  Diese isländische Gelehrsamkeit ist von antiken Vorstellungen [1]) beeinflusst
und hat nichts mit dem Heidentum zu schaffen.

Gemeingermanisch sind Schicksalsfrauen und die Wurd, die ja
auch im Norden allein lebensvoll hervortritt.  Schon die Dreizahl
der Schicksalsfrauen ist verdächtig, die Nornen der Vergangenheit,
Gegenwart und Zukunft sind aber zweifellos den Parzen nachgeahmt.

---

1) Vgl. z. B. Isidors etym. 8, 11, 92 *tria fata finguntur propter trina
tempora: praeteritum . . . praesens . . . futurum . . . quas parcas tres esse
voluerunt, unam quae vitam hominis ordiatur, alteram quae contexat, tertiam
quae rumpat.*  Die Stelle war im Mittelalter hinlänglich verbreitet, mit Unrecht
leugnet J. Grimm, Myth. 377 Anm. ihre Beziehungen zur isländischen Nornen-
dreizahl; muss er doch selbst S. 378 zugestehen, dass nur Wurd ausserhalb
des Nordens vorkommt, von den zwei andern aber nicht eine Spur.

### 4. Walküren. [1])

Zur Zeit, da die Germanen ins Licht der Geschichte treten, vollzieht sich ihr Schicksal im Kampfe. Sieg oder Unsieg entscheidet über das Volk. Darum steht neben der Norn die besondere Schicksalsfrau der Schlacht. Wie jene das Schicksal im Allgemeinen lenkt, so gebietet diese übers Waffenglück, über Sieg oder Tod auf dem Walfeld. Allen Germanen gemeinsam ist die Vorstellung von Kampfgöttinnen. In Wirklichkeit kämpften oft germanische Frauen in Waffen unter den Heeren. Daher finden wir auch zahlreiche Frauennamen auf wig, hild, gund, hadu, mit ger, brünne, helm u. s. w. zusammengesetzt, die das Bild der kampflich gerüsteten Frau uns vorführen. Die Vorstellungen von Kampfgöttinnen und weiblichen Kämpferinnen mögen mit einander aufgekommen sein, sie erwuchsen unter gegenseitiger belebender Wechselwirkung. Die Draugen gefallener Kriegerinnen [2]), Schicksalsfrauen, Schutzgöttinnen vermischten sich zum Bilde der Walküre. Benennungen solcher Wesen begegnen häufig in den alten Quellen. Bei den Deutschen hiessen sie *idisi*, bei den Nordleuten *dísir*, als hehre weise Frauen. Bei den Angelsachsen treffen wir *sigewif*, bei den Nordleuten *sigrmeyjar*, *sigrfljód*, also siegspendende Frauen. Nord. *geirvif* und *hjálmvitr* bezeichnen Speerschwingerinnen und Helmträgerinnen. Auch Fylgjur und Hamingjur zeigen sich im Waffenschmuck, vielleicht weil sie Disir sind, und darunter vorzugsweise Kampffrauen verstanden wurden. Das Wort W a l k ü r e gehört Nordleuten (*valkyrja*) und Angelsachsen (*wælcyrie*) allein an. Vermutlich ist es in einer der beiden Sprachen, wol der nordischen, geprägt und von der andern entlehnt, kaum aus dem Urgermanischen übernommen. Die Bedeutung ist klar: *wal* ist der Haufe Erschlagener, dann der einzelne im Kampfe Getötete, *kyrja* die Kieserin, Wählerin. Die Walküren wählen die Männer aus, die dem Tode erliegen sollen (*kjósa feigð á menn*) und verleihen Sieg (*ráda sigri*), so schildert Snorri ihr Amt. Sieg

---

1) Vgl. Golther, Der Valkyrjenmythus in den Abhandlungen der Münchener Akademie der Wissenschaften, 1. Klasse, 18. Band, 2. Abth. S. 401 ff.

2) Merkwürdig ist die Stelle bei Burchard von Worms (J. Grimm, Myth. 3, 409), welche Hexen als kämpfende Weiber zeigt: *credidisti quod quaedam mulieres credere solent, ut tu cum aliis diaboli membris in quietae noctis silentio clausis januis in aerem usque ad nubes subleveris, et ibi cum aliis pugnes, et ut vulneres alias, et tu vulnera ab eis accipias.*

oder Unsieg, Leben oder Tod steht bei der Schicksalsfrau, die
dem einen furchtbar und schauerlich, dem andern hell und freudig
erscheint.

In einem angelsächsischen Segen[1]) gegen Hexenschuss wird
das Treiben walkürenhafter Frauen anschaulich beschrieben: „Laut
waren sie, ja laut, da sie über den Hügel ritten, sie waren hochgemut, als sie über Land (d. h. durch die Lüfte) ritten. Schirme
dich nun, wenn du ihre Feindschaft bestehen willst: heraus, kleiner
Speer, wenn du drinnen bist! Ich stund unter dem Lindenschilde,
unter dem lichten Schilde, da die mächtigen Weiber ihr Heer
ordneten und ihre sausenden Speere entsandten. Ich will ihnen
einen andern fliegenden Speer von vorne entgegensenden: heraus,
kleiner Speer, wenn du drinnen bist!" — Die Krankheit ist als ein
Hexen- oder Elbengeschoss (*hægtessan*, *ylfa gescot*) gedacht, die
Hexen aber sind im epischen Eingang des Spruches als Kampfjungfrauen geschildert. Laut jauchzend, wol geschart, Speere
schleudernd, reiten sie durch die Lüfte heran, der Angegriffene
deckt sich mit dem Schilde und wirft ihnen seinen Speer entgegen.
Die „mächtigen Frauen" (*mihtigun wíf*) lassen sich also auf einen
förmlichen Kampf mit dem Gegner ein.

Der *Merseburger Zauberspruch von den Idisi*[2]) zeigt, dass
auch die Deutschen solche kampf- und 'siegbetreibenden Frauen
kannten: „Einst setzten sich Idisi hierher und dorthin. Die einen
hefteten Hafte, die andern hemmten das Heer, noch andre klaubten
an den Fesseln: entspringe den Haftbanden, entfliehe den Feinden!"
Dem Spruche liegt die Anschauung zu Grunde, dass Idisi durch
die Luft gezogen kamen und sich auf dem Walfelde niederliessen,
wo der Kampf zwischen zwei Heeren bereits entbrannt war. Ein
solches Feld mochte *Idisiaviso* Idisenwiese heissen, wie J. Grimm
das von Tacitus überlieferte Idistaviso bessert. Nun beginnen sie,
in drei Haufen geschart, alsbald ihre Thätigkeit, indem sie, wie
die germanischen Frauen, in Wirklichkeit an den Ereignissen sich
beteiligen. Die erste Gruppe hinter dem befreundeten Heere legt
den gefangenen Feinden Fesseln an. Nach solcher Handlung mögen
auch die nordischen Walküren *Hlökk* (ahd. *hlancha*, Kette) und

---

1) Vgl. Grein-Wülcker, Bibliothek der ags. Poesie 1, 317; Wülcker,
Kleinere ags. Dichtungen. Halle 1882, S. 33; zur Erklärung Kögel, Geschichte
der deutschen Litteratur I, 1, 93 f.
2) Zur Erklärung des Spruches vgl. Müllenhoff und Scherer, Denkmäler 2³,
S. 43 ff.; Kögel, Litteraturgeschichte I, 1, 89 f.; v. Grienberger, ZfdPh. 27, 433 ff.

*Herfjotr* (Heeresfessel) heissen. Die zweite Gruppe hemmt das
Vordringen des feindlichen Heeres, entweder dadurch, dass die
Idisi gleich den germanischen Frauen sich der gegnerischen Schlachtreihe gerüstet und Speere schleudernd entgegenwarfen, oder dass
sie durch irgendwelche Zauberhandlung den Sturmlauf der Feinde
plötzlich hemmten und in panischen Schrecken (an. *herffoturr*) verkehrten. Die dritte Gruppe endlich erscheint hinter dem Heer der
Feinde, um den Gefangenen, der sich hier befindet, zu befreien.
Die Idisi nesteln an den Banden und sprechen dazu den lösenden
Zauber, der die Fesseln abspringen macht. Solche „*leysigaldr*"
enthalten die nordischen Hǫvamól 148 und der Grógaldr 10, womit bewirkt wird, dass die Bande von Händen und Füssen fallen.
Der Gefangene, auf dessen Befreiung der Spruch hinzielt, glaubt
somit an die hilfreichen Idisi, deren thätiges, unmittelbares Ein-
greifen den Freunden Sieg und Freiheit, den Feinden Unsieg und
Fesselung bringt.

Im Beowulf 697 heisst es: Der Herr verlieh ihm Glück im
Kampfe, das Gewebe des Kampfglückes (*wigspéda gewiofu*). Der
Ausdruck entspringt der Vorstellung, dass das Schicksal der Schlacht
von höheren Mächten gewoben werde. Ebenso erklären sich die
nordischen Bilder Siegesgewebe (*sigrvefr*) und Speergewebe (*darra-
dar vefr*). Darauf gründet sich das bekannte Lied der Njálssaga
Kap. 158 (*corpus poeticum boreale* 1, 281 ff.), das sich auf die
1014 zwischen Brian König von Irland und seinem Sohne Sigtrygg
gelieferte Schlacht von Clontarf bezieht. Der Dichter des Liedes
malt die allgemeine Vorstellung des Schicksalsgewebes ins einzelne
aus und gefällt sich in grausigen Schildereien. Ein Mann zu
Caithnes in Schottland sah zwölf Frauen in eine Kammer reiten
und darin verschwinden. Durch ein Fenster beobachtete er, wie
die Frauen ein Gewebe aufgespannt hatten, wobei Menschenhäupter
als Gewichte, Menschendärme als Aufzug und Einschlag, Schwerter
als Spule und Pfeile als Kamm dienten. Bei ihrem Geschäfte
sangen sie unter anderm: „Mit Schwertern schlagen wir dieses
Siegesgewebe. Hildr, Hjorthrimul, Sangridr, Svipul kamen zu
weben mit gezogenen Schwertern. Schaft wird zerkrachen, Schild
zerbersten, die Axt in die Rüstung dringen. Winden wir, winden
wir das Gewebe des Speeres! Folgen wir dem König (dem siegreichen Sigtrygg)! Blutige Schilde wird man sehen, da Gunnr und
Gondull dem Könige halfen. Winden wir, winden wir das Gewebe des Speeres, das der junge König vor sich hatte! Voran

wollen wir gehen und in die Schlachtreihe schreiten, wo unsre
Freunde die Waffen kreuzen.  Winden wir, winden wir das Gewebe des Speeres, wo die Fahnen kämpfender Männer wehen!
Nicht lassen wir zu, dass sein (Sigtryggs) Leben vergehe.  Die
Walküren haben des Kampfes Kür (*eigu valkyrjur vals* [var. *vigs*]
*um kosti*).  Die Nordleute sollen siegen und die Iren unterliegen.
Das Gewebe ist gewoben, das Feld gerötet.  Schrecklich anzusehen ziehen blutige Wolken am Himmel.  Wol sangen wir dem
jungen König viele Siegeslieder.  Nun reiten wir auf den Hengsten
mit gezogenen Schwertern fort von hier." Da rissen sie das Gewebe von oben herunter und jede behielt, was sie festhielt.
Hierauf bestiegen sie ihre Hengste, sechs ritten südwärts, sechs
nordwärts.  Das Gedicht gehört der christlichen Zeit an, daher
sind verschiedene Vorstellungen mit einander vermischt.  Einerseits
sind die siegspendenden, todbringenden Schicksalsweberinnen, wie
sie allen Germanen bekannt waren, gemeint.  Darum handeln diese
Frauen frei und ohne Auftrag.  Wie die deutschen Idisi gedenken
sie, gewaffnet dem feindlichen Heere entgegen zu schreiten.  Sieg
und Tod ruht in ihrer Hand, sie verteilen die Loose nach eigner
Wahl auf ihre Günstlinge und deren Gegner.  Andererseits gibt
der Verfasser des Liedes den Frauen die Namen, welche sonst
Odins Mädchen führen.  Aber mit Ausnahme dieser völlig äusserlichen Anknüpfung herrscht die alte gemeingermanische Vorstellung, wonach die Walküren frei, ohne Geheiss und Dienst-
verhältniss, walten und weben.

Saxo[1]) weiss von Waldfrauen, die sich rühmen, die Entscheidung
der Kriege zu lenken, unsichtbar den Kämpfen beizuwohnen und
heimlich ihren Freunden die erbetene Hilfe zu leisten.  Sie be-
thätigen ihre Kunst an Hother, den sie begaben und beraten.

1) Bei Saxo Buch III, S. 112 wird von Hotherus erzählt: *inter venandum
errore nebulae perductum incidisse in quoddam sylvestrium virginum conclave, a quibus proprio nomine salutatus, quaenam essent, perquirit. illae
suis ductibus auspiciisque maxime bellorum fortunam gubernari testantur;
saepe enim se nemini conspicuas proeliis interesse, clandestinisque subsidiis
optatos amicis praebere successus . . . quippe conciliare prospera, adversa in-
fligere posse pro libito memorabant.* — Die Mädchen gewähren dem Hother
eine hieb- und stossfeste Brünne und raten ihm listig, wie er den Sieg erlangen könne.  Man kann zweifeln, ob hier in Saxos Quelle von Kampfgöttinnen oder Odins Walküren die Rede war.  Im letzteren Fall hätte Saxo
die Beziehung zu Odin getilgt.

Neben den Frauen, die das Schlachtgeschick weben und lenken, begegnen solche, die es, meist im Traume, verkünden. Dem Asmund träumte, dass Weiber mit Kriegswaffen über ihm standen und sagten: Was soll dein Zagen? du bist bestimmt, allen andern voranzuleuchten und nun fürchtest du dich vor elf Männern? Wir sind deine *spádísir* und werden dir Beistand gegen jene Männer leisten, mit denen du zu thun hast.[1]) Bevor Harald Hardráđi nach England zieht, zeigt sich dem Gyrd im Traume ein Weib, in der einen Hand ein kurzes Schwert, in der andern einen Trog, um Blut aufzufangen, ein andres Weib auf einem Wolfe sitzend, der einen Mannsleichnam zwischen den bluttriefenden Kiefern trägt, erscheint dem Thord.[2])

In der Sturlungasaga 7, 28 träumt ein Mann, er käme in ein grosses Haus, worin zwei blutige Weiber sassen, welche ruderten. Zugleich schien Blut zu den Fenstern herein zu regnen. Das eine Weib sang: „Rudern wir, rudern wir, es regnet Blut, Gunnr und Gondul, vor dem Fall der Männer. Wir werden herrschen in Raptahlid, wo die Leute uns verehren und verfluchen." Das Gesicht zeigt die künftigen Unruhen und Kämpfe auf Island an. In der Viga-Glúmssaga 21, 3 sieht Glum ebenfalls im Traume eine Schar Frauen mit einem Trog voll Blut, das sie übers Land giessen. Er erzählt: Ich sah eine Schar göttlicher Wesen (*godreid*) über Land reiten; Schwerter werden brechen, es naht grauer Geere Gruss, weil die kampfgrimmen Göttinnen (*ásynjur*) — des freuen sich Krieger — Blut erschlagener Männer ausgossen.

Überall erscheinen bewaffnete, blutvergiessende Frauen, wodurch bevorstehende Kämpfe angezeigt werden.

Die Marenart der Walküren tritt aus den Nachrichten einiger Sogur des 13. Jahrhunderts zu Tage. *Herfjǫtur* ist ein Walkürenname, zugleich aber wird damit eine dämonische Lähmung bezeichnet, von welcher dem Tode verfallene Leute im Kampfe oder auf der Flucht plötzlich befallen wurden.[3]) In der Sverrissaga Kap. 68 heisst es: „Da wussten sie nicht, woran es liege, dass das Schiff nicht vorangehe; einige meinten, *herfjǫturr* sei da über sie gekommen, und sie seien alle todgeweiht; in Wahrheit

---

1) Asmundarsaga in den Fornaldar sögur 2, 483.
2) Haraldssaga hardráđa, Fornmanna sögur 6, 402.
3) Über herfjǫtur vgl. Maurer in Wolfs Zeitschrift für deutsche Mythologie und Sittenkunde Bd. 2, 341 ff.; Bekehrung 2, 401 f.

aber war es das, dass der Anker über Bord hing." In der Sturlungasaga 7, 188 wird von Thorleif erzählt, wie er seine Feinde
erblickte und schnell in die Berge davon laufen wollte. Aber da
kam *herfjǫturr* über ihn und er musste ihnen ganz langsam entgegen gehen, dass sie ihn erschlugen. In derselben Saga 7, 148
befinden sich Gudmund und Svarthofdi auf der Flucht vor Illugi.
Gudmund kam nur langsam vorwärts; da fragte Svarthofdi, ob
*herfjǫturr* über ihm sei. Er leugnete es. Illugi holte den Gudmund ein und versetzte ihm den Todesstreich. Nach der Hardar-
saga Kap. 35 kommt *herfjǫturr* mehrmals über den von seinen
Feinden umzingelten Hord. Es gelingt ihm zwar wiederholt, die
Zauberfessel (*galdraband*, wie am Rande *herfjǫturr* erklärt ist) ab-
zuschütteln, aber schliesslich wird er doch überwältigt und erschlagen. Ohne weiteres ist der Zusammenhang dieser „Heeresfessel" mit dem plötzlichen Überfall der Mare ersichtlich. Hier
wie dort die bange Beklemmung, das lähmende Entsetzen, der
von Dämonen verursachte *„panische"* Schrecken. Selten vermag
der Angefallene sich der Mare zu erwehren. Dass „Heeresfessel"
zugleich Walküre ist, beweist, dass ihre Art zum Teil im Gespensterglauben wurzelt. Die Idisi, welche *„heri lezidun"*, fielen
vielleicht ebenso als Heeresfessel auf die Schar der Feinde.

Jungfrauen erscheinen in Gestalt lichter Schwäne; so zeigen
sich mit Vorliebe ihre Fylgjen. Daraus entstand die Sage von den
Schwanmädchen, die ein Federgewand umthun und damit durch
die Lüfte fliegen. An Waldseen und stillen Weihern lassen sie
sich nieder, um die Schwanhemden abzulegen und in menschlicher
Gestalt sich zu zeigen. Wer das Gewand raubt, dem muss die
Maid folgen. Die Walküren sind häufig zugleich Schwanmädchen.
Nicht nur helmgeschmückt, Flammen auf der Speerspitze, in Glanz
und Wetterleuchten reiten sie durch die Luft auf Wolkenrossen,
aus deren Mähnen Thau in die Thäler und Hagel auf die Wälder
fällt, davon den Menschen fruchtbares Jahr kommt, sondern auch
als weisse Schwäne fliegen sie aus. In der Vǫlundarkviþa wird
von solchen Mädchen erzählt. Von Süden her flogen Mädchen
durch den dunkeln Wald, junge Walküren[1]), Kampfschicksal zu
betreiben (*ǫrlǫg drýgja*). Am Seestrand setzten sie sich zur Rast

1) Die Hds. liest *alvitr;* Sven Grundtvig, Saemundar Edda 2. Aufl.
Kopenhagen 1874, S. 215 ff. bessert *almvitr*, wie *hjálmvítr*, und erklärt: bogen-
führender Wicht, Bogenjungfrau. Die Walküren wären somit mit Helm

nieder und spannen herrliche Linnen (d. h. sie wirkten das Schick-
salsgewebe). Wölund und seine Brüder nahmen ihnen ihre Schwanhemden (*álptarhamir*) und machten sie zu ihren Frauen. Von einem
der Mädchen wird gesagt: sie war schwanenweiss und trug Schwan-
gefieder (*ǫnnor var svanhvít, svanfjaðrar dró*). Sieben Winter blieben
sie, im achten ergriff sie Sehnsucht, im neunten trennte sie Not,
die Walküren gelüstete es zum dunkeln Walde, um Kampfschicksal
zu betreiben. Saxo erzählt vom Dänenkönig Fridlev, er habe, als
er Nachts aus dem Lager gegangen, ein seltsames Geräusch in der
Luft und dann von oben das Lied dreier Schwäne vernommen,
wodurch er zu einer Heldenthat aufgefordert wurde. Die Schwäne
liessen einen Gürtel mit Runen herabfallen. [1] Natürlich sind Walküren, Schwanmädchen gemeint, deren Schicksalswort im Schwanen-
sange aus den Lüften tönt. Die Walküren der Heldendichtung
erscheinen öfters als Schwäne. In der Hrómundarsaga Greipssonar
wird von dem Liebesbund zwischen Helgi und Kara berichtet.
Kara in Schwangestalt liess so kräftige Zauberweisen ertönen,
dass die Feinde sich nicht mehr zu wehren vermochten. Einmal
schwebte sie im Kampfe über Helgi. Da holte er mit seinem
Schwerte so weit aus, dass er seine Geliebte auf den Tod verwundete. Kara fiel tot herab und Helgis Glück war dahin. Von
Agnar, den sie im Kampfe gegen Odins Geheiss mit Sieg begabte,
sagt Brynhild selber, er habe die Hemden (*hamir*) von ihr und
ihren Schwestern unter die Eiche getragen (Helreiþ 7). Er raubte
die Schwanhemden von acht Walküren und zwang sie dadurch,
ihm zu Diensten zu sein. Die bereits erwähnten siegspendenden
Waldfrauen (*virgines sylvestres*) des Saxo sind vielleicht auch
Schwanmädchen, die sich ja in der Völundarkviþa zum dunkeln
Walde ·sehnen. Auf Weihern und Seen des tiefen Waldes werden
Schwanjungfrauen am liebsten sichtbar.

Wurd und die Nornen walten über dem Schicksal und schaffen
es, von den Göttern ist ihr Wirken vollkommen unabhängig. Die
Idisi, die das Schlachtgeschick betreiben, stehen ebenso unabhängig

---

(*hjálmvítr*), Brünne (*Brynhildr*), Schild (*skjaldmey*, Schildmagd), Speer und
vielleicht auch Bogen (*álmvítr*) bewehrt gewesen.

    1) Saxo, Buch 6, S. 266 *ubi Fridlevus noctu speculandi gratia cum inusi-
tatum quendam icti aeris sonum cominus percepisset, fixo gradu suspiciens
trium olorum superne clangentium hoc aure carmen excepit .... denique
post ipsas alitum voces lapsum ab alto cingulum literas carminis interpretes
praeferebat.*

auf sich allein. Schicksalsfrauen im allgemeinen, Schicksalsfrauen
im besondern, im Gewebe des Kampfglücks, kannte der altgermanische und grossenteils auch noch der nordische Glauben. Daneben aber treten in den Skaldengedichten die Walküren hervor,
die sich dadurch von den gemeingermanischen Kampfgöttinnen
unterscheiden, dass sie auf Odins Geheiss zur Schlacht reiten und
in Walhall beim Gelage Dienst thun. Ihre Abhängigkeit von Odin,
den sie auf der Walstatt vertreten, ist ein sehr wesentliches Merkmal. Da ausserhalb des Nordens keine Spur davon auftaucht, liegt
der Schluss nahe, die Walküren als Odins Mädchen gehören der
Skaldendichtung ausschliesslich an, während daneben noch oft auch
im Norden ihre ursprüngliche Selbständigkeit hervorbricht.

## 5. Hexen.

Im Got. und Ahd. begegnet das Wort *unhulþó, unholda* d. h.
Unholdin.[1]) Die got. Bibel bedient sich des Ausdrucks zur Umschreibung von δαιμόνιον, während die ahd. Denkmäler damit
diabolus übersetzen. Im Mhd. bedeutet *unholde* Teufelin, Hexe,
Zauberin. Dem germanischen Glauben war somit die Unholdin,
ein böser Geist weiblichen Geschlechtes, geläufig. Erst allmälig
bildete sich unter dem Einfluss des Teufels die männliche Form
daneben. Die Unholdin ist eigentlich die Feindselige, Böse, vom Adj.
unhold, feindlich, gebildet. Ob unter der Unholdin ein gespenstisches
oder menschliches Weib gemeint ist, lässt sich nicht ersehen. Das
Wort Hexe [2]), welches erst im Gefolge der Hexenprocesse im
16./17. Jahrhundert weiter ins Volk drang, begegnet in der ahd.
Sprache in zwiefacher Form: *hagaзussa, hegeзisse,* ags. *hœgtesse,*
mndl. *hagetisse, haghedisse* und *haзusa, haзus.* Den Sinn zeigen die
Glossen *furia, striga, eumenis, erynnis* an. Die Etymologie hat zunächst
von der kürzeren Form auszugehen. *Haзusa* ist alte Participialbildung zum Verbum ahd. *haзzên,* got. *hatan,* und bedeutet also
die Hassende, Feindselige. *Hagaзusa* und die verwandten Wörter
scheinen verderbt aus einer Zusammensetzung, die ahd. *haga-*

---

1) Über *unhulþó, unholda* vgl. Kauffmann, Beiträge 18, 151 ff.
2) Zur Erklärung des Wortes Hexe vgl. Weigandt, Deutsches Wörterbuch 1, 804; ältere Erklärung bei Schade, Altdeutsches Wb. 1, 363; die
Trennung der ahd. Wörter im Gegensatz zur früheren Auffassung, wonach
*haзusa* aus *hagaзusa* verkürzt sein sollte, vertreten Kauffmann, Beiträge 18, 155
Anm. 1 und Noreen, Indogerman. Forschungen 4, 326.

*hazusa* lauten würde, die feindselige Waldfrau. Der wilde Wald ist der Wohnort böser Geister. *Holzmuoja, holzrûna* bezeichnen ebenso das Waldweib. Mithin sind *unholda* und *hazusa* einander gleichbedeutend, während *hagazusa* noch den unheimlichen Wald beifügt. In der Kaiserchronik wird Crescentia gescholten

> 12201 *du soltest pillicher dâ ze holz varen,*
> *danne di mægede hie bewarn;*
> *du bist ain unholde.*

Also im Holze hausen die Unholdinnen, die Hexen, die Waldweiber. In den Kreis der Marenvorstellungen weisen die mhd. Wörter *trute, trut*[1]), und das an. *trollkona*, Trollweib. Mit *troll*[2]) bezeichnet die nordische Sprache im allgemeinen die unholden Geister. Endlich finden wir bereits im nordischen Heidentum *kveldridur*, Abendreiterinnen, *myrkridur*, Dunkelreiterinnen, also nachtfahrende Zauberweiber. In der Eyrbyggja saga Kap. 16 ist die *kveldrida* wie die nds. *walriderske* völlig Mare; es wird ihr Schuld gegeben, dass sie Menschen reite und dadurch beschädige. *Túnridur*, Zaunreiterinnen, heissen die übers eingezäunte Gehege reitenden Hexen. Im Mhd. werden *nahtvarn, nahtvrouwen*, d. h. nachtfahrende Frauen genannt, den nordischen *kveld-* und *myrkridur* entsprechend. Die Ausdrücke *flagd, skass, skessa* d. h. Unhold, werden im Norden ebenso auf Riesinnen wie auf alle andern unholden Weiber angewandt. Dem germanischen Heidentum sind also Hexen wol bekannt, nachtfahrende gespenstische Weiber, die auf Schaden aus sind, die zu den unholden Geistern des schauerlichen wilden Waldes gehören. Sie berühren sich in ihrer Thätigkeit mit den Maren, den Urgespenstern, die gleichwie die Seelen überall auftauchen. Unter Unholdinnen waren die Seelen lebender oder verstorbener Zauberweiber verstanden. Wie die Hexen im deutschen Volksglauben in Tiergestalt, als Katzen, Hunde, Hasen, Ratten, Mäuse, als Kröten, als Eulen und Elstern u. s. w. erscheinen, so heisst auch auf Island die Zauberin *hamhleypa*, die in andrer Gestalt Laufende, die Verwandlungsfähige. Das Wesen der Unholdinnen beruht aber in ihrer feindseligen Bosheit, in ihrem Hang, Übles zu thun und Schaden anzurichten. Sie fallen darin mit den *seidkonur*

---

1) Über *trute,* welche noch heute die bayerische Mundart kennt, vgl. Grimm, Wörterb. 2, 1453 f.; Schmeller, Bayr. Wb. I², 648 ff.

2) Sievers, Indogerm. Forschungen 4, 339: Bei *troll* möchte man an Zusammenhang mit got. *trudan*, an. *troda*, ahd. *tretan* denken. an. *troll* aus *trodla, trolla* das Treten, Alpdrücken, Alp.

zusammen, den Zauberinnen, welche ihre Kunst zum Schaden anderer üben und darum schon im Heidentum verachtet, gehasst, ja sogar mitunter verfolgt wurden. In den Hexengeschichten und Sagen wird namentlich nach drei Seiten hin ihre verderbliche Thätigkeit geschildert, dass sie zur Nacht ausfahren, dass sie Wetter zaubern und Felder verderben, dass sie Menschen und Tiere mit Siechtum behexen. Bei Orientalen, Griechen und Römern herrscht ein ganz ähnlicher Glaube an *Empusen, Lamien* und *Strigen*. Es entsteht die Streitfrage, ob der in Deutschland seit der Bekehrung herrschende Hexenwahn germanisch oder römisch sei, im letzteren Falle eingeführt durch die Römer in Gallien und Germanien und später durch die Geistlichen. J. Grimm leitete das Hexenwesen vornehmlich aus germanischer Urzeit, Soldan dagegen völlig aus der Fremde. Die Wahrheit wird in der Mitte liegen. Auf gemeinsamer Grundlage, auf dem Maren- und Seelenglauben erwachsen, müssen Hexengeschichten überall ähnliche Züge aufweisen. Im 13. Jahrhundert treten ganz neue Motive hinzu, die starke Entwicklung des Teufelsglaubens. Menschen fielen von Gott ab und gingen einen Bund mit dem Teufel ein. Teufelsbündler und Ketzer, Zauberer und Giftmischer wurden allmälig gerichtlich verfolgt; während früher in der geistlichen Gesetzgebung alles Zauberwerk für blossen sträflichen Aberglauben erklärt worden war, betrachtete man es jetzt als wirkliche Thatsache. Im 15. Jahrhundert wurden in Deutschland zuerst Hexen verbrannt. Durch die Bulle „*summis desiderantes*", die Papst Innocenz VIII. am 5. December 1484 erliess, auf deren Grund Jacob Sprenger 1489 den berüchtigten Hexenhammer, *malleus maleficarum*, abfasste, wurden die Hexenprocesse mächtig angeschürt. Im 15., 16., 17. Jahrhundert loderten zahllose Scheiterhaufen, erst im Anfang des 18. Jahrhunderts nahm das Unheil ab. Die Hexerei war nunmehr zum Teufelsbund und Teufelsdienst gemacht. Die Hexe schwor Gott und Christum ab, sie ergab sich dem Teufel mit Leib und Seele, betete ihn an als Gott und Herrn, lebte mit ihm in buhlerischer Verbindung, aber ohne Freude und Frucht. Die Hexe muss Schaden und Unheil stiften, weil ihr der Teufel gebietet. Sie bedient sich allerlei Mittel hierzu: gebrauter Tränke, Pulver, Kräuter, Salben. Mit der Hexensalbe bestreicht sie sich, sowie den Besen und die Gabel zur nächtlichen Fahrt durch die Lüfte. Auch durch Spruch und Fluch, durch den Blick selbst kann sie schaden. Bei den grossen Versammlungen, die an bestimmten Tagen auf den besondern überall vorkommenden Hexenbergen, auf Wiesen und unter alten Bäumen stattfanden, geht es zu wie bei den Ketzerversammlungen. Alles zielt auf Verhöhnung und Schändung der christlichen Ritualien. Zuerst wird die Teufelsmesse gehalten, dann folgt ein Mahl, dann Tanz und wildeste Unzucht.[1]) Dass dieser von der Kirche behauptete und verfolgte Hexenwahn, der wesentlich als Teufelsbund gerichtet ward, nicht ohne weiteres ans germanische Heidentum angeknüpft werden kann, ist klar. Aber ebenso gewiss sind volkstümliche Bestandteile drin enthalten. Die Hexenrichter suchten den Teufelsbund nachzuweisen und zu brandmarken, dem Volke schwebten die feindseligen Unholdinnen vor. So tritt im Aberglauben die teuflische Zugabe auch meistens zurück, die Hexe erscheint in ihrer ursprünglichen Selbständigkeit. Wie die Namen so werden auch die Haupteigenschaften dieser Hexengestalt dem germanischen Heidentum zuzuweisen sein. Von besonderem Wert sind die älteren nordischen Zeugnisse, weil in ihnen wahrscheinlich unverfälschte und ursprüngliche Überlieferung vorliegt; in den Hǫvomǫl 154 ist ein Zauberspruch gegen *túnriđur* erwähnt:

Einen zehnten kenn ich,    wenn Zauberweiber
    Im Fluge durchfahren die Luft:
Bewirken kann ichs,    dass sie wenden den Pfad
    Nach Hause, der Hüllen beraubt,
    Nach Hause, verstörten Verstands.

Im Lied von Helgi dem Hjorwardsson kommt sein Bruder Hedin einsam aus dem Walde heim, da begegnet ihm ein Trollweib, auf einem Wolfe reitend, der mit Schlangen gezäumt war. In ähnlichem Aufzuge erscheint die Riesin Hyrrokin bei Baldrs Begräbniss. In der SE 1, 258 heisst Thor Bezwinger nachtfahrender Unholdinnen, *konor kveldrunnar*. Ein solcher Hexenritt wurde als *gandreid* bezeichnet. *Gandar* sind Zauberwesen, Gespenster. So heisst in der Njála Kap. 126 *gandreid* die Erscheinung eines gespenstischen Reiters, welche künftige Ereignisse anzeigt. In der Fóstbrœdrasaga Kap. 9 wird die Seele der schlafenden Thordis entzückt zum *gandreid*, zum „*renna gǫndom*“, Rennen unter den Geistern. *gandreid* ist gleichbedeutend mit *hamfǫr*, gemeint sind Zauberfahrten in verwandelter Gestalt, Ausfahrten der von den leiblichen Banden gelösten Seelen. In den nordischen Sagen ver-

---

1) Vgl. Soldans Geschichte der Hexenprocesse, neu bearbeitet von H. Heppe, 2 Bde, Stuttgart 1880.

lautet nichts Genaueres vom Zweck und Ziel des Hexenrittes, nichts von Besen und Salbe. Aber die allgemeine Vorstellung vom nächtlichen Ausritt feindseliger Unholdinnen, die ebenso dem Hexenritt der deutschen Sagen zu Grunde liegt, darf als nordisch-heidnisch und wol auch als germanisch gelten. Wettermachen ist eine Lieblingsbeschäftigung nordischer Zauberinnen; die Sagen sind voll von künstlich aufgeregten Stürmen. *Gerningavedr*, Zauberwetter begegnet in vielen Geschichten, meist sind auch die Urheberinnen, die Wetterhexen, dabei genannt. Krankheiten führt der Volksglaube auf die Einwirkung böser Geister zurück. Der Mensch oder das Tier ist von dem Unhold besessen oder von seinem Geschoss getroffen. Bereits im Angelsächsischen wird der Hexenschuss erwähnt [1]), also wurde schon lange vor den Gerichtsverhandlungen des 15. Jahrhunderts den nachtfahrenden Unholdinnen die Fähigkeit des Behexens zugeschrieben.

Im älteren isländischen Kristenrecht Kap. 16 heisst es: Wenn jemand sich mit Verhexung (*fordœduskap*) abgibt, so steht Waldgang darauf; das sind Verhexungen, wenn jemand durch seine Worte oder Zauberei Leuten oder Vieh Krankheit oder Tod bereitet. In den norwegischen Borgarþingslǫg 1, 16 heisst es: Das ist die übelste Hexe (*fordœda værst*), die Kuh oder Kalb, Weib oder Kind beschädigt. Wenn Hexenwerk (*fordœduskapr*) gefunden wird in den Betten oder Polstern der Leute, Haar oder Krötenfüsse, Menschennägel oder sonst Dinge, welche geeignet scheinen zur Zauberei, so soll man drei Weibern Schuld geben zu gleichem Recht, bei denen Wahrscheinlichkeit vorzuliegen scheint. Zur Eisenprobe hat sie dafür zu treten. Wird sie durchs Eisen rein, so ist sie der Sache unschuldig; wird sie durchs Eisen unrein, so heisst sie der Sache überführt, Vermögen und Frieden verwirkt, und fünftägigen Frieden vom Eisen weg, zu schlagen und zu töten jedem, der sie ergreifen kann. Wenn einem Weibe Trollenschaft (*trylska*) nachgesagt wird in der Gegend, da soll sie dazu haben das Zeugniss von sechs Weibern, dass sie nicht trollenmässig (*trylsk*) ist. Der Sache ist sie unschuldig, wenn das erbracht wird. Wenn sie das aber nicht erbringt, dann gehe sie fort aus der Gegend mit ihrem Vermögen; nicht waltet sie dessen selbst, dass sie ein Unhold ist (d. h. sie ist von Natur Troll). Von

---

1) Vgl. den ags. Segen gegen *hœgtessan gescot, hœgtessan geweorc* bei Grein-Wülcker, Bibliothek der ags. Poesie 1, 317. Neben *hœgtessan gescot* steht *ylfagescot*, Elbenschuss.

der Trollkona sagen die Eiðsifjaþingslǫg 1, 46: Wenn das einer
Frau vorgeworfen wird, dass sie einen Mann reite oder dessen
Dienstleute, wenn sie dessen überwiesen wird, da ist sie bussfällig
um drei Mark. Die norwegischen und isländischen Rechte des
12. Jahrhunderts denken sich also die Hexen als schädliche Zauberweiber und Maren, welche um des angerichteten Schadens willen
strafbar sind. So mag sie schon das Heidentum verfolgt haben.
Vom Vorwurf der Ketzerei und des Teufelsbundes ist keine Spur
vorhanden.

Zwei nordische Sagen aus dem 14. Jahrhundert unterliegen
dem Verdacht, nicht altheidnischen, sondern gewöhnlichen mittelalterlichen Hexenglauben, wie er um 1300 bereits bestand, darzubieten, wenn schon in besonderer Einkleidung. Thorsteinn lag
im Ried verborgen und hörte einen Knaben in den Hügel rufen:
Mutter, reiche mir Stecken und Handschuhe, ich will zum Geister-
ritt (*gandreid*); es ist Festzeit unten in der Welt! Da wurde aus
dem Hügel alsbald der Stecken gereicht, der Knabe bestieg ihn,
zog die Handschuhe an und ritt, wie die Kinder pflegen. Thorstein nahte sich dem Hügel und rief dieselben Worte; sogleich
kamen Stecken und Handschuhe heraus, Thorstein stieg auf den
Stecken und ritt dem Knaben nach. Sie gelangten zu einem Fluss,
stürzten sich hinein und fuhren zu einer Felsenburg, wo viele
Leute an Tafeln sassen und alle Wein tranken aus Silberbechern,
König und Königin waren auf einem goldenen Thron. Thorstein,
den sein Stock unsichtbar gemacht hatte, erkühnte sich, einen kostbaren Ring und ein Tuch zu ergreifen, verlor aber darüber den
Stock, wurde von allen erblickt und verfolgt. Glücklicherweise
kam sein unsichtbarer Reisegefährte auf dem andern Stock, den
nun Thorstein mit bestieg, und so entrannen beide.[1] Wir haben
die Sage vom belauschten Hexenmahl, die neben anderen zahlreichen Beispielen auch im Simplicissimus 2, 17 vorkommt. Die
nordische Darstellung hat das Teuflische verschleiert, ist aber darin
kaum ursprünglich. In einem zweiten Bericht tritt die unholde
Seite mehr hervor. Ketil erwachte nachts von heftigem Geräusch
im Walde, lief heraus und sah eine Zauberin (*tröllkona*) mit fliegenden Haaren. Auf sein Befragen sagte sie ihm, er möge sie
nicht aufhalten, sie müsse zum Trollending; dahin komme Skel-

1) Vgl. Thorsteins saga bœjarmagns in den Fornmanna sögur 3, 175 ff.

king, der Geister König, aus Dumbshaf, Ofóti aus Ofótansfird,
Thorgerd Hölgatröll und andre mächtige Geister von Norden her.[1]
Ofóti, ohne Fuss, erinnert an den Pferdefüssigen. J. Grimm, Myth.
996 gesteht zu, die nächtliche Unholdenversammlung sei nicht
recht im Geiste des nordischen Heidenglaubens.

## Elbe und Wichte.[2]

Die ganze Natur ist von einem Heer geisterhafter Wesen
erfüllt, welche, wie manche Spuren darthun, ursprünglich den
Maren und Seelen entstammen, allmälig jedoch zu Selbständigkeit
und Unabhängigkeit sich entwickeln. Der Zusammenhang mit
den Gespenstern ist lose, die Art dieser Wesen wird mehr durch
die Naturumgebung bestimmt, in welche sie versetzt gedacht sind.
Wir erkennen zwei Hauptgruppen, Elbe und Riesen, welche
mehr durch ihr Maass als durch ihre Art verschieden sind. Beide
scheinen aus der bewegten und beseelten Natur hervorgewachsen
zu sein, in beiden werden wahrnehmbare Naturkräfte persönlich,
in den Elben aber die sanften, still wirkenden, in den Riesen die
Elementargewalten. Ihre Beziehungen zum Menschen bilden den
Hauptinhalt der von ihnen umlaufenden Sagen. Die Seelen lebten
im Winde fort, sie hausten in der Erde, in Hügeln und Steinen,
in Feld und Flur, im Walde und in Gewässern. Überall dort
treffen wir auch elbische und riesische Wesen. Die Elbe können
zunächst unmittelbar aus den Seelen abgeleitet werden, wie aus
ein paar Beispielen ersichtlich. Thorolf aus Norwegen nannte
die von ihm in West-Island in Besitz genommene Landzunge
Thorsnes. Auf dem Vorgebirge stund ein Berg, an den hatte
Thorolf so grossen Glauben, dass niemand ungewaschen dahin
schauen sollte, und nichts sollte man auf dem Berge töten, weder
Vieh noch Menschen. Den Berg nannte er Heiligenberg (*Helgafell*), und meinte, dass er dahin fahren werde, wenn er sterbe,
und ebenso alle seine Freunde. Auf der Spitze des Vorgebirges

---

1) Ketils saga hængs in den Fornaldar sögur 2, 131.
2) Über die Wichte und Elbe und ihre Sagen bieten die verschiedenen
Sagensammlungen der Neuzeit reiches Material. Schon die deutschen Sagen
der Brüder Grimm enthalten fast alle Haupttypen. Über die Elfen handeln
die Brüder ausführlich in der Einleitung der irischen Elfenmärchen, Leipzig
1826; jetzt auch abgedruckt in W. Grimms kleineren Schriften 1, 438 ff.

war eine grosse Friedensstätte, deren Boden in keiner Weise beschmutzt werden durfte, weder mit Blut noch auch sollte man dorthin „*alfrek*" gehen. *Alfrek* heisst Elbenvertreibung. Menschenkot ist damit gemeint. Es handelt sich also um einen Berg, in den Seelen versterben, aus dem man *alfar* nicht vertreiben soll. Mithin sind die Abgeschiedenen und die Elbe eins[1]). Ebenso ist der Name *Geirstaða alfr,* Alb von Geirstadt, nur aus dem Umstande erklärlich, dass die Toten im Erdhügel *alfar* genannt oder zu den *alfar* gezählt wurden. König Olaf von Vestfold wurde, wie der Olafs Þáttr Geirstaða Alfs und andre Quellen berichten, nach seinem Tode zu Geirstaðir in den Hügel gesetzt und Alb von Geirstadt genannt. Die Leute opferten dem toten König um gutes Jahr. Die Toten sind Hügelbewohner (*haugbúar*), die Elbe wohnen in Hügeln. Die Kormakssaga Kap. 22 erwähnt einen solchen Hügel, in dem Alfar hausen (*hóll er alfar búa í*). Mit Stierblut wird ihnen Opfer (*alfablót*) dargebracht. Man möchte daraus schliessen, dass ursprünglich die Seelengeister, namentlich die in Bergen und Hügeln eingegangenen, Elbe genannt und erst später unter Elben besondere Geister verstanden wurden. Aber die Anwendung des Albnamens auf Seelen kann freilich auch nordische Sonderentwicklung sein und auf späterer Übertragung beruhen. Beim Kobold und Schiffsgeist ist seelischer Ursprung deutlich bezeugt. Der Kobold erscheint öfters in Gestalt eines kleinen ermordeten Kindes (Deutsche Sagen Nr. 72 u. 76), der Klabautermann ist ebenso die Seele eines Kindes (Zeitschrift für deutsche Mythologie 2, 141). Nachdem einmal aber die Geister vom seelischen Untergrunde sich losgelöst hatten, geschah ihre weitere Ausgestaltung durch die schöpferische Einbildungskraft, welche in Naturerscheinungen Äusserungen der Geister zu erkennen wähnte. Wo Bewegung, da ist Leben. Wind und Wolke drängt sich dem Beschauer zunächst auf, aus Wind und Nebel entstanden zahlreiche Sagen und Meinungen über das Thun und Treiben der Elbe und Riesen. Die Windfurchen im wogenden Kornfeld, das Waldesrauschen, das Wogen des Wassers, die Streifen auf der glatten See, alle möglichen andern ihren Ursachen nach unbekannten Naturerscheinungen, z. B. Kreise im betauten Grase wurden als Spuren solcher Geisterwesen betrachtet. Im tosenden Sturm, im Gewitter erblickte man riesische Gewalten. Das Nebelspiel

---

1) Die Alfar als Seelen erklärt Fritzner, Ordbog 1², 187.

zumal in Bergländern befruchtete die sagenbildende Phantasie. Der
Nebel, der um Bäume spinnt, über Wassern und auf dem Felde
braut, der über die Haide sich ausdehnt, an den Bergen auf und
nieder steigt und zu Wolken sich ballt, darf als der Ursprung
vieler Sagen und abergläubischen Vorstellungen gelten[1]). Der allgemeine dem Menschen innewohnende Gespensterglaube hat sich
in den Elben und Riesen, in den Naturgeistern örtlich und sehr
verschiedenartig befestigt und ausgebildet. Aber gemeinsame Züge
gehen durch alle Vielheit und Mannigfaltigkeit hindurch.

Im Englischen begegnet die Form *ælf, ylf,* weiblich *ælfen* die
Elbin. Wie im Norden Asen und Alfen (*æsir ok alfar*) zuweilen
neben einander genannt werden (z. B. im Grimnirliede 4, im Lied
von Thrym 6, in der Lokasenna 2), so im Angelsächsischen *ése
and ylfe* (im Spruch gegen Hexenstich ist von *ésa and ylfa gescot*
die Rede). Ob die ags. Berg-, Wald-, Feld-, Seeelbinnen, die *munt-,
dún-, wudu-, feld-, sæælfenne,* heimischem Glauben entstammen,
oder griechischen Ausdrücken wie *Oreaden, Dryaden, Najaden,* denen
sie zur Übersetzung dienen, nachgebildet sind, bleibe dahin gestellt. Das spätere Englisch kennt *elf, elfish,* das englische Wort
drang im 18. Jahrhundert durch litterarische Vermittlung ins
Deutsche, welches den Gemeinbegriff „Alb" nur noch in bestimmter eingeschränkter Bedeutung kannte. Die nordische Sprache
bietet von den ältesten Zeiten bis zur Gegenwart *alfr,* plur. *alfar,*
schwed. *elf* pl. *elfar,* dän. *elv* pl. *elve.* Die Elbin wird als *alfkona,* dän. *ellekona* bezeichnet. Im Schwedischen heissen die
Elbinnen auch *elfvor.* In Deutschland finden wir Wort und Begriff nur im Mittelalter und in der Neuzeit. Mhd. *alp* plur. *elbe*
und *elber,* meint das Marengespenst. Das Adjectiv *elbisch* bedeutet
marenhaft und von Elben verwirrt. Wir werden also etwas weiter
auf die sinnberückende Macht der Elben gewiesen. So singt auch
Heinrich von Morungen von der berückend schönen Geliebten, sie
habe ihn wie die Elbin (*diu elbe*) mit ihrem Blicke bezaubert:

> *von der elbe wirt untsên vil manic man:*
> *sô bin ich von grôzir liebe untsên*
> *von der bestin di ie kein man liep gewan.*

Im Mitteldeutschen wird Alf als Schimpfwort gebraucht und
bedeutet Thor, Narr. Die zahlreichen altdeutschen Eigennamen[2]),

---

1) Vgl. Laistner, Nebelsagen, Stuttgart 1879.
2) Altdeutsche Namen mit Alb- zusammengesetzt verzeichnet Foerste-
mann, Namenbuch 1, 54 ff.

die mit Alb gebildet sind, wie *Albing*, *Albirih*, *Albgôʒ*, *Albgast*, *Albhart*, *Albgër*, *Albwin*, *Albhild*, *Alblint*, *Albloug*, *Albswint* u. ä. stellen sich den ags. wie *Älfhere*, *Älfwine*, *Älfréd*, *Älfríc* zur Seite und beweisen, dass man sich ursprünglich dabei nichts Böses noch Gehässiges dachte. Wer die Elbe zu Freunden hatte (*Albwine*), wer ihres Rates genoss (*Älfréd*), wer sie beherrschte (*Alberich*), dem musste es glücken. Die Namen zeigen, dass man auf ein freundliches Verhältniss zu den Elben bedacht war, dass man ihrer Hilfe begehrte. Die Elbe waren vorwiegend gute und holde Geister. Die ostgotischen Namen *Albi*[1]) und *Albila* scheinen Koseformen zu einem mit Alb- ähnlich wie im Westgermanischen gebildeten Vollnamen. Als gemeingermanisch darf mithin Wort und Begriff *albaʒ* gelten, dessen Mehrzahl teils nach den A-Stämmen (an. *alfar*), teils nach den I-Stämmen (mhd. *elbe*) gebildet wurde[2])·

Die Grundbedeutung des Wortes W i c h t ist Geschöpf, Wesen, Ding. Ahd. und mhd. ist das Wort männlich und sächlich, der Plural zum Neutrum lautet *wihti* und *wihtir*. Mhd. *wihtelîn, wihtel-mennelîn* bezeichnet, wie noch heute in den Mundarten Wichtlein und Wichtelmann, Zwerge und Kobolde. Das got. *waihts* und das nordische *vættr* sind weiblichen Geschlechtes. Im Nordischen ist dieser Ausdruck in mythologischem Sinne besonders häufig. *Landvættir* sind die Schutzgeister des Landes, *hollar vættir* sind holde, freundliche, *meinvættir* unholde, feindliche Geister, böse Wichte (mhd. *bœseʒ wihtel*).

Neben den uralten allgemeinen Benennungen Alb und Wicht gibt es noch zahlreiche andere, welche ein besonderes elbisches Wesen nach seiner Thätigkeit und Art charakterisieren (ŝo z. B. Zwerg, Nix, Kobold). Die einzelnen germanischen Stämme älterer und jüngerer Zeit haben viele solche Namen für Wichte und Elbe geschaffen. Ein allgemeiner Ausdruck für elbische Wesen war ahd. *scrat* oder *scrato*, mhd. *schrat, schrate*, dazu *schretel, schrättele;* daneben steht die mhd. Form *schraʒ, schraʒ, schrâwaʒ* und die

---

1) Über den Namen Albi, vgl. Wrede, Sprache der Ostgoten, Strassburg 1891, S. 103.
2) Über die Etymologie des Wortes, das mit aind. *r̥bhu* verwandt scheint und auf eine idg. Wurzel *elbh olbh* zurückweist, vgl. Kuhn in der Zs. f. vergl. Sprachforschung 4, 109; Curtius, Griech. Etym.[4] 293; Laistner, Rätsel der Sphinx 1, 452 ff. Das idg. Wort bedeutet betrügen, listig, geschickt sein. Den Elben eignet wie den r̥bhus Kunstfertigkeit, sie sind dem Menschen hilfreich, aber auch trügerisch und tückisch.

Koseform *schretzel, schrezlein,* aus dem Altnordischen gehört *skratti* hierher [1]).   Die Etymologie ist völlig dunkel.   Der Schrat ist ein drückender Alp, ein verfluchter Geist, d. h. also eine arme Seele, ein Hausgeist, ein kleiner Zwerg, ein Poltergeist, ein Waldmann, also alle Seiten elbischer Art vereinigen sich in diesem rätselhaften Wesen.

Die Elbe gelten meist als schön und licht, besonders die Elbinnen sind stets von strahlender Schönheit. Die Snorra Edda unterscheidet zwischen Lichtelben (*ljósalfar*), die in Alfheim wohnen und schöner als die Sonne erschimmern, und Dunkelelben (*døkkalfar*), die in Erdhöhlen hausen und pechschwarz aussehen. Die Elbe sind wolgebildet, ebenmässig, nur gewöhnlich klein und winzig gedacht, die Erdelben, die Zwerge aber sind oft hässlich und missgestaltet. Das ags. Eigenschaftswort *ælfsciene,* elbschön, die nordische Wendung *frid sem alfkona* bezeichnet die vollkommenste weibliche Schönheit. Im Ruodlieb 17, 27 ruft ein gefangener Zwerg seine Frau aus der Höhle herbei, alsobald erscheint sie klein, aber ausnehmend schön, goldgeschmückt und prächtig gekleidet (*parva, nimis pulchra, sed et auro vesteque compta*). Das Elbenvolk war weit schöner als alle Menschen, heisst es im Sǫgubrot (Fornaldar Sögur 1, 387). Die Wald- und Wasserminnen, die freilich nach dem Maasse menschlicher Gestalt in den Sagen so häufig beschrieben werden, entzücken den Beschauer zu heisser Liebe. Lange, blonde Haare zeichnen die lichten Elbe aus. Leicht vermischen sich widerstreitende Züge in einer und derselben Gestalt. So beim **Alberich** der altdeutschen Gedichte. [2]) Im Ortnit 20 ff. ruht er als kleines vierjähriges Kind von schöner Gestalt und mit ritterlichem Gewande unter der breitästigen Linde. Der Held wähnt, das Kindlein mühelos forttragen zu können. Zu seinem Erstaunen erfährt er die gewaltige Kraft des Elbenkönigs, der sich als seinen Vater zu erkennen gibt und Ortnit mit Schwert und Brünne beschenkt. Ob zwar an Gestalt und Antlitz ein vierjähriger Knabe ist Alberich mehr denn 500 Jahre alt. Auberon, der auf den Ruf des Wunderhornes dem Huon mit einem grossen Heere zu Hilfe eilt, wird ebenso als klein, aber wunderschön geschildert. Auberon, vermutlich eine Kurzform zu Auberi, Alberik,

---

1) Vgl. J. Grimm, Myth. 447 ff.; 3, 138; Schmeller, Bayer. Wörterbuch 2, 610 ff.; 614 f.
2) Über die Zwergensage im Ortnit vgl. Seemüller, ZfdA. 26, 201 ff.

ist aber mit dem deutschen Alberich eins. Im Nibelungenliede
dagegen ist Alberich ein alter, bärtiger Mann, ein hässlicher Zwerg.
Der Kobold Hinzelmann (Deutsche Sagen Nr. 76) mischt sich unter
die spielenden Kinder als ein vierjähriges Knäblein von schönem
Angesicht mit gelben, über die Schulter hängenden, krausen Haaren,
in einen Sammetrock gekleidet. Andern Leuten zeigt er sich in
wenig anmutiger Gestalt. Die Gewandung der Elbe ist teils
prächtig, teils auch unscheinbar, dunkelfarbig, grau, moosfarbig,
grün, ihrer jeweiligen Art und Umgebung angepasst. Die Elbe
tragen Mützen oder Kappen, durch welche sie sich unsichtbar zu
machen fähig sind. Ein Kobold heisst Hodeken, Hütchen, nach
seinem grossen Schlapphut. Wer des Albs Kopfbedeckung an
sich reisst, bringt ihn dadurch in seine Gewalt. Laurin und Euglin,
die Zwergkönige deutscher Heldensage, besitzen solche Nebel-
kappen; Euglin wirft die seinige über Sigfrid und entzieht ihn
dadurch den Augen des Riesen. Alberich im Nibelungenlied führt
eine solche Tarnkappe, die Sigfrid ihm abgewinnt. Dadurch wird
Alberich mit seinem ganzen Reich dem Helden unterthan. Das
Land der Lichtalfen, Alfheim, weist das Grimnirlied 5 dem Freyr
zu. Alfen und Wanen, die in Luft und Licht wohnen, werden als
zusammengehörig betrachtet. Aber die sonstige Sagenüberlieferung
versetzt die Elbe in ein ausgedehntes Reich in Bergen, wilden
und unzugänglichen Schluchten, Hügeln und Klüften, überhaupt
unter die Erde. Dort haben sie ordentliche Wohnung, oft prächtig
ausgestattet, mit Gold und Silber angefüllt. Die Wasserelbe wohnen
unter den Gewässern. Oben auf der Erde haben die Elbe Lieb-
lingsplätze, Wiesengründe, einsame eingeschlossene Waldgegenden;
besondere Bäume, unter denen sie gerne ausruhen, wie Alberich
im Ortnit unter der Linde. Der Wald ist ja überhaupt von Geistern
aller Art, elbischen und riesischen, bevölkert. Menschen gelangen
manchmal in die unterirdischen Wohnungen der Elbe, wo ihnen
die Zeit wundersam schnell verstreicht. Ein paar Stunden oder
Tage, die das Menschenkind bei den Elben verbracht zu haben
vermeint, erweisen sich bei der Rückkehr zur Oberwelt oft als
Jahre oder Jahrzehnte. Die Elbe lieben Tanz und Spiel. Unermüdlich bringen sie ganze Nächte mit diesem Vergnügen zu, nur
der Strahl der aufgehenden Sonne, den die Unterirdischen scheuen,
zwingt sie einzuhalten und sich zu verbergen. Man erblickt ihre
Spuren, Kreise, die sie ins tauige Gras getreten. Der Jüngling,
der den Tanz der Elbinnen im Mondschein sieht, kann die Augen

nicht davon abwenden, so verführerisch ist er.  Wird er aber in
den Reigen gezogen, dann ists um ihn geschehen.  Die musika-
lische Begabung der Elbe gipfelt im „*albleich*", im Albliede.
Schwedisch heisst die wunderbare Weise *elfvalek*, Elfspiel, norwegisch *huldreslaat*, Schlag des Huldrevolks, neuisländisch *ljuf-
lingsmál*, *ljuflingslag*, Weise und Schlag der Lieblinge d. h. der
Elbe.  Besonders der Nix ist des Stückes mächtig.  Menschen
können das Spiel von den Elben erlernen.  Was die griechische
Sage von Orpheus und Amphion erzählt, das berichtet deutsche
Sage vom Albleich.  Wenn die Weise ertönt, da horchen alle
Wesen auf, Menschen und Tiere, der Eichwald stillt sein Rauschen,
der Strom seinen Lauf.  Der Gesang der Elbinnen ist ebenso un-
widerstehlich als das Spiel der Elbe.  Niemand entzieht sich dem
süssen sinnberückenden Zauber solchen Getöns.  Die Elbe wissen
die Zukunft voraus, so gut wie sie wissen, was in der Entfernung
geschieht.  Sie weissagen und verkündigen bevorstehendes Unglück,
wie die Wasserminnen dem Hagen der Nibelungen Not ansagen.
In den Alvismọl tritt der allwissende Zwerg Alwis dem Thor gegenüber; er weiss Bescheid in allen Welten und bleibt auf keine Frage
die Antwort schuldig.  Die Kunstfertigkeit der Elbe übertrifft alles,
was Menschen zu leisten im Stande sind.  Die Zwerge sind die
geschicktesten Schmiede, aus deren Arbeit Kleinode und Waffen
hervorgehen.  Die Schmiedekunst wird für gewöhnlich den Zwergen
allein zugeschrieben.  Aber Wölund heisst *alfa ljópi*, *alfa visi* d. h.
der Elbe Fürst und Beherrscher.  Die Schmiedekunst wird ursprünglich den Elben überhaupt zugehört haben und erst allmälig
den Zwergen insbesondere überwiesen worden sein.  Ihre eigenen
Fähigkeiten, ihr Wissen vergaben die Elbe manchmal an besonders bevorzugte Günstlinge.  Die Elbe können jede Gestalt annehmen.  Unter den Menschen erscheinen sie meistens in menschlicher Grösse.  Nixen, die ans Land steigen, gleichen den schönsten
Mädchen, sind auch wie Menschen gekleidet, nur dass zum Zeichen
ihrer Abkunft die Säume ihrer Kleider oder ein Zipfel daran beständig nass bleiben.  Der Hausgeist fliegt als weisse Feder bei
dem Auszug seines Herrn neben dem Wagen her, er entspringt
als Marder oder zeigt sich als Schlange.  Sinnesart und Neigungen
der Elbe zeigen eine eigentümliche Mischung von gut und böse,
List und Aufrichtigkeit, sie vereinigen zwei entgegengesetzte Eigenschaften.  Die Elbe sind edel und hilfreich, aber auch äusserst
boshaft, im ganzen halten sie sich in zweifelhafter Mitte, worin

der Grundzug ihres Wesens beruht. Die Elbe necken, höhnen und spotten gerne, ohne den Menschen dabei eigentlichen Schaden thun zu wollen. So erlustigt sich ein Kobold daran, die Leute an einander zu hetzen, trägt aber vorher alle Waffen bei Seite, damit sie sich kein Leid anthun können (Deutsche Sagen Nr. 76). Auch Alberich im Ortnit äfft und verspottet unsichtbar die Heiden. Dem Ortnit selber gegenüber kehrt er diese Seite hervor. Er lockt ihm den wunderbaren Ring, womit er zum Dienst des Helden verpflichtet ist, ab, macht sich dann unsichtbar, verlacht ihn und spottet seiner fruchtlosen Drohungen, gibt aber schliesslich gutwillig den Ring wieder zurück. Die Wichte in den Bergwerken necken die Bergleute durch unschädliche Steinwürfe; sie rufen, und wenn dann die Arbeiter herbei eilen, finden sie niemand. Auch vertragen sie das Werkzeug, bringen es aber mit Lachen und Spotten zurück (Deutsche Sagen Nr. 35). Die Elbe selber dulden aber keinen Scherz von Seiten der Menschen, sie werden darüber ernstlich böse. List und Verschlagenheit zeigt Alberich im Ortnit. Er weiss mit Klugheit alles zu erlangen, so bringt er Ortnits Ring an sich und stiehlt die heidnischen Schiffe. In der Þidrekssaga Kap. 16 heisst Alfrik der grosse Dieb (*hinn mikli stelari*); er ist der geschickteste aller Zwerge. In der Voluspǫ 11 wird einem Zwerg der Name Althjof, Alldieb, beigelegt. Die Zwerge stehlen gern Lebensmittel, Erbsen und Brot (Deutsche Sagen, Nr. 153, 154, 156), aber auch Kinder und Jungfrauen. In der Karlssage heisst ein berüchtigter Dieb, der die Eier unter den Vögeln wegstiehlt, Elbegast. Der Name deutet auf einen ursprünglichen Alb. Das Verhältniss der Elbe zu den Menschen ist bald freundlich, bald feindlich. Die Elbe sind ein stilles, gutes, friedliches Volk, das auf gute Nachbarschaft hält. Die Zwerge bei der Stadt Achen entliehen Kessel und Töpfe und allerlei Küchengeschirr bei den Einwohnern (Deutsche Sagen, Nr. 33), die bei Quedlinburg borgten ihr eignes Zinnwerk den Leuten zu ihren Hochzeiten aus (ebenda Nr. 36). Für empfangene Wolthaten und geleistete Dienste erweisen sich die Elbe erkenntlich. Die Gǫngu-Hrolfssaga Kap. 15 erzählt, wie Hrolf durch einen wunderbaren Hirsch zu einem Hügel im Walde gelockt ward; der Hügel that sich vor ihm auf, und eine *alfkona,* eine Elbin, trat heraus, die ihm verwies, dass er ihr Tier jage, aber zugleich erklärte, dass sie es selbst ausgesandt habe, ihn heran zu locken. Sie bat ihn sofort, ihr an das Lager ihrer Tochter zu folgen, die nur ein Mensch aus ihren Geburts-

nöten erlösen könne; da Hrolf ihr folgte und die verlangte Hilfe
leistete, erhielt er nicht nur jenen Hirsch, sondern überdies noch
einen Ring, dem die Eigenschaft inne wohnte, dass sein Träger
bei Tag und Nacht sich nie verirren konnte. Zugleich ward er
vor einem ihm drohenden Verrate gewarnt. In schwerer Gefahr
bewährte sich später die Kraft des Ringes (ebenda Kap. 28). Die
Elbe machen Geschenke, die, solange sie erhalten bleiben, dem
Eigentümer Glück bringen (Deutsche Sagen, Nr. 35, 71). Oft
müssen diese Gutthaten verschwiegen werden, man darf das Geheimniss nicht beschreien, das an die Gabe geknüpfte Gebot des
Albs nicht brechen, sonst verliert sie ihren Segen (Deutsche Sagen,
Nr. 7). Die Elbe verlangen von den Menschen namentlich Hilfe
bei Geburt ihrer eignen Kinder. Am häufigsten bezeugt ist die
Sage, wie Menschenweiber von den Elben im Berg oder im Wasser
geholt werden, um Hebammendienste zu leisten. Dass den Elben
Heilkraft gegeben war, lehrt die Kormakssaga Kap. 22. Der Isländer Thorward war von Kormak im Zweikampf schwer verwundet worden. Sein Befinden besserte sich nur langsam. Wie
er auf den Füssen stehen konnte, ging er zur klugen Thordis und
fragte sie, was ihm am ersten zur Besserung seiner Gesundheit
dienlich wäre. Sie sprach: Ein Hügel ist in geringer Entfernung
von da, in welchem Alfar wohnen. Den Stier, den Kormak als
Opfer nach dem Zweikampf schlachtete, sollst du dir verschaffen,
und das Blut des Stieres aussen um den Hügel streichen, und aus
dem Fleische den Alfen ein Opfermahl bereiten; damit wird es
dir besser werden. Thorward befolgte den Rat und erlangte
schnelle Heilung. Der Kobold schliesst sich ans Haus und seinen
Besitzer aufs innigste an und nimmt bei den Menschen Wohnung.
Von ehelichen Verbindungen zwischen Menschen und Elben berichten zahlreiche ältere und neuere Sagen. Die Elbe sind treu
und verlangen Treue von den Menschen, mit denen sie sich einlassen. Alberich ist Sigfrid von dem Augenblicke an, wo er ihm
Treue gelobt hat, völlig und aufrichtig ergeben. Alberich im
Ortnit bewährt sich ebenso treu und zuverlässig in hilfreicher
That. Im Ruodlieb vergleicht ein gefangener Zwerg sein Geschlecht mit den Menschen. Die Menschen seien treulos und darum
kurzlebig, während die Zwerge, weil sie redlich seien (*non aliter
loquimur nisi sicut corde tenemus*) und einfache Speisen essen, lang
und gesund leben. Klagend rufen die Zwerge: O wie ist der
Himmel so hoch und die Untreue so gross! und verziehen sich

aus der Gegend (Deutsche Sagen Nr. 148/49). So sehr die Elbe
einerseits dem Menschen sich nähern, so weichen sie auch andrerseits vor ihm zurück. Glockenschall nahegelegener Kirchen, Reu-
ten der Wälder, neue Hammer- und Pochwerke, Fluchen und
Neckereien der Leute vertreiben sie. Dann erfolgt ein grosser
Auszug der Unterirdischen. Sie schliessen einen Vertrag mit einem
Fährmann ab und werden übergefahren, um niemehr zur alten
Heimat zurückzukehren. Oft nehmen sie Glück und Gedeihen
mit sich fort (vgl. Deutsche Sagen Nr. 153/55). Aus der Bekehrungs-
zeit Islands bietet sich eine schöne und rührende Alfensage dar.
Die Kristnisaga Kap. 2 berichtet in Kürze: „Thorwald hiess seinen
Vater Kodran sich taufen lassen, der aber zeigte wenig Lust dazu.
Zu Gilja stand ein Stein, welchen die gesamte Verwandtschaft
angebetet hatte, und von dem sie sagten, dass ihr dienstbarer
Geist (ármadr) darin wohne. Kodran erklärte, sich nicht taufen
zu lassen, ehe er wisse, wer mehr vermöge, der Bischof oder der
Geist im Steine. Hierauf ging der Bischof zu dem Steine und
sang darüber, bis der Stein zersprang; da meinte Kodran einzusehen, dass der Dienstgeist besiegt sei, und er liess sich sofort
taufen und sein ganzes Haus; nur sein Sohn Orm wollte den
Glauben nicht annehmen." Die Thorvaldssaga Kap. 3 führt die
Erzählung mehr ins Einzelne aus. Kodran rühmt von seinem
Dienstgeist, er sei ein Weissager (spámadr), der ihm grossen Nutzen
bringe; er sage ihm Ungeschehenes voraus, er warte das Vieh
und mache ihn aufmerksam, was er thun und lassen solle; darum
habe er grosses Vertrauen auf ihn und verehre ihn seit vielen
Jahren. Als der Bischof den Stein mit geweihtem Wasser be-
goss, kam der Geist in der folgenden Nacht zu Kodran, mit trau-
rigem Aussehen und ängstlich. Er sprach zu Kodran: Übel hast
du gethan, da du die Leute hieher einludst, die dich zu betrügen
vorhaben, indem sie versuchen, mich aus meiner Wohnstätte zu
vertreiben; denn sie gossen siedendes Wasser über meine Herberge, sodass meine Kinder nicht geringe Qual von den brennenden Tropfen leiden, die durch die Decke herabfallen, und obwol
dergleichen mir selbst nicht viel thut, so ist es doch immer hart,
die Klagen der Kinder zu hören, wenn sie des Brennens wegen
schreien. Tags darauf setzt der Bischof die Beschwörung fort. In
der Nacht erschien der Geist dem Kodran wieder, aber nicht wie
früher mit hellem, glänzendem Antlitz und herrlichem Gewand,
sondern in einem hässlichen alten Lederkittel und mit finsterem,

üblem Aussehen.  Und er sprach: Diese Leute arbeiten eifrig
daran, uns beide unsrer Güter und Vorteile zu berauben, da sie
mich von meinem Erb und Eigen vertreiben, dir aber unsre liebe-
volle Fürsorge und zukunftskundige Weissagungen entziehen wollen.
In der dritten Nacht wehklagt er: Dieser schlechte Bischof hat
mich um all mein Eigen gebracht, meine Herberge hat er ver-
dorben, mich mit siedendem Wasser begossen, mir und meiner
Familie busslos mit Brand Schaden gethan und damit mich gewaltsam weit hinausgetrieben in die Verbannung und Wildniss.
Jetzt müssen wir beide Freundschaft und Zusammenleben brechen.
Besinne dich nur, wer von jetzt an deiner Güter getreulich warten
wird, wie ich ihrer bisher gewartet habe.  Damit trennten sich
der Geist und Kodran mit Zorn und keiner Freundschaft.

Es gibt aber auch feindselige, schädliche Elbe, deren Anblick
Krankheit und Tod bringt.  Schon der blosse Anblick der Elbe
kann Erblindung verursachen.  Mit Schuss und Schlag wissen sie
zu schädigen.  *Ylfa gescot*, norw. *alfskud*, dän. *elveskud* ist die
Lähmung, welche ihr Geschoss hervorruft.  Die norweg. *alfkula*,
Albkugel ist ein Knäul, der im Magen des kranken Viehes gefunden wird und von den Elben dorthinein geschossen wurde.
Das berühmte dänische Lied von Herrn Olaf, der ausreitet, seine
Gäste zur Hochzeit zu entbieten, erzählt, wie die Elbinnen ihn
zum Reigen auffordern.  Als er sich standhaft weigert, da am
nächsten Morgen sein Hochzeitstag aufdämmere, stösst ihn die
Elbin aufs Herz.  Noch nie empfand er solchen Schlag.  Er reitet
heim, aber am andern Morgen liegt er tot.  Auf den bösen Blick
der Elbin spielt Heinrich von Morungen an.  Elbischer Hauch
bringt Gefahr, Elbhauch (norw. *alvgust*, *elfblaest*, schwed. *elfve-
bläst*) ist Gliedergeschwulst.  Blödsinnige, geistesschwache Leute
heissen Elbentrötsch, ihr Sinn ist durch die Elbe verwirrt.  Die
verfilzten Haare der Pferde sind Alp- oder Wichtelzöpfe.  Die Krankheiten, die nach dem Volksglauben als Würmer oder sonstige Para-
siten den Leib des Menschen in Besitz nehmen, heissen geradewegs
fliegende Elbe[1]).  Angeflogene Geister bringen den Menschen in Siechtum und müssen zu seiner Heilung wieder vertrieben werden.
Schon die oberdeutsche Bedeutung des Wortes Alp lehrt, dass die
Elbe auch den Marendruck ausüben.  Die Elbe tragen nach kleinen,

---

1) J. Grimm, Myth. 2, 1109; Haupt, ZfdA. 4, 389; Kuhn, Westfäl.
Sagen 2, 19.

gesunden Kindern Verlangen und legen an ihrer Statt Wechsel-
bälge in die Wiege. Wer elbische Speise und Trank berührt, verfällt dadurch den Unterirdischen. Wer in ihr Reich gelangt, wird
überhaupt gerne daselbst festgehalten oder kehrt nur stumpfsinnig
und wahnwitzig, „*elbisch*‟, unter die Leute zurück.

Die Elbe bilden ein Volk unter Königen. Darauf weist schon der
Name Alberich, König der Elbe. Im Ortnit trägt er auch Krone und
beherrscht grosse unterirdische Reiche. Im Nibelungenlied ist er
ein Dienstmann der Könige Schilbung und Nibelung. Die deutsche
Heldensage weiss von Zwergkönigen Laurin, Walberan, Goldemar.
Alberich und Laurin kommen auf kleinen Pferden angeritten. Ebenso Euglin, der Zwergkönig im Seyfridsliede; der jagt auf kohl-
schwarzem Rosse durch den Tann, angethan mit herrlichem Seiden-
gewand, das mit Gold besetzt und mit Zobel verbrämt ist. Auf
dem Haupt schimmert eine mit Edelsteinen geschmückte Krone.
Er ist mit seinen Zwergen im Berge dem Riesen Kuperan zins-
pflichtig und steht nun Seyfrid im Kampfe gegen den Unhold mit
seiner Nebelkappe bei. Er stärkt ihn mit Speise und Trank und
weissagt ihm die Zukunft. Aber auch Eugel muss erst mit Gewalt dazu gebracht werden, dem Helden zu dienen. In den Harzsagen ist Gübich König der Zwerge (Pröhle, Harzsagen [2] 105), in
den Deutschen Sagen Nr. 152 ist Heiling Fürst der Zwerge. Auf
Island gab es zwei Alfakönige. Jedes Jahr musste abwechselnd
einer von ihnen in Begleitung einiger seiner Leute nach Norwegen
hinüber reisen, um dem dort herrschenden Oberkönige über den
Zustand seines Reiches Bericht zu erstatten und selbst gegen etwaige Anklagen seiner Unterthanen zu Recht zu stehen. So erzählt Finnur Jónsson in seiner *historia ecclesiastica Islandiae* 2, 368 f.

Die neuere isländische, ebenso die færöische Volkssage haben
überhaupt die Auffassung der Elbe eigentümlich entfaltet. Die
*álfar* [1]) heissen auch *huldufolk*, verborgenes Volk, *ljúflingar*,
Lieblinge. Sie hausen in Steinen und Erdhügeln, in Klippen
und Schlüften, mitten unter den Menschen. Ortsnamen auf Island
erinnern häufig an ihr Dasein. Sie sind durchaus menschenähnlich
gedacht, auch in Bezug auf Gestalt und Grösse. Sie führen auch
dieselbe Lebensweise wie die Menschen. Sie werden geboren

---

1) Über die *álfar* vgl. Maurer, Isländische Volkssagen der Gegenwart
S. 2 ff.; Jón Árnason, þjóðsögur 1, 1 ff.; Lehmann-Filhés, Isländische Volkssagen 1, 3 ff.; Hammershaimb, færösk anthologi 1, 327.

und sterben, nur dass ihnen eine ungewöhnlich lange Lebensdauer
beschieden ist; sie essen und trinken und belustigen sich gerne
mit Musik und Tanz, zumal in festlichen Zeiten, wo man dann
ihre Wohnungen weithin hell beleuchtet sieht.  Sie haben ihr eigenes
Vieh von ganz besonderer Güte; sie rudern in See auf Fischfang,
wobei man ihren Ruderschlag vernimmt und die Spur ihrer Kähne
im Wasser sieht.  Sie haben eigene Kirchen und gottesdienstliche
Bräuche, ja selbst Bischöfe.  Bei aller Ähnlichkeit bleiben indessen
die álfar von den Menschen scharf geschieden, ihr Gemeinwesen
ist von dem menschlichen durchaus getrennt.  Sie selbst sind im
Besitz übernatürlicher Kräfte, durch welche sie den Menschen zu
nützen, aber auch zu schaden im Stande sind.  Nur ausnahmsweise
werden sie dem menschlichen Auge sichtbar.  Sie sind auf kleine
Kinder aus und vertauschen sie vor der Taufe gern mit ihren
Wechselbälgen.  Alfmädchen suchen Jünglinge in den Berg zu
locken, auch knüpfen álfar mit Mädchen Liebschaften an.  Menschliche Hilfeleistung verlangen die álfar namentlich bei Niederkunft
ihrer Frauen.  Dafür helfen sie wiederum den Menschen, verschaffen
ihnen verlaufenes Vieh, schenken ihnen wunderkräftige Gegenstände
und heilen von Siechtum.  Den álfar der neuisländischen und
færöischen Volkssage ist namentlich der Umstand eigentümlich,
dass sie nie als klein geschildert werden und keine Schmiedekunst
ausüben, obwol im übrigen ihre Art derjenigen der Bergelbe, also
der Zwerge, entspricht.  Auf Island ist Name und Begriff der
dvergar überhaupt verschwunden.  Die altnordischen Quellen aber
gedenken der Zwerge oft, ihr Andenken haftet auf Island nur
noch an einigen Ortsnamen wie *Dvergasteinn, Dverghól* u. ä.  Auf
den Færöern treffen wir in Lied und Sage (*færösk anthologi* 2, 326)
die *dvörgar* um so häufiger neben dem sonst gleich geschilderten
*hudufólk* der *álvar*.

## I. Zwerge.

Alle germanischen Mundarten bieten Wort und Begriff „Zwerg"
dar, ahd. *twerg,* mhd. *getwerc,* obds. *zwerch,* mds. *querch,* ags.
*dweorh,* engl. *dwarf,* an. *dvergr.* Germanischer Ursprung des Wortes
ist zweifellos, die Etymologie aber dunkel.  Laistner (AnzfdA. 13, 44)
denkt an Zusammenhang mit dem starken mhd. Zeitwort „*zwergen*"
drücken und führt somit bereits den Zwergnamen auf den Kreis
der Maren, der Druckgeister zurück; Noreen (Abriss der urger-

manischen Lautlehre S. 224) stellt die Wurzeln *dhuer* und *dhru*
zu einander und gewinnt damit gleiche Urbedeutung der Zwerge
und Draugen. Die Zwerge scheinen also Verbindung mit Maren
und Seelen zu halten. Die Zwerge gehören zu den Elben, wie
schon die Bezeichnung des Wölund, des Hauptvertreters zwer-
gischer Kunst, als Alfenfürst, *alfa vísi* beweist. Snorri meint mit
seinen Dunkelelben, mit den *dökkalfar* ebenso Zwerge. Ihre Eigenschaften wurzeln auch alle in der Art der Elbe. Die Zwerge erscheinen im Volksglauben vorwiegend als die kunstreichen Elben,
als die Schmiede. Die Zwergsagen fanden ihre Ausbildung zumeist in Gebirgsländern, wo Bergbau betrieben ward. In der Ebene
ist ihre zwergische Eigenart von der allgemeinen elbischen kaum
unterschieden, auch wird der Name „Zwerg“ selten angewandt,
sie heissen die *Unterirdischen* und sind die Elbe, die in Hügeln
wohnen. Weitere Benennungen der echten Zwerge, die auf ihre
Wohnung und Thätigkeit zielen, sind *Bergmännlein*, *Bjergfolk*,
*Bjergmand*, *Erdmännchen*, *Erdleute*, *Erdschmiedlein*, *Bergschmiede*.
Wichtel, Wichtelmännlein heissen sie wegen ihrer kleinen, win-
zigen Gestalt. Die Zwerge sind fast immer missgestaltig, dick-
köpfig, alt, graubärtig, höckrig, von bleicher Gesichtsfarbe (*fǫlr
um nasar* Alvismǫl 2), zuweilen enten- oder geissfüssig, unscheinbar
gekleidet. Nur die Könige tragen prächtige Gewandung. Die Frauen
der Zwerge bewahren aber die elbische Schönheit. Die Zwerge
sind so gross wie ein drei- oder vierjähriges Kind, manchmal noch
kleiner, zwei oder drei Spannen hoch, daumengross (Däumlinge).
Sie sind geschickt, klug und listig. Sie machen sich mit einer
Kapuze (*helkappe*, *nebelkappe*, *tarnkappe*, *tarnhút*, an. *hulids-
hjalmr*, ags. *hæledhelm*) unsichtbar. Gemeint ist wol ein Zaubernebel, in dem sie selber verschwinden oder mit dem sie die andern
verblenden. Das Nebelspiel, das plötzliche Erscheinen und Vergehen kleiner Wölkchen, wie sie besonders an Bergen zu beobachten sind, mag zur Ausbildung solcher Vorstellungen wesentlich
beigetragen haben. Im Laurin (191 ff., 535 ff., 1174 ff.) wird eines
Gürtels und eines Ringes gedacht, wodurch der kleine Zwerg
zwölf Männer Kraft gewinnt. Aus dem Laurin, durch Vermittlung
der dänischen im 15. Jahrhundert verfassten *kong Laurins krönike*
scheint dieser Kraftgürtel auch in die færöische Volkssage der
Gegenwart (*færösk anthologi* 1, 326) gedrungen zu sein. Die nordische Sprache nennt das Echo *dvergmál*, Zwergenrede. Ebenso
begegnet *dvörgamál* in den færöischen Liedern. Die Helden

führen so starke Streiche, dass Zwergrede aus Klippen und Bergen
widerklingt. Die Berggeister antworten also der rufenden Stimme
oder sonstigem Hall. Die Zwerge wohnen in hohlen Bergen, ihre
Säle sind herrlich mit Gold und Edelsteinen ausgeschmückt. Vor
Laurins Berg ist eine blühende, von Linden beschattete Aue, wo
Vogelsang erschallt und friedlich allerlei Getier spielt. Dort hinaus
ziehen die Zwerge aus ihren Höhlen, um sich am Tanz in freier
Luft zu erfreuen. Aber viel schöner ists im Berge selbst. Mit allen
erdenklichen Kleinoden ist die Decke behangen, die goldenen
Bänke leuchten von Edelsteinen. Allerlei Kurzweil herrscht. Zwei
reichgekleidete Zwerge spielen auf rotgoldenen kostbaren Fiedeln,
deren Saiten süss erklingen. Die Zwerginnen sind schön und wol
geschaffen, reich in Seide gekleidet und mit Geschmeide behängt.
Aber nur Sonntagskindern, besonders auserkorenen Sterblichen eröffnet sich ein Einblick in die unterirdische Pracht. Die Könige
der Elbe sind in den Tiroler Sagen des Mittelalters zu Beherrschern
des Zwergvolkes geworden. Die Zwerge kehren gern in menschliche Wohnungen ein. Nach Abzug der Senner wirtschaften die
Zwerge in den verlassenen Almhütten (Wolf, Beiträge zur deutschen
Myth. 2, 311). Auf der Eilenburg in Sachsen wollte einmal das
kleine Volk Hochzeit halten und zog bei Nacht in den Sal. Der
alte Graf, der erwachte, wurde von einem kleinen Herold ge-
ziemend eingeladen, am Feste teilzunehmen (Deutsche Sagen No. 31).
Beim Grafen von Hoia erschien einst bei Nacht ein kleines Männlein und bat, für die folgende Nacht zum Einlager der kleinen
Bergmännlein Küche und Sal geliehen zu erhalten (Deutsche
Sagen No. 35). Wie allen gespenstischen Wesen so ist auch den
Zwergen Scheu vor dem Tageslichte eigen. In den nordischen
Sagen verwandeln sie sich zu Stein, sobald ein Sonnenstrahl sie
trifft. Steinverwandelte Zwerge kennt auch die deutsche Sage
(No. 32); aber die Zwerge sind aus besonderem Anlasse versteinert
worden, nicht durch die aufgehende Sonne erstarrt. Die Thätig-
keit der Zwerge besteht nun darin, dass sie die edlen Steine und
Metalle ausgraben, zu grossen Schätzen anhäufen und zu Ge-
schmeide aller Art verarbeiten. Sie sind Bergknappen und Schmiede
zugleich. Nach Prätorius geben die Gebrüder Grimm in den deutschen
Sagen No. 37 ein Bild solcher Wichtlein. Die Zwerge haben das
Aussehen eines alten Mannes mit einem langen Barte, sind bekleidet
wie Bergleute mit einer weissen Hauptkappe am Hemd und einem
Leder hinten, haben Laterne, Schlägel und Hammer. Sie thun den

Bergarbeitern kein Leid, denn wenn sie bisweilen auch mit kleinen
Steinen werfen, so fügen sie ihnen doch selten Schaden zu, es sei
denn, dass sie mit Spotten und Fluchen erzürnt und scheltig gemacht werden. Sie lassen sich vornehmlich in den Gängen sehen,
welche Erz geben oder wo gute Hoffnung dazu ist. Daher erschrecken die Bergleute nicht vor ihnen, sondern halten es für
eine gute Anzeige, wenn sie erscheinen. Sie schweifen in Gruben
und Schachten herum; bald ists, als durchgrüben sie einen Gang
oder eine Ader, bald als fassten sie das Gegrabene in den Eimer,
bald als arbeiteten sie an der Rolle und wollten etwas hinaufziehen,
aber sie necken nur die Bergleute damit und machen sie irre. Bisweilen rufen sie; wenn man hinkommt, ist niemand da. Am Kutten-
berg in Böhmen hat man sie oft in grosser Anzahl aus den Gruben
heraus und hinein ziehen sehen. Wenn kein Bergknappe drunten,
besonders wenn gross Unglück oder Schaden vorstand (sie klopfen
dem Bergmann dreimal den Tod an), hat man die Wichtlein hören
scharren, graben, stossen, stampfen und andere Bergarbeiten mehr
vorstellen; bisweilen auch, nach gewisser Maasse, wie die Schmiede
auf dem Amboss pflegen, das Eisen umkehren und mit Hämmern
schmieden. Eben in diesem Bergwerke hörte man sie vielmals
klopfen, hämmern, picken, als ob drei oder vier Schmiede etwas
stiessen. In Idria stellen ihnen die Bergleute täglich ein Töpflein
mit Speisen an einen besondern Ort. Auch kaufen sie jährlich zu gewissen Zeiten ein rotes Röcklein, der Länge nach einem Knaben gerecht, und machen ihnen ein Geschenk damit. Unterlassen sie es, so
werden die Kleinen zornig und ungnädig. Die in der Erde verborgenen Schätze, von denen die Volkssage so gern erzählt, werden
darum häufig auf die Zwerge zurückgeführt. Ist irgendwo ein ver-
sunkener Hort, so ist meistens ein kleines graues Männchen mit
im Spiele. Der berühmteste Zwergschatz ist der Nibelungs; auf
ihm liegt die goldene Wünschelrute, die verhindert, dass er sich
vermindert. Auch nach dem Liede vom hürnen Seyfrid ruht Nibelungs Hort von den Zwergen gehütet im Berge. Nach nordischer
Sage war der Zwerg Andwari so zauberkundig, dass er zuweilen
als Fisch im Wasser lebte. Loki fing ihn und verlangte, dass er,
um sein Leben zu lösen, alles Gold ausliefern solle, das er in
seinem Stein habe. Der Zwerg gab all sein Gold her, doch barg
er in seiner Hand einen kleinen Goldring. Das sah Loki und verlangte, dass er auch diesen Ring ihm überantworte. Der Zwerg
bat, ihm diesen Ring nicht fortzunehmen, da er durch ihn seinen

Besitz wieder vermehren könne; Loki aber sagte, er dürfe keinen
Pfennig zurückbehalten, nahm ihm den Ring fort und wandte sich
zum Gehen.  Da sprach der Zwerg, dass der Ring jedem, der ihn
besitze, den Tod bringen werde.  So berichten die Regins mọl
und die Skaldskapar mọl.  Elbengewirk, das in Menschenhände
gerät, ist öfters Segen und Fluch bringend.  Die Zwerge verstehen
sich meisterhaft darauf, die angesammelten Schätze zu verarbeiten.
Den glänzenden Bergkrystall nennt man in Norwegen *dvergsmie*,
Zwerggeschmeid.  Doch mehr als in Schmucksachen zeichnen sich
die Zwerge durch Anfertigung hochberühmter und vielbegehrter
Waffenstücke aus.  Sowol ihres Wissens wie ihrer Geschicklichkeit halber taugen sie als treffliche Lehrmeister junger Heldensöhne.  Regin war geschickter als alle Menschen und seinem Wuchse
nach ein Zwerg.  Er war klug, grimmig und zauberkundig.  Zu
ihm kam Sigurd in Unterweisung und Lehre.  Regin verfertigte
ihm das Schwert Gram.  In der Thidreks saga Kap. 57 heisst der
ausgezeichnete Schmied Mimir.  Zu ihm kommt auch Welent in
die Lehre, dass er Eisen zu schmieden lerne.  Später aber brachte
ihn sein Vater Wadi zu zwei Zwergen, die in einem Berge in Westfalen wohnten.  Diese Zwerge verfertigten besser, als irgendwo
sonst Menschen es konnten, aus Eisen allerhand Waffen, Schwerter,
Brünnen und Helme; aus Gold und Silber machten sie allerhand
Kleinode.  Darum sind auch die besten Waffen in deutscher Heldensage Zwergenarbeit.  Wird aber die Arbeit erzwungen, so legen
die Zwerge ihren Fluch darauf.  So erzählt die Herwararsaga vom
Schwerte Tyrfing.  König Sigrlami hatte einst zwei kunstfertige
Zwerge ausserhalb ihrer Steinbehausung überrascht.  Er nahm sie
gefangen und bedrohte sie am Leben.  Zur Lösung schufen sie das
Siegschwert Tyrfing, legten aber den Fluch darauf, dass drei
Neidingswerke damit verübt werden mussten.  In der SE. führt
Hagen, Hildes Vater, das Schwert Dainsleif, das Zwerge schmie-
deten und das eines Menschen Tod sein muss, so oft es aus der
Scheide gezogen ist, das nie im Hiebe Halt macht und dessen Ver-
wundungen nimmer heilen.  In der märchenhaften Egils saga ok
Asmundar Kap. 11 beschenkt der einhändige Egill, der schwer an
seiner Wunde leidet, ein ihm begegnendes Zwergenkind.  Zum
Dank heilt ihm dessen Vater die Wunde und schmiedet ihm überdies ein Schwert, das an den Ellenbogen befestigt sich ebenso gut
regieren lässt, als wenn Egill seine Hand noch hätte.  In der nordischen Göttersage gehen Odins Speer und goldener Ring, Thors

Hammer, Freys Schiff und goldborstiger Eber, Sifs Goldhaar aus der Esse der Zwerge hervor. Die Weisheit der Zwerge deutet die nordische Sage mit dem Namen Alwis an, ferner dadurch, dass der Dichtermet ursprünglich im Besitze zweier Zwerge, des Fjalar und Galar sich befindet. Die Beziehungen zwischen Menschen und Zwergen sind die bei allen Elben üblichen. Die Zwerge verlangen menschliche Hilfe bei schwerer Geburt ihrer Frauen. Sie erweisen sich aber auch dankbar dafür. Die Zwerge unterschieben Wechsel- bälge (ahd. *wihselinga*, nord. *bytingar, skiftingar, umskiptingar*) und rauben dafür menschliche Kinder. Um den Wechselbalg zu er- kennen und seinen Umtausch zu bewirken, bedarf es besonderer Bräuche. Man thut irgend etwas Ungewöhnliches, braut Bier in Eierschalen oder siedet Wasser darin. Dann erhebt der Wechsel- balg verwundert sein Sprüchlein: Nun bin ich so alt wie der Wald und hab so was nicht gesehen! Oft genügt schon das Geständniss seiner Herkunft zum Verschwinden, oft muss man ihn aber auch misshandeln, peitschen oder sich anstellen, als ob man ihn in den siedenden Kessel werfen wolle. Dann bringen die Zwerge das rechte Kind zurück. Die Zwerge sind erpicht auf schöne Mädchen. Die Alvísmǫl beruhen auf solcher Sage. Alwis der weise Zwerg will die Tochter des Thor als Braut heimholen, wird aber solange hingehalten, bis das Tageslicht ihn versteint. Der Laurin 735 ff. schildert eine Entführung. Künhild lustwandelt vor der Burg zu Steier zu einer Linde auf grüner Aue. Plötzlich verschwindet sie den Augen ihres Gefolges. Laurin war herangeritten, hatte sie in seine Nebelkappe gehüllt und führte sie unsichtbar hinweg in seine Tiroler Berge. Aber zur geplanten Heirat kommt es nicht, die Berner Helden befreien die Maid aus der Gewalt des bitterlich klagenden Zwergkönigs. Dietrich von Bern fand auf seinen Fahrten einmal einen Berg, der von wilden Zwergen bewohnt war. Die hatten ein schönes Mädchen bei sich. Es war eine Königstochter, welche der Zwergkönig Goldemar geraubt hatte. Dietrich gewann sie dem Zwerge mit grosser Mühe ab und nahm sie selber sich zur Frau. Im schwedischen Volkslied holt der Bergkönig die Jung- frau in sein unterirdisches Reich, sie bleibt acht Jahre bei ihm und gebiert ihm Kinder.

Über den Ursprung der Zwerge berichtet die Vǫlospǫ 9/10, die Götter hätten in Urzeiten beraten, wer der Zwerge Schar aus Ymirs Blut und Gebein erschaffen sollte. Da entstand als treff- lichster aller Zwerge Motsognir, als zweiter Durin. Nach Durins

Geheiss machten die Zwerge in der Erde (aus Erde, wie eine andre Lesart lautet) manche Menschenbilder. Dann folgt ein Verzeichniss von Zwergnamen. Die Stelle ist nicht klar. Gemeint ist vermutlich, Götter und Riesen seien aus Urzeugung entsprungen, die Zwerge und darnach die Menschen aber von den Göttern geschaffen worden. Wir versteben aber nicht recht, ob die „Menschenbilder" (*mannlikon*) Zwerge oder rechte Menschen sind, ob die Menschen etwa als Gebilde elbischer Kunst galten. Strophe 10 lässt sich auch so erklären: die Zwerge Motsognir und Durin machten menschenähnliche Gebilde, nämlich die verzeichneten Zwerge, sie selber erwuchsen aus Ymirs Blut und Gebein, d. h. aus Wasser und Stein, überbaupt aus Erde und sollen nun aus demselben Stoffe weiter schaffen. Snorri hat die Stelle auch nicht verstanden. Er phantasiert darüber: „Die Götter gedachten, wie die Zwerge im Erdboden tief unter der Oberfläche entstanden waren wie Maden im Fleisch. Nach Bestimmung der Götter erhielten sie menschlichen Verstand und menschliche Gestalt, aber sie hausen doch wie zuvor in Erde und Steinen." Die Sage ist keinesfalls alt und echt, ebensowenig wie die Erzählung im prosaischen Anhang des deutscben Heldenbuchs, wornach zuerst die Zwerge von Gott geschaffen wurden zum Bau des wüsten Landes und Gebirges und zum Sammeln der Schätze, darauf erst die Riesen zur Bekämpfung der wilden Tiere und zuletzt die Recken, d. h. die Menschen, um den Zwergen gegen die übermütig und untreu gewordenen Riesen beizustehn. Diese Sage ist nur aus den Helden gedichten, aus den dort üblichen Kämpfen mit Zwergen und Riesen erfunden und hat keine Gewähr höheren Alters. Die Elbe wurden endlich von der christlichen Volkssage mit den neutralen Engeln in Verbindung gesetzt. Die im Grunde gutartige, freundliche Elbenschar schien dem naiven Glauben ebenso merklich von den Engeln wie von den Teufeln geschieden als zugleich mit beiden verwandt. Da wurden sie denn als die bei Lucifers Fall neutral gebliebenen Engel erklärt, darum hat Himmel und Hölle an ihnen teil, sie sind gut und böse. [1]

---

1) Vgl. Maerlant, Spiegel historial 1, 6 von den Alven; Jón Árnason, *þjóðsögur íslenzkar* 1, 5; ebenda wird das huldufolk in Holz und Haide, Hügeln und Gestein aus dem Schwank von Evas ungleichen Kindern abgeleitet; ein Elbe als ein mit Lucifer gefallener Engel schon bei Caesarius von Heisterbach 5, 36.

## 2. Kobolde.[1])

Elbische Wesen haben Neigung, mit den Menschen in Verkehr zu treten. Die Zwerge kommen zuweilen aus den Bergen
herab und gesellen sich hilfreich oder doch zuschauend zu den
arbeitenden Menschen. Wilde Leute verdingen sich als Knechte
oder Mägde, wobei die Arbeit zusehends gedeiht. Oft sprechen
Elbe in den Bauernhütten zu Gast ein. Aber am innigsten und
traulichsten wird der Bund dann, wenn der Alb als Hausgeist,
als ständiger Genosse sich einlegt. Der altdeutsche Name solcher
Hausgeister war Kobold. Das Wort begegnet zwar nur im Mhd.
und Nhd., aber darf als älter erschlossen werden. Vielleicht ist
frz. *gobelin* daher zu leiten, zweifellos hängt ags. *cofgodas lares*
und *cofgodu penates* damit zusammen. Kobold ist eigentlich *kob-
walt*, der des Kobens waltet; ags. *cofa*, an. *kofi*, mhd. *kobe* ist
Hütte, Verschlag. Mithin ist Kobold eine treffende Benennung
des Hausgeistes. [2]) Neben dieser allgemeinen, nur in Deutschland
nachweislichen Bezeichnung führt der Hausgeist noch eine Menge
anderer Namen, die seinem Thun und Treiben entstammen. Er
wird geradewegs mit kosenden Eigennamen gerufen wie Heinz,
Hinze, Chimke (Joachimchen), Wolterken, Robin u. s. w. oder man
heisst ihn nach Merkmalen seiner Tracht Hütchen, Hopfenhütel,
Stiefel. Endlich wird er als polternder Rumpelgeist mit Namen
wie Rumpelstilz, Klopfer, Bullermann, Mummhart, Nisse (dänisch,
zum Verbum *nisse*, sich geschäftig machen) oder als Schrecker mit

1) Die wichtigsten Typen der Koboldssagen, von denen jede Sagensammlung zahlreiche Beispiele darbietet, enthalten die Deutschen Sagen
Nr. 72/8; vgl. namentlich die trefflichen Erzählungen von Hütchen und Hinzelmann. Ein altes Zeugniss vom Hausgeist steht bei Gervasius von Tilbury
*otia imperialia* p. 180. *in Anglia daemones quosdam habent ... istis in-
situm est quod simplicitatem fortunatorum colonorum amplectuntur, et cum
nocturnas propter domesticas operas agunt vigilias, subito clausis januis ad
ignem calefiunt et ranunculas ex sinu projectas prunis impositas comedunt,
senili vultu, facie corrugata, statura pusilli, dimidium pollicis non habentes.
panniculis consertis induuntur et si quid gestandum in domo fuerit aut
onerosi operis agendum, ad operandum se jungunt, citius humana facilitate
expediunt.* Sie führen den einsamen Reiter zur Nacht gern irre und erheben
ein Gelächter, wenn er, von ihnen getäuscht, in den Morast gerät.

2) Die Erklärung des Wortes Kobold nach dem Deutschen Wörterbuch
5, 1548 ff., vgl. auch Kluge, Etym. Wb. unter Kobold. Dem Wortsinne nach
ist schwed. *tomtekarl, tomtegubbe* d. h. Hausmann, Hausgreis, norweg. *tomte-
vätte* Hauswicht, unsrem Kobold gleichbedeutend.

Namen wie Butzemann, Busemann[1]), Puck, Tattermann, Popanz belegt. An die Verwandlungsfähigkeit dienstbarer Hausgeister mahnt das Märchen vom gestiefelten Kater, der Name Katzenveit und Ekerken (Eichhörnchen).

In Gestalt, Aussehen und Tracht gleichen die Kobolde den Zwergen. Sie tragen Hütchen, oft von roter Farbe, und gefeite Stiefel. Ein Kobold erscheint alt und runzlig, aber nicht furchtbar, mit langem weissem Bart und mit einer Kapuze auf dem Haupt (Bartsch, Sagen aus Mecklenburg 1, 68). Als Marder, Schlange[2]), Katze zeigt sich der Kobold, meist aber bleibt er unsichtbar. Kobolde wohnen gern in Stall, Scheune und Keller des Menschen, dem sie sich zugesellen, und verrichten Hausgeschäfte, vorzüglich in Küche und Stall. Der Kobold ist ein diensamer, fleissiger Geist, der seine Freude daran hat, den Knechten und Mägden bei der Hausarbeit beizuspringen und insgeheim einen Teil davon zu verrichten. Er trägt in der Küche Wasser, haut Holz, holt Bier, kocht, striegelt die Pferde und strählt ihre Mähnen, giebt dem Vieh Futter vor, mistet den Stall aus. Wo er ist, nimmt das Vieh zu und alles gedeiht und gelingt. Sein Dasein bringt Glück ins Haus, sein Abgang nimmt das Glück fort. Die Magd hat oft den Kobold zum heimlichen Gehülfen. Dann geht ihr alles rasch von statten, ihre Arbeit wird zum grössten Teil vom Kobold gethan. Dafür fordert der Kobold ein geringes Opfer. Täglich muss an einer bestimmten Stelle ein Schüsselchen Milch oder ein Speisenapf bereit stehen.[3]) Vergisst sie das einmal, so muss sie in Zukunft nicht nur ihre Arbeit selbst wieder thun, sondern sie hat nun auch eine unglückliche Hand, indem sie sich im heissen Wasser verbrennt, Töpfe und Geschirr zerbricht, das

---

1) Über den Butzenmann und andere Koboldsnamen handelt ausführlich ein geistvoller Aufsatz Laistners, ZfdA. 32, 145 ff. Die Grundbedeutung der Koboldsnamen geht fast immer auf poltern, schrecken, Mummerei.

2) Überhaupt nähern sich die vielfach gehegten Hausschlangen und Hausunken dem Begriffe guter hilfreicher Hausgeister. Sie werden täglich mit Milch gefüttert. Sie spielen mit dem Kinde und bringen ihm Gedeihen. Sie leben ungestört in Hof und Stall. Werden sie verletzt oder getötet, weichen sie vom Haus, so geht das Glück mit ihnen.

3) Während der Kobold einerseits streng auf das gebührende Speiseopfer hält, zeigt er sich wiederum durch anderweitige Gaben eher gekränkt. Werden den hilfreichen Elben Kleider angefertigt und zurecht gelegt, so fliehen sie mit dem klagenden Rufe „ausgelohnt, ausgelohnt" davon und kehren nimmer wieder.

Essen umschüttet. Darüber hört man den Kobold lachen und kichern. Er führt auch Aufsicht im Haushalt und bestraft faules und nachlässiges Gesinde. Ergötzlich ist die Geschichte (Deutsche Sagen Nr. 75), wie ein Mann aus Hildesheim, als er auf Reisen geht, sein leichtfertiges Weib dem Kobold zur Hut befiehlt. Der Kobold erfüllt auch sein Amt treulich und verscheucht alle Liebhaber der Frau. Aber dem heimkehrenden Ehemann klagt er, lieber wolle er die Schweine von ganz Sachsen hüten, als ein einziges solches Weib, so vielerlei Listen und Ränke habe sie erdacht, ihn zu täuschen, und ihm seine Aufgabe sehr erschwert. Des Kobolds Gutmütigkeit wandelt sich aber leicht auch in Neckerei und Schadenfreude, er wird zum Quälgeist und Plagegeist. Ja er trachtet sogar nach dem Leben dessen, der ihn gekränkt. Ein Küchenjunge, der den Kobold höhnt und lästert, wird von ihm erwürgt und in kleine Stücke zerhauen oder an den Bratspiess gesteckt. Zeigt sich der Kobold von der schlimmen Seite, so ist fast stets die Treulosigkeit und Bosheit der Menschen daran schuld. Denn die elbischen Geister sind im Grunde gutartig, höchstens zu harmloser Neckerei aufgelegt; werden sie aber gereizt, so nehmen sie schreckliche Rache und treiben den Missethäter in Not und Tod. Hütchen wird so geschildert: „er wollte die Leute gern überreden, dass es ihm vielmehr um ihren Vorteil als um ihren Schaden zu thun sei, daher warnte er bald den einen vor Unglück, bald war er dem andern in einem Vorhaben behilflich. Es schien, als trüge er Lust und Freude an der Menschen Gemeinschaft, redete mit jedermann, fragte und antwortete gar gesprächig und freundlich. Niemand fügte er etwas Leid zu, er wäre denn am ersten beschimpft worden. Wer seiner aber spottete, dem vergass er solches nicht, sondern bewies ihm wiederum einen Schimpf." Die Kobolde kommen von auswärts ins Haus gezogen, so Hinzelmann. Auf dem Schlosse Hudemühlen liess er sich zuerst im Jahre 1584 hören, indem er durch blosses Poltern und Lärmen sich zu erkennen gab. Darnach fing er an, bei hellem Tage unsichtbar mit dem Gesinde zu reden. Endlich sprach er auch mit dem Hausherrn selber. Als er gefragt wurde, woher er sei und was er an diesem Ort zu schaffen habe, sagte er, dass er aus dem Böhmer Wald gekommen wäre. Der Geist schied freiwillig wieder aus Hudemühlen, nachdem er vier Jahre daselbst sein Wesen getrieben hatte. Aber solange der Kobold nicht selber seinen Dienst aufgiebt, weicht er auch nicht aus dem erwählten Hause, so sehr der Hausherr mit List und Gewalt den lästigen oder unheimlichen Gast wegzubringen bemüht ist. Nach den Deutschen Sagen Nr. 44 hatte ein Schäferjunge ein Erdmännlein erlöst. Das stellte sich kurz vor den Jungen und sprach: Gib mir Arbeit, dass ich etwas zu thun habe. Der Junge gebot ihm die Schafe zu hüten. Abends sagte das Männlein: Ich will mit dir gehen. Du hast mich nun einmal angenommen, willst du mich selber nicht, musst du mir anderswo Herberge schaffen. Da wies ihn der Junge ins Nachbarshaus. Bei diesem kehrte das Erdmännchen richtig ein, und der Nachbar konnte es nicht wieder los werden. Bekannt ist die Geschichte vom Bauern, der seines Kobolds überdrüssig geworden, weil dieser allerlei Unfug anrichtete. Zuletzt ward er Rats, die Scheune anzustecken, wo der Kobold seinen Sitz hatte, und ihn zu verbrennen. Deswegen führte er erst all sein Stroh heraus und bei dem letzten Karren zündete er die Scheune an, nachdem er den Geist wol versperrt hatte. Wie sie nun schon in voller Glut stand, sah sich der Bauer von ungefähr um, siehe, da sass der Kobold hinten auf dem Karren und sprach: es war Zeit, dass wir herauskamen! Der Schlossherr von Hudemühlen gedachte Hinzelmanns dadurch los zu werden, dass er verreiste. Auf der Fahrt bemerkte man eine weisse Feder, die neben dem Wagen herflog. Es war der Kobold, der dem Herrn überall hin folgte. Um dem „Futtermännchen" (dem viehfütternden Kobold) zu entgehen, führte ein Mann sich ein neues Haus auf, sah aber am letzten Tag vor dem Auszug Futtermännchen am Bache sein grau Gewand ins Wasser tauchen mit den Worten: da wisch und wasch ich mein Röckchen aus, morgen beziehn wir ein neues Haus (Börner, Volkssagen aus dem Orlagau S. 246). Launig ist die Geschichte vom Kobold, der sich Klosterbrüdern verdingt, wovon Bartschs Sagen aus Mecklenburg Nr. 86 und das Schwankgedicht vom Bruder Rausch, das Wilhelm Hertz so köstlich neubelebt hat, Beispiele darbieten.

Was der Kobold fürs Haus, das ist der **Klabautermann** fürs Schiff. Er ist der Schutzgeist des Fahrzeugs, er hilft den Matrosen das Schiff reinigen, die Segel hissen, die Waren stauen. Oft hört man ihn im Schiffsraume hämmern und klopfen. Sichtbar wird er selten, meist nur, wenn dem Schiffe Untergang droht. Für seine Arbeit verlangt er ein Schälchen mit Milch; legt man ihm Kleider und Schuhe hin, so verlässt er das Schiff. Der Name, der auch in der Form Kabautermann begegnet, ist vielleicht aus *kabout* (d. i. *kabolt, kobolt*) entstellt, etwa aus einer niederdeutschen Koseform *kobolterken,* die auch zur Benennung Wolterken für die Hausgeister Anlass geben konnte. [1])

Nirgends tritt die Verwandtschaft der seelischen und elbischen Geister so deutlich hervor wie in den Sagen vom Kobold und vom Klabautermann. In den Deutschen Sagen Nr. 72 schliesst der Bericht vom Kobold: „Man glaubt, sie seien rechte Menschen in Gestalt kleiner Kinder mit einem bunten Röcklein. Darzu etliche setzen, dass sie teils Messer im Rücken hätten, teils noch anders und gar greulich gestaltet wären, je nachdem sie so und so, mit diesem oder jenem Instrument vor Zeiten umgebracht worden wären, denn sie halten sie für die Seelen der vorweilen im Hause Ermordeten." [2]) Der Klabautermann aber ist die Seele eines toten Kindes, die in einen Baumstamm fuhr. Wird der Baum gefällt und zum Schiffsbau verwendet, so kommt damit die Seele des Kindes als Klabautermann aufs Schiff. [3])

## 3. Nixe.

Das Wasser, wo immer es sich darbot, in Quell und Bach, in Fluss und See, im weiten Meer, war von Geisterwesen bevölkert, die teils in menschenähnlicher, teils auch in tierischer Gestalt gedacht wurden. Gründe zu solchen Vorstellungen waren mehrfach vorhanden, die Seelen Ertrunkener lebten im Wasser fort, sie waren von den Wassergeistern hinabgezogen worden. Die wundersamen Tiergestalten, die zumal aus dem Meere emportauchen, regten die Sagenbildung an. Aber wie die sanften Windelbe hinter den Sturm- und Wetterriesen zurückstehen, so gibt es auch weniger Wasserelbe als Wasserriesen. Wo die entfesselte elementare Gewalt dem Menschen entgegen brauste, dichtete er eher Riesen- als Elbensagen. Im Binnenland, an kleinen Teichen

---

1) Sagen vom Klabautermann bei Temme, Volkssagen aus Pommern S. 302; Wolfs Zs. f. Mythologie 2, 141 ff.; Müllenhoff, Sagen aus Schleswig, Holstein und Lauenburg 318 ff.; zur Etymologie Deutsches Wörterbuch 5, 888; Laistner, Nebelsagen S. 334.

2) Ebenso J. Köhler, Volksbrauch, Aberglauben und Sagen im Voigtlande, Leipzig 1867, S. 476.

3) Baier in Wolfs Zs. f. Myth. 2, 141; Temme, Volkssagen aus Pommern und Rügen, Berlin 1840, S. 302.

und Bächen, herrschen mehr Elbe, am Meer, am breiten Strom
und weiten See dagegen Riesen.

Die allgemeine Benennung des Wassergeistes ist Nix.[1]) Das
Wort findet ebenso auf elbische (besonders im Femininum Nixe),
wie auf riesische Wesen Anwendung. Ohne weiteres deutlich sind
Bezeichnungen wie *wazzerholde, merminne, mermeit, merwîp, mer-
wunder, wassermann, wasserjungfer, seejungfer, seeweibel*, im Nordischen heissen die Wasserwesen *haffrú, sœkona, havmand, strömkarl, vattenelfvor, quernknurrer, Grim* und *fossegrim*. Die Wasser-
mädchen werden als Mümlein (mhd. *muome*, nds. *watermöme*)
vertraulich angeredet oder mit Eigennamen wie Wasserlisse [2]) belegt.
Von den Wasserelben erfahren wir mehr aus der jüngeren Volkssage denn aus der alten Überlieferung, welche uns dagegen riesische Wesen vorführt. Doch ist anzunehmen, dass die Wasserelbe früher in der Heidenzeit kaum anders vorgestellt wurden als
in der Volkssage der Gegenwart. Der Wassermann wird meist
ältlich und langbärtig gedacht. Er trägt einen grünen Hut,
und wenn er bleckt, sieht man seine grünen Zähne. Seine Zwerg-
gestalt wird selten hervorgehoben, die Sage schildert ihn gewöhnlich in menschlicher Grösse. Nach schwedischem Glauben wohnt
er zwischen den Seerosen, in mondhellen Nächten sitzt er auf den
Blättern und lässt sein Spiel erklingen (J. Grimm, Myth. 3, 142).
Die Nixen sind von blendender Schönheit. Sie sitzen in der Sonne,
ihre goldenen Haare kämmend. Von den berückenden Nixen, die
im Wasser schöne Gründe und Säle bewohnen, weiss besonders
die thüringische Sage [3]) Genaueres. Dass ihr Leib in einen fisch-

---

1) Die ahd. Form lautet *nihhus*, crocodilus, die ags. *nicor*, Wassergeist,
Wasserungetüm, an. *nykr-vatnahestur*, Flusspferd, dän. *nökk*, schwed. *nekk*.
Aus der ahd. Form entwickelt sich mhd. *niches, nickes*, woraus nhd. *nix*
entsteht; im Nds. begegnet wie im Ags. das r-Suffix, *nicker*. Das Fem. ist
ahd. *nihhussa, nihhessa*, lympha, woraus mhd. *nickese*, nhd. *nixe*. Zu Grunde
liegt vermutlich eine germ. Wurzel *niq* aus vorgerm. *nig* (sanskrit *nij*, griech.
*νίπτω*), sich waschen, baden, so dass Nix eigentlich der Badende, der Taucher
wäre. Vgl. Kluge, Etym. Wörterbuch unter Nix; über die Verschiedenheit
der Ableitungssilben Noreen, Abriss der urgerm. Lautlehre S. 65 und 136.
An. *nykr* ist aus älterem *nikwir* zu erklären (Noreen, An. Grammatik² § 72, 5),
aus der an. Form entstehen regelrecht die neunordischen.

2) Weinhold, Zs. d. Vereins f. Volkskunde 5, 124 hält den schlesischen
Namen der Wasserjungfer Wasserlisse, Lisse für eine Verderbniss aus
Wassernixe.

3) Witzschel, Sagen aus Thüringen 1, 236, 279, 285.

artigen Schwanz ausläuft, wie von der isländischen *haffrú*, dem
*meyfiskur* d. h. Mädchenfisch erzählt wird, ist schwerlich echt
deutscher Glaube. Wenigstens weiss die unverfälschte Sage nichts
davon [1]). Unten im Wasser haben die Wasserelbe prächtige Paläste,
wie die irdischen erbaut, mit Zimmern, Sälen und Kammern voll
mancherlei Reichtum. Dem Gesang ist der *nök*, der *strömkarl*
oder *fossegrim*, der in rauschenden, brausenden Wasserfällen wohnt,
besonders zugethan. Der Fossegrim lockt an stillen, dunkeln
Abenden die Menschen durch seine Musik an und lehrt Geige
oder Saitenspiel den, der ihm Donnerstag abends mit abgewandtem
Haupt ein weisses Böcklein opfert und in einen nordwärts strömen-
den Wasserfall wirft. Ist das Opfer mager, so bringt es der Lehrling nicht weiter als zum Stimmen der Geige, ist es aber fett, so
greift der Fossegrim über des Spielmanns rechte Hand und führt
sie so lange hin und her, bis das Blut aus allen Fingerspitzen
springt; dann ist der Lehrling in seiner Kunst vollendet und kann
spielen, dass die Bäume tanzen und die Wasser in ihrem Fall
still stehen (Faye, norske folkesagn S. 57). Schön ist die Sage
vom Neck, die J. Grimm so erzählt: „Zwei Knaben spielten am
Strom, der Neck sass und schlug seine Harfe, die Kinder riefen
ihm zu: Was sitzest du, Neck, hier und spielst? Du wirst doch
nicht selig. Da fing der Neck bitterlich zu weinen an, warf die
Harfe weg und sank in die Tiefe. Als die Knaben nach Haus
kamen, erzählten sie ihrem Vater, der ein Priester war, was sich
zugetragen hatte. Der Vater sagte: Ihr habt euch an dem Neck
versündigt, geht zurück, tröstet ihn und sagt ihm die Erlösung
zu. Da sie zum Strom zurückkehrten, sass der Neck am Ufer,
trauerte und weinte. Die Kinder sagten: Weine nicht so, du Neck,
unser Vater hat gesagt, dass auch dein Erlöser lebt. Da nahm
der Neck froh seine Harfe und spielte lieblich bis lange nach
Sonnenuntergang." Auch die Wassernixen lassen zur Nachtzeit
verlockenden Gesang oder klagende Töne hören (Bartsch, Sagen
aus Mecklenburg 1, 394 u. 399). Die Wassergeister sind aber im
allgemeinen grausam und blutdürstig, sie fordern Opfer an Menschen-

1) Auch Weinhold, Zs. d. Vereins f. Volkskunde 5, 112 denkt bei den
fischschwänzigen Nixen an die Meerweiber des ausgehenden Altertums, die
dem deutschen Volke namentlich aus dem romanischen und gotischen Bau-
stil seit dem 10. Jh. vor Augen kamen. Freilich meint er auch selbständige
Bildung annehmen zu dürfen, aber mit Unrecht.

10*

leben. Wer ertrinkt, ist von den Wasserelben gewaltsam in ihre
Gemeinschaft entrückt worden. Die üblichen Sagen erscheinen
darum bei den Wassergeistern meist unheimlicher als sonst. Bezeugt sind die gewöhnlichen Typen [1]). So bieten die Deutschen
Sagen Nr. 68 den Kielkropf als Sendling der Wasserelben, ebenda Nr. 31, 58, 65, 69, 305 steht die Geschichte von der Menschen-
frau, welche der Nixenfrau in Kindsnöten hilft. Die wilden Züge
zeigen sich darin, dass der Nix seine Kinder tötet, wie aus auf-
quellendem Blute ersichtlich wird, und dass er auch der Helferin
am liebsten ein Leid anthun möchte. Der Wassermann erscheint
zuweilen in menschlicher Gestalt und Kleidung, um in der Stadt
Einkäufe zu machen. Zu Laibach kam er einst zum Tanz
unter die Linde auf den Markt als schöner, wolgekleideter Jüngling. Er grüsste die ganze Versammlung höflich und bot jedem
Anwesenden die Hand, welche aber ganz weich und eiskalt war und
bei der Berührung jedem ein seltsames Grausen erregte. Er zog
eine leichtfertige Magd zum Tanz auf und schweifte mit ihr allmälig bis zur Laibach, wo er mit ihr hinein sprang. Die Nixen
kommen auch öfters ans Land auf den Markt, um Einkäufe zu
machen, oder zu Tanz und andern Lustbarkeiten. Sie sind wie
schöne Mädchen gestaltet und nur an ihren stets nassen Kleider-
säumen erkenntlich. Jünglinge werden von Liebe zu ihnen ergriffen, die Nixen erwidern ihre Gefühle. Aber sie müssen immer
zur bestimmten Stunde in ihre Heimat zurück. Um sie länger
da zu behalten, wird irgend eine List angewandt. Erschrocken
eilen die Verspäteten zu ihrem heimischen Gewässer und verschwinden darin. Da steigt Blut auf und zeigt, wie grausam ihr
Säumen bestraft wurde. Von vielen Gewässern geht die Sage,
sie hätten ein Recht auf ein jährliches Opfer, das sie auch erzwingen. An bestimmten Stellen zieht der Nix oder die Nixe
den Schwimmer hinunter. Die Leichen der also Ertränkten, wenn
sie gefunden werden, weisen blutunterlaufene Mäler auf, wo der
Wassergeist zugriff. Der Bräutigam eines schönen Fräuleins war
in die Elbe gefallen und drei Tage nicht aufgefunden worden.
Ein Schwarzkünstler erklärt, er sei in der Macht der Nixe, die
ihn zur Ehe zwingen wolle. Da sich der Jüngling weigerte, fand
man bald darauf seinen Leichnam voll blauer Flecke. Ein Bauer,
der in die Behausung des Wassermanns kam, sah eine Stube

---

1) Nixensagen in den Deutschen Sagen Nr. 49—69; 83; 305—308.

voll umgekehrter Töpfe, die Öffnung bodenwärts. Es waren die
Seelen der Ertrunkenen, die also aufgehoben wurden, um nicht
entwischen zu können. Das Opfer an die Wasserelbe bezeugt
Prokop *bell. goth.* 2, 25: Die Franken warfen im Jahre 539 die
gefangenen gotischen Weiber und Kinder in den Po, um dadurch
die Zukunft zu erforschen. Denn die Wassergeister wissen wie
alle Elbe die Zukunft voraus. So verehrten die Alamannen nach
Agathias 28, 4 die Flusswirbel ($\varrho\varepsilon\tilde{\iota}\vartheta\varrho\alpha$ $\pi o\tau\alpha\mu\tilde{\omega}\nu$) und nach Plu-
tarchs *Lebensbeschreibung Caesars* Kap. 19 weissagten die Ger-
maninnen aus den Flüssen. Wasserelbinnen (*wisiu wîp, merwîp*)
verkünden Hagen die künftige Not der Nibelungen in Etzels Lande.
Wie sich Sterbliche eine Zeit lang unter den Elben aufhalten, so
weiss auch Prätorius (Deutsche Sagen Nr. 67) von einer Magd,
die drei Jahre lang beim Nix unter dem Wasser diente, dann
aber wieder zu den Menschen zurückkehrte. Eine äusserliche
unpassende Übertragung von der Sage des Bergschmiedes ist die
von einem Wasserschmied (Jahn, Volkssagen aus Pommern 144,
145; Laistner, Rätsel der Sphinx 2, 64). Die Verwandlungsfähigkeit der Wassergeister lehrt die nordische Sage vom Nibelungenhort. Der Zwerg Andwari, der den Schatz gesammelt hatte, war
so zauberkundig, dass er zu Zeiten als Fisch im Wasser lebte.
Den seelischen Ursprung der Wassergeister, die teilweise aus den
Ertrunkenen hervorgingen, zeigt die norwegische Sage von den
„*Draugen*". Die Draugen sind die Erscheinungen Ertrunkener und
zugleich Seegespenster überhaupt, welche dem Seefahrer Tod und
Untergang bedeuten. In seltsam fremdartiger Einkleidung wendet
die heutige isländische Volkssage[1] den Seelenglauben auf Wassergeister an. Die Seehunde gelten als *Faraos lídar*, Dienstleute des
Königs Pharao, die mit ihm im roten Meer ertranken; sie leben
als ein eignes Volk auf dem Grunde des Meeres und haben eigentlich menschliche Gestalt, nur dass diese gewöhnlich durch das
darüber liegende Seehundsgewand verdeckt ist. In der Johannis-
nacht aber dürfen sie ihre Seehundshaut ablegen, in menschlicher
Gestalt steigen sie dann ans Land und spielen, singen und tanzen
fröhlich wie andre Menschen; wer ihnen die Seehundshaut raubt,
der nimmt ihnen die Möglichkeit, ihre Gestalt zu wechseln, und
sie bleiben Menschen. So gewann einst ein Bauer ein wunder-

---

1) Vgl. Maurer, Isländ. Volkssagen der Gegenwart S. 172 f.; Jón Árnason,
Þjóðsögur 1, 633; Lehmann-Filhés, Isländ. Volkssagen 2, 16 f.

schönes Mädchen zum Weib. Die Haut verwahrte er in einer
Kiste. Im dritten Jahr gelang es seiner Frau, die Kiste zu öffnen
und das Gewand heraus zu nehmen. Da verschwand sie und
kehrte zu ihrem Volke zurück.

Unter den nordischen Wasserelben ist das isländische *mar-*
*mennill* noch hervorzuheben. Das Marmennill, das Meermännlein,
ist ein weissagender Seezwerg, von dem auf Island eine altbezeugte
Sage umläuft. In der Landnáma II, 5 wird erzählt: „Grim ruderte
im Herbste mit seinen Hausleuten zum Fischen, der Knabe Thorir
aber lag vorn im Schiffe und war in einem Seehundssacke und
am Halse zugezogen. Grim fing ein Meermännlein, und als es
heraufkam, fragte Grim: Was weissagst du uns über unser Schicksal, oder wo sollen wir wohnen auf Island? Das Männlein antwortete: Euch brauche ich nicht zu weissagen, sondern dem
Knaben, der in dem Seehundssacke liegt; er soll da wohnen und
Land nehmen, wo eure Stute unter dem Gepäck sich niederlegt.
Weiter bekamen sie kein Wort von ihm.“ In der Halfssaga Kap. 7
wird erzählt: „Den Herbst ruderten Vater und Sohn zum Fischen
und sie fingen ein Meermännlein, welches sie dem König Hjorleif
brachten. Der König übergab es einer Magd am Hofe und hiess
es wol pflegen. Niemand bekam ein Wort von ihm. Die Licht-
träger zankten sich einmal und löschten das Licht aus. Währenddem schüttete Hilde ein Horn über das Kleid der Aesa, der König
schlug sie mit seiner Hand, Aesa aber sagte, der Hund sei schuld,
der auf dem Boden lag. Da schlug der König den Hund. Da
lachte das Meermännlein. Der König fragte, warum er lache. Es
antwortete: Weil du dich dumm angestellt hast, denn diese werden
dir das Leben retten. Der König fragte ihn um mehr, erhielt
aber keine Antwort. Da sagte der König, er wolle das Männlein
ans Meer bringen, wenn es ihm sage, was er zu wissen brauche.
Das Männlein sprach, indem es zur See fuhr: Ich sehe leuchten
weit im Süden im Meer, es will der dänische König die Tochter
rächen, er hat draussen eine Unzahl Schiffe, er entbietet den
Hjorleif zum Zweikampf; hüte dich als ein Kluger, wenn du
willst; ich will zurück zur See. Und als sie mit ihm dahin
ruderten, wo sie ihn heraufgezogen hatten, da sprach er: Einen
Spruch kann ich sprechen den Söhnen der Halogaländer, keinen
guten, wenn ihr ihn hören wollt. Hier fährt von Süden her des
Svord Tochter, mit Blut begossen, von Dänemark. Auf dem
Haupte hat sie den Helm aufgebunden, das harte Heerzeichen

Hedins. Wenig wird den Burschen hier auf der Fahrt der Hildr
zu warten sein. Brechen wird der Schild, der runde. Ich wandte
mein Auge hieher übers Land zu den Zäunen der Leute. Jeder
Mann soll Rüstung und Speer haben, der grosse Erzsturm hebt
an. Übel, mein ich, ergeht es, alle haben das Jahr teuer erkauft,
wenn das Frühjahr kommt. Da liess ihn König Hjorleif über
Bord. Da ergriff ihn ein Mann bei der Hand und fragte: Was
ist dem Manne das Beste? Das Meermännlein antwortete: Kalt
Wasser den Augen, mürb Fleisch den Zähnen, Leinwand dem
Körper. Lasst mich zurück in die See. Kein Mensch zieht mich
jemals wieder vom Meeresboden herauf auf ein Schiff." Die neuisländische Sage [1] aber lautet so: Ein Bauer zog beim Fischen
einst einen Seezwerg herauf, der sich als Meermännchen zu erkennen gab; er hatte einen grossen Kopf und lange Arme, vom
Leibe abwärts aber glich er einem Seehunde. Er wollte auf die
neugierigen Fragen des Bauern keine Auskunft geben, deshalb
nahm ihn dieser trotz allem Sträuben mit sich ans Land. Hier
kam die Frau des Bauern, ein junges lustiges Weib, an den Strand
und empfing ihren Mann mit Küssen und Liebkosungen. Darüber
freute sich der Bauer und sagte ihr viel Schönes, seinen Hund
aber schlug er, als dieser ihn gleichfalls bewillkommnete. Das
Meermännchen lachte, als es dies sah. Der Bauer fragte, warum
es lache. Das Meermännchen erwiderte: Über die Dummheit. Als
der Bauer vom Strande nach Hause ging, strauchelte er und fiel
über einen kleinen Erdhügel. Da fluchte er fürchterlich über die
kleine Unebenheit, und dass sie jemals geschaffen sei und auf
seinem Lande sei. Da lachte das Meermännchen, welches vom
Bauern gegen seinen Willen mitgeschleppt worden war, und sagte:
Unklug ist der Bauer. Drei Nächte behielt der Bauer das Meermännchen bei sich. Da kamen einige Kaufmannsgehilfen und
hielten ihre Waren feil. Der Bauer hatte noch nie so starkbe-
sohlte und dicke schwarze Schuhe bekommen können, wie er
gern haben wollte. Diese Kaufleute aber behaupteten, die aller-
besten zu haben; der Bauer hatte unter hundert Paaren die Auswahl, allein er meinte, sie seien alle zu dünn und würden gleich
reissen. Da lachte das Meermännchen und sagte: Mancher irrt

---

1) Nach Lehmann-Filhés, Isländ. Volkssagen 1, 65 f.; weiteres bei Maurer,
Isländische Volkssagen der Gegenwart S. 31 f.; Jón Arnason, Þjóðsögur 1,
132 ff.; vgl. auch Hammershaimb, Färösk anthologi 1, 335.

sich, der sich für weise hält. Weder mit Güte noch mit Gewalt
bekam der Bauer mehr Belehrungen aus dem Meermännchen heraus,
als hier erzählt ist; nur unter der Bedingung, dass der Bauer es
wieder an dieselbe Stelle in der See hinausfahren wollte, wo er
es heraufgezogen hatte, und es dort auf seinem Ruderblatt hocken
liess, wollte es alle seine Fragen beantworten, aber sonst auf
keinen Fall.  Nach drei Nächten willfahrte ihm der Bauer.  Als
nun das Meermännchen auf dem Ruderblatt sass, fragte es der
Bauer, welche Ausrüstung die Fischer haben müssten, um beim
Fange Glück zu haben.  Das Meermännchen antwortete: Von ge-
kautem und geknetetem Eisen soll man Angeln schmieden.  Die
Angelschmiede soll stehen, wo man das Brausen von Wasser und
See hören kann, und die Angelschnur soll aus grauem Ochsen-
leder und einem Zaum aus roher Pferdehaut gemacht sein.  Als
Köder soll man Vogelgekröse und Flunderfleisch nehmen, mitten
am Haken Menschenfleisch, und wenn du dann nicht viel fischst,
kann dein Leben nicht mehr lange währen.  Verkehrt gebogen
muss die Angel des Fischers sein.  Da fragte der Bauer, über
welche Dummheiten das Meermännchen gelacht habe, als er seiner
Frau geschmeichelt und den Hund geschlagen habe.  Das Meermännchen antwortete: Über deine Dummheit, Bauer; denn der
Hund liebt dich, wie sein Leben, die Frau aber wünscht deinen
Tod und ist dir untreu.  Der Erdhügel, den du verfluchtest, ist
dein Schatzhügel, denn grosser Reichtum liegt darunter; deshalb
warst du unklug, Bauer, und deshalb lachte ich über dich.  Die
schwarzen Schuhe aber werden dein Leben lang halten, denn dir
sind nur noch wenige Tage vergönnt; drei Tage werden sie wol
halten.  Damit stürzte sich das Meermännchen vom Ruderblatt
ins Wasser und sie trennten sich.  Aber alles, was das Meermännchen gesagt hatte, bewährte sich später.

## 4. Wald- und Feldgeister.[1])

Über das Fortleben der Seelen in Pflanzen wurde bereits berichtet.  Aus solcher Beseelung folgt, dass der Wald besonders als
Aufenthalt zahlreicher Geister galt.  Die Etymologie des Wortes

---

1) Vgl. Mannhardt, Wald- und Feldkulte. I. Der Baumkultus der Germanen, II. Antike Wald- .und Feldkulte, Berlin 1875 u. 1877; Mythologische
Forschungen, Strassburg 1884.

Hexe (Waldunholdin) wies auf den Wald. Aber auch sonst finden wir überall in Deutschland und Skandinavien, wo Wälder aufragen, Sagen von *Waldleuten, Wildleuten, Holzleuten, Moosleuten.* Nur in der norddeutschen Tiefebene gehen auch diese Gestalten im allgemeinen Begriff der Unterirdischen auf. In Oberdeutschland wird von den *saligen Fräulein*, den *wilden Leuten*, *Waldfänken* und *Schrätlein* erzählt, in Mitteldeutschland von den *Holz-, Moos-, Buschfräulein*, im Norden vom *skougmann, skogsrå*, von der *skogsfru* und *skogssnufa.* In Schleswig ist von der *Hollunderfrau (Frau Elhorn)*, in Schoonen ebenso von der *Hillefroa* die Rede, in Schweden von der *Askafroa* (Eschenfrau) und *Löfviska* (Laubfrau); da sind also Bäume persönlich gedacht. Die Vorstellung von der Baumseele hat sich nach verschiedenen Seiten hin entfaltet. So lebt die Seele im Baume als ihrem Leibe, den sie nicht verlassen kann. Der Baum ist wie ein menschlicher Körper gedacht, er blutet, wenn er verwundet wird. Wie der Leib so ist der Baum die Hülle der Seele, die einerseits fest daran gebunden, andererseits aber auch als ungebunden frei erscheint. Der Baumgeist tritt aus der Pflanze heraus, entschwebt dem Baume, der dann weniger als Körper, vielmehr als Wohnsitz eines geisterhaften Wesens gilt. Im Rauschen des Windes, in den wundersamen Lauten, welche die Stille des Waldes durchhallen, in spukhaften tierischen und menschlichen Gestalten macht sich der Baumgeist bemerklich. Der Wald ist erfüllt von einer ungezählten Schar gespenstischer Wesen, die bald elbisch, bald riesisch, je nach den örtlichen Verhältnissen, nach den elementaren Zuständen erscheinen. Im hochstämmigen, sturmbewegten, schaurigen Bergwald werden mehr Riesen hausen, im lichten, freundlichen, sonn- und mondbeglänzten Hain treiben Elbe ihr Wesen. Wie die Natur sich dem Menschen gibt, so bildet er seine Sagen. Die wilden Leute, die Moos- und Holzleute, die Waldmänner und Waldfrauen erinnern oft in ihrer Gestalt an ihren Ursprung. Sie haben behaarten Körper, altes, runzliges Gesicht und sind ganz in Moos gehüllt. Langes flatterndes Haar, grosse herabhängende Brüste eignen den Elbinnen, welche seltener die anmutige Seite hervorkehren. Die Waldelbe sind aufs engste mit den Windelben verknüpft. Der Sturmwind, der wilde Jäger, hat es besonders auf die Moosweiblein abgesehen. Braust er durch den Wald, so jagt er die Holzfräulein. Manchem Jäger oder Holzhauer sind die schutzflehenden Weiblein schon begegnet; und es war alter Brauch, die Baumstümpfe mit Kreuzen zu bezeichnen,

damit die verfolgten Elbinnen darauf Rast und Schutz vor dem
wilden Jäger fänden. Den Waldgeistern wird grosser Einfluss auf
Sendung von Seuchen und auf deren Heilung beigemessen. In
Gestalt von Würmern, Schmetterlingen oder Ungeziefer kriechen
die schädigenden Elbe aus den Bäumen heraus und in den Körper
der Menschen hinein. Um sie wieder los zu werden, verwünscht
man sie in den tiefen Wald, ins Gehölz, in den Baum oder Busch
zurück. Sympathetische Kuren suchen die Seuchen in den Baum
zurückzubannen, darein zu verpflöcken. Die Waldgeister wissen
aber auch Heilgeheimnisse, welche sie zuweilen den Menschen
mitteilen. Zur Pestzeit laufen Holzfräulein aus dem Wald und em-
pfehlen bestimmte Kräuter, deren Genuss vor der Pest schützt.
Wildmännlein können mit List gefangen werden, indem man sie
berauscht, dann geben sie verborgene Kunde, ähnlich wie das
Meermännlein. Auf diese Art erfuhr ein Tiroler, was gegen die
Pest nütze. Wate hat nach der Gudrun 529 von einem *wilden wibe*
die Heilkunst erlernt. Im Eckenlied 174 ff. gräbt das von Fasolt
gejagte wilde Fräulein eine Wurzel und bestreicht damit den wunden
Dietrich und sein Ross, wovon Weh und Müdigkeit schwinden.
Ein Wichtlein rühmt sich einem Bauern gegenüber, es hätte ihm
für Menschen und Vieh heilsame Kräuter zeigen können. Die
Waldgeister sind ihrer elbischen Art gemäss auf kleine Kinder
aus, welche sie stehlen. Sie streben ferner Verbindung mit den
Menschen an. Der Waldmann ist auf Weiber lüstern und stellt
ihnen nach. Burkhard von Worms weiss von Waldfrauen (*agrestes
feminae, quas silvaticas vocant*), die nach Belieben sichtbar und unsichtbar sind und sich mit ihren Liebhabern ergötzen. Die rauhe
Else wie die *skogssnufa* naht sich dem am nächtigen Feuer liegenden Wolfdietrich und begehrt nach seiner Minne. Nach einer ba-
dischen Sage verliebt sich ein Jäger in ein schönes wildes Weib,
das in einer Höhle wohnt, und erlangt ein Kind von ihr. Eine
wilde Frau aus dem Unterberg, die ungemein schönes und langes
Haar hatte, nahm einen Bauern, der sich in sie verliebte, zu sich
in die Lagerstätte (Deutsche Sagen No. 50). Die Waldgeister zeigen
sich den Menschen gern dienstbar und gehen sogar allmälig in
Hausgeister über. Sie helfen zur Erntezeit den Arbeitsleuten, sie
verdingen sich dem Bauern für ständig, besorgen das Vieh im Stall
und bringen dem ganzen Hauswesen Glück und Gedeihen. Mit
der Dienstleistung der wilden Leute ist meist die Geschichte vom
Todansagen verknüpft. In vielen Wendungen ist sie bezeugt. Ein

Hausgenosse hört auf dem Heimweg oder sonst irgendwo eine Stimme, welche ihn auffordert, einem ihm bisher unbekannten Wesen den Tod eines andern anzusagen. Wie er daheim verwundert das Erlebniss berichtet und die ihm aufgetragenen Namen ausspricht, da verschwindet mit lautem Wehruf der Knecht oder die Magd, welche bis dahin unbekannter Herkunft beim Hausherrn in Dienst standen. Die Wildleute riefen dadurch ihren Genossen, welcher sich zu den Menschen verdingt hatte, in ihre Gemeinschaft zurück. Denn der Alb muss weichen, sobald sein Name genannt worden ist. Die Waldgeister haben die Waldtiere in Hut und Pflege, so gehören die Gemsen in Tirol den wilden Leuten, die schwedische skogsfru ist Herrin der Jagdtiere und der Jagd. Sie fordert eine Spende vom Jäger. Tiergestalt wird bei den Waldgeistern verhältnissmässig selten erwähnt. Die Holzfrauen sitzen zuweilen als Eulen auf den Bäumen; die seligen Fräulein auf hoher Alpspitze beschützen in Geiergestalt die Gemsen. Die Tiroler Fanggen erscheinen als Wildkatzen. Die dänische und schwedische Waldfrau trägt Tierfelle und Kuhschwanz, also halbtierische Gestalt.

Der Zusammenhang der Waldleute mit Seelen und Maren ist deutlich ausgesprochen. Der Baumgeist wird in manchen Sagen aus der Seele eines Menschen, welcher darunter begraben liegt, abgeleitet. Die Seele des Verstorbenen geht in den Baum über und erfüllt ihn gleichsam mit menschlichem Leben, so dass Blut in seinem Geäder umläuft und beim Anhieb herausfliesst. Aus dem Munde eines im Kampfe gefallenen Königs erwächst eine hohe Eiche. Wenn jemand eines gewaltsamen Todes stirbt, haust die Seele des Erschlagenen bei Tage im nahen Baum, bei Nacht schweift sie in einem gewissen Bannkreis um den Blutbaum umher. In einem Waldschlosse bei Nürnberg wurden drei Jungfern verflucht und vom Blitze getötet; ihre Seelen fuhren in drei grosse Bäume. Ein Jäger hatte sich an einer Eiche erhängt. Der Herr, der seine Leiche fand, befahl, den Baum zu fällen. Aber Blut quoll unter den Axthieben hervor und rote Adern durchzogen den Stamm. Da verbrannten die Leute Stamm und Leichnam. Seitdem pirscht der Tote mit seinen Hunden gespenstisch im Walde umher. So lässt sich die Seele überhaupt in Tier- oder Menschengestalt ausserhalb des Baumes in dessen Nähe sehen. Der Baum gilt ferner als Lebensbaum, als Sitz des Schutzgeistes eines Menschen, gleichsam als sein Doppelgänger in der Pflanzenwelt. So lange der Baum grünt und blüht, gedeiht der Mensch, wenn der

Baum verdorrt oder stürzt, geht der Mensch zu Grunde.  Fort-
reisende verknüpfen oft ihr Leben mit einem in der Heimat ein-
gepflanzten Baume.  Wie der einzelne einen Schicksals- und Ge-
burtsbaum hat, so auch die ganze Sippe.  Die Dorflinde, der
schwedische *vårdträd* mag damit zusammenhängen.  Der Haus-
baum ist auch Sitz des Hausgeistes, des Ahnherrn, der seine Nachkommen beschützt.  In allen diesen Vorstellungen spielen Baum-
seelen und Menschenseelen in einander, aus dem einen Aberglauben
fliesst der andre, der Baumgeist und Waldgeist tritt von dem
Augenblicke ins Leben, wo das Bewusstsein vom seelischen Ursprunge entschwindet.

Aus dem Kreise des Marenglaubens stammen die Züge, dass
die wilden Leute in Südtirol gelegentlich dem Wandrer auch auf-
hocken und sich dabei so furchtbar schwer machen, dass mancher
der Last erlag oder doch krank wurde, ferner dass ein Moos-
weibchen einen Bauer anfällt und dergestalt drückt, dass er, ob-
gleich stark von Natur, krank und elend wurde.

Wie Bäume und Wälder von Geistern beseelt waren, so auch
Getreide und Felder.  Korngeister[1]) spielen in Bräuchen und Sagen
der Bauern eine grosse Rolle.  Meistens erscheinen sie in Tiergestalt; als Hasen, Hirsche, Rehe, Schweine, Ziegen und Böcke,
Katzen, Hunde, Wölfe hausen sie im Kornfeld, als Mann, Frau
oder Kind schreiten sie durchs Gefild.  Das nämliche Wesen, das
im Wachstum des Waldes wirksam ist, zeigt sich auch im Leben
des Korn- und Flachsfeldes und der Graswiese regsam.  Mit den
Bäumen wächst die Gestalt des Waldgeistes gerne ins Riesenhafte,
im Felde überragt der Alb selten das gewöhnliche menschliche
oder tierische Maass.  Die Namen sind ohne Weiteres klar:
Roggenwolf, Getreidewolf, Kornhund, Roggenhund, Heupudel,
Kornkatze, Haferbock, Roggensau und Kornmutter, Kornfrau,
Kornmume, Roggenmume, Hafermann, Getreidemann, der Alte,
das Kornkind, das Ährenkind.  Die Kornweiber gelten auch als
Kinderscheuchen.  Die Feldgeister verleugnen ihren Ursprung aus
den Windelben (und im Winde leben die Seelen fort) nicht.  Wenn
der Wind das Getreide wogen macht, dann wird gesagt: die
Kornmutter geht über das Getreide, die Wölfe laufen im Getreide,
die wilden Schweine laufen drauf, die Wetterkatzen sind drinn.

---

1) Vgl. Mannhardt, Roggenwolf und Roggenhund, Danzig 1865, 2. Aufl.
1866; Die Korndämonen, Berlin 1867.

Die gespenstischen Wesen erblickte der Mensch in Gestalt von Tieren, die ihm oft genug im Ackerfeld begegneten. Die Pflanze galt gleich wie der Baum als der Leib des Geistes, dann aber auch nur als sein Wohnsitz, den er beliebig verlassen konnte. So entsteigen nach dem Alexanderlied, das freilich hier nicht germanischen Glauben abspiegelt, den Blumen wunderliebliche Elbinnen, die nur so lange am Leben bleiben, als ihre Blume blüht, mit deren Abwelken aber dahinsterben. In einem überall nachweislichen Erntebrauch tritt der Glaube an Feldgeister am deutlichsten zu Tage. Beim Schneiden oder Mähen des Ackerstückes flüchtete der Geist immer tiefer ins Getreide, er suchte den Schnittern zu entrinnen. Mit den letzten Halmen in der letzten Garbe wurde er gefangen. Damit verband sich nun allerhand Aberglaube. Entweder wurde er mit dem Abschneiden der letzten Ähren getötet oder beim Ausdreschen erschlagen, oder er wurde feierlich und ehrenvoll heimgeführt und zwar in Gestalt einer Getreidepuppe. Aus Wald- und Feldgeistern erhuben sich dann überhaupt Vegetationsgeister, die in Frühlings-, Sommer- und Herbstfesten eine bedeutsame Rolle spielen, worüber in Mannhardts Studien ausführlich berichtet wird. Von den Feldgeistern wird gelegentlich die Wechselbalgsage erzählt; so sucht die märkische Roggenmutter einer arbeitenden Bäuerin ihr Kind auf dem offnen Felde zu entwenden und dafür das eigne unterzuschieben (Deutsche Sagen Nr. 90). Die Feldgeister hängen mit Seelen und Maren zusammen. Sie überfallen in der Mittagszeit, wenn die Feldarbeiter ruhen, Männer und Frauen mit Alpdruck und machen sie krank. [1] Manchmal hält man die Korngeister für die Seelen Verstorbener, die auf der Gemeindemark umgehen müssen. War es doch alter Glaube, dass die Seelen in Pflanzen weiterleben, daran schloss sich unschwer die weitere Folgerung, dass sie darum keineswegs unlöslich an die Pflanze gebunden seien, vielmehr frei umherschweifen könnten.

Die Feldgeister gehen segnend über Äcker und Wiesen, unter ihren Tritten gedeiht die Frucht. Aber sie verkehren ihren Segen auch in Schaden. Besonders in der Gestalt des *Bilwis* [2]) verkör-

---

1) Laistner, Rätsel der Sphinx 1, 31, 52; 2, 71.

2) Über den *Bilwis* vgl. J. Grimm, Myth. 441 ff.; Schmeller, Bayer. Wörterbuch 1, 230; 2, 1037 ff.; Mannhardt, Antike Wald- und Feldkulte 175 f.; Laistner, Rätsel der Sphinx 2, 262, 266, 286; Nebelsagen 315 ff.

pert die Volkssage solche böse Geister. Ursprung und Sinn des
Namens, der in mhd. Zeit auftritt und viel verderbt in nhd. Zeit
noch fortlebt, der im Nds. *belwit* lautet, sind nicht erklärt. Seiner
Art nach ist der Bilwis ein plagendes, schreckendes, Haar und
Bart wirrendes, Getreide zerschneidendes Gespenst, das in weib-
licher und männlicher Gestalt auftritt. Er vereinigt in sich Elben-
und Hexenart; Hexe und Bilwis werden in späterer Zeit geradewegs gleichbedeutend gebraucht. Der Bilwis wohnt im *„pilbis-
pavm"*, wo er Opfer empfängt; er steht mithin zu den Waldgeistern.
Er verfilzt die Haare, Hans Sachs gebraucht *verbilbitzen* im Sinn
von Haar verwirren. Dem Bilwis ist auch das verderbliche lähmende Elbengeschoss eigentümlich, mit dem er die Menschen siech
macht. Als Mar erscheint er, wenn *„für dy pilbis"* empfohlen
wird, den Kindern beschriebene Zettel mit den Worten *„procul
recedant somnia et noxia phantasmata"* an den Hals zu hängen.
Der Bilwis ist endlich der Geist eines bösen Menschen, der dem
Nachbar schaden will, also seelisch. Die Bilwissagen haften vornehmlich im östlichen Deutschland, in Baiern, Franken, Vogtland
und Schlesien, weshalb auch slavischer Ursprung des Wortes vermutet wurde. Am schlimmsten bethätigt sich das Gespenst im
Bilwisschnitt oder Bockschnitt, im Durchschnitt des Getreidefeldes.
Man findet oft fussbreite, niedergelegte Streifen im Korn, ein
Schaden, der als das Werk des bösen Geistes bezeichnet wird.
Auf einem Bocke reitet der Bilwis durchs Feld, oder der Bilwis-
schnitter geht Mitternachts, an den Fuss eine Sichel gebunden
und Zauberformeln murmelnd, durch den reifenden Acker. Aus
dem Teil des Feldes, den er durchritten oder durchschritten hatte,
fliegen alle Körner dem Bilwis zu, und dem rechten Eigentümer
bleiben die leeren Hülsen. Dem Zauber zu begegnen, gibt es
Mittel. So wie die Bilwissagen uns vorliegen, sind sie schwerlich
alt. Aber sie lehren, dass man an saatverderbende wie an saat-
fördernde Elbe glaubte. Dem Bauer musste vor allem daran gelegen sein, mit den Feldgeistern sich gut zu stellen.

# Die Riesen.[1])

Riesen und Elbe sind weniger der Art als dem Maasse nach verschieden. Während diese vorwiegend die still und unsichtbar wirkenden Naturgeister sind, verkörpern die Riesen die rohen, ungezähmten Elementargewalten, das Ungeheure und Ungestüme, Finstre und Feindselige in der Natur. Bei den Riesen tritt der Zusammenhang mit Maren und Seelen mehr zurück, indem sie Gestalt und Wesen fast völlig aus dem Element, dem sie entspringen, zugeteilt erhalten. Wie die entfesselten Naturgewalten Angst und Schrecken unter den Menschen verbreiten, so sind die Riesen auch meistens feindselig und bösartig. Sie trachten nach Umsturz und Zerstörung, sie bedrohen die Weltordnung und sind die geschworenen Feinde der Götter und Menschen, welche die Erde wohnlich und wirtlich zu machen und zu erhalten bedacht sind. Gegen solche Kulturbestrebungen kehren sich hauptsächlich die Angriffe der Riesen. Sie sind die Dämone des kalten und nächtigen Winters, des ewigen Eises, des unwirtbaren Felsgebirges, des Sturmwinds, des verheerenden Gewitters, des wilden Meeres. Das älteste Geschlecht sind die Riesen. Indem sie nach nordischer Auffassung aus dem Chaos unmittelbar erwachsen, stellen sie die Naturmächte dar, welche vom Geiste noch nicht bewältigt sind. Sie sind daher voll unbändiger Kraft, wild und roh wie die Brandung des Meeres, das Geheul des Sturmes und die Wüste des Felsgebirges. Die Uppigkeit der Natur hat noch keine Beschränkung gefunden; darum sind ihre Leiber über alles Maass an Kraft, Grösse und Zahl der Glieder ausgestattet. Zuweilen ist aber ein Unterschied zwischen Riesen und Elben nur schwer anzugeben, indem dieselbe Naturkraft bald harmlos, bald gewaltsam sich äussert. Die Sage deutet dies dadurch an, dass der Zwerg zum Riesen aufwächst oder der Riese zum Zwerg einschrumpft. In einem Schweizer Dorf, dass durch Bergsturz verschüttet wurde, kehrte am Vorabend des Unglücks ein wandernder Zwerg bei Sturm und Regen ein und bat um Herberge. Er wurde von den Meisten mit Hohn abgewiesen, nur ein altes, armes, frommes Ehepaar am Ende des Dorfes gewährte dem wegmüden, regentriefenden

---

[1]) Vgl. Weinhold, Die Riesen des germanischen Mythus, in den Sitzungsberichten der Wiener Akademie der Wissenschaften Band 26, 1858, S. 225—306.

Wanderer gastliche Aufnahme.  Noch in der Nacht nahm er Ab-
schied, um zur Fluh hinauf zu steigen.  Bei Tagesanbruch wütete
Unwetter, ein gewaltiger Fels löste sich vom Bergjoch los und
rollte mit Bäumen, Steinen und Erde zum Dorfe hinab, Menschen
und Vieh unter den Trümmern der Hütten und Ställe begrabend.
Nur das Hüttchen der beiden Alten ward verschont.  Mitten im
Sturme sahen sie ein grosses Erdstück nahen, oben darauf hüpfte
lustig das Zwerglein, als wenn es ritte, ruderte mit einem mächtigen Fichtenstamm, und der Fels staute das Wasser und wehrte
es von der Hütte ab, dass sie unverletzt stand.  Aber das Zwerglein schwoll immer grösser und höher, ward zu einem ungeheuren
Riesen und zerfloss in Luft.[1])  In der Nähe von Schleswig sah
ein Schäfer plötzlich einen Mann vor sich aus der Erde steigen,
der immer grösser und grösser ward, bis er endlich als ein Riese
auf der Erde stand; bald aber ward er wieder kleiner und kleiner
und sank langsam in die Erde hinein.  Im wilden Mieminger-
Alpsee in Tirol wohnt eine Wassernixe.  Bisweilen lässt sie sich
blicken und schwebt wie ein Nebel über dem kleinen See, wächst
hoch auf und macht sich wieder klein.  Solche Sagen bilden sich
wol aus der wechselnden Nebelsäule, die als gespenstische Gestalt
gefasst wird.  Saxo im Buch 1, S. 36 berichtet von der Riesin
Harthgrepa (an. Hardgreip), der hart Zugreifenden.  Sie konnte
sich in jede Gestalt und Grösse verwandeln, bald war sie himmelhoch, bald klein und niedrig.  Die Waldfrauen der Tiroler Sage,
welche vom wilden Jäger gehetzt werden, erscheinen in doppelter
Gestalt, bald elbisch, bald riesisch, so besonders die sog. Fanggen
in Südtirol.  Aus Hreidmars Geschlecht stammen Fafnir, der
Riesenwurm, und Regin, der ein Zwerg von Wuchs war.  Trotzdem heisst Regin im Fafnirliede 38 *enn hrimkaldr jǫtonn*, der
eiskalte Riese, was im Hinblick auf die eben erörterten Vermischungen riesischen und elbischen Wesens nicht so unmöglich
klingt und keineswegs notwendig nach *Fǫfnismǫl* 34 geändert zu
werden braucht.  Jedoch sind solche Mischungen verhältnissmässig
selten, Elbe und Riesen sind in den alten Quellen meistens nach
Gebühr verschieden gestaltet und verschieden geartet.

---

1) Vgl. die Deutschen Sagen der Brüder Grimm Nr. 45; Weiteres bei
Laistner, Nebelsagen S. 256.

## I. Die Benennungen der Riesen.

Die gewöhnlichen Bezeichnungen der Riesen sind folgende. An. *jǫtonn* (lappisch *jetanas*), ags. *eoten*, as. *etan* (aus Ortsnamen wie *Etanasfeld*, *Etenesleba* erschlossen) weisen auf urgerm. *etanaʒ*, vermutlich zu *etan*, essen, gehörig, also *edax*, gefrässig.[1]) Im Neunds. weist J. Grimm das Femininum *eteninne*, Riesin nach. An. *þurs* (finn. *tursas*) ist vielleicht aus älterem *þuris* hervorgegangen. Im Abecedarium Nordmannicum (Müllenhoff-Scherer, Denkmäler No. V) wird die Rune ϸ mit *thuris* bezeichnet, und auf dieselbe Urform weisen ahd. *duris, thuris*, mhd. *dürs, türs*, alem. *dürsch*. In Eigennamen wie *Thurismuth, Turisind* begegnet das Wort auch bei Goten und Langobarden. Aus älterem *þuris* ist auch ags. *þyrs* entwickelt. Mhd. ist ausserdem die schwache Form *türse*, vielleicht auch schon ahd. *turso* vorhanden; dazu steht der Ortsname *Tursinriut*, Tirschenreut. Über die Formen des Wortes im Neunordischen und Neudeutschen (z. B. nds. *dros* mit Metathesis aus *durs*) sind die Mundartwörterbücher nachzulesen. Die germanische Grundform darf mithin als *þurisaʒ* angesetzt werden, und diese scheint aus dem adj. *þuraʒ* [2]), skrt. *turas*, stark, kraftvoll abzustammen. Der *þurs* ist also der Starke. Auf skrt. *vr̥ṡan*, stark, kräftig, weist der nur im Deutschen belegte Ausdruck „Riese" (ahd. *risi* und *riso* aus *wrisi*, wie as. *wrisil* und *wrisilîc* lehren) hin. Im An., wo das Wort namentlich in der Zusammensetzung *bergrisi* vorkommt, ist es vermutlich aus dem Nds. entlehnt. Im Mhd. findet sich *hiune*, mds. *hûne* für Riese, im Neuniederdeutschen *hüne*[3]) ist das Wort bewahrt. Ein entsprechendes älteres *hunio* ist nicht nachweislich, wol aber wahrscheinlich. Viele altgermanische Eigennamen enthalten den Stamm wie z. B. *Hûn, Hûnila, Hûnarîx, Hûnirîx, Hûnimund*,

---

1) Ób die von Tacitus Germ. 46 erwähnten *Etionas* als *itjans,* gefrässige Riesen gedeutet werden können (Müllenhoff, Altertumskunde 2, 354), bleibe dahingestellt.

2) Vgl. Kögel, AnzfdA. 18, 49; aus derselben Wurzel ist der Volksname *ermun-duri* und *thuringi* gebildet, und das nord. Zeitwort *þora,* wagen. Die frühere Erklärung z. B. noch Mogk im Grundriss 1, 1041 zieht skrt. *tr̥ṡ* lechzen, gierig sein, heran, indem das *s* in *þurs* als wurzelhaft betrachtet wird, was es aber schwerlich ist.

3) Zur Etymologie von Hüne vgl. J. Grimm, Myth. 491; Deutsche Grammatik 2, 462; Müllenhoff, ZfdA. 13, 576; Kögel, AnzfdA. 18, 50; anders Kluge im Etym. Wb. unter Hüne.

*Hûnolt* u. s. w.   Mit dem Volksnamen der Hunnen (ahd. *Hûni,* mhd.
*Hiune*) fand frühzeitige Vermischung statt, schwerlich aber ist das
germanische Wort dorther zu leiten.   Schon längst ist auf an. *húnn,*
Bär hingewiesen, ein Wort, das in der Form *hûnaʒ* als gemeingermanisch anzusetzen ist.   *Hû-na* entstammt einer Wurzel, welche
mit anderer Ableitungssilbe im Aind. und Apers. als *çû-ra,* im
Griech. als *κῦρος κύριος* wiederkehrt.   Der Sinn geht auch hier auf
Kraft und Kühnheit.   *Hûnaʒ* ist also wie *þurisaʒ* und *wriso* der Starke,
Kräftige.   Das Ags. gewährt noch *ent,* plur. *entas* für Riesen, einmal
als Übersetzung von *gigas.*   In den baierischen Mundarten erscheint
ein verstärkendes Präfix *enz-* mit dem Begriff von ungeheuer, gewaltig, und dazu das adj. *enzerisch* (Schmeller, Bayer. Wb. 1²; 117).
Vielleicht gehört auch der *Enzensberg, Enzinsperig* als Riesenberg
hierher.   Aber sicher ist hds. *enz* neben ags. *ent* keineswegs.   Die
neunordischen Sprachen gebrauchten die allgemeine Bezeichnung
der Unholde, *troll,* mhd. *trol, trolle,* die ursprünglich dem Kreise
der Marenvorstellungen zukommt, mit Vorliebe für die Riesen.
Frühzeitig wurde im Ags. und Ahd. *gigant* entlehnt und sogar in
ungelehrten Werken z. B. im Beowulf neben den heimischen Benennungen angewandt.

## 2.  Gestalt, Aussehen und Art der Riesen.

Eine grosse, menschliches Maass weit überragende Gestalt wird
allen Riesen beigelegt, sie stehen gleich Bergen und hohen Bäumen,
starr und unbeholfen.   In den Riesen waltet volle ungebändigte
Naturkraft, die zu wildem, trotzigem Übermut entarten kann.   Die
Riesen zumal in den älteren Quellen erscheinen wolgebildet und
von vollkommenem Wuchs, so Aegir, Thrym und Thjazi.   Thrym,
ein behaglicher stattlicher Mann, der Thursenbeherrscher, sitzt auf
dem Hügel und flicht seinen Hunden goldene Halsbänder, glättet
seinen Rossen die Mähne; Aegir führt gastliche Wirtschaft.   Einzelne Riesinnen sind sogar ausnehmend schön, so Gerd, von deren
glänzenden Armen Luft und Wasser wiederleuchten.   Skadi des
Thjazi Tochter ist ebenso schön, der Gunlod naht Odin in Minne.
Dem edlen Äussern entspricht auch ihr wolbestelltes Innere.   Erfahrung, Vielwissenheit, Gutmütigkeit   und   Gastfreundschaft
schmücken das Riesengeschlecht, der kindliche Frohsinn friedlicher
einfacher Verhältnisse lagert über ihnen, und daraus entspringt
ihre Treue.   *Barnteitr,* froh wie ein Kind, ist Aegir.   Ihr hohes

in die Urzeit hinaufreichendes Alter gewährt den Riesen tiefe Weisheit. *Hundvíss,* vielwissend, *fjǫlkunnigr,* vielkundig werden sie
genannt. Wafthrudnir, von dem Odin Kunde der Vorzeit erfragt,
ist *enn alsvinne jǫtonn,* der allweise Riese, dem Örgelmir und
Bergelmir wird das Beiwort *enn frôþe,* der Kluge gegeben. Fenja
und Menja sind *framvísar,* Zukunft wissend. *Trolltryggr,* treu wie
ein Riese, ist eine sprichwörtliche Redensart, welche auf die un-
verbrüchliche Treue der Riesen hinweist. Übermütig, hochgemut
(*stórúþegr*) ist Hrungnir, ebenso heisst ein deutscher Riese in der
Virginal 890 *Hôhermuot. Þrúþmôþegr,* thatkräftig, *harþmôþegr,*
rauh, *ámáttegr,* übermächtig werden Riesen genannt. Aus ihrer
gutmütigen Ruhe aufgereizt geraten die Riesen aber in grossen
Zorn, *jǫtonmóþr.* Deutsche Gedichte und Volkssagen schildern
solchen Zustand. Wenn die Riesen im Zorne entbrennen, so schleudern sie Felsen, reiben Flamme aus Steinen, drücken Wasser aus
Steinen, entwurzeln Bäume, flechten Tannen wie Weiden und
stampfen mit dem Fuss bis ans Knie in die Erde. Widolt im
König Rother wird seines unbändigen Wesens halber in Fesseln
gelegt und nur im Kampf gegen den Feind losgelassen. Steine
und Felsen, Baumstämme sind des Riesengeschlechtes Waffen,
allenfalls auch Steinschilde, Steinkeulen, Stahlstangen. In der Bewaffnung verkörpert der Riese dem wolgerüsteten, mit Speer und
Schwert bewehrten Helden gegenüber ein uraltes vergangenes Geschlecht, das noch keine kunstvollen Waffen zu schmieden verstand. Neben den wolgestalteten, gutartigen Riesen stehen aber
ebensoviele ungestaltige, bösartige. Die nordischen Riesennamen
Swart, Alswart, Swarthöfdi (Schwarzkopf), Surt, Blain (dunkel),
Syrpa (die Schmutzfarbige) geben den Unholden hässliche, ab-
schreckende Farbe, Lodin (der Zottige) und Lodinfingra (die Zottel-
fingrige) zeigen sie behaart und zottig, Liota ist die Garstige.
Diesen allgemeinen Eigenschaften gesellen sich besondere. Jarn-
haus (Eisenschädel), Hardhaus (Hartschädel) erweisen die Hart-
näckigkeit der ungeschlachten Gesellen, Wagnhofdi muss einen Kopf
wie einen Wagen so gross gehabt haben, Skalli ist ein grosser Kahl-
kopf. Die Nase war von ungewöhnlicher Grösse und Dicke, wovon Nefja (die Benaste) ihren Namen trug. Skinnnefja die Pelz-
nasige, Hornnefja die Hornnasige, Jarnnef der Eisennasige verraten
solche Entstellung. Bei Henginkjapt und Henginkepta hängt der
Kiefer herab, Muli ist der Grossmäulige. Um Wange und Kinn
starrte ein struppiger Bart, kalter Hauch wehte daraus, wie die

Namen Pistilbarđ (Distelbart) und Kallrani (kalter Rüssel) lehren.
Vom Riesen Hrungnir wird berichtet, sein Kopf und Herz seien
aus Stein gewesen. Auf den weitausschreitenden Gang zielen
Namen wie Stigandi, Hástigi, Steiger und Hochsteiger, auf den
zermalmenden Griff der breiten Hände die Namen Greip, Hardgreip, Widgrip, auf Riesenstärke, die gewaltige Thaten vollbringt,
Sterkir, Starkad, Hardwerk, Fjolwerk, Storwerk. Neben dem
Gattungsnamen *etanaӡ* weist auch der besondere Eigenname Wolves-
mage (Virginal 882) auf die wölfische Gefrässigkeit. So sind die
Riesen in ihrem Ausseren und ihrem Gebahren unerfreulich, schrecklich, feindselig. Sowol nordische wie deutsche Überlieferung hebt
nicht nur die Missgestalt, sondern auch die Ungestalt einzelner
Riesen hervor. Eines dreiköpfigen Thursen gedenkt das Skirnirlied 31, eines sechsköpfigen das Wafthrudnirlied 33; im Hymirlied 35 bricht die vielköpfige Riesenschaar aus den Berghöhlen
hervor, Hymirs Mutter hat gar neunhundert Köpfe. *Drîhouptige
tursen*, siebenköpfige Riesen erwähnen auch deutsche Märchen.
Die Zahl der Arme, Hände, Elbogen werden verdoppelt und ver-
dreifacht (J. Grimm, Myth. 360). Kaum aus unverfälschter germanischer Sage, vielmehr aus fremden orientalischen Einwirkungen
mögen solche Vorstellungen entstanden sein. In den hässlichen,
schrecklichen Riesen wohnt auch böse Gesinnung. An Stelle der
Weisheit tritt Stumpfsinn, im Nordischen ist *dumbr* und *stumi*,
stumm und dumm, im Deutschen *tumbo* eine Bezeichnung der Riesen.
Der dumme Riese und sein christlicher Vertreter, der dumme Teufel
wird nicht allein durch Heldenkraft, sondern auch durch List und
Schlauheit überwunden.

Den Riesen ist im allgemeinen der Wohnsitz in dem Elemente,
das sie verkörpern, zugeteilt. Jedoch kennt die Sage auch ein besonderes Riesenland (Rother 767), im Norden *jǫtonheimr*. Die Norweger verlegten Riesenheim in den Norden oder Osten, aufs unwirtliche unzugängliche Hochgebirge. Auf der Grenze ist Grjótúna-
gard, Bezirk der Steingehege. Dort wohnt das Thursenvolk, als
dessen Beherrscher (*þursa dróttenn*) Thrym bezeichnet wird. Sonst
werden die Riesen mit andern Unholden wol auch in *Utgard* unter
dem Beherrscher Utgardloki wohnhaft gedacht.

In den nordischen Quellen sind die Riesen in die Göttersage
verwoben, in den deutschen Gedichten erscheinen sie als besonders starke, wilde und gefährliche Männer. Hier wie dort stehen
sie meistens der Weltordnung feindlich gegenüber.

„Denn die Elemente hassen
das Gebild der Menschenhand."

Darum sind die Riesen gewöhnlich bösartig, auf gewaltsamen
Umsturz bedacht. Im Norden sind die Riesen von den Göttern
bezwungen und in wolthätige Schranken gebannt, gleichwol aber
stets von der Hoffnung beseelt, das urzeitliche Chaos wieder
heraufzuführen, ihre verlorene Herrschaft durch Vernichtung aller
göttlicher und menschlicher Ordnung wieder an sich zu reissen.
In deutscher Sage unterliegen die Riesen den Helden, welche zur
Bekämpfung der gewaltthätigen Unholde erschaffen sind. Die Herrschaft des Geistes über die Natur ist der Grundgedanke der Riesensagen. Sehr ergiebig ist die noch lebende Volksüberlieferung.
Von Norwegen bis Tirol begegnen die Riesen überall mit denselben Zügen, mit derselben Wildheit und plumpen Gutmütigkeit.
Im Norden und Süden, im Meer und auf dem Hochgebirge, wo
der Mensch die Wut der entfesselten Elemente mehr verspürt,
sind die Riesen hauptsächlich zu Hause, weniger im mittleren
Deutschland. Riesenschlangen und andre Ungetüme entsteigen den
Gewässern. Kleine Sandhügel und erratische Granitblöcke rühren
von Riesen her. In den norwegischen Gebirgen und in den süd-
deutschen Alpen ragen die versteinten Leiber der Riesen auf
und gewaltige Naturereignisse bezeugen ihr fortdauerndes Leben.
Mit Felsen und Bäumen bekämpfen sich die Riesen, ungeheure
Blöcke schleudern sie gegen die verhassten Kirchen, ihr Vieh
treiben sie mit Bäumen als Gerten zusammen, ganze Hügel streichen
sie von den Schuhen oder schütten sie daraus, als ob es Sand-
körner wären. An vielen Orten werden die Spuren ihrer Füsse,
Finger oder Sitzteile in Steinen gezeigt.

Die Riesen gelten als treffliche Baumeister. Uralte Steinbauten, Burgen und Wege pflegt das Volk den Riesen oder dem
Teufel [1]) zuzuschreiben, wie die griechische Sage von Kyklopen-
mauern meldet. Dafür zeugt der Heliand und die angelsächsische
Dichtung. Eine hochragende Felsenburg auf Bergesgipfel wird im
Hel. 1397 ein Riesenwerk (*uurisilic giuuerc*) genannt. [2]) Riesen-
berge (nds. *wrisberg*) können als Wohnsitz oder Bauwerk von

---

[1] Teufelssagen, die aus alten Riesensagen stammen, verzeichnet J. Grimm,
Myth. 972 ff.

[2] Zur Stelle vgl. Vilmar, Deutsche Altertümer im Heliand S. 10; die
ags. Stellen, welche *enta geweorc* nennen, bei Grein, Ags. Sprachschatz 1, 228.

Riesen so heissen. Im Beowulf 2718 wird die Drachenhöhle als
*enta geweorc* bezeichnet, wo Steinbögen auf Pfeilern die Erdhalle
stützen. Riesenwege (*jǫtna vegar, entiscen wec, trollaskeid*) sind
wol alte gepflasterte Heerstrassen, welche die Germanen ebenso
wie die römischen Steinbauten bewunderten und deren Ursprung
der Volksglaube allmälig auf übermenschliche Wesen zurückführte.
Aus dieser Vorstellung erwuchs die Sage vom Riesenbaumeister,
welche in der Edda und in zahlreichen nordischen und deutschen
Volkssagen auftaucht. Ein Riese, ein Unhold, der Teufel, erbietet
sich, gegen Lohn einen Bau bis zu einer bestimmten Zeit auszuführen. Meist verlangt er die Seele des Hausherrn oder eine
Jungfrau, also ein Menschenopfer. Aber durch List gelingt es,
die Arbeit im letzten Augenblick so aufzuhalten, dass zur gesetzten Frist noch eine Kleinigkeit fehlt. Damit ist der Riese um
seinen Lohn betrogen. Der heilige Olaf liess auf diese Weise vom
Troll sogar eine Kirche bauen.[1])

An einzelne Felsblöcke, die in der Ebene verstreut liegen,
an Hügel, Sanddünen, kleine Inseln knüpfen gerne Riesensagen
an, welche die örtlichen Erscheinungen auf Riesenthaten zurückführen. Wenn im schmalen Sunde wie etwa zwischen Rügen und
Pommern, Seeland und Schonen kleine Inseln aufragen oder am
Gestade Hügel sich erheben, so sind es Spuren von Dammbauten,
welche einst Riesen beabsichtigten, um trocknen Fusses über das
Wasser gehen zu können und nicht immer durchwaten zu müssen.
Die Erdhaufen im Wasser und am Lande entstanden dadurch,
dass Sand und Steine durch Löcher aus den Schürzen der Riesen
herausfielen. Grosse Steine, die an solchen Orten liegen, dass das
Volk nicht begreifen kann, wie sie dahin kamen, wurden von
Riesen wie Sandkörnchen aus den Schuhen geschüttet. Damit
wird auch humoristisch übertreibend die gewaltige Grösse des
Riesen angezeigt, dem ein ansehnlicher Felsblock nur wie ein
kleines Steinchen im Schuh ist. Manchmal sind die Steine aber
auch von Riesen geworfen, und deutlich erkennt man darin die
Spur ihrer fünf Finger abgedrückt. Meilenweit reicht der Wurf
der Riesen, meilenweit der Schall ihrer Stimme. Der Wurf ist

---

1) Zur Sage vom Riesenbaumeister J. Grimm, Myth. 514 ff.; 3, 158;
Menzel, Odin 19 ff.; Scheibles Kloster 9, 7 ff.; Kuhn, Westfäl. Sagen 1, 29;
248 ff.; Simrock, Myth.[5] 55 ff.; Henne am Rhyn, Die deutsche Volkssage 242ff.;
Faye, Norske folkesagn 14 ff.; E. H. Meyer, Myth. 153.

oft feindselig gegen Menschenwerk, besonders gegen Kirchen gerichtet, verfehlt aber sein Ziel. Sümpfe und Pfützen sind aus dem
Blute entstanden, das aus der Wunde eines Riesen hervorströmte,
wie in der nordischen Schöpfungssage Ymirs Blut die ganze Welt
ertränkt und das Meer erfüllt.

Das riesische Übermaass schildern ziemlich ähnlich die nordische Sage und ein deutsches Kindermärchen. Skrymir, der sich
auf der Fahrt nach Utgard zu Thor gesellt, wird vom Hammer
des Gottes mehrmals im Schlafe getroffen. Das erste Mal fragt
Skrymir, ob ein Blatt Laub auf ihn herabgefallen sei, das andre
Mal, ob ihm eine Eichel ins Gesicht fiel, das dritte Mal meint er,
Vogelmist falle von den Zweigen auf sein Haupt herab. Thor
aber hatte immer mit voller Kraft zugeschlagen. Im Märchen (bei
den Brüdern Grimm Nr. 90) werden Mühlsteine auf den Riesen
im Brunnen hinabgeworfen, und er ruft: „Jagt die Hühner weg,
die da oben im Sande kratzen und mir Körner in die Augen
schmeissen!" Wie der Riese heraussteigt, sagt er: „Seht einmal,
ich habe doch ein schönes Halsband um", da war es der Mühlen-
stein, den er um den Hals trug. Weit verbreitet ist auch die Sage
vom Riesenspielzeug, wie eine Riesentochter den pflügenden
Ackermann aufnimmt und in ihrer Schürze dem Vater heimträgt.

Ganz besonders reich an Riesensagen ist Tirol, wo auch im
Mittelalter die Riesenkämpfe Dietrichs von Bern und seiner Gesellen sich abspielen. Weinhold (Riesen S. 305) stellt die wesentlichen Züge zusammen: „Da fährt der Bauer mit allem Zeug in
einen gestrüppvollen Hohlweg, und das ist zum Unglück das
Nasenloch des Riesen, der ihn samt Ochsen und Wagen in die
weite Welt hinausniest; da wird von dem Brüllen eines Riesen
in seiner Höhle der ganze Glunkezer Berg morsch und stürzt jetzt
ein, weshalb die andern wilden Männer sich lieber ruhig verhalten; da ist der Riese so hoch, dass der Bauer, der ihm dient, auf
eine Tanne steigen muss, wenn er ihm was zurufen will; da treffen
wir auch noch alte gute Eigenschaften der ungeheuren Gesellen.
Weichherzig weinen sie über verunglückte Tiere, schützen die
Waldvögel und das Alpenvieh, sagen das Wetter voraus und lehren
die Bauern manches Nützliche; denn sie sahen den Urwald schon
neun Mal fällen und wachsen und erfuhren deshalb so mancherlei.
Der und jener Wilde sperrt sich auch ein seliges Fräulein in den
Singkäfig, statt es zu zerreissen, wie ihre Sitte sonst ist. Auch
suchen sich einige den Menschen zu nähern. Mancher Riese kehrte

über den Winter in Bauernhöfen ein und erwies sich im Sommer
darauf für die Herberge dankbar, indem er den Hof vor wilden
Wassern und Bergfällen schirmte. Riesentöchter spannen Liebschaften mit starken Bauern an und, wenn diese nicht beim ersten
Kuss an gebrochenen Rippen verschieden, heirateten sie sich und
wurden die Stammeltern der Unholde und der Starken, welche
an vielen Orten bis in die jüngste Zeit fortlebten. So bewegt
sich die Vorstellung von den Riesen im Volke noch heute auf
denselben Wegen, die ihr im ältesten Heidentume gebaut wurden."
Die Riesenart, wie sie in der neuisländischen Sage sich äussert,
schildert Maurer (isl. Volkssagen S. 38 ff.) also: „An Wuchs und
leiblicher Stärke die Menschen weit überragend, sind die Tröll
wild und unbändig, dumm, gefrässig und blutdürstig; andererseits
aber sind sie daneben doch auch wieder geheimen Wissens und
Könnens voll, dabei gutmütig, ehrlich, und zumal treu wie Gold.
Gegen Beleidigungen sind sie sehr empfindlich und suchen solche
schwer zu rächen; andererseits aber erweisen sie sich auch dankbar für empfangene Wolthaten, und erzeigen sich auch wol ohne
solche Veranlassung den Menschen hilfreich. Als Menschenfresser
werden sie oft genug geschildert; andererseits aber sind auch
wieder Liebschaften zwischen Riesen und Menschenweibern, oder
umgekehrt zwischen Menschenmännern und Riesinnen nicht selten.
Wenn auch in mancher Hinsicht verunstaltet, werden die Tröll
doch immer wesentlich menschlich gestaltet gedacht; aber sie erscheinen gewissermaassen als ein älteres Geschlecht von Menschen,
sie sind zumal dem Christentum feindlich und suchen dessen Fort-
gang auf jede Weise zu hemmen. Sie wohnen auf felsigen Gebirgen und in Berghöhlen; leben von der Jagd, dem Fischfange
und allenfalls von der Viehzucht; als wesentlich nächtliche Geschöpfe vermögen sie das Tageslicht nicht zu ertragen, und springen
in Stein, sowie sie von der Sonne beschienen werden." In vielen
Sagen, aber auch in manchen sprichwörtlichen Redensarten begegnen die erwähnten Eigenschaften der Riesen. Die Ausdrücke,
welche Riesinnen bezeichnen, wie *skessa, flagd* u. dgl. werden in
tadelndem Sinne von Weibern gebraucht, die durch unordentliche
Haltung, heftige Bewegungen, maasslose Heftigkeit Anstoss geben.
Will man bezeichnen, dass einer stier und dumm verwundert eine
Sache anstarre, so braucht man wol den Ausdruck: etwas an-
glotzen wie der Riese das Himmelreich, das ihm, dem Christen-
feinde, natürlich völlig verschlossen und fremd ist. Wiederum

spricht man in lobendem Sinne von *tröllatryggd,* Riesentreue, oder
sagt von einem Manne: *hann er mestr tryggdatröll,* er ist der voll-
ständigste Treuriese; es gilt auch das Sprichwort: *tröll eru í
tryggðum bezt,* die Riesen sind am besten, soweit Friedensverträge
in Frage stehen, *tröll gánga traudt á grid sín,* die Riesen brechen
nicht leicht ihr Friedensgelöbniss.

Riesische Wesen in Tiergestalt sind nicht selten. Dahin gehören der Midgardswurm, der Adler Hräswelg, von dessen Schwingen
die Winde ausgehen, der Wolf Fenrir, die Sonnen- und Mond-
wölfe. Riesennamen wie Kǫtt (Kater), Hyndla und Mella (Hündin),
Trana (Kranich), Kráka (Krähe) weisen aufs Tierreich. Die Sage
meldet auch von Verwandlungen: so erscheint Thjazi als Riesenadler, Fafnir nimmt Wurmsgestalt an und liegt auf dem Hort, im
hürnen Seyfrid 22 wird der Drache zu einem Menschen, zunächst
für einen Tag, nach fünf Jahren soll er für immer menschliche
Gestalt gewinnen. Die Verwandlungsfähigkeit der Riesen ist aber
im allgemeinen seltener als die der Elbe und wol von dorther
entlehnt. Dem ungeschlachten Riesen steht die geschmeidige Be-
weglichkeit des Albs nicht wol an. Wie die Elemente zu Riesen
wurden, lehrt eine ziemlich junge norwegische Sage, worin die gewöhnlichen Bezeichnungen, welche die Sprache für die Naturerscheinungen besitzt, persönlich genommen und in Verwandtschaftsverhältniss zu einander gesetzt sind. Auf ähnliche Weise dürften
auch die älteren Riesengestalten entstanden sein. Als die ältesten
Bewohner Norwegens gelten die Riesen, Forniots Geschlecht. Des
Stammvaters Namen und Art ist noch nicht sicher aufgeklärt[1]),
über seine Nachkommenschaft[2]) aber kann kein Zweifel aufkommen,
ihr Wesen ist durchsichtig. Von Forniot stammen die Söhne Hler,
Logi und Kari; der erste, auch Aegir genannt, waltete über das
Meer, der zweite über die feurige Lohe, der dritte über die Winde.
Logi bedeutet Lohe, Kari Wind. Von Kari entspringen Jokul
(Gletscher), von diesem Snær (Schnee), dessen Kinder waren Thorri
(Januarmonat), Fonn (Schneehaufe), Drifa (Schneetrift), Mjoll (feiner

1) Die Erklärung des Namens, der im Ags. als *Forneot* wiederkehrt, ist
*Forn-jǫtr,* alter Riese, Urriese, oder *For-njǫtr,* Vorbesitzer des Landes,
Oberherr (Uhland, Schriften 6, 22; Falk, Beiträge 14, 9); Noreen, fornnordisk
religion S. 2 schlägt *fǫrn-njǫtr,* Opfergeniesser, vor.

2) Von Forniots Geschlecht berichten die Fornaldar sögur 2, 3 ff.; von
Halogi ebenda 2, 383 ff.; zur Sage vgl. Uhland, Schriften 6, 20 ff.; Mogk, Grundriss 1, 1040.

glänzender Schnee). Nach anderem Bericht ist Frosti (der Frost)
des Snær Vater. Kalt weht es aus diesem Zweige des Riesengeschlechtes von dem norwegischen Hochgebirge herunter. Über
die untersten Ansätze der Mythenbildung, die Personificierung
blosser Begriffe, geht eine Sage vom König Snær oder Snio
hinaus, welche Uhland (Schriften 6, 23) so auslegt: „Wenn bei
Saxo der Dänenkönig Snio seinen vermummten Boten nach einer
schönen Königin in Schweden ausschickt, wenn der Bote ihr leise,
leise zusingt: Snio liebt dich, und sie ebenso, kaum hörbar, ent-
gegenflüstert: Ich lieb ihn wieder, und wenn sie dann die ver-
stohlene Zusammenkunft auf den Anfang des Winters bestimmt;
wenn nach der Saga von Sturlaug dieser norwegische Jarl und
nachmalige König in Schweden seinen Pflegbruder Frosti nach
der schönen, lichtgelockten Mjoll, der Tochter des Finnenkönigs
Snær, aussendet und Frosti die mit ihm Entfliehende unter dem
Gürtel fassen muss, worauf sie rasch im Winde hinfahren; oder
wenn nach dänischen Chroniken Snio ein Hirte des Riesen Lä
(Hler) auf Läsö ist, so erahnt man wol noch bald das leise Ge-
säusel der niederfallenden Flocken, bald den stürmischen Flug
des glänzenden Schneegestöbers, bald den dichten Trieb der Schnee-
wolkenherde vom Meere her, dem Gebiete des Hlers, in seltsame
Märchenbilder verwandelt.“ Von Logi, der mit dem Namenshelden
der norwegischen Landschaft Halogaland als Halogi zusammengeworfen wird, erfahren wir noch, dass seine Frau Glod, die
Glut, hiess; seine Töchter waren Eysa und Eimyrja, Glutasche.
Von Hlers Sippe, seinen Wellentöchtern wird unten Näheres zu
berichten sein. So waltet also das Riesengeschlecht in Luft,
Feuer und Wasser. Besonders der Wind, der von den Gletschern
herunter weht und Schnee daher treibt und aufhäuft, ist ihr
Element.

Die Volkssage schreibt den Riesen hohes Alter zu. Noch im
späten Mittelalter gelten Zwerge und Riesen für älter als die
Menschen. Die nordische Mythologie versetzt die Riesen in das
uranfängliche Chaos, aus dem sich der Urriese Ymir (auch Örgel-
mir oder Brimir genannt) als erstes leibliches Gebilde erhebt.
Somit sind die Riesen auch älter als die Götter, und die nordische
Sage führt diese Thatsache folgerichtig dahin aus, dass von den
Riesen vor allen tiefste Weisheit über urweltliche Zustände und
Ereignisse zu erholen ist. Ymir, der aus der Mischung der Ele-
mente unmittelbar erwuchs, ist der Ahnherr aller Riesen. Selbst

die Götter sind den Riesen verschwägert. Bur nahm eine Riesin, Bestla des Bolthorn Tochter, zur Frau. Mimir scheint ihr Bruder und Bolthorns Sohn gewesen zu sein. Von Bur und Bestla entstammten aber Odin, Wili und We. Jedoch die ganze Schöpfungssage und das Verhältniss der Götter und Riesen steht unter fremden Einflüssen, wie später ausgeführt wird.

Wie die Elbe so haben auch die Riesen zuweilen etwas Scheues, Heidnisches an sich, sie gebärden sich wie ein bedrängter Volksstamm, der im Begriff steht, die alte Heimat den neuen mächtigen Ankömmlingen zu überlassen. In der Sage vom Riesenspielzeug betrachtet die Riesentochter die Menschen als kleine Erdwürmer, der alte Riese aber weiss, dass sein eignes starkes Geschlecht den unscheinbaren Geschöpfen unterliegen muss. Dem Christentum sind die Riesen feind, sie schleudern Felsen gegen Kirchen. Aber sie müssen weichen. Als der heilige Gallus in stiller Nacht die Netze zum Fischen auswarf, vernahm er die Zwiesprache zwischen einem Bergriesen und einem Wasserriesen, die darüber Klage führten, dass der neue Glaube ihre Macht breche, dass sie selber aber ihren Feinden, den Gottesmännern, welche sich mit dem Gebet schützten, nicht an könnten. Da bekreuzigte sich Gallus und bannte sie aus der Gegend[1]). So feindselig die Riesen aber auch im allgemeinen dem neuen Glauben entgegen stehen, so macht sich doch auch wie bei den Elben zuweilen die Sehnsucht bemerkbar, seiner Segnungen teilhaftig zu werden. In der Sage von Þorstein uxafót Kap. 6 richtet ein Erdriese (jarðbúi), der ihn in einem Kampfe unterstützt hatte, die Worte an Thorstein: „Du wirst auch einen Glaubenswechsel mitmachen, und dieser Glaube ist viel besser für die, die ihn annehmen können. Aber die müssen zurückbleiben, die nicht hiezu

---

1) Vita St. Galli MG. II 7 *volvente deinceps cursu temporis electus dei Gallus retia lymphae laxabat in silentio noctis, sed inter ea audivit demonem de culmine montis pari suo clamantem, qui erat in abditis maris. Quo respondente, „adsum" montanus e contra: „surge" inquit „in adjutorium mihi; ecce peregrini venerunt, qui me de templo ejecerunt;" nam deos conterebant, quo incolae isti colebant; insuper et eos ad se convertebant; „veni, veni, adjuva nos expellere eos de terris!" Marinus demon respondit: „en unus illorum est in pelago, cui nunquam nocere potero. Volui enim retia sua ledere, sed me victum proba lugere. Signo orationis est semper clausus, nec umquam somno oppressus." Electus vero Gallus haec audiens munivit se undique signaculo crucis dixitque ad eos: „in nomine Jesu Christi praecipio vobis, ut de locis istis recedatis, nec aliquem hic ledere praesumatis!"*

geschaffen sind, und so sind wie ich; denn ich und meine Brüder
waren Erdriesen.  Nun schiene mir aber viel daran zu liegen,
dass du meinen Namen unter die Taufe brächtest, wenn es dir
beschieden wäre, einen Sohn zu bekommen." Ebenso verlangt
der Riese Armann, der dem Hallward im Traume erschien, „wenn
es dir möglich wird, sollst du meinen Namen unter die Taufe und
unter das Christentum bringen"[1]).

### 3. Wasserriesen.

In die Welt der riesischen Meerungeheuer eröffnet das ags.
Gedicht Beowulf einen Einblick.  Schon in früher Jugend erwarb
sich Beowulf Ruhm bei seinem mehrtägigen Wettschwimmen mit
Breca.  Mit dem Schwerte musste er sich der Angriffe der Meer-
fische (*hronfixas, merefixas*) erwehren, die ihn auf den Grund zu
ziehen trachteten.  In den Wogen erschlug er neun Nixe (*niceras
nigene*).  Dadurch ist er vorbereitet auf seine grösste Heldenthat,
den Kampf mit Grendel und seiner Mutter.  In die Halle Heorot,
welche der Dänenkönig Hrodgar erbaut hatte, drang allnächtlich
Grendel, ein Unhold, der die Insassen mordete und den Saal ver-
ödete, bis Beowulf der Geatenheld übers Meer den Dänen zu Hilfe
eilte, mit Grendel kämpfte, ihn auf den Tod verwundete, endlich
in seine Behausung auf dem Meeresgrund drang, dort Grendels
Mutter tötete und dem Unhold selber das Haupt abschlug.  Die
schwierigen Fragen, die mit dem Beowulfmythus und Gedicht[2])

---

1) Vgl. die Armanns Saga; Maurer, Bekehrung 1, 234 Anm. 13.
2) Über Beowulf vgl. Müllenhoff, ZfdA. 7, 419 ff.; Beowulf, Untersuchungen
über das Epos, Berlin 1889; Sarrazin, Beowulf-Studien, Berlin 1888; ten
Brink, Beowulf, Untersuchungen, Strassburg 1888; Uhland, Schriften 8, 479 ff.;
Laistner, Nebelsagen S. 88 ff.; 264 ff.; Kögel, ZfdA. 37, 268 ff.; Litteraturgeschichte I, 1, 109 ff.  Dass ein Unhold, und zwar häufig ein Wassergeist,
eine menschliche Behausung unbrauchbar macht, bis ein beherzter Mann ihn
daraus vertreibt, ist ein beliebter Märchenzug; vgl. Simrock, Beowulf 177 ff.;
Laistner, Rätsel der Sphinx 2, 15 ff.  Der Name Grendel macht Schwierigkeit.
Den deutschen Sprachen ist das Wort *grendel, grindel* = Riegel, ganz geläufig.  Der Teufel heisst Höllriegel.  Sollte Grendels Name und seine Mutter
aus christlichen Volksvorstellungen vom Teufel stammen?  Das Beowulf-Gedicht
ist mit Teufelsaberglauben ja vertraut und verweist den Wasserriesen ausdrücklich zu den Teufeln.  Unter Beziehung aufs mndl. Wörterbuch 2, 2129
erklärt Kögel ZfdA. 37, 275 Grendel als Schlange, und leitet den Namen aus

zusammenhängen, berühren uns hier nicht, wir entnehmen daraus nur, was die Angelsachsen und wol überhaupt die Seegermanen unter Wasserdämonen sich vorstellten. Mit Grendel d. h. Schlange ist ein Dämon der zerstörenden Gewässer gemeint, sei es der Sturmfluten an der Nordseeküste, sei es der fieberbringenden Sümpfe, die infolge der Überflutungen sich bildeten. Einseitig fasste Müllenhoff Grendel als Sturmflut, Uhland und Laistner erklärten ihn als Verkörperung der Seuchen und Plagen einer versumpften und verpesteten Meerbucht, die geräuschlos zur Nachtzeit im Nebel aufsteigen und den Menschen beschleichen. Kögel findet mit Recht beide Plagen, Sturmflut und Sumpffieber in Grendel verleiblicht. Grendel ist nach den Worten des Gedichtes der kundbare Grenzgänger, der Moore, Sumpf und Strand (*móras, fen and fæsten*) inne hat. Immer wieder wird die neblige moorige Heimat hervorgehoben (*héold mistige móras*). Vom Moor unter den Nebelklippen (*of móre under misthleopum*) kommt Grendel zum Metsal geschritten, er watet in Wolken gehüllt daher (*wód under wolcnum*). Wie ein Nebelstreif zieht sich also der Unhold unhörbar leise aus dem Moor zur Halle hin, worin die Helden schlafen. Er wird als Riese (*eoten*) bezeichnet, sein Haupt ist furchtbar, seine Hand läuft in stahlharte Krallen aus, sein Blut schmelzt Schwerter. Grendels wölfische Mutter (*brimwylf, grundwyrgen*), die mit ihm in der grausigen Meerflut (*wæteregesan*) haust, folgt des Sohnes Spuren und sucht ihn zu rächen. Höchst anschaulich wird die Wohnstätte der Unholde geschildert. Sie haben inne verstecktes Land, windige Landzungen, fürchterliche Moorpfade, wo der breite Strom unter dunkle Landstreifen, unter der Erde sich verliert. Jäh fällt das steinige Land, von düstrem Walde, von wurzelfesten Bäumen bestanden, die überhängen, plötzlich in mooriges, sumpfiges Meer ab. Da mag man nächtliches Wunder schauen, Feuer in der Flut. Noch niemand hat den unheimlichen Grund erforscht. Der von Hunden gehetzte, geweihstolze Hirsch lässt eher am Ufer das Leben, als dass er in den schaurigen Wald flüchtet. Nicht geheuer ist der Ort, dunkles Wogengemisch steigt zu den Wolken, wenn der Wind leide Unwetter zusammentreibt, bis dass die Luft

dem Zeitwort *grinden*, knirschen, zischen, brausen. Grendel ist die brausende Wasserschlange, die hereintosende Sturmflut. Da in der SE. 2, 486 *grindill* eine Bezeichnung des Sturmes ist, und das Wort möglicherweise zu *grenja*, heulen, tosen (vom Sturm und Wasser gebraucht) steht, wurde auch diese Etymologie vorgeschlagen; vgl. Mogk, Grundriss 1, 1043.

düstert, die Himmel weinen. Auf den abstürzenden Klippen lagert allerlei Gewürm, wunderliche Seedrachen und Nixe, welche dem Schiffer oft gefährlich werden. Beowulf steigt kühn in die greuliche Flut und gelangt zum Grunde, wo ihn die Wölfin (Grendels Mutter) packt. Vor ihren Griffen und den scharfen Zähnen der Seetiere beschützt ihn seine Brünne. Das Meerweib trägt ihn in ihre Behausung, welche bedacht ist und dem Wasser keinen Zutritt verstattet. Mit blinkendem Glanze leuchtet drinn ein Feuer.

Aus den Wasserriesen erhebt sich freundlicher gestaltet der Beherrscher des Meeres, *Aegir*, der Wassermann.[1]) Von Natur zwar riesisch, kann er doch mit den Asen in Gastfreundschaft kommen. Er ist, wie die Einleitung der sog. Bragarœdur berichtet, in Asgard beim Gastmahle der Götter zugegen und empfängt von Bragi reiche Belehrung. Die Götter aber besuchen wiederum den Aegir in seiner Heimstätte, wo er ihnen in einem gewaltigen Kessel Bier braut und ein Mahl zurüstet. Daher heisst er beim Skald Egill im Lied auf seinen ertrunkenen Sohn geradewegs Bierbrauer der Lichtgötter (*ǫlsmiþr allra tíva*). Der meilentiefe Braukessel ist aber -ursprünglich in der Gewalt des Hymir und muss erst durch Thor herbeigeschafft werden. Aegir scheint das der Schiffahrt offene Meer zu verkörpern. Sein Verkehr mit den Asen und das Beiwort „*barnteitr*", fröhlich wie ein Kind, kennzeichnen den Riesen als gutartig und umgänglich, wol im Gegensatz zu Hymir. Freilich nimmt das Gelage bei Aegir ein schlimmes Ende, weil Loki die Friedensstätte durch Todschlag entweiht und die anwesenden Götter lästert. Auch hatte sich Aegir nur durch des streitbaren Thor Befehl dazu verstanden, das Gelage zuzurüsten, und sann auf Rache an den Asen. Er hatte im Stillen gehofft, die Fahrt zu Hymir werde dem Thor verderblich sein. Aegir hatte zwei Diener, Fimafeng und Eldir. Statt des Feuers diente helles Gold zur Beleuchtung; das Bier trug sich selber auf. Im Grunde des Meeres sind alle die Schätze gehäuft, welche die gierige Flut verschlang. Im Leuchten des windstillen Meeres aber mochte man den Glanz des versunkenen Goldes spielen sehen. Aegirs fried-

---

1) *œgir* ist aus *âguiaz* entfaltet und steht zu got. *ahua*, lat. *aqua;* völlig verschieden ist *œgir*, der Schrecker, zum ablautenden Zeitwort *agan*, *ôg* fürchten, an. *œgiask* sich fürchten; vgl. K. Gislason, aarböger f. nord. oldkyndighed og historie 1876, S. 313 ff.; Noreen, Abriss der urgermanischen Lautlehre S. 59; von Agir erzählen Hym., Lokas., Bragar; über seine Deutung vgl. Uhland, Schriften 6, 92 ff.

liches, freundliches Wesen wird durch sein raubgieriges Weib,
die Ran, ergänzt. Freund und Feind ist dem Schiffer die See,
beide Seiten kommen in Aegir und Ran zum Ausdruck.

In der SE. 1, 206 wird Hlésey, die dänische Insel Läsö im
Kattegat, als Heimat des Aegir bezeichnet. Hlér gilt als andrer
Name Aegirs. Die Wogen heissen ebenso Töchter des Aegir wie
des Hlér (SE. 2, 180). Vermutlich kannten die Dänen und West-
Norweger den Meerriesen unter diesem Namen, dessen Etymologie
nicht sicher zu bestimmen ist.[1]

Ein weiterer Name dieses Meerriesen ist *Gymir*[2], wie im Eingang der Lokasenna ausgesprochen wird und aus den skaldischen
Umschreibungen, in denen der Name allein vorkommt, deutlich
erhellt. Das Meer heisst Gymirs Wohnung (*Gymis flet*), die Brandung ist sein Lied (*Gymis ljóþ*), die Ran sein zukunftkundiges
Weib (*Gymis vǫlva*). Ob Gymir, Gerds Vater, der aus dem Skirnirlied bekannte Riese, derselbe ist, muss unentschieden bleiben.
Weinhold fasste die Gerd als Meernixe, welche den Fluten ent-
steigend im stillen Hain am Gestade mit dem Gotte Freyr sich
vermählt.

Dem Aegir steht *Hymir*[3], der Dämmrer, gegenüber. Er verkündigt sich als Frost- und Eisriesen, als Beherrscher des licht-
losen, nebligen, fahlgrauen nördlichen Eismeeres. Seine Art entspricht seiner Heimat. Genaueres über ihn hören wir nur aus dem
Hymirliede, wie Thor und Tyr sich aufmachen, den Kessel zu Aegirs
Gelage ihm zu entführen. Der Erzählung gesellten sich Züge vom
Märchen des Besuches beim wilden, unholden Menschenfresser.
Hier beachten wir nur die Schilderung seines Wesens. Im Osten
der stürmischen Wogen am Himmelsrande haust der weise Hymir,
der einen meilentiefen Kessel (d. h. das Meer im Verschluss winter-

---

[1] Vgl. Weinhold, Riesen S. 235 f.; zu *hlé*, Obdach, gestellt ist Hlér der
Deckende, Schützende.

[2] Die Stellen, welche Gymir nennen, sammelt Sveinbjörn Egilsson,
Lexicon 282; Gymir fällt im Wortsinn mit Hlér zusammen, es bedeutet
Schützer, zum Verbum *geyma*, bewahren, beschützen; Kauffmann, Bei-
träge 18, 175.

[3] Von Hymir erzählt die Hymeskviþa u. Gylfag. Kap. 48, wo der Name
Ymir und Eymir verschrieben ist; vgl. K. Gislason in Danske vidensk. selsk.
skr. 5, 4 (1874), S. 435 ff. Hymir steht wol zu *humr* m., *hum* n., Dämmerung,
Dunkelheit, graue Meerflut. Hymirs Wesen erklärt Uhland, Schriften 6, 91 f.;
in den Beiträgen 18, 170 ff. deutet Kauffmann Hymir als den Dümmling, den
Blöden, zu *hýma*, dösig sein.

licher Eisdecke) besitzt. Bei ihm sind seine neunhundertköpfige
Urahne und seine brauenweisse Geliebte, die Mutter Tyrs. Der
hässliche, rauhe Hymir kommt spät vom Waidwerk heim, Eiszapfen klirren, sein Bart ist gefroren. Vor des Riesen Blick zer-
birst Balken und Pfeiler, dass acht Kessel vom Standbrett herunter-
kollern. Am andern Tag rudern sie zur eisig kalten Fischerfahrt
hinaus. Zwei Walfische zieht der Riese auf einmal an der Angel
heraus. Er verlangt von Thor Arbeit und Stärkeproben. Einen
Glaskelch soll Thor zerbrechen, aber leichter zerschlägt er die
Pfeiler, bis endlich an Hymirs hartem Schädel der Kelch zerschellt. Nun darf Thor den Braukessel forttragen. Hymirs Töchter
(*Hymes meyjar*) werden in der Lokasenna 34 erwähnt, ohne dass
ihre Bedeutung völlig klar würde. Wenn Aegirs und Hlers Töchter
die Wogen bezeichnen, wird es wol auch mit Hymirs ähnliche
Bewandtniss haben. Man denkt an die Gletscherbäche, die aus
den Eisbergen ins Meer sich ergiessen.

Von einzelnen Meer- oder Wasserriesen lassen sich noch folgende hervorheben. In der Gudrun tritt der alte *Wate* hervor, in der
Wielandssage der Riese *Vadi*, der Vater des kunstreichen Schmiedes,
bei den Angelsachsen finden wir *Wada*, der die Hælsinge beherrschte. Zu Grunde liegt diesen Berichten eine Sage der Seegermanen vom Riesen *Wado*, dem Sohne einer Meerminne.[1] Ein
riesenmässiger Greis mit ellenbreitem Barte, unbändigen Grimmes
voll, mit fürchterlicher Stimme begabt, bei deren Klange das Land
erbebte, das Meer aufbrauste und die Mauern einzustürzen drohten,
wanderte am Meeresstrande auf und ab und trug wol auch zuweilen
auf seinen Schultern Menschen über Sunde hinweg. Der regel-
mässige Wechsel von Ebbe und Flut war die Wirkung dieses
watenden Riesen, dessen rasendem Zorne nichts widerstand. In
den norwegischen Aluwasserfällen hauste der wilde *Starkad*, ein
vielkundiger Riese (*hundviss jǫtunn*).[2] Der hatte acht Hände und
schlug mit vier Schwertern auf einmal. Von ihm wird erzählt,
wie er mit Hergrim, einem Halbtroll, der bald bei Riesen, bald
bei Menschen weilte, um den Besitz eines Weibes kämpfte. Im
Namen Hergrim klingt wol der Fossegrim an, die Sage meldet
also vom Streit zweier Stromriesen. Nachmals raubte Starkad die

---

1) Über Wado vgl. Müllenhoff, ZfdA. 6, 62 ff.
2) Über Starkad Aludreng, d. h. Spross des Ala vgl. der Hervararsaga
Kap. 1 und die Gautrekssaga Kap. 3; dazu Uhland, Schriften 6, 101 ff.

Alfhild, die Tochter König Alfs aus Alfheim, also eine Elbin. Der
Vater rief Thor um Hilfe an, Thor aber erschlug den Jotun. Der
Wasserriese zeigt sich hier als Liebhaber, wie auch andre Sagen
solche Züge hervorheben. Natürlich ist Thor sein Erbfeind. Das
Lied von Helgi dem Hjorwardsson 12 ff. führt uns eine unholde
Meerriesin namens Hrimgerd vor. Helgi hatte im Hatafjord den
Beherrscher der Bucht, den Riesen Hati getötet. Nachts lagen die
Schiffe im Fjord, Atli hatte Wache. Da sprach ihn Hatis Tochter
Hrimgerd, die in Stutengestalt den Wogen entstieg, an, und es
erhub sich ein Scheltgespräch. Hrimgerd verlangt zur Sühne des
erschlagenen Hati, der viele Weiber aus der Umgegend geraubt
hatte, eine Nacht bei Helgi zu schlafen. Also Vater und Tochter
sind erpicht auf Liebesverkehr mit Menschen. Helgi fertigt die
Lüsterne derb ab, der zottige Thurs Lodin passe besser für sie.
Hrimgerds Mutter war vor den Schiffen Helgis an der Mündung der
Bucht gelegen und hatte sie zu verderben gesucht, aber vergeblich. Dagegen ertränkte Hrimgerd Hlodwards Söhne, Verbündete
Helgis. Auch seine Schiffe wollte sie vernichten, aber Swawa, die
Walküre, die lichte Maid wandte das Verderben. Schliesslich über-
rascht die Sonne das Riesenweib, das zu Stein verwandelt am Fjord
stehen bleibt.

Uber Ran, Aegirs Weib, wird unter den germanischen Todes-
göttinnen näheres zu berichten sein. Hier gedenken wir noch
solcher Gestalten, welche in riesischem oder tierischem Leib, als
Unhold oder Ungetüm die verderblichen Seiten des Meeres verkörpern. Von Aegir und Ran stammen neun Töchter, deren Namen
die SE. aufzählt. Die Bedeutung ist durchsichtig, gemeint sind
die Wogen (Udr, Bara, Kolga, Bylgja), die Brandung, das stürmische Unwetter, die blutgierige (Blódughadda) Meerriesin. Der
Seesturm erschien wie ein Kampf mit diesen Ungeheuern. Die
neun Mütter Heimdalls, die im Hyndlalied 38 aufgezählt sind,
weisen ebenso auf Eigenschaften der als Riesinnen persönlich gewordenen Meereswogen. Zu Hrimgerd stellt sich die Meerriesin
(*margýgr*), die in alter und neuer Sage begegnet. Aus dem Meere
und aus grossen Landseen erhebt sich der Wassergeist oft in Rossgestalt (isl. *nykur, vatnahestur*). Der auf dem Wasser sich ballende
Nebel gab wol Anlass zu Sagen, die von aufsteigenden Riesengestalten berichten. Als *skrimsl*, Ungetüm im allgemeinen, bezeichnen die Isländer Wassergeister von fabelhafter Gestalt.[1] Das

1) Über Meerungeheuer vgl. Maurer, Isländische Volkssagen 30 ff.

Meer wurde mit Vorliebe in Tiergestalt verkörpert, wofür die
nordischen Quellen Belege erbringen. Die grosse Seeschlange des
Schifferglaubens begegnet im *midgardsorm* oder *jǫrmungandr* [1]),
d. h. der Weltschlange oder dem grossen Ungetüm, welche Thor
bekämpft, und die später Lokis Sippe, der Teufelsbrut zugezählt
wurde. Die Midgardschlange liegt im tiefen Meer, das alle
Länder umgiebt, und ist so gross, dass sie sich mitten im Meer
wie dieses selbst ebenfalls um alle Länder schlingt und sich in
den Schwanz beisst. Im Riesenzorne (*i jǫtonmóþe*) wälzt sie sich
durch die Wogen. Seinem Namen nach (*fen,* Meer), gehört auch
der Wolf Fenrir [2]) zu den Wasserriesen. Jedoch sind in seiner
Gestalt die verschiedenartigsten Vorstellungen mit einander vereinigt, und gerade der Meerriese tritt am wenigsten hervor.
Fenrirs Fesselung, wobei Tyr seinen Arm verlor, entspricht der
des Teufels, der gefesselte Wolf ist nur ein andres Bild des gefesselten Loki. Von Fenrir entstammen die Wölfe, die Sonne und
Mond verschlingen, im Wafthrudnirlied 47 frisst Fenrir selber die
Sonne auf. Ob damit die im Meer versinkende, im Nebel ver-
schwindende Sonne angedeutet ist, ob der Mythus aus dieser
Naturerscheinung erwuchs, muss dahin gestellt bleiben.

Der gewaltige Giftwurm, dessen Flügelgestalt und Name
*Drache* [3]) dem antiken Fabeltier nachgebildet sind, erscheint in der
Volkssage unter dem Eindruck von Naturbegebnissen. Aus Wasser,
Nebel, Wolke, Meteorfeuer lässt die Phantasie diese Drachen
hervorgehen. Das Weltmeer als Schlange wurde eben genannt,
Grendel ist vielleicht ursprünglich auch eine Wasserschlange. Die
Drachen liegen auf Gold und schädigen bei ihrer Ausfahrt Land
und Leute. Vornehmste Aufgabe der Helden ist Bekämpfung dieser
Ungetüme, Erlösung von der Landplage, Hebung des Hortes. Die
Volkssage denkt bei den riesigen Würmern an Verwüstung durch
die See, im Binnenlande an plötzlichen Wassersturz anschwellender
Ströme oder Bäche. Schützt Kraft und Einsicht endlich das Land
gegen solche Gefahren, so ist ein grosser Schatz, das Gedeihen
der ganzen Gegend, damit erkämpft. Neben den Meeresdrachen

---

1) Über die Weltschlange Vǫl. 50; Hym. 22/4; Gylfag. Kap. 34, 47, 48, 51;
vgl. ferner unten im Abschnitt über Thor.

2) Über Fenrir Vǫl. 40, 53, 54; Vafþ. 46/7; Hyndl. 40; Gylfag. Kap. 34
u. 51; dazu die Abschnitte über Tyr und Odin.

3) Gr. δράκων, lat. *draco,* ags. *draca,* an. *dreki,* ahd. *traccho.* Litteratur
über den Drachen als Giessbach bei Laistner, Nebelsagen 256 f.

ragen besonders die des Hochgebirgs hervor, mit denen Dietrich
von Bern wie auch mit allen andern Riesen der Bergwelt viel
zu schaffen hat. Wo der Bach vom hohen Fels herbricht, da
springt der grimmige Drache, Schaum vor dem Rachen, fort und
fort auf den Gegner los und sucht ihn zu verschlingen; bei eines
Brunnen Flusse vor dem Gebirge, das sich hoch in die Lüfte zieht,
schiessen grosse Würmer her und hin und trachten, die Helden
zu verbrennen; bei der Herankunft eines solchen, der Ross und
Mann zu verschlingen droht, wird ein Schall gehört, recht wie
ein Donnerschlag, davon das ganze Gebirge ertost. Leicht erkennbar sind diese Ungetüme gleichbedeutend mit den siedenden
donnernden Wasserstürzen selbst. In den deutschen Sagen der
Brüder Grimm Nr. 217 heisst es: Das Alpenvolk in der Schweiz
hat noch viel Sagen bewahrt von Drachen und Würmern, die vor
alter Zeit auf dem Gebirge hausten und oftmals verheerend in
die Thäler herabkamen. Noch jetzt, wenn ein ungestümer Wald-
strom über die Berge stürzt, Bäume und Felsen mit sich reisst,
pflegt es in einem tiefsinnigen Sprüchwort zu sagen: es ist ein
Drach ausgefahren.

Von den Wasserriesen reicht einer in uralte gemeingermanische Sagenüberlieferung zurück, während die andern erst später
bei den einzelnen Völkern erdichtet wurden. In der nordischen
Sage spielt er eine wichtige Rolle, es ist der weise *Mimir*[1]), aus
dessen Quell Odin Weisheit schöpft. Sein Verhältniss zu Odin
wird später erörtert, hier ist die gemeingermanische Grundvorstellung dieser Riesengestalt zu erforschen. Die urgermanische
Namensform lautete *Mimiaz* oder *Mimiô*, d. h. der Sinnende. Verwandt scheint das ags. Adj. *mimor*, eingedenk, und das Verbum
*mimerien*, das auch nds. *mimeren*, grübeln begegnet. In Deutschland haftet der Name an Ortsnamen wie *Mimigerdaford* (Münster),
*Mimidun* (Minden), *Mimileba* (am Harz und Memleben an der Unstrut). Das Flüsschen *Mimling* im Odenwald bezeichnet sich als
Abkömmling des *Mimo* oder *Mimilo*. Zum Mimirquell stellt sich

---

1) Über Mimir vgl. Uhland, Schriften 6, 197 ff.; Weinhold, Riesen 243 ff.;
Müllenhoff, Altertumskunde 5, 101 ff., und unten im Abschnitt über Odin.
Namen, die mit Mimir zusammengesetzt sind, verzeichnet Förstemann, Namen-
buch 1, 931 ff. (Mimo, Mimilo, Mimolt, Mimidrud, Mimihilt, Mimigard) u. 2²
(Ortsnamen) S. 1099 ff.

der schwedische *Mimes sjö*, *Mimes å*, Mimis Fluss und See. Die
deutsche Heldensage (Biterolf 124 ff.) gedenkt eines klugen Schmiede-
meisters, der zwanzig Meilen hinter Toledo sass, Mime der Alte
genannt. Der schuf die besten Schwerter, die auf der Welt zu
finden waren. Wielands Schwert *Miming*, das Witege führte, war
Mime zu Ehren so geheissen. In der Thidrekssaga ist Mimir der
Lehrmeister und Erzieher Sigfrids. Saxo erwähnt noch einen
Waldgeist namens Miming (*Mimingo silvarum satyro*), der wunderbares Geschmeide, Schwert und Armring besitzt. Mimir in den
nordischen Quellen ist Riese, in der Heldensage aber erscheint
er als Zwerg und kunstreicher Alb. Elbische und riesische Wesen
gehen ja häufig in einander über. Tiefe Weisheit ist überall mit
diesem Wesen verknüpft. Seine Behausung ist Wald und Wildniss, Gewässer sind nach ihm benannt. Im Norden ist er von der
Quelle unzertrennlich, Beherrscher der Gewässer ist Mimir wol
von Anfang an. Seen, Flüsse, Wälder und Bäume, die mit seinem
Namen in Verbindung stehen, belehren, dass wir keinen Meerriesen,
sondern den Herrn der Binnengewässer vor uns haben.
Damit treten wir der Urgestalt des *Mimiz* näher. Die Germanen
dachten sich darunter einen urweisen Wasserriesen, der im geheimnissvollen Dunkel tiefer Haine an murmelnden Quellen oder
zauberisch wallenden Bergseen zu Hause war. Seine Söhne, die
Flüsse, strömten zu den Menschen. Wer ihrem Ursprung nachging, bis in die Nacht des Urwalds zum geheiligten Baume, aus
dessen Wurzeln der Quell hervorsprudelte, wo „Mimir sein Haupt
barg", vorzudringen vermochte, der stand am Urquell alles Wissens.
Der alte, erfahrene, kunstreiche Wald- und Brunnengeist beriet
selbst Odin, er war Lehrer und Meister der besten Helden und
stattete sie mit köstlichem Rüstzeug aus.

#### 4. Wind- und Wetterriesen.

Aus Wind und Wetter gingen Riesen hervor. Der brausende
Sturm gab zu verschiedenen mythischen Gebilden Anlass. Im
Winde zogen die Seelen, das wütende Heer, im Sturm erschien
der wilde Jäger, der Wode. Kaum ist eine Sage der Gegenwart
häufiger und vielfältiger bezeugt als diese[1]). Unter Wodan wird

---

1) Litteratur zum wilden Jäger bei E. H. Meyer, Mythologie 236 ff.

noch mehr davon zu berichten sein, hier sollen nur einige Gestalten herausgehoben werden, in denen der Sturm als Riese verkörpert wird. In der Schweiz heisst die wilde Jagd das *Dürsten-
gejeg.* Das Volk hört den *Dürst* in den Sommernächten am Jura
jagen und die Hunde mit seinem Hoho anfrischen; Unvorsichtige,
die ihm nicht aus dem Wege weichen, überrumpelt er. Wenn
die Alemannen den *thurs* umreiten hören, so die Dänen den *jotun.*
Auf der Insel Möen jagt der *Grönjette*, der bärtige Riese, jede
Nacht zu Pferde, eine Meute Hunde um sich herum. Er jagt
nach der Meerfrau, die er schliesslich einholt und quer vor sich
übers Pferd wirft. Im Süden und Norden sieht also die Sage
gleichmässig im wilden Jäger einen riesigen Reiter und nennt
ihn noch nach, seinen alten Namen. Die allgemeinen Bezeichnungen des Riesengespenstes als Nachtjäger, Helljäger, die vielen
geschichtlichen Personen, die damit verknüpft wurden, berühren
uns in dieser Mythologie nicht weiter, wo nur auf den *Riesen-
jäger* und auf den *Wode* Gewicht fällt. Jedoch ältere Sagen aus
dem Mittelalter, die auf derselben Vorstellung beruhen, verdienen
Beachtung. In einem Wettersegen des 11. Jahrhunderts wird
*Mermeut*, der übers Wetter gesetzt ist, ein Riese (*daemon et satanas*)
beschworen, keinen Hagel übers Feld zu bringen.[1]) In einem späteren Segen steht: „*Ich peut dir Fasolt, dass du das wetter ver-
first mir und meinen nachpauren ân schaden*". Dieser *Fasolt* ist
also ein Wetterherr. Im Eckenlied wird Näheres von ihm erzählt, und er zeigt sich deutlich als Sturmriese, als wilder Jäger.
Fasolt, dessen Leib Riesenlänge hat, der langes Frauenhaar trägt,
dem wilde Lande unterthan sind, kommt daher geritten mit lautem
Horneston, von Hunden umgeben. Er jagt eine schöne Jungfrau,
die in Dietrichs Schutz flüchtet. Im Kampfe mit Dietrich bricht
Fasolt starke Baumzweige ab, mit denen er auf seinen Gegner
losschlägt. Der Sturmriese fällt Bäume, räumt den Wald aus und
lässt ihn laut erschallen, wie die Riesennamen der Virginal
Vellenwalt, Rûmenwalt, Schelledenwalt andeuten. Das spätmhd.
Gedicht vom *Wunderer* schildert einen ähnlichen wilden Unhold,
der mit Hunden die Jungfrau Sälde hetzt und sie fressen will,

---

1) Abgedruckt nach einer Münchener Handschrift von J. Grimm, Myth.
3, 493 f.; ebenda 494 der deutsche Segen. Nach Wackernagel, ZfdA. 6, 290 f.
steht der im Ahd. belegte Name *Scrâwunc,* zu mhd. *schrâ,* Hagel, Reif, Schnee,
als Wetter- und Hagelmacher neben Fasolt und Mermeut, den Wind- und
Wetterriesen.

aber vom Berner im Kampf erschlagen wird. Überall tritt uns
das Bild des Sturmriesen vor Augen, dem die Windsbraut oder
ein elbisches Weib voranfegt. Wenn nach den Skáldskaparmál
Kap. 1 Odin auf Sleipnir mit dem Riesen Hrungnir wettet, er
habe gewiss kein ebenso treffliches Ross, Hrungnir aber zornig
seinen Gullfaxi besteigt und dem Odin nachjagt, wenn die Rosse
durch Luft und Meer über die Spitzen der Hügel hinfliegen, so
erschauen wir ein Wettrennen zwischen dem *Sturmgott* und seinem
riesischen Urbild, dem *Sturmriesen*. Der Windriese nimmt aber
auch tierische Gestalt an. Als Adler rauscht er durch die Lüfte.
So heisst es im Wafthrudnirlied 37:

> Der Riese Hraeswelg      sitzt am Rande des Himmels
>         In des edlen Aars Gestalt;
> Regt er die Schwingen,      so rauscht, wie man sagt,
>         Der Wind dahin durch die Welt.

Darum erscheinen Riesen überhaupt gern in Adlergewand. Thjazi,
der Sturmriese des nordischen Hochgebirges, sitzt in Adlergestalt
im Gezweig der Eiche und verhindert mit seinem Flügelschlage,
dass die unter dem Baum gelagerten Götter das Fleisch am Feuer
gar sieden. Der Sturm rauscht in den Baumzweigen, das ist die
Stimme des Adlerriesen, welche die Götter vernehmen, der Wind
verweht das Kochfeuer und verhindert so den Sud, bis ihm Anteil an der Speise zugesagt wird. Auch nach späterem Volksglauben will der Wind Opfer haben und gefüttert sein. Hernach
entführt Thjazi in Adlergestalt die Idun aus Asgard, in Adlergestalt verfolgt er Loki, welcher Idun zurückholt, und versengt
sein Gefieder im Feuer, das die Asen entfacht, worauf er erschlagen wird. Thrymheim, die Welt des Getöses (*þrymr*, Lärm,
Getöse), wo die Stürme sausen und brausen, wol nur ein anderer
Name des *„weiten Windheims“*, wie die Volospǫ den Himmel als
die Heimat der Winde bezeichnet, ist des Thjazi Wohnsitz. Dem
mit dem Dichtermet im Leibe in Adlergestalt entfliegenden Odin
setzt Suttung gleichfallls in Adlergestalt nach. Wie der Sturmgott mit dem Sturmriesen Hrungnir um die Wette ritt, so fliegt
er hier als Adler mit ihm um die Wette. Derselbe Gedanke ist
bildlich nur anders gewendet.

   Die Skalden bezeichnen, vielleicht teilweise aus volkstümlicher
Anschauung schöpfend, den Wind wie ein persönliches Wesen,
als den Brecher (*brjótr*), Schädiger (*skaði*), Fäller (*bani*) des Wal-

des. Auch als Hund und Wolf (*hundr, vargr*) des Waldes erscheint der Wind. Bereits bei den Elben war auf die Tiere hinzuweisen, auf den Roggenwolf und Roggenhund, die beim Winde
durchs Korn laufen. Korngeister in menschlicher und tierischer
Gestalt gibt es in Menge. Elbe und Riesen gehen aber in diesen
„Korndämonen" so unmerklich in einander über, dass ebenso
dieser Abschnitt wie der vorige ihrer zu gedenken hat.

Riesen des tosenden Gewitters, Gegenbilder Thors, wie die
Windriesen Odin gegenüber stehen, treten in Hrungnir, Geirröd
und vielleicht auch in Thrym hervor. Hrungnir ist mit Thrym
gleichbedeutend, der Lärmer[1]), und wol alle gehören nach
Thrymheim, das dem Thjazi als Heimstätte zugewiesen ist. Die
Gegnerschaft Thors und Thryms ergibt sich aus dem Gedichte,
das schildert, wie Thrym den Hammer des Gottes entwendet.
Gott und Riese streiten um die Herrschaft über das Gewitter. Im
offnen Kampfe erblicken wir Thor mit Hrungnir und Geirröd.
Hrungnir und Mokkurkalfi (Nebelwade), der Stein-, Lehm- und
Nebelriese, der umnebelte, aus Lehmgrund aufragende Fels im
Geröllfelde, werden besiegt, wenn krachend Gewitter im Gebirge
sich verfangen. Es ist das Unwetter des nackten Felsgebirges,
das mit Geröllsturz herniederbraust, vom Gewitter gerüttelt und
gelöst. Leicht vermischt sich die Vorstellung vom Wetterriesen
mit der des Bergriesen, da Wind und Wetter aus den Bergen
hervorbrechen. Der Kampf zwischen Thor und Geirröd spielt
sich in Geirröds Halle ab. Die ganze Halle entlang waren grosse
Feuer entzündet; als Thor vor Geirröd trat, fasste dieser mit einer
Zange ein glühendes Eisenstück und warf es nach Thor. Thor
aber fing das glühende Eisen mit seinen Eisenhandschuhen auf
und hob es in die Luft. Da sprang Geirröd hinter eine Säule,
um sich zu schützen, Thor jedoch schwang das Eisenstück hoch
in die Luft und schmetterte es durch die Säule. Es durchschlug
auch den Geirröd und die Wand der Halle und fuhr ausserhalb
tief in die Erde hinein. Das Geschoss ist das Bild des Blitzes.
Blitze zucken gegen einander, wo zwei Gewitter auf einander
stossen. Der Gewittergott überwindet den Gewitterriesen. Aber
nur in diesem Wettkampfe zeigt sich Geirröd als Gewitterriese,

---

1) Hrungnir wird von Weinhold, Riesen 272 Anm. aus an. *hrang,* Schall,
Getöse, und *hringja,* läuten, *hringla,* klingeln als der Schallende, Rauschende
erklärt.

im übrigen ist die Sage reich mit allerlei anderen Zügen ausgestattet.

Noch sind einige Namen zu erwähnen, die aber nicht über
die mythische Keimbildung blosser Personificierung gediehen, wenigstens sind keine Sagen davon bekannt. Unter den Riesennamen
der SE. finden wir einen *Vindr;* in einer norwegischen Wendung
der Sage vom Riesenbaumeister, der dem hl. Olaf eine Kirche
baut, führt der Unhold den Namen *Vind och Veder,* oder *Bläster.*
In Deutschland ist von der *Windin,* der *windes brût* oder *windgelle
(venti concubina)* die Rede, der Wirbelwind ist als ein durch die
Luft fahrendes, vom Sturm umbuhltes Riesenweib gedacht. *Vindsvalr* (Windkühl) oder *Vindljóni* (Windmensch) heisst im Norden
des *Vetr* (Winter) Vater.   Die Eltern Lokis, *Fárbauti,* den gefährlich Schlagenden, d. h. den Sturmwind, und *Nál,* d. h. Nadel am
Nadelbaum oder *Laufey,* d. h. Laubinsel deutet Bugge, Studien 80
als ein dichterisches Bild, das den Ursprung des Feuerriesen Loki
erklären soll: der Sturm schlägt und entfacht Feuerflammen aus
dem Gehölz.   In der Virginal 732 tritt ein Riese Velsenstôȥ auf:

> *sîn stimm reht als ein orgel dôȥ,*
> *sô man sî sêre stimet;*
> *dâ von berc unde tal erschal.*

Gemeint ist der im Hochgebirg heulende, tosende Sturm.
Glockebôȥ (ebenda 864 ff.), der Glockenschläger, ist der Sturm-
wind, der die Glocken in Schwingung versetzt, und zu ihm steht
Klingelbolt (870 ff.). Vielleicht kommt in diesen Namen auch der
Hass der Riesen gegen Glockenschall zum Ausdruck.

Von *Kári* d. h. der windbewegten Luft[1] stammen Eis und
Schnee, *Vindsvalr* ist des Winters Vater. Die winterlichen Mächte
sind mithin die Kinder der Winterstürme, die Winterriesen dürfen
den Windriesen zugezählt werden.   Die nordischen Gedichte
nennen uns *hrímþursar,* Reiffriesen[2]); mit *hrím* sind mehrere
Riesennamen zusammengesetzt wie Hrimnir, Hrimgrimnir, Hrimgerd. Ymir-Örgelmir ist der Ahnherr der Reiffriesen, er ging aus
den chaotischen Eis- und Reifmassen hervor, die winterliche Kälte
wird in diesen Riesengestalten persönlich.

---

1) Vgl. J. Aasen, norsk ordbog 348; J. E. Rietz, ordbok öfver svenska
allmogespråket 379.
2) Hrímþursar in Vafþr. 33; Skírn. 35; Grímn. 31; Hǫv. 108 und an
mehreren Stellen der SE.

## 5. Berg- und Waldriesen.

Die Volkssage vergleicht Berge mit Riesenleibern oder sie bevölkert die Bergwelt mit Riesen. Im Norden heissen die Jotunen Berg-, Fels-, Stein-, Lavabauern oder Höhlenbewohner.[1]) Das unwirtliche Hochgebirge und die Klippen sind die Heimat des Riesenvolkes, von dort her machen sie ihre verderblichen Einfälle in das von Menschen bebaute Land; wer in die wilde Einöde wandert, begibt sich ins Gebiet und in die Macht der furchtbaren Unholde. Ein schöner stattlicher Bergkönig Norwegens, von dem die Kjalnesinga saga Kap. Nr. 12/4 berichtet, ist *Dofri*, der Gebieter des Dovregebirges, der drinnen in prächtigen Räumen mit vielem Volke wohnt; der Eingang lag unter einem Gipfel in einem Felsen. Er war nicht unfreundlich. Mit seiner schönen Tochter Frid lebte Bui, der Sohn des Königs Harald Harfagri von Jul bis Sommersanfang in Liebe zusammen. Ihrem Sohne Jokull war die Bergriesin Gnípa (d. h. Berggipfel) weniger hold gesinnt.

Bergbewohnende Riesen sind die 12 Riesen im Nibelungenlied, die Schilbung und Nibelung dienen, und im Hürnen Seyfrid der Riese *Kuperan*, welcher den Schlüssel zum Drachenstein in Bewahrung hat. *Hyndla*, die Höhlenbewohnerin, ist eine Riesin, die auf dem Wolfe, dem Reittier der Unholdinnen, ausreitet. Sie heisst als Riesin *brúþr jǫtons* (51) und *íviþja* (49), d. h. Waldriesin. Einem Riesenweibe (*gýgr*), die im Steine wohnt, begegnen wir im Lied von Brynhilds Todesfahrt. Die Unholdin sucht den Weg zu sperren, wird aber von Brynhild zum Weichen gebracht. Die Riesentochter *Gunlod,* die aber schön und anmutig ist, weilt als Hüterin des kostbaren Metes im Berge.

Seltsame, menschenähnliche, einsam aufragende Felsen riefen Sagen von versteinerten Riesen[2]) hervor, die ebenso im Norden wie im Süden begegnen. Die Riesen sind entweder, wie auch andere Nachtunholde, vom Sonnenstrahl getroffen oder wegen irgend

---

1) Vgl. *bergrisar, bergbúar, bergjarlar, bergdanir, bergmœrir, bergstjórar* (Bergbeherrscher), *bergýrar* (Bergauerstiere), *bjarga gœtir* (montium custos), *hraundrengr* (Gesteins- oder Lavaleute), *hraunbúar* (Lavabauern), *hraunhvalr* (Lavaseehund), *gljúfrskeljungr* (Klippenseehund), *fjallagyldir* (Bergwolf), *gilja grundar gramr* (Beherrscher des Klüftelandes), *hellis burr* (Höhlensohn), *fjǫro þjóit* (Strandvolk) u. s. w.

2) Vgl. J. Grimm, Myth. 518; 3, 158; ZfdA. 4, 503 f.

welcher Unthat verflucht zu Stein gewandelt. Die Riesin Hrimgerd im Lied von Helgi Hjorwardsson wird vom Sonnenstrahl versteinert, der hl. Olaf verfluchte Trolle, die dem Christentum feindlich waren, in Klippen. In der deutschen Sage wird meist ein
allgemein sittlicher Grund solcher Versteinerungen angegeben,
grosser Übermut oder gottlose Grausamkeit. So in der Sage vom
*Watzmann.*[1]) Der war ein alter Riesenkönig, der für seine blutige
Wildheit mit Weib und Kind zu dem vielzackigen, gewaltigen
Bergstock verwünscht ward. Bei einer unmenschlich grausamen
That des Wüterichs, der als wilder Jäger geschildert ist, endete
Gottes Langmut. Ein dumpfes Brausen erhob sich, ein Donnern
in den Höhen, ein Heulen in den Klüften, und des Königs eigne
Hunde würgten ihn, sein Weib und seine sieben Kinder, dass ihr
Blut zu Thal strömte. Ihre Leiber aber wuchsen versteinernd zu
Bergen. So steht noch der eisumstarrte König Watzmann, neben
ihm der kleinere Zinken, sein Weib, um ihn die sieben Kinder,
tief unten die weiten Becken zweier Seen, in welche einst das
Blut der Grausamen floss. Gewitter, Bergsturz, Überschwemmung
wirken oft in den Bergriesensagen zusammen, wie ja auch Hrungnir
Gewitter- und Bergriese in einer Person ist. Wegen Übermuts ist
die Riesenkönigin *Frau Hütt* bei Innsbruck verzaubert. Ebenso
im Sinthale in Tirol der Riese *Serles*, der wegen seines Wütens
samt seinem Weib und seinem Berater zu den drei Felszacken versteinert ist, die über der Brennerstrasse aufsteigen.

Die Vorrede zum Heldenbuch nennt eine Riesin namens *Runse*,
Eckes Vaterschwester.[2]) Runse ist abgeleitet aus *runs*, etwas das
rinnt, worin etwas rinnt, also sowol Erguss, Fluss, als Rinnsal.
Die Runse ist eine Riesin des Tiroler Hochgebirges, ein wildes
wüstes Waldweib von schreckhaftem Aussehen; doch sind ihre
Wirkungen noch schrecklicher, jene Schlammgüsse nämlich, die
bei heftigem Regen aus den Hochgebirgen niederstürzen und Erde,
Bäume, Hütten und Felsen fortreissend über Abhänge und Thäler
die grausigsten Verwüstungen schütten. Solche Runsen hausen in
den Tiroler und Schweizer Alpen leider viele. Auch die norwegischen Gebirge scheinen solche böse Riesinnen zu kennen, denn
*Leirwor*, die Schlammige, Lehmige, mag niemand anders als eine

---

1) Die Watzmannssagen bei Vernaleken, Alpensagen 101; Panzer, Beitrag zur deutschen Mythologie 1, 245 ff.
2) Vgl. Weinhold, Riesen 268.

nordische Runse sein. Neben dem Steinriesen Hrungnir steht der
Lehmriese (*leirbrímir*) Mokkurkalfi, den Thjalfi zu Fall bringt. Auf
Felssturz und Lehmrutsch, in dunkle Nebelwolke gehüllt, mag die
Sage anspielen.

Im Mühlenlied der Snorra Edda, im Grottasọngr, treten zwei
Riesinnen namens *Fenja* und *Menja* hervor. König Frodi hatte
die Mädchen in Schweden gekauft und führte sie nach Dänemark
heim, wo sie Magddienste verrichten mussten. Sie allein waren
stark genug, die Mühle Grotti zu treiben. Grotti aber war eine
Wunschmühle, Frodi befahl den Mägden, rastlos Gold, Frieden
und Glück zu mahlen. Aber die erzürnten Riesinnen mahlten Unfrieden, dass Frodi von seinen Feinden überfallen und getötet
ward. Daran ist in der prosaischen Einleitung eine zweite Sage
angehängt. Der Seekönig Mysing nimmt die Mühle und die Mägde
an sich und befiehlt, Salz zu mahlen. Sie mahlten, bis das Schiff
sank. Seitdem ist dort ein Strudel, wo die See durch das Loch
des Mühlsteines fiel. Seitdem ist auch das Meer salzig. Sagen
von Wunschmühlen, die durch unrechten Gebrauch ihren Segen
in Unheil verkehren, sind auch sonst vorhanden. Ebenso Geschichten, warum das Meer Strudel bildet und salzig schmeckt. Die
Riesinnen gedenken ihrer Abstammung von Hrungnir, Thjazi und
andern Bergriesen. Neun Winter lang wuchsen sie unter der Erde
auf, mächtige Thaten vollführten sie und verrückten selbst Berge.
Steine wälzten sie übers Gehege der Riesen, dass die Erde erbebte; grosse Blöcke schleuderten sie zu den Menschen. Im Lande
der Schweden aber übten sie Walkürenthaten, der harte Speer
ziemte ihren Händen besser als die Mahlstange. Die Übertragung
der Walkürenschaft auf Riesinnen konnte wol erst verhältnissmässig
spät geschehen und ist schwerlich ein alter, echter Zug.[2] Im
übrigen gebärden sich Fenja und Menja durchaus als Bergriesinnen,
die Felsblöcke herabstürzen und Bergrutsch verursachen. Auf die
Etymologie des Namens Fenja (zu fen, Meer) gestützt deutete
Uhland die Mädchen als Wasserriesinnen, als Aegirs Töchter, als

1) Zum Mühlenlied Finnur Jónsson, den oldnorske- og oldislandske litteraturs historie 1, 214 ff.; ein Mühlenmärchen, dessen Verhältniss zum Grottasọngr aufzuklären ist, bietet Jón Árnason, íslenzkar þjóðsögur 2, 9 ff.;
Lehmann-Filhés, Isländische Volkssagen 2, 45 ff.; Uhlands Deutung, Schriften
7, 106 ff.; über Wunschmühlen Laistner, Nebelsagen 324 ff.

2) In der Volsungasaga Kap. 1 erscheint übrigens ebenso die Tochter
des Riesen Hrimnir namens Hljod als Wunschmaid Odins, eine Riesin als
Walküre.

Meereswogen und Bergströme. Die Auslegung ist allzu künstlich und widerspricht der thatsächlichen Schilderung von der Art der beiden Riesentöchter. Die Mühle und die Mahlmägde stehen überhaupt schwerlich in altem ursprünglichem mythischem Zusammenhang.

Besondere **Waldriesen** sind nur in geringer Anzahl vorhanden und meistens ihrem Wesen nach eher zu den Windriesen zu stellen. Vielleicht mag der germanische Urwald dichter von Riesen bevölkert gewesen sein als die heutigen Wälder, in denen elbische Waldgeister vor den riesischen vorherrschen. Das Hyndlalied 34 erwähnt einen *Widolf* als Ahnherrn der *vǫlor,* der Weissagerinnen, ohne weiteres von ihm zu sagen. *Vitolfus* bei Saxo ist ein in der Heilkunst erfahrener, durch Nebel trügender Waldeinsiedler. Der Riese *Widolt* im König Rother, ein furchtbarer Kämpfer, der mit der Stahlstange zuschlägt und für gewöhnlich in Ketten gefesselt ist, kommt Widolf im Namen nahe. Gemeint ist wol ein Waldriese (an. *vidr,* ahd. *witu,* Gehölz), ein wilder Mann[1]), dessen fürchterliche Erscheinung der deutschen Sage wol bekannt ist. Er ist ein gewaltiger Riese, von weitem gleicht er einer Fichte, die ganz mit Moos überkleidet ist. Wenn er auf dem Wege eines Stockes benötigt, so reisst er den nächsten Baumstamm aus. Manchmal stürmt er im brausenden Winde einher und verfolgt wie der wilde Jäger elbische Waldfrauen. Der Riesenname *Welderich,* Beherrscher der Wälder, der im gedruckten Heldenbuche vorkommt, entstammt demselben Vorstellungskreise. Waldriesinnen sind wol mit den nordischen *ívidjur* gemeint. Auch *járnvidja* ist so zu erklären. *Járnvidr* bedeutet Eisenwald, wie auch in Deutschland Wälder von hohem Alter und unvergänglicher Dauer genannt sind. *Járnvidja* ist die Bewohnerin eines solchen Waldes, die Urwaldriesin. In Südtirol sind die Waldfrauen von ungeheurer Gestalt, am ganzen Körper behaart und beborstet; ihr Antlitz ist verzerrt, ihr Mund von einem Ohr zum andern gezogen. Ihr schwarzes Haupthaar hängt voll Baumbart und reicht rauh und struppig über den Rücken. Joppen von Baumrinden und Schürzen von Wildkatzenpelzen bilden ihre Kleidung.

Sie leben in Gesellschaft in Wäldern zusammen und sind an den heimischen Wald gebunden. Wird er geschlagen, so schwinden

---

1) Über den wilden Mann vgl. Mannhardt, Der Baumkultus der Germanen S. 105 und öfters; über Waldriesinnen ebenda S. 88 ff.; über die rauhe Else S. 108 ff.

sie. Wie die Namen erweisen, sind sie eigentlich persönlich gewordene Bäume: Hochrinta (hohe Rinde), Stutzforche (Stutzföhre), Rohrinta (rauhe Rinde) sind sie benannt. Auf Tiergestalt zielt der Name Stutzemutze (Stutzkatze). Im ganzen aber gebärden sich die Waldriesinnen genau so wie die Waldelbinnen, nur in ihrer äusseren Erscheinung, nicht in ihrer Art sind sie verschieden.

Es bleiben noch einige Riesen übrig, welche in die eben besprochenen Hauptklassen sich nicht einfügen. Sie sind späte Allegorieen, welche keine lebendigen Sagen hervorgebracht haben. *Feuerriesen* erscheinen in Fornjots Geschlecht, in Logis Sprösslingen. Logi, die Lohe, treffen wir nur ein einziges Mal bei Thors Fahrt zu Utgardloki. Loki erbietet sich, mit einem der Utgardleute um die Wette zu essen. Da tritt Logi dem Loki gegenüber. Ein grosser Trog, mit Fleisch gefüllt, ward herbeigebracht und auf den Fussboden der Halle gesetzt. Loki war am einen Ende, Logi am andern. Jeder von beiden ass nun, so rasch er konnte, in der Mitte des Troges kamen sie zusammen. Da hatte Loki alles Fleisch verzehrt bis auf die Knochen, Logi aber hatte ausser dem Fleisch auch die Knochen mitsamt dem Troge verschlungen und hatte also die Wette gewonnen. Diese schwankartige Erzählung soll das fressende Feuer, dessen Gier nichts verschont, andeuten. Die Riesennamen *Eldr* (Feuer), *Herkir* (zu *harka*, Feuer), *Brandingi* (Sohn des Brandes), *Hripstod* (zu *hripudr*, Feuer?), *Hyrja* (zu *hyrr*, Feuer) zeigen Versuche zur Personificierung des Elementes. Die Riesin *Hyrrokin*, die auf einem schlangengezäumten Wolfe heranreitet und das Leichenschiff Baldrs mit einem Stosse in die See treibt, nachdem die Götter sich vergeblich damit abgemüht hatten, ist der feurige Wirbelwind.[1] Endlich ist *Surt* zu nennen.[2] Surts Lohe (*Surta loge*) ist der

---

1) Zu *hyrr*, Feuer und *rok*, Wirbel; so Weinhold, Riesen S. 278; Bugge, Studien S. 230, Anm. 4 schlägt die Lesart Hyrrokkin vor und erklärt *hyr-hrokkin*, die Feuergekräuselte; bei der Lesart Hyrrokin stellt er *rokin* zu *rjuka*, rauchen, dampfen, also die feurig Rauchende.

2) Über Surt vgl. Vǫl. 52; Vafþr. 50/1; Gylfag. Kap. 4, 5, 13, 51 sowie unten im Abschnitt über den Weltbrand. Eine grosse Lavahöhle Islands ist nach Surt benannt, *Surtshellir;* nach der Landnáma 3 Kap. 10 dichtete ein Isländer ein Lied zu Ehren des Riesen in der Höhle. Die Pechkohle heisst auf Island *Surtar brandur;* vgl. Jón Árnason, Þjóðsögur íslenzkar 1, 142; 657; 665.

Weltbrand, in dem dereinst alles endigen wird. Von Mittag her kommt Surt gefahren mit Feuer, von seinem Schwerte geht Glanz aus: vor ihm und hinter ihm ist brennendes Feuer. Auf Island sind Erdbrände vulkanischen Ursprungs gefährliche Ereignisse, welche dem Wirken der Riesen zugeschrieben werden. So erzählt die Landnáma 2 Kap. 5: „Thorir war da alt und blödsichtig geworden, als er spät am Abend hinausging, und er sah, dass ein Mann von aussen her nach Kaldaros hereinruderte in einem Eisennachen, gross und bösartig. Der ging hinauf zu dem Hofe, der Hrip hiess, und grub da beim Stadelthore. In der Nacht aber schlug ein Erdfeuer dort auf und da brannte Borgarhraun; dort stand der Hof, wo jetzt der Lavahaufen ist.“

Der Streit zwischen Sommer und Winter[1]) ist von alters her allegorisiert worden. In Frühlingsfeiern treten die beiden Gegner persönlich auf und streiten um den Vorrang, den der Sommer schliesslich siegreich behauptet. Aber die persönlich vorgestellten Träger der sommerlichen und winterlichen Macht und Abzeichen lassen sich nicht in den lebendigen Glauben und Kult des germanischen Heidentums zurückführen, obschon Ansätze in den nordischen Quellen vorhanden sind. *Swasud* (der Milde) und *Windswal* (der Windkalte) sind zwei Riesen, deren Söhne nach dem Wafthrudnirlied 27 *Vetr* (Winter) und *Sumar* heissen. Nach Gylfaginning Kap. 19 ist *Wasad* (Kummerbringer zu an. *vás*, Mühe, Kummer) Vetrs Ahne, Windswals Vater. „Diese Sippe war rauh und kaltherzig, der Winter hat ihre Art geerbt.“

Der Stammbaum der *Nótt* (Nacht), deren Sprössling *Dagr* (Tag) ist, geht auf Riesen zurück. Das Nähere darüber wird unten im Abschnitt über die Weltschöpfung mitgeteilt.

## 6. Spuren vom Riesenkult.

Ein *Riesenkult* ist nur schwach bezeugt. In einigen Beschwörungen werden Riesen angerufen zu Fluch und Segen. Die Zauberin Busla ruft Trolle, Bergriesen und Hrimthursen herbei, dass sie dem König Hring Schaden thun (Bósasaga Kap. 5). Im deutschen

---

1) Vgl. Uhlands Abhandlung über die deutschen Volkslieder, Abschnitt I Sommer und Winter.

Wettersegen werden Mermeut und Fasolt beschworen, das Unwetter abzuwenden. Im Skirnirlied 35 wird Gerd verwünscht,
dem Riesen Hrimgrimnir im Totenland bei den Hrimthursen an-
heimzufallen, wofern sie nicht Freys Werbung sich füge. Um
fliessendes Blut zu stillen, lautet ein altdeutscher Segen[1]):

> *tumbo saz in berke    mit tumbemo kinde enarme.*
> *tumb hiez ter berch,    tumb hiez taz kint:*
> *ter heilego Tumbo    uersegene tiusa uunda.*

Mit Tumbo (ahd. mhd. *tump*, got. *dumbs*, an. *dumbr*) ist ein
stummer, gefühlloser Steinriese gemeint, der nun auch die Wunde
gefühllos, schmerzlos machen soll. Der starre, stumme Riese sitzt
auf einem Berge mit einem Kinde im Arme. Vielleicht liegt eine
Versteinerungssage zu Grunde, eine seltsame Felsbildung, die einem
riesigen Manne mit einem Kinde im Arme glich. Beachtung verdient auch die nordische Barðarsaga Dumbssonar, worin der
Riesenkönig *Dumbr* in Norwegen ein *bjargvættr*, ein Schutzgeist
genannt wird. Sein Sohn Bard, welchen Mjöll gebar und Dofri
erzog, der also aus den Schneewehen des norwegischen Hochgebirges herstammt, ging auf Island in den Snæfellsgletscher ein.
Die Leute hielten ihn für einen *heitgud* (einen mit Gelübden anzurufenden Gott) und einen kräftigen Schutzgeist (*bjargvættr*).
Dumbr vergleicht sich im Namen dem Tumbo, aber sonst zeigen
sich keinerlei Ahnlichkeiten. Unter den Riesennamen zählt die
SE. 1, 471 und 551 auch Dumbr auf.

---

1) Der Segen bei Müllenhoff-Scherer, Denkmäler[3] IV, 6; dazu die Anmerkungen im 2. Bande S. 53; vgl. J. Grimm, Kl. Schriften 2, 147; Myth. 3,
153; Kögel, Litteraturgeschichte I, 1, 265.

# ZWEITES HAUPTSTÜCK.

## Der Götterglaube.

### Namen und Art der Götter.

Zum Gottesbegriff kann nur ein höher veranlagtes, geistig fortgeschrittenes Volk gelangen. Zweifellos sind die religiösen Grundlagen oft dieselben wie beim Geisterglauben, ein Zusammenhang zwischen Gott und Naturgeist ist nicht abzuleugnen. Der Machtbereich des letzteren erscheint beim Gotte nur vermehrt und erweitert, die Eigenschaften mehrerer Dämonen sind manchmal vereinigt auf ein höheres Wesen übertragen, ohne dass die Elbe und Riesen deshalb aufhörten, die vielmehr im Gefolge des Gottes oder auch als seine Feinde weiter leben. Gerade aber diese Anschauung setzt einen höheren Gedankenflug voraus, der Gottesbegriff bedeutet den Sieg des Geistes über den rohen Stoff. Der Naturdämon lebt ganz *in* seinem Element; ist er mit übermenschlicher Fähigkeit begabt, so ist er doch beschränkt wie sein Wirkungskreis. Selbst seine äussere Erscheinung ist durch seinen Ursprung bestimmt. Der Gott aber thront *über* den Elementen als ordnender, richtender Herrscher. Seine Gestalt ist die des edlen Heldenkönigs, blühend in Schönheit und Kraft oder Ehrfurcht erweckend durch Weisheit und reiche Erfahrung. Die Göttin erscheint als hehre und anmutige königliche Frau. Der Gott, wie er in der Vorstellung der Völker lebt, vereinigt alles Vollkommene in einer glänzenden, mächtigen, geisterfüllten Persönlichkeit. Er ist das Ideal der sterblichen Helden und Fürsten. Der Gottesdienst gewinnt ungleich höhere Bedeutung: Seelen und Elbe empfangen Opfer, weil sie ins alltägliche, gewöhnliche Leben, in die Wirtschaft hemmend und fördernd eingreifen, die Götter aber lenken die Geschicke des gesamten Volkes, Staat und Recht ist von ihnen gesetzt und wird von ihnen geschützt, sie verkörpern die sittliche Macht. Die Indogermanen

waren bereits zum Gottesbegriff gelangt, und eine gemeinsame
Grundlage, so verschieden die spätere Entwicklung bei den einzelnen Völkern sich auch vollzog, liegt überall vor. Es war ein
Glaube an das Walten lichter Götter (indisch *dêvas*), an deren
Spitze der Beherrscher des hellen Tageshimmels stand. Die natürlichen Feinde des Lichtes sind die Mächte der Finsterniss, in
deren Schutze die Unholde ihr Wesen treiben. Nicht immer blieb
der Himmelsgott in seiner führenden Stellung. Zwar Zeus hat sie
behauptet, aber der indische Dyâus räumte bald andern den Platz,
schon die ältesten Urkunden zeigen ihn zurückgedrängt. Ebenso
geschah es bei den Germanen. Schon hieraus sieht man, wie sehr
der Götterstaat dem Wechsel unterliegt. Die allgemeinen Grundtypen des Seelen- und Elbenglaubens sind allerdings gemeingermanisch, schon bei den Riesen aber beginnen die besonderen
Gebilde, bedingt durch die Naturverhältnisse, in denen die ver-
schiednen Stämme lebten. Noch viel stärker aber sind die Unterschiede im Götterglauben, in dem fast jeder Stamm eigene Wege
wandelte. Nur Weniges, aus der vorgermanischen Urzeit ererbt,
gehört allen Germanen gemeinsam und darf daher in die vor-
geschichtliche Periode vor Beginn der bestimmten Nachrichten
zurückverlegt werden. Drei Göttergestalten sind allein mit Sicherheit zum Urbestand des germanischen Himmels zu rechnen: der
des Donners mächtige Himmelsgott (Jupiter tonans) in die zwei
Gestalten des *Tiuʒ* und *Þonaraʒ* gespalten und seine Gattin *Frijô*,
die Liebliche. Alles Andere scheint Sonderbildung der einzelnen
Stämme und Kultverbände zu sein. Die folgenreichste Neuerung
im Glauben unsrer Väter, das allmälige Aufkommen des *Wôdanaʒ,*
sein Sieg über *Tiuʒ* vollzieht sich im Gesichtskreis unsrer Be-
obachtungen. Eine runde, feste Götterzahl ist weder für die Urzeit noch für später nachweisbar. Der Grundzug des germanischen
Götterglaubens ist kriegerisch. Das Schicksal des Volkes entscheidet die Schlacht. Daher ist die Göttersage von Kämpfen
erfüllt, um Sieg wird die Gottheit angerufen. Siegesglück ist die
höchste Spende, die der Gott verleiht. Im Heldenzeitalter treten
die germanischen Stämme in die Geschichte, von Heldengeist ist
ihre älteste Dichtung erfüllt, dasselbe Gepräge trägt Götterglaube
und Göttersage. Nur selten in abgelegenen Ländern wird der hohe
himmlische Herrscher ebenso eifrig als Herr des Friedens wie als
Herr des Sieges gepriesen und angerufen.

Die gemeingermanische Bezeichnung der Gottheit lautet got. *guþ* pl. *guda*, as. ags. ahd. *god*, *got*, an. *goð*, *guð*. Die urgermanische Grundform ist als *gudam*, pl. *gudô* anzusetzen[1]). Aus dem Gotischen und Nordischen ergibt sich, dass die Form des Wortes ursprünglich neutral war und wol meist in der Mehrzahl vorkam. Erst im Christentum gewann der allgemeine Begriff bestimmte Bedeutung und wurde als Masculinum gebraucht. Dem germanischen Heidentum lag im Worte „Gott" der Begriff „Gottheit, göttliches Wesen". Die Etymologie führt auf eine indogermanische Participialbildung *ghutóm* zur Wurzel *gheu, ghu,* welche im Sanskrit und Avestischen namentlich im sakralen Sinne verwendet wird und das Anrufen der Götter bezeichnet. *Ghutom* ist das mit Opfer und Gebet angerufene Wesen, erweist mithin uralten, vom höheren Gottesbegriff untrennbaren Gottesdienst. Ein Femininum zu Gott konnte sich erst spät einstellen, nachdem das ursprüngliche, sächliche Geschlecht verblasste und dafür das männliche aufkam. Darum entbehren wir auch einer gemeingermanischen Femininbildung. Im Westgermanischen entstand zu Gott später Göttin (ags. *gyden,* ahd. *gutin,* mhd. *gutinne, gotinne, götinne*), im Nordischen *gyðja,* womit sowol die Priesterin wie die Göttin bezeichnet wird.

Durch alle germanischen Sprachen geht ein zweites Wort, dessen vollen Gehalt die nordische Mythologie erschliesst. Nach Jordanes Kap. 13 führten die Goten ihren Adel, durch dessen Glück sie siegten (*quorum quasi fortuna vincebant*) auf Halbgötter (*semideos id est ansis*) zurück. Die gotische Form im Nom. pl. wäre *ansîz,* der Sing. müsste *ans* lauten. Diese *ansîz* waren siegspendende Götter. Die hochdeutschen Stämme haben das Wort in Eigennamen wie *Anso, Anshelm, Anshilt* und ähnlichen bewahrt, die Sachsen und Angelsachsen in *Oswald, Oslaf, Osdäg* u. s. w. Im Ahd. lautet also das Wort *ans,* im As. Ags. *ôs,* wozu der bewahrte ags. Plural *êse* (im Fries. *ees*) stimmt. Auch im Deutschen deklinierte das Wort in der Mehrzahl nach den i-Stämmen. Im Altnordischen ist *áss* aus älterem *ǫss,* \**ǫsur,* \**ansuʒ* hervor-

---

1) Zur Etymologie Kluge, Etym. Wb. unter Gott; Brugmann, Grundriss 2, 212; Feist, Gotische Etymologie, Strassburg 1888 S. 46; im Altind. lautet die Participialform *hutá, hûtá,* im Avest. *zûta;* im Veda ist *puruhûta* ein stehendes Beiwort des vielgerufenen Indra. Ältere Erklärungsversuche des Wortes Gott verzeichnet Schade, Altdeutsches Wörterbuch 1², 342.

gegangen, der Sing. stand zu den u-Stämmen[1]), im Plur. tritt aber auch hier der i-Stamm zu Tage, *œsir* aus *\*ansiʒ*. Die ursprüngliche Bedeutung ist nicht zu erschliessen, weil das Wort mit Sicherheit nicht ins Indogermanische zurückgeführt werden kann. Zur männlichen Form bildete die nordische Sprache die weibliche *ásynja*. Durch besondere Verhältnisse gewann der Begriff der Ansen im nordischen Götterglauben nachmals beschränkte Bedeutung, insofern eine besondere Götterschaar als *œsir* einer andern (den *vanir*) gegenüber stand.

Aus indogermanischer Wurzel stammt die an. Bezeichnung *tívar*[2]), die Lichten, von der jedoch sonst keine Spur vorhanden ist. Aus derselben Wurzel scheint aber der Göttername *Tiuʒ* (an. *Týr*, ahd. *Zio*) geleitet zu sein.

Als eine ratende und richtende Versammlung heissen die Götter *regin* und *metod*. *Regin* ist im Nordischen und Sächsischen bezeugt. Das Wort ist aber gemeingermanisch, *ragin* im Gotischen bedeutet Rat. Die nordische und wol auch die sächsische Sprache verwenden *regin* im Sinne der ratenden Götter nur im Plural. In den Hǫkonarmǫl 18 wird der Ausdruck noch verdeutlicht: *róþ ǫll ok regen*, alle ratenden Mächte. In der Vǫlospǫ 6, 9, 23 gehen alle *regin*, die hochheiligen Götter zu den Ratstühlen (*rökstólar*, *dómstólar*) und halten Rat. Wir sehen die *regin* in ihrer Eigenschaft als Ratsversammlung niedersitzen. Der Begriff wird noch gesteigert als *ginnregin* die grossen Götter, und *uppregin*, die oberen, himmlischen Götter. Im Götterrat wird das Schicksal bestimmt, welches noch im Heliand 2593 und 3348 *regano giskapu*, der Ratenden Schöpfung ist. Im Altsächsischen und Angelsächsischen wird für Schicksal auch *metodo giskapu* (Hel. 2190, 4827) und *meotodsceaft*, *metodsceaft* (Beow. 1077, 1180, 2815) gesagt.[3]) *Metod* wird

---

1) Die Runeninschrift von Kragehul (Dänemark) zeigt den Namen *asugisalas* für *ansugisalas* (an. *Ásgísl*); vgl. Noreen An. Gr.² S. 260; in der Prymskviþa 16 ist vielleicht *ǫsur* für *ǫss* zu lesen, vgl. Symons, Die Lieder der Edda I, 1 S. XV.

2) Urverwandt ist aind. *devas*, gr. δῖος, lat. *divus*, air. *dia*. Die an. *díar*, welche beim Skald Kormak und in der Ynglingasaga begegnen, sind der irischen Sprache entlehnt, vgl. Bugge, Studien S. 30. Wie sich der Dativ sing. *tívor* in Vǫl. 32 zu dem Plur. *tívar* und dem dazu gehörigen Sing. *tír* (Noreen, An. Grammatik² § 72 Anm. 7) verhält, ist rätselhaft. Es wird ein Nom. Sing. *tívurr*, Gott, angesetzt.

3) Die Stellen, wo ausserdem im Ags. *meotudsceaft* im Sinne von Verhängniss, Tod, vorkommt (im Crist 888 bedeutet es jüngstes Gericht), bei

ags. und as. auch vom Christengott, ursprünglich wol von der
Gottheit überhaupt gebraucht. Dasselbe Wort, aber in verschiedener
Bedeutung begegnet auch im Nordischen (*mjǫtudr* stm. Verhängniss, Tod) und Gotischen (*mitaþs* stf. Maass). *Metod* ist der „Messer",
der einem etwas zumisst, der Richter. Auf denselben Gedankenkreis leiten *regin* und *metod*, die Götter sind Rater und Richter,
das Schicksal ist das von ihnen gefundene und gefällte, festge-
setzte und vollzogene Urteil.

Uber die *vanir*, die Glänzenden oder die Seegötter, wie in
der nordischen Mythologie eine besondere Götterschaar heisst,
wird im Abschnitt Freys berichtet. Merkwürdig ist die in nordischen Quellen übliche Bezeichnung *hopt ok bǫnd*, Hafte und Bande,
für die Götter. Mit Haften und Banden (ahd. *haptbandun*) können
nur Fesseln gemeint sein. Warum aber sind die Götter Fesseln?
Vielleicht weil sie allen Übermut, der die sittliche und natürliche
Weltordnung bedroht, sei es von Seiten der Menschen oder Riesen,
in Fesseln schlagen und niederhalten. Aus Ehrfurcht vor dem
Allwalter betraten die Semnonen den heiligen Hain nur gefesselt
(*vinculo ligati*). Derselbe Gedanke mag den Namen der „fesseln-
den" Götter hervorgerufen haben, der die Semnonen zur freiwilligen
Fesselung vor dem Gotte veranlasste. Würde die Fessel, die dem
Übermut von höheren Mächten angelegt ist, gesprengt, so müssten
alle Bande sich lösen, die Welt geht aus den Fugen. Der Teufel
ist gefesselt, kommt er los, so geht die Welt unter. So sind die
zwingenden, hemmenden Fesseln zugleich die haltenden Bande
und Hafte der bestehenden Weltordnung, das Gesetz, das sie erhält. Neben dem Neutrum *vé*, Heiligtum, steht im Nordischen
das schwache Adj. *vé*, gen. *véa*, der Heilige, wie etwa ahd. der
*wîho*, sanctus, neben *wîh*, templum. Im Singular begegnet *vé*
nur als Eigenname, Odins Bruder heisst der Heilige (Lokas. 26),
im Hymirlied 40 steht aber der Plural *véar*, die heiligen Götter.
Diese Bezeichnung ist schwerlich altheidnisch.

An Gestalt und Aussehen gleichen die Götter den Menschen.
Eine ideale Menschengestalt schwebt dem Gottesbegriffe vor. Daher mag es vorkommen, dass wol gestalte und reich gekleidete

---

Grein, Ags. Sprachschatz 2, 240; über *regano* und *metodogiscapu* vgl. Vilmar,
Deutsche Altertümer im Heliand, 2. Ausg. Marburg 1862, S. 12 ff. u. 16;
*metod* als Richter erklärt Kauffmann, Beiträge 18, 180 mit Hinweis auf gr.
μεδέων und irisch *coimdiu* aus \*com-*mediu* „Richter"

Männer vom erstaunten Volk geradezu für Asen angesehen werden. So heisst es in der Landnáma 3 Kap. 10 von den Söhnen des Hjalti: wie sie zum Ding kamen, waren sie so wol angethan, dass die Leute meinten, die Asen seien gekommen; und in der Volsungasaga Kap. 26 meint einer von den Leuten des Gjuki, da er den Sigurd anreiten sieht, einer der Götter fahre daher. Die schöne lichte Farbe wird bei Heimdall, Baldr und bei der Idun, der weissarmigen (Lokasenna 17) hervorgehoben, Sif Thors Frau trägt herrliches Goldhaar, im Ubrigen aber erhalten wir keine besondern Einzelschilderungen. Unter den Göttern sind ältere und jüngere gedacht. Odin ist ein älterer, bärtiger Mann, doch keineswegs gebrechlich, greisenhaft, vielmehr stattlich und ehrfurchtgebietend im Waffenschmuck, wie ein bejahrter, vielerfahrener, aber noch rüstiger und waffenfähiger Volkskönig, Thor ist eine blühende Mannesgestalt mit rotem Bart, Baldr ein strahlender, jugendschöner Held. Nach der Geburt wachsen die Göttersöhne oft wunderschnell zu grosser Kraft hervor, eine Nacht alt macht sich Wali Odins Sohn zur Rache Baldrs auf, drei Nächte alt befreit Magni Thors Sohn den Vater von der ungeheuren Last des über ihn gestürzten Hrungnir. Es finden sich Spuren, dass die Götter besondere Nahrung genossen. Zwar halten sie Biergelage und Thor isst gierig Lachse und Ochsenbraten, die wandernden Asen sieden Ochsenfleisch. Aber andererseits bedarf Odin keiner Kost, mit seinem Teil von Eberfleisch, das den Einherjern in Walhall vorgesetzt wird, füttert er seine Wölfe, er selber lebt allein von Wein. Idun verwahrt Äpfel, durch deren Genuss die alternden Götter sich verjüngen. Odrerir, der begeisternde Dichtertrank, ist vielleicht ursprünglich ein Verjüngungstrank, der das Altern verhindert. [1]

Es liegt im lebenskräftigen Götterglauben begründet, dass der Gott ein höheres, längeres Leben führt als der Mensch. Unsterblichkeit und Ewigkeit im Vergleich zum kurzlebigen Menschen gebührt dem Gott. Tiefere Denker mögen allmälig auch das Göttliche als endlich erkennen. So sind die griechischen Götter ewig, aber neben dieser vorherrschenden Betrachtung taucht auch der Gedanke an ihren Untergang auf. Über die Sterblichkeit oder Unsterblichkeit der germanischen Götter wissen wir nichts;

[1] Diese Auslegung Odrerirs schlägt Bugge, Studien über die Entstehung der nordischen Götter und Heldensagen S. 563 f. vor.

denn die nordischen Verhältnisse dürfen nicht verallgemeinert werden. In der nordischen Göttersage freilich sind fast alle Götter dem Waltode geweiht, zuerst wird Baldr getötet, am Weltende aber erwartet die Walhallgötter der Schlachttod. Da der Untergang der nordischen Götter mit dem Weltuntergang zusammenhängt, letzterer aber ungermanisch ist, dürfen wol auch die germanischen Götter wie die griechischen und indogermanischen ewig gedacht werden.

Die germanischen Götter erscheinen reitend oder gehend, nur Thor fährt auf seinem mit zwei Böcken bespannten Wagen. Darum werden Namen verschiedener Götterpferde aufgezählt. Selbst göttliche Frauen bedienen sich, den Walküren gleich, der Rosse. Bei den Menschen aber werden Gottheiten feierlich im Wagen umhergeführt, wie die Nerthus und Freyr in Schweden. Altertümlicher ist gewiss das Wagengespann; die berittenen Götter entstammen wiederum deutlich der germanischen Heldenzeit, die Kämpfe werden zu Fuss oder zu Ross, nur äusserst selten und schwerlich auf echt heimischer Sage begründet zu Wagen wie z. B. in der Brawallaschlacht ausgefochten. Wenn die Götter ausreiten oder ausfahren, so erbebt die Erde. Aus den Mähnen und vom Gebiss der Götterrosse träufelt befruchtender Thau aufs Gefilde herab. Die Götter reiten und fahren durch die Lüfte und auf dem Wasser, wie auf dem Lande. Wenn sich die Götter, meist in unscheinbarer Gestalt, unter die Menschen mischten, so erschienen und verschwanden sie plötzlich. Fürs Verschwinden gebraucht die nordische Sprache das Wort *hverfan, Ópinn hvarf þá*, Odin verschwand da, heisst es am Schlusse des Grimnirliedes. Vermutlich galt überhaupt das gemeingermanische Zeitwort *hwerƀan* hiefür. Die Verwandlungsfähigkeit haben die Götter mit allen überirdischen Wesen gemeinsam, jedoch machen sie verhältnissmässig selten und dann mehr in zauberischer Weise davon Gebrauch. Die Götter werden im allgemeinen als heiter, wolgemut (*teitr, glaðr*) und mild (*blíðr, sváss, hollr*) geschildert. Sie sind dem Menschen gnädig gesinnt. Dem Thor lacht vor Freude das Herz in der Brust (*hló hugr í brjósti*), aber sein Zorn bricht oft auch furchtbar hervor. Wenn er unwillig zürnt, lässt er die Brauen über die Augen sinken, macht finstere Brauen und schüttelt den Bart. Für Odin ist neben aller Heldenschaft doch auch Tücke und Hinterlist Freund und Feind gegenüber bezeichnend. Das Leben der Götter verläuft wie das der Menschen. Sie befragen das Loos, führen Kriege, halten festliche Gelage, üben sich in den Waffen, halten Gericht, ergötzen sich am Brettspiel und lassen sich in Liebeshändel ein. Verzehrende Sehnsucht erfasst Freys Gemüt; Odin ist in allen Liebesränken wol erfahren. Die Götter haben auch Gefolgsleute und Diener. Skirnir ist Freys Schuhknecht, Fulla der Frigg Kammermagd. Über die Macht der Götter treffen wir abweichende Anschauungen. Sie sind die Lenker des Schicksals, das ja *metodo* und *regano giskapu* ist, andererseits ist aber auch das Schicksal unabhängig und selbständig gedacht (*wurdgiskapu*). In der nordischen Sage sind die Götter dem Verhängniss unterworfen. Die germanischen Götter und Wurd verhalten sich wol ähnlich zu einander wie die griechischen und die Moira. Das Schicksal gilt bald als Willensäusserung der Götter, bald steht es selbständig neben, ja über den Göttern. *Regnator omnium,* Allwalter, war der Semnonengott, die Bezeichnung lässt unumschränkte Allmacht vermuten. Die den Göttern zugemessene Macht sehen wir so geteilt, dass einer an der Spitze der übrigen steht, denen besondere Ämter und Verrichtungen zugewiesen sind. Die Rangverhältnisse der Götter waren aber keineswegs gleichmässig geordnet, gerade hier treten bedeutende Unterschiede im Laufe der Jahrhunderte und bei den einzelnen Völkerschaften hervor, indem der Vorrang unter den Göttern wechselte, bald bei Tiuz, bald bei Wodan, bald bei Freyr, bald bei Thor stand. Mithin ist auch die Anzahl der germanischen Götter keine fest bestimmte, sondern eine ewig wechselvolle. Für die älteste Zeit erkennen wir drei Hauptgötter, deren Verehrung bei den meisten Stämmen sehr wahrscheinlich ist. Wieviele Götter aber die einzelnen Stämme daneben verehrten, lässt sich nicht feststellen. Die Zwölfzahl der Götter spielt weder im deutschen, noch im nordischen Glauben eine Rolle. Zuerst gedenkt ihrer das Hyndlalied 30:

Elf noch lebten      vom Asenstamme,
Als Baldrs Leiche    auf den Brandstoss sank.

Die Stelle steht in dem Abschnitt, der als kurze Woluspa (Vǫlospǫ́ en skamma) bezeichnet wird und wol erst der zweiten Hälfte des 12. Jahrhunderts zugehört.[1]) Die Zwölfzahl entstammt gelehrter Nachahmung des antiken Götterkreises. Sie wird von

---

1) Zum Alter der Vǫlospǫ́ en skamma vgl. Finnur Jónsson, Litteraturshistorie 1, 204.

Snorri Sturluson in der Ynglingasaga Kap. 2 u. 7 und in der
Gylfaginning Kap. 20 (SE. 1, 82) wiederholt, ist aber so wenig
begründet, dass die Anzahl der wirklich bezeugten Asen damit gar
nicht übereinstimmt.  Wir haben es sicher mit einem späten gelehrten Versuche des 12./13. Jahrhunderts zu thun, der keine weitere
Beachtung verdient.

Die Wohnstätte der Götter ist im lichten Himmel oder auf
hohen Bergen gedacht, die in den Himmel hinein ragen und weite
Überschau gewähren. *Ásgardr, godheimr* (Götterheim), *heilakt land*
(heiliges Land), *ragna sjǫt* (Göttersitz), *hodd goða* (Götterbezirk)
lauten die Bezeichnungen bei den nordischen Dichtern.  Auf den
Himmel weisen unmittelbar die Namen *uppheimr, upplǫnd*, wie in
mhd. Gedichten der Himmel *oberland* heisst, wo die *uppregin*
hausen. *Tiuʒ* und die *tívar* gehören schon des Namens halber in
den Himmel.  Wodan, Odin und Freyr schauen vom himmlischen
Hochsitz aus auf die Welt herab.  Von den Namen der Götter-
wohnungen, welche das Grimnirlied aufzählt, bezeichnen einige
den weiten glänzenden Himmel (*Breidablik, Glitnir, Bilskirnir*).
Auf himmelhoch ragendes Gebirg deutet Heimdalls Wohnsitz
*Himinbjorg*.  Die Götterberge brauchen nicht immer als Kultstätten,
sie können auch als Wohnsitz gedacht sein.  Nach der SE. liegt
Asgard inmitten der Erde, wol als hochragender Götterberg, dessen
Gipfel durch die Wolkendecke in ewig heitere Klarheit ragt.  Auch
der Göttersitz Olymp ist Berg und Himmelsraum zugleich.

# Die  einzelnen Götter.

## I. Tiuʒ.

### I. Des Gottes Art und sein Kult.

Der idg. *Diēus*, der Gott des strahlenden Himmels und Tages,
wurde auch bei den Germanen verehrt.  In den ältesten Zeiten,
von denen die Geschichtsquellen spärliche Kunde gewähren, war
Tiuʒ noch Erster der Götter.  Die Mythen vom indogermanischen

---

1) Über die Form des idg. *\*dięu̯- \*di̯ęu̯-* (zur Wurzel *di̯u̯*) Brugmann,
Grundriss der vergl. Grammatik d. idg. Spr. II S. 451; an. *Týr < Tieuʒ*
Noreen An. Gr.² § 68, 7; ags. *Tiw, Tig* zu erschliessen aus überliefertem *Tiwes-
Tigesdæg*, Sievers Ags. Gr.² § 250, 1 Anm. 2; das Fries. gewährt *Tiesdi, Tisdei*,

Himmelsgotte lassen noch deutlich die Naturerscheinung als Hintergrund der Sagenbildung erkennen. Mit Friede und Fruchtbarkeit
segnet der Himmel die Erde. Einige Sagen und der Kult, den
die Schweden noch lange Zeit dem Gotte widmeten, zeigen auch
den germanischen Gott in seiner natürlichen Wirksamkeit. Sofern
er nicht davon losgelöst wurde, darf sein Wesen auch aus der
zu Grunde liegenden Vorstellung gedeutet werden. Daneben entwickelte sich aber eine völlig neue Seite seiner Thätigkeit, welche
bei den meisten Stämmen fast einzig überwog. Nachdem Kampf
und Kriegsfahrt zur ersten und wichtigsten Lebensaufgabe der
Germanen geworden war, wandelte sich die leuchtende, in erhabener Ruhe über den Wolken in lichten Himmelshöhen thronende
Gestalt des idg. Göttervaters zum schwertfrohen Helden. Denn
sein eigen Ebenbild in höchster Vollkommenheit malt sich ein
Volk in seinem Gotte aus. Der Gott steht in Beziehung zur Haupt-
beschäftigung seines Volkes, er lenkt das Schicksal, das Los der
Schlachten. Tiuz wurde zum Kriegsgott. In dieser Eigenschaft
lernten ihn die Römer kennen, welche ihn als *Mars* umschrieben.
Bei den Tencterern[1]) ist er der vornehmste der Götter. Auch die
Rheinländer, die im ersten Jahrhundert n. Chr. bereits dem Wodan
sich zuwandten, brachten doch auch dem Tiuz besondere Tiere,

Richthofen, Afries. Wb. 1084; ahd. *Zio, Ziu,* aus überliefertem *Ziestag,* Graff,
Ahd. Sprachschatz 5, 358, 361, mhd. *zîstag,* Lexer, Mhd. Wb. III 1136, schwäb.
*zisteg, zeisteg,* Schmeller, Bair. Wb. II 1071. Zu den Verderbnissen in
*zinstag, dingstag, dienstag* Grimm, Deutsches Wb. II 1119, Andresen, ZfdA. 30, 415,
Kluge, Etym. Wb. unter Dienstag. Ob die ahd. Glosse *ziu,* turbines hergehört?
J. Grimm, Myth. 184 erklärte „Wetter der Schlacht" „Mars trux oder sae-
vus". In Deutschland sind keine Orts- oder Eigennamen mit Sicherheit auf
Zio zurückzuführen. Ziolf Förstemann II, 1658 gehört nicht her. Über *Ciesburg Ciuuari* vgl. S. 205 Anm. *Tewesley* in England neben *Thursley (Thun-
resléah)* und *Wanborough (Wódenesbeorh)* weist vielleicht auf ags. *Tiwesléah;*
Kemble, the Saxons in England I, 351. Ganz anders erklärt Bremer (Indogerm. Forschungen 3, 301 f.) den Namen. Auf Grund von ags. *Tiw,* afries. *Tî*
an. *tîfar,* mhd. *zîstac* setzt er urgerm. *Tîwaz* = lat. *dîvus,* aind. *dêva,* air.
*dia,* lit. *dẽvas* in der Bedeutung „Gott, göttlich" an. Ahd. *Zîo* wurde zu *Zî*
und *Zio* (Braune Ahd. Gr. § 108 Anm. 2, § 43, Anm. 6). Ein Zusammenhang
mit dem griech. lat. aind. Himmelsgott sei ausgeschlossen; vgl. auch Kögel,
Geschichte der deutschen Litteratur I, 1, S. 14 Anm.

1) Tac. Hist. IV 64 *igitur Tencteri, Rheno discreta gens, missis legatis
mandata apud concilium Agrippinensium edi iubent, quae ferocissimus e legatis in hunc modum protulit: redisse vos in corpus nomenque Germaniae com-
munibus deis et praecipuo deorum Marti grates agimus.*

wahrscheinlich Pferde zum Opfer.[1]) Am feierlichsten wurde dem
allwaltenden herrschenden Gott, dem alles gehorcht, bei den Semnonen[2]), dem ältesten und edelsten Stamme des Suebenvolkes gedient. Ein Hain von uralten heiligen Schauern durchweht war
ihm geweiht. Nur mit Fesseln durfte man den Wald betreten,
wer fiel, durfte nicht aufstehen, sondern musste sich hinauswälzen.
Der schrecklichen, strafenden und rächenden Gewalt des Gottes,
der Herr über Leib und Leben ist, dessen heilige Rechte niemand
verletzen darf, geschieht mit diesem Brauch, durch welchen jeder
wie ein Opfer hilflos in des Gottes Hand sich stellt, volle Ge-
nugthuung. Es ist ein Bundesheiligtum, das zu bestimmter Zeit
von den einzelnen verbündeten Stämmen beschickt wird, um dem
Gotte ein feierliches Menschenopfer darzubringen. Der Glaube
verlegt den Ursprung des Volkes dorthin. Die Semnonen und
durch sie auch ihre Stammverwandten betrachteten sich demnach
offenbar als Abkömmlinge des Allwaltenden. Im Kriege, den
Hermunduren und Chatten[3]) um den Besitz der heiligen Salz-
quellen führten, opferten die Sieger dem Tiuz und Wodan alle
Männer und Pferde des feindlichen Heeres. Bei den Norwegern
galt im 6. Jahrhundert das Menschenopfer als Höchstes; den
ersten Kriegsgefangenen gaben sie dem Tiuz, den sie damals
noch für den vornehmsten der Götter hielten[4]). Auch die Goten
weihten dem Tiuz, dem Lenker der Schlachten, der blutige Opfer
forderte, das Leben der Gefangenen, dem Gotte gehörten die ersten

1) Tac. Germ. 9 *Herculem ac Martem concessis animalibus placant.*

2) Tac. Germ. 39 *vetustissimos nobilissimosque Sueborum Semnones memorant; fides antiquitatis religione firmatur.   Stato tempore in silvam auguriis
patrum et prisca formidine sacram omnes eiusdem sanguinis populi legationi-
bus coeunt caesoque publice homine celebrant barbari ritus horrenda primordia.
est et alia luco reverentia: nemo nisi vinculo ligatus ingreditur, ut minor et
potestatem numinis prae se ferens. si forte prolapsus est, attolli et insurgere
haud licitum: per humum evolvuntur. eoque omnis superstitio respicit, tanquam inde initia gentis, ibi regnator omnium deus, cetera subiecta atque
parentia.*

3) Tac. An. XIII, 57 *sed bellum Hermunduris prosperum, Chattis exitio-
sius fuit, quia victores diversam aciem Marti ac Mercurio sacravere, quo
voto equi viri, cuncta viva occidioni dantur. et minae quidem hostiles in ipsos
vertebant.*   Zur Erklärung der Worte vgl. J. Grimm, Myth. 999 Anm.

4) Prokop, *bell. got.* 2, 15 von den Thuliten d. h. den Skandinaviern:
ϑύουσι δὲ ἐνδελεχέστατα ἱερεῖα πάντα καὶ ἐναγίζουσι. τῶν δὲ ἱερείων σφίσι
τὸ κάλλιστον ἄνϑρωπός ἐστιν, ὅνπερ ἂν δοριάλωτον ποιήσαιντο πρῶτον.
τοῦτον γὰρ τῷ Ἄρει ϑύουσιν, ἐπεὶ ϑεὸν αὐτὸν νομίζουσι μέγιστον εἶναι.

Beutestücke, an den Baumstämmen seines Haines wurden die er-
oberten Waffen aufgehängt.[1]) Abzeichen des Kriegsgottes war
das Schwert, bei dem die Quaden wie beim Gotte selber Eide
schwuren.[2]) Vielleicht ist die Sage vom Marsschwert, worin Attila
das Zeichen der Weltherrschaft sah, gotischen Ursprungs.[3]) Denn
gotische Lieder erzählten von Attila, als wäre er ein germanischer
Heerkönig gewesen. Man würde begreifen, dass des Tiuz Schwert
dem Menschen, der es als des Gottes erkorener Liebling führte,
steten Sieg und gewaltige Macht verlieh. Nach Tacitus tanzten
Jünglinge kunstvoll zwischen Schwertern und feindlich drohenden
Speeren. Als Brauch der Zünfte hat sich der Schwerttanz bis
ins späte Mittelalter herab erhalten. Die Tänzer führten kunstreiche Fechterschläge aus, ahmten den Schwertkampf nach und
bildeten aus den zusammengehaltenen Klingen mannigfache Figuren.
Der Tanz verlangte Übung und Gewandtheit.[4]) Die Beziehung
des Tiuz zum Schwert lässt vermuten, dass dieses Heldenspiel
ihm zu Ehren geschah. Die weissen Rosse, die auf Staatskosten
in Hainen gehegt, nur zum Dienste der Gottheit, nie zu dem der
Menschen gebraucht werden, aus deren Wiehern Priester und
König oder Fürst weissagen, waren wol Eigentum des Himmelsgottes.[5]) Wenigstens haben die im Norden aus Tiuz abgezweigten

1) Jord. Get. 5 *quem Martem Gothi semper asperrima placavere cultura.
nam victimae eius mortes fuere captorum, opinantes bellorum praesulem aptius
humani sanguinis effusione placandum. huic praedae primordia vovebantur,
huic truncis suspendebantur exuviae.*

2) Amm. Marc. XVII, 12 von den Quaden: *eductis mucronibus, quos pro
numinibus colunt, iuravere se permansuros in fide.*

3) Jord. Get. 35 *cum pastor quidam gregis unam buculam conspiceret
claudicantem, nec causam tanti vulneris inveniret, sollicitus vestigia cruoris
insequitur, tandemque venit ad gladium, quem depascens herbas incauta cal-
caverat, effossumque protinus ad Attilam defert. quo ille munere gratulatus,
ut erat magnanimis, arbitratur se mundi totius principem constitutum et per
Martis gladium potestatem sibi concessam esse bellorum.*

4) Tac. Germ. 24 *genus spectaculorum unum atque in omni coetu idem.
nudi iuvenes, quibus id ludicrum est, inter gladios se atque infestas frameas
saltu iaciunt. exercitatio artem paravit, ars decorem, non in quaestum tamen
aut mercedem: quamvis audacis lasciviae pretium est voluptas spectantium.*
Vgl. Müllenhoff, Über den Schwerttanz (in den Festgaben für Gustav Homeier)
Berlin 1872; weitere Litteratur gibt John Meier in Pauls Grundriss II 1, 835.

5) Tac. Germ. 10 *proprium gentis equorum quoque praesagia ac moni-
tus experiri. publice aluntur isdem nemoribus ac lucis, candidi et nullo mor-
tali opere contacti; quos pressos sacro curru sacerdos ac rex vel princeps*

Götter Freyr, Baldr, Heimdall besondere Rosse. Wahrscheinlich gehörten schon dem Tiuʒ Schwert, Goldhelm und Ross, er war gerüstet wie ein Königsheld. Dem Hufe des göttlichen Rosses war vielleicht einst die Wunderkraft zu eigen, Quellen zu öffnen, ein Zug, der in vielen späteren Sagen und Legenden vorkommt. [1]

Dass die Friesen dem Tiuʒ dienten, wird durch einen inschriftlichen Fund, aus dem man aber nicht zu viel herauslesen darf, bestätigt. [2] Der unter Severus Alexander am Hadrianswall in Britannien stehende friesische Keil (*cuneus Frisiorum*) war aus germanischen Söldnern gebildet, die vorwiegend aus den friesischen Ländern stammten. Leute aus Twenthe setzten dem *Mars Thingsus* einen Weihstein. Die germanische Form des Beiwortes ist etwa *þingsaʒ* und stellt sich natürlich als Ableitung zu *þing*. Die Grundbedeutung des Wortes ist Versammlung, besonders Gerichtsversammlung, ferner Ort und Zeit derselben. Unter Thingleuten sind

*civitatis comitantur hinnitusque ac fremitus observant. nec ulli auspicio maior fides, non solum apud plebem, sed apud proceres, apud sacerdotes; se enim ministros deorum, illos conscios putant.*

1) Panzer, Beitrag zur deutschen Mythologie 1, 291. Chr. Petersen, Hufeisen und Rosstrappen im Archiv der schlesw.-holst.-lauenb. Gesellschaft für vaterländ. Geschichte Band 19, 194 ff.

2) Im November 1883 wurden zu Housesteads am Hadrianswall in England zwei Altäre und ein hoher giebelartiger Aufsatz gefunden mit bildlichen Darstellungen und Inschriften versehen. Die Reliefbilder sind durchaus römisch und so auszulegen. Eine mit Helm, Speer und Schild bewaffnete Kriegergestalt, zu ihrer Rechten ein Vogel, steht in der Mitte eines bogenförmigen Halbrunds. Auf beiden Seiten sind nackte Figuren mit Kränzen und Stäben angebracht. Es ist Mars mit der Gans und zwei Viktorien oder Eroten. Eine Beziehung auf germanische Vorstellungen, wie Hoffory in dem Relief des Aufsatzes sie findet, ist unstatthaft. Die Inschriften der Altäre lauten: *Deo Marti et duabus Alaisiagis et numinibus Augustorum Germani cives Tuihanti cunei Frisiorum Ver. Ser. Alexandriani v[otum] s[olverunt] l[ibenter] m[erito]. Deo Marti Thingso et duabus Alaesiagis Bede et Fimmilene et numinibus Augustorum Germani cives Tuihanti v. s. l. m.* Hierzu vgl. die Abhandlungen von Hübner, Westdeutsche Zeitschrift 3, 120, 287; Mommsen, Hermes 19, 232; Scherer, Sitzungsberichte der Berliner Akademie 1884, 571; Brunner, Zeitschrift der Savignystiftung (1884) 5, 226; W. Pleyte, mededeelingen d. kon. akad. van wetenschappen (afdeel. letterkunde) 3, 2, 110; F. Möller, Westd. Zeitschrift 5, 321; M. Ihm, Bonner Jahrbücher 1883, 173 ff.; R. Schröder, Rechtsgeschichte 1, 17, 36; Hoffory, Gött. Nachrichten 1888, 426; Weinhold, ZfdPh. 21, 1; Jäckel ebenda 22, 257; Hübner, Römische Herrschaft in Westeuropa, Berlin 1890, 57 ff.; Heinzel, Wiener Sitzungsberichte phil.-hist. Klasse Bd. 119, 50 ff.; Kauffmann, Beiträge 16, 200; Siebs, ZfdPh. 24, 434 ff.

aber auch die Angehörigen eines Verbandes verstanden; *þingmanna lið*, der Thingleute Schar, heissen die von den anglischen und dänischen Königen ın England im 11. Jahrhundert zur Landesverteidigung gehaltenen Mietstruppen. Soll mit dem Beiwort Tiuʐ in seiner Eigenschaft als Gott der Gerichtsversammlung bezeichnet werden, „als Befehlshaber und Praesident des in Heer und Thing versammelten Volkes" (Scherer)? Römische Truppenteile weihten ihren Schutzgöttern Inschriften, den *genii legionis, cohortis, alae, vexillariorum*. Diesen Brauch ahmten die Tuihanten offenbar nach und setzten dem Mars ihrer Truppe einen Stein. Der Mars ihres Verbandes war aber nicht der römische Gott, sondern der ihres Volkes. Den heimischen Glauben behielten die Germanen in römischen Diensten bei. Der Mars, *der die friesische Truppe beschützt*, — nichts anderes will das Beiwort besagen — ist damit deutlich vom römischen unterschieden und nach der üblichen interpretatio romana wol als der germanische Tiuʐ zu betrachten. In der Heimat und in der Fremde, an der Dingstätte und im Lager wurde der waltende Tiuʐ von den Friesen angerufen.

Am Ende des 8. Jahrhunderts taucht die Benennung *Cyuuari-Suâpa* auf.[1]) Als *Ziuleute* sollen sich die Schwaben, die Abkömmlinge der Semnonen, bezeichnet haben. Ihr Hauptsitz Augsburg hiess auch *Ciesburc*, Burg des Ziu. Die Möglichkeit ist nicht abzuleugnen, dass dasjenige Volk, dem einst das erminonische Heiligtum gehörte, das vor den übrigen dem Himmelsgott als dem Vater des Stammes zunächst stand, am längsten seinem Dienste treu blieb und in der neuen Heimat einen Ziutempel unterhielt. Neuerdings wird aber die Echtheit der Nachricht angefochten. Im karolingischen Zeitalter entstand eine fabelhafte Chronik von Augsburg. Die Stadt ist eine Gründung der Schwaben, die lang vor den Römern da gesessen haben sollen. Das Römerheer, die *legio Martia*, erlitt eine schwere Niederlage bei Augsburg. Ziesburg

---

1) Die Glosse *Cyuuari suapa* steht in der Wessobrunner Handschrift (Müllenhoff-Scherer, Denkm. 3. Aufl. II 1 f.) aus dem Ende des 8. Jahrh.; Laistner vermutet urspr.: *recia suapolant reciuuari suapa. Civitas Augustensis id est Ciesburc*, findet sich in einem alten Verzeichniss von Städtenamen der Germania prima Bouquet, recueil des historiens des Gaules et de la France II, 10; Bachlechner, ZfdA. 8, 587; Chroniken deutscher Städte 4, 281 Anm. 7. Verwertet wurden die Schwaben als Ziuleute von J. Grimm, Myth. 180; Müllenhoff, Schmidts Zeitschr. 8, 247 und öfters. Zur Frage sehr beachtenswert L. Laistner, Württb. Vierteljahrshefte für Landesgeschichte N. F. 1892, 2 ff.

scheint in Anlehnung an Eresburg ersonnen: während Karl die
Eresburg bezwang, brach sich die römische Macht an der Ziesburg. Dem Augsburger war für *dies Martis* der schwäbische Ziestag und der bairische Ertag geläufig, so mochte er sich das Verhältniss *Ertag, Eresburg: Ziestag, Ziesburg* ausdenken. Als Bewohner der von der legio Martis belagerten Stadt ergaben sich
dem gelehrten Chronisten *Marticolae Ziuuari.* Vielleicht ist dieser
Ausdruck jedoch überhaupt gar nicht über die Wessobrunner Handschrift hinausgelangt, wo er aus „Recyuuari" Riesser, Bewohner
des Riess, verschrieben zu sein scheint. Mindestens ist der „hieratische" Namen der Schwaben und der ihrer „Ziuburg" mit Vorsicht aufzunehmen, weil er vielleicht nur durch Schreiberirrtum und
gelehrte Fabelei im Ausgang des 8. Jahrhunderts zu Stande kam
und mit der Heidenzeit und dem echten Götterglauben der einst dem
Tiuʐkult zugethanen Semnonen-Sueben nichts mehr zu schaffen hat.

Tacitus erzählt von der göttlichen Abstammung der drei Haupt-
stämme der Germanen[1]). *Tuisto,* der Sohn der Erde hat wol den
Himmel zum Vater. Da Himmel und Erde an ihm Teil haben,
da er ihr beider Wesen in sich vereint, heisst er der Doppelte,
Zwiefältige, vielleicht aber auch Zwitter [2]), wenn etwa Mannus
von ihm allein entsprang. *Mannus* ist der Urmensch, Erzeuger
der Menschheit. In dieser Genealogie bezeichnet aber Mannus
den Gott als Menschen. Der Grundgedanke scheint zu sein, ein
Gott in Menschengestalt zeugte die Stammväter, nach deren Namen

1) Germania 2 *celebrant carminibus antiquis, quod unum apud illos memo-*
*riae et annalium genus est, Tuistonem deum terra editum et filium Mannum*
*originem gentis conditoresque. Manno tris filios assignant, e quorum nomini-*
*bus proximi oceano Ingaevones, medii Herminones, ceteri Istaevones vocentur.*
Bei Plinius hist. nat. 4, 99 *Germanorum genera quinque: Vandili,* quorum
*pars Burgundiones, Varinnae, Charini, Gutones; alterum genus Ingvaeones,*
*quorum pars Cimbri, Teutoni et Chaucorum gentes; proximi autem Rheno*
*Istvaeones quorum pars Cimbri (l. Sigambri?); mediterranei Hermiones,* quo-
*rum Suebi, Hermunduri, Chatti, Cherusci; quinta pars Peucini, Bastarnae*
*supra dictis contermini Dacis.* Plinius, an welchen Tacitus wahrscheinlich
sich anlehnt, weiss nichts von den Stammesheroen. In der um 520 verfassten
fränkischen Völkertafel erscheinen aber *tres fratres, Erminus, Inguo et Istio.*
Müllenhoff, Abhandlungen der Berliner Akademie 1862, S. 532 ff.

2) Zur Wortbildung von Tuisto oder Tuisco vgl. Brugmann, Grdr. II 468
und 507; got. *tvis* auseinander; mhd. *zwis,* aisl. *tvisvar* 2 mal; ahd. *zwisk,*
*zwiski,* zweifach; aisl. *tvistr,* zwiespältig; engl. *twist* zweifädiger Strick; nhd.
*zwist;* gr. δίς, lat. *bis < duis.* Zur Auslegung Wackernagel ZfdA. 6, 19;
Müllenhoff, ebenda 9, 261. Schade, Altdeutsches Wörterbuch 2. Aufl. S. 974 f.
weist auf mundartliches nhd. *twister,* „Zwitter" hin.

die Völker heissen. Wie erklären sich die Namen dieser drei Stammeshelden *Ingvio, Istvio, Irmino* [1])? Wenn Völker oder Geschlechter nach einem ihrer berühmten Ahnen den Namen empfangen, dann ist dieser Ahne ein vergötterter Mensch, ein Halbgott, niemals ein rein göttliches Wesen. Steht auch einer der hohen himmlischen Götter, etwa Tiuz, Donar oder Wodan, an der Spitze, so knüpft doch die Benennung nicht an den Gott selber an, vielmehr an einen Nachkommen. Ein Halbgott, ein Heros vermittelt zwischen dem Gott und den Sterblichen. Müllenhoff meint (Schmidts Zeitschrift 8, 222), „entweder ward dem Gott eigens ein Name beigelegt, der nur ein nahes Verhältniss zu dem Volke oder Geschlecht ausdrückt, oder das Volk oder Geschlecht bezog auf sich einen schon vorhandenen, im Wesen des Gottes begründeten Beinamen". Andächtige Stimmung, religiöser Brauch soll die meisten der altgermanischen Völkernamen geschaffen haben. Geistvoll weiss Müllenhoff diese „hieratischen Kultnamen" auszulegen. Doch unumstösslich feste Beweise sind nicht erbracht. Laistner schlug einen andern Weg zur germanischen Namendeutung ein und gelangte zu einer bestimmten, aus treffender Beobachtung geschöpften Gesamtansicht über ihren Ursprung. Das Volk in Verband und Versammlung, in Sippeverhältniss und Heerordnung, nach Seelenzahl und Ausbreitung, also einfache natürliche Zustände sind Quellen der Namen. Ohne jede Herleitung im einzelnen zu billigen, möchte ich Laistners Erklärungsweise der gezwungenen Müllenhoffs vorziehen. An sprachlicher Begründung steht sie hinter letzterer nicht zurück, aber sie ist insofern ungefährlicher, als sie nicht gleich auf unsichere Voraussetzung hin die germanische Mythologie mit allerlei weit- und tiefgreifenden Vermutungen bereichert. Im gegebenen Fall fragt es sich also, nannten sich diese drei Hauptvölker nach den Beinamen eines Gottes, und so erklärt Müllenhoff, oder haben sie aus ihren eigenen

---

[1]) Müllenhoff, über Tuisco und seine Nachkommen in der allgemeinen Zeitschrift für Geschichte, hrsg. von A. Schmidt, Bd. 8, 209 ff; Scherer, Sybels histor. Zeitschrift, N. F. 1, 160; Müllenhoff, ZfdA. 10, 562; ebenda 23, 1 ff.; Kögel, Geschichte der deutschen Litteratur I, 1, 13 ff; Hoffory, Gött. gelehrte Anzeigen vom 1. März 1888 und Nachrichten der kgl. Gesellschaft der Wissenschaften zu Göttingen 1888, No. 15; vgl. auch Hoffory, Eddastudien I Berlin 1889, 101 ff., 153 ff.; Ludwig Laistner, Germanische Völkernamen, in den württembergischen Vierteljahrsheften für Landesgeschichte, N. F. 1892, 1 ff Auch bei den meisten andern neueren Gelehrten tritt die hieratische Auslegung der germ. Völkernamen merklich zurück.

Benennungen drei Helden gemacht, und diese als des Gottes Söhne,
vielleicht auch manchmal als des Gottes Beinamen (z. B. *Saxnôt* als
Sachsengott) ausgegeben, heisst das Volk nach dem Gott oder der Gott
nach dem Volk? Mit Laistner und andern entscheiden wir uns für
letztere Ansicht, welche auch der J. Grimms wieder näher kommt.
Müllenhoff glaubte die zu Grunde liegenden Namen des Gottes als
*ingvaz* der Ankömmling, *ermnaz* der Erhabene, *istvaz* der Verehrungs-
würdige (nach Scherer der Gott des Herdfeuers, nach Hoffory der
Flammende) erklären zu dürfen. Die Ingvaeonen, Erminonen,
Istvaeonen seien Kultgenossenschaften, Völker, die gemeinschaftlich einen Gott unter diesen Namen anbeteten und sich gemeinsamer Abkunft von ihm rühmten. In Ingvaz und Ermnaz erkannte
er den Tiuz, in Istvaz den Wodan, während Hoffory auch diesen
auf Tiuz bezog. Nach Laistner sind die Ingvaeonen die Einheimischen, die Erminonen das Grossvolk, die Istvaeonen die Echten,
Vollbürtigen. Welcher Deutung man auch beipflichte, die Hauptfrage bleibt sich gleich, was für Götter sind mit den Stammvätern
gemeint. Leicht ist die Entscheidung für die erstgenannten. Die
Ingvaeonen wohnten auf der deutschen Halbinsel zwischen Ost-
und Nordsee, ihr gemeinsamer Kult galt der Nerthus, deren Heiligtum auf einer Insel der Nordsee sich erhob. Die Angeln und
Sachsen gehören zu den Ingvaeonen. „Ing war zuerst bei den
Ostdänen den Menschen erschienen; später zog er ostwärts über
die Wogen; sein Wagen rollte ihm nach."[1] Mit Ing, dem Begründer ihres Volkes, fuhren die Angeln aus ihrer alten schles-
wigschen Urheimat nach Britannien. Ingwine, Freunde des Ing
heissen die Ostdänen (Béowulf 1045, 1320). Ing war ihr erster
König, an ihn knüpften die Genealogien ihrer Herrscher an. Bei
den norwegischen Skalden heissen die Könige der Schweden *Ynglingar*, Nachkommen des Yngvi; der Gott Freyr wird auch Yngvi
oder Yngvifreyr genannt. Freyr ist aber sicher der Himmelsgott
Tiuz. Freyr und Nerthus gehören zusammen als die Hauptgötter

---

[1] Runenlied 68.

> *Ing wæs ærest mid Eastdenum*
> *gesewen secgun, oþ he siððan est*
> *ofer wæg gewat, wæn æfter ran:*
> *ðus heardingas ðone hæle nemdun.*

Heardingas ist nicht als Eigenname, sondern appellativ im Sinn von Helden,
Männern zu fassen. J. Grimm, Myth. 316; Müllenhoff, ZfdA. 23, 11. Eigennamen mit Ingu- sammelt Müllenhoff, ZfdA. 9, 250.

der Ingvaeonen. Sollte auch die nordische Zusammenstellung von Yngvi und Freyr erst später erfolgt sein, so dachten doch jedenfalls die Ingvaeonen ihren Ingvo oder Ingvio als Sohn des herrschenden höchsten Gottes, und der kann zur Entstehungszeit der Sage nur Tiuz gewesen sein, noch nicht Wodan. Man erkennt mit Hilfe dieser Zeugnisse den eigentlichen Sinn der Genealogie des Tacitus. In Gedichten wurde der Adel der Ingvaeonen gepriesen, die Könige und Stämme dieses Bundes rühmten sich gemeinsamen Ursprungs. Tiuz in Menschengestalt war herabgestiegen, Ingvio war sein Sohn und erster König, das Königtum ist vom höchsten Gotte eingesetzt. Auf denselben Mythus geht die schöne später ausgebildete anglische Sage von Skéaf [1]) zurück, nur ist sie auf den Stamm der Angeln beschränkt, wie ja auch die Ostdänen den Ing für sich allein in Anspruch nehmen. Den Anfang des Königtums und der Kultur knüpften sie an die wundersame Ankunft eines geheimnissvollen Fremdlings. In steuerlosem Schiff, auf einer Garbe schlafend, kam ein hilfloses Kind ans Land geschwommen. Von den Bewohnern wurde es wie ein Wunder aufgenommen und sorgfältig erzogen. Sie legten ihm den Namen *Skéaf* bei, nach dem Getreidebündel (angl. *skéaf*, nds. *skôf*, ahd. *scoup*, mhd. *schoup*), auf dem er geschlafen hatte. Skéaf wurde zum König der Angeln erwählt und wuchs an Macht und Ehren. Als er aber aus dem Leben schied, da trugen die Männer ihn wieder zum brandenden Ufer, wie er gebeten. Dort lag sein Schiff zur Ausfahrt bereit, und wieder trieb der tote Held hinaus auf die Wogen. Niemand weiss, woher er kam, wohin er entschwand. Aber eine edle Königssippe stammte von ihm ab. Es war der Himmelsherrscher selber gewesen, der in Menschengestalt zu seinem Volke herabstieg und ihm die Segnungen gesicherten Ansiedelns und Wohnens, den Ackerbau und das Leben und Besitz schirmende Königtum verlieh. Der Himmelsgott an der Spitze von Stammtafeln, als Begründer menschlicher Einrichtungen wird uns auch sonst begegnen, im nordischen Freyr und Heimdall.

Mit Irmino ist ebenfalls Tiuz gemeint. Denn für diese Völker ist in ältester Zeit der Himmelsgott der Höchste, so im uralten

---

1) Müllenhoff, ZfdA. 7, 410 ff.; Müllenhoff, Beovulf, Untersuchungen über das ags. Epos und die älteste Geschichte der germanischen Seevölker, Berlin 1889, S. 6 ff.; Binz, Beiträge 20, 147 ff. Dass die Mythen von Skéaf auf Ingvo zurückgehen, führt Müllenhoff a. a. O. 11 aus. Dem Göttermythus entstammt die spätere Sage vom Schwanritter, die nach den Niederlanden verlegt wurde.

Semnonenwald, so bei den nach dem Süden gewanderten Stämmen
der Schwaben, Marcomannen und Quaden. Bei den Hermunduren
steht allerdings bereits Wodan neben Tiuʒ. Widukind berichtet
von einem um 530 bei Scheidungen an der Unstrut befindlichen
Göttermal, einer Säule, der *irminsûl*. *Hirmen* . . . *Mars dicitur,
Irmino ist Tiu*, sagt Widukind.[1]) In Westfalen auf dem *Eresberg* war
ein Heiligtum, ein Hain und ebenfalls eine solche Irmensûl, welche
Karl der Grosse 772 zerstörte. *Er* ist Tiu unter anderem Namen
und die Irmensûl muss also auf den Himmelsgott bezogen werden.
Irmineswagen heisst freilich nach später Uberlieferung (Leibnitz
scr. 1, 9) das Sternbild.

    Schwieriger ist es, über den Stammvater der Istvaeonen ins
Reine zu kommen. Während Ingvaeonen und Erminonen ·sicher
auf Tiuʒ ihr Geschlecht zurückführen, während Namen mit Ingvio
und Irmino zusammengesetzt noch lange fortleben, ist Istvio verschollen. Unter den Istvaeonen sind die Bewohner der Rheinlande
gemeint. Da bei ihnen Wodan aufkam, liegt es nahe, Abstammung
von Wodan ihnen zuzuschreiben. Aber die Erwägung hält kaum
Stand. Die Lieder, in welchen die Völker gemeinsamer Abkunft
sich rühmen, reichen in graues Altertum. Die gemeinschaftlichen
Namen scheinen in der Römerzeit bereits in Auflösung begriffen,
neue Bundesgenossenschaften erstehen. Der Wodandienst, dem
freilich in der Römerzeit die Istvaeonen anhängen, ist für die den
Liedern zu Grunde liegenden Verhältnisse nicht notwendig vorauszusetzen, damals war er vielleicht noch gar nicht vorhanden. Die
drei Stammväter als Brüder gedacht ordnen sich einer Einheit
unter, die Westgermanen, obwol unter sich in verschiedene Gruppen
eingeteilt, fühlten wol dereinst ihre Zusammengehörigkeit, wenigstens geht ein solcher Gedanke durch das Gedicht, dem jene
Sage entstammt, hindurch. Wenn zwei der einander gleichge-
stellten Brüder auf den Himmelsgott weisen, wird auch der Dritte

---

    1) Widukind 1, 12 nach dem Sieg der Sachsen über die Thüringer bei
Scheidungen: *Mane autem facto ad orientalem portam ponunt aquilam, aramque
victoriae construentes, secundum errorem paternum, sacra sua propria veneratione venerati sunt, nomine Martem, effigie columpnarum imitantes Herculem,
loco Solem, quem Graeci appellant Apollinem. ex hoc apparet aestimationem
illorum utcumque probabilem, qui Saxones originem duxisse putant de Graecis,
quia Hirmin, vel Hermis graece, Mars dicitur; quo vocabulo ad laudem vel
ad vituperationem usque hodie etiam ignorantes utimur.* Um die Stelle richtig
zu verstehen, muss man erst Widukinds gelehrte Weisheit von Apollo, Hermis
und Hercules absondern; hiezu Müllenhoff, Schmidts Zeitschrift 8, 242 ff.

keinem andern zuzuteilen sein. Tiuz, aus dem Himmel unter die Menschen herabsteigend, ward der Vater der westgermanischen Hauptvölker.

„Die einzelnen Völkerschaften eines Stammes, wie eine grosse Familie und Blutsverwandtschaft sich betrachtend, vereinigten sich jährlich zu einer gemeinsamen Feier und erneuerten ihre Gemeinschaft bei einem blutigen Opfer; den Gott sahen sie für ihren Vater und den Gründer ihres Geschlechtes an, die Göttin für ihre Mutter, beide, da jener des Himmels waltete, diese die Erde segnete, für ihre Ernährer, Herrscher und Beschützer." [1] Das Bundesheiligtum der Ingvaeonen war die Nerthusinsel, das der Erminonen der Semnonenwald. Bei den Istvaeonen waren vermutlich die Marser Pfleger des Heiligtums der Göttin Tanfana, das Germanicus 14 n. Chr. zerstörte, wodurch auch Volk und Name der Marser vernichtet wurden.

Der nordische Tyr [2] nennt sich den Sohn des Hymir, der ostwärts über den stürmischen Wogen am Himmelsrande wohnt. Der Tag steigt im Osten aus den Gewässern hervor. Loki rühmt sich, mit Tyrs Weib gebuhlt zu haben; sonst wird nirgends mehr seine Gattin genannt. Die jüngere Auffassung ordnet ihn als Sohn dem Odin unter. Snorre berichtet: „Tyr ist überaus kühn und mutig, und hat die Hauptentscheidung über den Sieg in den Schlachten. Daher ist es gut, wenn tapfere Männer ihn anrufen. Eine gebräuchliche Redensart ist es, von jemand, der andere an Mut übertrifft, zu sagen, er sei kühn wie Tyr. Damals hat er einen Beweis seiner Unerschrockenheit und Tapferkeit gegeben, als die Asen den Fenriswolf dazu bringen wollten, sich die Fessel Gleipnir anlegen zu lassen. Der Wolf wollte ihnen nicht glauben, dass sie ihn wieder lösen würden, und so mussten sie ihm als Pfand die Hand Tyrs in den Rachen legen. Als nun die Asen ihn wirklich nicht befreien wollten, biss er ihm die Hand ab an jener Stelle, die seitdem Wolfsglied (das Handgelenk) heisst, und der Gott besitzt nun nur eine Hand. Er ist auch so weise, dass man von

---

1) Müllenhoff, Allgem. Zeitschrift f. Gesch. Hrsg. von Adolf Schmidt, Band 8, 268.

2) Über Týr vgl. Gylfag. Kap. 25, 34, 51. Hym. 5, Lokas. 38—40, Sigrdr. 6. *Týs áttungr* heissen die Könige Egill Tunnadólgr und Sigurd jarl in der Ynglingasaga, Kap. 30 und der Haraldssaga Gráfelds, Kap. 6. Für Eigennamen und sonstige Zusammensetzungen, in denen Týr vorkommt, vgl. Sveinbjörn Egilsson, Lexicon poeticum 828.

einem besonders klugen Manne zu sagen pflegt, er sei weise wie
Tyr. Nicht aber kann man von ihm behaupten, dass er sich es
angelegen sein lässt, Frieden zwischen den Menschen zu stiften."
Beim Götterkampf stehen Tyr und der Höllenhund Garm einander
gegenüber und beide erleiden den Tod. Siegrunen soll man aufs
Schwert ritzen und dabei zweimal Tyrs Namen sprechen; der
Schwertsegen wird durch Tyr wirksam. Könige leiten ihr Geschlecht
von Tyr ab.

Obwol des Tyr Macht im Norden stark beschränkt ist, treten
doch noch deutlich alle wesentlichen Eigenschaften des Tiuz zu
Tage, im 6. Jahrh. galt er ja nach Prokop noch als der höchste
Gott bei den Skandinaviern, damals war weder Thor noch Odin
in Norwegen an seine Stelle gerückt. Der alte Name des Himmelsgottes erhielt sich in Norwegen, in Schweden wurde er Freyr
genannt.

Auf den Tyrskult der nordischen Wikinger vom Hardanger-
fjord, die im 9. Jahrh. in Irland heerten, christliche Kirchen und
Klöster verbrannten und die Diener des Christengottes töteten, lässt
eine geistvolle, aber kühne Vermutung Zimmers[1]) schliessen. Die
irische Sprache bezeichnet das Thun und Treiben, die Heerfahrt der
Wikinger mit dem Worte *diberc* (gespr. *diwerc*). Aus dem irischen
Wortschatz ist *diberc* nicht zu erklären. Da viele nordische Wörter zur Zeit der Heerfahrten ins Irische übergingen, kann auch
*diberc* aus dem Nordischen entlehnt sein. *Tyverk*, Werke des Tyr,
Werke des Kriegsgottes, nannten die heidnischen Wikinger ihre
Thaten, und die Iren machten daraus *diberc*, deren Wirkung sie
ja genugsam verspürten und fürchteten. Bei den Norwegern, die
im 9. Jahrh. in Irland heerten, herrschte somit noch Tyrsdienst
vor, der später vor Thors und Freys Diensten zurücktrat.

Zur Erinnerung an die Schlacht bei Flodden in Northumbrien,
in der 1513 die Schotten von den Engländern besiegt wurden,
feierte man lange in Hawick (Roxboroughshire) ein Volksfest mit
Wettreiten. Als Kehrreim eines dabei gesungenen Liedes begegnen die dem Volke unverständlichen Worte „*Teer yebus, ye Teer
ye Odin.*" Sie sind zu deuten „*Tyr hæb us, ye Týr ye Odin!*"
Tyr habe uns, Tyr und Odin! Man kann darin einen alten north-

---

1) Göttingische gelehrte Anzeigen 1891, S. 193 ff.

umbrischen Kampfruf vermuten, welcher in der späteren Wikingerzeit aufkam. Denn die Götter sind in nordischer, nicht in englischer Namensform angerufen.[1])

Alle Germanen haben den *dies Martis* nach Tiuz benannt, nur die Baiern haben eine andere Bezeichnung: *Ertag,* woran noch die heutige Mundart festhält.[2]) Spätere Formen sind *Eri-, Erch-, Erichtag.* J. Grimm vermutet, dass in diesem Ertag ein anderer Name des Himmelsgottes verborgen sei. Bedenklich ist nur, dass kein Genitiv, also Erestag wie Wodans-Donars-Ziestag steht. Vielleicht darf der sächsische Eresberg herangezogen werden. Merkwürdig sind einige Runennamen. ↑ ist im Ags. *tír* Ruhm (ahd. *zêri, ziere*), im Nordischen aber Týr nach dem Gotte benannt. Die Rune ᛇ mit dem Lautwert ea heisst im Ags. *ear* und *tír,* in deutschen Runenalphabeten begegnet entsprechend *aer* und *ziu* für die Rune. Darf man daran die etwas kühne Vermutung knüpfen, die deutschen Schreiber wurden an die zwei Namen des Himmelsgottes Er und Ziu durch das ags. *ear* und *tír,* nord. *Týr* erinnert? Mogk schliesst, *Er, Ear* war ein Beiname des Himmelsgottes bei Sachsen und Baiern, Ertag ist gleich Ziestag. Das Wort soll dem indischen *arya* verwandt sein, das im Sinne von freundlich im Rigveda den Göttern beigelegt wird.

In der altsächsischen Abschwörungsformel vom Jahr 772 stehen die Götternamen *„Thuner ende Wôden ende Saxnôte"*, denen der Täufling entsagen soll. *Saxnôt*[3]) ist jedenfalls einer der drei ger-

1) Stephens, aarböger for nordisk oldkyndighed og historie 1875, S. 109 ff. Tyr auf Thor zu beziehen, wie H. Petersen, gudedyrkelse S. 97 will, geht nicht an.

2) J. Grimm, Mythologie 182; Mogk, Pauls Grundriss I, 1055; Schmeller, Bayer. Wb. I, 127; im ags. Runenlied steht *tír* und *ear* für das Zeichen ᛇ, W. Grimm, Über deutsche Runen, Göttingen 1821, Tafel III; *ziu* im cod. Vind. 64, ebenda Tafel I, *aer* im cod. Sang. 270, Tafel II.

3) In der Stammtafel der Ostsachsen begegnen die Namen *Seaxnéat* (Mars), *Gesecg* und *Andsecg* (Symmachus und Antimachus), *Sveppa* (einer, der Getümmel anrichtet), *Sigefugel* (siegverkündendes Zeichen), *Hedca* und *Bedeca* (viri caedis et stragis), alles Beiwörter eines und desselben Wesens: die Momente der Schlacht sind als Söhne des Kriegsgottes dargestellt. Müllenhoff, Schmidts Zs. f. Gesch. 8, 249; ZfdA. 11, 291. Die Stammtafeln übersichtlich bei Grimm, Myth. 3, 377 ff.; O. Haack, Zeugnisse zur aengl. Heldensage, Kieler Dissert. 1893, 23 ff.

manischen Hauptgötter, also Tiu, weil er den zwei anderen gleich
gestellt wird. In der ostsächsischen Stammtafel begegnet *Saxnéat*
als Wodens Sohn. Die dem späteren Wodankult ergebenen Sachsen des Festlands und in Britannien ordneten den Tiu nachmals
Woden unter, wie auch im Norden Tyr Odins Sohn ist. Saxnôt
war ein Beiname des Tiu unter den Sachsen. Der Sinn des Namens ist klar: Schwertgenoss. Sax ist das Kurzschwert, das
Messer. Es fragt sich nur, wie entstand der dem schwertfrohen
Tiu durchaus passende Beiname. Der Volksname *Saxon* erscheint
wie eine Kurzform zum vollen *Saxnôtas*. Schwertgenossen wie
die ags. *Sweordweras* nannten sich die Stammesangehörigen, und
den Tiu stellten sie an die Spitze ihres Bundes, indem sie den
Schwertgott auch als ihren Schwertgenoss bezeichneten.[1]) Der
Gott nahm auch hier den Namen von seinem Volk, nicht umgekehrt. Dass Tiu ursprünglich Saxnôt hiess, wäre unbegreiflich,
dass aber das Volk in Waffen so sich nannte, versteht man leicht.

## 2. Spuren von Mythen.

Beim Himmelsgott stehen nach idg. Glauben die *Dioskuren,*
die ritterlichen Zwillinge, das reissige Brüderpaar, an die frühzeitig reiche Sagen anknüpften, welche wir namentlich aus indischer und griechischer Überlieferung kennen lernen. Vom Stamm
der Nahanarvali weiss Tacitus den Kult der Zwillinge zu berichten. Ein alter Hain mit einem Priester, der das Haar nach Weiber-
art trägt, ist dem Dienst einer Gottheit geweiht, deren Namen
*Alkiz* lautet, deren Wesen den Dioskuren entspricht. Müllenhoff
glaubt, das göttliche Brüderpaar in der germanischen Heldensage
mehrfach nachweisen zu können.[2])

---

1) Den Volksnamen als einen ‚hieratischen‘ leiten J. Grimm, Myth. 185,
Müllenhoff, Schmidts Zeitschrift 8, 252, vom Gott ab; die oben vorgetragene
Ansicht vertritt Laistner, württb. Vierteljahrshefte f. Landesgeschichte, N. F.
1892, S. 29.

2) Tac. Germ. 43 *apud Nahanarvalos antiquae religionis lucus ostenditur.
praesidet sacerdos muliebri ornatu, sed deos interpretatione Romana Castorem
Pollucemque memorant. ea vis numini, nomen Alcis. nulla simulacra, nullum
peregrinae superstitionis vestigium; ut fratres tamen, ut juvenes venerantur.*
Vgl. Myriantheus, Die Açvins oder arischen Dioskuren, München 1876. Müllenhoff, ZfdA. 12, 346ff. 30, 217ff. Roediger, Zeitschrift des Vereins f. Volkskunde
1, 241ff. Wolfskehl, German. Werbungssagen, Darmstadt 1893, S. 18ff.

Lassen sich überhaupt noch reicher entfaltete germanische Tiuʒsagen erkennen? Wo unsere Quellen reichlicher fliessen, ist Tiuʒ bereits stark verblasst und zurückgedrängt. Der mit ihm einst verbundene Sagenkreis ist daher teils verschwunden, teils verändert. Sein Reich und Weib, die Frija besitzt Wodan-Odin. Nur mit oft gewagten und unsicheren Rückschlüssen gewinnen wir eine ungefähre Vorstellung von den altgermanischen Tiuʒmythen, welche mit den indogermanischen vermutlich auf gleicher Stufe standen.

Der Tag in Auf- und Niedergang mit allen dazu gehörigen Erscheinungen ist Grundlage und Ausgangspunkt für viele Sagen vom Himmelsgott. Die Hymnen des Rigveda, deren Dichter von lebendigem Naturgefühl beseelt sind, zeigen, wie sich solche Mythen unmittelbar aus der Naturerscheinung heraus entfalten. Sie dürfen darum als lehrreiches Beispiel für derlei Vorgänge bei andern idg. Stämmen herangezogen werden. Zwielicht, Morgenröte, Sonne, Tag sind der gläubigen und poetischen Naturbetrachtung verschiedene Dinge, deren Zusammenwirken wol erkannt, aber auch in verschiedenen bildlichen Gestaltungen auseinandergehalten wird. Daraus lösen sich die Zwillinge, die *Açvins* (d. h. die Ritter), die im Zwielicht erscheinen, die *Ushas* (Ἠώς), die holde Jungfrau, die rosige Morgenröte, *Sûryâ*, die Sonnengöttin, mit der Morgenröte auch öfters eins gedacht; nach Zwielicht und aufleuchtender Röte tritt der volle strahlende Tag, der hehre *Dyâus* selber hervor, dem alle untergeordnet sind. Die Erscheinungen beim anbrechenden Tage setzt die Einbildungskraft des Dichters in mehrfache Beziehungen zu einander. Alle möglichen Sagen können daraus entspringen. Am Abend wiederholt sich das Ereigniss. Da schwinden die holden, freundlichen Lichtgötter dahin vor den unholden, feindseligen und verhassten Mächten der Finsterniss. Die Sagen von Frija, wenn wir sie wieder ihrem ersten und echten Gemahl, dem Tiuʒ zurückgeben, gründen sich offenbar auf den uralten Tagesmythus. Sofern dem Tiuʒ und den Alkîʒ hiebei eine thätige Rolle zugewiesen ist, müssen sie hier Erwähnung finden. Ihre ursprüngliche Fassung ist ebenso notwendig, um die Gestalt des germanischen Himmelsgottes zu beleben, als auch zum rechten Verständniss von Frijas Gesinnung und Handlungsweise, nachdem sie Wodans Frau geworden. Doch darüber erst später.

Der ganze Zusammenhang der Vorstellungen von der Frija

geht zurück auf den Mythus einer Sonnengöttin, entsprechend der arischen Sûryâ. Der Mythus dieser Göttin aber steht in engster Beziehung zu den reichen, schätzebewahrenden Açvins. Als Götter der Morgenfrühe, des Zwielichts, sind sie von allen Göttern zuerst zur Stelle, nehmen die Morgenröte, die Sûryâ oder die Ushas, die Tochter des Sûrya (Helios) oder des Savitar, auf ihren Wagen, und führen sie als glückliche Freier oder Brautwerber für Soma davon. Die Einholung der Braut auf dem Wagen bildete einen Hauptteil der Hochzeitsfeier. Im Rigveda ist aber ein doppeltes Verhältniss der reissigen Brüder zu Sûryâ angenommen: des Sonnengottes holde Tochter hat sich selbst der Helden Schönheit auserwählt und beide Jünglinge sich zu Gatten erkoren. Im grossen Hochzeitshymnus aber halten die Açvins als Brautwerber für Soma bei Savitar um dessen Tochter Sûryâ an und dieser lässt die von Herzen zustimmende Braut ins Heim des Gatten führen. Der doppelte Mythus entwickelte sich auch bei den andern Indogermanen. Die Naturerscheinung bedingt die Ausbildung solcher Sagen. Die Götter des Zwielichts tauchen zuerst aus der Nacht empor. Ihnen folgt die liebliche Morgenröte. Aber auch der Tag- und Sonnengott kann in Liebesverhältniss zur Morgenröte gedacht werden. Dann holen die Jünglinge die geschmückte Braut ein und bringen sie dem Gott des Tages und der Sonne, der nun in seine volle Herrschaft eintrat. Endlich können die zwei verschiedenen Vorstellungen von den Dioskuren als Freiern oder Werbern zu einer dritten verschmelzen: ausgesandt, um ihrem Vater die Braut heimzuholen, entbrennen sie selber in Liebe zur leuchtenden Jungfrau und suchen sie für sich zu behalten. Mit Geschmeide gewinnen sie die Gunst der Göttin. Für diesen Frevel trifft sie des Himmelsherrn rächende Strafe. Auf der schmuckfrohen Himmels- und Sonnengöttin, im Norden Frigg und Freyja, Menglod (die des Halsbandes sich erfreuende), lastet freilich der Vorwurf der Buhlerei oder ehelichen Untreue. Um das Geschmeide zu gewinnen, gab sich die Göttin denen hin, die es geschmiedet. Um die unverständlich gewordenen und versprengten Trümmer wieder zu einem Ganzen zusammen zu fügen, erklärt Müllenhoff ein Stück deutscher Heldensage für ursprünglichen Göttermythus, die Sagen vom Gotenkönig Ermanrîk sollen zum Teil einst dem Himmelsgott, dem „*Irmintiu*" gehört haben. Eine Vereinigung der nordischen Geschichte von Svanhild und ihren Brüdern mit der deutschen Sage von den zwei Harlungen Ambrico und Frîdila, in denen die

Zeussöhne, die Dioskuren stecken sollen, wird den Mythus ergeben: Die schatzreichen Harlunge führen die Sonnenjungfrau
ihrem Vater „Irmintiu" zu. Sie werden beschuldigt, selber nach
der Braut getrachtet zu haben. Darum lässt der Himmelsgott sie
ergreifen und aufhängen. Ihren Reichtum, das Harlungengold,
nimmt er an sich. Dieser von Müllenhoff und Roediger geistvoll
aus der Heldensage erschlossene Göttermythus entbehrt völliger
und überzeugender Begründung, ebenso die weiteren daran geknüpften Folgerungen, auf deren Vorführung wir verzichten.

Ein anderer von Müllenhoff auf ähnliche kühne Weise auf-
gebauter Mythus zeigt die Dioskuren als ein Brüderpaar, die Har-
tunge; Hartnît, der ältere erstreitet gegen ein riesisches, winter-
liches Geschlecht, die Isunge, ein schönes göttliches Weib. In
seiner goldglänzenden Rüstung verfällt er später einem Drachen,
der ihn verschlingt. Der jüngere Hartung, Harthere erschlägt
dann den Drachen, legt die Rüstung und Waffen Hartnîts an,
bändigt und besteigt sein Ross, und wird darauf von der trauern-
den Wittwe an des Bruders Statt als Gemahl angenommen. Auch
sonst noch sollen die lichtspendenden, streitbaren, rossebändigen-
den Jünglinge in Brüderparen der Heldensage wiederkehren.

Wenn der nordische Tyr es mit dem Wolfe zu thun hat und
am Ende der Tage mit dem Höllenhunde kämpft, mag vielleicht
eine alte mythische Vorstellung hierin nachklingen. Mit einem
Wolf, dem Ungeheuer der Finsterniss, kämpfen die Açvins und der
griechische Sonnengott Apollo, der ja sogar den Beinamen Wolfs-
töter ($\lambda\nu\varkappa\alpha\varkappa\tau\delta\nu o\varsigma$) führt.

Über Vermutungen gelangt der Versuch, germanische Tiuz-
sagen wieder herzustellen, nicht hinaus. Sehr gewagt scheint es,
Sagenzüge, die längst alle Beziehung und allen Zusammenhang
verloren, wieder an den Himmelsgott anzuknüpfen. Denn keine
Gewähr ist vorhanden, dass diese Stoffe einst wirklich, nicht nur
in unserer Einbildung, zu Tiuz und den Alkîz gehört haben. Nur
eine einzige Sage, wie der Himmelsgott sein Weib errang, hat
sich in lebendiger Darstellung erhalten, doch auch in bestimmter
Beziehung zum schwedischen Freyr. Unter seinem Namen soll
sie mitgeteilt werden.

## II.  Freyr.

### I.  Des Gottes Art und sein Kult.

Auf einer Insel der Nordsee, in heiligem Hain erhub sich das
Stammesheiligtum der Ingvaeonen.  Dort befand sich ein mit Tep-
pichen verhängter Wagen, dem nur der Priester nahen durfte.  Zu
gewisser Zeit wurde die Gottheit *Nerþus* auf einem mit Kühen
bespannten Wagen unter dem Geleit des Priesters umhergeführt.
Wohin der Umzug kam, überall herrschte Friede und Festesfreude.
Bei der Rückkehr ins Heiligtum wurde die Gottheit im See gebadet; die dienenden Knechte wurden ertränkt, damit kein frevles
Auge das Geheimniss erschaue.[1]) Was hier von einer Göttin *Nerþus*
erzählt wird, stimmt auffallend zu dem, was nordische Quellen
von Njord und seinem Sohn Freyr[2]), die in Schweden verehrt

---

1) Tas. Germ. 40. *Reudigni deinde et Aviones et Anglii et Varini et
Eudoses et Suardones et Nuithones fluminibus aut silvis muniuntur. nec quisquam notabile in singulis, nisi quod in commune Nerthum, id est terram
matrem, colunt eamque intervenire rebus hominum, invehi populis arbitrantur
est in insula oceani castum nemus, dicatumque in eo vehiculum, veste contectum;
attingere uni sacerdoti concessum. is adesse penetrali deam intellegit vectamque
bubus feminis multa cum veneratione prosequitur. laeti tunc dies, festa loca,
quaecumque adventu hospitioque dignatur. non bella ineunt, non arma sumunt;
clausum omne ferrum; pax et quies tunc tantum nota, tunc tantum amata,
donec idem sacerdos satiatam conversatione mortalium deam templo reddat.
mox vehiculum et vestes et, si credere velis, numen ipsum secreto lacu abluitur.
servi ministrant, quos statim idem lacus haurit. arcanus hinc terror sanctaque
ignorantia, quid sit illud, quod tantum perituri vident.*

2) Die Bedeutung des Namens ergibt sich aus den andern german. Sprachen.
Freyr weist auf urgerm. *fraujaz;* neben der starken Form, welche der Göttername bewahrt, steht sonst die schwache, das Thema *fraujan,* im got. *frauja*
as. *frôio* ags. *frigea,* daneben Ableitungen ohne j (Kluge, Nominale Stammbildungslehre der altgerm. Dialekte, Halle 1886, § 14) ags. *fréa* as. *frô frao*
ahd. *frô.* Das Wort wird dem weltlichen Herrn, mit Vorliebe aber Gott beigelegt. Wulfila übersetzt *κύριος* damit. Vgl. Kluge, Etymol. Wb. unter „frohn“.
Eine neue Deutung schlägt Kögel (ZfdA. 37, 272) vor. Der Göttername urgerm.
\**Frawias,* an. *Freyr* ist von dem adj. *frawa-* froh, heiter, sanft abgeleitet,
wie sanskrit Bhavya von Bhava. Nur diese Ableitung wird dem Wesen des
Gottes, in dem die milde, wärmende Frühjahrssonne verkörpert ist, völlig gerecht. Dagegen ist got. *frauja* Herr nebst dem entsprechenden Femin. ahd.
*frouwa* (aus *fraunjâ*) fern zu halten. *frauja* ist eine Steigerungsform zu
\**frawa,* ahd. as. *frô* ags. *fréa* Herr; dieses adj. \**frawa* ist wurzelverwandt
mit aind. *pûrva* der vordere, got. *fruma* der erste. Der Gleichklang von *frawa*
froh und *frawa-*Herr beruht also auf Zufall.

wurden, berichten. An ihren Namen knüpft die goldene Friedenszeit, das glückliche Zeitalter des Nordens, hier wie dort wird die
Friede spendende Gottheit auf einem Wagen unter dem Volk
umhergeführt. *Njǫrþr*, aus \**nerþuʒ* entstanden, ist lautlich gleich
*Nerthus*, wie die besten Tacitushandschriften bieten. Nur ist im
Norden ein Gott, bei Tacitus eine Göttin mit dem Namen belegt.
Die urgermanischen u-Stämme lauten im Fem. und Masc. gleich,
also ist jede der beiden Verwendungen sprachlich möglich. Das
gemeingermanische Wort *nertu*, ‚guter Wille‘, wurde als Eigen-
schaftsbenennung auf Personen übertragen, *nerþuʒ* meint die wolthätige, holde Gottheit und kann ebenso einem Gott wie einer
Göttin zuerteilt werden.[1]) Bei Tacitus ist wol von der vielnamigen
und vielgestaltigen Hauptgöttin der Germanen, von der mütterlichen Erde die Rede, die dem Himmelsgott als Gattin und Schwester
gesellt war. Zieht die holde Göttin durch die Fluren, so geleitet
sie als Vertreter des Gottes der Priester; wenn der Gott umfährt,
steht ihm die Priesterin zur Seite, wie bei Freyr in Schweden.
Beiwörter der Gottheit wandelten sich im Norden zu Eigennamen.
Njord und Freyr, einst der holde (*nerþuʒ*) und der herrschende
oder der frohe (*fraujaʒ*) Himmelsgott, sind als Vater und Sohn
gedacht, aber im Grunde ihres Wesens einander völlig gleich.
Mit seiner Schwester erzeugt Njord den Freyr.

Mit Freyr und Njord[2]) hat es im nordischen Götterkreis besondere Bewandtniss. Einstimmig nennen alle Zeugnisse Schweden als die Heimat des Freysdienstes. Von dort wurde er frühzeitig nach Norwegen, nach Drontheim verpflanzt, jedenfalls vor
dem 9. Jahrhundert, denn die Norweger fahren von 876 ab unter
Thors und Freys Schutz nach Island.

In den Liedern und in Snorris Edda heissen Njord, Freyr

1) Zu idg. *nertu-* Fick, Vergleichendes Wb. d. idg. Sprachen I, 4. Aufl.
98, 503; Kauffmann, Beiträge 18, 145. Ältere Erklärungsversuche stellt Schade,
Altd. Wb. I, 645 zusammen. Kögel, Gesch. d. deutschen Litt. I, 1, 22 und
Noreen, Abriss der urgerm. Lautlehre 209 vergleichen Nerthus mit νέρτεροι,
„die Unterirdischen“, νέρτατος u. Ä.

2) Über den Zusammenhang von Nerthus mit Njord-Freyr u. über die
Wanen Uhland, Schriften 6, 150 ff.; 7, 494 ff. Müllenhoff, Schmidts Zeitschrift
f. Gesch. 8, 227 ff.; Deutsche Alterthumskunde 5, 1, 39 ff., 95 ff.; Weinhold,
Über den Mythus vom Wanenkrieg, Sitzungsberichte der Berliner Akademie
1890, S. 611 ff. Spuren vom Wanenkrieg glauben Detter und Heinzel, Beiträge
18, 542 ff. in mehreren Erzählungen Saxos nachweisen zu können. Ganz anders
erklärt H. E. Meyer, Völuspa, S. 93 ff. den Wanenkrieg aus christlichen Vorstellungen.

und Freyja Wanen, *vanir* [1]) im Gegensatz zu den Asen. Die Wanen sind ein glänzendes, lichtes Geschlecht [2]), die mit Jahressegen, Frieden und Reichtum zu schaffen haben, in Wesen und Benennung von den kriegerischen Asen unterschieden. Auch Herkunft und Heimat trennt Wanen und Asen, obwol sie sich später in der Vorstellung nordischer Dichtung vereinigten. In die Urzeit verlegt die Sage einen Krieg zwischen Asen und Wanen.

Vǫl. 21.  Ich weiss als ersten          der Weltenkriege,
          als Gullweig sie             mit Geeren stiessen
          und sie in Hawis             Halle verbrannten,
          dreimal verbrannten          die dreimal geborne,
          oft und häufig,              doch immer noch lebt sie.

Vǫl. 22.  Heid hiess man sie,          wo ins Haus sie kam,
          die sinnvolle Zaub'rin       mit dem Sehergeist;
          hirnverrückende              Hexenkunst trieb sie,
          leidiger Weiber              Lust war sie stets.

Vǫl. 23.  Da gingen zu Sitze          die Götter alle,
          die heiligen Herrscher,      und hielten Rat:
          ob Zins die Asen             zahlen sollten
          oder alle Götter             die Opfer geniessen.

---

1) Njord heisst *vananiðr, vanr* Skáldsk. Kap. 6; Vafþm. 39,

> In Wanaheim ward er      von weisen Mächten geschaffen,
> und als Geisel den Göttern gesandt;
> doch dereinst wird er kehren      am Ende der Welt
> zu den weisen Wanen zurück.

Freyr heisst *vaningi* Skírn. 38; *vanaguð* Skáldsk. Kap. 7; Freyja *vanadís* Gylfag. Kap. 35; Skáldsk. Kap. 20 *vanagoð;* ebenda Kap. 37 *vanabrúðr.* Sonst steht der Ausdruck noch in der Ynglingasaga.

2) Im Heliand begegnet ein Adj. *wanum,* hell, glänzend, dazu Adv. *wanamo* und Subst. *wanamî.* Vielleicht gehören dazu die ahd. Eigennamen *Waninc, Wanilo,* mit Umlaut *Wenilo, Wenila.* Ob *wanum* oder *wânum* anzusetzen ist, darüber gehen die Ansichten auseinander. Entweder gehören die nord. *vanir* oder das an. *vænn,* schön dazu. Zum Wort J. Grimm, Gött. gel. Anz. 1831 n. 8, S. 74; Geschichte der ds. Spr. 653 f.; Vilmar, Deutsche Altertümer im Heliand, Marburg 1845, 17 ff.; Müllenhoff, Schmidts Zeitschr. 8, 240; Behaghel, Germania 21, 143; Sievers, Heliand S. 505 zu 168 u. S. 539 zu 5766. Aus den verwandten Sprachen bietet sich zum Vergleich *Venus, venustus,* sanskrit *vanas,* Reiz, Wonne. Noreen, Abriss der urgerm. Lautlehre, Strassburg 1894, S. 50 u. 53 zieht aind. *vanam,* Wasser heran, ags. *wos* an. *vás* (aus *wans*) Nässe und erklärt Vanir als Seegötter. Der altschwedische Seename *Vænir* stehe im Ablaut zu Vanir. Freyr und Njord als Seegötter wären teilweise wol zu verstehen.

Vǫl. 24. Den Schaft hatte Odin geschleudert ins Heer
— das auch geschah im ersten Weltkrieg —
da brach der Wall in der Burg der Asen,
die streitbaren Wanen zerstampften das Feld.

In Gullweig, der Goldigen, darf man vielleicht eine Wanin,
die Freyja vermuten. Als die glänzende Frau aus der Schar der
Wanen unter den Asen erschien, an deren Spitze Odin, der Herr
der Gespenster, der Kriegsfürst, der wilde Jäger stand, wurde
sie misshandelt. Die Früchte des Friedens und gedeihlichen Handels, das erworbene Gold fallen als Raubbeute dem Krieger zu.
Der Reichtum, den die milden Götter der Sommerwonne und des
Sonnenglanzes spenden, reizt zu Heerfahrt und Beutezug. So wird
das Gold Ursache des Krieges, Krieger, Bauer und Kaufmann,
Asen und Wanen geraten an einander. Siegreich behaupteten die
Wanen das Feld. Nun berieten die Asen über den Frieden, ob
sie den von den Wanen geforderten Zins erlegen oder ob sie ihnen
ihr zweites Verlangen zugestehen sollten, gleichberechtigt mit den
Asen Opfer zu empfangen. Und so wurde beschlossen. Denn wirklich erscheinen die Wanen im Kreise der Asen und stehen ihnen
an Ehren nicht nach. Ergänzend berichtet die Ynglingasaga Kap 4:
Odin fuhr mit einem Heer gegen die Wanen, die aber verteidigten
ihr Land und waren mehrmals siegreich. Nachdem beide Teile
in längerem Kriege einander Schaden angethan hatten, kam es
zur Versöhnung, Friede wurde geschlossen, Geiseln wurden gestellt. Die Wanen gaben ihre besten Leute, den reichen Njord
und seinen Sohn Freyr, die Asen dagegen den Hoenir, einen
stattlichen und schönen Mann, doch beschränkten Sinnes, weshalb ihn der weise Mimir als Beirat begleitete. Den Njord und
Freyr setzte Odin zu Opferpriestern ein. Freyja Njords Tochter
war Priesterin, sie übte zuerst unter den Asen Zauberei (*seid*),
wie sie bei den Wanen üblich war. Nach Wanenbrauch, der bei
den Asen verboten war, hatte Njord seine Schwester zur Frau.
Ein deutlicher Gegensatz zwischen den kriegerischen, geistes-
mächtigen Asen, die im Besitz höherer sittlicher Anschauung sich
befinden, und den vielfach noch im Naturzustand verharrenden
Wanen tritt auch hier zu Tage. Freyja als Zauberin fällt offenbar mit der zauberkundigen Hexe Gullweig zusammen. Den Asen
ist ihr Wesen neu und fremdartig. Nur weiss Snorri nichts von
vorhergehender Gewaltthat in Odins Halle, welche nach der Vǫlospǫ den Krieg verursacht hatte.

Yngl. Kap. 5 erzählt, Odin zog von Saxland nordwärts zur
See und nimmt sich Wohnstätte auf einem nach ihm benannten
Eiland (*Odinsvé*, *Odense* in Fünen). In Schweden herrscht König
Gylfi. Odin sandte Gefjon zu ihm, um Ackerland zu fordern.
Sie pflügt ein Stück Land heraus und zieht es ins Meer. Es ist
die Insel Selund; in Schweden bildete sich an Stelle des Land-
stückes der Mälarsee, dessen Buchten gerade so liegen als die
Landzungen auf Selund. Odin aber, von der Trefflichkeit des
schwedischen Ackerlandes unterrichtet, fährt selbst nach Schweden.
Da Gylfi keine Kraft zum Widerstand gegen die Asen sich zu-
traut, verträgt er sich mit ihnen. Odin und die Seinigen messen
sich mit Gylfi in mancherlei List und Blendwerk[1]), die Asen sind
aber stets die Mächtigern. Am See im alten Sigtün lässt sich
Odin nieder, richtet daselbst eine grosse Opferstätte nach Gewohnheit der Asen ein und weist auch seinen Genossen Wohnsitze an.
Freyr herrscht in Uppsala.

Die Sagen vom Wanenkrieg und von der Einwanderung der
Asen nach Schweden haben unter sich Ähnlichkeit; trotz mancher-
lei unverständlichen Einzelheiten, trotz der jungen Fassung der
Ynglingasaga darf ein gemeinsamer alter Kern erschlossen werden.
Beide Berichte sind den Asen feindlich und erkennen nur wider-
strebend ihre Macht an. Hier kämpfen die Schwedengötter, Freyr
und Njord, die Wanen gegen die Asen, dort der Schwedenkönig.
Es kommt zum Vergleich, wonach die angefahrenen Asen im Lande
Opferstätten erhalten, aber sie müssen dagegen zur Anerkennung
der Landesgötter sich bequemen. Asen und Wanen, Odin und
Freyr herrschen zusammen. Ein geschichtlicher Vorgang scheint
zu Grunde zu liegen, ein uralter Kultkrieg zwischen den Anhängern eines festgewurzelten altheiligen Glaubens und den Vertretern
einer neuen aus der Fremde stammenden Religion. Der Gegensatz zwischen Freyr und Odin, dem Himmelsherrn und dem Sturmgott, jener gewaltige Umschwung, dem der germanische Götterglaube in den ersten Jahrhunderten unterworfen ist, kommt auch

---

[1]) Als Gylfis Verblendung (Gylfaginning) erzählt Snorri seine nordische
Mythologie. König Gylfi wandert nach Asgard, um die Macht der Asen zu
erkunden. Diese, welche seine Ankunft voraus wussten, machten ihm als
Blendwerk eine hohe Halle vor. Von drei Männern auf drei Hochsitzen
erhält Gylfi Belehrung über die gesamte Göttersage. Zum Schluss verschwand die Halle mit starkem Getöse und Gylfi sah sich plötzlich allein
auf freiem Feld.

hier freilich unter wesentlich anderen Umständen zum Ausdruck. Der norwegische Volksgott ist der Himmelsgott in seiner Eigenschaft als Donnerer, Thor; in Schweden muss frühzeitig der ingvaeische Freyr, der Begründer und Stifter des Königtums festen Fuss gefasst haben, wahrscheinlich durch die Handelsbeziehungen der Schweden zu den ingvaeonischen Völkerschaften. Von Schweden griff er nach Norwegen hinüber. Das Zusammentreffen des Gottesdienstes der Schweden und Norweger rief keine Fehde hervor. Wenigstens sind keine Spuren gewaltsamer Ausbreitung des Freysdienstes vorhanden. Als aber der deutsche Wodansglaube über Dänemark nach Skandinavien vordrang, was jedenfalls vor 800 geschah, da traf er in Schweden eine starke nationale Gegenströmung. Die schwedischen Könige, die Söhne Freys, wollten anfangs nichts von Odin wissen. Es mag bis zu Kämpfen zwischen den Anhängern des Alten und des Neuen gekommen sein, woraus die Sage einen Krieg zwischen Asen und Wanen machte. Ein Ausgleich gewährte den Asen im Schwedenland Opfer und Tempel, aber Freyr verschwand nicht vor Odin, er trat ihm gleichberechtigt zur Seite.

Die nordischen Denkmäler, sowol die Edda und ihr Liederkreis als auch die Geschichtsquellen geben ein lebendiges und anschauliches Bild von Njord und Freyr, den die jüngere Olafssaga Tryggvasonar Kap. 173 als *blótgud Svía*, Opfergott der Schweden bezeichnet, von dem viele Sagen in Umlauf wären. Man muss nur die euhemeristische Auffassung Snorris und Saxos, denen die Götter zauberkundige Könige sind, oder die christliche Färbung einzelner Darstellungen in Abzug bringen.

Dass Freyr der herrschende Himmelsgott ist, zeigt noch seine Benennung Götterfürst, *folkvalde gopa* (Skirn. 3) an.

> Freyr [1]) ist der erste   von allen Helden,
> Die die Burg der Asen birgt;
> Keines Mannes Frau   und kein Mädchen kränkt er,
> Und macht die Gefesselten frei.

Freyr ist der trefflichste unter den Göttern. Er waltet über Regen und Sonnenschein und über den Pflanzenwuchs der Erde.

---

1) Über Freyr ausser den Skírnismól Lokas. 35—37; 42—44; Grímn. 5, 43; Hyndl. 31; Sigurþarkv. skamma 24; Gylfag. Kap. 24, 34, 37, 43, 49, 51; Skáldsk. Kap. 3.

Gut ist es, ihn um Fruchtbarkeit und Frieden anzuflehen, denn er
vermag den Menschen Frieden und Wolstand zu gewähren. Alfheim, Elbenheim ist sein Wohnsitz. Denn auch die Elbe wirken
in den Naturkräften, die das Wachstum befördern. Neben der
mild-friedlichen Thätigkeit des Himmelsgottes, die seinem uranfäng-
lichen Wesen entspricht, steht aber auch die kriegerische. Freyr
besitzt ein Schwert, das in des Furchtlosen Hand von selber in
Schwung gerät, und ein Ross, das mutig die wabernde Lohe durcheilt. Er ist der beste aller kühnen Reiter (*baztr allra baldripa*).
Bei der Werbung um Gerd gibt er Ross und Schwert hin, darum
steht er seiner guten Waffe beraubt im letzten Kampf und erliegt
vor dem Feuerriesen Surt. Zu Baldrs Leichenbrand fährt er auf
einem Wagen, den der goldborstige Eber zieht. Der Wagen gebührt dem Himmelsgott von Alters her, doch ein goldborstiger
Eber wurde ihm erst später durch ein Missverständniss beigelegt.
Der Zwerg Sindri schmiedete die besten Kleinode, Odins Speer,
Thors Hammer, das Schiff Skidbladnir, den Ring Draupnir, Sifs
Goldhaar, endlich Freys Eber, von dem er sagte, dass er bei
Tag und bei Nacht schneller als ein Pferd durch Luft und Wasser
zu laufen vermöge, und niemals werde die Nacht so finster sein,
dass nicht dort, wo der Eber sich befinde, genügende Helle sich
verbreite — so leuchte es von seinen Borsten. Schon im 10. Jahrh.
berichtet das Skaldengedicht Húsdrápa, dass Freyr auf goldbor-
stigem Eber ritt. Aber wie kommen Zwerge dazu, neben Waffen
und Schmucksachen ein lebendiges Geschöpf zu schmieden? Unter
den beliebten Tierbildern auf Helmen stehen Adler und Eber
obenan. Die Angelsachsen trugen goldene Eberhelme. Im Norden
begegnen *Hildisvín* und *Hildigoltr*, Kriegseber, als Helmnamen.
Zweifellos gebührte dem Himmelsgott ein goldener Eberhelm und
der war ein Zwergengeschmeide. Später wurde der allgoldene
*Hildigoltr* wörtlich genommen, und so bildete sich die Sage vom
Eber [1]). Unter goldenem Eberhelm, mit dem Wunderschwert bewehrt reitet Freyr sein mutiges Ross, und so dachten sich wol
einst alle Germanen den Himmelsgott.

Skidbladnir (mit hölzernen Rudern?) ist der Schiffe bestes.
Stets hat es günstigen Fahrwind nach der Richtung, in der man
reisen will, sobald das Segel aufgehisst wird. Alle Götter finden

---

1) Freys Goldhelm bei Munch, norr. gudesagn S. 11; Noreen, Uppsalastudier 207; Uhland, Schriften 6, 159 ff.

darin Platz, aber man kann es auch zusammenfalten und in die Tasche stecken. Die Wanen, insbesondere Njord haben auch mit der Schifffahrt zu thun; darum ist dem Gott ein Wunderschiff, das in seinen Eigenschaften an Märchendinge erinnert, beigelegt. Die mythische Deutung will darin die Seglerin der Lüfte, die Wolke sehen, die in nichts zusammenschwinden kann.

Njords [1]) Wesen deckt sich mit Freyr. Er wohnt zu Noatun (Schiffsstätte, Hafen) und lenkt dort des Windes Lauf und beruhigt Meer, Sturm und Feuer. Ihn soll man bei Seefahrt und Jagd anrufen. So reich und begütert ist er, dass er jedem Land und fahrende Habe geben kann, wenn er will, und darum soll man ihn deswegen anrufen. Mit seiner Schwester zeugte er Freyr und Freyja. Ein isländisches Sprichwort war: reich wie Njord.[2])

Was die Geschichtsquellen über Njord und Freyr berichten, deckt sich vollkommen mit den Angaben der Edda. Die Ynglingasaga Kap. 11 sagt von Njord, zu seinen Zeiten sei so guter Friede und fruchtbares Jahr gewesen, dass die Schweden meinten, Njord gebiete über Fruchtbarkeit und Reichtum der Menschen.

Der Ynglingasaga (Kap. 12) ist Freyr ein milder, reicher Herrscher, unter dem Friede und Fruchtbarkeit blühen. Zu Uppsala [3]) war sein Hauptsitz. Zu seinen Zeiten war Frodis Friede, und gutes Jahr in allen Landen: die Schweden schrieben es dem Freyr zu. Freyr hiess mit anderem Namen Yngvi; Yngvi blieb lange ein Ehrenname in seinem Geschlecht, seine Nachkommen hiessen Ynglinger. Als Freyr erkrankte, da liess man nur wenige Leute zu ihm. Ein grosser Hügel mit einer Thüre und drei Fenstern wurde erbaut. Dort hinein schafften sie den toten Freyr und sagten den Schweden, er sei noch am Leben. So gings drei Jahre. Reiche Schätze wurden geopfert, Friede und Fruchtbarkeit dauerte fort. Als das Volk seinen Tod endlich erfuhr, wollten sie seinen Leichnam nicht verbrennen; sie glaubten, die gute

---

1) Über Njord Lokas. 34—36; Vafþr. 38, 39; Grímn. 16; Gylfag. Kap. 23, 24; Bragar. Kap. 2.

2) Vatnsdœlasaga S. 80.

3) *Uppsalir* sind die hohen, hochliegenden Säle, wie *Uppland* die Hochlande. Dass damit eigentlich die Himmelssäle (vgl. *upphiminn*) gemeint seien, behauptet Noreen, fornnordisk religion, mythologi och teologi (Vortrag vom 9. März 1892) S. 8. *Freyr i Uppsolom* sei eigentlich der Herr im Himmel und diese Bezeichnung verursachte die feste Anknüpfung des Freysdienstes an Uppsala in Schweden.

Zeit werde anhalten, so lange Freyr in Schweden wäre. Da nannten sie Freyr den Gott der Welt und opferten ihm alle Zeit um Frieden und Fruchtbarkeit.

Tapfere Fürsten heissen Sprösslinge Freys, wie sie auch Tyrs Nachkommen genannt werden.[1])

In den Tagen Haralds Harfagri kam Hrafnkell nach Island.[2]) Er nahm Land in Besitz, opferte und errichtete einen Tempel. Hrafnkell verehrte keinen Gott mehr als Freyr, und weihte ihm die Hälfte seiner besten Habe zu eigen. Darum erhielt er auch den Beinamen *Freysgodi,* Priester des Freyr. Unter seinen Besitztümern erschien ihm ein grauer Hengst mit schwarzen Streifen am Rücken am meisten wert. Er nannte ihn *Freyfaxi*, und schenkte auch ihn zur Hälfte seinem Freunde Freyr. Diesen Hengst liebte er sehr und gelobte, den zu töten, der gegen seinen Willen ihn reite. Einar Thorbjorns Sohn, der als Hirte bei Hrafnkell sich verdingt, erhält die strenge Weisung, das Verbot nicht zu brechen. Wie er trotzdem einmal, um verlaufene Schafe zu suchen, den Hengst besteigt, läuft dieser zu Hrafnkell und zeigt ihm das Geschehene mit lautem Wiehern an. Am andern Tag reitet Hrafnkell zu Einar hinaus, stellt ihn zu Rede und schlägt ihn seinem Gelübde gemäss zu tod. Daraus entstand eine grosse Fehde zwischen Hrafnkell und den Verwandten Einars, die mit Hrafnkells Vertreibung von Haus und Hof endigt. Seine Feinde liessen den Hengst und die andern Rosse vorführen. Sie schienen ihnen tüchtig und gut zur Arbeit, am besten aber Freyfaxi, der so viel Unheil verursacht hatte. Damit er aber nicht noch mehr Todschlag verschulde, soll ihn der, dem er gehört (Freyr), zu sich nehmen. Sie führten ihn daher auf eine steile Klippe, verhüllten seinen Kopf, banden einen schweren Stein um seinen Hals und stürzten ihn in den unten vorbeifliessenden Strom. Zur Erinnerung wurde der Ort Klippe des Freyfaxi genannt. Drüber erhob sich der von Hrafnkell erbaute Tempel. Nachdem sie die Götterbilder ihres Schmuckes beraubt hatten, legten sie Feuer ans Heiligtum und verbrannten alles zusammen. Wie Hrafnkell dies erfuhr, entsagte er allem Opfer und Götterglauben.

---

1) *Freys áttungr* Ynglingasaga Kap. 33; Haralds saga hárfagra Kap. 13; *Freys afspringr* Ynglingasaga Kap. 23.

2) Vgl. die Hrafnkelssaga Freysgoða. Über das Ross Faxi Vatnsdœlasaga Kap. 34; über Eiðfaxi Landnáma III Kap. 8.

Freyfaxi scheint selber dämonischer Art, wie er auch seinen Reiter bei Hrafnkell anzeigt. Auch sonst kommen Pferde mit Namen Faxi vor, die abergläubische Verehrung genossen. Man wird an Tacitus Kap. 10 erinnert, die heiligen Rosse seien Mitwisser der Gottheit.

Zu Freyr stehen auch noch andere in besonders naher Freundschaft.[1]) Es wird ein Thorðr Freysgodi erwähnt; ein ganzes Geschlecht trägt den Namen *Freysgyðlingar*. Der Isländer Thorgrim Freysgodi pflegte im Herbst dem Freyr Opfer und Gasterei zu halten. Als er meuchlerisch ermordet wurde, geschah es, dass ausserhalb und südwärts am Grabhügel Thorgrims nie Schnee haftete und er nie gefror; die Leute meinten, er sei dem Freyr um der Opfer willen so lieb gewesen, dass der Gott es zwischen beiden nie zufrieren lassen wollte. Auch hier äussert sich der milde Himmelsgott deutlich seinem Wesen nach in Sonnenkraft und Thauluft. In diesem Sinn heissen irdische Helden Freys Freund, *Freys vinr*, worauf auch der ags. Name *Fréawine*, vielleicht der ahd. *Frôwin*[2]) zielen. Aus letzteren ist der Schluss gerechtfertigt, dass auch ausserhalb der nordischen Länder mit der Bezeichnung „Herr", gleichwie Gott später in christlicher Zeit, schlechthin Tiuz gemeint war, nur dass dort das Beiwort nicht vollständig in den Rang eines Eigennamens trat.

Thorkell Hafi[3]), von Vigaglumr um sein Gut zu Thverá gebracht, sucht bei seinem Freund Freyr Hilfe. Und ehe Thorkell von Thvera wegzog, ging er zum Tempel Freys und führte einen alten Ochsen dahin und sprach: Freyr, der du lange mein treuer Freund gewesen bist, viele Gaben von mir empfangen und sie wol vergütet hast, dir schenke ich nun diesen Ochsen darum, dass Glum einst nicht minder wider seinen Willen von Thverá wegziehen möge, als ich jetzt ziehe; lass mich ein Zeichen sehen,

---

1) Þorðr Freysgoði Landnáma IV Kap. 10; die Freysgyðlingar ebenda IV Kap. 13 und V Kap. 15; zu Þorgrim Gísla saga Súrssonar hrsg. von K. Gislason S. 32 und 116. *Freys vinr* heisst Sigurd in der Sigurþarkv. skamma 24; *Fréawine* in den ags. Stammtafeln, *Frowinus* bei Saxo Gramm. und in ahd. Urkunden; vgl. J. Grimm, Myth. 192.

2) Aus dem Strassburger Blutsegen (Müllenhoff-Scherer, Denkmäler IV, 6), wo die Namen *Vro unde Lazakere* in einer sonst verderbten Überlieferung vorkommen, entnimmt J. Grimm, Kl. Schriften 2, 48 eine Bestätigung des Frokultes; vgl. dazu MSD. II³ 52; Kögel, Gesch. d. deutschen Litt I, 1, 263 f., wo auch weitere unsichere Vermutungen über den Mythengehalt des Segens.

3) Vígaglúmssaga Kap. 9 u. 26.

ob du annimmst oder nicht. Da brüllte der Ochse und fiel tot
nieder. Thorkell glaubte, Freyr habe damit das Gelübde angenommen. Der Gott erfüllt seine Zusage. Gegen Glum wird am
Allding eine Blutklage anhängig gemacht. Ehe er von daheim
wegreitet, sieht er im Traum viele Leute nach Thverá kommen,
den Freyr aufzusuchen, der auf einem Stuhle sass. Glum fragt
die Leute, wer sie seien und erhält zur Antwort: seine verstorbenen Anverwandten. Sie bitten Freyr, Glum möge aus Thverá
nicht vertrieben werden. Doch umsonst; Freyr antwortet kurz
und zornig und gedenkt des von Thorkell geopferten Ochsen.

Oddr Sindri [1]) muss sein Gut an Helgi Asbjarnarson abtreten.
Als sich Oddr zum Wegziehen anschickte, liess er einen Stier
schlachten. Am ersten Zugtag wurden Tische längs der Sitze
aufgestellt und das gekochte Stierfleisch vorgesetzt. Da trat Oddr
hinzu und sagte: Hier ist der Tisch zugerichtet, wie für meine
teuersten Freunde; dieses Gastmahl gebe ich ganz dem Freyr,
damit er den, der an meine Stelle kommt, mit nicht geringerem
Kummer von Oddsstadir wegziehen lässt, als ich jetzt ziehe.
Hierauf zog Oddr mit allen den Seinigen ab.

Wie einem vertrauten Freunde wird dem Gott Herzenskummer
und Sorge ausgesprochen. Kann er nicht helfen und Unheil abwehren, so soll er doch Rache und Vergeltung üben.

Pferd und Ochse fielen dem Freyr als Opfer. Aber auch der
„Heerdeneber" *sonargǫltr* (Sievers, Beiträge 16, 540 ff.), der stattlichste und stärkste Eber, umsomehr als wegen des missverstan
denen Eberhelms Freyr selber einen Eber besass. Mit Beziehung
hierauf sagt die Hervararsaga [2]) vom König Heidrek, er habe den
grössten Eber Freyr geopfert. Am Julfest wurden mit Handauf-
legen auf die Borsten dieses heiligen, zum Opfer bestimmten Ebers
Gelübde beschworen. Zwölf Urteilsprecher hatte Heidrek zu
seinem goldfarbigen heiligen Eber bestellt, auf dessen Borsten in
allen wichtigen Rechtssachen geschworen werden sollte. Das Eber-
opfer gehörte wol nicht von Anfang an dem Himmelsgott, das
vornehmere Rossopfer hat darauf mehr Anspruch, sondern gewann
erst später auf Freyr Bezug.

In der Geschichte König Olafs Tryggvason [3]) wird ein Heilig-

1) Brandkrossa þáttr hrsg. von G. Þorđarson S. 59.

2) Hervararsaga, hrsg. von Bugge, S. 233 u. 332.

3) In der um 1330 auf Island verfassten ausführlicheren Olafssaga
Tryggvasonar Flateyjarbók I. 337 ff.

tum des Freyr zu Drontheim erwähnt. Im Umkreis wurden dem
Gott heilige Pferde unterhalten. Das Volk rief ihn um Frieden
und Fruchtbarkeit an und liess sich die Zukunft von ihm offenbaren. Der junge und entstellte Bericht, wie Olaf die Drontheimer
bekehrte, enthält doch einen wahren Gedanken, es wird auf die
völlige Gleichheit des drontheimischen Kultes mit dem schwedischen hingewiesen und die Herkunft des Freysdienstes aus Schweden behauptet. Nachdem der König im wesentlichen die euhemeristische Erzählung der Ynglingasaga vortrug, fährt er fort, dem
Freyr seien zur Unterhaltung zwei Holzfiguren in den Grabhügel
gegeben worden. Später drangen einmal Räuber hinein, um die
geopferten Schätze zu stehlen. Von plötzlicher Furcht ergriffen
wagten sie nichts ausser den zwei hölzernen Götzen mitzunehmen.
Diesen opferten nunmehr die Schweden an Freys Stelle. Der
eine Götze aber wurde nach Drontheim gesandt, wo ihm der
gleiche Dienst gewidmet wurde.

Gunnar Helmingr [1]), ein des Todschlags beschuldigter Mann,
flüchtete aus Norwegen nach Schweden. Damals wurde noch den
Göttern geopfert, vor allen dem Freyr. Das Götzenbild des Freyr
redete mit den Leuten, auf Eingebung des bösen Feindes berichtet
der Sagaschreiber, und hatte ein junges Weib zu seinem Dienst.
Sie galt als des Gottes Frau und war über Freys Heiligtum gesetzt. Gunnar flehte sie um Schutz an. Obwol der Gott dem
Fremdling nicht günstig schien, behielt ihn die Priesterin doch
bei sich. Die Zeit kam heran, da die Frau das Götzenbild auf
einem Wagen im Lande herumführen sollte, damit Freyr den Leuten
fruchtbares Jahr bringe. Die Priesterin sass beim Gott auf dem
Wagen, die Dienstleute, unter ihnen Gunnar, gingen zu Fuss voraus.
Als sie einmal übers Gebirge fuhren, erhob sich ein grosses Unwetter. Nach und nach liessen alle bis auf Gunnar den Wagen
im Stich. Gunnar führte die Zugtiere, als er aber müde wurde,
setzte er sich auf den Wagen. Die Frau sagte: Sieh zu, sonst
erhebt sich Freyr gegen dich! Gunnar versuchte noch einige Zeit
zu gehen, als er aber wieder müde ward, sprach er: So will
ichs versuchen, Freyr zu widerstehen, wenn er mich angreift.
Er ringt mit Freyr und ist nahe daran, zu unterliegen. Da
gelobt er nach Norwegen zurückzukehren, mit König Olaf sich
zu versöhnen und den wahren Glauben anzunehmen, und es glückt

---

1) In der ausführlichen Olafssaga Tryggvasonar Flateyjarbók I, 400 ff.

ihm, Freyr zu fällen. Der böse Geist lief aus dem Götzenbild, das Gunnar in Stücke schlug. Dann ging er zum Wagen und befahl der Frau, sie solle ihn für den Gott ausgeben, wozu sie gern bereit war. So fuhr Gunnar als Freyr zu den Leuten. Das Wetter hellte sich auf und sie kamen zu dem Gastgebot, das ihnen angerichtet war. Dort waren viele von den Leuten, die zuvor dem Wagen nachgelaufen waren. Dem Volke dünkte es viel wert, wie Freyr seine Macht zeige, dass er in solchem Unwetter, da alle ihn verliessen, doch mit seiner Frau zu den Höfen käme, und dass er nun unter den Leuten wandle und wie andre Menschen trinke. So besuchten sie den Winter über die Gastereien. Freyr redete fast allein mit seinem Weib, nur wenig mit anderen, er wollte kein blutiges Opfer annehmen, sondern nur Gold und Silber, schöne Gewänder und andre Kostbarkeiten. Mit der Zeit wurde Freys Weib schwanger. Das galt für ein gutes Zeichen. Die Witterung war gut und alles deutete auf ein fruchtbares Jahr. Weithin verbreitete sich die Kunde, wie mächtig der Schwedengott sich zeige. Auch König Olaf vernahm davon, ihm ahnte die Wahrheit. Er schickte Gunnars Bruder Sigurd nach Schweden, und der erkannte alsbald, wer Freyr war. Bei Nacht und Nebel entwich Gunnar mit seinem Weib und allen Kleinodien nach Norwegen und liess sich dort taufen.

Diese Erzählung ist vom christlichen Standpunkt gehässig gefärbt, sie will den Trug des Heidentums, bei dem der Teufel die Hand im Spiel hat, in grelles Licht setzen. Doch diese Zuthaten fallen leicht ab. Bezeugt wird ein schwedischer Brauch: Freyr, von einer Priesterin begleitet, wird zur Winterszeit auf einem Wagen im Lande umhergeführt. Wohin er kommt, wird er mit festlichem Gelage aufgenommen, Opfer werden ihm geschlachtet. Der Umzug segnet die Gaue zu Fruchtbarkeit. Ein vollkommenes Seitenstück zu dem, was Tacitus von der ingvaeonischen Nerþus erzählt, liegt hier vor.

Stefnir, der für die Einführung des Christentums auf Island wirkte, hatte sein Schiff bei Gufaros angelegt. Im Winter wurde es durch Hochwasser beschädigt. Da lief eine Weise um, des Inhalts, dass die Macht der Landesgötter es also gefügt. Eine zweite Wendung misst dem herrschenden Freyr die That bei:[1]) Die Landes-

---

[1]) Kristnisaga K. 6; Gudbrand Vigfússon, *biskupa sögur* I 10.
    *heldr getu vér at valdi,*
    *vera munu bond í londum,*

götter, Freyr an der Spitze, wehren dem neuen Glauben den Zugang zu Island.

Dem Wesen des Gottes entsprechend ist das dichterische Bild *Freys leikr* [1]), Spiel des Freyr, wol als Festesfreude, Trinkgelage und Unterhaltung mit Frauen aufzufassen. Beim Opfer wurde Freys und Njords Becher [2]) um Fried und Fruchtbarkeit getrunken, nachdem zuerst Odins Becher um des Königs Sieg und Macht geleert worden war. Im ältesten isländischen Landrecht von 927 wurde der Wortlaut des feierlichen Eides also festgesetzt: Ich schwöre einen Gesetzeseid, so wahr mir Freyr und Njord und der allmächtige Gott (Thor) helfe! [3]) Unter Freys und Thors Schutz fuhren die Norweger im Ausgang des 9. Jahrhunderts nach Island, wo sie eine neue Heimat sich begründeten. Ingimund, ein norwegischer Wiking, erhielt von König Harald ein kleines silbernes Bild des Freyr zum Geschenk. Eine Volva weissagt Ingimund, er werde nach Island ausfahren und sich dort niederlassen, wo er das wunderbarer Weise aus seinem Beutel verschwundene Freysbild wieder finde. Im Vatnsdal auf Island lag das Bild im Boden an der Stelle, wo die Hauptpfeiler des Tempels eingegraben wurden. [4]) So weist Freyr wie sonst Thor dem Ansiedler seine Stätte, die alten Götter walten auch über der neuen Heimat. Freyr hat wie sein Vater Njord auch mit der Schifffahrt zu thun.

> *geisar á með ísi,*
> *ásríki gný slíkum.*
> Var. (*allríkr Freyr [gný] slíkum.*)

Götter sind im Lande, der Fluss geht mit Eis; wir glauben, solchen Tosens walte der Asen Macht (Var. der allherrschende Freyr).

1) Haralds saga Hárfagra Kap. 16.
> *úti vill jól drekka, ef skal einn ráða,*
> *fylkir framlyndi, ok Freys leik heyja.*

Der tapfere Fürst will draussen (auf Heerfahrt) das Julgelage und die Festzeit feiern. Man darf nicht übersetzen: Kampf erheben, *Freys leik = Hildar leik*, der Ausdruck steht parallel zu *jól drekka*. Vgl. Simrock, Myth. 5, 324; H. Petersen, om nordboernes gudedyrkelse og gudetro S. 88.

2) Hákonar saga góða Kap. 16; nach der späten isl. Bósasaga Kap. 12 wird Freyjas Minne neben der Thors und Odins getrunken; natürlich liegt hier Verwechslung vor, eine Formel, die ursprünglich Thor, Odin und Freyr nannte, schwebt dem Verfasser vor.

3) Die Eidformel der Ulfljótslǫg nach Hauksbók und Melabók, Islendinga sögur I 258 u. 334; Ares Isländerbuch, hrsg. von W. Golther, Halle 1892, S. 32.

4) Vatnsdœla Saga in den Fornsögur, hrsg. von Guðbrandr Vigfússon S. 19, 22, 186, 190.

Der Skald Hallfred gelobte dem Freyr eine Gabe, falls er See-
wind nach Schweden bekäme, dem Thor oder Odin, falls nach
Island heim.[1]) Gegen den norwegischen König Eirik Blutaxt
schleudert der isländische Skald Egill den Fluch: Mögen die
Götter ihm den Raub meiner Güter vergelten! Die waltenden
Mächte und Odin sollen den König vertreiben! Freyr und Njord
mögen den Volksbedrücker elend machen! Der Landesgott (Thor)
thue ihm, der heilige Rechte brach, leides![2]) Wie in der Eidformel stehen Freyr, Njord und der Landase bei einander. Alles
das lehrt, dass die Verehrung Freys und Njords tief im Volksleben wurzelte. In den nordischen Ländern erhoben sich daher
auch viele Freystempel, viele Örtlichkeiten wurden nach dem
Gotte benannt und so seinem Schutze anempfohlen.[3])

Im Eyjafjord auf Island war eine Örtlichkeit in Erinnerung
an Schweden Uppsalir genannt. Dort stand ein Tempel des Freyr,
der so heilig gehalten wurde, dass kein zur Verbannung oder Acht
Verurteilter daselbst weilen durfte.[4])

Was Adam von Bremen und Saxo berichten, stimmt völlig zu
den nordischen Quellen. Frö ist Gott der Schweden, sein Hauptsitz ist Uppsala, wo ihm Menschen und Tiere zum Opfer geschlachtet werden. Beim grossen Jahresopfer findet Tanz und
Spiel statt, überhaupt war der Freysdienst in mancher Augen
weichlich. Um Frieden und Glück wird Freyr angerufen, auch
bei Hochzeiten wurden ihm Opfer gebracht. Die schwedischen
Helden hiessen Frös Freunde und Verwandte.[5])

---

1) Hallfreðarsaga Kap. 5; grosse Olafssaga Tryggvasonar Kap. 154.

2) Egils saga Skallagrimssonar Kap. 58.

3) Vafþr. 38 von Njord in einem allerdings vermutlich eingeschobenen
Vers: *hofum ok horgom hann ræþr hundmorgom.* Ausser dem schwedischen
und drontheimischen Haupttempel Freys sind auf Island die Ingimunds im
Vatnsdal und Hrafnkells bekannt. Ortsnamen mit Frö und Njord in Schweden
bei Lundgren, språkliga intyg om hednisk gudatro i Sverige, Göteborg 1878,
S. 66 u. 74; in Norwegen bei O. Rygh, minder om guderne i norske stedsnavne
im Anhang zur 2. Aufl. von Munch, norröne gude- og heltesagn. *Freville,* das
2 mal neben 10 maligem *Turville* in der Normandie begegnet, weist auf Frö
zurück; Petersen, nordboernes gudedyrkelse, S. 47.

4) Die Vígaglúms saga K. 19 berichtet von Vigfúss, der wegen Todschlags
des Landes verwiesen wird. Da er trotzdem in Uppsalir bleibt, wird er zur
vollen Acht verurteilt (*alsekr*). *en þvi skyldu eigi sekir menn þar vera, at
Freyr leyfði eigi, er hof þat átti er þar var.*

5) Saxo I (Ausg. von P. E. Müller) S. 50 [Hadingus] *propitiandorum
numinum gratia Frö deo rem divinam furvis hostiis fecit. quem litationis*

Der Begründer des Ynglingerstammes heisst *Yngvefreyr, Inge-freyr, Ingunarfreyr*[1]) schon in älteren Gedichten, in der Haust-long 10, Haleygiatal 13, Lokas. 43. Dass der Stammvater aus dem Namen des Geschlechtes erwuchs, wie Scyld, Skjoldr an der Spitze der dänischen Scyldingas, Skjoldungar, ist klar. Ob er Beziehungen zum Ingvo als Stammvater der Ingvaeonen hat, kann nicht mit voller Bestimmtheit behauptet werden, doch ist die Wahr-scheinlichkeit gross. Ingwine heissen in ags. Dichtung die Ost-dänen, die in Südschweden ansässig waren. Ihr Stammheld ist Ing genannt, ihr König *Fréa Ingwina*. Norwegische Verfasser lei-ten nun allerdings die Ynglinger von den schwedischen Königen zu Uppsala ab. Die aber hiessen Scylfingas, Skilfingar, Stuhl-könige (ags. *scylf,* an. *skjǫlf,* Bank, Hochsitz). Der norwegische Königsstamm, der mit Harald Harfagri zur Einherrschaft kam, zählte sich zu den Ynglingern; die Sage berichtet den allmäligen Zug des Geschlechtes von Uppsala bis Skiringssal im norwegischen Vestfold. In Wirklichkeit waren die Ynglinger Ostdänen, Ingwine. Ingunarfreyr scheint aus älterem *Ingunafreyr verderbt. *Inguna-freyr* entspricht genau dem *Fréa Ingwina*, Yngve, Inge dem ags.

---

morem annuo feriarum circuitu repetitum posteris imitandum reliquit. *Fröblod Sveones vocant.* Saxo VIII S. 383 *Sveonum fortissimi hi fuere: Ar, Backi, Keclu, Karll, Croc agrestis, Guthfast, Gummi e Gyslamarchia. qui quidem Frö dei necessarii erant et fidissimi numinum arbitri. Ingi quoque et Oly, Alver, Folki, patre Elrico nati, Ringonis militiam amplectuntur . . . . üdem quoque ad Frö deum generis sui principium referebant.* Saxo XI S. 278 *Star-catherus Sveonum fines ingreditur. ubi cum filiis Frö septennio feriatus, ab his tandem ad Haconem Daniae tyrannum se contulit, quod apud Upsalam sacrificiorum tempore constitutus effoeminatus corporum motus scenicosque mimorum plausus ac mollia nolarum crepitacula fastidiret.* Saxo III S. 120 *Frö quoque deorum satrapa sedem haud procul Upsala cepit, ubi veterem litationis morem, tot gentibus ac seculis usurpatum, tristi infandoque piaculo mutavit. siquidem humani generis hostias mactare aggressus, foeda superis liba-menta persolvit.* Nach Adam von Bremen 4, 27 stehen im Tempel zu Uppsala drei Götterbilder, Thor als der mächtigste in der Mitte, links und rechts Wodan und Fricco. *tertius est Fricco, pacem voluptatemque largiens mortalibus, cujus etiam simulacrum fingunt ingenti priapo ; si nuptiae celebrandae sunt, (sacrificia offerunt) Fricconi.* Adams Fricco beruht auf einer Namensverwechslung mit Frigg. Saxo gibt die ostnordische Form *Frö* für das westnord. *Freyr, Fröyr,* vgl. wn. *dröyma, dreyma, öy, ey* zu on. *dröma, ö;* Noreen, Gesch. d. nord. Sprachen § 143 (in Pauls Grundriss I, S. 479).

1) Zur Erklärung des Namens Yngvefreyr und Ingunarfreyr Noreen, Uppsalastudier 223.

Ing. Der Herr der Ingwine, der Ostdänen, hiess Yngwe. Ing-
linger sind Ingwes Söhne. Wie die Ingvaeonen in Ingwo den
Begründer ihres Volkes ehrten, so die daraus hervorgegangenen
Ingwine den Ingwe als Stammvater ihrer Könige.[1) Dass Ingwo-
Ingwe für des höchsten Himmelsgottes Sohn galt, ist sehr wahrscheinlich. Aber erst durch Missverständniss warf der Skald Thio-
dolf im Ausgang des 9. Jahrhunderts den *Ingunafreyr*, Ingwe den
Stifter der Ynglingar, mit dem Schwedengott *Freyr* zu Uppsala zusammen, und verlegte dadurch den Ursprung der Ynglinger nach
Uppsala. Daher erscheint Yngve als Beiname Freys bei Snorri,
Yngve als Njords Vater bei Ari, dem ersten um 1130 schreibenden
isländischen Historiker. Dass übrigens schon im *Fréa Ingwine* der
ingwaeonische Himmelsherr anklang, ist durch diese Erklärung
nicht ausgeschlossen.

Wie Thor auf seinen Fahrten oft von einem dienenden Paar
Thjalfi und Roskwa begleitet wird, so folgen auch Freyr Dienstleute *Byggwir* (Nebenform *Beyggwir*) und sein Weib *Beyla*.[2) Beide
erscheinen nur in der Lokasenna und werden von dem argen
Schelter auch beschuldigt. Byggwir rühmt sich, von Göttern und
Menschen hurtig genannt zu werden. Loki wirft ihm vor, an der
Mühle (bei Knechtsarbeit) schwatze er. Er habe den Leuten nie
die Speise zuzuteilen vermocht; als die Männer sich schlugen,
hätten sie ihn im Stroh nicht finden können. Beyla sei mit Fre-
veln befleckt; kein ärgeres Scheusal als diese mistbesudelte Magd
sei noch zu den Asen gekommen. Vertreten etwa die Dienstleute
Freys wie die Thors die friedliche Bauerschaft, die von Krieger

---

1) Munch, Das heroische Zeitalter der nord. germ. Völker, S. 20, Anm. 2.
„Von dem Ing oder Ingwi haben vermutlich alle ingwinsche oder gotische
Fürstengeschlechter ursprünglich ihre Herkunft abgeleitet, wie es auch nicht
an Beispielen fehlt, dass der Name mehr als einem Geschlecht beigelegt
worden ist."

2) Lokas. 43—46; 56. *byggwir* bedeutet Anwohner; Zusammensetzungen
wie *hrein-*, *jardbyggvir* u. a. Sveinbjörn Egilsson, lex. poet. 89; *beyggvir*
stellt man zu *beygja*, biegen. Die natursymbolische Auslegung bei Uhland
Schriften 6, 96 (Bieger und Biegung sind Sommerlüfte, die nur leicht und
schmeichelnd Gezweig und Halme biegen) und Müllenhoff, ZfdA. 7, 420 (Bieger
und Buckel, Windgottheiten, die gleichmässige Senkung und Erhebung der
Wellen andeutend) ist doch zu wenig begründet. Byggwir und Beyla sind
nach Sievers, Beiträge 18, 583 f. „Herr Gerstenkorn und Frau Bohne", eine
passende Dienerschaft des Fruchtbarkeit spendenden Freyr.

und Edeling wie Thor selbst im Harbardslied verhöhnt wird?
Im Gefolge des Gottes des Ackerbaues würden sie recht wol
passen.

## 2. Sagen.

Unter den Eddaliedern, die fast alle entsprechend ihrem norwegisch-isländischen Ursprung zur Verherrlichung Odins und Thors
dienen, gehen zwei auf den Himmelsgott, die *Rígspula*, welche
bei Heimdall zu erwähnen ist, und die *Skírnismól*.[1]) Ihre Grundlage, die Verehrung des Himmelsherrn, weist auf eine ältere Zeit
oder auf eine andere Heimat, als für die Odins- und Thorslieder
vorauszusetzen ist. Doch trifft dies nur auf die darin behandelten
Mythen zu, nicht auf die Lieder in ihrer überlieferten Gestalt.

Vom Hochsitz des Himmels blickte einst Freyr über alle Welt.
Da sah er im Riesenheim eine schöne Maid, Gerd; vom Glanz
ihrer Arme leuchtete Himmel und Meer. Freyr wurde schwer-
mütig aus Liebesgram. Auf Njords Geheiss ging Skirnir, Freys
vertrauter Diener, zu ihm und fragte nach dem Grund seiner Trauer.
Freyr gestand, wie er von Liebe zu Gerd ergriffen wurde.

Inniger hat niemals     seit der Urzeit Tagen
  Ein Mann ein Mädchen geliebt,
Doch von Asen und Elben   kein einziger will es,
  Dass wir beide zusammen sind.

Da erbot sich Skirnir, die Fahrt zu thun auf des Gottes Ross,
das die Waberlohe durchläuft, mit des Gottes Schwert, das von
selber wider der Thursen Tross sich schwingt. So kam Skirnir
nach Riesenheim zu Gymirs Gehöft. Bissige Hunde waren am
Zaune angebunden, auf einem Hügel sass ein Wächter, der alle
Wege bewachte. Der versagte ihm die Zwiesprache mit Gerd.
Doch Skirnirs mutiger Sinn liess sich nicht einschüchtern. Gerd
vernahm lautes Getöse, es erzitterte das Gehöft. Skirnir stieg vom
Rosse und trat ein. Skirnir brachte nun seine Werbung vor und
bot elf goldene Äpfel und einen Ring. Doch Gerd wollte nichts
davon wissen. Da bedrohte sie Skirnir mit dem Schwert, wieder
umsonst. Nun übte Skirnir Beschwörung und Zauberzwang, er
verwünschte Gerd unter die greulichsten Riesen, ans Ende der

---

1) Skírnesmól; daraus Gylfag. Kap. 37. Vgl. Uhland, Schriften 6, 417ff.;
Niedner, ZfdA. 30, 132ff.; Finnur Jónsson, Litteraturs historie 1, 171ff.

Welt, zur Hölle, an die Seite eines unerträglichen Gatten, falls
sie Freys Werbung nicht annehme. Da wagt Gerd nimmer zu
widerstehen, sie reicht dem Boten zur Versöhnung den gefüllten
Metbecher: „Nicht ahnte ich, dass einst der Wanenspross meine
Liebe gewänne." Skirnir verlangt, Gerd solle eine Zusammenkunft
mit Freyr anberaumen. „Barri (der Knospende) heisst ein heimlich trauter Hain, nach neun Nächten wird dort Gerd Njords Sohne
Liebesgenuss gönnen." Da ritt Skirnir mit diesem Bescheid zum
ungeduldig harrenden Freyr heim.

> „Lang ist eine Nacht,    lang sind zweie,
>     Wie geduld ich mich drei?
> Ein Monat oft    schien mir minder lang
>     Als des Harrens halbe Nacht."

Das Gedicht, etwa um 900 in Norwegen verfasst, hat zur
Grundlage den Mythus vom Bund des Lichtgottes mit der trag-
baren Erde, den Sieg des Lichtes über das Dunkel, des Frühlings
über den Winter. Doch ist alles dichterisch, menschlich schön
geschildert. Was in dem Lied an Odin und Runenkunde erinnert,
ist später hineingetragen, wol vom norwegischen Dichter. Denn
der Stoff gehört ursprünglich nach Schweden und kennt Freyr
noch in unumschränkter Herrschaft. Die Sage gehört dem Himmelsgott selber, Skirnir, der Erhellende, Aufklärende ist ein Beiwort des Gottes, worunter später eine besondere, von ihm verschiedene Gestalt verstanden wurde. Grimn. 43 wird Freyr selber
*enn skire*, der Lichte, Schimmernde genannt. In der Lokas. 42
wird auch noch darauf angespielt, als ob Freyr selber die Fahrt
ausgeführt hätte:

> Mit Gold erwarbst du Gymirs Tochter
> Und gabst dein Schwert dahin.

Vielleicht waren einmal auch Riesenkämpfe damit verbunden.
Gerd nennt Freyr den Mörder ihres Bruders (*bróþorbane*). In den
nordischen Gedichten heisst Freyr mehrmals des brüllenden Sturm-
riesen Beli Mörder (*Belja bane*). Gylfag. Kap. 37 erwähnt kurz diese
That, allerdings schon mit der Voraussetzung, dass Freyr damals
sein gutes Schwert bereits weggegeben habe. Deshalb sei er im
Kampf mit Beli waffenlos gewesen und habe den Unhold mit der
Faust oder mit einem Hirschgeweih getötet.[1]   Der Wächter im

1) Zu Freys Kampf mit Beli vgl. die Vermutungen Detters in den Beiträgen 18, 89.

Riesenheim, der Skirnir aufzuhalten sucht, deutet auf einstigen
Widerstand. Man darf den ursprünglichen Mythus von des Himmelsgottes Werbung wol dahin ergänzen, dass er erst nach Kämpfen
mit Riesen, welche Gerd gefangen hielten, die Braut gewann.
Dabei ging das Schwert verloren.

Auf denselben Mythus geht das Lied von *Swipdag* [1]) zurück.
Der junge Swipdag soll um die schöne Menglod werben. Er geht
zum Grabhügel seiner toten Mutter Groa und beschwört sie, ihm
dabei zu helfen. Die Tote erwacht und spricht Segen gegen jede
Not und Gefahr über ihren Sohn aus. Vielleicht gab sie ihm
auch, wie im spätern Volkslied, Ross und Schwert. So gerüstet
macht sich Swipdag auf den Weg und gelangt zu Menglods Burg,
die auf der Spitze eines Speeres sich dreht und von lodernden
Flammen umgeben ist. Er stösst auf den Wächter der Burg,
Fiolswid und nennt sich, seinen wahren Namen verhehlend, Windkald, Warkalds Sohn, Fiolkalds Enkel. Vom Wächter hört er,
dass Menglod des Saales Herrin ist. Eine hohe Mauer umzieht
die Burg, das kunstvoll gearbeitete Thor erfasst den Eindringling
wie feste Fessel. Hunde umkreisen das Gehöft und wehren den
Eintritt. Nur eine Speise könnte sie kirren, aber unmöglich ist
sie zu bekommen. Nur einem Einzigen öffnen sich Menglods Arme,
dem Swipdag ist die sonnenhelle Maid zum Gemahl bestimmt.
Da gibt sich der Held zu erkennen, freudig umwedeln ihn die
wilden Hunde, das Haus thut sich auf, Fjolswid eilt, ihn zu melden. Menglod fragt nach Wahrzeichen, Namen und Abkunft.

> „Swipdag heiss ich,     Solbjart hiess mein Vater,
>     Dorther ging ich auf windigem Weg."
> „Heil dir, Wandrer!     Mein Wunsch ist erfüllt;
>     Komm und empfange den Kuss!
> Ersehnter Anblick     beseligt jeden,
>     Der heisse Liebe hegt.
> Lange sass ich     auf Lyfjaberg,
>     Deiner harrend von Tag zu Tag;

---

1) Die Svipdagsmól (Groogaldr und Fjǫlsvinsmól) nach Sijmons, die Lieder
der Edda I, 196 ff. Vgl. Bugge, Danmarks gaml. folkeviser II, 667 ff.; Bugge,
forbindelsen mellem Grógaldr og Fjölsvinnsmál oplyst ved sammenligning med
den dansk-svenske folkevise om Sveidal (forhandl. i videnskabs-selsk. í Christiania
1860); Bugge, norrœn fornkvæði, Christiania 1867, S. 352 ff.; 445ª. Zur mythischen Grundlage, Müllenhoff, ZfdA. 30, 219. Zum Liede Finnur Jónsson,
Litteraturs historie, 1, 217 ff.

> Nun ward Gewährung  dem Wunsch endlich,
>   Da du, Held, dich der Halle genaht.
> Lang hab ich Sehnsucht nach dem Liebsten erduldet,
>   Wie nach meiner Minne du;
> Wahr jetzt wird es,      dass wonnige Tage
>   Uns beiden für immer blühn."

Der mythische Gehalt des Gedichtes kommt in den Namen
der handelnden Personen deutlich zum Ausdruck. *Swipdagr* ist
der rasche Tag, Menglod die des Halsschmuckes Frohe, ein Beiname der Freyja oder Frigg, ursprünglich der Gemahlin des
Himmelsgottes. Diese ist bald als die Erdgöttin, bald als die
himmlische Sonnenjungfrau gedacht und letzteres scheint hier der
Fall zu sein. Ostwärts am Himmelsrand schläft Jungfrau Sonne
hinter hohem Berge, vom flammenden Zaune der Morgenröte umgeben und jedem Unberufenen unzugänglich. In früher Dämmerung, im Morgenwind als Windkald, Kalds Sohn erscheint der
Freier. Die Hindernisse fallen, als sein wahres Wesen, sein wirklicher Name offenbar wird: Svipdagr, Solbjarts, des Sonnenhellen
Sohn. Mit Märchenzügen ausgestattet, mit allerlei fremdartiger,
mythologischer Gelehrsamkeit versetzt, schimmert trotzdem die
Grundbedeutung des Stoffes hervor.[1])

Auch von Njord geht eine Sage.[2]) Er hatte Skadi, des
Riesen Thjazi Tochter zur Frau. Thjazi war von den Asen getötet worden. Skadi seine Tochter rüstete sich mit dem Heer-
gewand, um ihn zu rächen. Die Asen boten ihr zur Sühne einen
aus ihrer Mitte zum Gemahl, den sie selbst wählen dürfe. Doch
sollte sie nur die Füsse der Auszuwählenden sehen. Sie bemerkte
nun einen mit sehr schönen Füssen und wählte ihn, in der Meinung, es sei Baldr, der Gewählte war jedoch Njord. Sie wollte

---

1) Noreen, Uppsalastudier 208ff. sucht in mythischen Königssagen der
Schweden einen Nachklang der von ihm anders ausgelegten Göttersage: der
Sonnengott (Freyr, Skirner, Suipdagr, Vanlandi, d. h. der aus dem Vanen-
lande, Vísburr) besiegt einen winterlichen Riesen (Frosti, den Frost, oder den
Nordsturm Þiazi, Beli), aber nimmt ein Weib aus ihrem Geschlecht, das Nord-
licht (Gerðr, Menglǫð, Skiǫlf) oder die glänzende Schneetrift (Drífa) oder den
Nordwind (Skaði), doch nur indem er seine eigenen Gaben, den Sonnenstrahl
(das Schwert oder das Halsband) dafür fahren lässt. Dadurch verfällt er dem
Tod. Die geistvollen Deutungen Noreens haben fast durchweg den Fehler, dass
sie allzu einseitig auf Etymologie begründet sind und daher keine sichere Gewähr besitzen.

2) Über Njord und Skadi Bragar. Kap. 2; Gylfag. Kap. 23.

die Wohnstätte behalten, welche ihr Vater gehabt hatte, die auf
dem Gebirge, das Thrymheim heisst, belegen ist. Njord aber
wollte in der Nähe der See seinen Aufenthalt nehmen. Sie verglichen sich dahin, dass sie neun Nächte in Thrymheim weilen
wollten und dann drei Nächte zu Noatun. Als Njord aber vom
Gebirge nach Noatun zurückkkam, da sprach er also:

Nicht lieb ich die Berge,    nicht lange dort weilt ich,
    Neun Nächte nur;
Süsser schien mir    der Sang des Schwans
    Als der wilden Wölfe Geheul.

Skadi aber erwiderte:

Mir stört den Schlaf    am Strande des Meeres
    Der krächzenden Vögel Gekreisch;
Am Morgen weckt mich    die Möve täglich,
    Die wiederkehrt vom Wald.

Darauf ging Skadi hinauf aufs Gebirge und wohnte in Thrymheim; sie läuft viel auf Schneeschuhen und schiesst Wild mit
ihrem Bogen. Daher heisst sie Göttin oder Dise des Schnee-
schuhs.

Die gleiche Geschichte knüpft Saxo an Hadding, den Vater
Frothos, der das Fröblot einsetzte, und Regnhild, sowol die ver-
deckte Wahl des Bräutigams, dessen Füsse nur sichtbar sind, als
auch die Scheidung. Die lateinischen Verse Saxos stimmen zu
den isländischen der Edda.[1]) Ob der Mythus auf Njord als den

---

1) Über Hading und Regnild Saxo I S. 50 ff. Das Gedicht lautet:
   *Hadingus: Quid moror in latebris opacis,*
        *collibus implicitus scruposis,*
        *nec mare more sequor priori?*
        *eripit ex oculis quietem*
        *agminis increpitans lupini*
        *stridor et usque polum levatus*
        *questus inutilium ferarum*
        *impatiensque rigor leonum.*
        *tristia sunt iuga vastitasque*
        *pectoribus truciora fisis.*
        *officiunt scopuli rigentes*
        *difficilisque situs locorum*
        *mentibus aequor amare svetis.*
        *nam freta remigiis probare,*
        *officii potioris esset,*
        *mercibus ac spoliis ovare,*

Gott der Schifffahrt, aufs offene Meer ausgelegt werden darf, das
nur drei Monate lang frei, die übrigen neun Monate aber im
Banne der winterlichen, im Gebirg, im Riesenland heimischen
Stürme gehalten wird?

Auf eine für uns unverständliche Sage spielt Loki (Lokas. 34) an:

Schweige du, Njord,           dich schickte man ostwärts
     Zu den Göttern als Geisel fort,
Als Harntopf brauchten dich    Hymirs Töchter
     Und machten dir in den Mund.

Hymir ist der Eisriese, der im Osten am Himmelsrand wohnt,
der Beherrscher des Polarmeeres.   Njord wird einmal zu ihm gefahren sein, wobei ihm etwas zustiess, das dem bösartigen, alles
verdrehenden Loki zu dem hässlichen Vorwurf Anlass gab. Dass
Njord das offne Meer bedeute, in das des Eisriesen Töchter, die
Gletscherbäche fliessen, kann nicht als befriedigende Lösung des
Rätsels gelten.   Um überhaupt auslegen zu können, müsste man
den Hergang der Begebenheit, die vielleicht harmlos war und
nur von Loki ins Arge gekehrt wird, genau kennen.


König *Frodi*[1]), Fridleifs Sohn, aus dem götterentsprossten
Stamm der Skjoldungen, herrschte über Dänemark.   In seinen

>        *aera aliena sequi locello,*
>        *aequoreis inhiare lucris,*
>        *quam salebras nemorumque flexus*
>        *et steriles habitare saltus.*
>
> *Regnild:*  *me canorus angit ales immorantem littori*
>        *et soporis indigentem garriendo concitat.*
>        *hinc sonorus aestuosae motionis impetus*
>        *ex ocello dormientis mite demit otium,*
>        *nec sinit pausare noctu mergus alte garrulus,*
>        *auribus fastidiosa delicatis inserens,*
>        *nec volentem decubare recreari sustinet,*
>        *tristiore flexione dirae vocis obstrepens.*
>        *tutius sylvis fruendum dulciusque censeo.*
>        *quis minor quietis usus luce, nocte carpitur,*
>        *quam marinis immorari fluctuando motibus.*

1) Die Sage von Frodi Skáldsk. Kap. 8; Frotho bei Saxo Buch II,
Frotho III Buch V, Fridlev Buch VI; über Fruote M. Haupt, Vorrede zum
Engelhart S. XI f.   Vgl. W. Müller, ZfdA. 3, 43; Munch, das heroische
Zeitalter der nordgerman. Völker, Lübeck 1854, S. 33 ff.; Uhland, Schriften I,
99 ff.; 495 ff.   Die Namen in den ags. Stammtafeln J. Grimm, Myth. 3, 386 ff.

Tagen begann der Frodifrieden, das glückliche goldene Zeitalter
des Nordens. Kein Mann that dem andern Schaden, Diebe und
Räuber gab es nicht, ein Goldring lag unberührt lange auf der
Heide. Mit Fruchtbarkeit war das Land gesegnet. Frodi liess
von zwei gekauften Mägden, den Riesinnen Fenja und Menja mit
zwei mächtigen Mühlsteinen rast- und ruhelos Gold, Glück und
Frieden mahlen. Aber sie mahlten Unfrieden, ein Seekönig brach
mit Mord und Brand ins Land und zerstörte Frodis Frieden. In
düstrem, ahnungsvollem Gesang verkündigten die Mädchen den
nahen Umschwung des zum Übermaasse gesteigerten Glückes.
Gerade aus dem Gold geht das Unheil hervor. Snorri stellt den
Frodifrieden und Freyr zusammen; er fasst ja auch Freyr und
seinen Sohn Fiolnir als menschliche Könige auf. Während Freyr
Schweden mit blühendem Wolstand beglückt, schenkt Frodi Dänemark die Segnung goldenen Friedens. Saxo erzählt von sechs
Dänenkönigen namens Frotho, er verteilt auf mehrere Gestalten,
was die Sage vom Friedfrodi wusste. Unterscheiden doch auch
die nordischen Stammtafeln des Skjoldungengeschlechts zwischen
zwei Friedensfürsten des Namens Frodi, zwischen Friedensfrodi
und Frodi dem Friedsamen. Von Frotho I., dem Sohne des Hadding, welchem die an Njords Ehe mit Skadi erinnernde Sage zugeschrieben war, berichtet Saxo, er habe einen Drachen besiegt
und einen grossen Hort gewonnen. Dadurch wurde er sehr reich.
Er pflegte seine Speise mit Goldstaub zu bestreuen. Frotho III.
ist der eigentliche Friedenskönig. Zu seiner Zeit brauchte niemand seine Habseligkeiten unter Schloss und Riegel zu verwahren.
Der siegreiche König gebot allen Völkern Frieden, der dreissig
Jahre lang währte. Goldene Ringe und Ketten, welche der König
aufhängen liess, wagte niemand zu stehlen. Dem Wanderer war
erlaubt, überall das zu seiner Erfrischung und zu seinem Fort-
kommen Nötige zu nehmen. Als Frotho durch eine Zaubrerin ums
Leben gekommen war, verheimlichte das Gefolge, wie die Schweden
beim Tode des Freyr, seinen Tod und führte die Leiche drei
Jahre auf einem Wagen im Lande umher (Freys Umfahrt!). Endlich wurde er bei einer Brücke in Seeland begraben. Man erkennt
im dänischen Frodi, welcher im *milden Fruote* mhd. Gedichte
wiederkehrt, deutlich dieselbe Gottheit wie im schwedischen Freyr,
nur ist der Gott Saxos Auffassung gemäss als irdischer König
gedacht. Frodi ist die schwache Form des Adj. *fróþr*, weise.
Die Wanen heissen aber weise (Vafþr. 39, Skirn. 17, 18) und

Zukunft wissend (Þrymskv. 14); Freyr wird *enn fróþe afe,* der
weise Mann (Skirn. 1, 2) genannt. Was Saxo von Fridlev, Frothos III. Sohn erzählt, der Riesen tötet und Frögertha, Amunds
von Norwegen Tochter zum Weib gewinnt, darf vielleicht auf
Freys Werbung um Gerd bezogen werden.  Überall blicken ver-
sprengte Trümmer aus der dänischen Königssage hervor, die sich,
zu einem Ganzen vereinigt, merkwürdig genau mit den nordischen
Mythen von Freyr und Njord decken.  Eine Göttersage scheint
euhemeristisch zur Königssage verwandelt und dabei aus ihrer
ursprünglichen Zusammengehörigkeit losgelöst worden zu sein.

In den ags. Stammtafeln finden sich mehrfache Erinnerungen
an den germanischen Himmelsgott, indem seine Namen unter den
mythischen Königen vorkommen.  Die Tafeln stellen allerdings
übereinstimmend Wóden an die Spitze und gehören einer Zeit an,
wo Wóden den alten Himmelsgott bereits verdrängt hatte.  In der
Königsreihe von Deira begegnet unter Wódens Söhnen Uscfrea
(Wuscfréa), in Bernicia Ingvi, in Wessex Fréawine; unter Wódens
Vorfahren treffen wir Friđuwald, Fréaláf, Friđuwulf.  Fréa und
Friede stehen auch hier in engster Verbindung.  Hält man dazu
Frôwin, Freysvinr [1] und was von Nerþus erzählt wird, so ist der
Schluss gerechtfertigt, die Ingvaeonen verehrten den Himmelsherrn
und riefen ihn um Fried und Fruchtbarkeit an.  Von den am Ufer
und auf den Inseln der Nord- und Ostsee ansässigen Ingvaeonen,
vielleicht auch durch die Ostdänen in Südschweden, kam dieser
Kult auf friedlichem Weg, durch Handelsverkehr vermittelt, zu den
Schweden und schlug tiefe Wurzeln.  Darum schirmen die Wanen
Ackerbau und Schifffahrt und spenden aus friedlichem Gewerbe, aus
Landwirtschaft und aus Handel und Wandel Wolstand und Glück.


## III. Der Himmelsgott als Donnerer.

### I. Donar bei den Deutschen.

Der Himmelsgott hat Blitz und Donner in seiner Gewalt,
*Juppiter tonans,* Ζεὺς κεραύνιος, καταιβάτης.  Der Donnerkeil ist
seine Waffe, die er mit dem Blitzstrahl herunterwirft. Keilförmige

---

1) Wenn, wie Kögel ZfdA. 37, 272 behauptet, der Gottname Frawias
vom Appellativum got. *frauja,* ahd. as. *frô,* ags. *fréa* zu trennen ist, dann
machen allerdings die mit Frôi-, Frewi- zusammengesetzten deutschen Eigennamen den Kult des Frawias wahrscheinlich.  Der an. Freygerð begegnet die
deutsche Frewigarda.  Die Eigennamen (Förstemann, Namenbuch 1, 414 ff.)
weisen auf die Sitte, nach dem Gotte Kinder zu benennen.

Steine fahren nach dem Volksglauben mit dem zündenden Blitz
in den Boden. Der Donner gleicht dem Fahren eines Wagens
über ein Gewölbe; so sagt Hesychius δοκεῖ ὄχημα τοῦ Διὸς ἡ
βροντὴ εἶναι. Der liebe Gott fährt, sagt noch heute das Volk
beim Rollen des Donners. Vom Himmelsgott hat sich die Gestalt
des Donnerers bei den Germanen besonders abgelöst.

Donar [1]), der Herr des Gewitters, bildet eine Hauptgottheit,
welche alle Stämme verehrten, denn gleichmässig ist ihm überall
der *dies Jovis* [2]) zugeteilt worden. Die ältere interpretatio romana
gibt ihn mit *Hercules* [3]), die spätere mit *Juppiter* [4]) wieder. Ob-

1) Der Name lautet ahd. *Donar*, as. *Thunaer* (im sächs. Taufgelöbniss
MSD. Nr. LI, Braune ahd. Lesebuch Nr. XXXXV), ags. *þunor*. An. ist *þórr*
überliefert; das Metrum verlangt für die älteren Lieder die unverkürzte Form
*þonarr*, Sijmons, Edda I, XXIV; der Dativ *þonre* wurde zu *þóre*, durch Form-
ausgleich drang die einsilbige Form auch in die andern Kasus; Noreen, An.
Gr.² § 239, 3; 294, 2. Der german. Grundform *þunaraʒ* entspricht genau der
keltische *Tanaros* (aus der Weihinschrift *Jovi Tanaro* zu erschliessen). Bei
Kelten und Germanen scheint gleichmässig die Vorstellung eines besonderen
Donnergottes entstanden zu sein, während der alte Himmelsgott, von den
Römern durch Mars wiedergegeben, wesentlich die kriegerische Thätigkeit
ausübte; vgl. Much, ZfdA. 35, 372 ff.

2) Ahd. *donarestag*, bei Notker *toniristag*; ags. *þunres dæg*, aengl. *þunres dai*, zu *þors- þurs- Thursday* weiter entwickelt; an. *þorsdagr*. Belege zu
den Formen der einzelnen german. Sprachen und Mundarten gibt Grimm, Myth.
112 ff. DWB. 2, 1252. So zahlreich die nord. Eigennamen auf *þórr* sich darbieten, aus Deutschland sind nur *Donarpreht, Donarad, Albthonar* (Förstemann, Altdeutsches Namenbuch 1199) nachweisbar. In wie weit die Ortsnamen
*Donarsberg* in der Rheinpfalz und in Hessen, *Donarsfeld, Donarsreut* (Förstemann, Altd. Namenbuch II² Ortsnamen S. 1456) mit dem Gott zusammenhängen,
ist zweifelhaft. In England weist Kemble, the Saxons I 347 in Surrey *þun-
resfeld*, in Essex *þunresléah* nach. Über einen alten *Donarsberg* in Schwaben
bei Nordendorf, dem vielleicht Kultbedeutung eignete, vgl. Henning, Die
deutschen Runendenkmäler S. 93.

3) Auf Inschriften, welche von Batavern herrühren, begegnet zum Namen
Hercules ein germanisches Beiwort: *Herculi magusano* (3 mal) *macusano* (2 mal)
*magusan* (2 mal). Es scheint eine aus einem german. Dativ *magusani* latinisierte Form. Ein german. Verbaladjectiv zu *magan*, vermögen, kräftig sein,
liegt zu Grunde: *magusô magusê*, Dat. *magusani*. Der „starke" Hercules ist
Donar, im Nord. als *þrúþugr áss* starker Gott, und Vater des *Magni* (der
Kraft) bezeichnet. Vgl. Kauffmann, Beiträge 14, 554 ff. v. Grienberger, Beiträge
19, 527 stellt *magusanus* zu kelt. *magos* Feld und leugnet Beziehung zu Magni
und überhaupt zum deutschen Donar. Dass *Hercules saxanus*, den man oft als
germanische Gottheit auffasste, römisch war, erweist E. H. Meyer, Beiträge 18,
106 ff.; das latein. Beiwort begegnet auch bei der *bona dea subsaxana* am Aventin.

4) Ausser dem *dies Jovis* wird Juppiter zur Übersetzung von Donar ver-

wol allen Germanen gemeinsam, ist Donar doch nicht überall zu
gleicher Bedeutung gelangt.  Zu schönster und reichster Entwicklung gedieh der Donarkult bei den Norwegern, bei den Deutschen
scheint Donar zuerst hinter Tiuʓ, später hinter Wodan zurück-
gestanden zu sein.  Vom deutschen Donar erhalten wir nur eine
dürftige, unvollkommene Vorstellung.  Donar ist der stärkste und
tapferste der Götter.  Ihn besangen die in die Schlacht ziehenden
Kämpfer.[1])  In heiligen Wäldern war sein Weihtum.  Mächtige,
uralte Eichen, wie die bei Geismar[2]) in Hessen, die Winfrid

wendet in der Vita Bonifacii (MG. 2, 343). *quorum consultu atque consilio*
*arborem quandam mirae magnitudinis, quae prisco paganorum vocabulo ap-*
*pellabatur robur Jovis, in loco, qui dicitur Gaesmere, servis dei secum astanti-*
*bus, succidere tentavit.  cumque mentis constantia confortatus arborem succi-*
*disset, magna quippe aderat copia paganorum, qui et inimicum deorum suorum*
*intra se diligentissime devotabant, sed ad modicum quidem arbore praecisa*
*confestim immensa roboris moles, divino desuper flatu exagitata, palmitum*
*confracto culmine, corruit, et quasi superni nutus solatio in quatuor etiam*
*partes disrupta est, et quatuor ingentis magnitudinis aequali longitudine trunci,*
*absque fratrum labore astantium, apparuerunt.  quo viso prius devotantes pa-*
*gani etiam versa vice benedictionem domino pristina abjecta maledictione cre-*
*dentes reddiderunt.  tunc autem summae sanctitatis antistes consilio inito cum*
*fratribus ex supradictae arboris materia oratorium construxit, illudque in ho-*
*nore S. Petri apostoli dedicavit.*  In den Briefen des Bonifacius (Nr. 25 vom
Jahr 723) wird ein *presbyter Jovi mactans* erwähnt.  In Radperts Lobgesang auf
den heiligen Gallus wenden die Bekehrer die Bewohner von Tuggen am Züricher
See vom Donarsdienste ab: (MSD. XII, 3)

> *castro de Turegum      adnauigant Tucconium.*
> *docent fidem gentem:      Jouem linquunt ardentem.*

Im *indiculus superstitionum et paganiarum* (Heyne, Ands. Denkm. Nr. IX) ist
die Rede von Wodans- und Donarsopfern: *de sacris Mercurii vel Jovis; de*
*feriis quae faciunt Jovi vel Mercurio.*  Für die Franken ist der *sermo s. Eligii*
(† 659) wichtig: *nullus diem Jovis absque festivitatibus sanctis nec in majo nec*
*ullo tempore in otio observet.*  Grimm, Myth. 3, 402.  Über neuen Donnerstags-
Aberglauben Wuttke, Aberglaube § 70.

    1) Tac. Germ. 3 *fuisse apud eos et Herculem memorant, primumque omnium*
*virorum fortium ituri in proelia canunt.* — Germ. 9 *Martem et Herculem con-*
*cessis animalibus placant.* — Ann. 2, 12 *Caesar transgressus Visurgim indicio*
*perfugae cognoscit delectum ab Arminio locum pugnae; convenisse et alias*
*nationes in silvam Herculi sacram.*  Nach Kögel, Geschichte der deutschen
Litteratur I, 1, 17 heisst Donar wegen seiner Beziehung zur Schlacht, als *pri-*
*mus fortium virorum*, \*Wiluʓ (ahd. *Wigur*, an. *Véorr*) der Kämpfer.  Anders
erklärt Noreen, Arkiv for nord. filologi 6, 306 den Namen, s. unten S. 251 Anm. 2.

    2) Gaismar könnte „Sprudelquell" (zu \*gîsan, gais und mari), den hl. See,
Opferquell oder Opfersumpf bei der Göttereiche bedeuten; vgl. J. Grimm, Ge-

fällte, waren ihm geheiligt. Dort versammelten sich die Stämme vor wichtigen Unternehmungen. Aber nicht allein die kriegerische Seite wird bei Donar hervorgekehrt, im Gegenteil waltet der starke Gott namentlich über Leben und Eigentum der Menschen, über Recht und Frieden. Mit dem Donarstag sind noch heute allerlei Gebräuche verknüpft und schon in alter Zeit war es so. Den Germanen erschien ein dem Donar gehöriger Tag von besonderer Bedeutung. Auf einer mit Runen beschriebenen Kleiderspange, die auf alemannischem Boden gefunden wurde, begegnet Donar neben Wodan. Zur Weihe und Heiligung vielleicht der Ehe wird er angerufen.[1] Der Donnerkeil erscheint als eine geschleuderte Waffe, als eine Wurfaxt. Streithämmer zu Wurf und Schlag gehören zu den beliebten Waffen germanischer Völker. Naheliegend ist der Vergleich, dass der Donnergott einen ursprünglich steinernen Hammer führt, und so erscheint auch allezeit Thor. Bestimmte Zeugnisse, dass der deutsche Donar mit dem Hammer bewaffnet war, fehlen. Doch ist vielleicht beim ags. Thunor eine feurige Streitaxt anzunehmen.[2] Die Vorstellung, dass bei star-

---

schichte der deutschen Sprache 578; Arnold, Ansiedlungen und Wanderungen deutscher Stämme, Marburg 1877, S. 114 f.

1) Auf der Nordendorfer Spange, etwa aus dem 7. Jh. stammend, stehen die Runen

| LOGAÞORE | ᚱᛟᚷᚨᚠᚦᛟᚱᛗ |
| WODAN | ᚦᛟᛇᚠᛁ |
| L̇WIGIÞONAR | ᛈᛁᛇᛁᚦᛟᚾᚨᚱ |

Die Götternamen Wodan und Þonar, bei welch letzterem nur das übergeschriebene L Bedenken erregt, dürfen der Gewandspange des alemannischen Gräberfeldes wol bestimmt zugewiesen werden. Offenbar wird ihre Hilfe zu irgend einer feierlichen Handlung erfleht. *wigi* ist Imperativ zu *wigian*, weihen, also Þonar, weihe, heilige! *lôga* stf. meint Einsetzung, Verheiratung; afries. *logia* verheiraten, *þorên* (an. *þora*) bedeutet ereilen, ersiegen. Man denke an den Brauch der Raubehe, die dem kriegerischen Wodan unterstellt gewesen sein mag, an den Wettlauf um die Braut u. dergl. „Die Heirat ersiege, Wodan, weihe, Donar!" Ein alter feierlicher Hochzeitswunsch würde auf einer Gewandspange, einem passenden Hochzeitsgeschenk sich sehr wol ausnehmen. Darum verdient Hennings Erklärung immerhin den Vorzug, wenn gleich ein sicheres und unzweifelhaftes Ergebniss damit nicht erreicht ist. Zur Nordendorfer Spange Dietrich, ZfdA. 14, 75 f.; C. Hofmann, Sitzungsberichte der Münchener Akademie 1866 Band 2, 138 ff., 207 f. Stephens, runic monuments I, 574 ff.; III, 157; Henning, Die deutschen Runendenkmäler, Strassburg 1889, S. 87 ff. Über die gefälschte Runenschrift WODANAHAILAG auf der Spange von Kehrlich bei Andernach Henning, a. a. O. 156.

2) Kemble, Salomon and Saturnus, London 1848, S. 177 sieht mytholo-

kem Gewitter der Donnergott, mit der Axt bewehrt, auf einem
Wagen dahinfährt, darf bei Angelsachsen[1]) und Ditmarschen[2]) ver-
mutet werden.  Beziehung auf Donar ist deshalb möglich, weil
Thor im schwedischen Volksglauben in ähnlicher Weise fortlebt.

In einem Segen gegen Fallsucht, den eine Pariser Handschrift
des 12. Jahrhunderts und eine Münchener Handschrift enthalten,
der aber leider unverständlich ist, wird Donar der Mächtige genannt, der auf Adams(?) Brücke stund und einen Stein zerspal-
tete, da kam aber Adams Sohn und schlug des Teufels Sohn zu
einer Staude.  Heidnische und christliche Anschauungen mischen
sich hier, Donar weicht vor Christus.  Vielleicht darf der im Segen
geschilderte Hergang so gedacht werden, dass der Blitz krachend
in eine Brücke fährt und sie teilweise zerstört, aber der Christengott naht rettend, der nächste Blitzschlag schmettert in Busch und
Wald, wo er keinen Schaden thut. [3])

logischen Nachklang im Kampf der Gottheit mit dem Teufel.  „se đunor hit
đrysceđ mid đære fýrenan œcxe" der Donner zerschmettert ihn mit feuriger
Axt.  Wol liegt ein anschauliches Bild diesen Worten zu Grunde, der Donner
wirft ein Geschoss nieder.  Aber es ist fraglich, ob wir es mit einer poetischen
Vorstellung, oder mit einer Erinnerung an den Hammer werfenden Gott zu
thun haben.  Im Sinne Kembles entscheidet auch Stephens, Aarböger f. nord.
oldkyndighed 1883, S. 348 f.

1) đunurrád, Donnerfahrt (ags. râd, an. reiđ, ahd. reita, Wagen, Fahrt,
Ritt) wird Psalm 103, 7 tonitruum (a voce tonitrui tui, from stefne đunurrâde)
übersetzt; Stevenson in publications of the Sursee society 1844, II, 14.  Dem
ags. Thunorrád vergleicht sich norweg. Thorsreia J. Grimm, Myth. 3, 62.
Thunorrád stellt J. Grimm, Grammatik 3, 353 zu schwed. äska = ås - aka,
Asenfahrt.  Wenn im Exeterbuch der Blitz „rynegiestes wæpn" heisst, so darf
das nicht als Waffen des Wagengottes (Kemble, the Saxons in England 1, 347)
ausgelegt werden.  Die Stelle bezeugt nur, dass der Blitz als die Waffe eines
persönlich gedachten Gewitterherrn gedacht wurde.  Zu rynegäst Grein, Glossar
2, 386, der an profluvii hospes, Herr des Gewitterregens denkt.

2) Bei den Ditmarschen sagt man: nu faert de Olde all wedder da ba-
wen unn haut mit syn Ex anne Räd; Müllenhoff, Sagen, Märchen und Lieder
aus Schleswig-Holstein und Lauenburg Nr. 480.  Ebenda S. 447 ein Riese mit
einem von Böcken gezogenen Wagen.  Was aus späterem Brauch und Glauben
hergehört, verzeichnet E. H. Meyer, Myth. S. 205.

3) Vgl. Scherer, Sitzungsberichte der Berliner Akademie 1885, 577 ff.
Müllenhoff-Scherer, Denkmäler, 3. Aufl., bes. von Steinmeyer II 300 f.  Da
weder Text noch Auslegung und Beziehung auf die Mythologie sicher sind,
verzichte ich auf die Anführung und verweise hiefür auf die Denkmäler und
auf Kögel, Geschichte der deutschen Litteratur I, 1, 266.

## 2. Thor als Hauptgott des norwegischen Volkes.

Dass Thor im nordischen Volke vor allen anderen Göttern Verehrung genoss, geht aus vielen Anzeichen unzweifelhaft hervor[1]), besonders Norwegen ist die Heimat des Thorsdienstes, der aber auch in Schweden und Dänemark nachgewiesen werden kann. Wenn mehrere Götter neben einander vorkommen, in den Bildern[2]) der Tempel, in der feierlichen Eidesformel, dann steht doch Thor immer voraus. In Moere erhub sich ein Tempel, in dem mehrere Götterbilder aufgestellt waren, Thor mit Gold und Silber geschmückt war am meisten geehrt. Der König Olaf Tryggvason schlägt das Bildniss nieder. In Hladir standen drei Bilder: Thor auf dem Wagen inmitten, Thorgerd Hörgabrud und Irpa zu beiden Seiten. Sveinn in Drontheim hatte manche Götzen, den Thor aber ehrte er am meisten. Zur Zeit Adams von Bremen war Thor als der Mächtigste inmitten des Odin und Freyr im Tempel zu Uppsala aufgestellt. Wie Ingimund ein silbernes Freysbild bei sich führt, so trug Hallfred, ein berühmter Skald, Thors Bildniss aus Zahn geschnitzt im Beutel. In der Heidenzeit war es Sitte, Eigennamen aus Götternamen[3]) zu bilden. Die Träger solcher Namen wurden dadurch dem besonderen Schutze der Götter anempfohlen. In der Wahl des Götternamens kommt das Verhältniss

---

1) Vgl. besonders Henry Petersen, om Nordboernes gudedyrkelse og gudetro i hedenold. Kjöbenhavn 1876.

2) Thorsbilder in der Olafssaga Tryggvasonar (der Heimskringla) Kap. 76; Njálssaga Kap. 89; Olafssaga Tryggvasonar (Fornmanna sögur) Kap. 203; Adam von Bremen 4, 26; Hallfređarsaga Kap. 6. Flateyjarbók 1, 320 beschreibt das Thorsbild im drontheimischen Haupttempel also: Thor sass in der Mitte als der meist geehrte. Er war gross und ganz mit Gold und Silber geschmückt. Thor sass im Wagen, der war sehr prächtig. Zwei wol gebildete Böcke aus Holz waren davor gespannt. Wagen und Böcke gingen auf Rädern. Die Hörner der Böcke waren mit Silber überzogen. Alles war mit wunderbarer Geschicklichkeit gemacht.

3) Über die Personen- und Ortsnamen, die aus Götternamen gebildet wurden, Henry Petersen, om Nordboernes gudedyrkelse og gudetro S. 38 ff.; für Schweden Lundgren, språklig intyg om hednisk gudatro i Sverige, Göteborg 1878; für Norwegen O. Rygh in Munchs norröne gude-ok heltesagn, ny udgave Christiania 1880. Selbst in der Normandie sind noch heute 10 *Turville* und 2 *Freville* d. h. Thorstad und Freystad nachzuweisen, Petersen a. a. O. 47 nach dem itinéraire de la Normandie, Caen 1828. Die Häufigkeit der Anwendung von Thor und Freyr steht da etwa im selben Verhältniss wie auf Island.

zu den einzelnen Göttern zum Ausdruck. Wenn ein Bjorn, Steinn,
eine Dis, Gerd und andere Thorbjorn, Thorsteinn, Thordis, Thorgerd
zubenannt sind, so werden sie dadurch dem Gotte verlobt, der Gott
wird ihr vertrauter Freund und Beschützer. Entsprechend wurden
Namen nach Freyr gewählt, Freysteinn, Freybjorn, Freydis, Frey-
gerd. Selten sind Namen mit Odin gebildet, wie Odinkarl in
Dänemark, Odindis in Schweden. Entsprechend kommen die
Götternamen auch für Örtlichkeiten vor, die unter den Schutz der
Gottheit gestellt werden. Sehr schön ist diese Sitte bei der Besiedelung Islands im Ausgang des 9. Jahrhunderts zu beobachten.
Ausfahrt, Reise, Ankunft, das in Besitz genommene Land wird
von der Gottheit gewiesen. An erster Stelle ist Thor der Führer,
seltener Freyr, niemals Odin.

Als König Harald in Norwegen die Alleinherrschaft aufrichtete, wurden dadurch viele mächtige Männer zur Auswanderung
bewogen. Hrolf war ein grosser Häuptling. Er waltete auf der
Insel Mostr bei Südhördaland eines Tempels des Thor und war
ein grosser Freund des Gottes. Er war gross und stark, schön
von Aussehen und hatte einen grossen Bart; darum hiess er
Mostrarskegg (Mostrbart). Er war der vornehmste Mann auf der
Insel. Im Frühjahr verschaffte Hrolf dem Bjorn Ketilsson, der
von König Harald geächtet war, ein gutes Langschiff mit tüchtiger Bemannung und gab ihm seinen eigenen Sohn Hallstein zur
Begleitung mit. Als König Harald hörte, dass Hrolf Bjorn den
Achter unterstützte, schickte er Boten zu ihm und liess ihm sagen,
er solle aus dem Lande weichen wie Bjorn oder zum König kommen und alles seiner Gewalt unterwerfen. Das war 10 Jahre,
nachdem Ingolf Arnarson nach Island gefahren war (um 874);
die Leute, die von Island kamen, lobten die Beschaffenheit des
Landes. Thorolf Mostrarskegg stellte ein grosses Opfer an und
befragte Thor, seinen vertrauten Freund, ob er sich mit dem König
versöhnen solle oder ausser Lands fahren und anderes Schicksal
suchen. Das Ergebniss der Befragung wies den Thorolf nach Island. Darauf nahm er ein grosses Seeschiff und rüstete sich zur
Islandsfahrt; alle seine Hausleute und die ganze Wirtschaft führte
er mit sich. Er brach den Tempel ab und nahm fast alles dazu
verwendete Bauholz mit, auch die Erde unter dem Altar, worauf
Thor gestanden war. So segelte Thorolf in See mit günstigem
Wind, er fand das Land und schiffte der Südseite entlang und
dann westlich um Reykjanes herum. Da liess der Wind nach

und sie sahen, dass grosse Buchten landeinwärts sich aufthaten.
Thorolf warf die Hochsitzpfeiler, die im Tempel gestanden, über
Bord; auf einem derselben war Thors Bild eingeschnitzt. Er
sagte, er wolle sich auf Island an der Stelle ansiedeln, wo Thor
ihn ans Land kommen lasse. Die Pfeiler trieben rasch in die
westliche Bucht. Es erhub sich eine Brise und sie fuhren westlich um Snjofellsnes in die Bucht. Sie sahen, dass die Bucht lang
und breit war und von grossen Gebirgszügen auf beiden Seiten
umgeben. Thorolf gab der Bucht einen Namen und nannte sie
Breidifjord. Er nahm Land ungefähr inmitten der Südseite der
Bucht und legte sein Schiff in die kleine Bucht, die später Hofsvag
(Tempelbucht) genannt wurde. Sie untersuchten das Land und
fanden an der Spitze eines Vorgebirges im Norden der Bucht,
dass Thor mit den Säulen ans Land gekommen war. Das wurde
seitdem Thorsnes genannt. Darauf fuhr Thorolf mit Feuer über
sein Land, auswärts von der Stafa an bis hinein zu dem Fluss,
den er Thorsa nannte, und siedelte da seine Schiffsleute an. Er
erbaute ein grosses Gehöft bei Hofsvag und nannte es Hofstadt.
Da liess er einen grossen Tempel Thor zu Ehren errichten. Thorolf nannte das Land zwischen dem Vigrafjord und Hofsvag
Thorsnes. Auf dem Vorgebirge steht ein Berg; dem wandte Thorolf so grosse Verehrung zu, dass niemand ihn ungewaschen ansehen durfte, und weder Tiere noch Menschen sollten auf dem
Berge getötet werden, es gehe denn von selber zu Grunde. Den
Berg nannte er Helgafell und glaubte, er werde dort hineinfahren,
wenn er sterbe, seine Verwandten aber ins Vorgebirge. Auf der
äussersten Spitze des Vorgebirges, wo Thor ans Land gekommen
war, liess er alle Gerichte halten und setzte dort ein Heradsding
(Gauversamlung) ein. Da war eine so heilige Stätte, dass er auf
keine Weise das Feld verunreinigen lassen wollte, weder mit
Feindesblut, noch auch dadurch, dass jemand seine Notdurft ver-
richte. Dazu war eine Klippe bestimmt. Einen Sohn Steinn
weiht Thorolf seinem Freund Thor als Hofgoden, nemlich zum Tem-
pelamt, und nannte ihn Thorstein. Zwischen Thorstein und seinen
Nachbarn entsteht Streit um das von Thorolf eingesetzte Gericht.
Es kommt zum Blutvergiessen auf der Dingstätte, welche dadurch
entweiht wird. Thord entschied den Streit der Parteien dahin,
sie sollten sich aussöhnen und in Zukunft Tempel und Gericht
zusammen halten. Die entheiligte Dingstätte wurde aber weiter
landeinwärts verlegt, worüber der Sagaschreiber berichtet: Man

sieht noch den Gerichtsring, in dem die Leute zum Opfertod verurteilt wurden. Im Ring steht noch der Thorsstein, an dem die
Leute gebrochen wurden, die zum Opfer bestimmt waren, noch
sieht man Blutspuren am Stein.[1])

Von anderen Ansiedlern gehen ähnliche Berichte. Als Helgi
der Magere Land erblickte, fragte er den Thor, wo er Land nehmen solle. Der Ausspruch wies ihn nach dem Eyjafjord, und
erlaubte ihm weder ostwärts noch westwärts abzulenken. Da fragte
ihn sein Sohn Hrolf, ehe der Fjord sich aufthat, ob denn, falls
Thor ihn ins Eismeer. zum Überwintern wiese, er sich auch daran
halten würde. Denn den Schiffern schien es Zeit, aus der See zu
kommen, da der Sommer schon sehr zu Ende ging.[2]) Dieser
Helgi zeigt eigentümliche Glaubensmischung. Er war ein Christ
und nannte, obschon Thor ihm das Land gewiesen, seine Wohnstätte doch Kristnes. Bei Seefahrt und in allen schweren Gefahren rief er aber stets zu Thor. Hreidar gab so viel auf des
Gottes Ausspruch, dass er das von diesem ihm gewiesene Land
sogar durch Kampf zu erlangen trachtete, nachdem es schon besetzt war. Nur mit Mühe bringt ihn Eirik davon ab.[3])

Asbjorn heiligte das von ihm in Besitz genommene Land dem
Thor und nannte es Thorsmark.[4]) Dass die norwegischen Ansiedler ihre Thors- und Freystempel auch auf Island errichteten,
geht ausser den bestimmten Zeugnissen aus den zahlreichen mit
„Hof" (d. i. Tempel) zusammengesetzten Ortsnamen hervor; Hof
allein kommt oft auf Island vor, dann Hofgardar, Hofsfell, Hofstadir, Hofsteigr, Hofsvágr.

Nicht nur auf den Hochsitzpfeilern war Thors Bild eingeschnitzt. Grima des Gamli Weib hatte einen grossen Stuhl, auf
der Rücklehne war Thors Bildniss mit seinem Hammer eingeschnitzt.[5]) Der Jarl Eirik führte Thors Bild am Vordersteven
seines Schiffes. Vergeblich suchte er König Olafs Schiff zu entern.
Als er jedoch das Thorsbild wegwarf und durch ein Kreuz er-
setzte, gewann er sofort den Sieg.[6]) Aufs Getäfel des Hauses und

1) Eyrbyggjasaga Kap. 3 und 4, 7 und 10; Landnáma II Kap. 12. Vgl.
Maurer, die Entstehung des isl. Staates S. 211 ff.
2) Landnáma III K. 12.
3) Landnáma III K. 7.
4) Landnáma V K. 2.
5) Vígaglúmssaga K. 9.
6) Olafssaga Tryggvasonar des Oddr K. 69; jüngere Saga K. 252, 253, 255.

auf Schilde wurden Götter- und Heldensagen abgebildet, in der älteren Zeit haben die Thorssagen entschiedenes Übergewicht. Die Skalden machten auf solche Darstellungen mit Vorliebe ihre Gedichte.[1]

Das ausserordentliche Übergewicht der Eigennamen mit Thor — unter den Besiedlern Islands begegnen 51 Thorsnamen gegenüber 3 Freysnamen; Odin fehlt gänzlich — deutet darauf hin, dass Thor wenigstens in Norwegen und im 9./10. Jahrhundert auch in Schweden der im Volke am meisten geehrte war. Der Thorsdienst greift auch tief ins Leben ein, während der Odinsdienst vorwiegend in der Skaldendichtung am Königshof zu Hause ist. Mehr als in Norwegen und auf Island tritt allerdings Odinsglaube in Dänemark und Schweden neben Thor auf.

Weiher der bewohnten Erde, der die Welt heiligt und weiht, Freund der Menschen ist Thor. Auf einem jütischen und einem fühn'schen Runenstein wird Thor angerufen, das Denkmal, die Runen zu weihen. Auf anderen dänischen und schwedischen Steinen ist den Runen das deutliche Abbild eines Hammers beigegeben, das wahrscheinlich symbolisch denselben Wunsch darstellt, Thor möge das Erinnerungsmal weihen und beschützen.[2] Dass der Hammer auch sonst in Gebräuchen eine Rolle spielt, stützt diese Anschauung.

Thrym, der Thursenbeherrscher gebietet, als er die vermeintliche Freyja sich vermählen will:

Bringt nun den Hammer, die Braut zu weihen,
den Mjolnir legt in des Mädchens Schooss,
in Wars Namen weiht unsern Bund.[3]

---

1) Gudbrand Vigfússon, corpus poeticum boreale II, 2 ff.

2) Hym. 11 *vinr verliþa, Veorr heiter sá. véorr* erklärt Noreen, Arkiv f. nordisk filologi 6, 306 ff., an. Grammatik[2] § 127 aus \**vé-vorðr* Wächter des Heiligtums. Nach Kögel, Gesch. d. deutschen Litteratur I, 1, 17 stammt *Véorr* aus urgerm. *Wihuz* der Kämpfer. Donar ist der erste Held (*Hercules primus fortium virorum*); vgl. S. 244 Anm. 1. Die folgende Darstellung hauptsächlich nach Petersen a. a. O. 50 ff. Auf dem Virringstein in Jütland stehen die Worte ÞUR UIKI ÞISI KUML, auf dem Glavendrupstein in Fühnen ÞUR UIKI ÞASI RUNAR. Abbildungen der Hämmer Petersen 52, 53, 54; vgl. auch 75, 76, 78 kleine Hämmer als Schmuckgegenstände.

3) Þrymsk. 30; dem Gebrauch des Hammers zur Brautweihe kommt nach E. H. Meyer, Germ. Myth. S. 212/3 nicht rechtliche, vielmehr phallische Bedeutung zu.

Bei der Hochzeit wurde Thors Gedächtniss vor den andern
Göttern getrunken, was auf seine Beziehung zur Ehe hinweist.[1])
Spätere norwegische Volkssage knüpft Thors Wanderungen auf
Erden an Hochzeiten an.[2])  Als König Hakon gezwungen wird,
am Opfer zu Hladir teilzunehmen, machte er das Zeichen des
Kreuzes über das ihm gereichte Trinkhorn, was die Verwunderung
der heidnischen Bauern erregte.  Da sagte der Jarl Sigurd: Der
König thut so wie alle, die auf ihre eigene Kraft und Stärke vertrauen und ihren Becher dem Thor weihen; er machte das Ham-
merzeichen darüber, ehe er trank.[3])  Man trug kleine Hämmer
als Amulet und Schmuck.  Vermutlich hatten die Thorsbilder
Hämmer in der Hand, mit denen der Hofgode feierliche Weihen
vollzog.  Unter den Siegeszeichen, welche der Dänenprinz Magnus
Nielson († 1134) von seinem schwedischen Feldzug heim brachte,
befanden sich Metallhämmer von schwerem Gewicht, die man
Thorshämmer nannte.[4])  Seit alter Zeit waren diese bei den Bewohnern einer Insel (Gutland) Gegenstand besonderer Verehrung
gewesen.  Das Bild des heiligen Olaf, auf welchen die norwegische Volkssage manche Züge Thors übertrug, hatte eine Axt in
der Hand, mit welcher die Wallfahrer sich zu bestreichen pflegten.
Bei Baldrs Tod wird berichtet, Thor weihte den Scheiterhaufen
mit dem Hammer Mjolnir.  Hammerwurf heiligt nach altdeutschem
Recht den Erwerb, vielleicht mit Beziehung auf Donar.[5])  Sein
Verhältniss zum Recht im Norden kommt darin zum Ausdruck,
dass der Thorsdag[6]) das Ding eröffnet und dass im feierlichen
Eid der allmächtige Ase Thor angerufen wird.  Mit Ase schlechthin war überhaupt Thor gemeint, als der höchste und mächtigste
der Asen.[7])

1) Bósa Kap. 12.
2) Faye, norske folkesagn, Christiania 1844, S. 3.
3) Hákonarsaga góða K. 18.
4) Saxo XIII S. 236 *inusitati ponderis malleos, quos ioviales vocabant . . .
prisca virorum religione cultos . . . cupiens enim antiquitas tonitruorum causas
usitata rerum similitudine comprehendere, malleos, quibus coeli fragores cieri
credebat, ingenti aere complexa fuerat.*  Weihe des Holzstosses Gylfag. K. 49.
    5) Hammerwurf im deutschen Recht J. Grimm, Rechtsaltertümer S. 64.
    6) Über den Thorsdag als Gerichtstag Petersen, Gudedyrkelse 67 ff.; auch
in Deutschland haften heilige Bräuche am Donnerstag, Grimm, Deutsches
Wörterb. 2, 1252; H. E. Meyer, Myth. § 291.  In der Vígaglúmssaga Kap. 25
legt Glúmr einen feierlichen Reinigungseid ab: *vinn ek hofseið at baugi ok
segi ek þat œsi.*
    7) Der Name Þormóðr wird Asmóðr gleich gesetzt Landnáma 5, 10 S. 307.

So beschützt Thor als der liebe Freund das Leben des Menschen von dem Augenblick, wo der Knabe mit Wasser begossen
den Namen nach dem Gotte beigelegt erhielt, bis die Flamme
über dem Toten zusammenschlug oder der Hügel ihn überwölbte.
Ja noch das Denkmal wurde in seinen Schutz gestellt.

Die Normannen [1]) hielten am Thorsdienst fest. Vor der Heerfahrt wurden dem Thor Menschenopfer gebracht. Mit einer Axt
wurde dem Opfer der Schädel zerschmettert und das Gehirn bloss
gelegt. Aus dem zuckenden Herzen wurde der Ausgang des Unternehmens erforscht. Dann bemalten sich die Opfergenossen mit
dem Blut ihr Gesicht und liessen die Schiffe auslaufen. Weitere
Zeugnisse bieten die bereits erwähnten Ortsnamen *Turville*. Maugier,
Richards II. Sohn auf der Insel Jersey, hat mit dem Götzen *„Turet“*
einen Bund.[2]) Thor genoss demnach unter den Normannen die

---

1) Dudo, *de moribus et actis Normannorum* I, 1 (in den mémoires de la
société des antiquaires de Normandie Band 23, 1858, S. 129 f.) *in expletione
suarum expulsionum atque exituum sacrificabant olim venerantes Thur, deum
suum. cui non aliquod pecudum neque pecorum, nec Liberi patris nec Cereris
litantes donum, sed sanguinem mactabant humanam, holocaustorum omnium
putantes pretiosissimum; eo quod, sacerdote sortilego praedestinante, iugo
boum una vice diriter icebantur in capite; collisoque unicuique singulari ictu
sorte electo cerebro, sternebatur in tellure, perquirebaturque levorsum fibra
cordis, scilicet vena. cuius exhausto sanguine ex more suo sua suorumque
capita linientes, librabant celeriter navium carbasa ventis, illosque tali negotio
putantes placare, velociter navium insurgebant remis.*

2) Roman de Rou hrsg. von Andresen Bd. II 3915

> *De sa gent ou il ert enmie,
> poinst le cheual, criant „Toirie“.*

Ob man, wie es früher geschah, in dem hs. *Cuire Tuirie* eine Verderbniss des
Schlachtrufes *„Tur aie“* annehmen darf, ist zweifelhaft. Andresen ver teht
darunter einen Ortsnamen *Thury*.

> *Un deu soleient aurer, Bd. I 192
> qu'il soleient Tur(c) apeler;
> mult l'amoent, mult s'i fioent,
> humes uis li sacrefioent,
> del sanc de l'ume s'arosoent.*

Die Stelle ist aus Dudo entnommen.
    Über den bösen Geist *Toret* Bd. II 4591 ff.

> *Plusors distrent por uerite,
> que un diable aueit priue,
> ne sai s'esteit luitun ou non,
> ne quel iert ne de quel façon.*

grösste und häufigste Verehrung, sonst wäre nicht die Erinnerung
an ihn allein noch bis in die französische Zeit gut erhalten geblieben.

Dass Thor um Sieg angerufen wird, weiss auch eine nordische Quelle. Styrbjorn erhob gegen König Eirik Ansprüche auf
den schwedischen Thron. In der entscheidenden Schlacht bei
Fyrisvellir unterlag er nach verzweifeltem Kampf und fiel mit den
meisten seiner Leute. Vor der Schlacht hatte Styrbjorn den Thor
um Sieg angerufen, Eirik aber dem Odin sich verlobt, nach zehn
Jahren als Opfer zu sterben. Odins Hilfe war mächtiger als die
Thors.[1]

Als König Olaf auf der norwegischen Insel Mostr weilt, erscheint ihm der heilige Martinus im Traum und sagt: Das war
hier zu Land wie anderwärts Sitte, dass bei Gelagen und Gilden
Thor und Odin und den Asen Bier gespendet und der Becher geweiht wurde. Von nun an soll es zu Gottes und der Heiligen
Ehren geschehen.[2] Zu Olafs des Heiligen Zeiten tranken die Leute
im innern Drontheim nach altem Brauch Thors und der Asen Minne.
Rinder und Rosse wurden geschlachtet und die Tempelsäulen mit
dem Blute gerötet. Das Opfer wurde um fruchtbares Jahr angestellt.[3]

Im norwegischen Gudbrandsdal lebte ein mächtiger und angesehener Häuptling namens Gudbrand. Der unterhielt einen
Tempel des Thor, welcher den Thalleuten in allen Nöten gar wol
half. Im Tempel stand ein Thorsbild mit dem Hammer in der
Hand, gross und innen hohl. Gold und Silber dient dem Götzen
zum Schmuck. Täglich werden ihm vier Brote und Fleisch gebracht und davon lässt er nichts übrig. Olaf der Heilige gedachte
die Bewohner von Gudbrandsdal zu bekehren. Zu einer Ding-

> *Toret se faiseit apeler*
> *e Toret se faiseit nomer.*
> *quant Maugier parler i uoleit,*
> *Toret apelout si ueneit;*
> *plusors le poeient oir,*
> *mais nul d'els nel poeit choisir.*

Maugier kommt durch Ertrinken ums Leben. Seinen Tod weiss er voraus.
Offenbar liegt eine alte Sage zu Grund, die von einem Verkehr zwischen Thor
und einem seiner Freunde erzählte.

[1] Jüngere Olafssaga helga K. 72.
[2] Olafssaga Tryggvasonar, Flateyjarbók 1, 283.
[3] Olafssaga helga, Flateyjarbók 2, 184.

versammlung, in der Olaf mit den Bauern unterhandeln wollte, wurde das von Gold glänzende Bild herausgeschleppt. Alle neigten sich davor. Höhnisch forderte Gudbrand den König auf, seinen Gott herbeizurufen. Olaf rief: Schaut nach Osten, da fährt unser Gott mit gewaltigem Lichte! Eben ging die Sonne auf und alle schauten dorthin. Da schlug des Königs Begleiter mit einer Keule auf den Götzen, dass er in Stücke brach. Mäuse, Nattern und Würmer liefen heraus. So bekehrte Olaf die Thalleute und ihren Häuptling. [1])

Was Adam von Bremen [2]) über den Thorsdienst in Schweden berichtet, stimmt völlig zu den nordischen Quellen. Thor ist der Mächtigste, Odin und Freyr stehen hinter ihm zurück. Blitz und Donner, Regen, Wind und klares Wetter sind ihm unterthan und darum auch die Fruchtbarkeit. Thor donnert, um die Erde zu segnen, nicht um zu vernichten. Er ist Herr des wolthätigen und befruchtenden Gewitters. Deswegen berührt er sich mit Freyr, der sein schwedisches Ackerland mit Sonnenschein segnet. Bei drohender Krankheit und Hungersnot wird dem Thor geopfert. Auch hiefür bietet sich ein isländisches Zeugniss. [3]) Die Winlandsfahrer litten einmal Hungersnot und baten vergeblich den Christengott um Hilfe. Thorhall aber rief seinen vertrauten Freund Thor, den Rotbärtigen an. Der sandte auch einen Walfisch an den Strand. Der dem Heidentum feindselige Sagaschreiber fügt freilich bei, sie seien vom Genuss des Fleisches alle krank geworden. Aber Thorhall sagt mit gerechtem Stolz, sein treuer Freund Thor habe ihm selten Hilfe verweigert.

Nach den geschichtlichen Zeugnissen ist offenbar Thor der eigentliche Hauptgott des Nordens, jedenfalls des norwegischen

---

1) Ältere Olafssaga helga K. 33—8; jüngere Olafssaga K. 107—8.

2) Adam von Bremen 4, 26 sagt vom Uppsalatempel: *in hoc templo, quod totum ex auro paratum est, statuas trium deorum veneratur populus, ita ut potentissimus eorum Thor in medio solium habeat triclinio, hinc et inde locum possident Wodan et Fricco. quorum significationes eiusmodi sunt: Thor, inquiunt, praesidet in aere, qui tonitrus et fulmina, ventos imbresque, serena et fruges gubernat. alter Wodan, id est furor, bella gerit, hominique ministrat virtutem contra inimicos. tertius est Fricco, pacem voluptatemque largiens mortalibus. cuius etiam simulacrum fingunt ingenti priapo. Wodanem vero sculpunt armatum, sicut nostri Martem sculpere solent. Thor autem cum sceptro Iovem simulare videtur. 4, 27 si pestis et famis imminet, Thor ydolo lybatur, si bellum Wodani, si nuptiae celebrandae sunt, Fricconi.*

3) Eiríks saga rauða K. 13; Þorfinns saga Karlsefnis K. 14.

Stammes, dem gegenüber Odin sehr zurücktritt. Der echte und wahre Volksglauben kennt nur Thor und neben ihm Freyr, der vermutlich in Urzeiten bei den Schweden ebenso verehrt wurde wie in der geschichtlichen Zeit Thor bei den Norwegern. Beide sind im Grunde eins, der Himmelsgott nur nach Stammesart und Landesbeschaffenheit verschieden. „Während der alte Landas des gebirgigen Norwegens mit dem Donnerkeile Steinriesen zermalmt, segnet der milde Freyr sein schwedisches Ackerland mit Regen und Sonnenschein" (Uhland 6, 424). Anders freilich ist das Bild, das die Skaldenkunst gewährt. Da ist Odin der Hauptgott. Aber dieser Odinsglaube gehört den Höfen und Edelingen. Die Betrachtung Odins wird lehren, dass er erst spät im Norden einwanderte. Seine Herrschaft blieb im wesentlichen auf die Kunstdichtung und deren Pfleger beschränkt. Das Volk und alle, die vom Königshofe unabhängig waren, hielten an Thor und Freyr fest. In Sage und Dichtung jener Zeit kommt diese Verschiedenheit auch zum Bewusstsein.

Den Gegensatz zwischen Thor, dem Beschützer und Förderer des friedliebenden Bauernstandes und Odin, dem Vertreter des kriegliebenden und abenteuerlustigen Adels bringt das Harbardslied [1] in trefflicher Weise zur Darstellung. Aus dem Ostland kommt Thor zu einem Sund; auf der andern Seite erblickt er einen Fährmann, den er um Überfahrt anruft. Es ist Odin, der sich unter dem Namen Harbard versteckt; er behandelt den Ankömmling geringschätzig als Bauern und Landstreicher. Nach mancherlei beleidigenden Scheltreden halten sie ihre Thaten einander gegenüber. Während Harbard-Odin in Kriegs- und Liebesabenteuern sich tummelte, was er mit geistiger Uberlegenheit hervorhebt, vollführte der ehrliche Thor nützliche Thaten. Thursenweiber schlug er im Osten tot, damit das Riesengeschlecht nicht überhand nehme. Einen Fluss, der die Menschenwelt vom Riesenland trennt, verteidigte er gegen den Angriff der Söhne Swarangs, die Felsblöcke schleuderten. Thor zwang sie zum Frieden. Auf Hlesey erwürgte er Berserkerweiber, die argen Frevel ver-

---

1) Hárbarþsljóþ; die mythologische Erklärung Uhlands (Schriften 6, 52 ff.) ist bei diesem Lied ganz verfehlt. Es hebt sich auf sozialem Hintergrund ab, vgl. Liliencron, ZfdA. 10, 180 ff.; Niedner, ZfdA. 31, 217 ff. Finnur Jónsson, Litteraturshistorie 1, 148 ff.; aarböger f. nord. oldkyndighed og historie 1888, 139 ff.

übt. Wölfinnen waren sie mehr. als Weiber, Thors Schiff stürzten sie um, schwangen ihre Eisenkeulen und verscheuchten den Thjalfi. Endlich fertigt Harbard den Harrenden mit spöttischen Reden ab und heisst ihn zu Fuss den Weg um den Sund suchen. Der norwegische Verfasser des ziemlich alten Liedes hat seinen Stoff sehr gut behandelt, Bauer und Edeling, Thor und Odin vorzüglich charakterisiert. Mit voller Freiheit und Selbständigkeit sprang er mit der Uberlieferung um und gewährt doch ein lebenswahres Bild. Odin nimmt die Jarle, die auf der Walstatt fallen, aber Thor der Knechte Tross. Damit stellt der Dichter dem glänzenden Walhall der Krieger eine freundliche Heimstätte der in redlicher ruhmloser Arbeit sich abmühenden Bauern bei ihrem Schirmer Thor gegenüber.

Wie hier zu Fuss mit dem Korb auf dem Rücken, so erscheint auch sonst Thor, wenn er nicht auf dem Wagen fährt. Nie besteigt er ein Ross. Während die andern Götter zum Gericht unter der Weltesche reiten, durchwatet Thor täglich zwei Flüsse und wandert einen weiten Weg.[1])

Der Gegensatz zwischen Odin und Thor kommt auch in der Sage von Starkad [2]) zum Ausdruck. Odin hatte unter dem Namen Hrossharsgrani den Starkad erzogen. Einst träumte diesem, dass sein Pflegevater ihn an eine abgelegene Stelle im Walde führte, wo elf Asen sassen, die Hrossharsgrani als Odin grüssten. Sie sollten Starkads Schicksal bestimmen. Thor, der ihm als einem Riesensohn ungünstig war, verweigerte ihm Nachkommenschaft. Odin gab ihm drei Menschenalter, Thor sagte, er solle in jedem ein Nidingswerk vollführen; Odin bestimmte ihm die besten Waffen, Thor versagte ihm Landbesitz; Odin schenkte ihm fahrend Gut im Überfluss, Thor legte hinzu, dass er niemals genug haben solle. Odin gab ihm Sieg in jedem Streit, Thor fügte bei, dass er aus jedem eine tiefe Wunde davontragen solle; Odin gab ihm Skaldenkunst, Thor liess ihn seine Lieder vergessen; Odin machte ihn beliebt bei den Mächtigen, Thor verhasst beim Volk. Das wilde Reckentum, das schon Tacitus (Germ. 31) an den chatti-

---

1) Grímn. 29.

2) Gautrekssaga in den Fornaldur sögur III 32 ff.; die Sage in ihrer überlieferten Fassung ist jung und gehört wol ins 14. Jahrh., aber Starkads Geschichte ist alt und vermutlich auch der Zug, dass er in Odins Gunst, in Thors Abgunst stand. Über Starkads Reckentum Uhland, Schriften 6, 101 ff.; 7, 242 ff. Müllenhoff, Deutsche Altertumskunde 5, 301 ff.

schen Kriegern hervorhebt, den Helden und Dichter, der auf alles
andre verzichtet, lässt die nordische Sage von Odin, dem Heldenvater geweckt werden, während Thor, dem Kriegsfahrt, um ihrer
selbst willen gethan, verhasst ist, den Berufskämpen mit Fluch
belegt.

Aus der Zeit des Glaubenswechsels wird berichtet[1]): Nun
kam das Christentum nach Island und Thorgils nahm den Glauben
unter den ersten an.  Er träumte eines Nachts, dass Thor zu ihm
komme mit böser Miene und sagte, er habe ihn betrogen.  Du hast
dich übel betragen wider mich, du hast mir das Schlechteste ausgewählt und das Silber, das ich besass, in einen Sumpf geworfen.
Thorgils sprach: Gott wird mir helfen und ich bin froh, dass
unsere Gemeinschaft zerriss.  Als Thorgils erwachte, war sein
Mastschwein tot.  Er liess es begraben und niemand etwas davon
essen.  Thor erschien dem Thorgils abermals im Traume und
sagte, er werde ihn ebenso leicht an der Nase kriegen wie sein
Schwein.  Thorgils antwortete, Gott werde das bestimmen.  Thor
drohte ihm Viehschaden anzuthun.  In der nächsten Nacht fiel
auch ein alter Ochse.  Da sass Thorgils in der darauffolgenden
Nacht selber bei seinem Vieh.  Am Morgen als er heim kam,
war er weit herum ganz schwarz geworden.  Die Leute hielten
es für sicher, dass er mit Thor zusammengetroffen sei.  Das Vieh-
sterben liess nach.  Thorgils fuhr später nach Grönland und hatte
dabei neue Anfechtungen auszustehen.  Thorgils wartete auf guten
Wind und träumte, ein grosser rotbärtiger Mann komme zu ihm
und spräche: Die Fahrt, die du vor hast, wird beschwerlich werden.
Übel wird es dir gehen, wenn du nicht wieder zu meinem Glauben
zurückkehrst.  Dann aber will ich wieder für dich sorgen.  Thorgils
sagte, er wolle seine Fürsorge nimmer haben und hiess ihn entweichen.  Meine Fahrt geht, wie der allmächtige Gott will.  Da
schien ihm, als führe ihn Thor auf Klippen, an denen die Brandung sich brach.  In solchen Wogen sollst du sein und nimmer
herauskommen, du kehrest denn zu mir zurück.  Nein, sagte
Thorgils, hebe dich fort, du leidiger Feind.  Der wird mir helfen,
der uns alle mit seinem Blute erlöste.  Da erwachte er und erzählte den Traum seiner Frau.  Die sagte, ich würde daheim
bleiben, wenn ich so geträumt hätte, und die andern Leute sollen

1) Flóamannasaga Kap. 20 u. 21.

nichts davon erfahren. Nun erhob sich Fahrwind und sie segelten
ab. Als sie ausser Sicht des Landes waren, legte sich der Wind
und sie trieben so lange umher, bis Mangel an Trank und Speise
eintrat. Thorgils träumte vom selben Mann: ging es nicht, wie
ich sagte? Lange redete Thor mit Thorgils, der aber jagte ihn
mit harten Worten von sich. Es begann zu herbsten und einige
Leute meinten, man solle Thor anrufen. Thorgils verbot es. In
der Nacht erschien Thor und sprach: Da zeigte es sich, wie treu
du mir warst, als die Männer mich anrufen wollten. Aber ich
habe nun deinen Leuten geholfen; ihr seid alle in äusserster Bedrängniss, wenn ich nicht helfe. In sieben Nächten sollst du einen
Hafen erreichen, wenn du ernstlich zu mir zurückkehrst. Thorgils
sprach: Wenn ich auch nie einen Hafen erreiche, ich will dir
nichts Gutes thun. Thor antwortete: Willst du mir nichts Gutes
thun, dann gib mir wenigstens meinen Besitz. Thorgils dachte
darüber nach und fand, dass Thor damit einen Ochsen meine, den
er ihm geschenkt hatte, solang er noch ein Kalb gewesen war.
Thorgils befahl den Ochsen über Bord zu werfen. Denn es sei
kein Wunder, wenn es schlimm gehe, solange Thors Gut an Bord
sei. Der glaubenseifrige Mann wird auch schliesslich gerettet. Die
Geschichte lässt deutlich durchschimmern, dass der Abfall von
den alten Göttern und namentlich von Thor als schwerer Treu-
bruch empfunden wurde. Wie Thor sonst als Beschützer und
Mehrer des Eigentums galt, so rächt er sich an den Ungetreuen
durch Beschädigung und Schmälerung. Wie er sonst günstigen
Wind sendet, so schickt er seinen Feinden Gegenwind oder hemmt
ihre Fahrt durch Windstille. Raud auf Raudsey, einer Insel vor
der norwegischen Landschaft Halogaland, war ein grosser Opferer.
Durch vieles Opfern hatte er ein Bildniss Thors im Tempel so
bezaubert, dass der böse Feind aus dem Götzen mit ihm redete
und diesen so bewegte, dass er am Tage mit ihm herumgehend
sich zeigte, und Raud führte ihn oft mit sich auf der Insel herum.
Als Olaf Tryggvason der Insel naht, verkündigt Thor seinem
Freunde des Königs Ankunft. Thor erhebt die Bartstimme und
bläst in den Bart, infolge dessen der König durch heftiges Gegen-
wetter mehrmals abgetrieben wird. Dem Bekehrungsversuche
Olafs hält Raud entgegen: Du setzest deine Rede überzeugend,
König; indessen habe ich wenig Lust, den Glauben zu verlassen,
den ich gehabt habe und den mich mein Pflegevater gelehrt hat;
und man kann nicht sagen, dass unser Gott Thor, der hier im

Tempel wohnt, wenig vermöge, denn er verkündigt noch ungeschehene Dinge und ist mir in aller Not von erprobter Ver-
lässigkeit, und darum mag ich unsere Freundschaft nicht brechen,
solange er mir die Treue hält.   Wie der König droht, meint
Raud, das schlage bei ihm nicht an, fordert aber denselben auf,
seine Kraft in einem Kampfe mit Thor zu erproben.   Hierauf
lässt sich Olaf ein und besiegt den Götzen.[1)] Auch auf Island
trat Thor selber den christlichen Bekehrern entgegen.   Dankbrands
des Priesters Schiff war zerbrochen.   Steinvor, welche ihrerseits
den Priester zum Heidentum bekehren wollte, sagte zu ihm: Hast
du gehört, dass Thor Christus zum Zweikampf forderte, aber
Christus wollte sich mit Thor nicht schlagen.   Weisst du, wer
dein Schiff zerschlug?   Thor, der die Kinder der Riesin ·fällt,
zerbrach das Schiff.   Er sandte Sturm, der es in Späne schlug.
Christus vermochte nicht zu helfen.[2)]

Derselbe Gedanke, dass Thor persönlich den neuen Gott und
seine Vertreter bekämpft, kommt ziemlich übereinstimmend in
diesen beiden Erzählungen zum Ausdruck.

Als Svein, der einen prächtigen Thorstempel besass, auf König
Olafs Tryggvason Betreiben vom Heidentum liess, geriet der Tempel
samt den Götzenbildern in Verfall.   Von Sveins Söhnen Svein und
Finn ist letzterer eifriger Christ und naht, um das Thorsbild zu
zerschlagen und zu verbrennen.   In der Nacht zuvor erschien Thor
zornig und traurig dem jüngeren Svein und sprach: Nun ist es
dahin mit uns gekommen, dass mit dem Zusammenleben auch die
Freundschaft sich verliert.   Trage mich aus dem Tempel in den
Wald, damit dein Bruder Finn mich nicht beschädigt.   Als Svein
sich weigert, verschwand Thor trauervoll und voll Schmerz.[3)]

Besonders schön ist aber die Geschichte von der Begegnung
Thors mit Olaf Tryggvason, weil da noch einmal der Treubund
zwischen dem Gott und seinem Volk so recht klar und schlicht
hervortritt.   Wie verhaltene Sehnsucht nach einer schönen, ent-
schwundenen Vergangenheit mutet der Bericht an.   Thor ist dem
Norweger ins Herz gewachsen und nur schwer und ungern lässt
er von ihm, ebenso trauert aber der Gott über die schmerzliche
Trennung von seinen Getreuen.   Zugleich leitet die Erzählung

1) Jüngere Olafssaga Tryggvasonar K. 145—146; K. 148.
2) Njálssaga K. 102.
3) Jüngere Olafssaga K. 203.

hinüber zu den Thorssagen, deren Hauptinhalt Bezwingung der
Riesen und Trolle ist. Wäre nicht Thor, so vernichteten Trolle
die Welt, sagt ein norwegisches Sprichwort.[1])

Als einmal König Olaf mit guter Brise südwärts der Küste
entlang segelte, stand ein Mann auf einem Felsenvorsprung und
rief um Aufnahme ins Schiff. Olaf steuerte den Orm, das treffliche Drachenschiff, das er dem zauberkundigen Raud abgenommen
hatte, ans Land und der Mann stieg an Bord. Er war von statt-
lichem Wuchs, jugendlich, schön von Aussehen und rotbärtig. Mit
dem Gefolge des Königs begann er allerlei Kurzweil und scherz-
haftes Wettspiel, wobei die andern schlecht gegen ihn bestanden.
Er meinte, sie seien unwert, einem so berühmten König zu folgen
und auf einem so schönen Schiffe zu fahren, wie der Drache war,
den der starke Raud besessen hatte. Die Leute fragten ihn, ob
er alte Mären wisse, und als er bejahte, führten sie ihn zum König.
Der hiess ihn eine alte Geschichte zu erzählen. Der Mann antwortete: Damit heb ich an, o Herr, dass dieses Land, vor dem
wir segeln, in alten Zeiten von Riesen bewohnt war. Aber die
Riesen kamen einmal raschen Todes um, dass sie alle zusammen
starben, nur zwei Weiber blieben übrig. Hernach siedelten sich
Leute aus östlichen Landen hier an; aber jene grossen Weiber
thaten ihnen allerlei Schaden und Bedrängniss, bis die Landsbewohner sich entschlossen, diesen roten Bart um Hilfe anzurufen.
Alsbald ergriff ich meinen Hammer und schlug die beiden Riesinnen zu Tode. Das Volk dieses Landes blieb dabei, mich um
Hilfe anzurufen, wenn es Not that, bis du, o König, alle meine
Freunde vernichtet hast, was wol der Rache wert wäre. Hiebei
blickte er bitter lächelnd nach dem König zurück, indem er sich
so schnell über Bord warf, als ob ein Pfeil ins Meer schösse,
und niemals sahen sie ihn wieder.[2])

## 3. Thor in der Skaldendichtung.

Snorri entwirft auf Grund der Skaldengedichte folgendes Gesamtbild von Thor (Gylfag. Kap. 21): Thor steht unter allen Asen

---

1) Finn Magnusen, Lexicon myth. S. 651 Anm. *Var ikke Torden, lagde
Trolde verden öde.*

*Var ei Torden og haarde stöd
da lagde Trolde verden öd.*

2) Ausführliche Olafssaga Tryggvasonar K. 213 (Fornmannasögur 2, 182).

obenan; er heisst auch Asathor oder Wagenthor, weil er auf einem
Wagen zu fahren pflegt. Er ist der stärkste der Asen, stärker
als alle Götter und Menschen. Er herrscht in Thrudwang (Feld
der Stärke) oder Thrudheim (Welt der Stärke). Seine Halle hat
den Namen Bilskirnir.[1]) In diesem Gebäude sind 540 Gemächer,
es ist das grösste Haus, von dem Menschen wissen. Thor hat
auch zwei Böcke und einen Wagen. Die Böcke heissen Tanngniost
(Zahnknisterer) und Tanngrisnir (Zahnknirscher). Thor benutzt
diesen Wagen, wenn er nach Jotunheim fährt, und die Böcke
ziehen den Wagen. Er besitzt ferner drei Kleinode: das eine ist
der Hammer Mjolnir (Zermalmer), den Reifriesen und Bergriesen
kennen, sobald er in die Luft sich erhebt; und das ist nicht zu
verwundern, denn Thor hat mit dieser Waffe schon manchen
Schädel ihrer Vorfahren und Verwandten zerschmettert. Das zweite
Kleinod ist der Kraftgürtel: wenn er diesen anlegt, wächst ihm
die Asenkraft ums doppelte. Das dritte Kleinod, das überaus
wertvoll ist, sind die eisernen Handschuhe; diese kann er nicht
entbehren, wenn er den Schaft des Hammers fasst. Niemand ist
jedoch so weise, dass er alle seine grossen Thaten aufführen könnte,
wenn ich auch soviel davon zu berichten weiss, dass der Abend
hereinbrechen würde, ehe ich alles, wovon ich Kunde besitze, zu
Ende erzählt habe.

Von Mjolnir berichten Skáldsk. K. 3, dass der Zwerg Brokk
ihn geschmiedet. Man könne damit werfen, soweit man wolle,
ohne je das Ziel zu verfehlen. Der Hammer kehrt von selbst in
die Hand des Werfenden zurück und kann so klein gemacht werden, dass man ihn unter dem Rock zu tragen vermag. Nur der
Handgriff ist etwas zu kurz ausgefallen. Die Asen erklären den
Hammer für das beste der von Brokk verfertigten Kleinode, er
sei der wirksamste Schutz gegen die Riesen.

In der nordischen Dichtung erscheint Thor als Sohn Odins;
er musste sich diesem unterordnen, sobald er zum ersten der
Götter geworden war. Thors Frau heisst Sif.[2]) Sie reicht beim

---

1) *Bilskirnir*, der einen Augenblick (*bil*) leuchtende (*skirnir*), der Blitz.
Thor hiess als Gewittergott Herr des Blitzes, *gramr, styrandi bilskirnis* vgl.
SE. I 252, 256; *bilskirnir* später als Eigenname gefasst ergab aus der erwähnten Verwendung „Bilskirnirs Beherrscher" leicht örtlichen Begriff;
vgl. Noreen, fornnordisk religion S. 6.

2) Über Sif Hárb. 48; Lokas. 53, 54; Skáldsk. Kap. 3. Uhlands Auslegung (Schriften 6, 45): „Sif die schönhaarige Göttin ist das Getreidefeld,

Gelage der Götter dem Loki den Becher voll Metes, der aber
rühmt sich, selbst mit ihr, der Strengen und Keuschen, Buhlschaft
getrieben zu haben. Der Riese Hrungnir will sie mit Freyja entführen. Sifs prächtiges Haar hatte Loki aus Bosheit abgeschnitten.
Thor fasste den Loki und wollte ihm alle Knochen zerschlagen.
Da schwur er den Eid, er wolle der Sif von den Zwergen aus
Gold neues Haar anfertigen lassen, das wachsen sollte, wie natürliches Haar und so geschah es, dass Sif goldenes Haar trägt. Von
Sif hat Thor die Tochter Thrud, die Hrungnir zu entführen suchte.
Sif ist Sippe, nach nordischem Sprachgebrauch Blutsverwandt-
schaft und Verschwägerung. Als Schirmer dieser Bande erscheint
Thor, weiht er doch die Ehe mit dem Hammer ein. Die persön-
lich gedachte Sippe wurde ihm daher zur Frau gegeben.

In Thors Söhnen Modi[1]) (Zorn) und Magni[1]) (Kraft) werden
wie in der Tochter Thrud des Vaters Eigenschaften persönlich.
Vater Magnis heisst Thor vielleicht ursprünglich auch nur bildlich
als der Ursprung der Kraft, als der kräftigste der Asen. Von
Magni wird erzählt, dass ihn Thor mit Jarnsaxa (der mit dem
eisernen Schwerte) erzeugte. Drei Nächte alt war er doch schon
so stark, dass er allein den auf Thors Halse lastenden Fuss
Hrungnirs herunterwerfen konnte. In der neuen Welt werden
Modi und Magni den Hammer Mjolnir an des Vaters Stelle führen.
Von Modi ist gar nichts weiter bekannt. Über Thrud berichtet
das Lied vom Zwerg Alwis. Thor wird zweimal Meilis Bruder
genannt. Von diesem Meili, dessen Vater Odin ist, meldet keine

---

dessen goldener Schmuck im Spätsommer abgeschnitten, dann aber von unsichtbar wirkenden Erdgeistern wieder neu gewoben wird" — ist nicht begründet. Zu Sifs Haar vgl. den Pflanzennamen (adiantum) *capillus Veneris*,
Frauenhaar, Marienhaar bei J. Grimm, Myth. 280; Blaas, Germania 23, 155 ff.
Zur oben vorgetragenen Ansicht E. H. Meyer, Germ. Myth. S. 204; Noreen, fornnordisk religion S. 6. Dass Sif Snorra Edda I 585 unter den Namen der Jord
steht, darf nicht zu so weitgehenden mythologischen Deutungen missbraucht
werden. Einmal Fagrskinna 65, 1 heisst eine Riesin Sif. In der neuisländischen Volkssage (Jón Árnason, Þjoðsögur íslenzkar I 216) ist Sifa ein Trollen-
weib. Schwerlich gehört die Riesin irgendwie zu Thors Frau. Dass Sif in die
Zeit der späteren, allegorischen Namengebung falle und keine Verehrung beim
norwegischen Volke genoss, sagt auch Mogk, Das angebliche Sifbild im Tempel
zu Gudbrandsdalir, Beiträge 14, 90 f.

1) *Magna faþer* Hárb. 9, 53; vgl. Skáldsk. Kap. 1; Vafþr. 51; Hym. 35
*faþer Móþa. Meili* Hárb. 9 und beim Skald Thjodolf in der Haustlong (SE.
I 278).

Sage. Die Mutter Thors ist die Erdgöttin, Jord oder Fjorgyn [1]),
die im Eichwald Verehrte.

Thors Beruf, die bewohnte Erde und das Reich der Götter
durch Bekämpfung der Riesen zu schirmen, ist in bestimmten
Ausdrücken [2]) der Gedichte angezeigt. Im Hymirlied heisst er
Freund der Menschen, Zerschmettrer der Felsbewohner, der der
Thursen Tod berät, der Riesin Betrüber, des Wurmes Alleintöter.
Ähnliche Benennungen legen ihm die Skalden bei, Freund der
Götter ist er bei Ulf Uggason, Landesgott bei Egill. Im Har-
bardslied 23 sagt Thor: Thursenweiber schlug ich tot im Osten,
die böswillig auf die Berge stiegen. Gross wäre die Anzahl der
Riesen, wenn alle lebten, nicht Menschen gäb es in Midgard mehr.
Im Lied von Thrym 17: bald werden die Thursen thronen in
Asgard, holst du dir nicht deinen Hammer zurück. In solcher
Thätigkeit tritt uns Thor in den meisten der folgenden Sagen
entgegen; stets bereit, feindliche Riesenmächte mit Donner und
Blitz zu zerschmettern, fährt er auf seinem Bocksgespann krachend
in die Bergwildniss. Wenn es um die Felsen blitzt und donnert,
stürmt und hagelt, dann ist Thor an der Arbeit und schlägt die
Unholde.

Bei Saxo [3]) ist Thor wie bei den Skalden geschildert. Er
führt eine grosse Keule, gegen die nichts Stand hält. Er bekämpft

---

1) Jǫrþ Gylfag. Kap. 9 und 36; Fjǫrgyn Vǫl. 56; Hárb. 56; Fjǫrgynn als
Beiname Odins Lokas. 26; Gylfag. Kap. 9. Zu Grunde liegt ein german. Adj.
*ferguniaʒ, *fergunið zu *fergu-, idg. perqunios zu perqu-, lat. quercus. Vgl.
aind. Parjanya; kelt. erkunia, griech. ἐρκύνιος δρυμός der Eichwald. Gemeint
ist die Gottheit, die im Eichwald haust, im Eichwald verehrt wird. Man denke
an die Donarseichen und an Ζευς φηγοναῖος. Himmel und Erde, das uralte
Götterpaar, bei den Germanen im Eichwald verehrt, ist mit den im Nordischen
erhaltenen Beinamen gemeint. Thor als Sohn der Erde dürfte jüngeren Ursprungs sein und ist erst nach der Lostrennung von Tiuʒ möglich. Vgl. H. Hirt,
Indogerm. Forschungen I 479 ff. Dass Hlóþyn Vǫl. 55 nicht Thors, sondern
Widars Mutter ist, behauptet Kauffmann, Beiträge 18, 135 ff.

2) Hym. 11 vinr verliþa; 18 brjótr bergdana; 19 þurs ráþbane; 14 gýgjar
grœtir; 23 orms einbane; in der Húsdrápa banda vinr, bei Egill landáss; weiteres sammelt Gudbrand Vigfusson, corpus II 464.

3) Saxo II S. 71 Regnerus sagt: se, Thor deo excepto, nullam monstri-
genae virtutis potentiam expavere, cujus virium magnitudini nihil humanarum
divinarumque rerum digna possit aequalitate conferri. Der Sinn ist: Regner
sei ebenso unerschrocken gegen alle dämonischen Wesen wie der unvergleich-
liche Thor. Saxo III S. 118 Othinus und Thoro helfen dem Balderus im
Kampf gegen Hötherus. Thoro inusitato clavae libratu cuncta clypeorum ob-

und bändigt Riesenungeheuer. Wenn man ihn um Hilfe anruft, ist er sogleich zur Stelle, wie die Asen nur Thors Namen aussprechen dürfen, um ihn bei sich zu haben. Als Urheber der Bergstürze wälzt er Felsblöcke zermalmend aufs Heer der Feinde. Seine Freunde gelten als seine Söhne. Saxo gewährt auch einen Zug, den wir sonst vermissen. Halfdan ist ein Thorsheld, ein Sohn Thors. Während sonst nur Freyr, Tyr und Odin an der Spitze der Heldengeschlechter stehen, während sonst allein Odin in menschlicher Gestalt zu seinen erkorenen Lieblingen herabsteigt, thut es hier auch einmal Thor.

## 4. Sagen von Thor.

Das Gesamtbild des Gottes tritt aus den Skaldengedichten uns entgegen, welche die Thätigkeit Thors im Kreise der Asen zeigen. Wenn auch manche Züge von den Skalden neu hinzugebracht wurden, im Grunde herrscht doch dieselbe Auffassung Thors, wie im Volksglauben. Nur ist Thor weniger als der Schützer der Sterblichen, vielmehr als der Schirmer der Götter

*stacula lacerabat.* Nichts konnte ihm widerstehen: *ni Hötherus, inclinata suorum acie celerius advolans, clavam praeciso manubrio inutilem reddidisset. quo telo defecti divi subitam dedere fugam.* Saxo VI S. 274 *tradunt enim quidam, quod a gigantibus editus [Starcatherus] monstruosi generis habitum inusitata manuum numerositate prodiderit, asseruntque, Thor deum quatuor ex his, affluentis naturae vitio procreatas, elisis nervorum compagibus avulsisse, atque ab integritate corporis prodigiales digitorum eruisse complexus, ita ut, duabus tantum relictis, corpus, quod ante in giganteae granditatis statum effluxerat ejusque formam informi membrorum multitudine repraesentabat, postmodum meliore castigatum simulacro brevitatis humanae modulo caperetur.* Hieran schliesst Saxo eine Auseinandersetzung des Inhalts, die Götter seien Menschen mit Zauberkunst begabt gewesen. Zur interpretatio romana: *ea enim, quae apud nostros Thor vel Othini dies dicitur, apud illos Jovis vel Mercurii feria nuncupatur.* Saxo VII S. 324 dem Haldanus hilft im Kampf gegen die Schweden ein mächtiger Kämpe, dessen Hilfe Haldanus anrief: *accito Thorone,* etwa im Nordischen *hann hét á þór.* Der wälzt einen zermalmenden Felsblock auf die Schweden. Ursprünglich war natürlich vom Gott die Rede, der als Urheber der Bergstürze gilt; vgl. Uhland, Schriften 6, 114. *ob cujus facti virtutem [Haldanus] Bierggrami cognomen accepit, quod vocabulum ex montium et feritatis nuncupatione compactum videtur. igitur apud Sveones tantus haberi coepit, ut magni Thor filius existimatus, divinis a populo honoribus donaretur ac publico dignus libamine censeretur.*

und der von ihnen geordneten Welt gezeichnet.  Immer erneuern
die Riesen ihre Angriffe auf die Welt, unablässig hat Thor zu
thun, um sie niederzuhalten.

### Thor und Thrym.

Am Ende des 9. Jahrhunderts wurde in Norwegen das beste
aller Eddalieder, das Lied von Thrym[1]) gedichtet.  Wild war
Thor, als er erwachte und Mjolnir vermisste.  Er klagt dem listigen
Loki seine Not: noch ahnt es keiner auf Erden noch im Himmel
— der Ase ist seines Hammers beraubt!  Sie gingen zu Freyja,
um ihr Fluggewand zu borgen.  Damit flog Loki nach Riesenheim.  Auf dem Hügel sass Thrym und fragte Loki nach Zeitung
von Asen und Elben.  Auf Lokis Frage nach dem Hammer erwiderte Thrym, er sei acht Meilen tief in der Erde geborgen; nicht
gebe er ihn heraus, es sei denn, das Freyja zur Frau ihm gebracht werde.  Mit diesem Bescheid kam Loki zurück.  Sie stellten
an Freyja das Ansinnen, mit dem Brautschleier zur Reise nach
Riesenheim sich zu schmücken.  Aber zornig wies sie es ab.  Alle
Götter und Göttinnen gingen zu Rat, Heimdall sprach: Schmücken
wir Thor mit dem Brautschleier und mit Freyjas Halsband; lasst
Weibergewänder ihm ums Knie wallen, Schlüssel am Gürtel
klirren, die Brust ziert ihm mit bunten Steinen.  Thor zögerte,
weibisch würden ihn dann die Asen heissen.  Da sagte Loki: Bald
werden die Thursen thronen in Asgard, holst du dir nicht deinen
Hammer wieder.  Da liess sich Thor verkleiden.  Als Magd begleitete ihn Loki.  Sie bestiegen das Bocksgespann, die Berge
barsten, es brannte die Erde, als Thor ins Thursenland fuhr.
Thrym liess alles festlich zum Empfang zurichten; denn er ist
reich.  Am Abend beim Mahle ass Thor einen Ochsen und acht
Lachse, alles Würzwerk und trank drei Tonnen Metes.  Thrym
verwunderte sich ob solcher Gefrässigkeit.  Doch Loki, die findige
Magd sagte, acht Nächte hindurch habe Freyja aus Sehnsucht

---

1) Þrymskviþa; die daraus hervorgegangene Volksdichtung *Tord af Havsgard* in Sv. Grundtvigs Danmarks gamle folkeviser Bd. I Nr. 1; dazu Bd. IV,
580 ff.; vgl. Uhland, Schriften 6, 57 ff. Versuch einer Auslegung; Finnur Jónsson,
litteraturs historie 1, 159 ff.  Der Name des Riesen ist vom Hauptwort *þrymr,*
Getöse genommen.  Ausserhalb des Liedes begegnet der Riese Þrymr nur in
den Verzeichnissen von Jotunnamen SE. I 549; II 470, 553, 615.  Auch in
norwegischer Volkssage findet sich eine Erinnerung an den Raub des Hammers,
Faye, norske folkesagn S. 3 ff.

gar nichts mehr gegessen. Der Riese wollte die Braut küssen, entsetzt vor den funkelnden Augen sprang er in den Sal zurück. Loki wusste wieder Auskunft, aus lauter Sehnsucht habe Freyja acht Nächte nimmer geschlafen, darum glühe ihr Auge. Herein trat des Thursen Schwester, die Braut um ein Geschenk zu bitten. Thrym befahl Mjolnir zu holen, die Braut zu weihen legte er ihn in des Mädchens Schoos. Da lachte dem Thor das Herz in der Brust, als er seinen Hammer erblickte. Den Thrym erschlug er zuerst, darauf das ganze Geschlecht der Riesen. Des Thursen Schwester bekam Schläge anstatt des Geschenkes, Hammerhiebe statt der Ringe. So holte sich Odins Sohn seinen Hammer zurück.

Dem Lied ist trefflicher Aufbau und gute Zeichnung der einzelnen Gestalten nachzurühmen. Die Handlung entwickelt sich rasch, die Sprache ist einfach und kraftvoll. Thor erscheint hilflos und ungeschickt, sobald es nicht aufs Zuschlagen ankommt. Da muss der listenreiche Loki aushelfen. Der gewaltige Recke in Weiberkleidern musste überaus komisch wirken; seine Rolle als Braut spielt er ungeschickt genug. Ihm, dem ehrlichen, offnen Helden widerstrebt List und Trug. Aber als seine Faust den Hammer umspannt, da tritt er wieder in seiner vollen Furchtbarkeit hervor. Der Sage eine natursymbolische Auslegung zu geben, etwa Thrym als Winterriesen zu fassen, der dem Donnerer den Blitzhammer entwendet, ist nicht begründet. Das altnordische Kunstgedicht wurde volkstümlich. In der Weise von „*Tord von Havsgard*", die in norwegischer und dänischer Fassung überliefert ist, lebte es im Mittelalter unter dem Volke fort.

## Thor und Hrungnir.

Thor der Schrecken der Riesen fuhr von Flammen umringt ins Steingebirg zum Höhlenbewohner. Jords Sohn fuhr zum Kampf, unter ihm erdröhnte des Mondes Pfad, der Himmel. Die Luft war von Feuer erfüllt, Hagel ging zu Grunde, die Erde zerbarst, als die Böcke den Gott des Wagens zum Streit mit Hrungnir zogen. Nicht scheute Thor den bergbewohnenden Riesen. Die Berge erbebten und stürzten, das Meer flammte auf. Der Riese verzagte, als er den kampfkühnen Gott erblickte, den gelben Schild warf er unter seine Fusssohlen, so wollte es das Schicksal; nicht lange brauchte der Felsenmensch auf den Wurf des Hammers zu warten. Der Riesentöter brachte den Unhold über seinem Schild zu Fall, dass er vor dem scharfen Hammer sich neigte. Doch ein harter

Splitter der Steinwaffe des Riesen fuhr in den Schädel Thors, da
steckte der blutige Stein, bis die Wundenheilerin mit Zauber ihn
löste. Dem Skaldenlied Thjodolfs (um 855—930) tritt Snorris Bericht ergänzend zur Seite.[1]) Thor war gen Osten gezogen, Unholde zu schlagen, Odin aber ritt nach Jotunheim. Er kam zu
einem Riesen, der Hrungnir hiess. Der fragte, was das für ein
Mann sei, der mit goldenem Helm durch Luft und Meer reite,
und meinte, dass er ein gutes Ross habe. Odin erwiderte, in
Riesenheim sei kein gleich gutes. Hrungnir sagte, sein Hengst
Gullfaxi sei noch stärker. Zornig sprang er aufs Pferd und gedachte Odin zu fangen. Doch Odin entkam, der Riese verfolgte
ihn bis nach Asgard. Als er zur Hallenthür trat, luden ihn die
Asen zum Trinkgelage ein. Er ging in den Sal und erhielt die
Schalen, aus denen Thor seinen Durst zu stillen pflegte. Hrungnir
schlürfte, bis er trunken ward, und prahlte, er wolle Walhall nach
Jotunheim schaffen, Asgard versenken und alle Götter töten, Freyja
und Sif ausgenommen; die gedenke er mit sich fortzuführen. Freyja
allein wagte es, ihm einzuschenken; er aber sagte, dass er alles
Bier der Asen austrinken werde. Als nun den Ásen seine Prahlerei lästig ward, da nannten sie den Namen Thors, und alsbald
trat auch Thor in die Halle und schwang den Hammer in der
Luft. Er war sehr zornig über Hrungnirs Besuch. Der behauptete,
Odin habe ihn eingeladen und er stehe in seinem Schutze. Thor
sprach, für diese Einladung solle er büssen, ehe er hinauskomme.
Hrungnir antwortete, das sei für Asathor ein geringer Ruhm, wenn
er ihn, den Waffenlosen, töte; „grösser ist das Wagestück, wenn
er den Mut hat, mit mir auf der Länderscheide bei Grjotunagard
(Bezirk der Steingehege) sich zu schlagen; auch war es eine grosse
Thorheit, dass ich meinen Schild und meine Steinkeule zu Hause
liess, denn hätte ich sie bei mir, so könnte man jetzt gleich den
Holmgang versuchen — so aber müsste ich dich für einen Schur-
ken erklären, wenn du mich, den Wehrlosen, töten wolltest.“ So
wurde der Zweikampf anberaumt. Neu bei Snorri ist, dass Thor von
Thjalfi begleitet wird und dem Hrungnir ein Lehmriese Mokkurkalfi zur Seite steht. Den machten die Riesen auf Grjotunagard, neun Meilen hoch, unter den Armen drei Meilen breit; sie

---

1) Haustlong des Skald Thjodolf; Skáldsk. Kap. 1. Zur Auslegung Uhland,
Schriften 6, 27 ff.; H. E. Meyer, Myth. 148; Müllenhoff, Deutsche Altertumskunde I² 32 ff.

legten das Herz einer Stute, das sich aber wenig standhaft erwies, in den Riesenleib. Hrungnir aber trug ein Herz aus hartem Stein. Als Waffe schwang er einen Wetzstein. So harrten sie Thors. Thjalfi ruft Hrungnir zu, Thor werde in die Erde fahren und ihn von unten her angreifen, und darum schiebt Hrungnir den Schild unter die Füsse und stellt sich darauf. Hammer und Wetzstein treffen sich im Flug, der Stein bricht entzwei; die eine Hälfte fällt zu Boden, daher stammen alle Wetzsteinfelsen, die andere fliegt Thor in die Stirne, dass er zusammenbrach. Thjalfi hatte inzwischen den feigen Mokkurkalfi zu Fall gebracht. Hrungnir war vornüber gestürzt, sein einer Fuss lag auf Thors Halse. Weder Thjalfi noch die anderen Asen vermochten ihn wegzuheben. Da trat Magni, der Sohn Thors und der Jarnsaxa, der damals erst drei Nächte alt war, hinzu. Der warf den Fuss Hrungnirs von Thors Halse herunter und sprach: Jammerschade ist es, dass ich so spät herzukam; ich meine, dass ich diesen Riesen mit der Faust würde erschlagen haben, wenn ich ihn vorher getroffen hätte. Da stand Thor auf und begrüsste seinen Sohn mit grosser Freude und sagte, dass er einst ein tüchtiger Mann werden würde. Thor ging heim nach Thrudwang; das abgebrochene Stück des Wetzsteines steckte noch immer in seinem Kopfe. Da kam die Seherin Groa herbei, die Frau Aurwandils des Unverzagten. Sie sang ihre Zauberlieder über ihm, bis der Wetzstein lose wurde. Da wollte Thor sie mit guter Kunde erfreuen und erzählte ihr, er sei von Norden über die stürmischen Wogen gewatet und habe den Aurwandil in einem Korbe auf dem Rücken aus Jotunheim vom hohen Norden herübergetragen. Eine Zehe Aurwandils, die aus dem Korbe herauslugte, erfror; die habe er abgebrochen und an den Himmel geworfen und das Sternbild „Aurwandils Zehe" daraus geschaffen. Thor fügte hinzu, es werde nicht lang mehr dauern, bis Aurwandil aus dem Norden heimkomme. Groa ward hierüber so erfreut, dass sie ihre Zauberlieder vergass, und so ward der Wetzstein nicht völlig los, er steckt noch immer in Thors Haupt.

Klar ist der Grundgedanke dieser Thorssage besonders im Skaldenlied, ein Gewitter, das krachend ins Felsgebirg fährt. Schwieriger sind die andern Einzelheiten auszulegen. Hrungnir heisst der Lärmer (*rungla*, lärmen), Mokkurkalfi die Nebelwade (*mokkr*, Nebel, *kalfi*, Wade), ein Bild der Nebelwolke. Der Riese ist aus Lehm gefertigt, während Hrungnir im Felsgestein herrscht. Vielleicht ist damit der zähe, wässrige Lehmboden am dunstigen

Fusse des Felsgebirges gemeint. Lehm und Gestein widerstreben dem Anbau und werden mit Gewalt bezwungen. Bergsturz, Erd-rutsch, Wasser und Nebel, alle Erscheinungen eines im Gebirge wütenden Gewitters mögen zusammengewirkt haben bei der Vor-stellung, dass währenddem Thor den Riesen schlug. Schön er-klärt Uhland: „Den Lehmhügel hinan, am Abhang des Gebirgs, regt sich der mühsame Anbau, oben herein ragt das ungeheure Felshorn, an dem eine Gewitterwolke blitzt und donnert, dass plötzlich der ganze Gebirgsstock erbebt. Die Feldarbeiter blicken empor und siehe! der Fels wird zum Steinriesen, in der Wolke steht der feurige Wagenlenker Thor, den malmenden Hammer schleudernd. Da fühlt Thjalfi, dass er nicht allein arbeite, ein gewaltiger Gott ist hilfreich mit ihm, und während er das Ge-ringe schafft, vollbringt jener das Grosse und hat das Schwerste schon vorgearbeitet." Weniger ungezwungen fügt sich das übrige der Naturdeutung. Groa (zu *gróa* wachsen und grünen, zuwachsen und heilen) soll das wachsende Saatengrün vorstellen, das ver-geblich bemüht ist, die Steine des Feldes zu bedecken, Thors Wunde zu heilen. *Aurwandil* ist gleich Saxos jugendlichem Helden Horwendil. Im Ags. ist *éarendel* ein Name des Morgensternes, im Ahd. begegnet der Name *Orentil,* mhd. *Orendel,* der Held der gegen Ende des 12. Jahrhunderts verfassten Spielmannsdichtung. Ob man alle diese Einzelheiten als Trümmer eines altgermanischen Mythus betrachten darf, ist sehr fraglich. Aurwandil in der nor-dischen Sage ist ein Licht- oder Frühlingswesen, das der Donnerer aus der Macht winterlicher Eisriesen zu seiner harrenden Gattin zurückführt. Der Zusammenhang der verschiedenen Mythen wie in Snorris Erzählung fehlt bei Thjodolf und ist auch schwerlich alt.

Thors Kampf mit Hrungnir war berühmt, öfters wird in den Eddaliedern und bei den Skalden darauf angespielt. Schon bei Bragi heisst Thor Hrungnirs Schädelzerschmetterer.[1]

### Thor und Hymir.

Einst kam Thor zu einem Riesen mit Namen Hymir. Dieser fuhr morgens zum Fischfang. Thor verlangte, ihn zu begleiten; der Riese meinte, von einem so kleinen Burschen wenig Vorteil zu haben. Thor aber wurde zornig und wollte doch mit. Er fragte, was sie als Köder mitnehmen sollten. Hymir sagte, er

---

[1] Hym. 16; Hárb. 14, 15; Lokas. 61; Grottasǫngr 9; bei Bragi SE. I 256.

solle sich selbst einen verschaffen. Da packte Thor einen Stier
Hymirs und riss ihm den Kopf ab. Dann setzte er sich im Boden
des Fahrzeugs nieder und Hymir merkte, dass er gewaltig zu
rudern verstand. Bald sagte der Riese, dass sie zu den Fisch-
plätzen gekommen seien, wo er zu angeln gewohnt sei, und hiess
ihn mit Rudern aufhören. Thor aber sprach, dass er viel weiter
hinaus zu rudern gedenke, worauf Hymir erwiderte, dies sei gefährlich wegen der Midgardschlange. Thor ruderte also weiter
zu Hymirs Missvergnügen. Thor machte die Angelschnur zurecht
und steckte den Stierkopf an den Haken, der sofort zu Grunde
sank. Die Schlange schnappte nach der Angel und der Haken
blieb ihr im Gaumen stecken. Da zerrte sie so mächtig an der
Leine, dass Thors beide Fäuste auf den Bord des Bootes auf-
schlugen. Thor rüstete sich mit seiner ganzen Asenstärke. So
gewaltig stemmte er sich entgegen, dass er mit beiden Füssen
den Boden des Fahrzeugs durchbrach und auf den Meergrund zu
stehen kam. Nun zog er die Schlange zu sich herauf an den
Bord des Schiffes. Thor richtete seine blitzenden Augen auf das
Ungetüm, das ihn anstarrte und Gift schnaubte. Der Riese er-
schrak, als er die Schlange erblickte und die See ins Schiff
stürzte. Als Thor nach dem Hammer griff, schnitt der Riese am
Bord die Angelschnur entzwei, dass die Schlange ins Meer zurück-
sank. Thor warf mit dem Hammer und schlug ihr Haupt ab.
Den Riesen aber traf er dermaassen ans Ohr, dass er kopfüber
ins Meer stürzte. Thor watete zum Lande zurück.[1]

Thors Kampf mit der grossen Seeschlange ist öfters von den
Skalden besungen worden, im 10. Jahrh. von Ulf Uggason (um 984)
und Eystein Valdason. Der Vernichter der Trolle wurde dem Ungeheuer des Meeres gegenübergestellt. Übrigens beruht der aben-
teuerliche Fang des Wurmes mit Angel und Köder auf christlicher Vorstellung, wie Gottvater oder Christus den erdumgürtenden
Leviathan mit der Angel fangen.

Ein norwegischer Skald dichtete am Ende des 10. Jahr-

---

1) Gylfaginning Kap. 48; Ulf Uggason und Eystein Valdason im corpus
II 24 und 26. Weitere Skaldenstellen sammelt Finn Magnusen im Lex. myth.
187 f.; 208. Das Angeln des Wurms beziehen Bugge, Studien S. 11 und
E. H. Meyer, Myth. 145, ferner Bröndsted in der norsk historisk tidskrift II 3,
1882 S. 21 ff. und Bang ebenda S. 222 ff. auf den Leviathan. Über den Fang
des Leviathan vgl. Diemer, Beiträge zur älteren deutschen Sprache und Litteratur, 4. Teil, Wien 1867 S. 45 ff.; R. Köhler, Germania 13, 158 f.

hunderts das Hymirlied[1]), wo ebenfalls der Fang des Wurmes geschildert wird (Str. 17—25), nur dass hier der seltsame Fisch
„wieder lebendig ins Meer zurücksinkt". Denn am Ende der Tage
erst soll er von Thor getötet werden. Ausserdem hat der Verfasser des Hymirliedes noch eine Anzahl weiterer Sagen herangezogen, ohne jedoch eine innere Verbindung zwischen ihnen herstellen zu können. Die wichtigste, am meisten ausgeführte, ist
die Einholung von Hymirs Kessel. Die Asen wollen bei Aegir
dem Meerriesen Gelage halten. Aber ihm fehlt ein Kessel, der
gross genug ist, das nötige Bier zu brauen. Die Asen sollen ihn
liefern, Thor soll ihn besorgen. Dazu weiss Tyr Rat. Sein Stief-
vater Hymir, der am äussersten Himmelsrande wohnt, hat einen
meilentiefen Kessel. Von Asgard aus fahren sie einen vollen Tag,
bis zu Egill, dem Vater des Thjalfi und der Roskwa, wo sie die
Böcke einstellen. Dann schreiten sie zu Hymirs Halle. Dort fand
Tyr die verhasste Ahne mit 900 Häuptern. Aber die lichte Frau,
Tyrs Mutter brachte den Gästen Bier. Spät kam der Riese vom
Waidwerk heim; Eiszapfen klirrten, wie er in den Sal trat, sein
Bart war gefroren. Die schöne Frau sucht ihn freundlich zu
stimmen für die Gäste, die ängstlich hinter einer Säule sich ver-
stecken. Vor dem Blicke Hymirs birst der Balken und vom
Brett herab kollern Kessel. Hervor treten die Gäste, ungern sieht
Hymir den Thor, ihm ahnt Schlimmes. Beim Nachtmahl isst Thor
allein zwei Ochsen. Am andern Tag fahren Thor und Hymir zum
Fischen. Bei der Heimkehr hebt Thor das ganze Boot samt In-
halt auf und trägt es zum Gehöft. Der Riese versucht Thors
Stärke und gibt ihm einen Kelch, den soll er zerschmettern.
Steinerne Pfeiler zerbrechen, der Becher bleibt ganz, bis auf der
jungen Frau Rat Thor ihn am harten Schädel Hymirs zerschellt.
Jetzt darf er den Kessel mitnehmen. Umsonst setzt Tyr zweimal
an ihn zu heben, Thor aber schwingt ihn aufs Haupt. Thor und
Tyr fahren heimwärts. Da folgt ihnen vielköpfiges Volk, aus
den Berghöhlen hervorbrechend. Alle erschlägt Thor mit dem
Hammer. Einer der Böcke hinkt, wofür Thor Egils Kinder zur
Busse empfängt. So brachten sie den gewaltigen Kessel zu den

---

1) Hymiskviþa; über ihre Entstehung aus willkürlicher Verknüpfung ver-
schiedenartiger Sagen Finnur Jónsson, litteraturs historie 1, 153 ff. Uhlands Auslegung (Schriften 6, 90 ff.) scheitert schon daran, dass die Verbindung der
Mythen für alt und ursprünglich erachtet wird. Zur Erklärung aus dem
Märchen Bugge, Studien 26.

Asen, die nun in Aegirs Halle zechen. Scheidet man diese letzte
Sage vom hinkenden Bock aus, so bleibt als Grundlage dieser
Geschichte ein Märchen übrig, das an Thors Namen geknüpft
wurde. Zwei Brüder kommen zur Behausung eines menschen-
fressenden Riesen in Abwesenheit des Hausherrn und werden dort
von einer mitleidigen Frau verborgen. Der Riese kehrt später
heim und riecht die Fremden. Aber die barmherzige Frau weiss
ihn mit schmeichelnden Worten zu besänftigen. Die Brüder kommen
aus dem Versteck und erhalten Erlaubniss auf des Riesen Hof
zu bleiben. Der kleine schwache Mensch betrügt oder besiegt
zuletzt den gewaltigen Riesen. Wie Aegir das offene Meer beherrscht, so Hymir das Eismeer. Schwerlich ist aber Uhlands
Deutung begründet, der Braukessel sei das offene Meer, das im
Winter, wenn Buchten und Sunde zugefroren oder mit Treibeis
bedeckt sind, in Hymirs Verschluss gehalten werde und von den
Göttern des Lichtes und des Gewitters befreit werden müsse.
Lust am Fabulieren, nicht sinnbildliche Naturanschauung schuf
die Geschichten, die Thor und Hymir in Beziehung zu einander
zeigen.

Märchen und Volkssage, nicht Naturmythus bildet die
Grundlage der meisten von den Skalden behandelten Thorsge-
schichten, die uns nur zum kleinsten Teil in Gestalt der ursprünglichen
Dichtungen, meistens nur in Snorris Nacherzählung erhalten sind.

### Thor und der Riesenbaumeister.

Um die im Wanenkrieg zerstörte Burg wieder aufzubauen,
dangen die Asen einen Baumeister aus Riesenheim. Der versprach, das Werk im Verlauf eines Winters auszuführen, wenn
man ihm Freyja zum Weib gebe und Sonne und Mond abtrete.
Auf Lokis Vorschlag wurde es bewilligt. Vor zahlreichen Zeugen
war der Vertrag abgeschlossen worden. Thor aber war abwesend
fern im Osten, um Unholde zu erschlagen. Mit dem einzigen
Beistand seines Rosses Swadilfari führte der Riese den Bau rasch
aus, nur noch drei Tage fehlten zum Ziel. Da gerieten die Asen
in Angst und zwangen Loki, der zum Vertrag geraten hatte, Hilfe
zu schaffen. In Stutengestalt lief er dem Hengste des Riesen entgegen. Swadilfari rannte alsbald der Stute nach und die Nacht
über ruhte die Arbeit. Als der Werkmeister sah, dass er nicht
mehr fertig werde, geriet er in Riesenzorn. Die Asen achteten
nimmer der Eide und Verträge, sondern riefen nach Thor. Als-

bald erschien er, schwang den Hammer und zahlte so den Lohn
für die Arbeit, dass er den Riesen totschlug. (Loki als Stute
warf bald darauf ein graues Fohlen mit acht Füssen, Sleipnir,
Odins Ross.[1])

Eine oft bezeugte Volkssage von einem Riesen oder Unhold
als Baumeister bildet die Grundlage für diese Erzählung. Die
meisten Züge kehren in den Volkssagen wieder. Ein Bau soll aufgeführt werden, dessen Herstellung das Maass gewöhnlicher Men-
schenkraft übersteigt. Ein Vertrag mit dem Dämon wird abgeschlossen, er verlangt als Lohn Sonne und Mond, ein Mädchen.
Ein Pferd hilft ihm bei der Arbeit. Der Bau geht geschwind
vorwärts, dem Auftraggeber wird seiner Zusagen halber immer
bänger zu Mut. Endlich hilft er sich mit List und betrügt den
Unhold um seinen Lohn. Neu in der Edda ist Lokis Rolle, der
seinem Wesen nach auch hier zwischen den Göttern und ihren
Feinden vermittelt, aber beide betrügt. Aber auch Thor als der
Helfer in der Not ist neu und eigenartig verwertet. Auch er handelt seinem Wesen entsprechend und schlägt freudig zu, sobald
es geht. Wie bei Hrungnirs Erscheinen in Walhall ist auch hier
Thor sofort zur Stelle, wenn die Asen ihn brauchen. Ähnlich in
der Lokasenna 55 ff. Er ist ihr starker Beschützer, in der Stunde
der Gefahr taugt Heldenkraft doch mehr als Geist und Witz.

### Thor und Geirröd.

Der Isländer Eilif Gudrunarson verfasste nach 976 ein Lob-
gedicht auf Thor, wie er zu Geirröd fuhr. Snorri gibt eine kurz-
gefasste Sage, worin zwei Strophen einfacherer Art vorkommen,
die auf ein zweites Gedicht neben der schwülstigen Drapa hinweisen.[2]) Loki war einst in Freyjas Falkengewand ausgeflogen
und zu Geirröds Gehöft gekommen. Er sah dort eine grosse Halle,
setzte sich aufs Dach und blickte zum Rauchloch hinein. Geirröd
befahl den Vogel zu fangen. Ein Mann stieg hinauf und fing den
mit Zauberei festgeklebten Vogel. Geirröd verschloss ihn in eine
Kiste und liess ihn drei Monate lang hungern. Dann nahm er
ihn heraus und jetzt gab sich Loki zu erkennen. Um sein Leben
zu lösen, musste er Geirröd schwören, Thor ohne seinen Hammer,

---

1) Gylfag. Kap. 42; Vǫl. 25 und 26. Zur Volkssage Grimm, Myth. 514 ff.;
3, 158; Simrock, Myth. 55 ff.; Bugge, Studien 269 ff. Vgl. oben S. 166 Anm. 1.
2) Eilifs þorsdrápa; Skáldsk. Kap. 2; Uhland, Schriften 6, 77 ff.

seine eisernen Handschuhe und seinen Kraftgürtel in seine Gewalt zu bringen. Thor liess sich auch wirklich bereden. Unterwegs kehrte er bei der Riesin Grid, der Mutter Widars des Schweigsamen ein, und sie gab ihm darüber Bescheid, welch schlimmer Unhold Geirröd sei. Mit ihrem eigenen Gürtel und Stab und mit ihren Eisenhandschuhen versah sie Thor. Der gelangte zum mächtigen Flusse Wimur, er umgürtete sich mit dem Kraftgürtel und stützte sich auf Grids Stab, Loki hielt sich an seinem Gürtel fest. Wie er in die Mitte des Stromes gekommen war, wuchs das Wasser bis zu seinen Schultern. Da sah Thor, wie Gjalp, Geirröds Tochter, oben in den Bergklippen mit gespreizten Beinen über dem Flusse stand und sein Anschwellen verursachte. Thor warf mit einem grossen Stein nach ihr und traf sie. Glücklich erreichte er das Ufer und bekam einen Vogelbeerstrauch zu fassen, an dem er sich herauszog. Daher stammt das Sprichwort: Der Vogelbeerbaum ist Thors Rettung. In Geirröds Gasthaus wurde ihm ein Stuhl angewiesen. Da wurde er gewahr, dass er sich plötzlich unter ihm zum Dach emporhob. Thor stemmte den Stab gegen das Dach und drückte den Stuhl nieder. Da entstand ein heftiges Geschrei und darauf hörte man ein Knacken. Geirröds Töchter Gjalp und Greip hatten unter dem Stuhle gesessen; Thor hatte beiden das Rückgrat zerbrochen. Darauf liess Geirröd Thor in die Halle rufen, um sich mit ihm im Kampfspiel zu messen. In der Halle brannten grosse Feuer. Geirröd fasste ein glühendes Eisenstück mit der Zange und warf es auf Thor. Der aber fing es mit seinen Eisenhandschuhen auf und hob es in die Luft. Geirröd sprang hinter eine Säule, sich zu schützen. Thor aber schmetterte das Eisen durch die Säule, dass es den Geirröd und die Hallenwand durchschlug und draussen noch tief in die Erde fuhr.

Uhlands Auslegung, Geirröd sei ein Glutriese, das verderbliche schädigende Gewitter, das sich bei brennender Sommerhitze mit Wolkenbruch und Überschwellen der Bergströme, die den Anbau zu verschlingen drohen, entlade, genügt nicht zur Erklärung der Einzelheiten, die sich nur äusserst gezwungen fügen. Man muss die Fahrt zu Geirröd mit der Geschichte von der Fahrt nach Utgard zusammen nehmen, um einen richtigen Standpunkt für die Erklärung zu gewinnen.

### Thor belebt die Böcke.

Thor fährt mit dem Bocksgespann aus, mit ihm Loki.  Bei
einem Bauern Egill kehren sie ein.  Thor schlachtet die Böcke,
die abgezogen und im Kessel gesotten werden.  Er ladet den
Bauern mit Weib und Kindern zum Essen ein und heisst sie die
Knochen aufs Bocksfell werfen.  Thjalfi des Bauern Sohn spaltete
mit seinem Messer das Schenkelbein des einen Bockes, um das
Mark zu erlangen.  Am andern Morgen schwang Thor den Hammer über die Felle, da standen die Böcke lebendig wieder auf, doch
einer lahmte am Hinterfuss.  Thor merkte das und sagte, der
Bauer oder seine Angehörigen müssten nicht vorsichtig mit dem
Knochen umgegangen sein.  Zornig fasste er den Hammer; der
Bauer flehte um Gnade und gab zur Busse seine Kinder Thjalfi
und Roskwa, die Thor fortan treulich dienten.  Derartige Wieder-
belebungen kennen Märchen, Sagen und Legenden sehr häufig,
aus der Volkssage schöpfte auch hier die norwegische Göttersage. [1]

### Thor in Utgard.

Thor mit Thjalfi, Roskwa und Loki begab sich nach Zurück-
lassung der Böcke weiter gen Riesenheim.  Sie kamen zum Meer
und schwammen hinüber.  Als sie am jenseitigen Ufer eine Weile
gegangen waren, gelangten sie in einen grossen Wald, in dem sie
bis zum Abend fortwanderten.  Thjalfi trug die Vorratstasche.  Ihr
Nachtlager nahmen sie in einem grossen Haus, dessen Thür weit
offen stand.  Um Mitternacht entstand ein grosses Erdbeben.  Sie
flüchteten in einen Anbau, den sie rechts im Hause fanden.  Thor
hielt mit dem Hammer in der Hand am Eingang Wache.  Sie
hörten grosses Brausen und Rauschen.  Morgens ging Thor hinaus
und sah im Wald einen Riesen, der gewaltig schnarchte.  Er gür-
tete sich mit Stärke, da erwachte der Mann, Thor verzagte und

---

1) Hym. 37, 38; Gylfag. Kap. 44; zur Wiederbelebung Wolf, Beiträge z.
deutschen Myth. I 88 ff.  *post coenam sanctus Germanus omnia ossa vituli
super pellem vituli componi fecit et ad ejus orationem vitulus sine mora sur-
rexit.*  Bei einem Hexenmahl zu Ferrara wird ein Ochse verzehrt.  Dann befiehlt die domina: *congeri jubet ossa omnia mortui bovis super corium ejus
extensum ipsumque per quatuor partes super ossa revolvens virgaque percu-
tiens, vivum bovem reddit.*  Weiteres bei Zingerle, Tiroler Sagen Nr. 14, 15,
586, 587, 725; Simrock, Myth.[5] 240; Mannhardt, Baumkultus der Germanen
S. 116.  Thjalfi ist wahrscheinlich mit Thielvar, dem Entdecker und Besiedler
Gutlands eins; Uhland, Schriften 6, 35 ff.

schlug nicht zu.  Jener nannte sich Skrymir (Grosssprecher). „Dich
brauch ich nicht um den Namen zu fragen; ich weiss, dass du
Asathor bist.  Aber wohin hast du meinen Handschuh geschleppt?"
Da merkte Thor, dass sie darin genächtigt hatten.  Das Neben-
haus war der Däumling.  Skrymir wanderte mit den Gesellen und
schnürte ihre Vorratssäcke alle in ein Bündel zusammen, dass er
auf den Rücken warf.  Abends legte er sich unter eine Eiche und
schlief alsbald ein.  Thor wollte mit seinen Genossen zu Nacht
essen, aber vergebens versuchte er die Riemen des Bündels auf-
zuknoten.  Zornig fasste er seinen Hammer und schlug Skrymir
aufs Haupt.  Der erwachte und fragte, ob ein Blatt ihm aufs Haupt
gefallen sei.  Um Mitternacht wiederholte Thor den Schlag auf
den Wirbel, dass das Hammerende tief eindrang.  Erwacht fragte
Skrymir: Fiel mir eine Eichel auf den Kopf?  Zum dritten Mal,
kurz vor Tag, schwang Thor den Hammer auf Skrymirs Schläfe,
dass er bis zum Schafte eindrang.  Skrymir stand auf und rieb
seine Wange: Es müssen Vögel auf dem Baum sitzen, eine Feder
fiel mir auf den Kopf.  Wachst du, Thor?  Es ist Zeit aufzustehen.
Ihr habt nimmer weit bis nach Utgard.  Dort werdet ihr noch
grössere Leute sehen.  Überhebt euch nicht zu sehr.  Damit warf
er seinen Bündel auf den Rücken und ging in den Wald hinein.
Die Asen wünschten ihm keine gute Reise.

Thor wanderte mit seinen Gefährten weiter, bis sie zu einer
hohen Burg gelangten.  Der Eingang war mit einer Gitterthüre
verschlossen.  Da sie diese nicht aufmachen konnten, schlüpften
sie zwischen den Stäben hindurch.  In der Halle fanden sie
viele grosse Männer.  Der König Utgardaloki nahm ihren Gruss
säumig auf und wunderte sich über Thors Kleinheit.  Er schlug
den Gästen vor, sich mit seinen Leuten im Wettspiel zu messen.
Loki versuchte sich gegen Logi im Essen; Loki ass alles Fleisch
von den Knochen, Logi aber verzehrte das Fleisch mitsamt den
Knochen und dem Trog dazu.  Thjalfi ward von Hugi im Wettlauf besiegt.  Thor sollte ein Horn auf einen Zug ausleeren.  Dreimal setzte er gewaltig an, aber kaum war ein Abgang im Horn
bemerkbar.  Dann sollte er Utgardlokis Katze vom Boden auf-
heben; so gewaltig Thor sich stemmte, nur einen Fuss der Katze
brachte er vom Boden.  Endlich sollte er mit Elli, Utgardlokis
Amme ringen.  Das alte Weib stand fest, Thor sank ins Knie.
Am andern Morgen brachen die Asen auf, Utgardloki gab ihnen
das Geleite und gestand Thor, er habe Tags zuvor allerlei Blend-

werk vorgemacht. Zuerst als Skrymir habe er das Bündel mit
Eisenbändern verschnürt; darauf vor Thors Hammerhiebe Felsen
gehalten, worein grosse Vertiefungen geschlagen wurden. So war
es auch bei den Spielen. Logi war das fressende Wildfeuer,
Hugi, der mit Thjalfi um die Wette lief, der windschnelle Gedanke. Das Horn konnte Thor nicht leeren, weil sein eines Ende
im Meer lag, die Katze war die grosse Weltschlange, die Amme
Elli das Alter, das noch niemand zu beugen vermochte. Da hob
Thor den Hammer, aber Utgardloki war verschwunden und auch
von der Burg war nichts mehr zu sehen.[1]

Skrymir und Utgardloki sind also mit einander eins, die Sage
läuft auf Trug und Blendwerk hinaus, wogegen Thor machtlos
ist. Zur Erläuterung dient Saxos Bericht, bei welchem *Thorkillus* den Thor vertritt, aber im Grunde doch völlig mit ihm zu-
sammenfällt.

König Gorm wollte *Geruths* Land besuchen, von dessen Beschaffenheit er durch Isländer gehört hatte. Unglaubliches wurde
von den Schätzen berichtet; gefährlich war die Seefahrt dorthin,
man musste weit ins Meer hinaus segeln, bis Sonne und Sterne
ihren Schein verlören und Finsterniss herrsche. 300 tapfere
Jünglinge unter Führung Thorkils, der schon einmal dort gewesen war und den Weg wusste, begleiteten Gorm auf 3 Schiffen,
die auf Thorkils Rat besonders erbaut und ausgestattet waren.
Über Halogaland hinaus gelangten sie in die weite See und
legten an einer von Trollen bewohnten Insel an, wo sie 3 Leute
einbüssten. Dann gings weiter nach Bjarmeland, das mit Eis und
Schnee Sommer und Winter bedeckt ist und kein Getreide trägt.
Schäumende Flüsse eilen durchs Land, das mit finsteren von
wilden Tieren erfüllten Wäldern bestanden ist. Sie landeten und
Thorkil befahl seinen Genossen mit keinem der Landsbewohner
zu reden. Früh am Morgen kam der Riese Guthmund und lud
sie zu sich ein. Der suchte die Dänen durch Zauberspeisen und
schöne Weiber in seine Gewalt zu bringen, aber Thorkil warnte
seine Leute, nur vier wurden verführt. Dann setzte Guthmund
die Dänen über den Strom, der von einer goldenen Brücke über-
spannt die Welt der Menschen und Geister trennte. Sie betraten
Geruths Land. In dunkelm Nebel lag eine grauenvolle Stadt, von

---

[1] Gylfaginning Kap. 45—47; auf das Abenteuer mit Skrymir spielen
Hárb. 26, Lokas. 60 und 62 an. Im übrigen wird nichts davon erwähnt.
Skrymir steht nur noch unter den Riesennamen der Snorra Edda.

Gespenstern bewohnt, von wilden Hunden bewacht. In der Stadt herrschte greulicher Gestank. Sie gelangten zu einer Felsenhöhle, die sie nur zögernd auf Thorkils Anweisung, nichts anzurühren, betraten. Die Höhle sah grässlich und abscheulich aus, Thüren und Wände waren rauchgeschwärzt, das Dach war mit Pfeilen gedeckt, am Boden krochen Nattern. Auf eisernen Stühlen sassen Gespenster. Auf einem Hochsitz sass ein alter Mann, sein Leib war durchbohrt und an den Felsen befestigt. Bei ihm sassen drei Weiber mit zerbrochenem Rücken. Thorkil erzählte, der starke Gott Thor sei durch Geruths Hochmut erzürnt worden und hätte ihn mit einem glühenden Eisenkeil an den Fels gefestigt; zugleich traf Thor mit dem Blitz die drei Weiber.[1]) Nachdem die Dänen noch einen Kampf mit den Gespenstern bestanden, worin die meisten umkamen, rettete sich der Rest zu Guthmund und von dort nach Dänemark.

Gorm will wissen, welchen Aufenthalt und Lohn die Seele nach dem Tode habe. Um das zu erkunden, wird Thorkil zu *Ugarthilocus* entsandt. Sie segeln wieder ins Land der ewigen Finsterniss. Von zwei Trollen, die in einer Höhle am Feuer sitzen, wird Thorkil der Weg gewiesen. In einer Höhle liegt Ugarthilocus an Händen und Füssen mit eisernen Ketten gefesselt. Sein Haar war wie spitziges Horn oder Schwerter und verbreitete entsetzlichen Geruch.[2]) Als sie eines auszogen, werden sie von giftigen Nattern und Trollen angegriffen und verfolgt. Thorkil allein bleibt am Leben und rettet sich, indem er zum Christengott ruft.

Bei Saxo erscheint Thors Fahrt zu Geirröd und zu Utgar-

---

1) Saxo VIII S. 426 *procedentes perfractam scopuli partem nec procul in editiore quodam suggestu senem pertuso corpore discissae rupis plagae adversum residere conspiciunt. praeterea foeminas tres corporeis oneratas strumis ac veluti dorsi firmitate defectas junctos occupasse discubitus. cupientes cognoscere socios Thorkillus, qui probe rerum causas noverat, docet, Thor divum gigantea quondam insolentia lacessitum per obluctantis Geruthi praecordia torridam egisse chalybem, eademque ulterius lapsa, convulsi montis latera pertudisse; foeminas vero vi fulminum tactas infracti corporis damno ejusdem numinis attentati poenas pependisse firmabat.*

2) Saxo VIII S. 431 *qua [aqua] transita paulo devexiorem situ speluncam aggreditur. ex qua item atrum obscoenumque conclave visentibus aperitur. intra quod Ugarthilocus manus pedesque immensis catenarum molibus oneratus aspicitur; cujus olentes pili tam magnitudine quam rigore corneas aequaverant hastas.*

daloki deutlich als Besuch in der Unterwelt und ist mit allen
Schrecken der Hölle ausgemalt. Mag auch einiges von Saxo aufgetragen sein, in der Hauptsache ist er doch von der Darstellung seiner
isländischen Quellen geleitet, welche mehr als die uns bekannte
Uberlieferung das Schauerliche hervorkehrten. Damit wird der
Weg zum Verständniss gewiesen; nicht von irgend welchen Natur-
vorgängen hat die Erklärung auszugehen, vielmehr von der im
klassischen Altertum und im christlichen Mittelalter gleich beliebten Höllenfahrt, die dem Thor, wie dem Hercules und Märchenhelden gerne zugeschrieben wird.

*Útgarþr* ist die Aussenwelt, die Wildniss, wo keine Menschen
wohnen, wo alles wüst und öde ist. Ins unbewohnte Land verweist der Volksglauben gern die Unholde. Im Norden und Osten,
im Eismeer und in der Bergwildniss hausten nach norwegischem
Glauben die Trolle und Riesen, bei den wilden, als Zaubrer ver-
schrieenen Lappen und Finnen. Trollabotnar d. i. Trollengründe
heisst die schaurige Einöde des Polarmeeres.[1]) Die Fahrt ins
Trollenreich ist auf Thor übertragen. Aber zugleich auch der Besuch in der Unterwelt, die durch tiefe Wasser und dunkle Wälder
von der Oberwelt getrennt ist. Nach der Ansicht des Mittelalters
liegt der Teufel in Banden bis zum Anbruch des jüngsten Tages.
Der gefesselte Loki ist eine deutliche Nachahmung dieser Vorstellung.[2]) Der Sage ist Thor Beschirmer der Welt, Midgards, den
Einbruch der Riesen und Trolle schlägt er siegreich zurück. Aber
sobald er das Heim der Trolle und das Reich der Hölle betritt,
wird seine Macht vor dem trügenden Blendwerk der bösen Feinde
zu Schanden.

Mit Thors Fahrten bringt Saxo den Besuch bei Gudmund[3])
in Verbindung. Von König Gudmund auf Glaesisvellir, dem Ge-

---

1) Über Trollebotn, das von Unholden erfüllte Nordmeer zwischen Bjarm-
land und Grönland vgl. Grönlands historiske mindesmaerker 3, 212; monumenta hist. norv. 76; Storm, arkiv f. nordisk filologi 7, 345. Den Typus der
spätern Sage von der Fahrt in die Trollengründe zeigt am besten die norwegische Ballade bei Landstad, norske folkeviser Nr. 1.

2) Über das Aussehen des Trollenheims und der Hölle E. H. Meyer,
German. Myth. § 205, 210, 234. Über den gefesselten Teufel, Grimm, Myth.
963; 3, 297. Loki ist Lucifer in schmucker Gestalt, Utgardloki der hässliche
Teufel, Bugge, Studien 79.

3) Die Gudmundsage in der Saga von Thorstein boejarmagn (Fornmannasögur III 174 ff.) und im Þáttr von Helgi Thorrisson (Fms. III 135); vgl. noch
Hervararsaga Kap. 1. Die Thorsteinssaga, die auch vom Besuch bei Geirröd

filde des Glanzes, erzählen erst spätere isländische Quellen des
14. Jahrhunderts, die zum Teil von Saxo unabhängig sind. Gudmund, dessen Reich bei Bjarmeland gedacht wird, ist offenbar in
der Volkssage ein Elbenkönig. Unsterblichkeit, Wonne und Reichtum herrscht dort, seine Tochter Ingeborg entzückt Helgi Thorirs
Sohn zu sich. Aber der Elben Rache bringt dem Menschen, der
wieder zur Erde zurückkehrt, Tod und Verderben. Dem König
Olaf Tryggvason reicht Helgi ein Geschenk der tückischen Elben,
ein goldenes Horn, das beim Kreuzeszeichen mit Getöse zerspringt.
Helgi selber ist geblendet. Wir haben somit eine alte Elbensage,
schon zu Saxos Zeit an einen König Gudmund geknüpft. Thor
hat schwerlich damit zu schaffen gehabt.

Unverkennbar geht die Entwicklung Thors in diesen Geschichten immer mehr abwärts. Das ist nicht die Auffassung, die
ein gläubiges Volk dem gefürchteten, gewaltigen Gott entgegen-
bringt. Erst in den Zeiten, da der Heidenglaube wankte, konnten
solche Erzählungen entstehen, wo der Gott gleich wie jeder andre
starke Mann im Märchen zum blossen Zeitvertreib, zur Unterhaltung geschildert wurde.

## Thor und die Riesinnen.

Auf einige Mythen sind nur Anspielungen bekannt. Thor
rühmt sich, den Thjazi, den trotzigen Riesen erschlagen und seine
Augen zum Himmel hinaufgeworfen zu haben.[1]) Bragi rühmt Thor
als den Zerschmettrer der neun Häupter des Thrivaldi. Nach dem
Skald Vetrlidi zerbrach Thor die Beine der Riesin Leikn. Thorbjorn Disarskald nennt in einer Strophe mehrere Kämpfe mit den
Thursenweibern Keila, Kjallandi, Búseyra, Svivor, Hengjan-Kjapta
und Lut.

Thor hat in der nordischen Skaldendichtung eine Menge Beinamen, welche nur zum Teil verständlich sind, seiner Thätigkeit

weiss, ist überhaupt ein märchenhafter Ausläufer der Thorsmythen, ähnlich
wie Saxos Thorkilgeschichte. Zur Sage vgl. P. E. Müller, *notae uberiores* zu
Saxo I 245 ff.; Maurer, Bekehrung 1, 330; Uhland, Schriften 3, 38 ff.; 8, 110;
Simrock, Myth.[5] 259; Müllenhoff, Altertumskunde 5, 116 und 118; Heinzel,
Wiener Sitzungsberichte 1885, Band 109, S. 697 ff.; Bugge, Arkiv f. nordisk
filologi 5, 26.

1) So Hárb. 19 und Bragi SE. 1, 318, 2 gegen Bragar. 2. Thrivaldi
SE. 1, 256; Leikn SE. 1, 259. Thorbjorn Disarskald SE. 1, 260. Auf ähnliche Kämpfe mit Riesen und Riesinnen spielen die Hárb. 20, 29, 37, 39 an.

und den von ihm umlaufenden Sagen entstammen.  Weshalb er
Bjorn heisst, ist nicht bekannt.  Seine Namen Hlorridi und Vingnir
werden aus der Blitzflamme und dem Schwingen des Hammers
gedeutet.  Thor wird Pflegesohn oder Pflegevater des Vingnir und
der Hlora genannt, natürlich im Zusammenhang mit den erwähnten
Beinamen.[1])

### Thor und Alwis.

Wie Thor die Riesen mit Gewalt meistert, so bezwingt er
den Zwerg Alwis [2]) mit List und geistiger Ueberlegenheit.  Der
Zwerg Alwis kommt zur Nachtzeit auf die Erde, um die ihm ver-
lobte Maid abzuholen.  Da tritt ihm Thor entgegen und fragt nach
seinem Begehren.  Alwis will zu Wingthor, um von ihm die Tochter
zu empfangen.  Thor war nicht daheim, als andere seine Tochter
versprachen; er erkennt das Verlöbniss nicht an.  Dem scheltenden
Zwerg gibt Thor sich zu erkennen, worauf jener demütig seine
Werbung wiederholt.  Thor will die Tochter vergeben, wenn Alwis
ihm Auskunft aus allen Welten erteile.  Nun wird das Lied, wie
sonst noch manche Eddagedichte lehrhaft, indem Alwis Bescheid
gibt, wie Erde, Himmel und Gestirne, Wolken, Wind und Windstille, Meer, Feuer, Baum, Nacht, Saat und Bier bei Menschen,
Asen, Wanen, Jotunen, Alfen und Zwergen benannt seien.  Am
Schluss gesteht Thor, er habe niemals mehr Weisheit in einer
Brust gefunden.  Doch überlistet ist der Zwerg, da er oberhalb
der Erde von Tag und Sonnenschein überfallen wurde.  Denn
dadurch erstarrt er zu totem Gestein.  Die Tochter Thors, welche
im Gedicht nicht vorkommt, wird die in der Snorra Edda genannte Thrud sein.  Wie in den Söhnen Modi und Magni Eigenschaften des Vaters, Macht und Mut persönlich werden, so auch
in der Tochter Thrud seine Stärke.  Im Skaldenlied Bragis findet
sich eine Anspielung auf eine verlorene Sage, wonach aber
Hrungnir der Riese die Thrud geraubt hätte.  Ob die Zwerggeschichte

---

1) Die Namen mit Erklärungsversuchen bei Finn Magnusen, Lex. myth.
636 f.  Vgl. SE. 1, 252 ff.; 553; 555.  SE. 1, 252 *fóstri Vingnis ok Hlóru.*
Gudbrand Vigfússon, corpus poeticum boreale II 464 stellt skaldische Umschreibungen Thors zusammen.

2) Alvismál; Uhland, Schriften 6,46 ff.; Finnur Jónsson, Litteraturshistorie
1,165 ff.  In Bragis Ragnars drápa heisst der Schild *„ilja blaþ þjófs þrúþar"*
Fuss-Sohlenblatt des Diebs der Thrud, weil Hrungnir den Schild unter die
Füsse wirft; vgl. Gering, kvæþabrot Braga ens gamla, Halle 1886, S. 15.

nur ein späterer Ableger der alten Riesensage ist, steht dahin. Dem Kraftwesen Thors entspricht der Kampf gegen räuberische Riesen jedenfalls besser, als die Überlistung von Zwergen. Aber wenn einmal Thor die Trolle und Riesen schlägt, kommt die Sage auch leicht dahin, lichtscheue bleiche Erdzwerge ihm gegenüber zu stellen. Uhland deutet sinnig Thors Tochter als das Saatkorn, das den Unterirdischen überantwortet wird, beim fruchtbaren Gewitterregen aufkeimt und dadurch zum Lichte zurückkehrt. Aber in solchen Sinnbildern ist der Ursprung dieser späten zu Thors Art wenig passenden Geschichte nicht zu suchen.

## 5. Thor im neueren Volksglauben.

Thors Andenken blieb im nordischen Volke bis auf die Gegenwart erhalten, in der Volksweise von Tord af Havsgard, welche norwegisch, schwedisch und dänisch vorliegt, in der telemarkischen Sage von Urebö, worin eine Felswüste auf Thors Hammerschlag zurückgeführt wird. Am meisten Erinnerungen scheint Schweden zu bieten.[1]) Vor allem aber hält die Bezeichnung des Donners im Ostnordischen die Erinnerung an Thor fest. Während im An. der Donner mit *þruma* bezeichnet wird und das gemeingermanische Wort nur im Namen des Gottes weiterlebt, weist dän. *torden* schwed. *tordön* auf *þorduna* d. i. Thors Getöse zurück. Im Schwed. ist ein zweites Wort für Donner *åska* aus *åsaka*, neben welchem die Mundart *toraka* bietet. *åka* bedeutet Fahren. Der Donner ist also Thors oder des Asen Fahrt. Noch jetzt also erkennt die Sprache Asathor an, der in den Wolken dahinfährt.

## IV. Wodan-Odin.

### I. Wode und das wütende Heer.

Über das ganze germanische Gebiet geht die Sage von einem gespenstischen Heere, das in stürmischen Nächten durch die Lüfte

---

1) Tord af Havsgard, Grundtvig, Danmarks gamle folkeviser I 1 ff. Die Sage von Urebö bei Faye, norske sagn 3 ff. Schwedische Thorssagen in ziemlicher Anzahl führt Lundgren, språkliga intyg om hednisk gudatro i Sverige S. 41 ff. an. Das meiste findet sich bei Hyltén-Cavallius, Wärend och Wirdarne, Stockholm 1864.

braust. Die Erscheinung wird teils als Heerzug, teils als Jagd-
tross gedacht. Der einsame Wanderer scheut seine Begegnung,
denn oft wird er auf Nimmerwiedersehen in die wilde Schaar
entrückt. Dem Umzug wird manchmal besondere Bedeutung beigemessen, wie allen Geistererscheinungen. Krieg und sonstige
schwere Ereignisse werden dadurch angezeigt, aber man schliesst
auch auf fruchtbare Jahreszeit. Im Geisterheere ziehen die Seelen
derer, die gewaltsamen Todes verstarben oder auf denen Fluch
und heidnisches Wesen lastet, also gefallene Krieger, Gerichtete,
Ungetaufte u. dgl. In höchstes Altertum reicht diese Vorstellung
hinauf und bis auf die Gegenwart hat sie sich erhalten. Gern
setzt die Sage der Schaar einen besonderen Führer, der zuweilen
dann auch allein umreitet, etwa als wilder Jäger, der der Windsbraut, einem Weibe oder einem gespenstischen Eber nachjagt.
Der allgemeine Aberglauben vom Seelenheere kann zu zahllosen
besondern Sagen ausgebildet werden, die nach Ort und Zeit sehr
verschieden sich gestalten müssen. Aber die Grundlage bleibt
gleich und unverändert, Seelen, die mit oder ohne Anführer im
Sturme dahin brausen oder auch im ruhigen Windzug wie Nebel-
streifen mit wunderbarer Musik vorübergleiten. Mit Göttern und
Helden aller Zeiten ist die Geisterschaar verwebt. Hier kommen
nur die Sagen in Betracht, in denen von einem *wütenden* Heere
die Rede ist oder von *Wodes* und Hackelbernds Umzug, wo also
Wodan auf irgend eine Art mit der Erscheinung verknüpft ist.
Auch diese besondere Sagenform ist allen Germanen bekannt.
Schon im Mittelalter ist in Deutschland die Benennung „*wütiges*“,
„*wütendes Heer*“ nachweisbar und sie hat sich bis in die Gegenwart erhalten.[1]) Daneben aber ist aus derselben Grundanschauung

---

1) Der Ausdruck ist zuerst aus dem 12. Jahrh. zu belegen, in des Pfaffen
Konrad Rolandslied S. 204, 16 heisst Pharaos vom Meer verschlungenes Heer
*sîn wòtigez her;* in Konrads von Heimesfurt „*Urstende*“ aus der ersten Hälfte
des 13. Jahrh. werden die Juden, welche den Heiland überfallen, *daz wue-
tunde her* genannt. Im Moritz von Craon 1563 und in Strickers Karl 6810
steht *daz wüetende her.* Michel Behaim im Gedicht von den Wienern 176, 5
redet von „*schreien und wufen als ob es wer das wutend her*“. Zingerle,
Findlinge 2, 128 „*des tüvels wütendez her*“ Im Gedicht von Heinrich dem
Löwen nach der Handschrift von 1474 (Massmann, Denkm. deutscher Spr. u.
Litt. S. 132) heisst es: „*da qwam er under das woden her, da die bösen
geiste ir wonung han.*“ Bei Geiler von Kaisersberg wird das *wütede* oder
*wütische heer* (Omeiss 36 ff.), bei Hans Sachs I, III, 696 *das wüetend her* er-

auch der Name des Führers gebildet. Dem oberdeutschen *Wuotes heer*, mitteldeutschen *Wudes heer* entspricht auf niederdeutschem Gebiet *Wode*, im Norden *Oden*.[1]) Man muss demnach auf einen Sturmgeist *Wode* schliessen, dessen Name zu *Wodan* ebenso sich verhält wie im Norden *Od*, der Gemahl der Freyja, zu *Odin*. Zu Grund liegt das germanische Beiwort *wôdaz*[2]), wütig, rasend. Als der Wütige, als Wode wurde offenbar schon in Urzeiten der Sturmwind persönlich gedacht. Mit besonderen Eigenschaften ausgestattet haftet diese Gestalt fest im Volksglauben. In Westfalen jagt Hakelberg oder Hakelbernd, der Mantelträger.[3]) Die verstreuten Züge der einzelnen Sagen vereinigen sich zum Bilde eines Reiters, der auf schwarzem oder weissem Rosse, mit breitem

---

wähn*t*. Bei v. d. Hagen Gesamtabenteuer Nr. 55, 1290 begegnet die Beschwörung:

> *bî deus salter ich dich swer*
> *und bî wutungis her*.

Also darf die Bezeichnung wütiges, wütisches oder wütendes Heer als ziemlich alt erachtet werden. *woden her, wutungis her* sind nur abgeschliffene participia praesentis vgl. Weinhold, Mhd. Grammatik § 219 und 401 und dürfen nicht persönlich im Sinne von Eigennamen ausgelegt werden.

1) Auf schwäbisch-alemannischem Gebiet begegnet das *Wuetes* oder *Muotesheer*, auch schlechthin *'s Wuetes* genannt; vgl. E. Meier, Sagen aus Schwaben 1, 103 ff.; Birlinger, Volkstümliches aus Schwaben 1, 89 ff.; *Wuetes heer* auch in Bayern, Panzer, Bayer. Sagen 2, 67; Schmeller, Wb. 2, 1056; *Wotn* mit Frau Holke in Östreich, Vernaleken, Mythen und Bräuche in Östreich 23 ff. *Wudesheer* in der Eifel, Wolfs Zeitschrift f. Myth. 1, 316. Die nds. Sagen vom *Wode* bei Müllenhoff, Sagen der Herzogtümer Schleswig-Holstein und Lauenburg 372 ff.; Bartsch, Sagen aus Mecklenburg 1, 3 ff. Alle norddeutschen Sagen zusammenfassend bespricht W. Schwartz, Der heutige Volksglaube und das alte Heidentum, 2. Aufl. Berlin 1862. In Schweden heisst es beim Sturm: *det är Odens jagt, Oden far förbi, Oden jagar*. Der Volksglaube kennt auch *Odens* Pferd und Hunde; vgl. Hyltén-Cavallius, Wärend och Wirdarne S. 214 ff.; Lundgren, språkliga intyg om gudatro i Sverige S. 29 ff. Das älteste Zeugniss steht im Reinfried von Braunschweig um 1300 (Bartsch's Ausgabe 479), wo es von einer Ritterschaar heisst, sie fuhr „*rûschent sam daz Wuotes her*". Aus dem Anfang des 16. Jahrh. bietet die Zimmersche Chronik (Baracks Ausgabe 4, 787ª) „*Wuotes her*".

2) Got. *wôds*, wütend, besessen; an. *ôðr* wütend; ags. *wôd*, toll, wütend; ahd. *wuot* (Otfrid I 19, 18 *gote-wuoto*, der Wüterich, von Herodes). *Wôd* als Eigenname des Thüringerkönigs steht im ags. Gedicht Wîdsîð 30.

3) Die Sagen von Hakelberg oder Hakelbernd bei Kuhn und Schwartz, Norddeutsche Sagen Nr. 203, 265, 281. Kuhn, Märkische Sagen S. 23. P. Zimmermann, Die Sage von Hackelberg, dem wilden Jäger, in der Zeit-

Schlapphut bedeckt[1]) und in einen Mantel gehüllt, zur Nachtzeit durch die Lüfte fährt.

Was in deutscher Überlieferung mehrfach vom wilden Jäger in irgend welcher Gestalt berichtet wird, ist im Norden an Odins Namen geknüpft, weshalb zu vermuten, dass es einst von Wode galt. Der gespenstische Reiter spricht zuweilen bei einem Schmiede vor, um sein Ross beschlagen zu lassen. In Winter 1208 wohnte ein Schmied zu Nesjar. Es geschah eines Abends, dass ein Mann geritten kam, ihn um Herberge bat und sein Pferd beschlagen liess. Der Hauswirt war bereit. Sie standen lange vor Tag auf und begannen zu schmieden. Der Hauswirt fragte: Wo warst du vorige Nacht? Der Gast antwortete: In Medaldal, nördlich in Thelemark. Der Schmied wollte das nicht glauben, weil es unmöglich sei. Er begann nun zu schmieden, doch es ging nicht vorwärts, wie er wollte. Da sagte der Gast: Schmiede du so, wie es von selber werden will. Da wurden grössere Hufeisen daraus, als der Schmied je zuvor gesehen hatte. Sie passten aber genau dem Pferde und er beschlug es. Da sprach der Gast: Du bist ein unverständiger und unweiser Mann. Warum fragst du nichts? Der Schmied sprach: Was für ein Mann bist du oder woher bist du gekommen oder wohin willst du gehen? Er antwortete: Von Norden bin ich aus dem Lande her gekommen und hier habe ich nun mich lange in Norwegen aufgehalten, und ich habe jetzt vor, südwärts ins Schwedenreich zu fahren, und lange bin ich jetzt auf Schiffen gewesen, aber nun muss ich mich auf einige Zeit ans Pferd gewöhnen. Der Schmied sprach: Wohin gedenkst du heut Abend? Südwärts nach Sparmork, sagte er. Das kann nicht wahr sein, sagte der Hauswirt, denn das kann man kaum in sieben Tagen reiten. Der Gast bestieg das Pferd. Der Hauswirt sprach: Wer bist du? Er antwortete: Hast du den Odin nennen hören? Hier kannst du ihn jetzt sehen, und wenn du dem nicht glaubst, was ich gesagt habe, so sieh nun, wie ich mit meinem Pferde über den Zaun setze. Das Pferd hufte da; er gab ihm die Sporen und setzte über den Zaun, ohne ihn zu berühren. Sieben Ellen hoch war der Zaun. Darauf sah der

schrift des Harzvereins 12, 1879, 1 ff. *hakolberand,* Mantelträger als altsächsischen Beinamen des Wode erklärt J. Grimm, Myth. 875.

1) Die schwäbische Sage kennt das Gespenst als Schimmelreiter, Breit-, Lang-, Schlapphut, E. Meier, Sagen aus Schwaben 1, 93, 99.

Schmied seinen Gast nicht mehr. Vier Nächte darauf wurde eine grosse Schlacht geschlagen.[1]) Unter den deutschen Seitenstücken ist die Sage vom Rodensteiner hervorzuheben, der, wenn ein Krieg bevorsteht, bei grauender Nacht in die Burg Schnellert zieht. Ein Zeuge im Jahre 1758 sagte aus: Vorzeiten solle sich dieser Geist auch in Grumbach (eine Stunde von Schnellert) vor einem Haus, worin ehedessen ein Schmied gewohnt, gemeldet haben und gemeiniglich allda die Pferde beschlagen lassen.

Von einem Teufelsgespenst werden in Sagen des Mittelalters häufig Helden mittelst eines wunderbaren Rosses oder Mantels weithin durch die Lüfte getragen. Vermutlich nahm sie Wode auf sein Ross und hüllte sie in seinen Mantel. So ist es in einer nordischen Odinssage der Fall. Des Jünglings Hadding, der verlassen umher irrte, auf Rache für seinen erschlagenen Vater sinnend, nahm sich ein alter, einäugiger Mann an. Als einmal Hadding fliehen musste, brachte ihn derselbe Greis auf seinem Rosse nach seiner Wohnung, erquickte ihn durch ein köstliches Getränk und verhiess ihm davon einen Zuwachs seiner Körperkraft. Zugleich verkündigte er ihm die Zukunft und gab ihm an, wie er sich verhalten solle. Darauf brachte der Alte den Jüngling auf dem Pferde zur vorigen Stelle zurück. Hadding, der durch die Öffnung des Gewandes, mit dem er bedeckt war, schüchtern hinaus blickte, sah, wie das Ross über dem Meer hineilte. Auf des Alten Warnung aber wandte er die erstaunten Augen von dem schauderhaften Wege. Hier also zeigt sich der gespenstische Schimmelreiter dem Menschen gnädig und hilfreich. [2])

Die Sage lässt den gespenstischen Reiter im Windsgebraus einem Weibe nachjagen.[3]) Besonders den Waldfrauen stellt der wilde Jäger nach. Als stürmische Werbung oder als Verfolgung

---

1) Hákonarsaga Sverrissonar Kap. 20 (Fornmanna sögur 9·, 55); zum Rodensteiner, Uhland, Schriften 7, 609. Vgl. auch Zingerle, Tiroler Sagen Nr. 5

2) Von deutschen Sagen gehören hierher die Geschichten von Heinrich dem Löwen, Reinfried von Braunschweig, vom Möringer, von Thedel von Walmoden u. dgl. Simrock, Myth.[5] 179 ff. Die Haddingsage bei Saxo 1, 12 ff. Der Anruf, der im Lübecker Schwerttanzspiel noch im 16. Jahrh. begegnet: *hellige Wode, nû lên mi dîn pêrd!* weist auf den Glauben, dass der Wode seine Günstlinge aufs Pferd nimmt. Müllenhoff, ZfdA. 20, 13.

3) Die wilde Jagd auf ein Weib E. H. Meyer S. 247. Der Wode als Verfolger der Frauen bei Müllenhoff, Sagen aus Schleswig, Holstein und Lauenburg Nr. 500; Bartsch, Sagen aus Meklenburg 1, S. 7/8, 11/12; Oden bei Hyltén-Cavallius, Wärend och Wirdarne S. 215.

kann dieser Aberglaube ausgelegt werden   Auf hohem weissem
Rosse, von Hunden begleitet, zieht der Wode durchs Land, um
die Unterirdischen zu erjagen.  Einmal vermochte er lange nichts
zu fangen, bis ihm ein Bauer riet, sich zu waschen und das Pferd
stallen zu lassen. Der Wode that es.  Bald kam er wieder zurück
und hatte mehrere Unterirdische gefangen, die mit ihren langen
blonden Haaren zusammengebunden von seinem Pferde herab-
hingen.  Nach schwedischem Glauben jagt Oden die Waldfrau,
die mit flatterndem Haare vor ihm flieht.  Einmal sah man ihn
von seiner nächtlichen Fahrt zurückkommen. Das getötete Weib
hatte er über dem Sattel hängen.

In Zusammenhang mit diesen Sagen steht wol die Geschichte
von *Odr*.[1])  Freyja vermählte sich dem Manne, der Odr hiess.
Odr aber zog fort in ferne Lande; Freyja blieb weinend zurück
und ihre Thränen sind rotes Gold.  Freyja hat viele Namen; das
kommt daher, dass sie sich selbst verschieden benannte, als sie
zu fremden Völkern kam, um den Odr zu suchen. Das Verhältniss ist freilich umgekehrt, indem das Weib den Mann zu erjagen
sucht.  Ausserdem ist alles Wilde und Stürmische aus der Sage
gewichen, die im Lichte einer milden und neuen Dichtung erglänzt.[2])  Trotzdem darf daraus vielleicht ein mittelbares Zeugniss
für das frühe Vorkommen dieser Sagenform auch im Norden entnommen werden.

Die Seelen gehen in den Wind und ziehen im Winde um.
Aber sie fahren auch in Berge ein.  Solcher Totenberge ist die
Volkssage voll und sie bringt den Umzug des Seelenheeres oft
damit in Verbindung, indem es aus Bergen hervorgeht und hernach wieder in Bergen verschwindet.  Allbekannt sind die bergentrückten, schlafenden Könige und Helden, eine oft wiederholte

---

1) *Oþs mey* heisst Freyja in Vol. 25; auf das Liebesverhältniss geht
Hyndl. 48 „dem Od liefst du immer sehnsüchtig nach".  Einar Skulason (SE.
I 424) in der ersten Hälfte des 12. Jhs. nennt Freyja *Oþs beþvina,* Ods Bett-
genossin, die dem Geliebten nachweint.  Sonst ist Od nicht nachzuweisen.  Die
Sage erwähnt kurz Gylfaginning Kap. 35.

2) Dass die Sage stark umgebildet wurde, vielleicht unter dem Einfluss
der antiken Erzählung von Venus und Adonis (Bugge, Christiania Morgenbladet
vom 16. Aug. 1881), unterliegt kaum einem Zweifel; vgl. auch H. Falk, aarböger for nordisk oldkyndighed og historie 1891 S. 275; Weinhold im Mythus
vom Wanenkrieg (Berliner Sitzungsberichte 1890 S. 611 ff.) meint, Odin als
wilder Jäger verfolge die Gullweig-Freyja, die Sonnenfrau.  Also auch da wäre
mittelbar die Jagd auf die Frau nachweisbar.

Neubildung des allgemeinen Aberglaubens. Im Jahr 1117 wurde
Graf Emicho getötet. Er ging wie alle eines gewaltsamen Todes
Verstorbenen ins wütende Heer ein. Bei Worms zeigte es sich
1123. Mehrere Tage lang kamen Schaaren bewaffneter Reiter aus
einem Berge hervor und kehrten dahin wieder zurück. Einer
aus der Schaar wird beschworen und gibt Auskunft: sie seien die
Geister gefallener Krieger. [1]  Man glaubt auch vom Wind, er
ruhe in Bergen und breche dann zu Zeiten daraus hervor. Dass
Wode das Totenreich im Schooss der Berge beherrschte, nachdem
er die Toten in sein Heer versammelte, darf als sehr wahrscheinlich gelten, obschon trotz den vielen Sagen von bergversunkenen
Helden und Heerscharen kein bestimmtes Zeugniss von Wode im
Berge spricht. Aber man darf einerseits auf die zahlreichen
Wodansberge in Niederdeutschland und Mitteldeutschland hinweisen, die nicht bloss als Kultstätten Wodans, sondern auch als
Aufenthalt Wodans gedacht werden können, andererseits auf die
nordische Sage, wo Odin sich den Alten vom Berge, Bergesgott [2]
nennt. König Sveigdir fuhr aus, Odin und das Heim der Götter
zu suchen. Im östlichen Schweden heisst ein Gehöft zum Steine
(*at Steini*), der Stein ist so gross wie ein ansehnliches Haus.
Abends nach Sonnenuntergang, als Sveigdir vom Trunk zum
Schlafhaus ging, erblickte er einen Zwerg unter dem Steine sitzen.
Sveigdir und seine Leute waren angetrunken und liefen zum
Steine. Der Zwerg stand am Eingang, rief Sveigdir an, herein-
zukommen, wenn er Odin besuchen wolle. Sveigdir lief in den
Stein, der sich alsbald hinter ihm zuthat. Niemals kehrte Sveigdir
zurück. [3]  Merkwürdig ist auch die Benennung *Walhall* für einige
schwedische Berge. [4]  Schwerlich sind sie nach der himmlischen

---

1) Chron. Urspergense ad ann. 1123.

2) Reginsmǫl 18 *karl af bjargi; Fjallgautr* SE. 1, 258; *Fjallgeigudr*
SE. 2, 555.

3) Ynglingasaga Kap. 15. Die Strophe des Ynglingatals, die von Sveig-
dir erzählt, scheint allerdings eine ganz andere Sage vorauszusetzen: den
Mythus von der hinter dem Berg hinabsinkenden Sonne, Odins Besuch bei
Gunnlod im Berge; vgl. Noreen, Uppsalastudier 200 ff. Aber Snorri geht
offenbar von der Vorstellung aus, man komme zu Odin durch Eintritt in den
Schooss der Berge.

4) Rietz, svenskt dialekt-lexicon S. 789 *Valhall*, Namen einiger Berge,
auf denen vorzeiten Felsen zum Herabstürzen (*ättestupor*) waren. Ein solcher
findet sich in Blekingen (Hellaryds sokn) nahe der Kirche und nach alter
Sage stürzten sich die Leute in den unterhalb des Berges belegenen *Valsee*

Halle genannt. Vergeblich sucht man nach einem Grund solcher
Übertragung. Man begreift, dass geräumige irdische Säle und
Hallen, um ihre besondere Pracht anzudeuten, auf Island und in
Grönland Walhall heissen. Aber warum ein Berg? Vielmehr
dürfte gerade am Bergnamen das Ursprüngliche haften. Walhall
ist die Halle der Kampftoten. Die Seelen der Erschlagenen hausen
aber im Berge und ziehen im wütenden Heer. Die Schilderung
von Odins himmlischer Halle, die von einem Gitter mit wunderbarer Pforte umschlossen, von einem reissenden Fluss umströmt
ist, lässt noch deutlich erkennen, dass darunter die Hölle, das
unterirdische Totenland gemeint ist, das erst später in himmlisches
Licht erhoben wurde, ohne darin seine düstere Herkunft verleugnen zu können.[1]) Odin in Walhall stand wol ursprünglich
dem Wode, der mit dem Totenheer im Berge sitzt, gleich. Auch
hierin waltet die Nachtseite in Odins Art vor, der als Odr gleich
Wode aus dem finstern Sturm- und Seelengott hervorging. Ebenso
zeigt sich dieser Zug in der nordischen Benennung Odins als des
Herren der Gespenster und Gehängten.[2]) Die eines *gewaltsamen
Todes* starben, kommen ins wilde Heer, nach Walhall in den Berg.
Vergeistigt und vertieft erscheint der Gedanke im Walhall nordischer Skalden: die den *Heldentod* starben, gehen nach Walhall
zu Odin.

Der Wode hat Einfluss auf Ackerbau und Gedeihen der Frucht.
In Mecklenburg liess man einige Ähren stehen, die zur Garbe zusammengebunden wurden. Die Schnitter traten im Kreis darum
und riefen: *Wode, Wode, hale dinem rosse nu voder!* Sie opferten
also dem Beherrscher des Windes.[3]) Denn vom Winde hängt die

(Totensee), der jetzt fast ganz vertrocknet ist. Ein solcher Felsen kommt
auch beim Berg Valhall in Vestergötland (Kylingareds sokn) vor; ebenso auf
dem Berg Valhall in Gemshögs sokn. Auf dem Hålleberg in Vestergötland
heisst der Gipfel Valhall und die Sage erzählt, dass die, welche sich herab-
stürzten, in einem jetzt überwachsenen Teich, der Odins Quelle (*Ons-källa*)
hiess, gewaschen wurden. — Die Felsen zum Herabstürzen begegnen in der
jungen Gautrekssaga K. 1 u. 2, wo die alten Leute sich herunter stürzen, um
zu Odin nach Walhall zu fahren.

1) Walhall als unterirdisches Totenreich fasst Schullerus, Beiträge 12,
227 u. 258 ff.

2) *drauga dróttinn, hanga dróttinn* Yngl. Kap. 7; bei den Skalden
*hangatýr, hangaguð*, SE. 1, 84, 230, 232 u. ö. *galga valdr,* Islendinga
sögur 1, 307.

3) J. Grimm, Myth. 1,141 nach Gryse's 1593 erschienenem Spegel des anti-
christischen pawestdoms. *„daher denn ok noch an dissen orden dar heiden*

Saat vielfach ab und es ist gut, ihn günstig zu stimmen. Auf adligen Höfen wurde, wenn der Roggen ab war, den Schnittern Wodelbier gereicht. Auf Wodenstag soll man keinen Lein jäten, damit Wodens Pferd den Samen nicht zertrete. Im Schaumburgischen schlägt man beim Erntebier mit den Sensen zusammen und ruft dabei: *Wold, Wold, Wold!* Unterbleibt die Feierlichkeit, so ist das nächste Jahr Misswachs an Heu und Getreide. Am Steinhuder See entzünden die Burschen nach der Ernte ein Feuer und rufen, wenn die Flamme lodert, unter Hutschwenken: *Wauden, Wauden!* In *Wold* und *Wauden* soll nur der Göttername verderbt sein. In Baiern[1]) gehört der Ährenbüschel für den *Waudlgaul,* Bier, Milch und Brot, das man dabei stehen lässt, für die *Waudlhunde,* die in der dritten Nacht kommen und fressen. Wer nichts stehn lässt, über dessen Felder geht ein gespenstischer Kornverderber. Im vorigen Jahrhundert galt noch ein Erntefest, die *Waudlsmähe* genannt, wo man den schwarzen Rossen des Waude Futter aussetzte. Waude ist wol als *Woude = Wuote* zu verstehen. Entsprechend wird von Passau bis Pressburg das *Wudfutter* ausgesetzt. Das Volk im Aargau freut sich, wenn das *Guetisheer* schön singt, denn dann gibts ein fruchtbares Jahr. In Schonen und Blekingen blieb es lang Sitte, dass die Ernter auf dem Acker eine Gabe für Odens Pferde zurück liessen; ebenso in Småland. Der Wode auf seinem Rosse dahin reitend, von seinen Hunden begleitet, brachte also nach dem Volksglauben den Äckern Fruchtbarkeit und wurde darum mit Opfer verehrt. Da der Brauch gleichmässig übers ganze germanische Gebiet sich erstreckt, reicht

gewanet, bi etliken ackerlüden solker avergelövischer gebruk in anropinge des Woden tor tid der arne gespöret werd, und ok oft desülve helsche jeger, sonderliken im winter des nachtes up dem velde, mit sinen jagethunden sik hören let." Vgl. auch Bartsch, Sagen aus Mecklenburg 2, 307. Die weiteren nds. Bräuche bei Grimm a. a. O. Von diesen Wodeopfern handelt ausführlich aber unkritisch U. Jahn, Die deutschen Opferbräuche S. 163 ff.

1) Den bayer. Brauch des *Waude-Opfers* verzeichnet Panzer, Beitrag zur deutschen Myth. 2, 216; J. Grimm, Myth. 3, 59; *Woude* für *Wuode,* ou = uo Weinhold, Bayr. Gr. § 103. Das *Wudfutter* U. Jahn, Die deutschen Opferbräuche 1884 S. 165; übers *Guetisheer* Rochholz, Schweizersagen aus dem Aargau 1, 91. Über das schwed. *Odinsopfer* J. Grimm, Myth. 1, 140; Hyltén-Cavallius, Wärend och Wirdarne 212. Was mit Wodan und seinen Beziehungen zum Ackerbau zusammenhängt, sammelt U. Jahn a. a. O. besonders S. 163 ff.; nur zieht er allzuviel Unbrauchbares heran z. B. den „*Vergodendeel*", dessen wahre Bedeutung Knoop, Zeitschr. f. Volkskunde 3, 41 ff. erkannte

er sicherlich in hohes Altertum zurück. Dazu stimmt, dass Odin
nach dem Zeugniss der Ynglingasaga in Schweden schon zur Zeit
des Heidentums beim Winteropfer um Jahressegen und Wachstum
angerufen wurde. Im faeröischen Liede vermag Odin in einer
Nacht ein Getreidefeld aufwachsen zu lassen. [1]

## 2. Wode und Wodan.

Wie hängen nun *Wode* und *Wodan* zusammen? Beide Namen
gehören zusammen, beide Gestalten sind im Norden nimmer auseinander gehalten. Nur in einer Sage, die allerdings schon alt
ist, begegnete *Odr,* sonst konnten wir den deutschen Sagen von
Wode im Norden immer nur solche von Odin gegenüber halten.
Die Vorstellungen, welche mit Wode verknüpft sind, wurzeln
durchweg im uralten Volksaberglauben. Wode und sein wütendes
Heer erscheinen nur als eine offenbar uralte und allen Germanen
vom Süden bis zum Norden bekannte besondere Form der unter
einem Führer umziehenden Geisterschar, die dem Seelenglauben
aller Völker zugehört. Hat die Schar einen Führer, so ist dieser
entweder durch den Hang zu fassbaren Einzelgestalten, wie er in
der Volkssage waltet, als besonderer Vertreter der Gesamtheit
entstanden oder in Anlehnung an bestimmte örtliche und geschichtliche Vorkommnisse neu hinzugetreten, so wenn Könige, Helden,
Feldherrn, Burgherrn aller Zeiten einander nach von der Volkssage mit der Führerschaft des Totenheeres betraut werden. Der
letztere Fall kann bei Wode kaum in Frage kommen, dass etwa
ein germanischer Gott zum Heerführer wurde und nach ihm die
Schaar den Namen trug. Andererseits gehören Wode und das
wütende Heer unlöslich zusammen. Die Sprache lehrt, dass
*wôdaʒ* wütig und *wôdjan* wüten denselben Begriff als Eigenschaftswort und Zeitwort enthalten. Die Erklärung liegt nahe, dass die
Germanen das Heer der Seelen als das wütende benannten, wie
es auch das wilde heisst, womit auch sein Erscheinen in der Wut
des Sturmes angezeigt ist. Aus dem gleichen Begriff, welcher den
Namen der Geisterschaar schuf, leitete sich die Bezeichnung des
Führers ab. Das Eigenschaftswort erhielt nach und nach den Rang
eines Eigennamens. Wode ist als das wütende Heer in einer be-

---

1) Ynglingasaga Kap. 8; Lokka táttur 10 bei Hammershaimb, færöiske
kvæder 1, 140.

stimmten Person verkörpert zu deuten, wie ja der Sturm auch als Riese persönlich wird, und diese auf dem allgemeinen, daneben in zahllosen Sonderbildungen fortwuchernden Aberglauben begründete Volkssage dürfte schon in der germanischen Urzeit entstanden sein.

Wie eine längere Form neben der verkürzten steht *Wodan*[1] neben *Wode*. Man möchte zunächst geneigt sein, Wode als jüngere Verkürzung aus Woden, Wodan wie schwedisch Ode aus Oden, Odin zu nehmen, besonders da Wode nur aus späterer Überlieferung vorliegt. Und dann wäre auch der Schluss erlaubt, Wodan lebe in Wode noch fort. Nachdem aber gerade die alte nordische Überlieferung zwischen *Odr* und *Odin* unterscheidet, müssen *Wode* und *Wodan* entsprechend auseinander gehalten werden. Uberblickt man die gesamten Nachrichten von Wodan-Odin, so ergibt sich, dass Wode allerdings in Wodan aufging, aber daneben zeigt Wodan ganz andere Züge, welche wir an Wode ver-

---

[1] Die urgermanische Form des Namens war *wôdanaʒ*, as. *Wôdan*, ags. *Wóden*, anorw. aisl. *Oþenn Oðinn*, aschw. *Oþan;* zu den nordischen Formen Noreen, An. Gr. 1. Aufl. § 167, 3 b; ebenda 2. Aufl. § 228, 1. Über Suffix *-ana* Kluge, Nominale Stammbildungslehre § 20, Brugmann, Grundriss 2 § 67, S. 144. Im Althochdeutschen kommt zwar der Gott selber nicht vor, aber der Name teils als Appellativum *wuotan, tyrannus, herus malus* in Glossen, teils als Mannsname *Wuotan* in Urkunden; Belege bei J. Grimm, Myth. 1, 120; 3, 48 ff. Der ahd. Name ist natürlich vom Gott abgeleitet und zeigt, dass Wodan in der späteren Zeit des Heidentums auch im Süden nicht unbekannt war. Die Erklärung des Namens hat vom Begriff „Wut" auszugehen. J. Grimm, Myth. 1, 121 schlug vor das Verb. *wadan wôd,* an. *vaða óð,* waten, durchdringen. Wôdan sei demnach das allmächtige, alldurchdringende Wesen, *qui omnia permeat.* Die Ableitung ist viel zu geistig. Zimmer, ZfdA. 19, 172, 179 f., Mannhardt, ebenda 22, 4 stellen den indischen Windgott *Vâta* als Urbild des german. Wodan auf. Ihnen folgen Mogk und E. H. Meyer. Doch *vâta* ist idg. $\underset{\sim}{u}$*ēto*, gr. $\overset{\circ}{\alpha}_F\acute{\eta}\tau\eta\varsigma$ Brugmann, Grundriss 2 § 79, S. 210, eine Nebenform zu $\underset{\sim}{u}$*ento,* Wind, und entspricht lautlich keineswegs Wodan. Im Anschluss an Zimmers Behauptung zeigt V. Rydberg, undersökningar i germanisk mythologi 2, 29 ff. das glänzende Bild des *Vâta-Vâyu* als Sturm- und Kriegsgott, natürlich um Wodans Gestalt als indogermanisch zu retten. Man lernt nur, wie sich eine solche Göttergestalt aus der Naturbeseelung, aus dem persönlich gedachten Sturm auch anderswo entwickeln kann. Kluge (bei Bradke, Dyâus Asura, Halle 1885, S. X Anm.) vermutet idg. *uâtenós* (lat. *vates,* air. *fáith*), germ. *wôdanaʒ,* Herr des Gesanges. Gleich der Deutung J. Grimms nimmt auch die Kluges Wodan in seiner höchsten und letzten Entwicklung zum Ausgangspunkt, verzichtet auf die nächstliegende natürliche Anknüpfung und sucht eine künstliche auf. Das Rechte sah schon Adam von Bremen, wenn er sagt: *Wodan id est furor.*

missen. Wode ist ein Gespenst, Wodan ein Gott, in Wode ist
nur die dunkle, nächtige Seite hervorgekehrt, bei Wodan die
helle, lichte. Dem Wode wird kein andrer Dienst gespendet als
den übrigen Seelengeistern, Wodan wird um Sieg und Heldentum
angerufen und lenkt vom hohen Himmel die Geschicke der
Völker. Aber in Wodan fehlt trotzdem nicht der dunkle Unter-
grund. Der Schluss liegt nahe: Wodan ist der vergött-
lichte Wode. Helles Himmelslicht fiel auf den Sturmgeist, der
als Gott in den Himmelssaal aufstieg und über die älteren Götter
den Sieg davon trug. Wenn Wode gemeingermanisch ist, Wodan
aber nur einzelnen Stämmen gehört, so darf das nicht etwa so
ausgelegt werden, als wären in der christlichen Zeit die hellen
und freundlichen Züge des Gottes verblasst, und nur die finstern
übrig geblieben, ja vielleicht noch feindselig gesteigert und vermehrt worden. Die dunkle Seite in Wodans Wesen ist schon im
Heidentum entwickelt und muss als die ursprünglichste gelten.
Wode aber ist, wie besonders die reiche nordische Überlieferung
vermuten lässt, teils in Wodan aufgegangen, teils lebte er in der
alten Weise neben ihm fort und hat ihn so auch um Jahrhunderte überdauert. Somit muss an der Trennung zwischen Wode
und Wodan festgehalten werden. Die Namen gehören freilich zusammen: Wodan ist nichts als eine durch Ableitungssilbe weiter-
gebildete Form von Wode. Der Anlass hiezu entzieht sich unserem
Ermessen, auch ob irgend ein anderer Sinn mit dem Namen Wodan
sich etwa verband. Vielleicht soll damit nur eine Verschiedenheit des Gottes von dem im Volksbewusstsein fest wurzelnden
Sturmgeist erzielt werden. Wodans Göttlichkeit, im Vergleich zu
Wode dem Seelenführer, liegt namentlich in zwei Merkmalen:
Wodan ist Herr des Sieges und damit des Völkergeschickes und
des Geistes; die letztere Seite ist namentlich im Norden hoch entwickelt, darf aber wol auch für Deutschland vorausgesetzt werden.
Kein Gott bei den verwandten Indogermanen gleicht Wodan mehr
als Hermes-Merkur, der auf ähnliche Art wie Wodan aus einem
Windgott zu einem Gott des Geistes sich entwickelte. Da Wode
in die germanische Urzeit zurückreicht, nicht aber Wodan, der
vielmehr erst in den Jahrhunderten nach Chr. auf Kosten älterer
Götter zu Macht und Ansehen gelangte, da Wodans Kult von
niederdeutschem Gebiet, aus den Völkern, die zur fränkischen und
sächsischen Gruppe gehören, sich verbreitete, und in ihm offenbar
eine neue Zeit höherer Kultur sich verkörpert, darf wol die Frage

aufgeworfen werden, ob nicht Wodan etwa am Unterrhein, wo römische Kultur auf die germanischen Stämme herüberströmte, aus Merkur hervorging. Nicht eine Nachahmung römischen Vorbildes soll damit behauptet, nur die Vermutung, es könnte ein Anstoss zu Wodan durch die Bekanntschaft mit Merkur gegeben worden sein, ausgesprochen werden. Der Verkehr zwischen Germanen und Römern in den Rheinlanden brachte gegenseitige Mitteilungen mit sich. Die deutschen Götternamen wurden übersetzt und in der interpretatio romana von den Germanen gutgeheissen.[1]) Merkur als Seelenführer, als stürmischer Liebhaber der Nymphen, als Beförderer der Fruchtbarkeit, gleicht dem Wode; nimmt man Merkur als Gott des Geistes hinzu, so entsteht Wodan. Die zweite Seite seiner göttlichen Thätigkeit kann Wodan nicht von Merkur bekommen haben. Der Hauptgott der Germanen, Tiuz, ist Kriegsgott. Diese Eigenschaft behielt er, auch als Wodan Heervater und Siegvater geworden war. Vielleicht darf demnach behauptet werden, aus Wode entwickelte sich am untern Rhein, als Germanen und Römer dort in ständigen feindlichen oder freundlichen Verkehr traten, als aus diesen Einwirkungen eine neue und höhere germanische Kultur sich erhub, der göttliche Wodan, welcher die geistige Thätigkeit von Merkur, die kriegerische Thätigkeit und seine Stellung als Himmelsgott von Tiuz, den er allmälig abzulösen bestimmt war, entnommen hat.

### 3. Wodan bei den Deutschen.

Tacitus berichtet von den Germanen, sie verehrten am meisten den Wodan.[2]) Das trifft nicht auf alle Germanen zu, an

---

1) Die Übersetzung Wodans mit Merkur ist sehr treffend, da beide Götter einander wesensgleich sind. Merkur ist Windgott und stürmischer Liebhaber, Seelenführer, Förderer der Fruchtbarkeit, Gott der Erfindung und Listen u. s. f. Er trägt Hut und Stab, die Wünschelrute. Vgl. Roscher, Hermes als Windgott, Leipzig 1878, S. 104 ff. Nur die kriegerische Seite, das Heldentum, gehört Wodan allein.

2) Tac. Germ. 9 *deorum maxime Mercurium colunt, cui certis diebus humanis quoque hostiis litare fas habent.* Ann. 13, 57 im Krieg zwischen Hermunduren und Chatten wird das feindliche Heer dem Tiuz und Wodan zum Opfer geweiht. Im Gespräch zwischen Chrothild und Chlodowech, wo die heidnischen Götter dem Christengott gegenübergestellt werden (Gregor Tur. hist. Franc. 2, 29), finden sich zwar offenbar gelehrte Bezüge auf klassische Mythen; mit Mars und Merkur können aber auch Tiu und Wodan gemeint

andern Stellen zeigt Tacitus selbst ganz andre Gottheiten im
Mittelpunkt des Kultes. Vermutlich sind die Germanen am Unterrhein gemeint, von denen die Römer am meisten wussten, so dass
Wodan nur bei ihnen, bei den rheinischen oder istvaeischen, nicht
auch bei den ingvaeischen und suebischen Stämmen als höchster
Gott für die damalige Zeit angesetzt werden darf. Noch später
sieht man Wodans Macht im Wachstum begriffen, aus dem Sturm-
und Totengott wird der Himmelsherr, der Gott des Krieges und
der geistigen Kultur, der die andern uralten und einfacheren Gestalten des germanischen Götterhimmels in Schatten stellt. Am
untern Rhein und von da landeinwärts, wo eine Menge römischer
Kultur auf die Germanen überging, kam Wodan auf und hatte
im 1. Jahrhundert n. Chr. bereits den Sieg errungen.[1]) Um eine
Vorstellung vom Wesen dieses Gottes zu gewinnen, müssen sorgfältig alle die Züge gesammelt werden, welche auf einen eigentlichen, dem Gott Wodan geweihten Dienst hinweisen, nicht bloss
mit dem Aberglauben an den stürmenden Wode zusammenhängen.
Die lichte, geistige Seite muss vor der finstern, nächtigen vorherrschen, wo der göttliche Wodan waltet, wenn auch der dunkle
Hintergrund, auf dem er sich abhebt, nie ganz verschwinden kann.[2])

sein. Dass Mercurius die interpretatio romana für Wodan ist, bezeugt ausser
*dies Mercurii* = *Wodans dag* Paulus Diaconus I, 9 *Wodan sane, quem ad-
iecta litera Gwodan dixerunt, ipse est, qui apud Romanos Mercurius dicitur.*
Jonas von Bobbio, vita Columbani *illi aiunt, deo suo Wodano, quem Mercurium vocant alii, se velle litare.* In einem alten aus dem 10. Jahrh. stammenden Bücherverzeichniss von Werlamacester (J. Grimm, Myth. 1, 110) heisst
es: *coluerunt Mercurium, Woden anglice appellatum.* Bei Galfred von Monmouth lib. 6 sagt Hengist zu Vortigern: *ingressi sumus maria, regnum tuum
duce Mercurio petivimus. colimus maxime Mercurium, quem Woden lingua
nostra appellamus. huic veteres nostri dicaverunt quartam septimanae feriam,
quae usque in hodiernum diem nomen Wodenesdai de nomine ipsius sortita
est. post illum colimus deam inter ceteras potentissimam, cui et dicaverunt
sextam feriam, quam de nomine eius Fredai vocamus.*

1) Über Wodans allmäliges Aufkommen vgl. Müllenhoff, ZfdA. 18, 251;
23, 8; 30, 219.

2) Auf einem Weihstein im obern Ahrthal bei Blankenheim steht

MERCVRI
CHANNINI

was Siebs ZfdPh. 24, 1 ff. als *Mercurio Channini* liest und aus germanischer
Sprache zu deuten sucht. *Channini* soll Dativ eines wg. Nom. Sing. χαννjὲ
sein, dessen Form ahd. as. *henno, afries. ags. *henna wäre. Dazu stellt sich
der unerklärte mhd. Ausruf *iâ henne!* Henne der Teufel bei Agricola; sächs.
fries. *henneklêd*, Totenkleid. Ob Freund Hein, der Tod, daraus etwa ver-

Unter den deutschen Stämmen im Norden Deutschlands muss
Wodan bereits im 3. und 4. Jahrhundert eine hohe Machtstellung
besessen haben. Auf nds. Gebiet wurde der *dies Mercurii* dem
Wodan gegeben, bei Sachsen, Friesen, Niederfranken, woran noch
heute der Sprachgebrauch festhält.[1]) Auf hochdeutschem Gebiet
steht seit Alters dafür der Name Mittwoch fest, schwerlich weil
dadurch ein älterer Wotanstag verdrängt wurde. Haften doch
die andern Götternamen auch in den hds. Mundarten. Und warum
sollte gerade nur hier die Feindseligkeit der Geistlichen Wodan
verdrängt haben, während er sonst ungekränkt blieb? Mit mehr
Wahrscheinlichkeit ist anzunehmen, dass die später hochdeutschen
Stämme, die Südgermanen, zur Zeit der Einführung der römischen Wochentage einen Gott Wodan, welcher dem Merkur ent-
sprach, nicht gekannt haben. Die Heimat des Wodansdienstes
ist Norddeutschland, nur in Ausläufern erstreckte er sich nach
dem Süden. Ortsnamen wie *Wodensweg, Wodensfeld,* namentlich
aber *Wodensberge* sind besonders in Niederdeutschland und in
England üblich, *Wodensberge* kommen jedoch auch auf mds. Gebiete, wol unter fränkischem oder sächsischem Einfluss vor, ein
*Wodensberg* bei Bonn und in Hessen. Unter den Bergen sind
alte Kultstätten zu verstehen. Für altsächsischen Wodansdienst
zeugt die Abschwörungsformel [2]), in welcher die drei germanischen Hauptgötter, Wodan in der Mitte, vorkommen, sowie das

derb ist? *χanni̯ê* wäre als Töter zu deuten, der Stein ist Wodan dem Totengott, dem Seelenführer geweiht. Wodan-Mercurius zur Zeit des Tacitus war
also nach Siebs Totengott. Much, ZfdA. 35, 207 u. Anzeiger 17, 184 stellt
*hanno* zu an. *hannarr* geschickt, kunstfertig, griech. *κοννεῖν*, kennen. Es
sei Wodan, der listenreiche Gott gemeint. Aber der nord. Zwergname *Hannarr* ist sehr bedenklich für diese Etymologie. Scherer, Berliner Sitzungsberichte 1884, 1, 577 dachte an eine Verkürzung: *Mercurio Channini[fatium],*
an Wodan der Canninefaten. Alle Deutungen sind ganz unsicher.

1) Belege bei J. Grimm, Myth. 1, 114 f.; 3, 47. Frühzeitig bietet sich
ags. *Wôdnes dag;* mfries. aus dem 14. Jahrh. zu belegen, Richthofen, Fries.
Wb. 1142, *Wonsdeg;* die mndl. Form lautet schon im 13. Jahrh. *Woensdach;*
fürs Niederrhein. bieten Urkunden des 14/15. Jahrh. *Gudestag, Gudenstag.*
Ortsnamen mit Wodan bei Grimm, Myth. 1, 138 ff., 3, 58 f.; W. Arnold, Ansiedlungen und Wanderungen deutscher Stämme, Marburg 1877, S. 335; die
engl. Namen bei Kemble, the Saxons 1, 343.

2) Die um 772 verfasste Taufformel bei Müllenhoff-Scherer, Denkmäler LI
*ec forsacho allum dioboles uuercum and uuordum Thunaer ende Uuôden ende
Saxnôte ende allum thêm unholdum thê hira genôtas sint.* Im *indiculus superstitionum* ist *de sacris Mercurii vel Iovis* und *de feriis quae faciunt Iovi vel
Mercurio* die Rede.

Verbot der Wodansopfer. Auf alemannisches Gebiet greift der
Wodankult ebenfalls hinüber; allerdings begegnen Zeugnisse erst
im 7. Jahrhundert. Die Schwaben sassen um eine gewaltige Bier-
kufe und hielten Opfer und Gelage dem Wodan zu Ehren.[1] Auf
der im Abschnitt über Donar besprochenen Runenspange wird
Wodan neben Donar angerufen. Durch fränkischen Einfluss kann
Wodan in den letzten Zeiten des Heidentums auch zu den Alemannen gelangt sein. Als die römischen Wochentage ins Deutsche
umgesetzt wurden, war er jedenfalls noch nicht bei ihnen. Sonst
müsste irgendwo ein oberdeutscher *Wuotanes tac* der Mittawecha
oder Mittwocha zur Seite stehen. Im zweiten Merseburger Segens-
spruch, der wol aus thüringischem Gebiete stammt, tritt wenigstens
Wodans Thätigkeit deutlich hervor. Einem Götterpferd ist auf
der Fahrt ein Unfall zugestossen. Mehrere Göttinnen, denen, gleich
allen Frauen, Heilkunde eignet, versuchen umsonst den ausgerenkten Fuss durch Besprechen einzurichten. Da besprach ihn
zuletzt Wodan, wie er es wol konnte. Wodan ist also der grösste
Zauberer und Wunderer, er ist stärkeren Heilzaubers mächtig
als die übrigen Götter. So geringfügig die Stelle auch scheint,
sie eröffnet doch einen weiten Ausblick, sie zeigt den deutschen
Wodan im Besitz der gleichen Kräfte, um deren willen der nordische Odin gerühmt wird.

Unter den Angelsachsen war Woden der oberste der Götter.[2]
Die Sage wusste, dass die Stämme einst unter seiner Führung

1) Jonas von Bobbio, *vita Columbani*, kurz nach 620 (Mabillon, ann.
Bened. 2, 26) *sunt etenim inibi vicinae nationes Suevorum; quo cum moraretur
et inter habitatores illius loci progrederetur, reperit eos sacrificium profanum
litare velle, vasque magnum, quod vulgo cupam vocant, quod viginti et sex
modios amplius minusve capiebat, cerevisia plenum in medio habebant positum.
ad quod vir dei accessit et sciscitatur, quid de illo fieri vellent? illi aiunt:
deo suo Wodano, quem Mercurium vocant alii, se velle litare.*
   2) Alles auf Woden bezügliche stellte Kemble, The Saxons in England
1, 335—46 zusammen. Die ags. Genealogien bei J. Grimm, Myth. 3, 377 ff.;
die um 600 geschriebene *vita Kentigerni* (*Acta sanctorum* 1, 820) nennt *Woden
principalem deum Anglorum.* In den Denksprüchen des Exeterbuchs 133 bei
Wülcker, Kleinere ags. Dichtungen, Halle 1882, S. 48

>  *Wóden worhte weos, wuldor alwalda
>  rúme roderas: þæt is ríce god*

wird Wodan als der, welcher Teuflisches wirkte, dem wahren allwaltenden
Gott, dem Schöpfer der Himmel gegenübergestellt. In *weos* steckt jedenfalls
*wóh wó* (as. *wâh*, got. *wâhs*), Böses, Übles, denn der ags. Spruch gibt die
Psalterstelle *omnes dii gentium daemonia, dominus autem coelos fecit,* wieder;

vom Festland nach Britannien fuhren. Woden ist der Stammvater aller angelsächsischen Könige. Die Stammtafeln treffen alle in ihm zusammen und spalten sich erst in seinen Söhnen. Zwar gehen die Ahnenreihen noch weiter als Woden hinauf, unter seinen Vor- und Nachfahren begegnen Namen, die teils Wodens Beinamen waren, teils andere Götter, namentlich Tiuz und Fréa bezeichneten. Aber gerade hieraus ist zu lernen, dass ältere Stammreihen zwar vorhanden waren, jedoch dem Wodensdienst untergeordnet wurden. Man sieht, wie Woden nach und nach die erste Stelle errang. Hengist und Horsa selber waren Wodens Söhne. Dem Woden wurde um Sieg und Heldentum geopfert.[1] Frija war sein Weib.

Als Siegvater, der im Himmel thront, erscheint Wodan auch in der langobardischen Stammsage.[2] Es gibt eine Insel, die Scadanau heisst, im Norden; da wohnten viele Völker. Unter diesen war ein kleines Volk, das man Winniler nannte; und bei ihnen war ein Weib mit Namen Gambara, die hatte zwei Söhne: der eine hiess Ybor, der andre Agyo. Die führten mit ihrer Mutter

---

Vgl. Strobl, ZfdA. 31, 59; an *weo = wih*, Tempel, Heiligtum, ist nicht zu denken. Im Neunkräutersegen (Wülcker, a. a. O. 35) werden neun Kräuter aufgezählt, die gegen Gift wirksam sind. Ein Wurm naht und will sie zerreissen. Da nahm Woden neun herrliche Zweige und schlug die Natter, dass sie in acht (Stücke auseinander fiel und) entfloh.

> 32  *đá genam Wóden VIIII wuldortánas*
> *slóh đá đá næddran, đæt heo on VIII tofléah.*

Woden ist also auch hier ähnlich wie im Merseburger Zaubersegen im Besitz kräftigen Zaubers, mit dem er das Böse bannt.

1) Aethelweard im 10. Jahrh. Chron. lib. II Kap. 2 sagt von Hengist und Horsa: *hi nepotes fuere Uuoddan regis barbarorum, quem post, infanda dignitate, ut deum honorantes, sacrificium obtulerunt pagani, victoriae causa sive virtutis. — — Wothen, qui et rex multarum gentium, quem pagani nunc ut deum colunt aliqui.*

2) Die Sage steht in der um 670 entstandenen *origo gentis Langobardorum* in *MG. leges* 4, 641; ausführlicher erzählt Paulus Diaconus *de gestis Langobardorum* 1, 7 u. 8; die Texte auch bei Carl Meyer, Sprache und Sprachdenkmäler der Langobarden, Paderborn 1877, S. 108 u. 118. Die Sage gebe ich nach der Übersetzung von O. Abel, Paulus Diaconus und die übrigen Geschichtschreiber der Langobarden, Berlin 1849, S. 1 ff. Vgl. auch Bethmann, Archiv 10, 351 ff. Die Brüder Grimm gaben die Erzählung in den Deutschen Sagen, Bd. 2, Nr. 390. Dass dem Berichte der lateinischen Quellen unmittelbar ein stabreimendes langobardisches Lied zu Grunde liegt, erweisen Kögel, Geschichte der deutschen Litteratur I, 1, 107 ff.; Bruckner, Die Sprache der Langobarden, Strassburg 1895, S. 19 ff.

Gambara die Herrschaft über die Winniler. Es erhoben sich nun gegen sie die Herzoge der Wandalen Ambri und Assi mit ihrem Volk und sprachen zu den Winnilern: Entweder zahlet uns Zins oder rüstet euch zum Streit und streitet mit uns. Darauf antworteten Ybor und Agyo mit ihrer Mutter Gambara und sprachen: Es ist besser für uns, zum Streit uns zu rüsten, als den Wandalen Zins zu zahlen. Da baten Ambri und Assi, die Herzoge der Wandalen, Wodan, dass er ihnen Sieg verleihe über die Winniler. Wodan antwortete und sprach: Die ich bei Sonnenaufgang zuerst sehen werde, denen will ich Sieg geben. Zu derselben Zeit gingen auch Gambara und ihre Söhne Ybor und Agyo, die Fürsten der Winniler waren, hin und baten Frea, Wodans Frau, dass sie den Winnilern helfe. Da gab Frea den Rat, wenn die Sonne aufgehe, sollten die Winniler kommen, und die Weiber sollten ihr Haar wie einen Bart ins Gesicht hängen lassen und mit ihren Männern kommen. Da ging, als der Himmel hell wurde und die Sonne aufgehen wollte, Frea die Frau Wodans um das Bett, wo ihr Mann lag, und richtete sein Antlitz gen Morgen und weckte ihn auf. Und als er aufsah, so erblickte er die Winniler und ihre Weiber, wie ihnen das Haar um das Gesicht hing. Und er sprach: Wer sind diese Langbärte? Da sprach Frea zu Wodan: Herr, du hast ihnen den Namen gegeben, so gib ihnen nun auch den Sieg. Und er gab ihnen den Sieg, so dass sie nach seinem Ratschluss sich wehrten und den Sieg erlangten. Seit der Zeit sind die Winniler Langobarden geworden.

Die Auslegung des Namens als Langbärte (longibarbi) ist natürlich nur volksetymologisch. Aber die Sage zeigt, dass Wodan der siegspendende Gott bei den Langobarden war, dass er um Sieg angerufen wurde. Der Namensfestigung folgte nach altgermanischem Brauch ein Geschenk. Wie Odin und Frigg, so walten hier Wodan und Frea mit einander, aber ihre Gesinnung ist oft entgegengesetzt.

Die langobardische Sage reicht ihrem Ursprung nach jedenfalls noch in hohes Altertum hinauf, sie entstand, solange die Langobarden noch an der untern Elbe den Sachsen benachbart sassen, vor ihrem Zug nach dem Süden, also jedenfalls noch im 4. Jahrhundert. Vermutlich nahmen die Langobarden den Wodansdienst von den Sachsen an und zählen demnach für die damalige Zeit zur norddeutschen Völkergruppe, welche Wodan als höchsten Gott verehrte. Auf Grund der Sage ist auch Wodansdienst der

Wandalen anzunehmen. Dass die Ostgermanen überhaupt noch in ihrer alten Heimat, also im 2. Jahrhundert von ihren norddeutschen Nachbarn Wodan übernahmen, ist sehr wol möglich.

Ob sonstige Wodanssagen nachweisbar sind, ist zweifelhaft. In nordischer Dichtung ist *Gaut* ein Beiname Odins, in den angelsächsischen Stammtafeln begegnet *Géat* unter den Ahnen Wodens.[1] *Gauts* (hs. *Gapt*) ist der Ahnherr der Amaler. Der Name kann unmöglich mit P. A. Munch und J. Grimm als *„Giesser"* Schöpfer gedeutet werden, er besagt vielmehr wie *Gautatyr* Volksgott der Gauten.[2] Diese Gauten, die heutigen Göten in Schweden haben ihren Hauptgott nach sich selber benannt, wie solches bei Saxnot, bei Irmino, Ingwio u. ä. schon zu beobachten war. Die Frage ist nur, wer war ursprünglich der gautische Gott, der Himmelsgott oder Wodan? Wenn später Odin Gaut heisst, ist damit nicht erwiesen, dass von Anfang an ihm dieser Name zukam. Von Géat wird einmal ein Liebesabenteuer erwähnt. Von Odin weiss die nordische Sage viele Liebesgeschichten. Ist Gaut schon im 4. Jahrhundert, vor der Besiedelung Britanniens, Wodan, ist überhaupt von Anfang an Wodan damit gemeint als Hauptgott der Gauten und Goten, die wie Sachsen, Angeln und Jüten frühzeitig an der Verbreitung Wodans im Norden teilgenommen haben können, dann gehört schon der Hang zu Liebschaften dem deutschen Wodan

---

1) Im Codex Exoniensis wird auf ein Liebesabenteuer *Géats* angespielt.

> *We ðæt Mæðhilde      monge gefrunon*
> *wurdon grundléase      Géates frige*
> *ðæt him séo sorglufu      slǽp ealle binom.*

Wir vernahmen, dass Géats Liebe zu Mæðhild so bodenlos war, dass ihm Liebessorge den Schlaf raubte. Wenn Géat, Gautr Beinamen Wodans sind, dann mag auch diese Sage zu Odins Liebesgeschichten zu zählen sein. Kemble, The Saxons 1, 370.

2) Eine Erklärung der vom Verbum *geotan gaut gutum gotans* gebildeten Volksnamen (*Gautôs* und *Gutans Gotans*), in denen der Begriff überströmender Menge (ags. *mid géotendan here*) liegt, gab Laistner, Württ. Vierteljahrshefte f. Landesgesch. N. F. 1892, S. 9/10. Damit verbietet sich die Meinung von selbst, das Volk sei nach dem Gott benannt; vgl. E. H. Meyer, Myth. S. 234. Für uralten Zusammenhang der Namen Wodan und Gaut können die ags. Namen *Sigegéat* und *Wódelgéat*, ahd. *Wuotilgôʒ* angeführt werden, d. h. Gaut als der sieghafte Wodan. Zur Etymologie des Volksnamens vgl. noch Axel Erdmann, om folknamen Göter och Goter in der antiquarisk tidskrift för Sverige 1891, del 11, nr. 4.

zu. Dem Wesen des Wode, des Wind- und Sturmgeistes, würde
dieser Zug vollkommen, ja fast notwendig entsprechen.

Im Walsungenstamm waltet nach der nur in nordischer Fassung
vorliegenden Sage Wodan über das Geschick der Helden. Aus
Not und Erniedrigung führt er sein Geschlecht zur Entfaltung der
Heldentugend. Dem Sigmund verleiht er ein Wunderschwert und
damit Sieg. Aber der Gott entzieht ihm am Ende seiner Laufbahn die gewährte Gunst, an seinem Speer zerspringt das Schwert
in Stücke. Die Sigmundsage ist fränkischen Ursprungs. Dass
schon bei den Franken Wodan in das Schicksal des Helden verflochten war, ist möglich. Wodan als Stammvater von könig-
lichen Helden ist ja bei den Angelsachsen bezeugt. Wie diese,
mögen auch die fränkischen Walsunge Wodanskinder gewesen
sein.[1]' Nach dieser Sage, wenn sie auch sicherlich im Norden
reichlich ausgeschmückt wurde, mischte sich bereits Wodan unter
die Menschen, wie es an vielen Beispielen aus nordischer Sage
belegt werden kann.

Odin ist nicht allein Herr des Zaubers, sondern auch des Geistes,
der Weisheit, Erfinder der Runen. Dass auch Wodan den Geist
erregte, ist sehr wahrscheinlich. Die geistige Seite seines Wesens
mag im Norden erweitert und vertieft, schwerlich aber erst neu
geschaffen worden sein. Schon die interpretatio romana mit Mercurius deutet dies an. Eine der wichtigsten Errungenschaften der
Germanen aus dem Verkehr mit den Römern im 1. oder 2. Jahrh.
nach Chr. ist die Runenschrift, welche aus dem lateinischen Alpha-
bet stammt. Galt vielleicht Wodan als Erfinder der Schrift[2], als
Träger der geistigen Kultur, als Erwecker des Helden- und Dichter-
geistes? Unmittelbar beweisen lässt sich die Vorstellung von
Wodan, dem Gotte der Erfindung, der geistigen Gewandtheit und
Überlegenheit nicht, doch innere Gründe sprechen dafür.

---

1) Genaueres über die Walsungensage und Wodans Eingreifen wird
unten bei Behandlung der nordischen Berichte mitgeteilt. Dass schon Wodan,
nicht erst Odin die Geschicke der Helden lenkte, erwies Müllenhoff, ZfdA.
23, 116 ff.

2) Im ags. Gespräch zwischen Salomo und Saturn heisst es: Sag mir,
wer zuerst Buchstaben setzte? Ich sage dir, Mercurius der Riese (*se gygand*).
Ob mit Kemble, The Saxons in England 1, 339 unter Merkur Wodan zu
nehmen ist, ob vom deutschen oder römischen Gott und seinen Fähigkeiten
geredet wird, lässt sich nicht entscheiden.

Das Bild des deutschen Wodan stellt sich demnach etwa so
dar: Wodan, der Gemahl der Frija, thront im Himmel als Höchster
der Götter. Könige und Helden führen ihre Abstammung auf ihn
zurück. Er waltet über Sieg und Heldentum und empfängt darum
Opfer. Siegvater ist auch Walvater, die Schlachttoten fallen ihm
zum Opfer. Wodan fördert neben dem Waffensieg auch den Sieg
der Kultur, des Geistes; er ist im Besitz heilkräftiger Sprüche.
Als Sturmgott haust er im Schooss der Berge, aus denen er hervorbricht. Auf hohem Ross, mit Mantel und breitem Hut, führt er
das wütende Heer, die Schaar der Seelengeister. Sein Auszug
kündet Krieg, aber er bringt auch den Feldern Fruchtbarkeit.
Er ist ein stürmischer Liebhaber, verfolgt Frauen und lässt sich
gern auf Liebesabenteuer ein. So verkörpert er mehr den kriegerischen Edeling und abenteuernden Sänger wild bewegter Kampfes-
zeit als den friedlichen Bauern. Der listenreiche, geistesgewaltige,
wutgrimme Gott ist das Idealbild des germanischen Heerkönigs,
wie er besonders den istväischen, später fränkischen Stämmen als
tüchtigster und trefflichster, vom Standpunkt reiner Moral freilich
nicht immer makelloser Held voranleuchtete.[1]

## 4. Odin im Norden.

Nur mühsam gelang es, aus verstreuten Zügen ein einigermaassen zusammenhängendes und anschauliches Bild von Wodan
zu gewinnen. Immerhin war es möglich, die Grundlinien zu
ziehen. Umso lebendiger und farbenprächtiger tritt Odin aus den
reichen nordischen, norwegisch-isländischen Quellen uns entgegen.
Die nordische Überlieferung gibt einerseits eine willkommene Ergänzung zur dürftigen deutschen. Sicherlich darf das meiste davon
auch für Wodan in Anspruch genommen werden. Die blassen
Umrisse erfüllen sich mit Farbe und Leben. Was in Deutschland
aus versprengten Trümmern zu ahnen ist, bietet sich im Norden
in voller glänzender Beleuchtung. Ein Vergleich mit der Wodan-
skizze wird ohne weiteres immer zeigen, was unbedenklich aus
den nordischen Schilderungen Odins herübergenommen werden
darf. Andererseits wird sich sehr viel Neues ergeben, was auf
den niederdeutschen Wodan der ersten nachchristlichen Jahrhun-

---

1) Vgl. Dahn, Bausteine 1, 1879 Wodan und Donar als Ausdruck des
deutschen Volksgeistes.

derte nun und nimmermehr passt, was als nordische Zuthat zu
betrachten ist, gleichviel wie man seine Entstehung sich denken
mag. Dahin gehört ausser Walhall und den Walküren, wobei ja
immerhin die Behauptung deutschen Ursprunges zur Not versucht
werden kann, mit Sicherheit Odins Stellung in der Weltentwicklung, seine Thätigkeit als Schöpfer, sein Untergang im Weltbrand,
seine Beziehung zur Weltesche. Das Schweigen der deutschen
Uberlieferung ist hier nicht zufällig, sondern notwendig. Das
deutsche Heidentum bot zu solchen Vorstellungen nicht die geringste Voraussetzung.

## Odins Wanderungen und Kämpfe mit Nebenbuhlern.

Odin ist der oberste der Götter in den norwegisch-isländischen Skaldengedichten, im Kreis der sog. Eddalieder. Am
Königshofe, bei den Gefolgsleuten und Dichtern steht er im
höchsten Ansehen. Aber der norwegische Volksglaube lässt Thor
hervortreten und betrachtet selbst den schwedischen Freyr als Eindringling. Die Sage meldet von der Einwanderung der Asen und
Wanen im Norden[1]), während Thor seit Urzeiten dort wohnt.
Schon Saxo kennt Thracien und Byzanz als Ursitz der Asen, Snorre
bringt die Asen mit Asien in Verbindung und lässt sie aus Scy-
thien und der Türkei durch Gardariki (Russland) in die nördlichen Länder wandern. Dass hier gelehrte Fabeleien vorliegen,
bedarf keiner weiteren Ausführung. Aber wenn die Ynglingasaga
Odin an Saxland (Westfalen) heftet, beginnen wahre Erinnerungen
aufzutauchen. Von Saxland zieht Odin nordwärts zur See und
nimmt sich Wohnstätte auf einem nach ihm benannten Eiland, auf
Odinsey in Fünen. Von dort entsendet er Gefjon nördlich über
den Sund, um Länder zu suchen. Diese pflügt zunächst ein Stück
aus Schweden ab und zieht es ins Meer hinaus, Seeland. Odin
aber, da er von den guten Ländereien in Schweden vernahm,
fuhr selber dorthin und vertrug sich mit König Gylfi, der sich

---

1) Saxo III S. 129 *dii, quibus praecipue apud Byzantium sedes habebatur, Othinum .... collegio suo submovendum duxerunt.* Saxo I S. 42 *ea
tempestate cum Othinus quidam Europa tota falso divinitatis titulo censeretur,
apud Upsalam tamen crebriorem diversandi usum habebat.* Die nordischen
Könige schicken seine goldene Bildsäule nach Byzanz. Also schon Saxo weiss
von einer Abstammung des schwedischen Odinkultes aus dem Osten. Snorri
erzählt das Hierhergehörige im Formáli der Edda Kap. 8—11, und in der
Ynglingasaga Kap. 1—5.

keine Kraft zum Widerstand gegen die Asen zutraute. Am See
im alten Sigtun liess sich Odin nieder und richtete daselbst eine
grosse Opferstätte nach der Gewohnheit der Asen ein. Seinen
Tempelpriestern (d. h. den andern Göttern) wies er Wohnsitze zu:
Njord wohnte in Noatun, Freyr in Uppsalir, Heimdall in Himinbjorg, Thor in Thrudwang, Baldr in Breidablik. Die Namen der
Göttersitze haben allein für Odin und Freyr Bedeutung: Sigtun
und Uppsala werden als alte Kultstätten bezeichnet. Entsprechend
dieser Wanderungssage wird einmal Odin Sachsengott, Freyr
Schwedengott genannt.[1]) Im Bericht scheint Verwirrung eingerissen. Der Krieg zwischen Asen und Wanen findet in der
asiatischen Urheimat statt, weil die Asen als Asiaten, die Wanen
als Leute vom Tanakvisl oder Vanakvisl (Tanais), der ins schwarze
Meer mündend Asien und Europa trennt, gemeint sind. Und so
wandern die Wanen zugleich und im Gefolge der Asen nach
Schweden, während eigentlich die schwedischen Könige ihren
altheimischen Glauben an Freyr dem neuen aus Dänemark her-
dringenden Odinglauben entgegengesetzt haben werden.[2]) Handelnd ist übrigens bei der ganzen Eroberung nur Odin. Vermutlich gelangte der Wodankult aus Niederdeutschland nach Dänemark.
In Fünen, Seeland, dann in Schonen auf der Südspitze Skandinaviens schlug er Wurzeln. Den uralten Opferstätten wie Lund,
Ringsted, Hleidra, Wiborg traten neue, ausschliesslich Odin geweihte zur Seite, *Odinsvé*, jetzt *Odense* in Fünen und *Onsved* in
Seeland.[3]) Der dänische Königsstamm der Skjoldungar geht, freilich erst bei Snorri in der Edda und Ynglingasaga, durch Skjoldr
auf Odin zurück. Von Schonen aus gelangte Odinsdienst nach
Schweden und Norwegen. In Schweden sind viele Örter nach
Odin benannt: *Odenswi, Odensö, Odensnäs, Odensjö, Odensberg,*

---

1) In der ausführlichen Olafssaga helga, Fornmanna sögur 5, 239 *Ólafr*
*konungr kristnaði þetta ríki allt: ǫll blót braut hann niðr ok ǫll goð, sem*
*þór Engilsmannagoð ok Oðin Saxagoð ok Skjǫld Skánungagoð ok Frey*
*Svíagoð ok Goðorm Danagoð.* In Schonen und Dänemark werden Könige
als Götter aufgeführt. Thor als englischer Gott ist ein Missverständniss.
Vielleicht soll damit der Hauptgott der in England ansässigen Nordleute gekennzeichnet werden.

2) Vgl. oben im Kapitel über Freyr S. 220 ff.

3) *Odins vi* bei H. Petersen, gudedyrkelse og gudetro S. 104 ff. Schwedische Odinsplätze verzeichnet Lundgren, språkliga intyg om hednisk gudatro
i Sverige S. 34 ff., norwegische sammelt O. Rygh in der Neuausgabe von
Munch's norr. gude- og heltesagn, vgl. den Index.

*Odensala* u. ä. Weniger volkstümlich wurde Odin in Norwegen, weshalb verhältnissmässig nur wenige Ortsnamen dort für ihn zeugen. Umso sieghafter erhub er sich im Skaldenlied. Die Zeit der Einwanderung des deutschen Wodanglaubens in Dänemark und Skandinavien, welche in den erwähnten halbgelehrten Berichten noch nachklingt, lässt sich nicht bestimmen. Nur im allgemeinen darf behauptet werden, dass Odin schon längere Zeit vor den ältesten Skalden, also etwa um 800 bereits in Norwegen bekannt gewesen sein muss. Das Heldenzeitalter des norwegischen Stammes stellte Odin, den Gott des Krieges und des Geistes, in den Mittelpunkt der Dichtung.

Von Odin wird erzählt, dass er eine zeitlang von Weib und Reich verbannt war, während ein Anderer seine Stelle vertrat. So verschieden die Sagen auch im Einzelnen ausgestaltet sind, im Grundgedanken treffen sie zusammen und in dieser gemeinsamen Grundlage wird wol auch ein Stück alter Überlieferung stecken. Die Ynglingasaga bemerkt bloss in Kürze: Odin hatte zwei Brüder, der eine hiess We, der andre Wili. Diese Brüder führten die Herrschaft, solang er fort war. Einmal blieb Odin so lange aus, dass die Asen die Hoffnung auf seine Rückkehr aufgaben. Da teilten die Brüder sich in sein Erbe, sein Weib Frigg hatten sie gemeinsam.[1]) Aber bald nachher kam Odin heim und nahm sein Weib wieder zu sich. Die Einkleidung dieser Sage ist wol ziemlich jung, wie die Dreiheit mit den Namen Wili und We. Der zweite Bericht knüpft an die Baldrsage an und steht am ausführlichsten bei Saxo.[2]) Nach Baldrs Fall wird dem Odin vom Finnen Rossthjof geweissagt, er werde mit Rinda, der Tochter des Russenkönigs, einen Sohn erzeugen, der vom Schicksal bestimmt sei, Baldr zu rächen. Durch einen tiefhängenden Hut macht sich Odin unkenntlich und tritt bei Rindas Vater in

---

1) Ynglingasaga Kap. 3; darauf bezieht sich auch Lokas. 26, wenn Loki Frigg vorhält, sie habe als Odins Weib doch Wili und We Gunst gegönnt.

2) Saxo III S. 126 ff. Rindr als Mutter Walis wird im Liede Baldrs draumar 11 erwähnt. Der Skald Kormak (937—976) singt (SE. 1, 236) *seiþ Yggr til Rindar:* Odin bezauberte Rind, womit offenbar auf dieselbe Sage, die Saxo kennt, angespielt ist. Ob Hóv. 95—101 mit Billings Maid, die den liebeverlangenden Gott foppt, Rindr gemeint ist, lässt sich nicht mit Gewissheit behaupten. Doch ist es wol möglich. Vgl. Finnur Jónsson, litteraturs historie 1, 234. Weitere Vermutung über das Verhältniss Odins zu Ollerus vgl. im Abschnitt über Ullr.

Dienst. Er wird Heerführer, schlägt die Feinde in die Flucht und wirbt beim König, der es wol aufnimmt. Aber die Königstochter ist spröde, statt des Kusses gibt sie ihm eine Ohrfeige. Im nächsten Jahr kehrt er als Goldschmied unter dem Namen Rosterus wieder. Er fertigt prächtiges Geschmeide; wie er aber nochmals einen Kuss verlangt, erhält er die zweite Maulschelle. Zum dritten Mal kommt er als kriegsgeübter Kämpe. Nachdem er sich als ausgezeichneter Reiter bewährt, naht er wieder der Jungfrau. Er wird aber so heftig zurückgestossen, dass sein Kinn den Erdboden berührt. Jetzt greift er zu Zauberlist. Er ritzt Runen auf Baumrinde, berührt Rinda damit und macht sie dadurch wahnsinnig. In Mädchentracht stellt der unermüdliche Wanderer sich hierauf am Hofe ein. Er nennt sich Wecha und gibt sich für heilkundig aus. Wecha wird unter die Dienerinnen der Rinda aufgenommen. Der Erkrankten erbietet er sich zu helfen, doch sei die Arznei so bitter, dass man sie binden müsse. Als das geschieht, vollbringt Odin seinen Willen und zeugt den Bous, der einst Baldr rächt. Die Götter aber, die nach Saxo in Byzanz wohnen, finden diese Handlung des Gottes unwürdig und verstossen ihn aus ihrer Mitte. Den Ollerus (Ullr) bekleiden sie mit seiner Macht und seinem Namen. Odin versteht es, unter den Göttern von neuem sich Anhänger zu verschaffen und es endlich nach zehn Jahren zu bewirken, dass Ollerus aus Byzanz flüchten muss; in Schweden, wo dieser seine Herrschaft aufs neue zu begründen sucht, wird er von Dänen erschlagen. Man muss hier von dem Zusammenhang der Sage absehen und nur das festhalten, dass Ullr einmal an Odins Stelle und mit seinem Namen herrschte.

Frigg hatte sich einem Diener hingegeben, damit er eine goldene Bildsäule Odins zerstöre, deren Gold sie zu ihrem Schmuck verwandte. Darüber grämte sich Odin so sehr, dass er das Land verliess und freiwillig in die Verbannung ging. An seiner Stelle herrschte *Mitodin*, ein berühmter Zauberer, der das Opfer neu ordnete, indem er befahl, jedem Gotte einzeln, nicht mehr allen gemeinschaftlich zu opfern. Als Odin zurückkehrte, musste Mitodin nach Fünen (Pheonia) fliehen, wo ihn das Volk erschlug. Er rächte sich noch nach seinem Tode, indem aus seinem Grabe die Pest hervorging, bis man die Leiche ausgrub, den Kopf lostrennte und einen spitzen Pfahl durch den Leib trieb. Frigg starb, Odin setzte alle falschen Götter ab, die unter Mitodin aufgekommen waren, und vernichtete ihre Priester, die Magier, mit einem ein-

zigen Blick wie Schatten.[1]) Die Geschichte von Mitodin ist ein
deutliches Seitenstück zu der von Ollerus. Beide werden als
zauberkundig bezeichnet, von beiden heisst es, sie hätten nicht
bloss Odins Weib und Macht, sondern sogar seinen Namen besessen, beide entfliehen vor dem heimkehrenden Odin nach Dänemark oder Schweden, also nach Saxos Meinung aus Byzanz in
den Norden und werden dort erschlagen. Besondere Beachtung
verdient auch der Umstand, dass beide neue Opferbräuche einführen wollen, Ollerus allerdings erst in Schweden, wo er gleich
wie in einer neuen Welt den Glauben an sich einzusetzen versuchte. Wir haben es mit zwei Fassungen einer und derselben
Erzählung zu thun, deren Grundzüge auf zwei sich bekämpfende
Kulte, den Odinkult und den eines anderen Gottes hinweisen.
Durch Saxos Verlegung der Asenherrschaft nach Byzanz ist es
schwer zu entscheiden, was vor allem zu wissen Not thäte, in
welchen Ländern des Nordens sich in der Ursage die Kult-
kämpfe abspielten. Ullr (got. *wulþus*), der Herrliche, scheint
einmal der Name einer hohen Gottheit gewesen zu sein. Mitothin darf kaum als Mit-Odin, Mithelfer, Mitregent ausgelegt werden.
Saxo verstand ein Wort „*mituth-inn*" d. i. \**mituth*, \**mitoth* mit
angehängtem Artikel als Namen. Mitoth bedeutet die richtende
und das Schicksal bestimmende Gottheit. Somit ist die Sage
dahin auszulegen, dass der Odinglaube zeitweilig von einem andern
Kult verdrängt wurde, aber hernach wieder zu Ehren kam. Dabei lässt sich eine zwiefache Erklärung finden. Im Norden ist
der Odinkult ursprünglich fremd, aus Deutschland eingeführt.
*Ullr mitoth-inn* könnte eine nordische Gottheit sein, die vor dem
eindringenden Odinglauben zurückwich. Andererseits ist schon
der deutsche Wodan ein Gewaltherr, der den alten Himmels- oder
Hauptgott der Germanen, Tiuz, seiner Macht und seiner Frau
beraubte. Also der deutsche Wodan und der nordische Odin,
beide sind Eindringlinge in Besitz und Recht anderer, älterer
Götter. Eine Erinnerung daran lebt in der nordischen Sage fort.
Dass die Sache so dargestellt wird, dass Odin der im Recht Gekränkte, später aber aufs neue Eingesetzte ist, beweist, dass der
Bericht unter Anhängern Odins entstand. Für Eroberung und

---

1) Die Sage von Mitothin Saxo I S. 42 ff. Zur Erklärung von *mitoth-
inn*, aisl. *mjǫtuðr-inn*, ags. *meotod*, and. *metod* vgl. Munch, det norske folks
historie 1, 217; Das heroische Zeitalter der nord. germ. Völker 30 Anm. 2;
unabhängig kam neuerdings Kauffmann, Beiträge 18, 188 zur selben Erklärung

Gewaltthat stellt sich immer ein beschönigender Rechtsgrund ein.
So lässt z. B. auch die gotische Heldensage Dietrich von Bern
nur sein Vatererbe, aus dem er vertrieben worden war, zurück-
gewinnen, nicht der Wahrheit gemäss Italien erobern. So behauptet die Göttersage, Odin ist der Oberste und Höchste; wenn
ein Andrer vor ihm herrschte, kann das nur durch List und Unrecht geschehen sein. So erschliesst sich der Mythus von Odins
Verbannung und Vertretung auf dieselbe Weise, wie der vom
Wanenkrieg als ein Kampf zwischen altem und neuem Glauben, aus
dem letzterer siegreich hervorgeht. Dieser Kern ist nicht berührt,
so verschieden die Ausbildung im einzelnen und die Anknüpfung
an andere Sagen sich vollzog. Odin im Streite mit Nebenbuhlern
kann auch auf den Gegensatz zwischen dem nordisch-germanischen
Kulte und einem älteren, vor der germanischen Bevölkerung im
Norden heimischen Glauben, etwa dem der Finnen und Lappen
zurückgehen, wie im Abschnitt über Ullr ausgeführt werden soll.
Jedenfalls liegen Glaubenskämpfe hinter diesen Sagen, alter und
neuer Glaube desselben Volkes oder die Kulte verschiedener Völker.

## Odin in nordischer Sage.

In der Ynglingasaga Kap. 6 ff. schildert Snorri Odins Wesen
mit folgenden Worten: Als Asa-Odin nach den Nordlanden kam
und mit ihm die Diar, da wird mit Wahrheit berichtet, dass sie
Künste übten und lehrten, welche die Menschen seitdem lange
vollbracht haben. Odin war der vornehmste von allen und von
ihm lernten sie alle Künste, weil er zuerst alle wusste und die
meisten. Aber das ist zu sagen, weshalb er so gelehrt war. Dazu
veranlassten diese Gründe: er war so schön und vornehm anzu-
schauen, wenn er bei seinen Freunden sass, dass allen das Herz
darüber lachte; aber wenn er im Heer war, da schien er seinen
Feinden grimmig. Und das hatte darin seinen Grund, dass er
Gestalt und Aussehen wechseln konnte, wie er nur wollte. Eine
andere Kunst war die, dass er beredt und glatt sprach, dass das
allein allen, die es hörten, wahr däuchte. Er redete immer im
Versmaasse, so wie man jetzt das spricht, was Skaldenkunst heisst.
Er und seine Hofgoden heissen Liederschmiede, weil von ihnen
diese Kunst in den Nordlanden ausging. Odin wusste zu bewirken,
dass in Kämpfen seine Feinde blind und taub und schreckerfüllt
wurden und ihre Waffen nicht mehr als blosse Gerten einschnitten;
aber seine Leuten fuhren ohne Brünnen und waren wütend wie

Hunde oder Wölfe, sie bissen in ihre Schilde und waren stark
wie Bären oder Stiere. Sie erschlugen das Volk, weder Feuer
noch Eisen hatte ihnen etwas an. Das nennt man Berserkergang.
Odin wechselte die Gestalt; da lag sein Leib wie schlafend oder
tot, er aber war Vogel oder Tier, Fisch oder Wurm und fuhr im
Augenblick in ferne Lande in seinen eigenen oder andrer Leute
Sachen. Das auch verstand er mit blossen Worten auszurichten:
Feuer zu löschen, See zu beruhigen, Wind zu wenden, wie er
wollte. Odin besass ein Schiff, das Skidbladnir hiess, womit er
über grosse Meere fuhr; das konnte man wie ein Tuch zusammenfalten.[1]) Odin hatte das Haupt des Mimir bei sich; das sagte
ihm mancherlei Kunden aus andern Welten. Aber zuweilen weckte
er tote Leute aus der Erde auf oder setzte sich unter Gehängte;
darum wurde er Herr der Gespenster oder Herr der Gehängten
genannt. Er hatte zwei Raben, die er sprechen gelernt hatte;
diese flogen weit in den Landen herum und sagten ihm viele
Kunden. Von diesen Dingen wurde er sehr klug. Alle diese
Künste lehrte er durch Runen und Lieder, welche Zauber (*galdrar*)
heissen; deshalb werden die Asen Zauberschmiede (*galdrarsmidir*)
genannt. Odin verstand die Kunst, die am meisten Kraft hat,
und übte sie selbst, welche *seidr* (Zauberei) heisst. Und darum
vermochte er die Geschicke der Leute und ungeschehene Dinge
zu wissen, den Leuten Tod, Unglück oder Krankheit zu bereiten;
so auch den Leuten Verstand und Kraft zu nehmen und andern
zu geben. Aber dieser Zauberei, wenn sie vollbracht wird, haftet
so arges Wesen an, dass es den Männern nicht ohne Schande
dünkte, damit umzugehen; und den Göttinnen wurde diese Kunst
gelehrt. Odin wusste um alle Erdschätze, wo sie vorhanden waren,
und er kannte solche Beschwörungen, dass sich die Erde vor ihm
aufthat und Berge und Steine und Hügel, und er band mit seinen
blossen Worten die, welche dabei wohnten, und ging hinein und
nahm, was er wollte. Durch diese Kräfte wurde er sehr berühmt;
seine Feinde fürchteten ihn, seine Freunde vertrauten ihm und
bauten auf seine Kraft und auf ihn selber. Er lehrte die meisten
Künste seinen Opferpriestern, diese standen ihm zunächst an Klugheit und Zauberei. Viele andere lernten manches davon und so
verbreitete sich die Zauberei weit und erhielt sich lange.

Odin bestimmte für seine Lande die Gesetze, welche zuvor

---

1) Das Schiff Skidbladnir wird sonst allein dem Freyr zugeschrieben.

unter den Asen gegolten hatten. So bestimmte er, dass man alle toten Männer verbrennen sollte und mit ihrem Eigentum auf den Holzstoss bringen. Er sagte, jeder werde mit den Reichtümern nach Valhall kommen, welche er auf dem Holzstoss habe. Auch werde er das geniessen, was er selber in die Erde vergraben habe. Die Asche sollte man ins Meer hinaus tragen oder in die Erde graben. Vornehmen Männern zum Denkmal sollte man einen Hügel aufwerfen; aber allen Männern, die tapfer waren, sollte man Bautasteine aufstellen. Und diese Sitte hielt sich lange.

Odin ward in Schweden todkrank; als es zum Sterben ging, liess er sich mit der Speerspitze bezeichnen und eignete sich alle waffentote Leute zu. Er sagte, er werde nach Götterheim fahren und dort seine Freunde begrüssen. Die Schweden glaubten, dass er ins alte Asgard eingegangen sei und dort ewig leben werde. Da erhob sich von neuem Glauben und Anrufung an Odin. Oft schien es den Schweden, er zeige sich vor bevorstehenden grossen Kämpfen, da gab er dem einen Sieg, aber den andern entbot er zu sich; beide Loose dünkten gut. Odin wurde nach seinem Tode verbrannt und das Verbrennen ward sehr prächtig zubereitet. Das war ihr Glaube, je höher der Rauch in die Luft aufsteige, desto geehrter sei der, welcher verbrannt wurde, im Himmel und umso reicher, je mehr Gut mit ihm verbrenne.

Bringt man aus diesem Berichte die euhemeristische Auffassung in Abzug, so bleibt ein lebendiges Bild vom Odinglauben, wie er bei den Dichtern uns entgegentritt. Alle Haupteigenschaften Odins, seine Beziehungen zu Schlacht und Sieg, zu Gespenstern und Toten, zu Zauber und Dichtung sind richtig erkannt und aufgezählt. Für alles gewähren die Sagen reichliche Belege.

Wenn Odin in feierlicher Weise auftritt, dann erscheint er in glänzender kriegerischer Rüstung wie schon Tiuz und Freyr, nur dass er als Hauptwaffe nicht das Schwert, sondern den Speer führt.[1]

---

[1] Odins kriegerisches Aussehen nach Gylfag. Kap. 51 (SE. 1, 190); Gylfag. Kap. 49 (SE. 1, 176); Saxo II S. 106 *Othin armipotens, uno contentus ocello, albo clypeo tectus, flectit equum, horrendus Friggae maritus* vgl. Yggr, der Schreckliche. Adam von Bremen 4, 26 *Wodanem sculpunt armatum sicut nostri Martem sculpere solent.* Odin mit Helm und Schwert Sigrdr. 14; über Gungnir Skáldsk. Kap. 3; die Sagen über Gungnir stellt A. Raszmann, in Ersch-Grubers Encyklopädie I. Section, Bd. 97 (1878), S. 281 ff. zusammen. Über Sleipnir Gylfag. Kap. 42; zur Erklärung des Namens als Läufer, Springer (*sklœipnir: hlaupa*) Noreen, An. Gr.² § 149, 1; § 256. Odin als Wanderer

Unter dem Goldhelm in schöner Brünne mit weissem Schilde reitet
er an der Spitze der Götter und Helden zum letzten Kampf. In der
Hand hält er den Speer Gungnir, ein Zwerggeschmeide mit der Eigenschaft, dass er niemals im Stosse innehält. Die Wölfe und Raben,
die Tiere des Walgefildes und Sturmes, begleiten ihn. Sleipnir,
der Springer, ist der beste und rascheste Hengst, er ist grau von
Farbe und hat acht Füsse. Damit soll wol die grosse Geschwin-
digkeit angezeigt werden. Einmal heisst es von Odin, dass er
behelmt mit dem Schwert in der Hand auf dem Berge stand. Auf
seinen Wanderfahrten trägt Odin tiefhängenden Hut und blauen
Mantel. Häufig wird seine Einäugigkeit hervorgehoben.

Draupnir, der Träufler, ist ein kostbarer Ring, der Reichtum
mehrt.[1]) Im Skirnirlied erscheint er in Freys Besitz. Skirnir
bietet ihn der Gerd:

21 So geb ich den Ring dir,  gerötet vom Feuer,
        In dem Odins Sohn zu Asche ward;
    Von ihm tropfen acht  ebenso schwere
        Jede neunte Nacht.

Anderwärts gilt Draupnir als Eigentum Odins, dem ihn Zwerge
zugleich mit dem Speer Gungnir schmiedeten. Dem Ringe eignete
von Anfang an das Vermögen, sich zu vermehren. Andererseits
heisst auch Baldr Besitzer des Draupnir. In der Edda wird dies
so gewendet, dass Odin diesen Ring auf Baldrs Scheiterhaufen
legte; daraufhin habe er erst die wunderbare Eigenschaft der
Vermehrung erhalten. Baldr sandte ihn aus der Hölle an Odin
zurück. Der Ring, wie immer man ihn auslegen will, als Sinnbild der Fruchtbarkeit oder der Sonne, gehörte sicherlich einst
von rechtswegen Freyr oder Baldr, d. h. dem alten Himmelsgott,
und ging erst von ihm auf Odin über.

Im Norden gab es drei Hauptopferzeiten: im Anfang und in
der Mitte des Winters um Fruchtbarkeit und Wachstum, im An-

wird in den folgenden Sagen, welche sein Eingreifen in die Geschicke der
Menschen zeigen, geschildert. Mantel, Hut, Ross gehören schon dem deutschen
Wodan, wahrscheinlich auch Speer und Helm..

1) Draupnir findet sich schon bei Kormak, corpus poet. 2, 66. In den
Eddaliedern kommt zwar der Name nicht vor, aber Skírn. 21 bezieht sich
deutlich darauf. Über Draupnir Skáldsk. Kap. 3 und Gylfag. Kap. 49 (nach
dem Text des Codex Wormianus und Regius). SE. 1, 260 heisst Baldr
*„Draupnis eigandi“*.

fang des Sommers um Sieg. An den Höfen der Könige und
Häuptlinge wurde jedenfalls das Siegesopfer an Odin gerichtet.
Jarl Hakon, der bereits getauft war, fiel wieder zum Heidentum
zurück. . Auf einer Heerfahrt in Gautland stellte er ein grosses
Opfer an. Da flogen zwei Raben vorbei und krächzten laut; da
meinte der Jarl zu wissen, dass Odin das Opfer angenommen habe
und dass nun passende Zeit zum Schlagen sei.[1]) Angang eines
schwarzen Raben gilt für Helden, die zum Kampfe ziehen, glück-
verheissend, wol weil Odin ihn sandte.[2]) Beim Opfermahl des
Drontheimer Jarls Sigurd wird zuerst Odins Becher um Sieg und
Macht für den König getrunken, darnach Njords und Freys Becher
um Fruchtbarkeit und Frieden.[3]) Also wie die Angelsachsen Woden
um Sieg und Heldentum opfern, geschieht es auch im Norden,
dass Odin um Sieg angerufen wird. Als König Olaf der Heilige
in Drontheim weilte, erfuhr er, dass die Bauern noch Trinkgelage
nach heidnischem Brauch hielten; alle Minne wurde dem Thor
geweiht und dem Odin und der Freyja und allen Asen.[4]) In der
jungen Bósasaga K. 12 wird bei der Hochzeit Thors, Odins und
Freyjas Minne getrunken. In der Verwünschung werden gleichfalls Odin, Thor und Freyr angerufen.[5]) Die Dreiheit Wodan,
Donar, Tiu oder Freyr als dessen Vertreter scheint überhaupt
uralt zu sein.

## Walhall und die Walküren.

In Gladsheim, in der Welt der Wonnen ragt Odins Saal, die
goldglänzende, weite Halle, Walhall.[6]) Dorthin wählt der Gott
täglich sich die Helden, welche den Waffentod erlitten. So war
der Glaube der Heidenleute, dass alle die nach Walhall fahren
sollten, die an Wunden starben. Am hohen Saal bilden Speere

1) Ólafssaga Tryggvasonar (Heimskringla) Kap. 28.
2) Reginsmól 20.
3) Hákonar saga góða (Heimskringla) Kap. 16 u. 18.
4) Die jüngere Olafssaga helga Kap. 101 (Fornmanna sögur 5, 233).
5) Skírnesmól 33
reiþr's þér Óþenn, reiþr's þér ása bragr,<br>þik skal Freyr fíask.
Beim Fluch auf Eirik ruft der Skald Egil Freyr, Njord und den Landas (Thor)
an. Aber auch Odin und alle andern Götter: reiþr sé rǫgn ok Óþenn.
Gudbrand Vigfusson, corpus poet. 2, 72.
6) Walhall ist geschildert in den Grímnesmól; vgl. auch Vafþrúþnesmól 41 ;
Gylfag. Kap. 14, 20, 24, 30—41. Bragar. 1.

das Sparrengerüst, Schilde decken als Schindeln das Dach, auf
die Bänke sind Brünnen gelegt.  Westlich am Eingangsthor hängt
ein Wolf, darüber schwebt ein Adler.  Fünfhundertundvierzig
Thüren hat Walhall, aus jeder mögen zugleich achthundert Streiter
hervorgehen.  Beleuchtet wird die Halle am Abend durch den
Glanz der Schwerter.  Vor Walhall steht der Hain Glasir, dessen
Laub von lauterem Gold erglänzt.  Ausser Walhall erhebt sich in
Gladsheim Wingolf, die Halle der Göttinnen, ein treffliches und
schönes Haus.  Vielleicht ist darunter Folkwang, das Volksgefilde
zu verstehen, wo Freyja waltet, die täglich die Hälfte der gefallenen
Helden sich wählt.  Nach Wingolf und Walhall werden die Einherjer gewiesen.[1])  In Kampfspiel und Gelage verbringen die Helden
ihre Tage.  Odin selber nährt sich nur von Wein, seine Tischkost
gibt er seinen Wölfen.  Auf seiner Schulter sitzen zwei Raben,
die ihm alle Begebenheiten, die sie sehen oder hören, ins Ohr
sagen.[2])  Sie heissen Hugin und Munin.  Diese sendet Odin früh am
Morgen aus, um durch alle Welten zu fliegen; um die Frühstücks-
zeit kehren sie zurück.  Die Einherjer aber essen vom Fleische
des Ebers Saehrimnir, den der Koch Andhrimnir im Kessel Eld-
hrimnir siedet.  Täglich wird er gesotten, aber abends ist er doch
wieder heil.  Sie trinken Bier, das die Walküren ihnen zutragen.
Unverständlich ist die Ziege Heidrun, welche auf Walhalls Dach
stehend die Triebe von den Zweigen des Baumes Laerad nagt,
aus deren Zitzen Milch rinnt.  Sie füllt die Krüge mit klarem Met,
nimmer versiegt das Nass.  Auch der Hirsch Eikthyrnir steht dort,
aus dessen Hörnern es in den Höllenbrunnen Hvergelmir rinnt,
woraus alle Ströme stammen.  Ziege und Hirsch samt dem Baum,
dessen Triebe sie benagen, sind wahrscheinlich den Tieren an
der Weltesche gleichzustellen.[3])  Das Gefilde von Walhall, das

---

1) Vingolf begegnet nur SE. I 38, 62, 84.  Eine Strophe, wo der sterbende
Hadding singt: „Sehen kann ich Fjolnirs Mädchen (die Walküren), euch hat
Odin mir gesandt; gern wollte ich nach Vingolf folgen und mit den Einherjern
Bier trinken" bei Finn Magnusen, Lex. Myth. 557.  Zur Deutung des Namens
„Halle der Liebenden?" Braune, Beiträge 14, 369; Finnur Jónsson, arkiv f.
nord. filologi 7, 280; Kauffmann, ZfdA. 36, 32.

2) J. Grimm, Myth. 135 Anm. macht auf eine merkwürdige Ähnlichkeit aufmerksam.  Basil und Gregor dem Grossen gab eine weisse Taube, die auf
der Schulter oder auf dem Haupte sass, Worte der Weisheit ein.  Nach einem
Kindermärchen (Nr. 33) setzen sich zwei Tauben auf des Pabstes Schulter und
sagen ihm alles ins Ohr, was er vorzunehmen hat.

3) Über Heidrun und Eikthyrnir Bugge, Studien S. 506 ff.; H. Falk,
aarböger for nordisk oldkyndighed og historie, 2. Reihe, 6. Band, 1891, S. 280.

Reich des Todes, betritt man durch die heilige, alte Pforte Wal-
grind, die Totenpforte, die einen kunstvollen Verschluss hat. Um
nach Walhall zu kommen, müssen die Scharen der Gefallenen
einen wogenden Strom durchwaten. Die Welt des Todes ist also
wie auch sonst die Unterwelt von einem Fluss umgeben. Thund,
der Angeschwollene, heisst der Strom. „Odin heisst Walvater, weil
alle, die auf der Walstatt fallen, seine Wunschsöhne sind. Diese
nimmt er auf in Walhall und Wingolf und sie heissen dann Einherjer." So sagt Snorri. Es ist zweifelhaft, ob er damit eigene
Gedanken oder ältere Überlieferung vorträgt. In keinem Gedichte
wird das Verhältniss der Einherjer zu Odin als das von „Wunschsöhnen" d. i. Adoptivsöhnen dargestellt.[1]) Vielleicht ist der Begriff nur aus der Benennung Walvater, Vater der Erschlagenen,
die also eben im Tod und durch den Tod dieses Vaters Söhne
werden, entnommen. Vater meint ursprünglich Urheber, der bildliche Ausdruck wäre allzu wörtlich ausgelegt worden. Zwar
wird es nicht überall als Grundsatz ausgesprochen, aber doch
zweimal angedeutet, dass Walhall nur Helden, Edelingen und
Freien sich aufthut.[2])

### Die Walküren.

In Walhall thun die Walküren Dienst. Sie reichen den Trank
herum, bringen den Einherjern Bier, haben das Tischgerät und

---

1) Nur SE. I 84 Gylfag. Kap. 20 heissen die Einherjer *óskasynir*. Lokas. 16
*óskmegir* geht nicht auf sie; zu der dunkeln Strophe Bugge, Beiträge 13, 188 ff.
Übrigens müsste der Ausdruck gleich verstanden werden als *filius adoptivus*,
was durch *óskmogr*, *óskasonr* übersetzt wird.

2) Die Stelle in den Bjarkamól (Saxo II S. 81)

> *en, maxime Rolvo,*
> *magnates cecidere tui, pia stemmata cessant.*
> *non humile obscurumque genus, non funera plebis*
> *Pluto rapit vilesque animas, sed fata potentum*
> *implicat et claris complet Phlegethonta figuris —*

muss wol so in die nordische Mythensprache aus den antiken Verzierungen
umgesetzt werden: O grosser Hrolf, deine Edelinge fielen, dahingestreckt
liegen die treuen Geschlechter. Nicht niederes Volk von dunkler Herkunft,
nicht Leichen des Pöbels und wertlose Seelen rafft Walvater dahin, der
Mächtigen Schicksal verflicht er in der Schlacht, mit ruhmvollen Helden erfüllt er Walhall. Also tapfere, edelgeborene Helden versammelt Odin in
seinen Saal. Dazu Hárb. 24

> Zu Odin kommen die Edlen,  die das Eisen wegrafft,
> Und der Tross der Knechte zu Thor.

die Bierkrüge in ihrer Obhut.  Odin sendet sie aber auch in die
Schlacht aus, dort wählen sie die Männer aus, die dem Tode erliegen sollen, und verleihen den Sieg.  Immerfort reiten sie, Wal
zu kiesen und Kämpfe zu entscheiden.  Die Walküren oder Wal-
mädchen[1]), die Wählerinnen der kampftoten Helden, reiten auf
ihren Rossen durch die Lüfte und übers Meer.  Meist erscheinen
sie geschart, zu drei, sechs, neun, zwölf.  Mit Helm und Schild,
in fester Brünne, mit funkensprühenden Speeren, von leuchtenden
Blitzen umspielt reiten sie auf ihren Wolkenrossen dahin durch
die Lüfte; schütteln sich die Rosse, so fällt von den Mähnen frucht-
barer Thau in die Thäler und Hagel ins hohe Gehölz.  Die Walküren sind von leuchtender Schönheit.  Der Skald Hornklofi[2]),
welcher ein Lied dichtete, in dem eine Walküre und ein Rabe
Zwiesprache über des Königs Harald Thaten halten, nennt die
Walküre eine strahlende lichthaarige Maid (*mey hvíta haddbjarta*).
Wenn Odin nicht selber an den Kämpfen teilnimmt, dann entsendet er die Mädchen als seine Stellvertreterinnen.  In ihren
Namen kommt ihr Wesen zum Ausdruck.  Neben gewöhnlichen
kriegerischen Frauennamen wie Hild und Gud, Reginleif, Thrud
stehen besondere wie Geirolul die Speerträgerin, Skogul die Hochragende, Goll die Schreierin, Hrist die Schüttelnde, Hrund die
Stossende, Skeggold Beilzeit (d. h. Kriegszeit), Herfjotur Heer-
fessel (der lähmende Schrecken, der einen plötzlich befällt), Mist
die im Nebel Hausende u. drgl.  Auch Skuld, die Jüngste der
Nornen, reiht sich den Walküren ein.  Bei feierlichem Aufzug,
zum Leichenbrand Baldrs ist Odin von seinen Raben und von
den Walküren begleitet.[3])  In Odins Mädchen vereinigen sich
mehrere Gestalten, die gesondert auch sonst vorkommen: die
Schicksalsfrauen, indem sie des Volkes wichtigstes Geschick, die
Schlacht entscheiden, Sturmgöttinnen als Vervielfältigung der Gemahlin Odins, nach nordischem Berichte der Freyja, seelische
Geister, Fylgjen, die dem Todgeweihten sichtbar werden, irdische
Weiber, welche beim prächtigen Gelage in des Königs Halle den
Trank herumreichen, Frauen, die in der kampfbewegten Wikinger-
zeit wirklich die Waffen der Männer anlegten und von deren

---

1) *Valmeyjar* begegnet nur SE. I, 420.  Zur Schilderung ihrer Erscheinung Vol. 31; Helg. Hjorv. 28; Helg. Hund. II 15, 6; ihre Namen Vol. 31;
Grímn. 36; SE. I 557 wo sie *Oðins meyjar* heissen; Njálssaga Kap. 157.

2) Gudbrand Vigfusson, corpus poeticum boreale 1, 255 ff.

3) So Ulf Uggason in der Húsdrápa.

Thaten das nordische Heldenlied erfüllt ist. Das Schildmädchen ist eine Lieblingsgestalt der nordischen Sage und leicht vermischt es sich mit Heervaters Maid, nimmt an deren göttlicher Erscheinung teil. Die Walküre, in Walhall und auf der Walstatt als Odins Dienerin, gehört somit nur der nordischen Dichtung, während die verschiedenen einzelnen Gestalten, welche in ihr zusammenflossen, nicht bloss auf die nordische Sage beschränkt sind.

Walhall, Odins Saal ist ein prächtiger, glänzender Hof, wie der Held und Dichter in höchster Vollkommenheit ihn sich ausmalt.

Zwei schöne Skaldenlieder aus der Mitte des 10. Jahrhs. zeigen überaus lebendig den Walhallglauben. König Eirik Haraldsson musste um 935 aus Norwegen weichen und gewann um 940 in England eine Herrschaft. Er fiel im Kampfe gegen den englischen König Eadmund (940—6) in blutiger Schlacht, mit ihm fünf andere Könige und eine Menge geringeren Volkes. Seine Wittwe Gunnhild liess auf seinen Tod ein prächtiges Ehrenlied dichten, wovon ein Teil erhalten ist, die Eiriksmǫl. Die Handlung spielt in Walhall. Odin spricht: Was sind das für Träume? Ich glaubte, vor Tage aufzustehen, um Walhall für erschlagenes Volk zu bereiten. Ich weckte die Einherjer, ich hiess sie aufstehen, um die Bänke mit Polstern zu belegen, die Bierkrüge zu scheuern, die Walküren hiess ich Wein auftragen, als ob ein König käme. Angesehener Grundherrn bin ich aus der Welt gewärtig. Darum freut sich mein Herz. Bragi sagte: Was ist das für ein Donner, als ob ein Tausend heranzöge oder eine gewaltige Menge? Alle Bankdielen erkrachen, als ob Baldr wiederkehrte in Odins Säle? Odin sprach: Thöricht redest du, kluger Bragi, obwol du manches weisst. Vor Eirik tönt es, da der Fürst zu Odins Sälen kommt. Sigmund und Sinfjotle, steht eilig auf und geht dem König entgegen. Entbietet ihm herein, wenn es Eirik ist. Seiner harre ich sicher. Sigmund sagte: Warum erwartest du Eirik lieber als andere Könige, den Fürsten in Odins Sälen? Odin antwortete: Weil er in manchen Landen das Schwert gerötet und weithin die blutige Waffe trug. Sigmund sagte: Warum nahmst du dem König den Sieg, wenn dir der Treffliche so kühn däuchte? Odin antwortete: Weil es ungewiss ist, wenn der graue Wolf zum Sitze der Götter kommt (d. h. wenn der letzte Kampf anhebt)! Sigmund sprach: Heil dir, Eirik! sei hier willkommen! betrete die

Halle, du Tapferer! Das will ich dich fragen, welche Fürsten
dir folgen aus dem Schwertgetöse. Eirik antwortete: Fünf Könige;
ich nenne dir aller Name. Ich selbst bin der sechste .... Das
zweite Lied ist zwischen 961 und 970 vom Skald Eyvind auf
König Hakon den Guten, Eiriks Bruder gedichtet. Hakon war
beim Volk ausserordentlich beliebt, während Eirik und seine Söhne,
die nach Hakons Fall zur Herrschaft gelangten, ob ihrer Härte
willen verhasst waren. Wie Hakon um 935 gegen Eirik zum
König gewählt wurde, flog die Botschaft wie Feuer durch dürres
Gras vom Norden bis zur Landesgrenze im Süden, die Leute
von Drontheim hätten einen König genommen, der in allem dem
Harald Harfagr gleiche, nur dass er die Last, welche dieser auf
das Volk gelegt habe, demselben wieder abnehmen wolle. Obwol der König Versuche machte, das Christentum einzuführen,
that er doch keinerlei Gewalt, bei seinem Tode neigte er eher
zu den alten Heidengöttern zurück. Sein Andenken lebte in vollständig heidnischem Sinn fort gerade im Gegensatz zu den Eiriks-
söhnen, seinen Nachfolgern, die gewaltsam dem Heidentum ent-
gegentraten, weshalb die erzürnten Götter Misswachs und schwere
Zeit über Norwegen sandten. Aus dieser Bedrängniss schweifte
die Erinnerung gerne zum guten Hakon zurück. Um 961 wurde
der König Hakon in der Schlacht bei Fitjar gegen die aus England herübergekommenen Eirikssöhne auf den Tod verwundet. Von
Freund und Feind wurde er betrauert und alle sagten, ein ebenso
guter König werde nimmer in Norwegen erscheinen. Seine Freunde
brachten seine Leiche nordwärts gen Saeheim in Nordhordaland.
Dort wölbten sie einen grossen Hügel und legten den König mit
allen seinen Waffen in seiner besten Kleidung hinein, aber kein
anderes Gut. Sie sprachen über seinem Grab die Weihesprüche,
wie die Sitte der Heidenleute war, und wiesen ihn nach Walhall.
Eyvind aber machte ein Gedicht auf den Fall des Königs, die
Hǫkonarmǫl. Dem Skald schweben die Eiriksmǫl vor, die mehrfach wörtlich anklingen. Er stellt sich vor, dass der König vom
Schlachtfeld nach Walhall auffuhr. Gondul und Skogul, die Walküren, entsandte der Gauten Gott, Odin, Könige zu kiesen, wer
von Yngvis Stamm nach Walhall zur Gastung bei Odin fahren
sollte. Sie fanden Hakon, den König unter dem Kampfbanner.
Nun wird die blutige Schlacht, das Wetter Odins, das Wetter der
Skogul beschrieben. Da sassen die todwunden Helden, denen die
Fahrt nach Walhall bestimmt war, mit schartigen Schilden und

zerschossenen Brünnen. Nicht frohgemut war die Schar. Da sprach Gondul auf den Gerschaft gestützt: Nun wächst der Götter Glück, weil die Waltenden Hakon mit einem grossen Heere zu sich heim entboten. Der König hörte, was die Walküren redeten, die herrlichen von Rosses Rücken. Sinnend erschienen sie, in Helmen waren sie, Schilde hielten sie vor sich. ‚Warum, o Skogul der Gere, teiltest du so die Schlacht? wir waren doch wert, Sieg von den Göttern zu erhalten.‘ ‚Wir walteten, dass du das Feld behieltest, aber deine Feinde flohen. Nun reiten wir zum grünen Heim der Götter, Odin zu sagen, dass der Allwaltende kommt, ihn selber zu sehen.‘ Hermod und Bragi, sprach Hroptatyr (Odin), geht entgegen dem Fürsten, weil ein König naht zur Halle hierher, der ein Kämpe dünkt. Der König sprach, vom Streite war er gekommen, ganz mit Blut bespritzt stand er da: Übel gesinnt dünkt uns Odin, wir scheuen seinen Sinn! Aller Einherjer Frieden sollst du haben, empfange Bier bei den Göttern, du Bekämpfer der Jarle, acht Brüder hast du hier drinnen, sprach Bragi. Unsre Rüstungen wollen wir selber behalten, sprach der gute König, Helm und Brünnen wol bewahren, gut ist's bereit zu sein. Da wurde es kund, wie der König die Heiligtümer wol verschont hatte, weil den Hakon alle Ratenden und Waltenden willkommen hiessen. Zur guten Stunde wird der König geboren, der solche Gesinnung sich erwirbt; seiner Zeit wird immer im Guten gedacht werden. Entfesselt wird der Fenriswolf über den Sitz der Menschen fahren, ehe ein gleich guter König seinen verwaisten Stuhl einnimmt. Vermögen stirbt, Freunde sterben, Land und Reich verödet; seit Hakon fuhr zu den Heidengöttern, geknechtet wird dies Volk.

Aus diesem Lied erhellt, wie die Thätigkeit der Walküren gedacht wurde. Sie reiten auf Odins Befehl zu den kämpfenden Heeren. Als Schicksalslenkerinnen bestimmen sie, wem der Sieg sich neigt, wer zu Tod getroffen wird. Offenbar ist dieses ihr Walten unsichtbar. Aber dem Todgeweihten treten sie sichtbar vor Augen und reden zu ihm, gleichwie der Todverfallene die Fylgja erblickt. Dann eilen sie zurück nach Walhall, melden Odin den Vollzug des Befehles und verkünden ihm die Ankunft der Gefallenen. Dass die Walküren die Erschlagenen selber nach Walhall geleiteten oder auf ihren Rossen deren Leiber hinauftrugen, ist nirgends angedeutet.

Wie in den zwei Skaldenliedern den gefallenen Fürsten in

Walhall höchste Ehren erwiesen werden, so muss Ähnliches einst auch von Helgi berichtet worden sein. Es heisst: Zum Andenken an Helgi ward ein Hügel aufgeworfen; als er nun nach Walhall kam, da bot Odin ihm an, mit ihm über alles zu walten.[1])

Auf den Glauben an Walhall und die Walküren gründen sich auch die Worte des sterbenden Ragnar Lodbrok, die freilich erst im 12. oder 13. Jahrhundert gedichtet wurden: Heim entbieten mir die Disen, welche mir aus Herjans Halle Odin sandte. Froh werde ich mit den Asen auf dem Hochsitz Bier trinken. Verflossen sind des Lebens Stunden, lachend will ich sterben.[2]) Ebenso singt der sterbende Hadding: Sehen kann ich des Fjolnir Mädchen, euch hat Odin mir gesandt; gerne wollte ich nach Wingolf folgen und mit den Einherjern Bier trinken.[3])

Die Walküren boten Anlass zu ausserordentlich schönen Dichtungen, indem ihre Liebe zu Helden geschildert wurde. Am meisten ergreift die Sage, worin Odins Wunschtochter, dem Drang des fühlenden Herzens folgend, Heervaters Gebot bricht. Leider ist von dieser Dichtung nur ein kurzer Auszug erhalten. Brynhild, von Sigurd aus den Fesseln des Schlafes erlöst, erzählt, dass sie Walküre war. Zwei Könige kämpften miteinander: der eine hiess Hjalmgunnar; er war ein gewaltiger Krieger, obwol schon hoch in den Jahren, und Odin hatte ihm den Sieg versprochen. Aber der andre hiess Agnar, Audas Bruder, den niemand schirmen und schützen wollte. Brynhild fällte den Hjalmgunnar, aber Odin stach sie zur Strafe dafür mit dem Schlafdorn und bestimmte, dass sie niemals wieder in der Schlacht Sieg erkämpfen, sondern sich vermählen solle. Sie aber that das Gelübde, sich keinem Manne, der sich fürchten könne, zu verloben. Richard Wagner hat uns in der Walküre das Verlorene neu gegeben. Die Sage von Brynhild ist auch sonst lehrreich. Sie wird einmal *óskmær*[4]), Wunschmaid genannt. Sie ist eine Erdentochter, aber von Odin zur Walküre gemacht. Es muss demnach, obwol sie

---

1) Prosa nach Helg. Hund. II 37.
2) Krákumál 29 corpus poet. II 345.
3) Finn Magnusen, Lex. Myth. 557. Auch diese Strophe ist nicht alt.
4) Wie Walvater und die *óskmegir* auf einander zielen, so auch *óskmeyjar* und *Oðins meyjar, Herjans nǫnnor*. In der Volsungasaga Kap. 1 schickt Odin *óskmey sína, dóttur Hrímnis jǫtuns*, seine Adoptivtochter, die leibliche Tochter Hrímnirs aus. Brynhild, nach nord. Sage Budlis leibliche Tochter wird *óskmær*, Oddrúnargrátr 15; auch hier ist zu denken Wunschtochter Odins.

sonst nicht mit der wünschenswerten Klarheit begegnet, die Vorstellung geherrscht haben, dass Odin die Schaar der Walküren durch Wunschtöchter, durch Aufnahme waffenkundiger Schildmädchen vermehrte. Ob sie in Walhall wohnten und dort gleich den andern Dienst thaten, wird nicht gesagt. Aber in der Schlacht hatten sie ebenso Odins Befehle auszuführen. Die Strafe für Ungehorsam war Verlust dieses Amtes, das wol ursprünglich an jungfräulichen Stand geknüpft war, und Vermählung, womit ihr Heldentum zu Ende geht.

In den nordischen Gedichten treffen wir auch sonst häufig solche Schildmädchen, welche auserwählte Helden im Kampfe beschirmen und aus Liebe einen Ehebund mit ihnen eingehen. Da sie Töchter irdischer Könige sind, aber auch Walküren genannt und mit übermenschlichen Zügen ausgestattet werden, darf man wol auch sie als solche Wunschtöchter Odins auffassen, wie es Brynhild war, obschon nirgends mehr eine Beziehung zu Odin und Walhall verlautet. In den Schwanmädchen des Wolundliedes, welche Wolund und seine Brüder in ihre Gewalt bringen, indem sie die Schwanhemden (*álptarhamir*) der Mädchen raubten, tritt die kampfsuchende, behelmte Walküre nur wenig hervor, jedenfalls ohne Einfluss auf die Handlung. Dass Walküren zugleich Schwanmädchen sind, zeigt sich auch bei Brynhild. Agnar hatte einst sie und acht Schwestern sich dienstbar gemacht, indem er ihre Schwanhemden an sich nahm (Helreiþ 7). Vielleicht wusste die Sage, dass Odin seine Wunschtöchter mit wunderbaren Eigenschaften, mit Luftrossen und Federgewand begabte, dass sie wie die göttlichen Walküren ihres Amtes walteten. Dem Helgi Hjorwardsson, der seine Jugend stumm und namenlos verbrachte, erschien Swawa, die Tochter des Königs Eylimi mit acht andern Walküren. Sie gab ihm Namen und Verstand und wies ihm ein tüchtiges Schwert. Die Walküre erweckte also den jungen Mann erst zum Bewusstsein seiner Heldenschaft. Oft schirmte sie ihn seitdem in Schlachten. Wie einst eine Riesin den Schiffen Helgis Schaden thun wollte, wehrten es die Walküren. Schliesslich vermählten sich Helgi und Swawa. Dass Swawa nach wie vor Walküre blieb, wie der Aufzeichner des Helgiliedes sagt, ist unglaublich. Dass sie aber, wie auch sonst irdische Königsfrauen, in der Not zum Schutze des Geliebten wieder zu den Waffen griff, wäre wol zu verstehen. Auch im Lied von Helgi Hundingsbani erscheint Sigrun mit den behelmten Mädchen dem Helden auf

einer Seefahrt. Sie ruft seinen Schutz an. Ihr Vater Hogni will
sie dem Hodbrodd vermählen. Helgi erkämpft sich selber die
Braut. Wie er mit einer gewaltigen Flotte übers Meer segelte,
überfiel sie ein gefährliches Unwetter. Es leuchtete in den Wolken
und Blitze fuhren in die Schiffe, da sahen sie in der Luft neun
Walküren reiten und erkannten Sigrun. Der Sturm legte sich
alsbald. Wie der Streit entbrannte, kamen vom Himmel behelmte
Jungfrauen und schirmten Helgi. Also überall wacht die Walküre
über dem Geliebten und entscheidet über den Ausgang des Kampfes.
Das verlorene Lied von Helgi dem Haddingenheld erzählte von
der Walküre Kara, die im Kampf als Schwan über ihm schwebte.
In der Schlacht wider Hromund schwang Helgi das Schwert zu
hoch und verwundete die Geliebte auf den Tod. Da war das
Glück von ihm genommen und er erlag dem Feind.

Saxos Erzählungen von solchen walkürenhaften Jungfrauen
entsprechen genau den eben angeführten. Thorild, die Wittwe
des Schwedenkönigs Hunding hasste ihre jungen Stiefsöhne
Regner und Thorald, würdigte sie zum Hirtendienst herab und
suchte sie in mancherlei Gefahren zu verwickeln. Da machte
sich Svanhvit, die Tochter Haddings mit ihren Schwestern,
die sie zum Gefolge erkoren hatte, nach Schweden auf, um den
Untergang jener edlen Sprösslinge abzuwehren. Sie fand die
Jünglinge, welche zur Nachtzeit die Herden hüten mussten, von
mancherlei gespensterhaften Wesen umschwärmt. Regner trat zur
Jungfrau und sagte, sie seien Hutknechte über die Herde des
Königs. Svanhvit aber sagte: Von Königen, nicht von Knechten
stammst du, das verrät mir der leuchtende Glanz deiner Augen.
Sie riet den Jünglingen, eiligst von diesem unheimlichen Wege
zu weichen, damit sie nicht dem nächtlichen Spuk zur Beute
würden. Regner erwiderte, er fürchte keine gespenstische Macht.
Vergebens suchte die Jungfrau seinen Mut wankend zu machen.
Svanhvit bewunderte die Entschlossenheit des Jünglings, und indem
von ihrer jungfräulichen Gestalt das Dunkel wich und ein wunderbarer Lichtglanz sich über sie verbreitete, bot sie Regnern als Braut-
geschenk ein herrliches Schwert dar, mit dem er die Nachtge-
spenster bekämpfen könne und das er auch in Zukunft als Held
würdig gebrauchen solle. Regner kämpfte nun die ganze Nacht
hindurch mit diesem Schwert gegen die Ungetüme. Später wurde
Regner König von Schweden und Svanhvit seine Gemahlin. Noch
einmal beschützt ihn Svanhvit in einem Kriege, als der Feind die

schwedischen Schiffe anzubohren versuchte. Als Regner stirbt, folgt ihm sein Weib in kurzem aus Kummer.

Svanhvit ist eine Walküre, welche die schlummernde Kraft jugendlicher Heldensöhne weckt. Ihre Erscheinung ruft den hindämmernden Jüngling auf, er empfängt von ihr das wunderbare Heldenschwert und wird mit ihr in unzertrennlicher Liebe verbunden. Auf ihren Luftrossen schwebend erweisen die Walküren ihre schützende Gegenwart gegen dämonische Wesen, die ihren Günstlingen zu schaden drohen. [1])

Im Heldenzank des ersten Liedes von Helgi dem Hundingstöter Str. 39 schilt Sinfjotli den Gudmund einen weibischen Wicht. Er sei eine Hexe gewesen, habe zum Weib verwandelt Kinder geboren, er häuft die denkbar ärgsten Schmähungen auf ihn. Da heisst es auch:

> Eine Walküre warst du, widriges Scheusal,
> Ekel und boshaft, in Allvaters Hause;
> Die Einherjer mussten alle sich schlagen,
> Verderbliches Weib, um deinetwillen.

Nirgends sonst begegnet die hier auftauchende Vorstellung, dass die Walküren unter den Einherjern Zwist und Schlägereien veranlassten. Damit fällt ein schlimmes Licht auf die Schenkinnen in Walhall. Ob etwa nur vereinzelte Auffassung des Urhebers des Liedes oder allgemeinere Anschauung vorliegt, ist beim Mangel andrer Zeugnisse unmöglich zu entscheiden.

Geschichtliche Zeugnisse melden von germanischen Frauen, welche gewappnet in den Reihen der Männer mitkämpften. [2]) Die nordischen Frauen waren besonders kampflustig. In der Wikingerzeit standen Schiffe öfters unter dem Befehl von Frauen und Mädchen, welche wie Männer gerüstet die Führerschaft übernahmen. So kamen im 10. Jahrh. nordische Schiffe von einer rotblonden Maid befehligt nach Irland. Die nordischen Sagen sind voll von solchen Schildmädchen. Am berühmtesten ist die Herwor der isländischen Sage und Alfhild bei Saxo. In der

---

1) Saxo II nach Uhland 7, 202 ff.

2) Zeugnisse für die hier erwähnten bewaffneten Germanenfrauen und für die nordischen Schildjungfrauen sind gesammelt bei Golther, Der Valkyrjenmythus in den Abhandlungen der Münchener Akademie I. Kl. 18. Band, 2. Abth. S. 406 ff.

Brawallaschlacht kämpfen mehrere Schildmädchen mit. Von
Alfhild wird anmutend berichtet, wie sie der Held Alf bezwingt.
Da kehrt sie zur Frauentracht zurück und wird sein Weib. Man
sieht im Schildmädchen, dem gar nichts Wunderbares anhaftet,
eine Gestalt der Dichtung aus dem wirklichen Leben herauswachsen.
Das Schildmädchen ist von der Walküre genau zu scheiden. Nur
die Waffen sind beiden gemeinsam, aber nicht die Art. Die
Schildmagd hüllt sich trotzig in Männergewand und verteidigt
ihr Magdtum, die Walküre reitet durch die Luft und übers Meer,
um den erkorenen Liebling zu grüssen und zu schirmen. Die
irdische, Helden liebende Walküre, die Wunschtochter Odins,
steht gleichsam in der Mitte zwischen der echten Walküre, die
nur zu Odin oder Walhall gehört, die ein göttliches Wesen ist,
und der Schildmagd. Wol aber mag sie aus letzterer hervorgegangen sein. Heldentum nimmt Odin in Dienst; wie die tapferen
Helden, freilich erst nach dem Tode, Walvaters Wunschsöhne
werden, so hebt er die Kampfjungfrau schon im Leben zur Schar
seiner göttlichen Schlachtlenkerinnen. Er befreit sie aber wol
vom Schenkamt und verwendet sie nur in Schlacht und Sieg,
gleichwie der irdische König Gefolgsleute hat, die er nicht zu
ständigem Herrendienst, sondern nur zu Kriegsdienst verpflichtet.

In der nordischen Dichtung ist Odins Saal und Reich im
Himmel gedacht, was schon daraus hervorgeht, dass Walhall
unter den andern Himmelsburgen aufgezählt wird. Odin hat
einen Hochsitz, von dem aus er die ganze Welt übersehen kann. [1]
Diesen Hochsitz, Hlidskjalf, nimmt auch Freyr im Skirnirliede ein.
Hlidskjalf wird einmal allgemein nach Asgard, in die Götterwelt
verlegt, einmal auch nach Walaksjalf, worunter wahrscheinlich
nur ein andrer Name für Walhall zu verstehen ist. Dass der höchste
Gott, und als solchen kennt den Odin ja die nordische Dichtung, im
Himmel thront, muss schon an und für sich angenommen werden. So
ist alles Dunkel vom Walgott genommen, er strahlt im Abglanze
irdischen Prachtlebens. Als Walhall wird auch eine irdische Königs-
burg, die Atlis bezeichnet, weil sie an Pracht der Götterhalle nicht
nachsteht, und die Dingbude eines mächtigen Häuptlings auf Island. [2]

---

1) *Hlidskjalf* Thürbank von *hlið*, Thüre, Thor und *skjalf*, ags. *scylfe*,
mnds. *schelf*, engl. *shelf*. Über Hlidskjalf die Prosaeinleitung zum Grimnirlied, Gylfag. Kap. 9 und 17.

2) Die Halle *valhǫll* in der Atlakviþa 2 und 15, die Dingbude Stur-
lunga IV Kap. 48; V K. 12 und 30.

## Odin fordert Opfer.

Was in der Schlacht fällt, ist Odins Opfer. Mit Speerwurf
wurde das Heer dem Gotte zugeeignet. Den ersten Weltkrieg,
den zwischen Asen und Wanen, hatte Odin eröffnet, indem er
seinen Speer ins Heer schleuderte. [1] Es war alter Brauch, den
Speer über die Schar der Feinde zu schiessen, um sich selber
das Glück zuzuwenden (*til heilla sér*). [2] In der Schlacht, die am
Ende des 10. Jahrh. zwischen dem Schwedenkönig Eirik und
seinem Neffen Styrbjorn vorfiel, weihte sich Eirik, um den Sieg
zu erlangen, dem Odin und gelobte, nach zehn Jahren ihm als
Opfer zu sterben. Da nahte ihm ein grosser Mann mit einem
Schlapphut und gab ihm einen Rohrstengel. Den solle er übers
feindliche Kriegsvolk werfen mit den Worten: Odin hat euch
alle! Mit diesem Wurfe kam Blindheit über Styrbjorn und sein
Heer und ein Bergsturz erschlug sie. [3]

Gissur weihte die feindliche Schlachtordnung dem Untergang
mit den Worten: Erschreckt ist euer König, dem Tod verfallen
euer Herzog, hinfällig eure Kriegsfahne, gram ist euch Odin.
Lasse so Odin mein Geschoss fliegen, wie ich vorhersage. [4]

Dag opferte Odin um Vaterrache; da lieh Odin dem Dag
seinen Speer. Im Walde traf Dag den Helgi und durchbohrte ihn;
Helgi stieg zu Odins Sälen auf. [5]

In der Geschichte von Wikar ist das Opfer an Odin durch
Zeichnung mit dem Speer am deutlichsten. [6] Wikar und seine
Schiffsgefährten müssen wegen widrigen Windes einmal lange
liegen. Da befragen sie das Loosorakel. Es ergibt sich, dass Odin
einen Mann aus ihrer Schar verlangt. Das Loos trifft den König
Wikar selber, wodurch alle bestürzt sind. Starkad schlägt vor,
das Opfer nur andeutungsweise zu vollziehen. Er steigt unter einer
Föhre auf einen hohen Block, biegt einen schwanken Ast herab
und knüpft daran dünne Kalbsdärme. „Nun ist dir hier ein Galgen
bereitet, König, der nicht lebensgefährlich bedünken wird." Wikar

---

1) Vol. 24.
2) Eyrbyggja Kap. 44.
3) Styrbjarnar þáttr Kap. 2; Fms. 5, 250.
4) Hervararsaga Kap. 28 (Fornaldar sögur 1, 105).
5) In der Helgakviþa Hund. II.
6) Gautrekssaga Kap. 7 (Fornaldar sögur 3, 31 ff.); nach Uhland, Schriften
6, 359.

steigt auf den Block und legt sich die Schlinge um den Hals,
Starkad nimmt einen Rohrstab, den ihm sein Pflegvater Hrossharsgrani, der verhüllte Odin in der Nacht gegeben, stösst damit nach
dem König und spricht: Nun geb ich dich dem Odin! Alsbald
wird der Stab zum Speer, der den König durchbohrt, der Block
fällt unter seinen Füssen, die Kalbsdärme werden zum starken
Weidenstrang, der Ast schnellt empor und hebt den sterbenden
König ins Gezweig.

Wikar, den Odin auf so grausame Weise als Opfer zu sich
nahm, war dem Gotte schon vor seiner Geburt verlobt worden.
Alfrek, König in Hordaland, hatte zwei Frauen. Unter dem Namen
Hott (Hut) kam Odin zu Geirhild und versprach ihr, König Alfrek
werde sie allein zur Ehe haben, aber sie müsse in allen Dingen
Odin anrufen. Alfrek bestimmte, die Frau zu behalten, welche
das beste Bier zu brauen vermöge. Sie wetteiferten im Brauen,
Signy rief Freyja an, Geirhild Odin. Dieser gab seinen Speichel
statt der Gähre und verlangte als Lohn, was zwischen Geirhild
und der Kufe sei (das Kind im Mutterleib). Geirhilds Bier bestand die Probe. Im selben Halbjahr ward Wikar geboren. König
Alfrek sagte sein Schicksal voraus, indem er zu Geirhild sprach:
Hangen seh ich an hohem Galgen dein Kind verkauft an Odin.[1]

Dass ein Kind wie Wikar Odin förmlich verlobt wird, kommt
auch sonst vor. Eywind Kinnrifa war ein zauberkundiger Opferer,
den König Olaf der Heilige zu bekehren trachtete. Aber weder
freundliche noch harte Worte, weder Versprechungen noch Drohungen
machten auf Eywind Eindruck. Da liess der König ein Becken
voll glühender Kohlen auf seinen Leib setzen. Da gestand Eywind,
er sei eigentlich kein rechter Mensch, sondern habe von seinen
kinderlosen Eltern nur unter der Bedingung erzeugt werden können,
dass er zeitlebens dem Thor und Odin diene. So sei er diesen
vor der Geburt versprochen, nach der Geburt geweiht worden
und habe diese Weihe später selber erneuert; so mannigfach den
Göttern hingegeben, könne und wolle er ihnen nicht absagen.
Damit starb er treu seinem Gelübde.[2]

Siwardus des dänischen Königs Ragnar Lodbrok Sohn wurde
in einer Schlacht schwer verwundet und in einen naheliegenden
Ort gebracht, um dort geheilt zu werden. Kein Heilmittel half,

---

1) Hálfssaga Kap. 1, Fornaldar sögur 2, 25 ff.
2) Jüngere Olafssaga helga Kap. 204.

die Ärzte gaben ihn auf. Da kam ein alter wunderbar grosser Mann zum Bett des Kranken und versprach, er werde alsbald den Siwardus gesund machen, wenn dieser ihm das Leben aller der Männer, die er im Kampfe erlege, geben wolle. Der Fremde nannte sich Rostarus. Siwardus gelobte, das Verlangen zu erfüllen. Da legte der Alte seine Hand auf die Wunde, alsbald schwand der Brand daraus und sie vernarbte.[1])

Auch neben der Wal verlangt Odin die meisten Menschenopfer, wie folgende Sagen beweisen.

König Aun in Schweden opferte Odin um langes Leben. Odin gewährte ihm je 10 Jahre für jeden Sohn, den er ihm opfere. In dem er neun Söhne, jeden zehnten Winter einen, opferte, erkaufte der König langes Leben und ward schliesslich so alt, dass er wie ein kleines Kind zu Bett liegen musste und aus dem Horne trank.[2]) Das Volk opfert sogar seinen König bei eingetretener Hungersnot, um Odin günstig zu stimmen. Unter Domaldi opferten die Schweden im ersten Herbst Ochsen, dann im zweiten einen Menschen, doch ohne Erfolg. Im dritten Jahr wurde Domaldi selber getötet und mit seinem Blut der Opferstein bestrichen.[3]) Unter Olaf Trételgja entstand wieder Hungersnot, das Volk meinte, weil der König kein eifriger Opferer war. Da umringten sie sein Haus und verbrannten ihn darin und schenkten ihn dem Odin um gute Jahrzeit.[4])

Der sterbende Krieger spricht die Hoffnung aus, noch am Abend bei Odin Gast zu sein, der Sieger hofft, seinen Feind dorthin zu weisen. So sagt der todwunde Kari zu König Olaf: Lebt wol, Herr; ich werde bei Odin Gast sein.[5]) Vor dem Kampf mit den Berserkern sagt Hjalmar zu Odd: Wir beide werden am Abend bei Odin gasten und jene zwölf leben. Odd erwidert: Die zwölf Berserker sollen bei Odin gasten und wir beide leben.[6]) Von Rognwald, dem Ragnarsohne, der in der Schlacht fiel, sagt Aslaug, seine Mutter: Rognwald rötete den Schild im Männerblut. Als jüngster meiner Söhne fuhr er zu Odin.[7])

1) Saxo IX S. 446.
2) Ynglingasaga Kap. 29.
3) Ynglingasaga Kap. 18.
4) Ynglingasaga Kap. 47.
5) Hromundarsaga Greipssonar Kap. 2; Fornald. s. 2, 366.
6) Hervararsaga Kap. 5; Fornald. s. 1, 423.
7) Ragnarssaga Kap. 9; Fornald. s. 265.

Helgi Olafsson hatte den Thorgrim Thormodarson im Kampfe
getötet.  Da sang er: Thormods kampfkühnen Erben gab ich
dem Odin.[1])  Obwol Odin Sieg und Glück verleiht, ruft er doch
seine Lieblinge durch Waffentod zu sich.  Am Ende der Laufbahn
wird er ihnen gram, wie es in der Halfssage[2]) heisst.  Wie Half
zu Asmund fährt, bei dem er den Untergang findet, sagt Innstein:
Dir ist Odin gram geworden, dass du auf Asmund fest vertrautest.
Der Held grollt dem Gott, obwol dieser ihn dadurch nur zu seinen
Sälen lud.  So spricht derselbe Innstein vor seinem Fall: Ubles
haben wir Odin zu lohnen, der solchen König des Siegs beraubte.

Nach dem Grimnirlied 8 und nach Snorri kommen nur die
waffentoten Männer nach Walhall.  Dieser Auffassung würde auch
die ursprüngliche Bedeutung des Wortes, Halle der Wal, der im
Kampfe Gefallenen (*wal* = *sirages*, Haufe Erschlagener) entsprechen.
Trotzdem weilen in Walhall Helden, die nicht den Schlachten-
tod starben, Sinfjotli, der an Gift zu Grunde ging, Vanlandi, den
die Mara zu Tode trat, fuhr zu Odin[3]), Halfdan, der an Krankheit umkam, wird zu Odin entboten[4]), Ragnar, der in der
Schlangengrube sein Ende findet, hofft auf Walhall.[5])  Vorstellungen von der Hölle, einem allgemeinen Seelenheim und von
besondern Aufenthaltsörtern der Toten, hier der gefallenen Krieger,
laufen gleichzeitig neben einander her.[6])

### Odin als Heldenvater.

Reich entwickelt sind die Sagen, die von Odins Wirken unter
den Menschen erzählen.  Nicht immer offenbart er sich im Glanze
der Göttlichkeit, meistens tritt er in unscheinbarer Gestalt, als
Wanderer, an seinen Günstling heran.  Mit Rat und That hilft er,
was er gewährt, ist meistens Sieg.  Doch ist seine Gunst nicht

1) Landnáma 5 Kap. 10; Islendinga sögur 1, 307.
2) Hálfssaga Kap. 11 u. 13; Fornaldar sögur 2, 39 u. 45.
3) Ynglingasaga Kap. 16.
4) Ynglingasaga Kap. 52.
5) Krákumál 29.
6) Weinhold, Sitzungsberichte der Berliner Akademie 1891, II S. 566
erklärt den Unterschied so: „Was in den dänisch-norwegischen Vorstellungen
von Odins Walhalla ausgesponnen ist, von der vornehmen Gesellschaft, in
welche schöne Schild- und Helmmädchen einführen, ist jüngeres Erzeugniss
der Wikingerzeit.  Die Bekenner anderer Kulte als des Odinkults waren ausgeschlossen; sie wurden der Wanin Freyja oder dem Bauerngotte Thor überlassen."  Man muss noch die Hel, Ran, die Trolle und Elben hinzusetzen.

beständig, am Ende verursacht er selber den blutigen Untergang seines einstigen Schützlings, dass dieser also eingehe in Walhalls Wonne. Wenige fügen sich dem letzten irdischen Verhängniss mit der erhabenen stillen Grösse Sigmunds, der auch darin den Gott verehrt. Dieser treulose Zug an Odin gibt Loki den bösen Vorwurf ein:

> Schweige du, Odin,     ungerecht teilst du
> Unter Kriegern des Kampfes Glück;
> Du gabest oft,     dem du geben nicht solltest,
> Dem Schlechteren Sieg in der Schlacht.[1]

Odin nimmt junge Heldensöhne in eigene Pflege. Er wurde als Hrossharsgrani der Pflegevater Starkads, den Odin begünstigte, Thor verfluchte. Der Knabe hatte, drei Jahre alt, seinen Vater verloren und war Pflegekind König Haralds von Agdir. Durch Heerfahrt brachte Hrossharsgrani Starkad in seine Gewalt und erzog ihn auf der abgelegenen Insel Fenhring neun Winter lang.[2] Der achtjährige Geirröd und der zehnjährige Agnar, die Söhne Königs Hraudung, ruderten in einem Boote auf Fischfang hinaus. Da trieb sie der Wind ins weite Meer. In dunkler Nacht scheiterten sie an einer Küste, erreichten das Land und fanden einen Kleinbauern, bei welchem sie überwinterten. Die Hausfrau nahm sich Agnars an, der Bauer sorgte für Geirröd und belehrte ihn mit reicher Weisheit. Der Bauer war Odin, das Weib Frigg, die sich auf solche Weise Pfleglinge erkoren.[3]

Uber dem Wolsungenstamm waltet Odin von Anfang an. Von Sigi ward gesagt, er sei ein Sohn Odins. Als Sigi wegen Todschlags friedlos wurde, geleitete ihn Odin aus dem Lande und verschaffte ihm Heerschiffe. Sigi hatte immer Sieg und eroberte sich ein Reich. Sein Sohn Rerir hatte lange keine Kinder. Da flehte er zu Odin und der sandte durch sein Wunschmädchen Hljod der Frau des Rerir einen Apfel, nach dessen Genuss sie den Wolsung gebar, der ein gewaltiger Krieger wurde und allezeit Siegesglück hatte. Der nahm auch das Wunschmädchen Hljod zur Frau, und von ihm stammte Sigmund, von diesem Sinfjotli und Sigurd. Aus Not und Bedrängniss ringt sich unter des Sieges-

---

1) Lokasenna 22; ähnlich Hárb. 25; der Skald Egill tadelt im Sonartorrek Odins Willkür und Gewaltherrschaft.
2) Gautrekssaga, Fornaldar sögur 3, 17 ff, 32 ff.
3) Eingang zum Grimnirliede

gottes stetiger Leitung der Wolsungenstamm zu gewaltigem Heldentum empor.[1])

König Wolsung vermählte seine Tochter Signy dem Siggeir.
Abends, als die Männer den Feuern entlang in der Halle sassen,
die um einen Baumstamm gezimmert war, trat ein unbekannter
Mann herein. Der Mann war gross, alt und einäugig. Auf dem
Kopf hatte er einen breiten Hut, er war in einen fleckigen Mantel
gehüllt, trug leinene Hosen und war barfuss. In der Hand hielt
er ein Schwert, das stiess er bis ans Heft in den Stamm hinein.
Dem sollte es gehören, der es herauszuziehen vermöchte. Dann
schritt er aus der Halle und verschwand. Die Männer versuchten
sich alle am Schwert, umsonst. Doch Sigmund, Wolsungs Sohn,
zog es mühelos heraus. Er führte das Götterschwert seitdem in
seinen Kämpfen. Als der gealterte Held gegen Lyngwi, Hundings
Sohn, focht, da kam ein einäugiger Mann mit breitem Hut und
blauem Mantel ihm entgegen. Er schwang den Speer gegen Sigmund, das Schwert zersprang in zwei Stücke. Da war Sigmunds
Glück gewendet und er fiel.[2]) Als Hjordis auf die Walstatt geht,
um den schwerwunden Sigmund zu heilen, da lässt er es nicht
zu. „Odin will nicht, dass ich fürder das Schwert schwinge, da
es nun in Stücke brach. Ich habe gekämpft, solang es ihm gefiel.
Wahre die Schwertstücke unsrem Sohn. Daraus wird ein Schwert
geschmiedet werden, mit dem er Heldenthaten vollbringt. Ich
aber will nun meine vorausgegangenen Blutsfreunde aufsuchen.“
Odin begabt seinen erkorenen Helden mit dem trefflichen Siegschwert, aber er nimmt selber das Glück am Ende seiner Tage
von ihm. Sigmund erkennt das Walten des Gottes, der durch
den Waffentod ihn zu sich ladet, nach Walhall, wo seine tapfern
Ahnen weilen und seiner harren.[3])

Der Dänenkönig Harald Hildetand war von Odin begünstigt,
dass kein Eisen ihn verletzen konnte. Dafür hatte er die Seelen
aller von ihm Erschlagenen Odin verheissen. Vor einem Krieg
gegen die Schweden erschien ihm ein grosser einäugiger Greis
mit haarigem Mantel. Der nannte sich Odin, behauptete sehr
kriegskundig zu sein, und lehrte ihn die keilförmige Schlachtordnung sowie auch die Anordnung eines Seetreffens. Mittelst

---

1) Volsungasaga Kap. 1 u. 2; über Odins Eingreifen und dessen Bedeutung Müllenhoff, ZfdA. 23, 116 ff.
2) Volsungasaga Kap. 3 u. 11.
3) Volsungasaga Kap. 12.

dieser Belehrungen trug Harald den Sieg davon. Haralds Neffe, König von Schweden, war Ring. Bruni war Haralds Vertrauter und trug alle geheimen Botschaften zwischen den Königen hin und her. Einst wurde er auf einer Botschaftsreise vom Strom verschlungen. Da nahm Odin Brunis Namen und Gestalt an und wusste durch trügerische Ausrichtungen die Bande der Freundschaft und Verwandtschaft zwischen den beiden zu lösen. Sie kündigten sich schliesslich Krieg an und rüsteten sieben Jahre zur Entscheidungsschlacht auf dem Brawallafeld in Schweden. Der altersblinde König Harald stand auf einem Wagen und erhob seine Stimme, so laut er konnte, seine Schaaren anzufeuern. An seiner Statt hatte Bruni die Schlachtreihen in Keilform geordnet. Nun begann die ungeheure Schlacht, an der viele gewaltige Kämpen und Schildjungfrauen teil nahmen. Das Glück wandte sich gegen die Dänen. Der blinde Harald entnahm es aus dem traurigen Gemurmel der Seinigen. Er hiess Bruni, seinen Wagenlenker, beobachten, wie Ring sein Heer geordnet habe. Lachend erwiderte Bruni, der Feind kämpfe in Keilordnung. Bestürzt und erstaunt hierüber fragte der König, von wem Ring diese Weise der Heerschaarung erlernt habe, da doch Odin der Erfinder und Meister derselben sei und von ihm niemand, als Harald selbst, in dieser neuen Kriegskunst unterrichtet worden. Als Bruni hierauf schwieg, gemahnte es den König, derselbe sei Odin, und der ihm einst befreundete Gott habe, um ihm jetzt zu helfen oder die Hülfe zu entziehen, solche Gestalt angenommen. Da begann er ihn anzuflehen, dass er den Dänen, welchen er sonst gnädig sich erzeigt, auch diesmal den Sieg verleihen möge; auch versprach er, die Seelen der Gefallenen dem Gotte zu weihen. Bruni aber, unbewegt durch diese Bitten, warf plötzlich den König aus dem Wagen, stiess ihn zu Boden, entriss dem Fallenden die Keule und zerschmetterte ihm damit das Haupt. Da liess Ring die Schlacht aufhören. Dem gefallenen Harald veranstaltete er eine königliche Leichenfeier. [1]

---

1) Die Sage von Harald bei Saxo VII u. VIII, S. 361 ff.; der isländische Bericht im *Sögubrot af nokkrum fornkonungum i Dana ok Svia veldi* (Fornaldar sögur 1, 361 ff.). Vgl. Uhland, Schriften 7, 234 ff. Dass Odin Könige und Freunde gegen einander verhetzt, wird auch Hárb. 24 u. Helg. Hund. II, 33 gesagt. In der späten Erzählung Sǫrlaþáttr (Fornaldar sögur I S. 391 ff. Flateyjarbók I 275 ff) veranlasst Freyja auf Odins Geheiss den Kampf zweier mächtiger Könige, der in alle Ewigkeit währen soll. Es ist

In dieser Sage nimmt Odin wie bei Sigmund seinem Liebling am Ende Leben und Sieg. Um durch die gefallenen Helden
die Schaar seiner Einherjer zu mehren, stiftete er selbst unter
Verwandten Streit. Wem Odin Gunst gewährt, den holt er sich
selber zum Opfer.

Beim Heer der Hunnen, das gegen König Frotho von Dänemark heranzieht, befindet sich *Uggerus* (an. *Yggr) vates vir aetatis
et supra humanum terminum prolixus,* also deutlich der verkappte
Odin. Als das Heer der Hunnen in Hungersnot gerät, verlässt
es Uggerus und geht zu Frotho über, dem er die Pläne und An-
schläge des Hunnenkönigs verrät. Wie in den andern Sagen zeigt
sich Odin auch hier unbeständig, indem er seinen Günstling plötzlich aufgibt.[1]

Nach nordischer Sage hat Sigurd Vaterrache an den Söhnen
Hundings zu vollbringen. Mit einer Flotte machte er sich auf.
Ein gewaltiger Sturm überfiel sie gerade in der Nähe eines Vor-
gebirges. Auf dem Berge stand ein Mann, der sie anrief und
Aufnahme forderte. Sie segelten ans Land, da ging der Mann an
Bord und das Unwetter legte sich. Der Mann nannte sich Hnikar.
Er wies Sigurd alle Vorzeichen, die für den Ausgang eines Kampfes
Gutes verkünden, den Angang von Raben und Wölfen, von Recken.
Den Sieg erringt, wer die Krieger keilförmig zu ordnen versteht.
Hnikar war Odin, der seinem Lieblingshelden erschien und ihm
den glücklichen Ausgang seines Unternehmens vorhersagte.[2] Die
keilförmige Schlachtordnung lehrte Odin seine besondern Günst-
linge. Die Volsungasaga weiss noch von mehr Erscheinungen
Odins zu erzählen. Als alter Mann mit grossem Barte trat er zu
Sigurd, als er sich ein Ross auswählte, und wies ihm Grani, der
von Sleipnir stammte. Beim Kampfe mit Fafnir nahte er wieder
und sagte, wie er den Wurm angreifen sollte.[3]

Als Hadding einem Gegner mit Namen Thuning, der ihn mit
einer Hilfsschaar von Biarmiern bekriegen wollte, entgegenzog und
mit seiner Flotte an Norwegen vorbeifuhr, sah er am Ufer einen
Greis, der eifrig mit dem Gewand winkte, dass man an der Küste

---

der Hedeninge sagenberühmte Geisterschlacht. Odins und Freyjas Einmischung scheint aber junge Erfindung in Nachahmung antiker Sagen. Bugge,
Studien 99 ff.

1) Saxo V S. 238.
2) Reginsmól.
3) Volsungasaga Kap. 13 u. 18.

anfahren sollte. Hadding nahm ihn an Bord, obwol seine Gefährten nicht wollten, dass man sich damit verweile. Er empfing
nun von diesem Fremdling die Anweisung zu einer neuen keil-
förmigen Schlachtordnung. Im Kampfe selbst stellte der Greis
sich hinter die Reihen, zog aus der Tasche, die ihm vom Nacken
hing, einen Bogen, der anfangs klein erschien, bald aber sich
weiter ausdehnte, und legte an die Sehne zehn Pfeile zugleich,
die, mit kräftigem Schuss auf die Feinde geschnellt, ebensoviel
Wunden bohrten. Die Biarmier führten durch Zauberlieder ungeheure Regengüsse herbei, aber der Greis vertrieb durch Sturm-
gewölk den Regen. Hadding siegte und der Alte schied, indem
er ihn ermahnte, glänzende Kriegszüge den ruhmlosen, ferne den
nahen vorzuziehen, und ihm den Tod nicht durch Feindesgewalt,
sondern durch eigene Hand weissagte.

Als König Frotho in Kriegen den Schatz seines Vaters auf-
gezehrt hatte und nicht wusste, wie er sein Kriegsvolk weiter
erhalten sollte, da wurde er von einem herzutretenden Manne
ermutigt, einen goldhütenden Wurm zu erlegen. Der Mann wies
ihm die Mittel dazu. Er soll seinen Schild und seinen Leib zum
Schutze gegen des Drachen Gift mit Stierhäuten bedecken. Die
Schuppenhaut des Drachen trotze zwar jeder Waffe, aber am
Bauch sei eine Stelle, wo das Schwert eindringen könne. Frotho
fuhr auf die Insel, wo der Wurm hauste, griff ihn an, als er von
der Tränke nach der Höhle zurückkehrte, und erlegte ihn auf
die angegebene Weise.[1]) Ähnlich berät Odin Sigurd vor dem
Kampf mit Fafnir.[2])

Odins plötzliches Eingreifen rettet seine Freunde vor dem
Untergang. So erzählt Saxo[3]) von den „Hellespontischen" Brüdern, welche den Tod ihrer Schwester Swavilda an Jarmericus
rächen. Der Rat der Zauberin Gudrun schlug des Königs Krieger
mit Blindheit, dass sie die Waffen gegen einander erhuben und
die Hellespontier mühelos sie erschlugen. Während des Ge-
tümmels kam plötzlich Odin unter die Kämpfenden und gab den
Dänen ihr Gesicht wieder. Die hiebfesten Hellespontier hiess er
durch Steinwürfe töten. Die Wolsungensage[4]) erzählt: Auf Hamdir
und Sorli biss im Kampf kein Eisen. Da kam ein hoher, alter,

---

1) Saxo II S. 61.
2) Vǫlsungasaga Kap. 18.
3) Saxo VIII S. 415.
4) Vǫlsungasaga Kap. 42.

einäugiger Mann und riet, man solle sie mit Steinen zu Tode
werfen.  Wie Odin seine Feinde mit Blindheit schlägt und verwirrt, so nimmt er solche Verwirrung von seinen Freunden, vernichtet den gegen sie geübten schädlichen Zauber und greift mit
gutem Rate ein.

Als der dänische König Hrolf mit grösserem Gefolge auf der
Kriegsfahrt nach Uppsala sich befindet, kommen sie zum Gehöft
eines Bauern namens Hrani, der ihnen Nachtherberge anbietet.
Auf Hrolfs Zweifel, ob er sie alle aufnehmen könne, entgegnet
Hrani lachend: Nicht weniger Männer hab ich manchmal kommen
sehen, da wo ich gewesen bin.  Hrani prüft die Ausdauer der
Gefährten Hrolfs durch Kälte, Durst und Feuer und rät dem
König, alle, die nicht geduldig ausdauern, zurückzuschicken, so
dass schliesslich Hrolf nur mit seinen zwölf Recken nach Schweden
reitet.  Auf der Rückkehr sprechen sie wieder bei Hrani vor.
Der Bauer bietet dem König Waffen, Schild, Schwert und Brünne
zum Geschenk.  Hrolf will nichts annehmen, worüber Hrani sich
erzürnt.  Nicht bist du so weise, wie du dir däuchst, sagt Hrani.
Hrolf und seine Helden reiten weiter, obwol die Nacht finster ist.
Noch sind sie nicht weit gekommen, da sagt Bodwar: Zu spät
besinnen sich Unkluge.  So geht es mir jetzt; es ahnt mir, dass
wir nicht weislich gehandelt haben, indem wir uns selbst den
Sieg versagten.  König Hrolf erwidert: Dasselbe ahnt mir; dieser
Mann mag Odin gewesen sein, und in Wahrheit er war einäugig.
Sie kehren um, aber Bauer und Hof sind verschwunden.  So
erzieht und kräftigt der kampfwerbende Gott die Helden und verleiht kühnen Rat.  Aber wie Hrolf sein Waffengeschenk aus-
schlägt, entzieht er ihnen den Sieg und in der letzten Schlacht
kämpft er selber im Heere der Feinde.  Bodwar bemerkt, dass
allerlei Gespenster gegen Hrolf und seine Helden kämpfen.  „Aber
Odin kann ich nicht erblicken, und doch zweifle ich nicht, dass
er hier unter uns schwebt, der treulose Sohn Herjans!"  Auch
nach Saxos Bericht ist Odin unter den Feinden.  Bjarco erblickt
ihn, als er durch die Armbeuge seiner Gattin Ruta schaut.[1]

---

[1] Hrolfssaga Kraka (Fornaldar sögur I) Kap. 38ff. 47ff. Saxo II S. 106.
Bjarco fragt Ruta:

> *Et nunc ille ubi sit, qui vulgo dicitur Othin,*
> *armipotens, uno semper contentus ocello?*
> *dic mihi, Ruta, precor, usquam si conspicis illum?*

Hierauf lässt ihn Ruta durch den eingestemmten Arm spähen.  Bjarco sagt:

Dem Berserker Framar hatte Odin beständigen Sieg und Unverwundbarkeit verliehen. Aber im Zweikampf mit Ketil Hæng biss dessen Schwert auf Framar ein. Sterbend sagte er: Baldrs Vater trog; auf ihn zu trauen ist kein Verlass. Also auch in dieser späten Sage kehrt der alte Vorwurf von Odins Unbeständigkeit wieder.[1])

Hord wollte den Grabhügel des Kämpen Soti erbrechen, um seine Schätze zu gewinnen. Er fuhr in einen dichten Wald, in dem der Hügel lag. Auf einer Lichtung erhub sich ein grosses, schönes Haus, davor stand ein Mann in blauem Mantel, welcher Hord begrüsste. Er nannte sich Bjorn und sagte: Ich war deinen Blutsfreunden hold, das sollst du von mir geniessen. Ich weiss, dass du Sotis Grab erbrechen willst. Wenn es euch nicht gelingt, dann komm zu mir. Hord ritt nun weiter zu Hroar und sie versuchten, den Hügel zu öffnen. Doch soviel sie gruben, am nächsten Morgen war der Hügel wieder ganz. Da ritt Hord zu Bjorn zurück. Der gab ihm ein Schwert, das solle er in die Hügelwand stossen. So glückte es auch. Nach vollbrachter That konnten sie Bjorn nimmer finden und die Leute glaubten fest, es sei Odin gewesen.[2])

Sinfjotli war an Gift, das ihm seine Stiefmutter Borghild zu trinken gab, gestorben. Sigmund trug ihn eine weite Strecke in seinen Armen und kam zu einem schmalen und langen Meerbusen; am Ufer lag ein kleines Schiff und darin war ein Mann. Der erbot sich, den Sigmund über den Meerbusen zu fahren. Als aber Sigmund die Leiche ins Bot getragen hatte, war kein Platz mehr darin. Da sagte der Mann, Sigmund möge zu Fuss um den Meerbusen herumgehen. Darauf stiess der Mann mit dem Boote ab und war sogleich verschwunden. Hier ist angespielt auf den Volksglauben, dass die Seelen auf einem Schiff ins Gebiet der Unterwelt fahren, auf die nordische Sitte, die Gestorbenen auf

*Si potero horrendum Friggae spectare maritum,*
*quantumcunque albo clypeo sit tectus et altum*
*flectat equum, Lethra nequaquam sospes abibit:*
*fas est belligerum bello prosternere divum.*

Vgl. Uhland Schriften 7, 144, 151, 154, 160. Ob im Namen Hrani *rani*, Schweinsschnauze, *svinfylking*, *caput porcinum* d. h. keilförmige Schlachtordnung, als deren Erfinder Odin gilt, anklingt, steht dahin; vgl. Bugge, norrön fornkvæði S. 339.

1) Ketilssaga Hængs Kap. 5; Fornaldar sögur 2, 132, 135, 139.
2) Harðarsaga Grimkelssonar Kap. 15.

einem Schiffe den Wogen zu überlassen. Der Ferge wird aber Odin selber sein, der ja auch als Harbard in solcher Eigenschaft erscheint. Er nimmt so den Sinfjotli, der nach Walhall eingeht, selber in Empfang.[1])

### Odin gewährt Fahrwind und Reichtümer.

Die alte Natur des Windgottes bricht bei Odin noch durch, wenn er um gute Schifffahrt angerufen wird. Hallfred thut ein Gelübde an Odin und Thor, wenn er Fahrwind aus Norwegen nach Island erhält.[2]) Im Hyndlalied 3 heisst es, Odin gibt dem Seemann Fahrwind. In den Hǫvamǫl 153 sagt Odin:

Einen neunten [Zauber] kenn ich,  wenn Not mir dräut,
    Im Meere zu schirmen mein Schiff:
Den Wind beschwör ich          auf wogender Flut
    Und singe in Schlummer die See.

Als Hnikar zu Sigurd an Bord kommt, legt sich alsbald das Unwetter. Sonst tritt aber diese Seite Odins in den nordischen Gedichten nicht weiter hervor.

Dass Odin Reichtümer spendet, erwähnt das Hyndlalied 3. Auch die Ynglingasaga K. 7 sagt, Odin habe um alle verborgenen Erdschätze gewusst und sie zu bannen verstanden. Nach späterer schwedischer Volkssage, die aber verdächtig scheint und vielleicht auf gelehrtem Wege Odin für den Teufel einsetzte, konnte man am Donnerstag Abend auf dem Kreuzweg sich in Odins Gewalt geben und empfing dann Geld von ihm. Auch wurde Odin zu Gast geladen. Er fuhr in einem grossen von Rappen gezogenen Wagen vor, nahm die zugerichtete Mahlzeit ein und liess dafür Geld zurück.[3]) Aus alter Zeit liegen keine Sagen vor, welche Odin als den Spender von Reichtümern zeigen.

### Odins Liebesabenteuer.

Odin hat mehrfach Liebesabenteuer erlebt, wie schon die Geschichte von Rind zeigte. Im Harbardslied rühmt er sich, wie er

---

1) *Frá dauđa Sinfjǫtla;* Vǫlsungasaga Kap. 10. J. Grimm, Myth. 790 ff.

2) Hallfređarsaga Kap. 5 (Fornsögur hrsg. von Gudbrand Vigfusson und Th. Möbius S. 91). Ein Beiname Odins ist *farmaguđ* Gylf. Kap. 20, *farmatýr* Grimn. 48, Eyvind SE. II 160, d. h. Gott der Frachten, Schiffslasten. Vielleicht ist auch hier Odin als Beschützer der Schifffahrt und des Handels gleich Merkur bezeichnet; W. Müller, System der altds. Religion 187; J. Grimm, Myth. 3, 55; Simrock, Myth.[5] 169; E. H. Meyer, Myth. 233.

3) Hyltén-Cavallius, Wärend och Wirdarne 218 ff.

auf allgrüner Insel Krieger erschlug und Mädchen nachging, die ihm Wonne und Lust gewährten, wie er mit feiner Kunst Zauberweiber, Nachtreiterinnen verführte.

| | |
|---|---|
| „Ich war ferne im Osten, | mit einem Fräulein schwatzt ich, |
| Spielte mit der Linnenweissen, | verlockte sie zu heimlichem Umgang; |
| Froh machte ich die Goldgeschmückte, | und sie gönnte mir Liebesgenuss." |

Auch Riesinnen bezwingt er, Grid oder Hlodyn, die Mutter des Widar. Erscheint doch die Erdgöttin, des höchsten Gottes Gemahlin auch als Riesenweib. In den Họvomọl[1]) weiss Odin von seinen Liebschaften zu sagen. Der Weiber Wort traue der Mann nicht, auf rollendem Rad ward ihr Herz geschaffen, darum wohnt Wankelmut drin. Im Rohre sass Odin und harrte seiner Liebsten, Billings sonnenschöner Tochter (Rindr?), aber umsonst. Da geht er zu ihrem Hause und findet sie im Bette. Sie bestellt ihn auf den Abend, damit niemand etwas merke. Er kommt wieder voll Hoffnung, aber wehrhafte Krieger wachen, Lichter und Fackeln verscheuchen ihn. Noch einmal naht er gegen Morgen. Da liegt eine Hündin an der Holden Stelle im Bett fest gebunden.

| | |
|---|---|
| „Manch prächtige Maid, | prüfst du sie näher, |
| Zeigt den Werbenden Wankelmut; | |
| Erfahren hab ich's, | als verführen ich wollte |
| Die listige Jungfrau zur Lust; | |
| Kränkenden Lohn | that die Kluge mir an, |
| Und nichts genoss ich von ihr." | |

Die Macht kluger und weiser Rede zeigt Odin an der Gunnlodgeschichte, wie er den herrlichen Trank Odrerir gewann. Er suchte den Riesen Suttung auf, verkappt als Bọlverk (Unheilwirker), und gewann ihn durch wolgesetzte Rede. Auf goldenem Stuhl gab ihm Gunnlod, des Riesen Tochter und Odrerirs Hüterin, den Trank des herrlichen Metes. Aber üblen Lohn erntete sie für ihre Güte. Bahn schaffen liess Odin des Bohrers Mund und das Gestein durchdringen. Rings um ihn ragten der Riesen Pfade (d. h. als Schlange schlüpfte er durchs Gestein, das durchbohrt

---

1) Họvomọl 95—101; 102—109; Bragar. Kap. 4. Vgl. Finnur Jónsson, Litteraturshistorie 1, 233 ff.

war), so wagte er Leben und Leib. So stieg Odrerir hinauf aus
der Berge Tiefe nach Walhall. Tags darauf kamen die Riesen
gen Asgard und forschten nach Bolwerk. Einen Meineid schwur
Odin; um den Met trog er Suttung und versenkte Gunnlod in
Gram. Der Bericht der Edda weicht mehrfach ab. Bolwerk, der
zuerst beim Riesen Baugi, Suttungs Bruder, sich als Knecht verdingt hatte, verlangt als Lohn einen Trunk Metes. Baugi bohrte
durch den Berg, Odin schlüpfte als Schlange hinein, drei Nächte
ruhte er bei Gunnlod; da erlaubte sie ihm drei Trünke vom Met,
zu dessen Hut sie gesetzt war. Odin leerte damit den Kessel Odrerir
und die Becher Son und Bodn, worin der Met aufbewahrt wurde.
Dann entflog er in Adlergestalt, verfolgt von Suttung, der ebenfalls als Ar ihm nacheilte. In Asgard spie Odin den Met in Ge-
fässe, dass er so aufbewahrt werde. Einiges hatte er aber nach
hinten entsandt, wie Suttung ihm zu nahe gekommen war. Das
ist der Dichterlinge Teil. Suttungs Met aber gab Odin den Asen
und den Menschen, welche dichten können. Hier also handelt
Odin trugvoll an einem liebenden Weib, während Billings Maid
ihn gefoppt hatte.

In den Liebschaften Odins tieferen mythischen Sinn zu erblicken, ist nicht gerechtfertigt. Sie zeigen nur den genussfrohen,
lebensheitern Edeling, den Krieger und Dichter, der keine Gelegenheit vorbei lässt, sich Liebesfreuden zu verschaffen, den
höfischen Weltmann, der sich auf Frauenherzen versteht. Aeusseren
Anlass, Odin mit Riesinnen in Verkehr zu bringen, gab vielleicht
die Vielnamigkeit der Erdgöttin. Wenn Freyja Odins Buhle heisst,
wenn Freyja dem verlorenen Odr nachzieht, darf an Wode erinnert
werden, der Frauen jagt. Aber keine bedeutungsvolle Sage erwuchs im Norden aus dieser Vorstellung.

### Odin, der Gott der Weisheit.

Odin erschien bisher als der Erwecker und Förderer des
Heldentums. In den folgenden Sagen tritt Odins geistiges Wesen
hervor, das er immer wieder aufs neue offenbart. Die sogenannte Edda enthält ein umfangreiches Lehrgedicht, die Sprüche
Hars, des Hohen genannt. [1] Im ersten Teil tritt ein Wanderer
ein und fordert Gastrecht, zum Dank eröffnet er den reichen

---

1) Über die verschiedenen Teile der Hóvamọl vgl. Müllenhoff, Deutsche
Altertumskunde 5, 250 ff. Dass überall in allen Stücken Odin der Sprecher
ist, weist gegen Müllenhoff Finnur Jónsson, Litteraturshistorie 1, 224 ff. nach.

Schatz seiner Lebensweisheit, Betrachtungen über das Verhalten
in den verschiedensten Lagen des Alltagslebens; im zweiten Teil
zeigt der Sprecher den Nutzen kluger, wenn auch falscher Rede
an einem Liebeserlebniss; im dritten Teil berichtet er, wie er
durch listige Worte in den Besitz des kostbaren Dichtermetes gelangte; im vierten Teil folgen einige praktische Ratschläge; im
fünften Teil wird der Ursprung von Odins Runenweisheit erzählt,
im sechsten werden die kräftigen Zaubersprüche, deren er sich
rühmt, genannt. Um 900 entstanden die Lieder in Norwegen.
Sie enthalten die Gesamtheit des gehrenswerten Wissens, das
Odin besitzt und lehrt. Odin also ist der Urquell aller menschlichen Weisheit. Dreierlei Weisheit wird hervorgehoben, allgemeine Lebensklugheit, dichterische Begabung, Zauberei. Darin
ist Odin Meister. Zur Dichterweisheit gehört nach der Auffassung
der Skalden nicht bloss das Vermögen kunstvoll gesetzter Rede,
worin ja Odin so erfahren ist, dass er nach der Ynglingasaga
überhaupt nur im Versmaasse zu sprechen pflegte, sondern ausge-
dehnte Kenntniss der Götter- und Heldensage, mythologische
Wissenschaft, und darin muss Odin natürlich als Gott alle Menschen
weit übertreffen. Was die Hǫvamǫl im allgemeinen Odin zuteilen,
zeigen in besonderen Fällen viele Sagen, in denen der Gott fast
immer verhüllt als Wanderer erscheint.

Odin ist Vater des Zaubers.[1]) Seinen Beschwörungen und
Liedern wird umfassende Wirkung beigemessen. Er ist eines
Zaubers, „Hilfe" genannt, mächtig, der in allen Anliegen, Kümmernissen und Schmerzen zu helfen vermag. Im besondern weiss er
Lieder, ärztlich zu heilen, Feindeswaffen stumpf zu machen, Fesseln
zu sprengen, Geschoss im Fluge zu hemmen, dem Runenzauber
des Feindes zu begegnen, Flamme zu löschen, Hass unter Männern
zu versöhnen, Wind und Woge zu sänftigen, Hexen auf dem Luft-
ritt zu verwirren, Krieger frisch und heil zur und aus der Schlacht
zu führen, Gehängte zum Leben oder Reden zu erwecken, Krieger
gegen Waffen fest zu machen, Frauenliebe zu gewinnen. Liebes-
zauber übte Odin, um die widerspenstige Rind gefügig zu machen.[2])
Im Lied von Baldrs Träumen übt Odin Totenzauber. Schlimme

---

1) *Galdrs faþer* heisst Odin Baldrs Dr. 3; Aufzählung der Zauberlieder
Hǫvamǫl 146 ff.

2) Der Skald Kormak sagt: *seiþ Yggr til Rindar* SE. 1, 236; Saxo III
128 *quam [Rindam] protinus cortice carminibus adnotato contingens lymphanti
similem reddidit.*

Träume plagten Baldr. Da ritt Odin auf Kundschaft ins Reich
der Hölle. Am östlichen Eingang wusste er einer Wolwa Grab.
Er sang den Leichenzauber, der sie hervorzwang, dass sie, die
Tote, Rede stand. Vom Schnee beschneit, vom Regen beschlagen,
vom Thau beträufelt tauchte sie aus der Tiefe empor. Wegtam,
Wanderer, nannte sich Odin. Auf sein Fragen erfuhr er, dass
Hel zu Baldrs Empfang gerüstet sei. Das Gedicht schliesst damit,
dass die Wolwa Odin erkennt und ihn auffordert, heim zu reiten.
Kein andrer wird sie mehr besuchen vor dem Weltende. Schön
ist der Glaube an Odins forschende Wanderungsfahrt in die Vorstellung vom bangen Sorgen der Götter vor drohendem Untergang
hineinverwoben.

Rune bedeutet zunächst Raunen, Geflüster, heimliche Rede,
dann Geheimniss jeder Art, in Lehre, Zauberei, Lied, Sinnbild,
Buchstaben. Insbesondere ist bei den Skalden Kunstgeheimniss
der Dichtersprache mit Rune gemeint, d. h. die bildliche Umschreibung, welche einfache Begriffe in Geheimnissen, die nur der
Eingeweihte errät, verbirgt. Um solche Umschreibungen zu bilden,
bedarf es eingehender mythologischer und sagengeschichtlicher
Kenntnisse. Solche Sinnrunen (*hugrúnar*) hat Odin selber erdacht[1]), wie überhaupt alle Runenweisheit von ihm ausgeht. Tiefsinnige Heimlichkeiten zu ergründen und auszulegen, aber auch
klugsinnig solche Rätsel zu schaffen und aufzugeben, ist Beruf
des Dichters. In höchster Vollkommenheit wohnt solche Fähigkeit
Odin inne, worüber mancherlei Sagen umliefen.

Im Grimnirliede[2]) begibt sich Odin in einen Mantel gehüllt
unter dem Namen Grimnir zu König Geirröd, um seine Gastfreundschaft zu versuchen. Aber der König liess den unbekannten
Fremdling, der nähere Auskunft verweigerte, foltern und zwischen
zwei Feuer setzen, um ihn zum Reden zu bringen. So sass er
acht Nächte, ohne dass jemand um ihn sich kümmerte. Nur
Agnar, Geirröds zehnjähriger Sohn, trat mit einem Trinkhorn zu

---

1) Sigrdr. 13; Odins Runenkunde behandelt in unnachahmlich schöner
Weise Uhland, Schriften 6, 225 ff.

2) Die Grímnesmól sind durch zahlreiche Einschaltungen verderbt. Unter
den Versuchen, den alten und echten Kern, „eine Offenbarung Odins in seiner
ganzen Herrlichkeit und Furchtbarkeit", herauszulösen, sind die wichtigsten
Müllenhoff, Deutsche Altertumskunde 5, 159 ff. und Finnur Jónsson, Litteratur-
historie 1, 141 ff. Die Einkleidung des Liedes hält Bugge, Studien 456 für eine
Nachahmung der Vindicta Salvatoris.

Grimnir, ihn zu laben. Schon war ihm die Lohe so nahe gekommen, dass der Mantel zu brennen anfing. Zum Danke hebt
Grimnir an, die Herrlichkeit Odins und Walhalls zu verkünden.
Er zählt alle Namen Odins auf, unter denen er sich den Menschen
offenbarte. Zuletzt spricht er zu Geirröd und versagt ihm, seinem
einstigen Günstling, Odins Hilfe und Huld. „Dein Ende sehe ich,
Yggr wird besitzen den vom Schwert getroffenen Toten. Jetzt
kannst du Odin schauen!" Da sprang Geirröd auf, um Odin vom
Feuer wegzuführen. Da glitt sein Schwert aus der Scheide, er
strauchelte und fiel sich darin zu Tode.

Als Gangrad, Wanderer, kehrte Odin beim Riesen Wafthrudnir
ein, um ihn auszuforschen, ob der weiseste Riese dem Wissen des
Gottes gewachsen sei.[1]) Wafthrudnir richtete zunächst einige
Fragen an den Wanderer, der bescheiden auf dem Estrich harrte.
Als er sein Wissen bewährte, lud er ihn in den Saal zur Bank;
dort sollten sie zusammen reden und das Haupt zum Pfande der
Wissenswette setzen. Nun hub der Wanderer zu fragen an. Auf
alle Fragen, welche den elementaren Weltursprung und die Zeit
des Untergangs und der Neugeburt betreffen, that der weise Riese
Bescheid. Wie aber der Wanderer forschte, was Odin dem toten
Baldr ins Ohr raunte, bevor man ihn auf den Holzstoss hob, da
erkannte Wafthrudnir, wer ihm gegenübersass, dass er mit tod-
geweihtem Munde sprach.

„Mit Odin wagt ichs, mich an Einsicht zu messen;
　　Das weiseste Wesen bleibst du."

Seine geistige Überlegenheit über des Riesen Weisheit bethätigt Odin darin, dass er das Wettgespräch so klug wendet,
dass es zu seinen Gunsten ausgehen muss.

Besondere Beachtung verdienen die Sagen, in welchen Odin
unter dem Namen Gest die Hallen der Könige besucht und den
ihm innewohnenden Sagenhort offenbart.[2]) König Heidrek hatte

---

1) Über die Vafþrúþnesmǫl Müllenhoff, Altertumskunde 5, 237 ff.; Finnur
Jónsson, Litteraturshistorie 1, 137 ff. Der Name *Vafþruþner*, der sonst nirgends
vorkommt, heisst nach Gudbrand Vigfusson dictionary 673b u. 747a „der im
Verwickeln, in Rätseln Starke" und wäre also für den Inhalt des Gedichtes,
das Wettgespräch erfunden; so auch Müllenhoff a. a. O. 237/8.

2) Über die Gestsagen vgl. Uhland, Schriften 6, 305 ff.; 7, 321 ff. Die
Quellen sind die Hervararsaga Kap. 12; Olafssaga Tryggvasonar (Heimskringla)
Kap. 71; jüngere Olafssaga Tryggvasonar Kap. 197/8 (Fornmanna sögur 2, 138);
Olafssaga helga, Anhang in den Fornmanna sögur 5, 171 ff. Þáttr Tóka Tóka-
sonar (Fornm. sögur 5, 299) und Nornagests þáttr.

gelobt, alle, die sich wider ihn vergingen, zu begnadigen, wenn
sie ihm ein Rätsel vorlegen könnten, das er nicht zu erraten wisse.
Nun beging Gest der Blinde, ein reicher und mächtiger Mann,
einen Frevel gegen den König, indem er ihm die Schatzung vor-
enthielt. Als Heidrek ihn vorlud, opferte Gest dem Odin, dass
er ihm aus der Bedrängniss helfe. Da nahm Odin Gests Gestalt
an und trat vor den König. Er legte ihm viele Rätsel vor, die
Heidrek alle löste. Endlich fragte Gest, was Odin Baldr ins Ohr
raunte, ehe er auf den Holzstoss gehoben wurde. Da erkannte
Heidrek den Frager und hieb mit dem Schwert nach ihm. Odin
aber schwang sich als Falke davon. Ebenso spricht Odin bei
den bekehrungseifrigen christlichen Norwegkönigen vor. So verschiedenartig die Berichte im einzelnen auch sind, die Grundlage
bleibt überall dieselbe. Als Olaf Tryggvason einst zur Osterzeit
beim Gastgebot auf Ogvaldsnes sich befand, kam dahin eines
Abends ein alter, einäugiger Mann mit herabhängendem Hute;
dieser Mann wusste von allen Ländern zu sagen und gab Bescheid
auf alle Fragen des Königs, der an seinen Reden grosses Ergötzen
fand und lang in den Abend sitzen blieb. Er erzählte von König
Ogvald, der in der Nähe im Hügel bestattet liege. Noch vieles
andre sagte er von Königen und alten Kunden. Als der König
schon im Bette lag, musste der Gast noch erzählen, bis der
Bischof zum Schlafen mahnte. Wie der König erwachte, verlangte er nach dem Manne, aber er war nicht mehr zu finden.
Den Köchen hatte er Fleisch gegeben, das sie für Olaf zubereiten
sollten. Der König aber befahl, den Vorrat wegzuschaffen und
sagte, das werde kein andrer Mann gewesen sein als Odin. Es
solle ihm aber keineswegs gelingen, ihn zu betrügen. Olaf der
Heilige befand sich beim Gastmahl in Wik, da trat vor ihn
grüssend ein unbekannter Mann, der um seinen Namen befragt
sich Gest nannte und beim Hofgefolge verweilen zu dürfen bat.
Er trug kurzen Rock und über das Antlitz hängenden Hut, war
blödsichtig und gebartet. Der König machte wenig aus dem Ankömmling, wies ihm den Sitz abseits der Gäste an und hiess die
Leute wenig mit ihm verkehren. Abends aber berief er ihn vor
sein Bett und fragte, was er von Kurzweil verstehe. Da ward
unter ihnen vieles von den Königen der Vorzeit und ihren Thaten
gesprochen. Auf Gests Frage, welcher von den alten Königen
Olaf am liebsten gewesen sein möchte, gab dieser zur Antwort,
ein Heide möchte er überall nicht sein, doch am liebsten noch

Hrolf Krakis fürstliche Milde haben, unbeschadet des Festhaltens am Christenglauben. Gest sprach weiter: Warum wolltest du nicht sein wie der König, der Sieg hatte wider jeden, mit dem er Streit führte, dem an Schönheit und Fertigkeit keiner in Nordlanden gleich kam, der ebenso andern wie sich selbst in Kämpfen den Sieg zu geben vermochte und dem die Dichtkunst zu Gebot stand, wie andern Männern die blosse Rede? Der König erhob sich da, griff nach dem Messbuch und wollte damit nach Gests Haupt schlagen. Du, sprach er, der schlimme Odin möchte ich zuletzt sein. Gest aber fuhr wieder dahin, woher er gekommen war, und der König lobte Gott, dass dieser unreine Geist, der in Gestalt des schlimmen Odins erschienen war, keine Trugrede vorzubringen vermochte, die irgend einen Schatten auf die glänzende Blume seines heiligen Glaubens geworfen hätte. Ein anderer grosser, unbekannter Mann, der bei Olaf dem Heiligen zu Sarpsborg Aufnahme begehrt, nennt sich Toki, Sohn Tokis, des Sohnes Tokis des Alten. Noch im Alter sieht man ihm an, dass er an Wuchs und Schönheit ein stattlicher Mann gewesen. Sein Benehmen ist gefällig, er weiss über alles Bescheid und der König, der ihm einen Ehrensitz angewiesen, ergötzt sich sehr an seinen Reden. Er erzählt, wie er bei den Königen Half und Hrolf Kraki geweilt und die Stärke ihrer Recken erprobt habe. Toki erklärt, primsignet (d. h. mit dem Kreuze bezeichnet), doch nicht getauft zu sein. Er sei hergekommen, um getauft zu werden. Er verscheidet hernach in weissem Taufgewand. Hieran reiht sich endlich auf Olaf Tryggvason bezogen die Sage von Nornagest. In Drontheim kommt einmal bei Tagesneige zum König Olaf ein grosser bejahrter Mann, der auf sein Befragen angibt, er heisse Gest. Gast sollst du hier sein, spricht der König, wie du heissen magst. Gest meldet von sich, er stamme aus Dänemark, er sei primsignet, nicht getauft, seine Kunst sei, die Harfe zu spielen oder Sagen zu erzählen zum Ergötzen der Leute. Seine Kunst bethätigt er, indem er die Sage von Sigurd, in dessen Gefolge er geweilt habe, vorträgt. Dann erzählt er noch, warum er Nornagest genannt sei. Drei Nornen traten an seine Wiege, während über ihm zwei Kerzen brannten. Zwei sagten ihm Glück voraus, die dritte aber rief zürnend: Ich schaffe dem Knaben, dass er nicht länger leben soll, als die Kerze, die neben ihm angezündet ist. Sofort wurde die Kerze ausgelöscht und soll erst an Nornagests Todestage wieder entzündet werden. Nornagest verlangt

von Olaf Taufe und Aufnahme unter sein Gefolge, was ihm zu
Teil wird. Eines Tages zündet er das Licht an, lässt sich ölen
und stirbt, als die Kerze niedergebrannt ist.

Ihren vollen Nachdruck behauptet diese mehrgestaltige Gestsage
nur in denjenigen Darstellungen, nach welchen der alte Odin selbst
herantritt und nicht in einen menschlichen, wenn auch mit wunderbarem Geschick ausgestatteten Wanderer umgewandelt ist. Gast
war Odin oft, wenn er als Wanderer Einkehr hielt. Wafthrudnir (19)
redet ihn als Gast (*gestr*) an. Die Begriffe „Wanderer" und „Gast"
nahmen bei Odin besondere Bedeutung an und erhielten den Rang
von Namen des Gottes. Sehr schön ist Odins Einkehr bei den
christlichen Königen, die sich von der Erinnerung ans alte Heldentum und seine Sagen nicht lossagen können. Das unwidersteh-
liche Hinneigen zu des Gastes Reden, die plötzliche, meist durch
bischöflichen Zuspruch erregte Entrüstung, mit der Olaf der Heilige
dem Gest das Messbuch an den Kopf wirft, zeugen dafür. Weniger
glücklich ist der Gedanke, den sagenkundigen Gast in Taufkleidern
sterben zu lassen. Da nimmt es sich für Odin doch besser aus,
wenn er als übler Geist erscheint. In den Gestsagen gehen noch
einmal die berühmtesten der alten Helden, Hrolf Kraki mit seinen
Kämpen, Half und seine Recken, Starkad, die Wolsungen, Ragnars Söhne im Zauberspiegel vor der Seele der „gekristneten"
Nordlandskönige vorüber; noch einmal hält Odin selber das Heldentum seiner Lieblinge einer neuen Zeit gegenüber, dann verschwindet
der Heldenvater Odin als ein unheimlicher Nachtgeist. Dass er
den Königshof besucht, hat guten Sinn. Denn dort wurde er im
Heidentum am meisten geehrt.

Anders als Odins Einzelwanderungen auf Erden sind seine
Fahrten mit Loki (Lodur) und Hönir aufzufassen.[1]) Diese wan-
dernde Götterdreiheit unterliegt dem Verdachte, antikem Vorbild,
den wandernden Göttern Juppiter, Neptun, Merkur nachgeahmt
zu sein. In der Vǫlospǫ́ ist ausserdem Anlehnung an die den
Menschen erschaffende christliche Dreieinigkeit unverkennbar. In
den Sagen, welche so eingeleitet sind, Iduns Raub und Andwaris
Ring, spielt Odin auch gar keine besondere Rolle, sondern Loki
ist der Handelnde.

Odin, dem Hort aller Weisheit, der den zur Dichtkunst be-
geisternden Trank erwarb, verdankt auch jeder einzelne die

---

1) Vǫl. 17/8; Bragar. Kap. 2; Skáldsk. Kap. 5. Vgl. Bugge, Studien S. 16.

geistige Begabung. Nach dem Hyndlaliede (3) gibt Odin den
Männern Beredtheit und Verstand, den Skalden Liedeskunst. Odins
Gabe heisst schon bei den Skalden die Dichtkunst [1]); als Träger
des Odinsmetes bezeichnet sich der Skald. Starkad, der in seiner
Jugend von Thor mit feindlichen, von Odin mit günstigen Ge-
schicken bedacht wurde, erhält von Odin zum tapfern Geist die
Liederkunst, dass er ebenso fertig dichten als reden könne. [2])
Dasselbe wird von der Ynglingasaga (Kap. 6) an Odin gerühmt,
der also einen Teil seines eigenen Wesens auf seinen Günstling
überträgt.

## Wie Odin sein Wissen gewann.

Odin hat sein Wissen nicht von Uranfang eingeboren, vielmehr erworben. Mehrfache Sagen erzählen, wie er zur Weisheit
kam, wie er von weisen Wesen erfragte, was ihm Not that.
Übermenschliches Wissen schreibt der Volksglaube der Geisterwelt zu, Seelen, Elben und Riesen. Odin verschmäht es nicht,
in besonderen Fällen von diesen Rat zu holen; wie der menschliche Zauberer sie zu bestimmten Zwecken sich dienstbar macht,
so handelt auch der Gott. Die Wolwa sang er aus dem Grabe
auf, dass sie ihm Zukünftiges melde. Von Wassergeistern, die
für die weisesten gelten, von Riesen, an denen urzeitliches Wissen
haftet, erkundet Odin, was ihm frommt. Der überlegene Geist
eignet sich das in der Natur gebotene Wissen forschend an, er
belebt so den tot und unbenutzt lagernden Weisheitshort. Darin
ruht der Grundgedanke der Sagen, wie Odin Weisheit gewann.
Doch mögen auch allerlei andere mythische Bestandteile einge-
mischt sein; klügelnder Verstand des Skalden, nicht reine und
ursprüngliche dichterische Empfindung hat die hieher gehörigen
Vorstellungen ausgebaut.

Sökkvabek (Sinkebach, Sturzbach) heisst der Saal, wo kühle
Wogen drüber hinrauschen. Dort trinken Odin und Saga alle
Tage aus goldenen Geschirren. [3]) Snorri zählt Saga als die zweite

---

1) Ulf Uggason nennt die Dichtkunst *Grímnis gjǫf*, SE. 1, 250; den
Dichter *Yggs ǫl-beri* SE. 1, 466.

2) Gautrekssaga Kap. 7 *Odinn mælti: ek gef hónum skáldskap, at hann
skal eigi seinna yrkja enn mæla.* Entsprechend bei Saxo VI 278 *Othinus
Starcatherum non solum animi fortitudine, sed etiam condendorum carminum
peritia illustravit.*

3) Grímnesmól 7; Gylfag. Kap. 35; der Name kommt häufig bei den
Skalden vor, bei Kormak corpus poet. 2, 334 und öfters; vgl. Sveinbjörn

der Asinnen auf, die im Range also gleich auf Frigg folgt. Da
letzterer Fensalir, die geräumigen Meeressäle zugewiesen sind,
also beide in der Wassertiefe hausen, ist vielleicht Saga nur ein
andrer Name der Frigg; die Überlieferung hebt freilich die Gemeinschaft beider auf. Auch ist der Wohnsitz beider nicht völlig
gleich, denn Sökkvabek deutet auf einen Wasserfall, Fensalir auf
den Meeresgrund. Da die Sonne für Norweger und Isländer im Meer
zu Rast geht, Odin und Frigg aber Himmelsgottheiten sind, verlegte
die mythologische Anschauung ihren Sitz auch ins Meer. Ins
Meer stieg Odin hinab zur Gattin, die er in vielen Dingen zu
Rate zog. Bei Saga spielt aber noch eine andere Vorstellung
herein. Sie scheint ursprünglich die Wasserelbin, die im Sturzbach wohnt. Aus Quellen und Stromwirbeln wurde seit Alters
Weissagung geschöpft, oft auch erschien Alb oder Albin, um Kunde
zu gewähren. So kann Odins Zusammensein mit Saga auf des
Gottes Verkehr mit einer Bachnixe zurückzuführen sein, die er,
sei es um Weisheit zu trinken, sei es um der Liebe zu pflegen,
besucht.

Muss es bei Sága zweifelhaft scheinen, was Odin bei ihr holt,
so spricht die Sage von *Mimir*[1]) umso deutlicher, dass Odin nach
seinem weisen Rat verlangt. Die Wolwa sagt zu Odin, sie wisse
sein Auge im weitberühmten Quell des Mimir verborgen. All-
morgenlich trinkt Mimir aus Walvaters Pfand. Ein Strom ergiesst
sich mit schäumendem Sturze aus Walvaters Pfand. Snorri erklärt
das verpfändete Auge Odins damit, dass der Gott zu Mimirs
Brunnen trat, worin Weisheit und Verstand verborgen war. Odin

---

Egilsson, Lex. poet. 678.  Der Name hat langes *á*, *Sága*, wie der Genitiv
*Ságu* z. B. in *Ságunes* Helg. Hund. 1, 40 lehrt.  Damit ist jeder Zusammenhang mit *saga*, Gen. *sǫgu*, den J. Grimm, Myth. 863 und Mogk, Pauls Grdr.
1, 1079 behaupten, ausgeschlossen.  Sága ist unerklärlich und mit dem Namen
bleibt uns auch ihr eigentliches Wesen, warum Odin zu ihr geht, verborgen.
Wer Saga für richtig hält, denkt daran, dass Odin geschichtliche Weisheit
bei ihr schöpft, dass er Weisheit trinkt.
    1) Über Mimir Vǫl. 27—29; 46; Sigrdr. 13, 14; Vafþr. 45; Fjǫlsv. 14;
Gylfag. Kap. 12; Ynglingasaga Kap. 4; Mimirs Freund heisst Odin schon bei
den Skalden des 10. Jahrhunderts SE. 1, 233 Anm. 19, 238, 240. Über Mimir
handelt vortrefflich Uhland, Schriften 6, 197 ff.; vgl. auch Weinhold, Die Riesen
des germ. Mythus (Wiener Sitzungsberichte 26, 1858) S. 243 ff. u. Müllenhoff,
Deutsche Altertumskunde 5, 101 ff.  Über den Namen, dem kurzes ǐ zukommt
und der mit *Μέμνων*, *memor* urverwandt ist (ags. *mimor*, *mimerian*) Sievers,
Beiträge 6, 286, 314, 354 f.

verlangte einen Trunk, erhielt ihn aber nicht früher, als bis er
sein eines Auge zum Pfande setzte. Das Auge des Gottes barg
nun Mimir in seinem Quell. Später sagt die Seherin, Odin raunt
mit Mimirs Haupt, womit vielleicht auf die in der Ynglingasaga
erhaltene Erzählung angespielt wird. Beim Friedensschluss zwischen
Asen und Wanen tauschten sie Geiseln. Die Asen entsandten Hönir
und gaben ihm den weisen Mimir zum Begleiter. Diesem schlugen
jedoch die Wanen das Haupt ab und schickten es an die Asen
zurück. Odin salbte das Haupt so ein, dass es nicht verfaulen
konnte, und sprach Beschwörungen darüber, dass das Haupt ihm
Rede stand und verborgene Dinge kund that. Weiter wird von
dem Ursprung der Denkrunen gesagt, sie habe Hropt (Odin) erdacht, geritzt und ersonnen aus dem Trank (d. h. von ihm be-
geistert), der aus dem Schädel Heiddraupnirs und aus dem Horne
Hoddrofnirs fliesst. Heid-draupnir, Klarheit oder Gold träufelnd,
Hodd-rofnir, Hort-brecher (d. h. Verteiler des Reichtums) sind vermutlich Beinamen Mimirs, der auch Hodd-Mimir, Hort-Mimir, der
reiche Mimir heisst. Auf dem Berge stand Odin mit Schwert und
Helm, da murmelte Mimirs Haupt weise das erste Wort und sprach
wahre Worte. Endlich wird Mimameid, Baum des Mimi genannt.
Kein Mensch weiss, aus welchen Wurzeln er wuchs. Wenige
ahnen, was ihn zu fällen vermag; Feuer und Eisen thuts nicht.
In Hoddmimirs Gehölz verbirgt sich beim Weltuntergang das
Menschenpaar, von dem in der neuen Welt ein neues Geschlecht
ausgeht. Offenbar ist mit diesem wunderbaren Baum die Weltesche, die sonst Yggdrasil heisst, gemeint. Die verstreuten Züge
geben vereinigt dieses Bild: Aus den Wurzeln der Weltesche entspringt der Quell des weisen Mimir oder Mimi, dort birgt der
Mimirquell sein Haupt. Der Ursprung der Quelle, wie Ortsnamen
Brunnhaupt, Bachhaupt, Seeshaupt, Salhaupt (des Baches Sal) u. ä.
zeigen, wird ihr Haupt genannt. Nach dem urweisen Wassergeist
heisst der Baum auch Mimameid. Mimir (urgerm. *$Mimiaz$) oder
Mimi (urgerm. *$Mimi\bar{o}$), der Denkende, war ein allen Germanen
bekannter Geist der Gewässer, der Beherrscher der Gewässer, die
seine Söhne heissen (Vol. 46), dessen Sitz im Schatten der Wälder
unter heiligen Bäumen gedacht wurde. Ihm eignete tiefes, uner-
gründliches Wissen. Auf besondere Weise ist die Sage im Norden
entwickelt und mit Odin und dem Weltbaum verknüpft worden.
Ob man Odins Einäugigkeit auf die Sonne deuten darf, scheint
zweifelhaft. Aber vorerst ist keine bessere Erklärung gefunden.

Dichterische Bildersprache mag die Sonne als das Auge des Himmelsgottes bezeichnen, wie die Sonne das Auge des Zeus ist. Ihr Spiegelbild im Gewässer ist das andre Auge, das der Gott, um Weisheit zu erholen, in den tiefen Quellengrund hinabsenkte. In ständigem Verkehr stehen Sonne und Wasser, die Sonne zieht Wasser, das Wasser nimmt ihr Bild zum Pfand. So mag zur Not das Verhältniss zwischen Odin und Mimir gedeutet werden. Auch das Versinken der Sonne im Meer könnte den Mythus veranlasst haben. Liegt die Sonne im Quellengrunde, in Mimirs tiefem Brunnen, aus dem alle Gewässer ihren Ursprung haben, dann mag auch dadurch die Vorstellung, dass ein Strom aus Odins Pfande fliesst, erklärt werden. Die Sage von Odin und Mimir ist schwerlich sehr alt, sie ist allzu geistig und weist auf bewusst schaffende, kunstreiche dichterische Erfindung. „*Mimirs Haupt*", Quellursprung, wurde später missverstanden, wörtlich genommen. Dazu mag auch mitgewirkt haben, dass Mimir an den Fuss des Weltbaumes verlegt worden war. Der Weltbaum ist aber der Kreuzesbaum und unmöglich aus dem nordischen oder gar germanischen Heidentum allein zu deuten. Der Kreuzesbaum steht, wie noch zahlreiche Krucifixe erkennen lassen, auf Adams Schädel, auf einem Menschenhaupt. Geheimnissvolle Beziehung webt vom Grunde zum Stamm hinauf, von Adam zu Christus. An der Weltesche hängt Odin, wie Christus am Kreuzesbaum. So steigt die Sage von Odin und Mimir aus ihren einfachen, volkstümlichen, germanischen Anfängen in geheimnissvolles Dunkel, in kühne Phantasien auf, deren Entstehung in eine bereits von christlichen Einwirkungen erfüllte Zeit fällt.

Odin erzählt in den Hóvamọl:

138 Ich weiss, dass ich hing     am windbewegten Baum
           Neun Nächte hindurch,
   Verwundet vom Speer,     geweiht dem Odin,
           Ich selber mir selbst,
   An dem mächtigen Baum,     von dem Menschen nicht wissen,
           Aus welchen Wurzeln er wuchs.

139 Man bot mir kein Horn     noch Brot zur Labung,
           Nach unten spähte mein Auge,
   Ächzend hob ich,     hob aufwärts die Runen,
           Zu Boden fiel ich alsbald.

140 Bestlas Bruder,     des Bolthorn Sohn,
           Lehrte mich wirksamer Weisen neun,

Und den Trank erlangt ich   des trefflichen Metes,
         Aus Odrerirs Inhalt geschöpft.
141 Zu gedeihn begann ich        und bedacht zu werden,
         Ich wuchs und fühlte mich wol;
Ein Wort fand mir           das andere Wort,
         Ein Werk das andere Werk.

Die Deutung dieser Strophen ist überaus schwierig. Zunächst muss man erkunden, welche Vorstellung ihnen zu Grunde liegt, ob die Reihenfolge ursprünglich oder zufällig ist, ob Einschaltungen (etwa 140) anzunehmen sind, ob wirklicher alter Zusammenhang der Strophen und damit auch der darin berührten Ereignisse herrscht, oder ob sie aus verschiedenen unabhängigen Gedichten zusammengestellt sind. Es wird nie gelingen, über diese verhältnissmässig leichten und einfachen Grundfragen Gewissheit zu erhalten, noch weniger natürlich über den Ursprung der seltsamen Sage. Wer die Strophen als ein Ganzes betrachtet, kann etwa diese Deutung versuchen: Odin wird aus unbekannten Gründen am windumrauschten Baum aufgehängt. Ohne Labung hängt er dort und späht in die Tiefe. Ächzend erhält er Runenzauber, der ihn erlöst, dass er herabfällt. Bolthorns Sohn verleiht ihm kräftigen Zauber und erlabt ihn aus Odrerir. Darauf wächst und gedeiht er. Bolthorns Sohn weilt offenbar am Fusse des Baumes, der sicherlich die Weltesche ist. Dort fanden wir Mimir, also ist der sonst nirgends erwähnte Sohn Bolthorns, des Grossvaters Odins, mit Mimir gleichzusetzen, welcher Odins Oheim mütterlicherseits wäre. Der ganze Vorgang spielt in Odins früher Jugend, weil er danach erst gedeiht und wächst. Aber 140 ist eher aus einem ganz fremden Gedicht über Odrerirs Erwerbung hier eingeschaltet, wie ja die Hǫvamǫl gerade an dieser Stelle aus allerlei Liedbruchstücken zusammengeflickt sind. Nirgends ist Mimir im Besitz Odrerirs, wie man bei obiger Auslegung annehmen müsste. Die Strophe 140 muss als fremdartig ausgeschaltet werden; sie besagt, dass Odin von dem Sohne seines Ahns, einem weisen Riesen neun kräftige Zaubersprüche erhielt, mit deren Hilfe er den Dichtermet Odrerir erlangte. Dann bleibt nur die Sage übrig, dass der speerdurchbohrte Odin am Baume ohne Labung neun Nächte und Tage lang hing, er selber sich selbst zum Opfer hingegeben. In die Tiefe spähend hob er Runen auf, die ihm Wachstum und Gedeihen brachten. Die Weltesche heisst Yggdrasil. Ross des Yggr. *Yggr* ist ein vielgebrauchter Name Odins, *drasil* eine Benennung des Pferdes. Das Hängen am Galgen wird aber als Reiten auf dem Rosse bezeichnet. Yggdrasil heisst demnach *Odins Galgen*. Die Weltesche heisst nach dem Gott, der als Opfer in ihrem Gezweig hing, und gerade dieses Opfer beschreiben die ausgehobenen Strophen. Bugge hat nachgewiesen, wie der speerwunde Odin am Baume Zug für Zug ein Seitenstück zum speerwunden Christus am Kreuz, das bei den Germanen Galgen genannt wurde, ergibt. Das Kreuz ist aber gerade in seiner Eigenschaft als Galgen des höchsten Gottes ein Weltbaum, dessen Wurzeln zur Hölle reichen, dessen Wipfel den Himmel rührt, dessen Arme über die Erde deuten. Auf zwei entscheidende Punkte kommt es einzig an, für die das nordische Heidentum nicht die geringste Voraussetzung bietet, die aber ohne Schwierigkeit aus der christlichen Mythologie ihre Lösung finden: dass der Gott sich selber opfert und dass der Galgenbaum, an dem solches geschah, eben dadurch Sinnbild der Welt wurde. Dass etwa Odin mit diesem Opfer den Helden den Weg nach Walhall zeige, wie er sich nach der Ynglingasaga, wo er aber als irdischer menschlicher König gedacht ist und daher auch sterben muss, mit dem Speere ritzen lässt, ist nicht anzunehmen, schon weil der Gedanke gar nirgends angedeutet wird. Da hätte Odin auch schwerlich den Galgentod des Kriegsgefangenen, welcher den Göttern geopfert wird, gewählt, sondern den Heldentod im Schlachtsturm. Yggdrasil, Odins Selbstopfer, wie er vielleicht als Har dem Odin, er selbst sich selber, nach der Dreieinigkeit Christus Gottvater, die eins sind wie Har und Odin, am Galgen hingegeben wird, ist nur als Nachbildung christlicher Vorstellungen verständlich.[1] Nimmt man die Strophen 138, 139, 141 als zusammenhängend, so gewann Odin damit Runenweisheit, Wachstum und Gedeihen.

### Odrerir.

Der Wundertrank *Odrerir* ist mit der schönen Riesin Gunnlod, Suttungs Tochter verknüpft. Gunnlod hütet ihn im Berge. Odin

---

1) Odin am Galgen Bugge, Studien 317 ff. Vgl. schon Munch, Das heroische Zeitalter der nord. germ. Völker S. 22 Anm. 2. Kauffmann, Beiträge 15, 195 ff. wendet sich gegen die Ableitung aus christl. Vorstellungen. Seine Ausführungen sind auf ziemlich willkürlich zurecht gemachter Überlieferung aufgebaut, 140 wird als ursprünglich angesehen (gegen Müllenhoff, Altertumskunde 5, 270) und dann mit „*prolepsis*" in den Zusammenhang gezwungen. Die Hauptsache, dass Odin sich selber opfert und dass der Baum darum Weltbaum ist, findet gar keine Berücksichtigung. Christlichen Ursprung nimmt auch E. H. Meyer, Völuspa 23 ff. an.

gewinnt listig ihre Liebe und damit den Trank. Bereits oben
unter Odins Liebesabenteuern wurde die Sage mitgeteilt. Dass
Riesen im Besitze alter Weisheit gedacht wurden, zeigte sich bei
Wafthrudnir. An Odins Aufenthalt bei Gunnlod gemahnen Volkslieder aus Schweden und Dänemark vom Ritter Tinne, den der
allbezaubernde Runenschlag einer harfespielenden Zwergtochter
in den Berg lockt, wo man ihm Met einschenkt und er auf goldenem Stuhl einschläft, dann durch hervorgetragene Runenbücher
vom Zauber entbunden und mit heilkräftigem Segen für Streit,
Reise und Seefahrt, sowie mit der Gabe, treffliche Worte zu
sprechen, entlassen wird. Zweifellos ist eine Volkssage von Berg-
jungfrauen, die in das unterirdische Reich hineinlocken, in den
Kreis der Odindichtungen hineinbezogen worden. Aber mit dem
Trank Odrerir hat es doch noch besondere Bewandtniss. Odrerir
wurde als der Begeisterungstrank, der den Sinn erregt, gedeutet;
vielleicht ist es ursprünglich ein Trank der Verjüngung, *ú-hrerir,*
der nicht verfallen, altern lässt. In der Odinsdichtung gilt er
aber nur als der Dichtermet. Suttungs Met ist für die bestimmt,
welche gut dichten können. Zahlreiche Anspielungen auf den be-
geisternden Trank, wie ihn Odin raubte, dass er aus verborgener
Tiefe aufstieg zur bewohnten Erde, finden sich bei den Skalden.[1]
Dem Odrerir ist noch eine wunderliche und umständliche Vor-
geschichte angedichtet, wie er entstand und aus dem Besitze der
Zwerge und Riesen endlich zu den Göttern und Menschen kam.
Der wenig ansprechenden Erzählung in ihrer Gesamtheit kommt
weder hohes Alter noch volkstümliche Grundlage zu, sie scheint
auf gelehrtem Wege ausgesonnen, allerdings noch unter den heidnischen Skalden.

Die Asen und Wanen schlossen auf die Art Frieden, dass
sie beiderseits an ein Gefäss traten und hineinspuckten. Aus dem
Speichel schufen die Götter einen Mann namens Kwaśir, der war
so weise, dass er auf alle Fragen Bescheid wusste. Als er auf
seinen Wanderungen einmal zu zwei Zwergen Fjalar und Galar
zu Gaste kam, erschlugen ihn diese und liessen sein Blut in zwei
Krüge und einen Kessel rinnen: der Kessel heisst Odrerir[2]), die

---

1) Anspielungen auf den Dichtermet bei den Skalden sammelt Gudbrand
Vigfusson, Corpus poeticum II, 462 f.

2) Nach dieser Stelle, nach Hóv. 140, ist Odrerir Name des Kessels, der
den Trank aufbewahrt, nach Hóv. 106 ist der Met selber damit gemeint. Der
Name haftet am Kessel auch beim Skald Einar skálaglamm, wenn er die
Dichtkunst als „die Woge Odrerirs“ bezeichnet.

beiden Krüge Son und Bodn.  Unter das Blut mischten sie Honig,
und daraus ward der Met, durch den jeder, der davon trinkt,
zum Dichter oder Weisen wird.  Die Zwerge sagten aus, Kwasir
sei am eignen Witz erstickt.  Die Zwerge brachten den Riesen
Gilling und sein Weib hinterlistig ums Leben.  Gillings Sohn,
Suttung, ergriff die Zwerge, ruderte sie ins Meer und setzte sie
auf einer Klippe aus.  Da baten sie um Schonung und boten zur
Vaterbusse den kostbaren Met.  Damit kam es auch zur Sühne.
Suttung aber brachte den Met ins Gebirge Hnitbjorg und setzte
seine Tochter Gunnlod ihm zur Hut.  Odin kam dahin, wo
neun Knechte Gras mähten.  Er erbot sich, ihre Sensen zu schärfen
und zog einen Wetzstein aus der Tasche.  Den warf er in die
Luft.  Wie alle darnach haschten, schnitten sie sich mit den
Sensen die Hälse durch.  Odin herbergte beim Riesen Baugi, Suttungs Bruder, und nannte sich Bolwerk.  Baugi erzählte, dass er
auf schlimme Art um alle seine Knechte gekommen sei.  Da erbot
sich Odin, an Stelle jener neun allein die Arbeit zu verrichten,
wenn er dafür einen Trunk von Suttungs Met erhielte.  Baugi
erwiderte, dass er über den Met nicht verfügen könne, da Suttung
ihn für sich allein behalten wolle.  Doch wolle er mit Bolwerk
ausziehen und versuchen, ob sie den Met erlangen könnten.
Hierauf folgt die bereits mitgeteilte Erzählung, wie Odin in
Schlangengestalt durchs Bohrloch in den Berg schlüpfte.[1]

1) Bragar. 3 u. 4; daher gehören auch Hǫv, 13/4:

> Über Gastungen schwebt    der Vergessenheit Reiher,
>     Der den Verstand uns stiehlt;
> Dieses Vogels Gefieder     umfächelte mich,
>     Als in Gunnlods Grotte ich sass.

> Trunken ward ich,          ward todtrunken
>     In des sinnreichen Fjalar Saal;
> Am besten ist's,           bringt man vom Trunke
>     Einen klaren Kopf nach Haus.

Da wird also dem Trank berauschende Wirkung zugeschrieben, worauf der
Name Suttung aus *suþ-þungr*, vom Sud beschwert, betrunken, auch hinweist.
Für Suttung steht hier Fjalar, der [Met]berger, Metbewahrer (zu *fela*, bergen).
Im Grimnirlied 50 hat Odin den Raub des Odrerir im Auge:

> Swidur und Swidrir  hiess ich bei Sokmimir
>     Und täuschte den Thursengreis;
> Midwidnirs Sohne    zum Mörder ward ich,
>     Dem Trefflichen, ich allein.

Swidrir und Swidur, der Brennende, heisst Odin als Sonnengott.  Bei Sonnenuntergang kehrt er im Berge ein.  Sokmimir, Streiterreger, ist Suttung, der

Die Gewinnung des Wundertrankes durch den Höchsten der Götter wurzelt vielleicht in indogermanischen Mythen, wenigstens finden sich merkwürdig ähnliche Sagen bei Indern und Griechen[1]), zumal wenn man den Bericht, dass Odin in Adlergestalt Odrerir entführt, in Betracht zieht. Riesische Wesen, Naturmächte befinden sich im Besitz des Soma und Nektars. Als Falke holt Indra den Soma zu den Göttern, den Nektar aber bringt des Zeus grosser Adler aus einem Felsen im äussersten Westen. Den Wundertrank ewiger Jugend, *ú-hrerir*, verwandelten die Skalden in den Trank der Poesie, Odrerir. Was in der nordischen Mythologie überhaupt zu beobachten ist, bestätigt sich auch hier: die ursprünglich physischen Kräfte, die aus den Naturerscheinungen erwachsenen Mythen steigern sich mehr und mehr in das Bereich des geistigen Lebens. Ob es sich im idg. Mythus um den Regen handelte, den der Gott aus der Gewitterwolke hervorlockte, lassen wir dahingestellt. Zu Kwasirs Entstehung bietet die des Orion entfernte Ähnlichkeit. Bei Hyrieus kehrten drei Götter, Zeus, Poseidon und Hermes ein, empfingen Gastmahl und stellten ihm eine Bitte frei. Er wünschte sich einen Sohn, hatte aber nach dem Tode seiner Gattin gelobt, sich nicht wieder zu vermählen. Da vereinigten die Götter ihr Wasser, vermischten es mit dem Staube der Hütte und erschufen den Orion.[2]) Besteht ein Zusammenhang, so stammt er natürlich nicht aus urverwandter Überlieferung, sondern aus später gelehrter Übertragung. Endlich be-

Berauschte, da im Rausche leicht Streit auskommt. Midvidnir ist der mit Met Fesselnde. Alle Namen des Riesen, der Odrerir inne hat, entstammen demselben Gedanken: der Berauschende. Über weitere mit dem Met zusammenhängende Züge vgl. Noreen, Uppsalastudier 198 u. 205 ff. Kwasir kommt nur Gylfag. Kap. 50 noch einmal vor: er erkannte als der weiseste der Asen das Netz, das Loki ins Feuer geworfen hatte, noch in der Asche als Vorrichtung zum Fischfang. Yngl. Kap. 4 erzählt von der Edda abweichend, die Wanen hätten ihn als den Klügsten in ihrer Schar den Asen vergeiselt. In Gedichten findet er sich nur bei Einar skálaglamm aus dem Ende des 10. Jahrhunderts, der die Dichtung „Kvásis dreyra", Blut des Kwasir nennt SE. 1, 244.

1) A. Kuhn, die Herabkunft des Feuers und des Göttertranks. Berlin 1859, S. 138 ff.

2) Orions Erzeugung Ovid. fast. 5, 495—535; Hygin, fab. 195. Die Übereinstimmung merkt J. Grimm, Myth. Vorrede XXXIV an. Wenn Simrock, Myth.[5] 224 die Übereinstimmung soweit gehen lässt, dass Orion aus dem Speichel der Götter entsteht, so ist das eigene Erfindung. Die hässliche Geschichte entstand durch volksetymologische Vergleichung des Namens Orion, Urion mit Urin.

gegnet noch ein alter Märchenzug, wie Bolwerk die neun Mähder ums Leben bringt. Schon Kadmos und Iason veranlassen die aus der Saat der Drachenzähne gewachsenen Krieger durch einen Steinwurf in ihre Mitte zu wechselseitigem Mord; ebenso macht es das tapfere Schneiderlein mit den zwei Riesen.

Einer nicht recht verständlichen Strophe der Hǫvamǫl zufolge empfing Odin Weisheit von einem Zwerge Namens Thjodreyrir, der „vor Dellings Thüren" d. h. im Tageslicht, bei aufsteigendem Tage Zauber sang:

159 Kraft sang er den Asen,         den Elben Tüchtigkeit,
      Hohe Weisheit dem Hroptatyr. [1])

Noch weniger klar ist die Stelle im Harbardslied:

Thor:
43 Woher nur holst du         diese höhnischen Worte,
      Wie ich höhnischer nimmer   gehört sie habe?

Harbard:
44 Ich holte sie von den Männern,   den hochbejahrten,
      Die in den Hügeln der Heimat wohnen.

Thor:
45 Da gibst du den Gräbern         einen guten Namen,
      Wenn du sie Hügel der Heimat nennst. [2])

Wer unter diesen alten Männern gemeint ist, Elbe oder Tote, also wol seelische Geister, lässt sich nicht bestimmen. Man erwartet eher, dass Odin irgend welche verborgene Weisheit dort erlangt, als nur Hohnworte.

### Odins Verwandtschaft und Odins Namen.

Den nordischen Skalden ist Odin der höchste und älteste der Asen. Er waltet über alle Dinge, und wie mächtig auch die

---

1)         *afl gól hann ǫsom,   en ǫlfom frama,*
                  *hyggjo Hroptatý.*
Zu Thiodreyrir Müllenhoff, Deutsche Altertumskunde 5, 273 ff., der aber keine befriedigende Erklärung weiss.

2) Hǫv. 44
         *nam ek at mǫnnom  þeim enom aldrᶒnom,*
              *es búa í heimes haugom.*
Gering, Edda S. 49 Anm. 6 versteht Tote darunter, was namentlich wegen Str. 45 angezeigt ist; Mogk, Grundriss 1, 1078 schliesst auf einen Alb, ein bejahrtes Männlein im Hügel der Erde, einen alten vielkundigen Zwerg, etwa wie Thjodreyrir.

andern Götter sind, so dienen sie ihm doch alle wie Kinder dem
Vater. In aufsteigendem Aste ist ihm ein Stammbaum ersonnen,
der aufs engste mit der Schöpfungsgeschichte zusammenhängt.
Er ist Sohn des Bur, des Sohnes des Buri. Bur (Bor) und Buri
bedeuten „Sohn", haben also ursprünglich gar nicht den Wert
eines Eigennamens. Bur nahm Bestla (Bastbinderin?) des Riesen
Bolthorn Tochter zur Frau.[1]) Odins Brüder heissen Wili und We,
die eine Zeitlang sein Reich und sein Weib inne hatten. Odins
Gattin ist Frigg, ihr Sohn Baldr. Mit Jord, der eignen Tochter
zeugt Odin Thor. Andere Söhne hat er von Rind, Gunnlod,
Grid oder Hlodyn, Skadi. Odins Verwandtschaft ist nordische,
ziemlich junge Erfindung. In Odins Sippe begegnen die Begriffe
Sohn, Wille, heilig. Sie entspringen der Trinität, wo der Gottes-
sohn auch Gottes Wille (voluntas dei) heisst. We, der Heilige,
zielt auf den heiligen Geist. Odins Namen Har, der Hohe, Jafnhar,
der Gleichhohe, Thridi, der Dritte weisen auf denselben Ursprung:
altus, altissimus ist Gott, der Sohn ist mhd. ebenhêr, der heilige
Geist wird oft kurzweg die dritte Person, der Dritte genannt.
Die Namen verharren in abstrakter Leblosigkeit, nur Odin handelt.

Die nordischen Dichter legen Odin eine Menge von Eigennamen bei, in denen seine gesamte Wirksamkeit teilweise auch
nach Seiten, die uns wegen mangelnder Überlieferung nimmer verständlich sind, zum Ausdruck gelangt.[2]) Als Allvater, Vater der
Menschen (aldafadir, aldagautr), Allwaltender, Allmächtiger ist er
nicht ganz ohne christlichen Einfluss seiner Machtstellung nach
gekennzeichnet. Ebenso sind seine Namen Hávi[3]), der hohe,

---

1) Bur als Vater Odins, Wilis und Wes begegnet ausser Gylfag. Kap. 6
nur Vol. 4 und Hyndl. 31; Buri nur beim Skald Thorwald Blendaskald um 1120
(Corpus poet. 2, 250); Bestla und Bolthorn Hóv. 140. Über die Herkunft der
Namen Buri, Bur und Vili, Vé (vé, Gen. véa, Pl. véar ist das schwache Adj.
wie etwa ahd. wîho, sanctus) aus der Dreieinigkeit vgl. E. H. Meyer, Völuspa
S. 66 u. 81 f.; die eddische Kosmogonie S. 67 f.; Mythologie 265 f.

2) Hauptquelle der Odinsnamen sind die Grímnesmól 46 ff.; weiteres bieten
die Skaldengedichte und die SE. Versuche, die Namen zu sammeln und auszulegen bei Finn Magnusen, Lex. myth. 365 ff.; Snorra Edda Bd. 4, 821 f.;
viel Gutes bietet Sveinbjörn Egilsson, Lex. poet., unter den einzelnen Namen.
Aus Skaldengedichten stellt Gudbrand Vigfusson, Corpus poet. 2, 461 f. einiges
zusammen.

3) Detter, Beiträge 18, 202 f. stellt Odins Name hár zu got. haihs, einäugig (vgl. got. faihs, ahd. fê, an. fár). Hár ist also der einäugige Gott. Die
spätere Zeit missverstand hár (got. hauhs) und deutete hávi, der Hohe.

23*

*Jafnhár*, der gleich hohe, *Tveggi*, der zweite, *þridi*, der dritte (aus der Dreieinigkeit), *Haptagud*, Gott der Götter aufzufassen. Odins Beziehungen zu Heerfahrt, Kampf und Walfall enthalten die Namen *Heervater*, *Herteitr*, der Heerfrohe, *Hertýr*, Heeresgott, *Herjan*, Heerführer, *Herblindi*, Heerverblender, *Hjálmberi*, Helmträger, *Siegvater*, *Sigtýr*, *Sigmundr*, *Sigtryggr*, siegestreu, *Siggautr*, *Wal-vater*, *Valgautr*, *Atridr*, *Fastridr*, der gewaltige Anreitende, *Vidurr* (Odin sagt selber, *hétomk Viþorr at vígom*, Grimn. 49). Als Raben-gott, *hrafnagud*, *hrafnfreistadr* erscheint er seiner Raben wegen, als *drauga dróttinn*, Beherrscher der Gespenster, *hangagud*, *heim-þingudr hanga*, *hangi*, Gott der Gehängten, weil er das wilde Heer führt. *Farmagud, farmatýr,* Gott der Frachten, zeigt Odin als Be-schützer des Handels, vermutlich in seiner Eigenschaft als Wind-gott. *Vidrir*, der Wetterer, *Váfudr*, der Schwebende, *Svipall*, der Bewegliche, *Þundr*, der Schwellende, *Ómi*, Rufer, Lärmer, können auf den Sturmgott zielen. *Geigudr*, der Schreckliche, ist ein Name Odins und eine Benennung des Sturmwindes. Häufig begegnet *Yggr* (*Uggerus* bei Saxo), der Schreckliche. Den Wanderer zeigen die Namen *Gangrádr*, *Gangleri*, *Vegtamr*, weggewohnt, *Vidforull*, Weitfahrer, sein Aussehen *Langbardr*, Langbart, *Hárbardr*, Grau-bart, *Sídskeggr*, Langbart, *Sídgrani*, Langbart, *Sídhottr*, mit herab-hängendem Hut, *Blindr*, der Blinde, *Heklumadr* (vgl. hakulberand), Mantelträger, *Grimr*, *Grímnir*, der Verlarvte, *Bileygr*, der Mild-äugige, *Báleygr*, der Flammenäugige. Auf Odins Weisheit, die oft Trug birgt, deuten *Fjolsvidr*, vielwissend, *Glapsvidr*, trug-wissend, *Skollvaldr*, Trugwalter, *Hvatrádr*, scharfsinnig, *Sadr*, wahr, *Sanngetall*, wahres ahnend, *Gondlir*, Träger des Zauber-stabes (?), *Oski*, Wunsch, Erwünschtes verleihend. *Ari*, Adler, *Arnhofdi*, adlerhäuptig, spielen wol auf Odins Verwandlungen an, wenn er nach SE. als Adler dem Suttung entflieht; da *Ofnir* und *Sváfnir* auch Schlangennamen sind (Grimn. 34), könnte Odins Wurm-gestalt damit gemeint sein. *Vakr*, der Wachsame, *Þekkr*, der Will-kommene, *Þrjótr*, der Hartnäckige, schildern besondere Sinnesart. *Njótr*, der Geniesser, bezeichnet den Gott als Empfänger der Opfer. Namen wie *Hroptr*, *Hvedrungr*, *Hnikar*, *Hnikudr*, *Jalkr*, *Jólnir* u. a. entziehen sich der Deutung. Dieselben Namen gehören zuweilen auch andern Wesen und es ist schwer auszumachen, wohin der Name von Rechts wegen zuerst gehört. Viele Namen haften an besonderen Sagen und sind wol mit diesen entstanden. So be-richtet Odin selber im Grimnirlied 49:

Grimnir hiess ich  in Geirröds Halle
Und bei Asmund Jalk,
Kjalar damals,      als ich die Kufen zog,
Bei den Thingversammlungen Thror,
Widur im Wirbel des Streits.

Von diesen Sagen ist uns nur die von Grimnir bekannt, wo
Odin eben als Grimnir verlarvt bei Geirröd einspricht. Selten
passt der Name so zur Sage wie hier.

Odins Art schildern trefflich die Verse:

| | |
|---|---|
| Lasst uns Heervater bitten, | seine Huld zu gewähren, |
| Der gern dem Gefolge | sein Gold spendet; |
| Dem Hermod gab er | Helm und Panzer, |
| Ein schneidiges Schwert | schenkt er dem Sigmund. |
| Dem einen gibt Sieg er, | dem andern Schätze, |
| Weisheit vielen | und gewandte Rede; |
| Dem Seemann Fahrwind, | dem Sänger Dichtkunst, |
| Männliche Thatkraft | manchem Helden.[1] |

Alles, was aus den einzelnen und verstreuten Überlieferungen
zu erfahren war, enthalten diese Worte, die uns ein Gesamtbild
Odins geben, des Gottes der Helden und Sänger.

Uhland (Schriften 7, 345) schildert Odins Art: Von allen Asen
und von allen Wesen der Götterwelt äussert Odin weit die mächtigste und allgemeinste Wirkung in der Heldensage. Wie er die
Wolsungensage vom Anfang bis zum Ende durchschreitet, so
können wir durch viele andere Sagenreihen seine Spur verfolgen.
Seine Erscheinung ist von der Art, dass er auch dort, wo sein
rechter Name verschwiegen bleibt, doch immer leicht zu erkennen
ist. Einäugig, alt und bärtig, in Hut und Mantel gehüllt, tritt er

---

1) Hyndl. 2 u. 3. Die Sage von Hermod ist nicht überliefert. Wahrscheinlich kommt ihr hohes Alter zu. In den Hókonarmól ist Hermod in
Walhall und begrüsst mit Bragi den König. Bei Baldrs Tod wird Hermod,
der ein Sohn Odins heisst, zur Hel entsandt, Baldr loszubitten; Gylfag. Kap. 49.
In den ags. Stammtafeln steht Heremod unter Wodans Ahnen. Im Béow.
902 ff. u. 1710 ist Heremod ein dänischer König, in der Jugend durch Gottes
Gunst über alle Helden erhoben, im Alter aber so unmild und blutgierig, dass
ihn die eignen Leute verliessen. Die Sage wurde also bereits von Angeln oder
Jüten nach Britannien geführt. Wie den Sigmund betrachtete die Sage auch
Hermod als Abkömmling Odins. Der Gott begabte ihn und nahm ihn am Ende
seiner Laufbahn nach Walhall.

unerwartet und ungekannt in die Königshalle, oder steht plötzlich
an der Seite des einsamen Heldensohnes, oder verlangt vom Vorgebirge aus in das vorübersegelnde Schiff aufgenommen zu werden.
Auch diese irdische Erscheinung steht in Übereinstimmung mit
seinem göttlichen Wesen; einäugig ist er, weil er sein andres
Auge um einen Trunk aus Mimirs Weisheitsbrunnen zum Pfand
gesetzt; alt erscheint er als der Vater der Götter und Menschen;
verhüllt und unter andern Namen geht er auch in der Götterwelt
aus, die Weisheit der Riesen und der unterirdischen Wolwen zu
erkunden. Er nimmt auch die Gestalt eines bestimmten Menschen
an, so diejenige des im Strom verunglückten Bruni, des Rat-
gebers Harald Hildetands. Als ein Bauer, Hrani, bewirtet er den
König Hrolf Kraki.

So wie wir Odin in der Göttersage von zweierlei Seiten betrachtet, als den Forschenden und Kundigen und als den Wirkenden
und Kämpfenden, so stellt er sich auch in seiner irdischen Thätigkeit nach beiderlei Beziehungen dar. In der ersteren tritt er als
Gest auf, legt dem König Heidrek Rätsel vor, oder versucht noch
als Nornagest die christlichen Könige, singt und sagt die Kunden
aus der alten Heldenzeit. Er, der in Asgard mit Saga aus
goldenen Schalen trinkt, ist auf Erden selbst ein Sagenerzähler
und wie er selbst zu singen versteht, wie andere reden, so verleiht er auch Starkad die Gabe der Dichtkunst. Noch viel
mannigfacher ist seine irdische Wirksamkeit in der andern Beziehung, als Kampf- und Heldengott. Er wird selbst Stammvater
kriegerischer Geschlechter und unermüdlich geht er darauf aus,
Helden zu erwecken und auszurüsten, Zwietracht und Kampf anzustiften. Er stösst das herrliche, aber streiterregende. Schwert
in den Baumstamm des Wolsungenhauses, teilt Starkad gute Waffen
zu, hilft Sigurd das beste Ross auswählen, berät ihn und Frotho
beim Drachenkampf, bringt den flüchtigen Hadding auf dem
Rosse Sleipnir hoch über dem Meer nach seiner Heimat und stärkt
ihn mit Speise, lehrt Hadding, Sigurd, Harald Hildetand und
dessen Gegner Hring die keilförmige Schlachtordnung, prüft als
Bauer Hrani die Kämpfer Hrolfs, die auf seinem Hofe eingekehrt,
durch Frost, Feuer und Durst, er hat Utstein, dem Recken Halfs
in der Jugend das harte Herz in der Brust gebildet (Fornald.
S. 2, 51). Er trägt als Bruni zwischen verwandten Königen zwist-
erregende Botschaft. Er waltet der Blutrache und leiht dazu dem
Dag seinen Speer. In der Schlacht erscheint er bald·hilfreich,

bald seinen eignen Günstlingen verderblich. So schwingt er dem
greisen Sigmund den Speer` entgegen und erschlägt den König
Harald mit der Keule. Er lässt sich von denen, die er begabt
und auszeichnet, wie von Harald und von Sigurd, König Ragnars
Sohne, für dessen Heilung die Seelen aller von ihnen Erschlagenen
verheissen, er weckt eine Welt von Kämpfern und rafft sie heer-
weise dahin. Er entsendet die Walküren zu Jünglingen, um den
schlummernden Heldengeist anzufachen; er beruft die Totwunden
durch ihre Botschaft zu sich. Es ist überall derselbe Grund,
warum Odin Helden und Heldenstämme pflegt, waffnet, wunderbar
begabt, warum er sie anfeindet, aufreizt, verderbt. Nicht leere
Lust am Tode der Tapfern treibt ihn, er bedarf ihrer, der Kampf-
erprobten zu jenem grössten und ungeheuren Kampfe, welcher
der Welt und den Göttern selbst Untergang droht.

So lebt Odin in der Vorstellung nordischer Skalden des
9. und 10. Jahrhunderts, sein Geist belebt und erregt in gleicher
Weise Götter und Menschen.

## V. Heimdall.

Heimdall ist eine rätselhafte Gestalt. Was von ihm überliefert ist, klingt märchenhaft. Das Dunkel, das über ihm schwebt,
war bisher noch nicht befriedigend zu lichten. Eine Hauptschwierig-
keit, mit welcher die Erklärung zu kämpfen hat, liegt in den
mangelhaften Nachrichten über sein Wesen und die mit ihm verknüpften Sagen. Von letzteren sind nur unverständliche Auszüge
und Anspielungen bekannt. Es hält schon schwer, nur die brei-
teren Grundlagen dieser Überreste mit annähernder Wahrscheinlichkeit zu erschliessen; sie mit Sicherheit auf ihren Ursprung
zurückzuführen ist vollends unmöglich. Von Heimdall war ein
Gedicht vorhanden, der *Heimdallargaldr*, auf welches Snorri zweimal (SE. 1, 102 und 264) verweist. Der Skald Ulf Uggason erwähnt Heimdall in der Húsdrápa (zwischen 975 und 980).
Ausserdem begegnet Heimdall in den Eddaliedern. Also waren
Sagen über ihn im 9. und 10. Jahrhundert jedenfalls vorhanden.
Über den Kreis der norwegisch-isländischen Skalden drang Heimdall nicht hinaus, nirgend sonst ist eine Spur von ihm nachweisbar.

Heimdall wird als „der über die Welt Glänzende" [1]) oder „der Hellglänzende" [2]) erklärt, als Lichtgottheit. Wie Baldr heisst auch er gern der weisse, leuchtende As. Als den Gott, dem überall die Frühe, der Anfang angehört, bezeichnete ihn Uhland (Schriften 6, 14). Darum ist er der geborene Feind Lokis, der das Ende der Welt herauf führt. Das Geheimniss, das um ihn webt, lässt ihn vielleicht bedeutungsvoller erscheinen, als einen hohen, später verdunkelten und zum Markwart des Himmels erniedrigten Lichtgott. In Heimdall soll eine besondere Seite des Tiuz sich verkörpern. Ist Tiuz der Herr des Tages- und Himmelslichtes überhaupt, so wird in Heimdall nur ein Teil der Lichtmacht persönlich, das Frühlicht, der anbrechende Tag. Mit dieser Auffassung lassen sich zur Not einige der überlieferten Züge in Einklang bringen. Andere sehen in Heimdall nur den vergöttlichten Regenbogen. Aus dem durch die Welt leuchtenden Bogen sei der Wächter dieser Götterbrücke erwachsen, der lichte weithinschauende As, der in den Himmelsbergen, den Wolken wohne. [3])

Seiner Erscheinung nach steht Heimdall nahe zu Tiuz und seinen Sprösslingen. Er ist mit dem Schwerte bewehrt und reitet ein Ross mit goldglänzender Mähne. So ritt er zu Baldrs Leichen-

---

1) Heimdallr, die schwache Form Heimdali in der Vísa der Grettissaga (Islendinga sögur 1, 231). Der Name zerlegt sich in *heimr*, Welt und *\*dallr*, ein verlorenes an. Eigenschaftswort, das im Ags. *deall*, stolz, berühmt erhalten ist; so Bugge, norrœn fornkvæði S. 68; J. Grimm, Myth. 3, 81. Als lichtester der Götter wird Heimdall in der Þrymsk. 14 bezeichnet:

<blockquote>
þá kvaþ þat Heimdallr,　　hvítastr ása,<br>
visse vel fram　　　　　　sem vaner aþrer.
</blockquote>

Man darf nicht übersetzen: „Er wusste wol die Zukunft wie andre Wanen" und schliessen: also war Heimdall eigentlich ein Wane (Mogk, Grdr. 1, 1057), sondern „wie sonst die Wanen", eine Konstruktion, die bekanntlich im Griech. ganz gewöhnlich ist; vgl. Gering, Glossar S. 8 s. v. *annarr*. Heimdall heisst auch *Vindhler* SE. 1, 266 u. 500, d. h. der den Wind stillt. Unklar ist sein Name *Hallinskíđi* SE. 1, 100. Seltsamer Weise stehen die Namen *Heimdali* und *Hallinskíđi* auch unter den Bezeichnungen des Widders (SE. 1, 589 u. 588), ohne dass ein Grund dafür ersichtlich ist. Über Heimdall Uhland, Schriften 6, 14; Müllenhoff, Schmidts Zeitschr. f. Geschichte 8, 250 ff.; ZfdA. 30, 245 ff.

2) Kögel, Indogerman. Forschungen 4, 313 erklärt *hai-mo* als *m*-Ableitung neben *hai-do*, Glanz, *hai-dro*, glänzend, heiter. Vgl. fries. *hêmliacht*, Hell-Licht; somit ist Heimdallr der Hellstrahlende, nicht der über die Welt Strahlende.

3) So erklären E. H. Meyer, Myth. 228 und Noreen, fornnordisk religion, mytologi och teologi S. 7 den Gott.

brand.[1]) Snorri entwirft aus den vereinzelten Zügen dieses Gesamtbild von ihm:

Heimdall heisst einer; er wird der weisse Ase genannt und ist gross und heilig. Er wurde von neun Jungfrauen geboren, die alle Schwestern waren. Er führt auch den Namen Hallinskidi und Gullintanni. Seine Zähne sind von Gold; sein Ross heisst Gulltopp. Er wohnt bei der Brücke Bifrost an dem Orte, der Himinbjorg heisst. Da er der Wächter der Götter ist, so sitzt er dort am Rande des Himmels, um die Brücke gegen die Bergriesen zu hüten. Er bedarf weniger Schlaf als ein Vogel und sieht bei Nacht ebenso gut als bei Tag, hundert Meilen weit. Er kann auch hören, dass das Gras auf der Erde und die Wolle auf den Schafen wächst, sowie überhaupt alles, was einen Laut von sich gibt. Er besitzt das Horn, welches *Gjallarhorn* heisst, und seinen Ton kann man in allen Welten hören.[2])

Unter den himmlischen Hallen, welche das Grimnirlied aufzählt, wird Himinbjorg als die dem Heimdall geweihte bezeichnet; in behaglichem Hause trinkt dort der Wächter der Götter vergnügt den guten Met. Snorri (Gylfag. Kap. 17) fügt hinzu: Dieser Saal steht am Rande des Himmels am Brückenkopfe, wo Bifrost den Himmel erreicht. Unter „Himinbjorg“, den Himmelsbergen sind wol Berge zu vermuten, die hoch in den Himmel hineinragen.[3]) Bedenkt man, dass die Riesen im Hochgebirge hausen und von hier aus nach dem Reiche der Himmlischen spähen, so begreift man, dass über und auf den höchsten Gipfeln von den Göttern ein Wächter eingesetzt ist, der täglich aufs neue mit dem anbrechenden Lichte die Nachtunholde verscheucht und endlich, da das Unheil nimmer abzuwenden ist, mit Horneston zum Kampfe ruft.

Über sein Wächteramt, das ihn zum ständigen Ausharren in allen Unbilden des Wetters zwingt, spottet Loki, in Urzeiten sei ihm ein leidiges Loos auferlegt worden, immer müsse er mit feuchtem Rücken sein und wachen als Wächter der Götter.[4]) Als Wächter führt Heimdall ein Horn. Sein Ertönen ist vom Weltbaum ab-

---

1) Nach Ulf Uggason, Húsdrápa und Gylfag. Kap. 49.

2) Gylfag. Kap. 27.

3) Himmelberge sind hohe, in die Wolken reichende Berge, oft als Eigennamen wie an. *himinfjoll*, altdeutsch *himilinberg*, Himmelsberg u. a. Vgl. J. Grimm, Myth. 2, 662 Anm.

4) Lokas. 48.

hängig. Der gellende Ton des Gjallarhornes verkündigt das
Ende; laut bläst er in die Lüfte. Die Weltesche erzittert und
der alte Baum rauscht.[1])

Vom Heimdallsgaldr hat Snorri (Gylfag. Kap. 27) zwei Zeilen
bewahrt, worin der Gott sagt:

> Mädchen neun waren Mütter mir,
> Ich lag neun Schwestern im Schooss.

Im Hyndlalied steht mehr über Heimdalls wunderbare Geburt und Kindheit:

36   Einer wurde                 in der Urzeit geboren,
     Strotzend von Kraft         aus dem Stamm der Götter;
     Es gebaren den Sprossen,    den speerberühmten[2])
     Neun Riesentöchter          am Rand der Erde.

38   Gjalp gebar ihn,            Greip gebar ihn,
     Es gebar ihn Eistla         und Eyrgjafa,
     Es gebar ihn Ulfrun         und Angeyja,
     Imd und Atla                und Jarnsaxa.

[39[3]) Die Erdkraft wars,       die den Edlen ernährte,
     Eiskaltes Meer             und des Ebers Blut.]

[40[4]) Es ward einer geboren,   besser als alle,
     Die Erdkraft wars,         die den Edlen ernährte;
     Als Herrscher, sagt man,   sei der hehrste er,
     Der allen Geschlechtern    vereint durch Verwandtschaft.]

Neun Riesenmädchen sind genannt mit Namen, welche auf
die Eigenschaften der Meereswogen hinzudeuten scheinen, Gjalp
die Brausende, Greip die Umkrallende, Eistla die rasch Dahin-
stürmende, Eyrgjafa die Sandspenderin, Ulfrun die Wölfische, An-
geyja die Bedrängerin, Imd die Dunstige, Atla die Furchtbare,

---

1) Vol. 27, wozu Bugge, Studien 579 und Vol. 46.

2) Über die Bedeutung des Wortes *nadd-gofugr*, eigentlich berühmt
durch Spitze (*naddr* bedeutet eine kleine Spitze oder einen spitzen Keil, dann
Nagel, Geschoss u. s. w.) Roediger, ZfdPh. 27, 8 f.

3) Str. 39 ist ins Hyndlalied eingeschaltet aus dem zweiten Gudrun-
lied 22. Dort passen die Verse allein, da darin von den Bestandteilen eines
Zaubertrankes die Rede ist. Damit fallen alle mythologischen Deutungen von
selbst.

4) Str. 40 ist stark verderbt. Sie kann auch auf Thor gehen, als Sohn
der Jorð (*sá vas aukenn jarþar megne*) und Gemahl der Sif (*sif sifjaþan
sjǫtom gǫrvǫllom*).

Jarnsaxa die mit dem Eisenschwerte (die schneidende Kälte).
Auch der Meeresgöttin Ran sind neun Töchter zugeschrieben.[1]) Die
Neunzahl bezieht sich auf den Seemannsaberglauben über die Auf-
einanderfolge von Wellen verschiedener Stärke und Färbung, wie
er noch heute vorkommt. Darf man die neun Mütter Heimdalls
mit den neun Wogenmädchen gleichsetzen, so wäre der Gott als
Sohn der Meereswellen bezeichnet und vielleicht zu deuten als
der am Himmelsrand übers Meer aufleuchtende Tag. Die Strophen
entstammen der kleinen Vǫlospǫ́, welche in Trümmern ins Hyndlalied eingesprengt ist. Dieses Gedicht ist ziemlich jung. Will
man die mythische Deutung gelten lassen und versteht man unter
den Riesinnen am Himmelsrand Wogenmädchen, so wäre wol
ost- oder südisländischer Ursprung der Sage anzunehmen, da für
die dort Ansässigen der Tag aus den Meereswogen auftaucht.
Denkt man aber unter den neun Riesinnen Bergbewohnerinnen,
dann könnte die Sage in Norwegen entstanden sein: am Himmelsrand auf Bergen wird der junge Tag geboren.

Heimdall wird einmal der dümmste der Asen (*heimskastr ása*)
genannt.[2]) Ob dieser Vorwurf in alter Sagenüberlieferung begründet
war, ob Heimdall zu den „Vertretern des Stumpfsinns" im Götterkreis etwa gleich Hoenir gehörte, oder ob nur ein boshaftes Wortspiel mit seinem Namen vorliegt, lässt sich nicht entscheiden.
Heimdall heisst bei den Skalden Feind des Loki (*Lokadólg*),
Sucher des Halsbandes der Freyja (*mensœkir Freyju*), Besucher
der Wogenklippe und des Singasteines (*tilsœkir Vágaskers ok Signa-
steins*). Dort nämlich kämpfte er mit Loki um das Brisingamen,
das Halsband der Göttin. Dabei waren beide in Robbengestalt.[3])
Der Skald Ulf Uggason behandelte diese Sage in einem längeren

---

1) Die Töchter der Ran SE. 1, 500; ihre Namen sind freilich von denen
der Heimdallsmütter durchaus verschieden. Über den Seemannsglauben der
heutigen Isländer Jón Árnason, þjóðsögur 1, 660; deutsch bei Lehmann-Filhés,
Isländische Volkssagen, Neue Folge, Berlin 1891, S. 35. W. Müller, Geschichte
und System der altdsch. Rel. S. 229 deutete zuerst die Heimdallsmütter als
Töchter der Ran, was Müllenhoff, Schmidts Zeitschrift f. Geschichte 8, 251
billigte.

2) Im sögubrot af nokkrum fornkonungum Kap. 3 (Fornaldar sögur 1,
373); auch im Corpus poeticum boreale 1, 125. Kauffmann, Beiträge 18, 173
knüpft weitgehende Folgerungen daran. Nach Bugge, Studien 37 Anm. 1
muss statt „*heimdallr*" „*havðr*" gelesen werden; Hod, Baldrs Bruder sei
gemeint.

3) Skáldsk. Kap. 8 SE. 1, 264.

Gedicht, wovon nur wenige Verse erhalten sind: der erfahrene berühmte Wächter des Götterpfades rang am Singastein mit dem verschlagenen Sohne des Farbauti, bevor der mutige Sohn der neun Mütter die schöne Meerniere (das aus Bernstein oder Perlen bestehende Geschmeide) gewann.[1]) Die zu Grunde liegende Sage erschliesst Müllenhoff[2]) also: „Nach einer schon aus dem 10. Jahrh. durch die Húsdrápa vollständig bezeugten nordischen Überlieferung stahl Loki das Brísingamen und verbarg es hinter oder auf einer Meeresklippe fern im Westen, wie man der nordischen Anschauung gemäss annehmen muss, aber Heimdall, der allezeit am Rande des Himmels wachende Hüter des Zugangs zum Reiche der Götter, schlich sich hinzu in Robbengestalt und brachte es nach einem Streit mit dem in gleiche Gestalt verwandelten Loki der Freyja wieder.“ Müllenhoff deutet: „Der Morgenröte tritt die Abendröte gegenüber. Mit der Abendröte hat Loki der am Morgen erschienenen Göttin das Halsband gestohlen. Der Gott aller Frühe bringt es zurück. Die Robbengestalt ist nur Hülle der wahren Gestalt der zwei Götter.“ Die alte Feindschaft kommt beim letzten Weltkampfe zum Austrag, wo die beiden wieder einander gegenüber stehen. Darein ist eine wunderliche Schwertsage verflochten.

Heimdall wird ein Schwert zugeschrieben, „hofud“, Haupt genannt. Damit hat es eine besondere Bewandtniss, die zweifellos im verlorenen Heimdallsgaldr erklärt wurde. Thatsache ist, dass die Skalden in ihrer Bildersprache die Begriffe „Heimdalls Schwert“ und „Haupt“ gleichwertig gebrauchen. Das geht deutlich aus Snorris Worten hervor: „Heimdalls Schwert heisst Haupt, so ist gesagt, dass er von einem Manneshaupte durchbohrt wurde. Davon ist im Heimdallsgaldr geredet und dann wird „Haupt“ der Tod Heimdalls genannt; denn das Schwert ist des Mannes Tod.“[3]) Die Skalden haben aus dem Wortspiel Nutzen gezogen; sie setzen „Haupt“, den Namen für den Begriff Schwert ein, und dadurch entsteht eine recht dunkle und schwierige Kenning. Statt einfach zu

---

1) SE. 1, 268.
2) ZfdA. 30, 228.
3) Über Heimdalls Schwert SE. 1, 100; 264; 538; zur Deutung Müllenhoff, ZfdA. 30, 252 ff., wo folgender Wortlaut als ursprünglich angesetzt wird: [*Heimdallar sverð hofuð heitir, svá er sagt, at hann var lostinn manns hofði ígognum.*] *um þat er kveðit í Heimdallar galdri, ok er síðan kallat hofuð miotuðr Heimdallar: sverðit heitir manns miotuðr.*

sagen: Heimdall wurde vom Schwerte durchbohrt, heisst es: Heimdall wurde vom Haupt durchbohrt. Nach beliebter Skaldenart wird mit dem Begriff „*Haupt*", der ja nur unter ganz bestimmten Verhältnissen Schwert ausdrücken kann, gespielt. Grettir will einmal sagen: ich werde mein Haupt bergen; dafür gebraucht er das verschrobene Bild: ich werde „Heimdalls Schwert" bergen.[1]) Wird nach dem verlorenen Liede Heimdall von „Haupt" durchbohrt, so kann damit nur gemeint sein: er fällt durch seine eigene Waffe. Im letzten Kampf ficht Loki, der alte Feind des Gottes, mit Heimdall und beide töten sich gegenseitig. Danach muss man annehmen, Loki führt in diesem Kampfe „Haupt", das auf irgend welche Weise in seine Hand kam. Götter und Helden erliegen oft nur einer einzigen, bestimmten Waffe, die ihnen selbst gehörte, die der Gegner listig sich erwarb. Vielleicht war es auch mit Heimdall so. Müllenhoff hat sich bemüht, das Rätsel mit Hilfe dieser Sage zu lösen. Sein Ergebniss entbehrt freilich überzeugender Beweiskraft. Aber vorläufig ist es die einzige, annehmbare Auslegung. Die verlorene Sage, aus welcher die seltsame Kenning „Haupt" gleich „Heimdalls Schwert" geflossen ist, erschliesst er so: Hauptschwert, das überlegene, vorzüglichste Schwert heisst Heimdalls Waffe. Er führt es lange, bis es in die Hand seines Feindes, des Loki übergeht. Mit gewechselten Waffen fechten die Gegner den letzten Kampf aus, und vom eigenen Schwert durchbohrt fand Heimdall den Tod. So mag im verlorenen Lied erzählt worden sein.

Hohe und niedere Kinder Heimdalls heissen die Menschen. Man erinnert sich, dass schon die Germanen zur Zeit des Tacitus die vornehmsten Volksstämme als Abkömmlinge des höchsten Gottes betrachteten. An die Vorstellung, dass Heimdall der Stammvater des Menschengeschlechtes sei, knüpfte um 900 ein norwegischer Dichter an und erzählte, wie Heimdall unter dem Namen *Rig* die Welt durchwanderte, bei drei Ehepaaren nach einander einkehrte und die drei Stände, Knechte, Bauern, Jarle, die vortrefflich und anschaulich geschildert werden, erzeugte. Aus dem Adel erhebt

---

1) In der erst um 1300 niedergeschriebenen, mit romantischen und fabelhaften Bestandteilen versetzten Grettissaga, in welcher auch die vísur meist jung sind, heisst es: *verð ek Heimdala at hirða hjǫr; bjǫrgom svá fjǫrvi.* Die fragliche Strophe, da sie auch in der Landnáma (Islendinga sögur 1, 231) steht, ist aber vermutlich eine der wenigen älteren. Vgl. Gudbrand Vigfusson, Corpus poet. bor. 2, 114.

sich der König, in welchem die menschliche Ständeordnung gipfelt.
Das Gedicht scheint zur Verherrlichung Haralds des Schönhaarigen
verfasst, der das norwegische Königtum zu bisher ungekanntem
Ansehn brachte. In Norwegen herrschte also jedenfalls im 10. Jahrhundert der Glaube, dass Heimdall die Menschen erzeugt und in
Stände geordnet habe. Das Bestehende wird auf göttliches Gesetz zurückgeführt.[1])

Das Geheimniss, in das Heimdall gehüllt ist, würde vielleicht
ähnlich wie bei Baldr aus fremden Einwirkungen Aufhellung erfahren. Der Schwertgott auf den Himmelsbergen mahnt an den
das Paradies mit dem Schwert hütenden Engel. Heimdalls Kampf
mit Loki vergleicht sich dem Kampfe Michaels mit dem Drachen
oder Satan. Auch dass Heimdall bläst, wenn Surtr naht, erinnert
an das Horn des Engels beim jüngsten Gericht.[2]) Nicht Heimdalls Wächteramt und Hornblasen an und für sich soll aus fremden
Einflüssen erklärt werden, aber dass er am Eingang des Himmels
wacht und zum Gericht bläst. Dass an eine nordische Göttergestalt christliche Engelsvorstellungen sich anschlossen, ist sehr
wol möglich. Ist einmal die Frage über fremde Einflüsse in der
nordischen Mythologie entschieden, so dürfte wol auch Heimdalls
Gestalt deutlicher vor uns treten.

## VI. Balder.

### I. Seine Art und Erscheinung.

Baldr, der Leuchtende [3]) weist schon in seinem Namen auf
seinen Ursprung, er ist ein Lichtgott wie Heimdall und Tiuz. Er

---

1) Vol. 1 bittet die Wolwa um Gehör *allar helgar kinder meire ok minne
mǫgo Heimdallar*. Über die Rígsþula Finnur Jónsson, Litteraturshistorie 1, 186 ff.

2) So J. Grimm, Myth. 3, 81; Bugge, Studien 17 behauptet: St. Michael
wird zu Heimdall umgewandelt, ohne den Gedanken weiter auszuführen. Die
Deutungen E. H. Meyers, Völuspa 17, 21, 26 treffen schwerlich das Richtige;
doch verdient die Vergleichung der Geburt Heimdalls mit der Christi Beachtung. H. Falk, aarböger f. nord. oldkyndighed 2, 6 (1891), S. 270 Anm.
glaubt, man habe Heimdall mit einem Widderkopf sich vorgestellt. Deshalb
heisse der Widder auch *heimdalli* und andererseits der Gott nach dem Widder
*hallinskíđi*. Des Widders Haupt ist seine Waffe, sein Schwert, daher ist
„*hofuđ Heimdallar sverđ*“. Der widderköpfige Heimdall ist dem *corniger
Ammon*, dem gehörnten Juppiter, nachgeahmt.

3) Eine idg. Wurzel „*bhal*“ liegt im griech. φαλός und φάλιος, weiss,

ist ein kühner Ritter, seines Rosses Huf weckt Quellen auf; aus solcher Sage stammt wol der Name Baldersbrönd, Baldrs Brunnen in Seeland. Saxo erzählt freilich nur, Balder habe nachgraben lassen und neue Quellen eröffnet.[1]) Das Ross folgt dem toten Gott auf den Holzstoss. Baldr besitzt auch ein Schiff. Von seinen Waffen ist nirgends die Rede. Ist er aber aus Tiuz abgezweigt, so gebührt ihm das Schwert und der Goldhelm. Baldr ist der Sohn Odins und der Frigg. Wali-Bous und Hermod werden als Odins Söhne Baldrs Brüder genannt. Als Ase ist auch Hod Odins Sohn (SE. 1, 554 u. 556), aber nirgends wird er als Bruder Baldrs betont, was namentlich bei Baldr und Wali-Bous geschieht.

In Breidablik (Breitglanz) hat Baldr sich den Saal erbaut; in diesem Lande herrschen die wenigsten Frevel.[2]) Von dem Beherrscher des strahlenden Glanzes sagt Snorri: Ein Sohn Odins ist Baldr der Gute und von ihm ist nur Gutes zu berichten. Er ist der beste Gott und alle loben ihn. Auch ist er so schön von Ansehn und so weiss, dass ein heller Glanz von ihm ausgeht. Darum hat man auch eine Blume, die weisser ist als alle übrigen, mit Baldrs Wimper verglichen. Darnach mag man sich vorstellen, wie schön sein Haar und sein Körper beschaffen sind. Er ist der weiseste der Asen, versteht am schönsten zu reden und übt am

glänzend, vor und bildete wol auch ein germanisches Adjektiv *balaz, got. *bals, in der schwachen Form bala als Rossname wie griech. φάλιος gebräuch-lich. Vgl. den Rossnamen „belche" = bläss. Im Ags. begegnet Bældæg, heller Tag. Ein idg. bhaltos 1) hell, schimmernd, glänzend; 2) schnell, kühn, zeigt sich in lit. baltas, weiss, germ. balþaz, kühn. Aus bhal-tr' wird germ. baldr, der Leuchtende, Licht verbreitende. Ob in dem German. baldr die beiden Bedeutungen „hell" und „schnell" vorlagen, woraus der kühne Lichtgott und der Fürst (an. baldr, ags. bealdor) unabhängig erwuchsen, ob der Göttername in der ags. und an. Dichtung zum Hauptwort für König, Fürst herabsank, lässt sich nicht sagen. Vgl. E. Schröder, ZfdA. 35, 237 ff. Die Wurzel zeigt sich germ. in mehreren Ableitungen: 1) bhal-os, φαλός, balaz, got. bala, ags. bœl, ahd. bal, pal in Eigennamen; 2) bhal-nós in Eigennamen wie Ballo, Ballomer; 3) bhal-tos, lit. baltas, germ. balþaz, got. balþs, an. ballr, ahd. bald; 4) bhal-tr', germ. baldr, an. baldr, ags. bealdor, ahd. balder. Zur Baldrsage kommt vor allem die Schrift von Bugge, Studien über die Entstehung der nordischen Götter- und Heldensagen, München 1889, S. 34/313, auch wenn man ihren Ergebnissen nicht beipflichtet, als die wichtigste und wertvollste sagengeschichtliche Arbeit in Betracht.

1) P. E. Müller in der Ausgabe des Saxo S. 120 führt an, die dänische Volkssage dieses Jahrh. lasse den Quell dadurch entspringen, dass Balders Pferd mit seinem Hufe scharrte. Vgl. Thiele, danske folkesagn 2, 341.

2) Grímn. 12.

liebsten Barmherzigkeit; doch ist das Eigentümliche dabei, dass keiner seiner Urteilssprüche in Kraft bleibt. Er wohnt an dem Orte, der Breidablik heisst; der ist am Himmel belegen und an jener Stätte darf nichts Unreines sich finden.[1])

## 2. Die norwegisch-isländische Baldrsage.

Die Wolwa sagt: Ich sah Baldr, dem blutigen Gotte, Odins Sohne das Schicksal entschieden: es stand hoch über dem Feld gewachsen die schöne schlanke Mistel (*mistel-teinn*). Aus diesem Stamme, der dünn aussah, ward ein gefährliches Unglücksgeschoss; Hod that den Schuss. Bald aber wurde Baldrs Bruder geboren, eine Nacht alt kämpfte Odins Sohn. Er wusch nicht die Hände, noch kämmte er das Haupt, bevor er Baldrs Feind auf den Holzstoss brachte. Frigg klagte über Walhalls Weh in Fensalir (Vol. 32/4). Wie die Seherin von der neuen Welt und ihrer Herrlichkeit Kunde gibt, da sagt sie:

Vol. 62. Auf unbesätem Acker    werden Ahren wachsen,
        Alles Böse schwindet,    denn Baldr erscheint.
        Hropts Siegesburg    beziehen Hod und Baldr.

Die in der früheren Welt sich befehdet und ums Leben gebracht, wohnen versöhnt und einträchtig nachmals bei einander. Die Liebe hat den wilden Hass überwunden. Dass Loki Baldrs Tod verschuldet, wol dadurch, dass er dem blinden Hod das Geschoss gab und das Ziel wies, geht aus seinen prahlenden Worten der Frigg gegenüber hervor: ich hab's verschuldet, dass du Baldr nimmer zur Burg reiten siehst (Lokas. 28). Ein besonderes nach der Vǫlospǫ́ und Þrymskviþa verfasstes Lied, das aber vielleicht doch noch ins 10. Jahrh. fällt[2]), erzählt von schlimmen Träumen, welche Baldr plagten. Da ritt Odin zur Hölle und weckte die Wolwa aus dem Grabe, um die Zukunft zu erfragen. Für Baldr steht in den Sälen der Hel der Met gebraut, für ihn sind die Bänke mit Ringen bedeckt, die Dielen mit Gold belegt. Die Asen sind aller Hoffnung bar. Hod sendet den Baldr zur Hel, doch Wali, den Rind dem Odin im Westen gebiert, wird eine Nacht

---

1) Gylfag. Kap. 22; nach Bragar. Kap. 2 darf Skadi einen der Götter zum Manne wählen, aber nur die Füsse sehen. Sie nimmt den mit den schönsten Füssen, in der Hoffnung, es sei Baldr. Es ist aber Njord.

2) Über das Alter von Baldrs Draumar vgl. Finnur Jónsson, Litteraturshistorie 1, 148.

alt Hod zum Holzstoss bringen und Baldr rächen. Das ist der Wolwa Weissagung.

In der zwischen 980 und 990 verfassten Húsdrápa beschrieb der Skald Ulf Uggason Baldrs Leichenbrand, wie Freyr auf seinem goldborstigen Eber, Heimdall auf seinem Hengste heranritt. Odin kam angeritten von Raben und Walküren begleitet. Die Riesin (Hyrrokin) machte das Schiff, auf dem Baldr lag, flott, aber Odins Berserker brachten ihr Reittier (den Wolf) zu Fall. Im Preislied auf Eirik (um 950) sagt Odin: Alle Bankdielen erkrachen, als ob Baldr zurück zu Odins Sälen kehrte. Diese Stellen zeigen, dass die Sage von Baldr im 10. Jahrh. allbekannt und beliebt war, alle wesentlichen Züge, welche Snorris schöner Bericht zusammenfasst, stehen schon in der älteren Skaldendichtung fest. Aus dem Ende des 12. Jahrh. stammt eine Strophe des Bischofs Bjarni Kolbeinsson auf den Orkneys, worin erwähnt wird, dass alle Wesen über den toten Baldr weinten.[1]) In der Wissenswette, welche Odin mit Wafthrudnir eingeht, fragt er zuletzt:

> Was sagte Odin ins Ohr dem Sohne,
> Ehe man ihn auf den Holzstoss hob?[2])

Niemand weiss das Geheimniss, als Odin allein. Nirgends wird der Schleier gelüftet und Deutungen sind müssig. Im Lied von Hyndla 30 taucht die junge, gelehrte Meinung auf, wie Baldr auf den Holzstoss sank, sei die Zahl der Asen auf elf herabgesunken. Wali rächte Baldr und erschlug seines Bruders Mörder.

In den isländischen Quellen tritt Baldr vor allem als der leidende Gott auf. Sein Tod ist das Vorspiel zum Untergang der Götter. Umso wertvoller im Verein mit dem, was Saxo von Baldr weiss, sind solche Stellen, nach denen Baldr als kühner Held, nicht bloss als sterbender Unschuldsgott erscheint. Dem lästernden Loki hält Frigg entgegen:

> Lokas. 27 Hätt ich innen          in Agirs Halle
> Einen Sohn von Baldrs Sinn,
> Den Ausgang nicht fändst du  von der Asen Kindern,
> Eh du zornig den Zweikampf erprobt.

---

1) *Hotvetna grét — býsn þótti þat — Baldr ór helju*, Hrafns saga biskups in biskupa sögur 1, 648; *grátaguð*, „den beweinten Gott", nannten die Skalden Baldr nach SE. 1, 260; im Lied auf Ivar Viðfaðmi (Fornaldar sögur 1, 373) ist Baldr der, den alle Götter beweinten.

2) Vafþr. 54; ebenso fragt Odin-Gest König Heidrek in der Hervarar-saga (Bugges Ausgabe S. 263).

Im Lied auf Iwar Widfadmi wird der tapfere Halfdan mit Baldr verglichen, woraus zu schliessen ist, dass auch Baldr für heldenkühn galt.[1]

Baldr wurde von gefahrdrohenden Träumen geängstigt und sagte es den Asen. Da nahm Frigg alle Dinge in Eid, dass sie Baldr nicht schadeten, Feuer, Eisen und Wasser, Erze und Steine, Bäume und Krankheiten und Tiere, Vögel und giftige Würmer. Als nun dieses geschehen war, begannen die Asen ein Spiel mit Baldr: er stellte sich auf den Thingplatz und nun sollten die einen nach ihm schiessen, die andern nach ihm schlagen, die dritten ihn mit Steinen werfen. Nichts von alledem that ihm Schaden. Als Loki dies sah, gefiel es ihm übel. Er nahm die Gestalt eines Weibes an, begab sich zu Frigg nach Fensalir und fragte, ob sie wisse, was die Götter auf dem Thingplatze vornähmen. Sie erwiderte, dass alle nach Baldr schössen, dass er aber nicht verletzt werden könne. Weder Waffen noch Bäume können Baldr den Tod bringen, sagte Frigg, denn von allen habe ich Eide empfangen. Da fragte die Frau: Haben alle Dinge Eide geleistet, Baldr zu schonen? Da antwortete Frigg: Ein Pflanzenschössling wächst im Westen von Walhall, der Mistelteinn heisst; dieser schien mir zu jung, um ihn in Eid zu nehmen. Da entfernte sich die Frau, Loki aber ging hin, fasste den Mistelzweig und riss ihn heraus. Dann ging er zum Thingplatz. Hod stand ganz hinten im Kreise der Männer, denn er war blind. Da sprach Loki zu ihm: Weshalb schiessest du denn nicht nach Baldr? Jener erwiderte: Weil ich ihn nicht sehen kann und überdies keine Waffe habe. Loki sprach: Thue wie die andern Männer auch und schiesse nach Baldr, ich werde dir die Richtung weisen. Schiesse auf ihn mit dieser Gerte. Hod nahm den Mistelzweig und schoss nach Baldr und durchbohrte ihn. Baldr fiel tot nieder. Das ist das grösste Unglück bei Göttern und Menschen. Die Asen waren sprachlos und vermochten keine Hand zu regen, einer schaute den andern an, und es erfasste sie Grimm wider den, der das veranlasst hatte, doch konnten sie an der Friedenstätte nicht Rache üben. Alle waren vom heftigsten Schmerz ergriffen, am meisten Odin; gesprochen wurde nicht, desto mehr geweint. Als die Götter zu sich kamen, fragte Frigg, wer von den Asen sich dadurch

---

1) *Hverr es Halfdán Snjalli með ásom? hann vas Baldr með ásom es oll regin gréto*; Fornaldar sögur 1, 373; Corpus poeticum 1, 124.

ihre Huld erwerben wolle, dass er nach Hels Reich hinunter ritte, um Baldr durch Lösegeld zurückzuerlangen. Hermod, Odins Sohn, machte sich auf und ritt auf Sleipnir hinab. Die Asen nahmen Baldrs Leiche und führten sie zur See. Hringhorni hiess Baldrs Schiff, aller Schiffe trefflichstes. Das wollten die Götter flott machen, um Baldrs Holzstoss darauf zu schichten; aber das Schiff ging nicht los. Da wurde aus Riesenheim die Riesin Hyrrokin entboten. Sie ritt auf einem Wolf, Schlangen dienten ihr zu Zäumen. Sie stieg ab, Odin rief vier Berserker, das Tier zu halten. Sie vermochten es nicht anders, als dass sie es nieder warfen. Hyrrokin trat zum Vordersteven und stiess das Schiff beim ersten Anstemmen heraus, dass Feuer aus den Rollen fuhr und alle Lande erbebten. Da wollte sie Thor mit dem Hammer schlagen, doch die Götter erbaten ihr Frieden. Nun ward Baldrs Leib aufs Schiff gehoben, und als Nanna, Neps Tochter, seine Frau das sah, brach ihr vor Leid das Herz. Da wurde auch sie auf den Holzstoss gelegt. Thor weihte den Scheithaufen mit dem Hammer Mjolnir und stiess den Zwerg Lit, der vor ihm vorbei rannte, mit den Füssen ins Feuer. Zu diesem Leichenbrand kam vielerlei Volk: zuerst Odin, mit ihm Frigg, die Walküren und Raben, Freyr auf einem Wagen mit dem Eber Gullinbursti oder Slidrugtanni, Heimdall ritt auf seinem Hengste Gulltopp, Freyja kam mit ihren Katzen. Auch Reiffriesen und Bergriesen waren zugegen. Odin legte den Goldring Draupnir auf den Holzstoss, dem nachher die Eigenschaft wurde, dass jede neunte Nacht acht gleiche Ringe herabträufelten. Baldrs Ross mit allem Reitzeug wurde auf den Scheiterhaufen geführt. Hermod ritt neun Nächte durch dunkle und tiefe Thäler, bis er zum Fluss Gjoll kam, über den eine goldene Brücke führte. Modgud bewachte die Brücke, sie sprach: Gestern ritt Baldr mit fünfhundert Begleitern über die Brücke; nicht weniger kracht die Brücke, wenn du allein sie betrittst. Dann ritt Hermod zum Höllengitter, dort sattelte er sein Ross fester und gab ihm die Sporen, dass der Hengst hinübersetzte, ohne mit den Hufen anzustreifen. Hermod trat in die Halle und erblickte seinen Bruder auf dem Hochsitz. Er verweilte eine Nacht. Am andern Morgen verlangte Hermod von der Hel, Baldr sollte mit ihm heimreiten, und er sagte, wie sehr die Asen um ihn klagten. Da sprach Hel, sie wolle versuchen, ob wirklich Baldr so sehr geliebt werde. Wenn alle Dinge, lebende und tote, ihn beweinten, dann solle er zu den Göttern

zurückkehren, wenn aber jemand nicht weinen wolle, dann müsse
er bei der Hel bleiben. Da erhob sich Hermod, Baldr sandte
Odin den Ring Draupnir zum Andenken, Nanna der Frigg ein
Kopftuch, der Fulla einen goldenen Fingerreif. Da ritt Hermod
heim nach Asgard und erzählte, was er ausgerichtet. Die Asen
forderten nun alle Welt auf, Baldr aus der Hölle loszuweinen,
und alle Wesen weinten, Menschen und Tiere, Erde und Gestein,
das Holz und alles Metall (wie du selbst gesehen haben wirst,
dass diese Dinge alle weinen, wenn sie aus der Kälte in die
Wärme kommen). Doch in einer Berghöhle sass eine Riesin, die
nannte sich Thokk. Auch diese forderten die Götter auf, Baldr
aus der Hölle loszuweinen; sie aber sprach:

> Mit trocknen Thränen        wird Thokk beweinen,
>           Dass Baldr den Brandstoss bestieg;
> Im Leben nicht bracht er      noch als Leiche mir Nutzen:
>           Behalte Hel, was sie hat.

Das Weib aber war Loki, der das meiste Böse unter den Asen
vollbrachte.

Snorris Bericht ist vermutlich auf poetische Darstellung ge-
gründet, wie die mitgeteilte Strophe und einige Spuren von Stabreimen in der Prosa beweisen.[1] Seine Erzählung lässt sich Zug
für Zug aus den heidnischen Skaldengedichten belegen und hat
darum Gewähr der Echtheit. Nur dass alle Wesen um Baldr
weinten, steht erst bei einem christlichen Skalden, beim Bischof
Bjarni. Hermods Höllenfahrt, die damit zusammenhängt, bezeugt
nur Snorri. Sicher schloss sich unmittelbar die Erzählung von
der Blutrache an, wie Odin mit Rind den Wali erzeugte, der
Hod, Baldrs Mörder zum Holzstoss brachte. Vermutlich folgte
auch Lokis Strafe, die Fesselung, welche die Voluspǫ und Snorri
(K. 50) an Baldrs Tod anschliessen. Denn das ist die grösste
Unthat, die Loki beging, und darum traf ihn Fesselung, in der
er ausharren muss bis zum Weltende. Solange Hod der allein
verantwortliche Töter Baldrs ist, hat die Sage nur von Blutrache
an ihm zu berichten. Aber sobald Loki eingreift, verlangt die

---

1) Gylfag. Kap. 49; Bugge, Studien S. 51 Anm. stellt aus Friggs Worten
zwei Halbstrophen her:

| Munat vǫpn Baldri | vex viđar teinungr |
| né viđir granda, | fyr vestan hǫll, |
| hefk af ǫllum | ungr sá þottumk |
| eiđa þegna. | eiđs at krefja. |

Gerechtigkeit seine Bestrafung und lässt entsprechend Hod zu-
rücktreten, von dem die isländischen Quellen gar nichts Bemerkens-
wertes mehr wissen.

## 3. Die Baldersage bei Saxo.

Umso mehr tritt Hotherus bei Saxo hervor, welcher im
3. Buche die Baldrsage folgendermaassen berichtet:

Hotherus, ein schwedischer Königssohn, der nach Hiartvarus
König von Schweden und Dänemark wurde, zeichnete sich · in
seiner Jugend durch Körperkraft, Schönheit und Meisterschaft in
allerlei Saitenspiel aus. Der Jüngling, der sich vor seinen Alters-
genossen durch Stärke und Kunstfertigkeiten hervorthat, wuchs
in der Hut des norwegischen Königs Gevarus auf. Seine Tochter
Nanna liebte den Hotherus um seiner Vorzüge willen. Es geschah,
dass Balderus, Odins Sohn, Nanna beim Baden erschaute und
durch die leuchtende Schönheit ihres Leibes von unbezwinglicher
Liebe ergriffen wurde. Da beschloss er, den Hotherus, von dem
er eine Störung seiner Wünsche befürchtete, mit dem Schwert
umzubringen, damit seine ungeduldige Begierde nicht durch ein
Hemmniss aufgehalten werde. Ungefähr um diese Zeit verirrte
sich Hotherus auf der Jagd und kam zu einem Hause, wo einige
Waldmädchen (*virgines silvestres*) ihn beim Namen grüssten. Er
fragte, wer sie seien. Sie antworteten, sie hätten über das Kriegsglück zu entscheiden; oft seien sie unsichtbar in den Schlachten
zugegen und gewährten ihren Freunden mit heimlicher Hilfe den
gewünschten Erfolg. Sie könnten nach ihrem Belieben Glück und
Unglück bringen. Sie fügten bei, Balderus sei für Nanna entbrannt, und warnten, ihn mit Waffen anzugreifen, denn er sei ein
Halbgott (*semideus*). Im selben Augenblick verschwand das Haus,
Hotherus sah sich plötzlich im freien Feld. Er wunderte sich und
wusste nicht, dass alles nur Blendwerk war. Bei seiner Rückkehr
erzählte er Gevarus sein Erlebniss und warb um seine Tochter.
Gevarus erwiderte, er würde gern einwilligen, wenn er nicht des
Balderus Zorn durch eine Absage sich zuzöge, da dieser zuerst um Nanna geworben habe. Denn nicht einmal Eisen könne
Balders gefeitem Leibe (*sacram corporis firmitatem*) schaden. Doch
setzte er hinzu, er wisse von einem unter festem Verschluss gehaltenen Schwerte, womit Balderus getötet werden könne. Es
sei im Besitze des Waldgeistes Miming (*hunc a Mimingo sylvarum*

*satyro possideri*). Diesem sei auch ein Armring (*armilla*) zu eigen
mit der wunderbaren Eigenschaft, den Reichtum des Besitzers zu
vermehren. Doch sei der Zugang zu seinem Wohnort den Menschen
sehr beschwerlich. Auf dem grössten Teil des Weges herrsche
stets ungewöhnliche Kälte. Auf einem geschwinden von Hirschen
gezogenen Wagen solle er die kalten Bergjoche durcheilen. Am
Ziel angelangt, solle er sein Zelt so aufschlagen, dass es den
Schatten von Mimings Höhle auffange, doch nicht auch ihn selbst
treffe und dadurch vom Herauskommen abschrecke. So werde
ihm Ring und Schwert zum Lohne werden. Soweit Gevarus.
Hotherus führte die Weisungen genau aus. Tag und Nacht lag
er auf der Lauer. Nachts verdunkelte einmal Mimings Schatten
den Zelteingang, da schlug ihn Hotherus mit dem Speere nieder
und fesselte ihn. Er bedrohte ihn heftig und forderte Ring und
Schwert. Zur Lösung seines Lebens erlegte Mimingus beides.
Froh kehrte Hotherus mit den Beutestücken heim. Nun folgt ein
Kampf mit dem Sachsenkönig Gelderus. Dem Besiegten gewährte
Hotherus mit grosser Milde den erbetenen Frieden. Für Helgo,
König von Halogaland warb Hotherus um Thora, des Finnenkönigs
Cuso Tochter. Inzwischen rückte Balderus mit Heeresmacht in
des Gevarus Land, um Nanna zu fordern. Gevarus verwies den
Freier an die Jungfrau selber, die seinen einschmeichelnden Be-
werbungen widerstand unter dem Vorwand, Menschen und Götter
passten nicht zusammen. Die Götter selber würden oft die Bande
zerreissen, die sie an sterbliche Frauen knüpften. Es kam nun
zum Krieg zwischen Hotherus und Balderus, zwischen Menschen
und Göttern. Auf Balders Seite kämpften Odin und Thor und
der Götter heilige Scharen. Hotherus, mit einer hieb- und stich-
festen Brünne angethan, durchbrach die dichtesten Scharen der
Götter. Thor führte eine Keule (*clava*), der nichts widerstand.
Der Sieg hätte sich den Himmlischen geneigt, wenn nicht Hotherus
den Griff der Keule abgehauen und sie dadurch unbrauchbar gemacht hätte. Nach Verlust dieser Waffe flüchteten die Götter.
Balderus entkam. Die Sieger zerstörten die feindliche Flotte. Ein
Hafen erinnert noch durch seinen Namen an Balders Flucht. Dem
in der Schlacht gefallenen Sachsenkönig Gelderus wurde auf
Schiffen ein Holzstoss gerüstet, seine Asche hierauf feierlich in
einem Grabhügel beigesetzt. Hierauf vermählte sich Hotherus mit
Nanna, dass kein weiteres Missgeschick dazwischen komme. Aber
bald musste er des Glückes Umschlag erfahren, indem er von

Balderus geschlagen wurde und zu Gevarus floh. Um sein lechzendes Heer zu erquicken, liess Balderus tief in den Boden graben und eröffnete neue Quellen. Noch jetzt erhielt sich die Erinnerung an diese Quelle im Namen *Baldersbrönd* (Baldersbrunn bei Roeskilde). Nannas Bild umgaukelte fortwährend den Balderus im Schlafe, wodurch er so schwach wurde, dass er gar nimmer zu Fuss gehen konnte, sondern einen Wagen brauchte. Inzwischen wurde Hotherus nach dem Tode des Hiartvarus zum König von Dänemark eingesetzt. Um den durch seines Bruders Atislus Tod erledigten schwedischen Thron zu gewinnen, war er nach Schweden gezogen. Da kam Balderus mit einer Flotte nach Seeland und die Dänen huldigten nun ihm. Bei des Hotherus Rückkehr aus Schweden kam es zu einer Schlacht, aus der Hotherus fliehen musste. Er gelangte nach Jütland und gab dem Ort, wo er sich aufhielt, seinen Namen. Nachdem er den Winter dort verbracht hatte, kehrte er allein nach Schweden zurück. Daselbst berief er die Grossen und erklärte, er sei des Lebens überdrüssig, nachdem er zweimal das Unglück gehabt habe, von Balderus besiegt zu werden. Er sagte ihnen Lebewohl und begab sich auf unwegsamen Pfaden in wüste einsame Gegenden. Sonst hatte Hotherus vom Gipfel eines Berges dem Volke Ratschläge erteilt; wenn sie jetzt kamen, klagten sie bitter über die Abwesenheit und Unthätigkeit des sich verbergenden Königs. Als Hotherus einen entlegenen Wald durchschweifte, kam er zu einer Höhle, wo dieselben unbekannten Mädchen wohnten, welche ihm einst die feste Brünne verliehen hatten. Auf ihre Frage, warum er gekommen sei, nannte er als Grund sein Unglück im Kriege. Er verwünschte sein Vertrauen auf sie und jammerte über sein Unglück; ihm sei anders geschehen, als sie ihm einst verhiessen. Aber die Nymphen erwiderten, er habe, obwol selten siegreich, doch dem Feind dieselben Verluste beigebracht. Übrigens werde ihm der Sieg zufallen, wenn er zuerst von einer Speise, welche Balders Kraft vermehre, geniesse. Da fasste Hotherus Mut, den Krieg gegen Balderus fortzusetzen. Balderus sammelte die Dänen. Mit grossem Verlust wurde beiderseits gestritten, bis die Nacht den Kampf beendigte. Hotherus, der aus Erregung nicht schlafen konnte, ging in der dritten Nachtwache heimlich auf Kundschaft. Als er zum feindlichen Lager kam, sah er drei Jungfrauen (*nymphas*) mit der geheimnissvollen Speise Balders herauskommen. Er folgte im Thau ihren Spuren und erreichte ihr Haus. Auf ihre Fragen gab er

sich für einen Harfenspieler aus und spielte ihnen eine liebliche
Melodie vor. Die Jungfrauen hatten drei Schlangen, aus deren
Gift sie die stärkende Speise zu bereiten pflegten. Aus ihrem
Rachen tropfte Gift in die Speise. Zwei von den Mädchen hätten
ihm aus Barmherzigkeit von der Speise gegeben, wenn nicht die
älteste eingewendet hätte, es sei Verrat an Balderus, seines Feindes
Kraft zu steigern. Er leugnete, Hotherus zu sein, und sagte, er sei
nur sein Knappe. Die gütigen zwei Mädchen schenkten ihm nun
einen glänzenden siegverleihenden Gürtel. Als Hotherus auf demselben Pfade zurückkehrte, begegnete er dem Balderus, dessen
Seite er durchbohrte, so dass er halbtot zur Erde fiel. Als die
That bekannt wurde, erscholl lauter Jubel im Lager des Hotherus,
während die Dänen Balders Geschick betrauerten. Da er seinen
Tod herannahen fühlte, erneuerte er am andern Tage die Schlacht
und liess sich auf dem Bette hinaustragen, um nicht im Zelte
eines unrühmlichen Todes zu sterben. In der Nacht sah Balderus
die Hel (eidem Proserpina per quietem astare aspecta), die ihm
verkündigte, er werde am folgenden Tage in ihren Armen ruhen.
Der Traum ging in Erfüllung, nach drei Tagen starb Balderus an
der Wunde. Er wurde in einem Hügel beigesetzt.

Nun folgt die Geschichte, wie Odin Rind bewältigt, um mit
ihr den Rächer Balders, Bous zu erzeugen. Othinus munterte
seinen Sohn Bous, den er als kriegstüchtig erkannte, zur Rache
an Hotherus auf. Diesem hatten Seher seinen Tod vorausgesagt.
Es kam zur Schlacht, in welcher Hotherus von Bous getötet
wurde. Doch durfte sich Bous seines Sieges nicht freuen, weil
er selber schwer verwundet auf seinem Schild aus der Schlacht
getragen wurde und tags darauf starb.

Saxos Bericht ist nicht immer klar und muss mit Vorsicht
aufgenommen werden. Manches ist in Abzug zu bringen, will
man die von Saxo benützte Sage annähernd wieder herstellen.
Den heidnischen Göttern ist Saxo feindselig gesinnt, was namentlich bei seiner Schilderung Baldrs hervortritt. Er stellt den
Hotherus in die nordische Königsreihe ein, ohne jedoch deshalb
tiefergreifende Änderungen an der Sage vorzunehmen. Aber schon
sein umständlicher, verkünstelter Stil hat allerlei ungeschickte
Zuthaten, Einschaltungen, Umstellungen im Gefolge. Sein Bestreben, die Erzählungen möglichst umfangreich zu machen, verführte ihn zu vielen selbständigen Neuerungen. Als echt erscheinen
etwa diese wesentlichen Züge: Hother und Balder sind feindliche

Nebenbuhler, beide um Nanna, des Gevarus Tochter werbend. Hother, der von Nanna begünstigte, dem Walküren mit weisem Rate hilfreich zur Seite stehen, gewinnt Mimings Schwert, das einzige Waffen, wodurch Balder der Göttliche verwundbar ist. Nachdem das Kriegsglück lange zwischen ihnen geschwankt, erlegt zuletzt Hother mit dem Schwerte den Balder, dem Hel, seines nahen Besitzes froh, vorher erscheint, ehe sie ihn zu sich nimmt. Dem Balder wird ein feierlicher Leichenbrand auf dem Schiff gerüstet (von Saxo auf Gelder, einen Genossen Balders übertragen). In seinem Bruder Bous (an. Búi) ersteht Balder der Bluträcher. Unter die Zusätze und Neuerungen Saxos darf man wol die unnötige Dehnung der Handlung verweisen, die Wiederholungen desselben Zuges z. B. der Erscheinung der Walküren, den liebeskranken, schmachtenden Balder und seine kräftigende Speise, die wiederholten Schlachten, die Kundschaft Hothers in Gestalt eines Harfenspielers u. dgl.

In seinen Untersuchungen über Saxos Quellen verficht Axel Olrik [1] den Grundsatz, dass Saxo aus verschiedenartigen Vorlagen seine Darstellung entnahm, so auch hier aus einer in Dänemark heimischen Sage von Balder und Hoder und aus einer norwegischen Hodersaga. Die dänische Überlieferung, an einige Ortsnamen geheftet, bot wenig Einzelheiten, sie beschränkte sich auf einen kurzen Bericht über die Feindschaft zwischen Balder und Hoder und von Balders Tod. Die norwegische Hodersage aber war mit all den bunten Zügen ausgeschmückt, welche den mythischen Sagen, den sog. Fornaldarsögur, eignen. Die Hauptunterschiede vom isländischen Bericht liegen darin, dass der Kampf unter den Menschen vor sich geht, dass die Götter wie Menschen mitkämpfen und dem Helden der Sage weichen, dass Hoder der Held der Sage ist, dass Nannas Besitz die Triebfeder der Handlung bildet. Für die mythische Verwertung des Inhaltes macht es übrigens keinen wesentlichen Unterschied, ob Saxo oder ein Sagaschreiber, sein Gewährsmann, für die mancherlei Zuthaten und Umänderungen oder auch für Erhaltung älterer Züge verantwortlich ist.

---

1) Sakses oldhistorie, norröne sagaer og danske sagn, Köbenhavn 1894, S. 13 ff.

## 4. Vergleichung der beiden Baldrsagen.

Wie verhalten sich die zwei verschiedenen Berichte in den isländischen Quellen und bei Saxo zu einander? Neuerdings bricht sich die Anschauung Bahn, dass Saxo die ältere Sagenform bewahre. Die jüngere isländische Überlieferung hat demnach Zusätze und Änderungen eingeführt. Balder kämpft mit Hother um den Besitz der Nanna; Nanna, die Kühne[1]) ist eine Frauengestalt wie etwa Hilde, die Streit unter tapfern Helden veranlasst. Balder erliegt nur einer bestimmten Waffe und wird von seinem Bruder gerächt. Die jüngere Sage führt Loki ganz neu ein. Loki verkörpert das Böse unter den nordischen Göttern, daher musste er auch diese Unthat übernehmen. Dass Loki aber dem späten nordischen Heidentum angehört und im Teufel sein Vorbild hat, ist sehr wahrscheinlich; ebenso dass Baldr in der isländischen Sage Züge von Christus annahm.[2]) Die Verschmelzung des lichten weissen Baldr mit dem weissen Christus (an. *hvíta-kristr*) wurde bewirkt infolge von Erzählungen, welche die Nordleute in England vom „*bealdor*", wie bei den Angelsachsen Christus heisst, vom Herrn vernahmen. Damit ergab sich notwendig die Gegnerschaft zwischen Loki und Baldr, Lucifer und Christus. Baldrs Lichtwesen, ursprünglich im eigentlichen Sinn als Ausfluss seiner glänzenden Heldengestalt genommen, wurde nun bildlich verstanden, der strahlende Held wurde zum Gott der Reinheit und Unschuld. Der tapfere Ritter wandelte sich zum thatenlosen, sanften, duldenden Gott. Hod verliert gleichmässig die kräftigen Züge, die ihm früher zukamen. Er wird das blinde Werkzeug Lokis, wie Lucifer den blinden Kriegsknecht heranführt, damit er Christi Seite durchbohre. Loki wird darauf in Fesseln geschlagen, wie Lucifer in der Hölle gefesselt liegt und erst am jüngsten Tage wieder loskommt. Mit Hods Vernachlässigung verliert auch die Blutrache an ihm merklich an Bedeutung, da alles Gewicht auf Loki entfällt. Besondere Bewandtniss hat es aber

---

1) Nanna zu an. *nenna*, got. *nanþjan*, ahd. *ginenden*, wagen; so erklärt J. Grimm, Myth. 202. Vgl. Bugge, Studien 178. Vom selben Stamm sind die deutschen Namen *Nando, Nandger, Nandwin, Nandung, Ferdi-nand* gebildet. Nanna erwähnt der Skald Kormak, Corpus poet. 2, S. 64, 25 u. 66, 75. Vol. 31 heissen die Walküren *Herjans nonnor*, wodurch ebenfalls der Name Nanna vorausgesetzt wird.

2) Christliche Einflüsse im isländischen Baldrmythus erweisen Bugge, Studien S. 34 ff.; E. H. Meyer, Völuspa S. 137 ff.; 157 ff.; 198; 220.

mit dem Mistelzweig, den Frigg allein nicht vereidigt hatte. Auch
Christus hatte alles Holz in Eid genommen mit Ausnahme eines
Kohlstengels in Judas Garten, an dem Christus auch gehenkt
wurde. *Mistelteinn* begegnet in nordischer Sage mehrfach als
Schwertname.[1]) Bei Saxo fällt Balder nur durch ein besonderes
Schwert, das Hother dem Miming abgewinnt, und darin liegt wol
die ältere Sagenform vor. War vielleicht der von Saxo ver-
schwiegene Name des Schwertes *Mistelteinn*? In diesem Falle
würde sich manches Rätsel der isländischen Fassung lösen. Der
Schwertname Mistelteinn, buchstäblich verstanden, ergab die Sage,
Baldr sei durch einen Mistelzweig umgekommen. Ähnlich wurde
ja auch Freys goldener Eberhelm zum goldenen Eber, Mimirs
Quellenhaupt zum abgeschnittenen Kopf des weisen Wassergeistes.
So lassen sich die Abweichungen des isländischen Berichtes einigermaassen erklären. Jedenfalls ist die isländische Fassung leichter
und ungezwungener aus der Saxos abzuleiten als umgekehrt, und
daraus ist zu schliessen, dass bei Saxo die Baldrsage ursprünglicher und älter erscheint als in den nordischen Quellen. Da
letztere fürs 9./10. Jahrhundert vorauszusetzen sind, zeigt Saxos
Darstellung eine noch frühere Gestalt der Baldrsage. Nur ein
Zug findet keine vollständig befriedigende Erklärung, freilich weder
auf dem einen noch auf dem andern Weg. Warum ist Nanna im
isländischen Bericht Baldr ganz in Liebe ergeben und bis zum
Tode getreu, während sie bei Saxo dem Hotherus gehört? Wenn
die isländischen Quellen Hod zurückdrängen, ergibt sich allerdings auch für Nanna eine veränderte Stellung. Aus andern Ursachen, durch Lokis Tücke, erfolgt Baldrs Tod. Soll die Frau
nicht gänzlich aus der Sage schwinden, so kann sie nur in Verbindung mit Baldr sich halten. Die Wirkung des rührenden
Bildes vom Morde des reinen Gottes wird erhöht, wenn das liebende
Weib ihm zur Seite steht, dessen Herz vom Todesstosse mit getroffen wird. Man kann auch annehmen, dass vielleicht Saxo
Nannas Verhältniss zu Balder nach eignem Ermessen, weil er den
Sohn Odins nicht mit günstigen Augen betrachtet, absichtlich
kälter und ablehnender schilderte, als seine Vorlagen, dass Nanna
in der ursprünglichen Sage so zwischen Hod und Baldr stand, dass

---

1) *Mistelteinn* als Schwertname in SE. 1, 564; Hervararsaga, Bugges Ausgabe S. 206; Hromundarsaga (Fornaldar sögur 2, 371); in Zusammensetzungen
bedeutet „*tein*" häufig Schwert, wie *benteinn, bifteinn, eggteinn, hjǫrteinn,
hrœteinn, sárteinn, valteinn.*

sie mehr zum Gotte neigte. Es könnte schliesslich in diesem Zug
auch der isländische Bericht ursprünglich sein, Baldr gewann das
Weib und darum erschlug ihn Hod, Nanna aber starb mit dem
Geliebten. Dann hätte Saxo willkürlich, was ihm wol zuzutrauen
ist, Nanna dem Hotherus gegeben.

Mit kühnster Kombination und durch Heranziehung sehr
zweifelhafter Sagen, die demselben Mythus entwachsen sein sollen,
stellt Detter [1]) eine eigenartige Urform der Baldrsage fest. Darnach handelt es sich ursprünglich um zwei Brüder, Baldr und
Váli (Wanilo, d. h. der Wane), zwei Freyshelden. Odin, der einäugige blinde Kampfgott, sucht mit gewohnter tückischer List
Streit unter den Brüdern zu erregen. Seinen Speer in Gestalt
des unscheinbaren Mistelzweigs spielt er dem Váli in die Hände,
der damit den Baldr erschiesst. Nicht Loki ist der Anstifter des
Unheils, Odin selber steht im Hintergrund und lenkt die Schicksalsfäden so, dass ein Held zur Wal fällt. Eine solche Sage geht
weit über das, was in den Quellen überliefert ist, hinaus.

## 5. Ursprung der Baldrsage.

Die Entstehung der Baldrsage wird verschiedenartig erklärt.
Die beliebte mythologische Auslegung sieht in Baldr das Licht,
das zu Mittsommer die Höhe seiner Herrschaft erreicht, dann aber
sich neigt. Wenn die Tage sich kürzen, stirbt Baldr. Dass der
Lichtgott von den Mächten der Finsterniss befehdet wird und
ihnen erliegt, ist ein naheliegender Gedanke. Doch alle Deutungen im einzelnen sind verfehlt. Bugge und Kauffmann betrachten die Sage als reine Dichtung; Bugge [2]) meint, die dänische Baldrsage, Saxos Bericht entstamme der mittelalterlichen
Trojanersage, Erzählungen von Paris-Alexander und Achilles. Gewiss finden sich viele merkwürdige Übereinstimmungen, jedoch
anderer äusserlicherer Art, als die zwischen dem isländischen
Baldr und Christus, wo die ganze Art der Auffassung dem heimischen nordischen Wesen fremdartig ist. Auch lässt sich weit
eher ein Bekanntwerden der Nordleute mit Vorstellungen von
Christi Tod denken als mit den mittelalterlichen Trojaromanen.

---

1) Beiträge 18, 82 ff.; 19, 495 ff.
2) Studien 83 ff. Vgl. namentlich S. 153 die Zusammenstellung der beiderseits entsprechenden Züge.

Kauffmann [1]) hält eine Heldensage für die Grundlage des Baldrmythus. „Weder Baldr noch seine Gemahlin Nanna noch sein
Gegner Hod waren ursprünglich Götter, sie alle haben einst auf
Erden gewaltet." Baldrs Name bezeichnet ihn als kühnen Kriegs-
fürsten. Er wurde Odins Sohn etwa wie Hermod, Sigmund, Bragi,
und endlich versetzte ihn die Sage völlig unter die Asen. Bei
dieser Auffassung bleibt natürlich kein Zeugniss eines ags. oder
eines deutschen Balderdienstes bestehen. Wir hätten gar keinen
altgermanischen Götternamen Balder anzunehmen, vielmehr nur
das Hauptwort *balder*, Fürst, König, welches zum Eigennamen
erhoben wurde. Ein göttlicher Baldr wäre allein der nordischen
Göttersage des 9. und 10. Jahrhunderts zuzuweisen.

## 6. Baldrdienst.

Von einer Verehrung oder Anrufung Baldrs ist nirgends in
den alten geschichtlichen Quellen des Nordens die Rede. Nur
die wenig zuverlässige, in der Hauptsache erdichtete Fridthjofssaga im 14. Jahrhundert berichtet von einem Hofe in der norwegischen Landschaft Sogn, der „im Baldrshag" (*i Baldrshagi*) hiess.
Dort war ein befriedeter Platz und ein grosser Tempel mit einer
Umzäumung ringsherum. Im Tempel waren viele Götter, aber
Baldr wurde doch am meisten verehrt. Dort durfte man weder
Vieh noch Menschen Schaden anthun und Männer durften dort
nicht Umgang mit Frauen haben. Bei Festen wurden die Götterbilder von Frauen gesalbt, am Feuer gewärmt und mit Tüchern
abgetrocknet. Örtlichkeiten wurden in Norwegen, Schweden und
Dänemark frühzeitig nach Baldr benannt.[2]) In allen nordischen
Ländern ist Baldrs Braue (*brá*) als Blumenname gebräuchlich für
Vereinsblütler mit den weissesten Strahlen und gelber Scheibe.
Schon Snorri erwähnt die Blume, die in ihren Farben Baldr glich,
den man sich licht und glänzend, mit weissen Wimpern und
goldgelbem Haar dachte. Wenn Baldr seit Urzeiten ein Name
des Licht- und Sonnengottes war, so konnte die Blume als irdi-
sches Bild der Sonne sehr wol nach ihm genannt werden. Dass
die Johannisfeuer von alter Zeit her *Baldrs bâl*, Baldrs Holzstoss
benannt wurden oder überhaupt mit Baldrs Scheiterhaufen etwas

1) Mythologie 82 ff.
2) Ortsnamen in den nordischen Ländern und sonstige Spuren, die auf
Bekanntschaft mit der Baldrsage hinweisen, verzeichnet Bugge, Studien 287 ff

zu thun hatten, ist eine Meinung, die nur auf dem 13. Gesang
von Tegnérs Frithjofssage beruht. Tegnér schöpfte nicht aus
alter Überlieferung. Auch J. Grimms Behauptung[1]), am 2. Mai,
am „Pfultage" seien Feuer zu Ehren Baldrs oder Phols entfacht
worden, hat keine feste Gewähr.

## 7. Baldr ausserhalb des Nordens.

Schwer zu entscheiden ist, ob Baldr auch ausserhalb des
Nordens bekannt war. Im Ags. kommt *bealdor* nicht als Eigen-
name, nur als Hauptwort vor. Wenn aber *Bældæg*, Wodans Sohn,
welchen die Stammtafeln von Bernicia und Wessex aufführen, mit
Baldr gleichzustellen ist, wie schon Snorri[2]) vermutete, dann dürfte
allerdings der Lichtgott auch den Angelsachsen zuzusprechen sein.
Bei den Hochdeutschen ist der Personenname *Paltar*[3]) gebräuch-
lich, der allerdings ebenso aus dem Appellativum wie aus dem
Götternamen geflossen sein kann; denn auch Wotan kommt als
Mannsname vor. Wie das Wort im Merseburger Zauberspruch
aufzufassen sei, darüber gehen die Anschauungen weit auseinander,
wie überhaupt über die Anzahl und Bedeutung der im Segen genannten Gottheiten keinerlei Gewissheit herrscht. Das Lied erzählt: Phol und Wodan ritten zu Walde, da wurde dem Fohlen
Balders (*demo balderes volon*) der Fuss ausgerenkt. Sogleich erwiesen die Himmlischen die grösste Sorgfalt, ihn wieder einzurichten. Doch weder Sinthgund noch Sunna, Frija noch Fulla
vermochten es, erst Wodan, der Zauberkundige selbst konnte den
Fuss beschwören und heilen. Der Spruch zielt deutlich darauf
hin, Wodans Ubermacht in helles Licht zu rücken, namentlich
gegenüber seinem Begleiter, dem rätselhaften Phol. J. Grimms

---

1) Mythologie 581.

2) Im Formáli Kap. 10 SE. 1, 26 *annar son Oðins hét Beldeg, er vér kollum
Baldr*. Im Kap. 9 wird auch richtig Oðin mit Woden zusammengestellt.
Während fast alle Forscher Baldr und Bældæg als gleich betrachten, was
namentlich E. Schröders Erklärung ZfdA. 35, 237 ff. erhärtet, leugnet Bugge,
Studien 312/3 jeden Zusammenhang.

3) *Paltar* belegt J. Grimm, Myth. 201 aus Meichelbeck, Historia Fri-
singensis I, 2 Nr. 450, 460, 611 und Myth. 3, 78 aus Monumenta boica 9, 23
und 837; *Baldor* servus Polypt. de S. Remig. 55ª. Der Ortsname Baldebrunno
(Myth. 207) gehört nur, wenn man „bessert" in Baldersbrunno, zum Gott.
Jüngere Namen mit Balder können aus älterem Baldheri stammen, Myth. 201
Anm.; 1210.

Annahme stellt Phol und Balder einander gleich, es sei ein Gott, der mit zwei verschiedenen Namen bezeichnet werde. „Das erlahmte, in seinem Gange aufgehaltene Pferd Balders empfängt vollen Sinn, sobald man ihn sich als Lichtgott oder Taggott vorstellt, durch dessen Hemmung und Zurückbleiben grosses Unheil auf der Erde erfolgen muss." Wenn die oben vorgetragene Ansicht richtig ist, dass Wodan sich allmälig an die Stelle des Tiuz aufschwang, wenn Baldr als eine aus dem Lichtgott abgezweigte Gestalt angeschaut werden darf, wenn Baldr nur Tiuz unter anderm Namen ist, dann erhielte der Spruch eine tiefe Bedeutung. Eine Sage mag vielleicht einst von Balders Ritt auf dem strahlenden Sonnenrosse erzählt haben, wie es strauchelte und lahmte, aber vom Gott geheilt wurde. Dass der Tag heranreitet, spricht der Volksglaube aus (Myth. 699), dass dem lichten Reiter von den Mächten der Finsterniss nachgestellt wird, dass ihm Unfall und Untergang droht, ist begreiflich. Doch erhebt er sich auch wieder siegreich. Dem leuchtenden Ritter gesellt sich Wodan auf seinem Sturmrosse. Sie reiten zusammen. Um Wodans Macht zu zeigen, wird ihm allein die Heilung zugeschrieben. Dadurch erscheint er grösser und gewaltiger als Balder, sein Sieg über den älteren Gott ist entschieden. Wer im oberdeutschen Paltar einen Nachklang vom Gott Balder, den der thüringische Merseburger Segen schildert, anerkennen will, darf allerdings im Hinblick auf Bældæg und Baldr behaupten, dass Balder bei allen Germanen ein Name des Tiuz war, dass Balder als besondere Gestalt sich losgelöst hatte. Die nordische Baldrsage wird jedoch dadurch keineswegs als gemeingermanisch erwiesen. Ist aber „balder" nur Hauptwort, so bedeutet „demo balderes volon" dem Fohlen des Herrn, worunter Phol oder Wodan verstanden sein muss. Beim Fehlen anderer Zeugnisse und weil ahd. Paltar ebenso aus balder wie aus Balder, aus dem Appellativ wie aus dem Götternamen erklärt werden kann, bleibt die Frage eines deutschen Balderkultes offen.[1])

1) Die Göttlichkeit Balders vertritt J. Grimm, Myth. 201 ff. und nach seinem Vorgang nahm man allgemein Balder in diesem Sinn. Dagegen erklärte Bugge, Studien 303 ff. „demo balderes volon", dem Fohlen des Herrn mit Zustimmung Kauffmanns, Beiträge 15, 207 und Steinmeyers, Müllenhoff-Scherer, Denkmäler, 3. Aufl., 2. Band S. 47. Die Auffassung Grimms brachten E. Schröder, ZfdA. 35, 237 ff. und Gering, ZfdPh. 20, 145 ff. wieder zu Ehren. Vgl. auch F. Losch, Balder und der weisse Hirsch, Stuttgart 1892; hierzu R. M. Meyer, AnzfdA. 19, 209 ff. Den Strassburger Blutsegen (Müllenhoff-

## 8. Phol.

Wer aber ist Phol?[1]) J. Grimm glaubt, dem Namen auch sonst zu begegnen, Pholesouwa, zwischen 774 und 780 erwähnt, jetzt Pfalsau bei Passau, Pholespiunt, erwähnt um 1138, jetzt Pfalzpoint an der Altmühl in Bayern, Pholesbrunno, jetzt Pfulsborn in Thüringen. Auen, eingehegte Feldstücke (*piunt*), Brunnen (vgl. das dänische Baldersbrönd bei Saxo) seien dem Gotte Phol geweiht gewesen; Phol aber sei nur ein anderer Name des Balder. Ortsnamen mit Phol begegnen hauptsächlich in Oberdeutschland, in Gegenden, welche der römischen Kultur am nächsten lagen, vereinzelt reichen sie nach Thüringen hinein, während sie in Norddeutschland fehlen. Beachtung verdient aber der ags. „*Polesléah*“, Hain des Pol, da er dem Sinne und der Bildungsweise nach genau übereinstimmt mit „*Balderes lêg*“, Hain des Balder. In England gab es also heilige Haine, die dem Balder-Pol geweiht waren.[2]) Sollte Phol, Pol eine Verderbniss aus Apollo sein? Möglicherweise bildete sich wie *Mercur-Wodan, Hercules-Donar, Hercules-Magusanus, Mars-Thingsus* eine römisch-deutsche Formel *Apollo-Balder* und wurde das Fremdwort im Volksmunde zu Pol,

Scherer, Denkmäler Nr. IV, 6 mit den Anm. in Band II S. 52 ff.) stellt Kögel, Geschichte der deutschen Litteratur I, 1, 262 ff. so her:

> Genzan unde Jordan        giengen sament scôzzôn,
> thô verscôz Genzan        Jordane the sîtun.
> Vrô unde Lâzakêre        giengen fold petrettôn:
> verstande thiz pluot        stant pluot fasto.

Eine Parallelfassung des Spruches setzt Christ und Judas für Genzan und Jordan. In der Heidenzeit sollen Balder und Hadu dafür gestanden sein. Damit werde die Baldersage für Deutschland bezeugt. Balder ward in der Seite verwundet. Vrô und Lâzakêre wurden entsandt, um Erde zu betreten. Das Rasenstück, auf die Wunde gelegt, stillte das Blut. Das ist natürlich alles sehr ungewiss und darf zu keinen bindenden Schlüssen über deutschen Götterglauben verführen.

1) Ortsnamen mit Phol J. Grimm, ZfdA. 2, 252 ff.; Myth. 206 ff.; 3, 79; dass die Ortsnamen mit Pfahl (oder auch Pfuhl) zusammenhängen, ist sehr wol möglich; vgl. W. Arnold, Ansiedlungen und Wanderungen deutscher Stämme, Marburg 1877, S. 22. Apollo-Balder erklärt Gering, ZfdPh. 26, 146. Hierzu noch Kauffmann ebd. 26, 456 ff. und Gerings Erwiderung S. 462 ff. In Phôl, Pôl, erkennt Bugge, Studien 301, den Apostel Paulus. An Vol denkt Scherer bei Mannhardt, Myth. Forschungen (in Quellen und Forschungen 51, XXVII); als Nom. Sing. zum Gen. Volla nimmt Kauffmann, Beiträge 15, 208 ff. das Wort. Aber die Göttin könnte kaum vor Wodan genannt sein, ebensowenig die Vol als Frija (Bugge, Studien 305). Zu Phol. vgl. noch von Grienberger, ZfdPh. 27, 453 ff.

2) Kögel, Geschichte der deutschen Litteratur 91 f.

nach der hds. Verschiebung zu Phol. Allerdings sind Apollo und
Balder wesensgleich und können daher einander gegenüber gestellt
worden sein. Aber diese Deutung unterliegt auch mehrfachen Bedenken. Die Ortsnamen lassen auch andere Erklärungen zu, man
kann an den Pfahl- oder Pohlgraben, die Teufelsmauer denken,
auch Pfuhl bietet sich dar, besonders wenn man die Formen
*Pfoalsowa* und *Phûlsouua* in Betracht zieht. Die Zusammengehörigkeit des Götternamens mit den Ortsnamen ist nicht sicher. Im
Zauberspruch kann Phol für Vol stehen, was der Stab *Vol: vuoren*
nahe legt. Vol lässt viele Deutungen zu, man kann einen Gott
oder eine Göttin der Fülle (vgl. *Volla* an. *Fulla,* griech. *Plutos*)
dahinter suchen. Eine allseitig befriedigende und sichere Lösung
ist noch nicht geglückt.

## 9. Angebliche Baldrsagen.

Dass in Baldr und Wali das göttliche Brüderpaar der ger-
manischen Dioskuren nachlebe, sucht Müllenhoff zu erweisen.
Die deutsche Heldensage soll die Dioskuren in den Hartungen,
zwei Brüdern bewahren. Besonders eine Schweizersage [1]) wird
angezogen, deren wesentlicher Inhalt so lautet: Zwei Brüder
Baltram (Baldr) und Sintram zogen zur Jagd und kamen zu einem
Drachenloch. Der Wurm fuhr heraus und verschlang Baltram.
Sintram aber setzte sich zur Wehr und bezwang den Drachen.
Aus dem gespaltenen Leibe des Untiers befreite er den noch
lebenden Baltram. Man muss viel Einbildungskraft besitzen, um
bei dieser Sage an Baldr und Wali zu denken. Nur dass beide-
male zwei Brüder vorkommen und der eine den andern rächt,
lässt sich vergleichen. Der Zug ist aber so allgemeiner Art und
alles Einzelne ist so grundverschieden, dass man lieber von einer
so ungewissen Beziehung Abstand nehmen wird.

Vom hl. Gangolf wird erzählt, wie er eine Quelle versetzt
oder neu aus dem Boden springen lässt, als er aus einem Feldzug
heimkehrt. Sein Weib buhlt mit einem Kleriker und wird der
Sünde überführt. Der Kleriker wird aus dem Hause gejagt, kehrt
aber zurück, um den Heiligen zu ermorden. Er trifft ihn in die

---

1) Die Sage von Baltram und Sintram bei den Brüdern Grimm, Deutsche
Sagen Nr. 220; Wackernagel, ZfdA. 6, 158; vgl. dazu Müllenhoff, ZfdA. 12, 329
und 353; Bugge, Studien 310 f.

Hüfte. Dem todwunden Gangolf erscheinen Engelscharen, die ihm seinen Eintritt in den himmlischen Freudensaal ankündigen. Am Grabe Gangolfs zu Toul geschahen wunderbare Heilungen. Damit vergleicht Laistner [1]) die Urgestalt der Baldrsage: Baldrs Frau Nanna hielt zu einem andern, Hotherus. Dieser, von seinem Gegner wiederholt besiegt, flieht in die Wildniss, schöpft aber auf Zureden von Zauberweibern neue Hoffnung, beschleicht Baldr und verwundet ihn in die Seite. Baldr stirbt erst nach einigen Tagen. In der Nacht zuvor erscheint ihm Hel und kündigt ihm den Tod an. Die Ähnlichkeit zwischen der Baldrsage und Gangolfs Legende ist verschwindend und durch willkürliche Änderungen der ersteren erzwungen. Die Züge, welche einander gleichen, sind auch sonst häufig, können also nichts für die Sage, der sie sich gerade anheften, beweisen.

Die Sage Nr. 52 bei Müllenhoff, Sagen aus Schleswig-Holstein und Lauenburg S. 373 ist verdächtig: Bei Boldersleben sieht man auf einer Anhöhe noch die Spuren eines Schlosses. Da hat früher ein König Bolder gesessen und dem Ort den Namen gegeben. Er geriet mit einem König Hother in Hadersleben in Streit und erschlug ihn. Bolder liegt in Boldershöi begraben; vor mehreren Jahren pflügte man Knochen aus, die von ihm herrührten.

## VII. Forseti.

Forseti (Vorsitzer) heisst ein Sohn des Baldr und der Nanna, der Tochter Neps. Er besitzt im Himmel den Saal, welcher Glitnir (der Glänzende) heisst, und alle, die mit schwierigen Händeln zu ihm kommen, gehen versöhnt fort. Dort ist die beste Gerichtsstätte, von der Götter und Menschen wissen. Im Grimnirliede 15 heisst es: Glitnir ruht auf goldenen Säulen, das Dach ist mit Silber gedeckt. Dort weilt Forseti die meisten Tage und begleicht alle Streitsachen. In Forseti ist die richterliche Obergewalt verkörpert. Da er im Himmelsglanze thront, darf er als Ausfluss des Himmelsgottes gedacht werden. Er vertritt eine Seite seines allumfassenden Wesens. Im nordischen Recht wirkt keine Spur dieses göttlichen Oberrichters nach. Auch sonst deutet

---

1) Laistner, Nebelsagen, Stuttgart 1879, S. 196 ff.

nichts auf eine Verehrung des Forseti, nur ein Hain in Norwegen
trägt seinen Namen.[1])

Helgoland hiess in der Heidenzeit *Fositesland.* Die Insel
war einem Gott, dessen Name verschieden als *Fosite, Fosete,
Foseti*[2]) überliefert ist, geweiht. Heiligtümer erhuben sich, und
solche Verehrung genoss die Stätte, dass niemand von den Herden,
die dort weideten, und von sonst einer Sache sich zu nehmen
getraute. Aus einer dort hervorsprudelnden Quelle durfte nur
schweigend geschöpft werden. Als die Bekehrer sich am Eigentum
der Götter vergriffen, glaubte das Volk, sie würden mit Wahnsinn
geschlagen oder jähen Todes sterben. Durch Looswurf erforschte
König Radbod den Willen der Götter, ob sie den Tod der Christen
verlangten oder nicht.[3]) Es handelt sich also um ein grosses

1) Forseti ist nur Grímn. 15 und Gylfag. Kap. 32 mit den oben ange-
führten Worten erwähnt, sonst völlig unbekannt. Bugge, Studien 290 Anm. 2:
„Der Hofname *Forsetelund* in Onsö, Smaalenene (Matr. 119), *i Foscette lundi*
Röde Bog S. 515, deutet auf Verehrung des Forseti hin. Er kann von den
Norwegern gekannt und verehrt worden sein, ehe er zu Baldrs Sohn ge-
macht wurde.“

2) Der Gott hiess nach Alchuine *Fosite,* die Insel *Fositesland.* Altfried
hat *Fosetesland,* Adam von Bremen *Fosetisland.* Da beide aus Alchuine
schöpfen, ist unsicher, wie der Name eigentlich lautete, *Fosite, Fosete, Foseti.*
Will man mit J. Grimm den Namen zum nordischen Forseti halten, so kann
nur alter Schreibfehler angenommen werden. Denn Forsete konnte sich lautlich nicht zu Fosete entwickeln. Richthofen, Untersuchungen über friesische
Rechtsgeschichte, 2. Teil, Berlin 1882, S. 434 f. Die Ansicht Grimms von der
Zusammengehörigkeit des Forseti und Fosete wird allgemein geteilt, besonders
von Müllenhoff, Altertumskunde 5, 39 und Mogk, Pauls Grundriss 1, 1066.
Kauffmann, Beitr. 18, 181 äussert Bedenken. Zu Forseti: Fosete vgl. das norwegische *i Foscette lundi* bei Bugge, Studien 290 Anm. 2. F. Buitenrust
Hettema, in tijdschr. v. ned. taal- en letterkunde 1893, S. 281—288, führt den
Fosete, Fosite, Foste (letztere Form entnommen aus den *„delubra Jovis et
Foste“* in der um 1400 gefälschten *vita Suiberti*) auf Donar *fôsite,* Donar,
den Furchtbaren, zurück. *Fôsite* sei zu schwed. *fasa,* ags. *fésian,* „schaudern“
und zu dem Namen der *Fosi* (Tac.) an der Elbe zu stellen.

3) Der heilige Willebrord wurde einmal zwischen 690 und 714 nach
Helgoland verschlagen. *Alchuine* in der *vita Willebrordi* Kap. 10, Jaffé, *Bibliotheca rerum germanicarum* VI, 1873, S. 47 erzählt: *et dum pius verbi Dei
praedicator iter agebat, pervenit in confinio Fresonum et Danorum ad quandam insulam, quae a quodam deo suo Fosite ab accolis terrae Fositesland
appellabatur, quia in ea eiusdem dei fana fuere constructa. qui locus a
paganis in tanta veneratione habebatur, ut nihil in ea vel animalium ibi pascen-
tium vel aliarum quarumlibet rerum quisquam gentilium tangere audebat, nec*

25.*

Heiligtum der Friesen, dem Fosite geweiht ist das Land.   Unver-
letzlich sind seine Tempel, die Quelle, die weidenden Herden.
Wir erhalten ein anschauliches Bild von allem Zubehör des Gottesdienstes auf heiliger Aue.

Nach J. Grimms Vorgang glaubt man, den friesischen Fosite
mit dem nordischen Forseti gleichsetzen zu dürfen.   Sind sie wirklich eins, dann fragt es sich nur, wie ihr Verhältniss zu erklären
ist. Schwerlich darf man auf einen altgermanischen Gott schliessen,
der sich unabhängig bei Friesen und Nordleuten entwickelte.   Da
er bei den Friesen im Kulte lebt, gehört er mit grösserem Recht
ursprünglich ihnen zu.   Andrerseits ergänzt Forseti des friesischen
Gottes Wesen.   Der höchste Richter im himmlischen Glanze thronend kann nur eine Hauptgottheit, etwa Tiuz sein.   In bestimmter
Eigenschaft als Wahrer des Rechtes, unter besonderem Namen
als Fosite verehrten die Friesen den Tiuz.   Die nordischen Wikinger suchten im 8. und 9. Jahrhundert besonders häufig Friesland heim und liessen sich auch längere Zeit dort nieder.   Dadurch entwickelte sich ein reger Verkehr und Austausch unter
Friesen und Nordleuten, wobei Fosite als Forseti nach dem Norden
gelangt sein kann.   Dass er zu Baldr in Beziehung gesetzt wurde,
mag ihre verwandte Art veranlasst haben.   Sind doch beide Götter
aus Tiuz abgezweigt, ein Teil seines Wesens.   Auch Baldr fällt

*etiam a fonte qui ibi ebulliebat aquam haurire nisi tacens praesumebat.   quo
cum vir Dei tempestate iactatus est, mansit ibidem aliquot dies, quousque
sepositis tempestatibus opportunum navigandi tempus adveniret.   Sed parvi-
pendens stultam loci illius religionem vel ferocissimum regis animum, qui vio-
latores sacrorum illius atrocissima morte damnare solebat, igitur tres homines
in eo fonte cum invocatione sanctae trinitatis baptizavit; sed et animalia in
ea terra pascentia in cibaria suis mactare praecepit.   quod pagani intuentes
arbitrabantur, eos vel in furorem verti vel etiam veloci morte perire; quos
cum nihil mali cernebant pati, stupore perterriti regi tamen Rabbodo quod
videbant, factum retulerunt.   qui nimio furore succensus in sacerdotem Dei
vivi suorum iniurias deorum ulcisci cogitabat, et per tres dies semper tribus
vicibus sortes suo more mittebat, et numquam damnatorum sors, deo vero defendente suos, super servum Dei aut aliquem ex suis cadere potuit; nisi unus
tantum ex sociis sorte monstratus et martyrio coronatus est.*   Danach Altfried
in der *Vita Liudgeri* I Kap. 19.   Liudger zerstörte die dem Fosete erbauten
Tempel und errichtete statt ihrer Kirchen; aus der heiligen Quelle taufte er
die Bewohner der Insel.   Das geschah nach 785.   Die Kirchen hatten keinen
Bestand.   Nach Adam von Bremen 4, Kap. 3 ist Fosetisland Helgoland (Heilig-
land).   Erst in den Tagen Adalberts von Bremen (1072) sei es entdeckt und
durch Erbauung eines Klosters zum Wohnsitz für Einsiedler gemacht worden.

Urteilsprüche und versteht schön zu reden, worin er sich mit Forseti berührt.

Ist Fosite-Forseti Hauptgott und oberster Richter, dann darf vermutet werden, dass die schöne Sage von der Einsetzung des friesischen Rechtes ebenfalls mit dem geheimnissvollen, ungenannten Gott auf ihn zielt. Aber die Gleichung Fosite-Forseti ist eben nur Vermutung, keine erwiesene Thatsache.

Nach der Sage werden die 12 *Asegen* (Gesetzsprecher) als „*Foerspreken*" auf Befehl König Karls d. Gr. von den 7 friesischen Seelanden erwählt, um zu verkünden, was friesisches Recht sei. Sie erklärten, dem Befehl des Königs nicht nachkommen zu können. Zwei Tage lang bitten sie um Frist, auch die drei folgenden erklären sie es ausser stand zu sein. Als sie aber am sechsten Tage nicht verkündeten, was Rechtens sei, erklärte Karl, sie hätten alle den Tod verwirkt. Er gestattet ihnen die Wahl, ob er sie töten solle, ob sie eigene, unfreie Leute werden wollen, oder ob er sie in einem Schiff ohne Ruder, Segel und Tau ins Meer aussetzen soll. Sie wählen das letzte und werden ausgesetzt. In der grössten Verzweiflung ermahnt sie einer von ihnen, der von Wydekens des ersten Asega Geschlecht war, Gott um Rettung zu bitten. Wie Christus zu seinen Jüngern bei verschlossenen Thüren gekommen sei und ihnen geholfen habe, so werde er auch ihnen einen dreizehnten senden, der ihnen lehre, was Rechtens sei, und sie zum Lande führe. Sie fielen auf die Knie, beteten, und der dreizehnte, ihnen allen gleich, sass plötzlich im Schiff. Er hatte eine Achse (oder Axt?) auf der Achsel und steuerte damit zum Ufer. Er warf die Achse ans Land und warf ein Stück Rasen auf. Da entsprang eine Quelle Wassers, die den Durst aller stillte. Den Weg, den der Gott zu Lande nahm, nannte man *Eeswey,* die Stätte, wo sie sich niederliessen, *Axenthove.* Der dreizehnte lehrte den zwölfen alles, was Rechtens sei, und verschwand, als er sie belehrt hatte. Die zwölfe traten vor König Karl, der sie von den Meereswogen verschlungen wähnte. Karl bestätigte, was sie als Recht verkündigten. So entstand das friesische Recht.[1]) Dass mit diesem dreizehnten Asegen der *ês,*

---

1) Richthofen, Fries. Rechtsquellen 439 ff.; Untersuchungen über fries. Rechtsgeschichte 2, 459 ff. Die Aufzeichnung entstammt erst dem 14. Jahrh. und wurde im 16. Jahrh. gedruckt. Die wichtigsten Worte lauten im Original: *Da sagen se een tretteensta oen der stioerne sitten, ende een axa op synre*

der Hauptgott der Friesen gemeint ist, steht ausser Zweifel. Er mag mit Fosete eins sein. Aber sein Abzeichen ist rätselhaft. Dürfte eine Axt darunter verstanden werden, dann ergäbe sich Beziehung auf Donar. Aber unklar bliebe, wie der ês mit einer Streitaxt steuern konnte.

## VIII. Ullr.

Ullr muss bedeutender gewesen sein, als die Überlieferung auf den ersten Blick erkennen lässt. Sein Name besagt: der Herrliche, der Majestätische[1]) und kann demnach ein Beiwort einer unbekannten erhabenen Gottheit sein. Leider haben die Skalden seine Gestalt in den Hintergrund gedrängt, nur seine unaufgeklärte Verwandtschaft zu Sif und Thor und sein Schildmythus kommt zur Sprache. Dagegen scheint ihm im wirklichen Leben grössere Bedeutung zugekommen zu sein. Manche erblicken in Ullr seiner Thätigkeit halber einen Gott des Winters oder wenigstens eine hohe Gottheit in ihrer winterlichen, die sommerlichen Kräfte des Lichtes und der Wärme vernichtenden Lebensthätigkeit.

*aexla* (**Var.** *ene gildene axe wt siner axla*), *deer hy mey toe lande stioerde toienst straem ende wynd. Da se toe lande coemen, da worp hy mitter axa op dat land, ende worp een tura op* (**Var.** *ene turwe op*); *da ontsprongh deer een burna, al daerom haet dat to Axenthove. Ende to Eeswey comen se to land ende seten om dae burna ..... al deerom schillet aldeer in da land wessa trettien aesgen, ende hyara domen schillet hya dela to Axenthove ende to Eeswey.* Die niederdeutsche Fassung der Sage lässt den Dreizehnten ein Krummholz in der Hand führen, J. Douwama im *boeck der partijen*, um 1526 verfasst, eine Axt, ein Beil. Die Quelle nennt er *Axsborn*. Sollte der hammerbewehrte Donar gemeint sein? So erklärt E. H. Meyer, German. Myth. § 251, S. 188. Eine Verwechslung zwischen Axe und Ax (Axt) ist ja begreiflich. Beziehung auf Wodan, Richthofen, Untersuchungen 2, 463 ist nicht gerechtfertigt.

1) Mit Ullr ist got. *wulþus*, Herrlichkeit, verwandt, vgl. Noreen, An. Gramm.[2] § 215; *wulþus* erscheint in ostgotischen Eigennamen, vgl. Wrede, Über die Sprache der Ostgoten in Italien (Quellen und Forschungen 68), Strassburg 1891, S. 85 u. 147, z. B. Sigiswuldus; altdeutsche Namen in Förstemanns Namenbuch 1, 1338 Wuldebert, Wuldulf. Zu Ullr vgl. Simrock, Myth.[5] 290; Kauffmann, Beiträge 18, 188; Rödiger, ZfdPh. 27, 11 ff. Munch, Die nord. german. Völker S. 223 „ein solcher Name scheint demnach eher ein Beiname des höchsten Gottes sein zu müssen, als irgend eine besondere Persönlichkeit bezeichnen zu können." Ullr und *wulþus* stellte zuerst Bachlechner, ZfdA. 8, 201 ff. zusammen; dazu Weinhold, Riesen, Wiener Sitzungsberichte 26, 1858, S. 264 f.

Ullr heisst ein Sohn der Sif, Thors Stiefsohn. Er ist im Bogenschiessen und Schneeschuhlaufen so tüchtig, dass niemand darin mit ihm wetteifern kann. Schön ist er von Ansehn und besitzt alle Vorzüge eines Kriegsmannes; darum ist es auch gut, ihn in Zweikämpfen anzurufen. Ydalir, Eibenthal heisst ein Ort, wo Ullr sich vormals die hohe Halle erbaut.[1] Von Eibenholz wurden die Bögen gefertigt, weshalb ein Ort, wo Eiben wachsen, ein passender Wohnsitz für den trefflichen Bogenschützen ist. In seiner Bewaffnung und Lebensweise, als bogenbewehrter Jäger, der auf Schneeschuhen die Schneefelder und Schneeberge durcheilt, erinnert Ullr an die Finnen und Lappen. Die Vorstellung eines solchen Gottes kann offenbar nur im nördlichen Skandinavien entstanden sein. Darum mag er auch im Bunde mit den winterlichen Mächten gedacht sein. Obwol er sich der Art der Finnen und Lappen anbequemt, bleibt er aber doch ein schöner, stattlicher, kampftüchtiger Germane. Die ihm beigelegten Namen Schneeschuh-Gott, Bogen-Gott, Jagd-Gott, Schild-Gott bestätigen Snorris Schilderung. Wenn der Schild in der skaldischen Kenning als Ulls Schiff umschrieben wird[2]), so scheint damit auf eine Sage angespielt zu sein, wonach Ullr seinen Schild als Fahrzeug gebrauchte. Dazu steht Saxos Bericht, Ollerus sei auf einem Knochen wie auf einem Schiffe übers Meer gefahren. Nur hat Saxo vermutlich zwei verschiedene Dinge zusammengeworfen, dass Ullr auf Knochen, d. h. auf Schlittschuhen, die in primitiver Weise aus Knochen verfertigt waren, über den Schnee läuft, und dass Ullr auf seinem Schilde wie auf einem Schiffe übers Wasser setzt.

Obschon ausser dem, was Saxo von Ollerus erzählt, nichts weiteres bekannt ist, muss Ullr doch als eine in der nordischen Götterwelt fest wurzelnde, in lebhafter Verehrung stehende Gestalt angesehen werden. Im Grimnirliede 42 wünscht der zwischen zwei Feuern gepeinigte Odin dem Agnar, der ihm Erleichterung schafft, die Huld Ulls und aller Götter. Darin ist jedenfalls ein

---

1) Von Ullr berichtet Gylfag. Kap. 31; Grímn. 5; seine Namen SE. 1, 266.

2) Die Skaldenstellen, welche den Schild das Schiff Ulls nennen, stehen SE. 1, 246, 346, 414, 420; vgl. auch Sveinbjörn Egilsson, Lex. poet. 831. Much, Beiträge 20, 35 f. meint, der Schneeschuh (*skíđ*) Ulls sei als sein Schiff und Fahrzeug bildlich bezeichnet worden. *skíđ*, „Schneeschuh" sei irrtümlich als *skíđ*, „Schild" (vgl. kelt. *skēto*, Schild) gefasst und durch das gangbare skjǫldr ersetzt worden. Die Kenning *skjaldar áss* sei eigentlich *\*skíđs áss* und gleichbedeutend mit *ǫndráss*, Schlittschuhgott.

feierlicher Heilswunsch enthalten. Im Atliliede 31 wird ein Eid-
schwur bei Ulls Ring erwähnt. Solche Auszeichnung wird nur
höheren wichtigeren Göttern zu teil. Ausserdem sind sehr viele
Ortsnamen, Tempel, Heiligtum, Hain, Hügel, Gehöft, Acker, Vorgebirge, Insel, Strom und Wasserfall in Norwegen und Schweden
mit Ulls Namen gebildet [1]), woraus ein umfangreicher und häufiger
Dienst des Gottes erschlossen werden darf.

Als Odin nach der Bezwingung der Rind von den andern
Göttern in die Verbannung geschickt worden war, da beriefen sie
den Ollerus nicht nur zur Herrschaft, sondern auch zur göttlichen
Würde. Obwol sie ihn nur aushilfsweise zum Priester erwählt
hatten, so bekleideten sie ihn doch mit vollen Ehren, damit er
nicht als Verwalter eines fremden Amtes, sondern als der recht-
mässige Nachfolger in der Würde erscheine. Damit gar nichts
am Ansehen fehle, legten sie ihm sogar Odins Namen bei, um
dadurch jede der Neuerung anhaftende Gehässigkeit auszuschliessen.
Nachdem Ollerus etwa 10 Jahre über die Genossenschaft der Götter
gewaltet, hatten die Götter Mitleid mit dem in hartem Banne weilenden Odin, und weil er genug gebüsst zu haben schien, ver-
tauschte er sein niedriges, schmutziges Aussehen wieder mit dem
früheren Glanze. Schon die Hälfte der Frist hatte den einstigen
schweren Schimpf getilgt. Zwar gab es Leute, welche ihn für
unwürdig erachteten, die einstige Würde neu zu gewinnen, weil
er mit seinen Schauspielerkünsten und durch seine Weiberver-
kleidung den göttlichen Namen geschändet habe. Einige ver-
sichern, er habe durch Schmeichelei und Geld die verlorene Ehre
und Herrlichkeit wieder erkauft und nur durch Entrichtung einer
grossen Summe seine Rückkehr sich verschafft. Ollerus, von Odin
aus Byzanz verjagt, flüchtete nach Schweden, wo er bei seinem
Bestreben, im neuen Lande die Denkzeichen seines guten Rufes
wiederherzustellen, von den Dänen erschlagen wurde. Es geht
die Sage, er sei so sehr in Blendwerken erfahren gewesen, dass
er auf einem Knochen, den er mit kräftigen Zaubersprüchen beschrieben hatte, wie auf einem Schiffe über die Meere fahren
konnte und nicht langsamer als mit Rudern die Wasserfläche
durcheilte. Odin aber, im Neubesitze der Abzeichen seiner Würde,

---

1) Ortsnamen mit Ullr aus Norwegen sammelt O. Rygh in P. A. Munchs
norröne gudesagn 2. udg. Christiania 1880; vgl. das Register; aus Schweden
Lundgren, språkliga intyg, Göteborg 1878, S. 71 ff.

gewann in allen Erdteilen so glänzenden Ruhm, dass alle Völker ihn wie das der Welt neu geschenkte Licht hoch hielten und kein Ort des Erdkreises vorhanden war, welcher der Macht seiner Gottheit nicht gehorchte.[1])

Ollerus erscheint hier gleichbedeutend mit Mitothin und Wili und We, die Odin für eine Zeitlang des Reiches und Weibes berauben. Es wurde bereits darauf hingewiesen, dass vielleicht eine Erinnerung daran, dass Odin einst ältere Götter, den Tiuz verdrängte, sich in solchen Sagen erhielt. Nach natursymbolischer Auslegung soll Odin hier als Gott des Lichts und der Wärme gelten, den zeitweilig Ullr, der Gott des winterlichen Dunkels, verdrängt, der im Herbste weicht, im Frühling siegreich wiederkehrt. Jedenfalls kann es keine geringe Gottheit gewesen sein, welcher die Vertretung Odins zuerteilt wird. Wenn Ullr seinem Namen nach der Herrliche, Majestätische ist, so verdient Beachtung, dass gegen Odin gerade der Vorwurf erhoben wird, er habe den reinen Glanz der Gottheit durch seine niedrigen Thaten befleckt. Da tritt der Herrliche als Richter und Rächer, als Herr der Ordnung hervor, um den fleckig gewordenen Ehrenschild wiederum rein erschimmern zu lassen. Darum ist es nicht ungereimt, bei Ullr an den höchsten Gott der Germanen zu denken, der in zahlreichen Spaltungen als Freyr, Heimdall, Baldr gerade im Norden begegnet. Hängt er aber je im innersten Grunde seines Wesens mit Tiuz zusammen, so ist doch die Entwicklung, die er im einzelnen durchmachte, entschieden und ausschliesslich nordisch.

Da Ullr seinem Namen nach germanisch ist und auch seine Gegnerschaft zu Odin von Tiuz übernommen haben kann, andrerseits jedoch als Bogenschütze, Schneeschuhläufer und Zauberer an die Art der Finnen erinnert, ist endlich auch zu erwägen, ob Ullr nicht aus einer Mischung nordgermanischer und finnischer Vorstellungen hervorging. Die Feindschaft der beiden Götter weist auf die Verdrängung des Ulldienstes durch Odinsgläubige. Darin mögen die alten Gegensätze des Tiuz- und Wodandienstes, aber auch die des nordischen Odinsglaubens und des finnischen Heidentums und Zauberwesens nachwirken. Die geschichtliche Grund-

---

[1] Die Sage von Ollerus bei Saxo III S. 130 f., die andern Berichte wurden bereits im Abschnitt über Odin (vgl. oben S. 306 ff.), soweit sie hergehören, mitgeteilt. Zu Ollerus P. E. Müller, Notae uberiores 122 f.

lage kann im siegreichen Übergewicht der Nordleute über die alteingesessenen Finnen, deren Spuren auch sonst sich bemerklich machen, beruhen.[1])

## IX. Widar.

Widar nennt man den schweigsamen Asen. Er besitzt einen dicken Schuh und ist beinahe so stark wie Thor. In allen Gefahren setzen die Götter grosses Vertrauen auf ihn.

Unterholz                und üppiges Gras
Füllt Widi, Widars Land;
Dort springt der Recke     vom Rücken des Rosses.
Den Vater zu rächen bereit.

Seine That, die Rache für Odin, ist in der Vǫlospǫ geschildert:

Widar kommt dann,        Walvaters Sohn,
Der gewaltige Held,      mit dem Wolf zu kämpfen:
Die Klinge stösst er     dem Kinde des Riesen
Durch den Rachen ins Herz und rächt den Vater.

Ergänzend erzählt Snorri: Der Wolf verschlingt Odin und das ist des Gottes Tod. Dann aber eilt Widar herbei und tritt mit einem Fusse dem Wolfe in den Unterkiefer. Er besitzt nämlich den Schuh, zu dem das Leder alle Zeit zuvor gesammelt ist und zwar aus den Flicken, welche die Menschen vor den Zehen und an der Ferse aus ihren Schuhen schneiden; und darum soll ein jeder, der gewillt ist, den Asen zu Hilfe zu kommen, diese Flicken fortwerfen. Mit der einen Hand fasst nun Widar den Oberkiefer des Wolfes und reisst ihm den Rachen entzwei; und dadurch findet der Wolf seinen Tod. Wenn aber die Lohe des Weltbrandes erlischt, dann wohnen Widar und Wali, die Bluträcher Odins und Baldrs, im Heiligtum der Götter. Die Riesin Grid, bei welcher Thor auf seiner Fahrt zu Geirröd einkehrt und welche den Gott mit ihrem eigenen Stärkegürtel und mit ihren

---

1) Vgl. W. Müller, Zur Mythologie der griechischen und deutschen Heldensage, Heilbronn 1889, S. 101 u. 159, der hier mit Recht den „historischen" Mythus der natursymbolischen Deutung vorzieht. Dass Odin unter dem Namen Brúni dem Finnenkönig Gusi im Streit um die Herrschaft gegenüber tritt, dass hier dieselbe Sage wie die von Odin und Ullr vorliege, dass also die geschichtliche Thatsache des Sieges der Nordgermanen über die Finnen im mythischen Gewande behandelt werde, sucht Detter, ZfdA. 32, 449 ff. zu erweisen.

Eisenhandschuhen ausstattet, ist die Mutter Widars des Schweigsamen.[1]) Beim Gelage Ägirs räumt Widar auf Odins Geheiss
Loki seinen Platz und schenkt ihm ein. Von allen Anwesenden
wird allein Widar mit Lokis Lästerungen verschont.[2])

Widar ist der Krieger aus dem Waldland[3]), aus der mit
Buschwerk und hohem Gras bewachsenen Heide. „Wer einen
Begriff von der Heide hat, von ihrem Gestrüppe, der dicken,
schwellenden Gras- und Moosschicht an ihrem Boden, von ihrer
Stille, die den Sinn gefangen hält, der wird verstehen, weshalb
sie sich dem Germanen in einem Gott verkörperte, der einen
dicken oder eisernen, d. h. unzerstörbaren Schuh besitzt und sich
in Schweigen hüllt" (Roediger).

## X. Wali.

Wali oder Ali heisst ein Sohn des Odin und der Rind. Er
ist kühn in Schlachten und kann vortrefflich schiessen. Seine
Hauptthat, von der allein erzählt wird, bildet die Rache an Hod
für Baldrs Tod. Darum heisst er der Rächer Baldrs, der Feind
und Töter des Hod. Im Westen bringt Rind den Wali zur Welt,
eine Nacht alt zieht Odins Sohn in den Kampf; die Hände nicht
wäscht er, das Haupt nicht kämmt er, ehe er Baldrs Feind auf
den Holzstoss bringt. In zweimaligem Bilde soll die Pflicht der
Blutrache, die mit Hintansetzung von allem andern zuerst erfüllt

---

1) Dass Widar nach Vol. 53 R der Sohn Odins und der Hlodyn genannt
wird, dass demnach Hlodyn und Grid gleich und wol nur aus der Erdgöttin
abgezweigt sind, erweist Kauffmann, Beiträge 18, 135 ff.

2) Von Widar weiss nur die Liedersammlung und die Snorra Edda. Die
Stellen, die in Betracht kommen, sind Vol. 54, Grímn. 17, Vafþr. 51, Lokas. 10,
Gylfag. Kap. 29, 33, 43, 51, Bragar. Kap. 1, Skáldsk. Kap. 2. Vgl. ausserdem
die Benennungen Widars als Eigner des Eisenschuhes, Feind und Töter des
Fenriswolfes, Rächer der Götter, Bewohner der Vatershalle, Sohn Odins und
Bruder der Götter SE. 1, 266. Ortsnamen mit Widar sammelt Kauffmann,
Beiträge 18, 157 Anm. *Viþarshof, Viþarsgarþr* nach M. Arnesen, minder
om hedensk gudsdyrkelse S. 62; *Widarsleff,* Lundgren språkliga intyg
S. 78; *Viðarhellisgjógv* bei Hammershaimb, færösk antologi 350, 3.

3) *Viðarr* als *við-hari* zu *viðr,* Wald, stellt Rödiger, ZfdPh. 27, 5;
Grimm, Myth. 3, 245 *Viðarr,* ahd. *Witheri;* Kauffmann, Beiträge 18, 168 Anm.,
der überhaupt in Widar den Hauptgott der Germanen, den grossen Waldesgott erblickt, erklärt Widar als „Gott, der einen Stab, ein Reis vom Weiden-
holz führt."

werden muss, als die höchste und unaufschiebbare Forderung hervorgehoben werden.  Märchen und Mythen wissen von Helden,
die in voller Kraft und vollständig gerüstet zum Kampfe kommen
und gleich nach der Geburt einen Feind erlegen.  Andererseits
begegnet die uralte germanische Sitte, wonach Männer geloben,
die Haare nicht zu schneiden oder zu kämmen, ehe sie eine besondere Pflicht erfüllt.  Freilich schliessen sich beide Züge eigentlich aus.  Sie enthalten beide denselben Gedanken, nur nach zwei
Seiten, dass Blutrache die eiligste und erste Pflicht sei.  Mit
Widar zusammen weilt Wali nach dem Weltbrand in den Sälen
der Götter.[1])

Widar und Wali haben ein gemeinsames Amt zugewiesen
erhalten, die Blutrache.  Da sie nur die Rachethat vollbringen
und sonst nichts mehr von ihnen verlautet, als dass sie in der
neuen Welt beisammen wohnen, steht soviel fest, dass diese Götter
in der Gestalt und Thätigkeit wenigstens, wie sie auf uns gelangten, nicht sehr alt sein können.  Zunächst wird Baldrs und
Odins Tod vorausgesetzt.  Mag Baldrs Fall älter sein, Odins Untergang ist vom Weltende nicht zu lösen.  Und darum kann auch
Widar nicht aus urgermanischer Sage stammen.  Wo ein Held
fällt, verlangt das germanische Rechtsgefühl den Rächer.  Insofern
sind Widar und Wali mit ethischer Notwendigkeit von dem Ent-
wickelungsgange der Sagendichtung gefordert.  Dass sie die Herrschaft in der neuen Welt führen, ist begreiflich, da sie die Überlebenden sind, gleichwie Modi und Magni dann den gefallenen
Thor ersetzen müssen.  Dass Wali und Widar überhaupt erst mit
der nordischen Sage vom Untergang der Götter aufkamen, ist

---

1) Von Váli berichten Vǫl. 33, Baldrs Dr. 11, Vafþr. 51, Hyndl. 30,
Gylfag. Kap. 30, 36, 53; seine Namen SE. 1, 266.  Unklar bleibt sein Verhältniss zu Váli, dem Sohne Lokis, der Vǫl. H. 35 und Gylfag. Kap. 50 erscheint; Kauffmann, Beiträge 18, 168 glaubt nachweisen zu können, dass nur
Váli als Sohn Odins bezeugt und aus Missverständniss zu Lokis Sohn geworden sei.  Viðarr und Váli seien thatsächlich nur Namen einer und derselben Gottheit, die, wo die Weltordnung bedroht ist, sie mit sicherer Kraft
in den Fugen hält.  Auf Váli geht wol auch Grógaldr 6, wo Gróa den Zauber
singt, den einst Rind dem Ran (Wali?) gesungen; vgl. Sijmons zur Stelle.
Zur Sage Bugge, Studien 215 ff.; Sievers, Beiträge 18, 582 f. erklärt Váli aus
Vǫnli, Vóli, d. i. Wanula, Wanila und ebenso Ali aus Anula, Anila.  Váli,
Vǫnli knüpft somit an die *vanir* an.  Einer Deutung enthält sich Sievers, sie
wird von Detter, Beiträge 19, 509 versucht.

wahrscheinlich. Kauffmanns Versuch, ältere Bestandteile, Züge des grossen germanischen Waldesgottes an ihnen nachzuweisen, gewann kein sicheres Ergebniss.

## XI. Hönir.

Über Hönir schwebt undurchdringliches Dunkel, weil die Überlieferung der mit ihm verknüpften Mythen teilweise unverständlich ist und weil auch der Name des Gottes keiner befriedigenden Deutung sich fügt. Er erscheint bei der Weltschöpfung, beim Wanenkrieg, nach dem Weltende im neuen Paradies, aber meistens als stumme, thatenlose Person, welche andern das Handeln überlässt.[1]) Hönir gehört zur wandernden Götterdreiheit Odin, Hönir, Lodurr oder Loki. Die Götter verleihen dem ersten Menschenpaar Hauch (*ǫnd*), Seele (*óþ*), Gebärde, Wärme, blühende Farbe (*lá, læte, lito góþa*). Hönir verleiht die Seele, den Geist des Menschen. Mit Odin und Loki ist Hönir auf der Fahrt, wie sie mit dem Riesen Thjazi, dem Räuber der Idun zusammentreffen und wie sie bei Hreidmar einkehren, nachdem sie seinen ottergestalteten Sohn erlegt. In einem färöischen Lied, das vielleicht auf eine ältere verlorene nordische Sage zurückgeht, treten wiederum Odin, Hönir und Loki auf. Ein Bauer verliert im Brettspiel seinen Sohn an einen Riesen und muss ihn hingeben, wenn er ihn nicht vor dem vielkundigen Unhold zu verstecken vermag. In dieser Not werden Odin, Hönir, Loki nach einander angerufen; Odin lässt in einer Nacht einen Acker heranwachsen und heisst den Knaben des Bauern mitten im Acker eine Ähre, mitten in der Ähre ein Gerstenkorn sein. Als nun der Riese, das schneidende Schwert in der Hand, den Arm voll Getreides rafft, da schlüpft ihm das Gerstenkorn von der Faust heraus und Odin bringt den Bauersleuten den Sohn zurück. Hönir weist diesen an, als sieben Schwäne über den Sund fliegen und zwei sich niederlassen, mitten im Nacken des einen eine Feder zu sein; als aber der Riese den Schwan fängt und ihm den Hals abschlägt, fliegt die Feder heraus. Loki, der letzte Helfer verwandelt den Knaben zu einem Korn im Rogen eines Flunders;

---

1) Über Hönir Vǫl. 18 u. 63; seine Namen SE. 1, 266 f. Die Stellen der Haustlǫng, die sein Verhältniss zu Odin und Loki voraussetzen, SE. 1, 308, 310, 314; Hönirs Vergeiselung an die Wanen Ynglingasaga Kap. 4.

denselben Fisch erangelt nachher der Riese und zählt jedes Korn
im Rogen.  Das rechte entschlüpft ihm aus der Faust, und als er
dem spurlos über den Sand hinfliehenden Knaben nachwatet,
lässt Loki ihn sich in einen zu diesem Zweck erbauten Boot-
schuppen verrennen und schlägt ihn tot.  So ist der Bauernsohn
gerettet.[1])  Will man einen tieferen Sinn aus dem Liede deuten,
so hat Uhland am ehesten Recht, wenn er in dem dreifach verwandelten Bauernsohn den in die Natur gelegten schöpferischen
Trieb erkennt, welchen die Riesen bedrohen, die Götter beschirmen.  Die drei Nahrungsquellen des friedlichen nordischen
Bauern, Ackerbau, Seevögeljagd, Fischfang sind gleichsam drei
mächtigen Göttern unterstellt.  Aber schwerlich ist schon in älterer
Sage eine solche Verteilung der betreffenden Berufszweige an
Odin, Hönir, Loki erfolgt.  Da wäre sicherlich Thor für Odin als
Beschützer der Landwirtschaft gewählt worden.  Die Verbindung
scheint vielmehr dem Schöpfer des färöischen Liedes zuzuschreiben
zu sein.  Darum ist es gewagt, daraus dass Hönir über die Schwäne
Gewalt hat, auf sein ursprüngliches Wesen schliessen zu wollen,
weil man Gefahr läuft, die Erfindung eines einzelnen späteren
Dichters für uralten Mythus zu nehmen.

Nachdem Hönir das erste Menschenpaar beseelte und be-
geistigte, erscheint um so seltsamer die Rolle, welche ihm beim
Friedensschluss zwischen Asen und Wanen zugeteilt wird.  Die
Asen gaben gegen Freyr und Njord den Hönir als Geisel und
sagten, er tauge sehr wol zum Häuptling.  Er war ein grosser und
überaus schöner Mann.  Mit ihm sandten die Asen den Mann, der
Mimir hiess; der war der Allerklügste.  Dafür gaben die Wanen
den Kwasir hin.  Als Hönir nach Wanenheim kam, wurde er sogleich zum Häuptling gemacht.  Mimir gab ihm allen Rat ein.
Wenn Hönir bei Dingversammlungen oder Verhandlungen zugegen
und Mimir abwesend war, und eine schwierige Sache vor ihn gebracht wurde, antwortete er immer auf dieselbe Weise: Mögen
andre raten!  Da ahnten die Wanen, dass sie beim Geiseltausch
von den Asen getäuscht wurden.  Sie ergriffen Mimir, enthaupteten
ihn und schickten seinen Kopf an die Asen zurück.  So berichtet
die Ynglingasaga im 4. Kapitel.  Darnach ist Hönir zwar schön

---

1) Das färöische Lied „*Lokka táttur*" bei V. U. Hammershaimb, färöiske
kväder, Kopenhagen 1851, Bd. 1, 140 ff.  Zur Erklärung des Liedes Uhland,
Schriften 6, 193 ff.; 7, 367 ff.  Eine deutsche Übersetzung gibt auch Simrock,
Mythologie[5] 106 ff.

und stattlich, aber schwach im Geiste und unselbständig im
Urteil. Er braucht stets Mimirs Beirat, sonst weiss er sich nicht
zu helfen.

Hönir heisst bei den Skalden Sitz-, Fahrt-, Redegenosse Odins.
Auf seine Bundesgenossenschaft mit Odin und Loki spielt namentlich Thjodolf in der Haustlǫng an. Die Namen „der schnelle
Ase", „Langfuss", „Lehmkönig" (aurkonungr, oder „Nässekönig",
der sich im Lehm, in der Nässe aufhält) entstammen wahrscheinlich verlorenen Sagen und sind für uns, nachdem einmal die betreffenden Geschichten verloren gingen, vollkommen unverständlich. Im neuen Paradies kehrt auch Hönir wieder. Er wird „den
Looszweig kiesen"[1]), d. h. ihm wird wieder sein altes Loos, unter
den Asen zu weilen, zu teil. Möglicherweise soll aber auch damit
gesagt sein, dass Hönir dann in der Welt das Loos zieht, durchs
Loos die Zukunft erforscht und das Schicksal entscheidet.

Viele Erklärungsversuche sind umsonst an dem rätselhaften
Gott gemacht worden.[2]) Einigen gilt Hönir als Ausfluss des
höchsten Gottes der Germanen. Ein Sonnenwesen scheint er
Weinhold. Uhland will den Namen auf ein verlorenes Zeitwort
*hanan *hôn (mit canere verwandt) zurückführen. Der Name be-
deute einen Schall und das hänge mit seiner Gabe an die ersten
Menschen, óþr, Dichtkunst, Gesang zusammen. Auf Uhlands Etymologie greifen auch Detter und Heinzel[3]) wieder zurück, Hönir
wird zu einem Zeitwort hœna, canere, gestellt, Hönir bedeutet
Sänger, es ist ein ursprünglicher Beiname Odins. Hönir und
Bragi gleichen sich in manchen Dingen. Müllenhoff nimmt den
Hönir für einen Wassergott. Dazu könnte auch Uhlands Erklärung des Namens, wenn auch in anderem Sinne dienen: Hönir
der Schallende, Rauschende, wie lat. canorus gebraucht wird.

---

1) Vǫl. 63
> þá kná Hǿner    hlautviþ kjósa;

zur Auslegung der Stelle Müllenhoff, Altertumskunde 5, 100 f.; Gering, Edda
S. 15, Anm. 1; Kauffmann, Beiträge 18, 189 erklärt, dass Hönir in der zukünftigen Welt jedem Einzelnen sein Loos zuteilt.

2) Über Hönir vgl. Weinhold, ZfdA. 7, 24 ff, wozu Mogk, Grundriss 1,
1086, der an den slavischen Hennil, Hainal, den Gott der Morgenröte, denkt;
Uhland, Schriften 6, 188 ff.; Müllenhoff, Altertumskunde 1, 34; Hoffory, Gött.
gel. Anz. 1888, S. 161; Nachrichten d. Gött. Gesellschaft, Dec. 1888; Eddastudien 108 ff.; Kauffmann, Beiträge 18, 175 u. 189; Rödiger, ZfdPh. 27, 9 f.;
Detter u. Heinzel, Beiträge 18, 542 ff.

3) Beiträge 18, 547 ff.

Hoffory leitet Hönir aus urgermanischem *hohnijaʒ* ab; *Tiuʒ hohnijaʒ* sei, wie etwa Ζεὺς κυκνεῖος, der schwangleiche Himmelsgott. Kauffmann denkt an *hôd* (ahd. *huota*) und findet den Begriff Hüter in Hönir; es ist der grosse Waldesgott der Germanen, aus dem nach Kauffmann soviele Götter hervorgingen. Roediger sucht dem Hönir mit natursymbolischer Auslegung nahe zu kommen. Er sieht einen Wolkengott in ihm. Die Wolke ist Gefährte des Sturmes, wie Hönir und Odin zusammen gehen. Wolken sind Schwäne im blauen Himmelssee. Die Wolke ist hohl und leer, wie Hönir ein Hohlkopf. Aber der Wassergott Mimir vermag ihr Gehalt zu geben, den Regen. Die erregbare menschliche Gemütsstimmung wird mit den wechselnden Wolkengebilden verglichen; nach dem altdeutschen Ezzolied gibt Gott dem Menschen „*von den wolchen daʒ muot*", wie Hönir den Menschen beseelt. So lässt sich immerhin manches für Hönir als Wolkenwesen sagen, mehr als für die übrigen Erklärungsversuche. Der Name soll aus *\*hauhnijaʒ* (zu *\*hauhni*, dän. *höine* die Höhe) stammen und bedeuten: der in der Höhe lebt. Etymologische Namenerklärungen, welche zum Verständniss des mit dem Namen behafteten Wesens dienen sollen, haben immer besondere Schwierigkeiten, zumal wenn die Wortwurzel nicht klar ist. Soviel Erklärer soviel Erklärungen! Trotz allem bleibt Hönir rätselhaft nach wie vor. Da er bei der Menschenschöpfung auftaucht und in der neuen Welt wiederkehrt, liegt offenbar sein Ursprung in der Weltlehre, d. h. Hönir ist wol aus der Fremde zugewandert. Sicher wird auch Hönir noch einmal auf diese Art befriedigende Deutung finden, wenngleich E. H. Meyers Versuch, Hönir aus Henoch abzuleiten, verfehlt erscheinen muss.

## XII. Bragi der Dichtergott.[1])

Snorri berichtet in der Gylfaginning Kap. 26: Bragi ist einer der Asen. Er ist ausgezeichnet durch Weisheit, besonders aber durch Redeklugheit und Sprachgewandtheit. Am meisten ist er jedoch in der Dichtkunst erfahren und daher wird auch diese nach ihm *bragr* genannt, wie auch Männer oder Frauen, die sich vor andern durch dichterische Begabung hervorthun, den Namen

---

1) Über Bragi vgl. Uhland, Schriften 6, 277 ff.; Mogk, Beiträge 12, 383 ff.; Bugge, Beiträge 13, 187 ff.; Mogk, Beiträge 14, 81 ff.

*bragarmenn* führen. Die Gemahlin Bragis heisst Idun. Als Benennungen Bragis führt die Snorra Edda 1, 266 an: Gemahl der Idun, der Skaldenkunst Urheber, der langbärtige Ase, Odins Sohn. Als der Langbärtige (*sidskeggja*) erinnert Bragi an den Gott der Dichter, an Odin, der ebenso *Sidskeggr* und *Langbardr*, Tief- und Langbart heisst.

Als Odins Hofskalde, welcher in Walhall den Ehrendienst als Begrüsser der Gäste mit dem Willkommentrunke versieht, erscheint Bragi im Preislied auf Eirik. Odin bespricht sich mit dem klugen Bragi über die Herankunft dieses Heldenkönigs, vor dem es tost und kracht, als kehrte Baldr. zurück zu Odins Sälen, und schickt Sigmund und Sinfjotli zu seinem Empfang entgegen. Im Lied auf Hakon den Guten werden Hermod und Bragi aufgerufen, ihm entgegen zu gehen und Bragi reicht ihm feierlich den Becher zum Willkomm: „Aller Einherjer Frieden sollst du haben; empfange Bier bei den Göttern. Acht Brüder hast du schon hier innen, o Bekämpfer der Jarle". Snorri gibt einem Abschnitt der Edda eine Einkleidung, welche den Bragi als Gesellschafter beim Gelage und trefflichen Sagenerzähler erscheinen lässt. Odin hatte den Ägir zu einem Gastmahl nach Walhall entboten. Dem Ägir wurde der Platz neben Bragi gewiesen, sie tranken und unterhielten sich zusammen. Bragi erzählte von vielen Begebenheiten, die sich bei den Göttern zugetragen hatten. So legt Snorri einen grossen Teil der Göttersage dem Bragi in den Mund und macht den kunstreichen Skald zu einem ebenso ausgezeichneten Sagenerzähler. In Skaldschaft und Saga ist aber der Nordleute höchste Geistesthätigkeit beschlossen. Bragi ist der Skalden bester [1]), Denkrunen sind auf seiner Zunge eingeritzt. [2])

Als Loki unter die bei Agir versammelten Asen tritt und Aufnahme heischt, ergreift Bragi zuerst das Wort. Wie er willkommene Gäste in Wallhall grüsst, so verweigert er dem unlieben Loki Sitz und Stätte beim Gelage; denn die Asen wissen, wem sie Zutritt zum Festmahl verstatten. Auch hier also gebärdet sich Bragi als berufener und bestellter Sprecher der Götter. Odin selbst muss freilich trotzdem Loki auf dessen Mahnung einlassen; da entbietet der Böse allen Göttern und Göttinnen Gruss, bloss nicht dem Bragi. Der will ihm Ross, Schwert und Ringe aus seinem Reichtum gewähren zur Busse, damit er nicht den Asen Missgunst

1) Grímn. 44.
2) Sigrdr. 16.

(wegen des unfreundlichen Empfanges) erzeige. Aber Loki greift ihn gerade an seiner friedlichen, zum Vergleich so rasch bereiten Gesinnung an: Du bist im Gefecht der furchtsamste und beim Schuss der scheueste. Da bricht Bragi zornig los:

> Wenn ich draussen wär' und drinnen nicht
> Bei Ägir sässe im Saal,
> Dein Haupt trüg ich in der Hand gar bald:
> Das wär für die Lüge der Lohn.

Loki erwidert:

> Im Sessel bist kühn du, doch säumig zur That,
> Bragi, du Zierde der Bank!
> Zum Zweikampf geh', wenn zornig du bist,
> Der Dreiste bedenkt sich nicht lang.

Die Skalden der nordischen Könige sind tapfere Helden, in Liederkunst wie in der Waffenführung gleich geübt. Viele haben ihre Treue in Schlachten bewährt und mit dem Tode besiegelt. Doch kam es auch vor, dass ein Skald sein verlorenes Leben mit einem Gedicht rettete. Bragi Boddason löste sein Leben aus der Gewalt des Schwedenkönigs Bjorn durch eine Drápa, ein Preislied, das er in einer Nacht verfertigt hatte, und ebenso befreite Egill sein Haupt aus der Gewalt König Eiriks. Auf solche Fälle bezieht sich wol Loki, indem er übertreibend und verdrehend den Skald als feig verhöhnt, weil er mit schönen Worten sich dort noch zu befreien wisse, wo der tapfere Mann rettungslos dem Tod verfallen sei. Idun beschwört nun Bragi bei ihren Kindern und Wunschsöhnen, den Loki nicht weiter zu lästern. Da sie sich auf Kinder und Wunschkinder beruft, muss angenommen werden, dass der Lokasenna die Ehe zwischen Bragi und Idun bereits bekannt ist, dass sogar Sprösslinge dieses Bundes vorausgesetzt werden. Wunschsöhne Bragis sind vielleicht die menschlichen Dichter, welche nach ihrem Tod in Walhall wohnten.[1])

Der Skald Egill Skallagrimsson spielt zweimal auf Bragi an, wobei er sich auch auf Mythen bezieht. Leider ist die Überlieferung dermaassen verderbt und ausserdem die Anspielung so kurz und dunkel gehalten, dass die dem Dichter vorschwebenden Sagen gar nicht oder doch nur unsicher und unbestimmt wieder erschlossen werden können. Die Schlussstrophe der Hǫfuðlausn beginnt: Der König möge sich so seiner Schätze erfreuen, wie

---

1) Zur Erklärung von Lokas. 16 Bugge, Beiträge 13, 188 ff.

Bragi seines Auges! Was das bedeutet, ist dunkel. Im Sonatorrek 2 und 3 ist vom Raube des Dichtermetes, den Odin aus
Riesenheim entführte, die Rede, wobei der fehllose Bragi auf-
lebte.[1] Soll damit die Geburt Bragis an dieses Ereigniss geknüpft
werden? Gab es eine Sage, welche den Dichtergott Bragi als
den Sohn Odins und der Gunnlod, die den Met hütete, ansah?
Wie Odin in Liebe bei der Riesenmaid ruhte, als er den köst-
lichen Met erlangte, hätte er auch den besten Skald Bragi erzeugt.
Über blosse Vermutungen kommt die Erklärung der Stelle nicht
hinaus, weshalb Bragis Herkunft von Gunnlod immer sehr zweifelhaft bleibt.

Bragi, der Gott, hat jedenfalls Beziehungen zu Bragi Boddason,
der, obzwar noch der Sagenzeit verfangen, doch als geschichtliche Gestalt um und nach 800 zu betrachten ist.[2] Bragi Boddason,
geschichtlich beurkundet und doch mehrfach in Sage und Dichtung verwoben, steht an der Spitze der langen Reihe norwegischer
und isländischer Skalden. Es erhebt sich die Frage, ob Bragi
Boddason der Skald nach dem Gotte seinen Namen hat, ob beide
Namen etwa unabhängig entstanden und im Wortsinne den vor-
trefflichsten Skalden, den Dichterfürsten bei Göttern und Menschen
bezeichnen, endlich ob etwa der Skald Bragi zur Verherrlichung
des Standes unter die Asen versetzt wurde. Alle drei Möglichkeiten lassen sich mit Wahrscheinlichkeitsgründen stützen, keine
als sichere Thatsache nachweisen. Dass Bragi weder ein altgermanischer noch ein volkstümlich nordischer Dichtergott war,
sondern erst in später Zeit, etwa im 9. Jahrhundert, unter den

---

1) Die Stelle der Hǫfuðlausn lautet nach Finnur Jónssons Ausgabe

*njóte bauga     sem Brage auga!*

Im Sonatorrek 3 heisst es, nachdem von der Entführung des Trankes die
Rede war:

*lastalauss     es lifnaþe*
*á „nockvers"     nǫkkva Brage.*

In „*nockvers*" vermutet Bugge Verderbniss für „*nǫttvers*", Nachtaufenthalt,
„*á nǫttvers nǫkkva* umschreibt im Bett. Die älteren Deutungen bei Sveinbjörn Egilsson Lex. poet. 604 f. Bragis Erzeugung durch Odin und Gunnlod
lesen aus den Worten heraus Gisli Brynjúlfsson, antiquarisk tidsskrift 1855/7,
S. 148 ff. und Bugge, Beiträge 13, 195 ff.

2) Über Bragi Boddason Uhland, Schriften 6, 281 ff.; SE. 3, 307 ff.
Gering, *kvæþa brot Braga ens gamla,* Halle 1886; Bugge, *bidrag til den
ældste skaldedigtnings historie,* Christiania 1894, wo die Echtheit der dem
Bragi zugeschriebenen Gedichte mit starken Gründen angefochten wird.

Skalden aufkam, wird ziemlich allgemein angenommen. Ist ihm
doch nirgends eine in den Grund der Mythen eingreifende Wirksamkeit zugewiesen. Odin ist das göttliche Urbild des Sängers,
er ist der Urquell dichterischer Begeisterung. Neben ihm ist für
Bragi kein Raum. Bragi bedeutet der Fürst, der Erste. Das Wort
begegnet als Eigenname wie als Appellativum, wenigstens in der
Mehrzahl *bragnar*, die Fürsten, Helden und in der starken Form
*bragr*.[1]) Bragi kann ebenso der erste unter Dichtern wie unter
Kriegsleuten wie unter Göttern (Thor ist *ásabragr*) heissen. In
der altnordischen Sprache ist aber Bragi gewöhnlich der Dichter-
fürst. Bragi könnte auch als Beiname oder später gebildete Bezeichnung des ältesten und berühmtesten der Skalden aufgefasst
werden. Mogk glaubt, Bragi könnte ein Beiname Odins gewesen
sein und nach und nach als Sondergestalt, etwa wie Freyr, Baldr,
Heimdallr aus Tiuz, sich entwickelt haben. Falls aber der Skald
Bragi samt seinem Namen, der Sängerahn im wallenden Bart,
als zweifellos der Wirklichkeit angehörig gelten darf, hat die von
Uhland und Mogk vertretene Ansicht, dass Bragi bei den Asen
selbst kein andrer sei als der nach Asgard erhobene Bragi der
Alte, Boddis Sohn, am meisten Wahrscheinlichkeit für sich. Bragi
erscheint in Gesellschaft des Sigmund, Sinfjotli, Hermod. Sind
nun diese Helden, geschichtliche und sagenhafte, nach ihrem
Erdenlauf zu Odins Mahl und Ehrendienst berufen, warum nicht
auch, auf seine Weise, ein berühmter Skald? Das Bild von
Walhall, Odin und die Einherjer, der König und seine Gefolg-
schaft wird erst vollständig durch den Hofskalden, der hochgeehrt
nahe beim Herrn seinen Sitz erhält. Was überhaupt von Thaten
Bragis verlautet, lässt ihn ausschliesslich als dienstthuenden Hof-
beamten erscheinen. Darum wird sein Ursprung auch in irdischen
Verhältnissen zu suchen sein, und dass die Skalden den ersten

---

1) *Bragi* als Heldenname Helgakv. Hund. 2, 18; SE. 1, 522; im Ortsnamen Bragalund Helgakv. Hund. 2, 8; *bragnar* steht für *\*bragar*, dem alten
regelrechten Plural zum Singular *bragi*, Noreen, An. Gramm.[2] § 334, 4. *bragr*
im Sinne von *princeps* in *bragr ása, kvenna, karla* u. s. f. bei Uhland,
Schriften 6, 294; Mogk, Beiträge 14, 82 ff. Ags. *brego*, der Herrscher, wird
gleich angewandt, vgl. J. Grimm, Myth. 215; es steht im Wurzelablaut zu an.
*bragr*, Sievers, Beiträge 11, 355. *bragafull*, Bragibecher, ist nur falsche Lesart minderwertiger Handschriften statt *bragarfull*. Vgl. Gudbrand Vigfusson,
Dictionary S. 76; Mogk, Beiträge 14, 83; man darf nicht mit Uhland a. a. O.
279 ff. dem feierlichen Odins, Freys, Njords Vollhorn einen entsprechenden
Bragibecher gegenüber stellen.

und ältesten ihrer Schar zu diesem Ehrenamt erkoren, ist wol begreiflich. Wird ihm Idun, die Hüterin der verjüngenden Äpfel vermählt, so besagt das poetische Bild wol nur, dass Idun seinem Alter Kraft und Jugendfrische wahrt. In ihren Hauptmythen ist Idun aber unvermählt.

## XIII. Requalivahanus.

*Deo Requalivahano Q. Aprianus fructus ex imperio*
*pro se et suis v. s. l. m.*

Diese Inschrift trägt ein Stein aus dem 2. Jahrh. n. Chr., der 1883 in der Nähe von Blatzheim bei Cöln aufgefunden wurde.[2] Der Name des Gottes ist aus germanischen Wortstämmen gefügt. Seine Bedeutung und etwaige Beziehung auf einen der uns sonst bekannten Götter zu erschliessen, ist noch nicht geglückt. Trotz allen gelehrten und geistvollen Erklärungsversuchen zeigt sich auch hier die Unmöglichkeit, aus den allein von Inschriften gebotenen, allgemeinen Benennungen irgendwie sichere, brauchbare Ergebnisse für die Geschichte der germanischen Mythologie zu gewinnen. Der erste Wortstamm ist zweifellos germ. *rekwaʒ* (got. *riqis*; an. *rǫkkr*) Finsterniss, Dunkelheit. Derselbe Stamm ist auch sonst in gotischen Eigennamen nachzuweisen: *Reccared, Reccesuinth, Requisindus, Riccifrida, Riccila* u. ä. (vgl. Kögel, AnzfdA. 18, 59). Schwieriger ist der zweite Stamm festzustellen. Die Erklärer gehen schon darin auseinander, dass sie das Suffix -*hanus* teils mit der Latinisierung des germanischen Wortes in Zusammenhang bringen, teils der ursprünglichen Wortbildung zuweisen, d. h. dass sie entweder auf einen germanischen Stamm *livan-* oder *livahan-* schliessen. Die Wurzel stellen Holthausen und Kauffmann zu an. *lifa*, Leben und ähnlichen Bildungen, und nehmen *liƀa* „lebend" wie in den Eigennamen *Heriliva, Gundiliva,* die im Heere, im Kriege Lebende, oder *liƀahs* „lebensvoll", „lebendig" an. *Requalivahanus* ist der in der Finsterniss als Herrscher waltet, der im Dunkel wohnt. Im Ahd. begegnet das ähnlich gebildete Eigenschaftswort *ubarlibo* „überlebend". Später dachte Holthausen an *kiwa* im Sinne von

---

1) Den Stein machte Zangemeister in den Bonner Jahrbüchern des Vereins von Altertumsfreunden im Rheinlande, Heft 81, 78 ff. bekannt; ebenda gibt Holthausen eine Deutung; vgl. ferner Holthausen, Beiträge 16, 342 ff.; Much u. Schröder, ZfdA. 35, 375 ff.; Kauffmann, Beiträge 18, 190 ff.; Rödiger, ZfdPh. 27, 12 f.; v. Grienberger, Beiträge 19, 528 ff.

Hinterlassenschaft, Erbe, zum Zeitwort *lîhwan*, leihen, übrig lassen. Requalivahanus ist, dem die Finsterniss überlassen wird, der die Finsterniss als Hinterlassenschaft besitzt, dem die Finsterniss als Erbe anfiel. Much vermutet ein germanisches Eigenschaftswort *lîwaʒ*, *lîwahaʒ*, farbig, nach irischem *lí* die Farbe, gall. *Lîvius*, *Lîvo*, lat. *livor, liveo, lividus*. Requalivahanus bedeutet wie mhd. *vinstervar* den, der die Farbe der Finsterniss trägt, den Dunkelfarbigen. An einen Ortsnamen endlich denkt v. Grienberger. Das latinisierte Adjectiv requalivânus meint einen Gott von Requaliva. In *liwa* sei ein germanisches Wort für Gewässer enthalten, und so ist Requaliva wie *Schwarzleo* einfach Schwarzbach, Schwarzwasser, Schwarzach, Schwarzensee oder dgl. ein Gewässer von dunkler Farbe oder ein Gewässer im finstern, schattigen Walde.

Wenn schon die Namendeutung über unsichere Vermutungen nicht hinausgelangt und nur einen sehr allgemeinen Sinn ergibt, so ist es mit der mythologischen Auslegung noch viel schlimmer bestellt. Dass Requalivahanus im Finstern haust, muss angenommen werden. Die nächstliegende Beziehung geht unstreitig auf Tod und Unterwelt. Zeus und Pluto heissen σκότιος, sofern sie in der Finsterniss leben. Das Beiwort kann aber manchen Göttern zukommen, etwa Wodan als dem Walgott, so lang er die Seelen der Toten im dunkeln Schooss der Berge bei sich versammelt, oder Baldr, der zur Hölle stieg. Einen germanischen Pluto, der der Finstere hiesse, wie Hel die Schwarze, kennen wir nicht. Am wenigsten ist Kauffmanns Auslegung begründet, der im Requalivahanus den grossen Waldesgott der Germanen, aus dem auch Widar und Wali, „der Starke von oben", den die Vǫlospǫ geheimnissvoll erwähnt, Mitothin, Ullr und viele andere stammen sollen, erkennen will. Requalivahanus ist für uns völlig rätselhaft. Es ist ein Beiname, der etwa dem griech. σκότιος entspricht. Ob er einem der uns sonst bekannten germanischen Götter gebührt oder einem Gotte, von dem wir sonst gar nichts wissen, ist nicht festzustellen.

## XIV. Loki.

### I. Lokis Wesen und Namen.

Loki ist der Beschliesser, der Endiger.[1] In seinem Namen offenbart sich seine Art, sein Streben geht auf das Weltende. Er

---

1) Loki verhält sich zu *lúka*, schliessen, wie *brôti* zu *brjóta*, *skoti* zu

wirkt beständig auf den Abbruch der Macht der Götter hin und
führt endlich den Untergang, die volle Vernichtung heran. Im
Hinblick auf die Götterdämmerung und den Weltbrand ist sein
Name und seine Gestalt geschaffen; daher reicht Loki ebensowenig
wie die Vorstellung vom Weltende über die nordische Überlieferung in die gemeingermanische und damit heidnisch-deutsche zurück, sein Ursprung liegt nur zum kleinsten Teil im echt nordischen, heimischen Heidentum, vielmehr in der altchristlichen
Mythologie. Loki setzt zum vollen Verständniss die Lehre vom
Werden und Vergehen der Welt voraus, da er von Anfang bis
zu Ende darin thätig ist. Ihn gesondert darzustellen hält insofern schwer, als eigene Lokisagen nur in geringer Anzahl sich
darbieten, andererseits er aber in die Ereignisse der Göttersagen
häufig entscheidend im guten oder schlimmen Sinn eingreift.
Darum musste schon mehrfach auf ihn Bezug genommen werden.
Loki setzt nicht bloss den grössten Teil der nordischen Göttersagen voraus, sondern auch den Versuch, die Gesamtheit der
Göttersagen unter der Absicht einer einheitlichen Entwicklung zu-
sammenzufassen. In der nordischen Mythologie, wie sie uns in
den Kunstgedichten der Skalden im 9. und 10. Jahrhundert
entgegentritt, ist Loki die treibende Kraft. Betrachtet man die
übrigen Götter der nordischen Sage, so erkennt man deutlich
einen selbständigen Grundstock von bestimmten Zügen und Eigenschaften, welche jede dieser Gestalten von mitunter hohem und
höchstem Alter und unabhängiger, eigentümlicher Entstehung und
Entwicklung erscheinen lässt. Daneben zeigen sich Spuren, wie

*skjóta.* Vgl. *lok,* der Schluss, das Ende. So erklärte Uhland, Schriften 6, 14.
Bugge, Studien 73 ff. glaubt, dass der Name Loki unter dem Einfluss von
Lucifer (gespr. Lukifer) entstand, als Abkürzung und nordische Umbildung
des fremden Namens aufgefasst werden müsse; vgl. noch Bugge, bidrag til
den ældste skaldedigtnings historie S. 122. Auch J. Grimm, Myth. 3, 82,
deutet Ähnliches an: „man könnte gar noch auf eine Kürzung aus Lucifer
fallen". Als Beiname einer geschichtlichen Persönlichkeit, des Thorbjorn Loki,
steht der Name in der Landnáma 2. Kap. 23 (Islendinga sögur 1, 132). Von
besondern Arbeiten über Loki vgl. Weinhold, ZfdA. 7, 1 ff. Nach Weinhold
ist Loki ursprünglich eine gütige, mächtige Gottheit („der Hauptkern des
Gottes ist und bleibt die eine Seite des alten Himmelsgottes", Mogk, Pauls
Grundriss 1, 1088) und erst später zu einem bösartigen Dämon herabgesunken.
Lokis Abfall vom Guten zum Bösen ist freilich zweifellos und wird auch von
Wislicenus, Loki, Zürich 1867 nach Gebühr hervorgehoben. Aber man darf
darum nicht gleich Loki mit einem der germanischen Hauptgötter zusammen-
werfen.

und wo diese Gestalten mit dem bereits Vorhandenen sich abfanden. Endlich wird ihnen eine gewisse Teilnahme am Weltwerden und Vergehen eingeräumt. Aber ihr eigentliches Wesen wird von der ihnen in der Weltlehre gewiesenen Stellung kaum berührt. Darüber sind alle Forscher einig, dass die nordische Mythologie, welche die einzelnen Göttersagen als Glieder einer grossartigen Entwicklungsgeschichte nimmt, worin das Einzelne nur als Teil einer in weitem Rahmen und auf tiefem Hintergrund aufgebauten Gesamtheit, als besonderer Abschnitt des tragischen Weltendramas erscheint, dass diese nordische Mythologie ausschliesslich den nordischen Dichtern gehört und verhältnissmässig jung ist. Mit dieser Mythologie aber steht und fällt Loki. Bringt man bei den andern Göttern ihren Anteil am Weltendrama in Abzug, so tritt dadurch ihre Gestalt nur umso heller und schärfer ins Licht, da sie ja ihren Ursprung aus älteren und völlig verschiedenen Verhältnissen ableiten. Wendet man das gleiche Verfahren auf Loki an, so bleibt fast nichts mehr übrig. Wer sich der thatsächlichen Wahrheit nicht verschliesst, dass Weltschöpfung, Baldrs Tod, Weltende jedenfalls mit altchristlicher Mythologie auffällige Verwandtschaft zeigen, die sich ungleich leichter aus der Annahme von Entlehnungen, als aus der Behauptung selbständiger unabhängiger Entwicklung beiderseits erklärt, wird auch geneigt sein, das Rätsel, welches Loki bei Ableugnung fremder Bestandteile in der nordischen Mythologie bietet, dadurch zu lösen, dass er ihn zu Lucifer, dem Teufel, dessen Rolle Loki zugestandenermaassen im Norden spielt, in Beziehung setzt. Dadurch wird zwar nicht alles, aber doch vieles an Loki, namentlich seine Wandlung aus dem Genossen der Götter und Blutsbruder Odins zum Teufel, zum feindseligen Riesen, dessen dämonische Art allmälig immer stärker hervorbricht, verständlich werden. Eine sklavische, unselbständige Nachahmung Lucifers ist Loki nicht, vielmehr eine eigenartige, durch das fremde Vorbild nur angeregte dichterische Schöpfung. Abgesehen von mancherlei Verschiebungen, z. B. dass schon der göttliche Loki riesischer Abkunft ist, und von vielen Neubildungen und Zusätzen ist er ganz den nordisch-germanischen Zuständen angepasst.

Eine weitere Eigenschaft Lokis ist noch in Rücksicht zu ziehen. Ein Dämon des Feuers, welcher auch sonst unter dem Namen Logi, die persönlich gewordene Lohe [1]) vorkommt, scheint viel-

---

1) Logi als Bruder der Elemente Wasser (Hlér) und Luft (Kári) und

leicht wegen des anklingenden Namens und, da ja wirklich die
Welt im Feuer endigt (*logi-loki*: Lohe-Endiger), mit Loki verschmolzen zu sein, teilweise auch ein Dämon der versengenden,
verzehrenden Gluthitze *Lóđurr* (aind. *Vr̥tra*, der im Verein mit
anderen Dämonen das befruchtende Wasser zurückhält und damit
Trockenheit und Dürre verursacht). Die Namen von Lokis Eltern,
*Fárbauti*, der gefährlich Schlagende, d. i. der Sturmwind und *Nál*,
Nadel am Nadelbaum oder *Laufey*, Laubinsel machen seine Feuer-
natur deutlich. Der Sturmwind schlägt die flammende Lohe aus
dem Gehölz, besagen die Namen von Lokis Vater und Mutter in
dichterischem Bild.[1])

Auf Island soll die Redensart gegangen sein, Loki fährt über
die Äcker, wenn ein Brand oder Hitze die Wiesen versengte.
Lokis Spähne heissen die zum Feueranzünden verwendeten Spähne.
Lokis Brand ist der Name des Hundssterns (Sirius). *Loka daun*,
Lokis Geruch ist Schwefeldampf, was aber stark an Lucifer ge-
mahnt. Loki trinkt Wasser, sagt man in Dänemark von der
wasserziehenden Sonne. In Nordjütland ist Lokis Hafer ein dem
Vieh schädliches Unkraut, wie auch der Teufel Unkraut sät.
Knistert das Feuer, so heisst es: Loki prügelt seine Kinder.
Schweben Dünste in der Sonnenhitze auf der Erde, so treibt Loki
seine Geissen aus. Vögel, die sich mausern, gehen unter Lokis
Egge. Kinder, die einen Zahn verlieren, werfen ihn in Småland
ins Feuer mit den Worten: Loki, gib mir einen Beinzahn, hier
hast du einen Goldzahn. Auf Lokis Abenteuer hören bedeutet in
Dänemark auf Lügen Acht geben. Nach diesen im Volke noch
fortlebenden Vorstellungen[2]) erscheint Loki als Feuer, Hitze und
Teufel. Dieselben Reden gehen häufig sonst vom Teufel und
sind also jedenfalls von ihm auf Loki übertragen worden, nicht
umgekehrt.

Loki kommt auch und zwar schon bei den älteren Skalden

---

Sohn des Riesen Fornjótr erscheint im Fundinn Noregr (Fornaldarsögur 2, 3 ff.);
ausserdem Gylfag. Kap. 46, wo Loki in schwankhafter Weise sich selber in
doppelter Gestalt gegenüber gestellt wird, dem Logi und dem Utgardaloki, dem
Schadfeuer und dem Höllenfürsten.

1) Lokis Eltern erklärt Bugge, Studien 80.

2) Über Lokis Fortdauer in Redensarten des nordischen Volkes vgl.
Finn Magnusen, Lex. myth. 232; J. Grimm, Myth. 221 f.; Bugge, a. a. O. 80 f.
Vol. 25 Loki hatte die Luft vergiftet (*lœvi blandit*), meint wol die verderb-
liche Schwüle.

unter anderen Namen vor.  Er heisst *Loptr*, der Luftige.[1])  Was
der Name besagt, ist unklar, ob damit ein persönlich gedachter
Dämon des Luftreiches gemeint ist, etwa wie Kari neben Logi
die Luft neben der Lohe verkörpert, oder ob auf die leibliche Beschaffenheit Lokis angespielt wird.  Nach gelehrter Auffassung
nämlich bestehen die Leiber der Dämonen aus Feuer und Luft.
Endlich lässt sich Loptr auch als der durch die Luft Fliegende
denken.

„Unverkennbare Wesensgleichheit herrscht zwischen dem
indischen Vrtra, dem Dämon der Sommerhitze, welcher das himmlische Gewässer einschliesst und daher von Indra bekämpft und
endlich getötet wird, worauf er in Gestalt eines Wurmes (Ahi)
niederstürzt, und dem nordischen Loki, dem Gott der Hitze, der
von Thor (dem Donnerer gleich Indra) beständig feindselig betrachtet und schliesslich auch gefangen genommen wird, dem Vater
des gleicherweise von Thor einst bekämpften Midgardwurmes."
So sagt Noreen [2]) und sucht die Behauptung durch den Nachweis
zu stützen, *Lóđurr* aus älterem *Vlóđurr* sei mit *Vṛtra* gleich.
Ganz anders erklären Detter und Heinzel (Beiträge 18, 560) den
Namen Lodur (bei Saxo Lotherus).  Sie verweisen auf an. *lóđ*,
Ertrag des Bodens und erblicken in Lóđur einen Gott der Frucht-
barkeit, einen Beinamen des Freyr.  Die Dreiheit Odin, Hönir,
Lodur zielt auf die vereinigten Asen und Wanen.

Im Mittelalter treten oft drei Teufel Lucifer, Beelzebub, Satanas
in Nachäffung der Dreieinigkeit auf.  Ebenso stehen neben Loki
die Brüder *Býleistr* oder *Býleiftr* und *Helblindi*.  Der letztere

---

1) Loptr steht Lokas. 6; Hyndl. 43; Fjolsv. 26; Haustlǫng 31 (corpus
2, 15; SE. 1, 310) und Eilifs þorsdrápa SE. 1, 290.  Loptr ist übrigens ein
gebräuchlicher nordischer Personenname, vgl. Islendingasögur 1, 428 im Register
und Loptr Pálsson SE. 3, 672, Loptr Hálfdánson ebenda 751; im Frauennamen
Lopthœna begegnet derselbe Stamm wie in deutschen Namen mit Luft, z. B.
Lufthildis.  Bugge, Studien 81 verweist auf die schon bei Tatian zum Ausdruck gelangte Auffassung, dass die Leiber der Dämonen aus Feuer und
Luft seien.

2) Nordisk tidskrift for filologi, ny række 4. Bd. S. 28 ff.  Die idg. Grund-
form des ind. *vṛtrá-s* wird als *vartrás valtrás* angesetzt, woraus germ. *vlóđra*-
abzuleiten ist.  *vṛtras* heisst der Deckende, Verhehlende, Hemmende, von der
Wurzel *var* bedecken, hehlen, abschliessen, abwehren gebildet.  Vgl. auch
Noreen, Abriss der urgerm. Lautlehre 102.  Der Name Lođurr begegnet Vǫl. 18;
Haleygja tal im Corpus poet. boreale 1, 253.

Name, nur der Snorra Edda bekannt, ahmt Bezeichnungen des
Teufels nach, der manchmal als blind bezeichnet wird und im
Angelsächsischen und Deutschen sehr viele Benennungen aufweist,
welche mit *helle* begannen. Býleistr, Býleiftr ist vielleicht durch
Umdeutung aus Beelzebub entstanden. Selbständig oder in be-
sonderen Sagen erscheinen die Brüder Lokis nicht.[1]

## 2. Die Sagen von Loki.

Snorri sagt von Loki: Zu den Asen wird auch der gerechnet,
den manche den Verleumder der Asen oder den Urheber des
Trugs und die Schande aller Götter und Menschen nennen. Sein
Name ist Loki oder Lopt; er ist der Sohn des Riesen Farbauti.
Seine Mutter heisst Laufey oder Nal, seine Brüder Býleipt und
Helblindi. Loki ist schön und anmutig von Aussehen, aber böse
von Gemütsart und höchst unbeständigen Wesens. Er brachte die
Asen oft arg in Verlegenheit, hat sie aber auch oft durch seine
List aus schlimmer Lage befreit. Seine Gattin heisst Sigyn und
beider Sohn ist Nari oder Narfi.[2]

Loki ist Gott und Teufel in einer Person. In den Urtagen
in die Gemeinschaft der Asen aufgenommen und am Schöpfungs-
werke thätig, schön und schmuck von Gestalt, kehrt er allmälig
ganz andre Seiten hervor. Wie das leise Verderben schleicht er
rastlos unter den Göttern umher und führt die von seinem bos-
haften Rat Getäuschten in Schaden und Unfall. Als Lügenvater und
Trugstifter nimmt er sich den reinsten und besten der Götter, Baldr
zum Widerspiel. Darauf hin wird er verstossen. In finstrer Höhle
liegt bei Saxo der zum hässlichen Teufel gewandelte Loki. Durch
Baldrs Tod ist das geistig-sittliche Weltgesetz gelöst. Wie alle
die rohen und wilden Naturkräfte unaufhaltsam hereinbrechen
und das Weltende naht, wird er seiner Fesseln ledig und zieht
selber an ihrer Spitze zum Zerstörungswerk einer Welt, die er
einst, solange er noch rein unter den Himmlischen geweilt, mit
auferbaut hatte. Lokis Geschick, seine Wandlung vom Gott zum
Teufel, seine Feindschaft zum lichten Baldr. hat eine auffallende
Ähnlichkeit mit Lucifers Fall, wie auch diejenigen anerkennen
müssen, welche nicht zugeben wollen, dass Loki in der Haupt-

---

1) Über die Namen und ihre Erklärung vgl. Bugge, Studien 75 f.
2) Gylfag. Kap. 33; als Ase wird Loki SE. 1, 84, 142, 268, 556 bezeichnet.

sache nichts anderes ist, als der in die nordische Göttersage und Weltlehre übersetzte Lucifer.

Odin, Hönir und Loki oder, wie er auch genannt wird, Lodur wandern zusammen. So erschaffen sie die ersten Menschen, den Hauch gab Odin, Hönir die Seele, Lodur die Wärme und leuchtende Farben.[1]) Statt der Dreiheit Odin, Hönir, Lodur setzt Snorri Burs Söhne, Odin, Wili, We ein. Mit Odin und Hönir zieht Loki auch in den Geschichten von Iduns Raube und vom Hort des Andwari über Land. Seinen klugen Rat bewährt er, indem er Thor zur Heimholung des Hammers verhilft. Da wirkt er nur Gutes, indem er selber den Asen bei Bekämpfung ihrer Feinde beisteht. In der Lokasenna 9 beruft Loki sich auf einen mit Odin eingegangenen Blutbrüderbund:

Gedenkst du, Odin,  dass in der Urzeit
Wir beide das Blut gemischt?
Nimmer des Biers  zu geniessen schwurst du,
Man böte denn beiden es dar.

Die feierlichsten, heiligsten Bande haben also dereinst Loki mit Odin verknüpft. Als Odins Freund bezeichnen ihn die Skalden.[2]) Aber bald wird sein Rat zweideutig und falsch. Loki sucht in mehreren Erzählungen den Feinden der Götterwelt Macht über Asgard zu verschaffen und nur gezwungen lässt er sich dazu bewegen, das drohende Unheil mit listiger Falschheit abzuwenden.

Odin, Loki und Hönir fuhren über Berge und öde Wälder. In einem Thale sahen sie eine Rinderheerde. Davon nahmen sie einen Ochsen und fingen an, ihn zu sieden. In der Eiche über ihnen sass ein Adler, der verhinderte das Garsieden des Fleisches, bis die Asen ihm Anteil an der Mahlzeit versprachen. Aber weil der Adler gierig die besten Stücke an sich nahm, stiess Loki mit einer Stange nach ihm. Die Stange blieb im Leibe des Adlers stecken. Der Adler flog auf, Lokis Hände hafteten fest an der Stange, so dass er geschleift wurde. Da bat er, von Schmerzen gepeinigt, um Gnade. Der Adler war aber der Riese Thjazi, und er sagte, er werde ihn nicht loslassen, wenn er nicht Idun samt ihren Äpfeln ihm brächte. Loki versprach es und lockte in der

---

1) Die Menschenschöpfung Vol. 17/18; Gylfag. Kap. 9.

2) SE. 1, 268 heisst Loki *Odins sinni ok sessi*, Odins Fahrt- und Bankgenosse; Odin heisst *Lodurs vinr* in der Haralds saga hárfagra Kap. 13; Islendingadrápa 1; weiteres bei Gudbrand Vigfusson, corpus 2, 471.

That Idun aus Asgard in einen Wald hinaus unter dem Vorwand,
er wolle ihr kostbare Apfel zeigen. Sie solle zum Vergleich ihre
eigenen mitbringen. Da kam der Riese Thjazi und flog mit ihr
in seine Behausung. Die Asen aber wurden ohne Iduns Apfel
alt und grau und bedrohten den Loki, bis er in Falkengestalt
nach Riesenheim flog, Idun zur Nuss verwandelte und sie auf diese
Art zurücktrug. Thjazi verfolgte ihn in Adlergestalt. Die Götter
aber entzündeten schnell ein Feuer, worin der heraneilende Adler
verbrannte.[1)]

Wie hier Idun, so verhandelt Loki ein ander Mal Freyja an
einen ungeschlachten Riesen. Darauf spielt die Vǫlospǫ́ an:

25 Da gingen zu Sitze        die Götter alle,
   Die heiligen Herrscher,   und hielten Rat:
   Wer die ganze Luft        mit Gift erfüllte
   Und der Brut der Riesen   die Braut des Od gab.

26 Nur Thor schlug zu,       voll trotzigen Mutes
   — Selten sitzt er,        wenn er solches vernimmt —
   Da wankten die Eide,      die Worte und Schwüre,
   Die festen Verträge,      die man vordem schloss.

Ergänzend berichtet Gylfaginning im 42. Kapitel: Ein Werkmeister aus dem Riesenland hatte sich verpflichtet, den Göttern
eine Burg im Verlauf eines Winters aufzuführen, wenn man ihm
Freyja zur Frau gebe und Sonne und Mond abtrete. Zur Arbeit,
verlangte er, solle man ihm nur den Beistand seines Rosses
Swadilfari verstatten. Auf Lokis Rat wurden diese Bedingungen
angenommen. Als das Werk der Vollendung sich nahte, bereuten
die Götter das leichtsinnig gegebene Versprechen und bedrohten
Loki mit dem Tode, wenn er nicht Rat schaffe. Durch List, indem
er in Stutengestalt den Hengst Swadilfari an sich lockte, gelang
es ihm, die Arbeit so aufzuhalten, dass der Werkmeister am Ziel
nicht fertig wurde. Als der Riese über den Verlust seines ausbedungenen Lohnes in Zorn geriet, erschlug ihn Thor mit dem
Hammer. Loki brachte von Swadilfari ein Füllen zur Welt, Sleipnir,
Odins Ross.

---

1) So berichtet der Skald Thjodolf in der Haustlǫng und danach Snorri
in den Bragar. Kap. 3. Snorri fügt noch bei, wie Skadi, des Riesen Tochter,
zur Rache heranstürmt, aber versöhnt einen der Asen, Njord, zum Mann
nimmt. Loki muss sie zum Lachen bringen. Er bindet eine Schnur an seine
Scham und an den Bart einer Ziege. Beide ziehen und schreien vor Schmerz.
Dann fällt Loki in den Schooss der Skadi, dass sie lachen muss.

Wenn Loki Idun und Freyja, die jugendschönen Göttinnen,
ohne Bedenken den Riesen überliefert, so beschädigt er dadurch
den ganzen Bestand der Götterwelt, indem er ihre Lebens- und
Liebeskraft, Licht und Wärme dem Erbfeinde preisgibt. Er
trachtet, die Götter zu verderben, indem er ihrem Dasein die er-
haltenden Kräfte entzieht. Wie ein Vorspiel zu Baldrs Tod und
zur Weltvernichtung erscheint der Angriff auf Idun und Freyja.

Noch ernstlicher wird der Götterstaat gefährdet, wenn Loki
den gewaltigen Beschirmer der Welt, Thor, den Riesen auszuliefern
versucht. Zwar verhilft er dem Thor wieder zum Hammer, als
Thrym ihn stahl; auch auf der Fahrt zu Utgardloki, seinem Doppelgänger, begleitet Loki den starken Gott ohne schlimme Absicht.
Als aber Loki einmal im Falkengewand zum Riesen Geirröd geflogen war und dabei gefangen wurde, zwang ihn Geirröd, zur
Lebenslösung den Thor ohne Handschuhe, Gürtel und Hammer,
also machtlos in sein Gehöft zu bringen, was wirklich auch ge-
schah. Doch endigte der Streich, wie oben erzählt wurde, zum
Schaden Geirröds. Im Hymirliede sind zwei Strophen einge-
schoben (37/8), wonach Loki der Arge Schuld daran war, dass
einer der Böcke lahmte, weil Thjalfi gegen des Gottes Gebot den
Schenkelknochen gespalten hatte, um zum Mark zu kommen.[1]
Die Sage hat wol tieferen Sinn, wenn Loki, der Abkömmling der
Riesen, insgeheim und hinterlistig gegen Thor, den Bezwinger der
Unholde, wirkt. So ist Loki das leise schleichende, allzeit wache
Verderben unter den Asen. Immer ist er zur Hand, wo sich Gelegenheit bietet, die Grundpfeiler der bestehenden Weltordnung
zu unterwühlen, ein geheimer Bundesgenosse der lauernden Mächte
des Verderbens, stets bereit, die Widerstandsfähigkeit der Götter
abzuschwächen, damit die am Tage der Vernichtung schrankenlos
hervorbrechenden teuflischen Geister umso leichteres Spiel haben.
Als seine Pläne durch die Vorsicht und die Entschlossenheit der
Götter durchkreuzt werden, führt er den Hauptschlag und tötet
den guten Baldr. Doch diese offene Kriegserklärung zerreisst das
ohnehin schon gelockerte Band, Loki wird aus der himmlischen
Schar in die Hölle verstossen.

---

1) Möglicher Weise zielt die Bezeichnung Lokis als Bocksdieb, *þjófr
jotna hafrs* SE. 1, 268 auf dieses Ereigniss. Aber im „Bocke der Riesen‟
kann auch eine andre Kenning stecken.

Unter Heimdall wurde erzählt, wie Loki und Heimdall um den Besitz des Halsgeschmeides der Freyja mit einander am Singasteine kämpfen. Eine ziemlich junge, erst im Ausgange des 14. Jahrhunderts aufgezeichnete Sage [1]) erzählt, wie Loki das Halsband raubte: Odin sagte dem Loki alles, was er angriff, und legte ihm oft grosse Aufgaben vor, die er alle löste. Loki erfuhr alles, was geschah, und sagte es dem Odin wieder. Da hörte er einmal, Freyja habe von den Zwergen gegen ihre Gunst einen Halsschmuck bekommen, und er sagte es dem Odin. Da befahl ihm der, den Schmuck zu stehlen, und wie sehr er auch vorstellte, dass das unmöglich sei, es half nichts und Odin sagte, er dürfe nicht eher wiederkommen, als bis er den Schmuck bringe. Da ging Loki heulend fort und alle freuten sich, dass es ihm schlecht ging. Wie er nun zu Freyjas Kammer kam, war sie verschlossen und er konnte nicht hinein. Es war aber eine harte Kälte und er fror. Da ward er zur Fliege und flog um alle Riegel und in alle Ritze, aber nirgends konnte er hindurch. Endlich erspürte er ganz oben am Giebel ein Loch so gross wie ein Nadelöhr. Da hinein schlüpfte er und so kam er in das Gemach. Alles schlief und Freyja lag mit dem Schmucke am Halse auf einem Bett. Weil sie aber auf dem Schlosse lag, wandelte sich Loki in einen Floh und stach sie in die Wange. Da drehte sich Freyja um, schlief aber ruhig weiter und Loki konnte nun den Schmuck nehmen. Da schloss er das Gemach von innen auf und eilte zu Odin. Als Freyja am Morgen erwachte und das Halsband verschwunden und die Thüren offen sah, da erriet sie den Streich, ging zu Odin und verlangte zurück, was ihr gestohlen sei. Odin aber warf ihr die Weise vor, wie sie zu dem Schmucke kam und bestimmte, sie solle ihn nicht wieder erhalten, bis sie zwei Könige, deren jeder zwanzig Unterkönige habe, zum Kriege verhetze. Sie müssten fallen, aber sogleich wieder aufstehen und weiter kämpfen, und alle Gefallenen der Heere ebenso, und das müsste währen, bis ein Christ diese Männer bekämpfe. Dann sollten sie Ruhe finden. Das versprach Freyja und darauf erhielt sie ihr Halsband zurück.

Die Verbindung der Sage vom Raube des Halsbands mit der Hjadningensage ist jedenfalls jung und hat keine Gewähr in der

---

[1]) Sörlaþáttr der Olafssaga Tryggvasonar in den Fornaldar sögur 1, 391 ff. und in der Flateyjarbók 1, 275 ff.

älteren Überlieferung. Sie entstand nur dadurch, dass Freyja beschuldigt wurde, den langen Krieg erregt zu haben. Dass aber
Loki das Halsband stahl, ist sagenecht; schon beim Skald
Thjodolf heisst er Dieb des Brisinghalsbandes.[1] Freilich ist damit
nicht bewiesen, dass alle Einzelheiten des späten Berichtes schon
der ursprünglichen Sage angehörten. Wenn das Halsband richtig
als Gestirn oder glänzende Lichterscheinung gedeutet wird, das
der Himmelsgöttin zu eigen ist, so lässt sich mythologisch weiter
erklären, dass Loki der Endiger das Licht raubt, dass Heimdall,
dem überall die Frühe, der Aufgang angehört, das Geschmeide
siegreich zurückbringt. Im Auftrag Odins geschah aber schwerlich dieser Diebstahl nach der ursprünglichen Überlieferung. Loki
folgte mit dieser That nur seinem eigenen bösen, auf den Schaden
der Götter und Abbruch ihrer Macht gerichteten Antrieb. Wie
er den Diebstahl vollbrachte, erinnert wiederum stark an die
Art des Teufels, der Herr der Fliegen und Flöhe ist, und nicht
verschmäht, in Gestalt solchen Ungeziefers aufzutreten.[2]

Odin, Hönir und Loki fuhren über Land. An einem Wasserfall warf Loki einen Otter, der einen Lachs verzehrte, mit einem
Steine tot. Wie sie bei Hreidmar einkehrten, behauptete dieser, Otr
sei sein Sohn und verlangte zur Busse von den Asen, sie sollten
den Otterbalg mit Gold füllen und von aussen ganz mit Gold bedecken. Loki schaffte das Gold und den Ring des Zwerges
Andwari herbei. Als der Zwerg den Ring verfluchte, lobte dies
Loki und fügte hinzu, der Fluch solle auf jeden Besitzer des Ringes
übergehen. Als ihn Hreidmar empfing, sprach Loki, es solle sich
Andwaris Wort erfüllen und der Ring jedem, der ihn besitze, Tod
bringen. Dieser Fluch hat seitdem seine Kraft bewährt.[3] In
dieser Sage zeigt Loki seine teuflische Freude an dem Unheil,
das aus dem Fluche aufschiesst, und sucht es nach Kräften zu
fördern.

Loki muss den Vorwurf hören: Acht Winter sei er im Innern
der Erde gewesen, Kühe melkend als Weib: er sei der weibische

---

1) SE. 1, 312 in der Haustlǫng heisst Loki *girþiþjófr Brisings.*
2) Die Fliegengestalt des Teufels bei Grimm, Myth. 950 f.; 3, 295;
Bugge, Studien 76.
3) Reginsm. 1—12, Skaldsk. Kap. 4.

Ase (*óss ragr*), der Kinder gebar.[1]) Als Riesin Thokk, welche
durch Nichtweinen Baldrs Rückkehr aus der Hölle verhindert,
erschien Loki wirklich in Gestalt eines Weibes, ebenso erfragte
er von Frigg das Geheimniss, wodurch allein Baldr verwundet
werden könne, als Stute warf er vom Hengste Swadilfari den
Sleipnir. Ob mit dem Vorwurf etwa mit absichtlicher Entstellung
auf verlorene Sagen angespielt wird, ist nicht bekannt. Weibliche Verkleidung nahmen auch Odin bei Rind, Thor und Loki
als Freyja und deren Zofe bei der Heimholung des Hammers an.
Die Auslegung, Loki sei als das im Innern der Erde thätige
Feuer gedacht, das als Weib aufgefasst werde, weil es Wachstum
hervorbringe, die acht Winter seien die acht Wintermonate, während
welcher die Wärme, die auf der Erdoberfläche den Frostriesen
weichen musste, sich unter die Erde zurückgezogen habe und
hier im Verborgenen wirke, die von Loki gemelkten Kühe endlich seien die warmen Quellen, die auch im Winter durch Eis
und Schnee hindurch ihr mitunter milchfarbenes Gewässer empor-
senden, befriedigt in ihrer Allgemeinheit und beim Mangel aller
Einzelheiten des fraglichen Mythus, welcher den Vorwurf veranlasste, keineswegs. Die arge Beschuldigung, als Weib behandelt
worden zu sein und Kinder geboren zu haben, wird auch sonst
gegen Männer erhoben.[2]) Sie soll wol nur Lokis Argheit im

---

1) Lokas. 23 u. 33; vgl. Hirschfeld, Untersuchungen zur Lokas. S. 37 f.
u. 41, wo die Deutungen Weinholds, ZfdA. 7, 11 ff. und Finn Magnusens,
Edda 2, 211 mitgeteilt sind. Die natursymbolische Auslegung vertritt auch
Gering, Edda S. 34. Hyndl. 43 frisst Lopt ein Frauenherz, das halbverkohlt
in der Asche liegt, und wird davon schwanger.

2) In der Helgakv. Hund. 1, 38/40 beschuldigt Sinfjotli den Gudmund, eine
Hexe gewesen zu sein und von ihm neun Wölfe empfangen zu haben. Auf
den deutschen Bischof Friedrich, der gegen Ende des 10. Jahrh. auf Island
das Christentum verkündigte, und seinen Beschützer Thorwald Kodransson
machte ein heidnischer Dichter den Spottvers:

> Es gebar neun Kinder    Bischof Friedrich,
> Sie alle zeugte         der eine Thorwald.

Vgl. Kristnisaga Kap. 4. Über seinen Feind Thorstein Hallsson liess der
Isländer Thorhadd das Gerücht aussprengen, dass er jede neunte Nacht ein
Weib werde und mit Männern Umgang pflege; Þorsteins þáttr Síðuhallssonar
Kap. 3. Auf diesem schmählichen Vorwurf stand Friedlosigkeit; Vigslóði
Kap. 105: „Dies sind die drei Worte, auf denen sämtlich der Waldgang steht,
wenn die Rede der Leute so sehr schlimm wird; wenn einer den andern
weibisch schimpft oder sagt, er habe sich belegen oder beschlafen lassen, und
man soll so klagen wie wegen andrer Vollbussworte und man hat gegen diese

schlimmsten Sinne zeigen. Ist er doch auch sonst unkeusch und
verführt Göttinnen zur Unzucht. Die Druckgeister, welche als
incubi und succubi mit den Menschen sich vermischen, werden
aber gerne als Teufel aufgefasst, und so wird auch Lokis Buhlerei
als Ausfluss seiner Teufelsart am ehesten sich erklären.[1])

Im Gedicht von Lokis Wortstreit (Lokasenna) tritt Loki unter
die bei Ägir zum Gelage versammelten Götter und Göttinnen.
Nur indem er Odin an die Blutbrüderschaft erinnert, erhält er
unter den misstrauischen Asen einen Sitz eingeräumt. Loki trinkt
den Hochheiligen zu, erhebt aber zugleich seine Schelte, indem
er mit Bragi, „dem feigen Bänkehüter", beginnt. Alle Anwesenden,
die sich ins Gespräch mischen, werden von Loki mit überlegenem
Witz und grosser Schlagfertigkeit höhnisch auf ihre schwachen
Seiten hingewiesen. Dabei wird zum Teil auf bekannte, zum
Teil auf verlorene Sagen angespielt. Loki weiss geschickt mittelst
Übertreibungen und Verdrehungen jedem Gegner etwas Ungünstiges
anzuhängen. Die Göttinnen Idun, Gefjon, Frigg, Freyja, Skadi,
Sif werden mit dem Vorwurf der Buhlerei bedacht. Zum Teil
rühmt sich Loki selber, ihre Gunst genossen zu haben. Endlich
erscheint polternd und drohend Thor. Zwar bekommt auch er
seine Verlegenheit auf der Fahrt zu Utgardloki zu hören, wie er
jedoch dadurch unbeirrt den Hammer gegen Loki aufhebt, be-
quemt sich dieser dazu, den Saal zu räumen, mit dem Wunsch,
nie mehr solle Ägir ein Gelage abhalten, feurige Lohe solle über
seine Habe hin spielen. Damit ist auf den Weltbrand gedeutet.
Der Schöpfer der Lokasenna besass einen scharfen Blick für die
Gebrechen und sittlichen Mängel der Göttersagen, deren volle Be-

---

drei Worte den Totschlag frei". Dass alte Sagen oder Kultgebräuche missverstanden oder böswillig verdreht wurden, ist möglich; ein Kult wenigstens,
derjenige der Alcis, verlangte weibliche Haartracht des Priesters, vgl. Wolfskehl, German. Werbungssagen S. 6 ff. Auf uralten Aberglauben an die Möglichkeit des Geschlechtswechsels führt Weinhold, Ztschr. d. Vereins f. Volkskunde 5, 127 ff. die Sagen vom Kleidertausch zwischen Mann und Weib und
von der Weibischkeit der Männer zurück.

1) Man kann aber auch an antiken Ursprung denken. Hermes-Merkur
wurde später auch mit Hermaphroditus, dem Sohne des Hermes und der
Aphrodite verwechselt. So heisst es z. B. bei Albericus *de deorum imaginibus
libellus* 6 *de Mercurio: qui de viro in feminam et de femina in masculum se
mutabat, cum volebat: et ideo pingebatur cum utroque sexu.* Loki hat aber
sicher einige Züge, z. B. die Flügelschuhe, von Merkur.

kanntschaft er voraussetzt. Er dichtete wol gegen Ende des 10. Jahrhunderts, als bei dem Verfall des Heidentums und beim Eindringen des Christentums manche Freidenker jeden Glauben aufgaben. Er verrät treffende Auffassung der einzelnen Göttercharaktere, insbesondere des Loki, wenn er diesem Geiste der Verneinung die Aburteilung des Götterstaates in den Mund legt. Die eigenartige Anschauung eines einzelnen Mannes, nicht eine in den Zusammenhang des Ganzen tiefer eingreifende Sage liegt offenbar in dieser merkwürdigen Dichtung vor.[1])

Loki der Sohn der Laufey hatte einst aus Bosheit der Sif alles Haar abgeschnitten. Als Thor dies erfuhr, fasste er Loki mit seinen Händen und würde ihm alle Knochen zerschlagen haben, wenn er ihm nicht den Eid geleistet hätte, dass er die Schwarzelben dazu bewegen wolle, der Sif aus Gold neues Haar anzufertigen, welches wachsen solle wie natürliches Haar. Hierauf begab sich Loki zu den Zwergen, die Iwaldis Söhne hiessen, und diese machten das Haar sowie auch das Schiff Skidbladnir und den Speer Gungnir, den Odin besitzt. Darauf wettete Loki um seinen Kopf mit einem Zwerge namens Brokk, dass dessen Bruder Sindri nicht drei Gegenstände herstellen könne, die den eben genannten an Wert gleichkämen. Loki suchte auch in Gestalt einer Stechfliege die Arbeit der Brüder zu stören. Trotzdem brachten sie den Ring Draupnir, Freys Goldeber, Thors Hammer fertig. Die Asen entschieden, der Hammer sei das beste der Kleinode und der wirksamste Schutz wider die Riesen. So hatte Brokk gewonnen. Loki erbot sich, sein Haupt zu lösen; darauf wollte der Zwerg nicht eingehen. „So greife mich denn", sprach Loki; aber als er ihn fassen wollte, war er schon weit entfernt. Loki hatte nämlich Schuhe, die ihn durch Luft und Meer trugen. Nun bat der Zwerg Thor, dass er den Loki greifen möge, und Thor that das. Nun wollte der Zwerg ihm den Kopf abschlagen, Loki sagte jedoch, er habe wol Recht auf seinen Kopf, aber nicht auf seinen Hals. Da nahm der Zwerg Messer und Faden und wollte dem Loki die Lippen zusammennähen und zunächst Löcher

---

[1]) M. Hirschfeld, Untersuchungen zur Lokasenna (*acta germanica* 1), Berlin 1889; Finnur Jónsson, litteraturs historie 1, 178 ff. Über glaubenslose Leute aus der Übergangszeit, denen der Verfasser der Lokas. entweder selbst angehört oder die er wenigstens dabei im Auge hat, vgl. Maurer, Die Bekehrung des norwegischen Stammes I 158 Anm. 16; 160; 163; II 247 ff.; 316 ff.

in die Lippen stechen, aber das Messer schnitt nicht. Der Zwerg
meinte, dass der Pfriemen seines Bruders tauglicher sein würde,
und sobald er diesen genannt hatte, war er auch zur Stelle, und
der Pfriemen durchschnitt die Lippen. Er nähte nun Lokis Lippen
zusammen, Loki aber riss den Faden aus dem Saume heraus.
Dieser Faden, mit dem Lokis Mund zugenäht war, heisst War-
tari. So erzählen die Skáldskaparmál Kap. 3.

Im Grimnirliede 43 wird Skidbladnir als Werk der Söhne
Iwaldis erwähnt, ohne dass Lokis Teilnahme erhellt. In der Lokasenna 54 spielt Loki darauf an, dass er mit Sif Buhlschaft trieb,
und auch das Harbardslied 48 scheint hierauf Bezug zu nehmen.
Dann würde dem Berichte Snorris immerhin Gewähr älterer Überlieferung gegeben. Vielleicht wird Loki als das Erdfeuer zu den
unterirdischen Zwergen, denen er gleichsam die Schmiede heizt,
in Zusammenhang gebracht. Andererseits ist Merkur der Gott
der Erfindungen, und gerade in dieser Sage wie sonst allein noch
in der Sage vom Nibelungenhort wird Loki mit Merkurs Flügel-
schuhen begabt. Letztere sind zweifellos aus der antiken Sage
entlehnt, wie überhaupt neben Lucifer auch antike Gestalten,
Merkur und Apollo auf Loki eingewirkt haben.[1]) Die Wette, auf
die Loki sich einlässt, mag auch fremdem Vorbild, etwa Apollo
und Marsyas, nachgeahmt sein, wenngleich es sich um Anfertigung
anderer Gerätschaften handelt und auch sonst die nordische Sage
anders sich entwickelt.

### 3. Loki als Verderber Baldrs.

Die Asen Odin, Bragi, Tyr, Freyr, Njord, Widar waren bei
Ägir dem Meergott versammelt. Agir hatte zwei Dienstleute,
Fimafeng (den behend Greifenden) und Eldir. Statt des Feuers
diente helles Gold zur Beleuchtung. Die Gäste rühmten sehr,
wie gut die Dienstleute Ägirs waren. Loki mochte das nicht
hören und erschlug den Fimafeng. Da schüttelten die Asen ihre
Schilde und erhoben ein Geschrei wider Loki und trieben ihn in
den Wald hinaus. Dann setzten sie sich wieder zum Trank
nieder. Loki aber kehrte zurück. (Im Wortwechsel rühmte er
sich offen, den Tod Fimafengs verursacht zu haben.) Darauf ver-

---

1) Verwandte Züge zwischen Merkur und Loki zählt J. G. v. Hahn, Sag-
wissenschaftliche Studien, Jena 1876, S. 162 auf. Bugge, Studien 267 ff. sucht
Loki mit Apollo zu verknüpfen.

steckte sich Loki, nachdem er die Gestalt eines Lachses angenommen hatte, im Wasserfall Franang. Dort fingen ihn die Asen. Er ward mit den Därmen seines Sohnes Narfi [1]) gefesselt; sein Sohn Wali wurde in einen Wolf verwandelt. Skadi nahm einen Giftwurm und befestigte ihn über Lokis Antlitz, so dass Gift darüber hin tropfte. Sigyn, Lokis Frau, sass daneben und hielt eine Schale, um das Gift aufzufangen. Wenn die Schale voll war, trug sie das Gift hinaus. Inzwischen aber träufelte Gift auf Loki herab. Da zuckte Loki so heftig, dass die Erde erbebte. Das wird jetzt als Erdbeben bezeichnet.

Die Sage von Lokis Fesselung scheint in einem verlorenen Liede behandelt worden zu sein, welches seinem Inhalt nach in kurzem Auszug dem Lied von Lokis Wortstreit (Lokasenna) voraus und nachgestellt wurde [2]), so dass die schwere Strafe über Loki scheinbar wegen seiner Schmähungen auf die Götter und Göttinnen verhängt wurde, während dagegen die eigentliche Unthat, der Totschlag Fimafengs an heiliger Friedensstätte, ohne weitere Folgen für Loki bleibt. Vermutlich hat der Aufzeichner der Lokasenna fälschlicherweise die Sage von Lokis Unthat und Bestrafung als Einkleidung des Scheltgedichtes genommen. Die eingeklammerten Worte deuten den ursprünglichen Inhalt an, wie Loki frech seiner That sich rühmte. Statt dieses Wortwechsels, den der Zusammenhang erfordert, trat die Beschimpfung der Götter ein. Dass die Sage von Lokis Totschlag und Bestrafung unbedenklich von der Lokasenna losgelöst werden darf, bezeugen die übrigen Berichte, die Lokis Fesselung unmittelbar auf Baldrs Tod folgen lassen, die überhaupt zur Ergänzung und zum Verständniss heranzuziehen sind.

Gylfaginning Kap. 50 erzählt: Als die Götter erfuhren, dass Loki Baldr getötet und in Gestalt der Riesin Thokk die Auslösung Baldrs aus der Hölle verhindert hatte, ergrimmten sie wider ihn. Er aber rettete sich auf einen Felsen. In seinem Hause dort hatte er vier Thüren, damit er nach allen Himmelsgegenden

---

1) Nach der Kenning der Vǫl. 35 „ór Vala þǫrmom", aus Walis Därmen seien die Fesseln gefertigt, muss hier wie auch Gylfag. Kap. 50 geändert werden: mit den Därmen seines Sohnes Wali. Vgl. Kauffmann, Beiträge 18, 165.

2) Dass die Eingangs- und Schlussprosa der Lokasenna eine unabhängige Überlieferung enthalte, behaupten Jessen, ZfdPh. 3, 72, Hirschfeld, Untersuchungen zur Lokasenna, Berlin 1889 (acta germanica 1), S. 11 u. 32; Kauffmann, Beiträge 18, 160.

ausschauen könne.  Am Tage aber hielt er sich in Lachsgestalt im
Wasserfall Franang auf.  Ihm kam es in den Sinn, dass die Asen
mit List ihm nachstellen könnten.  Da nahm er Flachsgarn und
machte Maschen, so wie man später Netze fertigte.  Da sah er
die Asen heran kommen, denn Odin hatte ihn von Hlidskjalf aus
bemerkt.  Loki warf das Netz ins Feuer und sprang ins Wasser.
Kwasir, der sehr klug war, kam zuerst hinzu; er sah, dass die
Arbeit, die Loki gemacht hatte, zum Fischfang sehr nützlich war,
und sie fertigten nach der Asche, zu der das Netz verbrannt war,
ein neues.  Die Asen gingen zum Wasserfall, Thor hielt den einen
Zipfel vom Netz, die übrigen Götter den andern.  Loki legte sich
zwischen zwei Steine und sie zogen das Netz über ihn weg.  Nun
versuchten sie es zum zweiten Mal und beschwerten das Netz so,
dass nichts drunter wegschlüpfen konnte.  Loki schwamm vor dem
Netz her; als es nicht mehr weit zur See war, sprang er über
die Netzleine und schwamm in den Wasserfall zurück.  Die Asen
hatten bemerkt, wohin er fuhr, und sie verteilten ihre Schar auf
beide Ufer, Thor watete mitten im Fluss.  So schritten sie gegen
das Meer zu.  Loki sah, dass es lebensgefährlich war, ins Meer
zu schwimmen, deshalb sprang er abermals übers Netz.  Thor
aber ergriff ihn mit den Händen, und obwol er hindurch zu gleiten
suchte, hielt er ihn doch am Schwanz fest.  Darum ist der Lachs
hinten so schmal.  Nun war Loki gefangen und durfte keine
Schonung erwarten.  Er wurde in eine Höhle gebracht.  Sie nahmen
drei grosse Steine, richteten sie auf und schlugen in jeden ein
Loch.  Lokis Söhne, Wali und Narfi, wurden ergriffen.  Den Wali
verwandelten die Asen zum Wolf, da zerriss er den Narfi.  Da
nahmen die Asen seine Därme und banden damit den Loki auf
den scharfen Kanten der drei Steine fest.  Einer stand unter seinen
Schultern, der zweite unter seinen Lenden, der dritte unter seinen
Kniegelenken.  Die Fesseln aber wurden zu Eisen.  Skadi befestigte
einen Giftwurm über seinem Antlitz.  Aber Sigyn hielt eine Schale
darunter, um das herabtropfende Gift aufzufangen.  Wenn aber die
Schale voll ist und Sigyn sie ausgiesst, tropft inzwischen Gift
auf Lokis Angesicht.  Da windet er sich so gewaltig, dass die
Erde erzittert.  Dort liegt er bis zur Götternacht.

Im Anschluss an Baldrs Tod schildert auch die Vǫlospǫ́ (35)
Lokis Strafe: Gebunden sah ich im zerklüfteten Bergwald [1]) die

---

1) *Hvera lundr*, Wald der Klüfte, deutet Kauffmann, Beiträge 18, 165,
indem er *hverr* = Gebirgskessel, Kluft, wie Hym. 26 *hverr holtriða*, Schlucht

Unholdsgestalt, den argen Loki; bei ihrem Manne sitzt dort Sigyn, nicht freudig gesinnt.

Eine nur in der einen Handschrift der Vǫlospǫ, in der Hauksbók erhaltene Halbstrophe sagt: Sie sieht aus Walis Därmen Kampfbande winden, sehr fest waren die Fesseln.

Endlich erzählt Saxo[1]), wie Thorkillus den furchtbaren in entlegenem, ewig umnachtetem Lande hausenden Ugarthilocus aufsucht. Thorkillus und seine Gesellen drangen durch enge Öffnung in eine mit Schlangen erfüllte Höhle. Dann kamen sie zu einem auf sandigem Bett ruhig dahinflutenden Wasser, das sie durchwateten. Darauf gelangten sie in eine noch tiefer liegende Höhle, von der aus ein finsteres, scheussliches Loch sich aufthat. Dort lag Ugarthilocus, die Hände und Füsse mit schweren Ketten belastet; seine stinkenden Haare glichen an Grösse und Steifheit Speeren aus Horn. Thorkillus zog eines aus seinem Kinn heraus, um es als Wahrzeichen seiner Höllenfahrt vorweisen zu können. Saxo berichtet nicht, warum Loki in Fesseln geschlagen ist. Auch fehlt jede Anspielung auf Sigyn. Aber ihm schwebt die gleiche Vorstellung vor, und vielleicht ist wie in der Baldrsage seine Darstellung einfacher und altertümlicher, indem sie weder auf Baldrs Tod noch auf Sigyn Bezug nimmt, sondern allein auf den gebundenen, in finsterer Höhle schmachtenden teuflischen Dämon sich beschränkt.

Der isländische Bericht erfordert nach mehreren Seiten hin Aufhellung. Dass Loki an geweihter Friedensstätte einen Totschlag beging, veranlasste seine Bestrafung. Schwerlich handelte es sich aber um eine so untergeordnete Person, den „Diener" Ägirs, Fimafeng, wie die Einleitung zur Lokasenna behauptet. In der Gylfaginning und Vǫlospǫ geht Baldrs Mord voran. Ebenso wird er für die Sage der Lokasenna vorauszusetzen sein. Unter Fimafeng, der nirgends sonst vorkommt, verbirgt sich Baldr. Neben die sonst bekannten Erzählungen, wie Loki den Hod zum tötlichen Wurf auf Baldr veranlasste, tritt eine neue, der zufolge Loki allein thätig gewesen zu sein scheint. Hiebei mögen die

der Waldberge, nimmt. Jessen, ZfdPh. 3, 37 u. Müllenhoff, Altertumskunde 5, 9 verstanden „*hverr*" als Kessel heisser Quellen; es seien die heissen Quellen Islands gemeint. Gegen diese Auffassung, welche „*lundr*" Wald unerklärt lässt, vgl. auch Finnur Jónsson, litteraturs historie 1, 132. Er sieht im hveralund „en vild bjærgegn med mange huler".

1) Saxo Buch 8, S. 431 f.

Rechtszustände besonders ausgemalt worden sein.[1]) Loki erschlug
den Fimafeng in der Halle, da griffen die anwesenden sieben
Zeugen zu den Waffen, um auf handhafter That an dem Tot-
schläger die Strafe zu vollstrecken, den Frevler für friedlos aus-
zurufen und zu töten. Loki entzog sich seinem Schicksal, am That-
ort von den Zeugen erschlagen zu werden, durch die Flucht in
den Wald. Von dort aus konnte der Verbrecher gesetzliche Verhandlung seiner Sache verlangen und sich eine Gnadenfrist er-
kaufen bis zum Urteilsspruch. Darum kehrte auch Loki zurück.
Im Wortstreit mit den Göttern gab er aber durch offene Prahlerei,
Baldr-Fimafeng getötet zu haben, seinen Gegnern das volle Recht,
ihn zu greifen und abzuurteilen. Die altgermanische Sage überhaupt, insbesondere aber die nordische liebt es, Rechtsverhältnisse
ausführlich zu schildern. Darum ist eine solche Lokisage sehr
wahrscheinlich. Was die über Loki verhängte Strafe betrifft, so
liegen zum Teil Missverständnisse und daraus hervorgegangene
irrige Ausdeutungen jüngerer Sagenschreiber vor. Im Osten ausserhalb der bewohnten Welt, in Utgard, in einem zerklüfteten Bergwald verbüsste Loki seine Strafe. Gefesselt wurde er als Ächter
in den Wald getrieben, er wurde „Warg" d. h. Wolf. Wölfe heissen
die friedlosen Waldgänger und mehrfach lässt sich nachweisen,
dass eine spätere Zeit die oft bildlichen Benennungen nimmer
richtig verstand, sondern wörtlich nahm. Warum freilich Lokis
Söhne zum Wolf werden, nicht er selbst, wie dies teilweise beim
Fenrir der Fall sein mag, indem die Fesselung dieses wölfischen
Unholds nur die Fesselung des geächteten Wolfes Loki wiederholt, das lässt sich nicht mehr feststellen.[2]) Andererseits erinnert
der gefesselte Loki [3]), dessen Zuckungen die Erde erbeben machen,

1) Über die Rechtsaltertümer der Lokisage vgl. Kauffmann, Beiträge
18, 159 ff.

2) Kauffmann, Beiträge 18, 164 ff. vermutet Missverständniss der alten
Kenning, Lokis Bande seien aus „Walis Därmen" gefertigt worden. Walis
Därme bedeute Zweige, indem Wali ein Waldgott sei. Die Stricke waren aus
Gezweig geflochten. Narfi, ein Riese, sei mit Loki gleich, also auch ein „Wolf".
Narfi-Wolf wörtlich verstanden führte zur Vorstellung, Narfi als Wolf habe
Wali zerrissen und dann seien dessen Därme als Fesseln gebraucht worden.

3) Zum gefesselten Loki vgl. Bugge, Studien 56 f. Die entsprechenden
Teufelssagen bei Grimm, Myth. 962; Mannhardt, German. Mythen S. 86 f.;
Simrock, Myth.[5] 114 f. Über Sigyn gibt E. H. Meyer, Völuspa 154 ff. Andeutungen, die er jedoch selbst nur als blosse Vermutung hinstellt, die keineswegs
befriedigen. Simrocks Vergleich zwischen Sigyn und Wolframs Sigune a. a. O.
ist belanglos.

besonders nach Saxos Schilderungen an den Teufel. Loki wird
zur Strafe für Baldrs Ermordung ergriffen und gebunden, um erst
am Ende dieser Welt zu entkommen. Die Zeit, da Loki von
seinen Banden loskommt, ist mit dem Untergang der Götter und
der Welt gleichbedeutend. So wird der Teufel von Christus in
der Hölle gebunden und liegt in Fesseln. Im Mittelalter war es
eine allgemein angenommene Vorstellung, die oft in Bildern sich
ausspracht, dass der Teufel gebunden liegt; erst am jüngsten Tag
soll er los kommen. Daher rührt auch die Redensart: Der Teufel
ist los! Die Zeit, da er loskommt, wird dabei zugleich als diejenige Zeit bezeichnet, in der alles in Verwirrung ist und die
Welt vor dem Untergange steht. Ebenso gilt das Loskommen
des Fenriswolfes für ein Zeichen des bevorstehenden Weltendes.
Zweifellos sind die Teufelssagen die Quelle der Vorstellung vom
gefesselten Loki und Fenrir, die vor dem Weltbrande loskommen.
Die treue Sigyn, welche über Loki die Schale hält, bleibt
unerklärt.

## 4. Die Teufelsbrut.

Im Lied von Hyndla 42/3 werden die Unholde genannt, die
von Loki abstammen.

| | |
|---|---|
| Den Wolf zeugte Loki | mit der wilden Angrboda |
| Und den Sleipnir gebar er | dem Swadilfari; |
| Ein Scheusal schien | das schlimmste von allen, |
| Das von Byleipts | Bruder stammte. |
| Es frass Loki | ein Frauenherz, |
| Er fands halbverkohlt | in der heissen Asche, |
| Durch das leidige Weib | ward Loptr schwanger: |
| Dort stammen alle | die Unholde her. |

Wenn eine Religion einmal einen Teufel hat, so schiebt sie
ihm auch alles Böse unter, die Unholde werden zur Brut des
Teufels. Darum ist Loki Vater der Trolle, besonders aber werden
solche Ungeheuer als seine Kinder bezeichnet, welche im letzten
Kampf den Göttern Tod bringen. So sagt Gylfaginning Kap. 34:
Angrboda heisst eine Riesin in Jotunheim, mit ihr erzeugte Loki
drei Kinder: das eine ist der Fenriswolf, das zweite Jormungand
(die ungeheure erdumgürtende Seeschlange), das dritte Hel. Diese
drei Geschwister wurden in Jotunheim aufgezogen. Die Götter
erfuhren durch Orakel, dass ihnen durch diese Kinder grosses

Unheil bevorstehe, und meinten, dass sie Schlimmes wegen ihrer
mütterlichen Abstammung, noch Schlimmeres aber wegen ihrer
väterlichen zu erwarten hätten. Darum sandte Allvater die Götter
zu den Kindern und liess sie sich holen, und als sie bei ihm angelangt waren, warf er die Schlange in das tiefe Meer, das alle
Länder umgibt, und darin wuchs die Schlange so gewaltig, dass
sie nun ebenfalls um alle Länder sich schlingt mitten im Meere
und sich selbst in den Schwanz beisst. Die Hel schleuderte er
nach Niflheim hinab und gab ihr Macht über neun Welten, damit
sie denen, die zu ihr gelangen, ihren Aufenthaltsort anweise. Den
Wolf zogen die Asen bei sich auf und Tyr allein hatte soviel
Mut, ihm seine Speise zu reichen. Da nun die Götter sahen, wie
sehr er täglich wuchs, und alle Weissagungen meldeten, dass er
ihnen grosses Unheil bringen würde, so schien es ihnen rätlich,
eine sehr starke Fessel zu verfertigen, die sie Leding nannten.
Der Wolf zerbrach aber diese und eine zweite, Dromi genannte
Fessel. Da wurde Skirnir nach Swartalfaheim beordert, um von
Zwergen die Fessel Gleipnir anfertigen zu lassen. Sie war aus
sechs Dingen gemacht: aus dem Geräusch der Katze und dem
Barte des Weibes, aus den Wurzeln des Berges und den Sehnen
des Bären, dem Hauche des Fisches und dem Speichel des Vogels.
Die Fessel war glatt und weich wie ein seidenes Band. Die
Asen nahmen den Wolf auf den See Amswartnir und auf die
Insel Lyngwi mit und fesselten ihn mit Gleipnir. Der Wolf verlangte, Tyr solle zum Pfande dafür, dass keine Zauberei und
Hinterlist im Spiele sei, die rechte Hand ihm in seinen Rachen
legen. Da nahmen die Asen das Ende der Schnur, welches Gelgja
heisst, und zogen es durch einen grossen Felsstein, der Gjoll genannt wird, und legten diesen tief in der Erde fest. Dann nahmen
sie noch einen grossen Stein, mit Namen Thwiti, und versenkten
den noch tiefer und benutzten ihn als Taupfahl. Nun war der
Wolf gefesselt und vermochte die Bande nicht zu zerreissen. Aber
Tyr verlor seine Hand. Der Wolf riss seinen Rachen furchtbar
auf und schnappte gewaltig um sich. Da schoben sie ihm ein
Schwert in das Maul, so dass der Griff im Unterkiefer seine Stütze
fand, die Spitze aber im oberen Gaumen steckte. Er heult ent-
setzlich, Geifer rinnt aus seinem Maule, das ist der Fluss, welcher
Wan heisst. Dort liegt der Wolf bis zum Untergange der Götter.

Die Erzählung, wie Allvater die Kinder Lokis, die Teufelsbrut ins Meer und in die Unterwelt schleuderte, ist schwerlich

alt[1]), aber schon die älteren Skalden kennen diese Unholde als Kinder Lokis. Dass die persönlich gewordene Hel mit Loki verbunden erscheint, ist so natürlich, wie Teufel und Hölle zusammengehören. Die grosse Seeschlange ist insofern eine Nachahmung des Leviathan, als sie sich rings um die Erde legt.[2]) Schlangen und Drachen stellt aber biblischer Glaube mit dem Teufel, dem Höllenwurme, der Höllenschlange gleich. Der Wolf Fenrir ist einerseits aus den Ungetümen, die nach dem Volksglauben Sonne und Mond zu verschlingen drohen und dadurch die Welt gefährden, hervorgegangen[3]), andererseits wiederholt er nur Loki selber, er ist der „Warg" Loki und wird daher auf gleiche Weise gefesselt. Wenn der Teufel loskommt, wenn Loki-Fenrir der Bande ledig wird, geht die Welt unter.

## 5. Loki beim Weltende.

Wie die Mächte des Verderbens gegen die Götter zur Weltvernichtung heranrücken, da kommt auch Loki aus seinen Banden und vollbringt, was er lange erstrebt. Die Vǫlospǫ́ 51 sagt:

Es segelt von Norden über die See ein Schiff
Mit den Leuten der Hel, und Loki steuert;
Dem Wolfe folgen die wilden Gesellen,
Mit ihnen ist Byleipts Bruder im Zuge.

Die Gylfaginning Kap. 51 berichtet, dass der alte Streit zum Austrag kommt: Loki kämpft mit Heimdall und beide töten sich

---

1) Bugge, Studien 511 vergleicht die *duodecim caeli signa*, wo Saturnus infolge einer Gefahr verheissenden Weissagung den Neptun in die Tiefe des Meeres, den Pluto in die Unterwelt versenkt. Lokas. 10 u. Haustlǫng heisst Loki Vater des Wolfes, in Eilifs Þorsdrápa Vater der Schlange; im Ynglingatal ist Hel Lokis Tochter. Die Skaldenstellen, welche diese Verwandtschaftsverhältnisse voraussetzen, sammelt Gudbrand Vigfusson, corpus 2, 471.

2) Bäda *de ratione temporum: Leviathan animal terram complectitur tenetque caudam ore suo;* vgl. Finn Magnusen, Lex. myth. 212; J. Grimm, Myth. 166 u. 950; Diemer, Beiträge zur älteren deutschen Sprache u. Litteratur. 4. Teil. Wien 1867. S. 45; R. Köhler, Germania 13, 158 ff.; Bugge, Studien 12.

3) Fenrir als Verfolger des Mondes (*álfrǫ́ðull*, der Elbensonne) Vafþr. 46; dass Fenrir eine Wiedergeburt Lokis sei, behauptet schon J. Grimm, Myth. 224; über seine Fesselung Kauffmann, Beiträge 18, 161 ff. Bei Loki und Fenrir muss auch in Anschlag gebracht werden, dass der Teufel bereits bei den Kirchenvätern und im ganzen Mittelalter als Wolf bezeichnet wurde; vgl. J. Grimm, Myth. 948; 3, 294.

gegenseitig. Zu den Vorzeichen des jüngsten Gerichts gehört es, dass Meer und Hölle die Toten auswerfen und dass die Dämonen im Gefolge des Antichrists zum Kampfe sich erheben.[1]

## Die Göttinnen.

Unter den Göttern treten uns Hauptgestalten entgegen wie Tiuz, Donar, Wodan, die von allen oder doch von den meisten Stämmen verehrt wurden. In allen Mythologien, besonders aber in der germanischen gehören die Göttinnen einer späteren Glaubensschicht an; sie sind jünger als die Götter. Nur Frija ist der Mehrzahl der germanischen Völker bekannt; ihre Gestalt ist vielleicht aus vorgermanischer Zeit übernommen. Ein Kultus der Erdgöttin darf wol auch den ältesten Glaubensvorstellungen der Germanen zugeschrieben werden. Himmel und Erde scheinen das älteste Götterpaar gewesen zu sein. Die Erde ist die grosse Lebensmutter, in deren Schooss aber alles auch wieder zurückfällt. Sie erscheint in blühender Lenzespracht und in winterlicher Erstarrung. Darum sind Leben und Tod ihr unterthan. Zahlreiche Mythen wuchsen aus dem Grunde dieser einfachen Naturanschauung. Unter vielen Namen und Gestalten mag die Erdgöttin durch die deutsche Göttersage wandeln. Sie ist aber zugleich die liebe Gemahlin des hohen, lichten Himmelsherrn und nimmt daher, über den Wolken thronend, an seinem Wesen teil. Sie ist das göttliche Urbild der irdischen Frauen, wie im Gotte der Held und Fürst sich in höchster Vollendung verkörpert. Die alten Quellen, die unverdächtige Zeugnisse des Heidentums darbieten, lassen eine Vielheit von Göttinnen erkennen, deren Art leider selten uns deutlich geschildert wird. Die Göttinnen scheinen bei den einzelnen Stämmen sehr verschieden gewesen zu sein. Möglicherweise ist aber die Vielheit nur äusserlich, indem es sich oft um mehrere Namen einer und derselben Göttin handelt. Sicheres lässt sich darüber nicht sagen, da häufig unsre Wissenschaft mit den Namen auch zu Ende geht und nur Vermutungen über das Wesen der Göttinnen uns möglich sind.

1) Vgl. E. H. Meyer, Völuspa 198 f.

# I. Frija und ihr Kreis.

## I. Frija.

Die höchste germanische Göttin führt keinen eigentlichen
Namen, vielmehr ein allmälig zum Range eines Namens erhobenes
Nennwort: Frija, die Geliebte, die Gattin, wie Hera schlechthin
auch des Zeus liebe Genossin, φίλη ἄκοιτις heisst.[1] Dass Frija

[1] Der Name der Göttin lautete urgerm. *Frijô* = idg. *prijâ*, woraus
westgerm. *Frîja* und nord. *Frigg* lautlich sich entwickeln mussten; vgl. Kögel,
Beiträge 9, 544, Brugmann, Grundriss 1, 128, Noreen, Abriss der urgerm. Lautlehre, Strassburg 1894, S. 160 f. Ahd. begegnet *Frîja* im Merseburger Zauberspruch; aus den Formen des Wochentagnamens ahd. *frîadag, frîjetag, frîge-
tag, frîtach* ergeben sich *Frîja* und *Frîa* neben einander, vgl. Braune, Ahd.
Gramm. § 117 über den Ausfall von intervokalischem j. Langobardisch *Frea*
ist wol nur verschrieben für *Frîa*, wie *fulcfree* für *fulcfrî*, vgl. Carl Meyer,
Sprache und Sprachdenkmäler der Langobarden, Paderborn 1877, S. 263 u. 286;
als lautliche Entwicklung (*ija > ea*) fasst Bruckner, Sprache der Langobarden
S. 78 diese Erscheinung auf. Nach dem überlieferten Tagnamen *Frîgedæg*
hiess die Göttin bei den Angelsachsen *Frîg*. Zum Namen vgl. Müllenhoff,
Denkmäler 2³, 46 f. u. ZfdA. 30, 217. Afries. *frîgendei, frîendei*, mndl. *vrîdach*
zeigt Bekanntschaft der Göttin bei Friesen und Niederfranken. Mhd. heisst
der Tag *frîetac, frîtac*, woraus nhd. *Freitag*. Da der Wochentag übers gesamte wg. Gebiet nach Frija benannt ist, muss die Göttin auch bei allen
Stämmen Verehrung genossen haben. Im Norden ist Frigg genügend bezeugt,
aber kein Friggjardagr; an. *frjádagr* ist aus Deutschland entlehnt, Fritzner,
Ordbog 1², 486. Verdächtig aber sind eine Anzahl von Zeugnissen, die man
für das Fortleben des Frijaglaubens im MA. und in der Neuzeit in Anspruch
nahm, so die *Frigaholda* einer Madrider Handschrift, die J. Grimm, Kleine
Schriften 5, 416 ff. mit der Göttin in Verbindung brachte, vgl. jetzt dazu
Kauffmann, Beiträge 18, 150 Anm., wonach *friga* vielleicht Schreibfehler einer
Glosse *striga*, und besonders die nach Kuhn und Schwartz in norddeutschen
Sagen noch vorhandenen Namen *frû Frîen, Vrêen, Fricke, Frêke* u. s. w., wogegen O. Knoop in Veckenstedts ZfVolkskunde 2, 449 ff. Verdächtig scheint
auch der nordenglische Tanz mit Anrufung „der vornehmsten Riesen", die sie
Wodan und seine Frau Frigga nennen, was J. M. Kemble aus dem Mund eines
„old Yorkshireman" gehört haben will; vgl. J. Grimm, Myth. 281. Altdeutsche
Namen mit *frî-* (Förstemann, Namenbuch 2², 582 f.) stehen zum Adj. und dürfen
nicht von der Göttin abgeleitet werden; der Name *Fricco* (Förstemann, Namenbuch 1, 419 f; 2², 584 ff.) samt seinen Ableitungen gehört zum Adj. *frech* im
alten Sinne von kampfgierig, verwegen, kühn und hat mit der Göttin nichts
zu thun. Offenbar ist neben altgerm. *freka-* eine Ableitung *frikkjan-* anzunehmen; vgl. afz. *frique*, neuprovenz. *fricaud*, munter, lebhaft. Weil Adam
von Bremen für den nordischen Freyr den Namen *Fricco* gebraucht, haben
J. Grimm, Myth. 278 ff. und nach ihm andere eine deutsche *Fricca*, der an.
*Frigg*, bei Saxo latinisiert *Frigga*, gegenübergesetzt. Die neuere Lautgeschichte

allen Westgermanen und den Nordleuten, wahrscheinlich überhaupt allen Germanen, als die Gemahlin des höchsten Gottes, einst des Tiuʒ, bekannt war, ist mit Sicherheit anzunehmen. Der sechste Wochentag, *dies Veneris*, der Freitag erhielt von ihr den Namen. Wörter wie got. *frijôn*, an. *frjá* lieben, das altdeutsche Urwort für mhd. *vrîen*, nhd. *freien* erhielten dem Sprachgefühl den in Frija ruhenden Begriff „Liebe" lebendig und darum ist Venus die interpretatio romana für die deutsche Göttin. Ausserhalb des Nordens lassen sich jedoch nur spärliche unmittelbare Zeugnisse für sie aufbringen. Nach der langobardischen Sage weilt *Frîa* (überliefert ist die Form *Frea*) mit Wodan als seine Gattin im Himmel und mischt sich in Siegvaters Geschäft. Nach Galfrid von Monmouth (Buch 6) berichtet Hengist von den obersten sächsischen Gottheiten, von Woden und von der mächtigsten Göttin, welcher der *Friday* geweiht sei, also von *Frîg*. Im Merseburger Heilzauber, auf mitteldeutschem thüringischem Gebiet erscheint *Frîja* zugleich mit Volla, ihrer Schwester, unter den Göttinnen, die vergeblich sich bemühen, den ausgerenkten Fuss des Fohlens wieder einzurichten, was allein Wodan vermag. Damit sind die Nachrichten über Frija bereits erschöpft. Durchweg scheint Frija als Wodans Gemahlin gedacht zu sein. Ebenso steht es in den nordischen Quellen, aus denen mehr zu erfahren ist.

## 2. Frigg.

Frigg [1]) ist Odins Gattin, die höchste der Asinnen. Wie Odin selbst weiss sie die Schicksale der Menschen voraus, obwol sie

erweist diese Annahme als irrig, *Frigg* kann im Deutschen nur *Frîja, Frîa* heissen, unmöglich *Fricca*. Bei Adam liegt ein Versehen vor. Er wusste von Freyr, Freyja und Frigg, dazu war ihm der deutsche Name *Fricco* geläufig. Daraus kombinierte er das Verhältniss *Freyja: Freyr = Frigg: Fricco*. Fricco muss als eine Erfindung Adams betrachtet werden und darf nun und nimmermehr zum Ausgang sprachlicher und mythologischer Unmöglichkeiten dienen.

1) Über Frigg vgl. Vol. 34; Lokas. 29; Gylfag. Kap. 9; 20; 35; Frigg in der Baldrsage Gylfag. Kap. 49. Friggs Beziehung zur Ehe Gylfag. Kap. 35 (SE. 1, 116) und Volsungasaga Kap. 1. Ihre Attribute, Truhe und Schuhe, sind aus Gylfag. Kap. 35 zu entnehmen, wo es von Fulla heisst: sie trägt Friggs Truhe und bewahrt ihr Schuhzeug. Im Eingang zum Grimnirlied heisst Fulla *eski-mær*, d. h. Mädchen, welches die Truhe (*eski*) einer vornehmen Herrin in Verwahrung hat. Über die Bedeutung von Friggs Schuhen und Kästchen vgl.

keine Weissagungen ausspricht. Fensalir[1]), Meersäle heisst ihr
stattlicher Saal. Dort beweint sie Walhalls Weh, den Tod Baldrs,
den sie vergeblich abzuwenden getrachtet hatte. Wie Frîa bei
den Langobarden Wodans Willen entgegen handelte, scheinen auch
Spuren vorhanden, dass Frigg andrer Meinung war und sie be-
thätigte, als ihr Gemahl. Im Eingang zum Grimnirliede wird auf
eine solche Sage angespielt. Odin und Frigg sassen einmal auf
Hlidskjalf und schauten über alle Welt. Odin sprach: Siehst du,
wie dein Pflegling Agnar in der Höhle mit einem Riesenweibe
Kinder zeugt? Aber Geirröd, mein Pflegesohn, sitzt nun als
König in seinem Land. Frigg antwortete: Er ist so karg mit der
Kost, dass er seine Gäste hungern lässt, wenn er meint, dass
deren zu viele gekommen seien. Odin sagte, das sei die grösste
Lüge; da wetteten beide, wer Recht behielte. Frigg sandte ihr
Kammermädchen Fulla zu Geirröd und liess dem Könige sagen,
er möchte sich vor den Hexenkünsten eines Zauberers in acht
nehmen, der in sein Land gekommen sei; er wäre, fügte sie hinzu,
leicht daran zu erkennen, dass kein Hund, so bissig er auch sei,
ihn anzufallen wage. Das war nun eine böse Verleumdung, dass
König Geirröd nicht gerne seinen Gästen Speise gebe; aber dennoch liess er den Mann festnehmen, vor dem die Hunde zurück-
wichen. Um Recht zu behalten und ihrem Wunsche zum Sieg
zu verhelfen, greift Frigg ebenso mit Erfolg zur List wie die
Frîa der Langobardensage. Odin will in Verkleidung Geirröd
versuchen; durch die listige Botschaft veranlasst Frigg den sonst
freigebigen Geirröd, den unter dem Namen Grimnir einsprechenden
Odin hart zu behandeln. So verspürt Odin an seinem eigenen
Leibe, dass Geirröd gegen Fremde ungastlich sich benimmt, dass
Friggs Beschuldigung begründet ist. Hier wie dort wird der
göttliche Gemahl durch der Göttin Schlauheit übertrumpft. Das
Lied von Wafthrudnir hebt mit einer Beratung der Gatten an,
woraus zu ersehen ist, dass Odin wichtige Angelegenheiten mit
Frigg bespricht. Er will Wafthrudnir ausforschen, sie ist dagegen,

W. Müller, Geschichte und System der altdeutschen Religion S. 276 f. Wenn
der Frigg SE. 1, 284 u. 304 ein Falkenhemd zugeschrieben wird, so liegt hier
deutlich Verwechslung mit Freyja vor, nicht ältere Sagenüberlieferung, wonach
auch Frigg mit dem Fluggewand begabt gewesen wäre; vgl. SE. 3, 2, 780 im
Index.

1) Zur Erklärung des Namens Fensalir Bugge, Studien über die Entstehung der nordischen Götter- und Heldensagen 214 ff.

weil der Riese besondere Stärke besitzt. Wie Odin dennoch sich
auf den Weg macht, entlässt ihn Frigg mit dem Reisesegen:

Reise gesund,                    gesund komm wieder!
Gesund wandre den Weg!
Nicht fehle dir Weisheit,  Vater der Menschen,
Wenn mit dem Riesen du reden musst.

Frigg ist über die Ehe gesetzt. Denn die Göttin Lofn hat
von Allvater und Frigg die Erlaubniss erhalten, Ehen zwischen
den Menschen zu Stande zu bringen, denen vorher ein Hinderniss
im Wege stand. König Rerir und seine Frau bekamen lange Zeit
keine Kinder. Das behagte ihnen wenig und sie riefen inbrünstig
zu den Göttern, ihnen Nachkommenschaft zu gewähren. Da er-
hörte Frigg ihr Flehen und ebenso Odin. So spendet also Frigg
Fruchtbarkeit. Ob Friggs Schuhe, die Fulla verwahrt, rechtssym-
bolische Bedeutung haben, da der Schuh bei Adoption und Ehe
Anwendung fand, ist in Ermanglung genauerer Nachrichten nicht
festzustellen. Welche Bewandtniss es um Friggs Truhe hat, ob
darin wie in einem Füllhorn die Gaben des Glückes verwahrt
werden, bleibt ebenfalls unerklärlich.

Von Friggas Buhlerei erzählt Saxo.[1]) Zum Zeichen ihrer
Verehrung für Odin, der damals in ganz Europa Ansehen genoss,
sandten die nordischen Fürsten eine goldene Bildsäule Odins, mit
schweren Armspangen geschmückt, nach Byzanz. Frigga, Odins
Weib, liess durch Goldschmiede das Bild des Goldes berauben,
um sich selber damit zu schmücken. Odin gebot, die Leute auf-
zuhängen. Das Bildniss aber, das er durch Zauberei gegen Berührung mit Stimme begabt hatte, stellte er auf einen besonderen
Sockel. Frigga aber zog ihren eigenen Schmuck der Ehre ihres

---

1) Saxo I S. 42 ff. *cujus conjunx Frigga, quo cultior progredi posset,
ascitis fabris aurum statuae detrahendum curavit. quibus Othinus suspendio
consumtis statuam in crepidine collacavit, quam etiam mira artis industria ad
humanos tactus vocalem reddidit. at nihilominus Frigga, cultus sui nitorem
divinis mariti honoribus anteponens, uni familiarium se stupro subjecit; cujus
ingenio simulacrum demolita, aurum publicae superstitioni consecratum ad
privati luxus instrumentum convertit.* Der Vorwurf der Buhlerei Friggs mit
Vili und Vé begegnet in der Lokasenna 26 und in der Ynglingasaga Kap. 3.
Odin war lange Zeit abwesend, die Asen erwarteten seine Rückkehr nicht
mehr. Da theilten seine Brüder Vili und Vé sein Erbe und nahmen sein Weib
Frigg miteinander. Kurz darauf kam Odin zurück und nahm sich wieder
seine Frau. Zur Auslegung der Sage vgl. Müllenhoff, ZfdA. 30, 220.

Gatten vor und gab sich einem ihrer vertrauten Diener hin, durch dessen Geschicklichkeit sie das Bild zerstörte und das Gold zum eigenen Putz verwandte. Darauf musste Odin infolge dieser Schmach aus dem Lande weichen und dem Mitodin Platz machen. In der nordischen Überlieferung trifft ein ähnlicher Vorwurf die Göttin; es heisst in der Lokasenna 26:

> Schweige, du Frigg, Fjorgyns Weib!
> Du, Metze, warst immer männertoll:
> Dem Wili und We hat Widrirs Gattin
> Ihre Gunst beiden gegönnt.

Friggs doppelte Buhlerei iu Saxos Erzählung von Mitodin, dass sie sich zunächst um den Goldschmuck einem Diener ergibt und dann in Mitodins Besitz gerät, weist auf Verschmelzung zweier ursprünglich getrennter Mythen. Dass sie in Mitodins Gewalt fällt, gleicht Lokis Vorwurf von Friggs Buhlschaft mit Odins Brüdern Wili und We. Diese eheliche Untreue entstand zum Teil dadurch, dass Frija einst dem Tiuz gehörte und von ihm auf Wodan überging. Ihre ursprüngliche Zugehörigkeit zu einem andern als Odin haftete noch in der Erinnerung, und daraus erwuchs diese Sage. Eine andere hiervon verschiedene und unabhängige Sage, welche in nordischer Überlieferung an Freyjas Namen geknüpft ist und erst unter den Freyjamythen näher erörtert werden soll, erzählte von der Göttin, die ihre Gunst verschenkte, um dadurch ein goldenes Geschmeide zu erwerben. Ob bereits Saxos Quellen die sonst mit Freyja verbundene Geschichte auf Frigg übertrugen, ob Saxo selber erst Frigg und Freyja zusammenwarf und die im Grunde einander ähnlichen Berichte verschmolz, bleibt eine offene Frage.

Frigg soll noch im schwedischen Volksglauben [1]) sich erhalten haben. Von der Heilighaltung des Donnerstags, an welchem Haus und Hof für den Besuch göttlicher Wesen hergerichtet werden, geht die Redensart „*helga Toregud och Frigge*", den Gott Thor und Frigge heilig halten. Denn merkwürdigerweise erscheint Frigge in Gesellschaft Thors, nicht Odins. Frigg wird zum Spinnen und

---

[1]) Über den schwedischen Volksglauben vgl. Hyltén-Cavallius, Wärend och Wirdarne S. 236 f.; Rietz, svensk dialektlexicon 165; Friggjargras nach J. Grimm, Myth. 279, Jón Árnason, íslenzkar þjóðsögur 1, 646; nach Asbjörnsen, norske folke- og huldreeventyr 1, 201 u. 206 geht *Stor Frigg* mit elbischem Vieh.

zur Frauenarbeit in Beziehung gebracht. Während der Donners-
tagsweihe darf keine Spindel und kein Spinnrocken berührt werden.
Denn am Abend, heisst es, spinne Frigge selber. Am Donnerstag
Abend sah man vordem einen Greis und ein altes Weib am
Spinnrocken sitzen. Nach alter Sage sind es Thor und Frigge,
welche spinnen. Das Sternbild des Orion heisst in Schweden
*Friggetenen* und *Friggerocken*, Spindel und Rocken der Frigge.
In einem Segen gegen Pferdekrankheit wird Frygge genannt.
Inwieweit echte und glaubhafte Sage hier vorliegt, lässt sich
nicht entscheiden. *Friggjargras* heisst im Isländischen eine Pflanze
(gymnadenia odoratissima), welche, unters Kissen gelegt, Liebeslust
erweckt. Übrigens gibt es im Norden auch Mariengras, Frauenhaar und fürs Sternbild die Bezeichnung Marienrocken.

## 3. Die aus Frigg abgezweigten Göttinnen.

Einige Göttinnen, denen keine umfassende, sondern nur beschränkte Wirksamkeit zugeschrieben wird, scheinen aus Frija abgezweigt zu sein, zum Teil schon frühzeitig, falls sie auch ausserhalb des Nordens begegnen, zum Teil erst später unter den
Skalden.[1] Sie dürfen gleichsam als Eigenschaften und Beiwörter
der Frija gelten und ergänzen demnach unsre Kenntniss vom
Wesen der Hauptgöttin, worin alle die einzelnen Gestalten aufgehen. Besondere Sagen dieser Göttinnen fehlen, nur von ihren
Eigenschaften hören wir Einiges, das meiste durch Snorre. Gleich

---

1) Über die Göttinnen vgl. Snorre in Gylfag. Kap. 35; der Skald Kormak
(937—967) nennt Sága, Hlín, Eir, Vár, Gná. Wie die Göttinnen nur die eine
Hauptgöttin Frigg vervielfältigen, so die in den Fjǫlsvinnsmól 38 aufgezählten
Jungfrauen ihre Herrin Menglod, in der ebenfalls Frigg sich verbirgt. Die
hilfreichen Mädchen heissen Hlif (Beschützerin), Hlifthrasa (Schutz-?), Thiod-
wara (Volksbewahrerin), Bjort (die Glänzende), Bleik (die Weisse), Blid (die
Freundliche), Frid (die Schöne), Aurboda (die Goldspenderin), Eir (die Pflegerin).
Zu den Göttinnen im allgemeinen Uhland, Schriften 6, 139 ff. Die Handschriften der SE. 1, 116 u. 2, 274 unterscheiden zwischen Vár und Vǫr. Vgl.
darüber Müllenhoff, ZfdA. 16, 152; Mogk, Beitr. 6, 529 ff.; Bugge, Aarböger
f. nord. oldkyndighed 1875, S. 216 f.; Sijmons, Edda I, 1, 148 Anm. Sunna
betrachtet Kauffmann, Beitr. 15, 209 als Gen. von Sunn = an. Syn; Eir vergleicht er (Beitr. 16, 201 ff.) den Alaisiagen, den Allhilfreichen; gegen Kauffmanns Gleichstellung von Sunna und Syn Gering, ZfdPh. 26, 149. Über
Sinhtgunt Müllenhoff, Denkmäler 2³, 46; Bugge, Studien 297 f., wo eine Mondgöttin behauptet wird.

hinter Frigg, als zweite der Asinnen, zählt er *Sága* auf, die in
Sökkwabekk den von kühlen Wellen umrauschten Saal hat. Täglich trinken Odin und Sága zusammen aus goldenen Schalen. Die
Behausung der Sága in der Wassertiefe vergleicht sich den Fensalir,
den Meersälen der Frigg. Der vertraute tägliche Verkehr mit
Odin, der Aufenthalt in den Fluten sind ebenso der Sága wie
der Frigg eigentümlich, weshalb vermutet wird, Sága sei Frigg
unter anderem Namen. Doch mag man auch in Sága eine Wasser-
frau, ein Seitenstück zu Mimir annehmen.

*Fulla* ist eine Jungfrau; sie geht mit ausgeschlagenem Haar
und hat ein goldenes Band um das Haupt; sie trägt Friggs Truhe
und bewahrt ihr Schuhzeug; auch ist sie in ihre heimlichen Pläne
eingeweiht. Als Vertraute der Frigg hilft sie Odin zu überlisten,
indem sie dem König Geirröd die heimtückische Warnung vor
den Hexenkünsten eines Zauberers überbringt. Im Merseburger
Spruch ist *Volla* Frîjas Schwester. Wenn auch Fulla nur als
*eskimær*, Kammermädchen der Frigg bezeichnet wird, so ergibt
sich doch ihre besondere der Frigg fast gleiche Bedeutung daraus,
dass Nanna aus der Hölle Frigg und Fulla mit Geschenken, mit
einem Kopftuch und einem goldenen Fingerring beehrt. Der Name
bedeutet Fülle, Überfluss, und ist wie die göttliche *Copia, Abundantia* der Römer aufzufassen. In Fulla wird die Göttin Frija
nach ihrer Reichtum und Segen spendenden Thätigkeit persönlich.

Zu Liebe und Ehe gehören *Sjofn* und *Lofn*. Sjofn ist eifrig
bemüht, die Menschen zur Liebe zu entflammen, Männer sowol
wie Frauen, daher wird nach ihrem Namen die Liebe *sjofni* genannt. Lofn erhört gern die Gebete und ist mild; sie hat von
Allvater und Frigg die Erlaubniss erhalten, Ehen zwischen Menschen zu Stande zu bringen, denen vorher ein Hinderniss im
Wege stand. Nach ihrem Namen heisst die Erlaubniss *lof.* Bei
den älteren Dichtern finden sich diese allegorischen Gestalten
nicht. Dagegen nennt schon Kormak die *Eir,* die Ärztin unter
den Asen. Es ist die verkörperte Pflege, von an. *eira,* pflegen,
schonen. Auch im Liede von Fjolswid 38 erscheint Eir neben
andern freundlichen, schützenden, hilfreichen Jungfrauen der
Menglod, welche auf dem Berge der Heilmittel (*Lyfjaberg*) gedacht ist.

*War* hört auf die Eide und heimlichen Abmachungen der
Menschen, der Männer wie der Frauen; darum heissen solche Verpflichtungen *várar* (Gelübde). War ist auch weise und wiss-

28*

begierig, so dass ihr nichts verborgen bleiben kann. Im Lied von
Thrym 30 heisst es:

> Bringt nun den Hammer,  die Braut zu weihen,
> Den Mjolnir legt  in des Mädchens Schooss,
> In Wars Namen  weiht unsern Bund!

Also eines der schönsten und älteren Eddalieder bringt die Hüterin
der Eide mit der Ehe, dem Hauptgeschäfte der obersten Göttin,
in Zusammenhang.

*Hlin* ist angewiesen, die Menschen zu schützen, die Frigg vor
irgend einer Gefahr behüten will; daher kommt die Redeweise,
dass derjenige sich anlehnt (*hleinir*), der sich in Acht nimmt. In
der Vǫlospǫ steht Hlin geradezu für Frigg, die also offenbar nur
allgemein als hilfreiche Schützerin so zubenannt ist.

*Syn* hütet die Thüren in der Halle und schliesst sie vor
denen, die nicht hineingehen sollen. Auch ist sie bei den Thingversammlungen in solchen Streitsachen zur Schützerin bestellt, wo
Männer etwas zu leugnen haben. Daher stammt die Redensart:
Syn ist vorgeschoben, wenn jemand etwas zu leugnen hat. Syn,
die Ableugnung stammt jedenfalls vom Zeitwort *synja*, leugnen.
Der Name Syn findet sich schon beim Skald Egil Skallagrimsson
und bei Eilif Guðrunarson.

*Snotra* ist weise und von feinem Anstand; nach ihrem Namen
werden kluge Männer oder Frauen *snotr* genannt. Wie man sieht,
sucht Snorri die betreffenden Ausdrücke aus den Namen der
Göttinnen herzuleiten, während natürlich das Umgekehrte der
Fall ist.

*Gna* wird von Frigg in ihren Angelegenheiten nach verschiedenen Orten entsendet. Sie hat ein Ross, das durch Luft und
Meer zu schreiten vermag und Hofwarpnir (Hufwerfer) heisst. Es
geschah einmal, dass ein Wane sie erblickte, als sie durch die
Luft ritt. Er sprach:

> Wer fliegt dort,  wer fährt dort,
> Wer läuft durch die Luft?

Sie antwortete:

> Nicht flieg ich,  doch fahr ich,
> Durchlaufe die Luft
> Auf dem Rücken Hofwarpnirs,  den die rasche Gardrofa
> Vom Hengste Hamskerpir empfing.

Endlich werden *Sol* (die Sonne) und *Bil* (Mondabnahme) zu den
Asinnen gerechnet. Im Merseburger Zauberspruch entsprechen viel-
leicht *Sunna,* die Sonne, und *Sinthgunt,* die den Weg Erkämpfende.
Siegreich über die Finsterniss beschreitet die Sonne ihre Bahn.
Da Frija auch Sonnengöttin ist, kann der Name auf sie zielen.

## 4. Freyja.

*Freyja* [1]) ist nach Frigg die angesehenste unter den Göttinnen.
Sie ist die Schwester des Freyr, Njords Tochter. Sie hat den
Wohnsitz im Himmel, der Folkwang heisst, und wenn sie zum
Kampfe sich begibt, so empfängt sie die eine Hälfte der Ge-
fallenen und Odin die andere. So steht im Grimnirliede 14

> Folkwang nenn ich,     Freyja entscheidet,
>     Wer die Sitze dort fülle im Saal;
> Von den toten Helden   wählt sie täglich die Hälfte,
>     Die andre fällt Odin zu.

Dort in Folkwang, auf dem Volksgefilde, erhebt sich die Halle
Sessrymnir, die an Sitzen geräumige. Wenn sie eine Reise unternehmen will, so fährt sie mit ihren Katzen und sitzt in einem
Wagen. Sie ist gern zur Hilfe bereit, wenn Menschen sie anrufen. Im Liede von Oddruns Klage 8 spricht die aus den Ge-
burtswehen befreite Borgny den Heilwunsch über Oddrun:

> So mögen dir helfen   die holden Wesen,
> Freyja und Frigg       und noch viele Götter,
> Wie du mich befreitest  aus Fährde und Not.

Gut ist es, in Liebesangelegenheiten Freyja anzurufen. Ihr gefällt
das Liebeslied. Zu den weiteren Eigenschaften der Freyja gehört
das Brisingenhalsband, das lichte Geschmeide, und das Falkenhemd, das Loki mehrmals von ihr entlehnt. In der Ynglingasaga
Kap. 4 wird von Freyja berichtet, sie habe zuerst unter den Asen
den bei den Wanen längst gebräuchlichen Zauber (*seidr*) geübt.
    Von der Göttin Freyja findet sich ausserhalb des Nordens
keine Spur. Während Frija gemeingermanisch ist, bleibt Freyja
auf Norwegen und Island beschränkt. Zumal auf Island gedieh
der Freyjakult am meisten, dort verdrängte sie geradezu die Frigg,

---

1) Über Freyja Gylfag. Kap. 24 u. 35; Grímn. 14; Ynglingasaga Kap. 4
u. 13. Freyjas Namen SE. 1, 304.

wie sie auch in der spätisländischen Dichtung, den *Skíðarímur*,
Odins Frau genannt wird. Freyja ist im Norden zu Freyr gebildet wie *gyðja* zu *goð*, *Finna* zu *Finnr*.[1]) Ihre Art stimmt zu
ihrem späten Ursprung, indem sie als Nachahmung bereits vorhan-
dener Vorbilder sich erweist. Als Schwester Freys, Tochter Njords
ist sie natürlich auch den Wanen zugehörig, *vanabrúðr, vanadís,
vanagoð* d. h. Wanengöttin. Im Hyndlaliede 5 u. 7 reitet sie auf
dem goldborstigen Eber Hildiswini, welchen die Zwerge Dain und
Nabbi ihr schufen, sie ist also mit Freys Eigentum ausgestattet.
Im übrigen aber wiederholt Freyja die Frigg, indem dieselben
oder doch sehr ähnliche Mythen von ihr berichtet werden. Dabei lässt sich erkennen, dass die Sagen ursprünglich allein an
Frigg haften und nur dort, wo Freyja im Vordergrund stand, auf
diese übertragen wurden. Es handelt sich schwerlich um eine
urgermanische Spaltung einer Göttin in zwei demzufolge wesens-
verwandte Gestalten, vielmehr um eine spätere nordische Ab-
zweigung der Freyja aus Frigg. Deshalb geht Freyja zu einem
guten Teil in Frigg auf. Die Freyjamythen dienen mehrfach dazu, das Bild der Frigg zu ergänzen. Endlich scheinen auch fremdartige Bestandteile, Züge der Venus mit Freyja verschmolzen, die
sich somit als eine Schöpfung der Wikingerzeit herausstellt. Die
verschiedenartigsten Motive sind zu einem eigenartigen neuen
Gesamtbild vereinigt.

Wenn sich Freyja mit Odin in die gefallenen Helden teilt,
wenn sie in geräumiger Halle ihnen Sitze anweist, so kann eine
derartige Vorstellung nur dort aufkommen, wo Freyja den höchsten
Rang unter den Göttinnen einnimmt. Nur die Hauptgöttin, Odins
Gemahlin, kann gleiches Recht mit dem Gotte beanspruchen.
Sessrymnir ist ein zweites Walhall, wo nicht Walvater, sondern
Walfreyja, die Herrin der Wal, den Vorsitz hat. Wie Odin als
König und Häuptling an der Spitze der Einherjer steht, so wird

---

1) *Freyja* kennt die an. Sprache auch als Appellativum, so in *húsfreyja,*
wofür auch das vielleicht aus dem Deutschen entlehnte *húsfrú* eintritt; für
*frú* hat die ältere Sprache *frauva, froua, frúva*, vgl. Noreen, An. Gr.[2] § 340, 1.
Snorre betont den Zusammenhang: *af hennar nafni er þat tignarnafn, er
ríkiskonur eru kallaðar frúvor (frúr). snyrtifreyja, fægifreyja* sind schwerlich eigentliche Wörter, vielmehr skaldische Umschreibungen für den Begriff
Frau. Dem nordischen *Freyr* (urgerm. *fraujaʒ*) steht möglicherweise wegen
der ags. und altdeutschen Namen *Fréawine, Frôwin* ein *Fréa, Frô* (urgerm.
*frawô*) gegenüber. Aber von einer deutschen *Frouwa* ist keine Spur nachweisbar.

Freyja die erste der Walküren. Wenn Wingolf das Heiligtum der Göttinnen heisst und andrerseits die Wunschsöhne Odins in Walhall und Wingolf Aufnahme finden, könnte Wingolf mit Sessrymnir gleich sein, eine Halle, die unter Walfreyjas Obhut steht. Zu den Walküren stellt sich Freyja auch dadurch, dass sie in Walhall einmal das Schenkamt übt, was ja sonst Sache der Wunschmädchen ist. Wie der Riese Hrungnir mit prahlerischen Reden in Asgard gross that, wagte Freyja allein, ihm einzuschenken. Übrigens blieb Freyja als Führerin der Walküren und Eignerin der Wal ein dichterischer Versuch, indem die Vorstellung dieser zweiten Totenhalle unter Freyja weder allgemein noch vollständig ausgebildet erscheint. Freyja und Sessrymnir erlangten kaum dieselbe Bedeutung und Anerkennung wie Odin und Walhall; hier tritt uns der dichterische Glaube vieler, dort der weniger entgegen. Mit Frigg gleichgesetzt begegnet aber Freyja namentlich auf Island. Am Allding 998 suchte der Priester Dankbrand den Isländern das Christentum aufzudrängen, doch ohne grossen Erfolg. Hjallti Skeggjason, der bereits Christ war, gab seinem Ärger über den missglückten Bekehrungsversuch in einem Schmähvers [1] auf die Heidengötter Ausdruck: „Ich will nicht wider die Götter bellen: ein Hund dünkt mir Freyja. Jedenfalls ist eines von beiden, Odin oder Freyja, ein Hund." Hjallti wurde wegen dieser Lästerung des Landes verwiesen. In dieser Schelte will Hjallti die ersten isländischen Götter treffen und nennt Freyja und Odin. Das Verhältniss zwischen beiden ist wol als ein eheliches aufzufassen, Freyja steht für Frigg.

In den Tagen Olafs des Heiligen hielten die Bauern um Drontheim zu Anfang des Winters Gastmähler und Opfer um gute Jahreszeit. Da wurde alle Minne dem Thor geweiht und dem Odin, der Freyja und den Asen. Wahrscheinlich liegt aber hier ein Versehen des Schreibers der Saga vor: dem Odin, Thor und

---

1) Der *kviðlingr* lautet in der ausführlichen Olafssaga Tryggvasonar Kap. 217:

*vil ek eigi goð geyja   grey þykki mér Freyja*
*œ mun annat tveggja   Oðinn grey eða Freyja.*

Ähnlich lautet der Vers in der Njálssaga Kap. 102. Ari in der Íslendingabók Kap. 7 und Kristnisaga Kap. 9 haben nur die erste Hälfte der Strophe, die Schelte auf Freyja, ohne Odin zu nennen. Zur Überlieferung Njála, Köbenhavn 1875—79, Bd. II, 504 ff.; Finnur Jónsson, Íslendingabók, Kaupmannahöfn 1887, S. XXV.

Freyr, der Götterdreiheit, die auch Adam von Bremen für den
Uppsalatempel nennt, wurde der Minnebecher geweiht.[1)]

In der folgenden Sage, wo eine Verwechselung ausgeschlossen
ist, spielt Freyja die Rolle der Frigg und befindet sich wol im
ehelichen Verhältniss zu Odin.

König Alfrek hatte zwei Frauen, Signy und Geirhild. Die
konnte er ihrer Uneinigkeit wegen nicht beide behalten. Da sagte
er, er wolle diejenige behalten, welche das beste Bier gebraut
haben würde, wenn er von der Fahrt zurückkäme. Sie wetteiferten nun im Brauen. Signy rief Freyja an und Geirhild Hott
(d. i. Odin unter dem Namen Hottr, der mit dem Hute). Dieser
gab statt der Gähre seinen Speichel und so bestand Geirhilds
Bier die Probe. Doch hatte sie ihr Kind, den nachmaligen König
Wikar, für die Hilfe dem Odin zu eigen geben müssen.[2)] Die
Wette, welche zwischen den Frauen zum Austrag kommt, ist von
der Beihilfe der Götter abhängig. Da messen sich Odin und
Freyja ebenso wie sonst Odin und Frigg, Wodan und Frîa, nur
dass diesmal Odin gewinnt. Freyja vertritt aber vollständig Frigg.

Eine hervorragende Stellung wird der Freyja auch durch
folgenden Zug des isländischen Glaubens zugeteilt. Der Skald
Egill hatte beschlossen, keine Nahrung mehr zu sich zu nehmen
und zu sterben. Seine Tochter Thorgerd wollte ihm folgen und
sagte: Ich habe kein Nachtmahl zu mir genommen und werde
keines mehr nehmen als bei Freyja. Ich will meinen Vater nicht
überleben.[3)] Wie Helden hoffen, noch abends bei Odin Gast zu
sein, spricht hier eine Jungfrau einen ähnlichen Gedanken in
Bezug auf Freyja aus. Daraus darf der wenigstens teilweise
herrschende Glaube erschlossen werden, dass Freyja die verstorbenen Frauen zu sich versammle. Allerdings wird Walfreyja

---

1) Jüngere Olafssaga helga Kap. 101 f (Flateyjarbók 1, 283); das gleiche
Versehen in der Bósasaga Kap. 12, wo dem Thor, Odin und der Freyja (statt
dem Freyr) Minne getrunken wird; vgl. Petersen, om nordboernes gudedyrkelse
og gudetro S. 94. Man muss berücksichtigen, dass die spätere Bearbeitung der
Olafssaga und die Bósasaga zeitlich mit den Skídarímur (14. Jahrh.), wo Freyja
Odins Weib ist, zusammenfallen. Das Versehen ist kein äusserliches, vielmehr
war den Schreibern, welche Freyja statt Freyr den Hauptgöttern Thor und
Odin zur Seite stellten, Freyja die wichtigste und höchste Asin, und durfte
somit, wie früher ehestens Frigg, mit Odin zusammen genannt werden.

2) Hálfssaga Kap. 1.

3) Egilssaga Kap. 81.

damit kaum zu vereinigen sein, beide Vorstellungen schliessen
sich aus. Alter Glaube mag aber zum Gotte die Männer, zur
Göttin die Frauen gewiesen haben.

## 5. Freyja und Brisingamen.

Freyja, Njords Tochter, war die Geliebte Odins von Asgard.
Vier Zwerge, kunstreiche Schmiede, wohnten in der Nähe der
Königshalle. Als Freyja einmal ihre Höhle besuchte, erblickte
sie ein schönes, goldenes Halsband, das jene anfertigten. Nach
seinem Besitze verlangend bot sie den Zwergen Silber, Gold und
andere Kostbarkeiten dafür. Jene erwiderten, solcher Dinge be-
dürften sie nicht, doch wollten sie das Halsband an Freyja ver-
kaufen, wenn jeder von ihnen eine Nacht ihr beiwohnen dürfe.
Sie stimmte zu, und in den nächsten vier Nächten bekam jeder
der Zwerge, die Alfrigg, Berlingr, Dvalinn und Grerr hiessen,
den ausbedungenen Lohn. Der Bericht fährt weiter, wie Loki
auf Odins Geheiss der Freyja das Halsband stahl. Als Freyja
ihren Schmuck von Odin zurückverlangte, erhielt sie ihn nur gegen
das Versprechen, zwei gleich mächtige Könige in einen unauf-
hörlichen Kampf gegen einander zu hetzen. So erzählt der im
14. Jahrhundert auf Island niedergeschriebene Sörla Þáttr.[1]) Die
Sage ist als Einleitung der Geschichte von Hedin und Hilde,
deren Kämpfe von Freyja zur Einlösung ihres Versprechens veranlasst werden, vorangestellt. Mögen auch die Einzelheiten der
Erzählung jung sein, in der Hauptsache ist sie aus älterer Überlieferung geschöpft. Bereits im Lied von Thrym (12, 14, 18) ist
Freyja im Besitze des Schmuckes *Brisingamen*[2]), Ulfr Uggason
dichtete, wie Loki ihn raubte und Heimdall ihn zurückgewann.
*Brisingar* ist vermutlich eine Benennung der ursprünglichen Eigentümer und Verfertiger des Halsbandes. Jene kunstreichen Zwerge

---

1) Der Sörlaþáttr in den Fornaldar sögur 1, 391 und in der Flateyjarbók
1, 275. Über Brísingamen Müllenhoff, ZfdA. 12, 304; über das Halsband in
seiner Beziehung zu Freyja Müllenhoff, ZfdA. 30, 220 f.

2) *Brísinga men* gehört der altgerman. Sage an, im Béowulf 1199 ist mit
„*brosinga mene*“, das zu einem reichen Hort gehört, offenbar dasselbe gemeint.
An. *brísingar* bedeutet die Zusammenflechter, die kunstreichen Verfertiger und
würde auf schmiedende Zwerge wol passen. Dass die Künstler nachmals zu
Zwergen wurden, versteht sich daraus, dass die Zwerge im Besitz der Schmiedekunst sind. Dem Wortstamme verwandt ist mhd. *brîsen*, einfassen, schnüren.

sind oder vertreten die *Brísingar*. Da nun Freyja ebenfalls von
Anfang an mit dem Vorwurfe der Buhlerei bedacht wird, lässt
sich sehr wol die Erzählung, wie sie in den Besitz dieses „*Brísinga men*" kam, als einer der Gründe hierfür annehmen. Wenn
Saxo von Frigga weiss, sie habe sich „*uni familiarium*" um goldenen Schmuck ergeben, so wird die nämliche Sage gemeint sein,
nur mit Verwechslung zwischen Freyja und Frigg. Wenn endlich die am Rande des Himmels auf einem Berge schlafende
Lichtgöttin, die Sonnenjungfrau, welche der rasche Tag, der Held
Swipdag sich gewinnt, den Namen *Menglod*, die Halsbandfrohe
führt, so vereinigen sich alle diese Züge zu einem von der Gemahlin des Tiuz einst geltenden Mythus.

Frija wird von den Brisingen, den Göttern des Zwielichts,
dem reissigen Brüderpaar griechischer und indischer Sage, aus
dem nächtigen Dunkel heraufgeführt. Die Brisingen sollen die
Braut dem Tiuz zuführen, trachten aber selber nach ihrer Liebe.
Ein glänzendes Halsband, das *Brísinga men*, von ihnen selbst
gefertigt, bieten sie der Göttin für ihre Gunst. Und sie willigt
ein, der goldene Schmuck bringt ihre Treue zu Fall. Frija wird
einmal als die alleinige Eignerin des Schmuckes, der glänzenden
Sonne, gedacht worden sein und darum Menglod heissen. Nur
in Norwegen und auf Island nahm später Freyja, wie so häufig,
auch hier ihre Stelle ein. Saxos oben erwähnte Erzählung
bringt also zwei an und für sich ganz verschiedene, nach Alter
und Ursprung weit auseinander liegende Berichte in Verbindung,
die allerdings denselben Grundgedanken, Frijas Untreue, enthalten. Der eine Mythus entstand, so lange Frija noch dem Tiuz
allein gehörte, der andre, als Wodan-Odin ihn verdrängte.

### 6. Freyja und die Riesen.

Freyja wird mehrmals von Riesen zum Weibe begehrt, und
nur dem Dazwischentreten Thors ist es zu danken, dass sie den
Göttern erhalten bleibt. So verlangt Thrym die Göttin gegen
Herausgabe des Hammers. Der Riesenbaumeister, welcher den
Göttern eine Burg zu bauen versprochen hatte, bedang sich als
Lohn Freyja, dazu Sonne und Mond. Loki hatte zur Annahme
des Vertrages geraten. Hrungnir wollte Freyja und Sif mit sich
fortführen und alle andern Götter töten. Freyja als Schwester
Freys mag in solchen Sagen die schöne Jahreszeit, Glanz und

Wärme der Sonne, die Grundbedingung des Wachstums und Gedeihens bedeuten.[1]) Darum stellen ihr die rauhen Riesen, die
entfesselten Elemente, die winterlichen Stürme nach. Ohne Licht
und Wärme verdirbt die Welt, und nach dem Verderben der Götter-
und Menschenwelt trachten die Riesen. Die Wanen haben manche
Züge mit den Elben gemeinsam, und so gleicht Freyja einer Licht-
elbin. Elbinnen werden vom wilden Jäger, von den entfesselten
Elementen verfolgt. Auf der Grundlage solchen allgemein bezeugten Aberglaubens mochten Sagen erwachsen wie die eben erwähnten.

## 7. Freyja als Venus vulgivaga.

Im Lied von Thrym erscheint Freyja streng und herb. Als
Loki an sie das Ansinnen stellt, mit dem Brautschleier geschmückt
nach Riesenheim zu fahren, da schnaubt Freyja vor Zorn, dass
die Burg erbebt und das Brisingenhalsband zerbrochen niederfällt.

> „Die Männertollste    müsste ich heissen,
> Reiste ich mit dir    ins Riesenland."

Als sie den Zwergen um das Brisingenhalsband sich ergab, war sie
andern Sinns. Auch die von Loki in der Lokasenna erhobenen
Vorwürfe werfen ein sehr schlimmes Licht auf die Göttin:

> 30. Schweige du, Freyja,    dich kenne ich völlig,
>     Du bist nicht von Fehlern frei:
>   Von den Asen und Elben,  die hier innen sind,
>     Hast du jeden gern beglückt.

Noch ärgerer Frevel war es, als die Götter Freyja im Bette des
eigenen Bruders, des Freyr, ertappten. Die böse Schelte wird
durch keine entsprechende Sage gerechtfertigt, überhaupt wurzelt
sie schwerlich in nordischer Überlieferung, sondern ist antiken
Ursprunges. Da heisst es freilich, Venus sei so schamlos gewesen, dass sie mit einem jeden buhlte, sogar mit ihrem Vater
und Bruder.[2]) Eine Übertragung von Zügen der Venus war umso
leichter, als der Frijatag aus *dies Veneris* bereits Frija und Venus
in Zusammenhang brachte.

---

1) Uhland, Schriften 6, 58; 154.
2) Bugge, Studien 11; in der im 6. Jahrh. verfassten Abhandlung *de
origine idolorum* sagt der Bischof Martinus von Braga von der Venus: *etiam
cum patre suo Jove et cum fratre suo Marte meretricata est;* Mai class.
auct. 3, 382.

Anknüpfungspunkte für die Wandlung der Freyja zur Venus vulgivaga boten allerdings auch die nordischen Sagen selber. Freyja buhlt mit den Zwergen; wo Frigg als Gattin Odins zugleich festgehalten wird, sinkt Freyja ihrer Vertraulichkeit mit Odin halber zur Buhlerin des Gottes, zu seiner *fridla*, herab. Weil Thor die Freyja vor den begehrlichen Riesen schirmt, heisst er *langvinr þrungvar* [1]), alter Freund der Freyja, was zweideutig ausgelegt werden konnte. Als Freyja von Ottar, einem edlen Norweger um Beistand angerufen wurde und, um die ihm notwendige Kenntniss der Vergangenheit zu erlangen, die Hilfe der Riesin Hyndla in Anspruch nimmt, schleudert auch diese ihr Schmähungen nach. „Dem Odr liefst du lüstern nach und auch andre schlüpften dir unter die Schürze. Du schweifst zur Nacht draussen wie Heidrun die Ziege unter den Böcken." [2])

## 8. Freyja und Odr.

Freyja war dem Manne vermählt, der Odr heisst. Die Tochter der beiden ist Hnoss (Kleinod); sie war so schön, dass nach ihrem Namen kostbare Gegenstände *hnossir* genannt werden. Odr zog fort in ferne Lande; Freyja aber blieb weinend zurück und ihre Thränen sind rotes Gold. Freyja hat viele Namen; das kommt daher, dass sie sich selbst verschieden benannte, als sie zu fremden Völkern kam, um den Odr zu suchen. Sie heisst Mardoll, Horn, Gefn, Syr. Als *Óðs mær*, Ods Braut kennt bereits die Vǫlospǫ 25 die Freyja. Schon im Abschnitt über Wodan wurde darauf hingewiesen, dass die Sagen vom Wode, der einer Frau nachreitet, damit zusammenhängen können. Wer in der Zaubrerin *Gullweig*, der Goldigen, welche in Odins Halle verbrannt den Anlass zum Wanenkriege gab, eine aus der nach der Ynglingasaga gleichfalls zauberkundigen Freyja abgezweigte Gestalt annehmen will, kann auch hierin eine Spur jener Volkssage finden. Die Sage von Freyja und Odr kehrt das Verhältniss der vom Wode und von der Elbin um; die Gestalt der die Lande durchschweifenden, goldene

---

1) So Eilif Guðrúnarson SE. 1, 300.

2) Auf Freyjas Buhlerei gehen die Anspielungen Hyndl. 47 u. 48. Über das Gedicht Finnur Jónsson, Litteraturshistorie 1, 195 ff. Die Entstehungszeit bestimmt Finnur auf 950—975. Den Schutz, welchen Freyja dem Ottar gewährt, betrachtet Hyndla als unerlaubtes Verhältniss.

Thränen weinenden Göttin sieht nicht germanisch aus.  Die wunderlichen Namen wie *Mardoll*[1]) (aus dem Meer aufleuchtend oder hell
glänzend), *Syr (dea Syria?)*, *Hǫrn* oder *Horn* (*cornuta*, Mondes-
sichel) kommen gerade hier vor und gemahnen an Entlehnung.
Zur Erklärung pflegt man Jahresmythen heranzuziehen: der sommerliche Gott entschwinde mit dem Herbst der Gattin, die trauernd
und verlassen zurückbleibe.  Freyja und Odr bilden den Gegensatz zu den Werbungssagen Freys und Swipdags um Gerd und
Menglod, Odins um Rind u. ä.  Aber diese allgemeine Formel
reicht nicht aus, sie lässt die goldweinende und trauernd umher-
schweifende Freyja unerklärt.  Die Weichheit, die über dieser
Erzählung lagert, erinnert an orientalisch-griechische Mythen.
Dort mag vielleicht der Ursprung der Sage zu suchen sein.  Aber
Sicheres ist noch nicht ermittelt.  Nur soviel steht fest, dass der
Mythus von Odr und Freyja allein dem Norden gehört, nicht
germanisch ist.  Die zum Vergleich herangezogenen deutschen
Sagen, die hohes Alter der Mythe erweisen sollten, sind gefälscht
oder mindestens anders, ohne Beziehung auf Odr und Freyja, zu
erklären.[2])

## 9. Freyjakult.

Für den Freyjadienst zeugt ausser dem zweifelhaften Minnebecher, welcher Nachrichten des 14. Jahrhunderts zufolge der Göttin
geweiht wurde, die Strophe 10 des Hyndlaliedes, wo Freyja ihrem
Verehrer nachrühmt:

1) Kögel, Indogerm. Forschungen 4, 313 erklärt *mardǫll* als die Hellglänzende. *mâr-, mari-* im Sinne von glänzend (vgl. μαρμαίρω bei Fick, Vgl.
Wörterbuch I[4] 515) begegnet in deutschen Frauennamen *Meridrûd, Meripurc,
Merihilt, Meriswind* u. ä.  In einem isländischen Märchen, das um 1700 aufgezeichnet wurde, heisst ein Mädchen *Mærþǫll*; wenn sie weint, verwandeln
sich ihre Thränen in Gold; vgl. Jón Árnason, Þjóðsögur og æfintýri íslenzkar
2, 424 f.  Die goldene Thränen weinende Mærþǫll (Mardǫll-Freyja) ist hier
gelehrten Ursprungs, nicht nachwirkende echte Volkssage.

2) Zur Herkunft der fremden Züge in Freyjas Art Bugge, Christiania
Morgenbladet vom 16. Aug. 1881; gefälscht ist die Geschichte von *Woud* und
*Freid,* Schönwerth, Sagen u. Sitten aus der Oberpfalz 2, 312 ff., obwol J. Grimm,
Kleinere Schriften 5, 427 f. und danach M. Hirschfeld, Lokasenna 28 ff. sie für
echt halten; weitere angebliche Freyjasagen s. bei Mannhardt, Germanische
Mythen, Berlin 1858, S. 288 Anm. 1 u. 295, Anm. 5.

Er türmte aus Steinen den Altar mir auf —
Der Gneis ist nun zu Glas zerschmolzen [1]) —
Gefärbt ward er mit frischem Stierblut —
Ottar glaubte an die Asinnen stets.

Mit Nerthus fuhr ein Priester umher, mit dem Bilde des Freyr
eine Priesterin. Damit scheint die Umfahrt des göttlichen Ehe-
paares angedeutet, dessen eine Hälfte durch einen Menschen vertreten war. Dass mit Freyr unter der Gestalt seiner Priesterin
Freyja umfuhr, ist möglich, wird aber in der Quelle nicht angedeutet.

## 10. Gefjon.

In Gefjon [2]) verbirgt sich wol niemand anders als Freyja,
wenigstens wird dasselbe von ihr erzählt. Der Name gehört vielleicht zu *Gefn* [3]), wie ein ausdrücklich der Freyja zugelegter Beiname lautet. Der Gefjon dienen diejenigen, welche als Jungfrauen sterben. So hofft auch Thorgerd, Egils Tochter, Abends
bei Freyja zu gasten. In der Lokasenna entspinnt sich folgendes
Gespräch zwischen Loki und Odin.

Loki:
Schweige du, Gefjon, nimmer vergess ichs,
Wer zur Lust dich verlockt;
Der blonde Bursche bot dir den Schmuck,
Da schlangst du die Schenkel um ihn.

---

1) D. h. das Gestein zerschmolz durch die Hitze zahlreicher Opferfeuer
zu Glas; Ottar ist ein eifriger Opferer.

2) Über Gefjon Gylfag. Kap. 35; Lokas. 20, 21; Volsa-Þáttr, hrsg. von
Guðbrandr Vigfússon in Nordiske oldskrifter 27, 133 ff. und Corpus poeticum
boreale 2, 381 f.; die Bauerntochter beteuert: *þess sver ek við Gefjon ok við
goðin önnor*. Über den Namen Gefjon Bugge, Beiträge 12, 417; er vergleicht
die inschriftlichen *Junones Gabiae, matronis Gabiabus, Alagabiabus* (Kern,
Revue celtique 2, 156) und stellt dazu got. *gabei*, Reichtum. Urverwandt sei
*copia*. Gefjon wäre etwa einer *Copia* zur Seite zu setzen. Vgl. noch Much,
ZfdA. 35, 316 f.; dagegen Kauffmann, Zeitschr. d. Vereins f. Volkskunde 1892,
S. 42 Anm.

3) Dass *Gefn* mit ags. *geofon*, as. *geƀan*, „Meer“ zusammenhänge und
auch Gefjon hierher gehöre (J. Grimm, Myth. 219), also etwa eine Seegöttin,
eine Wanin (Noreen, Abriss der urgerm. Lautlehre, Strassburg 1894, S. 50 u. 53,
Vaner „die Seegötter") bedeute, behauptet auch Much, ZfdA. 35, 327. Die
Beziehung ist zu unsicher, würde aber zu Freyja als der Schwester des Freyr
passen.

Odin:

Toll bist du         und thöricht, Loki,
Wenn du Gefjons Grimm erregst,
Denn sie weiss      die Weltgeschicke
Alle ebenso gut wie ich.

Dass Gefjon Odins vertraute Mitwisserin ist, dass sie um goldenen Schmuck sich preisgab, passt sowol auf Freyja als auf Frigg. Demnach kann Gefjon ebensowol unmittelbar und selbständig aus Frigg abgezweigt sein wie mittelbar aus Freyja. Für letztere spricht der mutmaassliche Zusammenhang der Namen Gefjon und Gefn. In einem um 1300 verfassten, doch vielleicht auf 100 Jahre älterer Grundlage beruhenden isländischen Gedichte, im sog. Volsa þáttr, beteuert ein Mädchen bei Gefjon und den andern Göttern. Gewöhnlich werden im Eide nur hervorragende Gottheiten angerufen. Der Skald Thjodolf [1]) braucht für den Begriff Frau die Umschreibung *ǫl-Gefn* und *ǫl-Gefjon*, Kormak *men-Gefn*. In der älteren Dichtung wird Gefjon nur ein Name der Freyja gewesen sein. Der Verfasser der Lokasenna aber verstand eine besondere Göttin darunter, denn er lässt Gefjon neben Frigg und Freyja auftreten, obschon er nichts Besonderes und Eigentümliches von ihr weiss. Auch Snorre, welcher Gefn nicht von Freyja scheidet, führt Gefjon gesondert auf.

Von Gefjon geht noch eine merkwürdige Sage. König Gylfi herrschte über das Land, das jetzt Schweden heisst. Von ihm wird erzählt, dass er einem fahrenden Weibe zum Dank für das Vergnügen, das sie ihm durch ihre Künste bereitet hatte, so viel Ackerland zugestand, als vier Ochsen in einem Tage und einer Nacht umpflügen könnten. Das Weib aber war vom Geschlechte der Asen und hiess Gefjon; sie nahm vier Ochsen, ihre eignen Söhne, die sie fern im Norden in Jotunheim einem Riesen geboren hatte, und spannte sie vor den Pflug. Der Pflug ging so scharf und tief, dass er das Land herausriss, und die Ochsen schleppten es gen Westen in das Meer hinaus, bis sie in einem

---

1) SE. 1, 312 u. 282; corpus 2, 15 u. 17; ebenda 67.
2) Gefjon als Pflügerin Gylfag. Kap. 1; Ynglingasaga Kap. 5. Auf Grimms Etymologie gestützt, erklärt Weinhold (Riesen des germ. Mythus S. 241) die Gefjon als Meerriesin, die Mythe vom Landpflügen als die Erinnerung an eine furchtbare Sturmflut, die vom Norden hereinstürmend in unvordenklicher Zeit Seeland von der skandinavischen Halbinsel losriss.

Sunde stehen blieben. Hier festigte Gefjon das Land und gab ihm den Namen Selund (Seeland). Dort aber, wo das Land herausgerissen war, entstand ein See, der jetzt in Schweden Log (der Mälarsee) genannt wird; und es liegen so die Buchten im Log, wie die Vorgebirge in Selund. Davon erzählt der Skald Bragi der Alte.

Die Ynglingasaga verknüpft diese Geschichte mit der Einwanderung der Götter aus Sachsen über Dänemark nach Südschweden. Aus Odinsey in Fühnen entsandte Odin die Gefjon nordwärts über den Sund, um Land zu suchen. Da kam sie zu Gylfi, der ihr Ackerland gewährte. Darauf fuhr sie nach Jotunheim und gebar einem Riesen vier Söhne, welche sie zu Ochsen verwandelte und vor den Pflug spannte. Da zog sie das schwedische Ackerland hinaus ins Meer, westlich gegenüber Odinsey, und es heisst nun Selund. Dort nahm sie ihren Wohnsitz. Skjold, Odins Sohn, der Ahnherr des dänischen Königsstammes der Skjoldungen, freite um sie, und sie hausten zu Hleidra. Auch hier wird Bragis Strophe als Zeugniss der Erzählung angeführt.

Man hat schon daran gezweifelt, ob die pflügende Gefjon mit der göttlichen eins sei, ob nicht bloss Namensgleichheit vorliege. Gering in seiner Eddaverdeutschung unterscheidet zwischen der Göttin Gefjon und der landpflügenden Riesin Gefjon. Doch lässt sich die Trennung beider nicht als begründet erweisen. Sagen von Landerwerbung wie hier durch Umpflügen, wobei meistens die Voraussetzung herrscht, dass der Land Gewährende einen weit geringeren Teil abzutreten gewillt ist, als ihm dann wirklich abgenommen wird, kommen oft vor. Das älteste Beispiel ist Dido. Die Sagen sind oft örtlich, d. h. sie entspringen besonderen Namen oder Merkmalen des Landes, wie hier die Buchten und Landzungen von Seeland und im Mälarsee die Vergleichungspunkte geben. Warum aber gerade Gefjon zur Begründerin der dänischen Insel wurde, bleibt rätselhaft.

## II. Idun.

Idun [1]) heisst die Gemahlin Bragis. Sie bewahrt in ihrer Truhe die Äpfel, welche die Götter geniessen müssen, wenn sie

---

1) Über Idun Gylfag. Kap. 26; Bragar. 2; Lokasenna 17. Der Skald Thjodolf in der Haustlǫng behandelt den Mythus vom Raube der Idun, SE. 1, 306—314. Über Iduns Benennungen unter den Skalden SE. 1, 304. *Iđunn,*

anfangen zu altern: davon werden sie wieder jung, und so wird es bleiben bis zum Untergang der Götter. Sehr viel haben die Götter der Hut und Sorgfalt Iduns anvertraut. Einmal wäre es aber doch beinahe übel abgelaufen. Der Riese Thjazi, der in Adlergestalt den mit einer Stange nach ihm schlagenden Loki gefangen hatte, sagte, er werde ihn nicht loslassen, wenn er nicht Idun mit ihren Äpfeln herbrächte. Loki versprach das und führte in der That die Idun hinaus. Er lockte sie nämlich unter dem Vorwande fort, dass er ihr Apfel zeigen wolle, die ihr überaus kostbar erscheinen würden, und bat sie, ihre eigenen Äpfel mitzunehmen, damit sie einen Vergleich anstellen könne. Und so ging sie mit ihm. Da kam der Riese Thjazi in Adlergestalt und flog mit ihr nach Thrymheim. Den Asen erging es schlimm beim Verschwinden der Idun, sie wurden schnell alt und grau. Sie versammelten sich und fragten einander nach Idun. Sie war zuletzt gesehen worden, wie sie mit Loki aus Asgard ging. Da wurde Loki ergriffen und zum Ding geschleppt und mit Folter und Tod bedroht. Dadurch erschreckt gelobte er, er wolle Idun in Riesenheim suchen, wenn Freyja ihm ihr Falkenhemd leihe. Wie ers erhielt, flog er gen Norden nach Riesenheim und kam zur Wohnung des Riesen Thjazi, als dieser gerade auf die See hinaus gerudert war. Er verwandelte die Idun, die allein zu Hause war, in eine Nuss und flog mit ihr davon. Als Thjazi heimkam und Idun vermisste, schlüpfte er in sein Adlergewand und flog ihnen nach; wie aber die Asen den Falken herankommen sahen, nahmen sie einen Haufen Hobelspähne und zündeten sie an. Der Adler vermochte seinen Flug nicht schnell genug zu hemmen, sein Gefieder fing Feuer, und nun töteten sie den Riesen innerhalb des Gitters von Asgard.

Auf eine sonst verlorene Sage spielt Lokis Schelte an:

Schweige du, Idun,  die von allen Weibern
 Am meisten nach Männern jagt!
Um ihn wandst du  die weissen Arme,
 Der die Brust deines Bruders durchstiess!

auch als Frauenname auf Island bezeugt (Arkiv f. nordisk filologi 5, 24 Anm.), bedeutet Erneuung, Verjüngung; der Name ist gebildet vom Präfix *ið* iterum und vom im Frauennamen häufigen Suffix -*unn*, vgl. Uhland, Schriften 6, 69, Bugge, Arkiv 5, 24. Sie trägt ihn offenbar als Bewahrerin der Äpfel, die „*ellilyf*", Heilmittel gegen Alter heissen. Über die Idunsage und ihre Deutung Uhland, Schriften 6, 69 ff. und Bugge, Arkiv för nordisk filologi 5, 1 ff.

In der Sage von Idun, der Hüterin der Äpfel, verschmolzen
mehrere Bestandteile mit einander. Dass der Idun von Riesen
nachgestellt wird, erinnert an die ähnlichen Sagen von Freyja.
Die Feindschaft der Riesen gegen die Götterwelt kommt dadurch
zum besondern Ausdruck, dass mit Idun auch die Äpfel, die Quelle
der Jugendkraft, den Göttern entzogen werden. So erscheint der
Bestand der Welt bedroht, wenn Idun in die Hände der Riesen
fällt. Alle diese Beziehungen, auch den Vorwurf der Buhlerei
wol nach dem Muster der Freyja, mögen nordische Skalden selbständig geschaffen haben. Wie bei Freyja versucht Uhland auch
bei Idun natursymbolische Auslegung des Mythus. In Idun ist
das frische Sommergrün an Gras und Laub persönlich geworden.
Iduns Raub durch den Riesenadler Thjazi stellt die Entblätterung
der Bäume und Entfärbung der Wiesen durch den rauhen Hauch
der Herbst- und Winterwinde dar. Im Frühling bringt Loki, die
warme Luft, das Grün zurück. Diese Deutung ist zu allgemein,
um als befriedigende Lösung gelten zu können. Iduns Verhältniss
zum Riesen, die Rolle, die Loki dabei spielt, ist der Sage vom
Riesenbaumeister, der Freyja verlangt, auf Lokis Rat sie zuge-
sprochen erhält, durch Lokis List aber sie auch wieder verliert,
in der Hauptsache nachgeahmt. Das unterscheidende Merkmal
der Idunsage bilden aber Iduns Äpfel, deren Herkunft aus christlicher und antiker Mythologie Bugge nachgewiesen hat. Seinen
Aufstellungen kann ein Unbefangener nicht widersprechen, schon
um der Äpfel willen, die auf Island nie vorkamen und auch in
Norwegen kaum anders als mit den Klostergärten Eingang fanden.
In Dänemark, wo die Frucht früher begegnet, fehlt wieder die
Idunsage. Iduns Äpfel stammen also jedenfalls aus der Fremde.
Aus dem Kreise biblischer Vorstellungen scheint eine Volkssage
entwickelt zu sein von einem Apfelbaum, der über einer Quelle
sich erhebt. Die Äpfel und das Wasser verleihen ewiges Leben.
Ebenso wirken die Apfel in den Gärten der Hesperiden. Welcher
Kranke davon geniesst, wird sofort gesund. In Irland geht eine
Sage, wie drei Brüder in Falkengestalt die Wunderäpfel Hisbernas
rauben. Sie werden von den Töchtern eines Königs, welche
Greifengestalt annehmen, verfolgt, entkommen aber glücklich.
Die irische Sage, obwol nur in jüngerer Fassung überliefert, scheint
in höheres Alter zurückzureichen. Sie ist zweifellos, wie schon
der Name Hisberna lehrt, aus den Hesperidenäpfeln entwickelt.
In einer ähnlichen Gestalt dürfte sie einst den Wikingern auf Ir-

land bekannt geworden sein. Von den Äpfeln und ihrer wunderbaren Eigenschaft, von ihrem Raube hörten die Nordleute und
daraus schufen sie die Geschichte von Idun und ihren Äpfeln.
Der Name Idun meint Erneuung, Verjüngung; er wird wol erst
mit der Sage selber, welche die Äpfel in die Verwahrung der
Göttin gab, entstanden sein. Somit stellt sich der Idunmythus
als ein ziemlich spätes Erzeugniss der nordischen Skalden heraus.
Die Grundlagen bestimmen sich in Kürze dahin, dass die Göttin
selbst und ihr persönliches Verhältniss zu Thjazi und Loki in Anlehnung an Freyjasagen erdichtet wurde, während die Äpfel als
Heilmittel gegen das Alter christlichen oder antiken Vorstellungen
entstammen. Die Art und Weise, wie Loki Idun, zur Nuss verwandelt, zurückholt, vergleicht sich der irischen Sage vom Raube
der Hisbernaäpfel. Im Anfang der Erzählung sind Idun und die
Äpfel auseinander gehalten, am Schluss trägt Loki eine Nuss nach
Asgard heim. Das deutet auf Verwirrung. Man erwartet, dass
Loki die Äpfel, deren die alternden Asen dringend bedürfen,
zurückträgt, die Idun durch irgend eine List aus der Gewalt des
Riesen löst.

Die Göttin der Jugend, dem bärtigen Sängerahn Bragi vermählt, ist ein schönes dichterisches Bild.


## 12. Menglod.

Menglod, die Halsbandfrohe, darf als ein Name der Frigg-
Freyja gedeutet werden und darum geht auch der von ihr erzählte Mythus eigentlich auf Frija. In Swipdag, ihrem Erlöser
und Gemahl, im raschen Tage, erkennt man den lichten Tags-
und Himmelsgott. Frija-Menglod scheint die Jungfrau Sonne, die
am Rande des Himmels auf einem Berge schläft, umgeben von
loderndem Feuer, der flammenden Morgenröte. Tag, Sonne, Morgenröte verkörpert die Dichterphantasie als besondere Gestalten oder
Zustände. Der Wohnsitz, wo die schöne Göttin mit hilf- und
segensreichen Genossinnen thront, ist von wabernder Lohe und
andern Schrecknissen umzogen und jedem unzugänglich, selbst
dem erwarteten Geliebten, wie er in erster Dämmerung, im Morgenwind als Windkald, Kalds Sohn, erscheint. Alle Hindernisse aber
schwinden, sobald er sich mit seinem rechten Namen, Swipdag,
Solbjorts (des Sonnenhellen) Sohn nennt und sich in seiner wahren

29*

Gestalt zeigt. Selten ist ein Mythus durch die Namen der Hauptgestalten gleich durchsichtig wie hier. Soviel Schwierigkeiten
der Erklärung aller Einzelheiten in den Fjǫlsvinnsmǫl auch entgegenstehen, der Grundgedanke der Dichtung tritt mit zweifel-
loser Deutlichkeit zu Tage: wie der Tag die Sonne zum Weib
gewann. Swipdag kann nur aus Tiuʐ abgezweigt sein, und darum
reicht die Sage in hohes Alter zurück. Sie entstand, solang die
sonnige Göttin, Frija die Halsbandfrohe, allein dem lichten Tages-
gott zu eigen war, ehe der brausende mächtige Sturmwind sie an
sich gerafft hatte. [1])

### 13. Schlussbemerkungen.

In seiner Abhandlung über Frija und den Halsbandmythus
gelangte Müllenhoff [2]) zu dem Ergebniss, nachdem er die Überlieferung über Frigg mit Hilfe der Sagen von Freyja, Menglod
u. A. ergänzt hatte, dass die Ausbildung dieser Mythen der Zeus-
religion der Germanen angehöre, dass die Sagen in uralten Vorstellungen des indogermanischen Volkes wurzeln. „Wir behaupten,
dass die Frija, die Sonnen- oder Morgengöttin bei den Germanen,
einst die Gemahlin des Irmintiu war und erst an Wodan überging, als dieser sich zum Himmelsgott aufschwang, dass sie die
ursprüngliche, einzig wahre Inhaberin des grossen Halsbandes
war, und dass der Streit, der sich daran schloss, so verlief, dass
er mit dem Tode der Knaben, die sie in der Frühe auf ihrer
Laufbahn geleiteten, durch den höchsten Gott ein Ende nahm,
dass das Halsband ihr mit oder wenigstens nicht ohne ihres Mannes
Willen geraubt, dann durch den guten Gott der Frühe zurück-
erkämpft und wiedergegeben wurde. Wir erblicken nunmehr die
ganze Kette von Mythen, die unter wechselnden Gestalten, vom
ersten Morgengrauen beginnend, die glanzvolle Erscheinung der
Himmelskönigin, auch das Verschwinden ihres Lichtes am Abend-
himmel schildern und so den Verlauf eines Tages umschreiben.“
J. Grimm, Mythologie 284 urteilte so: „Die Wichtigkeit dieser
Sage von der Göttin Halsschmuck steigt aber noch, wenn wir
griechische Mythen hinzuhalten. Brisingamen ist nichts anderes
als Afrodites ὅϱμος (Hymn. in Ven. 88) und die Kette wiederum
ihr Gürtel, der ϰεστὸς ἱμὰς ποιϰίλος, den sie am Busen trägt,

---

1) Zur Deutung der Fjǫlsvinnsmǫl vgl. Müllenhoff, ZfdA. 30, 219.
2) ZfdA. 30, 217 ff. Die oben ausgehobenen Stellen ebenda S. 243 u. 259.

dessen Zauber alle Götter und Sterbliche bewältigt. Von ihrem
Hals (ἀπὸ στήϑεσφιν) löst und leiht sie ihn der Here, die den
Zeus damit reizen will, das wird in einem uralter Göttersage
vollen Liede (Il. 14, 214—218) erzählt. Wie den ἱμάς Here und
Afrodite wechselsweise tragen, schreibt die nordische Fabel das
Geschmeide bald der Frigg, bald der Freyja zu, denn jenes Gold
der Frigga bei Saxo fällt mit Brisingamen zusammen. Dazu tritt
eine andere Ahnlichkeit. Freyja besitzt nach derselben Erzählung
ein schönes und so starkes Gemach, dass, wenn die Thüre verschlossen war, niemand ohne ihren Willen hinein kommen konnte.
Mit welcher List Loki dennoch eindrang und ihr das Halsband
raubte, wird berichtet. Homer meldet es nicht, wol aber weiss
er Il. 14, 165—168 von Heres ϑάλαμος,

$$\text{τόν οἱ φίλος υἱὸς ἔτευξεν}$$
$$\text{῾Ήφαιστος, πυκινὰς δὲ ϑύρας σταϑμοῖσιν ἐπῆρσε}$$
$$\text{κληῖδι κρυπτῇ, τὴν δ᾽ οὐ ϑεὸς ἄλλος ἀνῷγεν.}$$

Was stimmt genauer zu jenem unnahbaren Gemach der Freyja,
zumal des ἱμάς gleich darauf gedacht wird? Hefäst, der seiner
Mutter das kunstreiche Zimmer baute, halte ich zu den Zwergen,
die der Freyja das Halsband schmiedeten. Die Identität der Frigg
und Freyja mit Here und Afrodite muss auch nach diesem Mythus
wirklich einleuchten." Ist Freyjas Halsband das der Afrodite,
dann fällt allerdings Müllenhoffs Beweis, weil dann Entlehnung,
nicht Urverwandtschaft anzunehmen wäre; weil Afrodite keine
urgriechische, indogermanische Göttin ist, bedingt die Anerkennung
einer engeren Verwandtschaft zwischen ihr und einer germanischen
Göttin zugleich die Annahme, dass die Freyja einen Teil ihres
Wesens durch Afrodite-Venus erhielt. Auf fremden Ursprung weist
endlich noch das Gespann der Freyja. Es kommt nichts Genaueres
in einer Sage vor, nur allgemein ist Freyja Besitzerin der zwei
Katzen genannt, mit denen sie im Wagen fährt.[1] Das Tiger- und
Löwengespann orientalischer Gottheiten ist nach Bugge (Christiania
Morgenbladet 16. Aug. 1881) Vorbild für Freyjas (Tiger-?) Katzen.

---

[1] SE. 1, 304 heisst Freyja *eigandi fressa*, Eignerin der Katzen; SE. 1, 96
*ekr hón kǫttum tveim ok sitr í reiđ;* SE. 1, 176 *Freyja reiđ kǫttum sinum.*
Snorri versteht also unter „*fress*" Kater, Katze, wie z. B. auch Grágás II 192
*kattbelgir af gǫmlum fressum.* Unter den *heiti* für *bjǫrn*, Bär, steht *fress*
SE. 1, 478 u. bei Kormak. Vgl. Sveinbjörn Egilsson, Lex. poet. 202.

## II. Die Erdgöttin.

Die Verehrung der mütterlichen Erde ist auch unter den Germanen nachweisbar. Himmel und Erde scheinen überhaupt das älteste Götterpaar aller Mythologien zu sein. Der Himmel ist die männliche, zeugende, befruchtende Gottheit, die Erde die empfangende und gebärende. Im Norden heisst sie mit einfach schönem Namen *Jord*, Erde. Ihr Gemahl ist Odin, ihr Sohn Thor.[1]) Aber dieses Verwandtschaftsverhältniss ist nicht ursprünglich. Einst war der Himmelsgott der Gemahl der Jord, die er mit Licht und Wärme im Lenz aus der Gewalt finstrer Riesen befreite und segnete, wie Freyr die Gerd. Das alte Verhältniss tritt aus einer zweiten Benennung noch zu Tage. Thors Mutter heisst auch *Fjǫrgyn*. Jord und Fjorgyn sind eins. Neben der Fjorgyn steht ein männlicher Fjorgynn, als dessen Gattin einmal Frigg bezeichnet wird.[2]) Da derselbe Name von Gott und Göttin gebraucht wird, muss ein altes Beiwort der Gottheit darin verborgen sein. Wirklich lässt sich auch Fjorgynn als Beiname des Himmelsgottes nachweisen. Zu Grunde liegt der urgermanische Wortstamm *fergu* (*quercus*). Im Litauischen heisst der Donnergott ebenfalls *Perkunas,* so dass das Beiwort also bereits vorgermanisch sein muss. Der Sinn des Namens ist *zur Eiche gehörig, auf Eichen bezüglich, eichen* (*querceus*). Der litauische Donnerer führt also eigentlich den Namen Eichengott. Dem Juppiter und dem Donar war die Eiche geheiligt. Somit war *\*fergunjaʒ* eine Benennung des Himmelsgottes in seiner Eigenschaft als Donnerer, ein Beiname Donars, dessen Bedeutung frühzeitig verloren ging. *\*fergunjô* wird ursprünglich wol die Gattin des Donar geheissen

---

1) Sohn der Jord heisst Thor Þrym. 1; Lokas. 58; beim Skald Ǫlvir SE. 1, 254; in der Haustlǫng SE. 1, 278. Über Jord als Odins Weib Gylfag. Kap. 9; nach Gylf. Kap. 10 und einer Strophe Hallfreds SE. 1, 320 u. 460 ist sie die Tochter des Riesen Ónar und der Riesin Nótt.

2) Frigg heisst Lokas. 26 *Fjǫrgyns mǽr*, d. h. Fjorgyns Geliebte, wie Freyja *Ops mǽr*, Ods Geliebte ist; SE. 1, 54 u. 304 ist der Ausdruck missverstanden, *mǽr* = *dóttir* gefasst, also Fjǫrgyns Tochter. Fjorgyn als Thors Mutter Vǫl. 56; Hárb. 56; SE. 1, 476; 585; Oddrúnargrátr 10 steht *á fjǫrgynju* = *á jorðu*. Zur Etymologie des Namens Hirt, Indogermanische Forschungen 1, 479 ff.; Kauffmann, Beiträge 18, 140; Noreen, Abriss der urgerm. Lautlehre S. 131. Von idg. *perqos* (*quercus*) abgeleitet sind kelt. *erkunia*, ἐρκύνιος δρυμός (Eichwald), got. *fairguni*, Berg, mhd. *Virgunnia* (Eichenwald, Name des Böhmerwaldes und Erzgebirges).

haben, jedenfalls empfing die Göttin den Namen erst vom Gott, dem er seit Urzeiten und einstens sicher allein gehörte. Denn Fjorgynn und Fjorgyn bildeten einmal ein Paar, Himmel und Erde. Und damals schon wird die Erdgöttin von ihrem göttlichen Gemahl den Zunamen erhalten haben. Hernach blieb er ihr, Fjorgynn aber ging auf den inzwischen an die Spitze des Götterstaates getretenen Odin über. Dem alten Eigentümer, Thor selber, kam er abhanden, nur noch ein loser, unverstandener Zusammenhang zeigt sich darin, dass er Fjorgyns Sohn heisst.

Ein angelsächsischer Flursegen [1]), der freilich erst aus christlicher Zeit überliefert ist und darum mancherlei christliche Züge einmischt, zeigt den Kult der Erde am lebendigsten. Da werden neben Gott, Maria und den Heiligen auch unmittelbar, als wären es persönliche Wesen, Erde und Himmel (*eorðe and upheofen*) um Fruchtbarkeit angefleht. Merkwürdig klingt folgende Anrufung: *Erçe, Erce, Erce, eorþan módor!* Es vergönne der allwaltende, ewige Herrscher, dass die Acker wachsen und gedeihen, in Fruchtbarkeit wetteifern; er gönne des Kornes Wachstum, der breiten Gerste, des weissen Waizens, aller Erde Wachstum. Das Wort *Erce* scheint Erde zu bedeuten, und die Erde selber wurde sicherlich einst allein angerufen. Warum aber *Erce* Mutter der Erde genannt wird, bleibt unklar. Vielleicht ist irgend eine Verderbniss der Überlieferung anzunehmen. Besonders schön und anschaulich ist das Gebet, unter welchem man den Pflug in Bewegung setzt und die erste Furche zieht. „Heil dir, Erde, Mutter der Menschen, sei du wachsend in Gottes Umarmung, mit Nahrung erfüllt zum Nutzen der Menschen!" Der angelsächsischen Anrufung *„hál wes þu, folde, fira móder"* entspricht genau Brynhilds Gruss beim Erwachen aus dem Zauberschlafe: Heil euch, Götter, Heil euch, Göttinnen, Heil dir, fruchtbare Erde (*heil siá en fjǫlnýta fold*)! Beidemal wird die Erde „*fold*" genannt. Offenbar wirkt im ags. Segen und im nordischen Tagesgrusse eine altgermanische Formel

---

1) Den ags. Segen bei Grein-Wülker, Bibliothek der ags. Poesie, Bd. 1, 1883, S. 312 ff.; die Litteratur darüber bei Wülker, Grundriss zur Geschichte der ags. Litteratur, Leipzig 1885, S. 347 ff.; Kögel, Geschichte der deutschen Litteratur I, 1, 39 ff.; *Erce* erklärt Kögel als eine Weiterbildung zum Grundwort *ero,* „Erde" (über *ero* Kögel, Pauls Grundriss 2, 1, 196 und Müllenhoff-Scherer, Denkmäler 2³, 3); es verhalte sich dazu wie *scinca,* „Schinken" zu *scina,* „Beinschiene", *zinko,* „Zacken" zu *zinna, funcho,* „Funke" zu got. *fôn, funins,* „Feuer". Brynhilds Tagesgruss in den Sigrdrífumál 4.

nach, ein Gebet an die Erdgöttin, die Mutter der Menschen, Urquell alles Lebens ist. Deutlich wird ihr Liebes- und Ehebund
mit dem Himmelsgotte erwähnt. Aus solchen feierlichen Opfer-
gebeten mögen Lieder und Mythen entspringen, wie das Lied von
Freyr und Gerd. Im englisch-nordischen Gebet an *Fold*, die in
des Gottes Umarmung fruchtbar wird, liegt gleichsam der Keim
der schönen mythischen Dichtung, die aus den Skirnismǫl hervor-
leuchtet.

Zu den Erdgöttinnen wird seit Finn Magnusen auch die spröde
*Rind* gerechnet, welche Odin bezwingt, um mit ihr den Bous (Búi)
oder Wali, Baldrs Rächer zu erzeugen.[1]) Rind ist die unbebaute,
harte und unfruchtbare Erde, die sich dem belebenden Lichte der
hellen Sommerzeit (Odin als Vertreter des Tiuz) nicht leicht erschliesst. Ist es aber geschehen, so kann Feldbau auf dem früher
wüsten Lande stattfinden. Búi ist der Bauer; neben Wali steht
auch der Name Áli, die Verkörperung der keimenden Saat. Die
Geschichte Odins und Rindas ist freilich romantisch aufgeputzt
und als Ganzes genommen nicht alt. Aber ein Mythus mag immerhin schliesslich zu Grunde liegen, wie Licht und Wärme die spröde
harte Erdrinde gefügig und fruchtbar machen.


### Nerthus.

Sieben Stämme an der Nordsee verehrten insgesamt die
*Nerthus.* Auf einer Insel war ihr heiliger Hain; drin stand, von
einem Tuche bedeckt, ihr Wagen, den nur der Priester anrühren
durfte. Dieser erkennt, wenn die Göttin ihr Heiligtum aufsucht.
Er begleitet sie, wenn sie auf ihrem mit Kühen bespannten Wagen
unter grosser Feierlichkeit umherfährt. Überall herrscht Festfreude
und Waffenruhe, bis derselbe Priester die am Umgang mit den
Menschen gesättigte Göttin ihrem Heiligtum zurückgibt. Dann
werden Wagen, Tücher, ja die Gottheit selbst im einsamen See
gebadet. Die dienenden Knechte werden gleich ertränkt.[2]) Tacitus

---

1) Lex. myth. 401; zur obigen Deutung Weinhold, Die Riesen im germ.
Mythus, Wien 1858, S. 60 ff. Kauffmann, Beiträge 18, 169 f. führt Rindr auf
Vrindr, „die Göttin mit dem Zauberstab" zurück und stellt sie der Hlodyn
und Grid zur Seite; dagegen Rödiger, ZfdPh. 27, 6 f.

2) Über Nerthus wurde bereits unter Freyr (S. 219, Anm. 2) das Notwendige mitgeteilt. Für die Bedeutung des Nerthusfestes vgl. Mannhardt,
Wald- u. Feldkulte 1, 567 ff.; Kögel, Geschichte d. deutschen Litteratur I, 1, 21 f.

deutet Nerthus als *terra mater*, weil die Umfahrt der römischen
Göttermutter auf einem von Rindern gezogenen Wagen am 27. März,
ferner das Bad, dem das Bild der Göttin samt dem Fahrzeug unter-
zogen wurde, lebbaft an den germanischen Brauch erinnerten. Wie
bereits bemerkt, feierten die Schweden die Umfahrt des von einer
Priesterin geleiteten Freyr, des Sohnes des Njord (*Nerþuʒ*), wovon
sie fruchtbares Jahr erhofften. Zweifellos entspringt die Nerthusfeier demselben Glauben, der im Mittelalter und in der Neuzeit
in zahllosen Volksbräuchen, in Bittgängen um Ackersegen nach-
wirkt. Der Grundgedanke liegt in der feierlichen Einholung der
im Lenze neu erwachten Geister des Wachstums und Gedeihens.
Als Maigraf, Maigräfin, Maikönig, Maikönigin werden die Frühlings-
geister bewillkommnet. Fürs 12. Jahrh. ist ein niederländischer
Brauch bezeugt. Zu Ostern und Pfingsten wählten Priester und
Kleriker unter Teilnahme des gesamten Volkes aus den Frauen
der Priester eine aus, schmückten sie mit Krone und Purpur,
setzten sie auf einen Thron und erwählten sie zur Königin. Dann
sangen sie den ganzen Tag über unter Begleitung von Musik-
instrumenten Lieder und erwiesen ihr wie einem Götzenbilde
Ehren.[1]) Beim Frühlingsfest fehlen niemals Chorgesänge und
Reigen. Auch die Nerthusfeier wird unter Tanz und Liederklang
begangen worden sein. Wenn das erste Grün im heiligen Hain
sprosste, ersah der Priester darin das Zeichen der nahenden Göttin.
Dann begann die Umfahrt, welche den Lenz einbrachte und die
Gefilde mit Fruchtbarkeit segnete. Die Wassertauche findet sich
auch sonst bei Ackerbräuchen, beim Pflugumziehen. Sie kann als
Regenzauber gedeutet werden. Die ertränkten Knechte sind als
Opfer zu verstehen, welche die Bundesstämme der Gottheit um
gute Jahreszeit, um rechte Verteilung von Sonne und Regen darbringen. Kögel nimmt den See als den Eingang zur Unterwelt.
Dort weilt Nerthus in den Wintermonaten, im Frühling zieht sie
hervor durch Fluren und Auen, im Herbst kehrt sie zurück in
den Schooss der Erde, wenn die Pflanzenwelt abstirbt. Das wird
bildlich durch Auszug und Rückkehr angedeutet. Darf der be-
gleitende Priester als Vertreter des Gottes, des Gemahles der
Nerthus gelten, wie umgekehrt dem Freyr eine Priesterin gesellt
ist, deren Schwangerschaft die Schweden für ein gutes Zeichen
ansehen, so ist in dem umziehenden göttlichen Paare die Zeugungs-

---

1) J. Grimm, Myth. 748, Nachträge 1225.

kraft des Lenzes verkörpert. Nerthus ist somit die Göttin der
fruchttragenden Erde, der Fruchtbarkeit überhaupt. Sie weilt
unter den Menschen, so lange die Pflanzenwelt dem Lichte ent-
gegensprosst. Sehnsüchtig wird ihre Ankunft nach der langen
Winternacht und Todesstarrheit erhofft, mit lautem, festlichem
Schalle, mit Gesang und Reigen ihr Einzug gefeiert.

<h2 style="text-align:center">III. Germanische Göttinnen<br>auf römischen Inschriften und bei antiken Autoren.</h2>

Von einigen Göttinnen der Germanen kennen wir nur die
Namen, welche inschriftlich oder bei den antiken Autoren überliefert sind. Nur selten steht noch eine dürftige Bemerkung über
ihre Art oder ihren Dienst dabei. Mit diesen Göttinnen weiss die
mythologische Forschung nicht viel anzufangen. Nur selten ist
der Sinn der Namen zu erraten, und selbst wo er völlig klar ist,
bleibt doch die Hauptsache dunkel, da die Namen oft nur sehr
allgemeine Bedeutung haben. Hätten wir z. B. allein den Namen
Frija überliefert, so fände die Etymologie leicht aind. priyâ, die
Geliebte, die Gemahlin. Aber damit wüssten wir nichts über ihre
Art. Ist nun gar die Etymologie dunkel, so bleiben alle Lösungs-
versuche im höchsten Grade unsicher.

<h3 style="text-align:center">I. Tanfana.</h3>

Tanfana oder Tamfana hiess die marsische Hauptgöttin. Die
Deutschen feierten eben ein grosses Fest, erzählt Tacitus, und
froh hatten sie die Nacht bei ihren Gelagen hingebracht, noch
lagen sie sorglos ihren Rausch verschlafend auf Bänken und neben
den Tischen, an denen sie geschmaust und gezecht hatten, umher, als Germanicus über sie kam. Er verteilte sein Heer in vier
Haufen, zehn deutsche Meilen in die Runde liess er alles mit
Feuer und Schwert verwüsten, Alt und Jung, Mann und Weib
niederhauen und das hochberühmte Heiligtum der Tanfana —
*celeberrimum illis gentibus templum, quam Tanfanae vocabant* —
dem Erdboden gleichmachen.[1]) Die Zeit dieses Überfalles war

---

1) Annalen 1, 51; zur Feststellung der Lesart des Namens Müllenhoff,
ZfdA. 9, 258; 23, 23.

das Spätjahr 14. Im Herbst pflegten die Germanen grosse Feste
zu feiern zum Danke für die Ernte. Bei Angelsachsen und Nordleuten führt der Oktober und November den Namen Opfermonat.
Den Festesfrieden benutzte Germanicus zu seinem Streifzug. Zum
Herbstfeste waren die Marsen beim altberühmten Stammesheiligtum versammelt. Das Dankopfer galt einer Göttin, Tanfana.[1])
Tanfana ist vermutlich ein Name der Mutter Erde, und darum
wurde ihr das Dankesfest für den Ackersegen dargebracht. Möglicher Weise ist der Name damit in Verbindung zu bringen. Müllenhoff vermutet, Tanfana sei die Opfergöttin, wie *Juppiter dapalis*,
zu dem der römische Bauer vor der Aussaat betete und dem er
ein Opfermahl, die *daps*, spendete, ein Opfergott ist. Der Name der
Göttin erkläre sich aus ihrer Festzeit, dem grossen Herbstopfer,
Tanfana sei die Opferempfangende. Tanfana kann aber auch die
Spendende, Segnende, Reichtum Gewährende bedeuten, wie Fulla,
Volla, Gefjon, Copia. Auch dieser Name passt auf eine Göttin
des Erntesegens und des Herbstopfers.

## 2. Baduhenna.

Auf friesischem Boden wird ein Hain der Baduhenna erwähnt,
wo im Jahre 28 n. Chr. 900 Römer im Kampfe fielen.[2]) Aus der

---

1) Überliefert ist tāfane, was in Tanfanae oder Tamfanae aufzulösen ist.
Den Nasal erachten J. Grimm und Müllenhoff als infigiert, wie λαμβάνω zu
λαβ-, τύμπανον zu τύπ-τω u. ä.; sie deuten demnach, als ob Taƀana stünde.
J. Grimm, Gesch. d. deutschen Spr. 232, 622, 828; Kleinere Schriften 5, 418 ff.
rät auf eine germanische Göttin des Herdes und Feuers, Vesta, Ἑστία,
skythisch *Tabiti*; die idg. Wurzel läge in *tepere*, aind. *tapas*, Hitze. Müllenhoff, ZfdA. 9, 258; 23, 23 ff. vergleicht an. *tafn*, „Opfertier" und die idg. Wurzel
*dap*, welche im lat. *daps, dapinare*, griech. δάπτω, δάπανος, δαψιλής, δέπας
erscheint. Kögel, Geschichte der deutschen Litteratur I, 1, 19 Anm. erinnert
an isl. *þamb*, Schwellung, Fülle, *þomb*, Fülle, Gespanntheit; *þamba*, in vollen
Zügen trinken; norweg. *temba*, füllen, stopfen; *temba*, grosse Mahlzeit. Dann
meint des Tacitus Schreibung Tamfana eine germanische *Thamfana, þamƀana*.
Immerhin ist Kögels Versuch besser als die andern, nachdem die Wurzel „*dap*"
sonst nirgends Nasalinfix aufweist. Unmöglich ist die Erklärung Jaekels,
ZfdPh. 24, 306 ff., wonach Tamfana aus *Tamna* (zu Wurzel *dam*, δαμάω, *domare*)
entstand und die alles bezwingende Todesgöttin bedeutet.

2) Tac. Ann. 4, 73 *apud lucum quem Baduhennae vocant*. Nach Müllenhoff, Schmids Zeitschr. f. Geschichtswissenschaft 8, 264 und ZfdA. 9, 240 f. ist
*h* Trennungszeichen und *Baduennae* zu lesen. Man denkt beim Suffix an

flüchtigen Angabe ist gar nichts für diese friesische Göttin zu
entnehmen.  Ob der Name aus zwei Stämmen zusammengesetzt
oder aus einem Stamme mit Ableitungssilbe weitergebildet wurde,
ist unklar.  Im ersten Falle konnte die friesische Form etwa *Badu-*
*wini* lauten.  *Baduwini*, die Kampfesfrohe, vergleicht sich dem
Frauennamen *Siguwini*, die Siegesfrohe.  Als Zusammensetzung
*badu-wenna* (got. *winno*, Leidenschaft, ahd. *winna*, Streit) kann
der Name auch „kampfwütig" bedeuten.[1]  Jedenfalls steckt *badu-*,
„Kampf", im Namen, und daher scheint der Göttin Beziehung
zu Schlacht oder Walfeld zuzukommen.

### 3. Die Alaisiagae.

Die Inschrift, welche dem Mars Thingsus gewidmet ist, gilt
auch *duabus Alaisiagis Bede et Fimmilene*.  Darunter sind wol
Göttinnen zu verstehen, die irgend welche Beziehung zu Mars
Thingsus gehabt haben müssen.  Da nun aber schon dieser Gott
für uns rätselhaft ist, sind es die Alaisiagen noch viel mehr, zumal
die Etymologie ihrer Namen nicht gelingen will.[2]  Ursprünglich
wurde Tiuz als Gerichtsgott, als Befehlshaber des in Thing und
Heer versammelten Volkes gefasst.  Da wies Heinzel auf die im
Schulzenrecht des westerlauwerschen Friesland genannten *bodthing*
und *fimelthing* hin.  In der Benennung dieser Dingversammlungen
sollten dieselben Wortstämme wie in den Namen der Alaisiagen
wiederkehren.  War Tiuz über das Allding des Volkes gesetzt, so
lag es nahe, anzunehmen, die kleineren Dinge seien unter den Schutz
der Göttinnen gestellt worden.  Ist doch auch die nordische Syn
bei den Dingversammlungen in solchen Streitsachen zur Schützerin
bestellt, wo Männer etwas zu leugnen haben.  Weinhold vermutete
noch Schreibfehler für *alaisagiis* (*ésago*); es seien die Gesetzes-
sprecherinnen.  Somit schien das Denkmal irgend einem Rechts-
falle zu entstammen.  Aber *bodthing* und *fimelthing* sind späte Ein-

---

kelt. *Arduenna*, Zeuss Gramm. celtica[2] 774.  Siebs, ZfdPh. 24, 1 ff. erklärt *Badu-*
*henna* als Beiname Wodans, der im Kampfe tötende Walvater; das ist abgesehen von anderm sprachlich unmöglich.

1) Vgl. v. Grienberger, Beiträge 19, 531 ff.

2) Die Litteratur über den Stein wurde bereits im Abschnitt über Tiuz
S. 204 Anm. 2 mitgeteilt.  Zum oben Vorgetragenen Heinzel, Westd. Ztschr.
3, 292; Weinhold, ZfdPh. 21, 1 ff.; Kauffmann, Beiträge 16, 201 ff.; Siebs,
ZfdPh. 24, 434 ff.

richtungen der Friesen, der etymologische Zusammenhang mit den Namen der Inschrift ist zweifelhaft, Mars Thingsus ist nicht der übers Ding waltende Tiuʒ.

Freilich haben die übrigen Auslegungen ebensowenig ein befriedigendes Ergebniss zu erzielen vermocht. Kauffmann nimmt als Grundwort *al-aisiag-* an, das zu ahd. *êrên,* an. *eira,* „schonen", gehöre. Alaisiagen seien die Allhilfreichen. Bede ist Dativ zu friesisch *\*Bêd.* Der Name steht im Ablaut mit as. *gibada,* „Trost", mhd. *bate,* „Nutzen", „Hilfe"; er besagt etwa helfende Trösterin. Zu Fimmilene wird im Nominativ eine germanische *Fimilô* angenommen (zu an. *fimr,* „hurtig", „behend"). Es sind demnach göttliche Hilfespenderinnen, die Trost und rasche Abwehr drohender Gefahr gewähren.

Ganz anders urteilt wiederum Siebs. Er geht von an. *eisa,* „eilen", „stürmen", aus, das urgermanisch *\*aisjan* lauten müsste. Alaisiagen wären die gewaltig Einherstürmenden. Bede wird mit as. *undar-badôn,* „erschrecken", in Verbindung gebracht. *Bêdô* sei die Schreckerin, die Bedrängerin, die Verkörperung des Wirbelwindes. *Fimilô* heisst Bewegung, Wehen des Windes; im Nds. bedeutet *fimmeln* „flattern", „hin und her fahren"; *Svipul,* die Bewegliche, ist ein Walkürenname. Der Denkstein gilt dem Himmels- und Wettergott Tiuʒ und den beiden gewaltig einherfahrenden Göttinnen, der schreckenden *Bêd* und der stürmenden *Fimila.*

Diese drei grundverschiedenen Auslegungen zeigen, wieviele Möglichkeiten der blossen etymologischen Erklärung sich darbieten, wie unsicher und unbestimmt aber alle auf diesem Wege allein erholten Vermutungen stets bleiben müssen. Nach wie vor ist das Wesen der Göttinnen uns vollkommen dunkel.

### 4. Hlodyn und Hludana.[1])

Hlodyn ist Widars Mutter, die an einer andern Stelle Grid, die Heftige, Ungestüme, genannt und als Riesin bezeichnet wird. Die Snorra Edda fasst Hlodyn als einen Namen der Jord, der Erdgöttin, auf. Zum Beweise wird eine Weise des Skald VoluSteinn aus dem 10. Jahrh. angezogen, wonach die Steine als Hlo-

---

1) *Hlóþyn* begegnet Vol. 55; dass sie Widars, nicht Thors Mutter ist, zeigt Kauffmann, Beiträge 18, 136 ff.; *Hlóþyn* gleich Jord SE. 1, 474; in der Olafssaga Tryggvasonar Fms. 1, 123 *hlóþyn markar,* terra silvae; in der

dyns Knochen bezeichnet werden.[1]) Die Kenningar, in denen
sonst noch Hlodyn vorkommt, lassen sie ebenfalls mit Jord gleichbedeutend erscheinen.

In Niederdeutschland, am Rhein, in Geldern und Friesland
sind Steine einer *dea Hludana* gesetzt. In Friesland weihten die
Pächter der Fischerei (*conductores piscatus*) der Hludana das Denkzeichen. Obschon die Namen weder in der Wurzel noch in der
Ableitungssilbe genau zusammentreffen, pflegt man doch seit Thorlacius (1782) beide für gleich zu erachten. Es sei eine und dieselbe Göttin in deutscher und nordischer Namenform. Darf Hludana wie Hlodyn als Erdgöttin gefasst werden, so wäre ein Name
der grossen Erdmutter darunter zu vermuten. Doch seine Bedeutung bleibt uns verschlossen. Jeder Erklärer findet eine eigene
Auslegung, die in ihrer Allgemeinheit keine sichere Gewähr bietet.
*Hlódyn* wird gewöhnlich zu *hlada*, *hladan*, aufrichten, aufladen,
gestellt. An. bedeutet *hlað* Haufen, *hlóð* Herd. Daraus wurde
eine Göttin des Herdfeuers erschlossen. Indess scheint für *hlóð*
Erdhaufe, Erdhügel als Grundbedeutung angenommen werden zu
müssen. Hloðyn besagt also nur Erde. Kauffmann nimmt *hlôþa*
für die Hochstufe zu *holþa*, hold. *Hludana Hlodyn* ist die holde,
gütige Freundin der Menschen, ein Beiwort, das auf jede Göttin
passt. Immerhin bleibt die Verschiedenheit des Wurzelvokales
bedenklich. Der römische Steinmetz hätte germ. *ô* mit *u* gegeben,
meinte also eigentlich *Hlôdana*. Müllenhoff leitete Hludana aus
*hluda-κλυτός*, dem bekannten Stamm unsrer Eigennamen Hlud-
wig, Hludhari u. a.; es sei die „berühmte" Göttin. Aber dann
fügt sich wieder nicht Hlódyn, wo langes ô feststeht. So bleibt
vorerst noch alles unsicher, vielleicht überhaupt die Gleichheit
der Göttinnen. Wer an der Verschiedenheit der Wurzelvokale

---

Hervararsaga Fas. 1, 469 *i hlóþynjar skaut*, in gremium terrae. Die wichtigsten Inschriften der *dea Hludana* sind die rheinischen von Birten und Ivers-
heim (vgl. Brambach, Corpus inscriptionum rhenanarum 150; Bonner Jahrbücher 50, 184) und die friesische (W. Pleyte, in den Verslagen der kon. akad.
letterkunde 3, 6, 58). Über die Göttin Sculo Thorlacius, *de Hludana, Germanorum gentilium dea*, Havniae 1782; Müllenhoff, Schmidts Ztschr. f. Geschichtswissenschaft 8, 264 Anm.; Jäkel, ZfdPh. 23, 129 ff.; Siebs, ZfdPh. 24,
457 ff.; Kauffmann, Beiträge 18, 134 ff.; Rödiger, ZfdPh. 27, 3. Gegen Mogk,
Grundriss 1, 1094 Kauffmann a. a. O. 142. Bugge, Studien 19 u. 575 trennt
Hlóðyn, die er aus Latona ableitet, von Hludana.

1) Wol nach Ovid, Metam. 1, 393: *magna parens terra est, lapides in
corpore terrae ossa reor dici.*

keinen Anstoss nimmt, mag die abweichenden Bildungssilben mit
Kauffmann aus der Kurz- und Vollform eines Namens erklären:
*Hlôþô* zu *Hlôþawini* (*Hlódyn*) wie Liuba zu Liubwini, Siga zu
Siguwini u. a.

## 5. Isis-Nehalennia.

Römische Kaufleute pflegten an den Küsten der Völker, welche
sie des Handels wegen aufsuchten, den einheimischen Gottheiten
Dankopfer darzubringen und Weihaltäre zu errichten. Dabei wandten sie die übliche Auslegung an, indem sie aus irgend welchen
äusseren Ähnlichkeiten die fremden Götter ihren eigenen gleich
setzten, indem sie etwa eine germanische Göttin für eine Erschei-
nungsform einer römischen hielten. Dem entsprechend wurde auch
das Altardenkmal ausgeführt. Glaubte ein römischer Unterthan
irgendwo an fremder Küste einer Göttin zu begegnen, welche ihm
der Isis gleich zu sein schien, so wurde der Isis ein Weihstein,
worauf ihre gewöhnlichen Abzeichen vorkamen, errichtet. Auf
dem römischen Denkmal stand entweder der römische Göttername
allein, oder trat der germanische erläuternd hinzu (*Marti Thingso*,
*Mercurio Channini*, *Herculi Magusano* u. ä.); endlich konnte auch
nur der Name der fremden Gottheit allein in latinisierter Form
eingesetzt werden, wobei dann die von den römischen Steinmetzen
auf den Altären angebrachten Abbildungen dem Kundigen umso
deutlicher das Wesen der Gottheit anzeigten. Die Ausführung der
Steine ist also hauptsächlich von der interpretatio romana abhängig. Hatte man einmal diese oder jene Gottheit der Heimat
in der Fremde wiederzuerkennen vermeint, so wurde sie auch
nach römischer Art dargestellt, nicht etwa in dem Bestreben, im
Bilde die hervorragenden Eigenschaften der fremden Gottheit fest-
zuhalten. Man darf daher nicht die ganze bildliche Darstellung
solcher Steine ohne weiteres ins Germanische umsetzen, wie es
Hoffory bei Mars Thingsus, Jaekel (ZfdPh. 24, 289 ff.) bei der
Nehalennia thut. Gibt sich doch im Altarbild meistens nur dieselbe allgemeine, mitunter höchst oberflächliche Ansicht des römischen Beobachters kund, welche auch in der interpretatio zum
Ausdruck gelangte. Wenn Tiuz, Wodan, Frija, Donar mit Mars,
Merkur, Venus, Juppiter übersetzt werden, so ist damit nur erwiesen,
dass den Römern gewisse Ähnlichkeiten auffielen, aber nicht dass
alle Züge der römischen auf die germanischen Gottheiten passen.

Gelangt also nur einseitige Mitteilung römischerseits über eine germanische Göttin auf uns, so ist grösste Vorsicht erforderlich. Oft ist nicht mehr als der blosse germanische Göttername zu lernen, dessen Erklärung die grössten Schwierigkeiten entgegenstehen. Dass einige in die Augen fallende Züge der interpretatio und der bildlichen Darstellung der verglichenen Gottheit ebenfalls zugehören, ist nicht zu bezweifeln. Aber schwer, wenn nicht unmöglich, ist zu bestimmen, welche Eigenschaften der interpretierten Gottheit überwiesen werden dürfen, welche nur im Banne der einmal feststehenden römischen Anschauung hinzutraten. Hatte ein römischer Handelsmann z. B. an fremder Küste die Isis gefunden, so stellte er sich zuerst seine Isis vor und übersah die wesentlichen, bedeutenden Unterschiede zwischen ihr und der nichtrömischen Göttin. Verbanden sich im Banne der einmal festgestellten Auslegung allerlei ungehörige Vorstellungen mit der fremden Göttergestalt, so blieben auch wieder deren wichtigste und nötigste Eigenschaften völlig verborgen. Hätten wir von Wodan und Frija nur die Namen und die römische Auslegung Merkur und Venus überkommen, so wären unsere Begriffe gewiss ebenso schief wie ungenügend. In dieser Lage befinden wir uns aber allen Nachrichten gegenüber, die uns nur aus römischer Umgebung oder durch römische Vermittlung, durch Inschriften und römische Geschichtschreiber, also einseitig, ohne die Ergänzung und Berichtigung germanischer Denkmäler, bekannt sind.

Nach der Meldung des Tacitus [1]) brachte ein Teil des grossen, zwischen Elbe und Weichsel ansässigen Suevenvolkes der Isis Opfer dar. Ihr Abzeichen war ein Schiff. Tacitus und seine Gewährsleute waren der Anschauung, es handle sich um einen aus Rom nach Germanien verpflanzten Kult; und mit einem gewissen Recht. Denn zweifellos erhuben sich an der suevischen Küste Isissteine, welche zu der Nachricht Anlass gaben. Diese Isis-

---

1) Germania Kap. 9 *pars Sueborum et Isidi sacrificat: unde causa et origo peregrino sacro, parum comperi, nisi quod signum ipsum in modum liburnae figuratum docet advectam religionem.* Zu Isis M. Haupt, Moriz von Craun S. 4; Kauffmann, Beiträge 16, 217 ff. Die von Aventinus (Chronik 1566 fol. 37) angedeutete, durch Simrock Myth.[5] 372 ff. aufgenommene Ansicht, der Name der deutschen Göttin, etwa *Îsa*, Avent. *fraw Eysen* (vgl. auch J. Grimm, Myth. 244) habe Isis bei Tacitus hervorgerufen als den nächstliegenden, ähnlich klingenden Namen, bedarf keiner ernstlichen Widerlegung Die Litteratur über die suevische Isis verzeichnet Drexler in Roschers Lexicon der griech. u. röm. Mythologie 2, 548 ff.

steine waren von Römern, die in der Ostsee Handel trieben, aufgerichtet worden. Aber sie galten derjenigen Isis, welche die
Reisenden bei den Sueven zu entdecken glaubten. Hinter dem
römischen Altar steht ein germanischer Kult, der ihn veranlasste.
Es war eine Göttin, als deren Abzeichen ein Schiff galt. Vermutlich hatte sie, wie die Wanen, Beziehung zur Schifffahrt und
damit zu Handel und Wolstand. Sie glich unter anderm auch
darin der Isis, der am 5. März ein feierlicher Umzug gehalten
und ein Schiff (*navigium Isidis*) dargebracht wurde. Die Wieder-
eröffnung der Fahrt in Strom und Meer, die mit Anbruch des
Frühlings den Schiffen sich aufthaten, wurde so alljährlich festlich begangen.

Anderwärts tauchen Spuren einer ähnlichen Göttin auf. In
Deutz am Rhein und an der batavischen Küste, auf der der
Scheldemündung vorgelagerten Insel Walcheren, fanden sich zahlreiche, von römischen Kaufleuten wegen glücklich vollbrachten
Handelsfahrten der Göttin *Nehalennia* geweihte Altäre. Auf der
Insel Walcheren fanden sich 1647 und 1870 im Dünensande 22
mehr oder weniger gut erhaltene Denksteine dieser Göttin.[1]) Hier
muss eine Hauptstätte ihres Kultes, vermutlich ein römischer
Tempel, bestanden haben. Von den Bildern der Steine zeigen
einige die Nehalennia als Beschützerin der Schiffer; sie hat den
linken Fuss auf den Steven eines Schiffes gestellt und stützt sich
auf ein Ruder zu ihrer Rechten. Kauffmann wies nach, dass die
Nehalenniabilder Zug um Zug aus dem Isiskult entnommen sind,
dass die Nehalennia demnach den Kaufleuten als die Isis erschien.
Offenbar ist es dieselbe Göttin, von den Römern als Isis aufgefasst,
der sie an der suebischen und batavischen Küste und am Rheine
Altäre aufstellten. Durch Tacitus hören wir, dass das Schiff ihr
Abzeichen war, auf den Altären steht ihr deutscher Name, Nehalennia. Was auch sonst noch von dieser germanischen Göttin

---

1) Die Nehalenniadenkmäler mit Abbildungen bei L. J. F. Janssen, de
romeinsche beelden en gedenksteenen van Zeeland. Middelburg 1845; die
rhein. Inschriften bei Brambach, Corpus inscriptionum rhenanarum Nr. 441
u. 442. Das Material verwerten neuerdings die Abhandlungen von Jäkel,
ZfdPh. 24, 289 ff. und Kauffmann, Beiträge 16, 211 ff. Die letztgenannte treff
liche Arbeit ist für die oben vorgetragenen Ansichten maassgebend. Dem
gegenüber hat Muchs Aufsatz, ZfdA. 35, 324 ff. wenig Bedeutung. Detter,
ZfdA. 31, 208 stellt Nehalennia zu νέκυς; das Grundwort *nehal* kehre in an.
*njól*, die Nacht, wieder. Dagegen Noreen, An. Gr.² § 106a u. 231; Abriss der
urgerm. Lautlehre S. 14 u. 113, wonach *niól* aus *niϑol* abzuleiten ist.

erzählt worden sein mag, ihre Beziehung zur Seefahrt ist sicher.
Darum begrüssten sie die Römer an den Ufern der Ost- und Nordsee als Isis und empfahlen ihre Schiffe und ihre Ladung dem
Schutze der Nehalennia. Damit endet aber auch unsere Kenntniss vom Wesen dieser Göttin. Nicht einmal soviel ist klar, ob
sie auch bei den Sueven Nehalennia hiess, oder ob dieser Name
nur am Rhein und bei den Batavern ihr beigelegt war. Die Erklärung des Namens macht Schwierigkeit. Kauffmann denkt an
ein germanisches Beiwort *nêwolos, *nêalas, zu urgerm. *nêwô, mhd.
nâwe, wie navalis aus navis entwickelt ist. Daraus wäre eine
Weiterbildung *nêalenî, gen. nêalenniôs. Im Namen Nehalennia,
„navalis", „zu den Schiffen gehörig", läge eine Andeutung ihrer
Art. Nehalennia ist die Schiffsgöttin. Njords Heimat ist nóatún,
die Schiffsstätte, und an die Wanen erinnert Nehalennia insofern,
als beide die Schifferei beschirmen. Die germanische Ablautsform
nêu-: nôu- erscheint in Nêalenî und nóatún, mhd. nâwe und an. nór.
Nehalennia ist dann aber kein eigentlicher Name, vielmehr ein
Beiname einer Göttin, welche zur Seefahrt Beziehung hat. Freilich hat Kauffmanns Erklärung gegen sich, dass der zweifellos
sicher überlieferte Name Nehalennia zu Nealennia zurechtgemacht
werden muss. Das h sei nur Trennungszeichen zwischen Vokalen,
wie es auch sonst vorkomme, z. B. Tuihanti für Tuianti, Flehum
für Flevum u. drgl. Eine andere Erklärung geht von einem idg.
Grundwort *neqos (νέκυς) aus, dem urgerm. *nehuaz, westgerm.
*nehaz entspräche, wie got. saihvan und ahva gegen ahd. sehan
und aha. Daraus ergibt sich im Namen der Göttin ein Anklang
ans Reich des Todes. Wie das aus ihrem Wesen zu rechtfertigen
ist, bleibt dunkel.

Im Jahre 694 besuchte der hl. Willibrord auf einer Missionsreise Walcheren und zerstörte ein dort befindliches heidnisches
Heiligtum. Der Tempelhüter widersetzte sich dem Vorhaben der
christlichen Priester mit bewaffneter Hand, aber ohne Erfolg.
Kauffmann [1]) vermutet, dass mit dem Heidentempel derjenige der
Nehalennia gemeint sei. Die heimische Bevölkerung wird den
römischen Tempel und die Bilder, die zu Ehren der Landesgöttin
aufgerichtet waren, nicht gemieden haben, und als die Römer aus
dem Lande wichen, wurden die Germanen ihre Erben, die allei-
nigen Besitzer des alten Heiligtumes. Erst der christliche Eifer

---

1) A. a. O. 228 ff.

schlug die Bilder in Stücke, und verwarf die Trümmer, die im
17. Jahrhundert wieder ans Tageslicht kamen, am Meeresstrand.
„Manch fromme deutsche Mutter mag in der Halle des Tempels
den Steuermann und sein Schiff der Nehalennia anbefohlen haben,
nachdem das jüngere Geschlecht den Widerwillen gegen Tempelbauten überwunden hatte."

Mit Nehalennia-Isis dürfen vielleicht einige mittelalterliche
Bräuche [1]) in Verbindung gebracht werden. Ums Jahr 1133 liess
ein Bauer aus Inden im Jülichischen im nahen Walde ein Schiff
zimmern, das auf Rädern lief und durch vorgespannte Menschen
an Stricken zuerst nach Mastricht, wo Mastbaum und Segel hinzu-
kamen, dann hinauf nach Tungern, Looz und so weiter im Lande
umhergezogen wurde, überall unter grossem Zulauf und Geleite
des Volkes. Wo es anhielt, war Freudengeschrei, Jubelsang und
Tanz, namentlich der von ausgelassener Lust erfüllten Frauen, um
das Schiff herum bis in die späte Nacht. Die Ankunft des Schiffes
sagte man den Städten an, welche ihre Thore öffneten und es
einholten. Die Weber wurden zum Schiffszug gezwungen, dafür
durften sie dem übrigen Volke den Zutritt wehren und Pfänder
erheben. Die Geistlichen sahen mit scheelen Augen auf das sünd-
hafte heidnische Werk und dachten es zu hintertreiben. Sie
nannten das Schiff ein Abzeichen böser Geister, ein Teufelsspiel,
es sei in heidnischer Gesinnung aufgeschlagen, böse Geister hielten
darin Umzug, es könne ein Schiff des Neptun oder Mars, des
Bacchus oder der Venus heissen; man solle es verbrennen oder
sonst wegschaffen. Aber die weltliche Obrigkeit hatte den Umzug gestattet und schützte ihn, es hing von den einzelnen Ort-
schaften ab, dem heranfahrenden Schiff Einlass zu gewähren; wie
es scheint, galt es in der Volksmeinung für schimpflich, es nicht
weiter gefördert zu haben. Über Duras und Léau sollte das Schiff
nach Löwen gebracht werden. Von den Geistlichen angefacht,
that der Graf von Löwen dem Umzug mit Gewalt Einhalt, so
dass die Feier des Schiffszuges auf diese Weise blutig endigte.
Aus allem geht aber die lebhafte Teilnahme der Zeitgenossen am
Schiffszug, dem Überrest eines heidnischen Brauches, deutlich her-

---

1) Die Bräuche des Schiffsumzuges bei J. Grimm, Myth. 237 ff.; 3, 86.
Weiteres bei J. W. Wolff, Beiträge zur deutschen Mythologie 1, 1852, 149 ff.
Die Hauptstelle für die niederländische Umfahrt in des Abtes Rudolf († 1138)
Klosterchronik von St. Trond, Buch 12, Kap. 11—14 (MG. Script. 10, S. 310 ff.).

vor.  Auf schwäbischem Boden, also bei den Nachkommen der
alten Sueven, verbietet noch um 1530 ein Ulmer Ratsprotokoll,
am Nikolasabend Fastnachtskleider anzuziehen, den Pflug und
mit den Schiffen herum zu fahren.  Die Gewohnheit des Pflug-
umziehens, um fruchtbares Jahr und Gedeihen der Aussaat zu
erhalten, ist weit verbreitet.[1])  Es geschah um Neujahr oder zur
Fastenzeit.  Der Ulmer Ratsbeschluss stellt offenbar den Schiffszug mit dem Pflugumziehen auf dieselbe Stufe.  Immerhin verdient Beachtung, dass die Umfahrt des Schiffes im späteren Volksbrauch bei den Stämmen erscheint, bei denen im Altertum Dienst
der Nehalennia-Isis nachweisbar ist.  Das auf Rädern umgehende
Schiff ist allerdings nicht notwendig auf die germanische Göttin
zu beziehen.  Es kommt auch bei den Griechen in Verbindung
mit Dionysus vor[2]) und muss also von Alters her mit den bac-
chischen Kulten zusammenhängen.  Es darf ans navigium Isidis
und an Carnevalsbräuche erinnert werden.[3])  Nur unter Vorbehalt
seien hier, alter Gewohnheit gemäss, die Volksbräuche des Schiffs-
umzugs mit Isis-Nehalennia, überhaupt mit germanischer Mythologie in Beziehung gebracht.  Die Berechtigung dafür ist stark
anzuzweifeln.

Vereinigt man die besprochenen Thatsachen, so ergibt sich:
Vom Rhein bis zur Weichsel wurde eine Göttin verehrt, welche
die Seefahrt beschützte.  Die Römer wurden durch sie an ihre
Isis erinnert.  Am Rhein und bei den Batavern hiess sie Nehalennia.  Ein Schiff war ihr Abzeichen.  Wenn im Lenz das Eis
von den Strömen sich löste und die Schifffahrt neu beginnen
konnte, dann wurde die Göttin durch Umtragung ihres Schiffes
mit Opfern und Reigen gefeiert.

### 6. Die Mütter.

In Frankreich, Oberitalien, Britannien, im linksrheinischen
Germanien, namentlich im Ubierlande, finden sich zahlreiche, mehr
als 400 Weihsteine, welche den „Müttern" (*matrones, matres, ma-*

---

1) Vgl. darüber Mannhardt, Wald- und Feldkulte 1, 553 ff.

2) Dümmler, Rhein. Museum, N. F. 43, 355 ff.

3) Das Schiff auf Rädern im Moriz von Craon gehört gewiss zum Carne-
val und hat mit dem german. Heidentum nichts zu schaffen. Vgl. E. Schröder,
Zwei altdeutsche Rittermären, Berlin 1894, S. XXVIII; das niederrheinische
Schiff mag ebendaher stammen. Seine mythologische Bedeutung wird mindestens sehr zweifelhaft.

*trae*) meistens von Legionssoldaten gesetzt sind.[1]) Diese Mütter, mitunter in der Dreizahl erscheinend, führen verschiedenartige Beinamen, darunter auch solche, deren germanische Herkunft nicht anzuzweifeln ist (z. B. *Aufaniabus*, *Gavadiabus*, *Vatviabus* oder *Vatvims*, *Saitchamims* oder *Saithamiabus*, *Aflims* oder *Afliabus*). Die Dative auf *-ims* sind unter allen Umständen germanisch; zur Etymologie der Namen bieten die germanischen Sprachen auch wirklich Anhaltspunkte. Es fragt sich nur, ob etwa aus den Beinamen etwas über das Wesen germanischer Göttinnen zu lernen ist. Die Mütter gehören ursprünglich zu den Glaubensvorstellungen der Gallier. Von ihnen aus verbreiteten sie sich zu den Germanen, jedoch nur zu germanischen Söldnern, die im römischen Heere dienten, und zu den verwälschten Stämmen. Im innern Germanien schlug der Mütterkult niemals Wurzel und kann demnach auch schwerlich zum echten Bestande der germanischen Mythologie gezählt werden. Die Mütter sind Schutzgöttinnen von Örtlichkeiten, ähnlich den *genii loci*. Als solche sind sie allgemein und überall möglich und doch wieder für jeden Ort, jede Stadt besonders bestimmt. Wie die Matrone über dem Hauswesen, so walten die Mütter schützend und segnend über dem Gemeinwesen. Jeder Ort, jedes Land und Volk, das Lager, die Garnison, die Provinz, alle konnten dem Schutze besonderer Mütter unterstellt werden. Ein Legionar weiht sein Denkmal matribus omnium gentium, den Müttern aller Völker, er empfiehlt sich dadurch den Schutzgottheiten aller Länder, in welche ihn das Schicksal etwa verschlagen möchte. Diese Inschrift ist besonders lehrreich, indem sie beweist, dass es sich keineswegs um die eigentlichen Landesgöttinnen handelt, vielmehr um einen durchaus subjektiven, gallisch-römischen Begriff, der überall Anwendung finden konnte und nur allgemein Schutzgöttinnen des betreffenden Ortes oder Landes, nicht etwa die dort wirklich verehrten Gottheiten bezeichnet. Die Beinamen der Mütter sind dementsprechend durchweg aus örtlichen Beziehungen zu deuten. Die suebischen, germanischen Mütter sind vollkommen den pannonischen und dalmatischen gleichzuachten,

---

1) Das gesamte Material bei Ihm, Der Mütter- und Matronenkult und seine Denkmäler, Bonner Jahrbücher des Vereins von Altertumsfreunden im Rheinlande, Heft 83, 1887, S. 1—200; Much, ZfdA. 31, 354 ff. u. 35, 315 ff. germanische Matronennamen; Muchs Deutungen sind überaus unsicher, da sie nicht von den Ortsnamen ausgehen; Kauffmann, Der Matronenkultus in Germanien. Ztschr. d. Vereins f. Volkskunde, 1892, S 24 ff.

sie bestehen allein in der Vorstellung des Weihers der Altar-
inschrift und beziehen sich keineswegs auf wirklichen germanischen
Glauben. Die Auslegung der Beinamen hat in erster Linie mit
dem örtlichen Ursprung zu rechnen. Wenn nun germanische Wörter
vorkommen, so sind sie sicherlich auf germanische Ortsnamen
zurückzuführen. Die *Matres Gavadiae* hängen mit dem Zeitwort
*wadan, waten* zusammen und entstammen wol einem Ortsnamen
im Sinne von *Furt*. An der Diemel ist später ein *Wetiun* bezeugt,
das aus demselben Stamm gebildet ist. Der Dativ *Vatvims* gehört zu einem german. *watwi*, Wasserland, und stellt sich zu den
vielen mit „Aue" zusammengesetzten Ortsnamen. Solche Mütter
mit germanischen Beinamen sind demnach befriedigend zu erklären: sie sind die Schutzgeister germanischer Örter. Deutsche
im römischen Heeresdienste nahmen den Matronenkult an und
stellten damit die ferne Heimat unter göttlichen, mütterlichen Schutz.

### 7. Dea Sandraudiga und dea Vercana.

Mit der *dea Sandraudiga* [1]) eines nordbrabantischen Steines,
den die „*cultores templi*" gestiftet, ist nichts anzufangen. Der
Name zerfällt in germanische Bestandteile, got. *audags*, an. *audigr*,
reich, glücklich, und *sandr-*, wahr, wahrhaft, wie in Eigennamen,
z. B. Sandrimer. Wer die „wahrhaft reiche" Göttin ist, etwa eine
spendende Folla, lässt sich nicht bestimmen. Die *dea Vercana* [2])
auf dem Rande einer Brunnenschale und auf einem Stein aus dem
Nemetergau (Ernstweiler bei Zweibrücken) deckt sich lautlich mit
Athenes Beinamen Ἐργάνη, Wirkerin, Göttin des Webens und Spin-
nens. Ob die *dea Vagdavercustis* [3]), welcher der Decurio Simpli-
cius Super in Geldern einen Stein setzte, germanisch ist und zur
Vercana gehört, bleibt unentschieden. Der Stamm „*werk*" begegnet
in beiden Namen, und zwar auf der Stufe germanischer Verschiebung. Aber im übrigen ist alles dunkel.

1) Zur *dea Sandraudiga* J. Grimm, Geschichte der deutschen Sprache
588; Grienberger, ZfdA. 35, 390.

2) Zu *dea Vercana* Much, ZfdA. 31, 357 f.

3) Zu *dea Vagdavercustis* Grienberger, ZfdA. 35, 393 ff.; seine Erklärung,
„die Lebenskraft wirkende", die spendende Erdgöttin, ist sehr unsicher, zumal *vagda* = ahd. *kiuuegida*, „vegetamen"; man würde mindestens \*wagida
erwarten; ebenso die Ableitung *vercustis,* der zulieb ein unbelegtes „*werkos*"
behauptet wird. Von weiteren Göttinnen z. B. *dea Garmangabis*, Grienberger,
ZfdA. 38, 189 ff., wird hier besser geschwiegen.

## IV. Totengöttinnen.

### I. Die Hel.

Got. *halja*, an. *hel*, ags. *hell*, as. ahd. *hella* geben den räumlichen Begriff „Untererde", *infernus* und dienen zur Ubertragung von ἅδης, *gehenna, infernus.* Gemeint ist der Aufenthaltsort der abgeschiedenen Seelen, die Totenwelt. Erst nach und nach entwickelte sich die Bedeutung „Strafort". Will die ältere Sprache die mit der christlichen Hölle verknüpften Qualen anzeigen, so erhält das Wort einen entsprechenden Zusatz, besonders *witi,* „Strafe" (an. *helvíti*, ags. *hellewíte*, ahd. *hellawîʒʒi*). Obwol der Begriff Hölle bei Goten und Westgermanen nur in christlichen Schriften vorkommt, braucht daraus doch nicht geschlossen zu werden, dass er erst mit der Bekehrung entstand. Besonders die nordische Überlieferung spricht gegen eine derartige Annahme. *Halja* darf als ein gemeingermanischer uralter Begriff gelten, und es fragt sich nur, was die heidnische Zeit darunter verstand. Da die ältesten Zeugnisse übereinstimmend die unterirdische Behausung der Toten mit Hölle bezeichnen, da diese Bedeutung auch dort fortlebt, wo sich noch andere Vorstellungen daneben entwickelten, da diese letzteren ungezwungen aus der Grundbedeutung abzuleiten sind, darf mit Sicherheit angenommen werden, dass das gemeingermanische Wort *halja* auch eine gemeingermanische Glaubensvorstellung erweist, eine Schattenwelt, der ursprünglich alle Toten verfielen, wo die vom Leibe gelösten Seelen fortlebten. Im Norden finden wir denselben *räumlichen* Begriff in Redensarten, die noch heute fortdauern. *Hel* heisst das Reich des Todes, dann Tod überhaupt. Zur Hölle gehen, fahren, schlagen, wird für sterben, totschlagen gesagt; in der Hölle, aus der Hölle bezeichnet klar das Räumliche. Zwischen Tod und Leben schweben heisst bildlich zwischen Welt und Hölle liegen (*at liggja á milli heims ok heljar*). Noch bewahrt der dänische und schwedische Ausdruck *ihjel, ihäl*, eigentlich in die Hölle, im Sinne „zu Tode" schlagen, bringen u. s. w. deutlich die ursprüngliche Vorstellung. *Helgrind*, das Höllenthor, verschliesst das Land des Todes und thut sich nur selten wiedergehenden oder beschworenen Geistern auf. *Helvegr* ist der Weg zur Unterwelt, dem der westfälische *Hellweg*, Totenweg entspricht. *Helskór* ist der Schuh, welcher dem Toten zur Höllenwanderung mitgegeben wird. *Helreid* ist die Höllenfahrt,

die Brynhild auf einem Wagen fährt. Noch zahlreiche ähnliche
Anwendungen des Wortes, wofür die Wörterbücher von Sveinbjörn
Egilsson und Fritzner Belege in Hülle und Fülle gewähren, lassen
über seine Bedeutung keinerlei Zweifel aufkommen. Dass die
Hölle freudlos und lichtlos gedacht wurde, wie fast jeder Aufenthaltsort der Seelen, darf wol vermutet werden. Aber sie war kein
Aufenthalt der Verdammten, die dort Strafen verbüssen mussten.
Noch im 10. Jahrh., beim Siege der Sachsen über die Franken 915,
sangen die Spielleute: Wo gäbe es wol eine Hölle so gross, dass
sie die ganze grosse Wal zu bergen vermöchte.[1]) Die Gefallenen
waren doch sicher nicht lauter verdammte Bösewichter.

Im Norden steht aber neben *hel* die Hel, *die persönlich gedachte Beherrscherin der Toten.* J. Grimm und nach ihm viele
vermeinten, in diesem *persönlichen* Begriff das Ursprüngliche zu
finden, der sich erst in den *örtlichen,* von Goten und Westgermanen
allein bewahrten, aufgelöst habe. Der Ort empfing von der Besitzerin den Namen. Aber der Schluss ist gewagt. Zwar entsteht leicht der Glaube an eine Gottheit der Unterwelt, die beide
im Namen sich decken. In unserem Falle leuchtet aber der örtliche Sinn so stark hervor, dass nur voreingenommene Ansicht
das klare Verhältniss umkehren wird. Eine germanische *halja* ist
unbedenklich, eine *Halja* aber unerweislich. Hört man auf die
Zeugnisse, so wird man auch nicht ohne zwingende Gründe darüber hinaus trachten. Da nun *halja* allen Germanen bekannt war,
*Hel* aber nur im Norden vorkommt und auch hier eigentlich nur
in der Skaldendichtung, so liegt der Schluss nahe, im Norden
entwickelte sich aus der örtlichen hel die persönliche
Hel. Einer persönlichen Halja hätte schwerlich der Zugang in
die biblischen Schriften offen gestanden, eine örtliche halja, ein
Seelenheim zu übernehmen, schien ungefährlich. Bei der nordischen Hel lassen sich auch wiederum mehrere Entwicklungsstufen
unterscheiden, indem ihr Reich, das einst allen Toten offen stand,
nur einen Teil der Menschheit empfängt, während die andern in
die Gemeinschaft Odins, der Freyja, der Ran gewählt oder zu
Elben und Trollen entrückt werden, indem endlich, unter Einwirkung der christlichen Hölle, die sittliche Beschaffenheit der Menschen ihre Zuweisung an die Hel bestimmt.

---

1) Widukind, Res gestae Saxonicae I, 23 MG. Script. 3, 428 *ut a mimis
declamaretur, ubi tantus ille infernus esset, qui tantam multitudinem caesorum
capere posset.* Dass hinter *infernus* as. *hella* steht, meint J. Grimm, Myth. 761.

Durch tiefe, dunkle Thäler geht der Weg zur *hel.*[1]) Zu Fuss, zu Pferd, zu Wagen mag er von den Verstorbenen zurückgelegt werden. Der Höllenfluss Gjoll trennt die Welt des Todes von der Menschenwelt, eine goldbelegte Brücke, von der Riesin Modgud bewacht, führt darüber. Am Eingang in die Hölle ist auch die Felshöhle Gnipahellir gedacht, wo der Hund *Garmr* (Kerberos)[2]) lauert. Hier dringt bereits ein fremdartiger Zug aus antiker Sage in die nordische Vorstellung vom Totenreiche herein. Weiterhin schliesst ein Gitter mit einer Pforte die Behausung der Hel ab. Das Totenreich wird auch als eine von finsterem Nebel erfüllte Welt bezeichnet, als *niflhel* oder *niflheim.*[3]) Auch über der christlichen Hölle lagert, trotzdem sie von Feuer erfüllt ist, stellenweise Nebel und Finsterniss. Drinnen erhebt sich der Hel Haus, ihr hoher Saal. Das Leben bei ihr ist zunächst nicht viel anders gedacht, als das irdische. Vornehmen Ankömmlingen wird ein würdiger Empfang bereitet. Zu Ehren Baldrs sind die Bänke mit Ringen besät, die schönen Dielen mit Gold bedeckt. Met ist für ihn gebraut, der klare Trank steht da, vom Schilde bedeckt. Baldr nimmt in Hels Halle den Hochsitz ein.[4]) Was Hel besitzt, hält sie fest. Nur ausnahmsweise wird Baldr auf der Asen Ansuchen Rückkehr verstattet, wenn alle Wesen, lebende und tote, um ihn Thränen vergiessen. Die Hel tritt in keiner Sage eigentlich handelnd hervor. Sie bleibt immer nur begrifflich, wie überhaupt oft schwer zu sagen ist, ob in einer Redensart die örtliche oder persönliche Hel gemeint ist. So begegnet im Norden das Bild schwarz wie die Hölle, woraus der Beiname *heljarskinn,* Höllenhaut für einen Menschen mit hässlicher, schmutziger Hautfarbe, sich erklärt. Im Gegensatz zur leuchtenden reinen Gottheit gelten auch uns Tod, Teufel und Hölle als schwarz. Der *hellemôr* ist bei mittelhochdeutschen Dichtern der Teufel. Die Bilder entstammen der Anschauung vom dunkeln Totenreich, von der nebelfinstern Hölle. Eine begreifliche, aber entartende Phan-

---

1) Die Höllenfahrt beschreiben Baldrs Draumar 2 u. 3; Gylfag. Kap. 49; Helreiþ Brynhildar.

2) Bugge, Studien 179 erklärt Garmr aus Kerberos verderbt. Noreen, An. Gramm.[2] § 248 fasst Garmr als Metathesis zu Gramr, der Grimmige.

3) Niflhel Baldrs. Dr. 2; Vafþr. 43; SE. 1, 136; Niflheim SE. 1, 38; 40; 68; 106; 136.

4) Baldrs Draumar 6, 7; Gylfag. K. 49 SE. 1, 178.

tasie hüllt auch die Höllengeister in schwarze Farbe.  Aus den
angeführten Redensarten *blár sem hel, heljarskinn* braucht man
nicht zu schliessen, dass von Anfang an die Nordleute die Hel in
schwarze Teufelsfarbe kleideten, denn der Vergleich kann ebenso
sehr auf hel als auf Hel zielen.  Was Snorri im 13. Jahrhundert
von Hel erzählt, beruht auf starker christlicher Einwirkung und
ist fürs Heidentum nicht bindend.  Nach der Bekehrung hat man
im Norden mit drei Helbegriffen zu rechnen: der heidnischen hel
und Hel und der christlichen hel.  Alle drei haben in den Vorstellungen der Dichter sich oft wunderlich vermischt.

Dass sich in der Hölle Straförter befanden, nahmen die
Skaldengedichte des 10. Jahrhunderts an.  Die Vǫlospǫ́ 38 sagt:

Einen Saal seh ich stehen   der Sonne fern,
Auf Nastrand, die Thüren   nach Norden gerichtet;
Durchs Rauchloch strömte   ein Regen von Gift,
Denn die Wände des Saales sind umwunden von Schlangen.

*Nástrǫnd* bedeutet Totenstrand, und dieser Ortsname weist
aufs Totenreich.  Der Verfasser der Vǫlospǫ́ hatte demnach zweifellos die Vorstellung, dass es in der Hölle Qualörter gäbe, und
er malte sich den höllischen Saal furchtbar genug aus.  Dass er
aber damit echt germanische, heidnische Anschauungen wiederholt, ist sehr unwahrscheinlich.  Derlei düstre Schreckbilder entstammen der christlichen Mythologie, aus der einmal doch der
wesentliche Inhalt der Vǫlospǫ́ geschöpft ist.[1]  Die 39. Strophe
des Gedichtes im Verein mit Reginsmǫl 4 ergibt die Vorstellung
eines wilden, eisigen Höllenstromes, der spitze Waffen in seinen
Wogen führt.  Meineidige, Mörder, Ehebrecher müssen zur Strafe
drin waten.  Auch hier dürfte der höllische Strafort nicht aus
dem Bestande der germanischen halja geholt, sondern durch christliche Einflüsse entstanden sein.  Doch können volkstümliche Elemente mit verwertet sein.  Alt und allgemein scheint der Glaube,
dass der Verstorbene, dem zu diesem Behufe der Schuh in den
Sarg gelegt wurde, eine lange gefahrvolle Wanderung über Gestein
und durch Dornicht zurücklegen, endlich auch durch den Fluss, der

---

[1] Die mittelalterlichen Christen meinten, die Leiber der Ungläubigen
und Unbussfertigen müssten in der Hölle grausigem Gewürm zur Nahrung
dienen.  Den Angelsachsen ist die Hölle ein Schlangensaal (*wyrmsele*); vgl.
Bugge, Studien über die Entstehung der nordischen Götter- und Heldensagen
S. 482 ff.

die Welt der Toten und Lebenden trennt, waten müsse.[1]) Leicht entsteht daraus die Vorstellung einer Strafe, indem der eine länger, der andere kürzer, je nach seiner Art zu wandern hat, insbesondere wenn die Einbildungskraft mit Höllenstrafen erfüllt ist.

Wenn Snorri in Gylfag. Kap. 3 behauptet, die Seelen der Rechtschaffenen werden bei Allvater in Gimle weilen, die bösen dagegen kommen zur Hel und von dort nach Niflheim, so denkt er hier vollkommen christlich und verweist die Guten in den Himmel, die Bösen in die Hölle. Ganz anders unterscheidet er Gylfag. Kap. 20 und 24, wonach die im Kampfe Gefallenen zu Odin und Freyja eingehen, während nach Gylfag. 43 zur Hel diejenigen gelangen, die an Krankheiten oder Altersschwäche starben. Also nicht die Lebensweise, sondern die Todesart entscheidet, und das ist heidnische Anschauung. Man erwartet nun, diese in den alten Gedichten durchweg bestätigt zu finden, wenigstens dort, wo ausgesprochener Odinsglaube herrscht. Aber dem ist nicht so. Wie einerseits Walhall seine Thore auch denen öffnet, die nicht an Wunden starben, so nimmt die Hel Waffentote zu sich. In Wirklichkeit sind eben Hel und Walhall eins, das grosse, allumfassende Seelenreich, Walhall ist nur ein Versuch, für Bevorzugte ein eigenes Heim zu schaffen, aber immer bricht der alte Glaube von der Hel durch. So steigt der schwertdurchbohrte Baldr zur Hel hinab. In den Atlamǫl herrscht durchgehends die Annahme, dass die Gefallenen zur Hel fahren. Besonders fällt auf, dass Brynhild den Hjalmgunnar zur Hel schickt (Helreiþ 8). Man sollte meinen, die Walküre müsse den Mann, dessen Tod im Kampfe sie veranlasst, nach Walhall kiesen. In der Fóstbrœðrasaga Kap. 4 träumt ein Mann von einem andern, die Hel werde als Hausfrau ihn umarmen. Bald darauf wurde jener auch erschlagen. Angantyr mit seinen Brüdern war im Kampfe gefallen; der Hügel wurde über ihm gewölbt. Als aber seine Tochter Herwor mit Zauber ihn aufweckt, um das treffliche Tyrfingschwert vom toten Vater zu erhalten, heisst es: Auf that sich die Höllenpforte (*helgrind*). Der Skald Egil erschlug drei Männer, welche König Eirik zu seiner Verfolgung ausgesandt hatte. Da sang er: Allzu lang zögern sie mit der Rückkehr zum König, da sie zu dem hohen Saal der Hölle gefahren.[2]) Im Lied von Gudruns Auf-

---

1) Über die Wanderung nach dem Tode und den eisigen, Schneiden mit sich führenden Höllenfluss vgl. Müllenhoff, Deutsche Altertumskunde 5, 113 ff.

2) Egilssaga Kap. 45 *til hásalar Heljar helgengnir*.

reizung 19/20 wird Sigurd von Gudrun ermahnt an sein Versprechen, aus der Hel (or *heljo*) heimzukehren.

Aufs schwarze Streitross  schwinge dich, Sigurd,
Hierher lenke      den hurtigen Renner.

Mithin ist Sigurd in der Hölle gedacht, während Sigmund und Sinfjotli dem Eirikslied zufolge in Walhall weilen.

Was bei Snorri [1]) und sonst noch von Hel erzählt wird, entstammt später Erfindung und zeigt auch fremdartige Bestandteile. Hel ist Lokis Tochter, weil Hölle und Lucifer unzertrennlich sind. Mit dem Fenrir und der Weltschlange, ihren Geschwistern, wurde Hel in Riesenheim aufgezogen. Allvater Odin schleuderte die Hel nach Niflheim und gab ihr Macht über neun Welten, damit sie denen, die zu ihr gelangen, ihren Aufenthaltsort anweise. Sie hat dort eine grosse Wohnstätte und die Wälle sind überaus hoch und die Thore weit. Eljudnir (Plagebereiter) heisst ihr Saal, Hungr ihre Schüssel und Sult (Hunger) ihr Messer, ihr Knecht Ganglati (zum Gehen träge), ihre Magd Ganglot, fallendes Unheil das Thor, die Schwelle, die hineinführt, Geduldermüder, Kor (Krankenbett) ihr Lager, bleiches Unglück das Betttuch oder der Vorhang. Sie ist zur Hälfte schwarz und zur Hälfte fleischfarben, so dass sie leicht zu erkennen ist, und sieht mit ihrem herabhängenden Kopfe recht grimmig aus. Solche Vorstellungen gefallen sich in der Ausmalung eines trostlosen Schreckensortes und entspringen zweifellos der christlichen Hölle. Auf diesen Gedankenkreis weist schon Loki hin. Noch im Heidentum erscheint Hel als Lokis Tochter und Schwester der Ungetüme, und so mag schon frühzeitig die Hölle als Ort des Schreckens gedacht worden sein, obwol die ältere Vorstellung vom blossen Totenreich daneben noch fortdauert. Das Gleiche ist auch in Deutschland zu beobachten, wo nach J. Grimm, Myth. 761, erst im 13. Jahrh. Hölle im Sinne von Aufenthalt der Verdammten sich festsetzte, während zuvor meistens der alte Sinn des Wortes noch vorherrscht.

Wenn Loki zum Weltbrand mit den höllischen Heerscharen heranfährt, gemahnt auch dieser Zug an christliche Vorstellungen vom Weltende.[2])

1) Die Schilderung der Hel Gylfag. Kap. 34; über die Sage, wie sie von Allvater hinunter nach Niflheim geschleudert wird, Bugge, Studien 511.

2) Gylfag. Kap. 51 SE. 1, 190 *þar er ok þá Loki kominn ok Hrymr, ok með honum allir Hrímþursar, en Loka fylgja allir Heljar sinnar.* Danach bessert Bugge Str. 51 der Vǫl., was Sijmons annimmt:

Wer von Hels Äpfeln genoss, muss bei ihr bleiben. So wenigstens lässt sich eine Stelle der jungen Saga af Viga-Styr ok Heidarvigum, Kap. 26 auslegen.[1]) So wird Proserpina durch den Genuss des Granatapfels gezwungen, in der Unterwelt zu verweilen; auch deutsche Sagen bieten Beispiele, dass lebende Menschen durch den Genuss von Speisen im Seelenreiche den Toten anheimfallen.

In dem vollständig christlichen Sólarljód, das vermutlich erst dem 17. Jahrh. angehört, sagt der Geist des toten Vaters zum Sohne: Hels Bande umstrickten mich. Ich wollte sie zerreissen; aber sie waren stark. Überall bedrückte mich Angst. Jeden Abend entboten Hels Mädchen mir heim zu sich. Die Sonne, das Tagesgestirn, sah ich versinken; die Pforte der Hel hörte ich dumpf ertönen.

Aus biblischen Stellen fliesst die Unersättlichkeit der Hölle, das Öffnen ihres Mundes und dadurch der Versuch, sie persönlich darzustellen, wie J. Grimm in älteren und jüngeren deutschen Schriften beobachtet. In mhd. Gedichten spricht die Hölle mit dem Teufel. J. Grimm sieht darin eine Nachwirkung der persönlichen germanischen Halja. Aber dem steht entgegen, dass der örtliche Begriff der älteste und ursprünglichste, der persönliche der abgeleitete ist. Da Hel von Anfang an als Lokis Tochter erscheint, also in Verbindung mit dem Teufel, ist die Möglichkeit vorhanden, dass eine persönliche Hel im Norden überhaupt erst unter christlicher Einwirkung aufkam. Ihre Persönlichkeit ist ebenso wenig weiter ausgeführt, als es bei der christlichen Hölle der Fall ist; sie verharrt in ihrer farblosen Allgemeinheit. Eine echt nordische ursprüngliche Hel wäre wol kräftiger und lebendiger gestaltet worden. Die persönliche nordische Hel unterscheidet sich durch nichts von den entsprechenden Ansätzen zur Persönlichkeit der christlichen Hölle und ist daher letzterer gleich zu achten, ja sogar daraus zu erklären.[2])

> *kjóll ferr norþan:   koma mono Heljar*
> *of lǫg lýþer,       en Loke stýrer.*

Die Hss. haben *austan* statt *norþan*, *muspellz* statt *heljar*; aber SE. setzt die Lesart Bugges voraus.

1) Íslendinga sögur 2, 361 *an mér ǫlselja Heljar eplis*, die Frau gönnt mir Hels Äpfel, d. h. will meinen Tod. Zur Stelle Sveinbjörn Egilsson, Lex. poet. 318. Deutsche Seitenstücke zur griechischen Mythe bei W. Müller, Niedersächsische Sagen S. 372 ff.

2) Myth. 291; 3, 94. Unter den vielen Sagen von verwünschten Jung-

## 2. Die Ran.

Ran, die Räuberin [1]), welche einmal unter die Asinnen gerechnet wird, ist Ägirs des Meergottes Weib. Sie haben neun
Töchter mitsammen, die persönlich gewordenen Wellen. Als die
Götter in der von Golde erleuchteten Halle des Ägir beim Gelage
sich versammelten, gewahrten sie, dass Ran ein Netz besass, das
sie nach allen Menschen, die auf die See gingen, ausstellte. Als
Loki den Zwerg Andwari fangen wollte, ging er zu Ran und
borgte sich ihr Netz. In den Gedichten wird häufig beschrieben,
wie Ran ihre Beute erjagt, aber dabei verlautet nichts mehr vom
Netze. Von einer Riesin, die Helgis des Hjorwardsohnes Schiffe
zum Scheitern zu bringen suchte, wird gesagt, sie wollte sie der Ran
geben. Von Helgis des Hundingtöters Schiff, das der Sturmgefahr
entronnen, heisst es: Kräftig riss sich aus Rans Krallen das Gischtross Helgis. Also herrscht die Vorstellung, Ran greife mit den
Händen nach dem in Seegefahr befindlichen Schiffe. Kurz zuvor
ist von den unholden Wogentöchtern Ägirs die Rede, welche die
Schiffe umzustürzen trachteten. In Seesturm und Wogenprall
schien den Skalden die Ran selber thätig zu sein. Im 11. Jahrh.
sagt der Skald Ref: das Wogenpferd (d. i. Schiff) reisst die rot bemalte Brust aus dem Rachen der Ran (*or munni Ránar*). Den Tod
seines ertrunkenen Sohnes betrauernd sang Egill: Ran hat mich
sehr niedergeschlagen. Ein anderes Bild braucht die Fóstbrœdra

frauen, die Panzer, Beitrag z. deutschen Myth. 1, München 1848, behandelt,
kommt auch einmal eine schwarz und weiss gefärbte Jungfrau, vom Volk die
*Held* genannt, vor; daraus eine germanische Halja zu erschliessen, wie es seit
Panzer beliebt, ist nicht zu billigen. Die Sagen fallen ins Bereich des Gespensterglaubens, in den die höllische Verdammniss oft hereinspielt.

1) *Rán* bedeutet Raub. Über die Ran vgl. SE. 1, 338; Reginsmól Prosaeingang; Helgakv. Hj. 18; Helg. Hund. I, 31; die Strophe des Ref, SÉ. 1, 326;
Fóstbrœdrasaga älterer Text Kap. 4, jüngerer Text Kap. 6; Friðþjofssaga
Kap. 6; Eyrbyggjasaga Kap. 54; Sneglu-Halla þáttr (Fornmannasögur 6, 376);
Egill im Sonartorrek 7. Thjodolf in der Haustlǫng nennt Ran, indem er das
Meer als *Rán-himinn* bezeichnet. Das Netz der Ran führt Bugge, Studien 20 f.
auf das Netz der Aranea zurück; *Aranea casses in alto suspendit* sei missverstanden, *in alto* als in der Meerestiefe gefasst worden. Übrigens hat nach
Kuhns märk. Sagen, S. 374, der Wassermann auch ein Netz, und der Vita
Sulpicii († 614) zufolge wird in einem Wasserstrudel von Geistern mit Stricken
den Menschen nachgestellt (*repente funibus daemoniacis circumplexus amittebat crudeliter vitam*); vgl. W. Müller, System der altdeutschen Religion S. 375
Anm. 4.

saga: Die Töchter der Ran versuchten die Bursche und trugen ihnen ihre Umarmung an. Die junge, dem 14. Jahrh. angehörige Fridthjofssaga gefällt sich besonders in der Schilderung der Ran. Bei einem gefährlichen Sturme sagt Fridthjof: Jetzt muss ich wahrlich der Ran Bett besteigen, ein andrer wird das der Ingibjörg einnehmen. Weiterhin wird berichtet: Es steht zu erwarten, sprach Fridthjof, dass einige von unsern Leuten zur Ran fahren werden. Wir werden nicht viel gleich sehen, wenn wir dahin kommen, wenn wir uns nicht prächtig schmücken. Es scheint mir rätlich, dass jedermann einiges Gold bei sich trage; da hieb er den Ring entzwei, das Geschenk der Ingibjörg, und teilte ihn unter seine Leute aus und sprach die Weise: Diesen roten Ring, den Halfdan besass, muss man entzwei hauen, ehe uns Ägir verdirbt. Gold soll man sehen an den Gästen, ehe wir der Gastung bedürfen. Das taugt vornehmen Recken mitten in Rans Sälen. Fridthjof schilt die Ran ein grausames, fühlloses Weib (*sidlaus kona*). Obwol die Beutegier der grausamen Meeresgöttin auf diese Art anschaulich geschildert wird, ist doch der Aufenthalt in den Sälen der Ran keineswegs mit düstern Farben ausgemalt. Wer im Kampf mit den Gewalten des Meeres erliegt, wird dadurch zu den Sälen der Seegötter geladen und dort ebenso ehrenvoll aufgenommen und gehalten, als derjenige, den eine andre Todesart in die Gemeinschaft anderer Götter und Geister ruft. Aus der Zeit kurz nach Annahme des Christentums auf Island wird berichtet: Da hielt man es für gewiss, dass die Leute bei Ran wol aufgenommen worden seien, wenn zur See umgekommene Leute ihr Erbmahl besuchten; denn da war noch der alte Aberglaube wenig geschwächt, obwol die Leute getauft waren und Christen genannt werden mochten. Um die Mitte des 11. Jahrh. singt der Isländer Sneglu-Halli, wenn er den Untergang seines Schiffes voraussagen will: Deutlich sehe ich, wie ich bei Ran sitze; einige sind beim Schmaus mit den Hummern; klar ist's, dass man beim Dorsche gaste. Das Verhältniss der Ertrinkenden zur Ran ist dasselbe wie das Verhältniss der durch Waffen Gefallenen zu Odin. Nur ist weder hier noch dort der Glaube allgemein und ausnahmslos. Wie auch waffentote Männer zur Hölle fahren, so kommen auch Ertrunkene mitunter anderswohin als zur Behausung der Ran. Thorstein und seine Genossen waren ertrunken. Man erwartet, dass sie zur Ran kämen. Aber ein Hirte sieht, wie die Seelen der Verstorbenen in den Berg Helgafell eingehen und von den Geistern mit grossem Schalle und Hörnerklang begrüsst werden.[1]

Ran, als Meergöttin und Gemahlin Agirs, darf als eine Schöpfung der Skalden betrachtet werden. Doch erhebt sie sich aus den Gebilden der allgemeinen Volkssage, aus den Wassergeistern, die im räuberischen Wesen ihr vollkommen gleichen, die ebenso wie sie freundliche und feindliche Seiten aufweisen.


# V. Nordisch-finnische Göttinnen.

## I. Skadi.

Über Skadi, des Riesen Thjazi Tochter, die im Riesenland haust, auf Schneeschuhen läuft und Wild mit dem Bogen schiesst, die durch die Vermählung mit Njord in den Kreis der Asinnen eintritt, deren Gunst genossen zu haben, Loki sich rühmt, wurde schon berichtet.[2] Hier ist noch der Sage zu gedenken (Ynglingasaga Kap. 9), wonach sie die Gemeinschaft mit Njord aufgab und dem Odin sich vermählte. Sie hatten manche Söhne mit einander, einer hiess Säming. Davon dichtete Eywind im Haleygjatal: Ihn erzeugte der Asen Urheber mit der Riesin, als der Freund der Helden und Skadi in der Menschenwelt hausten und manche Söhne die Schlittschuhgöttin von Odin empfing. Auf Säming leitete Jarl Hakon der Reiche (970—995) seine Ahnen zurück. Die Volsungasaga scheint Sigi als den Sprössling Odins und der Skadi betrachtet zu haben. Der mächtige Mann Skadi, dessen Knecht Bredi, der geschickteste und glücklichste Jäger, von Sigi, dem hochfertigen Sohne Odins, weil er es ihm auf der Jagd zuvorthut, erschlagen wird, gleicht der riesischen Göttin Skadi, die als Jägerin auf Schneeschuhen im norwegischen Gebirge umherstreift. Vermutlich wurde einst Sigi wie Säming für einen Sohn Odins und der Skadi ausgegeben, der erst wegen seines frevelhaften Eingriffs in den Betrieb der Mutter deren Land räumen musste. Der Name der Göttin, Skadi, der Form nach männlich, gab zu dem Missver-

---

1) Eyrbyggjasaga Kap. 11.
2) Vgl. oben S. 238 ff.; Detter, Beiträge 18, 76 ff. sucht Spuren des Skaðimythus in andern Sagen nachzuweisen.

ständnisse des Verfassers der Volsungasaga Anlass, welcher die Skadi zu einem mächtigen Manne machte.[1]

Für Skadis Wesen zeugt am deutlichsten ihr Sohn Säming, der ein Vertreter der skandinavischen Urbevölkerung, der Finnen und Lappen, zu sein scheint. Müllenhoff in der Altertumskunde 2, 55 f. erklärt Skadi auf diese Weise.[2] Gleichwie andere Gestalten der nordischen Mythologie, z. B. Ullr, Thorgerd Hölgabrud und Irpa finnische Art an sich haben, so auch Skadi. „Der norwegische Mythus lässt die als Mannweib gedachte und daher masculinisch, wol im Sinne wie as. *scatho*, ags. *sceada, latro, hostis*, benannte Göttin Skadi im alten Reiche ihres Vaters, des Riesen Thjazi, auf dem Gebirge ganz nach Finnenart als Jägerin auf Schneeschuhen hausen, auch nachdem sie zur Sühne für den Tod des von den Asen erschlagenen Vaters mit dem reichen Wanen, dem als Handels- und Schifffahrtsgotte am Seestrand wohnenden Njord vermählt ist. — Als Vertreterin des Finnentums wird sie angesehen, wenn sie mit Odin ausser andren Ahnen edler Geschlechter vor allen den Säming, den Ahnen der Herrscher von Halogaland, also derjenigen Landschaft, wo Lappen und Germanen zusammen lebten wie nirgendwo sonst, erzeugt haben soll. Denn altn. Sámr, das wie Finnr als Name, als Adjectiv in dem Sinne „schwärzlich von Aussehen" gebraucht wird, scheint durchaus dasselbe mit lapp. *Sabme*, plur. *Samek*, wie die Lappen sich selbst und ihr Land *Same-ædnam* benennen, so dass das davon gebildete Patronymicum Sæmingr nur den aus der Ehe eines Germanen mit einer Lappin Entsprossenen anzeigt. In diesen Mythen tritt unverkennbar die Ansicht entgegen, dass Lappen und Finnen die älteste Bevölkerung des Landes waren, die durch die im Dienste der Asen und Wanen stehende der Nordmannen zurückgedrängt wurde." Der Name Skadi hängt wol mit dem ältesten Landesnamen *Skadinavia* (nicht Skandinavia) zusammen. Diese Landesbenennung entlehnten aber die im Norden eindringenden Germanen von den Lappen. Dass Skadi eine Riesentochter ist, besagt ebenso, dass ihre Heimat in den unwirtlichen nordischen Gegenden Skandi-

[1] So Müllenhoff, ZfdA. 23, 117.
[2] Dass Skadi eine Vertreterin der Finnen und Lappen, der vorgermanischen Bevölkerung des Nordens sei, behaupten W. Müller, Zur Mythologie der griechischen und deutschen Heldensage S. 101 und Müllenhoff, Deutsche Altertumskunde 2, 55 ff.; über den Namen Skandinavia Müllenhoff, a. a. O. 357 ff.

naviens, wo neben Lappen und Finnen auch die Trolle hausen, zu
suchen ist.

## 2. Thorgerd Hölgabrud.

Wenn măn auf ihren Ursprung achtet, steht Thorgerd der
Skadi am nächsten. In Halogaland, wo Germanen und Finnen
zusammen hausten, kam die Verehrung der Thorgerd Hölgabrud
oder Hölgatroll auf. Skadi begegnet nur in der Göttersage, aber
keine tiefer eingreifende Thätigkeit ist ihr verliehen; dagegen
erfahren wir von eifrigem, der Thorgerd geweihtem Dienste.[1]
Snorri berichtet (SE. 1, 400): So wird erzählt, dass König Hölgi,
nach dem Halogaland genannt ist, der Vater der Thorgerd Hölgabrud war. Beide wurden durch Opfer verehrt. Saxo (B. III S. 116)
weiss von Helgo, dem König von Halogaland, dass er um Thora,
die Tochter des Guso, des Königs der Finnen und Bjarmier, warb.
Aus beiden Berichten ergibt sich eine Sage, wonach Hölgi (d. i.
*Hálogi, Háleygr*), der mythische Ahnherr des Geschlechtes der
Haleygjerjarle, mit der Finnin Thorgerd, die eben daher den Beinamen *Hölgabrud, Braut des Hölgi*, führt, vermählt war. Thorgerd und ihre Schwester Irpa wurden die Schutzgöttinnen der
haleygischen Jarle. Jarl Hakon, der berühmteste dieses Stammes,
der 970—995 Norwegen beherrschte und das Heidentum wieder
aufrichtete, war ihrem Dienste ergeben. Über Irpa ist aus den
Quellen nichts Näheres zu erfahren. Detter meint, der Thorgerd-
mythus stehe in Zusammenhang mit der Sage von Helgi, Thora
und Yrsa. Helgi zeugt mit Thora auf der Insel Thorö bei Dänemark eine Tochter namens Yrsa. Als diese herangewachsen war,
kam Helgi nochmals auf die Insel und machte die Yrsa, die er
nicht als seine Tochter erkannte, zu seinem Weibe. Als er die
Wahrheit erfuhr, gab er sich aus Reue den Tod. Irpa, die Braune,
das Bastardkind, soll mit Yrsa gleich sein. Daher erklärt sich,
dass bei Snorri Hölgabrud als Hölgis Tochter erscheint. Ursprünglich waren Thorgerd und Irpa beide Hölgis Bräute. Wie diese
berühmte nordische Sage mit dem haleygischen Jarlsgeschlecht
verwoben wurde, bleibt dunkel. So viel ist gewiss, frühzeitig
wurde der Mythus an Halogaland geknüpft und nahm Züge finnisch-

1) Über Thorgerd Hölgabrúðr, die in späterer Verderbniss auch als
*Hörðabrúðr, höldabrúðr, hörgabrúðr* erscheint, vgl. G. Storm, Arkiv for nordisk filologi 2, 124ff.; Detter, ZfdA. 32, 394ff.

lappischen Aberglaubens an. Hölgis Grabhügel bestand nach Snorri
SE. 1, 400 aus einer Schicht Gold und Silber und einer zweiten
Schicht Erde und Stein; darnach nannten die Skalden das Gold
die Grabhügeldecke Hölgis. Dem finnischen Gotte Jumali war
nach der Heimskringla S. 382 ff. ein ähnlicher Opferhügel geweiht.
Der Hügel war aus Gold, Silber und Erde errichtet. Thorgerd
und Irpa erzeigen ihre Hilfe durch Wettermachen, Pfeilschiessen
aus allen Fingern, Zauberei, also durch die Künste, um deren
willen gerade die Finnen berühmt waren.[1] Die Verehrung der
Thorgerd und Irpa wurde ausschliesslich vom Jarl Hakon im südlichen Norwegen ausgeübt und scheint nur durch ihn aus dem
hohen Norden, wo Nordleute und Finnen mit einander vermischt
waren, herunter verpflanzt worden zu sein.

Die Njálssaga Kap. 88 weiss von einem Tempel im Gudbrandsdal,
der dem Jarl Hakon und Gudbrand gehörte. Drin sass Thorgerd
Hölgabrud in Lebensgrösse, einen Goldring an der Hand und ein
Tuch um den Kopf. Vigahrappr beraubte sie des Kopftuches und
des Ringes. Hierauf nahm er den Ring Thors an sich, der auf
seinem Wagen stand. Endlich zog er auch der Irpa ihren Goldring ab. Hierauf steckte er den Tempel in Brand. Man hat sich
dieser Beschreibung nach im Tempel drei Götterbilder zu denken,
Thor auf seinem Wagen in der Mitte, zu seinen Seiten Thorgerd
und Irpa. Alle drei waren wol gekleidet und mit goldenen Ringen
geschmückt. In der Færeyingasaga Kap. 23 wird von einem andern
Tempel des Jarls im Drontheimischen erzählt. Hakon und Sigmund Brestisson gingen mit einander in den Wald. Sie kamen
zu einem freien Platz, worauf ein Haus stand. Eine Einfassung
von Pfählen war umher. Das Haus war sehr schön und das Schnitz-
werk war mit Gold und Silber verziert. Hakon und Sigmund
gingen in das Haus hinein. Da waren viele Götzenbilder, viele
Glasfenster waren an dem Hause, dass es überall frei von Schatten
war. Eine Frau war in dem Hause quer vor dem Eingang, und
sie war prächtig geschmückt. Der Jarl warf sich ihr zu Füssen
und lag lange. Darauf erhob er sich und sagte zu Sigmund, sie
wollten ihr ein Opfer geben und auf den Stuhl vor ihr Silber
legen. Das aber, sagte Hakon, werden wir zum Zeichen haben
ob sie meine Bitten erhören will, wenn sie den Ring loslässt, den
sie an ihrer Hand hat, und der Ring, Sigmund, wird dir Glück

---

[1] Belege sammelt Uhland, Schriften 6, 403.

bringen. Nun zog der Jarl an dem Ringe und es däuchte Sigmund, als ob sie die Hand zusammen drücke und dem Jarl den
Ring verweigere. Der Jarl warf sich zum zweiten Male vor ihr
nieder und Sigmund bemerkte, dass er weinte. Als er aufstand
und wieder an dem Ringe zog, ging er auch wirklich los. Der
Jarl reichte Sigmund den Ring und sagte, er solle ihn niemals
weggeben. In der späten Saga von Thorleif Jarlaskald (Flateyjarbók 1, 213) ist vom selben Tempel der Schwestern Thorgerd
Hörgabrud und Irpa die Rede, und von einem Speer, den Hakon
aus dem Tempel entnahm und welcher früher dem Hörgi (d. i.
Hölgi) gehört hatte. Vielleicht war ursprünglich Hölgi, nicht Thor,
zwischen den Schwestern aufgestellt gewesen. Die Beschreibung
des Tempels mit Glasfenstern erinnert an eine Kirche, wie sie im
alten Norwegen, das die eigenartigen Holzkirchen erbaute, nicht
vorkam; des Jarls Gebet ist auch nicht echte Heidenart. Endlich
ist das Bild, das den Ring nicht hergeben will, der Venus mittelalterlicher Sagen ähnlich. Wir haben es mit lauter romantischen,
jungen Zusätzen zu thun, denen keine Gewähr für die wahre heidnische Sitte zukommt. Der Bericht der Harðarsaga Kap. 19 (Islendinga sögur 2, 59) ist vollends unbrauchbar. Da ist Thorgerd
Schwester des gespenstischen Wikingers Soti. Auf Island erhebt
sich ihr ein Tempel. Grimkell ging dorthin, um mit Thorgerd
Rates zu pflegen. Da sah er, wie sich die Götter geschäftig zur
Ausfahrt rüsteten. Thorgerd wollte Grimkell verlassen und zu
seiner Tochter übergehen. Im Zorne darüber legte Grimkell Feuer
an den Tempel. Noch am selben Tage starb er plötzlich.

Echter scheint der Beistand zu sein, welchen Thorgerd dem
Jarl Hakon im Kampfe leistet. Schon Bischof Bjarni (um 1200) in der
*Jómsvíkinga drápa* 32 weiss, dass die Hölgabrud ein Hagelwetter
über Hakons Feinde schickt. Genaueres erzählt die Saga.[1]) In
der Schlacht gegen die Jomswikinger im Jahre 987 oder 988
wandte sich Jarl Hakon, als seine Sache schlimm stand, an
Thorgerd. Mit wenig Leuten fuhr er auf eine bewaldete Insel.
In einer Waldlichtung warf er sich gen Norden auf die Knie nieder
und bat Thorgerd um Beistand. Aber sie blieb taub. Da glaubte
der Jarl, sie sei ihm zornig und bot ihr verschiedene Opfer an.
Aber sie wollte nichts annehmen, und seine Sache dünkte ihm
hoffnungslos. Da verhiess er ihr schliesslich Menschenopfer. Doch

---

1) In der Jómsvíkinga saga Kap. 44 (Fornmannasögur 11, 134 ff.).

sie wollte das von ihm versprochene Menschenopfer nicht annehmen. Da erhöhte er sein Angebot und verhiess ihr alle Leute,
nur nicht sich selber und seine Söhne Eirik und Svein. Der Jarl
hatte einen vielversprechenden 7 Winter alten Sohn mit Namen
Erling. Diesen wählte sich Thorgerd als Opfer. Als sein Gebet
und Opfer erhört war, schien es dem Jarl wieder besser zu werden.
Er überantwortete sein Kind dem Skopti, seinem Knechte, welcher
es nach Opferbrauch tötete. Darauf kehrte der Jarl mit neuer
Zuversicht zu seinen Schiffen zurück. Er sagte: Ich weiss, wir
werden die Jomswikinger besiegen; denn ich habe den Schwestern
Thorgerd und Irpa um Sieg geopfert und sie werden mich so
wenig trügen wie früher. Der Kampf, welcher während Hakons
Abwesenheit geruht hatte, entbrannte von neuem. Der Jarl fuhr dem
Führer der Wikinger, Sigwaldi, entgegen im Vertrauen auf Hölgabrud und Irpa. Da zog im Norden mit grosser Schnelligkeit ein
drohendes, finsteres Wetter auf. Gegen Nachmittag stieg plötzlich
das Gewölk empor und Hagel brach los mit Blitz und Donner, so
dass alle Jomswikinger dagegen zu kämpfen hatten. So stark war
das Hagelwetter, dass die Leute nicht dagegen Stand halten
konnten. Sie hatten zuvor wegen der Hitze die Kleider abgelegt;
obwol sie nun von Frost geschüttelt wurden, gingen sie doch mann-
haft ins Gefecht. Da erblickte zuerst Haward die Hölgabrud im
Gefolge Hakons, bald aber sahen sie auch andere geistersichtige
Leute. Ihnen dünkte, als der Hagel etwas nachliess, dass von
jedem Finger der Unholdin ein Pfeil flog, und jedesmal wurde
ein Mann dadurch getötet. Sie sagten es Sigwaldi, der erwiderte:
Mir scheint, wir haben hier nicht gegen Menschen zu kämpfen,
vielmehr gegen die schlimmsten Trolle. Als das Unwetter etwas
abnahm, rief der Jarl Hakon nochmals eindringlich zu Thorgerd
und ihrer Schwester Irpa, und mahnte sie, wieviel er ihnen gab,
indem er seinen Sohn um Sieg opferte. Da begann der Hagel-
sturm von neuem, und Haward erblickte zwei gleich gestaltete
Weiber auf Hakons Schiff, genau so wie er zuvor eine gesehen
hatte. Da gebot Sigwaldi zu fliehen, weil er es nicht mit zwei
Unholdinnen aufnehmen wollte. So gewann Hakon mit Thorgerds
Hilfe den Sieg.

Um sich am Skald Thorleif zu rächen, rief Jarl Hakon zu
Thorgerd Hörgabrud und ihrer Schwester Irpa, damit sie einen
Zauber nach Island schickten, der den Thorleif zu Schaden brächte.
Aus einem Holzklotz wurde eine Menschenfigur angefertigt und

vermittelst der Zauberkünste des Jarls und der Schwestern das
Herz eines getöteten Mannes hineingelegt. Der Holzmann wurde
auf die Füsse gestellt, Thorgard genannt und durch teuflischen
Zauber dahin gebracht, dass er gehen und reden konnte. Dann
wurde der Spuk nach Island geschickt und durchbohrte den
Thorleif mit dem Speer, den Hakon ihm aus dem Tempel der
Schwestern gegeben und den einst Hörgi besessen hatte.[1]) Wie
ein Troll äussert sich also Thorgerd, weshalb sie auch Hölgatroll
heisst. Überhaupt stellt die jüngere Überlieferung sie auf eine
Stufe mit den Unholdinnen. Es ist schwer, über die ursprüngliche Art der Thorgerd ins Reine zu kommen. Soviel ist sicher,
Hakon verehrte sie als Schutzgöttin seines Stammes und errichtete ihr Tempel. Im Kampfe half sie ihm mit Wetterzauber.
Dass Hakon Trolle anbetete, ist wenig wahrscheinlich. Der Jarl
erweist sich sonst als eifriger Opferer und ehrt Thor und Odin.
Trotz ihrer unholden, fremdartigen Weise hat er aber doch zu
seinen Stammesgöttern am meisten Vertrauen. Schwerlich hat
allein spätere, christliche Anschauung die Thorgerd so düster
dargestellt; denn ebenso hätte sie mit Thor und Odin verfahren
müssen. Schon von Anfang an musste der Thorgerd etwas Dä-
monisches anhaften. Auch hier bietet das Heimatland ihres Kultes
Aufschluss: nordgermanische und finnische Glaubensvorstellungen
sind mit einander verschmolzen. Darum mangelt der Thorgerd
der Adel echt nordischer Göttinnen, und steht sie den Trollen näher.

## VI. Die Sonnengöttin.

Ein eigentlicher, mythologisch ausgebildeter Sonnendienst begegnet bei den Germanen nicht. Zwar Caesar[2]) spricht von der
germanischen Religion, als wäre sie ein blosser Glaube an Elementargewalten, an Sonne, Mond und Feuer. Dem gegenüber
enthüllt sich uns schon aus des Tacitus Bericht ein reicher Götterglaube, der in hohes Altertum zurückreicht. Caesar hat nur lücken-
hafte Kenntniss und meint, die Gesamtheit zu überblicken. Beim
Halsband der Frija spielen nach Müllenhoff Sonnenmythen herein.

1) Þáttr Þorleifs jarlaskálds, Flateyjarbók 1, 213.
2) B. G. 6, 21 *deorum numero eos solos ducunt, quos cernunt et quo-*
*rum aperte opibus iuvantur, Solem et Vulcanum et Lunam, rcliquos ne fama*
*quidem acceperunt.*

Wenn nun die Sonne zwar zu keiner vergeistigten, persönlich wirkenden und handelnden Göttin Anlass gab, so eignet doch dem Volksglauben die Neigung, von Frau Sonne und Herrn Mond zu reden.[1]) Damit ist der erste Ansatz zur Mythologie einer Sonnengöttin gegeben, aber eine Weiterbildung scheint nie erfolgt zu sein. Im 7. Jahrhundert predigt der heilige Eligius unter den Franken *nullus dominos solem aut lunam vocet neque per eos juret*. Im Merseburger Zauberspruch tritt *Sunna* neben *Sinthgunt* auf. Am weitesten gedieh die Vorstellung von der Sonnengöttin im Norden, wahrscheinlich unter dem Einfluss antiker Gelehrsamkeit. *Mundilföri* hatte zwei Kinder: *Mani* hiess der Sohn und *Sol*[2]) die Tochter. Diese wurde mit *Glen* vermählt. Die Götter zürnten wegen des Hochmuts, dass sie solche Namen führten, und setzten sie an den Himmel. Sol liessen sie die Pferde lenken, die den Wagen der Sonne zogen, welchen die Götter aus einem Funken geschaffen hatten, der aus Muspellsheim flog. Die Pferde heissen Arwakr (Frühwach) und Alswid (Allklug). Unter dem Bug der Pferde befestigten die Götter zwei Blasebälge, um sie abzukühlen. Diese werden in einigen Liedern Isarnkol (Eisenkühle) genannt. Mani lenkt den Lauf des Mondes und waltet über Neumond und Vollmond. Die Sonne fährt schnell, denn nahe sind ihre Verfolger, die Wölfe Skoll und Hati. Nach dem Wafthrudnirliede 47 gebiert die Sonne, welche Alfrodul, Elbenstrahl, genannt wird, eine Tochter. Wenn Fenrir die Sol verschlang, wenn die Götter vergingen, dann wird die Maid auf den Wegen der Mutter fahren.

In diesen Berichten lagern mehrere Schichten ganz verschiedener Vorstellungen übereinander. Aus dem Volksglauben stammen die persönlich gedachte Sol und der Wolf, der das Tagesgestirn verfolgt. Dem Lichtgotte war ein Ross zu eigen. Daran mag die Vorstellung von Sonnenpferden anknüpfen. Alswid, der Alleswissende, kann sogar seinen Namen vom Rosse des Tiuz haben. Die gehegten heiligen Rosse hielten die Germanen für Mitwisser der Gottheit. Aber alles andre ist fremdartig. Schon die Genealogie der Sol gemahnt an antike Muster. Die Mythographen gefielen sich besonders in derlei Stammbäumen von Tag, Nacht, Äther u. dgl. Der von zwei Rossen gezogene Sonnenwagen ist

---

1) J. Grimm, Myth. 666 f.
2) Über Sol und die Sonnenpferde Vafþr. 23, 47; Grímn. 37; Sigrdr. 15; Gylfag. Kap. 11 u. 12. Vgl. E. H. Meyer, Die eddische Kosmogonie S. 105 f.; Mythologie 293 ff.

dem der antiken Sage nachgebildet. Nirgends sonst zeigt sich auf germanischem Gebiete eine Spur davon. Im Namen des *Arwakr* klingt *Eous*, das eine der Sonnenrosse, an. Für die kühlenden Blasebälge lässt sich die unmittelbare Quelle nicht feststellen. So liegt auch hier im Mythus von Sol, wie so häufig im Norden, eine aus heimischen und fremden Bestandteilen zusammengesetzte Sage vor.

## VII. Angebliche Göttinnen.

### I. Eostre und Hrede.

Die germanische Sprache besitzt einen Wortstamm *austra-* im Sinne von östlich, morgenlich.[1]) Wie Mittag, Mitternacht, Abend, so wurde der Begriff „Morgen", „Morgenröte" zur Bezeichnung der Himmelsgegend verwandt. Bei Aufnahme der Jahresteilung nach 12 Monaten wurde der April bei den Deutschen und Angelsachsen Ostermond genannt, wahrscheinlich als der Monat des wieder aufgehenden und wachsenden Morgenlichtes. Dass die Germanen eine *\*Austrô*, eine Göttin der Morgenröte wie die Inder eine *Ušas*, die Griechen eine *Eos*, die Römer eine *Aurora* verehrten, ist möglich, aber durch kein Zeugniss aus dem Heidentum erwiesen. Die Osterbräuche erklären sich aus dem Frühlingsfeste, das den Germanen wie allen Völkern eigen war, aber auf keine bestimmte Gottheit zu beziehen ist. Dass der April als der Monat des Morgenlichtes benannt wurde, ist begreiflich. Dass eine Göttin des Morgenlichtes, *Eostre* die Göttin des Frühlings, in jenen Zeiten ein Fest hatte und dem Monat, in welchem nach der neuen römischen Jahresteilung ihre Feier fiel, den Namen verlieh, ist eine Meinung Bädas[2]), die keinerlei Gewähr hat. Die zahlreichen Monatsnamen

1) Aind. *usrâ*, lit. *auszrà*, „Morgenröte", kehrt im german. Stamm *austra-*, „Osten", wieder; vgl. *Ôstrogotha; Austro-, Austar-* in Eigennamen; an. *austr*, as. abd. *ôstar*, „ostwärts", dazu *ôstrun*, ags. *eastro*, „Ostern". Vgl. Brugmann, Grundriss 2, 185; Noreen, Abriss der urgerm. Lautlehre 167; Kluge, Etym. Wb. unter Osten und Ostern.

2) Bäda *de tempor. rat.* cap. 13 *eosturmonath qui nunc pascalis mensis interpretatur, quondam a dea illorum, quae Eostre vocabatur et cui in illo festa celebrabant, a cuius nomine nunc paschale tempus cognominant, consueto antiquae observationis vocabulo gaudia novae solemnitatis vocantes. — Hredmônath* (März) *a dea illorum Hreda cui in illo mense sacrificabant, nominatur.* Diese angeblichen Göttinnen sind von Bäda erfunden und haben so

unter den Germanen stammen aus allen möglichen, insbesondere
landwirtschaftlichen Beziehungen, niemals aber sind sie von Götternamen hergenommen. Wol aber wird umgekehrt der Monat oft
persönlich gedacht, selbst unter den römischen Namen. Darum ist
Bädas Meinung, es habe unter den Angelsachsen Göttinnen namens
Eostre und Hreda gegeben, wenig glaubhaft.

Die von J. Grimm in der Mythologie 266 ff. aufgestellten altdeutschen Göttinnen *Hruoda, Ostara, Ricen* [1]), *Zisa* [2]) sind aus den
Glaubensvorstellungen der alten Deutschen zu streichen.

## 2. Frau Holle, Berchte und andre weise Frauen.

Unter vielen Namen, die nach den verschiedenen Gegenden
wechseln, erscheint zu gewissen Zeiten, namentlich in den Zwölften
und zu Fasten, nach neuerer Volkssage ein gespenstisches Weib,
das die Wohnungen der Menschen, die Spinnstube heimsucht, das
Speiseopfer empfängt, an dessen Namen auch sonst allerlei Geister-
sagen anknüpften. Man hat lange Zeit mit dieser Erscheinung
des späteren, mittelalterlichen und neuzeitlichen Volksglaubens
Missbrauch getrieben, indem darin Spuren vom Umzug der altgermanischen Hauptgöttin gesucht wurden. Zum Nachweise sollten
die oft recht zweifelhaft überlieferten und willkürlich gedeuteten
Namen dienen. J. Grimm, A. Kuhn, Schwartz, Simrock und ihnen
folgend fast alle neueren Sagenforscher haben sich täuschen lassen
und allzu schnell Volksbräuche neueren Ursprungs in ihren Einzelheiten zum germanischen Götterglauben in Beziehung gebracht.
Freke, Fricke, Fru Gode, Fru Wode erinnerten an Frija, Wodans
Frau, obwol sprachliche und sachliche Gründe entgegen stehen;
Frau Holda und Berchta, womit *Bjort,* Menglods Jungfrau, sich

wenig Gewähr als die ndl. *Leva,* nach der *leumaent, laumaent,* der Laubmond,
heissen soll. Wir haben auch nicht persönlich gewordene, vom Volk geglaubte
Monate zu denken wie im isl. *Þorri, Gói, Einmanuðr, Harpa,* in der rhein-
fränkisch-märkischen *Sporkele, Spurkele* (Februar). Vgl. Weinhold, Die
deutschen Monatsnamen, Halle 1869 im alphabetischen Verzeichniss der germanischen Namen.

1) Ricen vermutet J. Grimm, Myth. 268 Anm. †; dagegen Sievers, Beiträge 16, 366 ff.

2) Zisa ist von den Gelehrten im Mittelalter aus dem Namen Augsburgs
Cisburg oder aus dem Cisatag (*\*sisetag = kartag,* Tag der Totenklage) gefolgert; vgl. Bachlechner, ZfdA. 8, 587 f.; Laistner, Würtemb. Vierteljahrshefte f. Landesgeschichte, Neue Folge, 1892, S. 5. Vgl. oben S. 205.

verglich, galten als alte Beinamen.  Frija, die holde, lichte, wie
sie zu heiligen Zeiten unter den Menschen Umfahrt hielt, haftete
noch bis zur Gegenwart herab im Bauernglauben.  Dass Holda
und Berchta meistens gar nicht hold und schön erscheinen, sondern im Gegenteil als hässliche Hexen, that nichts, indem das
Christentum das edle und hoheitvolle Bild der göttlichen Frau
ins Schlimme verkehrt hatte.  Und mitunter fanden sich ja doch
auch bei diesen Gestalten freundlichere Züge, in denen hinter der
verunstaltenden Maske das wahre Wesen der gütigen und schönen
Göttin hervorbrechen konnte.  Hafteten die Namen der alten
Götter in den Wochentagen und vielleicht auch hie und da in
Ortsnamen, warum nicht auch in der mündlichen Überlieferung
des gemeinen Mannes, in den uralten bäuerlichen Bräuchen, in
denen ja thatsächlich und unleugbar ein gutes Stück Heidentum
noch fortlebt?  Dass sie vorwiegend erst in den Sagensammlungen
unseres Jahrhunderts auftauchen, ist nicht zu verwundern, weil
man früher der Volkssage nur selten und beiläufig Beachtung
schenkte.  Überdies lassen sich auch einzelne der fraglichen
Göttinnen bis ins 14. Jahrh. zurück verfolgen, woraus ihr Alter
und ihre Echtheit erhellt.  Mögen auch einige der Namen ihren
Anklang an die Heidengötter dem frommen Übereifer moderner
Forscher verdanken [1]), so bleibt doch immerhin in älteren Quellen
ein unanfechtbarer Rest bestehen.  Soweit scheint die Beweisführung begründet und geglückt.  Und doch hält sie nicht Stand.
Unerklärt bleiben diejenigen Namen, welche keinen Zusammenhang mit den heidnischen Göttinnen zeigen, unerklärt bleibt das
eigentliche Wesen der Erscheinung, wovon allein ausgegangen
werden muss.  Das Heidentum selber zeigt die fraglichen Beiwörter nicht in Verbindung mit Frija, was allerdings in Anbetracht
unserer dürftigen und lückenhaften Kenntniss nicht allzu schwer
ins Gewicht fällt.  Aber weit leichter wird auf andrem Weg eine
befriedigende Erklärung erzielt, die nicht über das Sichere und
thatsächlich Gegebene, den Volksbrauch und Aberglauben hinaus-
greift, und somit einer die Thatsachen bei Seite schiebenden Auslegung vorzuziehen ist.  Die deutsche Mythologie hat die gemeinsame Grundlage aller dieser gespenstischen vielnamigen Frauen
hervorzuheben, dann die etwaigen weiteren Zuthaten, in denen

---

1) So z. B. die Frie und Fricke, der „*vergodendel*“, als Teil des *frô
Wodan*, wogegen Knoop, Ztschr. f. Volkskunde 2, 449 ff. u. 3, 41 ff.

keineswegs dieselbe Übereinstimmung herrscht, die vielmehr
mancherlei Sonderbildungen aufweisen. Das Alter jeder einzelnen
Erscheinung ist so gut als möglich zu belegen, aber eine Anknüpfung ans Heidentum nicht gewaltsam zu erzwingen, wo die
Umstände eine solche nicht gebieten, eher verbieten.

Aus dem Glauben an Gespenster, Seelen, Maren, Elbe, entspringen zahllose Volksgebräuche, so auch die, welche den wiedergehenden und umziehenden Geistern einen gewissen Dienst gewähren. In den Zwölften darf kein Flachs auf dem Wocken,
kein Garn auf Spinnrad und Haspel mehr sein, sonst bekommen
böse Wesen Macht darüber und spinnen ihn ab, zünden ihn an
oder machen ihn durch Besudelung unbrauchbar. Oft greift eine
Hand zum Fenster herein, wirft Spindeln herein, die zur Strafe
schnell vollgesponnen werden müssen. Die Spinnarbeit soll an
den bestimmten Abenden gethan sein und ruhen. Offenbar zielt
der Brauch auf Feiertagsheiligung, welche mit Aussetzen der Werk-
tagsarbeit bethätigt wird. Die Säumigen überrascht ein Geister-
besuch, der Teufel oder gespenstische Frauen mit hexenhaftem
Aussehen. Die Arbeitseinstellung deutet manchmal auch darauf,
dass dem unheimlichen Besuch der sonst dem Menschen gehörige
Platz eingeräumt wird. Neben der Einstellung der Spinnarbeit
begegnet auch das Speiseopfer in zwiefacher Art: dass den ein-
kehrenden Geistern Speisen angerichtet werden, dass die Leute
an den Tagen nur bestimmte Nahrung zu sich nehmen. Die einsprechenden mit Opfer geehrten Geister bringen ein gutes Jahr,
Gedeihen des Hausstandes und der Feldfrucht. Wer eine andere
als die altherkömmliche Speise an dem betreffenden Tage zu sich
nahm, dem schneidet das Gespenst den Bauch auf und füllt ihn
mit Häckerling oder gibt ihm wenigstens einen Tritt. An den
allgemeinen, in Arbeitsruhe und Speisegebot sich äussernden Brauch
knüpfen nun die Sagen von der dem Bruche des Feiertags folgenden Strafe, von der Macht böser Geister, welcher der Nachlässige
verfällt, die in der Hauptsache ebenfalls zusammen stimmen und
eigentlich nur in der Benennung der zukehrenden Frau unter sich
abweichen. Die Namen der Erscheinung entstammen verschiedenen
Anschauungen, die teilweise verständlich sind. In Mitteldeutschland ist *Frau Holle* oder *Hulda* bekannt. Das Gebiet der Volkssagen, welche sie nennen, reicht im Norden bis zum Harz, im
Osten bis in die Gegend von Halle und Leipzig; von hier aus
südwestlich ins Mainthal nach Unterfranken. Vereinzelt reicht

Frau Holle auch nach Oestreich und Siebenbürgen. Nebenformen
lauten Frau Rolle oder Frau Wolle. Ältere Belege als aus dem
16. Jahrhundert, wo „*Fraw Hulde mit der Potznasen*" bei Luther,
Erasmus Alberus, in Hexenprocessakten vorkommt, fehlen.[1] Frau
Holle gehört zu den *Hollen*. Die Hollen in Mitteldeutschland
entsprechen den obds. Holden. Schon ahd. begegnet *holdo* für
Genius, mhd. *holde*, der Geist, *wazzerholde*, der Wassergeist. Hollen-
zopf entspricht dem Alp-, Wichtel-, Weixelzopf, der von tückischen
Elben verursachten Verwirrung der Haare. Einkehrende „Hollen"
sind gemeint, denen die zwölf Nächte geweiht sind. Aus dem
Geisterschwarm erhebt sich in der Frau Holle, der Unholdin, eine
einzelne Gestalt. Das Weib empfing hier seinen Namen aus der
naheliegenden Vermischung mit den schweifenden Gespenstern, den
Hollen, denen es ja auch von Rechts wegen zugehört.

In Oberdeutschland und streckenweise auch in Mitteldeutschland treffen wir die *Berchta* oder *Perchta*[2]), bei welcher die

1) Walahfrid Strabo in einem lat. Gedicht im 8. Jahrh. erwähnt *Hulda*, weshalb J. Grimm, Myth. 3, 87 die Holda schon in die ahd. Zeit verlegt. Aber es ist
gar nicht die angebliche deutsche Göttin gemeint, vielmehr die *biblische Wahrsagerin Hulda*, vgl. Müllenhoff, ZfdA. 12, 404; Schmeller, B. W. 1², 1084;
E. H. Meyer, Myth. 273; Kauffmann, Beiträge 18, 146. Ebensowenig hält die
von J. Grimm, Myth. 245 und ebenda 3, 407, Kl. Schriften 5, 416 ff. aus
Handschriften des Burchard von Worms († 1024) entnommene *Holda* oder
*Frigaholda* stand; vgl. Kauffmann, Beiträge 18, 145 ff. Die Hauptquellen für
die Holdasagen des 17. Jahrh. bilden die Schriften des Prätorius, ausgeschöpft
von den Brüdern Grimm in den Deutschen Sagen 1, Nr. 4—8; weiteres Myth.
246 ff., 3, 87 f.; Mannhardt, German. Mythen 255 ff. Ortsnamen wie Frau
Hollenteich, Frau Hollenberg u. dgl. stammen ursprünglich wol von den
„*hollen*" und sind erst dort auf „Frau Holle" bezogen worden, wo diese um-
ging. Das Hollenloch in Kuhns Sagen aus Westfalen 1, 193 zeigt einen
solchen Ortsnamen in ursprünglicher Bedeutung; Hollenloch ist die Elben-,
Zwergenhöhle. Die isländ. Bezeichnung *huldufólk*, *huldumaður*, *huldukona*,
die norweg. *huldrefolk*, wozu die norweg. Waldfrau *Hulla*, *Huldra*, *Huldre*,
die isl. Hexe *Huld* gehören, darf man nicht derart zu den deutschen Hollen
und Frau Holle stellen, als handelte es sich um eine gemeingerm. Anschauung.
Ausgangspunkt für die nordischen Elbennamen bildet an. *hulda* „Decke", verwandt mit ahd. *hulid*, ags. *hulu* „Hülle" vgl. Noreen, Abriss der urgerm.
Lautlehre S. 171. Es sind die verhüllten d. h. mit Tarnkappen unsichtbaren
Elbe gemeint. Gleichwie Holle einzeln aus den Hollen ragt, hebt sich dann
allerdings auch im neunorweg. Volksglauben Huldra aus den Huldren.

2) Die Berchtasagen gibt Börner, Volkssagen aus dem Orlagau, Alten-
burg 1838, S. 153 u. ö. Das Übrige bei Grimm, Myth. 250 ff.; 3, 88 ff.;
Schmeller, B. Wb. 1², 269 ff.; Zingerle, ZfdM. 3, 203 ff. Auch Müllenhoff, ZfdA.
30, 240 stellt die Gleichung *Berhta: berhten naht* = *Befana: epiphania* auf.

grauenhafte Seite noch mehr hervorgekehrt wird, als bei Holda,
von der auch einige mildere Züge überliefert sind. Berchta ist
völlig Kinderscheuche, wie solches überhaupt den umziehenden
Geistern nachgesagt wird. Im Gebirge um Traunstein sagt man
den Kindern am Vorabend des Erscheinungsfestes, wenn sie böse
seien, werde die *Berchte* kommen und ihnen den Bauch aufschneiden.
Isst man fette Kuchen, so glitscht ihr Messer ab. Schon Hans
Vintler nennt *Frau Precht mit der langen nas.* Ein mhd. Gedicht
(von der Hagen, Gesamtabenteuer LIV) ermahnt die Kinder:

> *ir sult fast ezzen, daz ist mîn bete,*
> *daz iuch Berhte niht trete.*

Der Bercht wird Essen und Trinken zugerichtet. Im Pinzgau
findet in den Rauchnächten ein Mummenschanz, das Berchtenlaufen,
statt. J. Grimm war auf der rechten Spur, als er die Frau zum
Erscheinungsfest in unmittelbare Beziehung setzte. Doch gab er
das bereits richtig gefundene Ergebniss wieder dran, um eine altdeutsche Göttin aufzustellen. Im Ahd. befestigte sich die Übertragung *giperahta naht,* die leuchtende Nacht, für Epiphania wegen
der himmlischen Lichterscheinung, die den Hirten auf dem Felde
widerfuhr. Urkunden des Mittelalters datieren mit der Dativform:
*perhtentag, perhtennaht.* Daraus entwickelte sich die im Sinne
einer Kalenderheiligen persönlich gedachte *Perhtennaht* d. h. *Nacht
der Perhte,* wie entsprechend bei den Italienern aus *Epiphania*
(*befania*) die Kinderscheuche *Befana* ward, wie in Baiern die
*Luz,* die *Pfinz* aus *Lucientag* und *Pfingsten,* Frau *Fasten*[1]) aus der
*Fastenzeit* sich entfalteten. Überall herrscht dieselbe Vorstellung
von der umziehenden Frau, die aber diesmal nach dem Kalender-
tage ihren Namen empfing. Vor dem 14. Jahrh. ist Berchta nicht
nachweisbar, dann aber gewinnt sie stetig an Ausbreitung. Dass
eine Gestalt, deren Art im Gespensterglauben, deren Benennung
im Kalender wurzelt, unmöglich den germanischen Göttinnen zu-
gesellt werden darf, leuchtet ohne Weiteres ein.

„*Daz mære von der Stempen*“ zeigt diese in den Ostalpen heimische Gestalt der Berchte gleich geartet.

> „*Ezzet hinte fast durch mîn bete,*
> *daz iuch diu Stempe niht entrete*“.

---

1) Sagen vom Fronfastenweib Stöber in der Alsatia 1852, 145; 1856/7, 134.
Über die Personifikation von Kalendertagen und Festen überhaupt vgl. Mannhardt, Wald- und Feldkulte 2, 184 Anm. 2.

> daʒ kintlîn dô von forhten aʒ,
> eʒ sprach „veterlîn, waʒ ist daʒ,
> daʒ du die Stempen nennest?
> sag mir, ob dus erkennest".
> der vater sprach: „daʒ sag ich dir,
> du solt eʒ wol gelouben mir,
> eʒ ist so griuwelîch getân,
> daʒ ich dirʒ niht gesagen kan:
> wan swer des vergiʒʒet,
> daʒ er niht fast iʒʒet,
> ûf den kumt eʒ und trit in".

Wie eine Mare kommt hier *Stempe* (die Stampferin, Treterin, Drückerin) über den Menschen, der die gebotene Speise nicht zu sich nimmt, und von ihren Mareneigenschaften haben wol auch Stempe und die fränkische *Trempe* (die Trampel)[1]) den Namen erhalten.

Im 18. Jahrhundert wurde *Fru Freke*[2]) in Niedersachsen ebenso geehrt, wie Holda in Obersachsen. Der Name Freke ist unklar, doch sicherlich ohne Zusammenhang mit Frija, weil die beiden Namen lautlich gar nichts mit einander gemein haben.

*De olle Haksche*, die Hexe, versieht das Geschäft der Rockenbesudelung bei Halberstadt. Wenn Kuhn und Schwartz auch Frau Harke[3]) damit betrauen, mag eine Verwechslung mit der Riesin Harke vom Harkenberg bei Camern in der Mark mit unterlaufen. *Frau Gode*[4]), die namentlich mit der wilden Jagd verwebt ist und darum in den Zwölften umzieht, verunreinigt in Mecklenburg und in der Prignitz den Rocken derer, die nicht abgesponnen

---

1) Stempe und Trempe bei Grimm, Myth. 255 f.; 3, 90. *Daʒ mære von der Stempen* oder *von Berchten mit der langen nas* in Haupts Altdeutschen Blättern 1, 105 und v. d. Hagens Gesamtabenteuern Nr. LIV.

2) Fru Freke nach Eccard de orig. Germanorum 1750, p. 398; J. Grimm, Myth. 281. Kuhn und Schwartz stellen de Fuik, Fui (den Teufel) und erfundene Namen wie Frîe, Frê, Frick zu Freke, wogegen Knoop, Ztschr. f· Volkskunde 2, 449 ff.

3) Über Frau Harke Knoop, Ztschr. f. Volkskunde 4, 81 ff. Eine „Frau Hacke", die etwa mit der Harke zusammenhängen könnte, aus einem Liede Hartmanns von Aue schon fürs 13. Jahrh. zu entnehmen, wie A. Höfer, Germania 15, 411 ff. versucht, bedarf keiner ernstlichen Zurückweisung mehr.

4) Über Frau Gode nach dieser Seite Kuhn und Schwartz, Norddeutsche Sagen S. 413; Bartsch, Sagen aus Mecklenburg 1, 23 f. Zum Wesen der Frau vgl. Knoop, am Urquell 5, 9 ff; 45 ff.; 69 ff.

haben. Im Voigtlande besorgt es die *Werre*[1]), die Verwirrerin,
wol da sie Flachs und Haar nach Elbenart verwirrt. Sie besich-
tigt, ob alle Rocken abgesponnen sind; wo es nicht der Fall ist,
verunreinigt sie den Flachs. Am heiligen Abend muss ein besonderer Brei aus Mehl und Wasser gegessen werden; wer es
unterlässt, dem reisst sie den Leib auf. Schon um 1640 ist die
fürchterliche *Werra* bekannt. Am Zürchersee heisst die Garn-
verwirrerin *de Chlungere*[2]), weil sie faulen Mägden *Chlungel*,
Kneuel in das unabgesponnene Garn bringt. Was von den *Fron-
fastenweibern*, Frau Fasten in Schwaben und in der Schweiz, berichtet wird, muss ebenso beurteilt werden. Aus dem Geisterschwarm erhebt sich eine Gestalt und erhält den Namen nach der
Schwarmzeit.

Somit erkennen wir einen über das gesamte deutsche Gebiet
verbreiteten Brauch, der aus dem Gespensterglauben gekeimt ist.
Die Erscheinung der vielnamigen Hexe ist nicht davon loszulösen.
Nicht die geringste Spur weist auf einen Zusammenhang des umziehenden Weibes mit einer altgermanischen Göttin, am aller-
wenigsten die Namen, die erst im späteren Mittelalter, in einer
längst christlichen Zeit, aus den verschiedensten Beziehungen entsprangen. Nur insofern, als die allgemeinen Grundlagen des Gespensterglaubens im Altertum dieselben waren, wie in der Neuzeit, könnten ähnliche Vorstellungen schon in der Heidenzeit als
möglicherweise vorhanden gedacht werden. Damit ist aber gar
nichts gesagt, indem die uns überkommene Form eben nicht heidnisch ist. Nur eine Ausnahme liesse sich anführen: in Schweden
soll Frigg die Spinnstube besuchen.[3]) Hier liegen, falls die Sage
Glauben verdient, die Verhältnisse wesentlich anders, indem überhaupt die alten Götternamen treuer gewahrt erscheinen, vermutlich durch gelehrte Beihilfe irgend welcher Art oder auch nur
durch blosse Personifikation der Wochentagsnamen. Aber wenn
auch die Namen, so sind doch keineswegs ebenso die alten Mythen
erhalten. Denn Frigge ist Thors Weib und die Donnerstagsheiligung
gilt beiden zusammen. Das vereinzelte und nicht ganz unverdächtige schwedische Zeugniss kann unmöglich die Behauptung
rechtfertigen, die spätere Volkssage vom Weib der Zwölften oder
der Fasten sei einst von der hehren Göttin Frija gegangen. Sollte

---

1) J. Grimm, Myth. 251 Anm.
2) J. Grimm a. a. O.
3) Hyltén-Cavallius, Wärend och Wirdarne 236 f.

neben dem Gespensterkult zu jenen Zeiten im Heidentum auch
Gottesdienst gepflegt worden sein, so war er wesentlich anders,
öffentliche Sache des Volkes, mit bedeutungsvoller Feierlichkeit
geübt. Die besprochene Erscheinung gehört aber zum Geisterglauben.

Dasselbe Weib, das als Frau Gode oder Wode, Berchte, Holle,
Fuik die Spinnstuben heimsucht, begegnet aber auch noch in
Verbindung mit andern abergläubischen Vorstellungen, die jedoch
nicht die gleiche allgemeine Verbreitung zeigen und darum nur
wie vereinzelte Zuthaten zur gemeinsamen Sage erscheinen. Vielleicht würde sich dadurch eine Erweiterung und Erhöhung ihres
Wesens ergeben, eine Anknüpfung an heidnische Göttinnen ermöglichen lassen. Die nach dieser Richtung gemachten Versuche
erweisen sich ebenso hinfällig, wie der vorige, weil sie die weit
einfachere und näher liegende Erklärung, die einen Zusammenhang
mit germanischen Göttinnen ausschliesst, geflissentlich vermeiden.
Das wütende Heer unter Wode und andern Führern zieht in den
Zwölften und sonst noch häufig um. Wie die Concilienbeschlüsse
bei Burchard von Worms zeigen, fanden frühzeitig im christlichen
Mittelalter Vermischungen biblischer und antiker Sagen mit dem
Aberglauben zunächst des romanischen, dann aber auch des germanischen Volkes statt. Die jüdische Königstochter Herodias,
die des Johannes Enthauptung bewirkt hatte, und Diana, die
nächtliche Mondgöttin, die wilde Jägerin traten an die Spitze des
wilden Heeres. Man glaubte von Frauen, dass sie zu gewissen
Zeiten zum Dienste der Diana und Herodias in die Schar ihrer
Gespenster gerufen würden. Zahlreiche gespenstische Unholdinnen,
auf Tieren reitend, fuhren in deren Gefolge nächtlicher Weile
weithin durch die Lande. In vielen mittelalterlichen Schriften
wird dieser allgemeine und weitverbreitete Aberglaube erwähnt.
Man erkennt deutlich seinen Ursprung: die nachtfahrenden Hexen
erhielten eine Anführerin aus dem Kreise antiker und biblischer
Vorstellungen. Somit haben wir eine bestimmte, hieraus hervorgegangene Form des wilden Heeres vor uns, welche erst verhältnissmässig spät, in christlicher Zeit aufkommen konnte. Wenn
nun Frau Holle, Berchte, Gode zuweilen auch im wütenden Heere
oder als wilde Jägerinnen erscheinen, so hängt dies zweifellos
hiermit zusammen. J. Grimm[1]) meint freilich, Herodias und Diana

---

1) Die Sagen von Herodias und Diana bei J. Grimm, Myth. 260 ff.;

seien an Stelle der deutschen „Göttinnen" getreten. Doch wie hätten deutsche Göttinnen auf romanischem Gebiete der Herodias und Diana Anknüpfung an die Hexenschar vermitteln sollen? Ausserdem ist ihr hohes Alter sehr fraglich. Herodias und Diana hatten sich vermutlich schon an die Spitze der wilden Schar gesetzt, ehe die Holle, Berchte u. s. w. im Volksglauben auftauchten. Desshalb verhält sich die Sache umgekehrt. Die Holle, Berchte, Gode verdrängten die älteren Gestalten der Diana und Herodias. Die „turba daemonum in similitudinem mulierum transformata", die Schar der Unholdinnen [1]) zog besonders in den Zwölften, und da kehrte auch das gespenstische Weib in den Spinnstuben ein. Alle Geister gehören schliesslich ins wilde Heer. Dass die unheimliche Gestalt manchmal auch als oberste der Hexen an Stelle der Diana und Herodias oder auch des Wode gedacht wurde, ist wol zu verstehen. Trat einmal irgendwo eine abergläubische Vorstellung stark in den Vordergrund, in Mitteldeutschland etwa Frau Holle, auf einzelnen Strecken der norddeutschen Tiefebene Frau Gode, so ergab sich ohnehin leicht ihr Übergewicht über die andern geisterhaften Wesen. Nur eine Abart der Sage vom wilden Heere ist es, wenn die Frau mit einem Wagen erscheint, der am Kreuzwege zerbricht. Ein des Weges kommender Mann wird von ihr aufgefordert, den Schaden zu bessern, damit sie weiter fahren kann. Zum Lohn seiner Arbeit erhält er die abgefallenen Spähne, die sich am andern Tag zu Gold verwandeln. Die Frau in ihrer Beziehung zum wilden Heer reicht ebensowenig wie die einzeln umherziehende aus dem Kreise des Gespensterglaubens der Zwölften und anderer Schwarmzeiten hinaus. Abgesehen davon, dass Diana und Herodias ihr Vorbild abgaben, weist auch hier kein einziger Zug aufs germanische Heidentum, auf die göttliche Frija. Ja es scheint fraglich, ob in der Heidenzeit ein Weib neben Wode die Schar hätte führen können, und dann wäre es sicherlich keine der hohen Göttinnen, am wenigsten Frijá, des lichten Tiuz Weib gewesen.

Schmeller, B. Wb. 1², 270. Herodias soll nach dem in den Niederlanden um 1100 verfassten Gedicht Reinardus späterhin Pharaildis geheissen haben. Faro, Faramann, Faraburg sind german. Namen mit demselben Stammwort, Pharaildis ist Farahild. Die mit Fara gebildeten Namen zählt Henning, ZfdA. 36, 325 auf. Willkürlich deutet J. Grimm den Namen zu mnl. Verelde = Frau Hilde, Holde um.

1) Kauffmann, Beiträge 18, 150.

Frau Holle wohnt in Teichen oder in Bergen. Im 17. Jahrh.
weiss Prätorius, dass sie im Hörselberge sitzt. Er stellt sie also
der Venus, der mit den Seelen Abgeschiedener, nach christlicher
Meinung Ungetaufter und Verdammter, im Berge hausenden Elbin gleich. Kinderseelen, die Heimchen oder bei Berchte die
Berchteln, werden ihr zugewiesen. Die Neugeborenen kommen
aus ihrem Brunnen. Oft sieht man sie mit den Heimchen im
Lande umziehen. Ihre Umfahrt verleiht den Äckern Fruchtbarkeit. Hier tritt mit einem Male eine ganz andere Gestalt uns
entgegen, anstatt der hässlichen Kinderscheuche eine milde, gütige
Frau. Sollte darin etwa die Göttin nachwirken? Doch warum
begegnen solche Züge so selten und nicht überall, nur bei Berchte
und Holle? Auch gehören diese Sagen zu den jüngsten. Das
Kinderparadies unter der Obhut einer milden, guten Frau erscheint
zu weich, um ins deutsche Heidentum zurück verlegt zu werden.
Von Maria wird nun ganz dasselbe erzählt.[1]) In Köln werden
die Kinder aus dem Brunnen der St. Kunibertskirche geholt. Dort
sitzen sie um die Mutter Gottes herum, welche ihnen Brei gibt
und mit ihnen spielt. Es ist nicht dunkel im Brunnen, sondern
tageshell. In Jugenheim a. d. Bergstrasse sitzt Maria mit Johannes
im Brunnen, geigt den darin befindlichen Kindern und spielt mit
ihnen. Von holden weissen Frauen, die nicht näher bezeichnet
werden, gehen noch viele ähnliche Sagen.[2]) Durch Brunnen und
Seen steigen Menschen öfters zu den wundersamen Gefilden der
freundlichen Elben hinab. Ihre Seelen gehen in die Gemeinschaft
der guten Holden. Vergleicht man hiermit die betreffenden Holdasagen, so wird auch über deren Entstehung kaum ein Zweifel
möglich sein. Maria und die Heiligen nahmen sehr viel vom
Wesen der guten Geister an. An Brunnen, da früher die Wasser-
frau Verehrung genoss, erhub sich später ein Marienbild. Nach
der Ammenrede kommen die Kinder aus dem Brunnen. Alles das
wirkt zusammen zu den erwähnten Mariensagen. Frau Holle mit
den Heimchen entstammt denselben Vorbedingungen. Man kann
nur schwanken, ob die Entwicklung der Hollesagen selbständig
und unabhängig verlief, oder ob blosse Nachahmungen der Marien-

---

1) Wolff, Beiträge zur deutschen Mythologie 1, 163 ff.
2) Mannhardt, German. Mythen 256. Panzer, Beitrag zur deutschen
Mythologie 2, 1855, 13 f. verzeichnet eine Mariensage, welche an die bekannte
Geschichte vom Thränenkrüglein (Börner, Sagen aus dem Orlagau 142 f.) erinnert. Man darf Kindern, die zu Marias Schar verstarben, nicht nachweinen.

sagen vorliegen. Letzteres dünkt noch eher glaubhaft, zumal im Hinblick auf andere Berührungen zwischen Holle und Maria. Frau Holle als die holde Frau verstanden gab leicht Anlass zu ihrer Verschmelzung mit Maria.

Frau Holle wird im Himmel, über den Wolken thronend, gedacht. Daher die Redensart, wenn es schneie, schüttle Frau Holle die Betten aus, deren Federn fliegen. Da ist also Holle doch einmal eine hehre himmlische Göttin. Im Kindermärchen belohnt sie das brave, fleissige Kind mit Gold, das faule bestraft sie mit Pech. Diese Eigenschaft Holdas darf, wie J. Grimm, Myth. 246 Anm., erkannte, mit einem Namen der Maria verglichen werden. Am 5. August feierte die Kirche das Fest der *Maria ad nives, notre dame aux neiges.* Aus dem 16. Jahrhundert, aus der sächsischen Chronik des Pomarius (1588) bringen die Brüder Grimm in den Deutschen Sagen Nr. 462 eine hieher gehörige Erzählung. Kaiser Ludwig setzte einmal, als er durch einen Wald ritt, sein Marienbild auf einen Stein. Als ers darauf wieder zu sich nehmen wollte, vermochte er es nicht von der Stätte zu bringen. Da kam eine Stimme vom Himmel: So ferne und weit ein Schnee fallen wird, so gross und weit sollst du einen Dom bauen, zu Marien Ehre! Und alsbald hub es an vom Himmel zu schneien auf die Stätte.[1] Die Schnee-Maria ist somit eine legendarische, nicht bloss auf Deutschland beschränkte Gestalt. Allein schon deshalb fällt J. Grimms Behauptung, es sei eine Eigenschaft Holdas auf Maria übergegangen. Das Verhältniss ist umgekehrt, Frau Holle ist der Maria nachgeahmt.[2]

Wenn in einigen norddeutschen Landstrichen Fru Gode, Fru Gaue, de gaue Fru dasselbe Ernteopfer erhält, wie Wode, so beruht dies entweder auf der Frau Wode, der wilden Jägerin, der Diana-Herodias, oder es lässt sich ein segnender Flurgang der guten Frau, der Maria, denken.[3]

Zieht man aus der Betrachtung der gesamten Überlieferung

---

[1] Von dem plötzlichen Schneefalle sagt Ludwig nach Pomarius: *dit is tomalen hilde snee.* Der Verf. sucht ein Wortspiel: Hildesheim sei nach Hildesnee (plötzlichem Schnee) genannt; im Nds. bedeutet *hilde, hille* rasch, plötzlich. Es ist überkühn, mit J. Grimm, Myth. 246, Simrock, Myth.[5] 368 an den Schnee der Frau Hilde (Verelde, Pharaildis) und Frau Holda zu denken und darauf hin die Schneesage der german. Göttin zu überweisen.

[2] Wie Grimm, Myth. 3, 87 f. nach Gegenbach anmerkt, heisst es auch im Elsass beim Schneefall: *d' engele hans bed gemacht, d' fedre fliege runder.*

[3] Knoop, Am Urquell 5, 9 ff.; 45 ff.; 69 ff.

den Schluss, so bleibt das unanfechtbare Hauptergebniss, dass in
diesen Gestalten der spätmittelalterlichen und neueren Volkssage
ein Nachhall germanischer Göttinnen nicht nachweisbar ist. Wol
aber bieten sich ungezwungen andere ausreichende Erklärungen.
Die gespenstische Frau wurzelt im Volksaberglauben; treten manchmal, namentlich an Frau Holle, mildere Züge hervor, so zeigt
sich Zusammenhang mit Maria und den guten Holden. So verschiedenartig die Bestandteile sind, aus denen die umgehende
Frau des Volksglaubens sich entfaltete, nirgends wirkt heidnischer
Götterglaube nach. Sowenig wie früher bei Zisa, Frau Eysen
(Isis) gelehrter Übereifer sich als gerechtfertigt erwies, gelang es
den neueren Sagenforschern auf die Dauer, die Holda, Berchta,
Fricka als germanische Göttinnen zu kanonisieren. Doch leben
sie wenigstens im wirklichen Aberglauben, nur nicht, wie man
wähnte, als verblasste und erniedrigte Göttinnen.

# DRITTES HAUPTSTÜCK.

## Von der Weltschöpfung und vom Weltende.

Die Frage, wie die Welt entstand, ob und wie sie vergeht, setzt eine ziemlich hohe Stufe des Denkens voraus, falls die Antwort darauf in Gestalt einer Entwicklungsgeschichte der Welt gegeben wird. Hier liegen die Keime zur Naturphilosophie, die in ihren Anfängen leicht an kosmogonische Sagen anknüpft. Nur begabte und gesittete Völker werden zu einer fein gegliederten Lehre von den ersten und letzten Dingen fortschreiten. Die nächste Frage ist, woher kam die Welt, erst lange nachher erhebt sich die Frage, wohin geht die Welt. Denn die bestehende von den Göttern eingesetzte Weltordnung erscheint dem einfachen Heidenglauben ewig und unwandelbar. Höchstens denkt er darüber nach, wie es so kam. Das lehrt die griechische Mythologie. Der Heide wird den Stoff als das erste setzen, den göttlichen Geist, der den Stoff sich unterwirft, erst allmälig daraus hervorgehen lassen, im Gegensatz zur christlichen Lehre, welche in Gott den Anfang und das Ende aller Dinge erblickt. Im Heidentum entwickelt sich eine Weltlehre nur beiläufig, im Anschluss an die Götterlehre, an die Theogonie, gleichsam zur Rechtfertigung der waltenden Götter, welche ihre gebietende Stellung den dämonischen Wesen abgerungen haben und gegen sie behaupten werden. Die Absicht geht dahin, die bestehende Ordnung als die Vollendung der Weltentwicklung, als den Sieg der Göttermacht hinzustellen. Die Hauptteilnahme gehört den gegenwärtigen Zuständen des Götterstaates, nicht den vergangenen oder künftigen. Anders im Christentum, wo das Ewige, Göttliche das Zeitliche, Weltliche überragt. Da erscheint das Weltleben nur als ein Übergang. Ganz andere Bedeutung gewinnt die Kosmogonie und Eschatologie, auf welche ein Hauptgewicht der Lehre fällt. Die Glaubensboten mussten vor allem auf diese Erkenntniss hinwirken und hatten eifrig von der göttlichen Weltschöpfung und

vom Weltende, vom jüngsten Gericht, von der ewigen Seligkeit
und von den ewigen Strafen zu predigen. Wo sie heidnische kosmogonische oder theogonische Vorstellungen vorfanden, widerlegten
sie diese mit dem Hinweis auf den ewigen Gott, der vor dem
Weltstoffe da war, nicht wie die Heidengötter aus dem Stoff hervorging, geschaffen oder gezeugt wurde. Die Kosmologien der
verschiedenen Völker, unabhängig vom reinen christlichen Gottesbegriff, gleichen einander in Einzelheiten oft aufs genauste. Da
von einer Uroffenbarung der Menschheit oder von einer urarischen
Weltlehre nicht die Rede sein kann, sind die zahlreichen Übereinstimmungen nur aus Zufall oder durch Entlehnung zu erklären.
Gewiss ist die Wahrscheinlichkeit unleugbar, dass viele Völker
durchaus unabhängig und selbständig diese Fragen aufwarfen und
ähnlich beantworteten. Die Natur gewährt den Stoff zur Antwort, das Denken des menschlichen Geistes kann aus übereinstimmenden gleichen Voraussetzungen manchmal auch unwillkürlich zu denselben Schlüssen gelangen, falls die Grundlagen sehr
einfach sind. Aber wenn sich Gleichungen in einer zusammenhängenden, stufenreichen und sinnvollen Reihenfolge von Schö-
pfungsakten einstellen, wenn Einzelheiten, die einem kunstvollen,
willkürlichen Gedankengang entspringen, zusammenstimmen, so
liegt die Annahme der Entlehnung nahe. Nachahmung und Entlehnung scheinen um so glaublicher, wo die allgemeinen Verhältnisse ein Einströmen fremder Einflüsse ermöglichen. Die nordische
Mythologie enthält eine sehr ausführliche Weltlehre. Da erhebt
sich nun die Frage, ob dieselbe auch für die deutschen Stämme
in Anspruch genommen werden darf, ob sie gemeingermanisch oder
ausschliesslich nordisch ist, ob sie auf nordgermanischem Boden
aus lauter heimischen Vorstellungen erwuchs, oder ob fremde, antike oder christliche Einflüsse darin zu erkennen sind. Zunächst
sind die Zeugnisse zu prüfen, welche für das Dasein ähnlicher
Sagen unter den deutschen Stämmen angeführt zu werden pflegen.

## I. Deutsche Sagen
### über den Ursprung der Götter und Menschen.

Dass die Germanen eine Theogonie und Anthropogonie, Lieder
vom Ursprung der Götter und Menschen besassen, wird durch Tacitus
Germania Kap. 2 bezeugt. Sie priesen in alten Gesängen den

erdgeborenen Gott Tuisto und seinen Sohn Mannus, die Urheber
und Erzeuger ihres Volkes. Dem Mannus schrieben sie drei Söhne
zu, nach welchen die Ingaevonen, Erminonen, Istaevonen genannt
sind. In diesem Mythus war vom Ursprung der Menschheit überhaupt, dann vom Ursprung der germanischen Stämme im besonderen erzählt. Aus der Erde ging ein göttliches Wesen hervor,
Tuisto, der Zwitter. Der zeugte Mannus [1]), d. i. den Urmenschen;
also nicht geschaffen, sondern auf natürlichem Wege von den
Göttern gezeugt ist die Menschheit. Die Stammväter der germanischen Völkerschaften sind Söhne des Urmenschen. Wenn andererseits die Ingaevonen, Erminonen, Istaevonen den Namen ihrer
Stämme dem Tiuz beilegten, so betrachteten sie sich damit aber
auch als seine unmittelbaren Nachkommen. Demnach scheinen im
Mythus, auf welchen Tacitus anspielt, zwei ursprünglich selbständige und eigentlich unvereinbare Sagen zusammengeschweisst
worden zu sein. Die Sagen vom gottgezeugten Urmenschen und
von den Tiuzsöhnen, die unabhängig neben einander entstanden
sein müssen, wurden einander untergeordnet und daraus ergab sich
die von Tacitus berichtete Reihenfolge.[2]) Tacitus fügt hinzu, es
gebe noch mehr Göttersöhne, nach denen Völkerschaften genannt
seien — *pluris deo ortos plurisque gentis appellationes.* Für die
germanische Theogonie lernen wir nur, dass die Erde als Göttermutter galt. Aber es lässt sich nicht bestimmen, ob Tuisto unmittelbar aus der Erde entsprosste oder ob der Himmel sein Vater
war, ob wir das uralte Götterpaar Himmel und Erde auch an den
Anfang der germanischen Götterlehre stellen dürfen.

Kauffmann [3]) hat auf einen für die Bekehrungsgeschichte zweifel-

---

1) Mannus ist zum eranisch-indischen Manu zu stellen, über welchen
Spiegel, Die arische Periode und ihre Zustände, Leipzig 1887, S. 271 ff. nachzulesen ist.

2) Über die Anthropogonie der Germanen vgl. Wackernagel, ZfdA. 6, 15 ff.;
Müllenhoff, Schmidts allgemeine Zeitschrift f. Geschichtswissenschaft 8, 209 ff.;
Kögel, Geschichte der deutschen Litteratur I, 1, 12 ff.; Kögels Zusammen-
stellung von Buri, Bur mit Mannus a. a. O. 16 kann ich nicht billigen; die
von ihm behauptete Gleichheit der Genealogie des Tacitus und der nordischen
Berichte scheint mir gezwungen.

3) ZfdPh. 25, 401 ff.; Kögel, Geschichte der deutschen Litteratur I, 1, 32 ff.
Die wichtigsten Sätze aus Daniels Brief an Bonifacius (Jaffé, *Monumenta Mo-
guntina* 71 ff.) sind folgende: *Neque enim contraria eis de ipsorum quamvis
falsorum deorum genealogia astruere debes . . . . secundum eorum opinionem.
quoslibet ab aliis generatos per conplexum mariti ac femine concede eos asserere;
ut saltim modo hominum natos deos ac deas homines potius, non deos fuisse,*

los überaus lehrreichen und wichtigen Brief aus den Jahren 723
bis 725 hingewiesen, worin der Bischof Daniel von Winchester dem
Bonifacius Ratschläge erteilt, wie er bei der Heidenbekehrung vorgehen solle.  Kultgebräuche und Göttersagen (*ritus et fabulae*) dürfen
nicht schlechtweg heruntergesetzt und verpönt, müssen vielmehr
aus inneren Gründen als unhaltbar erwiesen werden.  Der Bekehrer hat sich mit dem Gedankenkreise der Heiden vertraut zu
machen, ihre Anschauungen und Begriffe kennen zu lernen, um sie
hierauf zu widerlegen.  Daniel schreibt das Verfahren genau vor

*et cepisse, qui ante non erant, probes. cum vero, initium habere deos, utpote*
*alios ab aliis generatos, coacti didicerint, item interrogandi: utrum initium*
*habere hunc mundum an sine initio semper exstitisse arbitrentur. si initium*
*habuit, quis hunc creavit? cum procul dubio ante constitutionem saeculi*
*nullatenus genitis diis inveniunt subsistendi vel habitandi locum. mundum enim*
*non hunc visibilem tantum, caelum et terram, sed cuncta etiam extensa locorum*
*spatia — quae ipsi quoque pagani suis imaginare cogitationibus possunt — dico.*
*quodsi sine initio semper exstitisse mundum contenderint — quod multis refutare*
*ac convincere documentis argumentisque stude — tamen altercantes interroga:*
*quis ante natos deos mundo imperaret? quis regeret? quo modo autem suo*
*subdere dominatui vel sui juris facere mundum, ante se semper subsistentem,*
*potuerunt? unde autem vel a quo vel quando substitutus aut genitus primus*
*deus vel dea fuerat? vel si jam non generant, quando vel cur cessaverunt a*
*concubitu et partu; si autem adhuc generant, infinitus jam deorum effectus*
*numerus est. et quis tam inter tot tantosque potentior sit, incertum mortalibus*
*est; et valde cavendum, ne in potentiorem quis offendat. utrum autem pro*
*temporali ac praesenti, an potius pro aeterna et futura beatudine colendi di*
*sint, arbitrantur? si pro temporali, in quo jam feliciores pagani christianis*
*sunt, dicant. quid autem se suis conferre sacrificiis lucri diis suspicantur*
*pagani, cuncta sub potestate habentibus? vel cur, in potestate sibi subjectorum*
*fieri, permittunt ipsi dii, quod ipsis tribuant? si talibus indigent, cur non*
*ipsi magis potiora elegerunt? si autem non indigent, superflue jam talibus*
*hostiarum conlationibus placare se posse deos putant. haec et similia multa*
*alia, quae nunc enumerare longum est, non quasi insultando vel inritando eos,*
*sed placide ac magna obicere moderatione debes. et per intervalla nostris, id*
*est christianis, hujuscemodi conparandae sunt dogmatibus superstitiones, et*
*quasi e latere tangendae; quatenus magis confuse quam exasperate pagani*
*erubescant pro tam absurdis opinionibus et ne, nos latere ipsorum ritus ac*
*fabulas, estiment. hoc quoque inferendum: si omnipotentes sunt dii et benefici*
*et justi, non solum suos remunerant cultores, verum etiam puniunt contemp-*
*tores, et si haec utraque temporaliter faciunt, cur ergo parcunt christianis,*
*totum pene orbem ab eorum cultura avertentibus idolaque evertentibus? et cum*
*ipsi, id est christiani, fertiles terras vinique et olei feraces ceterisque opibus*
*habundantes possident provincias, ipsis autem, id est paganis, frigore semper*
*rigentes terras cum eorum diis reliquerunt; in quibus, jam tamen toto orbe*
*pulsi, falso regnare putantur.*

und geht darum auf die heidnischen Vorstellungen der deutschen
Stämme ein. Es fragt sich nun, wie diese beschaffen waren. Zu-
nächst ist mit der Theogonie (*deorum genealogia*) zu beginnen. Die
Göttersage berichtet von Erzeugung und Geburt der einzelnen
Götter und stellt die einen an Macht und Ansehen über die andern.
Dagegen hat der Bekehrer den Satz zu verfechten, dass Wesen,
welche der Zeugung und Geburt unterliegen, eher Menschen als
Götter seien. Und wenn die Götter in Urzeiten Kinder bekamen,
warum sie sich jetzt der Zeugung enthielten? Andernfalls wäre
freilich die Zahl der Götter unbegrenzt, und die Sterblichen könnten
nie wissen, welcher der Mächtigste sei. Die Opferspenden an die
Götter seien unnötig, wenn diese doch alles beherrschen würden.
Die ganze Beweisführung zielt allein dahin, dass der eine allmächtige und allewige Gott seinem Wesen nach darum den Heidengöttern überlegen sei, weil diese eben zeitlich und menschlich, nur
wie mächtige irdische Könige gedacht sind. Die Vielheit der
Götter und ihre Verwandtschaftsverhältnisse geben dem Christen
Anlass, seinen Gottesbegriff als den höheren und reineren entgegen-
zuhalten. Eine zweite Hauptfrage betrifft den Bestand der Welt:
ist die Welt ewig oder einmal erschaffen; dann aber bedarf sie
eines Schöpfers. Ehe die Welt besteht, ist zweifellos kein Raum
für gezeugte Götter. Doch könnten die Heiden die Welt für uranfänglich halten — *quod multis refutare ac convincere documentis
argumentisque stude.* Gesetzt aber, es wäre so, wer gebot der Welt
vor den geborenen Göttern? wie konnten sie eine vor ihnen vorhan-
dene Welt sich unterwerfen? von wem und wann wurde die erste
Gottheit eingesetzt oder erzeugt? Die Fragen sind geschickt gestellt,
der Christ findet immer den einen Bescheid, auf den der Bekehrer hin-
drängt: der eine ewige und allmächtige Gott, Schöpfer des Himmels
und der Erde. Wird aber dadurch eine deutsche Kosmogonie „eine
Volospǫ der mitteldeutschen Stämme", wie Kögel behauptet, wahrscheinlich? Eher das Gegenteil, das Fehlen ausgebildeter kosmogo-
nischer Sagen. Wer die nordische Weltsage den Fragen gegenüber
hält, ist um Auskunft nicht verlegen. Der Urstoff ist ewig und uner-
schaffen, daraus erhub sich Ymir und der erste Gott, Buri. Von
ihm stammte Bur, der Odin und seine Brüder erzeugte. Diese
schufen Himmel und Erde aus Ymirs Leib. Ehe die jetzige Welt
bestand, hausten die Götter gleich Ymir im eisigen Urstoffe. Hätte
der kluge Bischof solche Antworten zu gewärtigen gehabt, so
würde er seine Fragen sicher anders geordnet haben. Auf eine

dem nordischen Bericht auch nur einigermaassen ähnliche deutsche Schöpfungssage kann aus Daniels Brief nimmermehr geschlossen werden. Er betrifft nur die Göttersage (Theogonie) und das Opfer und folgert: solche zeitliche menschenähnliche Götter können diese Welt weder geschaffen haben noch sie beherrschen. Sie sind in Zeit und Raum befangen. Gott aber ist ausser Zeit und Raum und darum ihnen überlegen.

Zum Nachweis einer fränkisch-deutschen Kosmogonie liesse sich besser der Bericht Gregors von Tours 2, 29—31 heranziehen, wie dies auch von J. Grimm, Myth. 96 geschah. Chrothild spricht zu ihrem Gemahle Chlodowech, den sie für die Taufe einnehmen will, gegen seine Götzen Saturnus, Juppiter, Mars und Merkur. Mit den lateinischen Namen an Stelle der fränkischen Donar, Tiu, Wodan, kamen auch Bezüge auf die antike Mythologie herein, so dass es schwierig ist, die etwa zu Grunde liegenden fränkischen Anschauungen unverfälscht abzuklären. Als die Königin den Christengott rühmt, der Himmel und Erde und Meer und Alles, was darinnen ist, mit seinem Worte aus dem Nichts erschuf, hält ihr der König entgegen: *deorum nostrorum jussione cuncta creantur ac prodeunt. deus vero vester nihil posse manifestatur, et quod magis est, nec de deorum genere esse probatur*. Chlodowech will sagen, in unsrer Göttersage, in Wodans Stammbaum ist kein Platz für den Christengott. Unsere Götter aber haben die Welt gemacht. Fränkische Lieder mögen demnach die Götter als die Schöpfer bezeichnet haben, etwa im Sinne der Volospó, dass Himmel und Erde von ihnen aus dem Chaos gehoben und wohnlich eingerichtet wurde. Eine fränkische Theogonie wird ebenfalls vorausgesetzt, welche die Götter in fest gegliedertem Stammbaum von einander ableitet. Doch haben wir keine Gewähr, in wie weit das von Gregor mitgeteilte Gespräch nicht nur auf erfundenen Phrasen beruht. Aufs blosse Wort der Götter wird die Welt schwerlich entstanden sein. Dieser Bescheid des Königs ist vielleicht gar nicht so wörtlich und wirklich zu nehmen, vielmehr ein blosser rednerischer Trumpf auf den Vorhalt der Königin. Mehr Vertrauen, wie auch J. Grimm betont, verdient der Einwurf des Götterstammbaumes. Lieder theogonischen Inhaltes bezeugt ja schon Tacitus. Der Theogonie gesellen sich allerdings leicht auch Andeutungen über Ursprung und Ordnung der Welt. Odins Beinamen Gautr für einen germanischen Götternamen zu erklären, ist vielleicht gestattet. Aber darin einen „Giesser", d. h. Schöpfer, also die Vor-

stellung eines den Germanen bekannten schöpferischen Gottes zu
sehen, ist falsch, wie im Abschnitt über Wodan gezeigt wurde.
Das altsächsische Bruchstück aus dem Ende des 8. Jahrh.,
*das sog. Wessobrunner Gebet* [1]), muss häufig dafür herhalten, ein
heidnisches niederdeutsches Gedicht kosmogonischen Inhaltes zu
erweisen, weil ein paar Verse, welche den Zustand vor der Weltschöpfung schildern, an die Voluspo anklingen. Allein die Übereinstimmung kann auf Zufall beruhen, da in beiden Denkmälern
derselbe Grundgedanke in der gleichen Weise Ausdruck erhält.
Der vorweltliche Zustand wird durch die Verneinung dessen, was
die sichtbare Welt vor Augen stellt, beschrieben.  Besteht aber
ein Zusammenhang, dann bedarf es keines gemeinsamen heidnischen
Gedichtes, vielmehr gibt die Bibel den gemeinschaftlichen Hintergrund.  Alle Begriffe, die im Wessobrunner Gebet vorkommen,
lassen sich aus der Bibel, aus der Genesis Kap. 1 und aus Psalm
89, 2, belegen.  Die Voluspo kann aber von zahlreichen christlichen Einflüssen nicht freigesprochen werden.

Das bayerische Gedicht aus dem 9. Jahrh., *das sog. Muspilli*
wurde auch auf heidnische Nachklänge hin untersucht.  Während
Kögel im Anschluss an J. Grimm, Myth. 771 ff. wiederum diesen
heidnischen Spuren das Wort redet, bescheidet sich Kelle S. 146
mit der letzten Verteidigungsstellung der Verfechter des Heidentums: „Heidnisch ist in dem deutschen Gedichte vom Weltgerichte
sicher nichts als *mûspilli.*“ Gerade dieses Wort ist aber der aller-
sicherste und deutlichste Beweis für die christliche Herkunft des
Gedankens vom Weltbrand, wie unten im Anschluss an Bugge,
Studien S. 447 ff. gezeigt werden soll.

Die aus mündlicher Überlieferung aufgezeichnete Volkssage
dieses und des vorigen Jahrhunderts weiss von einer künftigen
fürchterlichen Schlacht. [2])  Sie ist ans Walserfeld bei Salzburg oder

---

1) Über das Wessobrunner Gebet vgl. Müllenhoff u. Scherer, Denkmäler
II, 1 ff., wo natürlich heidnische Herkunft behauptet wird; ebenso Müllenhoff,
Altertumskunde 5, 15 u. 68; auch Kögel, Geschichte der deutschen Litteratur
I, 1, 271 findet das Bild von der Weltschöpfung „heidnisch untermalt“; da-
gegen vertritt Kelle, Geschichte der deutschen Litteratur, Berlin 1892, S. 75 ff.
die oben vorgetragene Ansicht, dass nicht kosmogonische Vorstellungen des
Heidentums, sondern alttestamentliche Ideen den Inhalt des Gedichtes bilden.

2) Die Sagen über die letzte Weltschlacht sammelt und deutet zuerst
J. Grimm, Myth. 908 ff.; dazu Müllenhoff, Sagen aus Schleswig, Holstein und
Lauenburg S. L u. 378 ff.; Kuhn und Schwartz, Norddeutsche Sagen S. 495 ff.;
Sagen aus Westfalen 1, 204 ff.; Simrock, Mythologie S. 148 ff. und andere mehr.

an den Kirchhof zu Nortorf in Holstein geknüpft, kommt aber auch sonst in deutschen Gauen häufig vor. Wenn der dürre Baum auf der Walser Heide anhebt zu grünen und Früchte zu tragen, wenn der Fliederbusch zu Nortorf so hoch gewachsen ist, dass ein Pferd darunter angebunden werden kann, dann bricht in der ganzen Welt Krieg aus. Dann reitet ein Kaiser zum Baum oder Strauch, hängt seinen Schild auf oder bindet sein Pferd an, und nun beginnt die letzte blutige Schlacht, aus der nur wenige Leute übrig bleiben. Darauf kommt der Weltfrieden, andere Quellen aber sagen, der Antichrist und das Weltende. Nach dem Vorgange J. Grimms war es lange Zeit üblich, die Sage für einen Nachklang der germanischen Götterschlacht, die dem Weltbrand vorausgeht, zu betrachten. Der Baum erinnerte an die Weltesche, die erbebt und rauscht, wenn die höllischen Mächte einmal losbrechen. Aber dieser Schluss hat sich als voreilig herausgestellt. Diese allgemeine Weissagung einer letzten grossen Weltschlacht gehört, wie die älteren Fassungen deutlich zeigen, zur mittelalterlichen Kaisersage und entstammt einer alten morgenländischen und durchaus christlichen Sage, die mit dem deutschen Heidentum gar nichts zu schaffen hat. Der Schauplatz ist in den älteren Fassungen auch keine deutsche Heide, sondern das heilige Land. Im Mittelalter ging auf Grund einer byzantinischen Weissagung die Legende von einem letzten römischen Kaiser, der siegreich über alle Feinde nach Jerusalem ziehen und dort seine Krone niederlegen oder seinen Schild am dürren Baume, der alsbald frisch ergrünt, aufhängen werde. Damit ist der biblischen Prophezeiung gemäss das letzte Weltreich vorüber und der Antichrist und das Weltende folgen alsogleich. Die Sage von der letzten Weltschlacht ist mithin zum Beweise einer deutschen „Götterdämmerung" nicht zu verwenden. Sie ist aber ein lehrreiches und warnendes Beispiel, wie vorsichtig die mythologische Auslegung den neueren Volkssagen gegenüber sich zu verhalten hat. Ihre oft allgemeine Form verführt allerdings zu solchen Versuchen, die aber schon durch die älteren Fassungen völlig unhaltbar erscheinen müssen. Denn da treten immer zahlreicher und bestimmter Einzelheiten hervor, welche die Sage dem Gebiete germanischer Mythologie entziehen. So möchte noch manche Erscheinung des neueren Volksglaubens, die für die Geschichte

Über die Zubehör zur deutschen Kaisersage vgl. G. Voigt, Sybels historische Zeitschrift 26, 131 ff.; J. Häussner, Die deutsche Kaisersage, Bruchsal 1882; J. Häussner, Unsere Kaisersage, Berlin 1884.

des deutschen Heidenglaubens beansprucht wird, allein schon durch die Kenntniss älterer, vollständigerer und bestimmterer Fassung hinfällig werden. Die stetig zeugende und schaffende sagenbildende Kraft, die nicht unterschätzt werden darf, bewegt sich oft nur scheinbar in uralt heidnischem Geleise.

Damit sind die Quellenzeugnisse ausserhalb des Nordens erschöpft. Eine germanische Theogonie, die aber im Laufe der Zeiten und unter den verschiedenen Stämmen sehr vielgestaltig und veränderlich gewesen sein mag, ist zweifellos. Schon die geschichtliche Entwickelung, wenn anders mit Recht das allmälige Aufkommen Wodans über Tiuz angenommen wird, brachte Wandel und Wechsel in den Götterstaat. Der höchste Gott hat die andern als Söhne oder Brüder um sich geschart, da bildet sich leicht auch die Sage von seinen Ahnen. Die gebietende Machtstellung musste gegen Nebenbuhler und andere Feinde erkämpft und behauptet werden. In den angelsächsischen Stammtafeln hat Wodan nicht bloss Nachfahren, sondern auch Vorfahren. Für eine ausgebildete Kosmogonie spricht kein zweifelloses Zeugniss. Für die germanische Sage vom Weltbrand ist nicht der Schatten eines Beweises zu erbringen. Damit muss auch der deutschen und germanischen Göttersage die tiefe Tragik der nordischen abgesprochen werden. Wol war auch jene vom freudigen, todverachtenden Heldentum erfüllt, aber der düstre Schatten eines unentrinnbaren Verderbens mit dem versöhnenden Ausblick auf eine neue, milde und reine Welt des ewigen Friedens blieb dem Schicksal der deutschen Götter vermutlich ferne.

## II. Die nordische Schöpfungslehre.

Die folgende Darstellung der nordischen Weltlehre geht darauf aus, in möglichst deutlichen Umrissen die in den Skaldengedichten des 9./10. Jahrhunderts vorhandenen Vorstellungen zu schildern. Für den vermutlichen Ursprung der einzelnen Bilder beschränke ich mich auf kurze Andeutungen. Weltanfang und Weltende umfassen die gesamte Göttersage im grossen, erhabenen Rahmen, der die einzelnen Mythen in völlig neuem Lichte, als Handlungen im geschlossenen Weltendrama erscheinen lässt. Eine gewaltige erschütternde Dichtung baut sich auf, eine wundervolle, tiefernste Göttersage, wie kein andres Volk sie besitzt. Gleichviel, woher die Anregung kam, der unvergängliche Wert der dichterischen Schöpfung, welche den krönenden Abschluss der germanischen Religionsgeschichte bildet, bleibt ungekränkt bestehen. Aber es war eine Dichtung auserwählter Kreise, kein echter, überzeugter Volksglaube, wie folgende Erzählung aus der Bekehrungszeit zu beweisen scheint.

Sveinn und sein Sohn Finn stritten sich um die Macht der Heidengötter, die Finn verachtete. Sein Vater hielt ihm das vor, weil Thor so viele und grosse Heldenthaten verrichtet habe, durch die Berge gefahren sei und Felsen zertrümmert habe, Odin aber über den Sieg der Männer entschieden habe. Finn antwortete: Das ist sehr geringe Macht, Klippen oder Steine zu zerbrechen und an solchen sich abzuarbeiten, oder den Sieg so zu verleihen, wie Odin ihn verlieh, mit Betrug, nicht aber mit Gewalt. Der dagegen scheint mir mächtig, der am Anfang die Berge gesetzt hat, die ganze Welt und die See. Was könnt ihr mir aber von diesem sagen? Darüber wurde von Sveinn wenig gesprochen. Finn Sveinsson thut das Gelübde, in den Dienst des Königs zu treten, der der Oberste ist und vor allen anderen hervorragt. Er ergibt sich wie Christophorus schliesslich dem Christus, weil er so gewaltig war, dass er eine Heerfahrt in die Hölle that und dort den Thor band, den obersten der Heidengötter.[1]

Der Aufzeichnung kommt freilich kein hohes Alter zu. Aber sie ist trotzdem merkwürdig genug, indem sie die nordische Schöpfungslehre als gar nicht vorhanden betrachtet. Ähnlich sind noch andere Stellen. In der durchaus ungeschichtlichen Sage von Orvar-Odd werden die heidnischen Nordleute, welche auf einer Reise nach Aquitanien in eine Kirche gelangen, nach ihrem Glauben gefragt. Sie antworten: Wir bauen auf unsre Macht und Stärke und glauben nicht an Thor und Odin. Der Einheimische erwidert: Wir glauben an den, der Himmel und Erde geschaffen hat, die See, die Sonne und den Mond. Odd sprach: Der muss gross sein, der alles das gezimmert hat. Aus den letzten Zeiten des Heidentums hören wir von Leuten, die aus eigner freier Überzeugung den Heidenglauben als unvollkommen verwarfen und nur auf sich selbst vertrauten oder aber einer geläuterten Gottesverehrung, dem Bilde des von fernher ihnen vorschwebenden Christengottes, sich

---

1) Jüngere Olafssaga Kap. 201 ff.; vgl. E. H. Meyer, Kosmogonie 16 ff.

zuwandten.[1]) Thorkell Mani, der von allen Heiden am besten gesittet war, liess sich in seiner Todeskrankheit in den Sonnen-schein hinaustragen und befahl sich in die Hände des Gottes, der die Sonne geschaffen habe. Der alte Ingimund im Vatnsdal, der früher eifrig dem Freyr gedient hatte, war ein überaus tüchtiger und treuer Mann; sein Sohn Thorstein preist die Güte seines Vaters und meint: Das wird unserm Vater von dem vergolten werden, der die Sonne geschaffen hat und alle Welt. Ein ander-mal spricht derselbe Thorstein: Nun will ich den anrufen, der die Sonne geschaffen hat, denn ihn halte ich für den Mächtigsten. Diese und andre Stellen betonen die Schöpferkraft des Christen-gottes, den sie mit bewusster Absicht Odin und den andern Göttern gegenüber stellen. Dass Odin und seine Brüder Himmel und Erde und die Gestirne schufen, dass sie den Lauf der Sonne und des Mondes regelten, wie es in alten Liedern und der Edda heisst, kann demnach kein allgemeiner, lebendiger Glaube gewesen sein. Sonst hätte sich doch der Heide ebenso auf die Schöpferkraft seiner angestammten Götter berufen müssen. Die nordische Welt-lehre scheint mithin eine Dichtung, kein eigentlicher Volksglaube, mit dem die Bekehrung zu rechnen hatte.

## I. Das Chaos, der Urzustand und die Urwesen.

Den Anfang aller Dinge bezeichnet die nordische Weltlehre mit der Verneinung dessen, das für uns sichtbar besteht: Da war nicht Sand, noch See, noch kalte Woge, nicht Erde gab es, noch Oberhimmel, nur gähnende Kluft (*ginnunga gap*)[2]), doch nirgends

---

1) Über solche ernste Heidengemüter vgl. Munch, det norske folks historie I, 2, 272, 279; Maurer, Bekehrung 2, 253 ff.

2) *ginnunga gap* erscheint gleichsam umgekehrt in *gapanda gin*, gähnender Rachen in der Flateyjarbók 1, 530. *gap* steht zu *gapa*, gaffen, gähnen. *ginnung* ist abgeleitet vom Adj. *\*ginnr* (ags. *ginn*, weit, geräumig; vgl. auch das an. ags. mhd. Substantiv *gin*, der Rachen). Über die weitere Geschichte dieses Wort-stammes vgl. Mogk, Beiträge 8, 153 ff.; Mogks frühere Schlussfolgerung, *ginnunga* sei Gen. sing. zu *Ginnungi*, dem persönlich gedachten Chaos, zu welcher im Griechischen und Nordischen vorliegenden Vorstellung bereits die Indogermanen sich bekannt hätten, ist hinfällig. Besteht ein Zusammenhang zwischen dem persönlichen Chaos, dem Riesen Abyssus der christlichen Mythologie, über welchen Meyer, Völuspa 57, Eddische Kosmogonie 74 nachzulesen ist, und Ymir, so beruht er auf später Entlehnung und Nachahmung, nicht auf Ur-verwandtschaft. *ginnunga gap*, von Adam v. Bremen 4, Kap. 38 mit *immane*

Gras. Es wird ein *Chaos* oder besser *Chasma, Hiatus,* gähnender Schlund gesetzt. Der Begriff des Abgrundes, der Kluft liegt in *gap,* der des Weiten, Gähnenden im dazu gestellten Genitiv *ginnunga.* Mit *ginnunga gap* ist der leere Raum gemeint. Der leere Raum entstand aber, wie die Gylfaginning ergänzend hinzufügt, dadurch, dass der wesenlose Urstoff im Norden und Süden zu finsterm Nebel, zu Wasser und Eis und zu Feuer sich verdichtete. „Viele Jahre vor der Erschaffung der Erde war Niflheim (die Welt des Nebels, des Dunkels) entstanden; mitten drin liegt der Brunnen, der Hwergelmir (der in kesselförmiger Vertiefung rauschende) heisst. Aus ihm ergiessen sich viele Flüsse. Zuerst bestand jedoch die Gegend, welche Muspellsheim heisst; diese ist hell und heiss, und sie kann von niemand, der dort nicht zu Hause ist, betreten werden." Über Ursprung und Sinn des Namens Muspell wird weiter unten gehandelt. In der Schöpfungssage tritt damit nur die Feuerwelt der Nebelwelt gegenüber, worin einerseits die Anschauung von Feuer und Wasser als den Urelementen, andererseits wol auch die christliche Vorstellung einer Wasser- und Feuerhölle anklingt. In Niflheim und Hwergelmir sind eigentlich zwei Elemente angedeutet: der Nebel, d. h. die dunkle Luft, und das Wasser. In Gestalt von zwölf Flüssen, die kalte, feuchte Luftschichten mit sich führen, entströmt das Wasser dem Urquell und verdichtet sich zu Eis, womit offenbar der Übergang des Flüssigen zum Festen erklärt werden soll. Somit werden die Elemente als uranfänglich betrachtet, welche zunächst geschieden an den Grenzen des leeren Raumes lagern. Bald aber dringen sie herein und aus ihrer Vermischung, insbesondere durch die belebende Kraft des Feuers, erstehen die ersten organischen Gebilde.

Die Gylfaginning fährt in ihrem Berichte fort: Diese Flüsse, die Eliwagar heissen, waren soweit von ihrem Ursprunge fortgekommen, dass die darin enthaltene giftige Flüssigkeit (d. h. die bitterkalte Flut) erstarrte wie die Schlacke in der Esse. Dort befand sich Eis, welches stehen blieb und nicht mehr vorrückte;

*abyssi baratrum* wiedergegeben, erscheint auch in der Geographie der alten Nordleute. Die Norweger versetzten es in den Norden, die Isländer in díe Gegend zwischen Winland und Grönland. Vgl. G. Storm, Arkiv f. nord. filologi 6, 340 ff. Im Mhd. wird *ginunge* von der Hölle gesagt: *diu helle heizit ouch barathrum daʒ kît swarziu ginunge wan sie ginit biʒ an den jungisten tac* (Benecke-Müller, Mhd. Wb. 1, 527). Dahin gehört wol auch nds. *ovelgünne,* ein Ausdruck für Hölle im Sinne von Übelloch; vgl. J. Grimm, Myth. 953; Schiller-Lübben, Mnds. Wb. 3, 248.

da legte sich Reif darauf und auch das Nass der Giftflut gefror
zu Reif, und so schob sich eine Reifschicht über die andere nach
*ginnunga gap* hinein. Der nördliche Teil der gähnenden Kluft
füllte sich mit dicken, schweren Eis- und Reifmassen, die Sprüh-
regen und Winde hervorbrachten. Der südliche Teil wurde lauer
durch die Funken, welche aus Muspellsheim hereinflogen. Wie
die grimmige Kälte aus Niflheim kam, so war alles in der Nähe
von Muspellsheim heiss und hell. *Ginnunga gap* ward so lau wie
windstille Luft. Als die heisse Luft den Reif erreichte, so dass
er zu schmelzen und zu tropfen begann, da entstand ein Wesen,
wie ein Mensch gestaltet. Sein Name war Ymir, den die Reifriesen Örgelmir (den gewaltig Rauschenden) nennen, und er
ist der Stammvater ihres Geschlechts." So sagt auch Wafthrudnir (Vafþr. 31):

> Aus den Eliwagar        troff ätzendes Gift,
>   Das türmte sich, bis ein Thurs draus ward;
> Das ist der Ursprung   unsres Geschlechtes,
>   Drum ist rauh der Riesen Sinn.

Der leere Raum erfüllt sich allmälig mit den Elementen, die
sich zu einer Riesengestalt verdichten. Die Riesen bewohnen überhaupt die unwirtlichen, den Menschen unzugänglichen Gegenden.
So ist jener erste Riese im Ureise der nordischen Vorstellung
völlig angemessen und ebenso gut denkbar, wie die Riesen im
Eise des nächtigen Polarmeeres, welche Hymir verkörpert. Das
Gesamtbild der von Wasser, Nebel und Eis erfüllten Urwelt, deren
Nacht vom Süden her allmälig Licht und mildere Luft empfängt,
ist deutlich genug der nordischen Natur entnommen. Dort spielen
sich die in der Gylfaginning geschilderten Vorgänge immer von
neuem ab. Dass dem Urstoff ein organisches Gebilde entwächst,
berichten auch andere Kosmogonien. Die dem Chaos entspringenden
Kinder Erebos und Nyx sind keineswegs abstrakt als Zustände,
vielmehr persönlich, als titanische, riesenhafte Wesen gedacht, ja
Chaos selber gilt später auch für persönlich. So wird auch der Abyssus der biblischen Schöpfungslehre als ein im Abgrund eingesiedelter
Riese gedacht und dargestellt. Nach der Vǫlospǫ́ sind *Ymir* und
*ginnunga gap* gleichzeitig und mit Recht: sie verhalten sich wie
*Chaos* und *chaos*, *Abyssus* und *abyssus*. Auf der einen Seite steht
die geistigere, des abstrakten Denkens fähige Vorstellung, auf der
andern die sinnliche, die nur Gestalten begreift. Die Gylfaginning

philosophiert, wie der Urstoff zum riesenhaften Urleib werden konnte, wie in beiden die gleichen Grundkräfte der Natur wirken.

*Ymir* (zu *ymja*, rauschen) besagt dasselbe wie *Örgelmir*, den rauschenden, brausenden Urstoff, das Gewässer des Meeres, zum riesenmässigen Urleibe geformt. Sobald aber ein menschenähnliches Gebilde dem Chaos entstiegen, vollzieht sich auch die weitere Entwicklung auf dem Wege natürlicher Zeugung. Dass im ersten Leibe beide Geschlechter vereinigt waren, wusste wol auch die germanische Theogonie und Anthropogonie. Tuisto ist ja vielleicht der Zwitter, ebenso Ymir (Vafþr. 33). Als er schlief, geriet er in Schweiss, da wuchs ihm unter dem linken Arme Mann und Weib, sein eigner Fuss zeugte mit dem andern einen Sohn, und so erwuchsen ihm Nachkommen. Denn von Ymirs Geschlecht sind alle die Riesen (Hyndl. 34). Ymirs-Örgelmirs Sohn und Enkel heissen Thrudgelmir und Bergelmir, von letzterem stammt das jüngere Reifriesengeschlecht, nachdem das ältere in der grossen Flut umkam. Zu beachten ist das Festhalten des gleichen Stammes in den Namen *Hwergelmir*, *Örgelmir*, *Thrudgelmir*, *Bergelmir*. Hwergelmir, der Urquell aller Gewässer, ist das rauschende Element selber, aus dem sich auch die Riesen erheben. Man wird an die griechische Lehre vom Okeanos als dem Anfang aller Dinge erinnert. Okeanos ist ebenso das flüssige Element selbst wie dessen Beherrscher, also sachlich und persönlich gedacht. So liegen in der nordischen Weltlehre verschiedene Anschauungen neben einander, indem das erste Geschöpf dem Chaos, den Elementen, dem Urflüssigen entwächst. Kann man allenfalls dem naiven dichterischen Glauben den Gedanken zutrauen: Im Anfang war das Wasser und der Riese des Wassers, oder im Anfang war das Chaos und der Riese des Chaos, so ist der Versuch, die Entstehung dieses Urgeschöpfes zu erklären, jedenfalls ein Stück mittelalterlicher Physik und gewiss nicht selbständig in den Köpfen isländischer Gelehrter entstanden.[1])

1) Man vgl. Stellen wie Servius zu Ecl. 6, 31 ff.: *variae sunt philosophorum opiniones de rerum origine. nam alii dicunt omnia ex igni procreari ut Anaxagoras. alii ex humore ut Thales Milesius: unde est, Oceanumque patrem rerum. alii ex quattuor elementis ut Empedocles, secundum quem ait Lucretius: ex imbri, terra, atque anima nascuntur et igni. Epicurei vero nihil horum comprobant, sed dicunt duo esse rerum principia, corpus et inane . . . . et corpus esse volunt atomos . . . inane vero dicunt spatium in quo sunt atomi. de his itaque duobus principiis volunt ista quattuor procreari, ignem, aerem, aquam, terram: ex his caetera . . . .* Dass das Chaos als leerer Raum, gäh-

Als der Reif weiter schmolz, entstand die Kuh Audumla daraus. Vier Milchströme rannen aus ihren Zitzen und damit nährte
sie den Ymir. Die Kuh aber fristete dadurch ihr Leben, dass sie
die Reifsteine beleckte, welche salzig waren. Am ersten Tag nun,
als sie leckte, kam eines Mannes Haar zum Vorschein, am zweiten
Tage der Kopf und am dritten der ganze Mann. Sein Name war Buri;
er war der Vater des Bur, welcher Bestla, die Tochter des Riesen
Bolthorn, zur Frau nahm. Dies Paar hatte drei Söhne, Odin, Wili
und We. Nur bei Snorri steht dieser wunderliche und dunkle
Bericht. Der Name Audumla widerstrebt der Deutung. Ihr Amt
ist ein zwiefaches. Sie nährt den Ymir, wozu sich anderwärts
ähnliches nachweisen lässt. Zeus hat eine Ziege zur Amme; in
Sage und Legende treten häufig Tiere als Nährmütter der Men-
schenkinder auf. Da noch kein andres Leben herrscht, muss die
Sage der Audumla denselben Ursprung beilegen wie dem Ymir.
Wer in Audumla die Nass und Fruchtbarkeit spendende Wolke
sieht, weil in einigen Mythologien, namentlich in der indischen,
die Wolken oft als Milchkühe erscheinen, verkennt doch zu sehr
den Unterschied zwischen südlicher und hochnordischer Natur. Uner-
hört aber ist, dass die Kuh die Götter zum Leben erweckt. Riesen
und Götter sind nach der nordischen Weltsage nicht erschaffen wie
Menschen und Zwerge, sondern von selber aus dem Chaos aufgegangen; die Riesen früher als die Götter, wie auch die Titanen
vor den lichten Göttern da sind. Buri und Bur, Wili und We,
diese Namen entstammen der christlichen Dreiheit, wie bereits oben
gezeigt wurde. Ein spät erfundener Stammbaum führt Odins Sippe
in die Weltanfänge hinauf. Während Zeus einem Titanen entsprosst,
berührt sich Odin nur mutterhalb mit den Riesen.

So waren die elementaren Naturmächte, die wilden, ungebän-
digten Riesen, und die ordnenden, geistigen, göttlichen Gewalten
bereits vor Erschaffung des Himmels und der Erde vorhanden.
„In den Asen erscheint eine edle, gelungene zweite Hervorbringung

---

nender Schlund gefasst wird, mag im Bedeutungswandel des Wortes liegen;
im späteren Latein wird Chaos im Sinne von chasma, hiatus gebraucht, Belege
bei Forcellini, totius latinitatis lexicon Bd. 2; Lucas 16, 26 überträgt die
Vulgata χάσμα μέγα mit chaos magnum. Die nordische Kosmogonie übersetzt
solche naturphilosophische antike Anschauungen auf die heimische Naturumgebung, vielleicht im Anschluss an ältere Sagen, die wissenschaftlich gerechtfertigt werden sollen.

gegenüber der ersten halbmissratenen riesischen. An den Riesen war ein Übermaass des plumpen Leibes aufgewandt; bei den Asen gelangten Leib und Seele zu vollem Gleichgewicht, und neben unendlicher Stärke und Schönheit entfaltete sich durchdringender, schöpferischer Geist" (J. Grimm, Mythol. 529). Alsbald beginnt aber auch der Kampf zwischen ihnen, welcher das ganze Dasein der Götter in der nordischen Sage erfüllt. Die Götter bändigen die ungezügelten Elemente, um geordnete, wirtliche und wohnliche Zustände dem Chaos entgegenzustellen. Aber es bedarf steter, scharfer Wachsamkeit, den Bestand des Gewonnenen zu sichern. Am Ende stürzt doch alles wieder vor den entfesselten Elementargewalten zusammen. Die Riesen rächen ihre lange Unterjochung an den Göttern. Aus den Trümmern taucht eine neue vollkommene, sündlose Welt unter einem andern ewigen Gotte empor. Auch Zeus ringt seine Macht den Titanen und Giganten ab. Doch gewaltiger und heldenhafter ist Odins That, und das in der Zukunft drohende Ende, dessen Herannahen die Götter wissen, verleiht der nordischen Göttersage eine mit Recht bewunderte erhabene Tragik.

Die Söhne Burs töteten den Ymir, und es lief aus seinem Körper so viel Blut, dass sie darin das ganze Geschlecht der Reifriesen ertränkten. Nur einer entkam mit seinen Angehörigen: ihn nennen die Riesen Bergelmir. Er begab sich mit seiner Frau in ein Boot und rettete sich darin. Von ihm stammen die jüngeren Geschlechter der Reifriesen.

Wafthrudnir erzählt (Vafþr. 35):

Ungezählte Winter        vor der Erde Schöpfung
      Geschah Bergelmirs Geburt;
Als Frühstes weiss ich,    dass der erfahrene Riese
      Im Boote geborgen ward.

Die Angaben des Liedes und der Gylfaginning stimmen nicht vollständig überein. Hier besteigt der Riese mit seiner Frau das Boot[1]), dort wird er allein hineingelegt, vielleicht als Kind, falls nicht die Bezeichnung „enn fróþe jǫtonn", der erfahrene Riese, dagegen spricht. Die nordische Sinflut[2]) fällt noch in die chaotische,

---

1) Im nord. Texte steht *lúðr*, was nach Fritzner, Ordbog II² 567 f. einen ausgehöhlten Baumstamm, einen Trog, der zur Wiege wie zum Fahrzeug dienen konnte, bedeutet, wie lat. *alveus* und *scapha*. Auch Deukalion und Pyrrha werden in keinem gewöhnlichen Schiffe, sondern in einer *Lade* (λάρναξ) gerettet, Noah in der *arca*. Die Übereinstimmung, dass auch in der nordischen Sinflut kein gewöhnliches Schiff vorkommt, ist schwerlich zufällig.

2) Eine Übersicht der hierher gehörigen Sagen gewährt R. Andree, Die

urweltliche Zeit. Sie entsteht aus dem Blute des erschlagenen Ymir zur Vernichtung seiner Nachkommen. Die Götter versuchen durch Totschlag und Überschwemmung ihre Gegner zu verderben. Auch die nordische Flut wird zur Strafe wilden Übermutes von den Göttern verursacht. Dass die Flut mit Ymir zusammenhängt, findet vielleicht in den Worten der Genesis 7, 11 *rupti omnes fontes abyssi,* wodurch die biblische Flut herbeigeführt wird, Erklärung, sobald nämlich hier, wie an andern Stellen Abyssus persönlich gedacht wird.

## 2. Die Schöpfung der Erde und des Himmels.

Die Söhne Burs erhuben nun die Lande und erschufen den schönen Midgard, und zwar aus dem Riesenleibe.[1])

Aus Ymirs Fleisch      ward die Erde geschaffen,
     Aus dem Blute das brausende Meer,
Die Berge aus dem Gebein,   die Bäume aus den Haaren,
     Aus dem Schädel das schimmernde Himmelsdach.
Doch aus seinen Wimpern     schufen weise Götter
     Midgard dem Menschengeschlecht;
Aus dem Hirne endlich     sind all die hartgesinnten
     Wetterwolken gemacht.

Gylfaginning Kap. 8 fügt noch bei, die Götter hätten den erschlagenen Ymir in die Mitte von Ginnunga Gap geschleppt und dort aus seinem Leibe die Welt gebildet. Aus dem Schädel fertigten sie den Himmel und setzten ihn über die Erde auf vier vorstehenden Stützen, und unter jede Stütze setzten sie einen Zwerg, den Austri, Westri, Nordri und Sudri. Um die Erde rings herum legten sie das Meer. Himmel und Erde sind also zum Riesenleibe in Beziehung gesetzt. Die Himmelswölbung wird dem gewölbten Riesenschädel verglichen, folgerichtig sind die das Himmelsgewölbe erfüllenden Wolken aus dem Gehirn Ymirs entsprungen.

Flutsagen, Braunschweig 1891; S. 44 werden berechtigte Zweifel an der Ursprünglichkeit der Eddasage ausgesprochen, S. 140 steht sie aber, allerdings mit einem Fragezeichen, unter den „echten", d. h. selbständig aufgekommenen Flutsagen.

     1) Grímn. 40, 41; Vafþr. 21; Gylfag. Kap. 7; zur Erschaffung Adams aus acht Teilen J. Grimm, Myth. 531 ff.; Müllenhoff-Scherer, Denkmäler[3] 2, 171; E. H. Meyer, Völuspa 36, 61; Kosmogonie S. 77 ff.; Myth. 146; zur Frage überhaupt R. M. Meyer, ZfdA. 37, 1 ff.

Der Riesenleib ist der Erde gleich, was ins einzelne ausgemalt eine Zusammenstellung von Blut und Wasser, Bein und Stein, Haar und Pflanzen ergibt. Dass Midgard aus den Wimpern erschaffen ist, deutet auf eine schützende Umzäunung, vielleicht auf einen am Rande der Erdscheibe herumlaufenden Waldgürtel. Snorri nennt aber Midgard einen Wall (*borg*), den die Götter wegen der feindlichen Gesinnung der an den Meeresküsten angesiedelten Riesen rund um die Erde errichtet hätten. Auch in andern Mythologien finden sich Ansätze oder ähnlich durchgeführte Gleichungen zwischen Himmel und Erde und einem Riesenleib. In mittelalterlichen Schriften begegnen Spekulationen über das Verhältniss des *Makrokosmos* und *Mikrokosmos*. Adams Leib ist aus acht Teilen gebildet, worunter die Gleichungen Erde und Fleisch, Stein und Bein, Meer und Blut, Pflanzen und Haar, Wolken und Gedanken wiederkehren. Der Unterschied zwischen der heidnischen und christlichen Lehre besteht darin, dass dort die ganze Natur der auseinander gefallene Urmensch ist, hier der Mensch aus natürlichen Elementen zusammengesetzt wird. War man früher geneigt, die christliche Vorstellung aus der heidnischen abzuleiten, so dringt neuerdings die umgekehrte Auffassung durch, dass die Ymirsage von der Adamsage abhängig sei. Schliesslich ist die Möglichkeit beiderseitiger selbständiger und unabhängiger Entstehung nicht abzuweisen, nachdem ähnliche Gedanken bei den verschiedensten Völkern und zu verschiedenen Zeiten auftauchen.

Aus den Funken aus Muspellsheim machten die Götter Himmelslichter. Dann ordneten sie den Lauf der Sonne, des Mondes und der Sterne, die Folge von Tag und Nacht und die Jahreszählung. Von Süden her beschien die Sonne den Erdengrund, da entsprosste grünes Gras.

Darauf schufen die Götter in der Mitte der Welt Asgard, das Götterheim. Dort ist ein Ort, der Hlidskjalf (Thürbank, Thürschwelle) heisst. Von dort aus kann Odin die ganze Welt übersehen. Der Hochsitz Hlidskjalf, der Übersicht über die ganze Welt gewährt, ferner Namen einzelner Götterburgen wie Breidablik (Breitglanz), Glitnir (der Glänzende), Himinbjorg (Himmelsberg) zeigen deutlich, dass Asgard im Himmel über Midgard liegend gedacht ist.[1]

---

1) Nach Gylfaginning Kap. 9 befindet sich die Asenburg in der Mitte der Welt, *i miðjum heimi*, und vom Hochsitz Hlidskjalf aus übersieht man alle

Wenn ausserdem einige Male noch von Jǫtunheim[1]), der Riesenwelt, Alfheim[1]), der Albenwelt, die Rede ist, so soll damit nur allgemein der Aufenthaltsort dieser Wesen bezeichnet werden. Eine bestimmte Welt, wie Midgard und Asgard, ist nicht damit gemeint. Anders verhält es sich mit Muspellsheim und Niflheim[2]), die ja schon in Snorris Schöpfungsberichte am Anfange erschienen. Niflheim oder Niflhel gilt als die Totenwelt, als die Nebelhölle, als die Unterwelt. Einige Male wird nach christlichem Vorbilde auch noch von der untersten Hölle gesprochen. Dass die Hölle unter Midgard sich ausdehnt, mag altgermanischer Glaube sein. Der Aufenthalt der Toten, die im Grabe geborgen werden, muss ja als unterirdisch gedacht werden.

Die Vǫlospǫ 2 und die Vafþrúþnesmǫl 43 erwähnen neun Welten, *nio heimar.* Auf Grund dieser Stellen ist auch in der Snorra Edda beiläufig von neun Welten die Rede.[3]) Aber nirgends werden sie aufgezählt, vor allem nirgends im Weltgebäude vorausgesetzt. So einfach und klar das Weltbild der vom Himmel (Asgard) überwölbten Erde (Midgard) sich darbietet, so unmöglich ist die Vorstellung von neun Welten, will man sie gleichberechtigt mit jenen im Weltganzen unterbringen. In den Liedern erscheint

Welten. Somit herrscht allerdings die Anschauung, die Weinhold, Altnordisches Leben S. 358 also bestimmt: „Die Erde zerlegten die Nordländer in drei Teile: am Meeresstrande waren Aussengart (*utigarðr*) oder die Riesenwelt; von ihm durch eine Landwehr burgartig geschieden Mittelgart (*miðgarðr*) oder das Land der Menschen, und als kleinster der drei concentrischen Ringe Asgard, die Burg der Götter. Darüber ist das Himmelszelt an vier Enden geknüpft." So mag sich das Weltbild in den Augen Snorris und aller Euhemeristen ausnehmen, welche Asgard wol als hohen in den Himmel ragenden Berg auf die Erde verlegen. Der alte Heidenglaube aber dachte die Asen im Himmel wohnend und damit fallen die drei concentrischen Kreise.

1) Jǫtonheimr Vǫl. 48; Jǫtonheimar in SE. 1, 30, 54, 62 u. ö.; Alfheimr Grímn. 5, SE. I, 78; selten begegnen Vanaheimar S. I, 92 und Svartálfaheimr SE. I, 108, 352.

2) Über Niflheim vgl. den Abschnitt Hel. Niflhel steht Baldrs Dr. 2, Vafþr. 43. Ebenda sagt der Riese: ich fuhr nieder nach Niflhel, wohin die Leute aus der Hölle versterben; ähnlich Gylfag. Kap. 3 böse Menschen fahren zur Hel und von da nach Niflhel (Niflheim in der Handschrift U).

3) Die neun Heime oder Himmel SE. I, 592, II, 485 sind keiner Überlieferung gemäss, nur Skaldengelehrsamkeit des 12. Jahrh. Die Versuche neuerer Mythologen, die neun Welten herzustellen, z. B. W. Müllers, Altd. Religion S. 155 f.; Weinholds, Altnord. Leben S. 359; R. Keysers, samlede afhandlinger 273; Simrocks, Myth. 43 f. werden ebenso zu Schanden. Vgl. auch Gering, Edda S. 66 Anm. 1.

die Neunzahl beidemal im selben Zusammenhang und im selben
Sinn: wer die neun Welten durchfuhr, weiss alles. Die neun
Welten scheinen nur typisch gezählt zu sein.[1]) Die Vǫlva und
Wafthrudnir wollen damit sagen, dass sie bei allen Wesen und
in aller Welt geweilt, alles durchforscht haben und darum alles
Weltwissen besitzen. Ein ähnlicher Gedanke liegt auch dem
Alwisliede zu Grunde. Thor verlangt vom weisen Zwerge Bescheid, wie einzelne Begriffe in den vielen Welten genannt werden, und Alwis antwortet demnach, wie Erde, Himmel, Sonne,
Mond, Wind, Wolke, Meer, Feuer u. s. w. bei Asen, Wanen,
Menschen, Riesen, Zwergen, Elben heissen. Darum scheint es
ein vergebliches Bemühen, die neun Welten als bestimmte Örtlichkeiten aufzusuchen, eher sind die verschiedenen Wesenklassen
gemeint, deren Aufenthaltsorte ja zuweilen auch als „heimr" bezeichnet werden. Die Neunzahl mag bildlich zu verstehen sein
als der Inbegriff des Vorhandenen.

Die nordische Weltvorstellung ist so zu denken: Midgard ist
rings vom Meere umgeben, Meer und Erde bilden eine kreisrunde
Scheibe, über welche sich der Himmel wölbt. Der ganze Welt-
bau, Himmel und Erde und Meer, schwebt im leeren Raum (ginnunga gap). Dort war ja Ymir zerstückelt worden. Wer sich
allzuweit auf das erdumgürtende Meer hinauswagt, gelangt schliesslich zu den Grenzen der Welt und läuft Gefahr, in den gähnenden leeren Raum zu stürzen. So ist ginnunga gap im 11. Jahrhundert bei Adam von Bremen ein geographischer Begriff, die
Grenze des Weltmeers im hohen Norden.[2]) Midgard ist die wirkliche Erde, wo Menschen wohnen. Über ihr steht die himmlische
Götterwelt, Asgard, unter ihr dehnt sich die Hölle, Niflheim, aus.
Ausser Asgard, Midgard und der Hölle gab es ursprünglich wol
nur Utgard. Darunter sind unwirtliche, dem Anbau widerstrebende, öde und wilde Landstrecken gemeint; dorthin sind Trolle
und Riesen versetzt. Bei der Fahrt Thors nach Utgard, ins Riesenland, ist es jenseits des Meeres gedacht. Nach ihrer Landung
haben die Gesellen noch einen breiten und weiten Wald zu durch-

---

1) Über typische Anwendung der Neunzahl vgl. J. Grimm, Rechtsaltertümer 215 f. Die Möglichkeit, dass christliche Vorstellungen von neun Himmeln
und Höllen hereinspielen, vgl. E. H. Meyer, Völuspa 44 ff., Myth. 173 u. 191,
will ich nicht in Abrede stellen.

2) Storm, Arkiv f. nord. filologi 7, 342.

wandern. Nach der Gylfaginning werden die Riesen längs der
Meeresküste angesiedelt. Die Vorstellungen über die Lage von
Utgard schwanken. Ursprünglich galt wol die Anschauung, dass
die Riesen streckenweise am diesseitigen Gestade, vor dem Schutz-
wall Midgards, hausten, im Ost- und Nordgebirge Norwegens.
Denn jenseits des Meeres ist Ginnunga Gap. Im 9. und 10. Jahrhundert erweiterten sich die geographischen Begriffe der Nordleute beträchtlich infolge der Entdeckungsfahrten. Um 880 wurde
das Nordkap umschifft, um 874 Island entdeckt, gegen Ende des
10. Jahrhunderts Grönland. Infolge davon scheint Utgard jenseits
des Meeres verlegt worden zu sein. Handelt es sich ja doch auch
um kein rechtes bewohnbares Land, vielmehr um wüste Gegenden.
Da die Riesen schon vor Erschaffung von Midgard und Asgard
im chaotischen Urzustande, im Ginnunga Gap heimisch waren, so
fällt Utgard mit Ginnunga Gap gewissermaassen zusammen.

Wie viel von diesen Vorstellungen gemeingermanisch sind,
lässt sich einigermaassen bestimmen. Schwerlich die Schöpfung,
wol aber die Einrichtung der Welt dachten sich auch die andern
Stämme gleich. Denn derselbe Name für die bewohnte Erde (got.
*midjungards,* ahd. *mittil-mittingart,* as. *middilgard,* ags. *middangeard)*
geht überall durch. Midgard ist der mittlere, eingefriedigte Raum,
das mittlere Gehege. Der Begriff „Mitte" geht von der natürlichen Anschauung aus, wonach die Erde im Mittelpunkt der Welt
steht. Möglicherweise ist auch wie im griechischen μεσόγαια das
Binnenland gemeint im Hinblick auf das umgürtende Erdmeer.
Als Erdkreis und Himmelskugel stellt sich die Welt dem Auge dar.
Dass die Götter im Himmel hausen, ist von selbst verständlich
und wird im langobardischen Wodansliede bezeugt. Auch die Hölle
ist allen Germanen bekannt. Die Namen Asgard, Utgard u. a.
sind aber auf den Norden beschränkt. Die Grundzüge des Welt-
bildes scheinen somit gemeingermanisch, die Einzelheiten und die
Sagen von ihrem Ursprung müssen wir als ausschliesslich nordisch
betrachten, so lange anderweitige unzweifelhafte Überlieferung
versagt.

Noch einige Sagen, die auf Tag und Nacht, Sonne und Mond
Bezug nehmen, stehen in äusserlichem Zusammenhang mit der
Kosmologie. Aber man merkt beim ersten Blick, dass sie viel
jünger sind. Ihr Ursprung liegt teilweise in dem Bestreben nach
der Personifikation bestimmter Erscheinungen und Vorgänge des

Naturlebens. Auch fremde Vorbilder mögen teilweise eingewirkt haben.

Tag und Nacht sind von Allvater an den Himmel gesetzt. Er gab ihnen zwei Pferde und zwei Wagen, auf denen sie um die Erde fahren. Die Nacht fährt mit Hrimfaxi, der die Erde mit seinen Gebisstropfen betaut; der Tag hat den Skinfaxi, von dessen Mähne Luft und Erde erglänzt.[1]) Auch in Deutschland trifft man das Bild des einher reitenden Tages, der begrüsst wird wie eine freundliche Gottheit. Bældæg, heller Tag, war des Lichtgottes Namen bei den Angelsachsen. Die vom Zauberschlaf erwachte Brynhild ruft mit feierlichem Grusse den Tag und die Söhne des Tages (Lichtgottheiten), die Nacht und die Tochter der Nacht (Jord, die Erde) an. Bereits die zahlreichen Redensarten, die von Tag und Nacht gebräuchlich sind, drängen auf Personifikation hin. Mit dem Tage mag in früherer Zeit leicht auch das Bild des Lichtgottes verschmolzen sein. Der Tag auf Skinfaxi, dem hellmähnigen Rosse, mag aus dem reisigen Himmelsgotte, aus Baldr-Bældæg entwickelt sein. Aber die auf dem Wagen stehenden, rosselenkenden Gestalten des Tages und der Nacht sowie der Sonne erinnern stark an antike Mythen von Helios mit den sonnenhellen, von Nyx mit den dunkeln Rossen. Auf die Nachwirkung altarischer Sagen zu schliessen, scheint nicht ratsam; denn das, was die Edda von Tag und Nacht erzählt, zeigt keine tiefere Verflechtung mit den Grundzügen der Götter- und Weltgeschichte. Nur die Begriffsnamen sind zu notdürftiger, unselbständiger Persönlichkeit gelangt. Den Verdacht der Entlehnung und Nachahmung bestärkt die Genealogie: der Riese Norwi oder Narfi[2]) in Jotunheim

---

1) Vafþr. 12, 14, 25; Sgrdr. 3; Gylfag. Kap. 10. Den Aud und Onar kennt der Skald Hallfred (geb. um 968) SE. I, 320 u. 322; über Nacht und Tag vgl. das Kap. XXIII in J. Grimms Myth., wo reichliche Belege für die in der gewöhnlichen und poetischen Sprache üblichen Personifikationen verzeichnet sind. Den Zusammenhang mit Hesiod betont W. Müller, Geschichte und System der altdeutschen Religion S. 172 f., jedoch ohne die oben vorgetragenen Schlüsse.

2) So liest Snorri; in Vafþr. 25 steht der Dativ *Norve*, ebenso Alvíssmol 29; daraus ist der Nom. *Norr* zu erschliessen, welchen man mit as. *naru*, ags. *nearu* stf. die Enge, Klemme, Bedrängniss, und *nearu*, Adj. enge, beklemmend, bedrängend vergleicht und als Bedränger erklärt. In den neuaufgefundenen as. Genesisbruchstücken 286 steht *narouua naht*, eine Formel, welche im Hinblick auf *Nótt* und *Norr* volle Beachtung verdient. Kögel, Geschichte der deutschen Litteratur, Ergänzungsheft zu Band 1, S. 12 f. kommt in der Anmerkung zur Stelle zum Schluss, dass ein Stamm *narwa-*, dunkel, finster, von

ist Vater der Nacht. Zuerst ist Nott dem Naglfari vermählt, dann
mit Onar, endlich mit Delling.[1]) Der ersten Ehe entsprosst Aud,
der zweiten Jord, der dritten Dag. Diese Reihe von Zeugungen
titanischer Wesen hat auffallende Ähnlichkeit mit der hesiodischen
Theogonie. Aus dem Chaos gingen Erebos und Nox hervor. Mit
Erebos erzeugte Nox den Äther und Dies. Die Erde, Tartaros
und Eros (Amor) erhielten in den verschiedenen lateinischen Genealogien, welche in den mittelalterlichen Schriften im Anschluss an
Hesiod erscheinen, unter den Vor- und Nachfahren ihre Stelle.
Die nordischen Namen sind zum Teil Übersetzungen der griechisch-
lateinischen wie Nott-Nox, Nor-Erebus, Dag-Dies, Jord-Terra; zum
Teil vielleicht volksetymologische Umbildungen wie Aud-Äther,
Onar-Amor. Naglfari mag den Tartaros vertreten.

Das Bild des Sonnenwagens schildert das Grimnirlied 37
und 38.

> Arwakr und Alswid      ziehn aufwärts die Sonne,
>     Ziehn matt sich und müde daran,
> Doch inmitten der Buge     brachten milde Asen
>     Klüglich kühlende Eisen an.

> Swalin heisst er,      der Sonnenschild,
>     Der vor der glänzenden Göttin steht,
> Felsen und Fluten,      weiss ich, wird Feuer verzehren,
>     Fällt er einstmals ab.

Die Namen der Rosse bedeuten frühwach (Eous) und allklug.
Dem Norden eigen sind die Blasebälge — denn nach Gylfaginning
sind unter den „kühlenden Eisen" solche zu verstehen —, welche
die in der Sonnenglut ermattenden Pferde immer neu abkühlen
und erfrischen. Eigentümlich ist der Sonnenschild Svalin (der
abkühlende), welcher die Erde vor dem Verbrennen bewahrt.
Vielleicht ist eine Vermischung zweier Vorstellungen im Spiele.
Die Sonne wird auch „Himmelsschild"[2]) genannt. Sonnenwagen

dem bisher allein bekannten *narwa-*, enge, zu trennen sei. *Nǫrr* bedeutet
mithin der Finstere, Dunkle, und übersetzt genau Erebus wie Nótt die Nox.

1) Der Ausdruck „*fyr Dellings durom*" vor Dellings Thoren, der in den
Hǫv. 160 und in den Rätseln der Hervararsaga (Fornaldarsögur 1, 468 ff.) begegnet, bedeutet: am hellen lichten Tage, wenn Delling, des Tages Vater sein
Thor offen und seinen Sohn entsendet hat. Vgl. Müllenhoff, Altertumskunde
5, 273 f.

2) *himintarga* bei Eilifr Guðrúnarson SE. 1, 292; Ennius bei Varro 7, 73
nennt die Sonne *caeli clipeus;* J. Grimm, Myth. 665; 3, 205. Falk, aarböger
f. nordisk oldkyndighed og historie 1891, 2. Reihe Bd. 6, 273.

und Sonnenschild scheinen vereinigt. Märchenhaft klingt der Bericht der Gylfaginning, Kap. 11: Mundilföri hatte zwei Kinder:
Mani (Mond) hiess der Sohn und Sol die Tochter. Diese wurde
mit Glen (glänzend) vermählt. Die Götter zürnten wegen des
Hochmuts, dass sie solche Namen führten, und setzten sie an den
Himmel. Sol liessen sie die Pferde lenken, die den Wagen der
Sonne zogen, welche die Götter aus einem Funken geschaffen
hatten, der aus Muspellsheim flog.[1]) Man erkennt das Bestreben,
die späte märchenhafte Erfindung von der Abstammung der Sonne
mit der alten echten Sage, die das Himmelslicht als Geschöpf der
Götter bezeichnet, in notdürftigen Einklang zu bringen. Die Mond-
flecken[2]) gaben zu allerlei Erzählungen unter den verschiedenen
Völkern der Erde Anlass, so auch zu folgender nordischer, die
a. a. O. steht: Mani lenkt den Lauf des Mondes und waltet über
Neumond und Vollmond. Er hob von der Erde die beiden Kinder
Bil und Hjuki zu sich empor, als sie vom Brunnen kamen, der
Byrgir heisst; ihr Wassergefäss hiess Sägr und die Stange, an
der sie es auf den Achseln trugen, Simul. Widfinn hiess der
Vater dieser Kinder, die den Mond begleiten, wie man das von
der Erde aus sehen kann. Also zwei Gestalten, die einen Wasser-
eimer an der Stange auf den Schultern trugen, sah man in den
Mondflecken.

Der weitverbreitete Volksglaube, der in Sonnen- und Monds-
finsternissen Untiere erblickt, welche die Gestirne zu verschlingen
drohen, zeigt sich auch im Norden in den Wölfen Skoll und Hati,
dem Sohne Hrodwitnirs, d. i. Fenrirs.[3]) Nach Vafþr. 47 verschlingt Fenrir selber die Sonne, die aber eine Tochter gebiert,
welche nach dem Falle der Götter die Pfade der Mutter fahren

---

1) Die Geschichte war im 10. Jahrh. bereits bekannt. Mundilföri als
Vater der Sol und des Mani begegnet Vafþr. 23, Glen beim Isländer Skuli
Thorsteinsson (geb. um 980) SE. I, 330. Wird Mundilföri richtig als „Achsen-
schwinger", der den Drehstock treibt (*mundil* zu *mǫndull,* Stock, mit dem der
Mühlstein gedreht wird), gedeutet, dann gibt der Name vermutlich den Begriff
*Polus* wieder, die Himmelsachse, um die Sonne und Mond und alle Gestirne
kreisen.

2) Über Mondflecken J. Grimm, Myth. 679 ff.; 3, 209.

3) Grímn. 39; Vol. 40, 41; Gylfag. Kap. 12 u. 51; über Finsternisse
J. Grimm, Myth. 668 ff.; 3, 206. Der schwedische, dänische, norwegische
Volksglauben kennt noch jetzt den Sonnenwolf (*solvarg, solulv*), den Isländern
ist die Sonnenfinsterniss „*úlfakreppa*", Wolfsnot; vgl. Maurer, Isländ. Volkssagen 185, Jón Árnason, Þjóðsögur 1, 658 f.

wird. Bei ganzer Verfinsterung nimmt der Volksglaube ein voll-
ständiges Verschlingen, aber auch eine Erneuung, eine Wiedergeburt des Gestirnes an. Hati ist der *mánagarmr*, der Mondhund,
da er den Mond verschlingen wird. Ein Riesenweib ostwärts von
Midgard im Walde Jarnwid (Eisenwald, Urwald) hat die Teufelsbrut geboren. Einst wird das Himmelsgestirn, die Sonne, vom
Verfolger errafft werden, dann kommt Finsterniss und wüstes
Wetter über die Welt.

Zwischen Erde und Himmel schlugen die Götter eine Brücke,
Bifrost, den bebenden, zitternden, beweglichen Weg oder *ásbrú*,
Asenbrücke, den Regenbogen.[1]) Sie erglänzt in drei Farben, ist
ausserordentlich fest und mit grosser Kunst verfertigt. Aber so
stark sie ist, wird sie doch zerbrechen, wenn Muspells Söhne
kommen und hinüber reiten. Ihre Pferde müssen dann über breite
Ströme schwimmen und so beenden sie den Ritt. Denn nichts in
der Welt ist so fest, dass es bestehen könnte, wenn die Söhne
Muspells verheerend hereinbrechen.

### 3. Die Schöpfung der Zwerge und der Menschen.

Nachdem die Erde erschaffen und Asgard wohnlich einge-
richtet war, gedachten die Götter daran, Midgard mit lebenden
Wesen, mit Zwergen und Menschen zu bevölkern. Sie sassen
darüber zu Rate, wer der Zwerge Schar aus Brimirs Blut und
Blains Gliedern erschaffen sollte. Es entstanden die mächtigen
Zwerge Motsognir und Durin und viele andere, welche in der
Erde Menschenbilder nach Durins Angabe verfertigten. Den kurzen
Bericht der Volospǫ 10 ff. ergänzt und verdeutlicht die Gylfaginning
Kap. 14. Brimir und Blain sind Beinamen Ymirs. Dadurch
wird erst die Entstehung der Zwerge klar, welche mit der Weltschöpfung verknüpft ist. Wie Maden in Ymirs Fleische, so waren
die Zwerge unter der Oberfläche im Erdboden drunten gewachsen;
so hatten sie zuerst als Maden Leben gewonnen. Nach der Bestimmung der Götter erhielten sie aber jetzt menschlichen Verstand und menschliche Gestalt. Doch leben sie wie vorher in
der Erde und im Gestein. Also nicht der Lebenskeim der Zwerge,
die von selbst im Riesenleibe wucherten, wol aber die Lebens-

1) Bifrǫst wird erwähnt Grímn. 44, Fafnismǫl 15; Gylfag. Kap. 13.

form ist von den Göttern gesetzt. Die Riesen sind älter als die Götter und von ihnen unabhängig, aber die Zwerge sind ihre Geschöpfe.

Über den Ursprung der Menschen gingen bei den germanischen Stämmen verschiedene Sagen. Der Urmensch Mannus ist von einem göttlichen oder riesischen Wesen erzeugt. Die Istvaeonen, Ingwaeonen, Erminonen waren Göttersöhne. Edle Geschlechter entstammen unmittelbar von den Göttern, von Odin, Freyr, Tyr. Alle Menschen sind Heimdalls Kinder. Aber die Menschen sind auch aus der elementaren Naturkraft entsprungen, aus Felsen und Bäumen gewachsen. Die Semnonen verehrten im heiligen Hain den Ursprung ihres Volkes (*initia gentis*). Das Handwerksburschenlied weiss von Sachsen, wo die schönen Mädchen auf den Bäumen wachsen. Im Froschmeuseler ist Aschanes mit seinen Sachsen aus den Harzfelsen gewachsen. Entsprechende Züge bietet die griechische Sage dar. Endlich sind die Menschen von andern höheren Wesen geformt, gestaltet und beseelt. Wozu die Zwerge im Erdinnern Menschenbilder schufen, erfahren wir nicht. Aber wir hören, wie die Götter am Ursprung der Menschheit gewirkt. Die Vǫlospǫ 17/18 erzählt: Drei Asen, mächtig und hold, fanden im Lande kraftlos Ask und Embla, unsichern Looses. Hauch und Seele hatten sie nicht, noch Gebärde noch Wärme noch blühende Farben. Odin gab den Hauch, Hönir die Seele, Lodur die Wärme und leuchtende Farben. Die Gylfaginning Kap. 9 erzählt den Hergang so: Als Burs Söhne am Meeresstrande wandelten, fanden sie zwei Hölzer und schufen aus ihnen Menschen. Der erste gab ihnen die Seele, der zweite das Leben, der dritte Gehör und Gesicht, und es hiess der Mann Ask und die Frau Embla. Von ihnen stammt das Menschengeschlecht. Die beiden Berichte stimmen nicht genau überein, im Liede fehlt die bestimmte Angabe, in welcher Beschaffenheit Ask und Embla aufgefunden wurden. Auch die Übersetzung der Stelle der Gylfaginning bereitet Schwierigkeiten. *Fundu tré tvau* bedeutet wörtlich: zwei Hölzer; *tré* kann ebenso Baumstamm, Baum bedeuten, als *trémann*, d. i. Menschenbild, aus Holz gefertigt. Da an beiden Stellen nur von einer Beseelung und Belebung, nicht aber von einer Gestaltung die Rede ist, möchte man glauben, dass die Götter hölzerne Menschenbilder, vielleicht von den Zwergen geschnitzt, vorfanden und sie belebten. Die Schöpfung der Menschen wäre somit von Zwergen begonnen, von Göttern vollbracht worden.

Der Name des Stammvaters der Menschen, Askr, Esche, weist auf seinen Ursprung aus Eschenholz zurück. Hesiod meldet, das eherne Geschlecht sei von Zeus ἐχ μελιᾶν, aus Eschen, geschaffen worden. Ob auch in Embla ein Baumname steckt (Ulme?), ist zweifelhaft. Jedenfalls steht im Hintergrunde die uralte Vorstellung, dass die ersten Menschen aus Bäumen gewachsen seien. Aber neu hinzugefügt ist, dass dieses Herauswachsen nicht von selbst erfolgte, sondern durch die Beteiligung göttlicher Wesen. Zunächst wurde das Holz gestaltet, dann belebt. Und in diesen Zuthaten sind fremde Einwirkungen unverkennbar. Vorbild ist die biblische Schöpfungssage mit der üblichen mittelalterlichen Auslegung. Hauptsächlich in zwei Punkten zeigt sich dieser Einfluss. Die Beseelung geht von der Götterdreiheit aus. Im Mittelalter galt allgemein die Anschauung, gestützt auf die Pluralwendung der Vulgata: *faciamus hominem,* dass bei der Menschenschöpfung die Dreieinigkeit thätig gewesen sei. Ferner beruht der gleiche Stabreim *Askr und Embla* mit *Adam und Eva* kaum auf Zufall. Wir haben in der nordischen Menschenschöpfung [1] ein lehrreiches Beispiel dafür, wie heimische und fremde Vorstellungen sich mit einander vermischten.

## 4. Der Weltbaum. [2]

Ein völlig verschiedenes Weltbild bietet sich im Weltbaume dar, welcher unter mehreren Namen als *Yggdrasil, Mimameid, Lärad* vorkommt. Von ihm hören wir in der Vǫlospǫ́, im Grimnirlied und in den Fjǫlsvinnsmǫ́l; einiges trägt die Gylfaginning nach. Die Seherin kannte den Baum schon in Urzeiten, als er ein Schössling war, der noch nicht über den Erdboden heraufgetrieben hatte (Vǫl. 2).

Vǫl. 19 Eine Esche kenn ich,    Yggdrasil heisst sie,
         Den gewaltigen Baum    netzt weisses Nass;
         Von dort kommt der Tau,    der die Thäler befeuchtet;
         Immergrün steht er    an der Urd Quelle.

---

[1] Über die Menschenschöpfung vgl. E. H. Meyer, Völuspa 81 ff., Kosmologie 110 ff.

[2] Über Yggdrasil vgl. die erschöpfende Untersuchung von Bugge in den Studien über die Entstehung der nordischen Götter- und Heldensagen S. 421—560.

Grimn. 31 Drei Wurzeln sendet        nach drei Seiten
        Yggdrasils Esche aus:
    Unter der einen wohnt Hel,  unter der andern die Riesen,
        Die dritte das Menschenvolk deckt.

Im Liede von Fjolswid 13/14 wird des Baumes gedacht.

Swipdag.

Ich frage, Fjolswid,        und fordre Antwort,
        Künde mir, was ich wissen will:
    Wie heisst der Baum,        der mit breiten Ästen
        Die weite Welt überwölbt?

Fjolswid.

Mimameid heisst er,        kein Mensch weiss es,
        Aus welchen Wurzeln er wuchs.
Niemand ahnt's,        was ihn niederstreckt,
        Feuer nicht fällt ihn noch Stahl.

Baum des Mimi (auch Mim oder Mimir genannt) heisst die Esche, weil nach Vol. 27 u. 29 Mimirs Quelle am Fusse des heiligen Baumes rauscht, der von ihren Fluten benetzt wird. Der goldene Hahn Widofnir sitzt als Wächter gegen die Riesen in Mimameids Geäst nach Fjols. 17/18. Heimdalls Horn, das dereinst zum letzten Kampfe ertönen wird, ruht bis dahin unter der Esche Yggdrasil geborgen (Vol. 27). An der Esche Yggdrasil sitzen die Götter alle Tage zu Gericht. Thor durchwatet täglich mehrere Flüsse, um dahin zu gelangen (Grimn. 29). In den Zweigen der Esche sitzt ein Adler, dem grosses Wissen verliehen ist; zwischen seinen Augen sitzt der Habicht, der Wedrfolnir heisst. Ein Eichhörnchen mit Namen Ratatosk (Rattenzahn) läuft an der Esche auf und ab und trägt dem Nidhogg (d. i. schadengierig hauend), dem Wurme an der Wurzel unten, und dem Adler die gehässigen Worte zu, die beide über einander äussern (Grimn. 32, Gylfag. Kap. 16). Vier Hirsche laufen in den Zweigen der Esche und beissen die Triebe ab. Viele Schlangen sind unten bei Nidhogg (Grimn. 33/4).

Grimn. 35 Yggdrasils Esche        muss Ungemach leiden
        Mehr als ein Menschenkind ahnt:
    Oben frisst der Hirsch,        es fault die eine Seite,
        Während Nidhogg die Wurzeln benagt.

Nach Grimn. 25/6 erhebt sich der Baum Lärad in Walhall. Auf dem Dache der Halle stehen die Ziege Heidrun und der

Hirsch Eikthyrnir und verzehren die Zweige. Dieselbe Vorstellung
scheint hier zu herrschen. Lärad ist wol als der Wipfel der
Weltesche zu denken. Yggdrasil heisst *mjǫtviðr*, Baum mit dem
rechten Maasse, d. h. der das Maass gibt, das Schicksal zumisst.
Beim Weltkampfe erbebt und ächzt der alte Baum. Aber er überdauert den Brand. Nach Vafþr. 45 verbirgt sich das Menschenpaar, von dem die Geschlechter in der erneuten Welt stammen,
in Hoddmimirs Holz. Mimirs Holz ist gleich Mimameid, die Weltesche. Mit Hilfe der Beschreibung in Gylfaginning Kap. 15 ergibt sich folgendes Bild vom Weltbaum: Die Esche ist der grösste
und beste aller Bäume. Ihre Zweige erstrecken sich über alle
Welt und ragen über den Himmel empor. Drei Wurzeln treibt
der Baum, zu den Menschen (die Gylfag. sagt sinnlos: zu den
Asen, bei denen doch nur der Gipfel sein kann), zu den Riesen,
zur Hölle. Unter der Höllenwurzel liegt der Brunnen Hwergelmir
und Nidhogg benagt sie von unten; unter der Wurzel, die zu den
Reifriesen sich verästet, ist Mimirs Brunnen; unter der dritten
Wurzel befindet sich der Brunnen der Urd. Die Wurzeln, unter
denen Quellen hervorbrechen, sind unter Midgard in Niflheim und im
Riesenheim, also an den Grenzen von Midgard, auf Midgard selber
belegen. Der Stamm erhebt sich aus der Mitte der Erde. Das
Gezweig und die Krone überwölben die Erde und erfüllen den
Himmel.

Im Weltbaum Yggdrasil vermischen sich heimische und fremde
Bestandteile in ganz besonderer Art. Heilige Bäume, in deren
Schatten Gericht gehalten wird, aus deren Wurzeln Quellen her-
vorsprudeln, die von weissagenden Frauen bewohnt sind, begegnen
oft im germanischen Glauben. Solche Züge finden sich auch im
Bilde Yggdrasils. Aber damit ist weder Name noch Bedeutung
des Weltbaumes hinreichend erklärt. Yggdrasil ist zusammengesetzt aus *Yggr* „der Fürchterliche", einer Bezeichnung Odins,
und *drasill*, einer in der Skaldensprache üblichen Bezeichnung für
Pferd, der Name besagt Odins Pferd. Nun war es eine im Nordischen ebenso wie im Deutschen und Englischen allgemein verbreitete Ausdrucksweise, den Gehenkten als Reiter und den Galgen
als sein Pferd zu bezeichnen. Odins Pferd ist also eine Umschreibung für Odins Galgen. Der Name Yggdrasil meint demnach den
Baum, der Odins Galgen war. Offenbar ist die Bedeutung, die
man dem Baum in seiner Eigenschaft als Symbol der Welt bei-
legte, eben in der Thatsache begründet, dass er Odins Galgen war.

Auch Christi Kreuz heisst in einem englischen Gedichte des 14. Jahrh., das aber den Ausdruck schwerlich schuf, sondern aus älterer Überlieferung schöpfte, *Christi Pferd*. Damit ist der Weg zur Erklärung Yggdrasils gewiesen. Zug für Zug erweist Bugge die vollkommene Übereinstimmung zwischen den mit Yggdrasil und den im Mittelalter mit dem Kreuze verknüpften Vorstellungen. Das Verhältniss kann nur so gedacht werden, dass Yggdrasil unter der Einwirkung der Kreuzessagen entstand, nicht etwa so, dass in letzteren heidnische Erinnerungen nachwirken. Denn die Vorstellungen vom Kreuze haften bereits in solchen altchristlichen Schriften, wo eine germanische Einwirkung mit Rücksicht auf Zeit und Ort durchaus unmöglich ist. Das Kreuz wurde in den bekanntesten christlichen Hymnen als ein Baum besungen, der seine Lebenskraft aus einer Quelle an seiner Wurzel sog, als ein Baum mit Laub und Früchten. So lautet noch ein mhd. Rätsel, dessen Lösung der Kreuzesbaum ist: Ein edler Baum ist in einem Garten gewachsen, der mit grosser Kunst angelegt ist. Seine Wurzel reicht zum Grund der Hölle, sein Wipfel berührt den Thron Gottes, seine breiten Zweige halten die ganze Welt umfasst. Der Baum steht in voller Pracht und herrlich im Laub. Wir haben auf der einen Seite die Yggdrasilsesche, die der beste aller Bäume heisst. Ihr Wipfel ragt über den Himmel empor, ihre Zweige breiten sich über alle Welt und die Hölle liegt unter einer ihrer Wurzeln. Auf der andern Seite haben wir in christlichen Darstellungen den Kreuzesbaum, hervorgegangen aus einer Verschmelzung des Kreuzes mit dem paradiesischen Baum des Lebens und dem der Erkenntniss, den besten aller Bäume. Mit seinem Wipfel erreicht er den Himmel, mit seinen Zweigen oder Armen umfasst er alle Welt, und mit seiner Wurzel oder seinem Fusse reicht er bis in die unterirdische Totenwelt. Wenn Nidhogg und andere Würmer an der zur Hölle reichenden Wurzel Yggdrasils nagen, so knüpft diese Vorstellung zum Teil an die Schlange am Baume der Erkenntniss an und an die schlangenerfüllte Hölle, den „Wurmsaal" (*wyrmsele*), wie in ags. Gedichten die Hölle benannt ist. Mimir, der Quellgeist, der am Fusse des heiligen Baumes wohnt, ist nordischen Ursprungs. Dass man aber Mimirs Haupt unter Yggdrasil dachte, mag durch die christliche Vorstellung veranlasst sein, dass der Kreuzesbaum über Adams Schädel steht. Endlich bedürfen die Tiere an der Weltesche noch der Aufklärung. In Nordengland befinden sich mehrere aus dem 7./9. Jahrh. stammende Steinkreuze, deren Schmalseiten mit Ranken-

werk bedeckt sind. In dem Rebengezweige sitzen Tiere übereinander, Drachen, Eichhörnchen, Vögel, welche von dem Laube
fressen. Solche bildliche Darstellungen, welche sich den Nordleuten auf ihren Fahrten nach England darboten, gaben den Anlass, den Kreuzesbaum mit Tieren zu bevölkern. Auf englische
Herkunft der Tiere am nordischen Weltbaum deutet bestimmt der
Name des Eichhorns Ratatoskr, Rattenzahn. Sowol *rati*, Ratte, als
auch *toskr* (ags. *tusc*) sind englische Lehnwörter. Die Tiere Yggdrasils sind zu einander in ein Verhältniss gebracht, wie es zwischen den Tieren auf der Weinranke der englischen Kreuze nicht
besteht. Da tritt eben die umbildende Phantasie der Nordleute
in Thätigkeit, vielleicht angeregt durch eine Fabel. Im Wipfel
einer Eiche nistete ein Adler, mitten im Baum hatte eine Wild-
katze ihr Loch, an den Wurzeln hauste ein Wildschwein mit seinen
Jungen. Durch falsche, bösartige Doppelzüngigkeit brachte die
Katze den Adler und das Wildschwein ins Verderben, indem sie
Hass- und Neidworte vom einen zum andern trug.

Dass ein Baum, welcher dem höchsten Gott wie
einem Geopferten zum Galgen dient, davon seinen
Namen erhält und in dieser Eigenschaft zum heiligen
Symbole der Welt erhoben wird, streitet bestimmt gegen
die Vorstellung von heiligen Bäumen und vom obersten Gott, wie
wir sie bei heidnischen Völkern anzutreffen gewohnt sind. Alle
Ungereimtheit schwindet, sobald wir des Kreuzes gedenken. Yggdrasil ist eine Nachahmung des Kreuzesbaumes, wie er im Glauben
der christlichen Völker des Mittelalters lebte. Erst in der Wikingerzeit kann der Mythus entstanden sein.

## III. Weltuntergang.

Eine zusammenhängende Schilderung vom Schicksale der
Götter, vom Untergang und von der Erneuerung der Welt schöpfen
wir hauptsächlich aus der Volospǫ́, wozu ergänzend einige Stellen
des Wafthrudnirliedes und des Hyndlaliedes treten. Die Gylfaginning Kap. 51—53 beruht auf denselben Quellen, hat aber einiges
missverstanden, umgestellt und hinzugefügt. Auf die 57. Strophe
der Volospǫ́, worin die Verfinsterung der Sonne, das Herabfallen
der Sterne, das Versinken der Erde im Meer, der Weltbrand geschildert sind, beziehen sich die Skalden Kormak um 935 und

Arnor jarlaskald um 1065.[1]) Die Preislieder auf die Könige Eirik und Hakon, zwischen 940—950 und 961—970 verfasst, gedenken der schrecklichen Zukunft, da der Wolf Fenrir los wird und über den Wohnsitz der Götter und Menschen hin rennt.

Am Morgen der Zeiten, nachdem die Schöpfung vollbracht ist, verleben die Götter ihr Goldalter auf dem Idafeld, in Edens Gefilden.[2])

| Vol. 7. | Auf Idafeld kamen | die Asen zusammen, |
| | Altäre zu schaffen | und Tempel zu bauen; |
| | Sie gründeten Essen, | das Gold zu schmieden, |
| | Hämmerten Zangen | und Handwerkszeug. |
| Vol. 8. | Im Hofe übten sie | heiter das Brettspiel — |
| | An blitzendem Golde | gebrach's ihnen nicht — |
| | Bis die mächtigen drei | Mädchen kamen, |
| | Die Töchter der Riesen | aus Thursenheim. |

Unter diesen drei Mädchen glaubt man die drei Nornen verstehen zu dürfen, obschon niemals von deren riesischer Abkunft die Rede ist. Ihr Erscheinen schliesst die goldene Friedenszeit ab. Nun schildert die Seherin die Hauptbegebenheiten der Götter. Mit dem Totschlag der Gullweig in Walhall hebt der erste Streit zwischen Asen und Wanen an, der erste Weltkrieg. Die gebrochene Götterburg stellte der Riesenbaumeister wieder her. Aber er ward um seinen Lohn, um Freyja, Sonne und Mond, die er sich ausbedungen hatte, betrogen.

| Vol. 26. | Da wankten die Eide, | die Worte und Schwüre, |
| | Die festen Verträge, | die man vordem schloss. |

Gewaltthat, Krieg, Wortbruch führen eine neue schwere Zeit herauf, die bis zum Ende von rastlosem Kampfe erfüllt bleibt. Nachdem einmal der Gedanke an einen Untergang der Welt sich befestigt hatte, gewannen alle Handlungen der Götter eine tiefere

---

1) Die Stellen bei Gudbrand Vigfusson im Corpus 2, 65 u. 197; zur Strophe Kormaks Bugge, Studien 443; om versene i Kormaks saga (aarböger f. nord. oldkyndighed 1889) S. 6 f.

2) *á Iðavelli;* in Anlehnung an ags. *ed-*, an. *ið-*, wieder, ist das Idafeld, auf dem sich die Götter auch in der neuerstandenen Welt wieder versammeln, etwa aus einem in England gehörten *\*Edanwong* entsprungen; vgl. Bugge, Studien 445 f.

und weitere Bedeutung. Namentlich Thors Kämpfe mit den Unholden müssen in ein ganz neues Licht rücken. An den Grenzen
der Welt lauern die Riesen, um hereinbrechend das alte Chaos
wieder an Stelle der Weltordnung zu setzen. Die Götter haben
die Aufgabe, den Bestand der Schöpfung zu sichern. Sorgenvoll
sieht Odin die drohenden Anzeichen des nahenden Verderbens
sich mehren, aber ernst gefasst schreitet er dem Verhängniss entgegen, heldenhaft reitet er endlich zum letzten Kampfe. Heimdalls Horn wird am Weltbaum verborgen, bis sein gellender Klang
zum letzten Kampfe ruft. Aus Mimirs Quell schöpft Odin gegen
Verpfändung seines einen Auges Weisheit. Krieg verbreitet sich
unter den Menschen, weithin über die Erde reiten die Walküren.
Unheilverkündende Träume erschrecken die Asen, von der Seherin,
die er aus dem Todesschlafe aufsingt, holt Odin die düstre Kunde
vom Falle Baldrs. Der lichte Gott ist tot, aber in Wali ersteht
ihm ein Rächer, der Anstifter des Unheils, Loki, wird in Fesseln
geschlagen. Ostwärts im Eisenwalde (im Urwalde) bringt ein altes
Riesenweib Fenrirs Brut zur Welt, aus welcher der unholdsgestal-
tige Erraffer der Sonne hervorgeht. Der nährt sich vom Fleisch
Gefallener und rötet mit rotem Blute den Sitz der Götter, der
Sonnenschein verdüstert sich, in den Sommern darauf kommt
wüstes Wetter. Nachdem das Untier gross geworden, greift es
also die Sonne an und verwandelt ihren hellen Schein in blutrote
Farbe, wie bei der Verfinsterung zu sehen ist. Die Gylfaginning
berichtet von einem schrecklichen Winter, dem Fimbulwinter, der
dem Weltende vorangeht. Dann tritt Schneegestöber aus allen
Himmelsrichtungen ein, es gibt scharfen Frost und Stürme, und
von der Sonne hat man keinen Nutzen. Es kommen drei Winter
hinter einander und kein Sommer dazwischen; vorher aber gehen
schon drei andre Winter, in denen in der ganzen Welt Krieg sich
erhebt. Auf diese dem Weltuntergang vorausgehenden Naturereignisse beziehen sich die Worte des Hyndlaliedes 44:

| | |
|---|---|
| Es steigt das Meer | im Sturme zum Himmel, |
| Die Länder verschlingt es, | die Luft wird eisig; |
| Schneemassen bringt | der schneidende Wind, |
| Doch den Regen hemmt | der Rat des Schicksals. |

Zugleich mit der Verschlechterung des Wetters und im Gefolge der überhandnehmenden Kriege tritt ein arger Verfall der
Sitten ein.

Vǫl. 45.  Es befehden sich Brüder   und fällen einander,
            Die Banden des Bluts    brechen Schwestersöhne,
            Arg ist's in der Welt,    viel Unzucht gibt es —
            Beilzeit, Schwertzeit,    es bersten die Schilde,
            Windzeit, Wolfzeit,    ehe die Welt versinkt —
            Nicht einer der Menschen   wird den andern schonen.

An Riesenheims Mark auf einem Bühle sitzt der frohe Eggther, der schwertbewehrte Held, die Harfe schlagend. Ihm zu Häupten, im Vogelwalde, schreit der röte Hahn, Fjalar geheissen. Bei den Asen kräht Gullinkambi, der goldkämmige Hahn und weckt die Helden in Heervaters Halle. In der Erde Tiefen, in der Hölle kräht ein russbrauner Hahn. So dämmert der Schlachttag heran; beim Erkrähen der Hähne, am frühen Morgen erwachen die Götter und die zum letzten Kampf in Walhall versammelten Einherjer, aber auch ihre Feinde, die Riesen und die Leute der Hölle. Mims Söhne fangen an zu spielen, die Gewässer geraten in unruhige Bewegung; Odin raunt noch mit Mims Haupte. Da ertönt Heimdalls gellendes Horn und verkündigt das Ende. Yggdrasil erbebt, der alte Baum rauscht. Der gefesselte Teufel, Loki und Fenrir, wird frei; alle erschauern auf den Höllenpfaden, ehe er dahin läuft. Wie stehts bei den Asen, wie stehts bei den Alben? Ganz Riesenheim tobt. Im Rat versammelt sind die Asen. Die Zwerge, der Felswände Bewohner, stöhnen vor den steinernen Thüren. So ist am Tage der Entscheidung die gesamte von den schrecklichen Vorzeichen erregte Welt in Aufruhr und Verwirrung.

Jetzt brechen die höllischen Mächte los. Garm, der Höllenhund, bellt wütend. Fenrir bricht die Bande und rennt dahin. Von Osten her fährt Hrym, den Schild im Arme. Im Riesenzorn wälzt sich die Weltschlange durch die Wogen. Der Adler krächzt, Leichen zerreissend. Naglfar[1]), das Schiff, in dem die Riesen

---

1) *naglfar* ist eigentlich das Totenschiff, das Gespensterschiff, indem *nagl* vermutlich zu νέκυς, νεκρός gehört; vgl. Detter, ZfdA. 31, 208; Noreen, Altnord. Grammatik² § 251, 3; Abriss der urgerm. Lautlehre S. 132 u. 178. Mit Riesen und Teufeln rücken auch die Totengespenster gegen die Lichtgötter heran. Der Name *Naglfar* wurde missverstanden, wie die Gylfag. Kap. 51 lehrt: „Naglfar das Schiff kommt los, das aus den Nägeln verstorbener Menschen gefertigt wurde. Und deshalb soll man niemand mit unbeschnittenen Nägeln sterben lassen, denn jeder, der das thut, fördert dadurch sehr die Vollendung des Schiffes Naglfar, von dem Götter und Menschen wünschen, dass es spät fertig werde." An die falsche Etymologie und an einen Brauch der Totenpflege knüpft sich demnach ein Aberglaube, der, wie J. Grimm, Myth. 775 Anm.

heranfahren, wird flott. Von Norden her segelt ein Schiff mit den
Leuten der Hölle; Loki ist Steuermann. Dem Wolfe folgt ein
wildes Heer. Von Süden her kommt Surt mit Feuer und Schwert.
Steinberge stürzen, Riesinnen straucheln, die Menschen fahren zur
Hölle, der Himmel birst. Diese Schilderung zeigt, wie Riesen
und Teufel, die entfesselten Elemente, Wasser und Feuer, von
allen Seiten her über Midgard hereinbrechen und die Menschen
dahin raffen. Das Meer steigt im Wogenschwall empor und speit
die Riesenschlange aus, die Hölle entsendet den Teufel in doppelter
Gestalt, Loki und Fenrir, die Feuerhölle den Surt. Riesen und Teufel
sind die geschworenen Feinde der Götter, wie die fortgesetzten
Kämpfe zwischen ihnen bezeugen. Am jüngsten Tage rücken sie
mit voller Macht heran, um den entscheidenden Schlag zu führen.

Auf einem weiten Gefilde, Wigrid oder Oskopnir, das tausend
Meilen im Geviert misst, treffen die seligen Götter und ihre Gegner
zusammen. Nach altgermanischem Brauche wurde auch die Stätte des
Völkerkampfes vorher bestimmt. Nach dem Grimnirliede hat Walhall
540 Thore; 800 Einherjer gehen aus einem jeden Thore hervor, um
mit dem Wolfe zu kämpfen. Man vermisst die Walküren und Raben,
die sonst des Gottes feierlichen Aufzug begleiten. Walvater Odin
unterm Goldhelm, den Speer in der Faust, reitet dem Wolfe
Fenrir entgegen. Er erliegt dem Untier. Da schreitet Widar
hervor, der tritt dem Wolfe in den Rachen und stösst ihm die
Klinge ins Herz; so rächt er den Vater. Freyr kämpft mit Surt
und fällt, da er sein treffliches Schwert entbehrt. Thor erschlägt
die Midgardschlange, aber nur neun Schritte noch weicht er vor
dem Gifte des Untiers zurück und fällt dann tot zu Boden. Die
Gylfaginning berichtet noch von zwei weiteren Kämpferpaaren,
die sich gegenseitig töten, Tyr und der Höllenhund Garm, Heimdall und Loki streiten mit einander. Die alte Feindschaft, die
zwischen Tyr und Garm, Heimdall und Loki besteht, kommt damit zum Austrag. Von der Beteiligung der Einherjer am letzten
Kampf wird nichts erzählt, obwol nach dem Eiriksliede die tapferen
Könige im Hinblick auf die letzte Schlacht zu Odin versammelt
werden, nach der Vol. 43 die Helden in Heervaters Saal beim Hahn-
kraht erwachen und nach dem Grimnirlied aus Walhalls Thoren
zum Kampfe ausziehen.

richtig bemerkt, die ungeheure Ferne und das langsame Zustandekommen
des Weltendes in der Art mancher Märchenzüge ausdrücken soll; solche Anzeichen des Weltendes stellt auch die Anm. zu Myth. 911 zusammen.

Die Götter sind gefallen, da erhebt sich *Muspell,* Surt schleudert Feuer über die Erde und verbrennt die ganze Welt. Die Sonne wird schwarz, die Erde sinkt ins Meer, vom Himmel schwinden die hellen Sterne. Dampf und Feuer sprühen auf, heisse Lohe bedeckt den Himmel.

Aufsteigt zum andern Male eine frisch ergrünende Erde aus dem Meere. Uber schäumendem Wasserfall fliegt der Adler, der an der Felswand nach Fischen jagt. Auf Idafeld finden sich die Asen zusammen und sprechen über die gewaltigen Ereignisse, die geschahen. Dort werden sich auch im Grase die wundersamen goldenen Täflein finden, die einst in Urzeiten die Asen besessen haben. Auf unbesätem Acker wachsen Ähren, alles Böse wird gut, Baldr erscheint. Baldr und Hod bewohnen Odins Siegeshalle, das Heiligtum der Walgötter. Hönir wählt sich den Looszweig, erforscht durch Looswurf die Zukunft; im weiten Himmel wohnen die Söhne der Brüder Odins. Widar und Wali walten im Götterheiligtum, wenn Surts Lohe verlischt; Modi und Magni werden den Mjolnir besitzen, nachdem Thors Kampf beendigt ist. Die Hauptgötter der alten Welt, Odin, Thor, Freyr, Tyr, Heimdall, kehren also nicht mehr wieder, ein jüngeres Geschlecht löst sie ab. Nur Baldr der Gute und Hönir erscheinen auch in der neuen Welt, sonst werden allein die Söhne der Brüder Odins, die Rächer Widar und Wali, und die Söhne Thors genannt. Eine neue Sonne leuchtet; ehe der Wolf sie verschlang, gebar die alte Sonne eine Tochter, welche die Wege der Mutter befährt, wenn die Götter dahin sind. Ein neues Menschengeschlecht wird gross. Lif und Lifthrasir, Leben und Lebenskraft, hatten sich im Stamme des Weltbaumes verborgen und vom Morgentau genährt. Und davon leben die Leute dann. Im goldgedeckten Gimle werden die Guten und Tüchtigen wohnen, wenn der allgewaltige, hehre Herrscher, dessen Name nicht genannt wird, von oben her zum jüngsten Gericht kommt. Von unten her, vom nächtigen Fels, kommt der arge Drache geflogen, Nidhogg, der in der Hölle die Leiber der Bösewichter frass und an der Wurzel der Weltesche nagte.[1] Überm Felde schwebend trägt der auf seinen Fittichen die Leichen. Doch nun muss er versinken.

1) Níþhǫggr, der schadengierig Hauende, wird Vǫl. 39, 66; Grímn. 32, 35; Gylfag. Kap. 15, 16, 52 erwähnt; vgl. dazu Bugge, Studien über die Entstehung der nord. Götter- und Heldensagen S. 480 ff.

So verlaufen *ragna rök* [1]), die Schicksale der Götter in deutlich gegliederter Reihenfolge. Die Vorzeichen des nahenden Endes äussern sich in Naturerscheinungen und in der Auflösung der sittlichen Ordnung unter den Menschen. Dann bricht der Kampftag an, der den Fall der Götter heranführt. Die Welt endigt im Feuer, aber sie ersteht wieder in neuer, verklärter Gestalt. Jetzt naht der grosse ungenannte Gott zum Weltgericht, die Guten wohnen in ewiger Wonne bei ihm, mit den Leibern der Bösen versinkt der Höllendrache. Die Übereinstimmung mit den christlichen Vorstellungen von den Vorzeichen des jüngsten Tages, vom Weltbrand, von der Welterneuung, vom Weltgericht fällt ohne weiteres in die Augen, sie erstreckt sich bis in Einzelheiten hinein und kann unmöglich auf blossem Zufall beruhen. Die nordische Sage ist ohne die christliche Lehre von den letzten Dingen gar nicht denkbar, sie muss in den letzten Jahrhunderten des Heidentums entstanden sein, als die Nordleute mit den christlichen Völkern in Deutschland und Frankreich, England und Irland in Berührung kamen. Bei den zahlreichen Fällen von Glaubensmischung, welche die Geschichtsquellen im 9./10. Jahrh. bezeugen, ist die Kenntniss christlicher Vorstellungen unter den heidnischen Nordleuten gar nicht unwahrscheinlich. Doch darf keineswegs an eine äusserliche Nachahmung der christlichen Eschatologie gedacht werden, vielmehr liegt darin nur die Anregung zu einer neuen, besonderen, von nordischem Geiste erfüllten Dichtung. Darum ist ebensosehr die Selbständigkeit und Eigenart der nordischen Sage zu betonen.

Durchaus neu und nordisch ist die Auffassung des jüngsten Tages als eines Schlachttages. Zwar bietet die christliche Eschatologie bei der Erscheinung des Antichrists ebenfalls Kämpfe, und eine besondere Sage liess den Elias mit dem Antichrist geradewegs fechten, wie das baierische Gedicht Muspilli und

1) *Ragna rök* steht Vǫl. 44, Baldrs Dr. 14, Atlamǫl. 21; Vafþr. 38 u. 55 stehen gleichbedeutend *tíva rök* und *ragna rök*. Das Wort gehört zu *rekja,* aufwickeln und bedeutet Entwickelung oder Verlauf einer Begebenheit von Anfang bis zu Ende, Schicksal, dann im besonderen das letzte Schicksal, der Untergang. So besagt also *ragna rök* Untergang der Götter, Weltende. Nur in, der Lokasenna 39 heisst es *ragna rökkr*, Finsterniss, Dunkel der Götter, „*Götterdämmerung*". Die Snorra Edda hat immer den letzteren, offenbar auf einem Missverständniss beruhenden Ausdruck, dem nicht die geringste sachliche Berechtigung zukommt. Vgl. Müllenhoff, ZfdA. 16, 146 ff.; Gering, Glossar zu den Liedern der Edda, Paderborn 1887, S. 132.

anderweitige Überlieferung [1]) beweisen. Jedoch können diese Züge
kaum als Vorbild der grossen Götterschlacht gelten. Die Posaune
des Engels weckt die Toten zum Gericht auf, in der nordischen
Sage ruft Heimdalls Horn zum Kampfe. Wie die Götter in ihrem
Aussehen, Thun und Treiben nur veredelte Menschen sind, so be-
schliessen sie auch ihre Laufbahn, wie es Helden geziemt, auf
dem längst vorher bestimmten Kampfgefilde. In ihren teuflischen
Gegnern mögen eher christliche Vorbilder nachwirken, da ja, wie
das Sprichwort sagt, am jüngsten Tage der Teufel losbricht. Ein
unentrinnbares Schicksal schwebt über den Walhallgöttern, der
Heldentod, den der kampffrohe Recke sich am Ende seines Lebens
wünscht. Sie suchen das Verhängniss aufzuhalten und sind um
die Zukunft ernstlich besorgt, aber sie wissen's auch gross und
stark zu tragen, sie fallen stolz und stumm. Uber ihren Leichen
lodert der Weltbrand.[2]) Den Grundgedanken der christlichen
Eschatologie, die doch den Menschen zunächst angeht, konnte das
Heidentum nicht fassen. Nur die Thatsache des Weltbrandes kehrt
wieder, die Handelnden aber sind die Götter, nicht die Menschen. Die
Auferstehung klingt in der Sage von Lif und Lifthrasir nach; das
Weltgericht ist jedenfalls im gleichen Sinne wie in der christlichen
Lehre gedacht, denn die Guten wohnen in ewiger Seligkeit bei
Allvater, die Bösen verdammt der höchste Richter mit Nidhogg
in die Hölle. Von den Vorzeichen ab, die nur nordischer Natur
gemäss auch einen schrecklichen langen Winter hervorheben, verläuft die nordische Eschatologie in allen wesentlichen Punkten
gleich mit der christlichen. Wir vermissen einzig eine deutlich
erkennbare Nachahmung des Antichrists, bewundern dagegen als
nordische Zuthat den Untergang der Götter. Dieser scheint mit
bedingt durch das Hervortreten Allvaters. Dass auch einige Götter
in der neuen Welt wiederkehren, ist in der sittlichen Auffassung
begründet, welche die Gerechten überhaupt der ewigen Seligkeit
zuweist. Darum kommt vor allen Baldr zurück. Aber die Herrschaft im neuen Himmel steht nicht mehr bei den Heidengöttern.
Es dürfte schwer halten, die unmittelbaren Quellen anzugeben,
aus denen die Nordleute schöpften. Das Eindringen der christ-

---

1) Heinzel, Ztschr. f. österr. Gymn. 43 (1892) S. 748 weist aus russischen
Quellen ähnliche Schilderung des Zweikampfes zwischen Elias und dem Antichrist nach, wie sie im Mûspilli begegnen.

2) Vgl. Dahn, Das Tragische in der germanischen Mythologie, Bausteine 1, 1879.

lichen Ideen mag nach und nach, zu verschiedenen Zeiten und in
verschiedenen Ländern erfolgt sein. Gelehrte, absichtliche Über-
führung scheint ausgeschlossen. Vielmehr handelt es sich um
allmäliges Bekanntwerden christlicher Vorstellungen, welche die
Nordleute auf ihren Fahrten aufzunehmen Gelegenheit hatten.
Ernste Gemüter wurden dadurch zum Nachdenken über den heidnischen Glauben angeregt, sie sagten sich von den Opfergöttern
los und empfahlen sich einer unbekannten, erhabenen, mächtigeren
Gottheit. Dem gleichen Ziele streben die Dichter zu, welche die
alten Götter heldenhaft zu Grunde gehen lassen, um nach ihnen
auf den starken Herrscher von oben her hinzuweisen, dem alles
gehorcht. Am deutlichsten tritt der christliche Einfluss an zwei
Begriffen zu Tage, die noch näher betrachtet werden müssen, an
*múspell* und an dem *starken Herrscher von oben*. Múspell legt
die Vermutung nahe, dass die Nordleute in Niederdeutschland
christliche Anschauungen aufnahmen. Ausserdem mögen namentlich die Angelsachsen manches vermittelt haben.

Das Wort *múspilli*[1]) begegnet im Altsächsischen und Althochdeutschen in geistlichen Gedichten des 9. Jahrh. Das baierische

1) Zur Erklärung des Ausdrucks Bugge, Studien 447 ff.; Kögel, Grundriss der german. Philologie 2, 1, 212 Anm. versucht eine andere Deutung, die
seltsamer Weise bei E. H. Meyer, Mogk, Steinmeyer Denkmäler 2, 38 Aufnahme fand, obschon sie sprachlich und sachlich unmöglich ist. *spelli* soll
Vernichtung heissen wegen an. *spell* Schaden, *spilla* schädigen. Im Westgermanischen lautet das Verbum aber as. *spildian*, ags. *spildan* (ags. *spillan*
ist späteres Lehnwort aus dem Nordischen), ahd. *spildan*. Wenn anders nicht
Entlehnung aus dem Nordischen behauptet werden soll, müsste das von Kögel
angesetzte Wort *speldi, spildi* lauten. Der erste Teil des Kompositums soll
in ahd. *mû-werf*, Maulwurf wiederkehren. *mû* ist synonym zu ahd. *molta*,
got. *mulda*, Staub, Erde; *mudspilli* entstand in Anlehnung an mhd. *mot*,
schwarze Torferde, Moor, Morast. Auch wenn man das sehr zweifelhafte
Dasein von *mû = molta* zugesteht, ist doch die Bedeutung von *múspilli*, Erd-
vernichtung, Weltende höchst fragwürdig. *mû* würde wie *molta* nur Staub
heissen; selten und erst spät nimmt das Wort z. B. an. *mold*, die erweiterte
Bedeutung von *tellus* an. Wäre Weltbrand und Weltende eine gemeingermanische
Vorstellung, so müsste man entschieden ein anderes Wort erwarten; denn
*múspeldi* könnte nichts andres heissen als Vernichtung des Staubes. Neuerdings
erklärt Kögel mit Hinweis auf Sievers, Indogerm. Forschungen 4, 335 ff., wonach urgerm. *þl : đl > ahd. dl : ll* (vgl. *stadel* und *stall*), *spillî*, die Splitterung
aus *spiđli* (urgerm. *þl* bewahrt mhd. *spidel*, Splitter und as. *spildian* aus
urgerm. *spiþlian*, wie *nâlda* zu *nêþla*). *Muspilli* ist die Weltzersplitterung.
Aber von einem Zerschellen des Erdballes kann wol die Neuzeit, schwerlich
das german. Heidentum fabeln.

Gedicht enthält eine Schilderung des Weltbrandes: „Da zieht der Sühnetag ins Land, heimzusuchen die Menschen mit dem Feuer. Da vermag kein Verwandter dem andern vor dem *múspille* zu helfen." Die Begriffe *stûatago*, Sühnetag und *múspilli* decken sich. Im Heliand 2591 wird die Wendung gebraucht: „*mûdspelles* Macht fährt über die Menschen, das Ende dieser Welt"; 4358 „*mûtspelli* kommt in düstrer Nacht wie ein Dieb"; gleichbedeutende Begriffe sind *duomes dag*, Gerichtstag, und *the lazto dag theses liohtes*, der jüngste Tag dieser Welt. Die Grundform des Wortes scheint *mûdspelli*, *mûdspilli* zu sein, im Ahd. mit Ausfall des dentalen Lautes *múspilli*, der Sinn Weltende durch Feuer, Weltbrand. Die nordischen Gedichte Vol. 51 und Lokas. 42 bringen den Ausdruck *múspelz syner*, Múspells Söhne. Darunter sind die Mächte des Verderbens verstanden, welche beim Weltuntergang über die Grenzen Midgards hereinbrechen. Dass auch im Norden mit *múspell* nicht bloss Weltende überhaupt, sondern Weltbrand gemeint ist, lehrt die Auffassung der Gylfaginning Kap. 4, 5, 8, 11. Dort wird im Süden die Feuerwelt *Muspellsheim* gedacht, über welche Surtr [1]) die Herrschaft hat; in der Hand hält er ein glühendes Schwert und am Ende der Welt wird er kommen und alle Götter besiegen und die Welt mit Feuer verbrennen. Surtr bedeutet der Schwarze. Meines Erachtens ist dieser Feuerriese eine Nachahmung des Teufels, der im Ags. der Schwarze, der schwarze Geist, der schwarze Feind (*se bláca*, *se bláca gœst*, *se swearta féond*) und noch im Mhd. der *hellemôr* genannt wird. In der mittelalterlichen Vorstellung ist die Hölle ebenso ein eisiger, nebliger, dunkler, wie ein feuriger, flammenerfüllter Ort. Daraus sonderten sich im Norden zwei Welten, die Nebelhölle mit Loki und die Feuerhölle mit Surt. Am jüngsten Tage aber kommen die Teufel los, die bisher zurückgehalten worden waren. Die nordische Anwendung des Begriffes *múspell* ist natürlich ursprünglich bildlich gemeint, *múspells* Söhne sind die feindlichen Gewalten, welche den Weltbrand veranlassen, die Feuergeister. Die Gylfaginning nimmt das Bild

---

1) Surtr, dessen Name auch in schwacher Form Surti erscheint Vafþr. 50, begegnet noch im isländischen Surtarbrandr, worunter eine harzige, verkohlte Erde verstanden wird. Surtshellir heissen vulkanische Felsenhöhlen auf Island. Vgl. Finn Magnusen, Myth. Lex. 457; Jón Arnason, þjóðsögur 1, 665. Im Vorbeigehen sei die wunderliche Annahme Finns a. a. O. erwähnt, der in Surt den höchsten Lichtgott, den starken Herrscher von oben erblickte.

wörtlich und gelangt so zur Vorstellung einer Welt, wo diese Dämonen bis zu ihrem Hervorbrechen am jüngsten Tage weilen. Dass *Muspellsheim* und *Niflheim* an den Anfang der Welt versetzt werden, erklärt sich aus der Lehre von den Elementen, welche der Verfasser dieses Abschnittes mit den älteren Sagen verknüpft. Den Namen *mûdspelli* finden wir also in Deutschland nur als Glied einer christlichen Vorstellungsreihe, während er zugleich auch der nordischen Mythologie angehört. Daraus wurde vorschnell geschlossen, Wort und Begriff sind urgermanisch, heidnisch und vom Christentum angenommen. *Mûdspelli* ist zusammengesetzt aus *mûd* und *spelli*. *Spelli*, *spilli* ist abgeleitet von as. ags. ahd. *spell*, got. *spill*, Rede, Verkündigung, Weissagung. *Mûd* aber scheint ein Lehnwort, das lateinische *mundus*. Auf niederdeutschem Gebiet, bei Sachsen oder Friesen wurde *mundus* zu *mûd* entstellt in Anlehnung an Wörter wie *mûd, kûd, gûd*, für hochdeutsch *mund, kund, gund*, aus *\*mundspelli* bildete sich *mûdspelli*. Aus Niederdeutschland gelangte der in der frühesten Bekehrungszeit etwa um 700 oder in der ersten Hälfte des 8. Jahrh. geprägte Ausdruck zu den Hochdeutschen und nach dem Norden. *Mûdspelli* bedeutet, was vom *mundus* verkündigt, geweissagt ist, Prophezeihung von der Welt. Das Wichtigste und Grösste, was von der Welt verkündigt wird, ist aber das Weltende. Die christlichen Sendboten werden diese Kunde eindringlich den Heiden gepredigt haben. Das Furchtbare ergreift die Phantasie am mächtigsten, das Weltende und seine Vorzeichen beschäftigten im Mittelalter lebhaft den Geist der Menschen. Dass aber ein lateinisches Wort mit einem deutschen verbunden wurde, hat nichts Auffälliges. In der Anfangszeit der Bekehrung besass die deutsche Sprache kein Wort für den umfassenden Begriff „*Welt*", d. h. Himmel und Erde und was drinnen ist. Denn das altdeutsche *weralt* heisst Menschheit und nahm erst allmälig in der christlichen Zeit die erweiterte Bedeutung an. Für „Erde" gab es wol Wörter, aber die genügten nicht, um die Vorstellung, welche das lateinische *mundus* längst besass, zu erwecken. So mussten die Missionäre zunächst wol oder übel beim lateinischen Ausdruck beharren. Der neue Begriff wurde den Deutschen in Gestalt eines Fremdwortes beigebracht, bis die Sprache nach und nach aus eignem Wortschatz den Gedanken auszudrücken lernte. So scheint also die Wortbildung *mûdspelli* gar nicht unmöglich und unglaubhaft. Das rechte Verständniss für die Zusammensetzung erlosch wol binnen kurzem, aber das Wort haftete im

Sinne von Weltuntergang im Feuer, Weltbrand. So gelangte es nach dem Süden und nach dem Norden.

> Von oben kommt  der allgewalt'ge
> Hehre Herrscher  zum höchsten Gericht

singt die Seherin, und übereinstimmend lauten ihre Worte im Hyndlaliede 45:

> Doch ein Gott wird kommen,  noch grösser an Macht,
> Nimmer wag ich's,  seinen Namen zu melden:
> Nur wenige können  noch weiter sehen,
> Als Walvaters Kampf  mit dem Wolf beginnt.

Vom Wohnsitze dieses Gottes berichtet die Seherin in Strophe 64 der Vǫl.:

> Einen Saal seh ich stehen —  die Sonn' überstrahlt er —
> Mit Gold gedeckt  auf Gimles Höhen:
> Dort werden wohnen  wackere Scharen
> Und ein Glück geniessen,  das nimmer vergeht.

Nach dieser Stelle wäre Gimle der Name des Berges, auf welchem sich der Saal erhebt, worin die Gerechten in der erneuerten Welt wohnen werden. Dagegen nennt Snorri den Saal selber Gimle, und dies passt auch besser zur Bedeutung des Wortes.[1]) Gimle besteht aus an. *gimr*, einem Lehnwort, wie ags. *gim* aus lat. *gemma* entnommen, und aus *hlé*, Obdach. Gimle ist also „Edelsteindach", ein Saal mit goldenem, edelsteinverziertem Dache. Die Gylfaginning im Kapitel 3, wie sie von dem durchaus christlich gedachten ewigen Allvater erzählt, berichtet: „Rühmlicher, als dass er Himmel und Erde machte, ist das, dass er den Menschen schuf und ihm Leben und Seele gab. Der Leib zwar verwest, doch alle die Seelen der Rechtschaffenen werden bei ihm weilen an dem Orte, der Gimle heisst; die Bösen dagegen kommen zur Hel und von dort nach Niflheim, unten in der neunten Welt." Weiterhin bemerkt die Gylfaginning Kap. 17 zu Vǫl. 64: „Am südlichen Ende des Himmels ist der Ort, der von allen der schönste ist und glänzender als die Sonne: er heisst Gimle und wird bestehen,

---

1) Gimle kommt nur Vǫl. 64 vor; sonst Gylfag. Kap. 3, 17 u. 52. An letzterer Stelle ist die Lesart von U *á Gimlé meþ Surti* gegen W *á Gimlé á himni* ein Fehler; Surtr hat mit Gimle nichts zu thun. Zur Etymologie und Bedeutung vgl. Müllenhoff, Altertumskunde 5, 30 ff.; Schullerus, Beiträge 12, 270; Bugge, Studien 444 f.

wenn auch Himmel und Erde untergehen, und die rechtschaffenen
Menschen werden dort in Ewigkeit wohnen. Gangleri fragte: Wer
hütet diesen Ort, wenn Surts Lohe Himmel und Erde verbrennt?
Har antwortete: So sagt man, dass im Süden über userm Himmel
ein andrer sich erhebt, der Widblain (der weithin Blaue) heisst
und über diesem ein dritter, der Andlang (der Entgegengerichtete,
vor den Blicken Liegende) genannt wird: an diesem meinen wir,
dass jener Ort (Gimle) sich befinde." Dieser allgewaltige Herrscher,
der vom obersten Himmel herab zum jüngsten Gerichte heranfährt, welcher als der Ewige und Unendliche nach dem Untergang
des Zeitlichen und Räumlichen hervortritt, ist der Gott des neuen
Glaubens, wofür schon die ebenfalls christliche Vorstellung von
der Dreiheit der Himmel [1]) zeugt. Zu einem so geistigen und geheimnissvollen Gottesbegriff wäre das Heidentum aus sich selber
heraus nie gelangt. In Gimle ist das himmlische Jerusalem, das
aus Gold und Edelsteinen erglänzte, nicht zu verkennen. Aus
diesen Stellen der alten Gedichte, welche den gewaltigen Herrscher
von oben über die erneute Welt setzen, folgert die Gylfaginning
Kap. 3 und 5 den Allvater, der ewig lebt und über alles in seinem
Reiche, Grosses und Kleines waltet, der Himmel, Erde und Luft
erschuf, der durch seine Kraft Ymir aus dem Urstoffe belebte, der
vor alledem da war. So ist das Endliche vom Unendlichen umgrenzt: die Gylfaginning hebt mit Allvater an, dann aber treten
die endlichen Göttergestalten, die echtheidnischen, allein hervor.
Wie sie verschwinden und vergehen, erscheint wiederum der Ewige
und Allmächtige. Der Versuch des vorweltlichen Allvaters ist
freilich missglückt. Was ihm zugeschrieben wird, verrichten später
die Asen. Nur mit dem zweideutigen Begriffe „Allvater", den
Snorri sowol auf den ewigen Christengott als auch auf Odin bezieht, sucht er über die Widersprüche, in die er sich verwickelt,
hinwegzutäuschen.

1) H. E. Meyer, Völuspa 45.

# VIERTES HAUPTSTÜCK.

## Die gottesdienstlichen Formen.

### I. Der Götterdienst im allgemeinen und das Opferwesen.

Papst Gregor richtete um 600 ein Schreiben an den Bischof Augustinus, der die Angelsachsen bekehren sollte.[1]) Darin hiess es: Erstens muss man nicht die Tempel der Götzen zerstören, sondern die Götzen. Man mache Weihwasser und besprenge damit die Tempel; man errichte Altäre und lege Reliquien hinein. Sind der Angelsachsen Tempel gut gebaut, so entziehe man sie dem Dienste der Götzen dadurch, dass man sie zu christlichen Tempeln umweihe, und zwar aus dem Grunde, damit dieses heidnische Volk

1) Gregor schreibt an Mellitus: *cum ergo Deus omnipotens vos ad reverentissimum virum fratrem nostrum Augustinum episcopum perduxerit, dicite ei quid diu mecum de causa Anglorum cogitans tractavi, videlicet, quia fana idolorum destrui in eadem gente minime debeant; sed ipsa, quae in eis sunt, idola destruantur, aqua benedicta fiat, in eisdem fanis aspergatur, altaria construantur, reliquiae ponantur. quia, si fana eadem bene constructa sunt, necesse est ut a cultu daemonum in obsequium veri Dei debeant commutari; ut dum gens ipsa eadem fana sua non videt destrui, de corde errorem deponat et Deum verum cognoscens ac adorans ad loca, quae consuevit, familiarius concurrat. et quia boves solent in sacrificio daemonum multos occidere, debet eis etiam hac de re aliqua solemnitas immutari; ut die dedicationis, vel natalitii sanctorum martyrum, quorum illic reliquiae ponuntur, tabernacula sibi circa easdem aecclesias, quae ex fanis commutatae sunt, de ramis arborum faciant, et religiosis conviviis solemnitatem celebrent, nec diabolo iam animalia immolent, sed ad laudem Dei in esu suo animalia occidant, et donatori omnium de satietate sua gratias referant; ut dum eis aliqua exterius gaudia reservantur, ad interiora gaudia consentire facilius valeant.* Bäda, *Hist. eccl.* I 30; weiteres auf Opfer und heidnische Bräuche bezügliches Bäda II 5, 9, 13, 15; III 8, 30; IV 22, 27. Heidnische Bräuche, die in Bussordnungen und Synodalbeschlüssen der Angelsachsen erwähnt werden, sammelt Kemble, The Saxons in England, London 1849, Bd. I, 523 ff.

desto williger an die gewohnten Anbetungsstätten komme. Zweitens, weil die Angelsachsen ihren Göttern noch viele Stiere zu opfern gewohnt sind, so ist es geboten, ihnen diese Feierlichkeit zu belassen; nur muss man derselben einen christlichen Sinn unterlegen. Und so sollen sie am Tage der Kirchweih und an den Gedächtnisstagen der heiligen Märtyrer, deren Reliquien zur Schau zu stellen sind, sich aus Baumzweigen Hütten rings um diejenigen Kirchen herrichten, welche aus Götzentempeln zu christlichen Tempeln umgeweiht werden und sollen so diese Feierlichkeit beim christlichen Mahle begehen, so dem heidnischen Götzen keine Tieropfer mehr darbringen, vielmehr behufs der Sättigung, Gott zum Lobe, Tiere schlachten und dem Geber aller guten Gaben für die Speisen danken. Diesen Menschen muss man einige äusserliche Freuden lassen, damit sie desto leichter zu den inneren Freuden hingeführt werden, denn es unterliegt keinem Zweifel, dass es unmöglich ist, diesen harten Gemütern auf einmal alles wegzunehmen, und zwar deshalb, weil derjenige, welcher einen hohen Standpunkt zu gewinnen bemüht ist, dies nur schritt-, nicht sprungweise erreicht.

Gregors Worte dürfen füglich unsern Betrachtungen über den Gottesdienst der heidnischen Germanen voranstehen, weil dadurch deutlich ausgesprochen ist, dass die heidnischen Kultusformen in der christlichen Zeit vielfach weiter leben. Zwar befolgten die Bekehrer nicht immer so milde Grundsätze, wie Gregor anempfiehlt. Mit Brand und Bruch ward oft genug der Götterdienst der Heiden niedergelegt. Aber im Grunde kam das gleiche Ergebniss heraus, hier eine freiwillige, dort eine widerstrebende Bewahrung heidnischer Bräuche. Mithin darf auch mancher spätere und nur in christlicher Fassung überlieferte Zug zur Aufhellung ursprünglich heidnischer Zustände verwertet werden.

## I. Der Götterdienst in der Rechtsordnung.

Der Götterglaube durchdringt das gesamte Leben des germanischen Volkes. Rechtswesen und Kriegswesen, Ding und Heerfahrt sind ebenso religiös geweiht, wie alle wichtigeren Ereignisse des Einzellebens von religiösen Handlungen begleitet sind. Die Nachrichten, die natürlich wieder am reichlichsten aus nordischen Quellen zu erholen sind, zeigen den Götterglauben mit vielen

Bräuchen, mit der gesamten sittlichen Lebensauffassung aufs engste
verknüpft. Die allgemeinen religiösen Formen scheinen bei allen
Stämmen ziemlich gleichartig gewesen zu sein, die grossen Unterschiede, welche die Göttersagen, d. h. die Gebilde einzelner Dichter,
aufweisen, stossen uns hier nicht so sehr auf. Freilich hören wir
auch selten von Einzelheiten, selbst der Name der angerufenen
Gottheit bleibt meistens verschwiegen. Aber der Gottesdienst
wurzelt in uraltem Herkommen und wird von den Veränderungen
der Göttersage wenig berührt.

An der Spitze der germanischen Volksstämme steht in den
ältesten Zeiten der Adel, eine kleine, stets sich vermindernde Schar
edler Geschlechter, aus denen die Könige gewählt wurden. Das
Wesen des Adels tritt in einer sagenumwobenen Ahnenreihe zu
Tage, an deren Ursprung Götter stehen. So sind die angelsächsischen Könige und damit auch die sächsischen, jütischen, anglischen
Wodans Söhne, ebenso die fränkischen Walsungen. Der Ahnherr
der Könige ist oft dem Stammesheros, nach dem das Volk sich
nennt, gleichgestellt und dabei ein Göttersohn, so vermutlich Ingo,
Irmino, Istvo als Söhne des Tiuʒ. Die Amaler entstammen den
*ansiʒ*, den Göttern. Nordische Könige werden Freys oder Tys
Gesippte genannt. Das Volk zeigt überall treue Anhänglichkeit
an seinen Adel, in welchem es den Göttern sich verwandt fühlt.
So ragt der Götterglaube in die Ständeordnung herein. Unter sich
selber stufen die Stämme eines Volkes wol nach den ältesten und
vornehmsten Adelsgeschlechtern sich ab, so die Semnonen mit dem
schaurig-heiligen Walde, wo Tiuʒ waltet, wohin die ersten Anfänge
des Volkes zurückdeuten, neben den übrigen Sueven. Wie spätere
Sagenbildung bis zu dem Gedanken, alle Menschen seien Gottes
(Heimdalls) Kinder, vorschreitet, ist beiläufig erwähnt worden.
Für den Glauben der Urzeit, als die Germanen ins Licht geschichtlicher Überlieferung eintreten, haben wir mit der Thatsache
zu rechnen, dass die Volksstämme in ihren ältesten und vornehmsten Adligen, denen das Königtum anvertraut wurde, Abkömmlinge
der Volksgötter ehrten.

Über die friesischen Götter sagt Richthofen[1]) auf Grund der
Quellenzeugnisse: Die heidnischen Friesen verehren Götter und
machen sich Bilder von ihren Göttern. Ihnen sind Güter aller
Art geweiht, sie haben Tempel, Äcker, Wälder, Seen, Quellen,

---

1) Untersuchungen über friesische Rechtsgeschichte Teil 2, 419 f.

weidende Tiere, Schätze; ihnen wird geopfert, auch Menschenopfer fallen, vor allem von solchen, die ihre Heiligtümer verletzten. Darum kam Willebrord mit seinen Genossen fast ums Leben. Sie, die Unbesiegbaren, entscheiden unmittelbar der Menschen Geschick, verkünden befragt durch das Loos ihren Willen. Sie sind der Urquell allen Rechtes, es ist von ihnen geschaffen, von dem geheimnissvollen Fremdling, der unter den zwölf Asegen erschien und sie des Landrechts unterwies; sie verkünden es durch ihre Priester, die Asegen, die Rechtsverkündiger, und bringen es im Gottesurteil zur Geltung.

Ding und Dingstätte sind dem Schutze der Götter geweiht.[1] Den eigentlichen Verhandlungen voran gehen sakrale Bräuche, deren Zweck eben darin beruht, den Beistand der Götter zum Gerichte anzurufen. Als Gerichtstage galten noch in christlicher Zeit besonders Dienstag und Donnerstag, woraus zu vermuten ist, dass Donar und Tiuz des Gerichtes walteten. In uralter Zeit fanden Menschenopfer zur Heiligung der Dingstätte statt, ein Brauch, den die spätere mildere Zeit in Norwegen zur Freigebung eines Unfreien verwandelte. Mit dem Opfer waren die üblichen Trünke verbunden, was ebenfalls noch aus späteren Bestimmungen der christlichen nordischen Rechte hervorgeht. Mit feierlichem Opfer an die Gottheit werden die Gau- und Volksgerichte angehoben haben. Dieses Opfer mag in den allgemeinen üblichen Formen verlaufen sein. Dann folgte die Heiligung, die Hegung des Dinges, welche der Priester oder der leitende Fürst oder König besorgte. Diese besteht in feierlichen Erklärungen, die in der Verkündigung des Dingfriedens gipfeln, und ist mit einer räumlichen Einfriedigung, Hegung des Verhandlungsplatzes etwa mittels Pflock und Seil verbunden. Innerhalb der Dingstätte herrscht ein heiliger Frieden, dessen Grenzen durch die Hegung abgemarkt werden. Auf Island bezeichnet *þinghelgi*, Dingheiligung den Dingfrieden, die Dinghegung und Dingstätte, *vébǫnd*, Weihbande, heilige Bänder, heissen die um die Dingstätte gezogenen Schnüre. Der Priester sprach das feierliche Gebot des Stillschweigens aus. Zur Eröffnung des Gerichtes leiten die Hegungsfragen, die an die Gerichtsgemeinde oder an ein einzelnes Mitglied gestellten Fragen des Richters, ob es Dinges Zeit und Ort sei, ob das Gericht gehörig

1) Über die sakralen Eigenschaften des germanischen Rechtes vgl. Brunner, Deutsche Rechtsgeschichte 1, 1887, S. 144 ff.; Amira, Grundriss der germ. Philologie II, 2, 177, 185, 193.

gehegt, gespannt oder besetzt sei, ob er den Gerichtsfrieden gebieten solle. Vielleicht wurden diese altertümlichen Hegungsfragen in der Urzeit vom vorsitzenden Richter an die Priester gestellt, welche darüber die Loose zu befragen und den Willen der Götter zu erkunden hatten. Diese bestätigten hierauf die gehörige Erfüllung der Einhegungsförmlichkeiten. Dann wurde Stille geboten und der heilige Dingfriede gesetzt. Die Mitwirkung der Götter äussert sich wiederum beim Eide. Der Schwörende musste einen Gegenstand berühren, der sich auf die als Zeugen des Eides und Rächer des Meineides angerufenen Götter bezog. Uralt ist der germanische Waffeneid, meist aufs Schwert, das nach Ammianus bei den Quaden göttliche Verehrung genoss, abgelegt. Zeuge mag der „*Schwertgott*“, Saxnôt, Tiuz gewesen sein. Goten und Nordgermanen schwuren auf Ringe, die zuvor in das Blut des Opfertieres getaucht worden waren. Eine nordische Eidformel ist überliefert: Ich schwöre auf den Ring einen gesetzlichen Eid, so wahr mir Freyr, Njord und der allmächtige Ase (Thor) helfe, zu klagen, zu verteidigen, zu zeugen, Wahrspruch oder Urteil zu fällen nach bestem Wissen und Gewissen und nach Rechtsbrauch. Das Gottesurteil, das Ordal dient nach altem Rechtsbrauch als Beweismittel. Die Elemente, Feuer und Wasser, die Loose werden befragt. Die Götter offenbaren ihr Wissen um die Vergangenheit bei gewissen Handlungen. Das Ordal dient übrigens im ältesten Rechte nicht bloss als Beweismittel, sondern es wird auch angewendet, um den Willen der Götter zu erkunden, ob ihnen der bereits überführte Verbrecher oder der gefangene Feind als Opfer genehm sei. Das germanische Recht bestraft schwere Verbrechen auf zweifache Art. Der Missethäter wird aus dem Frieden gethan und in Wald und Wildniss gewiesen. Dort schweift er wie ein Wolf umher, sein Leben ist verwirkt, er kann von jedermann getötet werden. Das Recht entzieht dem, der es gebrochen, seinen Schutz, besonders den Frieden. Ob er zu Grunde geht, bleibt aber dem Schicksal, der waltenden Gottheit, überlassen. Es gibt aber Verbrechen, Neidingswerke, die nicht allein Menschensatzungen zerreissen, die auch den Zorn der Götter hervorrufen. Auf solchen Verbrechen steht Todesstrafe.[1]) Der Missethäter wird der Gottheit als Opfer gegeben, auf dass die Rache der Götter, welche durch die Unthat gereizt wurde, von der Rechtsgenossenschaft abgewandt werde.

1) Den sakralen Charakter der Todesstrafe erweist Amira, Über Zweck und Mittel der germanischen Rechtsgeschichte, München 1876, S. 58 ff.

Demnach ist die heidnische Todesstrafe ein Kultakt, ein Opfer. Daher rührt noch das umständliche Ritual, das den Todesstrafen des Mittelalters anhaftet. Ganz bestimmt wird das Hängen, das Ertränken, das Rückenbrechen als Opferhandlung bezeugt. Die Kriegsgefangenen wurden aufgehängt, dem Tiuz und Wodan geweiht, aber ebenso auch Verräter und Heerflüchtige zur Sühne ihrer Schandthat. Neben den Tempeln befanden sich Teiche, in denen die Opfer ertränkt wurden; die Sklaven der Nerthus versinken im heiligen See; in gleicher Weise werden nach Tacitus Feiglinge, Schwächlinge und Unzüchtige in Sümpfen versenkt und mit Dornen bedeckt. Kriegsgefangene aus der Schlacht im Teutoburger Wald wurden lebendig begraben. Auch diese Opferhandlung begegnet als besondere Todesstrafe. Wo die Westisländer sich zum Ding versammelten, an der Dingstätte, in der Nähe des Tempels sah man in den Tagen Aris noch den Gerichtsring, in dem die Leute zum Opfer verurteilt wurden; in dem Ringe stand der Thorsstein, an welchem die Leute gebrochen wurden, die man zum Opfer gebrauchte, und man sah noch die Blutfarbe an dem Stein. Beim Allding des Jahres 1000 werfen die christlichen Isländer den heidnischen vor, sie wählten die schlechtesten Leute, um sie ihren Göttern zu geben, und opfern sie mit einem abscheulichen Tode und einem ihrer Missethaten wegen ihrer würdigen, sie stürzen sie von Bergen herab oder in Felsschluchten. Mit der Auffassung der Todesstrafe als eines Sühneopfers hängen die umständlichen Formen zusammen. Beim Hängen dient der Weidenstrang anstatt des Strickes, der dürre laublose Baum anstatt des Galgens; Hunde werden mitgehängt u. dgl. Kauffmann [1]) betrachtet auch die Ächtung als eine Kulthandlung. Der Verfehmte, der wie ein Tier wehrlos und selbst gefesselt in den Wald gejagt und dem Tod preisgegeben wurde, sei es, dass er verhungert und verschmachtet oder von Tieren zerrissen wird, sei ein unmittelbares Opfer an die Gottheit; nur dass die Gottheit im schauerlichen unheimlichen Bannwalde selber das Urteil vollstreckt und an sich nimmt, während sonst der Mensch das Blut des Opfers vergiesst. Das germanische Strafrecht beruht auf dem Grundgedanken der Sühnung. Wo durch Missethat der Zorn der Götter gereizt ist, tritt „öffentliche" Strafe ein, die einzig mögliche Sühne, der Opfertod.

1) Beiträge 18, 177 ff.

Wie die Götter das Recht einsetzten und seiner Handhabung
walteten, so nahm das Recht auch wiederum darauf Bedacht, dass
der Dienst der Götter gehörige Pflege fand.  Im Norden gab es
gesetzliche Bestimmungen, die von vornherein ausschliesslich auf
den Schutz der Religion und des Kultes gerichtet waren.  So
heisst es vom ältesten isländischen Landrecht von 930: „Das war
der Anfang der heidnischen Gesetze, dass man keine Schiffe mit
Köpfen in der See haben sollte, oder wenn man solche hätte, da
sollte man den Kopf abnehmen, ehe das Land in Sicht käme, und
nicht zum Lande segeln mit aufgesperrten Köpfen oder gähnenden Rachen, so dass die Landgeister darüber erschräken." Die
Vorschrift nimmt also Bedacht, dass die Landgeister durch die
heranfahrenden Drachenschiffe mit ihren schrecklichen Bildnissen
nicht beunruhigt werden sollten.  Es scheint überhaupt, dass bereits in der heidnischen Zeit religiöse Gebote ganz in derselben
Weise an die Spitze der Gesetze gestellt wurden, wie später das
Christenrecht deren ersten Abschnitt zu bilden pflegte.[1)

## 2.  Der Götterdienst im Kriege.

Der Gottesdienst durchdrang weihend die germanischen Kriege,
die nach alter Volkssitte eingeleitet, geführt und beendigt wurden.[2)
Der Brauch der Germanen, Ort und Zeit des Kampfes dem Gegner
vorher zu bestimmen, lebt in nordischer Göttersage insofern nach,
als Wigrid, das weite Walfeld, wo die guten Götter und Surtr
im Kampfe zusammenstossen, im voraus bekannt ist.  Mit Hasel-
stäben wurde Dingplatz und Schlachtfeld abgegrenzt, gehegt und
dadurch wahrscheinlich dem Schutze der Gottheit unterstellt.  Der
Kriegsgott zog mit den deutschen Völkern in die Schlacht und
war in ihrem Lager.  Zum sichtbaren Zeichen seiner Gegenwart
standen die Bilder und Symbole, welche im Frieden an den heiligen Bäumen der geweihten Waldplätze über den Opferfesten
der Gau- und Volksgemeinden schwebten, bei den Abteilungen
des Heeres.  Es war das Amt des Priesters, jene Bilder und Zeichen von den Bäumen herabzunehmen und während des Zuges

---

1) Vgl. Maurer, Die Eingangsformel der altnord. Rechts- und Gesetz-
bücher in den Münchener Sitzungsberichten 1886, S. 317 ff.

2) Das Folgende im Anschluss an Weinhold, Beiträge zu den deutschen
Kriegsaltertümern in den Sitzungsberichten der Berliner Akademie d. Wiss.
1891, II, S. 543 ff., besonders S. 556—567.

zu hüten. Ehe ein Krieg unternommen oder eine Schlacht begonnen ward, forschten die Deutschen nach dem Willen des Gottes. Er wurde befragt, ob er dem Kampfe günstig sei. Ungünstige Zeichen bei den Opfern wurden sorgsam beachtet; man zog dann Friedensverhandlungen dem Kampfe vor. Wie einmal die Alemannen unter Leuthari in Campanien wider den Rat ihrer Seher sich mit Narses schlugen, wurden sie besiegt. Mittel der Erforschung war Looswurf, den im Kriegsfalle, wie auch sonst in öffentlichen Dingen der Priester vollzog. Aus den Eingeweiden und dem rinnenden Blute der Opfertiere wurde geweissagt. Man horchte auf die Stimmen, das schwellende Schlachtgeschrei (*barditus*), das Wiehern der Tempelrosse. Der Zweikampf diente als Erforschungsmittel. Einen Gefangenen aus dem feindlichen Volke stellten die Deutschen einem auserlesenen Manne vom eigenen Stamme, jeden mit seinen volkstümlichen Waffen, gegenüber und nahmen den Sieg des einen oder des andern als Vorbedeutung des bevorstehenden Krieges. Weissagende Frauen, wie Weleda bei den Bructerern, hatten grossen Einfluss auf die kriegerischen Unternehmungen des Volkes. Blutiges Menschenopfer musste den Grimm der Götter besänftigen und sühnen. Denn der Götter Zorn, Odins Grimm, ist die vernichtende Niederlage. Darum wurde das Feindesheer zur Feindschaft des Gottes verflucht: Zornig ist euch Odin! Schwankte der Sieg während des Kampfes, so wurden neue Opfer gebracht, um den noch immer zürnenden Gott günstig zu stimmen. Die Kampftoten, die Wal, waren zugleich ein Dankopfer an den Gott. So ehrten die Goten den Tiuz als den Herrn des Krieges mit Menschenopfern; daher weihten sie ihm die Erstlinge der Kriegsbeute und alle Gefangenen. Die nordischen Völker des 5. Jahrhunderts brachten dem Tiuz als vornehmstes Opfer den ersten Kriegsgefangenen, indem sie ihn hängten oder ins Dorngebüsch warfen oder sonst jämmerlich töteten. Der Frankenkönig Theudebert opferte an der Pobrücke die gotischen Frauen und Kinder und warf ihre Leiber in den Fluss als Erstlingsopfer des Krieges. Das Blut aller Christen gelobte der heidnische Gotenkönig Radagais seinen Göttern bei dem Zug nach Italien (405), wenn sie ihm den Sieg gäben. So wurde es auch im Norden gehalten, wo das dritte grosse Opferfest zu Sommers Anfang, wenn die Jahreszeit für Heerfahrten und Seezüge anbrach, gehalten wurde, das *sigrblót*. Harald Hilditonn, König von Dänemark, betet in der Brawallaschlacht zu Odin und gelobt ihm für den

Sieg alle Toten des Walfeldes. Während einer Seeschlacht, die
Jarl Hakon in Norwegen um 989 gegen eingefallene Wikinger
schlägt, wendet sich sein Glück. Da fährt er ans Land und opfert
seinen eigenen siebenjährigen Sohn um Sieg. Eirik von Schweden
ergab sich selber vor der Schlacht gegen Styrbjorn dem Odin für
den Sieg: er gelobte, nach zehn Jahren sterben zu wollen. Die
früheren Opfer, die er dem Gotte gebracht, hatten diesen nicht
freundlich gestimmt. Da trat ein grosser Mann mit breitem Hut
zu ihm; der reichte ihm einen Rohrstengel und hiess ihn denselben über die Schaar Styrbjorns mit den Worten schiessen: Odin
hat euch alle! Eirik that also, und als er geworfen, zeigte sich
ihm ein Speer in der Luft, der flog über das Volk Styrbjorns
und blendete dieses und den Styrbjorn selbst. So gewann Eirik
den Sieg mit Odins Hilfe, Bjorn aber und viele der Seinen fielen
in der Schlacht. Bei einem feindlichen Zusammentreffen zwischen
dem Goden Snorri und Steinthor warf letzterer nach alter Sitte
sich zum guten Zeichen einen Speer über die Gegner und verwundete dabei einen Verwandten des Snorri. Gizur, Heidreks
Pflegesohn, ritt den einbrechenden Landesfeinden entgegen, um
ihnen den Schlachtplatz anzusagen. Er reitet so nahe heran, dass
die Feinde ihn hören können, und ruft dann laut:

> Erschreckt ist euer Volk, dem Tod verfallen euer Führer.
> Die Kriegsfahne ist über euch erhoben, feind ist euch Odin.
> Ich lade euch nach Dylgja und auf die Dunheide
> Zur Schlacht zwischen den Josurbergen.
> Und so lasse Odin den Speer fliegen,
> Wie ich voraus verkünde.

Der Speerwurf erscheint hier als Zeichen der Kriegsankündi-
gung, und zugleich zur guten Vorbedeutung. Aus dem Fluge des
Speeres ergab sich ein Wahrzeichen über den Ausgang des
Kampfes, da der Flug unter Anrufung Odins geschah. In der
Sage von Eirik leiht der Gott die eigene Waffe seinem Schützt-
ling, wie er in anderem Falle dem Dag seinen Speer gab, damit
er den erschlagenen Vater an Helgi räche. Wie diejenigen, welche
sich Odin weihten, mit dem Ger sich verwundeten und ihr Blut
dem Gotte opferten, so ist die nach dem Feind geworfene Waffe
das Zeichen für das grosse Blutopfer, das in dem Tod aller
Feinde dem grimmen Todes- und Kriegsgotte gelobt wird. Mit
Speerschuss eröffnete Odin den ersten Weltkrieg, den der Götter

und Wanen. Speerwurf als Kampfansage ist eine uralte religiöse Handlung, ebenso von Persern, Griechen und Römern als von den Germanen geübt. Der germanische Gerwurf geschah als Opferhandlung für den Walgott, einst für Tiuz, dann für Odin.

Der Gottesdienst, welcher das kriegerische Leben der Germanen durchdrang, brach auch in den Liedern hervor, mit denen sie ins Gefecht vorrückten. Mit Anrufung des Donar (Hercules) traten nach Tacitus die Deutschen in die Schlacht. Rauher, wilder Gesang der Goten, Preis der Götter und Helden, gellte den Römern in den Ohren. Die Götter und die Helden schwebten geistig über den Häuptern der todbereiten Männer und weihten ihre Waffen.

Bei der Anrufung der Götter vor dem Kriege um den Sieg war gelobt worden, die Feinde ihnen dafür zu opfern. Dem Gelübde folgte die Erfüllung. Nach dem grossen Siege von Arausio (im Jahre 105) vollzogen die Kimbern die furchtbare Vernichtung aller Lebenden und Toten. Das erbeutete Gold und Silber ward ins Wasser geworfen, die Gewänder wurden zerrissen, die Rüstungen zerhauen, die Reitzeuge zerstört, die Rosse im Flusse ertränkt, die lebenden Gefangenen an die Bäume gehenkt. Die ganze ungeheure Beute, die sie in den beiden römischen Lagern gemacht, vernichteten die Deutschen nach alter Kriegssitte. Ein andres Bild solcher Opferstätte bot das Walfeld des Varus, wie es Germanicus im sechsten Jahre nach der Schlacht (15 n. Chr.) fand. So wie die Römer gefallen waren, lagen ihre Gebeine unbestattet, samt den Waffenresten und Pferdegerippen; an die Baumstämme waren die Schädel genagelt; in den nahen Wäldern standen die Opfersteine, an denen die Tribunen und Centurionen der ersten Züge geopfert worden waren. Die andern Gefangenen hingen an den Galgen oder waren in Gruben lebendig begraben worden, wie die Soldaten, die durch Flucht davon gekommen, dem Germanicus erzählten. Nicht mutwillige oder wütende Grausamkeit hatte diese schauervolle That bewirkt, sondern die Pflicht gegen den Kriegsgott, welcher das Opfer verlangte, nachdem er die Bitte und das Gelöbniss erhört und den Sieg gegeben hatte. In gleicher Weise haben die Hermunduren nach ihrem Siege über die Chatten am Salzflusse alles, was an lebenden Menschen und Tieren in ihre Hände gefallen war, dem Tiuz und Wodan geopfert. Und ebenso wird von den Goten berichtet, dass sie alle Gefangenen dem Tiuz zu opfern pflegten. Die Sachsen bestimmten

aus den Kriegsgefangenen durchs Loos den zehnten Mann und
opferten diese Ausgeloosten mit gleicher qualvoller Art den
Göttern. Im besonderen war es das Blut der Menschen und Tiere,
welches der Gott empfing. Die Götter dürsten nach Blut und
darum heisst bei den Skalden das Blut *Gauts tafn,* Odins Opfer.
Mit dem Blut aus selbst gestochener Wunde erkauften die Nordgermanen die Hilfe Odins und Aufnahme in sein Gefolge. Mit
der Speerwunde gaben sie sich dem Gotte zu Eigen und zeichneten sich mit seiner Marke als ihm gehörig. So wird Wikar von
Starkad aufgeknüpft, durchbohrt und dem Odin geweiht. Blut-
und Hangopfer, die der düstre Gott fordert, sind hier vereint.
Die Leiber der Gefallenen gehören den Tieren des Todesgottes,
den Raben und Wölfen. Unsre alte Poesie klingt noch davon
wieder, wie die dunklen Raben, die Adler und die Habichte
schreien, und die wilden grauen Wölfe, des Wettergottes Hunde,
am Abend vor der Schlacht ihr Lied anstimmen, in der Hoffnung
auf Atzung; wie die Heervögel, die schlachthungrigen, vom Blut
benetzten, auf den Spuren der Kämpfer fliegen und das Schlacht-
lied singen mitten unter den Speeren. „Der hat oft die Are ge-
sättigt", war ein Lob für tapfre Männer. „Deinen Leib will ich
den Vögeln hinlegen und dein Haupt von hinnen führen", ruft der
Held dem Feinde zu.

Ein Dankopfer für den Sieg war, den isländischen Quellen
zufolge, auch bei Zweikämpfen fromme Sitte. Egill und Atli
hatten sich zum Holmgang gefordert. Als Opfertier war ein
grosser alter Stier zur Stelle gebracht, den sollte der Sieger
schlagen. Atli fiel. Da lief Egill rasch zu dem Tier, griff mit
der einen Hand in sein Maul, mit der andern in die Hörner und
schleuderte es herum, dass es das Genick brach. Kormak hatte
den Thorward im Zweikampfe verwundet; er hieb das Rind als
Siegopfer sofort nieder, mit dem Blute bestrich er eine nahe Elben-
höhle und bereitete aus dem Fleische den Elben ein Mahl, weil
elbische Einflüsse über dem Kampfe gewesen waren.

Vom Beschluss zum Kriege bis zum blutigen Siege durchdringt das religiöse Element die germanischen Heere und treibt
auch den einzelnen Mann. Der Krieg war ein furchtbarer Opferdienst.

### 3. Der Götterdienst im alltäglichen Leben.

Wie das öffentliche Leben des ganzen Volkes, so stand auch das des Einzelnen in engster Verbindung mit dem Götterglauben.[1]) Deutlich tritt bereits bei der Namengebung religiöser Brauch hervor. Wenn dem Kinde ein mit einem Götternamen gebildeter Eigenname beigelegt wurde, so soll es damit in des Gottes Schutz gestellt werden. Am meisten ist die Benennung nach Göttern im heidnischen Norden üblich, jedoch zeigen deutliche Spuren, dass es in Deutschland ebenso gehalten wurde. Mit As und Regin, im Niederdeutschen Os, im Hochdeutschen Ans zusammengesetzte Namen, die grossenteils noch heute üblich sind, wie die ähnlicher Vorstellung entsprungenen christlichen Namen Gotthold, Gottlieb, Gottfried u. dgl., drücken die allgemeine Unterordnung unter die Gottheit aus, wohin auch Helgi und Helga (russisch Olga), der und die Geheiligte, und die mit vé, d. h. Heiligtum, Weihtum, verbundenen gehören. Foerstemanns altdeutsches Namenbuch und jedes beliebige nordische Namenverzeichniss bieten unter den Schlagwörtern Beispiele in Hülle und Fülle. Alfr, Freyr, Gautr, sowie die im Norden ungemein beliebten Zusammensetzungen mit Thor, Freyr, Ing, Alf sind hierfür Zeugen. Asen und Alfen nehmen die Menschen in Schutz. Ob die dem nordischen Gautr und Freyr entsprechenden deutschen Gôz und Frô auf Götternamen weisen, ob nicht vielmehr die zu Grunde liegenden Appellativa nur im Norden zum Range eines Götternamens sich erhoben, ist zweifelhaft. In Deutschland werden Wodan und Balder als Namen geführt, im Norden auch Idun. Wenn auch der grösste Teil der überlieferten Namen erst der späteren Zeit angehört und, wie es so häufig auch noch heute geschieht, nur gewohnheitsmässig, ohne Verständniss des eigentlichen Sinnes, angewandt wurde, so liegt doch zweifellos ursprünglich bewusster Brauch zu Grunde, ein im Namen angedeutetes Schutzverhältniss zum Gotte.

Im Norden war es Sitte, das Kind mit Wasser zu begiessen. Dieser Brauch ist allerdings religiös, ahmt jedoch die christliche Taufe nach.[2]) Die Eingehung der Ehe war mit religiösen Bräuchen

---

1) Über den Einfluss der heidnischen Religion aufs Privatleben vgl. besonders Maurer, Bekehrung 2, 226 ff.; 46 ff.; 72 ff.

2) Vgl. Konrad Maurer, Über die Wasserweihe des germanischen Heidentums, Münchener Akademieabhandlung 1880; Müllenhoffs Entgegnung, AnzfdA.

verknüpft. Adam von Bremen weiss, dass dem Freyr bei Hochzeiten
geopfert wurde, das Lied von Thrym zeigt, dass der Hammer Thors,
der auch sonst zu mancherlei Weihen diente, dabei gebraucht wurde.
Ein feierliches Mahl und Trinken, wobei die üblichen Sprüche
und Gelübde nicht fehlten, schloss sich an. Auf der Nordendorfer
Gewandspange werden Wodan und Donar zu einer Weihhandlung
angerufen, die jedenfalls auch nur das Privatleben betrifft. Die
Besitznahme von Land verlangt nach isländischem Rechtsbrauch
Weihe durch Feuer, die Erstreckung der Grenzen wurde in Norwegen durch Hammerwurf festgestellt. Wer die Wohnung wechselte, begann den Umzug mit segnenden Weihesprüchen. Bei Eingehung der Blutbrüderschaft rief man die Götter zu Zeugen der
übernommenen Verpflichtungen an. Unter Androhung des Zornes
der Götter verbietet man dem Gegner die Benützung des strittigen
Gutes vor rechtlichem Austrag der Sache. Wer eine Vorschrift
der Rechtsordnung versäumte, dem zürnten die Götter. Die Brüder
Helgi und Grim hatten einen verübten Totschlag nicht den Gesetzen gemäss angezeigt; dafür sandten die Götter einen schweren
Sturm über sie. Wo immer der Mensch höherer Hilfe und höheren
Rates zu bedürfen meinte, da wandte er sich vertrauensvoll mit
Opfer und Gebet an die Götter, und wenn der Staat das einemal
um gutes Jahr und Frieden, ein andermal um Sieg zu opfern
pflegte, so betete und opferte auch der Einzelne um Rache an
einem Gegner, um Heilung einer Wunde, um Holz zu einem Hausbau, um Anrichtung oder Abwendung von Schaden, um Speise
während drückender Hungersnot, um Aufklärung über die Zukunft,
um Rat über das unter schwierigen Umständen einzuhaltende Verfahren. Die Norweger, die nach Island übersiedelten, traten selten
ohne Rat und Beistand Thors die Reise an. Darum sind auch Thors-
köpfe auf dem Hochsitzpfeiler des Hauses geschnitzt, darum trägt
man kleine Hämmer als Schmuckgegenstände und Götterbilder
bei sich. Das Einzelopfer, das der Hausvater für sein Ingesinde
darbringt, richtet sich als Bitt- und Dankopfer zumal in der bäuerlichen Wirtschaft hauptsächlich an seelische und elbische Wesen.
Der älteste Gottesdienst ist der, den die Hausgenossenschaft den
Ahnengeistern darbringt. Bei der Entfaltung des Glaubens an
Götter, denen die Geschicke des Volkes anvertraut sind, schränkt
sich Seelen- und Elbenkult namentlich auf Haus und Gemeinde

7, 404 ff. bewegt sich in einem Tone, dass sie bloss als Kuriosum angemerkt
werden kann; zu ihrer sachlichen Bedeutung vgl. Bugge, Studien 399 ff.

ein. Mithin ist das Einzelopfer ein wichtiger Bestandteil der Religionsübung, welche dem Privatleben zufällt. Aber es ist nicht ausgeschlossen, dass auch der Einzelne den grossen und mächtigen Göttern seines Volkes eine eifrige Pflege widmet. Manche schliessen mit ihren Lieblingsgöttern einen schier menschlich gedachten Bund, ein Verhältniss gegenseitiger treuer Freundschaft und Zuneigung, das auf der einen Seite die Pflicht zu Dienst und Gehorsam, auf der andern die Pflicht zu Schutz und Schirm hervorkehrt, etwa wie es zwischen einem König oder Häuptling und seinem bevorzugten Gefolgsmann besteht. So war Thorolf aus Mostr in Norwegen ein besonderer Freund Thors; seinen Sohn Steinn schenkte er dem Thor und nannte ihn daher Thorstein. Dieser verfährt nachher ebenso, macht seinen Sohn zum Tempelpriester und heisst ihn Thorgrim. Der Grönländer Thorhall betrachtet den rotbärtigen Thor als seinen verlässigsten Freund. Dem Hrafnkell ist Freyr befreundet; Hrafnkell gab dem Gotte die Hälfte seiner Habe zu Eigen. Thorkell hat den Freyr zum Freunde und so auch die beiden Freysgoden, Thorgrim und Thord. Man wundert sich bloss, dass sie nicht auch den Namen ihres Gottes führen, sondern wie die Thorsdiener heissen. Sigurd der Wurmtöter ist *Freys vinr*, Freys Freund. Prachtvoll führt die Sagendichtung bei Odin, der den jugendlichen Heldengeist weckt, leitet und endlich zu sich nimmt, solch persönliche Neigung und Schirmherrschaft zwischen Gott und Helden uns vor. Aber eine solche Freundschaft kann auch schnell zerrissen werden, wenn die Götter einmal ihren Schützling im Stich lassen. So gelangt der trotz seines eifrigen Opferdienstes von seinen Feinden besiegte Hrafnkell zur Verleugnung jeglichen Götterglaubens. Dem Grimkell, einem eifrigen Opferer, weissagt die Thorgerd Hölgabrud seinen Tod; aus Zorn darüber legt er Feuer an ihren Tempel. Übrigens plündern und brennen auch gläubige Heiden die Göttertempel ihrer Feinde, worauf sie allerdings auch der Acht anheimfallen. Das Verhältniss einzelner Leute zu Haus- und Folgegeistern, zu Kobolden und Fylgjen ist beim Geisterglauben geschildert.

Beim Tode des Menschen greift der Glaube wiederum mit allerlei Bräuchen und Vorstellungen ein. In der Göttersage weiht Thor Baldrs Holzstoss mit seinem Hammer; die Runensteine, die Denkmäler wurden öfters dem Schutze des starken Gottes empfohlen: Möge Thor diese Runen weihen! Man wies den Verstorbenen förmlich und feierlich nach Walhall. Der Glaube, dass

der Tote eine weite Fahrt ins Jenseits zurückzulegen habe, veranlasste die in alten Quellen häufig erwähnten, in den Gräbern
auch wirklich entdeckten mannigfachen Zugaben. Dem Toten
folgten Pferde, Wagen, Schiff, damit er so die Reise mache, oder
wenigstens wurden ihm Schuhe beigelegt, um die weiten dor-
nichten und steinichten Wegstrecken durchwandern zu können.
Streng wurde die Besorgung und richtige Bestattung der Leiche
beachtet. Die Vorstellungen vom Schicksal nach dem Tode waren
auch unter der Dauer des Walhallglaubens sehr verschiedenartig.
Man dachte, die Seele des Abgeschiedenen gehe zu den mannigfachen Klassen von Geistern, zu den Göttern oder zum allgemeinen Totenreich, zur Hölle. Wie bereits in den betreffenden Abschnitten aufgezeigt ward, war kein fester, einheitlicher Glaube
vorhanden. Odin ladet vornehme, tüchtige, waffentote Helden
gen Walhall. Aber dennoch fährt mancher, der diese Bedingungen
vollauf erfüllt, zur Hölle, und mancher geht in Walhall ein, ohne
auf dem Walfeld geblieben zu sein. Thor nimmt sich die Bauern;
die Weiber fahren zu Freyja, der aber andererseits auch die Hälfte
der Wal zugewiesen wird, die Jungfrauen zu Gefjon. Allen steht
ein herrliches, freudenreiches Leben bevor. Aber auch die Riesen
und Unholde aller Art, die Elbe und Zwerge holen sich ihre
Beute. Der Überrest der Menschheit, die ganze feige und thatenlose Menge, die weder Gott noch Dämon mag und die ruhmlos
auf dem Siechbett dahinstirbt, bevölkert die Hölle. Zur Hölle
gehen alle die Toten, die nicht durch besondere Wahl von anderer Seite ihr entzogen werden. Diesen Stand nehmen im allgemeinen die nordischen Überlieferungen des 9./10. Jahrhunderts
ein. Endlich war auch der Erbschaftsantritt mit einem Opferfeste verbunden. Im selben Jahre, da der Erblasser gestorben
war, hielt der zur Erbschaft Berufene ein feierliches Gastmahl;
mancherlei Minne wurde da getrunken, endlich aber sollte beim
Hauptbecher der Erbe ein feierliches Gelübde thun und dadurch
sich erst das Recht erwerben auf den Sitz und den Nachlass des
Verstorbenen.

Von dem Augenblicke an, da der Knabe, mit Wasser begossen, seinen Namen beigelegt erhielt, bis zu dem andern, da
über dem Leichname des Greises die Flamme zusammenschlug
oder der Grabhügel sich wölbte, geleitete seine Religion den Nord-
mann treu durch das Leben, alle wichtigen Ereignisse weihend,
verschönernd und verklärend.

## 4. Gebet und Opfer.

Gebet und Opfer gehören fürs Heidentum unlöslich zusammen, eines ohne das andere ist kaum denkbar. Das Gebet ist gleichsam die Begründung des Opfers. Die Gabe, die einem höheren Wesen gespendet wird, soll verpflichten oder sühnen, wozu und wofür, spricht das Gebet aus. Das Gebet wird aber auch nicht ohne Not, ohne Spende oder wenigstens Gelübde einer solchen gethan.

Beim heidnischen Gebet [1]) pflegte man im allgemeinen ähnlicher Gebärden, wie beim christlichen. Man neigte den Leib und warf sich wol auch nieder, namentlich wo man das Gebet im Heiligtum vor den Götterbildern verrichtete. Die Hände wurden vors Gesicht gehalten, als wäre man geblendet vom Glanze der Gottheit, oder auch umgekehrt suchte der Blick den Himmel. Das Haupt wurde beim Gottesdienst, bei Gebet und Opfer gewöhnlich entblösst, wenigstens heissen gotische Priester ausdrücklich *pileati,* mit Hüten versehen, da sie bedeckten Hauptes opferten. Die Richtung des Betenden war gen Norden im Gegensatz zu den Christen, welche gen Osten beteten. Bestimmte Gebetsformeln waren wol vorhanden. Im Norden begegnet das Verbum *duga,* taugen, für gnädig sein. Also scheint der göttliche Beistand etwa mit den Worten: „Ich bitte die Götter, dass sie mir taugen (helfen)", angefleht worden zu sein.

Der echt germanische Ausdruck für opfern, das ja aus lateinischem offerre entlehnt ist, lautet *blôtan.* Das Wort ist gotisch, angelsächsisch, altnordisch (*blóta*) und althochdeutsch (*pluoʒan*) bezeugt. Die ursprüngliche Bedeutung und Konstruktion ist aus dem Gotischen und Nordischen ersichtlich: einen mit Opfer ehren. So heisst im Gotischen *blôtan fraujan,* den Herrn mit Opfer ehren, entsprechend im Nordischen *blóta þór.* Das Opfer ist got. *blôstr,* ahd. *pluostar,* oder an. *blót,* ahd. *ploaʒ,* also lauter durchgehende gemeingermanische Wörter. Der heidnische Begriff verschwindet frühzeitig im Deutschen, wol damit die daran geknüpften heidnischen Erinnerungen vergessen werden, um dem Lehnwort, das die Kirchensprache einführte, Platz zu machen. Im Nordischen begegnen neben *blót, blóta* auch die Wörter *fórn* stf., *fórna.*

Weitere Bezeichnungen für „Opfer" liegen vor in got. *hunsl,* ags. *húsel,* an. *húsl;* wie die urverwandten Wörter lehren, liegt darin der Begriff „heilig", es ist das Sakrament, die heilige Hand-

---

1) Zum Gebet vgl. J. Grimm, Myth. 28 ff.; Maurer, Bekehrung 2, 203 f.

lung darin angezeigt.[1]) Ahd. *kelt*, as. *geld*, ags. *gield* meint die Spende, das Entgelt, das der Mensch den Göttern entrichtet. Lehrreich ist das angelsächsische Wort *lác* für Opfer. Der germanische Ausdruck *laikaӡ*, Leich, steht für das aus der Vereinigung von Tanz und Lied hervorgegangene Kunsterzeugniss.[2]) Dass im Angelsächsischen die Bedeutung „Gabe" überwog und *lác* geradewegs Opfer ist, erklärt sich nur aus der uralten festen Zugehörigkeit des *laikaӡ* zur Opferhandlung, die von Spiel und Tanz und Lied begleitet war. Das gotische *sauþs* im Sinne von Opfer bedeutet Sud, das Gesottene, und zielt auf das gesottene Fleisch des geschlachteten Opfertieres. Altnordisch *sauðr*, Widder, meint wol eigentlich nur das zum Sud auserlesene Opfertier.

Beim Opfer sind zwei Arten zu unterscheiden, ein privates und ein öffentliches. Ersteres gilt in der Regel den Geistern in Haus und Hof, Feldern und Wäldern, Berg und Thal, Wind und Wasser, Licht und Wärme, und den Seelen der Abgeschiedenen. Wo die Geister hausen, wird geopfert ohne besondere Zurüstung und Feierlichkeit. Die Spenden sind einfach, Speisen, Milch und Honig, Blumen und Früchte. Geopfert wird um Gedeihen der Wirtschaft, um Gesundheit und Reichtum, zur Abwehr von Schaden. Der Hausvater ist Priester und Opferer. Solche Opfer sind einfacher und ärmlicher; die Geschichte gedenkt ihrer kaum, weil sie alltägliche Vorkommnisse sind, nicht der Mühe der Erwähnung oder gar eingehender Schilderung wert. Um so fester und länger haften sie in der Volkssitte. Dass neben dem Geisterglauben auch der Götterglauben für den privaten Gottesdienst in Betracht kommt, wurde schon gesagt. Aber auch hier fehlen uns Nachrichten über feste Regeln, in denen die Kulthandlungen verlaufen.

Ganz anders beim öffentlichen Opfer, das die Gemeinde oder die Gesamtheit des Volkes, der König, Häuptling oder bestellte Priester darbringt. Da herrscht grosse Feierlichkeit, blutige Tier- und Menschenopfer fallen der Wichtigkeit der Sache gemäss, die ja das Schicksal eines Gemeinwesens betrifft. Opferplätze, Tempel sind gewöhnlich zur Vornahme der Handlung bestimmt. In der Regel richtet sich das öffentliche Gemeinde- oder Staatsopfer an die Volksgötter, doch unter Umständen mögen auch

---

1) Brugmann, Grundriss der vergleichenden Grammatik der idg. Sprachen 1, 160, 305; die verwandten Wörter lit. *szwentas*, preuss. *swints*, kirchenslav. *svętŭ*, avest. *spenta* bedeuten alle heilig.

2) Über *laikaӡ* Kögel, Geschichte der deutschen Litteratur I, 1, 8 ff.

Geister das Staatsopfer entgegennehmen. So etwa die Flussgeister des Po, denen nach Prokop 2, 25 die Franken, um ungeschädigte Überfahrt zu erhalten, die gefangenen gotischen Frauen und Kinder opfern und in die Wogen werfen. Die Wichtigkeit der Angelegenheit, besonders insofern sie viele, nicht einen Einzelnen berührt, scheint den Ausschlag für die Grösse und Feierlichkeit des Opfers zu geben. J. Grimm, Mythologie 37, stellt die Grundzüge des Opferdienstes also dar: „Beweggründe der Opfer waren überall, entweder den Göttern Dank für ihre Wolthaten abzustatten oder ihren Zorn zu versöhnen, die Götter sollten gnädig erhalten oder wieder gnädig gemacht werden, also zwei Hauptarten, dankende und sühnende Opfer. Wenn das Mahl begangen, ein Wild erlegt, ein Erstling vom Vieh geboren, Getreide geerntet wurde, gebührte dem verleihenden Gott voraus ein Teil der Speise, des Tranks und des Ertrags; dagegen sobald Hungersnot, Misswachs, Seuche über das Volk hereinbrach, säumte es wiederum nicht, abwendende Gaben darzubringen. Solche Sühnopfer haben ihrer Natur nach etwas Unständiges, während die dem gnädigen Gott zu leistenden gern in regelmässig wiederkehrende Feste übergehen. Eine dritte Art von Opfern ist, wodurch der Ausgang eines Unternehmens erforscht, und die Hilfe des Gottes, dem es gebracht wird, herbeigeführt werden soll. Doch war Weissagung auch ohne Opfer thunlich. Ausserdem gab es besondere Opfer für einzelne Gelegenheiten, z. B. bei Königswahlen, Geburten, Hochzeiten und Leichenbestattungen, die meistens auch mit feierlichen Mahlzeiten verbunden wurden."

Menschenopfer[1]) sind also die wichtigsten und höchsten; für Tiuz, Wodan, Donar, Odin, Thor, Freyr, Fosite, Thorgerd Hölgabrud sind sie mehrfach bezeugt. Zu beachten ist das umständliche dabei angewandte Ritual. Die Gottheit soll das blutige Opfer unter besondern Förmlichkeiten erhalten. Vielleicht war auch für die Wahl der Todesart das Loos entscheidend, das unter den Friesen bestimmte, ob die Götter ein Opfer forderten oder nicht.[2]) Nach Sidonius Apollinaris opferten die Sachsen, ehe sie

---

1) Menschenopfer verzeichnet schon P. G. Schütze, *De cruentis Germanorum gentilium victimis humanis*, Leipzig 1743; vgl. J. Grimm, Myth. 38 ff.; Maurer, Bekehrung 2, 196 ff. Löhers Aufsatz über angebliche Menschenopfer bei den Germanen, in den Münchener Sitzungsberichten 1882, 373, wo Menschenopfer allen Zeugnissen zum Trotz geleugnet werden, verdient keine ernstliche Zurückweisung.

2) Über den Looswurf bei den Friesen, wodurch der Wille der Götter

die Anker zur Heimfahrt lichteten, den zehnten Mann der Gefangenen um gute Reise. Die dem Tode zu Weihenden wurden
ausgeloost: *super collectam turbam periturorum mortis iniquitatem
sortis aequitate dispergere.* Mit langen grausamen Qualen wurde
das Opfer den Göttern gegeben. Prokop 2, 15 erzählt von den
Skandinaviern, dass sie die zu Opfern verwendeten Menschen
nicht mit dem Messer schlachten, sondern aufhängen, in die Dornen
werfen oder sonst qualvoll töten. Starkad opfert den König Wikar
dem Odin, indem er ihn an einem Baume aufhängt und mit dem
Speere durchbohrt. In Hleidra auf Seeland und zu Uppsala hängen
die Leiber der Geopferten an Bäumen. Zu Uppsala war aber auch
ein Opfersumpf, eine Quelle, worein die Leute versenkt wurden.
Bei den Friesen[1]) wurden an den Festen der Götter die Opfer
durchs Schwert hingerichtet, an den Galgen gehängt oder mit
Stricken erdrosselt. Die im Bereich der Flut Ausgesetzten ertränkte das hereinströmende Wasser. Wer Göttertempel schändete,
wurde nach friesischem Gesetz an den Meeresstrand geführt, an den
Ohren aufgeschlitzt, entmannt und den Göttern geopfert. Am Steine
Thors wurde den Opfern auf Island der Rücken gebrochen. Von
Bergen und Felsklippen wurden andre heruntergestürzt. Den
König Olaf Trételgja verbrannten die Schweden in seinem Hause
und weihten ihn so dem Odin. Die grausame nordische Sitte
des Schneidens des Blutadlers, wobei der Sieger seinem Gegner
die Rippen längs des Rückgrates mit dem Schwerte abtrennte und
durch die so gebildete Öffnung die Lunge herausnahm, war eine
Kulthandlung. Aber auch ein Schlachten am Altar war üblich
nach Tacitus ann. 13, 57. Die Normannen opferten dem Thor vor
ihren Zügen, wie Dudo (vgl. oben S. 253) erzählt. Dem Opfer wurde
das Haupt zerschmettert, Gehirn und Herz blossgelegt und nach
der Zukunft durchforscht. Die Ragnarssaga (Fornaldarsögur 1, 264)
gedenkt des *hlunnrod*, der Rollenrötung. Wenn ein Schiff vom
Stapel gelassen wurde, lief es über Rollen und den Leib eines
Menschen, der mit seinem Blute den Kiel rötete. Dieses Sühnopfer bezweckt wol, das Schiff gegen Gefahr zu feien. Denselben
Gedanken enthält der Sǫrla-þáttr Kap. 7, wenn Hedin sein Drachen-

erforscht wurde, ob und welches Opfer sie verlangten, vgl. Richthofen, Untersuchungen über friesische Rechtsgeschichte 2, 450 f.

1) Die Zeugnisse für die friesischen Opfer sammelt Richthofen, Untersuchungen über friesische Rechtsgeschichte 2, 454; über Menschenopfer der
Sachsen vgl. Richthofen, Zur lex Saxonum, Berlin 1868, S. 204 ff.

schiff über den Leib der Königin, der Gattin Hognis in See gehen
lässt. Die häufige Volkssage vom Einmauern eines lebendigen
Menschen oder Tieres in den Grundstein von Gebäuden und
Brücken deutet ebenso auf altes Sühnopfer zurück.[1]) Waren Altäre
oder Opfersteine beim Menschenopfer zur Stelle, so wurden sie
mit dem frischen Blute bestrichen.

In der Regel wurden nur Kriegsgefangene, erkaufte Sklaven[2])
und Verbrecher geopfert. Bei der Einführung des Christentums
auf Island, am Allding des Jahres 1000, gelobten die Heiden ihren
Götzen zwei Menschen aus jedem Landesviertel. Dem gegenüber
beschlossen die Christen, ebenso viele treffliche und tüchtige Männer dem Dienste des Herrn zu weihen. Geringschätzig weisen
sie darauf hin, dass die Heiden nur die schlechtesten Leute auswählen, um sie ihren Göttern zu geben und sie mit einem grausamen Tode zu opfern. So erzählt die Kristnisaga. Aber es gab
Ausnahmen. In äusserster Not, wenn die Götter unversöhnlich
zürnten, opferte das Volk zur Abwendung des Grimmes seine
Häuptlinge und Könige. Vor dem grossen heidnischen Winteropfer zu Märi in Norwegen lud der König Olaf Tryggvason die
angesehensten Häuptlinge der Gegend zu einem Gastmahle ein;
er erklärte ihnen bei dieser Gelegenheit, dass er, wenn er zum
Heidentume zurückzukehren genötigt werden sollte, zur Versöhnung der heidnischen Götter, die er so schwer beleidigt habe, ein
grosses Menschenopfer für nötig halte, und zwar werde er dabei
nicht, wie sonst, Sklaven oder Verbrecher, sondern die vornehmsten Häuptlinge des Landes opfern, unter denen er sechs eben
Anwesende nannte; seien sie damit nicht einverstanden, so müssten
sie eben zu seinem, dem christlichen Glauben übertreten. Diese
Drohung wirkt, die Häuptlinge ziehen die Bekehrung vor.[3])

In den Tagen König Domaldis entstand in Schweden eine
grosse Hungersnot und Elend. Da hielten die Schweden Opfer

1) Über Menschenopfer bei Landplagen, die aus späteren Volkssagen
noch ersichtlich sind, vgl. U. Jahn, Die deutschen Opfergebräuche, Breslau 1884,
S. 63 ff.

2) Sieht sich doch im Jahr 732 Papst Gregor III. veranlasst, an Bonifacius
zu schreiben, er müsse die Christen in Germanien schwer bestrafen, welche
Sklaven zum Opfer an die Heiden verkauften. *Et hoc inter alia discrimen
agi in partibus illis dixisti, quod quidam ex fidelibus ad immolandum paganis
sua venumdent mancipia. hoc ut magnopere corrigere debeas, frater, commen-
demus.* Jaffé, Bibliotheca 3, 94.

3) Jüngere Olafssaga Tryggvasonar Kap. 165; Heimskringla Kap. 74.

zu Uppsala; den ersten Herbst opferten sie Ochsen und der Jahrgang wurde dadurch nicht besser. Und den andern Herbst begannen sie ein Menschenopfer; aber der Jahrgang war derselbe oder noch schlechter. Und den dritten Herbst kamen die Schweden in grosser Zahl nach Uppsala, als da Opfer sein sollte; da hielten die Häuptlinge Rat, und sie kamen darin überein, dass das Missjahr von ihrem Könige Domaldi herkommen werde, und zugleich darüber, dass sie ihn opfern sollten um gutes Jahr für sich, und ihn angreifen und ihn töten, und mit seinem Blute die Altäre bestreichen, und so thaten sie. Nachmals unter Olaf trételgja wiederholt sich derselbe Vorgang. Da entstand ein grosses Missjahr und Hunger; das gaben sie ihrem Könige schuld, sowie die Schweden gewohnt sind, ihrem Könige sowol das gute als das Missjahr schuld zu geben. König Olaf war ein geringer Opferer; das gefiel den Schweden übel, und sie meinten, daher komme das Missjahr. Da zogen die Schweden ein Heer zusammen, machten einen Angriff auf König Olaf und umringten sein Haus und verbrannten ihn darin und schenkten ihn dem Odin und opferten ihn um ein gutes Jahr. Diese von der Ynglingasaga Kap. 18 und 47 überlieferten Erzählungen sind freilich sagenhaft, jedoch der Grundgedanke, den sie behandeln, gehört der Wirklichkeit an. Wenn der Zorn der Götter in besonders hohem Maasse erregt ist, nehmen sie nicht mit den gewöhnlichen Opfern vorlieb. Da muss der König und Häuptling selber als Sühneopfer sterben, um dem Volk die verwirkte Gnade der Himmlischen wieder zu gewinnen. Denselben Gedanken des Sühneopfers, wenn auch abgeschwächt, zeigt die geschichtliche Thatsache, dass die Burgunder bei einem Unglück im Kriege oder bei Misswachs ihren König zwingen, sein Amt niederzulegen.[1]) Noch eine lehrreiche Sage bietet sich dar. König Wikar wollte mit seinen Leuten von Agdir nach Hordaland segeln; da traf es sich, dass sie vor starkem Gegenwind lange bei einigen kleinen Inseln liegen bleiben mussten. Sie fragten darum die Götter, was sie thun sollten, um günstigen Wind zu erhalten. Die Antwort war, dass man als Opfer für Odin einen Mann des Heeres, der durchs Loos auszuwählen sei, aufhängen sollte. Das Loos traf den König Wikar selbst. Am andern Tag bringt Starkad den König förmlich und feierlich zum Opfer, indem er ihn an einem Baumzweig

---

1) Ammianus Marcellinus XXVIII, 5, § 14.

aufhängt und mit dem Speer durchsticht, wobei er sprach: Nun
gebe ich dich dem Odin. Hier also wählt sich Odin selber durchs
Loos den Häuptling der Schar.

An zweiter Stelle stehen Tieropfer [1]), welche an den gewöhnlichen Festen, meist als Dankopfer üblich waren. Sie sind weit
unschuldiger als die grausamen wahnvollen Menschenopfer. Schon
Tacitus weiss, dass Tiuz und Donar mit geeigneten Tieropfern —
*concessis animalibus* — verehrt wurden. Essbare Tiere wurden
zum Opfer gewählt; sie gelten als Speise, welche dem Gotte geboten wird, und wurden beim Opferschmaus auch unter den Teilnehmern am Opfer ausgeteilt. Das Volk beteiligte sich unter dem
Vorsitze der Könige und Häuptlinge an der Mahlzeit und trat
dadurch in Gemeinschaft mit dem heiligen Opfer. In den ältesten
Zeiten wurden vornehmlich Rosse geopfert. Pferdefleisch wurde
von den Germanen mit Vorliebe genossen; der Genuss von Pferdefleisch, weil er eben namentlich mit der Opferhandlung verknüpft
war, ist daher in der christlichen Zeit als heidnischer Brauch
strengstens verpönt. Pferdefleisch soll König Hakon von Norwegen essen, als sein Volk ihn zur Teilnahme am Opferdienst
zwingen will; noch in den Tagen Olafs des Heiligen wurden Pferde
in Norwegen gegessen. Die Isländer behielten sich das Rossfleisch-
essen bei Annahme des Christentums ausdrücklich vor. Die heidnischen Schweden wurden von König Olaf Tryggvason verächtlich
als Rossfresser bezeichnet. Beim dänischen Hauptopfer zu Hleidra
wurden Rosse geschlachtet. Die Alamannen übten nach Agathias
den Brauch, den Thüringern wurde zur Zeit des Bonifacius der
Genuss des Pferdefleisches untersagt. Das Fleisch assen die
Opfergenossen, das Haupt der Tiere gehörte dem Gotte und wurde
an den Baumstämmen des Opferhaines befestigt. Demnächst folgte
das Rinderopfer, für Alamannen, Thüringer, Angeln und Nordleute
ausdrücklich bezeugt. Die Schweden unter König Domaldi opferten
dem Freyr Ochsen, der Isländer Thorkell gab dem Freyr einen
alten Ochsen, Oddr Sindri einen Stier. Bei feierlichem Zweikampfe opferte der Sieger einen Stier. Des Opfers goldgehörnter,
also geschmückter Kühe gedenkt das Lied von Helgi dem Hjorwardssohne. Überhaupt ist Aufputz der Opfertiere, vielleicht auch
Auswahl nach bestimmter Farbe wahrscheinlich. Freyr und Freyja
erhalten Eber; das Ferkel scheint bei den Deutschen beliebtes

1) Tieropfer bei J. Grimm, Myth. 40 ff.; Maurer, Bekehrung 2, 198 f.

Opfertier gewesen zu sein, wenigstens dient ahd. *friscing* (Frischling) zur Übersetzung von lat. *hostia, victima, holocaustum.* Auch Widder und Böcke stehen unter den Opfertieren. Von einem Ziegenopfer der Langobarden spricht Gregor der Grosse in den Dialogen 3, 28; die Langobarden bringen dem Teufel, also einem ihrer Götter ein Ziegenhaupt dar, indem sie zu des Gottes Ehren einen Reigen aufführen und Lieder absingen — *caput caprae, hoc ei per circuitum currentes carmine nefando dedicantes.* Für „Opfertier" besass die altdeutsche Sprache ein besonderes Wort: ahd. *zebar,* ags. *tifer,* im Altfranzösischen und Portugiesischen als germanisches Lehnwort *toivre* Vieh, *zebro, zebra* Ochse, Kuh. Damit scheint im wesentlichen das opferbare, essbare Vieh gemeint zu sein, während mhd. *unzifer,* nhd. *Ungeziefer* die Gesamtheit der unreinen, zum Opfer nicht geeigneten Tiere begreift. Die nordische Sprache verwendet dafür das Wort *tafn,* urverwandt mit lat. *dapes,* Opfermahl. Wenn Hunde und Wölfe neben Menschen an Bäumen hängen, so gehören diese Tiere darum doch nicht zum „zebar"; ihr Fleisch wurde ja auch keineswegs für gewöhnlich und gar beim Opferschmause verspeist. Sie bilden nur eine Zugabe zum Menschenopfer und dienen vermutlich zur Verschärfung des Rituals der Todesstrafe. Ein einziges Mal, beim dänischen Opfer zu Hleidra, das Dietmar von Merseburg beschreibt, begegnen auch Hähne und Habichte, doch wol nur infolge irrtümlicher Verwechslung von Opferbrauch und Bestattungsbrauch. Endlich ist noch zu erwähnen, dass das Tieropfer, wol besonders beim kleineren Privatopfer oder auch um einer grossen Menge, die beim eigentlichen Opferschmause nicht unterkam, Beteiligung zu gönnen, symbolisch gebracht worden zu sein scheint, in Form von gebackenen Tierfiguren. Schon der *indiculus superstitionum* 26 aus dem 8. Jahrhundert nennt Bilder aus Backwerk, *simulacra de consparsa farina.* Die Tierbilder unserer Weihnachtsgebäcke sind jedem gegenwärtig.

Vom eigentlichen **Hergang beim Opfer**[1] enthalten nordische Quellen einen zusammenhängenden Bericht, während sonst nur wenige verstreute Bemerkungen vorliegen. In den Briefen des Bonifacius zum Jahr 732 begegnet ein Priester des Donar, der Opferfleisch genoss — *presbyter Jovi mactans et immolatitias*

---

[1] Über den Hergang beim Opfer J. Grimm, Myth. 49 ff.; über das nordische Opfer Maurer, Bekehrung 2, 199 ff.; H. Petersen, om nordboernes gudedyrkelse og gudetro 25 ff.

*carnes vescens.* Nach den Dialogen Gregors des Grossen 3, 27 wurden 40 gefangene Christen von den Langobarden genötigt, Opferfleisch zu essen. Also schlachteten die Priester die Opfertiere und nahmen mit dem Volke am Schmause teil. Des Opferkessels geschieht Meldung. Nach Strabo 7, 2 befanden sich im cimbrischen Heere grauhaarige, weissgekleidete, mit ehernem Gürtel umgürtete, barfüssige Priesterinnen. Diese führten die gefangenen Feinde zu einem geräumigen ehernen Kessel. Auf einer Leiter hinaufsteigend durchschnitt die Priesterin die Kehle des Opfers über dem Kessel, dass das Blut, aus dem geweissagt wurde, hineinrann. Der Kessel dient somit hier zur Aufnahme des Blutes. Anders bei den Schwaben, deren Opferfest Columban störte. Er fand viel Volks, im Begriff ein Wodansopfer zu begehen, um eine biergefüllte grosse Kufe herum sitzen. Reigen und Gesang gehören zur Opferfeier. Die Langobarden tanzen um das aufgehängte Ziegenhaupt. Opferlieder für die Götter erklangen bei allen Opferfesten. Von einem germanischen Feste [1]), das mit einem Opfermahle und mit fröhlichem Gesange verbunden war, hören wir bei Gelegenheit der Schilderung des Feldzuges des Germanicus im Jahre 14 nach Christus.[2]) Im 10. Jahrhundert aufgezeichnet ist ein aus dem 6. Jahrhundert stammendes schwer zu deutendes gotisches Neujahrsspiel, das am byzantinischen Hofe aufgeführt zu werden pflegte. Mit heidnischem Kulte hat es aber nicht zu schaffen. Im Volke übliche Wettläufe sollen mit alten Opferbräuchen zusammen hängen. Spiel, Tanz, Gesang, wenn sie sich beim Opfer einstellen, dienen nicht allein weltlicher Belustigung, sie haben vielmehr sakrale Bedeutung und stehen in Zusammenhang mit der Kulthandlung des Opfers.

Der nordische Opferbrauch verlief folgendermaassen. Die Opfer wurden im Tempel vor den Götterbildern geschlachtet; ihr Blut sammelte man in dem eigens hierzu bestimmten Blutkessel,

---

1) Die germanische Bezeichnung für „Fest" lebt im oberdeutschen „*dult*", got. *dulþs,* ahd. *tuld,* mhd. *dult* (vgl. Schmeller, Bayer. Wörterbuch I[2] 502 f.) noch weiter.

2) Tac. Ann. 1, 65 *nox per diversa inquies, cum barbari festis epulis, laeto cantu aut truci sonore subiecta vallium ac resultantis saltus complerent.* Über Opferleiche und Spiele vgl. Kögel, Geschichte der deutschen Litteratur I, 1, 7 ff.; 19 ff.; 24 ff.; über das gotische Spiel Conrad Müller, ZfdPh. 14, 442 ff.; Kögel a. a. O. 34 ff.; dagegen C. Kraus, Beiträge 20, 224 ff., wo jede Beziehung des got. Spieles zum german. Kult geleugnet wird. Über den Wettlauf im deutschen Volksleben vgl. Weinhold, Zs. d. Vereins f. Volkskunde 3, 1 ff.

man sprengte es sodann mit Sprengwedeln über das versammelte
Volk und bestrich damit die Götterbilder, Altäre oder Opfersteine
und die Wände des Tempels. Die geschlachteten Menschenleiber
wurden hierauf wol an den Bäumen aufgehängt oder in den Opfersumpf versenkt. Die Tiere aber dienten zum Opferschmause, nachdem vielleicht die Häupter ebenfalls den Göttern aufgehängt worden waren. Nun wurde das Fleisch in Kesseln gekocht, gesotten.
Nie wurde das Opferfleisch gebraten; von diesem Sieden heissen
daher in Schweden die Teilnehmer am Opfer *sudnautar*, Sudgenossen. Vom Opferstein und Opferkessel sind nordische Eigennamen wie Steinn, Vésteinn, Freysteinn, Þorsteinn und Ketill, As-
ketill, Þorketill, verkürzt Askell, Þorkell, Freyskell, endlich Bolli
hergenommen. Die Kessel hingen über Feuern, die in der Halle
des Tempels zwischen den Bankreihen der beiden Langseiten am
Boden brannten. Man ass das also zubereitete Fleisch und Fett
und trank die Brühe. Ans Mahl schloss sich der Trunk. Man
trank sich gegenseitig über die Feuer hinweg zu. Dem Leiter des
Opfers, der den Hochsitz einnahm, lag es ob, die Opferspeise und
den Opfertrank zu weihen und die feierlichen Trinksprüche aus-
zubringen. Darauf hub das Minnetrinken [1] an, man trank Odins
Becher um Sieg und Macht, Freys und Njords Becher um gutes
Jahr und Frieden. So geht das Opfer in ein heiteres Gelage über.
Häufig kam es vor, dass bei den feierlichen Opferfesten von
Leuten, die sich hervorthun wollten, förmliche Gelübde abgelegt
wurden, die auf die Vollbringung irgend eines gewagten Unternehmens abzielten. Natürlich konnte ein Opfermahl nicht unmittelbar an die Opferhandlung in dem Falle sich anschliessen,
wenn das Opfer eine beratende Versammlung, ein Ding einleitete.
Bei Menschenopfern, welche grosse Volksdinge eröffneten, fällt
der Schmaus ohnehin weg. Tieropfer, wenn sie Dingversammlungen vorausgingen, setzen freilich auch die daran anschliessende
Mahlzeit voraus. Denn ein Brandopfer, wobei das Tier auf dem

---

1) Die heidnische Sitte des Minnetrinkens lebt in der christlichen Ger-
trudenminne und Johannisminne fort; vgl. J. Grimm, Myth. 53 ff.; Zingerle,
Johannissegen und Gertrudenminne, Sitzungsberichte der Wiener Akademie
Bd. 40, 1862, 177 ff. Besonders deutlich tritt die Ablösung des heidnischen
Brauches durch den christlichen im Norden hervor. Dem König Olaf Tryggvason erscheint der heilige Bischof Martinus im Traume und sagt, es sei
Landessitte gewesen, Thors, Odins und andrer Asen Minne bei den Gast-
mählern zu trinken, in Zukunft aber solle zu Ehren Gottes, seiner selbst und
aller Heiligen getrunken werden. Vgl. Maurer, Bekehrung 1, 285.

Holzstoss in Asche verwandelt wurde, scheint nur bei der Totenfeier, nicht beim Götteropfer üblich gewesen zu sein. Vielleicht
folgte der Schmaus erst nach Schluss der Verhandlungen, am
Abend und in der Nacht des Dingtages. Beim Opfermahl mag
allerlei weltliche Lustbarkeit geübt worden sein, über welche
jedoch nichts weiter verlautet. Nur einmal, beim Uppsalaopfer
berichtet Saxo etwas derartiges. Der rauhe Kämpe Starkad verliess Schweden und begab sich nach Dänemark, da er sich über
Spiel und Tanz beim Opferfeste in Uppsala ärgerte.[1]) Was für Spiele
damit gemeint sind, lässt sich nicht feststellen. Dass einige der
Volksspiele, die im Mittelalter und noch heute vorkommen, aus
Opferfesten der Heidenzeit stammen, so namentlich der Schwerttanz,
ist möglich und wahrscheinlich, aber im Einzelnen kaum mehr
sicher festzustellen.

### 5. Opfer bei Ackerbau und Viehzucht.[2])

Seit undenklicher Zeit lodern zu bestimmten Zeiten Feuer
auf, die mit allerlei Bräuchen verknüpft noch heute fortdauern.
Zu Fastnacht, zu Ostern, am 1. Mai, am Johannistag, an Michaeli
werden in deutschen Gauen solche Feuer angezündet. Eingehende
Untersuchung aller mit den von Hirten und Bauern entfachten
Feuern zusammenhängenden Bräuche kam zum Schluss, dass diese
Feuer die letzten Überreste altgermanischer Opfer seien. Vergleicht man alle Berichte, so ergibt sich nach und nach ein um-
ständliches Verfahren, das sich zwar nirgends im ganzen Umfange,
wol aber fast überall stückweise erhielt. Das Feuer ist der Mittelpunkt einer ursprünglichen regelrechten Opferhandlung, die man
in ihren Grundzügen mit Hilfe der weitschichtigen Überlieferung
wieder herzustellen versuchte. Wir erkennen Gemeindeopfer,

[1]) Saxo S. 278 *quod apud Upsalam sacrificiorum tempore constitutus
effoeminatos corporum motus scenicosque mimorum plausus ac mollia nolarum
crepitacula fastidiret.*

[2]) Nach U. Jahn, Die deutschen Opfergebräuche bei Ackerbau und Viehzucht. Breslau 1884; vgl. auch H. Pfannenschmid, German. Erntefeste im
heidnischen und christlichen Kultus, Hannover 1878; Wuttke, Der deutsche
Volksaberglaube der Gegenwart, Berlin 1869, § 423 ff. Ich wiederhole im
Texte die Ergebnisse Jahns, aber mit Vorbehalt. Jahns Methode, alle überlieferten Einzelheiten heutiger Volksbräuche in einem grossen, heidnisch-
germanischen Gesamtbild aufgehen zu lassen, ist bedenklich. Der geschichtlichen Entwicklung, den vielen späteren Neuerungen ist viel zu wenig Rechnung getragen.

welche von Hirten und Bauern als Bitt- und Dankopfer, unter
Umständen auch zur Sühne und Abwehr drohender Nöte dargebracht wurden. Ob diese Opfer schon in der Heidenzeit an
festen Tagen stattfanden, ist nicht sicher zu bestimmen. Wenn
auch nicht der Tag, so war aber doch die Zeit durch Ackerbau
und Viehzucht im allgemeinen, nach einzelnen Gauen klimatischer
Verhältnisse halber freilich etwas schwankend, vorgezeichnet. Die
Gemeinde trat zum Opfer zusammen beim Austrieb und Heimtrieb
des Viehes, also etwa im Mai und September, wenn eine plötzliche Seuche einbrach oder drohte, was namentlich im Hochsommer
der Fall war. Die Bauerngemeinde opferte nach beendigter Aussaat bei Winters Schluss oder um den 1. Mai, zur Sonnenwende
gegen Gewitter- und Hagelschaden, im Herbst nach der Ernte.
Auch zu Mittwinter wurde um Fruchtbarkeit des kommenden
Jahres geopfert. So ergeben sich etwa vier jährliche Hauptopfer,
die ziemlich gleichmässig verliefen. Wir betrachten zunächst ein
Hirten-, dann ein Bauernopfer.

Wenn eine verheerende Viehseuche den Viehstand einer Gemeinde schädigte, so wurde der erzürnten Gottheit ein Opfer dargebracht. Das stattlichste Tier derjenigen Gattung, die am meisten von der Krankheit zu leiden hatte, wurde ausgewählt, bekränzt,
in feierlichem Zuge zu einer heiligen Stätte geleitet und dort geopfert. Das Opfer geschah entweder durch Eingraben des Tieres
oder durch Köpfen. Die Tierhäupter wurden am Dachfirst oder
sonst irgendwo aufbewahrt und dienten zur Abwehr der Seuche.
Man gab freiwillig ein oder auch mehrere Stücke der Herde, um
den Rest von der Seuche zu verschonen. Mit dem Tieropfer
scheinen ursprünglich die *Notfeuer* [1]) verbunden gewesen zu sein,
die ebenfalls zur Abwehr von Krankheiten entfacht wurden. Alles
Feuer im Dorfe wurde sorgsam ausgelöscht und früh vor Sonnenaufgang oder auch erst nach Sonnenuntergang zog die Gemeinde

---

1) Über das Notfeuer J. Grimm, Myth. 570; Jahn, Die deutschen Opferbräuche S. 26 ff., wo fast das gesamte überlieferte Material ausgeschöpft ist.
Schon im *indiculus superstitionum* treffen wir das Feuer: *de igne fricato de
ligno id est nodfyr.* Das Wesentliche ist eben die Erzeugung des wilden
Feuers, das unmittelbar und neu hervorspringt, nicht schon im Dienste der
Menschen abgenutzt ward. Daher scheint auch der Name zu stammen, der
zum Zeitwort *niuwan, nûan,* reiben, steht; vgl. O. Schade, Altdeutsches Wörterbuch 1, 659 u. 654; schwedisch heisst es *vrideld, gnideld* zu *vrida,* drehen,
*gnida,* reiben, also ebenfalls geriebenes, durch Reibung oder Drehung ent-
fachtes Feuer.

auf den für die heilige Handlung auserlesenen Platz. Unter feierlichem Schweigen wurden hier von Jünglingen trockene Hölzer
durch Reibung in Brand gesetzt. Mit der auf diese Weise gewonnenen Flamme wurde dann ein Holzstoss entzündet, zu dem
jede Familie etwas beigesteuert haben musste. Hierauf wurde
die Herde durch die Flamme getrieben, zuerst Schweine, dann
Kühe, Pferde und Gänse. Auch die Menschen sprangen hindurch
und schwärzten sich dabei gegenseitig das Gesicht mit den heil-
kräftigen Kohlen. Fruchtbäume, Wiesen und Felder wurden mit
brennenden Scheiten geräuchert. Zum Schluss nahm jede Familie
etwas Feuer und einen abgelöschten Brand mit sich. Ersteres
diente dazu, das erloschene Herdfeuer wieder anzuzünden; das
verkohlte Scheit sicherte, in die Krippe gelegt, das Gedeihen der
Rinder. Die rückständige Notfeuerasche ward als Mittel gegen
Raupenfrass und Misswachs auf die Felder gestreut oder auch
dem Vieh unter dem Futter mit eingegeben. Das Notfeuer wurde
entzündet, wenn die Seuche eingetreten war; aber auch vorbeu-
gend brannte es. Zumal im Hochsommer, wenn die Gluthitze die
Luft mit Peststoff erfüllt, war Anlass zu Notfeuern, die zu einer
ständigen Sitte wurden. Im Brauche der Johannisfeuer leben
solche ständigen, jährlichen Notfeuer fort. Man hoffte dadurch
Viehseuchen fürs ganze Jahr bannen zu können. Beim Notfeuer
begegnen Spuren ursprünglich dargebrachter Opfer. Das Johannis-
Notfeuer war mit einem Mahle verbunden, auch Minnetrinken war
dabei üblich, endlich Tanz und Lustbarkeit. Verknüpft man,
wozu Gründe vorhanden sind, das Viehopfer und das Notfeuer
mit einander, so ergibt sich das altgermanische Opfer in den we-
sentlichsten Zügen. Ein bekränztes Opfertier wird zur Opferstätte
geleitet, dort geschlachtet, das Haupt wird aufbewahrt, den Göttern geweiht, Haut und Knochen und Eingeweide werden in dem
umständlich und aussergewöhnlich entfachten Feuer, dem reinigende
Kraft eignet, zu Asche verbrannt. Das Fleisch der Opfertiere
diente zum Schmaus, der, in ein Gelage auslaufend, die Feier
beschloss. Die Volksbräuche haben bald diesen, bald jenen Zug
aufbewahrt, die sich aber alle zu einer uralten einheitlichen Handlung vereinigen. Die Bräuche des Viehopfers und Notfeuers sind
indogermanisch, sie entstanden bei Hirtenvölkern gleichmässig.
Sie mögen mithin im Grunde älter sein, als der germanische
Götterglaube und erhielten sich auch länger als dieser, obzwar
nur trümmerhaft. Im germanischen Heidentum aber vollzog sich

das Opfer nach den auch sonst üblichen Formen und war wol an
die zuständigen Hauptgötter der einzelnen Stämme, also an Tiuz,
Wodan und Donar gerichtet.  Das Opfer war wol meist ein Gemeindeopfer, nur bei besonders ausgebreiteter und verheerender
Seuche ein Volksopfer.  Ursprünglich unständig und nur in Not-
fällen dargebracht, verwandelte es sich bald auch in ein jährlich wiederholtes sommerliches Opfer zur Erhaltung des Viehstandes.

Gegen Ende Februar, wenn die winterliche Macht dem neuen
Frühling zu weichen begann, feierten die heidnischen Germanen
ein Opferfest.  Man wollte dadurch vor allem Gedeihen für die
Wintersaat und überhaupt Fruchtbarkeit für das Jahr erlangen;
so galt es, die über Himmel, Erde und Wetter waltenden Gottheiten durch Bittopfer gnädig zu stimmen, durch Sühneopfer zu
versöhnen.  Rosse, Rinder, Schweine, Böcke, Gänse, Hähne, Flachs
und Speisen wurden Wodan, Frija und Donar gespendet.  Zum
Opferfeuer und zum Opfermahl steuerten die Gemeindemitglieder
bei.  Waren die Vorbereitungen getroffen, so zog die Gemeinde
auf das mit Wintersaat bestellte Kornfeld, auf die Wiese oder auf
einen Hügel in der Nähe des Dorfes und errichtete dort den
Scheiterhaufen, auf den, hoch oben in Gestalt einer Strohpuppe,
der winterliche Dämon gesetzt ward.  Die Tiere wurden geschlachtet, das Feuer entzündet.  Um das Feuer ging ein jubeln-
der Reigen.  Die Bursche schwärmten mit Fackeln, lärmend mit
Peitschen knallend, mit Schellen läutend und Lieder singend, auf
den Feldern umher, um die dem Wachstum gefährlichen bösen
Geister aus den Äckern zu vertreiben, aber auch um den neuen
Lenz und das Korn aufzuwecken.  Zu demselben Zweck rollte
man brennende Reisigbündel über die grünende Saat oder trieb
mit Stroh umflochtene und dann angezündete Räder die Anhöhen
hinab in die Felder.  In Süddeutschland ist das Schlagen brennender Holzscheiben üblich, deren Flug die Saat der reinigenden Kraft
des Feuers teilhaftig macht.  Fackellauf, Radtreiben, Scheiben-
schlagen[1] verbreiten das heilige Opferfeuer über das Saatfeld.
Flamme, Rauch und verkohlte Überreste enthielten zauberische
Heilkraft.  Man stellte Weissagungen auf Ernteausfall und Witterung an.  Zum Schluss folgte ein feierliches Mahl, bei welchem
ein jeder von den verschiedenen Opfergaben bekam, um so auch
für seine Person der Segnungen teilhaftig zu werden.  Durchs

---

1) Über Scheibentreiben vgl. Vogt in d. Zs. d. Vereins f. Volkskunde 3, 350 ff.

niedergebrannte Feuer sprangen die Teilnehmer am Opfer. Die verkohlten Überreste wurden als Talismane heim genommen.

Meistens bestand die Gemeinde weder ausschliesslich aus Bauern, noch aus lauter Hirten; sie war aus beiden gemischt. Darum nimmt die Opferfeier sowol auf Ackerbau als auch auf Viehzucht Rücksicht. Da die Gemeindeopfer der Hirten und Bauern zeitlich nicht weit auseinanderlagen, ergab sich um so leichter eine gemeinsame Feier, deren wesentlichen Gang Jahn am Schlusse seines Buches übersichtlich dargestellt hat. Wir wiederholen seine Schilderung (S. 326 ff.), die, wenn auch nicht in den Einzelheiten, so doch in den Grundzügen der Wirklichkeit entsprechen wird.

Naht der Juli mit seiner stechenden, tötlichen Hitze, seinen schweren, Unheil bringenden Gewittern, rückt der Tag heran, an dem die Sonne auf ihrer Himmelsbahn den Höhepunkt erreicht, dass sie fast senkrecht auf die Erde herabscheint, so befinden sich Hirt und Bauer in grösster Aufregung. Jener fürchtet, dass die verpestete Luft, in der giftspeiende Drachen und Krebse herumfliegen und böse, allem Wachstum feindliche Dämonen ihr Wesen treiben, seinem Viehstand verderbliche Seuchen zuführt, dieser dagegen ist in Sorge, dass ein Hochgewitter oder ein heftiger Hagelschauer die in der Blüte stehende und schon reifende Frucht vernichten und dadurch mit einem Schlage seine ganzen Erntehoffnungen zerstören werde. Darum rüsten beide gemeinsam ein grosses Opferfest aus, um von den Gottheiten der Luft und des Himmels, der Erde und des Wassers und des Wetters, von Wodan, Tiu, Frija, Donar, gnädigen Schutz für ihr gefährdetes Eigentum zu erflehen.

Vor allen Dingen gilt es da, den Göttern angenehme Opfertiere auszulesen: Rosse, Rinder, Schweine, Böcke, Gänse und Hühner, auch Hunde und Katzen. Zu dem Zwecke wählt man entweder nach eignem Gutdünken die schönsten und stärksten Stücke der Herde aus, oder man lässt die Gottheit selbst entscheiden. Letzteres geschieht in der Weise, dass man immer dasjenige Tier von einer jeglichen Gattung Vieh, welches nach dem Willen der Gottheit als letztes die zur Feier des Tages besonders abgesteckte Festweide betritt, mit Blumen bekränzt und dadurch zum Opfer bestimmt.

Zugleich mit der Auswahl der Opfertiere geht ein kleines

Opfer, an dem sich nur Hirten beteiligen dürfen. Während die
Herde auf dem Wege zur Festweide ist, eilt der Gemeindehirt
zu einem heiligen Baum oder Strauch und schneidet davon mehrere
Ruten ab. Diese werden sodann, mit Feldblumen durchflochten,
in Besen zusammengebunden und denjenigen Tieren der einzelnen
Herden, welche als erste auf der vorher noch von keinem Geschöpf
betretenen Hutung anlangen, an den Schweif gebunden, damit auf
diese Weise der heilige Mittsommertau recht frisch in den Reiser-
besen aufgefangen werde und letztere dadurch noch grössere Zauber-
kraft erhalten.

Darauf nimmt der Oberhirt der Gemeinde einen der Zauber-
besen in die Hand und schlägt damit unter dem Hersagen eines
Segensspruches jedes Stück Vieh dreimal auf den Rücken, wodurch alle schädlichen Hexen und Krankheit bringenden elbischen
Geister aus dem Körper der Tiere vertrieben werden. Ist dies
geschehen, so werden die Kühe gemolken und aus der gewonnenen
Milch, in die man zuvor heilige Kräuter geworfen hat, und aus
Eiern ein Opfermahl hergerichtet. Alle Hirten müssen daran teilnehmen, denn der Genuss der Opferspeisen ist von grossem Einfluss
auf das Gedeihen des Viehstandes, und darum lässt man auch das
Vieh nicht leer ausgehen, sondern gibt ihm die in der Opfermilch
befindlichen Blumen zu fressen. Am Schlusse des Mahles über-
gibt der Oberhirt jedem Hofbesitzer einen der heiligen Besen, mit
welchem dieser die Ställe und Scheuern seines Gehöftes kehrt,
um auch dieses von schädlichen Krankheitsgeistern zu reinigen.
Sodann wird der Besen als schützender Talisman auf dem Mist-
haufen aufgepflanzt oder oben an dem Hofthore befestigt.

Nach dem Vertreiben der Hexen und dem damit verbundenen
Hirtenopfer erscheinen sämtliche erwachsene Mitglieder der Gemeinde und putzen die am Morgen ausgewählten Opfertiere auf
das festlichste aus. Man bekränzt sie mit Blumen, ziert sie mit
bunten, farbigen Bändern und schmückt die Hörner der Böcke
und Rinder mit Flittergold. Sodann treten die Ackerbauern zusammen und ziehen mit den Opfertieren in feierlichem Zuge, ein
Götterbild an der Spitze, zuerst durch die Ortschaft, dann aber
um die ganze Feldmark der Gemeinde herum. An deren vier
Ecken wird Halt gemacht und ein Gebet gesprochen, in welchem
man von Donar gnädigen Schutz der Saaten vor Wetterschlag
und Hagelschauer erfleht. Der Umzug endigt bei dem heiligen
Quell des Dorfes, dem festlich geschmückten Ortsbrunnen, worin

die Göttin, welche der Erde Fruchtbarkeit und Feuchtigkeit verleiht, wohnt und waltet. Ein jeder von den Teilnehmern an der
feierlichen Handlung tritt hier einzeln an den Quell heran, wirft
ein mit Blumen geschmücktes Gebäck als Opfergabe hinein und
thut dann von dem heiligen Wasser einen Trunk. Nachdem er
sich ferner aus dem Wasserstande heraus den glücklichen oder
unglücklichen Ausfall der kommenden Ernte geweissagt hat, schöpft
er schliesslich noch für seinen Hausbedarf ein eigens dazu mit-
gebrachtes Gefäss voll des heiligen Wassers, welches er dann
späterhin in Fällen der Not als kräftiges Mittel gegen allerhand
Übel und Krankheiten, gegen Hexen und böse Geister gebraucht.

Während Hirten und Ackerbauern sich mit dem Vertreiben
der schädlichen Dämonen aus der Herde und mit dem Bittgang
um die Felder beschäftigt haben, sind indes die Kinder im Orte
von Haus zu Haus gezogen und haben unter dem Absingen von
Liedern, in denen auf den reichlichen Geber alles Heil und Glück,
auf den kargen Geizhals dagegen alles Unglück dieser Welt herab-
gewünscht wird, Holz, Stroh und anderen Brennstoff eingesammelt.
Damit sind sie sodann auf den Dorfplatz oder eine Anhöhe in
der Nähe des Ortes geeilt und haben dort einen grossen Scheiterhaufen errichtet. Hoch oben auf die Spitze desselben setzen sie
eine aus Stroh geflochtene Puppe, welche das persönlich gedachte
Unglück (die Hexe, den bösen Geist, den bösen Säemann, den
Hagel) darstellen soll.

Mittlerweile ist es Abend geworden. Die Bauern sind mit
dem Bittgang und der Quellenverehrung fertig, und die ganze
Gemeinde versammelt sich nun mit den Opfertieren bei dem
Scheiterhaufen. Es beginnt nun der wichtigste Teil des ganzen
Festes. Ein Paar keuscher Jünglinge ist bemüht, in der uralten
Weise durch Aneinanderreiben zweier trockener Hölzer die heilige Opferflamme zu gewinnen. Andere beschäftigen sich damit,
dem altherkömmlichen Brauche gemäss, die Opfertiere durch
Hauptabschneiden zu töten. Die abgeschnittenen Köpfe werden
sodann nebst den Rümpfen der lediglich zum Sühnopfer bestimmten
Hunde und Katzen, sowie der Haut, dem Knochengerüst, den Eingeweiden und Genitalien der Rosse, Rinder, Schweine, Böcke,
Gänse und Hühner auf den Holzstoss gelegt, jedoch nicht eher,
als bis sich jeder von den Teilnehmern am Opfer etwas davon
angeeignet hat, sei es nun ein Knochen oder ein Stückchen Haut
oder ein wenig geronnenes Blut. Solchen Opferresten wohnen

nämlich grosse Zauberkräfte inne. Gibt man z. B. von dem Opferblut einem Kranken ein, so weicht sofort die Sucht von ihm;
gräbt man einen Opferknochen in das Saatfeld, so bleiben Unwetter und Hagelschauer der Frucht fern u. s. w.

Nachdem die Tiere geschlachtet sind, ist endlich auch die
mühselige Arbeit des Feuergewinns mit Erfolg gekrönt worden.
Die durch die Reibung erhitzten Hölzer haben Feuer gefangen.
Schnell wird dasselbe angefacht und dann damit der Scheiterhaufen angesteckt, welcher, kaum entzündet, auch schon nur eine
einzige grosse Flamme bildet. Alles jauchzt und jubelt und tanzt
unter dem Singen alter, feierlicher Weisen um den brennenden
Holzstoss herum. Aufmerksam blickt auch ein jeder nach der
Farbe und dem Zug des Rauches und dem Aussehen des gestirnten
Himmels; denn daraus lässt sich gar manches weissagen über die
Aussichten bei der nächsten Ernte, über die kommende Witterung,
über die Gegend, wo man im nächsten Jahre am besten aussäen
kann, ja selbst über Liebe, Ehe und Tod.

Die jungen Burschen reissen darauf aus dem Scheiterhaufen
brennende Scheite heraus, zünden an seiner Glut Reiserwellen,
lange Kienfackeln und mit Stroh umflochtene Räder an und laufen
dann damit, schreiend und lärmend, mit Peitschen knallend und
mit Schellen läutend, über die Felder hin, um dadurch die dem
Wachstum feindlichen Dämonen aus den Saaten zu vertreiben.
Die älteren Leute und die Frauen dagegen sieden in den herbei-
gebrachten Opferkesseln das Opferfleisch, bereiten die Opferkuchen
und die anderen Opferspeisen zu und brauen Bier und Met für
den heiligen Minnetrank. Aber ehe es zum fröhlichen Opferschmaus geht, muss noch eine wichtige Handlung vorgenommen
werden: das Springen der Menschen durch das Opferfeuer und
das Treiben der Herden über die dampfenden und im Erlöschen
begriffenen Kohlen. Denn der Rauch des Opferfeuers übt nicht
allein auf den Acker dämonenvertreibende Macht aus, sondern
er befreit auch den menschlichen und tierischen Körper von den
ihm innewohnenden elbischen Geistern und bewahrt ihn dadurch
vor tötlichen Krankheiten und Seuchen.

Ist auch dieser letzte grosse Läuterungs- und Reinigungsakt
glücklich vorüber, so beginnt der Opferschmaus, bei dem es sehr
heiter und fröhlich zugeht. Niemand darf sich davon ausschliessen,
selbst der zufällig vorüberwandernde Fremdling muss an dem
Mahle teilnehmen. Welches Gemeindeglied hätte sich aber auch

einem solchen Feste entzogen, bei welchem sogar der über-
mässigste Genuss von Speise und Trank nicht allein keine nach-
teiligen Folgen nach sich ziehen konnte, sondern im Gegenteil
dem Geniessenden die grössten Vorteile brachte. Denn je mehr
Minne jemand trinkt, um so stärker und schöner wird er, und je
mehr er isst, um so sicherer kann er sein, dass er das ganze
Jahr hindurch von Krankheiten verschont bleibt. Zum Schlusse —
es mag wol oft der helle Morgen gekommen sein, ehe ein solches deutsches Opferfest beendet war — nimmt ein jeder etwas
von den Kohlen und der Asche des Feuers und den übrig gebliebenen Resten des Opferschmauses mit sich nach Hause, um
die Dinge dort in allerhand Nöten als kräftige Heilmittel zu gebrauchen. Ausserdem erhält noch jede Familie ein brennendes
Scheit von dem Opferfeuer, mit welchem sodann auf dem Hofe
das vorher sorgfältig ausgelöschte Herdfeuer wieder neu entzündet
wird, damit auf diese Weise auch das Haus der Segnungen des
Opfers teilhaftig werde.

So ging es bei dem Mittsommeropfer her und ganz ähnlich
verliefen auch die andern Jahresopfer unserer heidnischen Vorfahren.

Von Opfern, welche der einzelne Hausstand brachte, seien
nur die bei der Aussaat und nach der Ernte erwähnt. Der Hausvater und sein Ingesinde brachten ein Brotopfer, mit Trankopfer
verbunden, bei dem Treiben des ersten Pfluges in den Acker für
die mütterliche Göttin Erde, damit sie aus ihrem Schoosse heraus
dem Lande die erforderliche Feuchtigkeit und dadurch der Saat
Gedeihen gebe; ein Körneropfer beim Ausstreuen der ersten Hand-
voll Saatkorn für den Windgott, dass er die Frucht vor Vogel-,
Wild-, Mäuse- und Würmerfrass bewahre; nach vollendeter Be-
stellung des Saatfeldes ein Eier- oder Hahnopfer für den Wettergott, um von ihm gnädigen Schutz vor Hagelschauer und Wetterschlag zu erbitten. Dabei wurden zauberkräftige Gebete gesprochen,
etwa wie die angelsächsische Flurbesegnung mit dem feierlichen
Anruf: Heil dir Erde, wachse in des Gottes Umarmung, erfülle
dich mit Frucht den Menschen zu Nutze.[1]) Kleinere Opferfeuer
mögen auch dabei entzündet worden sein. Das letzte Ährenbüschel

---

1) Die angelsächsische Flurbesegnung bei Grein-Wülker, Bibliothek der
ags. Poesie 1, 312 ff.; Wülker, Grundriss der ags. Litt. 347 ff.; Kögel, Geschichte
der deutschen Litt. I, 1, 40 ff.

aber gehörte dem Wode und seinem Pferde als Dankopfer. Auch
hier fehlten die Weihsprüche nicht. Daneben begegnen Hahn-
und Bocksopfer als Erntebrauch, wol mit Beziehung auf Donar.
Hirtenopfer werden in Milch, Butter und Käse bestanden haben;
dazu gehören die Viehbesegnungen, die allerdings nur in christlicher Fassung uns überkommen sind.

So greift der Opferdienst in die ganze Acker- und Viehwirtschaft
des Einzelnen wie der Gesamtheit fortwährend ein. Wenn diese
Opferbräuche auch in der christlichen Zeit nicht versäumt wurden,
darf füglich angenommen werden, dass das Heidentum nicht weniger eifrig dem Opferdienst oblag.

## 6. Festliche Umzüge.

Noch heute ist „begehen" die gewöhnliche Bezeichnung für
die Feier eines Festes. Das Wort besagt aber eigentlich „einen
feierlichen Umzug halten". Ein Aufzug [1]) gehörte zum Opfer und
Gottesdienst. Unter verschiedenen Formen und mit verschiedener
Bedeutung treffen wir solche Festzüge im germanischen Heidentum.
Am klarsten und genauesten kennen wir den Zug bei der Nerthusfeier und bei der schwedischen Freysfeier. Den Wagen der Nerthus schirrte der Priester und begleitete seine Umfahrt durch die
Gaue der verbündeten Völkerschaften. Wohin der Wagen kam,
wurde Fest und Frieden gehalten. Vermutlich zog das Volk, wie
später beim Sommerempfang, dem Wagen der Göttin entgegen,
um sie feierlich einzuholen. Das Volk nahm den heiligen Wagen
in geordnetem Zuge in die Mitte und führte ihn zu sich heim;
der weiter fahrenden Göttin wurde dann später Geleit gegeben.
Spiel und Tanz fehlten dem Aufzug so wenig wie den Frühlings-
festen. Freyr besuchte, auf dem Wagen fahrend und von einer
Priesterin geleitet, zur Winterszeit die schwedischen Gaue. Der
Gott wurde festlich eingeholt und gefeiert. Sein Umzug segnete
das Land zur Fruchtbarkeit. Der Gotenkönig Athanarich befahl,
das Bild eines gotischen Gottes auf einem Wagen vor den Wohnungen aller des Christentums Verdächtigen herumzuführen. Wei-
gerten sie sich, niederzufallen und zu opfern, so sollte ihnen das

---

1) Über Aufzüge, mit Chorgesang verbunden vgl. J. Grimm, Myth. 159, 560;
W. Müller, Altdeutsche Religion 113 f.; Müllenhoff, De antiquissima Germanorum poesi chorica S. 10 ff.; 21 ff.; Kögel, Geschichte der deutschen Litteratur I, 1, S. 6, 30 ff.

Haus über dem Kopfe angezündet werden.[1]) Also auch derselbe
Brauch eines umfahrenden Wagens. Der Schiffszug in den Niederlanden hing vielleicht einstens mit dem Isis-Nehalenniadienste zusammen. Der Grundgedanke dieser Feier scheint der Einzug der
Gottheit ins Land zu sein. Aufzüge scheinen überhaupt jedem
Opfer eigentümlich zu sein. Flurgänge, um Ackerland fruchtbar
zu machen, wobei Götterbilder herumgeführt wurden, bezeichnet
der *indiculus superstitionum* als heidnische Sitte: *de simulacro
quod per campos portant.* Die Kirche hat sich des Brauches bemächtigt, der in den Flurgängen der Gemeinde mit Priester und
Heiltum statt des alten Götterbildes fortlebt. Romanischer Glaube
mag übrigens in deutschen Festzügen mehrfach nachwirken.

Der feierlichste Aufzug war der zur Schlacht. Die Götter
schritten, ihre Anwesenheit durch die heiligen Feldzeichen bekun-
dend, den Heerscharen voran, aus deren Mitte feierlicher Gesang,
besonders zu Ehren Donars, erscholl. Es mag ein kurzes Lied
mythischen Inhaltes gewesen sein, das, eine Ruhmthat des Gottes
ins Gedächtniss rufend, diese als Beispiel göttlichen Heldentums
hinstellte. Darauf ertönte der Kriegsruf, der unter den vor den
Mund gehaltenen Schilden tosend anschwellende *barditus.*[2]) Wie
die kurze vorgeschickte Göttersage zum Zaubersegen, etwa in den
Merseburger Sprüchen, so mag sich das Donarlied zum *barditus*
verhalten haben, einem brausenden, dem Feinde fürchterlichen Hurra,
unter dem die Germanen nach Beendigung des Schlachtliedes den
Sturmlauf begannen.

1) Sozomenus, Historia ecclesiastica 6, 37.
2) Über Schlachtgesang und Kriegsgeschrei vgl. Müllenhoff, De antiquissima Germanorum poęsi chorica S. 16 ff.; Kögel, Geschichte der deutschen
Litteratur I, 1, 17 ff. Tacitus Germ. 3 nennt allerdings den Gesang der Lieder
*barditus (carmina, quorum relatu, quem barditum vocant, accendunt animos).*
Über *barditus* vgl. Vegetius, De re milit. 3, 18; Ammianus 31, 7, 11, wo der
Kriegsruf gemeint ist und *barritus* steht. Barditus gehört entweder zu an.
*bardi,* Schild, und bedeutet „Schildruf“, „Schildgeschrei“ oder zu *bard* (barba)
und bedeutet „Bartruf“. Von Thor heisst es, dass er zornig den Bart schüttelte
(Prymskv. 1 *skegg nam at hrista*); zornig bläst er in seinen roten Bart und
erhebt den donnernden Bartruf (*skeggrǫdd, skeggraust*) gegen seinen Feind
(Fornmanna sögur 1, 303 Olafssaga Tryggvasonar).

## 7. Ständige Jahresfeste.

Gab es bei den Germanen eigentliche Festzeiten, die sich jährlich an bestimmten Tagen wiederholten? Die Frage ist darum schwer zu beantworten, weil die ursprüngliche Jahresteilung der Germanen nur mangelhaft bekannt ist. Das Jahr zerlegten die Germanen in zwei Hälften, Winter und Sommer, denn diese Wörter gehen durch alle Sprachen gleichmässig hindurch. Ob die andern Jahreszeiten, Lenz und Herbst schon der Urzeit angehören, ist zweifelhaft. Das Jahr hub mit dem Winter, im Oktober vielleicht in der Tag- und Nachtgleiche oder im November, an. In der altdeutschen Sprache hat das Wort Winter geradewegs auch die Bedeutung Jahr. Zu Winters Anfang und zu Sommers Anfang waren grössere Opferfeste üblich, die nicht bloss in der Gemeinde, sondern in der Völkerschaft, im ganzen Lande gefeiert wurden. Da kamen die Volksgenossen zum Herbstding und Frühlingsding aus Nah und Fern zusammen, da wurden Opfer und Gottesdienst gefeiert, Gericht gehalten, Volksfeste begangen u. dgl. mehr. Ein festes Datum für die Zusammenkünfte lässt sich nicht behaupten. Es war wol auch nach Klima und Landesbeschaffenheit verschieden und wurde eben allgemein auf den ersten Winter- oder Sommermond verlegt. Ostern, die Märzfelder der Merowinger, die Maifelder der Karolinger, die zahllosen Frühlingsfeste, die im Volksbrauche auch unter dem Christentum fortlebten, die uralten Volksspiele vom Einholen des Sommers, vom Streit zwischen Sommer und Winter, Feste, die sich im allgemeinen zwischen Fasten und Pfingsten abspielen, andererseits die herbstlichen Kirchweih- und Schlachtfeste dürften einzelne Züge aus den altgermanischen Winter- und Sommeropfern bewahren. Aber ein Gesamtbild lässt sich nimmer gewinnen. Denn das alte grosse Volksfest ist mit Gemeindefesten der Bauern und Hirten vermischt und auf verschiedene Tage des römisch-christlichen Kalenders verstreut. Ausserdem sind viele fremdartige und junge Bräuche eingedrungen. Es versteht sich wol von selbst, dass eine Vereinigung des ganzen Volkes nicht allzu oft stattfinden konnte. Denn die Reise zum Ding war zeitraubend. Andererseits forderten aber die Angelegenheiten des Volkes solche Versammlungen, die aber keineswegs bloss dem Opferfeste, vielmehr ebenso dem Gerichte und der Beratung, die im Heidentum vom Gottesdienste gar nicht zu trennen sind, gewidmet waren. Darum betont J. Grimm in den Rechts-

altertümern S. 245, 821 ff. mit Fug die ursprüngliche Zusammengehörigkeit von Volksding und Volksopfer. Je nach Umständen
wird bald die eine, bald die andere Bedeutung stärker hervorgetreten sein. Im Christentum fiel das Opfer weg, aber Volksding und Volksfest hafteten. Die Frühlingsfeste, welche in Verbindung mit Waffenübungen und Schützenfesten stehen, weisen
zurück auf eine Zeit, wo die Ankunft des Frühlings nicht nur
mit einem Danke an die Götter für das, was die Natur gab,
sondern mit einer Zusammenkunft der gesamten waffenfähigen
Mannschaft begrüsst wurde, wo die während des Winters nicht
geübten Fertigkeiten bei Kampfspielen erneuert und die Kriegszüge des Sommers beschlossen wurden. Sie erinnern an die
fränkischen März- und Maifelder, wo die Musterung im Vordergrund steht. Die wesentlichen Merkmale jener Versammlung im
Herbst und Frühling waren etwa diese: Gebet und Opfer um
gutes Jahr und glückliche Unternehmungen, Beratungen über Angelegenheiten des Volkes, zu Sommersanfang besonders über bevorstehende Feldzüge, Waffenmusterung, Gerichte, Umzüge und
Volksspiele, Opferschmaus und Gelage. Besonders im Norden
finden wir den alten Brauch der Volksdinge am besten auch unter
der christlichen Religion bewahrt. Die Norweger hatten neben
dem *Heradsding*, dem Ding der Hundertschaft, *Volklandsdinge*.
In vier grossen Verbänden traten die Norweger zusammen. Die
Isländer vereinigten sich im Herbst und Frühling in kleineren
Verbänden, im Juni zum *Allding*. Zugleich hören wir im Norden
von besonders grossen Opferfesten der Dänen und Schweden. Die
Zeiten der nordischen Dinge sind allerdings teilweise eigenartig
und ohne Zusammenhang mit den altgermanischen ungebotenen
Dingen, namentlich auf Island allein durch die Landesbeschaffen-
heit bestimmt.

Weil die ungebotenen Dinge der Germanen vielfach zu Winters und Sommers Anfang stattfanden, weil zur selben Zeit der
Volksbrauch noch allerlei Spiele und Feste kennt, weil die Germanen das Jahr in Winter und Sommer einteilten, wird man nicht
fehlgehen, wenn man dahin ständige Festzeiten der heidnischen
Germanen verlegt, die im grösseren Verband, unter Teilnahme des
ganzen Volkes, als Volksfeste gefeiert wurden.

Noch weitere Volksfeste scheinen vorhanden gewesen zu sein.
Zu Mittwinter wurde *jul* gefeiert. Das nordische *jól*, *júl* begegnet
auch im englischen *yule*; in Pommern ist Jul eine Bezeichnung für

die Weihnachtszeit, scheint aber aus Schweden oder Dänemark
eingeführt zu sein. Im Gotischen und Angelsächsischen kommt
dasselbe Wort als Monatsname vor: ags. *æra geola, æftera geola*[1]),
erster und zweiter Julmonat, zur Bezeichnung des Januar und
Februar, got. *fruma jiuleis*, erster Julmonat zur Bezeichnung des
November. Ist der Monat nach dem Feste oder das Fest nach
dem Monat benannt? Der Ursprung des Wortes liegt im Dunkel.
Weinhold dachte an Entlehnung aus lateinischem *julius*, die Mitt-
wintermonate (December, Januar) hätten die Germanen bei Annahme des römischen Kalenders mit dem Namen des Mittsommer-
monats belegt. Andere Erklärungen suchen Urverwandtschaft mit
lateinischem *joculus*; Jul sei die heitere Festzeit.[2]) Das heidnische
Julfest der Nordleute fand im Januar nach Dreikönig statt und
währte drei Tage. Die Zeit gibt für Dänemark Thietmar von
Merseburg an, für Norwegen die Bezeichnung *Porrablôt*, das Porriopfer. Porri ist ein Monatsname, dem Januar entsprechend. Porri
hub zwischen dem 9. und 16. Januar an. König Hakon verfügte,
dass man das Julfest in Norwegen um dieselbe Zeit feiern sollte,
wie die Christen Weihnachten.

In Deutschland ist kein sicheres Zeugniss des heidnischen
Mittwinterfestes vorhanden. Wol spielen die Zwölften, die Zwölf-
nächte zwischen Weihnacht und Dreikönig im Volksaberglauben
eine grosse Rolle.[3]) Da sind alle Geister los und suchen die
Menschen heim. Der Wode, Frau Holle, die Percht, das wütende
Heer ziehen um und werden mit Opfer geehrt. Alle Arbeit ruht,
besonderes Backwerk wird zubereitet, festlicher Schmaus gehalten.
Das sind die Loosnächte, in denen die Zukunft erforscht werden
kann, welche die Witterung und damit die Fruchtbarkeit des
kommenden Jahres anzeigen. Da ereignen sich allerlei wunder-

---

1) Bäda, *de temporum ratione* Kap. 13 gewährt die Form *giuli; december
giuli eodem quo ianuarius nomine vocatur.* Spätere ags. Denkmäler ziehen
die Form *geola* vor; vgl. J. Grimm, Gesch. der ds. Spr. 79 ff.; Weinhold, Die
deutschen Monatsnamen, Halle 1869.

2) *Jul* aus urgerm. *\*jehwela*, ags. *gehhol, geohhol = joculus* erklären
Kluge, Englische Studien 9, 311 ff ; Bugge, Arkiv f. nordisk filologi 4, 135.
Diez, Etym. Wörterbuch der roman. Sprachen, 5. Aufl. 1887, S. 166, Körting,
Latein.-roman. Wörterbuch 1891, S. 425, leiten frz. *joli*, it. *giulivo* von alt-
nord. *jôl*, dem Freudenfeste, ab.

3) Den Weihnachtsaberglauben bezeugen reichlich alle Sagensammlungen
im Norden und Süden. Den besten Überblick gewährt A. Tille, Deutsche
Weihnachten, Leipzig 1893, 148 ff.

same Dinge. Erwägt man, dass das nordische Julfest auf die
christliche Weihnachtszeit verlegt wurde, so kann man auch für
Deutschland solches annehmen und den Weihnachtsaberglauben
vom alten Mittwinteropfer ableiten. Aber er kann ebensowol vom
heidnischen Jahresanfang, vom Winterbeginn oder Herbstopfer auf
Weihnachten und Neujahr verlegt worden sein.

Nordische Berichte reden von drei grossen Jahresopfern, die
im allgemeinen wol auch mit den germanischen Jahresopfern
übereinstimmen.[1]) Die Ynglingasaga (Kap. 8) sagt: „Da sollte man
opfern gegen den Winter zu für gutes Jahr (*i móti vetrs til árs*),
mitten im Winter sollte man opfern für Wachstum (*at miðjum vetri
til gróðrar*), das dritte Mal gegen Sommer (*at sumri*); das war
das Siegesopfer.“ Die jüngere Olafssaga Helga Kap. 104 berichtet:
„Das ist ihre Sitte, ein Opfer zu haben im Herbste und da den
Winter zu begrüssen; ein andres Opfer haben sie mitten im
Winter, das dritte gegen Sommer, da begrüssen sie den Sommer.“
Von dem Halogaländer Sigurd Thorisson berichtet dieselbe Saga
im Kap. 112: „Er war so gewohnt, so lange das Heidentum währte,
drei Opfer jeden Winter zu haben, eines bei Winters Anfang, das
zweite um Mittwinter, das dritte gegen Sommer; nachdem aber
das Christentum allgemein üblich geworden war, behielt er die
alte Gewohnheit wegen der Gastmähler. Da hatte er im Herbst
ein Freundesmahl, im Winter ein Julgelage, wozu er wieder zahlreiche Leute zu sich einlud; ein drittes Mahl hielt er auf Ostern,
und da hatte er wieder viele Leute. So hielt er es fort, so lange
er lebte.“ Vom südnorwegischen Bauern Harekr wird erzählt:
„Drei Hauptmahle hielt er in jedem Jahre, eine Julgasterei und
Mittwinters und zu Ostern.“ In der Gislasaga Surssonar I, 27 heisst
es vom Isländer Thorgrim: „Er gedachte zu Winters Anfang ein
Herbstgelage zu haben, den Winter zu begrüssen und dem Freyr
zu opfern.“ Die Opferzeiten berühren ebenso den Einzelnen wie
die Allgemeinheit. War die Dingzeit einmal anders gelegt, so
wurde natürlich das Jahresopfer, sofern die alte Festzeit bestehen
blieb, auch von einzelnen Leuten gefeiert. Mit dem Opfer verbanden sich Spiele, wo mehr Leute zusammenkamen. So erzählt
die Eyrbyggjasaga Kap. 43: „Das war die Sitte der Breidfirdinger
im Herbste, dass sie Ballspiele hielten um den Beginn des Winters
unter Oexl südlich von Knorr; da heisst es seitdem *leikskáta vellir*

[1]) Zeugnisse für die nordischen Jahresopfer sind gesammelt bei Maurer,
Bekehrung 2, 232 ff.

(Ebene der Spielhütten), und die Leute kamen dahin aus der
ganzen Umgegend; da waren grosse Spielhütten errichtet; die
Leute wohnten da und sassen da einen halben Monat oder länger."
Neben dem Julgelage werden auch Julgeschenke (in der Egilssaga
Kap. 70) und Spiele (Holmverjasaga Kap. 22) erwähnt. Beim
Sommeropfer zu Uppsala nennt die Olafssaga Helga Kap. 75 einen
Jahrmarkt. Das sommerliche Volksopfer in Norwegen bezeugt
die Egilssaga Kap. 49: „Das war im Frühjahr, dass zu Gaular
ein grosses Opfer sein sollte gegen Sommer. Dort war der an-
sehnlichste Haupttempel; dahin kam eine gewaltige Menge aus
Firdir und aus Fjalir und aus Sogn und nahezu alle angesehenen
Leute." So lange die ständigen, ungebotenen Volksdinge und die
Volksopfer zusammenfielen, war der Besuch des grossen Jahres-
opfers für die Volksgenossen Pflicht, von der man sich nur gegen
Entrichtung einer Steuer loskaufen konnte. Denn so wird es beim
Ding auch später immer gehalten.

Nur eine einzige Quelle, die keinen Glauben verdient, die
Hervararsaga (Kap. 12), verlegt das Julfest in den Februar.[1]) Dem
Porriopfer begegnet ein Goiopfer. Goi entspricht dem Februar
und fängt zwischen dem 9./16. Februar unsres Kalenders an. Nun
ist mit dem Goiopfer offenbar das schwedische Hauptopfer zu
Uppsala gemeint, das aber deutlich als Sommeropfer sich aus-
weist und nach dem Scholiasten Adams von Bremen erst später
um die Zeit der Frühlingstag- und Nachtgleiche gefeiert wurde.
Diese Zeitbestimmung ist die ursprüngliche und richtige. Es

1) Der Behauptung H. Petersens, Nordboernes gudedyrkelse og gudetro
S. 27, dass das heidnische Julfest auf Ende Januar oder Anfang Februar
fiel, kann ich nicht zustimmen. Sie hat nur in der Hervararsaga schwache
Gewähr, während andre Zeugnisse dagegen sprechen. Die *Spurcalien* im
Februar, deren Aldhelm († 709) und der indiculus gedenken, welche die homi-
milia de sacrilegiis als *dies spurcos* erwähnt, weisen allerdings auf ein den
nds. Stämmen gehöriges heidnisches Opferfest hin. Aber es ist schwerlich
ein grosses Volksopfer gemeint, vielmehr ein Gemeindeopfer. Der Name ist
keinesfalls germanischen Ursprungs, sondern von lat. *spurcus, spurcitia* nach
der Analogie von Vulcanalia, Saturnalia, Neptunalia u. ä. gebildet und soll
den Brauch der deutschen Bauern verächtlich als etwas Wüstes, Schmutziges
(vgl. *spurcitiae gentilitatis*) hinstellen; vgl. Caspari in der Ausgabe der homilia de sacrilegiis S. 36 f. Ob der ndl.-nds. Name des Februar *Sporkele, Spurkele*, der im Volksmunde wie auch andere Tag- und Monatnamen personificiert wurde, von den *Spurcalien* zu leiten oder anders zu erklären ist, lässt
sich nicht bestimmen. Vgl. Weinhold, Die deutschen Monatsnamen S. 56 f.;
zum Namen Sporkel vgl. noch Ehrismann, Beiträge 20, 64 f.

handelt sich um das germanische Opfer zu Sommers Anfang. Dasselbe scheint nachmals weiter zurück verlegt worden zu sein, von März oder April in den Februar. Über das Opfer berichtet die Olafssaga helga Kap. 75: „In Schweden war das alte Landessitte, so lange das Heidentum währte, dass ein Hauptopfer zu Uppsalir sein sollte im Goi des Winters; da sollte man opfern um Jahr und Frieden und um Sieg für seinen König, und dahin sollten die Leute kommen aus dem ganzen Schwedenreiche, da sollte ein Ding aller Schweden sein; da war auch Markt und eine Kaufversammlung, und der Markt währte eine Woche; nun aber seit das Christentum allgemein angenommen war und die Könige nicht mehr in Uppsalir sitzen mochten, da war der Markt verlegt und auf Lichtmess gehalten worden und dabei ist es seitdem geblieben; er währt nun nicht länger als drei Tage und da ist nun das Ding der Schweden und dahin kommen sie aus dem ganzen Lande." Ein dem Mittwinter entsprechendes Mittsommerfest gab es nicht. Nur irrtümlich spricht die Olafssaga Tryggvasonar in der Heimskringla Kap. 72 von einem *midsumarsblót* anstatt des *midsvetrarblót*.[1]) Die Johannistränke dürfen auch nicht hergezogen werden, noch weniger das sommerliche, im Juni abgehaltene Allding der Isländer, das allein in der isländischen Landesbeschaffenheit begründet ist. Die Gemeinde hatte wol Ursache, zu Mittsommer zu opfern, aber das Volk trat schwerlich im Sommer zu grossen ungebotenen Versammlungen zusammen. Somit bleiben nur die Opferfeste zu Winters und Sommers Anfang, ferner das Julfest, drei ständige germanische Opferzeiten.

Ständige grosse, das ganze Volk umfassende Opferfeste sind schon frühzeitig bezeugt.[2]) Im uralten Semnonenhain versammelten sich zu bestimmter Frist Abordnungen aller suebischen Völkerschaften, um den allwaltenden Tiuz mit Menschenopfern zu ehren. Die Jahreszeit dieses Opferfestes ist nicht angegeben, auch nicht, ob es sich jährlich oder erst nach einer Anzahl von Jahren wiederholte. Aber andere Zeugnisse lassen deutlich die Hauptopferzeiten erkennen.

Germanicus benutzte zweimal die Zeiten germanischen Festesfriedens, um unvermutet über die sorglosen Festgenossen herzu-

1) Vgl. Maurer, Bekehrung 2, 237, Anm. 186.
2) Tacitus, Germ. Kap. 39.

fallen.[1]) Es waren wol ständige Feste, von denen die Römer
Kunde hatten. Im Jahre 14 kam er über die Marsen, welche der
Tanfana opferten. Es war im Spätherbst nach der Ernte und
gegen Winters Anfang, also das Fest des neu anbrechenden Jahres.
Im folgenden Jahre, gleich im Anfang des Frühlings, als grade
eine ungewöhnliche Dürre herrschte, machte Germanicus einen
ähnlichen Einfall ins Land der Chatten und zog auf den Haupt-
ort Mattium, das er verbrannte. Vermutlich wurde dort das Frühlingsfest, das Sommeropfer begangen.

Widukind weiss von einem Feste der Sachsen am 1. Oktober.
Drei Tage lang währte die Feier, die auch dem Andenken der
Toten galt.[2]) Widukind sucht allerdings in dieser bei Scheidungen
an der Unstrut abgehaltenen Feier ein Siegesfest der Sachsen über
die Thüringer. Aber man erkennt leicht, dass es um ein ständiges,
auch in christlicher Form fortlebendes Fest sich handelt, das keineswegs aus einem einzelnen Ereigniss hervorging. Erwägt man die Zeit,
so ist auf das germanische Opfer zu Winters Anfang, zum heidnischen Neujahr zu schliessen. Dass die Toten dabei bedacht
wurden, ist auch sonst bei den germanischen Opfern nachzuweisen.
Sie galten nicht nur den Göttern, sondern ebenso sehr den Seelen.
Namentlich Winters-, d. h. Jahresanfang, im christlichen Kalender
Allerseelen und Neujahr, die Zwölften, kehren den Seelenkult stark
hervor. Dasselbe Fest wurde, von dem Berichterstatter ähnlich
missdeutet, am 28. September zu Augsburg gefeiert.[3]) Die Überlieferung nennt einen *dies deae Cisae*, worin Laistner einen miss-
verstandenen „*Cisatag*", „*Sisatag*" sieht. Neben ahd. *sisesang*,
Totenlied, *nenia*, wäre *sisetag* eigentlich ein *Kartag*, ein Tag der

---

1) Über die Zeiten vgl. Müllenhoff, Schmidts allgemeine Zeitschrift für
Geschichte 8, 266 ff.; ZfdA. 23, 25.

2) Widukind 1, 12 *per triduum igitur dies victoriae agentes et spolia
hostium dividentes exequiasque caesorum celebrantes laudibus ducem in coelum
attollunt, divinum ei animum inesse coelestemque virtutem acclamantes, qui sua
constantia tantam eos egerit perficere victoriam. acta sunt autem haec omnia,
ut maiorum memoria prodit, die Kal. Octobris, qui dies erroris religiosorum
sanctione virorum mutati sunt in ieiunia et orationes, oblationes quoque omnium nos praecedentium christianorum.* Vgl. Müllenhoff, Schmidts allgemeine
Zeitschrift für Geschichte 8, 254.

3) Vgl. J. Grimm, Mythologie S. 269 ff.; Müllenhoff, Schmidts allgemeine
Zeitschrift für Geschichte 8, 254; Laistner, Württembergische Vierteljahrshefte für Landesgeschichte 1892, S. 5; über Nachklänge solcher Jahreswende-
feste H. Pfannenschmid, Germanische Erntefeste 164 ff.

Klagelieder. Das Fest zu Winters Anfang, zu Michaeli, war zugleich eine allgemeine Totenfeier und trug davon sogar einen besondern Namen. Die germanische Jahreswende scheint nicht bloss eine Zeit der Lustbarkeit, sondern auch der Klage um die Verstorbenen gewesen zu sein.

Auch im Norden ging die Verehrung von Disen und Alfen neben der Verehrung der Götter an den hohen Jahresfesten her. *Alfablót*, Alfenopfer, fällt mit Jul zusammen; denn nach der grossen Olafssaga helga Kap. 80 kam der Skald Sighvat spät im Winter zu einem Gehöft, wo das *alfablót* gefeiert wurde. In der Vigaglúmssaga Kap. 6 heisst es: „Da war zu Winters Anfang ein Gastmahl bereitet und ein *dísablót* gehalten und alle sollten diese Erinnerung feiern." Das schwedische Opferfest führte den Namen *dísapíng*. Mithin gelten nach nordischem und deutschem Brauch die grossen ständigen Jahresopfer den Göttern und Geistern. Letzteren wurde wol besonders Winters Anfang und Mittwinter geweiht, da der Aberglaube mit Vorliebe jene Zeiten den schwärmenden Geisterscharen zuweist.

Von besonderer Art sind die Feste, welche nur selten, nach Ablauf mehrerer Jahre und dann mit grosser Feierlichkeit vom ganzen Lande begangen werden.

Thietmar von Merseburg [1]) erzählt von den Dänen: „Es ist ein Ort in jenen Gegenden, namens Lederun (Leire, Hleidra), die Hauptstadt jenes Reiches im Gau Selon (Seeland), wo immer nach Verlauf von neun Jahren im Monat Januar um die Zeit, wo wir die Erscheinung Christi feiern, alle zusammen kamen und ihren Göttern 99 Menschen und ebenso viele Pferde nebst Hunden und Hähnen, die man in Ermangelung der Habichte darbrachte, opferten, indem sie für gewiss glaubten, dass diese ihnen bei den Göttern der Unterwelt Dienste leisten und dieselben wegen ihrer begangenen Missethaten mit ihnen aussöhnen würden."

Adam von Bremen [2]) schildert ein ähnliches schwedisches

---

1) Thietmar 1, 9; MG. 3, 739 *est unus in his partibus* (sc. *Northmannorum et Danorum) locus, caput istius regni, Lederun nomine, in pago, qui Selon dicitur, ubi post 9 annos mense januario, post hoc tempus quo nos theophaniam domini celebramus, omnes convenerunt, et ibi diis suismet 99 homines et totidem equos, cum canibus et gallis pro accipitribus oblatis, immolant, pro certo, ut predixi, putantes, hos eisdem erga inferos servituros et commissa crimina apud eosdem placaturos.* Zur Stelle J. Grimm, Myth. S. 42 ff.

2) Adam 4, 27 MG. 7, 380 *solet quoque post novem annos communis*

Landesopfer: „Alle neun Jahre wird zu Uppsala ein allen Schweden gemeinsames Opfer gefeiert. In Bezug auf dieses Fest findet keine Befreiung von Leistungen statt. Die Könige und das Volk, alle schicken ihre Gaben nach Uppsala, und diejenigen, die bereits das Christentum angenommen haben, kaufen sich von jenen Ceremonien los. Das Opfer ist folgender Art. Von jeder Gattung männlicher Geschöpfe werden neun dargebracht, mit deren Blut es Brauch ist, die Götter zu sühnen. Die Körper aber werden in dem Haine aufgehängt, der zunächst am Tempel liegt. Dieser Hain ist nämlich den Heiden so heilig, dass jeder Baum durch den Tod oder die Verwesung der Geopferten geheiligt erachtet wird. Dort hängen auch Hunde und Rosse neben den Menschen und von solchen vermischt durch einander hängenden Körpern habe er, erzählte mir ein Christ, 72 gesehen. Die Lieder, die bei der Vollziehung eines solchen Opfers gesungen werden, sind vielerlei und unehrbar. Neun Tage werden Schmäuse und dergleichen Opfer gefeiert. An jedem Tage opfern sie einen Menschen nebst anderen Geschöpfen, so dass es in neun Tagen 72 Geschöpfe werden, die man opfert. Dies Opfer findet statt um die Frühlings Tag- und Nachtgleiche." Zum Beweise, wie streng die Nichtachtung des Opfers geahndet wurde, erzählt das Scholion 136, wie der christliche König Anunder deshalb aus seinem Reiche vertrieben wurde.

*omnium Sueoniae provintiarum sollempnitas in Ubsola celebrari. ad quam videlicet sollempnitatem nulli praestatur immunitas. reges et populi, omnes et singuli sua dona transmittunt ad Ubsolam, et quod omni poena crudelius est, illi qui iam induerunt christianitatem, ab illis se redimunt cerimoniis. sacrificium itaque tale est. ex omni animante, quod masculinum est, novem capita offeruntur, quorum sanguine deos placari mos est. corpora autem suspenduntur in lucum, qui proximus est templo. is enim lucus tam sacer est gentilibus, ut singulae arbores eius ex morte vel tabo immolatorum divinae credantur. ibi etiam canes et equi pendent cum hominibus, quorum corpora mixtim suspensa narravit mihi aliquis christianorum 72 vidisse. ceterum neniae, quae in eiusmodi ritu libationis fieri solent, multiplices et inhonestae, ideoque melius reticendae.* Im Kap. 28 wird ein Priester, *qui ad Ubsolam demonibus astare solebat,* erwähnt. Scholion 136 *nuper rex Sueonum christianissimus Anunder, cum sacrificium gentis statutum nollet demonibus offerre, depulsus a regno, dicitur a conspectu concilii gaudens abisse, quoniam dignus habebatur pro nomine Jesu Christi contumeliam pati.* Scholion 137 *novem diebus commessationes et eiusmodi sacrificia celebrantur: unaquaque die offerunt hominem unum cum ceteris animalibus, ita ut per novem dies 72 fiant animalia quae offeruntur. hoc sacrificium fit circa aequinoctium vernale.*

Zum richtigen Verständniss der beiden grossen nordischen Opfer muss zunächst ein Irrtum Thietmars berichtigt werden. Er vermischt Opfer- und Bestattungsbräuche. Die Tiere wurden nicht darum geschlachtet, dass die zum Opfer getöteten Menschen in der Unterwelt davon Gebrauch machten; solches war nur der Leichenfeier eigen. Beim Opfer fielen Menschen und Tiere den Göttern zu. In der Hauptsache verlaufen das dänische und schwedische Landesopfer gleich. Beide fanden nur alle neun Jahre statt, die Neunzahl spielt beiderseits bei den Opfern eine Rolle. Vielleicht sind die 99 Menschen in Dänemark neben den 9 in Schweden doch zu hoch gegriffen. Neun Tage dauert das schwedische Fest. Das dänische Opfer fiel mit dem Julfest zusammen, das schwedische mit dem Sommeropfer.

Man muss dem Umstand Rechnung tragen, dass wir die ursprünglichen germanischen Jahresfeste nur unsicher aus der überlieferten Zeitrechnung, aus dem römischen Kalender und der christlichen Festfolge zu erschliessen vermögen. Zweifellos hingen die einstigen Hauptfeste mit der Jahresteilung zusammen. Als aber, noch im Heidentum, der römische Kalender eindrang, fanden Verschiebungen aller Art statt, die christliche Festfolge vermehrte noch die Verwirrung. So wurden die Jahresfeste verlegt und auf verschiedene Tage verteilt. Man gelangt nur zum allgemeinen Satze, dass für die Volksopfer die Jahresteilung, für Gemeindeopfer Ackerbau und Viehzucht maassgebend gewesen zu sein scheinen.

Die siebentägige Woche und die Einteilung des Jahres in zwölf Monate [1] kam den Germanen aus der Fremde, durch die Römer zu und zwar noch vor der Bekehrung, sonst wären die heidnischen Götternamen nicht für die Wochentage gewählt worden. Damals muss die interpretatio romana schon sehr fest eingebürgert gewesen sein, denn allgemein und ohne Schwanken werden die dies Martis, Mercurii, Jovis, Veneris dem Tiu, Wodan, Donar und der Frija zugeteilt. Die Monate, sofern sie germanisch bezeichnet wurden, heissen nach Zeit und Wetter, Pflanzen und Tieren, Geschäften in Haus und Feld, nicht nach religiösen Vorstellungen.

---

1) Weinhold, Über die deutsche Jahrteilung, Kiel 1862; Weinhold, Die deutschen Monatsnamen, Halle 1869; Kluge, Die deutschen Namen der Wochentage, im wissenschaftlichen Beiheft Nr. 8 zur Ztschr. des allgemeinen deutschen Sprachvereins 1895.

Erst später wurden gleich einigen Kalendertagen auch Monatsnamen persönlich gedacht und spielen deshalb im jüngeren Volksglauben eine Rolle.

## II. Das Tempelwesen.

### I. Heilige Haine.

Das Waldleben hatte von jeher tiefen Einfluss auf alle Verhältnisse des germanischen Volkes, so auch auf Glauben und
Gottesdienst. „In dem Wehen, unter dem Schatten uralter Wälder
fühlte sich die Seele des Menschen von der Nähe waltender Gottheiten erfüllt."[1] Die ältesten Zeugnisse heben den Waldkultus
hervor, der Wald war die Behausung der Götter. Heilige Haine
vertreten geradezu eigentliche erbaute Tempel. Bei echt germanischen Tempeln fehlt auch nicht der Wald, es sei denn, die
Natur versage ihn wie auf Island. Die ältesten germanischen
Bezeichnungen lehren: Tempel ist zugleich Wald. „Was wir
uns als gebautes, gemauertes Haus denken, löst sich auf, je
früher zurückgegangen wird, in den Begriff einer von Menschen-
händen unberührten, durch selbstgewachsene Bäume gehegten
und eingefriedigten heiligen Stätte. Da wohnt die Gottheit
und birgt ihr Bild in rauschenden Blättern der Zweige."[2] „Die
Götter, im Wald und auf der Berghöhe gegenwärtig, bedurften
keiner gebauten Wohnung, keines sie darstellenden Bildes.
Am deutlichsten hat das Tacitus von den Germanen ausgesprochen: *ceterum nec cohibere parietibus deos, neque in ullam
humani oris speciem assimilare ex magnitudine coelestium arbitrantur: lucos ac nemora consecrant, deorumque nominibus appellant
secretum illud, quod sola reverentia vident.* Nur Bäume hegten
den Gott und über Bäumen stand der Himmel offen. Als aber
allmälig feste Niederlassungen erfolgten und als der friedliche
Ackerbauer selbst ein Haus bezogen hatte, lag der Gedanke nah,
auch für die Götter bleibende Wohnstätten zu errichten, und aus
feierlichen Steinkreisen auf dem Waldgebirg gingen Höfe oder
Tempel hervor. Die ältesten Ausdrücke unsrer wie der griechischen Sprache können sich von dem Begriff des heiligen Haines
noch nicht losreissen, sondern gehen von diesem aus und erst unmerklich in die Vorstellung einer erbauten Stätte über."[2]

1) J. Grimm, Mythologie 59 f.
2) J. Grimm, Geschichte der deutschen Sprache 116.

Die altgermanischen Wörter für Heiligtum, Opferstätte schwanken in ihrer Bedeutung zwischen Hain und Tempel, weil eben zum Gottesdienste einerseits heilige gehegte Wälder, andrerseits aufgerichtete Gebäude dienten. Das ahd. *haruc*[1]) geben die Glossen mit *lucus, nemus, fanum, ara* wieder, ags. *hearh*[2]) wird entsprechend als *lucus, sacellus, fanum* ausgelegt. Im Nordischen bedeutet *hǫrgr*[3]) ursprünglich Steinhaufen, vielleicht geschichteter Steinaltar oder Steinkreis als Hag um den Opferplatz, wie solche noch in England und Skandinavien zu sehen sind. Zugleich aber nimmt *hǫrg* die allgemeine Bedeutung „Heiligtum", die besondere „kleiner Tempel" an.[4]) Ahd. *paro* (gen. *parawes*)[5]), ags. *bearo* (gen. *bearwes*), welche *lucus* und *arbor* ausdrücken, deuten auf den heiligen Hain oder Baum.

In den germanischen Sprachen begegnet unter verschiedenen Formen ein Wort für sich allein und in Zusammensetzungen; es lautet *weh, weg* (an. *vé*, ags. *weoh, weg*, as. *weg*) *wih, wig* (gotländisch, dän., schwed. *vî*, ags. *wih, wig*, as. ahd. *wih*). Die Grundbedeutung ist Kultstätte (as. *friduwih*, befriedete Kultstätte) und demnach, wie die ahd. Glosse *„forst edo haruc edo uuih"* lehrt, auch heiliger Hain, ferner Kultgegenstand (*idolum, ara, vexillum*).[6])

Ahd. *lôh* (*lucus*), das wie nord. *lundr* in vielen deutschen Ortsnamen erscheint[7]), weist wol manchmal auf ursprünglichen Opferhain. Am besten unterrichtet Tacitus an vielen Stellen über den Waldkult der Germanen.[8]) Bei den Nahanarvalen ist ein altehrwürdiger Hain (*lucus antiquae religionis*), wo den Alcis gedient wird. Bei

---

1) Vgl. Graff, Ahd. Sprachschatz 4, 1015.

2) Vgl. Wright-Wülcker, Anglo-saxon and old-english glossaries 1, 433, 501, 503, 517, 519.

3) Sveinbjörn Egilsson, Lex. poeticum 380; Fritzner, Oldn. ordbog 2², 191; Sigurður Vigfússon, árbók hins íslenzka fornleifafélags 1880/1, S. 89 ff.

4) Noreen, Abriss der urgermanischen Lautlehre S. 229 vergleicht lat. *carcer*, Einfriedigung.

5) Graff, Diutiska 1, 150 *qui ad aras sacrificat, de za demo parawe ploazit.*

6) Die Geschichte des Wortes mit Angabe aller Belege behandelt R. Henning, Die deutschen Runendenkmäler, Strassburg 1889, S. 23 ff.

7) Vgl. *Heiligenloh,* J. Grimm, Myth. 65; Arnold, Ansiedlungen und Wanderungen deutscher Stämme, Marburg 1877, S. 117.

8) Über heilige Wälder spricht Tacitus in der Germ. 7, 39, 40, 43; Ann. 1, 61; 2, 12; 4, 73; Hist. 4, 14; 4, 22. Germ. 9 *„lucos ac nemora consecrant deorumque nominibus appellant secretum illud, quod sola reverentia vident"*, ist rhetorische Phrase, wie der Zusammenhang mit dial. de orat. 12 lehrt.

den Semnonen steht der uralte schauerliche Opferwald, den man nur gefesselt betreten darf (*silva auguriis patrum et prisca formidine sacra*); dort versammeln sich Abgesandte aller Suevenstämme. Der Nerthus ist ein unberührter Hain (*castum nemus*) geweiht, worin allerdings auch ein templum sich erhebt. Die Feldzeichen der Stämme, Tierbilder und Abzeichen der Götter, die dem Heere voran in die Schlacht getragen wurden, befanden sich gewöhnlich im geweihten Walde. Im Donarswald (*in silvam Herculi sacram*) versammeln sich die Völker zur Schlacht. In den heiligen Hain (*sacrum in nemus*) ruft Civilis den Adel zusammen. Opfersteine, bei denen die gefangenen Feinde geschlachtet wurden, traf man in den Wäldern (*lucis propinquis barbarae arae apud quas tribunos mactaverant*). Die Häupter getöteter Opfertiere bleichten an den Baumstämmen.

Im tiefsten, dunkelsten Urwald, wo kein Holz geschlagen werden darf, ist das Heiligtum der Götter, da stehen die Opfersteine, da werden Menschen und Tiere geschlachtet oder aufgehängt, da werden die heiligen Feldzeichen der Völker aufbewahrt. Dort ist aber auch Volksversammlung und Gericht. Vermutlich war ein besonderer Teil des Urwaldes zum eigentlichen Gottesdienst abgegrenzt, während fürs Ding gelichtete, wenigstens von Buschwerk und Unterholz gerodete Strecken erforderlich scheinen. Der den Göttern geweihte uralte, wilde Bannwald rief einen schauerlichen Eindruck hervor, ebenso aus ehrfürchtiger Scheu vor der unmittelbaren Gegenwart der Götter wie wegen der blutigen Opfer, wegen der verwesenden Leichen und bleichenden Gebeine. Nicht bloss den Römern, auch den germanischen Volksgenossen selber war ein solcher Urwald unheimlich. Die Schrecken der Vorzeit hafteten auch später vornehmlich am Tempelhain, so an dem zu Uppsala, während die übrigen Örtlichkeiten der frohen Feste halber wol einen freundlicheren Anblick boten. Der eigentliche Opferplatz, wo die Gottheit die Opfer empfing, war der furchtbare Mittelpunkt des Gottesdienstes.

Die Bekehrer hatten oft mit heiligen Wäldern, insbesondere mit heiligen Bäumen zu thun. Der Wald gilt ohnehin als Aufenthalt der Geister, der Baum als beseelt; somit wird er leicht zur Behausung, zum Heiligtum der Götter. Bonifacius fällte bei Geismar die Donareiche und erbaute aus ihrem Holz eine Peterskapelle. Unter Sachsen und Friesen [1] dauerte die Verehrung der

---

1) Vgl. J. Grimm, Myth. 64, wo die vita Meinwerci Kap. 17, MG. 11, 114 u. MG. 2, 377 Anm. k ausgehoben ist.

Haine am längsten fort.  Bischof Unwan von Bremen liess im Anfang des 11. Jahrh. bei abgelegenen Bewohnern seines Sprengels
solche Wälder, in denen geopfert wurde, ausrotten.  Nach einem
Treffen, das im Jahre 779 zwischen Franken und Sachsen geschah,
liess sich ein schwerwunder Sachse aus seiner Burg heimlich in
einen dem höchsten Gott geweihten Hain tragen.  Schon in alten
Urkunden ist von *Heiligenforst* bei Strassburg, *Heiligenloh* im
Hoyaschen, *Heiligelo* bei Alkmaar in Holland, *Heiligenholtz* bei
Zwifalten, *Halahtre* in Westfalen die Rede.[1])  Diese Namen bewahren das Andenken heidnischer Götterwälder, die der Benutzung des Volkes entzogen, dem Dienste der Götter geheiligt
waren.

## 2. Tempelbauten.

Aus dem Walde wuchs allmälig der gezimmerte Tempel[2])
hervor, vielleicht Anfangs in der Art, dass um einen besonders
heiligen Baum, der als Sitz der Gottheit galt, eine Hütte aus Holz
und Zweigen aufgeführt wurde.  Derlei mag der *indiculus superstitionum* IV „*de casulis id est fanis*", von kleinen Tempelchen,
im Auge haben.  Man gedenkt der Halle König Vǫlsungs, die
freilich weltlichen Zwecken dient, aber möglicherweise einen alt-
fränkischen Waldtempel darstellt.  „König Wolsung liess eine herrliche Halle machen und zwar auf die Art, dass eine grosse Eiche
in der Halle stund; die Zweige des Baumes mit schönen Blättern
breiteten sich übers Dach, der Stamm reichte in die Halle hinunter."[3])  Hernach stösst Odin das Schwert für Sigmund in den
Stamm dieser Eiche.  Darf man eine Wodanseiche im fränkischen
Urwald, um welche ein Tempel gezimmert war, worin der Gott
seinen Lieblingen sich offenbarte, als letzten Ausgangspunkt dieser
Sagenbildung vermuten?  Die sächsische *Irminsûl* muss hier erwogen werden.  Im nordischen Hause stützen eine oder zwei
Säulenreihen als Grundpfeiler den ganzen Bau.  Besonders wichtig
sind die zwei am Hochsitz befindlichen sog. *ǫndvegissúlur*, an denen

1) J. Grimm, Myth. 65; Förstemann, Ortsnamen[2] 700.
2) Das germanische Wort für den Tempel war got. *alhs* (bei Wulfila für
ναός u. ἱερόν gebraucht), as. ahd. *alah*, ags. *ealh*.  Damit sind zahlreiche
Personen- und Ortsnamen (Förstemann 2[2], 40), welche auf altdeutsche Tempel
schliessen lassen, zusammengesetzt; vgl. *Alahstat, Alahdorf, Alahesfeld, Alahes-
heim, Alahpah, Alacfurd, Alacmar* u. ä.
3) Vǫlsungasaga Kap. 2.

Götterbilder eingeschnitzt sind, denen abergläubische Verehrung erwiesen wird. Die nach Island fahrenden Norweger nehmen ihre Hauptsäulen mit und stellen sie in der neuen Heimat ebenso in die Mitte des Hauses. Auch im Tempelbau, der vom Hausbau nicht wesentlich abwich, kehren diese Säulen wieder. Karl der Grosse zerstörte im Jahre 772 einen Hauptsitz des sächsischen Aberglaubens, die unweit Eresburg in Westfalen errichtete *irminsûl*, die Hauptsäule.[1]) Er verbrannte das sächsische Heiligtum. Im tiefen Wald, wol im Osning, im heiligen Götterhain, ragte die Säule auf, die bald als fanum, bald als idolum bezeichnet wird. Später wurde an ihrer Stelle eine Peterskirche gebaut. Rudolf von Fulda erzählt vom Baumkult der Sachsen und erklärt die *irminsûl* als einen grossen, unter freiem Himmel hoch aufgerichteten Holzstamm, eine Hauptsäule.[2]) Was ist nun in Wirklichkeit unter der sächsischen Säule zu verstehen? Ihr eignete wol dieselbe religiöse Bedeutung wie der nordischen Haussäule. Durch eingeschnitztes Götterbild mag vielleicht auch sie zum Heiligtum, zum Idol, geweiht gewesen sein. Sie stand aber allein im Freien und diente so als Symbol. Der aufgerichtete Grundpfeiler, die Hauptsäule vertrat vielleicht symbolisch den Tempel, der ursprünglich um den heiligen Baum, nachher um die hölzerne Hauptsäule gezimmert war. Für den germanischen Tempel der Urzeit, dessen Einrichtung nirgends genau geschildert ist, lernen wir nur das eine, dass sein Ursprung an den heiligsten Baum des geweihten Forstes, an die uralte mächtige Göttereiche anknüpfte. Den Baum löste bei späterem kunstvollerem Bau die im Mittelpunkt aufgerichtete hochragende Hauptsäule, ein gewaltiger verarbeiteter Baumstamm ab. Wie der Götterbaum den Grundpfeiler des heiligen Gebäudes abgab, so scheint er auch das Götterbild, das zunächst an ihm haftete, veranlasst zu haben. So wuchs, wol auch unter der

1) Die hergehörigen Stellen aus MG. sammelt J. Grimm, Myth. 104 ff.; W. Müller, Altdeutsche Religion S. 71 bringt die *irminsûl* mit den nordischen Hauspfeilern in Verbindung. Mannhardt, Baumkult der Germanen S. 303 ff. erklärt die Irmensäule als den Lebensbaum des Volkes, der neben dem Maibaum der Gemeinde und dem Baum des Einzelhofes aus ähnlichen Grundvorstellungen entwickelt sei.

2) MG. 2, 676 *truncum quoque ligni non parvae magnitudinis in altum erectum sub divo colebant, patria eum lingua irminsul appellantes, quod latine dicitur universalis columna, quasi sustinens omnia.* Damit scheint eine Deutung als Säule des Irmin-Tiu ausgeschlossen, *irmin* hat den in Zusammensetzungen ganz gewöhnlichen und geläufigen Sinn „gross, gewaltig".

Anregung römischer Kultur, aus dem ursprünglichen Gottesdienst
im Urwalde die gezimmerte Behausung der Götter und ihre bildliche Darstellung heraus.  Der Götterbaum als *irminsûl* entfaltet
beides.

Zur Zeit des Tacitus ist die Kultstätte meistens der heilige
Hain.  Aber an zwei Stellen ist zweifellos vom Tempel im Haine
die Rede.  Nachdem der Priester die Nerthus an Festtagen umhergeführt hat, gibt er sie ihrem Heiligtum zurück (*satiatam conversatione mortalium deam templo reddit*).  Im Jahre 14 machten
die Legionen des Germanicus den marsischen Tanfanatempel dem
Erdboden gleich (*celeberrimum illis gentibus templum, quod Tanfanae
vocabant, solo aequatur*).  Die Bekehrer hatten nicht bloss Götter-
eichen zu fällen, sondern auch Tempelbauten niederzulegen, zu
verbrennen oder zum Dienste des Christentums umzuweihen.  Allmälig hatten sich die im Walde gebauten Tempel vermehrt, mitunter wurden auch römische Bauten, gemauerte steinerne Tempel
dem germanischen Götterdienst nutzbar gemacht.  Als Radegund,
die Gemahlin Chlotars, aus Thüringen nach Frankreich zog, führte
sie ihr Weg in der Nähe eines fränkischen Tempels vorüber.  Die
glaubenseifrige Christin gebot ihren Leuten, den Heidentempel anzuzünden.  Die Franken wehrten sich, aber Radegund setzte ihren
Willen trotzdem durch.  Das Heiligtum wurde verbrannt, hernach
aber Frieden gestiftet.  So erzählt die vita sanctae Radegundis
(*acta Bened. sec.* 1 S. 327) aus dem 6. Jahrh.  Gregor von Tours
(*vitae patr.* 6) weiss von einem mit Zieraten erfüllten Tempel zu
Köln (*fanum quoddam diversis ornamentis refertum*), worin die
Barbaren beim Opfer Schmaus und Gelage hielten.  Dort standen
auch Götterbilder.  Kranke Glieder wurden in hölzerner Nachbildung aufgehängt.  Bei den Angelsachsen gab es eingehegte
Tempel (*fana cum septis*), die ziemlich vollkommen gewesen sein
müssen, sonst hätte schwerlich Gregor dem Augustin anempfohlen,
christliche Kirchen daraus zu machen.  Die ags. Sprache gewährt
auch ein germanisches Wort für den Begriff „Altar".  Im Walde
genügte der Opferstein, im Tempel erhub sich ein Altar, *wigbed*
(aus älterem *wihbéod*), der Tempeltisch.[1])  Er diente wol wie der
nordische *stallr* zur Aufnahme heiliger Gerätschaften, des Eid-

---

1) Über die Formen und Etymologie des Wortes, *wigbed, weobed, weo-
fod* vgl. Kluge, Beiträge 8, 527; Sievers, Ags. Grammatik² § 43 Anm. 4; § 222
Anm. 1.

ringes, der Opferblutschale u. dergl.[1]) Sächsische Tempel (fana)
nennt das *capitulare de partibus Saxoniae*. Den friesischen Göttern[2])
waren in allen Teilen des Landes Tempel errichtet. Darin lagerten
oft Schätze. Genauer beschrieben ist aber nur Fosites Heiligtum
auf Helgoland.

Der hl. Willebrord brach auf Walchern ein altehrwürdiges,
von einem tapferen Wächter behütetes Heiligtum.[3]) Da im Dünensande vor Walcheren Trümmer römischer Steinbauten und Neha-
lenniasteine sich vorfanden, handelt es sich vermutlich um einen
Tempel aus der Römerzeit, den die Germanen nach Abzug der
Römer zum Dienste ihrer eigenen Götter benützten. Uberhaupt
muss man mit der Möglichkeit rechnen, dass die auf römisches
Gebiet einrückenden Germanen hier und da ihre Opferstätten in
verlassene römische Tempel verlegten. Nahmen die germanischen
Söldner doch auch ebenso willig den Brauch bildergeschmückter
Weihsteine von ihren römischen Kameraden an, nicht bloss zum
Kaiserkult und zum Dienst der römischen Truppengenien, sondern

1) „Man hat es zwar ohne weiteres angenommen, aber bisher m. W. noch
durch kein einziges Zeugniss belegt, dass die alten Deutschen Altäre, wie die
Griechen und Römer gehabt hätten; weil sie ihre Opfer nicht verbrannten,
überhaupt nach der ganzen Weise ihres Kultus scheinen doch Altäre für sie
sehr überflüssige Dinge gewesen zu sein." Müllenhoff, Schmidts Zeitschrift
f. Geschichte 8, 242.

2) Friesische Tempel erweisen die mit *fran* (ahd. *vrônô, sanctus*) gebildeten Ortsnamen, wodurch heiliges, göttergeweihtes Land angezeigt ist;
aber auch von bestimmten Tempeln in allen Gauen und von deren Brand und
Bruch hören wir; vgl. Richthofen, Untersuchungen über friesische Rechtsgeschichte 2, 439 ff.; die altfriesische Bezeichnung für den Tempel war *alac*,
a. a. O. 442 f.

3) Alchuine vita Willibrordi Kap. 14 [Willibrordus] *pervenit ad quandam
villam Walichrum nomine in qua antiqui erroris idolum remansit. quod cum
vir dei zelo fervens confringeret praesente eiusdem idoli custode, qui nimio
furore succensus quasi dei sui iniuriam vindicaret, in impetu animi insanientis
gladio caput sacerdotis Christi percussit. sed deo defendente servum suum,
nullam ex ictu ferientis laesuram sustinuit. socii vero illius hoc videntes pessi-
mam praesumptionem impii hominis morte vindicare concurrerunt. sed a viro
dei pio animo de manibus eorum liberatus est reus ac dimissus. qui tamen
eodem die daemoniaco spiritu arreptus est et die tertio. infeliciter miseram
vitam finivit.* Nach Aufzeichnungen aus dem 13. Jahrh. handelte es sich um
ein dem Mercurius-Wodan geweihtes Idol; Richthofen, Untersuchungen über
fries. Rechtsgeschichte 2, 434. In Wirklichkeit aber war das um 694 auf einer
Missionsreise von Willibrord zerstörte Heiligtum wahrscheinlich ein Überbleibsel aus der Römerzeit, der Nehalennia-Isis-Tempel; vgl. Kauffmann, Beiträge 16, 229 ff.

auch zu Ehren heimischer Volksgötter. Wo steinerne Tempelbauten unter Germanen erwähnt werden, liegt dieser Verdacht
sehr nahe. In des Jonas von Bobbio *vita Columbani* Kap. 17
(J. Grimm, Myth. 73) ist von römischen Thermen, mit Steinbildern
geschmückt, die Rede, denen die Burgunden bei Luxeuil in Franche
comté Verehrung erwiesen. Echt germanische Tempel waren aus
Holz gefertigt, allenfalls aus Rasenstücken und rohen Steinen
kunstlos geschichtet, aber nicht aus kunstvoll behauenen Steinen
regelrecht gemauert.[1])

Am ausführlichsten ist das Heiligtum des Fosite auf Helgoland
geschildert, wohin Willebrord zwischen 690 und 714 verschlagen
wurde. Für die dem Gotte geheiligte Stätte hatten die Friesen
die höchste Verehrung. Alles, Tempel, Aecker, Wälder, Quellen,
weidende Tiere, Schätze gehörten dem Gotte. Keiner der Heiden
des Landes wagte, Tiere, die dort weideten, oder irgend welchen
Gegenstand des Landes zu berühren, nur schweigend schöpften
sie das Wasser der Quelle, die dort entsprang. Nach König
Redbads Satzung galt es für ein des Todes würdiges Verbrechen,
als Willebrords Gefährten Tiere der Insel zu ihrer Nahrung
schlachteten, und Willebrord drei Leute in der heiligen Quelle
taufte. Drei Tage liess König Redbad das Loos ziehen; dadurch
entschieden die Götter bei einem der Gefährten Willebrords, dass
er getötet werden musste; er selbst und die andern durften die
Insel verlassen. Das Volk ums Jahr 700 glaubte, jeden, der das
geweihte Land nicht in tiefster Verehrung betrete, müsse die Strafe
des Gottes, Raserei oder sofortiger Tod treffen. Im 11. Jahrhundert, als bereits das Christentum eingezogen war, herrschte
noch der Glaube, dass jeder, der auf der Insel das geringste raube,
Schiffbruch oder schweren Tod erleiden müsse, daher denn alle,
von tiefer Furcht erfüllt, bereit waren, von ihrem Seeraub den

---

1) Man hat schon versucht (vgl. z. B. Much, Germanische Grabmäler
und Tempelbauten, in den Mitteilungen der anthropologischen Gesellschaft in
Wien, Bd. 5, 1875, S. 173 ff.), in Erdwerken, Ringwällen und terassenförmig
abgestuften Hügeln Spuren germanischer Heiligtümer, die auf Anhöhen in
Wald und Haide lagen, nachzuweisen. Hag und Wall schlossen die Weih-
stätte, die nur der Priester betreten durfte, vor unberufenen Besuchern ab.
Jedoch fehlen sichere Nachweise des germanischen Ursprungs und sakralen
Zweckes solcher Bauten. Über Rundwälle in Norddeutschland vgl. Behla,
Baltische Studien 24, 251 ff., 290; weitere Litteratur bei E. H. Meyer, Myth.
S. 56 f. § 86.

zehnten Teil den Eremiten darzubringen, die auf dem Lande angesiedelt waren.

Hier finden wir alle wesentlichen Merkmale des germanischen
Heiligtums, Wald, Tempel, Opferquelle, Tempelgut an Hort und
Herde, alles unter besonderem unverletzlichem Frieden. Mit der
Schilderung des friesischen Heiligtums stimmt die des schwedischen
Haupttempels überein, die wir Adam von Bremen [1] verdanken.

Das Schwedenvolk hat einen sehr berühmten Tempel, der
Uppsala heisst und nicht weit von der Stadt Sigtun liegt. In
diesem Tempel, der ganz von Gold gebaut ist, betet das Volk die
Bildnisse dreier Götter an, und zwar so, dass der mächtigste von
ihnen, Thor, mitten im Saale seinen Thron hat; rechts und links
sitzen Wodan und Fricco. Nahe bei diesem Tempel steht ein
sehr grosser Baum, der seine Zweige weithin ausbreitet und im
Winter wie im Sommer immer grün ist. Welcher Art derselbe
ist, weiss niemand. Dort ist auch eine Quelle, wo die Heiden
Opfer anzustellen und einen Menschen lebendig zu versenken
pflegen. Wenn dieser nicht wiedergefunden wird, so ist der Wunsch
des Volkes bestätigt. Den Tempel umgibt eine goldene Kette, die
am Giebel des Gebäudes hängt und den Herankommenden ent-
gegenblinkt. Das folgende Kapitel 27 schildert auch noch den
beim Tempel gelegenen Hain, dessen Bäume durch die verwesenden Körper geopferter Menschen schaurig geweiht waren. Der
uralte schaurige Bannwald steht hier noch wie ein Denkmal ver-
gangener Zeiten neben dem freundlichen Bild des Tempels und
des über der Quelle rauschenden immergrünen Baumes. Beachtenswert ist die goldene Kette, die den Tempel umgibt. Sie erinnert
an die *vébond* des nordischen Rechtes, an die heiligen Schnüre,
die, an Haselstangen geknüpft, das Gericht abgrenzten.

Genaues über Bau und Einrichtung des Tempels berichten

---

1) Adam 4, 26 MG. 7, 379 *nobilissimum illa gens templum habet, quod
Ubsola dicitur, non longe positum ab Sictona civitate. in hoc templo, quod
totum ex auro paratum est, statuas trium deorum veneratur populus, ita ut
potentissimus eorum Thor in medio solium habeat triclinio; hinc et inde locum
possident Wodan et Fricco.* Scholion 134 *prope illud templum est arbor
maxima late ramos extendens, semper viridis in hieme et aestate, cuius illa
generis sit, nemo scit. ibi etiam est fons, ubi sacrificia paganorum solent
exerceri et homo vivus immergi. qui dum non invenitur, ratum erit votum
populi.* Scholion 135 *catena aurea templum illud circumdat pendens supra
domus fastigia, lateque rutilans advenientibus, eo quod ipsum delubrum in
planitie situm montes in circuitu habeat ad instar theatri.*

nur norwegisch-isländische Quellen.[1]) Der nordische Tempel, in
Norwegen aus Holz [2]), auf Island auch aus Torf, Steinen oder Lava-
blöcken erbaut, entspricht aber schwerlich dem altgermanischen.

Thorolf, der in Norwegen einen Tempel besessen hatte, brach
ihn ab, nahm die Erde, die unter dem Altar gewesen war, und
das meiste Holzwerk mit, liess in Island den Ort seiner Niederlassung durch seine Hochsitzpfeiler, auf welchen Thor eingeschnitzt war, bestimmen und schritt alsbald zum Wiederaufbau
seines Gotteshauses. „Da liess er den Tempel erbauen, und es
war das ein grosses Haus; es waren Thüren an den Seitenwänden
und nahe an dem einen Ende; innerhalb standen da die Hochsitzpfeiler und darin waren Nägel, die hiessen Götternägel (*regin-
naglar*). Im innern Teile des Hauses war ein Haus in der Art,
wie nun der Chor in den Kirchen ist, und es stand da eine Erhöhung mitten auf dem Boden und ein Altar, und darauf lag ein
Ring ohne Ende von zwei (andere Lesarten: neun, zwanzig) Unzen
Gewicht, und auf den sollte man alle Eide schwören; den Ring sollte
der Häuptling an der Hand tragen bei allen Volksversammlungen.
Auf der Erhöhung sollte auch der Blutkessel stehen und darin
der Blutzweig, als wäre es ein Sprengwedel, und damit sollte
man aus dem Kessel das Blut spritzen, welches *hlaut* genannt
wurde; das war solches Blut, wenn Tiere geschlachtet wurden,
die man den Göttern opferte. Um die Erhöhung herum waren
in dem Nebenhause den Göttern ihre Plätze angewiesen." In der
Kjalnesingasaga wird vom Goden Thorgrim erzählt: „Er war ein
eifriger Opferer; er liess einen grossen Tempel errichten auf
seinem Hofe, der war 120 Fuss lang und 60 Fuss breit; Thor

---

1) Die Hauptstellen über isländischen und norwegischen Tempelbau sind
Eyrbyggja Kap. 4, Kjalnesingasaga Kap. 2, Hákonarsaga góða Kap. 16. Vgl.
Maurer, Bekehrung 2, 190 ff.; H. Petersen, om Nordboernes gudedyrkelse og
gudetro S. 21 ff., 33 ff.; Gudbrand Vigfusson, Corpus poeticum boreale 1, 403 ff.;
Sigurður Vigfússon, um hof og blótsiðu í fornöld, in der árbók hins íslenzka
fornleifafélags 1880/1, S. 79 ff.; ebenda 1882, S. 3 ff. Die eigentliche Bezeich-
nung des nordischen Tempels ist *hof; Freys-, Oðins-, Þórshof* vgl. Fritzner,
Ordbog 2², 31; die häufige Formel *hof og hǫrgr* meint Haupttempel und kleinen
Tempel, oder Opferstätte, Heiligtum. Allgemeine Ausdrücke sind *goðahús,
blóthús,* Opferhaus.

2) Dass die eigentümlichen norwegischen Holzkirchen aus der Nachahmung
des Basilikastiles hervorgingen und somit keinesfalls mit der Bauart der heidnischen Tempel zusammenhängen, ist von Dietrichson und Munthe, Die Holz-
baukunst Norwegens, Berlin 1893, eingehend nachgewiesen.

wurde da zumeist verehrt; da war es innen rund gemacht wie
eine Haube (d. h. gewölbt); das war alles mit Tapeten behängt
und mit Fenstern versehen; da stand Thor in der Mitte und beider
Hand andere Götter. Vorn davor stand eine Erhöhung, mit grosser
Kunstfertigkeit gemacht und oben mit Eisen getäfelt; darauf sollte
ein Feuer sein, das nie erlöschen sollte; das nannten sie das geweihte Feuer. Auf dieser Erhöhung sollte ein grosser Ring liegen,
aus Silber (andere Lesart: aus Gold) gemacht; den sollte der
Tempelgode an der Hand tragen bei allen Volksversammlungen;
auf den sollte man alle Eide schwören wegen Klagsachen. Auf
der Erhöhung sollte auch ein grosser Kessel stehen von Kupfer;
darein sollte man all das Blut lassen, das von dem Vieh käme,
das dem Thor geschenkt würde, oder von den Menschen; das
nannten sie *hlaut* und *hlautbolli*. Mit dem Blute sollte man die
Menschen bespritzen und das Gut." Wie die Tempel zu den
Opferfesten benützt wurden, lernen wir aus der Hákonarsaga góda:
„Das war alte Sitte, wenn ein Opfer sein sollte, dass alle Bauern
dahin kommen sollten, wo der Tempel war, und dahin ihre Sachen
bringen, deren sie bedurften, solange das Opfermahl währte. Bei
diesem Mahle sollten alle Leute Bier haben; da wurde auch allerhand Vieh geschlachtet, und ebenso Pferde, all das Blut aber,
das daher kam, das nannte man *hlaut*, aber *hlautbollar* (Blutkessel)
das, worin das Blut enthalten war; und *hlautteinar* (Blutzweige),
die waren gemacht wie die Sprengwedel; damit sollte man die
Altäre völlig bespritzen, und ebenso die Wände des Tempels von
aussen und von innen, und so auch das Blut über die Leute
sprengen; das Fleisch aber sollte man zur Bewirtung der Leute
brauchen. Feuer sollte mitten auf dem Boden im Tempel sein,
und darüber die Kessel, und die Vollbecher sollte man über das
Feuer bringen; der aber, der das Mahl hielt und der Häuptling
war, sollte den Vollbecher weihen und alle Opferspeise. Da trank
man Odins, Njords, Freys Becher und das Gedächtniss angesehener
Blutsfreunde. Sigurd Jarl war der freigebigste der Männer; er
that ein Werk, das sehr berühmt war, dass er ein grosses Opfermahl zu Hladir hielt und alle Kosten allein trug."

Die grossen Tempel waren prächtig ausgeschmückt; an der
Tempelthüre zu Hladir und auch anderwärts war ein goldener
Thürring angebracht. Bei den skandinavischen Tempeln darf man
an reiches Holzschnitzwerk denken. Im Innern hingen bei Festen
Teppiche. Auch Goldverzierungen an Säulen und Wänden, an

Gerätschaften und Götterbildern scheinen üblich gewesen zu sein. Vom schwedischen Tempel zu Uppsala sagt Adam, allerdings übertreibend, er sei ganz aus Gold gewesen. In Wirklichkeit handelte es sich wol nur um reiche goldene Zierat. Die freilich wenig glaubhafte längere Saga von den Droplaugssöhnen [1] erwähnt eines von einem Gehege umschlossenen isländischen Tempels, der von Gold und Silber erglänzte. Darin waren Bilder Thors und Freys, der Frigg und der Freyja, angethan mit prächtigen Gewändern.

Den Angaben der alten Quellen begegnen die Überreste isländischer Tempel, die Sigurður Vigfússon untersuchte. Vom nordischen Tempel gewinnen wir etwa folgendes Bild:

Der Hof bestand aus zwei Gebäuden, aus einem Langhause und aus einem kleineren halbrunden Anbau. Das Langhaus war ganz wie die gewöhnlichen Hallen eingerichtet, hatte seine Bänke längs den Wänden und den zwischen den Hauptsäulen befindlichen Hochsitz. Es diente zur Abhaltung der Opferschmäuse, wobei Feuer auf dem Boden zwischen den Sitzreihen angezündet waren. Über den Feuern hingen die Kessel zum Sieden des Opferfleisches. Das eigentliche Heiligtum bildete der Anbau, das *afhús*, das einen eigenen Eingang hatte und mit der Halle durch keine Thüröffnung verbunden war. Das *afhús* war ein überwölbter Halbrundbau, angelehnt an die schmale Giebelseite des Langhauses. In der Mitte des Halbkreises war der mit Eisen gedeckte Altar (*stallr, stalli*), auf dem geweihtes Feuer brannte und heilige Geräte, Ring, Blutkessel, Sprengwedel standen. In den alten Opfersteinen hatte eine runde Vertiefung das Blut aufgefangen, beim kunstvolleren Altar diente eine besondere Schale, ein kleiner Kessel (*hlautbolli*)

1) Die Stelle der im 16. Jahrh. verfassten längeren Droplaugarsonasaga gibt Sigurður Vigfússon, árbók hins íslenzka fornleifafélags 1882, S. 36 ff.; Kålund, Fljótsdœla hin meiri eller den laengre Droplaugarsonasaga, Köbenhavn 1883, S. 108 ff.; über die Entstehungszeit der Sage vgl. Kålunds Einleitung.

dazu. Hinter dem Altare an der Rückwand des Halbrundes standen die Götterbilder auf einer bankartigen Erhöhung. Das *afhús* durften wol nur wenige Auserlesene, vor allen der Gode zum Vollzug der Opferhandlung betreten, das Langhaus nahm die „Sudgenossen", die Opferteilnehmer auf.

Um den Tempel ging ein mannshoher Zaun mit verschliessbaren Thüren, der *skídgardr, stafgardr*.[1])

Die Anlage des nordischen Tempels erinnert stark an die Kirche mit Langschiff, Chor und Apsis, nur dass zwischen Chor und Langschiff keine Verbindung besteht. Diese Übereinstimmung ist schwerlich zufällig. Wir kennen nordische Tempel erst aus einer Zeit, da die Nordleute längst mit christlichen Kulturvölkern im Verkehre waren. Da konnte der Kirchenbau leicht auf den Tempelbau übertragen werden. Jedenfalls ist schon wegen des Verdachtes nachgeahmter Formen nicht die geringste Gewähr dafür, den verhältnissmässig so späten nordischen Tempel für ein Abbild des altgermanischen zu nehmen.

### 3. Götterbilder.

Tacitus berichtet Ann. 2, 45, dass die Germanen zur Zeit Armins durch die langen Kämpfe mit den Römern sich gewöhnt hätten, Feldzeichen zu folgen. In der Germania Kap. 7 erzählt er, dass die Feldzeichen bestanden aus *effigies* und *signa*[2]), dass sie von Priestern in heiligen Hainen aufbewahrt und gleichsam als Vertreter der Götter von dort in den Kampf getragen wurden.[3]) Unter *signa* sind Attribute und Waffen der Götter, also etwa Wodans Speer, Donars Hammer, Tiuz Schwert zu verstehen, unter *effigies* Tierbilder, plastische, auf Tragstangen befestigte Bilder verschiedener symbolischer, den einzelnen Stammgöttern geheiligter Tiere, *ferarum imagines*, wie sie Tacitus Hist. 4, 22 nennt, wie wir sie auch sonst und durch Abbildungen auf der

---

1) Den Tempelhag erwähnen die Kjalnesingasaga Kap. 4, Færeyingasaga Kap. 23 u. a.; Bäda, Hist. eccl. 2, 13 nennt *aras et fana idolorum cum septis, quibus erant circumdata,* also ein Gehege um die Opferstätten.

2) Über *effigies* u. *signa* vgl. Müllenhoff, De antiquissima Germanorum poesi chorica, Kiel 1847, S. 13. Lindenschmit, Handbuch der deutschen Altertumskunde, I, Braunschweig 1880/9, S. 278 ff.

3) Vgl. Weinhold, Sitzungsberichte der Berliner Akademie 1891, 556.

antoninischen Säule bezeugt finden. Es waren Bilder von Drachen, Wölfen, Stieren, Ebern, Adlern und Raben.

Gab es neben diesen symbolischen Feldzeichen, die zur Zeit Armins erst aufkamen, auch wirkliche Götterbilder? Germania Kap. 9 „*neque in ullam humani oris speciem assimulare ex magnitudine caelestium arbitrantur*" ist rhetorische Phrase, aber bei den Alcis (Germania Kap. 43) behauptet Tacitus bestimmt, es seien keine Bilder vorhanden gewesen (*nulla simulacra*). Bei der Nerthusumfahrt könnte man allerdings an ein Bild denken. Aber es kann auch hier beim Symbol geblieben sein, ein Wagen, ein Schiff fuhr um, unsichtbar dachte man darin Nerthus oder Nehalennia zugegen. Späterer Brauch, wo wirkliche Bilder umher geführt wurden, ist für die Urzeit nicht maassgebend. Freilich wenn mit Wagen und Decke, *si credere velis, numen ipsum*, die Göttin selbst im heiligen See gebadet wurde, muss ein Bild da gewesen sein. Es dürfte sich wol wie mit dem Tempelbau verhalten. Ursprünglich genügte der Wald als Opferstätte, die Götter waren unsichtbar zugegen, hernach aber wurde ein Haus gezimmert und ein Bild darin aufgestellt. Zur Zeit des Tacitus löste die neue Sitte eben den älteren tempel- und bilderlosen Kult ab, wobei das Vorbild der Römer maassgebend war. Zur Zeit der Bekehrung herrschten in allen germanischen Ländern Tempel und Götterbilder vor.[1]

Deutsche Söldner im römischen Heerdienst lernten von ihren Kameraden den Brauch, bildergeschmückte Weihsteine aufzustellen. So erhuben sich Altäre dem Herkules - Donar, Mars - Thingsus- Tiuz, der Isis - Nehalennia. Aber diese Weihsteine, welche die Inschriften tragen, die Bildwerke, die den Schmuck abgeben, sind bis auf den letzten Meisselstrich römisch, sie entstammen römischem

---

1) Zeugnisse über germanische Götterbilder sammelt J. Grimm, Myth. S. 94 ff.; früher glaubte man, deutsche Götterbilder zu besitzen; eine Übersicht über diese fragwürdigen Götzen gibt G. Klemm, Handbuch der germanischen Altertumskunde, Dresden 1836, S. 347 ff.; Tafel XIX—XXI sind die wunderlichen Gestalten abgebildet. Heutzutage glaubt niemand mehr an deren Echtheit. Teils stammen diese Bilder gar nicht von deutschen, sondern ausserdeutschen Völkern, teils gehören sie dem späten Mittelalter an. Irgend welche Beziehung zum Kult, also der Beweis, dass es Götzen sind, fehlt gänzlich. Als missglückt muss auch der Versuch, in altchristlichen Bildwerken heidnische Anklänge zu finden, bezeichnet werden, wie er u. a. von Panzer, Beitrag zur deutschen Mythologie, 2. Bd. München 1855, S. 1 ff., 308 ff.; J. W. Wolf, Beiträge zur deutschen Mythologie 1. Bd. Göttingen 1852, S. 106 ff.; Simrock, Myth.[5] 518 f. gemacht wurde.

Kulte und sind von römischen Steinmetzen hergestellt.[1]) Die
Germanen haben sie nur veranlasst, bezahlt, allenfalls dem römischen
Götternamen ein latinisiertes germanisches Beiwort beigefügt.

Aus rohen Steinen, Steinpfeilern und Holzpfählen, die man
aufrichtete, mag allmälig das symbolartige Götterbild entstanden
sein. Erwägt man die *irminsûl* der Sachsen und die norwegisch-
isländische Hauptsäule mit ihrem abergläubischen Kulte und mit
den daran eingeschnitzten Götterbildern, so möchte man in solchen
roh geformten, vielleicht zunächst nur mit Köpfen versehenen Holzpfählen die Anfänge germanischer Götzenbilder vermuten.[2])

Das älteste Zeugniss eines holzgeschnitzten Götterbildes führt
in die zweite Hälfte des 4. Jahrhunderts zu den Goten. Athanarich liess eine Bildsäule anf einem Wagen (ξόανον ἐφ᾽ ἁρμάξης
ἑστώς) herumführen mit dem Befehl, die Leute sollten davor
niederfallen und opfern (Sozomenus, hist. eccl. 6,37). Die Nachrichten aus der Bekehrungszeit lauten sehr allgemein und geben
keinen genauen Begriff von den Götzen, welche die Glaubensboten
vorfanden. Auch muss man in Betracht ziehen, dass mit den
Götterbildern, namentlich denen aus Stein oder Metall, schwerlich
ursprünglich germanische gemeint sein werden, denn diese waren
aus Holz gemacht, vielmehr Überreste aus der Römerzeit, die aber
in den Dienst des germanischen Glaubens übernommen worden
waren. Nach Gregor von Tours 2, 29—31 spricht Chrothild zu
Chlodowech, den sie bekehren will: Eure Götter sind aus Stein,
Holz oder Metall gemacht. Columban und der hl. Gallus trafen
im Jahre 612 bei Bregenz am Bodensee einen Sitz der Abgötterei,
drei vergoldete Erzbilder, die das Volk anbetete.[3]) Sie waren in der
Wand einer Aureliakapelle angebracht. Das Volk hatte sich vom
Christenglauben wieder ihnen als den alten und echten Schutzgöttern des Landes zugewandt. Der Heilige zerschlug sie und
warf sie in den See und brachte das Christentum wieder zu Ehren.
Wahrscheinlich hatten die Alamannen, als sie in die althelvetische
Gegend vorrückten, diese Bilder römischer Schutzgenien, *tutores
hujus loci*, vorgefunden und ihnen Verehrung erwiesen. Mussten
sie doch die Bilder der auch ihnen vertrauten Landgeister darin

1) Vgl. Siebourg, Westdeutsche Zeitschrift 7, 100.

2) Vgl. W. Müller, Altdeutsche Religion S. 71; Grimm, Myth. 3, 42.

3) Vgl. Vita St. Galli in MG. 2, 7; ferner Walafrid Strabo in seiner
vita St. Galli, Acta Bened. sec. 2, p. 233.

erkennen; und auf neu gewonnenem Boden galt es, diese für sich
günstig zu stimmen. Die Friesen beteten nach der vita Willehadi (MG. 2, 380) Steine und stumme, taube Bilder an (*lapides,
simulacra muta et surda*).[1]) Am lebhaftesten hat sich der Bilderdienst bei den Nordleuten entwickelt, schon darum, weil bei ihnen
das Heidentum länger währte.[2]) Meistens standen mehrere Bilder,
nach ihrem Range geordnet, in einem Tempel, der demnach nicht
einem einzigen, sondern einer Mehrheit von Göttern geweiht war.
In Uppsala nennt Adam von Bremen drei Bildsäulen, Thor in der
Mitte, links und rechts von ihm Odin und Freyr. Nach der Eyrbyggjasaga Kap. 4 und Kjalnesingasaga Kap. 2 wurden in den
isländischen Tempeln zu Hof und Hofstadir neben Thor auch andre
Götter aufgestellt, wahrscheinlich Freyr, Njord und Odin. In einem
Tempel, den Hakon Jarl und Gudbrand gemeinsam besassen, stand
Thor auf seinem Wagen neben Thorgerd und Irpa (Njála Kap. 89).
In Hrafnkels Tempel (Hrafnkelssaga S. 23) standen neben Freyr
mehrere andere Götter. Die späte Friðthjofssaga nennt Baldr
neben anderen Götzen. Die Nachricht der Jómsvikingasaga Kap. 12
von einem gotländischen Tempel mit hundert Götterbildern ist
natürlich stark übertrieben. Die Götterbilder waren zumeist aus
Holz geschnitzt, bekleidet und mit Gold und Silber geschmückt.
Ihr Vorkommen ist keineswegs bloss auf die Tempel beschränkt.
Thors Bild ist auf den Hauptsäulen des Hauses eingeschnitzt, auf
der Rücklehne eines Stuhles, auf dem Vordersteven eines Heer-
schiffes. Man trug allenfalls ein aus Zahn geschnitztes Bildniss
Thors, ein aus Silber geschmiedetes Bildniss Freys in der Tasche,
um es jeden Augenblick anbeten zu können. Götterbilder aus Teig
oder Thon, wahrscheinlich zum Hausgebrauch bestimmt, erwähnt
ein norwegisches Rechtsbuch (Eiðsifja Þings lǫg 1, 24). Wenn der
Isländer Olafr pá aufs Getäfel seines Wohnhauses zu Hjarðarholt
Darstellungen aus der Götter- und Heldensage einschnitzen lässt,
worauf Ulf Uggason der Skald in der zweiten Hälfte des zehnten
Jahrhunderts seine berühmte Húsdrápa dichtete, so gehört eine

1) Götterbilder der Friesen, auch solche aus Stein, die aber wie Nehalennia auf Walcheren römischen Ursprungs gewesen sein mögen, erwähnen
die Lebensbeschreibungen der Bekehrer mehrfach; Richthofen, Untersuchungen
über friesische Rechtsgeschichte 2, 421 f.; sächsische Götterbilder a. a. O. 449.

2) Die nordischen Götterbilder verzeichnet Maurer, Bekehrung 2, 192 ff.;
über die Götter, denen Tempel mit Bildern geweiht waren, vgl. auch Sigurður
Vigfússon, árbók hins íslenzka fornleifafélags 1892, S. 17 ff.

derartige Verwendung der Mythen kaum mehr zum eigentlichen Kult; sie mag nur beiläufig erwähnt sein.

Die hölzernen Götterbilder müssen zuweilen lebensgross und kostbar gekleidet gewesen sein. Gunnar Helming brachte den Freysgötzen zu Fall und that seine Gewänder um. Er vertrat bei der Priesterin und dem Volke gegenüber völlig die Rolle des Gottes. Das gold- und silbergeschmückte, hammerbewehrte Thorsbild im Gudbrandsdal, das Olaf der Heilige zerschlägt, war ebenfalls sehr gross. Die wolgekleidete Thorgerd Hölgabrud war lebensgross, ihren goldenen Fingerring steckt Sigmund Brestisson an seinen Finger.

Der Bilderdienst scheint im Norden gegen das Ende des Heidentums so sehr entartet zu sein, dass man schliesslich zwischen Göttern und Götterbildern keinen Unterschied mehr machte. So nur ist der Betrug möglich, den sich Gunnar mit dem Freysbilde erlaubt. Dem Thorsbilde zu Hunthorp in Norwegen setzte man Speise vor und meinte, dass es diese verzehre. Vom Thorsbilde zu Raudsey meinte man, es gehe spazieren und lasse sich auf einen Kampf mit dem christlichen Könige ein. Grimkels Göttin Thorgerd zieht mit den andern Götzen aus ihrem Tempel und redet mit ihrem Verehrer; Thorgerds Bild bewegt den Arm und vermag einen Ring zu geben oder vorzuenthalten. Man traut den Götzen auch zu, dass sie sich selbst aus ihrem brennenden Tempel zu retten im Stande seien. Aber alle diese Nachrichten betreffen die späteste Zeit des Heidentums und sind in ziemlich späten Quellen überliefert. Wir erkennen nicht sicher, ob der nordische Bilderdienst wirklich so tief entartete, oder ob nur spätere christliche Übertreibung diesen bedenklichen Verfall dem ausgehenden Heidentum einschwärzte. Es ist ein arger Abstand, aber auch ein grosser Zeitunterschied zwischen dem urdeutschen Gottesdienst, wo der ehrwürdige heilige Hain zum Tempel der Gottheit diente, deren Gegenwart im Rauschen der Baumwipfel nur geahnt wurde, und dem spätnordischen Götzendienst.

Die altgermanischen Götterbilder waren aus Holz geschnitzt. Darauf weist die Bezeichnung des gotischen Bildes mit ξόανον, Schnitzbild; im Norden heissen die Bilder Holzgötter (*trégoð*) oder geschnitzte Götter (*skurdgoð*).

## 4. Tempelfrieden.

Ein besonderer Gottesfrieden ward im Heidentum den geweihten Stätten und Festzeiten beigelegt. Wer ihn brach, that ein Neidingswerk und verfiel dem Zorne der Götter, dem Opfertode. Des Festesfriedens bei der Nerthusumfahrt gedenkt Tacitus, im Leben des Willebrord vernehmen wir vom helgoländer Gottesfrieden. Im Norden ist der Tempel ein *gridastadr*, eine Stätte besonderen Friedens. *Hofshelgi,* Tempelheiligkeit heisst der Tempelfrieden. Es war nicht erlaubt, mit Waffen in der Hand den Tempel zu betreten. Das besagt die Egilssaga Kap. 49: „Die Leute da innen waren alle waffenlos, denn da war Tempelheiligkeit." In der Vatnsdœlasaga Kap. 17 wendet sich Ingimund zu Rafn mit den Worten: „Es ist nicht Sitte, Waffen in den Tempel mitzunehmen, und du wirst den Zorn der Götter erfahren, wenn nicht Bussen erlegt werden." Wer den Gottesfrieden durch Gewaltthat verletzte, ward Wolf im Heiligtum, *vargr i véum,* geächtet, friedlos. Schuldbeladene Leute durften im Tempel nicht verweilen. Das friesische Recht setzt Opfertod auf die Verletzung der Tempel (*lex Frisionum addit. sap. tit.* 12). Ebenso erblickt das nordische Recht darin unsühnbaren Frevel. Nach der Njála Kap. 89 hatte Hrappr den dem Gudbrand und Hakon Jarl gemeinsamen Tempel verbrannt. Der Jarl lässt eifrige Verfolgung des Missethäters eintreten und sagt: „Der Mann, der das gethan hat, wird weggejagt werden aus Walhall und nie dahin kommen." Nach der Kjalnesingasaga Kap. 5, 11, 12 hatte Bui auf Island einen Tempel angezündet. Der Gode Thorgrim nennt die That ein beispielloses Verbrechen, andere schelten sie ein Neidingswerk, ein todeswürdiges Verbrechen. *Hofshelgi* mochte auch auf weiterer Umkreis über die eingehegte Opferstätte hinaus ausgedehnt werden. So ist ganz Helgoland befriedet. Der Isländer Thorolf richtete auf der Spitze des Vorgebirges Thorsnes eine grosse Friedensstätte ein. Da durfte der Boden weder durch vergossenes Blut noch mit menschlicher Notdurft verunreinigt werden. Nachmals entsteht unter den Dingleuten Kampf, die Stätte wird mit Blut befleckt. Da gilt der Platz als durch das vergossene Blut entweiht, das Ding und die zweifellos damit verbundene Opferstätte werden verlegt.[1]

1) Eyrbyggjasaga Kap. 4, 9, 10.

## 5. Tempelgut.

Zum germanischen Tempel gehörte Besitztum an liegenden und lebenden Gütern, aber auch an Schätzen. Ganz Helgoland war dem Fosite eigen. Wie auf Helgoland Fosites Herden weideten, so wurden beim Freystempel zu Drontheim heilige Pferde des Gottes unterhalten (Flateyjarbók 1, 337) und bei den alten Deutschen nach Tacitus Germ. 10 in heiligen Hainen werkheilige weisse Rosse, aus deren Wiehern die Zukunft vorausgesagt ward. Über gotisches Tempelgut belehrt ein Fundstück. Die Runenschrift auf dem zu Pietroassa in Rumänien gefundenen goldenen Armring wird

### GUTANIO WI HAILAG

gelesen und gedeutet: das gotische heilige Göttereigen (Tempelgut).[1] Der westgotische Goldhort, von dem einige Stücke sich erhielten, war vermutlich der heilige unter dem Schutze der Götter stehende und diesen zugehörige Kult- und Stammesbesitz, dessen Verwaltung und Aufbewahrung den Königen und Priestern zukam.

Dass die altfriesischen Götter neben Gütern aller Art auch Schätze an Gold und Silber[2] besassen, beweist die Lebensbeschreibung des Liudger Kap. 14 und 15. Bischof Alberich entsandte den Liudger um 776 aus Utrecht in die östlich der Laubach gelegenen friesischen Gaue, um die dortigen Heidentempel zu zerstören. Er nahm aus ihnen die Schätze, von denen zwei Drittel der König Karl, ein Drittel Utrecht erhielt. Es war ein grosser Tempelschatz erbeutet worden (*attulerunt magnum thesaurum, quem in delubris invenerant*). Als König Karl 772 die sächsische Irminsul und ihren Tempel drei Tage lang zerstörte, erbeutete er dabei Gold und Silber (*aurum vel argentum, quod ibi repperit, abstulit*).

Beim isländischen Tempel hören wir näheres darüber.[3] Zuweilen werden Tempel ein für allemal mit liegendem Gute seitens des Erbauers oder auch späterer Schenker ausgestattet. So berichtet die Landnáma 4 Kap. 2: „Eine Bergwiese lag noch

---

1) R. Henning, Die deutschen Runendenkmäler, Strassburg 1889, S. 27 ff.

2) Über Tempelschätze vgl. Richthofen, Untersuchungen über friesische Rechtsgeschichte 2, 1, 431.

3) Über die Begabung der isländischen Tempel vgl. Maurer, Bekehrung 2, 212 ff.

zwischen dem Lande des Thorstein torfi und des Hakon, ohne von jemandem in Besitz genommen zu sein; die legten sie zum Tempel, und sie heisst fortan *Hofsteigr* (Tempelwiese)." Ebenda 5 Kap. 3 heisst es vom Goden Jǫrundr zu Svertingsstaðir: „Er errichtete da einen grossen Tempel; ein Landstück lag noch ungenommen östlich des Fljot, zwischen Krossa und Joldusteinn; das Land umfuhr Jǫrundr mit Feuer und legte es zum Tempel." Ebenda 5 Kap. 2: „Asbjorn heiligte das von ihm in Besitz genommene Land dem Thor und nannte es Thorsmork." Von einzelnen Personen und ganzen Gemeinden wurden Weihgeschenke an die Tempel gemacht. Bei einer schweren Hungersnot wurde auf Island, der Vigaskútusaga Kap. 7 zufolge, in der zweiten Hälfte des 10. Jahrhunderts der Vorschlag gemacht, die Kinder auszusetzen und die alten Leute zu töten, zugleich durch das Geloben von Weihegeschenken an die Tempel den Zorn der Götter zu besänftigen. Die Islendingabók Kap. 2 erzählt von einer Schenkung, die Grimr geitskór, Ulfljots Pflegebruder, an die isländischen Tempel machte. Grimr hatte das Land bereist, um eine passende Stätte für das allsommerlich abzuhaltende Allding ausfindig zu machen; dafür hatte er von jedem Isländer einen Pfennig empfangen. Er aber gab dann dieses Gut zu den Tempeln. Die Haupttempel des Landes wurden durch eine besondere Steuer, den Tempelzoll (*hoftollr*) unterhalten. Der Gode erhob von seinen Dingleuten diese Abgabe zur Unterhaltung des Tempels und zur Bestreitung der Opferkosten, wozu er ausserdem aus eigenen Mitteln beisteuerte. So sagt die Eyrbyggjasaga Kap. 4: „Zum Tempel sollten alle Leute Zoll geben; aber der Gode sollte den Tempel aus eigenen Mitteln erhalten, so dass er nicht zerfiel, und die Opferfeste darin abhalten." In der Egilssaga Kap. 87 wird berichtet: „Oddr war da Häuptling im Borgarfjord südlich der Hvita; er war Hofsgode und hatte einen Tempel, zu dem alle Leute südlich der Skardsheide Tempelzoll bezahlten." In der Kjalnesingasaga Kap. 2 heisst es vom Tempel des Goden Thorgrim: „Da sollten alle Leute Tempelzoll dazu bezahlen. Das Vieh, welches zum Opfer gegeben wurde, sollte man zur Gastung der Leute anwenden, wenn Opferfeste gehalten wurden." Demnach war das Vermögen des heidnischen Tempels ganz ähnlich wie das Kirchengut der christlichen Zeit und bestand ebenso wie dieses aus gesetzlichen Abgaben und frommen Schenkungen. Der Þorsteins þáttr uxafóts Kap. 1 bemerkt auch richtig: „Jedermann sollte zum Tempel geben, wie nun zur Kirche Zehnt."

## 6. Staats- und Privattempel.

Die gemeinsamen Opfer einer grösseren Anzahl von Volksgenossen oder gar des Gesamtvolkes erforderten entsprechende
Opferstätten. Es gab Haupttempel, Heiligtümer, an denen die
Gau- oder Landesbewohner Anteil hatten, neben zahlreichen
kleineren Tempeln, die von der Gemeinde oder von einzelnen ver-
möglichen Leuten errichtet worden waren. Hauptopferstätte fürs
Volk der Sueven, vielleicht überhaupt der Erminonen, ist der
Semnonenhain, ein Haupttempel der ingwaeischen Nordseestämme
stand auf der Nerthusinsel, für die Marsen, vielleicht für alle Istwaeonen war es das Tanfanaheiligtum. Bei den Friesen war Helgoland das Volksheiligtum, auch nach der Insel Walchern strömten
die Leute von weither zusammen, bei den Sachsen scheint der *Irminsûl* diese Bedeutung zugekommen zu sein. Genaueren Einblick ins
Tempelwesen gewähren die nordischen Länder. In Dänemark gab
es vier Hauptopferstätten[1]), Viborg (*Vébjorg*) in Jütland, Odense
(*Odins vé*) in Fünen, Ringsted-Hleidra, das Thietmar von Merseburg beschreibt, in Seeland, Lund (an. *lundr*, der Opferhain) in
Schonen. Ziemlich im Mittelpunkt der einzelnen Landesteile lagen
die Haupttempel, wo die Landesbewohner zu den ständigen Opferfesten sich versammelten. Der Haupttempel auf Seeland scheint
zugleich das dänische Volksheiligtum gewesen zu sein, wo alle
neun Jahre das grosse dänische Volksopfer gefeiert wurde. Meistens,
doch nicht regelmässig, waren die Haupttempel bei den Ding-
stätten errichtet, weil Recht und Religion mit einander unzertrennlich verknüpft waren, und weil der Bequemlichkeit halber wol
meistens Ding- und Opferzeiten zusammenfielen. In Schweden war
zu Uppsala der Reichstempel, auch hier mit dem grossen, alle
neun Jahre stattfindenden Landesopfer. Eine Gliederung in verschiedene Opfer und demnach wol auch in mehrere Tempel zeigt
sich auch auf Gotland, worüber die Gutasaga Kap. 1 angibt: „Das
gesamte Land hatte für sich ein höchstes Opfer mit Leuten.
Ausserdem hielt jedes Drittel ein Opfer für sich; die kleineren
Dinge hatten geringere Opfer mit Vieh, Speise und Trank." Norwegen zerfiel in Volklande (*fylki*) und Hundertschaften (*herǫd*).
Das Fylki hatte mehrere kleinere Tempel, welche dem Bedürfniss

---

1) Über die dänischen Haupttempel vgl. H. Petersen, om Nordboernes
gudedyrkelse og gudetro i hedenold S. 7 ff.

der *herǫđ* dienten, aber daneben einen Haupttempel (*hǫfuđhof*) zum Gottesdienst des ganzen Volklandes. Ja selbst mehrere Volklande mochten zu einem gemeinsamen Dingverbande mit einem Haupttempel sich zusammenthun. Die Egilssaga Kap. 49 gedenkt eines Haupttempels in der Landschaft Gaular, bei welchem die Leute aus Firdir, Fjalir und Sogn zusammenzukommen pflegten. Der Tempel zu Hladir war Fylkishof für das Strindafylki und Haupttempel für die ganze Landschaft Drontheim, der zu Skiringssal Haupttempel für die Landschaft Vikin (Sǫgubrot af fornkonungum Kap. 10). Ausser den grossen Tempeln gab es in Norwegen zahlreiche kleinere öffentliche und private, deren Andenken viele Ortsnamen festhalten.[1])

Endlich ist die Entstehung des isländischen Freistaates zur Kenntniss des Hofwesens von Belang.[2]) Begüterte Norweger, die im Stammlande einen eigenen Tempel besessen hatten, nahmen dessen Grundpfeiler und anderes Holzwerk mit nach Island hinüber, um sofort in der neuen Heimat den Tempel wieder aufzurichten. An solche Tempelbesitzer (Goden) und ihr Herrschaftsgebiet (Godord) knüpft die Entstehung der isländischen Staatsverfassung an, indem die Regierung in ihre Gewalt gegeben wurde. Die Bezirksverfassung vom Jahre 965 regelte die Anzahl der Godord. Man teilte die Insel in vier Viertel, deren jedes drei, das Nordviertel aber vier Dingverbände in sich schliessen sollte. Jeder Dingverband bestand aus drei Godorden mit je einem Haupttempel (*hǫfuđhof*). Somit gab es auf Island 39 Goden, die Besitzer und Vorsteher von 39 Haupttempeln. Sicherlich mochte nach wie vor jeder nach freiem Belieben und Vermögen sich Tempel erbauen, aber denen kam nicht die Bedeutung des Haupttempels zu, vielmehr nur untergeordnete private Stellung. Man sieht aber auch aus dieser isländischen Verfassung deutlich die wol gemeingermanische Unterscheidung zwischen staatlichem, öffentlichem und privatem Tempel, welche der des Staatsopfers und des Einzelopfers entspricht. Die heidnische Tempelverfassung wirkt vielleicht auch noch in der norwegischen Kirchenordnung nach, welche *fylkiskirkjur* oder *hǫfuđkirkjur,* die den heidnischen *hǫfuđhof,* den

---

1) Ein Verzeichniss der in den Quellen genannten und aus Ortsnamen zu erschliessenden Tempel Norwegens gibt Munch, Nordmændenes ældste gude- og heltesagn, Christiania 1854, S. 164 ff.

2) Über die isländischen Tempel und ihre Bedeutung vgl. Maurer, Island S. 38 ff., S. 54 ff.

Staatstempeln, den Volksheiligtümern entsprachen, neben den
kleineren, privater Pflege überlassenen *heraðskirkjur* (Hundert-
schaftskirchen) und *hœgindiskirkjur* (Bequemlichkeitskirchen, Privat-
kapellen) unterschied.

## III. Das Priesterwesen.

### I. Die ältesten Nachrichten von germanischen Priestern.

Einen Priesterstand, der den Gottesdienst für sich allein und
ausschliesslich gepachtet und höheres Wissen geistlicher Geheim-
lehren für sich in Anspruch genommen hätte, kannten die Germanen nicht. So sagt Caesar (bell. gall. 6, 21) von den Germanen
im Vergleich zu den Galliern: *neque druides habent, qui rebus
divinis praesint, neque sacrificiis student.* Gleich hell und durchsichtig, ohne mystisches Halbdunkel, standen die Götter vor dem
geistigen Auge aller Volksgenossen wie vor den wenigen, die sich
besonders dem Dienste der Himmlischen geweiht hatten. Und
dieser Dienst konnte von jedem versehen werden, wo es Not that,
es war kein Geheimdienst. Ob Caesar den Germanen nur Priester
vom Schlage der gallischen Druiden oder Priester überhaupt ab-
sprechen will, ist nicht sicher zu entscheiden. Vielleicht ver-
richteten bei den Stämmen, mit denen er zu thun hatte, Könige
und Häuptlinge das Priesteramt. Wer z. B. das norwegische Opfer
im 9. und 10. Jahrh. beobachtete, musste ebenso die Überzeugung
gewinnen, Könige und Jarle, also weltliche Fürsten, keine Priester
leiten den Gottesdienst. Bei Tacitus aber finden wir ausdrücklich Priester erwähnt, und ihr Amt ziemlich ebenso wie auch
sonst in den germanischen Quellen selber geschildert. Es gab
Staatspriester (*sacerdos civitatis*), die den Gottesdienst in den
öffentlichen Angelegenheiten versahen, wo grössere Feierlichkeit
und gründlicheres Wissen erfordert wurde, während in Privat-
sachen der Hausvater des Amtes waltete, kein Priester verlangt
wurde. Aber die Staatspriester waren nur religiöse Hilfsbeamte
der herrschenden und leitenden Könige und Fürsten, wenn sie
mit dem Volke tagten, die Priester waren dafür Bürgen, dass die
göttliche Satzung nicht verletzt wurde, dass der unheilvolle Grimm
der Götter vom Volke abgewandt, dass ihre Gunst ihm erhalten blieb.
Sie verkörperten gleichsam das Rechts- und Religionsbewusstsein.

Die Versammlung des Volkes im Ding- und Heerverband ist unzertrennlich vom Gottesdienste, beim Volksopferfest ist der Gottesdienst überhaupt der eigentliche Zweck. Da traten nun die Priester in Thätigkeit, wovon Tacitus folgende Einzelheiten erzählt. Die Priester verkündeten den Anfang der Verhandlung und den Dingfrieden, dessen Bruch sie im Namen der Götter zu strafen hatten (*silentium per sacerdotes, quibus tum et coercendi jus est, imperatur.* Germ. 11). Alle Strafgewalt an Leib und Leben stand allein den Priestern zu auf Grund der Anschauung, dass Neidingswerke, schwere Verbrechen, den Zorn der Götter erweckten, welche zur Sühne den Opfertod des Verbrechers heischten. Zum Vollzug des blutigen Opfers waren aber zunächst diejenigen berufen, die im unmittelbaren Dienste der Götter stehend diese vertraten (*ceterum neque animadvertere neque vincire, ne verberare quidem nisi sacerdotibus permissum, non quasi in poenam nec ducis jussu, sed velut deo imperante, quem adesse bellantibus credunt.* Germ. 7). Die heiligen Feldzeichen holen gleichfalls die Priester aus den Hainen und tragen sie zur Schlacht (*effigiesque et signa quaedam detracta lucis in proelium ferunt.* Germ. 7). In allen öffentlichen Angelegenheiten befragt der Staatspriester das Loos. Im Verein mit dem König oder Herzog geleitet er den heiligen Wagen, den die weissen gottgeweihten Rosse ziehen, und achtet auf das Schnauben und Wiehern der Schimmel (Germ. 10). Im eigentlichen Gottesdienst sehen wir den Priester der Nerthus (Germ. 40), welcher die nahende Gegenwart der Göttin erkennt, ehrfurchtsvoll ihre Umfahrt begleitet und sie zuletzt in ihr Heiligtum zurückführt. Bei den Nahanarvalen wird der Priester als Pfleger des heiligen Haines der Alcis erwähnt (Germ. 43). Diese gelegentlichen Anspielungen lassen das Amt der Priester lange nicht überschauen, aber doch in seiner vollen Ausdehnung ahnen. Ursprünglich scheint ein besonderer Priester nur für den öffentlichen Gottesdienst nötig gewesen zu sein. Ihm lag die Pflege der gemeinsamen Volksheiligtümer und Opferstätten, der Wälder und Tempel ob. Dort versah er auch den Opferdienst. Da der Gottesdienst der heidnischen Germanen, wie oben gezeigt wurde, das gesamte Staatsleben, Rechts- und Kriegswesen weihend und strafend durchzieht, war der Staatspriester auch dazu verpflichtet, wo im öffentlichen Leben des Gesamtvolkes der Gottesdienst zur Äusserung gelangte, für den richtigen Vollzug Sorge zu tragen. So wurde er zum obersten Opferer und Rechtweiser im Volke, zum berufensten

Erforscher und Verkündiger des Willens der Götter. Seines Rates
bedurften König und Volk, wenn schwere Schicksalsentscheidung
bevorstand.

## 2. Germanische Benennungen des Priesters.

Die germanischen Sprachen bewahren einige Bezeichnungen
des Priesters, die sich auf die wichtigsten in seine Hand gelegten
Ämter beziehen. Der burgundische Oberpriester wird als *sinisto*,
als der älteste und vornehmste[1]), d. h. als altadliger Herr angeführt. Auf Gottesdienst, Opfer und Tempelpflege weisen die Ausdrücke *gudja, godi, cotinc; blôstreis* und *pluostrari* hiess der Priester
bei Goten und Hochdeutschen, sofern er opferte, *harugari* und
*parawari* als Hüter des heiligen Waldes oder Tempels. Als
*êwart* und *êsago* ist er Hüter und Verkündiger des geltenden
Rechtes, das als göttliche Einrichtung betrachtet und daher priesterlicher Hut unterstellt ward. Die gebräuchlichsten und lehrreichsten
Benennungen sind folgende.

Wulfila überträgt ἱερεύς durch *gudja*. Dasselbe Wort kehrt
auch bei andern Germanen wieder. Eine ahd. Glosse (Graff,
*Diutiska* 1, 187) gewährt *cotinc tribunus. cotinc*, d. i. *goding* ist eine
deutliche Ableitung zu einem ähnlichen Wort wie got. *gudja*, an.
*godi, gudi.*[2]) In dieser Benennung des Priesters, die von seiner
Stellung zu den Göttern (*gud*) hergenommen ist, tritt auch sein
Rechtsamt (*cotinc tribunus*) hervor. Am besten sind wir vom
nordischen Goden unterrichtet.[3]) Dabei muss aber scharf unterschieden werden zwischen den dänischen und norwegischen Goden
einerseits, und den isländischen andererseits, da auf Island das
Godenamt zu völlig neuer und eigenartiger Entwickelung gelangte.
Thorolf pflegte auf der Insel Mostr in Norwegen eines Thors-

---

1) **Ammianus Marcellinus 28, 5** *nam sacerdos omnium maximus apud
Burgundios vocatur sinistus et est perpetuus, obnoxius discriminibus nullis
ut reges.* Got. burg. *sinista sinisto* ist der Superlativ zu einem sonst verlorenen Positiv *sins* (aind. *sanas*, air. *sen*, lit. *sěnas*, lat. *senex*), wovon das
got. *sineigs* (senex) und *siniskalk* d. h. Altknecht, abgeleitet sind; vgl. Feist,
Grundriss der got. Etymologie, Strassburg 1888, S. 100; Brugmann, Grundriss der vergleichenden Grammatik der idg. Sprachen, Band 2, S. 248 u. 407.

2) Über das lautliche Verhältniss zwischen got. *gudja*, aisl. *guđe, gođe*
vgl. Noreen, Abriss der urgerman. Lautlehre S. 176.

3) Vgl. Maurer, Zur Urgeschichte der Godenwürde in ZfdPh. 4, 125 ff.;
über *goding, cotinc* Weinhold, ZfdPh. 21, 11.

tempels, war also Gode des Thor. Wie er nach Island fuhr,
nahm er seinen Tempel mit hinüber und baute ihn daselbst von
neuem auf (Eyrbyggjasaga Kap. 3 und 4). Thorhadd der Alte
war Hofgode zu Märi im Drontheimischen. Er begehrte nach
Island, brach seinen Tempel ab und nahm die Tempelerde und die
Hauptsäulen mit sich; er kam nach dem Stodwarfjord und legte
dem ganzen Meerbusen die Heiligkeit des märischen Landes bei
(Landnáma 4 Kap. 6). Diese norwegischen Goden sind Vorsteher
und Besitzer von Tempeln, die ihnen eigentümlich gehörten.
Öffentliche Staats- oder Landestempel hätten sie nicht so ohne
weiteres abbrechen und überführen können. Reiche, angesehene
Leute konnten sich einen eignen Tempel halten, dem sie als Goden
vorstanden. Sie scheinen dabei ein gewisses Hoheitsrecht über
die Leute ausgeübt zu haben, welchen sie aus freier gegenseitiger
Übereinkunft Beteiligung an Tempel und Opfer verstatteten. Aber
das Verhältniss war in Norwegen privater Art und auf gottesdienstliche Verrichtungen beschränkt. Für Dänemark bezeugt
Saxo (Buch 8 S. 381) einen *Lyuthguthi*, das Sögubrot af Fornkonungum einen *Gautr gudi*. Endlich begegnen auf Runensteinen
ein *Ruulfr Nuraguþi* und ein *Ali Sauluaguþi*[1]), d. h. *Hrólfr
Nóragoði*, Hrolf des Nori Gode, *Ali Sǫlvagoði*, Ali des Solvi Gode.
Darnach scheint der Gode ein Beamter im Dienste eines andern
gewesen zu sein, ein priesterlicher Gehilfe des weltlichen Häuptlings, wie der *sacerdos* neben den *reges* und *principes*. Der norwegische Gode ist mithin Besitzer eines Tempels, worin er den
Gottesdienst verrichtet, der dänische Gode ist der priesterliche
Hilfsbeamte des Häuptlings. Im einen Fall war sein Amt wol
ausschliesslich auf den Gottesdienst beschränkt, im andern lag ihm
auch die Rechtspflege beim Dinge ob, eben das Amt des Staats-
priesters. Dass die Bezeichnung Gode ausschliesslich aufs priesterliche Amt, auf Tempelpflege und Opferdienst sich beschränken
konnte, beweist die Femininbildung *gydja*[2]) zu *gudi*. Nicht nur
in erdichteten Sagen oder mythischen Überlieferungen, sondern
auch in völlig zuverlässigen, isländischen Geschichtsquellen wird
von *gydjur* gesprochen, also von Frauen, die den Godentitel und

---

1) Bei Thorsen, De danske runemindesmærker 1, 334—338 Anm. 1.
2) *Þuríðr hofgyðja*, Landnáma 4 Kap. 10; *Þuríðr gyðja*, ebenda 3
Kap. 4; Vatnsdœla Kap. 27; *Þorlaug gyðja*, Landnáma 1 Kap. 21; *Friðgerðr
gyðja*, Kristnisaga Kap. 2; Þorvalds þáttr víðfǫrla Kap. 4; *Steinvǫr hofgyðja*,
Vopnfirðingasaga S. 10.

das Godenamt führten. Weltliche Herrscherrechte waren den Frauen
natürlich versagt, priesterliche Handlungen aber erlaubt. Somit ist
der Gode zunächst Priester, Opferer und nur nebenbei als solcher
Hüter des göttlichen und weltlichen Rechtes. Auf Island freilich
kam die ganze Staatsgewalt in die Hände der Goden, welche die
regierenden Herrn wurden. Aber die isländische Godenwürde gedieh zu völlig eigenartiger Entfaltung.[1]) In der ersten Zeit der
Besiedelung, von 874 ab herrschte auf Island gar keine staatliche
Ordnung. Denn die Ansiedler waren unabhängig von einander
angefahren und hatten, wo es ihnen gefiel, Land in Besitz genommen. An die Tempelbesitzer, die Goden, d. h. an solche, die
auch auf Island Tempel zu errichten im stande gewesen waren,
schlossen sich die Umwohner zur Ausübung des Gottesdienstes an.
Der Gode ward Vorsteher einer Tempelgemeinde, in welcher er
auch die notwendigen weltlichen Hoheitsrechte allmälig ausüben
musste, Leitung der Dingversammlung und der Gerichte. Die
Tempelgemeinden waren die von selbst erwachsenen Verbände,
an welche die von den Verhältnissen erforderte Staatsordnung
anknüpfte. So erweiterte sich die ursprünglich alleinige Tempel-
vorsteherschaft zur allseitigen Herrschergewalt, welcher die norwegische Häuptlingschaft zum Vorbild diente. Im Jahr 965 wurde
die Zahl der staatlich anerkannten Goden und ihrer Tempel, der
Hǫfuðhof auf 39 festgesetzt. Der isländische Gode ist allerdings
vorwiegend ein weltlicher Herrscher, ursprünglich aber war er
nur Priester, Besitzer eines Tempels und Vorsteher der Gemeinde.

Die altdeutsche Sprache bewahrt zwei Wörter, die über das
altgermanische Priesteramt willkommenen Aufschluss geben. Ahd.
*êwart* und *êwarto*, mhd. *êwart* und *êwarte*, as. *êward* wird vom
christlichen Priester gebraucht, obschon das Wort einst auf den
heidnischen geprägt ist; es bedeutet „der des Gesetzes (*êwa*) wartet“.
Hüter und Wahrer des von den Göttern gesetzten Rechtes war
aber der Priester. Dass der Ausdruck ins Christentum überging,
versteht sich daraus, dass mit *êwa* auch das alte und neue Testament
bezeichnet wurde. In diesem Sinne war der *êwart* auch im Christentum Wahrer der *êwa*. Dass *êwart* aber einstens den heidnischen
Priester meinte, lehrt das andere Wort as. *êosago*, ahd. *êsago*
*êasagâri*, fries. *âsega* d. h. Gesetz- oder Rechtsverkünder. Im Heliand

---

1) Über die isländischen Goden vgl. Maurer, Die Entstehung des isländ.
Staats und seiner Verfassung, München 1852, S. 82 ff.; Island von seiner
ersten Entdeckung bis zum Untergange des Freistaates, München 1874, S. 36 ff.

wird *êosago* auf die Schriftgelehrten angewandt. Die Bezeichnungen *êwart* und *êsago* lehren, der germanische Priester ist der Wächter und Verkündiger des Gesetzes, er hat das geltende Recht dem Volke vorzutragen, das Recht zu weisen und den Rechtsbruch zu ahnden.

Der friesische *âsega* [1]) steht neben dem Vorsitzenden des Dinges und neben den Urteilern, dem Volke. Sein Amt ist weder zu richten noch zu urteilen, vielmehr das Recht zu wissen, die geltenden Satzungen vollauf inne zu haben und jederzeit über das geltende Recht zu belehren. Da gewinnt die Sage von den zwölf Asegen, die von einem Gotte des Rechtes unterwiesen wurden, damit sie es in den friesischen Gauen einführten, tiefen, uralten Sinn. Die Rechtweiser sind vom Gotte selber mit ihrem Amte betraut, sie sprechen im Namen des Gottes das von ihm gelehrte Recht. Noch im 12./13. Jahrh. meint aber Asega im Friesischen nicht allein den Rechtweiser, sondern auch den Priester, wie im Deutschen Ewart. Der Schluss liegt nahe: in ältester Zeit war eben der Priester und der Rechtweiser eine und dieselbe Person. Beim Ding vollzog der Priester Opfer und Recht, er besorgte den Dienst der Götter und vermittelte dem Volke ihren Willen, der auch im Rechte kundbar ward.

### 3. Adelige Herkunft und Tracht.

Der Staatspriester wurde wie der König aus den ersten Adelsgeschlechtern und zwar auf Lebensdauer gewählt.[2]) Keine Krisis erschütterte seine Stellung. Er ist, wie Ammianus 28, 5 sagt, *perpetuus, obnoxius discriminibus nullis ut reges.* Der burgundische Name „*sinistus*" scheint anzuzeigen, dass der Priester als der

---

1) Über den friesischen *âsega*, insbesondere auch über seinen Zusammenhang mit dem nordischen *lǫgmann*, dem isländischen *lǫgsǫgumann* vgl. Richthofen, Untersuchungen über friesische Rechtsgeschichte 2, 455 ff., 487 ff. Über den nordischen Gesetzsprecher, der sich aber allmälig als Sonderamt aus dem ursprünglichen Priestertum losgelöst zu haben scheint, vgl. Maurer, Das Alter des Gesetzsprecheramtes in Norwegen, München 1875; Sitzungsberichte der Münchener Akademie 1887, phil.-hist. Klasse II, 3, 363 ff. und die dort verzeichnete Litteratur; zur ganzen Frage vgl. Richard Schröder, Gesetzsprecheramt und Priestertum bei den Germanen in der Zeitschrift für Rechtsgeschichte 1883, Germanistische Abteilung, 4. Band, S. 215 ff.

2) Vgl. Müllenhoff, ZfdA. 12, 346 ff.; über den Zusammenhang zwischen Priestertum und Adel, J. Grimm, Rechtsaltertümer 267 ff.

Älteste, d. h. als der Vornehmste und Adligste im Volke galt, dass
er den *seniores,* den *seigneurs,* den adligen Herrn angehörte. Jordanes Kap. 5 erklärt ausdrücklich, Könige und Priester der Goten
seien dem Adel entnommen (*pileatos, qui inter eos generosi exta-
bant, ex quibus eis et reges et sacerdotes ordinabantur*). Nach
einer andern Stelle, im Kap. 11, werden die Edelsten und Weisesten
zu Priestern gemacht (*elegit nobilissimos prudentioresque viros …
fecitque sacerdotes*). Der Zusammenhang zwischen der hohen
Geistlichkeit und den hohen Adelsfamilien im Mittelalter setzt
vielleicht die alte Gewohnheit, dass die Priester adlig sein müssen,
fort. Der Alcispriester war vermutlich ein Mitglied des wandalischen Königsgeschlechtes der Hasdinge.

Über Tracht und Aufzug der germanischen Priester verlautet
nur weniges und ungenügendes. Tacitus (Germ. 43) gedenkt eines
sacerdos *muliebri ornatu* bei den Nahanarvalen, was Müllenhoff
(ZfdA. 12, 346) auf den Haarschmuck bezieht. Es waren Priester
mit weichem, langwallendem Haare, *haᶎdingôs,* an. *haddingjar,* d. h.
Männer im Frauenhaar (an. *haddr*). Im Gegensatz hierzu hiessen
die gotischen Priester *pileati,* mit Hüten versehen, weil sie bedeckten Hauptes die Opferhandlung vollzogen, während das übrige
Volk im freien Haarschmuck (*capillati*) verharrte (Jordanes Kap. 5
und 11). An Hut und Haar scheinen demnach die Priester besondere Auszeichnungen geführt zu haben. Im weissen Gewande
schritten die gotischen Priester (*cum vestibus candidis,* Jord. Kap. 10).
Dem angelsächsischen Priester war es verboten, Waffen zu tragen
und anders als auf einer Stute zu reiten (*non enim licuerat, pon-
tificem sacrorum vel arma ferre vel praeterquam in equa equitare,*
Bäda hist. eccl. 2, 13). Zur Ausrüstung des Priesters gehörte wol
auch ein Eidring[1]), den er bei allen öffentlichen Handlungen am
Arme trug. Er diente zur feierlichen Eidesabnahme, die demnach
dem Priester oblag, besonders zum Gerichtseid. Der Ring wurde
beim Opfer mit Blut gerötet.

---

1) Dass der Eidring, der auf dem Altar des isländischen Tempels lag,
aber bei jeder Rechtshandlung vom Goden an der Hand getragen wurde, auch
in Deutschland und bei den Goten vorkam (vgl. den Eigennamen *Eidring*
in einer Lorscher Urkunde vom Jahre 834 und die *brachiales* bei Mansi,
Concil. 3, 617), schliesst Müllenhoff, ZfdA. 17, 428 f.

#### 4. Im Norden leiten die weltlichen Herrscher das Opfer.

In Norwegen gab es wol Hofgoden, Besitzer von Tempeln, die sie mit nach Island nahmen, jedoch tritt nirgends bei Schilderung der grossen Volklands- oder Hundertschaftsopfer ein Gode hervor; der weltliche Herrscher, der König, Jarl oder Herse erscheint als der alleinige Vorsitzende und Leiter des Opfers.[1]) Dass es in Norwegen niemals Staatspriester gab, darf daraus nicht geschlossen werden. Das Vorhandensein von Goden und Logmenn weist deutlich auf den altgermanischen Priester und auf seine Ämter im Gottesdienst und Volksding hin. Jedoch scheint er in den letzten Zeiten des Heidentums vor dem weltlichen Herrscher völlig zurückgetreten zu sein, vermutlich infolge der Sonderentwicklung des Gesetzsprecheramts, das aber den eigentlich religiösen Charakter verlor. Beim Ding wirkte der ursprüngliche Priester nur als *logmann*, die Opferhandlung vollzog der König oder Jarl. Untergeordnete priesterliche Gehilfen, Tempel- und Opferdiener, wird es wol immer gegeben haben, aber staatsrechtlich treten diese natürlich nirgends hervor. Zum Beweise, dass die weltlichen Herren Opferleiter sind, dient der Bericht der Hákonarsaga góða Kap. 16.[2]) Sigurd, der Jarl zu Hladir, war der eifrigste Opferer und so war auch sein Vater Hakon; der Jarl Sigurd hielt alle Opfermahle da im Dingverband von Drontheim ab im Namen des Königs. Sigurd Jarl war der freigebigste der Männer; er that ein Werk, das sehr berühmt war, dass er ein grosses Opferfest zu Hladir hielt und allein alle Kosten trug. Der christliche König Hakon wird von den heidnischen Bauern in Drontheim genötigt, altem Brauch gemäss beim grossen Opferfest zu Winters Anfang den Vorsitz zu führen. Im folgenden Jahre muss er das Julfest feiern. Dabei ist von acht namentlich angeführten Volklandshäuptlingen die Rede, die in der ganzen Landschaft Drontheim, d. h. in den zum Dingverband vereinigten acht Volklanden dem Opferdienst vorstanden. Dem König und den Jarlen obliegt der Opferdienst, kein Gode wird erwähnt. Zu Hunthorp im Gudbrandsdal in Norwegen lebte ein Mann namens Dala-Gud-

---

1) Über die Vereinigung von weltlicher Oberhoheit, insbesondere Königtum, und Opferleitung im Norden vgl. H. Petersen, om nordboernes gudedyrkelse og gudetro i hedenold, Kjöbenhavn 1876, S. 1 ff.

2) Die Berichte über Hakons Teilnahme am Opfer bei Maurer, Bekehrung 1, 158 ff.

brand, dessen Herrschaft in den Thälern der eines Königs vergleichbar war, obwol er nur ein Hersir (Vorsteher eines Herads, einer Hundertschaft) hiess. Der berief alle Leute aus der Umgegend zum Thorstempel nach Hunthorp. Olaf der Heilige liess das Thorsbild zerschlagen und zwang die Leute zum Christentum.[1]) Hier also ist der Hersir Eigentümer des Heradstempels und Vorsteher des Gottesdienstes im Gau. Im Drontheimischen wird auch einmal ein gewöhnlicher, aber angesehener Bauer, Ölver von Eggja, mit zwölf anderen Männern als Vorsteher der Opfermahlzeiten zu Winters Anfang, Mittwinter und Sommers Anfang bezeichnet.[2])

## 5. Priesterinnen.

Da der Priester ursprünglich Gottesdienst und Rechtspflege vereinigte, ist ohne weiteres klar, dass das Priesteramt, sofern es von Frauen besorgt wurde, gewöhnlich nur einen Teil davon, Opferdienst und Tempelpflege umfassen konnte. Priesterliche Frauen und Jungfrauen sind aber altbezeugt, doch mehr Wahrsagerinnen als eigentliche Priesterinnen.[3]) Dem ganzen weiblichen Geschlechte wohnte nach dem Glauben der Deutschen prophetische Gabe bei (Tac. Germ. 8). Caesar (bell. gall. 1, 50) erzählt, dass die deutschen Hausmütter durch Loosung und Wahrsagekunst (*sortibus et vaticinationibus*) erforschen mussten, ob eine Schlacht zu liefern sei oder nicht. Man hörte auch in Sachen, die das Volk angingen, auf den Rat und Ausspruch weiser Frauen. Zu Loos und Zukunftsdeuterei gehört aber auch Opfer und Beschwörung, Zauberei, und so vollziehen Frauen zuweilen bei wichtigen öffentlichen Angelegenheiten das Opfer. Nach Strabo 7, 2 befanden sich kimbrische Wahrsagerinnen unter den Frauen, die das Heer geleiteten. Es sind grauhaarige, barfüssige Weiber in weissem Gewand, das ein eherner Gürtel umschliesst, mit linnenen Mänteln angethan. Sie führen die Kriegsgefangenen zu einem grossen ehernen Kessel und durchschneiden ihnen darüber die Kehle. Aus dem hervorströmen-

1) Vgl. die ältere Olafssaga helga Kap. 33/8; die jüngere Kap. 107/8; Maurer, Bekehrung 1, 532 ff.

2) Vgl. die ältere Olafssaga helga Kap. 112/5; die jüngere Kap. 101/4; Maurer, Bekehrung 1, 528 ff.

3) Über germanische Priesterinnen und Weissagerinnen vgl. J. Grimm, Myth. 84 ff.; 374 ff.; Weinhold, Die deutschen Frauen, 2. Aufl. Wien 1882, Bd. 1, S. 62 ff.

den Blute weissagen sie. Andere prophezeiten aus den Eingeweiden den Ihren den Sieg. Während der Schlacht schlugen sie
auf die abgenommenen Deckfelle der grossen Wanderwagen und
machten damit gewaltigen Lärm, der gewiss Zauberwirkung haben
sollte. Ein paar Jahrhunderte später erzählt Eunapius (excerpt.
ed. Bonn. 82) von den Westgoten, die in das römische Reich ein-
brachen, wie jeder Stamm ($\varphi v \lambda \acute{\eta}$) die Heiligtümer der Heimat mit
sich führte, samt Priestern und Priesterinnen. Weinhold meint:
Diese gotischen Priesterinnen ($\acute{\iota} \acute{\varepsilon} \varrho \varepsilon \iota \alpha \iota$) werden wir aus den kimbri-
schen Seherinnen ($\pi \varrho o \mu \acute{\alpha} \nu \tau \varepsilon \iota \varsigma$) erklären dürfen. Es sind die Wahrsagerinnen, die über Wagen und Gewinnen im Kriege entschei-
dende Stimme hatten, während den Priestern altem Brauche gemäss
(Tacitus, Germ. 7) die Götterbilder und die heiligen Zeichen während des Feldzuges anvertraut wurden. Unter Kaiser Vespasian
war den Römern die Brukterin Weleda[1]) bekannt geworden, die
weithin hochgeehrt ward, nachdem sie die Vernichtung der römischen Legionen durch die Bataver vorausgesagt hatte. Sie wohnte
in einem Turme und zeigte sich den Abgesandten der umwohnen-
den Stämme nicht selbst; einer ihrer Verwandten vermittelte Frage
und Antwort. Man ehrte sie durch allerlei Geschenke. Vornehme
Gefangene, besondere Triumphstücke der Beute sandte man ihr
zu. Die Römer selbst verschmähten nicht, sich an sie zu wenden
und sie aufzufordern, ihren Einfluss auf die Deutschen zur Bei-
legung des Krieges zu verwenden. Sie soll schliesslich von den
Römern gefangen worden sein. Als eine ältere, berühmte Seherin
nennt Tacitus in der Germ. 8 die Albruna (handschriftlich Auriniam,
von Wackernagel als Albrûna gedeutet), die wahrscheinlich in
den Feldzügen unter Drusus und Tiberius ihr Ansehen erwarb.[2])
Unter Domitian stand Ganna bei den Semnonen in hohen Ehren
(Dio Cass. 67, 5). Dem Drusus, als er die Weser überschritten
hatte und sich der Elbe näherte, trat im Lande der Cherusker
eine übermenschliche Frau ($\gamma v v \acute{\eta}$ $\tau \iota \varsigma$ $\mu \varepsilon \acute{\iota} \zeta \omega \nu$ $\mathring{\eta}$ $\varkappa \alpha \tau \grave{\alpha}$ $\mathring{\alpha} \nu \vartheta \varrho \acute{\omega} \pi o v$

---

1) Über Weleda vgl. Tacitus Germ. 8; Hist. 4, 61, 65; 5, 22, 24; Statius,
Silv. 1, 4, 90; Müllenhoff, Zur Runenlehre S. 55; der Name Weleda ist vielleicht nur eine Standesbezeichnung „weise Frau, Seherin“, gleich urkelt.
velet, Seher, Dichter; vgl. Windisch, Philol. Wochenschrift, 1883, S. 930 und
A. Fick, Vergleichendes Wörterbuch der idg. Sprachen, 4. Aufl., Bd. 2,
1894, S. 277.

2) Über Albrûna, die mit elbischer Runenkraft Begabte, vgl. Müllenhoff,
Zur Runenlehre S. 51, 53.

φύσιν) entgegen, wehrte ihm weiter vorzudringen und weissagte
sein nahes Ende (Dio Cass. 55, 1). Später übte nach der Sage
vom Ursprung der Langobarden bei diesem Volk Gambara durch
Weisheit und Voraussicht grossen Einfluss. Im Jahr 577 zog König
Gunthram eine Frau „*habentem spiritum phitonis, ut ei quae erant
eventura narraret*" zu Rat (Greg. Tur. 5, 14); einer noch weit
jüngeren Thiota, die aus Alamannien nach Mainz gekommen war,
gedenken fuldische Annalen im Jahr 847 (MG. 1, 365).

Im Norden treffen wir Tempelpflegerinnen, Tempelbesitzerinnen
unter der Bezeichnung *gydjur;* das weibliche Seitenstück zum *godi*
oder *guði.* Tempeldienst, Opfer und Weissagung wird ihr Amt
gewesen sein. Dem Nerthuspriester steht die schwedische Freys-
priesterin (Fornmanna sögur 2, 73 ff.) gegenüber. Sie wird als
Freys Frau (*kona Freys*) bezeichnet; zum Dienste Freys ward ein
junges, schönes Weib (*kona ung ok fríd*) genommen. Dass eine
Frau am Landestempel zu Uppsala allein Dienst that, ist höchst
unwahrscheinlich. Auch gedenkt Adam von Bremen 4, 27 der
Staatspriester (*sacerdotes, qui sacrificia populi offerant*). Immerhin aber bleibt im Hinblick auf die gydjur in Norwegen und Island die Thatsache bestehen, dass Frauen im Norden zum Tempeldienst zugelassen wurden. Die 60 Priesterinnen im grossen Tempel
in Biarmland (Fornaldarsögur 3, 627) sind natürlich fabelhaft. Die
weissagenden Frauen (*spákonur, vǫlvur*) greifen in den privaten,
nicht in den öffentlichen Kult ein.


## 6. Die Wissenschaft der Priester.

Gebundene, kunstvoll gefügte Rede stand in Urzeiten vorwiegend im Dienste der Religion. Im Liede wurden bei Opfer
und Festen die Götter gepriesen. Heilige Hymnen bilden daher
den ältesten Bestand der Dichtkunst, und so eröffnen auch die
altgermanischen *Leiche*[1]) die Geschichte germanischer Poesie. Wo
aber ein priesterlicher Leiter oder Vorsteher des Gottesdienstes
vorhanden ist, ruht auch die mit dem Gottesdienst verknüpfte
Dichtkunst in seiner Hand. Erst später löst der weltliche Sänger
den geistlichen ab. Der germanische Priester war einmal auch

---

1) Über die germanischen Chorlieder, die als *laikaz*, mhd. *leich* bezeichneten Hymnen, die aber natürlich vom Chore nur gesungen, nicht auch
gedichtet wurden, vgl. Kögel, Geschichte der deutschen Litteratur I, 1, 7 ff.

der germanische Sänger. Neben genauer Kenntniss des Opfer-
wesens musste der Staatspriester erschöpfende Wissenschaft aller
göttlichen Dinge besitzen, Göttersage, Rechtskunde, deren Vortrag
im Zusammenhang und lehrhafte Anwendung im einzelnen, z. B. beim
Heilzauber, bei Verträgen und Dingformeln fiel ihm zu. Alles das
musste aber in feierlich gestabter Rede, in dichterischer Form,
gesagt und gesungen werden.

In merkwürdig übereinstimmender Form hat sich das episch-
mythische Lied bei den vedischen Indern und bei den Germanen
entwickelt. Die mythische Erzählung ist aus Prosa und strophisch
angeordneten Versen gemischt. In poetische Form werden nur
die Reden und die wichtigsten Stellen der Handlung gekleidet,
das übrige ergänzt der vortragende Priester nach Gutdünken durch
erzählende Prosa. Diese gemischte Form wies Oldenberg[1]) in
der ältesten indischen Litteratur nach. Einzelne Hymnen des Rigveda sind scheinbar Bruchstücke; sie waren eben dazu bestimmt,
durch Prosaerzählung ergänzt zu werden, und solche prosaische
Zwischensätze begegnen auch wirklich in der Überlieferung. Nach
ihrem Muster ergänzt bieten die Hymnen, von denen eben nur die
metrisch verfassten Stücke zur Aufzeichnung gelangten, etwas
Ganzes, Abgeschlossenes, eine aus gebundener und ungebundener
Rede gemischte Erzählung. Hierzu stimmen nun mehrere der
ältesten Eddalieder, in denen ebenso die gemischte Form die
herrschende ist. Müllenhoff (ZfdA. 23, 151 ff.) sagt darüber: „Zwei
Formen der epischen Überlieferung, prosaische Erzählung mit bedeutsamen Reden — Wechsel- oder Einzelreden — der handelnden Personen in poetischer Fassung und erzählende epische Lieder
in vollständig durchgeführter strophischer Form finden wir im
Norden neben einander in Gebrauch und keineswegs ist die Prosa
der gemischten Form nur eine Auflösung oder ein späterer Ersatz
der gebundenen Rede.“ Innerhalb der Edda und auch in der Saxo
vorliegenden Überlieferung waren viele Götter- und Heldenlieder
als Wechsel- oder Einzelrede, dramatisch bewegt, in einen freien
prosaischen Rahmen eingestellt. Am schönsten ist die Wechsel-
rede im Skirnirliede durchgeführt, wie Skirnir für Freyr um die
schöne Gerd wirbt, oder im Grimnirlied, wie Odin dem Agnar die

---

1) Ztschr. d. deutschen morgenländischen Gesellschaft 37, 1883, S. 54 ff.,
67 ff., u. ebenda Bd. 39, 1885, S. 52 ff.; die Vergleichung der indischen Form
mit der germanischen führt Kögel, Geschichte der deutschen Litteratur I,
1, 98 durch.

Herrlichkeit von Walhall verkündigt. Die Gedichte sind freilich
so spät, dass sie nur als Ausläufer und Nachklänge einer uralten,
vielleicht gemeingermanischen Gattung gelten können. Merkwürdig
aber berührt die Einstimmung mehrerer mit dem Gottesdienst aufs
engste verbundenen Dichtformen der Inder und Germanen, die vielleicht auf gemeinsamen Ursprung hinweisen. Da hier wie dort gerade
die Göttersage, und wol in Nachahmung derselben auch die Heldensage, so behandelt wurde, liegt der Schluss nahe, dass dereinst
die Priester an hohen Festen einzelne Mythen, die mit der Kulthandlung in Zusammenhang standen, also z. B. beim Tiuzfeste des
Gottes Brautwerbung, die Erweckung der bräutlichen Erdgöttin,
ihre Befreiung aus den Banden des winterlichen Todesschlafes, in
dieser aus gebundener und ungebundener Rede gemischten Kunst-
form zum Vortrag zu bringen pflegten, dass überhaupt die Mythen-
dichtung, die Erzählung von den Thaten der Götter, das Preislied
und feierliche Gebet ursprünglich allein von den priesterlichen
Sängern ausging.

Erscheint uns hier der Priester als Dichter und Sänger von
wechselreichen, kunstvoll gestabten Götterliedern, der dem Volksglauben die Weihe poetischer Gestaltung verlieh, so war er nicht
weniger Verkündiger des Rechts, *ésago*. Das germanische Recht
wendet sich nicht bloss an den nüchternen Verstand, sondern
auch ans Gemüt.[1] Die alten Volksrechte bedienen sich häufig
poetischer Ausdrucksmittel. Sie gebrauchen ähnliche bildliche
Wendungen wie die epischen Gedichte, sie reden vom helllichten
Tage und von leuchtender Sonne, von der nebeldüstern Nacht,
vom glänzenden Gold und vom weissen Silber, vom grünen Rasen,
vom hohen Helm und roten Schild, vom wilden Meer und vom
salzigen See, vom heissen Hunger, von glühender Glut. Der
Deich heisst ein goldener Reif, der um ganz Friesland liegt. Die
Unendlichkeit von Zeit und Raum spricht sich in den Wendungen
aus: so weit als der Wind von den Wolken weht und die Welt
steht, so weit als Wind weht und Kind schreit, Gras grünt und
Blume blüht. Hochpoetisch ist die ergreifende Schilderung der
drei Nöte im friesischen Recht. „Das ist die erste Not: wo immer
ein Kind gefangen und gefesselt wird nördlich über das Meer

---

1) Die Poesie im germanischen Recht behandelt Kögel, Geschichte der
deutschen Litteratur I, 1, 97 u. 242 ff., wo der Nachweis versucht wird, dass
die friesische Rechtspoesie zum grossen Teile stabreimend war; vgl. J. Grimm,
Rechtsaltertümer S. 31 ff. über die Formeln.

oder südlich in das Gebirge, so muss die Mutter ihres Kindes
Besitz verpfänden und veräussern, und ihr Kind lösen und sein
Leben retten. Die zweite Not ist diese: wenn da schlimme Jahre
kommen und der heisse Hunger über das Land fährt, und das
Kind Hungers sterben würde, so muss die Mutter ihres Kindes
Besitz verpfänden und veräussern und ihm damit kaufen Kuh und
Korn, und solche Dinge, womit sie ihm das Leben retten kann.
Die dritte Not ist diese: wo immer das Kind ist stocknackt oder
hauslos, und dann die nebeldüstre Nacht und der bitterkalte Winter
über die Umfriedungen sich herabsenkt, so fährt da jeglicher Mann
in seinen Hof und in sein Haus, und das wilde Tier sucht den
hohlen Baum und der Berge Schlüfte, um sein Leben zu erhalten;
dann weint das unmündige Kind und jammert über seine nackten
Glieder und seine Hauslosigkeit, und betrauert seinen Vater, der
ihm helfen sollte wider den kalten Winter und wider den heissen
Hunger, dass er so tief und so dunkel unter Eichenbrettern und
Erde eingeschlossen und festgehalten und bedeckt ist. Deshalb
muss die Mutter ihres Kindes Besitz verpfänden und veräussern,
weil sie die Verantwortung und Fürsorge dafür hat, so lange es
noch nicht volljährig ist." Anstatt einfach zu bestimmen, wenn
das Waisenkind durch Brand oder Raub ins Elend gerät, darf
die Mutter die ihr anvertrauten Mündelgelder angreifen, wird mit
so eindringlicher Kraft dem empfindenden Gemüt die Not vor-
geführt, dass das Urteil nicht anders fallen kann, als es muss so
geschehen. Der Rechtweiser wird zum Dichter, der das Herz des
Hörers tief bewegt. Gewaltig sind auch die Flüche, welche das
ganze Unheil des Verfehmten, seine Rechtlosigkeit, wo immer er
auch hinkehre, lebendig schildern. Wer beschworenen Frieden
(*trygdamál, gridamál*) bricht, soll geächtet sein, so weit Menschen
landflüchtig sein können, soweit Christenleute in die Kirche gehen
und Heidenleute in ihren Tempeln opfern, soweit Feuer brennt
und Erde grünt, Kind nach der Mutter schreit und Mutter Kind
gebiert, Holz Feuer nährt, Schiff schreitet, Schild blinkt, Sonne
den Schnee schmelzt, Feder fliegt, Föhre wächst, Habicht fliegt
den sommerlangen Tag und der Wind steht unter seinen Flügeln,
Himmel sich wölbt, Welt gebaut ist, Winde brausen, Wasser zur
See strömt und Männer Korn säen. Ihm sollen versagt sein
Kirchen und Gotteshäuser, guter Leute Gemeinschaft und jederlei
Wohnung, die Hölle ausgenommen.[1] Die Verfehmung geschieht

---

1) Über solche Formeln vgl. J. Grimm, Rechtsaltertümer 39 ff.; die aus-

durch das sinnliche Ausmalen alles dessen, was dem Missethäter
entzogen wird.

An vielen Stellen der altgermanischen Gesetze bricht deren
einstige teilweise dichterische Gestalt deutlich durch. Längst sind
die zahlreichen stabreimenden Formeln hervorgehoben, die ebenso
wie die epischen Formeln dem erzählenden Gedichte den Rechtssatzungen ein eigenartiges Gepräge verleihen und mit bewusster
poetischer Absicht geschaffen und wirkungsvoll angewandt sind.
Aber auch regelrechte Stabreimverse begegnen in den nordischen,
englischen und friesischen Rechten. Zumal die letzteren zeigen
viele rhythmische Gesätze. Daraus ist zu schliessen, dass dereinst
der Rechtsvortrag, wenigstens teilweise, in feierlich gehobener,
formelhaft gestabter Rede geschah. Zu den Spuren, die auf einstige
poetische Form, auf Stabreimverse, hinweisen, stehen ebensoviele
Nachklänge schwungvoller, bilderreicher und doch schlichter
Dichtersprache. Der Priester-Sänger verkündigte auch das Recht
wie die Göttersagen in kunstreich gefügten Stabreimen.

Im Veda begegnet eine Sammlung von Rätselfragen und
Rätselsprüchen, deren Entstehung in priesterlichen Kreisen zu
suchen ist.[1] Es war Sitte, dass der leitende Priester beim Opfer
den, der dasselbe darbrachte, mit ritualen und mythologischen
Fragen ausforschte. So wird beim Pferdeopfer der das Opfer
spendende König gefragt nach dem äussersten Ende der Erde,
nach dem Nabel der Welt, nach dem Samen des Hengstes, nach
dem höchsten Himmel des Wortes, worauf der Opferer antwortet,
dass der Opferaltar das äusserste Ende der Erde, das Opfer der
Nabel der Welt, der Somasaft der Same des Hengstes, der Brahma-
priester des Wortes höchster Himmel sei. Solche Fragen kamen
gegen den Schluss grosser Opfer häufig vor. Nicht bloss dem
Opferer wurden von einem der Priester Rätsel zur Lösung vorgelegt, sondern auch die Priester mussten einander Rätsel auf-
geben und der Gefragte hatte sie auf die vorgeschriebene Weise
zu beantworten. So fragt ein Priester den anderen: Wer wandelt

führlichste nordische Formel bietet die Heiðarvígasaga in den Islendinga sögur
2, 379 ff.

1) Vgl. Haug, Sitzungsberichte der Münchener Akademie 1875, 2, S. 457 ff.
Vedische Rätselfragen und Rätselsprüche; den Zusammenhang mit dem mythologischen Rätselliede der Nordleute heben Wilmanns, ZfdA. 20, 252 ff., Müllenhoff, Altertumskunde 5, 238 u. Kögel, Geschichte der deutschen Litteratur 1,
1, 64 hervor.

wol allein? Wer wol wird wieder geboren? Was wol ist das
Mittel gegen den Schnee? Was wol die grosse Hinstreuung?
Darauf antwortet der Gefragte: Die Sonne wandelt allein, der
Mond wird wieder geboren, das Feuer ist das Mittel gegen Schnee,
die Erde die grosse Hinstreuung. Nun wird wieder gefragt:
Welches Licht ist wol der Sonne gleich? Welcher Strom ist wol
dem Meere gleich? Wer begiesst die Erde am meisten? Von
wessen Mutter wird man nicht gekannt? Die Antwort lautet: Das
Wahre ist das der Sonne gleiche Licht, der Himmel der dem
Meere gleiche Strom, Indra begiesst die Erde am meisten, von
der Mutter der Kuh wird man nicht gekannt. Die Dinge, um
welche die Rätsel fragen, sind bald der Natur, bald dem Geistes-
leben entnommen. Himmel und Erde, Sonne und Mond, das Luft-
reich, der Regen und seine Entstehung, der Sonnenlauf, das Jahr,
die Jahreszeiten, Monate, Tage und Nächte sind beliebte Gegenstände bildlicher Einkleidung, ihre Enträtselung und die Form, in
der das geschah, galten als die höchste Weisheit. Die Rätsellieder
sind nun bei den Germanen sehr reich entfaltet und weisen in
Einzelheiten wie im Zusammenhang auf hohes Alter. Namentlich
die altnordische Dichtung enthält auffallend viele Rätsellieder, bei
denen zweierlei zu beachten ist, dass Odin die Rätselfragen
stellt, also auch hierin unerreichter Meister aller Weisheit ist, dass
die Rätsel sich mit Vorliebe auf mythologische Dinge beziehen.
Im Wafthrudnirlied legt Odin dem weisen Riesen alle möglichen
Fragen vor, deren Beantwortung genaue Kenntniss der nordischen
Mythologie bis in alle Einzelheiten voraussetzt. Als Gest zeigt
er sich dem König Heidrek in der Rätselkunde überlegen, auch
hier aber treten Rätsel mythologischen Inhaltes zwischen den allgemeinen mehrmals hervor; die letzte Frage lautet wie im Wafthrudnirliede: Was raunte Odin dem toten Baldr ins Ohr? Im
Alwisliede erfragt Thor vom Zwerg die Sprache der verschiedenen
Welten. Bekannt ist die Eigenart der nordischen Skaldenkunst,
die in ihren vielverschlungenen, der Göttersage entnommenen Umschreibungen und Bildern eigentlich fortwährend mythologische
Rätsel aufgibt. Den Anstoss hierzu erhielt sie wol kaum aus sich
selber, eher aus der mythologischen, ursprünglich priesterlichen
Rätseldichtung. Der Grundgedanke, dem letztere entspringt, ist
bei den Skalden nur auf die Spitze getrieben. Man darf nun freilich nicht schliessen, dass diese Lieder, so wie wir sie kennen,
bei Opfern gebraucht worden wären, sondern nur, dass diese

eigentümliche Kunstgattung des mythologischen Rätselliedes möglicher Weise aus dem Gottesdienst entsprungen sein kann. Da
mag das Rätsellied einmal wie bei den Indern dazu gedient haben,
unter Opferleitern und Opfergenossen die Kenntnis der vorzu-
nehmenden Handlung, der damit verknüpften Bräuche und Mythen,
festzustellen. Der fragende Gott ist als Vorbild des fragenden
Priesters gedacht.

War der Priester beim Vortrag der Mythen und Rechtssatzungen
mehr Epiker, so bethätigt er sich anderwärts mehr lyrisch, als
Spruchdichter. In höchstes Altertum reichen die meistens zu
Heilzwecken geübten Besegnungen, die Zaubersprüche zurück. Sie
ruhen auf allgemein menschlicher Grundlage, nehmen jedoch bestimmte zeitliche und örtliche Färbung an. Erwachsen auf dem
Boden der niederen Mythologie, suchen sie stets gerne Anschluss
an die herrschende höhere Mythologie, an den Götterglauben.
Priester und Zauberer waren die ursprünglichen Schöpfer, Kenner
und Wahrer solcher kräftiger Heilsprüche, deren allgemeine Auffassung etwa dahin geht: Siechtum ist durch Unholde verursacht.
Heilung wird erreicht durch Vertreibung der Unholde mit Hilfe
guter Geister und Götter. Den ererbten Formelschatz haben die
germanischen Priester gestabt und an den Götterglauben ange-
schlossen.

Zaubersprüche gehören bei den Indogermanen zu den ältesten
Spuren dichterischer Bethätigung.[1] Für den Vortrag war Gesang
mit gedämpfter, murmelnder Stimme vorgeschrieben. Daher das
griechische ἐπᾴδειν, lat. *carmen*, frz. *charme*, lat. *magicum susur-
ramen*, Zaubergemurmel. Die germanischen Sprachen kennen
mehrere Bezeichnungen, welche auf den Vortrag solcher Poesien
schliessen lassen.[2] Zu *bigalan*, besingen, ἐπᾴδειν gehört *galdra-*
(an. *galdr*, ags. *gealdor*, ahd. as. *galdar*) oder *galstra-* (ahd. *galstar*).
Neben dem alten starken Verbum *bigalan* steht das schwache *be-
galôn incantare* (*enchanter*). Der Sinn von *galdra-* ist Zaubersang.

---

1) Über die Gleichheit indischer und germanischer Segenssprüche vgl.
A. Kuhn, Ztschr. f. vergl. Sprachforschung 13, 49 ff.; 113 ff. Die indischen
Sprüche enthält namentlich der Atharvaveda. Die Atharvans und Angiras
sind Priestergeschlechter, die demnach als die besten Gewährsmänner auf dem
Gebiete der Spruchdichtung betrachtet wurden.

2) Über die germanischen Wörter für Zauberlied und ihre Bedeutung
vgl. Kögel, Geschichte der deutschen Litteratur I, 1, 79 ff.; E. Schröder,
ZfdA. 37, 259 ff.

Im Nordischen begegnet auch *ljôd*, Lied, im engeren Sinne von
Zauberlied. Die Formel, die den Zauber wirken sollte, wurde
demnach gesungen. Neben *galdra-* und teilweise damit begrifflich zusammenfallend trifft man *rûnô*. Das Wort „Rune", das
durch alle germanischen Sprachen hindurch geht, ist mit griech.
ἐϱέϜω, ἐϱευνάω verwandt. Aus derselben Wurzel, nur mit anderem
Ablaut, stammt an. *reyna*, prüfen, erforschen, *raun*, Versuch.
Vielleicht bedeutete *rûnô* ursprünglich Befragung, bald aber verstand man unter Runen die heimlichen Mittel, durch welche gefragt wurde. Sehr früh ist *rûnô* Zauberlied. In dieser Bedeutung
entlehnten die Finnen zu Anfang unserer Zeitrechnung das Wort.
Die Rune wurde *geraunt*, leise geflüstert. *Galdra-* ist Zaubersang,
*rûnô* Zaubergemurmel. Vielleicht waren beide Arten des Vortrags
vereinigt in dem mit gedämpfter Stimme gesungenen, gemurmelten
Liede. Rune ist ausserdem das Zauberzeichen, das im Verein mit
dem Sange den Zauber erst wirksam machte. Endlich wird mit
Rune auch der Buchstabe, das Schriftzeichen benannt, nachdem
die Germanen die römischen Buchstaben sehr frühzeitig zu einer
eigenartigen Schriftgattung umgebildet hatten. Der allgemeine Begriff „Geheimniss" ist wol aus *raunen*, heimlich flüstern, und dem
Zauberwesen, das an den Runen haftete, geleitet. Beschwören
(ahd. *biswerian*) weist auf denselben Gedankenkreis. Es steht zu
Surren, Schwirren, Schwarm (slav. *svirja*, flüstre) und besagt also
auch das Summen der Zauberformel, die wir als gesummtes Lied
oder gerauntenn Spruch zu denken haben.

Aus der ahd. Zeit sind zwei Zaubersegen, die sog. Merseburger Sprüche, erhalten, deren Aufbau von grösster Wichtigkeit
ist. Dem eigentlichen Spruche voran geht eine kleine Erzählung,
welche zeigen soll, wann der Spruch erfolgreiche Anwendung fand.
So lautet der zweite Spruch:

| | |
|---|---|
| Phol und Wuodan | fuhren zu Holz, |
| Da ward Balders Fohlen | sein Fuss verrenkt. |
| Da besang (*biguol*) es Sinhtgunt, | Sunna ihre Schwester, |
| Da besang es Friia, | Volla ihre Schwester, |
| Da besang es Wuodan, | wie er wol konnte: |

Sei es Beinverrenkung,
Sei es Blutverrenkung,
Sei es Gliederverrenkung.
Bein zu Bein,    Blut zu Blut,
Glied zu Glied,  als ob sie geleimt seien!

Es wird also eine Sage aus der Götterwelt erzählt. Auf einer Jagdfahrt nahm Balders Ross Schaden. Niemand konnte es heilen, nur Wodan mit Hilfe des Segens. Diese Erzählung ist als Beispiel vorangestellt, wie damals soll der Segen auch jetzt und immerdar helfen. Auf diese Art wurden öfters Sprüche mit epischen Eingängen versehen; so nimmt der erste Merseburger Spruch und ein ags. Segen gegen Hexenstich Bezug auf das Walten der Kampfgöttinnen. Von wem solche epische Eingänge verfasst sind, ist unschwer einzusehen. Den Priestern kommt die Wahrung kräftiger Zauberlieder zu; durch epische Einleitungen aber stellten sie einen tieferen, innerlichen Zusammenhang mit dem Götterglauben her. Diese Gattung des epischen Zauberspruches, wo nicht bloss die Formel geraunt, sondern eine kleine Geschichte zuvor feierlich erzählt wurde, hiess bei den Germanen *spell*.[1])

Odin ist Meister aller Runenweisheit und Galdr, Gott der Skalden, sein Geist durchweht und belebt die Dichtung; Fosite ist Rechtweiser. Damit ist die Kunst gebundener Rede und feierlichen Vortrages jeden Inhalts, die Kunst des Zauberliedes von den Göttern eingesetzt. Zunächst an göttliche Weisheit aber reicht der Priester. Die Stellung des altgermanischen Priesters darf nicht gering angeschlagen werden. Alle Bedingungen zur erhabenen Ausnahmestellung des vertrauten Mitwissers der Götter waren vorhanden und hätten ebenso entfaltet werden können, wie wir es beim indischen Priestertum der Brahmanen, beim keltischen der Druiden erfüllt sehen. Eine germanische Priesterherrschaft aber gedieh trotzdem nicht, weil der gesunde, kräftige Volksgeist dagegen war. Die Könige und Herzöge, die weltlichen Leiter der Volksgeschicke, wachten darüber, dass der Priester niemals die Schranken seines Amtes überschritt. Der Priester vertrat wol die Gottheit beim Ding und sorgte, dass ihr Dienst richtig vollzogen, dass jeder Frevel gesühnt wurde. Er verkörperte aber nur das religiöse und rechtliche Bewusstsein, konnte mahnend dem Bruche göttlicher Satzung entgegen treten, aber nur als Berater, nicht als Lenker und Richter. Die Führerschaft stand ihm nicht zu. Der weltliche Sänger und später der weltliche Gesetzsprecher teilten sich gar bald in die einst dem Priester allein gehörigen Amter. Der Hausvater aber bedurfte des Priesters nicht, er mochte höchstens seinen Rat angehen. Brahmanen und Druiden brachten es

---

1) Vgl. E. Schröder, Über das Spell, ZfdA. 37, 241 ff.

fertig, dass nichts ohne geistliche Mitwirkung geschah. Die Germanen beschränkten den Priester auf die gottesdienstlichen öffentlichen Verrichtungen und nahmen, wo es ihnen gut dünkte, seinen weisen Rat in Anspruch.

## 7. Die Priester als Erforscher der Zukunft.

Tacitus schildert in einer vielbesprochenen Stelle das Loosen[1]), dessen Verfahren er einfach nennt. Der Zweig eines fruchttragenden Baumes wird in Stäbchen zerlegt, die Stäbchen werden mit gewissen Zeichen versehen und blindlings und zufällig über ein weisses Tuch hin verstreut. Alsdann hebt bei öffentlicher Beratung der Staatspriester, bei Privatangelegenheiten der Hausvater, nachdem er zuvor die Götter angerufen hat, gen Himmel schauend dreimal je ein Stäbchen auf und deutet die zuvor auf die Stäbchen eingeschnittenen Zeichen. Lauten sie verneinend, so unterlässt man für diesen Tag eine weitere Befragung; stimmen sie zu, so wird noch weiterhin die Beglaubigung durch Vorzeichen in Anspruch genommen.

Man darf jedenfalls dem Berichte des Tacitus auch ein Opfer

---

1) Germ. 10 *auspicia sortesque ut qui maxime observant: sortium consuetudo simplex. virgam frugiferae arbori decisam in surculos amputant cosque notis quibusdam discretos super candidam vestem temere ac fortuito spargunt. mox, si publice consultetur, sacerdos civitatis, sin privatim, ipse pater familiae, precatus deos caelumque suspiciens ter singulos tollit, sublatos secundum impressam ante notam interpretatur. si prohibuerunt, nulla de eadem re in eundem diem consultatio; sin permissum, auspiciorum adhuc fides exigitur.* Über die Sitte des Loosens vgl. Müllenhoff, Zur Runenlehre, Halle 1852, S. 33; Homeyer, Über das germanische Loosen, Monatsberichte der Berliner Akademie, December 1853; R. Keyser, Samlede afhandlinger S. 372 ff.; Mogk in den „Kleineren Beiträgen zur Geschichte von Docenten der Leipziger Hochschule", Festschrift zum deutschen Historikertag in Leipzig, 1894, S. 81 ff. Über Wahrsagerei im heutigen Brauche vgl. Wuttke, Der deutsche Volksaberglaube, Berlin 1869, § 327 ff. Die germanischen Wörter für dieses Verfahren lauten folgendermaassen: got. *hlauts*, ags. *hlýt* oder *hlét*, as. *hlôt*, ahd. *hlôʒ*, überall ursprünglich Masculinum, ist das Nomen actionis des „*lieʒens*", des Loosens und des Wahrsagens, dann das, wodurch dies geschieht, ϰλῆρος, sors, das Looszeichen; das nord. Femin. und Neutrum *hlaut* ist das, woraus oder mit dessen Hilfe geweissagt wird, das Opferblut. An. *hlutr*, ags. *hlot*, nds. *lott*, ahd. *hluʒ*, mhd. *luʒ* ist eigentlich *portio*, das Erlooste. Vgl. Gudbrand Vigfusson, dictionary 269; Müllenhoff, Altertumskunde 5, 155. Das Stäbchen, worauf die Zeichen standen, hiess got. *tains*, an. *teinn*, afries. *tên*, ags. *tân*, ahd. mhd. *zein*.

beifügen, ohne welches im Heidentum feierliches Gebet kaum
möglich scheint. Somit ergeben sich folgende Hauptpunkte des
Verfahrens: Zurichtung der Loose, bestehend in Holzstäbchen mit
eingeritzten Zeichen, Opfer und Gebet an die Götter, deren Willen
erkundet werden soll, Looswurf und Aufnahme dreier Loose, Auslegung der aufgehobenen Loose nach den darin eingeritzten Zeichen,
daraufhin Beschluss, ob die Befragung fortgesetzt oder aufgegeben
werden soll. Schwer ist über zwei Dinge Klarheit zu gewinnen,
ob die Befragung der Loose auf ein blosses *ja* oder *nein* oder auf
einen förmlichen Orakelspruch ausgeht; ferner welcher Art die
eingeritzten Zeichen waren. Aus dem ganzen Zusammenhang
möchte eher auf einfache Befragung um ja oder nein geschlossen
werden, zumal da überdies noch Vorzeichen in Betracht kommen.
Aber die eingeritzten Zeichen, von deren Auslegung die Rede ist,
weisen wieder eher auf einen förmlichen Orakelspruch, den der
Priester wol in feierlichem Stabreim verkündigte. Welcher Art
die Zeichen waren, ist auch nicht zu sagen. Man denkt an die
Runen, worunter aber mystische, magische Zeichen, nicht die
späteren Schriftrunen verstanden werden müssen. Wol kommen
diese im Norden auch zu zauberhaftem Gebrauche vor. Man
raunte eine Zauberformel und ritzte die Anfangsrune des wichtigsten Begriffes. So schneidet Skirnir (Skirn. 37) der Gerd einen
*Thurs* (die Rune þ) und drei andere Runen, die den Zauber un-
gestillter Liebessehnsucht bewirken. Um Sieg zu gewinnen, wurde
die Rune Tyrs ↑ aufs Schwert geritzt, um gegen Frauentrug sich
zu feien, die Rune *Nauþ* ✦ aufs Horn, den Rücken der Hand und
den Fingernagel gemalt (Sigrdr. 6/7). Die Verwendung der Schreiberunen zu Zauberzwecken in der Art, dass die Rune den Haupt-
begriff der Zauberformel festbannte, steht also ausser Frage. Umgekehrt mochte auch eine Weissagung aus zufällig aufgelesenen
Runen entnommen werden, sofern eine bestimmte Beziehung zwischen einer Anzahl von Formeln und Zeichen bestand. Wenn
z. B. Tyr oder Nauþ (d. h. Not) herauskam, wurde Sieg oder Not
geweissagt. Aber zur Zeit des Tacitus und Caesar waren die in
den ersten Jahrhunderten unserer Zeitrechnung von den Römern entlehnten germanischen Schreiberunen wol noch gar nicht vorhanden.
Doch das Wort Rune ist freilich älter als seine Anwendung auf die
Schrift, und so mögen schon die Zeichen auf den Holzstäbchen
Runen gewesen sein. Ihre Form und ihr Gehalt bleibt uns rätselhaft, aber grosse Wahrscheinlichkeit besteht, dass es ähnlich zu-

ging wie bei den späteren Schreiberunen, wenn sie, vielleicht eben an Stelle älterer magischer Runen, zum Zauber benützt werden. Man muss eine bestimmte Anzahl von Zeichen denken, die dem Loosenden ihrer Bedeutung nach völlig vertraut waren. Die aufgelesenen Zeichen liessen sich zu einer Weissagung vereinigen. Wenn das Gebet in feierlichen Stäben und Formeln ging, so war auch der Weissagespruch aus altehrwürdigen Formeln gereimt, welche eben durch die Loose gesucht wurden. Wenn nicht Tacitus verschiedene Dinge zusammenwarf, so waren diese Zeichen nicht geheim, denn jeder Familienvater mochte für seinen Hausstand das Loos werfen. Man sollte allerdings eher meinen, dass das Verfahren mit den Looszeichen, die einen Spruch ergaben, schwieriger und nur wenigen im Volke, vor allen den Priestern vertraut war; denn es ist nicht einfach, sondern setzt tieferes Wissen voraus, Kenntniss der Zeichen und ihrer Bedeutung und Fähigkeit, daraus einen gestabten oder doch formelhaften Spruch zu finden. Die gewöhnliche Loosung auf ja oder nein aber ist höchst einfach, sie bedarf nur eines oder zweier Zeichen und kann jeder Zeit und von jedem ohne besondere Weisheit geübt werden. Im gegebenen Falle hätte etwa ein dreimaliges *ja* Ausführung des Vorhabens veranlasst, ein dreimaliges *nein* oder unentschiedene Auskunft dagegen Einstellung.

Dass aber unter Priestern und weissagenden Frauen schon früh die divinatorische Loosung, das Fragen nach förmlichem Spruche, vorkam, lehrt Caesar, bell. gall. I Kap. 50. Bei den Germanen herrschte die Sitte, dass die Frauen durch Looswurf und Orakelspruch (*sortibus et vaticinationibus*) entschieden, ob ein Treffen zu liefern sei oder nicht. Der aus den Loosen gewonnene Spruch lautete dahin, dass die Germanen Unsieg hätten, wenn sie vor Neumond kämpften (*non esse fas Germanos superare, si ante novam lunam proelio contendissent*). Dieser Spruch kann nicht aus blossem ja oder nein abgeleitet sein.

Aus nordischer Überlieferung ergeben sich mehrere Beispiele divinatorischer Loosung, leider ohne genauere Beschreibung des Verfahrens, das meistens als allgemein bekannt, keineswegs als Geheimkunst vorausgesetzt zu sein scheint. Das Hymirlied hebt damit an, dass die Götter, die ein Gelage zurüsten wollten, die Zweige schüttelten und das Opferblut beschauten (*hristo teina ok á hlaut sọo*), da fanden sie, bei Ägir sei Überfluss. Bei ihm wird denn auch schliesslich nach Einholung des Kessels Hymirs das

Festgelage abgehalten. Für Kultgebräuche erfahren wir aus der
Stelle, dass, um einen Orakelspruch zu erhalten, ein Opfer angerichtet wurde. Die Weissagung oder die Antwort der angerufenen
Gottheit erfolgte aus dem Blute des geschlachteten Tieres und
aus den (mit eingeritzten Zeichen versehenen) durch einander ge-
schüttelten Looszweigen. Nach der Gautrekssaga Kap. 7 segelte
König Wikar nordwärts von Agdir nach Hordaland in Norwegen
und bekam heftigen Gegenwind. Da fällten sie den Span um
günstigen Wind, und es fiel so, dass Odin einen Mann verlangte,
der ihm zum Opfer aus der Mannschaft durch das Loos bestimmt
und gehängt werden sollte (*þeir feldu spán til byrjar ok fell svá
at Óðinn vildi þiggja man at hlutfalli at hanga or herinum*). Darauf wurde die Ausloosung vorgenommen, und es kam König Wikars
Loos heraus (*ok kom upp hlutr Víkars konungs*). Gewöhnlich
heisst es: *fella blótspán*, den Opferspan fällen.[1]) Gemeint ist wol
dasselbe wie mit den Zweigen, nämlich bezeichnete Holzstückchen.
Mit dem Looswurf war Opfer verbunden, daher der Name *blótspánn*. Man opferte, warf die Loose, las den Spruch daraus und
that darnach. In der Gautrekssaga schliesst sich einfache Ausloosung der divinatorischen Befragung unmittelbar an. Diese hatte
den allgemeinen Bescheid erbracht, Odin verlange ein Menschenopfer, jene wählte das Opfer aus der Schar der Genossen aus.
Die Mitwirkung eines Priesters ist weder hier noch dort erwähnt.
In der Hervararsaga Kap. 11 (Fornaldar sögur 1, 451) wird erzählt: Zu der Zeit war in Reidgotaland grosser Misswachs, so
dass es zur Verödung des Landes zu kommen schien; da wurden
Loose von weisen Männern gemacht und der Opferspan dabei
gefällt (*váru þá gǫrðir hlutir af vísendamǫnnum ok feldr blótspánn
til*) und so erging das Orakel (*en svá gekk fréttin*), dass nicht
eher wieder ein gutes Jahr kommen würde, als bis der vornehmste
Knabe im Lande geopfert werde. Hier ist beachtenswert, dass
weise Männer die Loose herstellen; also wird zur divinatorischen
Loosung doch ein höheres Wissen vorausgesetzt. Die Vita Anskarii

---

1) Die Hauptstellen, wo vom *fella blótspán* die Rede ist, sammelt
Fritzner, Ordbog I², 160. In der Fagrskinna 40 heisst es: er fällte den Opferspan, und es ward offenbar, dass er die passende Tageszeit zum Schlagen
haben sollte. Auch hier bestimmt der Ausspruch der Loose die Schlacht.
Vgl. noch Landnáma 3, 8. In der Livländ. Reimchronik 2483 u. 7239 heisst
es wie im Nordischen „der Span fällt" statt „das Loos fällt"; J. Grimm,
Myth. 3, 321.

Kap. 18 berichtet von einem Schweden, der an der Vertreibung des Bekehrers Gauzbert teilgenommen hatte, dass er hinterher den Zorn der Götter zu fürchten angefangen habe. Da suchte er einen Weissager auf (*qua de re, sicut moris est ibi, quendam adivit divinum*), damit dieser durchs Loos erkunde, welchen Gott er beleidigt habe und wie er ihn versöhnen könne. Jener verrichtete die üblichen Gebräuche (*quae circa cultum hujusmodi observare solebat*) und erklärte, keiner der Heidengötter, wol aber der Christengott zürne ihm. Im Kap. 19 erfragen die Dänen durch Loosung, wohin sie sich wenden sollten, um Beute zu machen. Da fiel das Loos auf eine entfernte Stadt im Lande der Slaven. Beispiele für einfache Frage um ja oder nein bietet die Vita im Kap. 19, 27, 30. Aus Layamons Brut zieht Müllenhoff, zur Runenlehre S. 40 f. noch eine Stelle an, wo der Herzog Ascanius nach denen, die des teuflischen Sanges mächtig sind, über Land sendet, um zu erfahren, was sein Weib im Schooss trüge. Da warfen sie die Loose und fanden an der Kraft des unheilvollen Liedes, dass die Frau mit einem Sohne ginge. Hier wird der Beschwörungslieder gedacht, die zur Weissagung nötig waren. Denn das höhere Wesen, das um die Zukunft befragt wurde, musste mit Gebet oder Beschwörung dazu gebracht werden, das Gewünschte zu offenbaren.

Es war Sitte, die Götter mit Loosung zu befragen, ob ihnen ein Opfer genehm sei oder nicht. Bestand von vornherein die Absicht, ein Opfer darzubringen, so genügte die einfache Frage auf ja oder nein. Manchmal aber, wie in der Sage von Wikar und vielleicht auch, als die Schweden ihre Könige Domaldi und Olaf opferten, wurde in schweren Zeiten das Loos auf allgemeine Befragung des göttlichen Willens geworfen. Erst der Ausspruch zeigte, dass die Götter ein blutiges Menschenopfer heischten. War keine bestimmte Persönlichkeit genannt, so mochte gewöhnliches Ausloosen einen oder mehrere aus einer grösseren Menge ausscheiden. Auch ins Strafrecht reicht die Sitte der Loosung herein und erhielt sich unter den Friesen [1] bis ins Christentum. Der Grund ist leicht zu erkennen. Hatte ein Neidingswerk den Grimm der Götter erregt, und war der Missethäter unbekannt, so boten sich die Volksgenossen zum Loose, zum Gottesurteil, damit

---

1) Zum friesischen Looswurf vgl. Richthofen, Untersuchungen über friesische Rechtsgeschichte 2, 450 ff.

die Gottheit selber zur Sühne den Schuldigen herausgreife.  Nach
Caesar bell. gall. 1, 53 erzählt der aus der Gefangenschaft der
Sueven gerettete Valerius Procillus, es sei dreimal über ihn das
Loos geworfen worden, ob er alsbald verbrannt oder auf später
aufbewahrt werden solle; das Loos fiel für ihn günstig (*se praesente, de se ter sortibus consultum, utrum igni statim necaretur an
in aliud tempus reservaretur. sortium beneficio se esse incolumem*).
In Alchuines Vita des hl. Willibrord Kap. 10 wird vom König
Redbad berichtet, er habe über den gefangenen Willibrord und
seine Genossen je dreimal an drei Tagen hinter einander das Loos
geworfen (*per tres dies semper tribus vicibus sortes suo more
mittebat*); mit Gottes Hilfe fielen die Loose den Gefangenen günstig,
nur einen einzigen traf das Todesloos (*damnatorum sors*), der das
Martyrium erleiden musste.

Die Vita Willehadi Kap. 3 berichtet, dass Willehad ums Jahr
778 östlich der Laubach durch Ermahnungen an die Landesbewohner, den Aberglauben aufzugeben, ihren Zorn erregte. Wegen
seiner Lästerungen gegen die Götter hätten sie ihn für des Todes
würdig erklärt. Einige aber hätten dazu geraten, ihn nicht ohne
weiteres zu töten, sondern erst das Loos zu befragen, damit die
Götter zeigten, ob er den Tod verdient habe, sonst ihn freizu-
lassen, worauf denn nach der Sitte der Heiden das Loos geworfen
worden sei, ob er leben oder sterben solle (*secundum morem
gentilium missa est sors super eo, vivere an mori debuisset*). Nach
Gottes Fügung habe über Willehad das Loos des Todes (*sors
mortis*) nicht fallen können. Der hl. Wulfram rettete zweimal
friesische Knaben vom Opfertod, zu dem sie durchs Loos bestimmt
waren (Vita Wulframmi Kap. 6 und 8, ASS. 3, 1, 359 und 361).

Das friesische Recht bestimmt: Wird bei einem Auflauf einer
getötet, so können in Ermanglung anderer Beweismittel gegen den
Schuldigen bis zu sieben durch den Kläger wegen der Tötung
angeklagt werden, und jeder von den sieben kann sich mit zwölf
Eideshelfern frei schwören. Ist das geschehen, so werden die
sieben zur Kirche geführt und Loose am Altar über sie geworfen.
Zwei Stäbchen werden geschnitten, das eine mit einem Kreuze
bezeichnet, das andere bleibt unbezeichnet; beide werden mit
reiner Wolle umhüllt auf den Altar gelegt. Darauf ergreift ein
Priester, wenn er da ist, sonst ein unschuldiger Knabe eins von
den Loosen; ist es das mit dem Kreuze bezeichnete, so gelten die
sieben, für welche die Eide geschworen sind, für unschuldig; wo

nicht, so folgt ein weiteres Verfahren: jeder von den sieben hat sein eigenes Stäbchen mit seiner Marke zu zeichnen, so dass er und die andern erkennen können, dass es das seinige ist.[1]) Die sieben Stäbchen werden wieder mit reiner Wolle umhüllt, wieder auf den Altar oder auf die Reliquien gelegt, und es nimmt der Priester oder Knabe vom Altar hinter einander die einzelnen Stäbchen und fragt, wem das Stäbchen gehöre. Wer als letzter sein Stäbchen erhält, gilt für den Schuldigen, die andern sechs als unschuldig. Das Verfahren ist durchaus heidnisch, die Anpassung an christliche Verhältnisse rein äusserlich, sie beschränkt sich darauf, christliche Heiltümer an Stelle der heidnischen zu setzen.

Mit den angeführten Stellen ist die Sitte, durch Looswurf die Gottheit um Auskunft anzurufen, hinreichend bezeugt. Es wurde eine Frage vorgelegt, die Antwort ergab sich aus der Art der Fragestellung als einfaches ja oder nein, aber auch als förmlicher Spruch. Die Befragung geschah mit Loosen, mit Holzstäbchen, die mit auszulegenden Zeichen, im Norden auch mit den gewöhnlichen Schreiberunen versehen waren. Opfer leitete die Handlung ein, unter Absingen von Gebeten oder Beschwörungen wurden die vermutlich auch schon unter besondern Förmlichkeiten zugerichteten Loose ausgeworfen und aufgelesen, hierauf je nach der Frage mit kürzerem oder längerem Spruche gedeutet. Möglicherweise stammt die dreifache Bezeichnung des Begriffes „lesen" in den germanischen Sprachen — ahd. as. afries. *lesan,* an. *lesa;* ags. *rædan,* engl. *read,* eigentlich „raten"; got. *siggwan* — aus der alten Gewohnheit des divinatorischen Loosens.[2]) Die deutsch-nordische Bezeichnung hält sich ans Auslesen und Aufnehmen der beritzten Stäbchen, die englische ans Raten und Deuten, die gotische endlich an den feierlichen Vortrag des Spruches, der in Liedesweise gesungen ward. In wichtigen Angelegenheiten oblag dem Priester diese Loosung, welche Vertrautheit mit der Dichtung verlangt. Es war Kenntniss der Lieder vonnöten, wodurch Götter und Geister zur Offenbarung ihres Willens oder zukünftiger Ereignisse herangezwungen wurden, ferner unter Umständen auch die Fähigkeit,

---

1) Lex Frisionum tit. 14 *tunc unusquisque illorum septem faciat suam sortem i. e. tenum de virga et signet signo suo, ut eam tam ille quam caeteri qui circumstant cognoscere possint.* Es sind vermutlich die Hausmarken der einzelnen Leute gemeint, die vielfache Verwendung beim Loosen fanden, vgl. Homeyer, Die Haus- und Hofmarken, Berlin 1870.

2) Vgl. E. Schröder, ZfdA. 37, 262.

aus den eingeritzten Zeichen der Stäbchen die darin angedeuteten
Formeln abzulesen und zu Verkündigungen zusammenzusetzen.
Looswurf, mit Opfer, Zauberlied und Zeichendeuterei verknüpft,
entstammt dem Heidentum und war priesterliches Amt. Darum
ist solches Loosen auch späterhin als heidnischer Greuel verfehmt
und verachtet. Das unschuldige Loos, das nur zur Ausscheidung
eines einzelnen oder mehrerer aus einer Menge diente, konnte
ruhig weiter bestehen und fand auch bis auf die Gegenwart bei
Aufteilung von Gemeindeland und ähnlichen Dingen immer Verwendung.

Eine seltsame Loosung begegnet in der Jómsvíkingasaga
Kap. 42.[1]) Der Jarl Hakon besass eine Wage mit zwei silbernen,
ganz vergoldeten Schalen, dazu zwei Loose, ein silbernes und ein
goldenes, beide mit Götterbildern versehen. Darin lag eine wundersame Kraft, weshalb der Jarl in allen wichtigen Angelegenheiten
sich dieser Loose bediente. Er legte sie in die Wagschalen und
bestimmte, was jedes von ihnen für ihn bedeuten sollte. Wenn
die Loosung gut ausfiel und das, was er sich wünschte, herauskam,
da wurde das Loos, das seinen Willen bedeutete, unruhig in der
Schale und gab einen Klang von sich. Die Sache ist wol so zu
denken, dass die gleich schweren Loose, deren eines, was man
wünschte, das andere, was man nicht wünschte, bezeichnete, in
die Schalen gelegt wurden. Dasjenige Loos, das zuerst in Bewegung kam und stieg, dachte man, werde in Erfüllung gehen.


Um die Zukunft zu erforschen, wurde auch eifrig auf Vorzeichen geachtet und zwar nicht bloss auf solche, die sich zufällig
von selber einstellten, sondern namentlich auf solche, die mit Opfer
und Gebet oder Beschwörung von den Göttern oder Geistern verlangt worden waren. Auf Vorzeichen, die einem zufällig begegnen, achtet ja noch der heutige Aberglaube. Ein schönes
Beispiel fürs Heidentum gewährt das Reginslied 20 ff., wo Odin
die dem Helden günstigen Zeichen aufzählt:

> 20. Viele Vorzeichen sind,    wenn das Volk sie wüsste,
> Günstig beim Schwingen des Schwerts!
> Heilbringender Angang    für Helden ist es,
> Wenn ein schwarzer Rab' sie umschwebt.

---

1) Fornmannasögur 11,128 ff.; Flateyjarbók 1, 188 ff.; zur Stelle R. Keyser,
Samlede afhandlinger S. 376.

21. Ein andrer ist's,        wenn zum Ausgang fertig
      Zur Thüre hinaus du trittst
Und auf der Strasse      stehend findest
      Ruhmgieriger Recken zwei.

22. Günstig auch ist's,      wenn den grauen Wolf
      Unter Eschen du heulen hörst,
Und Glück verspricht's,    erspähst du den Gegner
      Eher als er dich sieht.

24. Fürchte Gefahr,       wenn dein Fuss gestrauchelt
      Auf dem Weg, den du wanderst zum Streit;
Böse Disen stehn dir     zu beiden Seiten
      Und wünschen dir Wunden an.

Keine Art von Aberglauben hat durchs ganze Mittelalter tiefere Wurzel geschlagen als die Vorbedeutungen, die man unter den Benennungen *aneganc*, *widerganc*, *widerlouf* verstand.[1]) Tier, Mensch, Sache, auf die man frühmorgens, wenn der Tag noch frisch ist, beim ersten Ausgang oder Unternehmen einer Reise unerwartet stiess, bezeichneten Heil oder Unheil und mahnten, das Begonnene fortzusetzen oder wieder aufzugeben. Aber hier ist nicht der zufälligen Vorzeichen zu gedenken, sondern derer, die mit Kultbräuchen unter Einwirkung von Priestern und Weissagern von den höheren Mächten erbeten wurden.

Tacitus spricht im Kap. 10 auch von den Vorzeichen und nennt allgemein Befragung der Vogelstimmen[2]) und des Vogelfluges. Leute, die der Vogelsprache kundig sind, erfahren die Zukunft. Das Zeichen, das die Vögel mit Flug und Stimme geben, gilt allen Völkern und so auch den Germanen für gut oder böse, verheisst Glück und Unglück, ermuntert und warnt bei allem Vorhaben. Wie befiederte Worte rauschen sie durch die Luft, der Kundige versteht es, sie zu deuten. Wohin und woher sie fliegen, legt er ebenso als Zeichen aus wie ihre Gestalt und Stimme. Prokop bell. got. 4, 20 erzählt, wie Hermigisel, König der Warner,

---

1) Über Angang und andere von selber sich darbietende Vorzeichen vgl. J. Grimm, Myth. 1072 ff.; Vorzeichen aus nordischen Quellen bei Maurer, Bekehrung 2, 122 ff.; das meiste Material steht bei A. Wuttke, Der deutsche Volksaberglaube der Gegenwart. 2. Aufl. Berlin 1869, § 262 ff.

2) Ahd. *fogalrarta* (*rarta* = got. *razda*, Stimme), *fogilrartôd* wird mit *auspicium*, *augurium* glossiert; ebenso ags. *fugelhwâte*; vgl. J. Grimm, Myth. 3, 324. Über Augurien und Auspicien vgl. W. Wackernagel, ἔπεα πτερόεντα, in den Kleineren Schriften 3, 196 ff., 205 ff.

über Feld reitend, auf einem Baum einen Vogel erblickte und
krähen hörte. Auf Vogelgesang sich verstehend, sagte der König
seinem Gefolge, es werde ihm sein Tod nach vierzig Tagen geweissagt. In der Rigsþula 45 wird von Konr dem Jungen, dem
Sohne des Jarl gerühmt, er verstand die Stimmen der Vögel zu
deuten. Im Lied von Helgi dem Hjorwardssohne 1—4 spricht
Atli mit einem weisen Vogel, der im Haine Glasir haust. Dem
Sigmund und der Borghild verheisst ein Rabe die künftige Helden-
grösse ihres Sohnes Helgi (Helgakv. Hund. 1, 5,6). Sigurd, dem
der Genuss von Fafnirs Herz dazu verhalf, hörte in den Reden
der Spechtmeisen (*igdur*) sein künftiges Schicksal (Reginsm. 32 ff.).
Nach Sigurds Ermordung ruft ein Rabe zum Adler im Baumes-
gipfel, dass Atli es rächen werde. Gunnar versteht das Gerede
der Vögel (Brot af Sigurþarkviþu 5 u. 13). Also namentlich
Königen und Edelingen eignet die Gabe, Vogelstimmen auszulegen.
Sicherlich verstanden sich ebenso die opfernden Priester darauf.
Jarl Hakon opferte vor einem Kriegszug dem Odin. Als zwei laut
krächzende Raben während des Opfers geflogen kamen, sah er
darin ein gutes, glückverheissendes Zeichen (Heimskringla, Olafssaga Tryggvasonar Kap. 28).

Tacitus[1]) berichtet ferner von weissen, zu keinem Menschen-
dienste benützten Rossen, die in Hainen und Wäldern auf öffentliche Kosten gehegt wurden. Diese werden an den heiligen Wagen
gespannt, worauf der Priester und König oder Fürst des Staates
sie begleitet und auf ihr Schnauben und Wiehern achtet. Kein
Vorzeichen geniesst grössere Glaubwürdigkeit nicht allein beim
Volk, sondern auch bei den Edelingen, bei den Priestern. Sich
selber halten sie für die Diener, jene Rosse aber für die vertrauten
Mitwisser der Götter. In Norwegen bei Drontheim weideten Freys
Rosse im Umkreis seines Tempels, vermutlich zum selben Zweck.
Der *indiculus superstitionum* XIII handelte *de auguriis vel avium
vel equorum* und auch der heutige Aberglaube (J. Grimm, Nr. 239)
hält Pferdegewieher für ein Glückszeichen.

Opferschau vollzieht der weissagende Priester (*sacerdos sorti-*

---

1) Germ. Kap. 10 *proprium gentis equorum quoque praesagia ac moni-
tus experiri. publice aluntur isdem nemoribus ac lucis, candidi et nullo mor-
tali opere contacti; quos pressos sacro curru sacerdos ac rex vel princeps
civitatis comitantur hinnitusque ac fremitus observant. nec ulli auspicio maior
fides, non solum apud plebem, sed apud proceres, apud sacerdotes; se enim
ministros deorum, illos conscios putant.*

*legus*) bei den Menschenopfern, welche die Normannen nach Dudos Erzählung vor der Ausfahrt zu vollbringen pflegten. Dem Opfer wurde der Schädel zerschmettert und das Gehirn blossgelegt; dann wurde aus den Herzfasern des zu Boden Gestreckten geweissagt. Die Wahrsagerinnen der Kimbern fällen ihren Spruch aus dem Blute, das aus der durchschnittenen Kehle des Opfers in den Kessel strömte (Strabo 7, 2). Die nordische Sprache gebraucht das Wort „*hlaut*" für Opferblut. Im Hymirlied 1 gewinnen die Götter eine Weissagung, indem sie Looszweige warfen und das Blut beschauten (*hristo teina ok á hlaut sǫo*). *Hlautbolli* ist die Schale, die das Blut der geopferten Tiere aufnimmt, *hlautteinn* oder *hlautviðr* der ins Blut getauchte Zweig. Die Etymologie von *hlaut* (zu got. *hlauts*, d. h. Loosen und Wahrsagen)[1] lehrt die Thatsache der Opferschau, der Weissagung aus dem Opferblut. Denn das Opferblut heisst ja sicher nur darum „Loosung", weil es zur Loosung diente.

## 8. Zauberlieder.

Der Zauber, der in Lied (*galdr*, *rúnar*) und Zeichen (*rúnar*) beschlossen liegt, galt im Norden für eine höchst wertvolle, nicht im geringsten unehrliche Kunst, und so hielten es, wie die mit *rûna* gebildeten zahlreichen Frauennamen lehren, auch die übrigen Germanen. Ist doch Odin selber Urheber und Erfinder des Runenzaubers (*galdrs faðir*) und weiss die aus dem Schlummer erweckte Brynhild dem Sigurd nicht besser zu lohnen als mit Unterweisung in der Runenkunde. Bei der Anwendung von Runen war Lied und Zeichen vereinigt, beim Galdr wird meistens allein das Lied erwähnt. Beim nordischen Runenzauber wird das Lied gesungen, und darauf werden die entsprechenden Zeichen, meist die Anlaute der Hauptbegriffe, eingeritzt. Denn im Norden trat ja die Schreiberune an Stelle der alten bei Tacitus vorkommenden magischen Zeichen. Brynhild gedenkt der Siegrunen, die unter Anrufung Tyrs aufs Schwert zu ritzen sind, der Bierrunen, welche gegen Zaubertränke unter Segenssprüchen aufs Trinkhorn, auf den Rücken der Hand, auf den Fingernagel zu ritzen, der Bergerunen, die auf die innere Handfläche geritzt, bei Absingen von Liedern (Oddrúnar-

---

1) Zur Etymologie von *hlaut* vgl. Gudbrand Vigfusson, Dictionary 269; Müllenhoff, Altertumskunde 5, 155; vgl. auch oben S. 631 Anm. 1.

grátr 6) aus Kindesnöten lösten, der Brandungsrunen, die auf
Schiffsteven, Steuer und Ruder eingebrannt gegen Seesturm nützten,
der Zweigrunen, die auf Rinde und Holz eines gen Osten die Äste
ausbreitenden Baumes eingeschnitten zum Arzte machten, der Ge-
richtsrunen (*málrúnar*), beim Dinge zu gebrauchen, der Geistes-
runen (*hugrúnar*), um feinen Verstand zu gewinnen. Im Skirnirlied 32—36 spricht Skirnir einen Fluch und ritzt zugleich die
Runen auf den Zweig (*gambanteinn*); um ihn wieder aufzuheben,
schabt er die eingeschnittenen Zeichen ab (*svá ek þat af ríst, sem
ek þat á reist*). Nach der Egilssaga Kap. 60 errichtet der vom
König Eirik schwer gekränkte Skald Egil diesem eine Schimpfstange (*níðstǫng*), indem er eine Haselstange auf einem Felsen dem
Lande zu aufpflanzt, mit einem darauf gesetzten dem Lande zu-
gewendeten Pferdskopfe. Dazu spricht er die Worte: Hier setze
ich eine Schimpfstange und richte diesen Schimpf gegen den König
Eirik und die Königin Gunnhild; ich richte diesen Schimpf gegen
die Landwichte, welche dieses Land bewohnen, so dass sie alle
auf verirrten Wegen gehen mögen und keiner seine Heimat finde
oder erreiche, ehe sie den König Eirik und die Königin Gunnhild
aus dem Lande getrieben haben. Dieselben Worte schnitt er mit
Runen auf die Stange ein. Das Einritzen der Formel scheint hier
wie in andern ähnlichen Fällen, die Maurer, Bekehrung 2, S. 65,
Anm. 66, zusammenstellt, allerdings mehr in der Absicht zu geschehen, den Schimpf zur allgemeinen Kenntniss zu bringen. Doch
steht wol immer noch im letzten Hintergrund dieses Brauches die
Anschauung, dass Runenzauber nur durch Lied und Zeichen zugleich wirksam werde. Der Skald Egil macht auch sonst von
seiner Runenkunde Gebrauch. Wie ihn einmal (Kap. 44) die
zauberkundige Königin Gunnhild mit einem Trinkhorn vergiften
will, ritzt er Runen in das Horn, schneidet sich in die hohle Hand
und rötet die Runen mit dem Blute: da zerspringt das Horn und
der Trank läuft zur Erde. Der Bericht der Saga darf wol noch
dahin ergänzt werden, dass Egil zum Runenritzen die gehörige
Formel raunte. Der Unkundige konnte aber auch mit verkehrten
oder verstellten Zeichen Unheil anrichten. Egil kommt (Kap. 75)
zu einer norwegischen Bauerntochter, die heftig erkrankt ist. Ein
Bauernsohn aus der Nachbarschaft hatte ihr vergebens mit Runen
zu helfen versucht, es war darauf hin nur schlimmer geworden.
Egil untersuchte ihr Bett und fand unter dem Kopfkissen einen
Walfischknochen mit eingeschnitzten Runen, die aber falsch waren.

Er schabte sie ab, verbrannte das Abgeschabte im Feuer und ritzte neue Runen, die er unters Kissen der Kranken legte. Alsbald erwachte das Mädchen aus ihrer Betäubung und wurde gesund.

Odin rühmt sich in den Hǫvamǫl 139/40, 146/163 der Runen und Lieder, die er weiss und deren Wirkungskreis er aufzählt. Dabei scheinen *rúnar* und *ljóþ* im Sinne von Zauberliedern gleichbedeutend zu sein, wenn schon in Strophe 142/4 wieder die *rúnar* als Zeichen gemeint sind. So denkt sich Snorri (Ynglingasaga Kap. 7) in dem Satze *„med rúnum ok ljódum þeim er galdrar heita"* die Runen als Zeichen neben den Liedern. Beim Galdr ist seltener von Zeichen die Rede, gewöhnlich nur vom Zaubersang. Doch scheint auch hier Zeichen oder Gebärde nötig gewesen zu sein.

Frauennamen auf *rún* [1]), die allen germanischen Stämmen gemeinsam sind, erweisen das Vorhandensein des Runenzaubers. Häufig trifft man dieselben Appellativa als Namen, und damit ist der Ursprung solcher Namen angezeigt. *Haljarûna* ist Höllenzauber, aber auch die dieses Zaubers kundige und mächtige Frau; der Begriff gewinnt persönliche Bedeutung und wird so zum Namen. Siegrunen zu ritzen und zu singen muss der verstehen, der Sieg erringen will; Sigrûn, Hildrûn, Rûnhild, Guntrûn, Badurûn, Ortrûn sind Frauen, die Sieg-, Kampf-, Schwertrunen wissen. Fridurûn bringt Friede. Alarûn (Aleraune) ist aller Runen mächtig. *Ǫlrúnar* beschützen vor Zaubertrank, Ǫlrún begegnet zugleich als Name. *Málrúnar* bedarf man beim Ding, der Name Dômarûna gehört wol zu *dôm*, Gericht. Albrûn kennt Elbenzauber. Wolfrûn gehört vielleicht zum Heere, dessen Spuren der leichengierige Wolf und Rabe folgt. Weniger deutlich sind Namen wie Heidrûn (fränk. Chaiderûna), Goldrûn, Adalrûn, Wolarûn, Baldrûn, Berhtrûn. Weisheit und Vorsicht überhaupt legen den Frauen die Namen auf *leis*, *rât*, *snot*, *wîs* und *war* bei; aber die übermenschlichen Eigenschaften der Voraussicht in die Zukunft und der zauberischen Einwirkung auf dieselbe werden den Trägerinnen der Namen in *rún* zugeteilt. Da der Zusammenhang des Runenzaubers und der Frauennamen im Norden völlig klar am Tage liegt, da die andern

---

1) Über Frauennamen auf *rûn* und ihre Bedeutung vgl. Müllenhoff, Zur Runenlehre S. 44 ff.; mit *rûn* gebildete Namen bei Förstemann, Namenbuch 1, 1062 f.

Germanen dieselben Namen besitzen, darf auch ihnen unbedingt der Runenzauber zugewiesen werden.

Die 18 Lieder Odins vermögen allgemein in allen Anliegen, Kümmernissen und Schmerzen zu helfen, ärztlich zu heilen, Feindeswaffen stumpf zu machen, Fesseln zu sprengen, Geschoss im Fluge zu hemmen, schädlichen Zauber auf den, der ihn entsendet, zurückzulenken, Flamme zu löschen, Hass unter Männern zu versöhnen, Wind und Woge zu sänftigen, nachtfahrende Hexen zu verwirren, Krieger heil aus der Schlacht zu führen, Tote aufzuwecken, bei der Taufe ein Kind gegen Waffen zu feien, Frauenneigung zu gewinnen, Berge und Hügel aufzuschliessen und Schätze zu heben und noch andere heimliche Dinge mehr. Gróa singt ihrem Sohne allerlei Galdr, von der Schulter zu schieben, was schlimm ihm dünkt, in Urds Schutze zu wandern, anschwellende Ströme zu mindern, Feindes Herz zur Versöhnung zu gewinnen, Fesseln zu sprengen, Meer und Wind zu gebieten, gegen schneidende Kälte sich zu schützen, vor gespenstischer Weiber Trug sich zu retten, im Wortstreit weise zu sein. Wie genau Lieder (*ljóþ, galdr*) und Runen zusammengreifen, ergeben die Stellen in der Rigsþula 44/6 und in den Sigrdrifumál, welche der Runenkunde (d. h. dem Zeichen und Spruch) dieselben Zauberkräfte zuteilen, welche in den Hǫvamǫl und im Groogaldr den Liedern und Galdrar beigemessen sind. Konr der Junge war kundig der Runen, der lange wirkenden Lebensrunen; er wusste Krieger zu schützen, Schwerter stumpf zu machen, Meer zu beschwichtigen. Mit dem Jarl Rig stritt er in der Runenkunde, er war listig und wusste es besser. Da erwarb er sich das Recht, Rig zu heissen und Runen zu wissen. Solche Zauberlieder (*rúnar, ljóþ, galdrar*, ursprünglich wol *spell* genannt) umgeben also den Menschen in allen Lebenslagen mit mächtigstem Schutze. Sie wirken dem, der sie kennt, und denen er wol will, Heil, sie geben ihm Macht, die Zukunft zu erforschen.

Eine besondere Art von Zauberei heisst *útiseta*, Draussensitzen.[1]) Sie bestand darin, dass der Kundige die Nacht über unter freiem Himmel draussen sass und mit unbekannten Zauberhandlungen, am meisten wol durch Beschwörung Geister und Tote

---

1) Über *spáfarar ok útiseta*, d. h. draussensitzen, um die Zukunft mit Hilfe der Geister zu erforschen, was in Norges gamle love 1, 19 verboten wird, vgl. S. 648 Anm.; für die spätere Zeit vgl. Jón Árnason, íslenzkar þjóðsögur 1, 436 f.

aufweckte (vekja upp troll), um von ihnen die Zukunft zu erfahren oder überhaupt von verborgenen Dingen Wissenschaft zu erhalten. Damit ist der valgaldr, das Totenlied, verwandt. Ein altgermanischer Ausdruck dafür scheint got. haljarûna[1]), ahd. hellirûna, ags. helrûna gewesen zu sein. Er bedeutet Höllenzauber, wie später die stärkste und unwiderstehlichste Beschwörung Höllenzwang genannt wird, weiterhin die des Höllenzaubers mächtige Frau. Gemeint ist das Zauberlied, das die Höllengeister aufruft. Saxo erzählt eine Totenbeschwörung, bei welcher eine auf Holz geritzte Zauberformel, also eine Rune, den Toten zum Reden zwang.[2]) Valgaldr und Haljarûna erweisen wiederum die Gleichheit von Galdr und Rune. Den Geisterbann wie alles Orakelwesen verdammte das Christentum als sündhaft, aber dem Heidentum war er keineswegs ehrenrührig, vielmehr ein erlaubtes Mittel, sich in den Besitz übernatürlicher Kenntnisse zu setzen. Übt ihn doch Odin selber. Er ritt hinunter zur Hölle, wo er das Grab der Volva wusste; er sang ihr den starken Totenzauber, bis sie genötigt aus dem Todesschlafe sich erhub und ihm Rede stand über Baldrs Schicksal (Baldrs Draumar 4). In den Hóvamól 157 weiss Odin, wie er den Gehängten vom Galgen herab zur Zwiesprache zwingt mit geritzten und gefärbten Runen. Es ist also ein Valgaldr, bei dem Zauberzeichen zur Anwendung kommen, aber zugleich ein Lied; wird es doch als zwölftes der Hauptlieder des zaubermächtigen Gottes aufgezählt. Der junge Held Swipdag weckt vor seiner gefährlichen Werbefahrt die tote Mutter aus dem Grabe, um von ihr heilsame Zauberlieder zu empfangen.

Erwache, Groa! Erwache, du Gute,
Ich rufe dir durch des Todes Thor!

Herwor tritt zum feuerumwaberten Grabhügel, in dem ihr Vater Angantyr und seine Brüder, die Arngrimssöhne ruhen.

---

1) Über got. haljarûna, welche aus Jordanes 24 magas mulieres, quas patrio sermone haliurunnas cognominant, erschlossen wird, vgl. Müllenhoff, Zur Runenlehre S. 44 ff.; mit ahd. hellirûna gleichbedeutend begegnet dohotrunu d. i. dôtrûna. Die sächsischen dâdsisas super defunctos, die Totengesänge, betrachtet Kögel, Geschichte der deutschen Litteratur I, 1, 52 als das Gegenteil vom valgaldr, als einen Zauber, der die Rückkehr des Verstorbenen auf die Erde, also das Wiedergehen verhinderte.

2) Den Valgaldr schildert Saxo I S. 12 mit den Worten: diris admodum carminibus ligno insculptis iisdemque linguae defuncti per Hadingum suppositis hac voce eum horrendum auribus carmen edere coegit.

„Erwache, Angantyr, dich weckt Herwor, deine einzige Tochter. Gib mir aus dem Grabe das scharfe Schwert, das dem Swafrlami Zwerge schweissten. Euch Arngrimssöhne alle unter den Wurzeln der Bäume weck ich auf mit Helm und Brünne und scharfem Schwert, mit Schild und Geschirr und rotem Geere. So möge es euch sein zwischen den Rippen, als ob ihr im Ameisenhaufen modert, gebt ihr mir nicht das gute Schwert, das Toten nicht taugt!" Also ein Wecklied und, so er säumt, schwere Drohung singt den Toten aus dem Grabe herauf.

Eine Totenbeschwörung ohne Erwähnung von Zauberliedern erzählt die Færeyingasaga Kap. 40. Der listige Thrand, der, obwol getauft, doch im Herzen grundheidnisch geblieben war, wollte wissen, wie Sigmund Brestisson ums Leben kam, ob er ertrank, als er sich selbdritt durch Schwimmen zu retten suchte, oder ob er das Land erreichte und dort erschlagen ward. Da liess Thrand im Hause desjenigen, der des Todschlags verdächtig war, vier Gitter am Boden zum Viereck zusammensetzen und liess um die Gitter herum neun Plätze am Boden einmerken. Grosse Feuer waren angezündet. Thrand setzte sich auf einen Stuhl zwischen die Feuer und die Gitter und verbot den Anwesenden, ihn anzureden. Nachdem er eine Zeit lang gesessen war, kamen die Geister der Ertrunkenen und auch Sigmunds Gestalt, blutig, den Kopf in der Hand, in die Stube herein. Als sie verschwunden waren, erhob sich Thrand, stöhnend vor Erschöpfung, und erklärte, dass Sigmund ermordet sei.

## 9. Wahrsager und Zauberer.

Nahe ans Priestertum, oft kaum von ihm zu scheiden, rührt Zauberei und Wahrsagerei, nur dass der Priester meist offen an die Volksgötter sich wendet, während über dem Treiben der Zauberer und Wahrsager etwas Geheimes liegt. Sie handeln mehr im Auftrage einzelner als auf Geheiss des ganzen Volkes, sie rufen häufiger zu Gespenstern und Geistern als zu den hohen himmlischen Göttern, sie kehren ihre Macht oft zu bösen unehrlichen Thaten. Zauberei und Wahrsagerei kann teilweise als eine niedere Gattung des Priestertums bezeichnet werden. Der enge Zusammenhang mit dem Gespensterglauben und der Umstand, dass Zauberer und Wahrsager meistens im Dienste einzelner, seltener im Dienste einer grösseren Gemeinschaft ihres Amtes walten, bewahrten dieses

niedere Priestertum, das vom Aberglauben unzertrennlich ist, vor
dem Untergang. Auch im Christentum wucherte es, freilich oft
sinnlos entstellt, weiter.

Es gibt Leute, denen besondere Fähigkeiten angeboren sind,
Sonntagskinder, Geistersichtige, mit dem zweiten Gesicht Begabte.
Solchen werden ohne weiteres Geister und Geschehnisse, die
andern Leuten verborgen sind, offenbar, sie blicken in die Vergangenheit und in die Zukunft, sie erschauen gleichzeitige, aber
weit entfernte Begebenheiten. Ihre Seele ist von Raum und Zeit
unabhängig, was sie erfährt, wird aber ihrer leiblichen Persönlichkeit bewusst, und darum sind sie im Stande, wunderbare Aus-
künfte zu erteilen. Von solchen Hellsehern unterscheiden sich die
gewerbsmässigen Wahrsager dadurch, dass sie nur mit Hilfe bestimmter Förmlichkeiten, mit Opfer, Beschwörung, mit magischem
Zeichen, also durch die sog. Zauberkunst in den Besitz übernatür-
lichen Wissens gelangen. Unmittelbar aus den heiligsten, das gesamte Wissen des Heidentums in sich begreifenden Geschäften, aus
Gottesdienst und Dichtkunst muss zugleich aller Zauberei Ursprung
geleitet werden. Opfern und Singen tritt über in die Vorstellung
von Zaubern; Priester und Dichter, Vertraute der Götter und göttlicher Eingebung teilhaft, grenzen an Weissager und Zauberer.
Zauber und Weissagung sind uralt und allen Völkern gemeinsam;
sie reichen zurück in die Uranfänge der Menschheit und wurzeln
in der niederen Mythologie. Sie sind die ältesten Kultformen, die
dazu dienen, dem Menschen die Geisterwelt unterthan zu machen.
Hier liegen die Anfänge des eigentlichen Priestertums. Ebenso
wie der niedere Volksaberglaube unter jedem höheren Götterglauben im Grunde gleichmässig fortwuchert, so steht auch der
Zauberer dem Priester zur Seite. Hier sollen nur die Formen des
Zauberwesens in Betracht gezogen werden, die im germanischen
Heidentum neben dem öffentlichen Priestertum auftreten. Die
Berichte sind fast alle mangelhaft, indem sie nur eine Seite, Opfer,
Beschwörung, Zeichen, Gebärde und Werkzeug, Weissagung her-
vorheben, während in Wirklichkeit wol immer das ganze Verfahren mit allen förmlichen Einzelheiten zur Anwendung gelangte.
Nicht nur die christliche Zeit verdammte die Zauberei, sondern
auch schon das Heidentum, allerdings wol nur die heimliche,
schädliche Zauberkunst. Es gab auch erlaubte, hilfreiche und
erlösende Zauberei, eine weisse Kunst neben der schwarzen. Der
Zauberer und Wahrsager, sofern er erlaubter Kunst pflegt, vertritt

gewissermaassen den Privatpriester, der dort amtiert, wo die Fähigkeiten und das Wissen des Einzelnen nimmer ausreichen, mit
Hilfe überirdischer Mächte Unheil zu bannen und Segen zu er-
wirken.

Ahd. *zoubar* wird mit *incantatio, divinatio,* also mit Beschwörung und Wahrsagerei glossiert, an. *taufr* heisst auch Amulet, ags.
*téafor* Rötel, Menige, vermutlich Zauberfarbe, womit die magischen
Zeichen, die Runen ausgemalt wurden. Zauberer, der Zauber
treibt, ist ein weiter, allgemeiner und umfassender Begriff, wie ja
die heutige Sprache darunter alle einzelnen Handlungen, aus denen
die Zauberei besteht, einrechnet. Der nds. Ausdruck *wicken,*
weissagen, zaubern, wozu ags. *wicce,* engl. *witch* gehört, ist in
seinem Ursprung nicht klar. Ags. *witega,* ahd. *wîzago,* an. *vitki*
meint den Weissager. An. *spámadr* und *spákona* bedeuten Wahrsager und Wahrsagerin, *forspár* heisst der Zukunft kundig, *fjǫlkunnigr* im allgemeinen vielkundiger Zauberer. Mit *spákona* gleichbedeutend, wenn auch etymologisch weit abstehend, wird *vǫlva*
als Bezeichnung weiser Frauen gebraucht. Ahd. *kalstarari* steht
zu *kalstar, galstar* und meint den der Zauberlieder Kundigen. Im
Nordischen wird *trollskapr, trolldom* auch von Zauberei gesagt,
natürlich bloss von böser, schädlicher Schwarzkunst, und somit der
Zauberer auf eine Stufe mit den Trollen gestellt. Das Wort
Büssen im Sinne von Bessern, Heilen wendet das westfälische
*böten* in Bezug auf alte Zaubermittel des Volkes gegenüber der
gelehrten Arzneikunst an. Ahd. *hliozari,* mhd. *liezære* gehört zu
*hliozan, liezen,* Loose werfen, und steht dem lat. *sortilegus, sorti-
arius* (frz. *sorcier*) gleich. Der Zauberer ist also, wie der Priester,
ein Looser, der aus den Loosen die Zukunft liest. Im Ags. bedeutet
*hléodor* Orakel, *hléodorstede* Orakelplatz, *hléodorcwide* Orakelspruch. Im Ahd. begegnet *hleotharsâzzo* oder *hleodarsizzeo* als
negromanticus, hariolus glossiert. *Wîzagun* und *leodarsezzun* werden
gleichbedeutend gebraucht. Dazu steht das Femininum *hleodar-
sâza* vaticinium: gemeint ist das Niedersitzen zu Orakelzwecken [1]),
das im 11. Jahrhundert Burchard von Worms beschreibt. In der
Neujahrsnacht setzte man sich schwertumgürtet aufs Dach des
Hauses, um zu ergründen, was das Jahr bringen werde. Andere
setzten sich zu gleichem Zweck an einem Kreuzwege auf eine

---

1) Über das Orakelsitzen vgl. J. Grimm, Myth. 3, 306; Kögel, Geschicnte
der deutschen Litteratur I, 1, 29 f.

Rindshaut. Man gedenkt der nordischen Sitte des Draussensitzens (*útiseta, sitja úti*), um Geister zu bannen. Es gab also Leute, die zur Nacht an bestimmten Plätzen niedersassen und Geister beschworen, um von ihnen Weissagung zu erlangen. Der ahd. Ausdruck lehrt, dass gewerbsmässige „Orakelsitzer" auf diese Art die Zukunft erforschten. Mithin ergeben sich auch aus den Benennungen die wichtigsten Ämter des Zauberers ziemlich genau übereinstimmend mit denen des Priesters, als Opfern, Beschwören, Runenmalen, Loosewerfen, Spähen, Weissagen, Heilen, im schlimmen Sinne aber Verwirren und Schädigen. Waren in den rein gottesdienstlichen Verrichtungen bereits den öffentlichen Priestern hochberühmte weise Frauen zur Seite getreten, so geschieht dies noch weit mehr im Zauberwesen, dessen sich vorwiegend Frauen, die Hexen, und mit starker Hervorkehrung der schlimmen Seite bemächtigen.

Die Saga von Eirik dem Roten[1]) beschreibt das Verfahren einer solchen Vǫlva. Gegen Ende des 10. Jahrh. herrschte in Grönland grosser Notstand, Hunger und Siechtum. Infolge starken Unwetters waren Jagd und Fischerei wenig ergiebig gewesen. Da lebte eine weise Frau (*spákona*) mit Namen Thorbjorg, die kleine Vǫlva genannt. Von neun Schwestern war sie allein am Leben geblieben. Thorbjorg pflegte im Winter auf Gastgebot umherzufahren. Diejenigen, welche Unterweisung über ihr Schicksal und über das bevorstehende Jahr wünschten, entboten sie zumeist zu sich. Thorkel, der grösste Bauer der grönländischen Siedelung, wollte wissen, wann das herrschende Missjahr zu Ende gehen werde. Da lud er die weise Frau zu sich ein und rüstete ihr guten Empfang, wie er beim Besuch solcher Frauen üblich war. Ein Kissen mit Hühnerfedern gefüllt wurde auf den Hochsitz gelegt, als sie abends mit dem ihr entgegengesandten Mann eintraf. Sie war also gekleidet: sie trug einen dunkelblauen Mantel, der am Rand von oben bis unten mit Steinen besetzt war. Um den Hals hatte sie Glasperlen. Auf dem Kopfe hatte sie eine Mütze aus schwarzem Lammsfell, mit weissem Katzenpelz gefüttert. In der Hand trug sie einen Stab mit einem messingbeschlagenen, steinverzierten Knopfe. Sie hatte einen Gürtel um, an dem ein grosser Beutel hing, der das nötige Zauberzeug (*taufr*) enthielt.

---

1) Hrsg. von G. Storm, Kopenhagen 1893, S. 14 ff.; Reeves, The finding of Wineland the good, London 1890, S. 108 ff., 126 ff.

An den Füssen hatte sie Schuhe aus rauhem Kalbsfell mit langen und starken Riemen, an deren Enden grosse Messingknöpfe sassen. An den Händen hatte sie Handschuhe aus Katzenpelz, innen weiss und zottig. Sie wurde ehrerbietig begrüsst und von Thorkel zum Hochsitz geleitet. Er bat sie, Herde, Vieh und Haus in Augenschein zu nehmen. Sie sprach bei allem nur wenig. Abends wurden Tische aufgetragen. Thorbjörg bekam Grütze mit Geismilch gekocht; ihre Speise war aus den Herzen aller Tiere, die es an Ort und Stelle gab, zubereitet. Sie gebrauchte einen messingnen Löffel und ein ehernes Messer mit einem Heft aus Walrosszahn; die Spitze war abgebrochen. Als die Tische abgetragen waren, fragte Thorkel, wie es ihr mit dem Haus und den Leuten schiene, und wenn sie Offenbarung erhielte über das, worüber er sie gefragt hatte und was das Volk zu wissen wünschte. Sie erwiderte, sie könne das nicht vor dem nächsten Morgen verkündigen, nachdem sie die Nacht darüber geschlafen. Andern Tags gegen Abend ward alles in Stand gesetzt, dass sie Zauber (*seid*) üben könnte. Sie verlangte, man solle ihr Frauen, die sich auf die zum Seid nötigen Lieder (*frœdi*), die sog. *vardlokkur* (d. i. Geisterlockungen?) verstünden, herbeischaffen; da fand sich niemand, der sie wusste, obschon in den nächstliegenden Höfen nachgefragt ward. Da sagte Gudrid: Zwar bin ich weder zauberkundig noch eine weise Frau; aber meine Pflegmutter auf Island lehrte mich Lieder, die sie *vardlokkur* nannte. Die Lieder und was dazu gehört, sind aber derart, dass ich sie als Christin nicht ausüben kann. Da bat Thorkel so lange und inständig, bis sie endlich doch einwilligte. Thorbjörg setzte sich auf den Zaubersessel (*seidhjallr*) und die Frauen bildeten ein Kreis darum. Gudrid sang das Lied so schön und gut, dass niemand von den Anwesenden jemals einen schöneren Gesang gehört zu haben glaubte. Auch die Wahrsagerin meinte, der Sang sei schön anzuhören, und dankte ihr, als sie zu Ende war; sie sagte, nun seien viele Geister (*natúrur*) erschienen, denen das Lied wolgefiel und die zuvor keinen Beistand noch Gehorsam hätten leisten wollen. Nun sind mir auch viele Dinge ersichtlich, die mir und andern zuvor verborgen waren. Ich kann dir sagen, Thorkel, dass das Hungerjahr nur noch den Winter über dauern und im Frühling Besserung eintreten wird. Auch die Seuche, die hier geherrscht hat, wird sich über Erwarten schnell bessern. Der Gudrid weissagte sie eine ansehnliche Heirat. Dann gingen die Leute zu der Weissagerin

und jeder fragte das, was er am meisten zu wissen verlangte.
Sie war gut mit ihren Aussagen und es schlug wenig fehl, was
sie sagte. Hierauf begab sie sich wieder auf einen andern Hof,
wo man ihrer Dienste bedurfte. Nach der Viga-Glúmssaga Kap. 12
zog die Oddbjorg auf Island herum. Sie richtete ihre Weissagungen
günstiger oder ungünstiger ein, je nachdem man sie besser oder
schlechter bewirtete. Die Orvar-Oddssaga Kap. 2 gedenkt einer
Volva und Seidkona namens Heidr, welche durch ihre Wissenschaft ungeschehene Dinge voraus wusste und von Gastmahl zu
Gastmahl zog, den Leuten den Gang der Witterung und ihre
Schicksale vorauszusagen. Mit fünfzehn Knaben und fünfzehn
Mädchen, vermutlich den Gehilfen ihrer Zauberkunst zieht sie
herum, durch nächtlichen Seiðr erfährt sie, was sie zu wissen begehrt, und die Leute erhalten dann von ihr Bescheid auf allerlei
Fragen. Wie sie den Ingjaldr in Wiken besucht, geht er ihr wie
einem hohen Gaste mit vielem Gefolge entgegen und ladet sie förmlich ein, sein Haus zu betreten. Als ein ungläubiger Zuhörer, Oddr,
sie beleidigt, packt sie ihre Sachen zusammen und zieht weiter, obwol Ingjald mit reichen Geschenken sie zu halten sucht. In der
Vatnsdœlasaga Kap. 10 und Landnáma 3, 2 wird von einer Finnin,
die aber auch Vǫlva genannt wird, namens Heidr berichtet. Im
Hause des Norwegers Ingjald nimmt sie allgeehrt den Hochsitz
ein; die Leute fragen sie (*gengu til frétta*) um ihr künftiges Geschick. Zwei jungen Helden, dem Ingimund und Grim, welche
nichts von ihr wissen wollen, weissagt sie ihre künftige Fahrt
nach Island und gibt zum Wahrzeichen an, dass Ingimunds silbernes
Freysbild aus seinem Beutel verschwinde und erst auf Island beim
Eingraben der Hauptsäulen des Hauses wieder gefunden werde.
Alles trifft genau nach ihrer Aussage ein. Dieselbe Saga Kap. 44
weiss von einer isländischen Spákona Thordis. welche am Ding
bei schwierigen Rechtsstreitigkeiten um Rat angegangen wird.
Ihre Tracht war ein schwarzer Mantel mit Kapuze, ihr Stab,
Hognudr benannt, besass die Kraft, einem Mann, dessen linke
Wange man dreimal damit berührte, das Gedächtniss zu rauben
und wieder zu geben, wenn man darauf mit dem Stabe an die
rechte Wange schlug.

Den weissagenden Frauen ist gemeinsam das Umherziehen
im Lande, das Aufsuchen der Gastmähler, um dort ihre Kunst
zu üben. Sie treiben nächtlichen Seid mit Beschwörungsliedern,
wodurch Geister herangezwungen werden, durch welche ihnen

ihre Wissenschaft von der Zukunft vermittelt wird.[1]) Sie haben
besondere Tracht und führen einen Stab (*valr*), nach welchem sie
auch *volor*, d. h. Stabträgerinnen[2]) genannt werden.

1) Dass Wahrsagerei mit Hilfe von Geistern geschieht, spricht die Homilia
de sacrilegiis III 5 deutlich aus: *qui diuinos uel diuinas id est pitonissas, per
quos demones responsa dant, consulit* . . . . . In der Eirikssaga rauđa heissen
solche weissagende Geister *naturur*, Naturwesen. Die Lieder, mit denen sie
beschworen werden, heissen nach der Hauksbók *varđlokkur*, nach der Handschrift Am. 557 *vardlokr* (vgl. das Facsimile bei Reeves, The finding of Wineland
the good S. 109 u. 127). Wol dieselbe Art von Liedern sind im Grógaldr 7
gemeint: *urþar lokur*. *varđlokkur* begegnet im schott. *warlock*, böser Geist.
*Varđlokkur* sind Zauberlieder, aber der etymologische Sinn ist dunkel. *Varđ-*
ist deutsch *wart-*, an. *Varđrun* zu *Wartrûn*; *warten* heisst bewahren, schützen.
*Lokkur* kann zu *lokka* gehören, etwa Lockung; *lokur* sind Riegel, Schlösser.
Die Bedeutung wird nicht klarer. Schwerlich liegt in *varđ-* der Begriff Geist,
Gespenst, es müsste denn zu *urđr* (*urđir*, Schicksalsgöttinnen) gehören, oder
wie norwegisch *vord*, schwed. *vård*, Wächter, Schutzgeist, aus engerer Bedeutung sich zum Begriff „Geist" überhaupt erweitert und verallgemeinert haben.
Die Geister scheinen aber an. *gandar* genannt worden zu sein. *Gand* begegnet in deutschen (*Ganthar*, *Gantfrid*, *Gantrih* bei Förstemann, Namenbuch 1, 468) und nord. (*Gandalfr*, *Gandvik*) Namen. Gleichviel welchen Ursprungs das german. Wort sein mag, die Bedeutung Zaubergegenstand und
zauberhaftes Wesen, Gespenst, scheint sicher; vgl. Müllenhoff, Altertumskunde
5, 110; Fritzner, Ordbog I[2], 544; Kögel, Litteraturgeschichte I, 1, 52. Wie
man die Gandar beschwor, zeigt die Vol. 28/30. Die Volva sitzt zur Beschwörung draussen (*ein sat úte*), als Odin zu ihr trat. Er gab Ringe und
Halsband zur Entlohnung hin und empfing dafür von der Volva weise Kunde
und Weissagung der Geister (*spǫ ganda*), welche die Volva zu diesem Behufe
beschworen hatte. Nach Vol. 22 sind die *gandar* auch bei Heids Zauberei,
bei ihrem Seid, im Spiele (*vitte ganda*). Die Fóstbrođrasaga Kap. 9 erzählt:
„Es ereignete sich, dass Thordis nachts im Schlafe sich übel geberdete, und
die Leute sprachen davon, dass man sie wecken solle. Ihr Sohn Bodwar
sprach: Lasst meine Mutter ihres Traumes geniessen, denn es kann sein, dass
der Alten etwas erscheint, das sie wissen will. Und sie ward nicht geweckt.
Als sie aber erwachte, holte sie schwer Atem. Ihr Sohn Bodwar sprach: Du
gehubst dich übel im Schlafe, Mutter; ist dir etwas erschienen? Thordis antwortete: Weit herum habe ich diese Nacht die Geister getrieben (*viđa hefi
ek gǫndum rennt i nótt*) und habe nun Dinge erfahren, die ich zuvor nicht
wusste." *Gandreiđ*, Zauberritt, heisst in der Njálssaga Kap. 126 die Erscheinung eines gespenstischen Reiters vor grossen Ereignissen, vgl. Maurer, Bekehrung 2, 404.

2) Diese Auslegung gab Finn Magnusen, den äldre Edda, Kopenhagen 1821,
Bd. 1, 5; Müllenhoff, Deutsche Altertumskunde 5, 42; Heinzel, AnzfdA. 12, 49
Anm. vermutet Zusammenhang mit slav. *volchvŭ* Zauberer.

Das grossartige, vielbesprochene Gedicht, das die Geschicke
der Götter und der Welt von Anfang bis zum Ende erzählt, ist
einer Vǫlva in den Mund gelegt und heisst daher *vǫlospǫ́*, Weissagung der Vǫlva.  Die Volven, die im nordischen Volksglauben
begegnen, befassen sich nur mit gewöhnlicher Wahrsagerei.  Sie
verkünden die künftige Witterung, allenfalls auch bevorstehende
wichtige Ereignisse im Leben des Einzelnen oder der Gemeinde.
Ganz anders jene Seherin, die im Geiste der hebräischen Pro-
pheten oder der hellenistischen Sibyllen die Zukunft der Welt
enthüllt.  Da der Inhalt des Gedichtes als fremd erwiesen ist, so
unterliegt die Einkleidung nicht weniger diesem Verdacht.  Zwar
soll nicht behauptet werden, dass Wort und Begriff Vǫlva aus der
Sibylle abzuleiten sei, wol aber, dass eine nordische Vǫlva, ein
fahrendes Zauberweib, als Seherin und Prophetin in so erhabenem
Stile nicht denkbar ist ohne das Vorbild der Sibylle.[1]

Wie man sich Zauberzwang dachte, zeigt die allerdings erst
im 14. Jahrhundert verfasste Bósasaga (hrsg. von Jiriczek 1893)
im Kap. 5.  Bosi und sein Freund Herraud sollen getötet werden,
da zwingt die galdrkundige Busla den König Hring, seine schlimme
Absicht aufzugeben.  Am Abend ging Busla in das Haus, worin
Hring schlief, und hub die Bitte an, die Buslabitte (Buslubæn)
heisst und hernach hochberühmt wurde.  Darin sind viele schlimme
Worte, die Christenleute nicht im Munde haben sollen.  „Höre die
Buslubæn, bald wird sie gesungen, so dass man sie hören soll in
aller Welt, unheilvoll allen, die sie vernehmen, am schlimmsten
aber dem, dem ich sie vorspreche.  Mögen die Wichte irre gehen,
Beispielloses geschehe, Felsen erbeben, Welt erzittere, Wetter
tobe, gibst du nicht Frieden dem Herraud und Schutz dem Bosi.
Dein Herz sollen sonst Würmer zernagen, dein Ohr nicht mehr
hören, dein Auge aus dem Kopfe springen.“  Dem König wird
angewünscht, dass bei Segelfahrt das Tauwerk zerreisse, die Segel
in Fetzen gehen, das Steuer zerbreche, dass beim Ritt das Zaum-
werk reisse, das Pferd lahme, die Pfade und Wege in Unholds-
händen stehen, dass ihm auf dem Lager wie im Feuer, auf dem
Hochsitz wie auf Wogen zu Mute sei.  Will er zur Liebsten, so

---

1) Vgl. E. H. Meyer, Völuspa S. 9 ff.

soll er sich verirren. Der König wollte aufspringen, aber war
ans Bett gebannt; seine Diener erwachten nicht. Da hub Busla
das zweite Drittel ihres Liedes an. „Trolle, Alfen, Zaubernornen
(*töfrnornir*), Bergriesen sollen deine Hallen verbrennen, Reifriesen
sollen dich hassen, Hengste dich treten, Stroh dich stechen, Sturm
dich betäuben, Weh dir werden, thust du nicht meinen Willen."
Endlich hub Busla die Verse an, die Syrpuverse heissen, in denen
der stärkste Zauber (*mestr galdr*) ruht. Nicht ists erlaubt, sie
nach Sonnenuntergang herzusagen. Und so heisst es gegen Ende:
„Sechse mögen her kommen, sag mir ihre Namen, alle ungebunden,
ich will sie dir zeigen: errätst du sie nicht richtig, so sollen dich
Hunde tot beissen und soll dein Saal zur Hölle sinken:

ᚱ. ᚠ. ᚦ. ᛉ. ᛣ. ᚾ.

Rate diese Namen, sonst soll alles Schlimme über dich ergehen,
das ich dir angewünscht habe, ausser du erfüllst mein Verlangen."
Wie eine Mare kommt Busla über den schlafenden König und
quält ihn mit immer stärkeren Verwünschungen, bis er ihr den
Willen thut. Neben dem Galdr, der das bewirkt, begegnet auch
noch das Runenzeichen, freilich nicht in der ursprünglichen Anwendung. So, glaubte man, übten die Hexen zumal auf Schlafende
ihre schädigende Macht aus mit Alpdruck und Verwünschung.


 Eine besondere Art von Zauberei hiess im Norden *seidr*, das
Ausüben derselben *sída*, *efla seid*, *fremja seid*, *setja seid*.[1]) Seid
wird von Männern (*seidmadr*, *seidberandi*) und besonders auch von
Frauen (*seidkona*) getrieben. Das Wesen solcher Zauberleute wird
als ein absonderliches geschildert; einzelne Angaben über die Art
ihrer Heimlichkeiten fehlen. Nur soviel ist zu entnehmen, dass
der Seid bei Nacht geschah, dass der Zauberer auf einem Stuhle
sass (*seidhjallr*), dass es auch dabei besonderer Lieder und Formeln
bedurfte. Man bediente sich des Seids zur Erregung von Sturm
und Unwetter (*gjǫrningavedr*) und zur Stillung, wobei der Zaubernde
in Walfischgestalt oder auf einem Walfisch reitend mitten in den
Wogen, das gefährdete Schiff umkreisend, erscheinen kann, um
Nacht und Nebel auf die Feinde zu werfen, um Feinde zu töten,

---

1) Über *seidr* vgl. Uhland, Schriften 6, 392 ff.; Maurer, Bekehrung 2,136 ff.;
R. Keyser, Samlede afhandlinger 363 f. Für den Zusammenhang zwischen
Seid und Finnenzauber sind Uhlands treffliche Bemerkungen maassgebend.

um irgendwie Schaden zu stiften, um jemand gegen Eisen fest zu machen, um die Zukunft zu erkunden. Den Liedern (*froᵈi, galdr, vardlokkur*), welche beim Seid gesungen wurden, wohnte ganz besondere bezaubernde Kraft inne. In der Laxdœlasaga Kap. 37 ist davon die Rede. Zwei Isländer, Hrutr und Thorleikr lagen in Fehde. Thorleikr nahm die Hilfe des zauberkundigen Kotkell und seiner Frau Grima in Anspruch, um Hrutr zu schaden. Kotkell, Grima und ihre Söhne fuhren bei Nacht zum Hofe Hruts und stellten einen gewaltigen Seid an. Als der Seidgesang anhub, wussten die, welche im Hause weilten, nicht recht, was es bedeuten sollte; aber der Sang war sehr schön anzuhören. Hrutr allein kannte das Lied und verbot jedem, in dieser Nacht aus dem Hause zu schauen, und befahl allen, sich womöglich wach zu halten, dann werde nichts Schlimmes geschehen. Trotzdem fielen alle in Schlaf; Hrutr blieb am längsten wach, zuletzt entschlief auch er. Kari hiess ein Sohn Hruts, der war damals 12 Winter alt und der hoffnungsvollste von den Söhnen Hruts, den er sehr liebte. Gegen ihn war der Zauber gerichtet, daher konnte er nicht schlafen, sondern wurde immer unruhiger. Endlich sprang er auf und sah hinaus. Er näherte sich dem Seid und fiel tot nieder.

Vergleicht man den Seid mit den übrigen Zauberbräuchen, so herrscht inhaltlich kein durchgreifender Unterschied, indem alle grossenteils zum selben Zwecke dienen. Die Wahrsagerinnen (vǫlur) um Rat anzugehen, galt im Heidentum nicht für schimpflich; aber die Vǫlva Thorbjorg übt auch Seid, um die Zukunft zu erfahren. Die Ynglingasaga Kap. 16 erzählt von der Finnin Huldr, die als Volva und Seidkona bezeichnet wird. Mit ihrer Zauberkunst soll sie im Auftrag der Finnenkönigin Drifa den Wanlandi aus Uppsala nach Finnland zurückzaubern oder töten. Sie kam als Mare über den Schlafenden und drückte ihn zu Tode. Eine Reihe von Stellen lehrt unzweideutig, dass der Seid bereits im Heidentum für ehrenrührig und verwerflich galt. Harald harfagri liess seinen eignen Sohn Rognwald, weil er ein Seidmann geworden war, mit achtzig solcher Zauberer durch dessen Bruder Eirik in den Flammen umkommen (Fornmanna sögur 1, 10 ff.). In geringschätziger Weise gedenkt die Vǫlospǫ 22 der Gullweig, die als wahrsagende Vǫlva von Haus zu Haus zog und hirnverrückenden Seid trieb; auf ihrem Gewerbe stand Todesstrafe, denn Gullweig wird mit Geeren durchbohrt und verbrannt, als sie unter den Asen erscheint.  Darauf hin nennt Snorri in der Ynglingasaga Kap. 4 die Freyja als die Erfinderin des zuvor den Asen unbekannten Seids.  In derselben Saga Kap. 7 wird der Seid als die schlimmste Art des Zaubers bezeichnet, welche zu lernen Männer ebendarum sich geschämt hätten.  In der Lokasenna 24 entgegnet Loki der argen Schelte, er sei ein Weib gewesen und habe geboren, mit dem ebenso schmählichen Vorwurf, Odin habe als Vǫlva auf Samsey Seid verübt und sei als Hexe über Land gefahren.[1]  Worin liegt nun der eigentliche Gegensatz zwischen den übrigen erlaubten Zauberkünsten und dem Seid? Zweifellos unterschied bereits das germanische Heidentum zwischen anständigem, vom Gottesdienst geweihtem Zauber und sträflichem, verabscheutem Missbrauch.  Das Ehrenrührige scheint in der ausgesprochenen Absicht, Schaden anzustiften, belegen zu sein.  Erlaubter Zauber schützte und übte allenfalls Notwehr, böser Zauber trachtete mit feiger Heimlichkeit nach Schaden.  Es ist doch ein anderes, sich einem Feinde gegenüber möglichst viel Vorteile zu verschaffen, als ihn aus der Ferne zu vernichten.  Der Runenzauber betont, Wind und Woge zu beschwichtigen, der Seiðr sucht ein Zauberwetter zu erregen.  Hier ist auf Schutz, dort auf Schaden Bedacht genommen.  In den Runen und Galdrn mögen mehr die Volksgötter, im Seid die Gespenster hervorgetreten sein. Im Valgaldr ist freilich kein Unterschied, ob Odin oder ein Seidmann ihn übt.  Abgesehen von den moralischen Bedenken, die am heimlichen schädlichen Zauber an und für sich haften, geht auf die Leute, die ihn ausüben, viel vom Wesen der Geister, mit denen sie ständigen Verkehr pflegen, über.  Daher übler Zauber Trolldom und Trollskap, Trollentum und Trollenschaft heisst und die Benennungen Seiðkonur und Trǫllkonur mit einander abwechseln.  Schon im Heidentum standen bei den Westgermanen die Hexen, die schädlichen Zauberinnen, in tiefer Verachtung. Die Hexe ist auf den Schaden anderer mit Saatverderben, Hagelmachen, Milchverhexen aus.  Sie fährt bei Nacht aus, sie verwandelt sich in Tiergestalt und tritt als Mare auf.  Ist die jüngste

---

1) Lokas. 24 ist mit Bugge, Studien 138 *vitku líke* für Hds. *vitka líke* zu lesen.  Nie wird Odin *seiðmaðr* benannt, seine Galdr und Runen bilden ja eben den Gegensatz zum unehrlichen *Seiðr*.  Yngl. Kap. 7 „Odin verstand sich auf die Fähigkeit, die am mächtigsten wirkt, und übte sie, die Seid heisst" enthält einen offenkundigen Irrtum; Snorri sagt selber kurz vorher Kap. 4, Seid sei den Asen fremd gewesen.

von Noreen[1]) vorgeschlagene Deutung des Wortes berechtigt, so gehört die Hexe zu den feindlichen, hassenden, unholden Waldgeistern. Das Zauberweib, das nur Schlimmes thut und die Dienste unholder Geister in Anspruch nimmt, wird selber unhold. Die christliche Zeit verfolgte die Hexen seit dem 14. Jahrh., nachdem Ketzerei und Teufelsbuhlschaft als neue Vorwürfe hinzugekommen waren. Bringt man diese deutlich erkennbaren fremden Bestandteile in Abzug, so bleibt die Hexe in der Gestalt übrig, in der schon die Heiden sie ebenso tief verachteten und mitunter strafrechtlich verfolgten wie die Seiđkona. Gotischer Hexen thut Jordanes Kap. 24 Erwähnung. König Filimer vertrieb die verdächtigen, unheimlichen Zauberweiber, die Haljarunen, die Höllenzauberinnen, aus der Gemeinschaft des Volkes in die Wüste, wo unreine Geister (*spiritus immundi per eremum vagantes*) sich ihrer bemächtigten und die Hunnen mit ihnen erzeugten. Die Hexen werden somit in die Gemeinschaft der Unholde gewiesen, denen sie ihres Zaubergewerbes halber am nächsten stehen und die in der wüsten, unbebauten Wildniss daheim sind.

Mithin schliessen wir, Seiđr ist Hexerei; beide scheiden sich vom erlaubten Zauber dadurch, dass sie vorwiegend auf den Schaden anderer gerichtet sind und mit Hilfe feindseliger, unholder Geister wirksam werden. Beim nordischen Seid ist aber noch ein weiterer Umstand zu erwägen, der sein fremdartiges Wesen erklären könnte, der wahrscheinliche Zusammenhang mit finnischer Zauberei. Die norwegische Landschaft Halogaland grenzt an Finnmark, den Herd alles Zauberwesens, wohin man von Norwegen herüberkam, um sich Rat zu erfragen oder in geheime Kunst einweihen zu lassen, wo die Eindringenden von mannigfachem Blendwerk beirrt und befallen wurden und von wo die kundigsten Zauberleute mit ihren Fertigkeiten in andre, vornehmlich die nächstgelegenen Länder ausgingen. Als die Bekehrung vom Süden Norwegens zum Norden aufstieg, begegnete sie gerade dort hartnäckigem Widerstande eifriger Opferer und Zauberer (*blótmenn* und *seidmenn*). Beziehungen zwischen norwegischen Opferern und finnischen Zauberern sind mehrfach zu belegen. Harald harfagri war mit Snäfrid, des Finnenkönigs Svasi

---

1) Noreen, Indogerm. Forschungen 4,326 nimmt zwei Formen, ahd. *hazusa* und *hagazusa* aus *haga-hazusa* an. *Hazusa* ist Participbildung zu got. *hatan*, ahd. *hazzēn; hazusa* ist die Feindliche, Unholde, *hagazusa* die feindliche Waldfrau; vgl. auch Kauffmann, Beiträge 18, 155 Anm. 1.

Tochter vermählt; beider Sohn ist Rognwald, der Seidmann, der
seiner Mutter nach geartet war; von ihm stammte der zauberkundige Eywind Kelda, der mit einem grossen Geleite von Seidmenn und Zauberleuten dem König Olaf Tryggvason entgegen
trat. Eywind Kinnrifas Geburt hing mit der Befragung zauberkundiger Finnen zusammen. König Olaf selber, obwol Christ,
holte einmal bei einem weisen Finnen Rat und Voraussage ein.
Thorir Hund verschaffte sich von den Finnen ein Zaubergewand
aus Renntierfellen, das allen Waffen widerstand, und mit welchem
angethan er in der Schlacht bei Stiklastad an der Spitze der
Haleygjer dem König Olaf entgegentrat und, vor dessen Schwert-
schlag durch diesen Finnenzauber geborgen, ihn mit dem Speere
durchstach. Noch die norwegischen Christenrechte strafen das
Fahren zu den Finnen und den Glauben an ihre Wahrsagerei.[1])
Die Volva Heidr, die nach der Landnáma dem Ingimund die Fahrt
und Ansiedlung in Island vorhersagt, heisst in der Vatnsdœlasaga
Kap. 10 eine Finnin. Mit Hilfe von drei Finnen erprobt Ingimund nach Kap. 12 die Wahrheit ihrer Aussage. Die Finnen-
künste bestehen also in Wettermachen und Zaubernebel, Pfeilschiessen und hiebfestem Fellgewand, Hellseherei, Wissen von verborgenen und künftigen Dingen. War doch schon bei Skadi und
Thorgerd Hölgabrud Einwirkung finnischen Glaubens zu erkennen,
so dass es nicht wunder nehmen kann, wenn auch die Zauberkünste im nördlichen Norwegen durch Aufnahme finnischer Bestandteile vermehrt wurden. Zwar ein tieferer Einfluss des Finnentums, wodurch die innere Selbständigkeit skandinavischen Götterdienstes gefährdet worden wäre, liegt nicht vor. Die Zaubersegen,
gute wie böse, nützliche wie schädliche, waren den übrigen Ger-
manenstämmen mit den nordischen gemein, diese suchten nur ihren
angestammten Besitz aus dem gleichartigen Schatze der nachbar-
lichen Finnen zu erweitern, von denen das Zauberwesen mit be-
sondrer Vorliebe und Kennerschaft gepflegt wurde.

Besteht die Vermutung finnischer Einflüsse beim nordischen
Seid zu recht, so wäre damit sein Ursprung auf den nördlichen
an Finnland grenzenden Teil Norwegens zurückzuführen, wo die

---

1) Die Ausdrücke dafür sind *finnfor, trúa á Finna, fara til Finna, gera
finnfarar, fara til Finnmerkr at spyrja spá.* Der Name Finnen umfasst in der
alten Zeit auch die Lappen. Über die Zauberkunst dieser Völker, die so häufig
als Lehrmeister der Nordleute erscheinen, vgl. Fritzner, Lappernes hedenskab
og trolldomskunst in der norsk historisk tidskrift 1, 4, 164 f.; 184 ff.; 208 ff.

gemeingermanische Vorstellung schädlicher Hexerei, mit finnischem Zauber vermischt, diese eigenartige Form annahm.

Traumdeuterei spielt im Volksglauben eine grosse Rolle. Ist doch der Traum von den Draugen, den Gespenstern verursacht. Im Traum verkehrt die Seele des Schlafenden mit den Gespenstern, diesen aber ist die Gabe der Weissagung eigen. Der Traum zeigt entweder die Zukunft genau wie das zweite Gesicht an, oder er gewährt nur Vorzeichen, die ausgelegt werden müssen. Da tritt die Traumdeuterei ein, die meist mit Hilfe allgemein bekannter abergläubischer Auslegung von jedem Träumenden selber geübt wird, aber in schwierigen Fällen die Befragung von besonders erfahrenen Leuten erfordert. Die Wahrsager und Wahrsagerinnen werden sich gewiss auch mit Auslegung von Träumen befasst haben, obwol kein Fall ausdrücklich erwähnt wird. Den Typus gewerbsmässiger Traumdeuter bildete namentlich die mittelalterliche romantische Litteratur aus, welcher Gestalten wie Drauma-Jón, Jon der Traumdeuter[1]) entstammen.

Zur Ausübung der Zauberei werden häufig bestimmte örtliche und zeitliche Umstände gefordert. Da die Zauberei von der Geisterwelt abhängig ist, so kommen vorwiegend die Schwarmzeiten der Geister in Betracht, also die grossen, besonders die winterlichen Jahresfeste, im christlichen Kalender Neujahr und die Zwölften, Allerseelen und noch viele andere bestimmte Tage, die zur Loosung günstig sind. Die Beschwörung gelingt besser bei Nacht als bei Tag, darum liebt der Zauber das Dunkel und scheut das Licht. Die Geister gehen gern an gewissen Orten, wie auf Gräbern und Kirchhöfen, auf Richtplätzen, an Kreuzwegen, um und sind natürlich auch dort am besten zu treffen und um Hilfe anzurufen. Doch lassen sich überall giltige Regeln nicht aufstellen, indem aussergewöhnliche Vorfälle auch ausserordentliche Zauberhandlungen mit sich brachten.

Nicht nur in zahlreichen mündlich fortgepflanzten Besprechungen und im Brauche festgehaltenen Handlungen, deren Sinn aber fast immer völlig entstellt und unverständlich geworden ist, sondern auch in viel gebrauchten schriftlichen Anweisungen, die

1) Drauma-Jónssaga hrsg. von H. Gering, Halle 1893.

im Druck verbreitet sind, lebt das Zauberwesen mit Opfer, Beschwörung und Spruch noch heute fort.[1])

1) Vgl. Wuttke, Der deutsche Volksaberglaube, Berlin 1869, § 220 ff. Zauberbücher sind Fausts dreifacher Höllenzwang, seit Ende des 16. Jhrh. oft gedruckt (vgl. Düntzer in Scheibles Kloster 5, 116), eine Anleitung zum Geisterbann; das Romanusbüchlein, in diesem Jahrh. in Süddeutschland verbreitet, eine Sammlung von Gebeten und Segensformeln, des Albertus Magnus egyptische Geheimnisse, der wahrhaftige feurige Drache oder Herrschaft über die himmlischen und höllischen Geister und über die Mächte der Erde und der Luft, der wahre geistliche Schild, das 6. u. 7. Buch Mose u. dgl. mehr. In dem Wuste von Unsinn taucht auch öfters manche Erinnerung an ältere sinnvollere Zauberbräuche auf.

## Nachträge.

S. 188. Welderich, urspr. Waltrich, in umgekehrter Folge Richwalt, hat mit Wald, silva, nichts zu schaffen, dürfte aber in den späteren Gedichten als Wälderherr verstanden worden sein.

S. 201 Anm. 1. Die Glosse *turpines zui* (Steinmeyer-Sievers, Ahd. Glossen 3, 4) hat mit Ziu nichts zu schaffen. Henning, Über die St. Gallischen Sprachdenkmäler S. 18 und Anm. zur Glosse sucht jedenfalls andere als mythologische Anknüpfung.

S. 470 Anm. 3. Zur *dea Garmangabis,* der „aus der immer bereiten Fülle des Reichtums Spendenden" vgl. Kauffmann, Beiträge 20, 526 ff.; sie soll der Nerthus gleich sein.

S. 539 Anm. 1. Neue Belege zum germanischen Wort *mott* (Deutsches Wörterbuch 6, 2600 f.), *motta, mota* im Sinne von schwarze Erde, Wasen (vgl. Muspilli 58 *daჳ preita uuasal allaჳ uarprinnit*) bei Bruckner, Die Sprache der Langobarden S. 6 f. Dürften wir die germanischen Wörter *mû* und *mut, mot* doch in erweiterter Bedeutung annehmen, so könnte auf lat. *mundus* verzichtet werden. Sachlich wird nichts geändert, ob der erste Teil der Zusammensetzung *mud-spilli* lateinisch oder deutsch ist. Wie die Vǫlo-spǫ den Weltbrand verkündigt, so mud-*spilli*, die Weissagung von der Welt. Es möchte der Ausdruck auch unter Einfluss des lateinischen und deutschen Wortes zugleich mit volksetymologischer Umbildung entstanden sein.

# Namenverzeichniss.